「婦人雑誌」がつくる大正・昭和の女性像

第7巻

セクシュアリティ・身体2

［監修］岩見照代

「婦人雑誌」がつくる大正・昭和の女性像　刊行にあたって

本シリーズの前身である、『時代が求めた「女性像」第Ⅰ期』では、女性のライフイベントに則した言説を中心に、どのように〈女の身体〉が表象され、作られてきたかを、単行本を中心に集成し、第Ⅱ期目は、よりミクロな視点をもつ新聞や雑誌の時評を集めた書籍も採録した。そのとき痛感したのは、〈無名〉の女性の生身の声が、いかに多く埋もれていたかということであった。

本シリーズは、当時多くの発行部数をもち、「四大婦人雑誌」と謳われていた『主婦之友』・『婦人公論』・『婦人倶楽部』・『婦人画報』に加え、キリスト教系の特色ある『婦人之友』の五誌から、一人一人の〈発話〉に寄りそうことができるように、「身の上相談」、「座談会」、「読者の手記」などを中心に、テーマ別に構成したものである。

読者一人一人が相互作用しあう場である、「身の上相談」と「手記」は、恋愛、友情、結婚の手ほどき、また打ち明けにくかった性の悩みや、夫婦関係、嫁姑問題、教育、子育て、職場問題、そして美容相談など、衣食住もふくめた生活のすべてにかかわるものである。ここには、普通の人々のもっている哲学や知恵が、多岐にわたって表現されている。既成の思考、規範や制度、また行動様式までが、ゆるやかだが質的に変化し、習慣化していく過程がみてとれるにちがいない。「読者の声」の巻には、従来の読者調査だけではわかりにくかった、在住地や職業が書かれた「愛読者からの便り」、「懸賞当選者の発表」などを多数収録した。男性読者が結構いたことにも驚かれるだろう。

また本シリーズには、戦時下から戦後にまたがる時期のものを多く採録した。ここからは、国家総動員体制が、いかに人びとを日常生活の隈々から〈再編〉していったか、そして戦後すぐに、打って変わって一億総懺悔する〈国民〉という、「マス」ではとらえきれない〈ひとりのひと〉が、たちあらわれてくるだろう。

「思想のにない手が、私たちの一人一人だということ。思想は、ひとりひとりの考えを通して自発的にたてられた場合にのみ、思想としての強さをもつ」（「発刊のことば」（第二次「思想の科学」『芽』一九五三年一月）。このように「ひとりひとり」の哲学をすくいあげようとしていた「思想の科学」は、方法論的な自覚にもとづき早くから「身の上相談」に注目していた。現在も多くのメディアで取り上げられる「身の上相談」だが、その分析は、「ひとりひとり」の思想性をさぐりあてるための格好の〈素材〉である。

これまで個別に読まれることの多かった「座談会」だが、テーマ毎に、そして各雑誌を横並びに読むことで、論者たちの〈素顔〉だけでなく、複層する時代の様相を具体的にとらえなおすことができるはずである。

本シリーズは、文化研究における〈雑誌〉分析の一助となることはいうまでもなく、現実の中で生きる〝生身のひとりひとり〟を通して、「日本文化のカキネをやぶる」（『芽』、同前）ものとして、大いに活用が期待されるものである。

監修　岩見照代

凡例

・本シリーズは、四大婦人雑誌（『主婦之友』・『婦人公論』・『婦人倶楽部』・『婦人画報』）を中心に、掲載された文章をテーマ別にセレクト・集成し、大正・昭和の女性像がどのように形作られていったかを検証する。各巻のテーマおよび配本は以下の通りである。

第1回　第1巻～第5巻「恋愛・結婚」
第2回　第6巻～第9巻「セクシュアリティ・身体」
第3回　第10巻～第11巻「美容・服飾・流行」／第12巻～第15巻「生活・家庭」
第4回　第16巻～第17巻「読者の声」／第18巻～第21巻「社会・時代」
第5回　第22巻～第24巻「職業」／第25巻～第26巻「教育」
第6回　第27巻～第30巻「女性と戦争」

・各作品は無修正を原則としたが、寸法に関しては製作の都合上、適宜、縮小・拡大を行った。
・本文中に見られる現在使用する事が好ましくない用語については、歴史的文献である事に鑑み、原本のまま掲載した。

・一部、著作権継承者不明の文章がございます。お心当たりの方は弊社編集部までお問い合わせいただけますようお願いいいたします。

目次

「上品下品　女さまざま座談会」　巌谷小波、中村芝鶴 ほか　『婦人倶楽部』昭和5年3月1日　3
「名家令嬢座談会」　有島暁子、上田文子 ほか　『婦人画報』昭和5年4月1日　16
「都下大学生座談会」　大庭六郎、樺島清夫、中村直一、高見順 ほか　『婦人画報』昭和5年4月1日　28
「女性スポーツファン列伝」　青山健三　『婦人画報』昭和5年5月1日　45
「美容衛生から見た女子のスポーツ」　吉田章信　『婦人画報』昭和5年5月1日　52
「女性の声」　三木順子、林千歳、谷田部文子　『婦人画報』昭和5年5月1日　53
「女流運動家の活躍と月経秘話」　東譲二　『婦人画報』昭和5年5月1日　56
「月経時の安全な手当法の座談会」　竹内茂代、桜井ミキ子、松尾貞子 ほか　『主婦之友』昭和5年7月1日　67
「誌上相談　婦人の煩悶相談所」　高島米峰　『主婦之友』昭和5年8月1日　74
「よい子を儲ける座談会」　竹内茂代、池田林儀、高島平三郎、島信 ほか　『婦人倶楽部』昭和5年8月1日　81
「避妊に失敗した婦人の経験」　北村圭子、潮野満子、浜田京子、水田きよ子　『主婦之友』昭和5年10月1日　99
「男は何故に処女を妻に求めるか」　帆足理一郎、北村小松、喜多壮一郎、新居格　『婦人画報』昭和5年10月1日　106
「童貞の価値」　生田花世、三宅やす子、杉浦翠子、阿部ツヤコ　『婦人画報』昭和5年10月1日　113
「問題の女性の貞操観」　北村兼子、丹稲子、平林たい子、東日出子　『婦人画報』昭和5年10月1日　119
「貞操のアメリカ化を排す」　谷譲次　『婦人公論』昭和5年10月1日　126

「処女時代の恋愛に悩む妻の告白」　清浦すぎ子、三田和子　『主婦之友』昭和5年11月1日　130
「ヒステリー座談会」　浅原六朗、石浜金作、大井さち子、小島政二郎　ほか　『婦人公論』昭和6年1月1日　137
「親も娘も知らねばならぬ結婚衛生」　竹内茂代、福井正憑　『婦人倶楽部』昭和6年1月1日　158
「性的無知から失敗を招いた男女の告白」　人見春子、大崎純子　『婦人倶楽部』昭和6年1月1日　166
「童貞・非童貞の区別」　大槻憲二、正木不如丘　『婦人公論』昭和6年2月1日　170
「解放されたアメリカの尖端ガール」　馬島僴　『婦人画報』昭和6年3月1日　180
「嫁入準備とお産準備の座談会」　石川千代松、岩崎直子、西崎綾乃、高島平三郎　ほか　『婦人倶楽部』昭和6年3月1日、4月1日　181
「親子問題座談会」　今井邦子、新居格、西崎綾乃、ガントレット恒子　ほか　『婦人画報』昭和6年5月1日　210
「男は何故カフエーへ行くか」　浅原六朗、酒井真人、生方敏郎　『婦人画報』昭和6年7月1日　223
「婦人の立場から男子方へ呉々も御相談」　米田和歌、奥むめお、山川菊栄、平塚らいてう　『婦人倶楽部』昭和6年9月1日　228
「独身でゐる私の意中を打明ければ」　柿内青葉、森律子、武岡鶴代、市川房枝、埴原久和代　『婦人倶楽部』昭和6年9月1日　236
「娘の悩み妻の悩み座談会」　生田八栗、飯島三安、大屋梅子、金尾千鶴子　ほか　『婦人倶楽部』昭和6年9月1日　242
「斯ういふ男子は見込がない」　安達雪子、米田実、関屋龍吉、伊藤痴遊　ほか　『婦人倶楽部』昭和6年10月1日　264
「婦人病全治者の経験発表の座談会」　石崎仲三郎、伊藤てい子、原田こと子、冨岡百合子　ほか　『主婦之友』昭和7年2月1日　269

「ヒステリー全治者の座談会」　秋山初之助、秋山みさ子、大橋正二、川村春子、平井とし子、中村古峡　『主婦之友』昭和7年5月1日　278
「結婚前に知っておきたいことの相談会」　保坂孝雄、吉岡弥生　『主婦之友』昭和7年5月1日　290
「花婿の性病と貞操に就ての座談会」　安部磯雄、泉道雄、吉岡弥生、高田義一郎　ほか　『主婦之友』昭和8年2月1日　298
「旦那様の浮気を防ぐ方法の座談会」　大辻司郎、東ネネ、小野貴世子、由利サチヨ　ほか　『主婦之友』昭和8年4月1日　318
「職業婦人から同僚男子への抗議」　中谷京子、森村とよ子、清川麗子、三村きよ、伊藤千代　『婦人倶楽部』昭和8年5月1日　331
「堕胎と女の立場」　土方梅子、小島憲、山田わか、三宅花団　『婦人公論』昭和8年5月1日　336
「不義の子と堕胎の座談会」　片山哲、安田徳太郎、金子準二、及川常平　ほか　『婦人公論』昭和8年5月1日　345
「特別講義　棘の道の処女」　千塚あや、市川純子、泉芳子、染谷昌子　『婦人画報』昭和8年5月1日　358
「誘惑と家出についての座談会」　二見太十郎、岡とく志、中島徳蔵、長野勘助　ほか　『婦人倶楽部』昭和8年6月1日　363
「実話　秘めたる青春」　斎藤とし子、石島陽子、樺山芳子　『婦人公論』昭和8年6月1日　378
「秘めたる青春を告白した経験」　赤木三千代、水原れい、伊東ふみ　『婦人公論』昭和8年6月1日　393
「性教育はどうすればいいか」　中村みかゑ、赤井米吉、三輪田元道、浅野孝之、霜田静思　『婦人画報』昭和8年8月1日　404
「愛し得ぬ夫婦の悩み解決座談会」　田中文子、中村武羅夫、山田わか、白井俊一　ほか　『主婦之友』昭和8年10月1日　413
「性病を家庭から駆逐する方法の座談会」　石崎仲三郎、上林豊明、高野六郎、竹内茂代　ほか　『主婦之友』昭和8年10月1日　425

「なぜ同性を恋するか」　豊田春樹、藤村トヨ　『婦人公論』昭和8年10月1日　438
「批判　なぜ同性を恋するか」　杉田直樹、高良富子　『婦人公論』昭和8年10月1日　449
「独身生活を送る婦人ばかりの座談会」　河井道子、金井たま子、中山義子、真島智茂子　ほか
『主婦之友』昭和8年11月1日　456

「婦人雑誌」がつくる大正・昭和の女性像

第7巻

セクシュアリティ・身体2

柳家金語樓氏

中村芝鶴氏

磯村野風氏

久米正雄氏

上《じやう》品《ひん》下《げ》品《ひん》 女《をんな》さまざま座《ざ》談《だん》會《くわい》

出席者

文藝家　巖谷小波
漫畫家　池部鈞
小説家　磯村野風
映畫説明者　徳川夢聲
漫談家　大辻司郎
女醫　吉岡彌生
女形俳優　中村芝鶴
小説家　久米正雄
落語家　柳家金語樓
花月園主夫人　平岡靜子
女優　森律子

（いろは順）

吉岡彌生氏

巖谷小波氏

大辻司郎氏

徳川夢聲氏　池部鈞氏　森律子氏　平岡靜子氏

衣類《いるゐ》の調和《てうわ》不調和《ふてうわ》

記者　今日《こんにち》は婦人《ふじん》の身《み》なりから言語《げんご》動作《どうさ》、すべてに亙《わた》つて、あれは見《み》よいとか、見《み》にくいとか上品下品《じやうひんげひん》様々《さまざま》婦人《ふじん》の心得《こゝろえ》となるお話《はなし》を伺《うかゞ》ひ上《あ》げたいので御座《ござ》います。先《ま》づ服裝《ふくさう》のことあたりからお氣付《きづ》きのことを伺《うかゞ》ひたいと思《おも》ひます。

磯村　近頃《ちかごろ》毛皮《けがは》が益々《ますます》流行《りうかう》して來《き》ましたね。

久米　女《をんな》の方《かた》にはないけれども、男《をとこ》の方《かた》で滑《こつ》稽《けい》なのが一《ひと》つありますね、それは狐《きつね》の毛皮《けがわ》を男《をとこ》がして居《ゐ》るでせう、それは實《じつ》に滑稽極《こつけいきは》まるですね、男《をとこ》でやつて居《ゐ》るですよ、首《くび》の附《つ》いたのを。

巖谷　田舎《ゐなか》から來《き》た人《ひと》でせう。

久米　私《わたし》は東京《とうきやう》で見《み》ましたよ、だから外國人《ぐわいこくじん》が斯《か》ういふことをいひました。『日本《にほん》にはこの頃《ごろ》男《をとこ》の淫賣《いんばい》が出來《でき》ましたね』と、それもいゝ狐《きつね》なら兎《と》も角《かく》として、男《をとこ》がやる位《くらゐ》だからいゝ加減《かげん》な安《やす》い淫賣《いんばい》が背負《しよ》ふやうなものを頸《くび》へ付《つ》けて居《ゐ》るでせう。

吉岡　女《をんな》でも私《わたし》は嫌《きら》ひでございます。人間《にんげん》が動物《どうぶつ》を背負《しよ》つてるのですからね、あれが非《ひ》常《じやう》な名譽《めいよ》らしうございますね。

森　暖《あたゝか》いといふより飾《かざ》り一方《ぱう》でございませう。

久米　ところが暖《あたゝか》いさうです。秋《あき》からの冷《ひ》えまさつて來《く》る都會《とくわい》の夜《よる》にはどうしてもあれが一番《ばん》いゝんださうです。

大辻　いゝ毛皮《けがは》ならいゝけれども、猫《ねこ》の死骸《しがい》を見《み》たやうなものを背負《しよ》つて歩《ある》くのは悲慘《ひさん》ですね。（笑聲《せうせい》）

森　ホワイトフオツクスをかけて居《ゐ》ると、ホテルの取扱《とりあつか》ひが違《ちが》ふさうですね、毛皮《けがは》で以《もつ》て見《み》るんださうです。

巖谷　けがはの功名《こうみやう》ですな。（笑聲《せうせい》）

久米　毛皮《けがは》の流行《はや》りはどうかな。

徳川　日本人《にほんじん》の方《かた》には似合《にあ》ひませんね。

巖谷　同時《どうじ》に日本《にほん》の服《ふく》には似合《にあ》はないでせうコートの上《うへ》などにしたのはよくない、コートがなければいゝかも知《し》れませんが――

巖谷　頭《あたま》と尻尾《しつぽ》の附《つ》いて居《ゐ》るといふことが問題《もんだい》だ。あれはやはり西洋人《せいやうじん》は日本人《にほんじん》より動物性《どうぶつせい》に近《ちか》いから何《なん》ともないのでせう。お友達《ともだち》を背負《しよ》つてる位《くらゐ》に考《かんが》へて居《ゐ》るのでせう。

吉岡　私《わたし》はあの御召や錦紗《きんしや》のコートは全廢《ぜんぱい》し

座談會スケッチ　巖谷氏とその自署

たいと思《おも》つて居《を》ります。塵除《ちりよ》けかお洒落《しや》れかわからない、雨《あめ》が降《ふ》ると風呂敷《ふろしき》に包《つゝ》んで出掛《でか》ける。私共《わたしども》へ診察《しんさつ》に見《み》える方《かた》などにしても、立派《りつぱ》なコートをお召《め》しになつた方《かた》は先《ま》づコートを着《き》た儘《まゝ》お叩頭《じぎ》をして、それから帶《おび》を解《と》くんです。

平岡　私共《わたしども》の所《ところ》へ西洋人《せいやうじん》の方《かた》がよく參《まゐ》られまして、『日本《にほん》の方《かた》が歸《かへ》りにお支度《したく》なすつて居《ゐ》るのを見《み》まして、日本《にほん》の人《ひと》は羽織《はおり》を召《め》して、その上《うへ》に今度《こんど》はコートを着《き》て、その上《うへ》に襟《えり》巻《まき》をするが、大體《だいたい》何《なん》の爲《ため》か』といひますから、『お寒《さむ》いからでせう』と私《わたし》が申《まう》しました。さうすると『併《しか》し寒《さむ》さを凌《しの》ぐやうな暖《あたゝか》いものは一枚《まい》もない、縮緬《ちりめん》の薄《うす》いものばかりで、あれを一《ひと》つにして何《なに》か暖《あたゝか》いものにしたらどうか、私共《わたしども》が見《み》ると非常《ひじやう》に不安《ふあん》に見《み》える』と斯《か》う申《まう》しました。餘程《よほど》哀《あは》れつぽく見《み》えたと見《み》えますね。

吉岡　日本《にほん》でもさう思《おも》ひますよ、ですから私《わたし》はセルか何《なに》か厚《あつ》い物《もの》にしたらと思《おも》ひます。

磯村　厚《あつ》ぼつたいものを着《き》ると、恰好《かつかう》が惡《わる》くなると云《い》ふお洒落《しやれ》からでせうな、所謂《いはゆる》伊達《だて》の薄着《うすぎ》と云《い》ふ奴《やつ》なんです。

記者　衣類《いるゐ》の柄行《がらゆ》きとか色合《いろあ》ひとか云《い》ふ方面《はうめん》については如何《どう》でせう。

久米　僕《ぼく》は同《おな》じ色《いろ》の配合《はいがふ》で以《もつ》て、色々《いろ〳〵》な調和《てうわ》をうまくつけてやる服裝《ふくさう》がいゝと思《おも》ひますね。

巖谷　刺戟《しげき》の強《つよ》くないのが上品《じやうひん》ですな。同色《どうしよく》の配合《はいがふ》であれば刺戟《しげき》が強《つよ》くない。刺戟《しげき》の強《つよ》いのは一寸《ちよつと》見《み》はいゝけれども、鼻《はな》についていけませんよ。

池部　しかしどこかに強《つよ》い所《ところ》が必要《ひつえう》ですね。帶《おび》とか、帶揚《おびあ》げとか。

大辻　僕《ぼく》の知《し》つて居《ゐ》るお孃《ぢやう》さんですが、デパートメントのウインドに飾《かざ》つてある着物《きもの》が非常《ひじやう》にお氣《き》に召《め》した。それから親《おや》をせびつて買《か》つて貰《もら》つたんです。喜《よろこ》んで着《き》て見《み》たところが、あれぢやないといふて憤慨《ふんがい》しちやつたんです。ウインドのモデルを見《み》ますと胸《むね》がないのでございませう、前《まへ》がペコンとして居《ゐ》て——あれを生《い》きて居《ゐ》る御婦人《ごふじん》が着《き》るから險呑《けんのん》なんです。

吉岡　それは着物丈《きものだけ》ではございません。自分《じぶん》で選擇《せんたく》する才能《さいのう》が足《た》りないからなんです。

久米　私《わたし》が日本《にほん》に歸《かへ》つてから感《かん》じたのは、白粉《おしろい》の非常《ひじやう》に濃《こ》いことです。

巖谷　近來殊《きんらいこと》に濃《こ》くなつたね、あれは感服《かんぷく》しない、お面《めん》を被《かぶ》つたやうで。

池部　羽織《はおり》はどうですか。

磯村　芝居《しばゐ》などで、よく十三四位《くらゐ》のお孃《ぢやう》さんが、派手《はで》な羽織《はおり》を着《き》てゐるのを見掛《みか》けますが、あれは餘《あま》り感心《かんしん》しませんね。

森　羽織《はおり》は曲線美《きよくせんび》がなくなりますね。

德川　その代《かは》り曲線《きよくせん》の惡《わる》い人《ひと》は羽織《はおり》で救《すく》はれます。

池部　併《しか》し若《わか》い娘《むすめ》さんはやはり帶《おび》とお尻《しり》の味《あぢ》はひを發揮《はつき》した方《はう》がいゝと思《おも》ふ。

巖谷　これは問題《もんだい》にならぬけれども、宿屋《やどや》に行《ゆ》きまして女中《ぢよちう》が羽織《はおり》を着《き》て出《で》て來《く》るのがありますね、あんな嫌《い》やなものはない。實《じつ》に感《かん》じが惡《わる》いですよ。

森　甲斐《かひ》々々《ぐ》しく見《み》えませんね。

巖谷　その反對《はんたい》に男《をとこ》が羽織《はおり》を着《き》ないで人《ひと》の前《まへ》に出《で》るのはいけない。

奧樣《おくさま》お孃樣《ちやうさま》の好みいろ〱

大辻　この頃《ごろ》の奧樣《おくさま》は藝者衆《けいしやしう》の眞似《まね》をし、娘《むすめ》はカフヱーの女給《ぢよきふ》さんの眞似《まね》をし・倅《せがれ》は蒲《かま》田《た》の下廻《したまは》り見《み》たやうな眞似《まね》をし、親父《おやぢ》は材《ざい》木屋《もくや》の親父《おやぢ》の眞似《まね》をして縫紋《わひもん》の羽織《はおり》を着《き》てこんな草鞋《わらぢ》見《み》たやうな手《て》に指輪《ゆびわ》を嵌《は》めて居《ゐ》るといふたやうな工合《ぐあひ》ですね。

座談會スケッチ
久米氏とその自署

吉岡　それは奧《おく》さんが藝者《げいしや》の眞似《まね》をし、お孃《ぢやう》さんがカフヱーの女給《ぢよきふ》の眞似《まね》をするといふのは、男《をとこ》の方《はう》が惡《わる》いのです。

大辻　どうしてゞすか。

吉岡　さうしなければ男《をとこ》の人《ひと》に喜《よろこ》ばれないらしい、それで擧《こぞ》つてやつて居《ゐ》る、夫《をつと》の御機《ごき》嫌《けん》をとるやうに、又《また》いゝ所《ところ》にお嫁《よめ》に行《ゆ》くやうに。あれは男《をとこ》の好《この》みでございませう。

久米　男《をとこ》の要求《えうきう》といふものはそんなにハツキリ分《わか》つて居《ゐ》るか知《し》らん。

吉岡　さう思《おも》ふのでせう。

巖谷　淺薄《あさはか》なことかも知《し》れませんが、さう思《おも》ひますね。

吉岡　夫《をつと》が遊《あそ》びに行《ゆ》くのを、藝者《げいしや》のやうな風《ふう》でもすれば豫防《よばう》することが出來《でき》るかも知《し》れぬといふ淺薄《あさはか》な考《かんが》へでです。

大辻　非常警戒《ひじやうけいかい》の爲《ため》にするんですね。

吉岡　多分《たぶん》さうではないかと思《おも》ひます。

磯村　これは大阪《おほさか》の話《はなし》ですが、ある商家《しやうか》の主《しゆ》人公《じんこう》が餘《あま》り藝妓遊《げいしやあそ》びにこるので、若《わか》い妻君《さいくん》の智慧《ちゑ》で、住居《すまゐ》萬端《まんたん》を藝妓屋風《げいしややふう》にして、自《じ》分《ぶん》も派手《はで》な着物《きもの》か何《なに》かを着込《きこ》んで、主人公《しゆじんこう》が歸《かへ》つて來《く》ると、アラいらつしやい……てな事《こと》を云《い》つて出迎《でむか》へ、總《すべ》てをお客扱《きやくあつかひ》にした所《ところ》、主人公《しゆじんこう》すつかり嬉《うれ》しくなつて了《しま》ひ、藝《げい》妓遊《しやあそ》びをぴたりとやめて了《しま》つた相《さう》ですよ。

徳川　アハヽヽヽ、まるで曾我廼家《そがのや》ですね。

大辻　森《もり》さん、あなたは平常《ふだん》お召物《めしもの》を買《か》ふ時《とき》に、女《をんな》ばかり見《み》ていゝのを買《か》ひますか、これは男《をとこ》に見《み》せたら男《をとこ》が喜《よろこ》ぶだらうと思《おも》つて買《か》ひますか。

森　私《わたし》は自分《じぶん》の趣味《しゆみ》で買《か》ひますわ。

大辻　だけれども男《をとこ》に澤山《たくさん》見《み》せた方《はう》が功徳《くどく》にもなりますしね、往來《わうらい》を歩《ある》いて居《ゐ》て多少《たせう》男《をとこ》の好《この》むやうなものを御婦人《ごふじん》が買《か》つて吳《く》れなければ……

森　或《あるひ》は無意識《むゐしき》の間《あひだ》にさういふことになつて居《ゐ》るかも知《し》れませんね。

徳川　質問《しつもん》してハツキリ聽《き》く事《こと》ではないな。

記者　それから着物《きもの》の着《き》こなし方《かた》などについては如何《どう》でせうか。

森　ゆるんでるのは下品《げひん》でございますね。腰紐《こしひも》のしまらないのなど――

磯村　名前《なまへ》は遠慮《ゑんりよ》しますが、帝劇《ていげき》を中途《ちうと》でや

座談會スケッチ
吉岡氏とその自署

めた二期《き》生《せい》かの中《うち》に、現代《げんだい》もの〻巧《うま》い女優《ぢよいう》さんがありましたね。尤《もつと》も小肥《こぶと》りの方《かた》でしたが、いつも裾《すそ》の方《はう》を明《あけ》つぱなしにしてゐましたね。

巖谷　體格《たいかく》にもよりますね。立派《りつぱ》な着物《きもの》を着《き》て、帶《おび》の緩《ゆる》んだ大變《たいへん》な人《ひと》などありますよ。

記者　踊《をどり》をされた方《かた》の姿《すがた》は何《なん》となく違《ちが》ひますね。

森　身體《からだ》を鍊《きた》へた方《かた》は、たとへどんな動作《どうさ》をしても自然《しぜん》に美《うつく》しく見《み》えます。

平岡　着物《きもの》の本當《ほんたう》に崩《くづ》れなくなるまでには三年位《ねんぐらゐ》か〻ります。朝《あさ》ちやんと着《き》付《つけ》をした時《とき》は宜《よろ》しうございますが、二時間《じかん》ばかり働《はたら》きますと崩《くづ》れます、朝着《あさぎ》たま〻きちんと夜《よる》まで保《も》つには三年《ねん》か〻ります。

森　それから胸高《むなだか》が非常《ひじやう》に流行《はや》つて居《を》りますが、折角《せつかく》の曲線美《きよくせんび》を隱《かく》すといふことは、何《なん》だか不自然《ふしぜん》な、しかも窮屈《きうくつ》な感《かん》じがいたしますね。

吉岡　儀式《ぎしき》の時《とき》の帶《おび》も高過《たかす》ぎますね。

大辻　帶《おび》を背負《しよ》つてるやうなものですね。

吉岡　腰《こし》がみな見《み》えましてね。

森　あれは男《をとこ》の方《かた》の好《このみ》ではないでせうか。

池部　私《わたし》は非常《ひじやう》に好《す》きです。腰《こし》のない女《をんな》は大《だい》嫌《きら》ひです。

金語樓　足《あし》を長《なが》く見《み》せるために帶《おび》を上《うへ》にあげるんですかな。

吉岡　少《すこ》し度《ど》が過《す》ぎますね。あんなにしなくても足《あし》は出《で》ます。

金語樓　帶《おび》と顏《かほ》と頭《あたま》、皆《みな》くつ付《つ》いちやいましてね。蛸《たこ》を吊《つ》り下《さ》げた樣《やう》になつて――（笑聲《せうせい》）

平岡　私《わたし》、こんど一日《にち》居《を》りましても襦袢《じゆばん》と着《き》物《もの》がピンとして居《ゐ》ることを發明《はつめい》しました。着物《きもの》に襦袢《じゆばん》の襟《えり》をつけたのです。私《わたし》は襟《えり》といふものは殿方《とのがた》のネクタイに當《あた》る大事《だいじ》なものだと思《おも》つて居《を》ります。

吉岡　一寸拜見《ちよつとはいけん》。（皆《みな》さんで御覽《ごらん》になる）

森　アラ〳〵襦袢《じゆばん》に襟《えり》をつけずに。

磯村　これは關東《くわんとう》では珍《めづ》らしいかも知《し》れませんが、關西並《くわんさいならび》に九州地方《しうちはう》の花柳界《くわりうかい》ではかなり古《ふる》くからやつてゐます。それから東京《とうきやう》では市會議員《しくわいぎゐん》の高橋秀臣君《たかはしひでおみくん》が、男《をとこ》の襟《えり》を發明《はつめい》して賣出《うりだ》した事《こと》がありましたが、ものに成《な》らず了《じま》ひでした、何《なん》でもカラーを日本化《にほんくわ》したものでした。

吉岡　左樣《さう》でせうか、でもい〻ことを伺《うかゞ》ひました。みんなに宣傳《せんでん》したらい〻ですね。

森　本當《ほんたう》に簡單《かんたん》でようございますね。

お化粧法《けしやうはふ》のさま〴〵

記者　それでは次《つぎ》に婦人《ふじん》の化粧《けしやう》とか紅《べに》のさし方《かた》、手《て》や足《あし》の手《て》入《い》れとか云《い》ふ方面《はうめん》のお話《はなし》を伺《うかゞ》ひたう御座《ござ》います。

徳川　婦人《ふじん》がお化粧《けしやう》をして居《ゐ》る間《あひだ》は絶對《ぜつたい》に駄《だ》目《め》だと思《おも》ひますね。お化粧《けしやう》をしなくならなければ――

森　私《わたし》は若《わか》いかたには絶對《ぜつたい》にお化粧《けしやう》を止《や》めさせて居《を》ります。

徳川　勿體《もつたい》ないですね、十七から十八位《ぐらゐ》の女《をんな》の皮膚《ひふ》を白粉《おしろい》なんかで隱《かく》すのは――

記者　この頃化粧《ころけしやう》の方法《はうはふ》も大分變《だいぶんかは》つて來《き》たやうですね。

森　一時非常《じひじやう》に濃化粧《あつけしやう》が流行《はや》りましたが、だん/\薄《うす》くなつたと思《おも》ひます。やはり男《をとこ》のかたの御趣味《ごしゆみ》かも知《し》れません。

池部　その代《かは》り口紅《くちべに》が大《たい》へん强《つよ》くなりましたね。昔《むかし》はちよつと置《お》いたものですが、今《いま》は口《くち》一杯《はい》につけて居《を》りますね。

徳川　口《くち》は大《おほ》きい方《はう》がよく見《み》えるやうになりました。

座談會スケッチ　森氏とその自署

吉岡　私《わたし》は口《くち》に魅力《みりよく》をおくと云《い》ふことは、自《し》然《ぜん》キッスの流行《りうかう》と云《い》ふことになるので、衞《ゑい》生上《せいじやう》から甚《はなは》だ感心出《かんしんで》來《き》ないことだと思《おも》つて居《を》ります。

大辻　この頃《ごろ》の娘《むすめ》さんなんかの眉毛《まゆげ》の引《ひ》き方《かた》など、活動寫眞《くわつどうしやしん》の眞似《まね》ではないですか。

徳川　それは二三年前《ねんぜん》からです。健康《けんかう》で眉毛《まゆげ》の濃《こ》いのはいゝですがね。

森　この頃素人《ごろしらうと》のかたでも睫毛《まつげ》をおつけになりますね。

記者　睫毛《まつげ》のかつらですか。

森　さうです。チヤンと出來《でき》て居《ゐ》て、自分《じぶん》の睫毛《まつげ》の上《うへ》につけるんです。舶來《はくらい》ですけれども――日本人《にほんじん》に丁度《ちやうど》いゝのが出來《でき》て居《を》ります。それから、よく油《あぶら》をおつけになる方《かた》もあります。睫毛《まつげ》の尖《さき》を切《き》つて――

大辻　キユーピー見《み》た樣《やう》な眼《め》になりますね。

吉岡　私《わたし》はあまり人工《じんこう》を加《くは》へない自然《しぜん》を發揮《はつき》するお化粧《けしやう》にしたいと思《おも》ひますね。

大辻　お化粧《けしやう》の巧《うま》くなるのは三十搦《から》み、そろそろ焦《あせ》り出した頃《ころ》からお化粧《けしやう》の方《はう》に苦心《くしん》をするのですね。(笑聲《せうせい》)

記者　顔《かほ》ばかり美《うつく》しくお化粧《けしやう》しても、他《ほか》がつり合《あ》はないのは見《み》にくいですね。

池部　僕《ぼく》は足《あし》の美《び》より手《て》の美《び》を感《かん》じて居《ゐ》ます手《て》は綺麗《きれい》にしてほしいですね。十七、八の娘《むすめ》の手《て》はどう見《み》ても氣持《きもち》のいゝものです。

平岡　私《わたし》は耳《みゝ》の美《び》といふものも一《ひと》つ入《い》れて戴《いたゞ》きたいと思《おも》ひます。

磯村　昔《むかし》は耳《みゝ》へも紅《べに》をさしたやうですね。

嚴谷　手《て》は確《たし》かに日本人《にほんじん》の方《はう》が西洋人《せいやうじん》より綺《き》麗《れい》でせう。

池部　奈良邊《ならあた》りの千手觀音《じゆくわんおん》の手《て》はとてもいゝものですな。どつちかといふと神經質《しんけいしつ》な顔《かほ》立《だち》をして居《ゐ》る人《ひと》の手《て》はよくありません。おかめ式《しき》の顔《かほ》の方《かた》に非常《ひじやう》に手《て》の美《うつく》しい方《かた》があります。

大辻　ありさうだね。

芝鶴　僕達《ぼくたち》が婦人《ふじん》に扮《ふん》して寫眞《しやしん》に寫《うつ》されると一番悲觀《ばんひくわん》するのは手《て》ですね、手《て》だけは隱《かく》せませんね。咽喉佛《のどぼとけ》は或《あ》る程度《ていど》隱《かく》せます。

吉岡　それはどうしてお隱《かく》しになります。

芝鶴　あれは顋《あご》の引《ひ》き方《かた》で大抵隱《たいていかく》れますが、餘裕《よゆう》がないと指《ゆび》の先《さき》までは氣《き》が付《つ》かないですね。

磯村　握手《あくしゆ》でもする時《とき》に、いくら奇麗《きれい》な衣服《きもの》

座談會スケッチ

平岡氏とその漫畫

を着《き》てゐても、椎茸《しいたけ》見たいな手《て》を出《に》されるとウンザリしますね。（笑聲《せうせい》）

巖谷　着附《きつ》けや化粧法《けしやうはふ》などに就《つい》て、今日《こんにち》ではよく專門家《せんもんか》の手《て》にかゝるが、あれは不自由《ふじいう》な話《はなし》だと思《おも》ふ、私《わたし》は女學校《ぢよがくかう》の正科《せいくわ》に入《い》れて、着附《きつ》けや化粧法位《けしやうはふぐらゐ》は敎《をし》へてやつたらどうかと思《おも》ふね。

吉岡　大江《おほえ》さんの家政女學院《かせいぢよがくゐん》ではやつて居《を》ります。

巖谷　これは是非必要《ぜひひつえう》だと思《おも》ふ、專門《せんもん》の人《ひと》の厄介《やつかい》にならなくても濟《す》むし、さうするとコテコテ人《ひと》の顔《かほ》を借《か》りて來《き》たやうな、お面見《めんみ》たやうな顔《かほ》が出來《でき》ないで濟《す》みませう。

森　私《わたし》この頃感《ごろかん》じて居《を》りますが、眞白《まつしろ》に白粉《おしろい》をコテ〱つけて居《ゐ》るのは時代遲《じだいおく》れのやうな感《かん》じがします。

池部　白粉《おしろい》は色々《いろ〱》あるんですか。

森　隨分《ずゐぶん》ございますよ、紫《むらさき》もございますし、その人々《ひと〴〵》の顔《かほ》に依《よ》つて……

巖谷　それですから學校《がくかう》で敎《をし》へれば合理的《がふりてき》の化粧《けしやう》が出來《でき》ると思《おも》ふのです。

森　よく化粧師《けしやうし》の方《かた》などに伺《うかゞ》ひますと、男《をとこ》の方々《かた〴〵》の居《ゐ》らつしやるお席《せき》とか、園遊會《ゑんゆうくわい》とかいふ時《とき》には、成《なる》べく薄《うす》くつくり上《あ》げるが、御婦人《ごふじん》ばかりの寄合《よりあひ》には人形式《にんぎやうしき》につくるとお氣《き》に召《め》すといふことでございます。

髮《かみ》の手入《てい》れと髮形《かみかたち》いろ〱

大辻　この頃耳隱《ごろみゝかく》しが段々耳出《だん〴〵みゝだ》しになりましたね。

吉岡　私《わたし》はいゝことだと思《おも》ひます。

大辻　先生耳隱《せんせいみゝかく》しにしたことがありますか。（笑聲《せうせい》）

吉岡　ありませんよ。

巖谷　斷髮《だんぱつ》はどうかな。

德川　いゝ顔《かほ》の方《かた》ならする必要《ひつえう》はありませんが、缺點《けつてん》のある顔立《かほだ》ちの人《ひと》は、どうかすると美《うつく》しくなります。

巖谷　從來日本人《じうらいにほんじん》は油《あぶら》を使《つか》つて、大變髮《たいへんかみ》の保護《ほご》が出來《でき》て居《を》つたのですが、只今《たゞいま》のやうに洗《あら》ひ髮《がみ》で、ばさ〱して見《み》たり、燒《や》いたりくしや〱にしたりしたら將來日本婦人《しやうらいにほんふじん》の髮《かみ》の毛《け》はどうなることかと思《おも》ひます。

大辻　私《わたし》は角刈《かくがり》になると思《おも》ひます。

吉岡　毛《け》は短《みじか》く赤《あか》くなるでせう。

巖谷　仕方《しかた》なく斷髮《だんぱつ》になりませう。

金語樓　そのかはり眞中《まんなか》が赤《あか》く禿《は》げるやうなことはありますまいな。

平岡　日本人《にほんじん》の髮《かみ》の毛《け》は黑《くろ》いのを尊《たつと》んで居《ゐ》たものが、わざ〱黑《くろ》い毛《け》を赤《あか》く染《そ》めることが流行《はや》るなんて、不思議《ふしぎ》なことだと思《おも》ひます。

德川　縮《ちゞ》れツ毛《け》もね。

磯村　縮《ちゞ》れツ毛《け》で思《おも》ひ出《だ》しましたが私共《わたしども》の娘《むすめ》の行《い》つてゐる女學校《ぢよがくかう》では、燒火箸《やけひばし》で毛《け》を縮《ちゞ》らせることが流行《はや》つてゐる相《さう》ですよ。

大辻　昔《むかし》の娘《むすめ》さんは縮毛《ちゞれけ》で自殺《じさつ》した人《ひと》なんかあるでせう、勿體《もつたい》ない話《はなし》だなあ。

巖谷　今《いま》の人《ひと》は能《よ》く髪《かみ》を洗《あら》ふやうですね。

吉岡　昔《むかし》の人《ひと》は油《あぶら》を付《つ》けてよくすきぬきました。

巖谷　昔《むかし》はかういふことを言《い》つたですよ。嫁《よめ》に行《い》つて幾日《いくにち》の間《あひだ》か髪《かみ》を洗《あら》ふのはいけないと言《い》つて、暫《しばら》く洗《あら》はない人《ひと》がありました。洗《あら》ふ時《とき》には里《さと》へ行《い》つて洗《あら》つて來《く》るとか、他《よそ》へ行《い》つて洗《あら》つたものです。

吉岡　近頃《ちかごろ》は新婚旅行《しんこんりよかう》に出掛《でか》けるので、その晩《ばん》に洗《あら》つてしまひます。

久米　その爲《ため》に離婚《りこん》が殖《ふ》えたのでせうか。（笑聲《せうせい》）

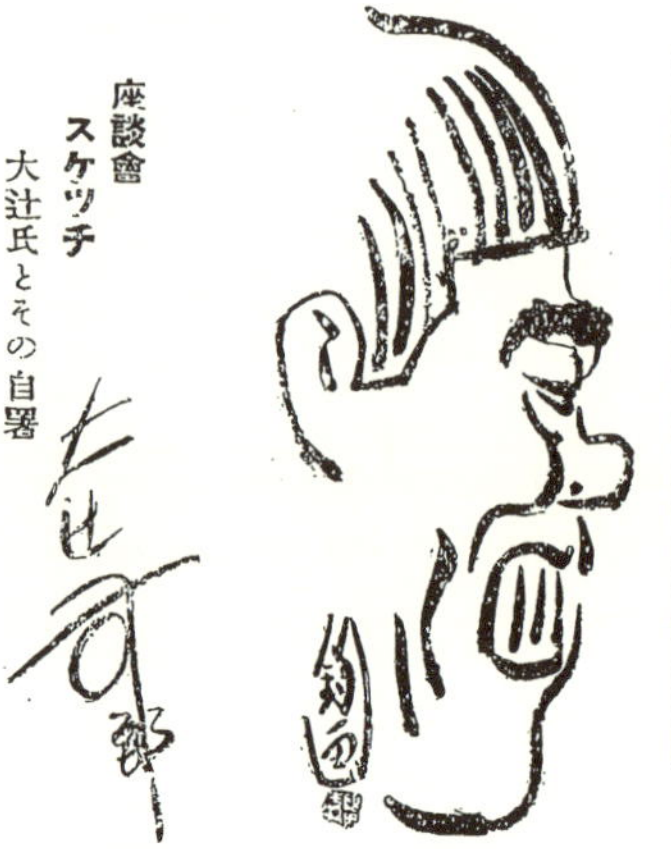

座談會スケッチ
大辻氏とその自署

平岡　私《わたし》は白髪《しらが》の豫防《よばう》の爲《ため》にブラシで頭《あたま》を叩《たた》きますが、どんなものでございませう。

吉岡　それは宜《よろ》しうございませう。

平岡　毛根《もうこん》の刺戟《しげき》を致《いた》します爲《ため》に――。

大辻　苦勞《くらう》してゐらつしやるな、平岡《ひらをか》さんは。

巖谷　何回位《なんくわいぐらゐ》、叩《たた》くのですか。

平岡　四百から五百位《ぐらゐ》、汗《あせ》をびつしよりかきます。いゝ運動《うんどう》でございます。

吉岡　自分《じぶん》の頭《あたま》を叩《たた》くのぢや怒《おこ》られもしない、それは確《たし》かに宜《よろ》しうございますね。

久米　顏色《かほいろ》と頭《あたま》の毛《け》とそばかすなんぞは連絡《れんらく》があるやうですね。皮膚《ひふ》の色《いろ》が白《しろ》くてそばかすのある人《ひと》は、髪《かみ》の毛《け》が薄《うす》くて、赤目《あかめ》の髪《かみ》の毛《け》だといふやうなことがありやしませんか。

巖谷　さういふ人《ひと》は皮膚《ひふ》が薄《うす》いね。始終《しじう》病《や》み上《あが》りみたいな顏《かほ》をして居《ゐ》る。ところがそばかすといふものは、或《あ》る時《とき》は多《おほ》く出《で》たり少《すくな》く出《で》たりしますね。

徳川　太陽《たいやう》の黑點《こくてん》みたいなものですね（笑聲《せうせい》）

吉岡　婦人病《ふじんびやう》と非常《ひじやう》な關係《くわんけい》があります。眼《め》の縁《ふち》の黑《くろ》い方《かた》がございませう、あれは大抵婦《たいていふ》人病《じんびやう》なんです。それから姙娠《にんしん》すると黑《くろ》くなります。

芝鶴　唇《くちびる》も大變違《たいへんちが》ふさうですね。

吉岡　唇《くちびる》は自分《じぶん》の氣分《きぶん》のいゝ時《とき》と惡《わる》い時《とき》では大變《たいへん》に違《ちが》ひます。

身《み》のこなし方上手《かたじやうず》下手《へた》

記者　婦人《ふじん》の歩《ある》き方《かた》などに就《つ》いてもいろ〱見受《みう》けますやうですが。

芝鶴　藝者《げいしや》の歩《ある》き方《かた》は、膝《ひざ》から下《した》で歩《ある》くらしいのです。素人《しろうと》が歩《ある》くのは腰《こし》から歩《ある》くやうですね、膝《ひざ》から歩《ある》くからお尻《しり》が自然《しぜん》に振《ふ》れるんですね、さうぢやないかと思《おも》ひます。

巖谷　西洋《せいやう》ではダンスの學校《がくかう》に行《ゆ》くと、第《だい》一に歩《ある》き方《かた》から敎《をし》へます、無論男《むろんをとこ》でも女《をんな》でも。だからやはり足取《あしど》りといふものは大切《たいせつ》なものに違《ちが》ひないですね。

芝鶴　西洋人《せいやうじん》に言《い》はせると、日本人《にほんじん》はちよこちよこ歩《ある》くといひますが、日本《にほん》の踊《をどり》で歩《ある》くこと程《ほど》むづかしいことはありませんね。

平岡　出《で》て來《く》るところで、この人《ひと》はこの位《くらゐ》の腕《うで》といふことが分《わか》りますね。

徳川　歩《ある》き方《かた》が上手《うま》ければ名優《めいいう》だと見《み》て間違《まちが》ひないですな。うまいかうまくないか、向《むか》

座談會スケッチ
金語樓氏とその自署

ふから歩《ある》いて來《き》てこれは直《す》ぐ分《わか》ります。ケレランスなんか歩き方《かた》が可愛《かはい》いです、この人《ひと》の歩《ある》き方《かた》のいゝつたらありません。後《うし》ろを向《む》いて歩《ある》いて行《い》つても隙《すき》がありません。

磯村　日本劇《にほんげき》でも左樣《さう》ぢやアありませんか、『申上《まうしあげ》ます連《れん》』は大抵花道《たいていはなみち》でヨタ〳〵してゐますよ。

久米　あれはお孃《ぢやう》さん方《がた》にも要《い》りますね、歩《ほ》線美《せんび》といふか、歩《ある》く線《せん》の美《び》ですね。

巖谷　『歩《ある》く姿《すがた》は』といふのが昔《むかし》からあるからね。

平岡　藝者衆《げいしやしう》などが大《おほ》一座《ざ》のお座敷《ざしき》へ膳《ぜん》を持《も》つて行《ゆ》く、膳《ぜん》を持《も》つた時《とき》には大概《たいがい》一樣《やう》ですが、歸《かへ》る時《とき》、膳《ぜん》のなくなつた時《とき》には手《て》のやり場《ば》に困《こま》るのです。それですから歸《かへ》る時《とき》の態度《たいど》さへ見《み》れば、これは可《か》なりいゝ藝者《げいしや》かどうかと云《い》ふことが直《す》ぐ分《わか》ります。

芝鶴　私達《わたしたち》が偶《たま》に立役《たちやく》をやるでせう、手《て》のやり場《ば》に困《こま》るのです。女形《をんながた》でも大體無手《だいたいむて》といふものは困《こま》るのですよ。傘《かさ》一本《ぽん》でも持《も》たして呉《く》れればいゝのですが、無手《むて》で花道《はなみち》から舞《ぶ》臺迄《たいまで》長い間出《あひだで》て來《く》るのは困《こま》つちまひます。

記者　手《て》の始末《しまつ》、手《て》を美《うつく》しく働《はたら》かせると云《い》ふことは六づかしいものでせうね。

芝鶴　私《わたし》は活動寫眞《くわつどうしやしん》で、素人《しろうと》を撮《と》つて見《み》て多《た》少研究《せうけんきう》して見《み》てゐますが、『いやよ』とハンケチで打《う》ちます。この打《う》ち方《かた》が素人《しろうと》と藝者《げいしや》と違《ちが》ひますね。素人《しろうと》は手先《てさき》で打《う》つやうです、藝者衆《げいしやしう》は肩《かた》から『いやよ』としなをつけて打《う》つ。それが生《うまれ》つきさうなんですね。同《おな》じ、『どう』と振向《ふりむ》くのにも、藝者衆《げいしやしう》は首《くび》が半《はん》分動《ぶんうご》くやうですね。髮《かみ》がみだれて居《を》れば、『あらさう』、手《て》が半分《はんぶん》だけしか上《あが》らない。素人《しろうと》は『さう』と手《て》が後《うし》ろ迄廻《までまは》りますね。

記者　伺《うかゞ》つて見《み》ると能《よ》く分《わか》ります。

芝鶴　それから物事《ものごと》を、半分《はんぶん》で片付《かたづ》けます。手《て》を後《うし》ろへ廻《まは》すにしても半分《はんぶん》でせう、ハンケチで打《う》つにしても半分《はんぶん》でせう、ちやんと正確《せいかく》に打《う》ちはしません、どつちかといふと愛嬌《あいけう》ですから。

巖谷　つまり容子《かたち》をつくることに氣《き》がとれてゐるのです。素人《しろうと》が眞似《まね》されちや困《こま》るが。

平岡　梯子段《はしごだん》など上《あが》るときの上《あが》り方《かた》ですね、あれは上《あが》る時《とき》、右《みぎ》の足《あし》を掛《か》けますね、右《みぎ》の足《あし》を掛《か》けてからでは遲《おそ》いのですが、右《みぎ》の足《あし》を掛《か》けようと思《おも》ふ時《とき》に左《ひだり》の方《はう》を背伸《せの》びするのです。

記者　身體《からだ》を一緒《しよ》に上《あ》げるのですね。

平岡　大變綺麗《たいへんきれい》なお召物《めしもの》で、自動車《じどうしや》などの上《あがり》下《お》りに思《おも》ひきつて出《だ》す方《かた》がございますね。

巖谷　またあそこが大抵白《たいていしろ》くない。（笑聲《せうせい》）

磯村　ですから大抵《たいてい》あの脚袢《きやはん》見《み》たいな、ストツキングを履《は》いてゐますね。

平岡　綺麗《きれい》な肌《はだ》のちら〳〵見《み》えるのは結構《けつこう》ですけれども――

芝鶴　横《よこ》に上《のぼ》ると或《あ》る程度隱《ていどかく》れますね。尤《もつと》も梯子段《はしごだん》では横《よこ》には上《のぼ》れませんが――それにこの節素足《せつすあし》のいゝ方《かた》を見《み》ませんね。

徳川　靴《くつ》を履《は》くと爪《つめ》がいびつになります。

芝鶴 昔《むかし》、柳橋《やなぎばし》の藝者《げいしや》は素足《すあし》が有名《いうめい》だつたんですね。

大辻 今《いま》ぢやカフエーの女給《ぢよきふ》さん達《たち》がお湯《ゆ》に行《ゆ》く時《とき》みな素足《すあし》で行《ゆ》くよ、妙義山《めうぎさん》みたいな恰好《かつかう》の足《あし》で……（笑聲《せうせい》）

巖谷 妙義山《みやうぎさん》はよかつたね。

表情《へうじやう》のさま〲と持《も》たねばならぬよい威嚴《ゐげん》

記者 婦人《ふじん》の表情《へうじやう》とか、しぐさについてのお話《はなし》を伺《うかゞ》ひたう御座《ござ》います。

金語樓 私共《わたしども》がやりますときは、田舍《ゐなか》の娘《むすめ》さんはどうしても袂《たもと》を摑《つか》みますですね。袂《たもと》を持《も》つて來《き》て、この中《なか》へ手《て》を入《い》れて見《み》たり、こんなことをして對話《たいわ》をします。

久米 型《かた》を拵《こしら》へて居《ゐ》る譯《わけ》ですわ。

金語樓 長家《ながや》の内儀《かみ》さんなどは出《で》て來《き》ますけれども、普通《ふつう》の現代《げんだい》の耳隱《みゝかく》しみたいな人《ひと》で、フエルトを履《は》いてゐる方《かた》の動作《どうさ》はどうしても取《と》れないのでございますね。

平岡 ハンドバツクを持《も》つてゐるでせう。

金語樓 ハンドバツク、あゝいふものが持《も》てないのです。手拭《てぬぐひ》をどう持《も》ちましても樣子《やうす》が出《で》ないので困《こま》ります。それで隱退《ゐんたい》しました小さん師匠《ししやう》は、活動《くわつどう》を能《よ》く見《み》て眼玉《めだま》を使《つか》へ、かういふことを能《よ》く私《わたし》に言《い》はれました。先《せん》の小さんといへば、極《ご》く木訥《ぼくとつ》な舊式《きうしき》な方《かた》ですがな、それが、活動《くわつどう》を見《み》て眼玉《めだま》を能《よ》く見《み》ろ……

久米 小《こ》さんの藝《げい》はクローズアツプだつた。

金語樓 やはり御婦人《ごふじん》の方《かた》は眼《め》といふものも必要《ひつえう》でございませうな。私《わたし》など小《こ》さん師匠《ししやう》が活動《くわつどう》を見《み》ろといふのは舞臺《ぶたい》へ上《あが》つて居《を》りまして、私《わたし》など男《をとこ》と話《はなし》をして居《を》りますと、眞《しん》の標準《ひやうじゆん》は向《むか》ふの柱《はしら》と此方《こつち》の柱《はしら》に付《つ》けて置《お》いて、對話《たいわ》をする。小《こ》さん師匠《ししやう》の說《せつ》では、そこに居《ゐ》るんだからそこいらを見《み》ろといふ。大《たい》して遠《とほ》くでない、遠《とほ》くと近《ちか》くと眼玉《めだま》が違《ちが》ふとかういふのです。遠《とほ》くを見《み》る時《とき》には眼玉《めだま》の大《おほ》きさが違《ちが》ふ、ですから會話《くわいわ》をする時《とき》には、そこで話《はな》するならそこを見《み》なくちやいけないといふのです。

久米 女《をんな》の人《ひと》が普通對話《ふつうたいわ》をして居《ゐ》る時《とき》に、自分《じぶん》の眼使《めづか》ひを意識《いしき》してやるものでせうか。

德川 意識《いしき》する場合《ばあひ》と意識《いしき》しない場合《ばあひ》とがありませうね。

大辻 電車《でんしや》なんかで女學生《ぢよがくせい》なんかの話《はな》す時《とき》の眼《め》と手《て》の表情《へうじやう》は實《じつ》にいゝ、人《ひと》の中《なか》へ出《で》ると眞面目《まじめ》な顏《かほ》をしてゐますが、お友達《ともだち》だけで話《はなし》をして居《ゐ》る時《とき》は實《じつ》に俳優《はいいう》ですね。表情《へうじやう》もいゝし、巧《うま》いことを言《い》ひますね。

巖谷 それから日本人《にほんじん》の方《かた》は男女共《だんぢよとも》に能《よ》く笑《わら》ひますな。用《よう》のない時《とき》に笑《わら》ふ人《ひと》が多《おほ》いね、げら〲、蔭《かげ》で聞《き》いて居《ゐ》ると笑《わら》ひごつこをして居《ゐ》るやうなのがあります。

吉岡 それは話《はなし》の種《たね》が少《すくな》いので、笑《わら》ひで押《お》し付《つ》けてしまふのではありませんか。

巖谷 それもありませうが、笑《わら》はないでいゝ

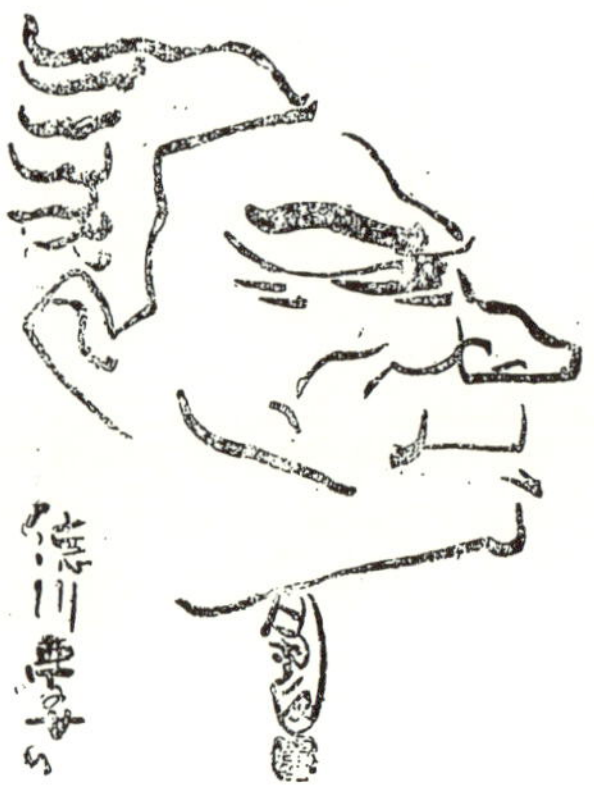

座談會スケツチ　徳川氏とその自署

座談會スケッチ
芝鶴氏とその自署

ことにも笑《わら》ふ。

金語樓　能《よ》く電車《でんしや》の中《なか》で女《をんな》の人《ひと》の足《あし》を踏《ふ》みますね。向《むか》ふが女《をんな》だと、ひよつと振向《ふりむ》くと笑《わら》つて謝《あや》まりますがね、男《をとこ》の人《ひと》だと『いやどうも』恐縮《きやうしゆく》した顏《かほ》をしますね。女《をんな》の人《ひと》ですと『いやどうも失禮《しつれい》しました』といふ具《ぐ》合《あひ》に笑《わら》つて謝《あや》まります。

巖谷　その笑《わらひ》は非常《ひじやう》に有効《いうかう》な笑《わらひ》だね。

久米　しかしなか〳〵笑《わらひ》といふものはむづかしいですよ。

芝鶴　泣《な》くのは幾《いく》らも泣《な》きますが、笑《わらひ》といふものはむづかしいですよ。

徳川　苦笑《くせう》だの冷笑《れいせう》は出來《でき》ますけれども、哄《こう》笑《せう》は出來《でき》ませんね。アハヽヽといふのは未《いま》だに出來《でき》ません。

大辻　自分《じぶん》に可笑《をか》しい場合《はあひ》はやれますけれども。

徳川　舞臺《ぶたい》の上《うへ》ではまあやれませんね。カラカラといふ笑《わら》ひ聲《ごゑ》は――それから眼《め》の話《はなし》でゞすが、西洋《せいやう》の女《をんな》なんぞ寫眞《しやしん》を通《とほ》してゞすが、親《した》しい人《ひと》には親《した》しみの表情《へうじやう》で話《はなし》をして、可《か》なり軟《やわ》らかい眼《め》をします。が、他人《たにん》から話《はな》しかけられると、つんと突然《いきなり》變《かは》つた眼《め》つきになります。ところが日本《にほん》のこの頃《ごろ》の人《ひと》達《たち》はもつと表情《へうじやう》がなければいけない、相手《あひて》の顏《かほ》を見《み》るやうにしなければいけないと言《い》はれた結果《けつくわ》、よく顏《かほ》を見《み》るやうにはなりましたが、どうもまだつんとする眼《め》が利《き》かない。變《へ》な奴《やつ》に袖《そで》を引張《ひつは》られても、變《へん》なことをされても、矢張《やはり》にやにやした眼《め》つきだ、そのけぢめを付《つ》けて貰《もら》ひたい。誰《だれ》にでも色《いろ》眼《め》を使《つか》ふやうでは困《こま》る。

記者　必要《ひつえう》の場合《はあひ》には威嚴《ゐげん》もですね。

磯村　乘合自動車《のりあひじどうしや》の車掌《しやしやう》さんには、時々《しぐ〳〵》威嚴《ゐげん》のあるのに打《ぶ》つかりますよ。（笑聲《せうせい》）

徳川　瓦斯屋《ガスや》さんにも電氣屋《でんきや》さんにも、電車《でんしや》の車掌《しやしやう》さんにも色眼《いろめ》を使《つか》つて、亭主《ていしゆ》だけにつんとやられる。

吉岡　それは慥《たし》かにさうでせう。

芝鶴　威嚴《ゐげん》がないと有難《ありがた》くないですね。

久米　きつぱりとしたところがないといけませんね。男《をとこ》でもさうですが。

芝鶴　私《わたし》達《たち》女《をんな》形《がた》でもさうです。女役《をんなやく》が男形《をとこがた》にへいこら、へいこらして居《ゐ》ると、どうもその芝居《しばゐ》に値打《ねうち》がつかないやうに思《おも》ひます何《なん》だか借物《かりもの》の女房《にようぼう》みたいになるのです。

よい言葉《ことは》づかひ
惡《わる》い言葉《ことは》づかひ

池部　今女學生間《いまぢよがくせいかん》には隨分亂暴《ずゐぶんらんぼう》な言葉《ことは》が流行《はや》つて居《ゐ》るぢやないですか『いやだよ』『待《ま》つてたかい』さういふ風《ふう》なのがありますね。

吉岡　私《わたし》は家《うち》の看護婦《かんごふ》や生徒《せいと》に能《よ》く言《い》ひますけれども、『さうだわ』『行《ゆ》くわ』『いやよ』なんて言《い》ふことは遣《つか》はせないやうにいたして居《を》ります。

徳川　ですけれども私共《わたしども》は妻君《さいくん》が、御亭主《ごていしゆ》が出《で》かけて行《ゆ》く時《とき》、三ツ指《ゆび》をついて『行《い》つてゐらつしやいませ』歸《かへ》つた時《とき》に『お歸《かへ》り遊《あそ》ばせ』『あなたお汁召上《つけめしあが》りますか』もしら〴〵しくていやですね。

吉岡　そこまでゝなくてもいゝでせう。

徳川　行《ゆ》く〳〵は男女《だんぢよ》の言葉《ことば》には殆《ほと》んど差別《さべつ》がなくなるのではないでせうか。

大辻　音《ね》が違《ちが》ふね、節廻《ふしまは》しが違《ちが》ふ。それから平生《ふだん》あまり叮嚀《ていねい》な言葉《ことば》を使《つか》はない人《ひと》が、革《あらた》まつて、召上《かしあが》りまして、召上《めしあが》りましたとか、御存知《ごぞんぢ》ですか、いや私《わたし》は御存知《ごぞんぢ》ありませんなんといふ。

巖谷　いやそいつは能《よ》くある。運轉手《うんてんしゆ》に『お

座談會スケッチ　磯村氏とその自署

前知《まへし》つて居《ゐ》るか』『御存知《ごぞんぢ》ございません。』『可笑《をか》しいな、俺《おれ》が言《い》つて居《ゐ》るのに、頻《しき》りに御《ご》存知《ぞんぢ》々々、自分《じぶん》のことなんだ、あれは困《こま》るね。それから今徳川《いまとくがは》さんの仰《おつ》しやつたやうに女房《にようばう》が餘《あま》りに叮嚀《ていねい》な言葉《ことば》はいかんね。夫婦《ふうふ》の間《あひだ》は或《あ》る程度《ていど》までくだけた方《はう》がいいと思《おも》ふ。

芝鶴　上流社會《じやうりうしやくわい》の良人《をつと》が道樂《だうらく》するのはさういふ關係《くわんけい》ぢやないでせうか、親《した》しみがないから――

大辻　つまり口説《くぜつ》がないからですか。

磯村　程度問題《ていどもんだい》でせうが、ア、ラ我君式《わがきみしき》でも困《こま》るが、どつちかと云《い》へば叮嚀《ていねい》の方《はう》が好《い》いと思《おも》ひますね。

芝鶴　叮嚀《ていねい》で自然《しぜん》に出《で》た言葉《ことば》がいゝ。

はきちがへた婦人《ふじん》の美徳《びとく》

吉岡　婦人《ふじん》の癖《くせ》といふのか、美徳《びとく》といふのか知《し》りませんが、女《をんな》は自分《じぶん》のことを、夫《をつと》とか母《はゝ》とかに塗付《ぬりつ》けてしまふ癖《くせ》があります。詰《つま》り責任回避《せきにんくわいひ》をやる、『さう申《まう》されました』『さうしてお出《い》でと言《い》はれました』『伺《うかゞ》つてお出《い》でと言《い》はれました』と自分《じぶん》のことをですよ。

記者　さういふことが美徳《びとく》であり、夫《をつと》なり母《はゝ》なりの體面《たいめん》を立《た》てゝ、大變《たいへん》いゝことのやうに思《おも》つて居《ゐ》るのではないでせうか。

巖谷　日本《にほん》の長《なが》い習慣《しふくわん》で、自分《じぶん》で露骨《ろこつ》に言《い》つてはいかぬと思《おも》ふのでせうが、婦人方《ふじんがた》にも今少《いますこ》し自覺心《じかくしん》を持《も》たせたいものですね。それから女《をんな》は自己《じこ》の言《い》ひ譯《わけ》を言《い》ひ過《す》ぎると思《おも》ふがどうでせう。ざつくばらんに詫《あやま》つて置《お》けばいゝものを何《なん》とか言《い》ひ譯《わけ》をしたがる。兎《と》に角《かく》さつぱり詫《あやま》りませんな。

芝鶴　人《ひと》の批評《ひひやう》をすることも女《をんな》でせうね。

巖谷　それから婦人《ふじん》の前《まへ》で他《ほか》の婦人《ふじん》を賞《ほ》めるときつと怒《おこ》るね。

芝鶴　自分《じぶん》が卑下《ひげ》された様《やう》に思《おも》ふのでせう。

記者　さういふ點《てん》は、男《をとこ》より女《をんな》の方《はう》が強《つよ》いでせう。

巖谷　人中《ひとなか》に出《で》ると、きつと人《ひと》の風《ふう》を見《み》る、矢張《やはり》一種《しゆ》の猜疑心《さいぎしん》とか、嫉妬心《しつとしん》とかが働《はたら》くやうに思《おも》へる。

巖谷　お嫁《よめ》さんに付《つい》て斯《こ》ういふ滑稽《こつけい》な話《はなし》がありますよ、それは餘程堅氣《よほどかたぎ》で教育《けういく》された嫁を私《わたし》の親戚《しんせき》で貰《もら》つたのです。所《ところ》が寒《さむ》い晩《ばん》に役所《やくしよ》から歸《かへ》つて來《く》る、うちへ歸《かへ》つて飯《めし》を

座談會スケッチ
池部鈞氏とその自畫

ひたいし、火鉢《ひばち》にも當《あた》りたいと思《おも》つて歸《かへ》つて來《く》ると、お嫁《よめ》さんが庭《には》に立《た》つて居《ゐ》る。それからどうしたと言《い》ふと『今《いま》お歸《かへ》りですか』と言《い》ふ、今《いま》まで迎《むか》へて吳《く》れたのかと言《い》つてうちに這入《はい》つて見《み》ると火《ひ》の氣《け》もないどうしたのだと言《い》ふと、夫《をつと》が外《そと》で寒《さむ》い思《おも》ひをして居《ゐ》るのに自分《じぶん》が火《ひ》に當《あた》つてゐては惡《わる》いといふ考《かんがへ》だ、そこで表《おもて》に立《た》つて居《を》つた。私許《わたしばか》り火《ひ》に當《あた》つては濟《す》まないといふので火《ひ》を起《おこ》さなかつた、どうも亭主《ていしゆ》は有難《ありがた》いやうな嬉《うれ》しいやうな、さういふ考《かんがへ》の婦人《ふじん》があるのです。（笑聲《せうせい》）

吉岡　あまり常識《じやうしき》のない話《はなし》ですね。

徳川　一寸《ちよつと》嬉《うれ》しいでせうね。その方《はう》が……

嚴谷　心持《こゝろもち》は嬉《うれ》しいが、溫《あたゝ》かくないではないか。（笑聲《せうせい》）中《なか》で火《ひ》を起《おこ》して置《お》いて外《そと》に立《た》つて居《を》れば申分《まうしぶん》はない、中《なか》は火《ひ》の氣《け》なして、亭主《ていしゆ》の顏《かほ》を見《み》てフウ〳〵火を起《おこ》したのではやり切《き》れない。

池部　さういふ意味《いみ》で私《わたし》の近所《きんじよ》での出來事《できごと》です。雨《あめ》が降《ふ》ると傘《かさ》を持《も》つて良人《をつと》の歸《かへ》りを迎《むか》へなければならぬといふことを女學生時代《ぢよがくせいじだい》から見《み》て居《を》つて、それを實地《じつち》にやらうと思《おも》つて居《を》つたのではないかと思《おも》つたのですがそれを或《あ》る日《ひ》雨《あめ》が降《ふ》つたからやつた、やつたのはいゝが、瓦斯《ガス》コンロを起《おこ》しツ放《ぱな》して、歸《かへ》つて來《き》たらお湯《ゆ》が沸《わ》いて居《ゐ》るつもりで行《い》つたんです。さうして相々傘《あひ〳〵がさ》で歸《かへ》つて見《み》た所《ところ》が火事《くわじ》で家《いへ》が燒《や》けちやつたんです。

大辻　これは面白《おもしろ》いな。

池部　實際《じつさい》の話《はなし》です、それで近所《きんじよ》で以《も》つてどうして火事《くわじ》を起《おこ》したといふて段々《だん〳〵》聽《き》くと、その理由《わけ》なんです、がん〳〵いふお神《かみ》さんが『本當《ほんたう》に馬鹿《ばか》々々しいぢやないか、五十錢《せん》奮《ぷん》發《ぱつ》して車《くるま》に乘《の》つて來《こ》られるのを出迎《でむかへ》をして家《うち》を燒《や》いちやつて、近所《きんじよ》に迷惑《めいわく》をさしてさ』と怒鳴《どな》つた。それでもさういふ夫婦《ふうふ》は平氣《へいき》で近所《きんじよ》に挨拶《あいさつ》にも行《ゆ》かない。半燒《はんやけ》で濟《す》んだので翌日《よくじつ》燒跡《やけあと》を二人《ふたり》して搔廻《かきまは》してゐた。

徳川　電車《でんしや》に泥靴《どろぐつ》の儘《まゝ》子供《こども》を乘《の》せる奧《おく》さんはどんな美人《びじん》でも厭《いや》ですね。

池部　さうかと思《おも》ふと、一生懸命《しやうけんめい》にそれを氣《き》にしてゐる女《をんな》を見《み》ると、非常《ひじやう》にしをらしくなりますね。

磯村　僕《ぼく》の友達《ともだち》が、昨日《きのふ》電車《でんしや》に乘《の》つたら、例《れい》の泥靴《どろぐつ》の、可愛《かは》いゝのが四足《そく》ズーツと並《なら》んでゐたので、坊《ぼつ》ちやん、お靴《くつ》ぬぎませうねと云《い》ふと、側《そば》に腰《こし》かけてゐたツーンとした奧樣《おくさま》が、私共《わたしども》はこの次《つ》ぎで下《お》りますからと叱《しか》られた相《さう》です。（笑聲《せうせい》）

記者　お忙《いそが》しい中《なか》を長時間《ちやうじかん》、有難《ありがた》うございました。（完）

名《めい》家《か》令《れい》孃《ちやう》座《ざ》談《だん》會《くわい》

四月十四日　東京會館に於て

出席者（五十音順）

洋畫家　有島生馬氏孃　曉子さん
文學博士　上田萬年氏孃　文子さん
實業家　垣見新次郎氏孃　君子さん
家業家　川俣馨一氏孃　貞子さん
前大藏次官　黒田英雄氏孃　美津子さん
法學士　笹川潔氏孃　照子さん
前文部大臣　水野錬太郎氏孃　康子さん
洋畫家　津田青楓氏孃　あやめさん
浮世繪師　鳥居清忠氏孃　佐和子さん
實業家　宮崎義平氏孃　波奈子さん
本誌記者　岡本　菊池　佐藤

映《えい》畫《ぐわ》演《えん》劇《げき》

岡本　お寒《さむ》いところをわざわざおいで下《くだ》さいまして難有《ありがた》うございます。まだお出《いで》にならない方《かた》が二三ゐらつしやいますが、これから始《はじ》めることに致《いた》したいと思《おも》ひます。今日《けふ》の座《ざ》談會《だんくわい》は別《べつ》に、堅苦《かたくる》しい問題《もんだい》について、御意見《ごいけん》を承《うけたまは》るといふのではなく、日常《にちじやう》お友達《ともだち》とお話《はなし》をなさいますお心持《こゝろもち》で、あれこれとうちとけて、赤裸々《せきらゝ》にお話《はなし》を願《ねが》ひ度《た》いと思《おも》ひます。

佐藤　では映畫《えいぐわ》の方《はう》からでも始《はじ》めていただきませうか。皆《みな》さんは主《おも》にどちらにおいでになりますか、

鳥居　私《わたし》は邦樂座《はうがくざ》に參《まゐ》ります。

佐藤　黒田《くろだ》さんは。

黒田　私《わたし》も邦樂座《はうがくざ》に參《まゐ》りますけれども、最近《さいきん》はちつとも參《まゐ》りません。

佐藤　最近《さいきん》御覽《ごらん》になりました映畫《えいぐわ》の中《なか》で、御記憶《ごきおく》になつてゐらつしやるものはございませんか。

黒田　餘《あま》り見《み》ないものですから、ちつともお話《はなし》が出《で》來《き》ませんわ。

佐藤　水野《みづの》さんはいかがでございます？。

水野　私《わたし》は、映畫《えいぐわ》といふものは、ちつとも見《み》たこと

向て右より
鳥居　津田　黒田　垣見　上田　水野　菊池　佐藤（後）　宮崎　有島　笹川　川俣　岡本

がございません。

佐藤　上田《うへだ》さんは如何《いかゞ》でいらしやいますか。

上田　お芝居《しばゐ》も、活動《くわつどう》も、餘《あま》り觀《み》に參《まゐ》りません。

佐藤　最近御覽《さいきんごらん》になつたもので、面白《おもしろ》いとお思《おも》ひになつたものはございませんか。

笹川　グロリヤスワンソンに大變《たいへん》なんですけれども。

佐藤　グロリヤスワンソンの何處《どこ》に魅力《みりよく》をお感《かん》じになりますか。

笹川　あの人《ひと》の全體《ぜんたい》がいいと思《おも》ひます。しかし、私《わたし》は鈍感《どんかん》ですから、どこがいいのか、そんなことはよく分《わか》りませんわ。

佐藤　アスフアルトを御覽《ごらん》になりましたか。

笹川　あの映畫《えいぐわ》の中《なか》の、ベテイ・アーマンといふのは非常《ひじやう》によいと思《おも》ひますわ。

岡本　非常《ひじやう》によいですねえ、何《なん》といつたらいいんですか、百パーセントの魅力《みりよく》がありますね。カメラ・ワークなどは別《べつ》として、あのベテイ・アーマンを觀《み》るだけでもよいといふ人《ひと》が可成《かなり》あります。上田《うへだ》さんは御覽《ごらん》になりませんですか。

上田　まだ見《み》て居《を》りませんが、是非行《ぜひい》かうと思《おも》つてゐます。

垣見　私《わたし》は、何《なに》も見《み》ないのでございますけれども、お芝居《しばゐ》は時々《ときどき》見《み》に參《まゐ》ります。

佐藤　ジョージ・バンクロフトのものなんか、どうでございませう。

黒田　よござんすねえ、餘《あま》り見《み》ませんですけれども。前《まへ》に「暗黒街《あんこくがい》」といふのを見《み》たことがございます。

佐藤　バンクロフトのどういふところがよいとお思《おも》ひになりますか。

黒田　あんまりあゝいふのばかり見《み》てゐても嫌《いや》になりますわ。

岡本　おやさしくて淑《しと》やかでゐらつしやる皆《みな》さんには、却《かへ》つてあゝいふ力強《ちからづよ》い、粗野《そや》なのがお氣《き》に召《め》すんじやないでせうか。

黒田　あゝいふのは、氣分《きぶん》は變《かは》つて居《を》りますわねえ。

岡本　サンダーボルトでしたか、最後《さいご》にバンクロフトが太《ふと》い聲《こゑ》で高《たか》らかに笑《わら》ふところがありましたね、太《ふと》いバスが如何《いか》にもよく性格《せいかく》を表《あらは》してゐて面白《おもしろ》いと思《おも》ひましたが。

笹川　餘《あま》り常套的手段《じやうたうてきしゆだん》に陷《おちい》り過《す》ぎて、何時《いつ》でも笑《わら》ふんですもの、一回《くわい》ならよいんですけれども、二回《くわい》も三回《くわい》もとなるとあきが來《き》ますわ。

黒田　いつもやる型《かた》がきまつてゐるんですねえ。

佐藤　皆《みな》さんが映畫《えいぐわ》を御覽《ごらん》になる目的《もくてき》ですがね、俳優《いう》の演技《えんぎ》を御覧《ごらん》になる以外《いぐわい》何《なに》か他《た》に興味《きようみ》をもつて御覧《ごらん》になりますか。例《たと》へば、英語《えいご》の會話《くわいわ》の稽古《けいこ》になるとか、女優《ぢよいう》の髪形《かみかたち》を見《み》るとか、洋裝《やうさう》の研究《けんきう》をなさるとかいふ人《ひと》があるさうですが、さういふ方《はう》面《めん》から研究的《けんきうてき》に御覧《ごらん》になることがございますか。

垣見　英語《えいご》の會話《くわいわ》は、聴《き》いてゐたつて分《わか》りませんわ。

笹川　映畫《えいぐわ》といふものは、娯樂《ごらく》の爲《ため》に見《み》に行《ゆ》くんじやございませんでせうか。

黒田　、研究《けんきう》に行《ゆ》くものじやなく、樂《たの》しみに行《ゆ》くものでございませうね。

佐藤　何《なに》か、他《た》に得《え》ようとすることはございませんか。

菊池　何《な》んとなくよいから行《ゆ》くんじやないでせうか。

佐藤　日本《にほん》の映畫《えいぐわ》は、餘《あま》り御覧《ごらん》になりませんか。

黒田　ずつと前《まへ》に、夏川靜江《なつかはしづえ》が椿姫《つばきひめ》をやりました時《とき》見《み》に行《ゆ》きましたが、あの時《とき》はうんざりしてしまひました。

笹川　この頃《ごろ》は、ずい分上手《ぶんじやうず》になりましたねえ。

黒田　あれから大分《だいぶ》、時日《じじつ》が經《た》ちますからねえ。

上田　この間《あひだ》、日活《につくわつ》で撮影《さつえい》した「生《い》ける人形《にんぎやう》」なんか面白《おもしろ》うございましたわ。

菊池　チヤンバラなんか御覧《ごらん》になりませんか。

笹川　何《なん》となしに、愉快《ゆくわい》ですわね。

岡本　ナンセンスで？

笹川　ナンセンスにはならないと思《おも》ひますわ。

佐藤　笹川《さゝがは》さんは、迚《とて》も映畫通《えいぐわつう》でゐらつしやいますね。若《も》し御自分《ごじぶん》が、映畫女優《えいぐわぢよいう》になつたらどうしやうなんていふ御希望《ごきばう》はもつてゐらつしやいませんか。

笹川　矢張《やは》り面白《おもしろ》いだらうと思《おも》ひますわ。

上田　映畫《えいぐわ》は、テンポの點《てん》からいつたら、よいものでございますわねえ。

菊池　今《いま》までのトーキーには、餘《あま》りいゝのがないやうですねえ。

笹川　まだトーキーを論《ろん》ずるのは、早過《はやす》ぎるんじやないでせうか、まだほんの初歩《しよほ》ですから。

佐藤　それでは今度《こんど》は劇《げき》の方《はう》へ移《うつ》つていたゞきませうか。垣見《かきみ》さんは御覧《ごらん》になりませんですか、此頃《このごろ》は築地小劇場《つきぢせうげきぢやう》などへも女《をんな》の方《かた》が隨分《ずゐぶん》お出《い》でになるやうに聞《き》いてゐますが。

垣見　私《わたし》は、時々築地《ときどきつきぢ》へ參《まゐ》りますけど、でも、何《なん》といつても矢張《やは》り昔《むかし》の劇《げき》の方《はう》が觀《み》あきがございませんねえ。

佐藤　舊劇《きうげき》といつても、昔《むかし》からのものは捨《す》てがたいのがありますね。最近《さいきん》どんなのを御覧《ごらん》になりましたか。

垣見　私《わたし》は、昔《むかし》のもので、鎌倉《かまくら》三代記《だいき》なんかよいと思《おも》ひますねえ、あゝいふのは、理窟《りくつ》からいつたら仕方《しかた》がないんでございませうが。

鳥居　舊劇《きうげき》でやるおやまなんかは、艶《なまめ》かしい感《かん》じがいたしますねえ。

垣見　私《わたし》は、矢張《やは》り綺麗《きれい》な色彩《しきさい》の衣裳《いしやう》をつけて、花道《はなみち》から出《で》て來《く》るのは、たまらなくいゝと思《おも》ひますわ、私《わたし》は、一體《たい》に古《ふる》い人間《にんげん》なんでございますわ。

佐藤　おやまなんかは、どういふ風《ふう》にお考《かんがへ》になりまして。

垣見　おやまは好《す》きでございますわ。柄《がら》が多《おほ》きいので、どうしても舞臺《ぶたい》では引《ひ》き立《た》ちますねえ。

上田　おやまなどといふものは、男《をとこ》の人《ひと》にはどうしてもやりにくい存在《そんざい》だらうと思《おも》ひます。生理的《せいりてき》に無理《むり》なんじやございませんかしら、福助《ふくすけ》なんかも病氣《びやうき》してゐるやうでございますけれども。

佐藤　大抵若死《たいていわかじに》しますねえ、生理的《せいりてき》にいつても無理《むり》な問題《もんだい》だらうと思《おも》ひますけれども。水野《みづの》さんは如《い》何《かゞ》でいらつしやいます。

水野　時々《ときどき》は觀劇《くわんげき》に參《まゐ》りますけれども、矢張《やは》りあんまり好《す》きじやございませんわ、でも、「野崎村《のざきむら》」なんかはいゝと思《おも》ひましたわ。

佐藤　あゝいふ所《ところ》の雰圍氣《ふんゐき》が宜《よろ》しいのぢやないでせうか。

垣見　餘《あま》り度々《たびたび》行《い》つて居《を》りますと、いゝ所《ところ》はどこか分《わか》らなくなりますが、惡《わる》い所《ところ》だけは、よく分《わか》るやうになりますわ。

佐藤　上田《うへだ》さんはお芝居《しばゐ》を御覧《ごらん》にお出《い》でになりますでせう。

上田　私《わたし》は、ずい分子供《ぶんこども》の時分《じぶん》から、古《ふる》い芝居《しばゐ》や、新《あたら》しい芝居《しばゐ》を見《み》に參《まゐ》りましたけれども、どうも、舊劇《きうげき》は好《す》きになれませんの。築地《つきぢ》の小劇場《せうげきぢやう》なんかへも度々《たびたび》參《まゐ》りますけれども、どうも昔《むかし》のやうに、百パーセントの魅力《みりよく》を感《かん》じるといふやうなことは、なくなつてしまひましたわ。

菊池　眼《め》が肥《こ》えて來《き》たんじやないですか。

上田　さうじやございませんけれども、餘《あま》り澤山《たくさん》見《み》て來《き》たためなんでせう。

垣見　舊劇《きうげき》なんかさうでございますけれども、かうボーとなる所《ところ》が好《す》きなんでございます。一時《じ》ボーとなつたことがございましたけれども……。

上田　私《わたし》は歌舞伎《かぶき》といふものには、たゞ綺麗《きれい》な怠屈《たいくつ》といふ感《かん》じしかもてません。

垣見　舊《ふる》い芝居《しばゐ》なぞといふものは、兩花道《りやうはなみち》を使《つか》ふ所《ところ》が宜《よろ》しうございますわねえ。

上田　内容《ないよう》の全然《ぜんぜん》ないやうなものだと、樂《らく》な氣持《きもち》で見《み》て居《を》られますけれども、その中《なか》に、本質的《ほんしつてき》な思《し》想《さう》がおりこまれてまゐりますと、出《で》て來《く》る人物《じんぶつ》の性格《せいかく》などがゆがめられて、様式的《やうしきてき》なおもしろさが殺《ころ》されてしまひますので、馬鹿《ばか》〳〵しくて見《み》てゐられない氣《き》がするんじやございませんでせうか。西洋人《せいやうじん》なんかが、歌舞伎《かぶき》を見《み》るといふのは、様式的《やうしきてき》な面白《おもしろ》さに引《ひ》きつけられるんじやないかと思《おも》ひますわ。

垣見　「鎌倉三代記《かまくらさんだいき》」なんかずい分面白《ぶんおもしろ》いと思《おも》ひましたわ。

（宮崎《みやざき》さん、有島《ありしま》さん出席《しゆつせき》）

佐藤　只今《たゞいま》、映畫《えいぐわ》や劇《げき》のお話《はなし》をしてゐたのでございますが、最近御覧《さいきんごらん》になつたもので印象《いんしやう》に殘《のこ》つていらつしやるものをお話《はな》し下《くだ》さいませ。何《な》んでも宜《よろ》しうございますが、宮崎《みやざき》さん、如何《いかゞ》ですか。

宮崎　あんまりございませんから、はつきり分《わか》りませんけれども。

佐藤　有島《ありしま》さんは如何《いかゞ》ですか。

有島　私《わたし》も、あまり觀《み》に參《まゐ》りません。

宮崎　私《わたし》は、昨日《きのふ》エ・バンゼリンを見《み》に行《ゆ》きましたけれども、大《だい》へんよいと思《おも》ひましたわ。

菊池　どういふ所《ところ》がよいとお思《おも》ひになりましたか。

宮崎　えゝ、どういふ所《ところ》といつて、ちよつと……

有島　ショーボートが面白《おもしろ》かつたわ。

岡本　ショーボートは、サイレントでなくてよかつたと思《おも》ひますね。

宮崎　ショーボートの映畫《えいぐわ》なんか、トーキーの氣分《きぶん》はなかつたと思《おも》ひます。

岡本　私《わたし》は、ショーボートを見《み》た時《とき》、或《あるひ》は、その時《とき》の氣分《きぶん》のせいか、あの映畫《えいぐわ》は友達《ともだち》も皆《み》んながよいといはないんですけれど、私《わたし》は、非常《ひじやう》によいと感《かん》じたのです。

菊池　芝居《しばゐ》は、御覽《ごらん》になりませんですか。

宮崎　私《わたし》は、芝居《しばゐ》へは餘《あま》り參《まゐ》りません。芝居《しばゐ》よりも、活動《くわつどう》の方《はう》が簡單《かんたん》なので、直《す》ぐに活動《くわつどう》の方《はう》へ這入《はい》つてしまうんです。

スポーツ

佐藤　スポーツの方《はう》へ這入《はい》りませうか。皆《みな》さん、色《いろ》んな方面《はうめん》のスポーツをやつてゐらつしやいませう。黒田《くろだ》さん、野球《やきう》はお好《す》きですか。

黒田　野球《やきう》は見《み》てゐても分《わか》らないものですから、滅多《めつた》に見《み》に參《まゐ》りませんわ。

佐藤　ラグビーなどは、如何《いかが》でございますか。

上田　ラグビーを見《み》てゐると、殺《ころ》されてしまうやうな氣《き》がするんです。見《み》てゐるとひやひやして歸《かへ》つてしまひますの。

黒田　私《わたし》はテニスをやります。野球《やきう》は、輕井澤《かるゐざは》で、一高《かう》の生徒《せいと》が練習《れんしふ》してゐるのを見《み》たことがございますが、見《み》てゐても分《わか》りませんわ、でも、水泳《すゐえい》なんかは、泳《およ》げないだけにはやります。

佐藤　野球《やきう》などを御覽《ごらん》になりまして、どういふ點《てん》に興味《きようみ》をお感《かん》じになりますか。

宮崎　さうでございますねえ、野球全體《やきうぜんたい》が面白《おもしろ》うございますわ。

佐藤　スポーツを見《み》て、男性美《だんせいび》といつたものをお考《かんがへ》になりませんか。

宮崎　私《わたし》は、そんなことは考《かんが》へませんわ。

水野　私《わたし》は、運動《うんどう》の方《はう》は好《す》きですけれども、下手《へた》の横好《よこず》きで、何《なん》にもやれませんわ。よく以前《いぜん》には、野球《やきう》を見《み》に參《まゐ》りましたけれども、最近《さいきん》は參《まゐ》りません。

岡本　御婦人《ごふじん》の間《あひだ》に、ラグビーの熱《ねつ》が高《たか》いといふことを聞《き》いて居《を》りますが、

川俣　とてもよいと思《おも》ひますわ。

岡本　女學生《ぢよがくせい》で、見《み》に行《い》く方《かた》が多《おほ》いんださうでございますねえ、慘酷《ざんこく》と思《おも》はれる位《くらゐ》、ストラッグルをやるのが、却《かへ》つて近代的《きんだいてき》な女性《ぢよせい》の興味《きようみ》を惹《ひ》くのでせうか。

笹川　近代《きんだい》の男性的《だんせいてき》な遊戯《いうぎ》ぢやないかと思《おも》ひます。キックが甚《はなは》だしいやうでございますわ。

岡本　肋骨《あばらぼね》を折《を》られてゐない選手《せんしゆ》は殆《ほと》んど一人《ひとり》もゐないといふことでございますが。

鳥居　見《み》てゐても、迚《とて》もよいと思《おも》ひますわ。

菊池　相撲《すまふ》なんかは御覽《ごらん》になりませんか。

水野　しきりをやりなほすので、餘《あま》り長《なが》いと嫌《いや》になつてしまひますね。

宮崎　あれが短《みじ》かいと勝負《しようぶ》が氣《き》が拔《ぬ》けてしまふかも知《し》れませんが。

菊池　肉體的《にくたいてき》にスポーツといふものが可成《かな》り魅力《みりよく》を感《かん》じるのではないでせうか。

笹川　相撲《すまふ》は、殘酷《ざんこく》ではございませんねえ。

津田《つだ》さん出席《しゆつせき》

佐藤　今《いま》のお話《はなし》の續《つゞき》を御願《おねが》ひいたします。運動選手《うんどうせんしゆ》に對《たい》して、どういふ點《てん》に魅力《みりよく》をお感《かん》じになりますか。

宮崎　私《わたし》は、慶應《けいおう》の方《かた》なんか個人的《こじんてき》に知《し》つて居《を》りますけれども、大《たい》して魅力《みりよく》なんか感《かん》じませんわ。

佐藤　何《なに》か知《し》ら、普通《ふつう》の人《ひと》と異《ちが》つた男性的《だんせいてき》な魅力《みりよく》をお感《かん》じになりませんか。

宮崎　野球《やきう》の選手《せんしゆ》なんかと話《はなし》をしてゐると、子供《こども》らしくて、何《なん》だか自分《じぶん》と同《おな》じやうな心持《こゝろもち》がして、案《あん》外詰《ぐわいつま》らないやうでございますわ。

佐藤　ボクシングは、

宮崎　ボクシングなんかを見《み》てゐると、こつちが先《さき》にまいつてしまひさうになります。

笹川　殘酷《ざんこく》ですねえ。

菊池　鬪牛《とうぎう》のやうなものを、見《み》たい思《おも》ひますか。

宮崎　鬪牛《とうぎう》は見《み》たうございますわ。どんな華《はなやか》なものか。

上田　日本《にほん》でも、秋田《あきた》の方《はう》には、鬪牛《とうぎう》に似《に》たやうなものがあるやうでございますねえ。

水野　ちよつと鬪牛《とうぎう》に似《に》たやうなことを、氏神《うぢがみ》か何《なに》かのお祭《まつり》などにするさうでございますが、面白《おもしろ》いやうでございますわ。

宮崎　鬪牛《とうぎう》は、スペインでは國技見《こくぎみ》たやうになつてゐるんですつてねえ、とても華《はなやか》なものですつて

菊池　人見絹枝《ひとみきぬえ》さんについての御感想《ごかんさう》は。

宮崎　あの方《かた》は、個人的《こじんてき》にはお目《め》にかかつてゐませんが、あの位大《くらゐおほ》きくなつたらよいと思《おも》ひますわ。

上田　あの方《かた》は、男《をとこ》に近《ちか》いやうでございますねえ。

宮崎　岡山《をかやま》に、人見饅頭《ひとみまんぢう》といふのが出來《でき》てゐますね。

有島　煎餅《せんべい》ぢやないの。

佐藤　ずい分堅《ぶんかた》いでせうね。

黒田　でもお顏《かほ》なんか、可愛《かあい》い顏《かほ》をしていらつしやるようですよ。

流行《りうかう》

佐藤　今度《こんど》は、流行《りうかう》に移《うつ》りまして、お話《はな》しを伺《うかゞ》ひませう。今日《こんにち》は洋裝《やうさう》の方《かた》が半分《はんぶん》、和服《わふく》の方《かた》が半分《はんぶん》のやうですが。日本《にほん》の方《かた》の洋裝《やうさう》も隨分《ずゐぶん》よくなつて來《き》たと思《おも》ひますが、上田《うへだ》さんは洋裝《やうさう》に就《つ》いて何《なに》か御意見《いけん》がございませんか。

上田　私《わたし》は着物《きもの》ばかりですから。

佐藤　宮崎《みやざき》さん、外國《ぐわいこく》に長《なが》くいつてゐらつしつたさうですが、あちらの流行《りうかう》は如何《いかゞ》ですか。

宮崎　洋服《やうふく》も隨分變《ずゐぶんかは》つて參《まゐ》りましたわ、あちらではダンスをやる人《ひと》は、普通《ふつう》の洋服《やうふく》なんか着《き》てゐる者《もの》はなくつて、大概夜會服《たいがいやくわいふく》でございます。亞米利《アメリ》の流行《りうかう》だと、大概脊中《たいがいせなか》を出《だ》すといふのが多《おほ》いんですけれども。

佐藤　ダンスをおやりになる勇氣《ゆうき》はございませんか。

宮崎　一度位《どぐらゐ》はねえ。

佐藤。斷髪《だんぱつ》も隨分盛《ずゐぶんさか》んになつて參《まゐ》りましたねえ。

宮崎　うるさくなくつてよいやうですわ。

佐藤　それでも、長《なが》くしたいといふ氣《き》にはなりませんか、そちらの和服黨《わふくたう》の方《かた》は如何《いかゞ》でございますか、洋裝《やうそう》に就《つ》いての御意見《ごいけん》は？

垣見　私《わたし》は、斷髪《だんぱつ》は好《す》きですけれども、自分一人《じぶんひとり》ならば、本當《ほんたう》に斷髪《だんぱつ》もよいんですが。

佐藤　それは、どういふ譯《わけ》でございますか。

垣見　私《わたし》の周圍《しうゐ》は、古《ふる》い人《ひと》ばかりなんでございますもの。

宮崎　私《わたし》は、延《の》ばせといはれましたので、去年《きよねん》の夏《なつ》延《の》ばしましたけれども、うるさいので又《また》切《き》つてしまひました。切《き》つた方《はう》が、何《なん》となくさつぱりしてよいんです。

佐藤　和服《わふく》なども、ずつと流行《りうかう》が變《かは》つて來《き》てゐるやうに思《おも》ひますけれども、それに就《つい》ては？

垣見　矢張《やは》り、流行《りうかう》といふやうなものは、もとに戻《もど》るんですねえ、この頃《ごろ》三越《こし》なんかに參《まゐ》りますと、昔流行《むかしりうかう》した色《いろ》なんかゞずい分出《ぶんで》てゐて、割合《わりあひ》に古典的《こてんてき》になつて來《き》たやうでございますねえ。

黒田　流行《りうかう》といふと、人眼《ひとめ》を引《ひ》くやうな強《つよ》い色《いろ》が使《つか》つてありますけれども、古《ふる》い考《かんがへ》か知《し》れませんが、あんなに強《つよ》い色《いろ》のものは好《この》みませんわ、どうしても古《ふる》い物《もの》の方《はう》が落付《おちつ》きがあるんぢやないでせうか

垣見　矢張《やは》り、見《み》あきがしませんねえ。

佐藤　飛《と》び離《はな》れた一部《ぶ》の人《ひと》ですけれども、三色版《さんしよくばん》のやうな着物《きもの》を着《き》てゐる方《かた》がございますねえ。

黒田　ちよつと見《み》ると、いゝと思《おも》ひますけれども、直《す》ぐに嫌《いや》になつてしまひますねえ。

佐藤　洋服《やうふく》の場合《ばあひ》には、御自分《ごじぶん》で、デザインをなさいますか。

宮崎　私《わたし》は、大概自分《たいがいじぶん》で考《かんが》へて、自分《じぶん》の形に合《あ》ふやうなものを作《つく》らせます。

佐藤　さつきも申《まを》しましたが、映畫《えいぐわ》などから流行《りうかう》のヒントを得《え》られることはございませんか。

宮崎　矢張《やは》り、自分《じぶん》の身體《からだ》に會《あ》ふかどうかが分《わか》りませんからねえ。」

佐藤　新《あた》らしい時代《じだい》の化粧《けしやう》といふ點《てん》に就《つい》てどうお考《かんがへ》になりますか、その人《ひと》の個性《こせい》と化粧法《けしやうはふ》などに就《つい》て、御研究《ごけんきう》になつてゐらつしやいますか。

黒田　お化粧《けしやう》なんかは、餘《あま》り考《かんが》へて居《を》りません。面《めん》倒臭《だうくさ》くなつてしまひましてね。

菊池　お化粧《けしやう》なんか、どんな風《ふう》に御覧《ごらん》になつていますか。

上田　どんなつて特別《とくべつ》に……

佐藤　化粧品《けしやうひん》は、どんなものを、お使《つか》ひになりますか。

宮崎　私《わたし》は、女《をんな》の使《つか》ふものは、大概知《たいがいし》らないんですが、コテイの粉白粉《こなおしろい》を使《つか》つてゐます。

佐藤　水野《みづの》さんは。

水野　別《べつ》に定《さだ》めてはゐません。ありあはせで間《ま》に合《あ》はせてゐます。

上田　近頃《ちかごろ》、男《をとこ》の方《かた》が、隨分《ずゐぶん》お化粧《けしやう》をしてゐらつし

23　「名家令嬢座談会」　有島暁子、上田文子 ほか　『婦人画報』昭和5年4月1日

やるのを見《み》るやうですが。

岡本　マネキンボーイといふのを御覧《ごらん》になりましたか。

上田　見《み》ましたわ、もみあげを延《の》ばしてゐますが、あれは付《つ》け髪《がみ》ですか。

菊池　バレンチノを氣取《きど》つてやつてゐるんじやないですか。

岡本　女《をんな》の方《かた》から、化粧《けしやう》してゐる男《をとこ》なんか御覧《ごらん》になると、どういふ感《かん》じがいたしますか。

笹川　おかしくなつてしまひますわねえ。

宮崎　男《をとこ》らしいといふ感《かん》じがなくなつてしまひます。

岡本　自分《じぶん》の領分《りやうぶん》を侵《をか》されたといふ感《かん》じですか。

宮崎　さうじやないんです。

佐藤　喇叭《ラツパ》ズボンをはいて、外套《ぐわいたう》なんか長《なが》いのを着《き》てゐる人《ひと》がございますが、あんなのは、どうお考《かんがへ》になりますか。

黒田　あれも、一《ひと》つの流行《りうかう》なんでせうかねえ。

宮崎　背《せ》の低《ひく》い方《かた》は、外套《ぐわいたう》ばかりが歩《ある》いてゐるやうでございますねえ。

黒田　若《も》し女《をんな》の方《かた》が見《み》て悪《わる》いといふ見方《みかた》であれば、考《かんが》へ直《なほ》さなければならんですねえ。

結《けつ》婚《こん》觀《くわん》

佐藤　大學生《だいがくせい》の座談會《ざだんくわい》に、モダンガールに對《たい》して抗《かう》議《ぎ》があつたのでございますけれども、モダンボーイといふのがございますねえ、モダンガールに對《たい》して、さういふのはどうでせうか。

上田　職業婦人《しよくげふふじん》なんかには、百パーセントのモダンガールといふのがあるんだらうと思《おも》ひますけれども。

佐藤　ところで、近頃《ちかごろ》、友愛《いうあい》結婚《けつこん》が問題《もんだい》にされて居《を》りますが、あれに就《つい》て、何《なに》か御感想《ごかんさう》はございませんか。

宮崎　男《をとこ》の方《かた》が混《ま》じつておゐでになりますから嫌《いや》ですわ。

佐藤　上田《うへだ》さん當《あた》りから承《うけたま》はり度《た》うございますが――。

上田　結婚《けつこん》の話《はなし》が出《で》ましたけれども、結婚《けつこん》なんていふことは考《かんが》へてゐませんわ。

佐藤　理想的《りさうてき》な結婚《けつこん》といふ意味《いみ》からいつて、今《いま》の見合結婚《あひけつこん》といふものはどうでせう。先《せん》だつて、厨川《くりやかは》蝶子《てふこ》さんが、性道徳《せいだうとく》に關《くわん》して、新《あた》らしい御意《ごい》見《けん》を新聞《しんぶん》に出《だ》してゐらつしやいましたが、そしてそれに對《たい》して大分《だいぶ》抗議《かうぎ》が出《で》たやうでございますが。垣《かき》見《み》さんのお考《かんがへ》は如何《いかゞ》でございますか。

垣見　私《わたし》は、自分《じぶん》には、よく分《わか》りませんけれども。

佐藤　でも、皆《みな》さんは近《ちか》い將來《しやうらい》に御《ご》結婚《けつこん》なさるでせうから。どういふのが一番《ばん》理想的《りさうてき》なんでせう。

宮崎　結婚《けつこん》なんぞといふものは、チャンスかも知《し》れませんねえ。

上田　矢張《やは》り抽籤《くぢびき》のやうなものですわねえ。

宮崎　よいと思《おも》つてゐても、長《なが》い間《あひだ》交際《かうさい》してゐれば、嫌《いや》になるだらうと思《おも》ひますが。

佐藤　どういふ結婚《けつこん》がよいとお思《おも》ひになりますか。

上田　交際《かうさい》してゐると、次第《しだい》によくなるといふ人《ひと》が

よいと思《おも》ひますけれども。

宮崎　私《わたし》なんか、まだ結婚《けつこん》のことなんか考《かんが》へるのは、贅澤《ぜいたく》なやうな氣《き》がします。

文《ぶん》藝《げい》・音《おん》樂《がく》

菊池　今流行作家《いまりうかうさくか》といふのは、どういふ人《ひと》でせうかねえ、どういふ人《ひと》の小說《せうせつ》がお好《す》きですか。

水野　志賀《しが》さんのものが好《す》きでございますわ。

宮崎　私《わたし》なんかは、手當《てあた》り次第《しだい》に讀《よ》みます。

笹川　渡邊溫《わたなべ》さん、あの方《かた》なんかなくなつたのは惜《を》しいと思《おも》ひますわ。水上瀧太郎《みなかみたきたらう》のが本當《ほんたう》は好《す》きなんですけれど。

佐藤　津田《つだ》さんは、どういふものをお讀《よ》みですか。

津田　ちつとも本《ほん》を讀《よ》みませんものですから。

佐藤　皆《みな》さんがお稽古《けいこ》になつてゐる音樂《おんがく》とかその他《た》の趣味的《しゆみてき》なものは、結婚《けつこん》なさつてからは如何《いかゞ》なさいますか。

黑田　結婚《けつこん》して始《はじ》めることは難《むづ》かしいだらうと思《おも》ひます。けれども、前《まへ》にやつたものを、あい間《ま》〳〵に、先生《せんせい》に就《つい》て見《み》ていたゞく位出來《くらゐでき》ればよいと思《おも》ひますわ。

水野　やめてしまうのは、惜《をし》うございますわ。

黑田　それで立《た》たうとする人《ひと》は、一生懸命《いつしやうけんめい》にやらなければならないと思《おも》ひますが、私《わたし》のやうに遊《あそ》び半分《はんぶん》にやるものは、合間《あひま》〳〵に氣安《きやす》めにやるのでございますから。

佐藤　お茶《ちや》とか、生花《いけばな》とかいふやうなものはどうでございませうか、またあゝいふものでなくて、結《けつ》婚前《こんまへ》にやつて置《お》かなければならないと思《おも》ふものはないでございませうか。

黑田　お茶《ちや》とか、生花《いけばな》とかといふやうに、一日《にち》に五六時間《じかん》も、立《た》つたり座《す》はつたりしてゐるよりも、もつと本當《ほんたう》に有意義《いういぎ》なものがありさうですわねえ。

水野　私《わたし》は、音樂《おんがく》は、好《す》きでございます。若《わか》い時《とき》に、音樂《おんがく》をやつて置《お》くと、一生面白《いつしやうおもしろ》いだらうと思《おも》ひます。

黑田　何《なに》か趣味《しゆみ》があるといふことは、隨分《ずゐぶん》なぐさめになることと思《おも》ひますわ。

上田　本當《ほんたう》にさうでございますね。

水野　私《わたし》は、少《すく》なくとも一《ひと》つのことを深《ふか》く研究《けんきう》して行《ゆ》くといふのが好《す》きですけれども、中々《なか〳〵》さうは行《ゆ》きません。

黑田　それは、中々《なか〳〵》難《むづ》かしいことですわ。けれども、廣《ひろ》く淺《あさ》くやるよりも、ずつと役《やく》に立《た》つことが多《おほ》うございませうねえ。

女《ぢよ》學《がく》校《かう》敎《けう》育《いく》

佐藤　女學校《ぢよがくかう》の敎育《けういく》を、どういふ風《ふう》にお考《かんがへ》になりますか、御卒業《ごそつげふ》になつて見《み》てから不滿《ふまん》はございませんか。

黑田　女學校敎育《ぢよがくかうけういく》こそ、廣《ひろ》くて淺《あさ》いものですねえ。これからはどうですか分《わか》りませんけれども、今《いま》の所《ところ》では、卒業後特別《そつげふごとくべつ》に特種《とくしゆ》な學校《がくかう》にでも這入《はい》らない限《かぎ》りは、唯《たゞ》、お辨當《べんたう》を食《た》べに行《い》つてゐるやうな氣《き》がしますわ。

佐藤　學校《がくかう》を卒業《そつげふ》して、御自分《ごじぶん》で何《なに》かやらうとなさるには、別《べつ》に又學校《またがくかう》へ這入《はい》らなければならない譯《わけ》でございますね。

黑田　女學校《ぢよがくかう》で、何《なに》やかや、色々《いろ〳〵》な學科《がくくわ》を修《をさ》めて、それから、自分《じぶん》の氣《き》に合《あ》つたものを研究《けんきう》しやうといふ氣《き》が起《お》きるものですからね。

垣見　女學校《ぢよがくかう》だけ出《で》ただけでは、習《なら》つたことを直《す》ぐに忘《わす》れてしまひますねえ。私《わたし》はよく父《ちゝ》に、お前《まへ》は、女學校《ぢよがくかう》で何《なに》を習《なら》つて來《き》たんだなんていはれますわ。

鳥居　私《わたし》の學校《がくかう》では、好《す》きな學科《がくくわ》に力《ちから》を入《い》れることが出來《でき》ますので、その點《てん》は、可成り他の學校よりは、宜《よろ》しいだらうと思《おも》ひます。私《わたし》と一緒《いつしよ》の敎室《けうしつ》の方《かた》で、繪《ゑ》なんか、續《つゞ》けてやつてゐらつしやるお方《かた》がありますわ。

岡本　學校《がくかう》は、どちらでいらつしやいますか。

鳥居　文化學院《ぶんくわがくゐん》でございます。

佐藤　笹川《さゝがは》さんや川俣《かはまた》さんも文化學院《ぶんくわがくゐん》でございますね。

鳥居　今《いま》は、隨分變《ずゐぶんかは》つてゐませうねえ。

菊池　繪《ゑ》は、日本畫《にほんぐわ》ですか、洋畫《やうぐわ》ですか。

笹川　洋畫《やうぐわ》です。

佐藤　繪《ゑ》を、專門的《せんもんてき》に修得《しうとく》なさいまして、それでお立《た》ちになるかたがいらつしやいますか。

川俣　以前《いぜん》は、澤山《たくさん》ゐらつしやいました。

水野　文化學院《ぶんくわがくゐん》では、體操《たいさう》はどうなつて居《を》りますか。

鳥居　私《わたし》どもの在《を》りました時分《じぶん》には、體操《たいさう》なんかはございませんでした。

水野　數學《すうがく》や割烹《かつぽう》などはございませんですか。

鳥居　あそこでは、割烹《かつぽう》なんかはございません、語學《ごがく》なぞに、他《ほか》の學校《がくかう》よりは力《ちから》を入《い》れてゐるやうに思《おも》ひます。

佐藤　宮崎《みやざき》さん、あちらの女學校《ぢよがくかう》では如何《いかゞ》でございますか。

宮崎　あちらの學校《がくかう》は、大變《たいへん》明《あか》るくつて、自由《じいう》なやうな心持《こゝろもち》がいたします。

佐藤　有島《ありしま》さんは、何《なに》をおやりになつていらつしやいます。

有島　矢張《やは》り繪《ゑ》が好《す》きなんでございますけれども、近頃《ちかごろ》はちつとも畫《か》きません。畫《か》き出《だ》すと迚《とて》も面白《おもしろ》いんです。

佐藤　水野《みづの》さんは、女學校《ぢよがくかう》の教育《けういく》に就《つい》て、御意見《ごいけん》はございませんか。

水野　女學校《ぢよがくかう》を出《で》たゞけでは、本當《ほんたう》に何《なに》にも出來《でき》ません。

佐藤　結局《けつきよく》は、女學校《ぢよがくかう》を卒業《そつげふ》したゞけでは、結婚生活《けつこんせいくわつ》に這入《はい》るのは不安《ふあん》といふ譯《わけ》ですね。

水野　しかしどうしても、規則正《きそくたゞ》しく家庭《かてい》でより以上《いじやう》に何《なに》か研究《けんきう》しやうと思《おも》つても、さういふ具合《ぐあひ》に參《まゐ》りませんね。

選《せん》　擧《きよ》

佐藤　少《すこ》し方面《はうめん》を變《か》へて、選擧《せんきよ》に關《くわん》して何《なに》か御感想《ごかんさう》は。上田《うへだ》さんあたりは如何《いかゞ》です。新聞《しんぶん》にも書《か》いていらつしやいましたやうですが。

上田　棄權《きけん》しますといつたんですけれども、許《ゆる》して呉《く》れないんです。

佐藤　實《じつ》は、こちらから御紹介申《ごせうかいまを》し上《あ》げたんです。

上田　さうですか、佐々木《さゝき》ふさ子《こ》さんの所《とこ》へいらした歸《かへ》りだといつて、佐々木《さゝき》さんの紹介狀《せうかいじやう》をもつてゐらつしやいましたもんですから。つい話《はな》してしまひました。

菊池　婦人參政權《ふじんさんせいけん》といふのがございますねえ、あれに就《つい》ての御意見《ごいけん》は如何《いかゞ》ですか。

宮崎　それだけの資格《しかく》があるといふんですけれども。私《わたし》どもにはありませんわ。

佐藤　今年《ことし》の選擧《せんきよ》には、だいぶ婦人《ふじん》の應援者《おうえんしや》が出《で》て、赤《あか》い氣焔《きえん》を吐《は》いてゐるのがあるやうでございますねえ。

上田　でも、唯《たゞ》、色《いろ》どりといふ意味《いみ》じやないでせうか。

佐藤　それでは、話《はなし》を後《あと》に戻《もど》して、結婚觀《けつこんくわん》に就《つい》てのお話《はなし》を伺《うかゞ》ひます。どうか、どし〳〵話《はな》して下《くだ》さいませんか、先《ま》づ相手《あひて》をお選《えら》びになる上《うへ》から、どういふのを理想《りさう》となさいますか。

岡本　結婚《けつこん》する時《とき》、音樂家《おんがくか》なら音樂家《おんがくか》と、運動家《うんどうか》なら運動家《うんどうか》と結婚《けつこん》した方《はう》がよいといふ人《ひと》がございました。どういふ譯《わけ》かと聞《き》いて見《み》ましたところが、同《おな》じラインのことをやつてゐるので、お互《たがひ》に理解《りかい》が早《はや》く、そして結合《けつがふ》するチャンスが多《おほ》いといふのでございます。如何《いかゞ》ですか、同《おな》じ方向《はうかう》の人《ひと》がよいとお思《おも》ひになりますか。

鳥居　私《わたし》は嫌《いや》なんですが。

岡本　それはどういふ譯《わけ》で。

鳥居　よく、同《おな》じ職業《しよくげふ》のものと結婚《けつこん》するものじやないといふことを聞《き》くことがあります。

宮崎　私《わたし》は、どうしてもスポーツに理解《りかい》のある人《ひと》がよいと思《おも》ひます。

佐藤　有島《ありしま》さんは、どういふお方《かた》が宜《よろ》しうございます？。

有島　私《わたし》は、同《おな》じ職業《しよくげふ》の人《ひと》は嫌《きら》ひです。

佐藤　笹川《さゝかは》さんは。

笹川　何《なん》にも思《おも》つては居《を》りませんわ。

佐藤　川俣《かはまた》さん、お口《くち》をかんしておしまひになつてゐますが、いかゞですか。

川俣　私《わたし》は、ちつと位《ぐらゐ》は何《な》んでも出來《でき》る方《かた》が好《す》きなんです。要《えう》するに、趣味《しゆみ》の廣《ひろ》い方《かた》が好《す》きなんです。

佐藤　水野《みづの》さんは、どういふ風《ふう》にお考《かんかへ》になります。

水野　深《ふか》く考《かんが》へて居《ゐ》ないんですけれども。私《わたし》なんか、自信《じしん》といふものが何《なに》もないんですから、そんな贅澤《ぜいたく》なことは考《かんが》へられませんわ。

佐藤　そちらのお三方《かた》は、藝術家《げいじゆつか》はいかゞですか。

黒田　何《なん》といふことなしに嫌《きら》ひです。

岡本　いつか新聞《しんぶん》に出《で》て居《を》りましたねえ、疑獄事件《ぎごくじけん》が多《おほ》いので、裁判官《さいばんくわん》を對象《たいしやう》にする人《ひと》が多《おほ》いと、さういつた時代《じだい》ですかねえ。

黒田　裁判官《さいばんくわん》なんか嫌《いや》ですわ。

佐藤　津田《つだ》さんは如何《どう》ですか。

津田　私《わたし》は、藝術家《げいじゆつか》は大嫌《だいきら》ひでございます。

上田　あんまり好《す》きではございませんけれども、本《ほん》當《たう》の藝術家《げいじゆつか》ならよいと思《おも》ひますが、例《たと》へば、畫家《ぐわか》でも、セザンヌのやうな人《ひと》ならよいんですけれども、いいかげんな藝術家《げいじゆつか》は、怪《あや》しいものですわねえ。

笹川　本當《ほんたう》の藝術家《げいじゆつか》なら宜《よう》しうございますわ。

佐藤　性格《せいかく》の點《てん》から見《み》て行《い》くと、どういふ人《ひと》がよろしうございますか。

上田　さういふことは、相對的《さうたいてき》な問題《もんだい》ではございませんですか、絶對《ぜつたい》にかうといふやうなことは、いはれないんじやございませんか。

岡本　結婚《けつこん》の形式《けいしき》として、見合結婚《みあひけつこん》と、自由結婚《じいうけつこん》と、どちらをお選《えら》びになりますか。

上田　本當《ほんたう》に、普通《ふつうどほ》りの見合結婚《みあひけつこん》といふものが今《いま》でもあるでせうか。

岡本　中間《ちうかん》を行《い》くやうなものが多《おほ》いやうでございます。併《しか》し、それにしても、見合結婚《みあひけつこん》といふやうなものに對《たい》して、あなたからお考《かんがへ》になつて、どんなにお思《おも》ひになりますか。

上田　理想的《りさうてき》な制度《せいど》がなければ、仕方《しかた》がないですわねえ。

（水野《みづの》さん退席《たいせき》）

戀《れん》愛《あい》觀《くわん》

佐藤　今度《こんど》は少《すこ》し戀愛《れんあい》に付てお話《はなし》をして戴《いただ》きたいと思《おも》ひます。

宮崎　私《わたし》なんかは早過《はやす》ぎると思《おも》ひます。もう二三年《ねん》しなければ、さういふ話《はなし》をするのは駄目《だめ》だと思《おも》つて居《を》りますわ。

岡本　御老人《ごらうじん》なんかは戀愛結婚《れんあいけつこん》といふやうなことを理解《りかい》なさるでせうか。

上田　さうですねえ。老人《らうじん》でも今《いま》は余程《よほど》進《すゝ》んで居《を》りますから、さうでもなくなつて居《を》りますわ。

黒田　でも、矢張《やは》り危險視《きけんし》して居《ゐ》るのではないかと思《おも》ひますわ。

上田　強《あなが》ち戀愛結婚《れんあいけつこん》でなくても、危險《きけん》でないといふことは一《ひと》つもいはれないのですけれどもねえ。

（鳥居《とりゐ》さん退席《たいせき》）

菊池　三宅艶子《みやけつやこ》さんの結婚《けつこん》は、どうお考《かんが》へになりますか。

宮崎　あれは矛盾《むじゆん》して居《ゐ》らつしやるやうな氣持《きもち》がしますけれど、何《なん》だか自分《じぶん》としては結婚《けつこん》したくないといふやうなことを、他《た》の雑誌《ざつし》に書《か》いて居《ゐ》らつしやいましたことがございますから……。

佐藤　文化學院《ぶんくわがくゐん》の方《かた》はよく御存知《ごぞんぢ》でゐらつしやいませう。笹川《さゝがは》さんは同《おな》じ組《くみ》で居《ゐ》らつしやるのですか。割合《わりあひ》に平凡《へいぼん》な方《かた》といふじやありませんか。

笹川　えゝ。よくは存《ぞん》じませんわ。

宮崎　隨分《ずゐぶん》こみいつたお話《はなし》があるんですつてね。

菊池　中々《なか〳〵》こみいつてゐるらしいですよ。

川俣　今《いま》では毎日喧嘩《まいにちけんくわ》ばかりして居《ゐ》らつしやるといふことではありませんか、よくは存《ぞん》じませんけれど。

佐藤　上田《うへだ》さんなんかはよく御存知《ごぞんぢ》で居《ゐ》らつしやるのぢやございませんか。

上田　いゝえ、ちつとも知《し》りませんけれど、阿部《あべ》さんといふ方《かた》は、非常《ひじやう》にダーチーだといふのではありませんか。

佐藤　あれに付《つい》ては、三宅《やけ》やす子さんはどういふお考《かんがへ》だつたのでせうか。

宮崎　私《わたし》なんか考《かんが》へますのに、餘《あま》り自由《じいう》でもいけませんけれど、束縛《そくばく》せられてもいけませんわねえ。

佐藤　音樂《おんがく》の方《はう》に話《はなし》が飛《と》びますが、藤原義江《ふぢはらよしえ》さんは近頃《ちかごろ》人氣《にんき》がなくなつたやうですけれど、奥《おく》さんを貰《もら》つたからでせうか。

宮崎　さあ、どうでせうか。松永秋子《まつながあきこ》さんもあの時《と》分《ぶん》は隨分非難《ずゐぶんひなん》がありましたわねえ。

上田　あれはあれで好《い》いのぢやないかと思《おも》ひますわ。あゝいふ風《ふう》になるのも、格別突飛《かくべつとつぴ》なことぢやないと思《おも》ひますけれど……。

宮崎　餘《あま》り世《よ》の中《なか》の方《はう》が、騒《さわ》ぎ過《す》ぎたやうでございましたねえ。

菊池　あゝいふことは大《おほ》きく出《だ》さないと、新聞《しんぶん》が賣《う》れないのですからね。

上田　今《いま》までの長篇小説《ちやうへんせうせつ》なんかよりも、あゝいふことを書《か》いた方《はう》が、よく賣《う》れるのでせうねえ。

菊池　或程度《あるていど》までは、あゝいふ問題《もんだい》に興味《きやうみ》を惹《ひ》きますからねえ。誰《だれ》でも……。

宮崎　大《たい》してあゝいふ問題《もんだい》には立《たち》入《い》りたくないものでございますわ。餘《あま》り書《か》くと却《かへ》つてお氣《き》の毒《どく》になつてしまひますわ。

上田　それと違《ちが》つた意味《いみ》で、寺内《てらうち》さんの夫人《ふじん》が自殺《じさつ》された時《とき》には、隨分《ずゐぶん》と騒《さわ》ぎましたわねえ。あれは、個人《こじん》としてはそれで好《い》いのでせうが、あゝいふ風《ふう》に讃美《さんび》すべき性質《せいしつ》のものではないと思《おも》ひます。あゝいふことは、苦勞《くらう》をなさらない婦人《ふじん》にあるのぢやないですかしら。一《ひと》つの打撃《だげき》を受《う》けても、それを踏《ふ》み堪《た》へて行《ゆ》くやうでなくてはならぬと思《おも》ひますわ。

宮崎　それが本當《ほんたう》の人間《にんげん》ですねえ。

上田　御當人《ごたうにん》としてはお氣《き》の毒《どく》ですけれど……御主人《ごしゆじん》が死《し》んでおしまひになつたから、自分《じぶん》も死《し》んでしまふなんていふのは……。

黒田　寺内《てらうち》さんは小《ちひ》さい時《とき》から孤獨《こどく》な方《かた》なんですねえ。あの方《かた》のことをよく知《し》つて居《ゐ》る方《かた》から噂《うはさ》を伺《うかゞ》ひましたが、御自分《ごじぶん》では可《か》なり堅《かた》い意志《いし》を有《も》つて居《ゐ》らつしやつたやうでしたが、なくなつておしまひになつたので、びつくりなさつた のぢやあないでせうか。

佐藤　お子《こ》さんがなかつたのも一《ひと》つの原因《げんいん》だつたのであらうと思《おも》ひます。

黒田　そんなやうでございますねえ。

佐藤　男《をとこ》の方《かた》は、あゝいふ女性《ぢよせい》は頼《たの》もしい氣《き》がしますかしら。

菊池　さういふ場合《ばあひ》に立《た》つて見《み》ないと分《わか》りませんですねえ。

佐藤　皆《みな》さんは今《いま》の男性《だんせい》の方《かた》に對《たい》して、色々《いろ\/》な要求《えうきう》がございませうと思《おも》ひますが。

上田　女《をんな》が經濟的《けいざいてき》に獨立《どくりつ》しない以上《いじやう》、今《いま》男子《だんし》に向《むか》つて女《をんな》が何《なに》をして呉《く》れとか、かうして欲《ほ》しいといふことをいふのは、おこがましいと思《おも》ひますわ。女《をんな》が社會的《しやくわいてき》に進出《しんしゆつ》して、男《をとこ》の職業《しよくげふ》を取《と》つてしまふより外仕方《ほかしかた》がないのぢやございませんか。

菊池　兎《と》に角《かく》經濟的《けいざいてき》に獨立《どくりつ》してはじめて男《をとこ》に對《たい》して色《いろ》んな要求《えうきう》をなし得《う》るんですね。

宮崎　さういふことを男《をとこ》の方《かた》は嫌《いや》がるのぢやございませんか。さういふ分《わか》らない方《かた》が今《いま》でも多《おほ》いのですわねえ。

上田　今《いま》が丁度過渡期《ちやうどくわとき》なんですわ。男《をとこ》の人《ひと》が損《そん》をして居《ゐ》るのですわ。女《をんな》が今《いま》までと同《おな》じやうにして居《を》つて、さうして男《をとこ》に對《たい》して義務《ぎむ》だけを主張《しゆちやう》されるといふことが、隨分《ずゐぶん》ありはしないかと思《おも》ひますわ。

佐藤　今結婚《いまけつこん》して居《ゐ》らつしやる方《かた》を御覽《ごらん》になりまして、もし御自身《ごじしん》が御結婚《ごけつこん》なさつ たとしたら、かういふ點《てん》を認《みと》めて貰《もら》ひたい、かうして欲《ほ》しいといふ御希望《ごきばう》があると思《おも》ひますが、家庭生活《かていせいくわつ》に付《つい》ての御希望《ごきばう》が……。

上田　今《いま》までの家庭生活《かていせいくわつ》といふものは、男本位《をとこほんゐ》でございましたが、將來《しやうらい》は女《をんな》の意見《いけん》も用《もち》ひて戴《いただ》きたいと思《おも》ひます。從來《じゆうらい》の結婚状態《けつこんじやうたい》は、男《をとこ》の人《ひと》が取《と》つて來《く》るものを女《をんな》に渡《わた》して、女《をんな》は眼《め》に見《み》えない仕事《しごと》ばかり從事《じゆうじ》して居《を》つたのでございます。女《をんな》も生産《せいさん》に從事《じゆうじ》して、經濟的《けいざいてき》に男《をとこ》と同《おな》じ關係《くわんけい》にならなければいけないと思《おも》ひます。

佐藤　上田《うへだ》さんの御《お》考《かんがへ》はそれとして、外《ほか》の方《かた》の御《お》考《かんがへ》は如何《いかゞ》でございますか、今《いま》の家庭生活度《かていせいくわつど》をどういふ風《ふう》に御覽《ごらん》になつて居《を》りますか。

黒田　なか\/さう理想通《りさうどほ》りには出來《でき》ないものでございますわねえ。若《も》しやつても、やれ生意氣《なまいき》だとか、何《なん》とかいはれますから……。

佐藤　文化學院《ぶんくわがくゐん》なんかは男女共學《だんぢよきようがく》ですが、どういふ風《ふう》にお考《かんが》へになりますか。

笹川　毎日《まいにち》々々お逢《あ》ひしてゐると、何《なん》ともなくなつてしまひますわ。

宮崎　本當《ほんたう》にさうでございますねえ、その方《はう》が好《よ》いのぢやないでせうか。

岡本　同《おな》じ教室《けうしつ》に一緒《いつしよ》に居《ゐ》らつしやると、何《なに》かお困《こま》りになることはありませぬか、

笹川　さういふことはございませんわ。

上田　私《わたし》は、高等師範《かうとうしはん》の附屬《ふぞく》の女學校《ぢよがくかう》にゐましたが、男《をとこ》も女《をんな》も同《おな》じ教室《けうしつ》ですが、同《おな》じ場所《ばしよ》にゐると、性別《せいべつ》のことなんか、考《かんが》へられませんでした。

菊池　この邊《へん》で閉會《へいくわい》いたします。色々《いろ\/》ありがたうございました。

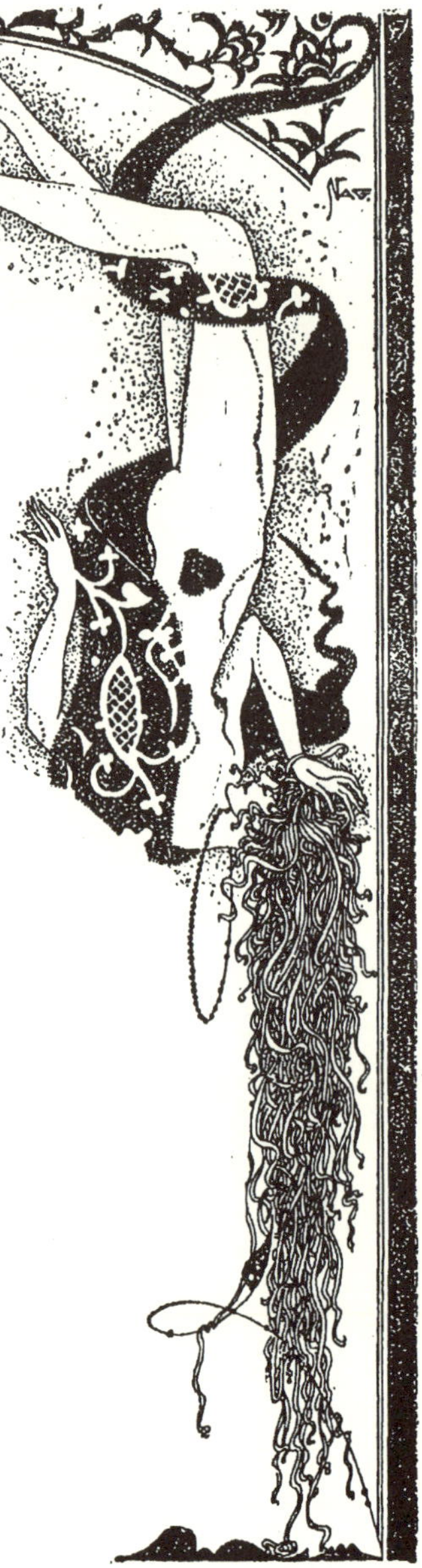

都下《か》大《だい》學《がく》生《せい》座《ざ》談《だん》會《くわい》

二月八日　於　日比谷山水樓

出席者（發言順）

商科大學　樺島清夫君
帝國大學　高見順君
慶應義塾　大庭六郎君
早稻田大學　中村直一君
明治大學　平松笥君
法政大學　川村逆君
立教大學　旗一兵君
本誌記者　岡本、菊池

岡本　學《がく》年末《ねんまつ》でおせわしい所《ところ》をお出《い》で下《くだ》さいまして、有難《ありがた》うございます。今日《けふ》の座談《ざだん》會《くわい》は、現代女性《げんだいぢよせい》に對《たい》する、そして特《とく》に令嬢《れいぢやう》に對《たい》する御感想《ごかんさう》を伺《うかゞ》ひたいといふのが、中心《ちうしん》になつて居《を》りますから、そのお心算《つもり》で…令嬢《れいぢやう》といふ言葉《ことば》の意味《いみ》でありますが、これは單《たん》に未婚《みこん》の女性《ぢよせい》といふやうな廣《ひろ》い意味《いみ》にとつて、お話《はなし》を進《すゝ》めていたゞくとしまして、先《ま》づ初《はじ》め、所謂《いはゆる》モダンガールと、クラシックな女性《ぢよせい》と、どちらに魅力《みりよく》をより多《おほ》くお感《かん》じになるか、といふ所《ところ》から始《はじ》めていたゞきたいと思《おも》ひます。

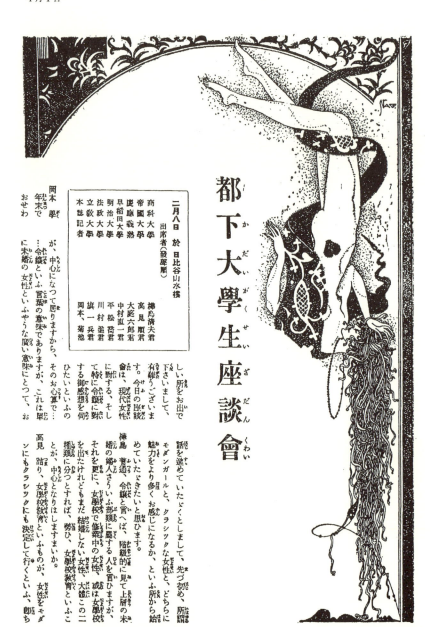

樺島　普通《ふつう》、令嬢《れいぢやう》と言《い》へば、階級的《かいきふてき》に見《み》て上層《じやうそう》の未《み》婚《こん》の婦人《ふじん》さういふ部類《ぶるゐ》に屬《ぞく》する人《ひと》を言《い》ひますが、それを更《さら》に、女學校《ぢよがくかう》で修業中《しうげふちう》の女性《ぢよせい》、或《あるひ》は女學校《ぢよがくかう》を出《で》たけれどもまだ結婚《けつこん》しない女性《ぢよせい》、大體《だいたい》この二種類《しゆるゐ》に分《わか》つとすれば、勢《いきほ》ひ、女學校教育《ぢよがくかうけういく》といふことが、中心《ちうしん》となりはしますまいか。

高見　詰《つま》り、女學校教育《ぢよがくかうけういく》といふものが、女性《ぢよせい》をモダンにもクラシックにも決定《けつてい》して行《ゆ》くといふ、即《すなは》ち

29　「都下大学生座談会」　大庭六郎、樺島清夫、中村直一、高見順 ほか 『婦人画報』昭和５年４月１日

法政 川村君　帝大 高見君　立教 旗　君　早大 中村君　商大 樺島君　明大 平松君　記者 岡本　記者 菊池

學校《がくかう》教育《けういく》を中心《ちうしん》としての上流《じやうりう》の婦人《ふじん》といふことでは、あまり漠《ばく》としてゐやしないかと思《おも》ひます。然《しか》しあなたの提出《ていしゆつ》した問題《もんだい》、女學校《ぢよがくかう》教育《けういく》といふものが、白紙《はくし》の女學生《ぢよがくせい》の心《こゝろ》を決定《けつてい》して行《ゆ》くといふことは、僕《ぼく》としては些《ちつ》も考《かんが》へられない。良妻賢母《りやうさいけんぼ》主義《しゆぎ》を楯にして、教育《けういく》をやつて行《ゆ》く學校《がくかう》と、文化學院《ぶんくわがくゐん》のやうな、現代的《げんだいてき》な女性《ぢよせい》としての教養《けうやう》なり、何《なん》なりを作《つく》つて行《ゆ》かうといふことを中心《ちうしん》として、教育《けういく》をやつて行《ゆ》かうといふ學校《がくかう》とを、教育《けういく》といふ點《てん》から見《み》ると、良妻賢母《りやうさいけんぼ》主義《しゆぎ》の學校《がくかう》はクラシックな生《せい》徒《と》を、後者《こうしや》はモダンガールばかり生《う》み出《だ》すかといふと、學校《がくかう》の風潮《ふうてう》に對《たい》する反逆《はんぎやく》といふやうな氣持《きもち》から、寧《むし》ろ前者《ぜんしや》から極端《きよくたん》な、淺薄極《せんぱくきは》まるモダンガールが生《う》まれ、後者《こうしや》の方《はう》からは非《ひ》常《じやう》に確《しつ》かりした、本當《ほんたう》の意味《いみ》での現代的《げんだいてき》な女《ぢよ》性《せい》が生《う》まれて來《く》るといふ實例《じつれい》を見《み》ます。けれども、私《わたし》は學校《がくかう》の教育《けういく》といふやうなことから、女性《ぢよせい》を見《み》ることは、餘《あま》り贊成《さんせい》出來《でき》ません。

大庭　モダンガールといふのは、輕蔑《けいべつ》した意味《いみ》ですか。

高見　通常《つうじやう》使《つか》つてゐるモダンガールといふ意味《いみ》は、本當《ほんたう》の意味《いみ》のモダンガールではなくして、どういふのですか……

樺島　貴方《あなた》の御覧《ごらん》になるところでは、司會者《しくわいしや》のいはれた意味《いみ》に於《おい》て、今《いま》の令孃《れいぢやう》といふものが、何《なに》によつて決定《けつてい》されるとお考《かんがへ》になりますか。

高見　勿論《もちろん》生活《せいくわつ》だと思《おも》ひます。大《おほ》きい意味《いみ》での環境《くわんきやう》と云《い》つても好《い》いのですが、例《たと》へばその人《ひと》の兄《にい》さんの友達《ともだち》の影響《えいきやう》とか、兄《にい》さんの影響《えいきやう》とか、或《あるひ》はそんなやうな狹《せま》い意味《いみ》での環境《くわんきやう》、生活《せいくわつ》、それによつて決定《けつてい》されて行《ゆ》くといふことになるのでありませう。

中村　一般《いつぱん》にモダンガールといふと、輕蔑《けいべつ》しなければ沽券にかゝわるやうな感《かん》じがあるのではないのですか。

樺島　普通《ふつう》白紙《はくし》になつて考《かんが》へればさういつたやうなものでありませう。

高見　僕《ぼく》は眞實《しんじつ》のモダンガールは尊敬《そんけい》さるべきものと思《おも》ひます。

樺島　恐《おそ》らく編輯《へんしふ》の方《かた》の氣持《きもち》は、普通《ふつう》の頭《あたま》を以《もつ》て見《み》るモダンガールといつた意味《いみ》のモダンガールであらうと思《おも》ひますが。

中村　詰《つま》りモダンガールとは、現代生活《げんだいせいくわつ》を最大限《さいだいげん》に享樂《きやうらく》するものではないのですか。

樺島　善意《ぜんい》に解釋《かいしやく》すると、惡意《あくい》に解釋《かいしやく》するとでは違《ちが》ひませうが、モダンガールつて言《い》へば、明《あか》るい、活潑《くわつぱつ》なといふやうな感《かん》じが映《えい》じて來《き》ますね。如何《いかゞ》ですか。

高見　それを實際的《じつさいてき》にいつて、その女《をんな》の人《ひと》が自分《じぶん》の行動《かうどう》を、理智的《りちてき》に解決《かいけつ》して行《ゆ》くといふやうな人《ひと》ならば尊敬《そんけい》が持《も》てるのですが、この頃《ごろ》のモダンガールといふのは、露西亞《ロシア》の社會状態《しやくわいじやうたい》に於《おい》て初《はじ》めて正《たゞ》しいコロンタイの戀愛説《れんあいせつ》をすぐ今日《こんにち》の日本《にほん》へ持《も》つて來《こ》やうといふのですから困《こま》るのです。あの放埒《はうらつ》

な戀愛關係《れんあいくわんけい》を持《も》つて來《き》て、それを理智的《りちてき》に解決《かいけつ》して行《い》くのなら宜《よ》いけれども、淺薄《あさはか》な流《なが》れを踏《ふ》んで行《い》く婦人《ふじん》が非常《ひじやう》に多《おほ》いのではないかと思《おも》ひます。實際《じつさい》さういふ風《ふう》な婦人《ふじん》が、從來《じうらい》の道徳《だうとく》を淺薄《せんぱく》なものとして、輕蔑《けいべつ》して行《い》くといふことに於《おい》て、まさつきどなたか享樂的《きやうらくてき》とおつしやつたのですけれども、理智的《りちてき》に享樂《きやうらく》して行《い》くのなら宜《よ》いけれども、それを淺薄《せんぱく》に遊《あそ》んで行《い》くといふことに於《おい》てモダンガールは、私《わたし》としては實《じつ》に胸《むね》くそが惡《わる》いのです。その意味《いみ》で編輯《へんしふ》の方《かた》がクラシックなとおつしやつた、あの深窓《しんさう》に育《そだ》つたとは言《い》ひ乍《なが》ら、現代的《げんだいてき》の教養《けうやう》もあるし、現代的《げんだいてき》の教養《けうやう》として、音樂《おんがく》も解《かい》するし、美術《びじゆつ》も分《わか》るし、而《しか》も表面《へうめん》は實《じつ》に淑《しとや》かな、それで戀愛《れんあい》といふやうなものも理智的《りちてき》に考《かんが》へて行動《かうどう》して行《い》くといふやうな人《ひと》、表面上《へうめんじやう》は古臭《ふるくさ》いやうに見《み》へても、寧《むし》ろ尊敬《そんけい》が出來《でき》ると思《おも》ひますが。

大庭　今使《いまつか》つて居《ゐ》るモダンガールといふのは、外面的《ぐわいめんてき》の方《はう》に標準《へうじゆん》を置《お》いてゐるのではありませんか。

高見　普通銀座《ふつうぎんざ》あたりをひよこ〳〵歩《ある》いて居《ゐ》る連中《れんちう》、上野《うへの》の驛《えき》あたりで三時頃落合《さんじごろおちあ》つて、銀座《ぎんざ》でも散歩《さんぽ》しませうかといつた具合《ぐあひ》に、銀座《ぎんざ》の不二屋《ふじや》あたりでコーヒーでも飲《の》んで、四時頃《よじごろ》になると、家《うち》で叱《しか》られるからさよなら位《くらゐ》で歸《かへ》つてしまふ女。今《こん》夜《や》日本青年會館《にほんせいねんくわいかん》でベートーベンの何《なん》とかゞあるのよ、といつて本人《ほんにん》は現代的《げんだいてき》の教養《けうやう》を持合《もちあは》して居《ゐ》る積《つも》りでゐながら、全《ま》るで豆腐《とうふ》の粕《かす》みたやうな女が非常《ひじやう》に多《おほ》いのではないかと思《おも》ひます。さういふのを普通《ふつう》モダンガールといつて居《ゐ》るのです。さう云《い》ふ意味《いみ》でのモダンガールは、實際輕蔑《じつさいけいべつ》すべき存在《そんざい》だと思《おも》ひます。

中村　善《よ》い意味《いみ》でのモダンガールは、クラシックなものに屬《ぞく》するのではありませんか。

高見　さういふのではないのです。深窓《しんさう》に育《そだ》つて、此方《こつち》から話《はな》し掛《か》けても、うんすんといふだけで、ちつとも積極的《せききよくてき》に自分《じぶん》の意見《いけん》を吐《は》くことが出來《でき》ないやうな、古《ふる》い型《かた》の女性《ぢよせい》は問題外《もんだいぐわい》ですが、心《こゝろ》の底《そこ》には非常《ひじやう》に高《たか》い現代的教養《げんだいてきけうやう》を備《そな》へてゐる人《ひと》の方《はう》が、所謂《いはゆる》モダンガールよりも寧《むし》ろ買《か》へると云《い》ふ意《い》味《み》です。

樺島　然《しか》しモダンガールがブルジョアや、プチブルの娘《むすめ》から多《おほ》く出《で》るといふ傾向《けいかう》があることは、少《すこ》し問題《もんだい》になると思《おも》ひます。私等《わたしら》が令孃《れいぢやう》といふものを考《かんが》へて見《み》ますと、ブルジョアの娘《むすめ》よりも、中產階級《ちうさんかいきふ》の娘《むすめ》の方《はう》が、或《あるひ》は早《はや》くモダンガールの役割《やくわり》を演《えん》じて居《ゐ》るのが多《おほ》いと思《おも》ひますが。

高見　私全然贊成《わたしぜんぜんさんせい》です。

平松　何《なに》か大《おほ》きな力《ちから》に依《よ》つて中產階級《ちうさんかいきふ》の婦人《ふじん》が、深窓《しんさう》に育《そだ》つた人《ひと》よりは早《はや》くモダンガールの役割《やくわり》を演《えん》じて居《ゐ》るといふ、その原因《げんいん》をつき詰《つ》めたら。

大庭　そのモダンガールといふのは、所謂《いはゆる》モダンガールといふのは輕蔑《けいべつ》すべき存在《そんざい》だといふ御意見《ごいけん》になつて居《ゐ》るのですか。

川村　高見《たかみ》さんのおつしやるやうに、そこまで行《ゆ》かないやうな感《かん》じで、外觀的《ぐわいくわんてき》のものぢやあないので

31　「都下大学生座談会」　大庭六郎、樺島清夫、中村直一、高見順 ほか　『婦人画報』昭和5年4月1日

すか。

大庭　さういふのは問題《もんだい》にして居《ゐ》ないのですか。

高見　私《わたし》は先程《さきほど》コロンタイのことを申《まを》しましたが、それを讀《よ》んで眞似《まね》をするといふのでなく、亞米利加《アメリカ》の映畫《えいぐわ》からも影響《えいきやう》されるだらうと思《おも》ひます。今《いま》までの道徳《だうとく》を蹂躙《じうりん》するといふ女《をんな》、それはモダニチイがそこにあると云《い》ふやうにはき違《ちが》へて居《ゐ》ると思《おも》ふ。コロンタイを讀《よ》んでどうするといふことでなくして、本當《ほんたう》に讀《よ》めばさういふことはないのですから……。

樺島　モダンガールの教養《けうやう》が低《ひく》いとか、高《たか》いとかいふ意味《いみ》とは違《ちが》いまして、モダニズムといふものを一般的《いつぱんてき》に決定《けつてい》することは、むづかしいと思《おも》ひますけれども、さうではないでせうか。

高見　それはさうですね。

樺島　先程平松《さきほどひらまつ》さんの言《い》はれた見地《けんち》から見《み》て行《ゆ》きたいと思《おも》ひますが。

旗　中産階級《ちうさんかいきふ》の令孃《れいぢやう》といふものは、モダニズムに接する機會《きくわい》が多《おほ》いのぢやないのですか。

平松、それは確《たしか》に多《おほ》いと思《おも》ひますね。さういふことが唯物的《ゆいぶつてき》の結果《けつくわ》を誘導《いうだう》するのぢやないのですか。

川村　近頃《ちかごろ》の深窓《しんさう》の娘《むすめ》は深窓教育《しんさうけういく》を受《う》けてをらぬのぢやないのですか、今《いま》は……。

樺島　それは川村《かはむら》さんのおつしやる通《とほ》りで、日本《にほん》の現在《げんざい》から考《かんが》へると、また支那《しな》の纏足《てんそく》ぢやないけれども、閉籠《とぢこも》り的生活《てきせいくわつ》が多《おほ》いのぢやないのですか。中産階級《ちうさんかいきふ》、上流階級《じやうりうかいきふ》の娘の引方《ひきかた》にも困《こま》るのですか。

高見　中産階級《ちうさんかいきふ》の娘《むすめ》が惡《わる》い意味《いみ》でのモダンガールに

なり易《やす》いといふのは、ブルジョアヂィの婦人達《ふじんたち》は、何《なん》と申《まを》しますか、風質の享樂《きやうらく》が出來《でき》るのではないのですか。中産階級《ちゆうさんかいきふ》の婦人達《ふじんたち》は、自分達《じぶんたち》の最《さい》大限度《だいげんど》で享樂《きやうらく》しなければならぬと云《い》ふ意味《いみ》から、淺薄《あさはか》なけばけばしさとか、深《ふか》さのない絢爛《けんらん》さといふ、所謂《いはゆる》モダンガールの特性《とくせい》が出《で》て來《く》るのではないのですか。

樺島　最低限度《さいていげんど》を以《もつ》て最大《さいだい》の享樂《きやうらく》を得《え》やうとすることが、他《ほか》から見《み》ていやらしいといふ感《かん》じが出《で》て來《く》るのぢやないのですか。令孃《れいぢやう》といふものゝ中《なか》に入《い》れるのはいかがと思《おも》ひますけれど、職業婦人《しよくげふふじん》を話《はなし》の中《なか》に入《い》れたら可《か》なり面白《おもしろ》いと考《かんが》へますが、最初《さいしよ》から令孃《れいぢやう》と決定《けつてい》してしまふと、ブルジョアの娘《むすめ》といふことに歸着《きちやく》しやしないかと思《おも》ひます。

岡本　令孃《れいぢやう》といふ言葉《ことば》がシックリ來《こ》ないのですけれども、さつき申上《まをしあ》げたやうに、未婚《みこん》の婦人《ふじん》といふ廣《ひろ》い意味《いみ》で、職業婦人《しよくげふふじん》も引《ひ》つくるめて話《はな》して戴《いただ》いて差支《さしつかへ》ありません。

中村　詰《つま》りモダンガールといふのは、自分《じぶん》が新《あたら》しいことをやつて居《ゐ》ると見《み》せかけて、さうして人《ひと》に新《あたら》しい、新鮮《しんせん》な感《かん》じを與《あた》へたといふので、自分《じぶん》で享樂《きやうらく》して居《ゐ》るやうな女《をんな》ぢやないのですか。

高見　さういふ意味《いみ》のモダンガールは、一般的《いつぱんてき》に見《み》て男《をとこ》にも非常《ひじやう》に多《おほ》いのぢやないのですか。例《たと》へば丸《まる》ビルあたりに勤《つと》めて居《ゐ》るサラリーマンといふのは、ちよつと見《み》ると絢爛《けんらん》の風《ふう》をして居《ゐ》るけれども、其實《そのじつ》健康度《けんかうど》は非常《ひじやう》に惡《わる》くて、殆《ほとん》ど營養不良《えいやうふりやう》と云《い》ふのですけれども、外面的《ぐわいめんてき》には颯爽《さつさう》たるものがあるのです。

平松　新《あたら》しいといふことは何《なに》を意味《いみ》して居《ゐ》るのですか。

中村　新《あたら》しいといふのには二《ふた》つ意味《いみ》があると思《おも》ひます。例《たと》へば新鮮《しんせん》なものと、新奇《しんき》なものとです。

平松　それは感《かん》じですか、

樺島　さうですね。末梢神經《まつせうしんけい》の、其發達程度《そのはつたつていど》の大《だい》なる人《ひと》、高見《たかみ》さんの營養不良《えいやうふりやう》の話《はなし》も末梢神經《まつせうしんけい》の働《はたら》きといふことになるのではないでせうか。新奇《しんき》といふことも新鮮《しんせん》と云《い》ふ意味《いみ》があると思《おも》ふのですが。

旗　モダーンといふのは客觀的《きやくくわんてき》のものぢやないのですか。

樺島　ですからそれを皆《みな》が持《も》つて居《ゐ》る末梢神經《まつせうしんけい》に依《よ》つて考《かんが》へたら、男《をとこ》が早《はや》いか、女《をんな》が早《はや》いか、どう云《い》ふ階級《かいきふ》の人間《にんげん》がさう云《い》ふものを多分《たぶん》に有《いう》するかは、それは問題《もんだい》ですがね。

高見　感受性《かんじゆせい》の鋭《するど》いといふことは、非常《ひじやう》に尊敬《そんけい》さるべきことゝ思《おも》ひますが、それを末梢神經《まつせうしんけい》とごつちやにするのはどうかと思《おも》ひます。

樺島　感受性《かんじゆせい》の、末梢神經《まつせうしんけい》を多分《たぶん》に有《いう》する、含《ふく》んで居《ゐ》るといふことがモダニストを決定《けつてい》するのぢやないのですか。さう云《い》ふやうな婦人《ふじん》をモダンガールといふのだと考《かんが》へて居《を》ります。

岡本　モダンとクラシックはこの位《くらゐ》で打切《うちき》つて、もつと砕《くだ》けまして、形態的《けいたいてき》に女性《ぢよせい》のどこに美《び》の中心《ちうしん》を置《お》くかといふことに付《つい》て、承《うけたまは》りたいと思《おも》ひます。

樺島　形態《けいたい》の何《なん》ですか。

33　「都下大学生座談会」 大庭六郎、樺島清夫、中村直一、高見順 ほか 『婦人画報』昭和5年4月1日

岡本　例《たと》へば眼《め》に美《び》の中心《ちうしん》を置《お》くとか、或《ある》は顏全體《ぜんたい》に置《お》とくか、或《ある》は腰全體《こしぜんたい》の曲線美《きよくせんび》であるとか。

樺島　所謂《いはゆる》女性美《ぢよせいび》の問題《もんだい》ですね。

高見　問題《もんだい》をもつと具體的《ぐたいてき》にして行《い》つたらどうかと思《おも》ひます。さうして特殊《とくしゆ》な婦人《ふじん》に對《たい》する男《をとこ》の感《かん》じ、さういふことで歩《ほ》を進《すゝ》めて行《い》つたら面白《おもしろ》いと思《おも》ひますが。

大庭　一體所謂モダンガールには、私《わたし》は餘《あま》り魅力《みりよく》を感《かん》じないですね。

高見　女性美《ぢよせいび》といふものを形態的《けいたいてき》に見《み》て行《い》つたら、モダンガールには僕《ぼく》は今《こん》度《ど》は、肩《かた》が持《も》てるやうな氣《き》がします。形態的《けいたいてき》に見《み》てさつき僕《ぼく》が言《い》つたクラシツクガールといふのですね、帶《おび》を高《たか》く締《し》めて、乳《ちゝ》をぐつと締《し》めて斯《か》う云《い》ふやうにして居《ゐ》ると、（手《て》眞似《まね》を入《い》れる）非常《ひじやう》に痛《いた》々しく見《み》えるのです。さういふものをすつかり解《かい》放《はう》して歩《ある》いて居《ゐ》るモダンガールを見《み》ると、その方《はう》がうんと形態的《けいたいてき》に明《あか》るく思《おも》ふのです。

中村　スポーツを愛《あい》すると云《い》ふ意味《いみ》で、貴方《あなた》の言《い》は

れる深窓《しんそう》に育《そだ》つた娘《むすめ》は、不健康《ふけんかう》ぢやないのですか。

平松　結局《けつきよく》、美《び》といふものは昔《むかし》は靜的《せいてき》であつたのが今日《こんにち》は動的《どうてき》に移《うつ》つて來《き》たのですね。

高見　然《しか》し道徳《だうとく》は違《ちが》つて居《ゐ》ないですね。

樺島　洋服《やうふく》を着《き》て似合《にあ》つたのは好《い》いのですが、餘《あま》り美《び》の尖端《せんたん》を行《い》くと云《い》ふやうに、グロテスクでなく、調和的《てうわてき》の美《び》が欲《ほ》しいのですね。譯《わけ》の分《わか》らない帽子《ぼうし》を被《かぶ》つたり、背《せい》の小《ちい》さい人《ひと》が恰好《かつかう》の似合《にあ》はないものを着《き》たりして居《ゐ》るのは面白《おもしろ》くないと思《おも》ひます。

亜米利加《アメリカ》の女優《ぢよいう》が、どうしたら日本《にほん》の女の曲線美《きよくせんび》を取《と》り入《い》れられるかと、研究《けんきう》を盛《さかん》にやつて居《ゐ》ると云《い》ふことを聞《き》きましたが、私《わたし》は非常《ひじやう》に面白《おもしろ》く感《かん》じたのです。私《わたし》は明治時代《めいぢじだい》の因襲《いんしふ》かも知《し》れませんが、淑《しと》やかな、大人《おとな》しい婦人《ふじん》の方《はう》に魅力《みりよく》を感《かん》じますね。

大庭　私《わたし》は明《あか》るい婦人《ふじん》といふよりも、餘《あま》り尖端《せんたん》を行《ゆ》く婦人《ふじん》には美《び》を感《かん》じないですね。

旗　帶《おび》で乳《ちゝ》を壓迫《あつぱく》する程《ほど》高《たか》く締《し》めて居《ゐ》るのが、健康《けんかう》美《び》、解放的《かいはうてき》に移《うつ》つて行《い》つたと云《い》ふのは、服裝《ふくさう》の樣式《やうしき》の問題《もんだい》ぢやないのですか。

高見　さうですね。

旗　だから同《おな》じ洋服《やうふく》を着《き》るにしても、餘《あま》り尖端《せんたん》を走《はし》るやうな、新奇《しんき》をてらふやうなものを着《き》ると云《い》ふことは問題《もんだい》でなくして、さう云《い》ふ樣式《やうしき》の服裝《ふくさう》をすることが問題《もんだい》なんですね。

高見　僕《ぼく》の言《い》はんとする所《ところ》を、旗さんが能《よ》く說明《せつめい》して吳《く》れたのです。尖端《せんたん》を行《ゆ》くといふ所《ところ》に、形態上《けいたいじやう》の美《び》を見《み》るのではなくして、解放《かいはう》と云《い》ふのですか――動《うご》いて行《ゆ》く形態美《けいたいび》を、認《みと》めたいと云《い》ふ心持《こゝろもち》になるのです。然《しか》し銀座《ぎんざ》あたりを見《み》ると、百鬼夜行《ひやつきやかう》の傾向《けいかう》があるのです。山手《やまのて》の方《はう》に歸《かへ》ると、未婚《みこん》の婦人《ふじん》ぢやないのかも知《し》れませんが、帶《おび》を締《し》めて居《ゐ》る所《ところ》に、乳房《ちぶさ》が非常《ひじやう》によく發達《はつたつ》して、高《たか》く盛上《もりあが》つて見《み》えるのです。腰《こし》から下《した》の美《うつく》しさと云《い》ふものは、迚《とて》も洋服《やうふく》では表現出來《へうげんでき》ない美《うつく》しさだと思《おも》ひますが、男《をとこ》の女《をんな》の美《び》を決定《けつてい》して行《ゆ》くのは、性的美《せいてきび》と云《い》ふものから出發《しゆつぱつ》するのであらうと思《おも》ひます。

樺島　美《び》と云《い》ふものは、直感《ちよくかん》から來《く》る方《はう》が多《おほ》いと思《おも》ひます。

大庭　さうですね。然《しか》し、健康《けんかう》な人《ひと》には美《び》を見出《みいだ》すことがあると思《おも》ひます。その人《ひと》の健康《けんかう》といふことに問題《もんだい》を置《お》いた方《はう》が好《い》いのではないのですか。

岡本　さつき映畫《えいぐわ》のことが出《で》かゝつたのですが、映畫《えいぐわ》のスターでどう云《い》つたのが、皆《みな》さんの最《もつと》も美《び》を感《かん》じて居《ゐ》る女性《ぢよせい》なんですか。

樺島　今度《こんど》のアゾエルトに出《で》て來《く》る女性《ぢよせい》なんかは……。

高見　話《はなし》は少《すこ》し違《ちが》ふかも知《し》れませんが、あの活動《くわつどう》を見《み》て少《すこ》しうたれたのですが、獨逸《ドイツ》のブリギッテ・ヘルムと云《い》ふ女優《ぢよいう》は、非常《ひじやう》に現代的《げんだいてき》の美《び》を持《も》つて居《ゐ》ると云《い》ふのですけれども、鋼鐵《かうてつ》のやうな明朗のない女《をんな》だと云《い》ふのですが、實《じつ》に冷《つめた》い、氷《こほり》のやうな感《かん》じがするのです。實際吾々《じつさいわれ／＼》が見《み》ると呑《の》まれて居《ゐ》る感《かん》じがするのです。實際《じつさい》あれにはうたれましたね。

旗　實《じつ》に人造人間《じんぞうにんげん》のやうな感《かん》じがしますね。

高見　少《すこ》し變《かは》りますが、さつきモダンガールをやつつけた時《とき》に、理智的《りちてき》といふ言葉《ことば》を使《つか》つたのですが、モダンガールの內容《ないよう》といふ意味《いみ》でなくて、形態《けいたい》の方《はう》からいつたならば、おつにすました、見《み》るからに理智的《りちてき》の女《をんな》よりも、濡《ぬ》れた感《かん》じと云《い》ふのですか、さういふ女《をんな》の方《はう》に形態的《けいたいてき》には引《ひ》かれますね。

樺島　今《いま》から言《い》へば古《ふる》い話《はなし》ですが、中學時代《ちゆうがくじだい》、中學《ちゆうがく》四五年《ねん》の時代《じだい》には、リ、アンギッシュといふのに

35　「都下大学生座談会」 大庭六郎、樺島清夫、中村直一、高見順 ほか 『婦人画報』昭和５年４月１日

最《もつと》も引《ひ》かれました。

高間　僕《ぼく》なんかも中學時代《ちうがくじだい》はリ、アンギッシュに引《ひ》かれて、リリアンギッシュが泣《な》くと、よく一緒《しよ》に泣《な》いては歸《かへ》つたのですが、それが今《いま》では變《かは》つて來《き》たんです。リ、アンギッシュのタイプを今《いま》持《も》つて居《ゐ》るのは僞ですがね。ノーマタルマッチなんは今《いま》でも一寸魅力《ちよつとみりよく》があると思《おも》ひますが、矢張《やは》り颯爽《さつさう》として居《ゐ》る人《ひと》に引《ひ》かれますね。

岡本　日本《にほん》の女優《ぢよいう》でみなさんの觀賞眼《くわんしやうがん》に堪《た》えるやうな女優《ぢよいう》はありませんか。

旗　入江《いりえ》たか子《こ》なんかは問題《もんだい》でありますが、形態美《けいたいび》でせうね。

高見　瀧花久子《たきはなひさこ》を非常《ひじやう》に好《す》く人《ひと》がありますが、僕《ぼく》なんか非常《ひじやう》に古《ふる》い感《かん》じがしますがね。

旗　矢張《やは》り、アンギッシュ型《がた》とは違《ちが》つた所《ところ》がありますかね。そこで本質的《ほんしつてき》の美《び》といふものは、精神的《せいしんてき》美《び》と云《い》ふものと、形態美《けいたいび》と云《い》ふものに分析《ぶんせき》される場合《ばあひ》があると思《おも》ひますがね。

高見　形態《けいたい》と本質《ほんしつ》と云《い》ふのを分《わ》けて考《かんが》へて居《ゐ》るが、それは便宜上《べんぎじやう》言《い》つて居《ゐ》るのです。矢張《やは》りつんとすまして居《ゐ》るやうな、理知《りち》的《てき》に見《み》えるのとちがつて、眞《しん》の意味《いみ》で颯爽《さつさう》とした理知的《りちてき》の美《うつく》しさがあるのは、その内容《ないよう》に現代的《げんだいてき》のあるものを高度《かうど》に持《も》つて居《を》りますね、しかし僕《ぼく》達《たち》は形態上《けいたいじやう》から婦人《ふじん》を愛《あい》するといふことは捨《す》てゝかゝらなければならぬのぢやないのですか。

樺島　それは人《ひと》に依《よ》つて違《ちが》ふのですけれども。

高見　お人形《にんぎやう》さんを愛《あい》するやうにして奥《おく》さんを愛《あい》する人《ひと》はないでせうか。

樺島　外見上《ぐわいけんじやうみ》見た美《び》と云《い》ふものは——買《か》ふとか何《なん》とか云《い》ふことは別《べつ》として……。

岡本　どうです、買《か》ふといふことに移《うつ》つて戴《いたゞ》いたら、

樺島　理想《りさう》の妻《つま》ですか、さういふことは美《び》だけでは片付《かたづ》けられないから……。

旗　美的價値《びてきかち》だけで買《か》ふか、買《か》はないかを決《き》められないと言《い》はれますが、美的觀念《びてきくわんねん》が結婚《けつこん》の一《ひと》つの、過半數《くわはんすう》のキヤパシテイといふか、または一《ひと》つのバロメーターとなるのぢやないのですか、美《び》と云《い》つても形態美《けいたいび》と、本質美《ほんしつび》とありませうが。

樺島　一口《ひとくち》に言《い》つて見《み》れば、美的價値《びてきかち》と云《い》ふものが、求婚者《きうこんしや》の一《ひと》つの目標《もくへう》にはなると思《おも》ひますが……。

川村　それはさうでせうね。

高見　概《がい》して美《うつく》しい人《ひと》は利口《りこう》なんぢやないのですか。

樺島　それは統計《とうけい》でも取《と》つて見《み》ないと分《わか》りませんけれども……。

高見　美《うつく》しいといつても素顏《すがほ》ぢやなくて、自分《じぶん》を美《うつく》しく仕末《しまつ》して行《ゆ》くといふことに、或《あるひ》はその人《ひと》の賢《かしこ》さが出《で》て來《く》るのぢやないのですか。

樺島　或亞米利加《あるアメリカ》の齒醫者《はいしや》の研究《けんきう》ですが、齒型《はがた》だけに依《よ》つて、その人《ひと》の美《うつく》しさを推斷《すゐだん》することが出來《でき》るといふのですが、美《うつく》しいといふことは、可《か》なり齒《は》にも影響《えいきやう》があるかも知《し》れませんね。また色《いろ》の白《しろ》いとか、黑《くろ》いとかいふことは美的觀念《びてきくわんねん》ぢやないのですね。

旗　先天的《せんてんてき》のものは、後天的《こうてんてき》にエレベートすることが出來《でき》ると思《おも》ひますがね、さういふ點《てん》に於《おい》て理智《りち》的要素《てきえうそ》は、美的要素《びてきえうそ》に還元《くわんげん》される場合《ばあひ》が多《おほ》いと思《おも》ひます。

高見　美《び》といふものは化粧價値《けしやうかち》の美《うつく》しさだけでは、幾《いく》ら美《うつく》しくても、身《み》ごなしが下手《へた》だつたり、色々《いろいろ》なことから、ちつとも美《び》を感《かん》じさせない人《ひと》がかなりあるのぢやないのですか。ラルマートが美學的《びがくてき》に鼻《はな》が何寸《なんずん》、胸《むね》が何寸《なんずん》、足《あし》が何寸《なんずん》といふことを調《しら》べて、それが本當《ほんたう》の美《び》でなければならぬといふことで、テルマートが一番標準《いちばんへうじゆん》に合《あ》つて居《ゐ》ると云《い》ふことで、一番《いちばん》の美人《びじん》であると言《い》はれて居《を》りますが、

川村　本當《ほんたう》の美《び》がどうあらねばならぬかはどうかと思《おも》ひますが、美《び》を決定《けつてい》することは、ひどく主觀的《しゆくわんてき》だと思《おも》ひます。

樺島　それはこゝに十人《にん》の女《をんな》の人《ひと》を置《お》いて、それを澤山《たくさん》の男《をとこ》が見《み》て、どう云《い》ふ所《ところ》に惹《ひ》かれるかと云《い》ふことになれば、其中《そのうち》の最《もつと》も主《しゆ》になるものは、まあ顏《かほ》だと思《おも》ひますが。

大庭　昔《むかし》の婦人《ふじん》は顏《かほ》に重《おも》きを置《お》いたが、今《いま》は身體全《からだぜん》體《たい》ぢやないのですか。

樺島　昔《むかし》は顏《かほ》の方《はう》が多《おほ》かつたやうですね。此頃《このごろ》結婚《けつこん》の條件《でうけん》に男《をとこ》の背《せ》の大《おほ》きいのを要求《えうきう》するらしいのですが、それは多分本當《たぶんほんたう》だと思《おも》ひます。女《をんな》が考《かんが》へても男《をとこ》の背丈《せたけ》の餘《あま》り小《ちひ》さいことは可《か》なり結婚《けつこん》として不利《ふり》を感《かん》ずるでせうね。さう云《い》ふ點《てん》で背丈《せたけ》の低《ひく》い人《ひと》は、損《そん》をするといふことは餘《あま》り昔《むかし》はなかつた

やうであります。今《いま》は身體全體《からだぜんたい》から顔《かほ》に入《い》るのですから、大變標準《たいへんへうじゆん》が高《たか》くなつて來《き》たのですね。

川村　日々新聞の求緣廣告の中《なか》で見《み》たのですが、色々條件《いろいろでうけん》をつけていつて、一番《ばん》しまひに背丈《せたけ》ある方《かた》と書《か》いてありましたが、大變笑《たいへんわら》はせました。

（笑聲）

樺島　さう云《い》ふことに一般與つて力《ちから》あるのは、女學《ぢよがく》校《かう》のスポーツ獎勵でせうが、この頃《ごろ》の女學生《ぢよがくせい》が昔《むかし》の女學生《ぢよがくせい》より大《おほ》きくなつたのは事實《じじつ》です。

大庭　身《み》ごなしとか何《なん》とか云《い》ふこともその人《ひと》の教養《けうやう》が非常《ひじやう》に眼目《がんもく》になつて出《で》て來《く》るのぢやないですか

高見　それは非常《ひじやう》に出《で》て來《く》ると思《おも》ひますね。

川村　顔《かほ》とか形《かたち》ではなくして、その人《ひと》を包《つゝ》むで居《ゐ》る空氣《くうき》といふものが多分《たぶん》に出《で》て來《く》ると思《おも》ひますが、

平松　さういふことになると局部的《きよくぶてき》の美《び》といふものから、綜合的《そうがふてき》の美《び》になるのですね。

中村　教養《けうやう》なんかなくても化粧《けしやう》なんか、毎日《まいにち》そればかり研究《けんきう》して居《ゐ》れば美《うつく》しくなるでせうね。

高見　それは身《み》ごなしではなくて、川村《かはむら》さんのおつしやつた、そこは何《なん》となく漂《たゞよ》つて來《く》る空氣《くうき》です。

樺島　白粉《おしろい》とか、化粧品《けしやうひん》とかの使方《つかひかた》が旨《うま》くなつて居《ゐ》ると思《おも》ふが、したかしないか分《わか》らないやうな化粧《けしやう》に、大變驚かされることがありますがね。

高見　少《すこ》し問題《もんだい》が外《そ》れるかも知《し》れませんが、美《び》といふものが動《うご》いて行《ゆ》くといふことから、戀愛觀《れんあいくわん》といふものがまた動《うご》いて行《ゆ》くといふ話《はなし》なんですがね。どうも僕《ぼく》の學校《がくかう》なんか未《いま》だに封建的《ほうけんてき》な空氣《くうき》が拔《ぬ》け

ませんでしてね。それは主《おも》に法科《はふくわ》の人《ひと》なんですが、かういふことをいふと先生《せんせい》に叱《しか》られるかも知《し》れませんが、つまり遊《あそ》ぶのですね。遊《あそ》ぶといつても奥《おく》さんと遊《あそ》ぶといふのと違《ちが》ふのですが、大《おほ》いに豪傑氣取《がうけつきど》りで遊《あそ》んで、奥《おく》さんは自分《じぶん》の好《す》きな人《ひと》といふより、偉《えら》い政治家《せいぢか》なんか皆《みな》さうらしいのですが、自分《じぶん》の地位《ちゐ》が高《たか》くなる便宜《べんぎ》が得《え》られるといふやうなことから、好《い》い家《うち》から奥《おく》さんを貰《もら》つて、戀愛《れんあい》なんかは全然《ぜんぜん》構《かま》はぬといふことが、今以《いまもつ》てあるのですか。

樺島　さういふのは……貴方《あなた》の帝大《ていだい》ではさういふことは少《すく》いのぢやないのですか。

高見　話《はなし》を具體的《ぐたいてき》にしないと批評價値《ひひやうかち》がないのかも知《し》れませんが、私《わたし》の學校《がくかう》の前《まへ》に女學校《ぢよがくかう》を出《で》てから現代的《げんだいてき》の教養《けうやう》を修《をさ》める學校《がくかう》があるのですそこに所謂《いはゆる》モダンガールが澤山《たくさん》居《ゐ》るのですが、其處《そこ》の女學生《ぢよがくせい》なんかに言《い》はせると、帝大《ていだい》の奴《やつ》は野暮臭《やぼくさ》くて話《はなし》が出來《でき》ないと云《い》ふので、外《ほか》の大學《だいがく》の颯爽《さつさう》たる人《ひと》が來《き》て、私達《わたしたち》の見《み》て居《ゐ》る前《まへ》で落合《おちあ》つて、芝居《しばゐ》を見《み》に行《ゆ》きませうよなんて言《い》つて、行《い》つてしまふのです。さう云《い》ふのは別《べつ》として、さう云《い》ふ人達《ひとたち》に戀愛觀《れんあいくわん》を聞《き》いて見《み》たのですが、非常《ひじやう》に新《あたら》しいのです。僕達《ぼくたち》が考《かんが》へると、肉慾《にくよく》と云《い》ふものと戀愛《れんあい》と云《い》ふものと、可《か》なり同《おな》じもののやうに考《かんが》へて居《ゐ》つたのですが、結婚前《けつこんまへ》に若《わか》い男《をとこ》と面白《おもしろ》く遊《あそ》ぶといふ感《かん》じなんですね。それは大抵《たいてい》結婚《けつこん》の目的《もくてき》ではなくて、面白《おもしろ》く遊《あそ》ぶといふのです。僕達《ぼくたち》は戀愛過程《れんあいくわてい》に入《い》るといふと、直《す》ぐ結婚《けつこん》といふことを考《かんが》へて居《ゐ》るのですが、戀愛觀《れんあいくわん》が本當《ほんたう》に變《かは》つて來《き》て居《ゐ》るのに驚《おどろ》いたのです。

旗　戀愛觀《れんあいくわん》といふものは、社會形態《しやくわいけいたい》の相違《さうゐ》に依《よ》つて違《ちが》ふので、原始時代《げんしじだい》の戀愛《れんあい》と、封建時代《ほうけんじだい》の戀愛《れんあい》と、資本主義時代《しほんしゆぎじだい》の戀愛《れんあい》と、共産主義時代《きようさんしゆぎじだい》の戀愛《れんあい》とあると思《おも》ひます。

高見　所《ところ》が僕《ぼく》の方《はう》には、未《いま》だに封建時代《ほうけんじだい》の戀愛《れんあい》が多《た》分《ぶん》に殘《のこ》つて居《ゐ》るのです。斯《か》ういふことを言《い》ふと或《あるひ》は叱《しか》られるかも知《し》れませんが。

旗　資本主義《しほんしゆぎ》の時代《じだい》の戀愛《れんあい》は、結婚《けつこん》といふものが、婦人生活《ふじんせいくわつ》の手段《しゆだん》として考《かんが》へて居《ゐ》られるのではないのですか。

樺島　詰《つま》り持參金《ぢさんきん》付きのお嬢《ぢやう》さんを貰《もら》つて、自分《じぶん》の榮達《えいたつ》を考《かんが》へる爲《ため》に、戀愛《れんあい》を別《べつ》として一人《ひとり》の婦人《ふじん》を持《も》たなければならぬやうなことになるのですが、さう云《い》ふことは實業家《じつげふか》とか、政治家《せいぢか》に一番《いちばん》多《おほ》いと考《かんが》へますが、僕《ぼく》の學校《がくかう》なんかはさういふ考《かんがへ》が多《た》分《ぶん》にあるやうです。

大庭　政治家《せいぢか》の方《はう》が多《おほ》くないのですか。

樺島　政治家《せいぢか》と實業家《じつげふか》ですね。

旗　それは社會思想《しやくわいしさう》の反映《はんえい》だと思《おも》ひますが。

高見　結婚《けつこん》と云《い》ふことは別《べつ》として、單《たん》に遊《あそ》ぶといふことが、一寸《ちよつと》含《ふく》まれて居《ゐ》るのではないかと思《おも》ひます。

旗　コンパニエート・マリッヂとは違《ちが》ふのですか。

高見　あゝいふのは、段々《だんだん》日本《にほん》に入《はい》つて來《く》るのぢやないのですか。

高見　法政《はふせい》の方《かた》に一《ひと》つ御意見《ごいけん》を伺《うかが》ひたいのですが。

樺島　さういふことは特《とく》に學校《がくかう》とかさういふことを離《はな》れて……。學生《がくせい》の最《もつと》も戀愛《れんあい》の對象《たいしやう》となり易《やす》いのは、どう云《い》ふ人《ひと》が多《おほ》いでせうか。

高見　矢張《やは》り今《いま》の所《ところ》では女學生《ぢよがくせい》でせうね。

樺島　所《ところ》が僕《ぼく》の友達《ともだち》の曰《いは》く、女學生時代《ぢよがくせいじだい》には本當《ほんたう》の美《び》といふものが見出《みいだ》せないと言《い》つて居《を》ります。今《いま》では昔《むかし》のやうなロ－マンスといふものは、非常《ひじやう》に少《すくな》くなつたやうに感《かん》じるのですが、これは戀愛《れんあい》といふものに思《おも》ひ詰《つ》めるといふことがなくなつたせいと、一《ひと》つは美《うつく》しいと思《おも》ふことはあつても、戀愛《れんあい》なんかはもう駄目《だめ》だといふ氣《き》がするのですが。

（笑聲《せうせい》）

高間　私《わたし》の友達《ともだち》で現代的《げんだいてき》の戀愛《れんあい》をして居《ゐ》る人《ひと》がありますが、その女《をんな》の人《ひと》に聞《き》くと、今度《こんど》離さんと分《わか》れた。今《いま》は離さんと親友《しんいう》よといつて居《を》ります。眞實の意味《いみ》から言《い》つて居《ゐ》るのかどうか知《し》りませんが、思《おも》ひ詰《つ》めるといふことは野暮臭《やぼくさ》くて、さういふ人達《ひとたち》に輕蔑《けいべつ》されてしまひますね。が、今日《けふ》の讀賣新聞《よみうりしんぶん》に厨川白村氏《くりやがははくそんし》の奥《おく》さんが、處女性《しよぢよせい》といふものは封建時代《ほうけんじだい》の母性《ぼせい》といふものを標準《へうじゆん》とした場合《ばあひ》には、それは尊《たふと》ばれるであらうかと言《い》はれて居《を》りますが、今日《こんにち》處女性《しよぢよせい》と云《い》ふものはどんなでせうね。

樺島　奔放《ほんぱう》な婦人《ふじん》は汚《けが》らはしいですね。型《かた》に嵌《はま》つた、古臭《ふるくさ》いのは嫌《きら》ひですが、奥《おく》ゆかしさとか、上品《じやうひん》さだとかを持《も》つ人《ひと》の方《はう》が、結婚《けつこん》といふやうなことから考《かんが》へれば好《す》きですね。兎《と》に角《かく》、カフエ－の女給《ぢよきふ》とか何《なん》とかいふ人《ひと》は、それは一概《がい》に言《い》へませんけれども、僕等《ぼくら》は餘《あま》り感《かん》じを持《も》たないのですか。

旗　處女性《しよぢよせい》を尊《たふと》ぶと云《い》ふのは、男《をとこ》の持《も》つ私有財産的《しいうざいさんてき》な氣持《きもち》、それがさう然《しか》らしめたのですね。

高見　理論的《りろんてき》に處女《しよぢよ》を尊《たふと》ぶといふことは、大《たい》したことではないかも知《し》れないけれども、氣持《きもち》の上《うへ》から愛情《あいじやう》といふことから入《はい》つて、解決《かいけつ》しにくいのですね。理論的《りろんてき》にそんなものは何《なん》でもないと言《い》つても、さういふ社會環境《しやくわいかんきやう》に住《す》んで居《ゐ》るせいかどうか、本當《ほんたう》に愛《あい》しかけようとすると、其處《そこ》に何《なに》か障が出《で》て來《く》るやうなことがあつて、前《まへ》の男《をとこ》のことが出《で》て來《き》たりして、理智的《りちてき》には解決《かいけつ》が出來《でき》ても、感情《かんじやう》では處女《しよぢよ》であつたらなあと思《おも》ふのですが、それはどういふものでせうか。厨川蝶子女史《くりやがはてふこぢよし》はそれは輕蔑《けいべつ》すべきだと言《い》つて居《を》りますが。

旗　女《をんな》の方《はう》にもさう云《い》ふ感《かん》じを持《も》つ人《ひと》があつたら、それは相殺《さうさい》されるのではないのですか。

樺島　横田《よこた》さんの男《をとこ》にも貞《てい》操《さう》の義務《ぎむ》ありと云《い》ふ、面白《おもしろ》い判決《はんけつ》がありましたね。

岡本　戀愛結婚《れんあいけつこん》といふ問題《もんだい》に移《うつ》りますが、結婚《けつこん》の形式《けいしき》として、見合結婚《みあひけつこん》なんかは全然古《ぜんぜんふる》いものとして、皆《みな》さんは問題《もんだい》にならないでせうか。

中村　直感《ちよくかん》といふことを重《おも》んじる人《ひと》なら、或《ある》はそれも好《よ》いでせう。然《しか》し直感《ちよくかん》には自信《じしん》がないと駄目《だめ》です。

高見　見合結婚《みあひけつこん》の善《よ》し惡《わる》しを論《ろん》ずることは別《べつ》として、見合結婚《みあひけつこん》は今暫《いましばら》くはあるのではありませんか。

中村　見合《みあひ》も日本《にほん》の傳統《でんとう》として、知《し》つて居《を》る家《いへ》の娘《むすめ》と息子《むすこ》とを結付《むすびつ》けて居るので、一寸《ちよつと》何《なん》かの取引《とりひき》見《み》たやうで面白《おもしろ》くないと思《おも》ひます。さうかといつて自由交際《じいうかうさい》といふことも、事實《じじつ》に於《おい》ては不可能《ふかのう》と思《おも》ひます。

旗　見合結婚《みあひけつこん》といものは、女《をんな》の方《はう》は一瞬間《いつしゆんかん》に於《おい》て見《み》るだけで、男《をとこ》に對《たい》する直感《ちよくかん》だけでも把握《はあく》することが出來《でき》ないと思《おも》ひますね。

岡本　見合結婚《みあひけつこん》なんかをやつた女《をんな》の人《ひと》は、てんで男《をとこ》の顔《かほ》も知《し》らないといふ人《ひと》があるでせうね。

樺島　女《をんな》の人《ひと》は俯《うつむ》いて居《ゐ》て、話《はなし》が終《をは》ると御辭儀《おじぎ》をして歸《かへ》るだけで、何《なに》も把《つか》めないのですからね。

旗　見合結婚《みあひけつこん》といふのは、父權《ふけん》の現《あらは》れぢやないでせうか。

平松　自由結婚《じいうけつこん》の方《はう》は合理的《がふりてき》であるけれども、色々《いろいろ》な家庭《かてい》の事情《じじやう》に於《おい》て、不利《ふり》な結果《けつくわ》に終《をは》り勝《が》ちではないでせうか。

高見　戀愛過程《れんあいくわてい》を經《へ》て、お互《たがひ》に理解《りかい》し合《あ》つて、女《をんな》の方《はう》は生涯夫《しやうがいをつと》として行《ゆ》ける、男《をとこ》の方《はう》は此人《このひと》とならば、一緒《いつしよ》に一つの家庭《かてい》を築《きづ》き上《あ》げて行《ゆ》けると、それが分《わか》つて初《はじ》めて結婚《けつこん》するのが一番正《いちばんただ》しいのですが、さうした所《ところ》で親父《おやぢ》が許《ゆる》さぬといふやうなことで、破綻《はたん》を來《きた》すといふことがあると思《おも》ひます。もう一《ひと》つ困《こま》るのは、自由結婚《じいうけつこん》の方《はう》は破綻《はたん》が多《おほ》いといふことから、昔《むかし》にすれば非常《ひじやう》に進歩的《しんぽてき》な年寄《としより》が、矢張《やは》り見合結婚《みあひけつこん》をした方《はう》が宜《よ》かつたと言《い》ひます。といふのは中途《ちゆうと》で仲《なか》が惡《わる》くなつた時《とき》に、愚痴《ぐち》のこぼし所《どころ》がない、男《をとこ》は責任《せきにん》がないから他所《よそ》で遊《あそ》ぶといふことも出來《でき》るが、奥《おく》さんの方《はう》に不滿《ふまん》が起《お》きても、遊《あそ》ぶといふやうなことは、露西亞《ロシア》見《み》たやうに別《わか》れても亦相互《またさうご》にいつか理解《りかい》し合《あ》つて、外《ほか》で夫婦《ふうふ》になるといふやうな自由《じいう》があれば宜《よ》いのですが、どうも破綻《はたん》を來《きた》した後《のち》の女性《ぢよせい》は、實《じつ》に惨《みじ》めな状態《じやうたい》になります。この間僕《あひだぼく》の友達《ともだち》が戀愛《れんあい》から進《すゝ》んで結婚《けつこん》することになつたのですが、その場合《ばあひ》に仲人《なかうど》が要《い》るかどうかといふことになつたのです。所《ところ》が兩方《りやうはう》共進歩的《ともしんぽてき》の家庭《かてい》で、仲人《なかうど》は知《し》らない家《いへ》の者同志《ものどうし》を結付《むすびつ》ける役《やく》である。だから、仲人《なかうど》が要《い》るか要《い》らないかといふことになつたのですが、そこへ或人《あるひと》が出《で》て來《き》て仲人《なかうど》は要《い》るものだ。この二人《ふたり》がうまく行《ゆ》けば宜《よ》いが、戀愛結婚《れんあいけつこん》だから若《も》し結婚後《けつこんご》に文句《もんく》が起《お》きて、喧嘩《けんくわ》が起《おこ》らぬとも限《かぎ》らぬが、その場合《ばあひ》には仲人《なかうど》が調節《てうせつ》をするのであつて、仲人《なかうど》がないと遂《つひ》に別《わか》れてしまふやうなことになるかも知《し》れぬ。すると二人《ふたり》の方《はう》ではさうなればお互《たがひ》に氣《き》まづい思《おも》ひをするよりは別《わか》れてしまふといふので、まだ解決《かいけつ》が付《つ》かないといふことであります。

樺島　仲人《なかうど》といふ制度《せいど》は、段々《だんだん》滅《へ》つて行《ゆ》くやうですが、仲人《なかうど》は寧《むし》ろ廢《はい》した方《はう》が宜《よ》くはありませんか。不必要《ふひつえう》だと思《おも》ひます。

高見　其時《そのとき》の話《はなし》でつく〴〵變《へん》てこな世《よ》の中《なか》だと思《おも》つたのです。結婚《けつこん》をした後《あと》で破綻《はたん》の起《お》きた場合《ばあひ》は、きつぱり別《わか》れて心殘《こゝろのこ》りがなければ宜《よ》いのです。別《わか》れてから男《をとこ》は自分《じぶん》を理解《りかい》して呉《く》れる女《をんな》と、女《をんな》は自分《じぶん》の理解《りかい》して居《ゐ》る男《をとこ》と一緒《いつしよ》に家庭《かてい》を築《きづ》き上《あ》げる、それで宜《よ》いのですが、それも出來《でき》ない今《いま》の世《よ》の中《なか》だから、嫌々《いやいや》ながらも夫婦關係《ふうふくわんけい》を續《つゞ》けて行《ゆ》かなければならぬといふやうなことで、仲人《なかうど》が要《い》るかどうかといふことになつて來《く》るのです。

樺島　恐《おそ》らく仲人《なかうど》といふものはむづかしいものですね。

高見　貴方《あなた》は見合結婚《みあひけつこん》でなさる御積《おつも》りですか。

樺島　矢張《やは》りさういふやうになる可能性《かのうせい》が多《おほ》いのではないでせうか。こゝに居《ゐ》らつしやる方々《かたがた》が全部《ぜんぶ》未婚《みこん》とすれば、さういふ家庭《かてい》の人《ひと》が多《おほ》いだらうと思《おも》ひますがね。

高見　結婚生活《けつこんせいくわつ》といふのは、教養《けうやう》といふことも問題《もんだい》になりますが、夫《をつと》が意思《いし》の非常《ひじやう》に弱《よわ》い男《をとこ》だつたら、可《か》なり意思《いし》の強《つよ》い奥《おく》さんを貰《もら》ふと、世《よ》の中《なか》をうまく渡《わた》つて行《ゆ》けるであらうし、夫《をつと》が意思《いし》の強《つよ》い男《をとこ》だつたら、意思《いし》の弱《よわ》い奥《おく》さんを貰《もら》つてうまく行《ゆ》くこともあるし、家庭生活《かていせいくわつ》といふものは、非常《ひじやう》にむづかしいのではありませんか。

樺島　詰《つま》り反對性《はんたいせい》のものを貰《もら》つた方《はう》が宜《よ》いといふことですね。家庭《かてい》といふものに本當《ほんたう》の共同者《きようどうしや》を見出《みいだ》すといふことは、可《か》なり難《むつか》しいでせうね。

高見　さうです。だから本當《ほんたう》に好《い》い共同者《きようどうしや》を見出《みいだ》し得《え》ないで、ずる〴〵べつたりに夫婦生活《ふうふせいくわつ》を續《つゞ》けて居《ゐ》る人《ひと》を見《み》ると、實際《じつさい》何《なん》とかならぬものかと思《おも》ひますね。

岡本　三宅艶子《みやけつやこ》さんと、阿部金剛氏《あべこんがうし》との結婚《けつこん》についてどうお考《かんが》へになりますか。

樺島　此間《このあひだ》結婚《けつこん》なさつた三宅《みやけ》さんでせう。噂《うはさ》に依《よ》ると常識的《じやうしきてき》に考《かんが》へられないやうな考《かんがへ》で成立《せいりつ》して居《ゐ》るのださうですね。

高見　三宅《みやけ》さんを個人的《こじんてき》に知《し》つて居《を》りますので……面白《おもしろ》い話《はなし》がありますがいけないでせうか、差支《さしつかへ》ないでせうか。

岡本　差支《さしつかへ》のない程度《ていど》で御話《おはなし》して頂《いただ》くことは出來《でき》ませんか、若《も》し差支《さしつかへ》があつたら差支《さしつかへ》のない方《かた》から話《はな》して頂《いただ》くことにして……。

高見　三宅《みやけ》さんの結婚《けつこん》は非常《ひじやう》に新《あたら》しいやうにいふのですが、ちつとも新《あたら》しくありませんね。平凡《へいぼん》な結婚《けつこん》のやうに思《おも》ひます。

川村　あの結婚《けつこん》に特別《とくべつ》の新《あたら》しさといふものは認《みと》められないのですが、どういふ點《てん》が變《かは》つて居《ゐ》るのでせうか。たゞ年《とし》が少《すこ》し違《ちが》つたりする程度《ていど》のものぢやないのですか。

樺島　阿部金剛《あべこんがう》さんといふのは二度目《にどめ》ぢやないのですか。三宅《みやけ》やす子《こ》さんを世《よ》の中《なか》では、あゝいふことをよく許《ゆる》したと言《い》つて居《ゐ》るのですが。

高見　それは全然反對《ぜんぜんはんたい》で、やす子《こ》女史《ぢよし》は非常《ひじやう》に進《しん》歩《ぽ》的《てき》な人《ひと》なんです。阿部《あべ》さんと艶子《つやこ》さんと結婚《けつこん》したといふので、それはうまく行《ゆ》きましたねといふと、それが僕《ぼく》の知《し》つて居《ゐ》る阿部《あべ》さんと今度《こんど》のとは全然違《ぜんぜんちが》ふ人《ひと》なんです。私《わたし》の知《し》つて居《ゐ》るのは金剛《こんがう》さんではなくして、やす子《こ》女史《ぢよし》が小説《せうせつ》にも書《か》いて居《ゐ》るのですが、非常《ひじやう》に背《せ》の低《ひく》い人《ひと》で、何《なん》でも地方《ちはう》の素封家《そほうか》の息子《むすこ》なんです。三宅《みやけ》さんと同《おな》じ學校《がくかう》に行《い》つて居《ゐ》つた人《ひと》なんです。女史《ぢよし》が非常《ひじやう》に進歩的《しんぽてき》だといふのは、僕《ぼく》の知《し》つて居《ゐ》る阿部《あべ》さんがよく遊《あそ》びに行《い》つたのですが、艶子《つやこ》さんとの戀愛關係《れんあいくわんけい》をちゃんと知《し》つて居《を》つて、どうやら女史《ぢよし》は艶子《つやこ》さんとの結婚《けつこん》を許《ゆる》すらしかつたのです。ところが結婚《けつこん》した阿部《あべ》さんは金剛氏《こんがうし》であつて、何《なん》だか譯《わけ》が分《わか》らないのです。で艶子《つやこ》さんと阿部金剛氏《あべこんがうし》とは實《じつ》に短日月《たんじつげつ》の間《あひだ》の何《なん》ぢやないかと思《おも》ふのですが、さう云《い》ふ點《てん》が新《あたら》しいと言《い》へば新《あたら》しいかも知《し》れません。矢張《やは》り社會的《しやくわいてき》の名聲《めいせい》とか、さういふものに引《ひ》かれたのではないでせうか。今度《こんど》の阿部《あべ》さんの家《いへ》は非常《ひじやう》に好《よ》い家《うち》ですし、お父《とう》さんは亡《な》くなられたし、遺産《ゐさん》はそつくり入《はい》つて來《く》るし、さういへば失禮《しつれい》ですが、考《かんが》へて見《み》れば矢張《やは》り古《ふる》い型《かた》だと思《おも》ひますが。

菊池　ある某家から聞《き》けば、金剛氏《こんがうし》とも大分《だいぶ》關係《くわんけい》があつたらしいのですが。

高見　さうすると角度《かくど》が殖《ふ》へた譯《わけ》ですね。

樺島　戀愛結婚《れんあいけつこん》といふものから見《み》て行《い》つたならば、珍《めづら》しいものではないと思《おも》ひますね。

高見　どうもさうらしいのです。阿部金剛氏《あべこんがうし》の奧《おく》さんといふのも中々面白《なかなかおもしろ》い人《ひと》ですね。

菊池　貴方《あなた》の知《し》つて居《を》られる阿部《あべ》さんとの戀愛關係《れんあいくわんけい》といふのは、何時頃《いつごろ》の話《はなし》なんですか。

高見　今《いま》から一年位前《ねんぐらゐまへ》と思《おも》ひます。

菊池　其頃《そのころ》が一番盛《ばんさかり》だつたのですか。

高見　それが面白《おもしろ》いのです、阿部《あべ》さんが、私《わたし》の知《し》つて居《ゐ》る阿部《あべ》さんが毎日々々《まいにち〳〵》新宿《しんじゆく》でつつ立《た》つて居《ゐ》るのです。今日《けふ》も亦《また》つつ立《た》つて居《ゐ》つたといふので、何《なん》だといふと、艶子《つやこ》さんと待合《まちあは》してランデブーをするのだといふのです。お母《かあ》さんのやす子《こ》さんの小說《せうせつ》を讀《よ》んだ時《とき》に許《ゆる》しさうなので、私《わたし》は成程《なるほど》と思《おも》つたのです。

菊池　阿部金剛氏《あべこんがうし》との關係《くわんけい》は何時頃《いつごろ》から始《はじま》つたか、それが問題《もんだい》ですね。

岡本　現代《げんだい》の女性《ぢよせい》に對《たい》する希望《きばう》とか、或《あるひ》は抗議《かうぎ》といふものがありましたら、聞《き》かして戴《いただ》きたいと思《おも》ひます。

樺島　職業婦人《しよくげふふじん》といふやうなものが、家庭《かてい》に歸《かへ》つた場合《ばあひ》に、どうも其臭《そのくさ》みが拔《ぬ》けないのですが、家庭《かてい》生活《せいくわつ》に歸《かへ》れば、本當《ほんたう》の家庭《かてい》の人《ひと》となり得《う》るやうにして欲《ほ》しいと思《おも》ふのです。例《たと》へば女學校《ぢよがくかう》の先生《せんせい》をして居《ゐ》る人《ひと》が、家庭《かてい》に歸《かへ》つてもどうも頭《あたま》が高《たか》くて、ものを頼《たの》むのにもお辭儀《じぎ》らしいお辭儀《じぎ》もしないですまして居《ゐ》る。子供《こども》を見《み》ても學校《がくかう》の生徒《せいと》を見《み》てるやうな感《かん》じですね。

高見　僕《ぼく》の友達《ともだち》で職業婦人《しよくげふふじん》ぢやないのですが、あるお醫者《いしや》さんと結婚《けつこん》したのです。所《ところ》が友達《ともだち》が勤《つと》めから歸《かへ》つて來《く》ると赤《あか》ん坊《ばう》がわーわー泣《な》いて居《ゐ》つて、家《うち》が閉《しま》つて居《ゐ》るといふのですね。どうかしたかと思《おも》つてこじ開《あ》けて入《はい》つて見《み》ると誰《だれ》も居《ゐ》ない、奧《おく》さんは晩《ばん》になつてほろ醉《よ》ひ機嫌《きげん》で職場《しよくば》から歸《かへ》つて來《き》たといふのです。さういふことから見《み》て家庭生活《かていせいくわつ》に入《はい》つた以上《いじやう》は、家庭的《かていてき》であれといふ注文《ちゆうもん》ぢやないのですか。

川村　男《をとこ》の相手《あひて》としての女性《ぢよせい》と、妻《つま》としての女性《ぢよせい》と勿論違《もちろんちが》ひますが、社交的《しやかうてき》とか何《なん》とかいふよりも、家庭味《かていみ》のある婦人《ふじん》を望《のぞ》みますね。

樺島　家庭的《かていてき》であれば結《つま》り社交的《しやかうてき》になるのではありませんか。自分《じぶん》の妻《つま》として、自分《じぶん》の友達《ともだち》が來《き》た場合《ばあひ》に待遇《たいぐう》の出來《でき》る婦人《ふじん》は、社交的《しやかうてき》ぢやないのですか。

川村　私《わたし》のは所謂《いはゆる》社交的《しやかうてき》です。

旗　私《わたし》はもう少《すこ》し女性《ぢよせい》に、女性的訓練《ぢよせいてきくんれん》が欲《ほ》しいと思《おも》ひますね。今《いま》までの婦人《ふじん》に殆《ほとん》ど知識的訓練《ちしきてきくんれん》が乏《とぼ》しいといふことが災《わざはひ》してゐると思《おも》ひますが、

高見　それは今《いま》までの家庭生活《かていせいくわつ》がいけないのですね。

川村　女學校《ぢよがくかう》の上級生徒《じやうきふせいと》になつたら、學校以外《がくかういぐわい》の本《ほん》を讀《よ》んでも宜《よ》いのですがね。

樺島　所《ところ》で婦人雜誌《ふじんざつし》になつて來《き》ますが、毎月同《まいつきおな》じ姙娠《にんしん》の記事《きじ》とか、着物《きもの》の作《つく》り方《かた》とか、雜誌界《ざつしかい》を見渡《みわた》して果《はた》して婦人《ふじん》に本當《ほんたう》の知識《ちしき》を與《あた》へる雜誌《ざつし》があるかどうかといふことを疑《うたが》ひますね。あれを買《か》つて讀《よ》んでも何《なん》にもならないと思《おも》ひます。發行部數《はつかうぶすう》が十萬部《まんぶ》とか二十萬部《まんぶ》とか云《い》ひますが、少《すく》なくとも害《がい》を與《あた》へない程度《ていど》の雜誌《ざつし》が欲《ほ》しいと思《おも》ひます。

平松　今《いま》のは結局《けつきよく》、性《せい》に依《よ》つて區別《くべつ》する必要《ひつえう》がないやうに思《おも》ひますね。特《とく》に女性《ぢよせい》に必要《ひつえう》なものもありますがね。

旗　結極《けつきよく》、今《いま》の婦人雜誌《ふじんざつし》には、家庭常識《かていじやうしき》を教《をし》ふ科學的《くわがくてき》な單科雜誌《たんくわざつし》がないといふことが原因《げんいん》ではないかと思《おも》ひますが。

樺島　家庭《かてい》の常識《じやうしき》にしてさえもふさはしくないやうなことが、書《か》いてありますがねえ。

中村　さういふことがあれば、あなたが奧《おく》さんをお貰《もら》ひになつて、あなたがお教《をし》になつたらどうですか。

樺島　それは大變《たいへん》ですね、夫《をつと》の方《はう》の負擔《ふたん》が多《おほ》くなる譯《わけ》ですねえ。

川村　今《いま》、經濟知識《けいざいちしき》といふやうなものが、婦人《ふじん》の常識《じやうしき》として讀《よ》まれるといひますねえ。

樺島　一體《いつたい》に婦人雜誌《ふじんざつし》には、小說《せうせつ》が大部分《だいぶぶん》を占《し》めてゐるやうですが、短篇《たんぺん》の、一《ひと》つ二《ふた》つは載《の》せてもよいと思《おも》ひますが、餘《あま》り載《の》せる必要《ひつえう》はないと思《おも》ひます。

旗　今《いま》の婦人雜誌《ふじんざつし》から、長篇小說《ちやうへんせうせつ》と、告白《こくはく》と、性的《せいてき》記事《きじ》と、家庭記事《かていきじ》をなくしたら、紙屑《かみくづ》ですね。

高見　長篇小說《ちやうへんせうせつ》をやつつけられるんですけれども、私《わたし》なんかは、近代女性《きんだいぢよせい》が、もう少《すこ》し社會的《しやくわいてき》に醒《さ》める必要《ひつえう》があるといふ意味《いみ》から、今《いま》の婦人雜誌《ふじんざつし》の中《うち》で、さういふ役割《やくわり》をしてゐるのが、辛《から》ふじて小說《せうせつ》にあるやうな氣《き》がするんですがねえ。あゝいふ小說《せうせつ》を見《み》ることによつて、世《よ》の中《なか》を家庭的《かていてき》にしか見《み》てゐない婦人《ふじん》に、これを社會的《しやくわいてき》に見《み》るやうに眼《め》をあけて吳《く》れてゐるんじやないかと思《おも》ひますがね。

川村　新聞《しんぶん》なんかは、少《すこ》し讀《よ》んでいたゞき度《た》いと思《おも》ひますね。從來《じゆうらい》の女性《ぢよせい》は、經濟面《けいざいめん》も、政治欄《せいぢらん》も、餘《あま》りお讀《よ》みにならないやうですが、暇《ひま》がないといふやうなことをよく聞《き》きますが、併《しか》し、私《わたし》は新聞《しんぶん》を讀《よ》むひまがないとは思《おも》ひません。

川村　今《いま》までの家庭生活《かていせいくわつ》には、大《おほ》きな無駄《むだ》があるのではないかと思《おも》ひますが、

樺島　協同生活者《けふどうせいくわつしや》として、妻《つま》は、物品《ぶつぴん》の購入《こうにふ》とか、

食《く》ふものを作《つく》るとか何《なん》とかいふことのみをやらないで、もう少《すこ》し僕等《ぼくら》の爲《ため》に有益《いうえき》なことをやつて貰《もら》ひ度《た》いと思《おも》ひます。

高見　時間《じかん》があつても、世《よ》の中《なか》が今《いま》の婦人《ふじん》を、さういふことに對《たい》して興味《きようみ》を持《も》たせないやうな慣例《くわんれい》を見《み》てゐるんですが。それは或《あ》る新聞記者《しんぶんきしや》の家庭《かてい》なんです、旦那樣《だんなさま》は、非常《ひじやう》に忙《いそが》しいので、朝御飯《あさごはん》も食《た》べないで出《で》て行《い》つてしまうと、晩《ばん》まで歸《かへ》つて來《こ》ないのです、そして、晩《ばん》も大抵《たいてい》遲《おそ》く晩食《ばんしよく》も食《た》べないので、奥《おく》さんは家庭生活《かていせいくわつ》に對《たい》する用事《ようじ》は全然《ぜんぜん》ないのです。ですから、他《た》のことでもやつたらよささうなものだと思《おも》つて、僕《ぼく》が、あなたは何《なに》を樂《たの》しみにして生《い》きてゐるんですかといふと、子供《こども》を育《そだ》てるのを樂《たの》しみにしてゐるといふのです。成程《なるほど》、朝《あさ》から晩《ばん》まで、二人《ふたり》の子供《こども》と一緒《いつしよ》に色々《いろいろ》なことをやつて遊《あそ》んでゐて、もう一人《ひとり》欲《ほ》しいといふのですが、それで、實《じつ》に幸福《かうふく》に暮《くら》してゐるんです。御婦人《ごふじん》の頭《あたま》を、さういふ具合《ぐあひ》にさせてゐるんですね。

旗　婦人《ふじん》の智識《ちしき》の向上《かうじやう》といふことをいはれますけれども、今《いま》の上流《じやうりう》の人《ひと》などは、婦人《ふじん》の智識《ちしき》が向上《かうじやう》することを、意識的《いしきてき》に嫌《きら》つてゐるのではないですか今《いま》まで男《をとこ》の從屬物《じゆうぞくぶつ》になつてゐたものが、醒《さ》めて來《く》るといふことは、脅威《けふゐ》を感《かん》ずるやうな、本能的《ほんのうてき》な衝動《しようどう》を感《かん》ずるのではないですか。

樺島　近代女性《きんだいぢよせい》とスポーツとか、近代女性《きんだいぢよせい》と音樂《おんがく》とか、近代女性《きんだいぢよせい》と映畫《えいぐわ》とかといふやうな、近代女性《きんだいぢよせい》の生活《せいくわつ》を考《かんが》へたら面白《おもしろ》くはないかと思《おも》ひますが。

高見　この間《あひだ》、ラグビーを見《み》に行《い》つて、女《をんな》の人《ひと》が澤山《たくさん》來《き》てゐるのに驚《おどろ》いたのですが、女《をんな》の人《ひと》がラグビーを見《み》に行《ゆ》くのは、どういふ氣持《きもち》からですかねえ。

旗　ボートにも來《き》て居《を》りますね。

高見　僕《ぼく》は、餘《あま》りラグビーを見《み》なかつたので、男《をとこ》ばかりが見《み》に行《ゆ》くのかと思《おも》つてゐたんです。所《ところ》が、女《をんな》がどうも澤山《たくさん》來《き》てゐるんですね。

旗　矢張《やは》り面白《おもしろ》いからですよ。

中村　相撲《すまふ》を見《み》るのとは違《ちが》ふと思《おも》ひます。ラグビーの方《はう》は、一般《いつぱん》に流行《りうかう》といふことがあつて、さういふ所《ところ》へ行《い》つてゐる自分《じぶん》を人《ひと》が見《み》ると、何《なん》だか自分《じぶん》が新《あたら》しいやうないゝ感《かん》じがもてるんですね。

旗　さういふ潜在意識《せんざいいしき》があるかも知《し》れませんが、矢《や》張《は》り色々《いろいろ》ですねえ。矢張《やは》り享樂物《きやうらくぶつ》として女《をんな》の側《がは》から見《み》ても、ラグビーは面白《おもしろ》いです。

高見　僕等《ぼくら》は、女性美《ぢよせいび》々々といつて居《を》りますが、御婦人《ごふじん》の見《み》た男性美《だんせいび》といふものが、變《かは》つて來《き》てゐるせいもありやしないですか。昔《むかし》の二代目《だいめ》（菊《きく》五郎《らう》）あたりのやさ男《をとこ》よりも、ラグビーをやるやうな、筋骨逞《きんこつたくま》しい所謂《いはゆる》ヒーロータイプの男《をとこ》に魅力《みりよく》があるのではないですかね、それはアメリカニズムの影響《えいきやう》でせうか。

樺島　女《をんな》の虚榮的《きよえいてき》な潜在意識《せんざいいしき》からではなくて、周圍《しうゐ》に交際《かうさい》してゐる男《をとこ》の人《ひと》のつきあいで、つれて行《ゆ》かれるんじやないですか。音樂會《おんがくくわい》などへ行《ゆ》くと、男《をとこ》がだい分《ぶ》ゐますが、音樂《おんがく》を理解《りかい》してゐるといふのではなくて、その氣分《きぶん》を味《あぢは》ひに行《ゆ》くので、本當《ほんたう》に分《わか》るのは、二、三割《わり》だらうと思《おも》ひます。

旗　さういふ點《てん》では、男女《だんぢよ》とも同《おな》じですよ、邦樂座《はうがくざ》などは完全《くわんぜん》な社交場《しやかうぢやう》ですからねえ、喫茶店《きつさてん》で、コーヒー一杯《ぱい》で一時間《じかん》もがんばるよりも、邦樂座《はうがくざ》へ行《ゆ》けば、何時間《なんじかん》もゐられますからね、

高見　女性《ぢよせい》と映畫《かつどう》ですがねえ、僕《ぼく》の友人《いうじん》のうちのお嬢《ぢやう》さんは映畫《かつどう》を映畫《かつどう》として見《み》るのではなくて、俳《はい》優《いう》がどんな衣裳《いしやう》を着《き》てゐるか、それればかり見《み》てゐるんださうです、そして、今度《こんど》自分《じぶん》が着物《きもの》をつくる時《とき》には、あゝいふ型《かた》にしやうなどと思《おも》つてゐるんださうです。

岡本　男《をとこ》でも流行《りうかう》を追《お》ふモダンボーイや專門《せんもん》の洋《やう》服屋《ふくや》なぞは、其《そ》ために活動《くわつどう》を見《み》に行《ゆ》くさうですね。

樺島　昔《むかし》は、女學校《ぢよがくかう》あたりでも、活動《くわつどう》を見《み》に行《ゆ》くことを禁《きん》じてゐる所《ところ》がありましたが、今《いま》は、そんな所《ところ》はないやうですね。

高見　英語《えいご》の練習《れんしふ》になつてよいじやありませんか。

樺島　運動《うんどう》はよいが、女《をんな》に水泳《すいえい》だけはやつて貰《もら》ひ度《た》くないと思《おも》ひますね。

中村　どういふ譯《わけ》ですか。

樺島　所謂《いはゆる》、女性《ぢよせい》のスポーツとしては、庭球位《ていきうぐらゐ》がふさはしくはないかと思《おも》ひますがねえ。

菊池　裸體《らたい》になるのがいけないでせうか。

樺島　過激《くわげき》だと思《おも》ひます。

高見　身體《からだ》は非常《ひじやう》に立派《りつぱ》になると思《おも》ひますが、

旗　水泳《すいえい》をやると、均齊《きんせい》がとれるやうですねえ。

中村　テニスは過激《くわげき》じやないでせうか。

高見　僕《ぼく》の友人《いうじん》が庭球選手《ていきうせんしゆ》を奥《おく》さんに貰《もら》つたんですがねえ、どういふものかあつちの方《はう》の病氣《びやうき》なんですがね、短《みぢか》いスカートで、芝生《しばふ》の上《うへ》にどつかり座《すわ》つてゐたので、女學校時代《ぢよがくかうじだい》に、冷《ひ》えた爲《ため》に子宮《しきう》を惡《わる》くしまして、結婚生活《けつこんせいくわつ》に這入《はい》つてからも、ずつとそれが祟《たゝ》つて居《を》りますよ。

旗　その點《てん》は、乘馬《じやうば》の方《はう》が多《おほ》くはありませんか。

中村　それはさうですねえ、男《をとこ》の人《ひと》でも惡《わる》くしますからね。

高見　運動《うんどう》の話《はなし》ばかりですが、現代《げんだい》の女性《ぢよせい》の中《うち》で、丸《まる》ビルあたりに務《つと》めてゐる職業婦人《しよくげふふじん》に、確《しつか》りとした、非常《ひじやう》によく勉強《べんきやう》してゐる人《ひと》がありますねえ、で、モダンボーイの最後《さいご》の段階《だんかい》がマルクスボーイであるといふならば、モダンガールの最後《さいご》の段階《だんかい》は、エンゲルスガールかも知《し》れませんが、さういふ人《ひと》のうちで、左翼的《さよくてき》な芝居《しばゐ》を見《み》に來《く》る、颯爽《さつさう》たるお嬢《ぢやう》さんがありますがねえ、さういふ人《ひと》の中《なか》に、本當《ほんたう》に勉強《べんきやう》してゐる人《ひと》があるやうですね男子《だんし》だと、學校時代《がくかうじだい》に幾《いく》ら勉強《べんきやう》が出來《でき》ても、餘程《よほど》確《しつか》りしてゐないと、社會《しやくわい》へ出《で》るとパンに追《お》はれて、駄目《だめ》になるといふやうなことがありますが、女《をんな》の人《ひと》だと、さういふことがないから、確《しつ》かり鍛《きた》へて行《ゆ》ける人《ひと》があるんじやないかと思《おも》ひますがね。

樺島　この頃《ごろ》の選擧《せんきよ》では、可成《かな》り女《をんな》の辯士《べんし》が活動《くわつどう》してゐるやうですが、先日《せんじつ》私《わたくし》は、或《あ》る候補者《こうほしや》の演説《えんぜつ》會《くわい》を聞《き》きに行《ゆ》きましたが、ある女性《ぢよせい》の如《ごと》きは、內《ない》容《よう》も確《しつ》かりしてゐました。

菊池　どうですか、この邊《へん》でやめることにいたしませう。どうも難有《ありがた》うございました。（終《をは》り）

女性《ちよせい》スポーツ・ファン列傳《れつでん》

青山健三

菅支那子夫人（ラグビー）

目白《めじろ》の大御所《おほごしよ》、井上秀子先生《ゐのうへひでこせんせい》の令孃《れいぢやう》で、支那《しな》でお生《うま》れになつたから、それで支那子《しなこ》さんと仰有《おつしや》る。ハーバード大《だい》學《がく》の學位《がくゐ》も持《も》つて居《ゐ》るし、諸事大陸的《しよじだいりくてき》な、インタアナショナルな夫人《ふじん》である。米國《べいこく》で前後《ぜんご》十年近《ねんちか》く、研究生活《けんきうせいくわつ》を送《おく》られるうち、同《おな》じハーバードの留學《りうがく》生《せい》であつた、菅圓吉氏《すがゑんきちし》と結婚《けつこん》された。菅先生《すがせんせい》は歸國《きこく》と同時《どうじ》に、聘《へい》せられて立《りつ》教大學《けうだいがく》の教授《けうじゆ》となつたが、支那子夫人《しなこふじん》はあと三年《ねん》ばかり、米國《べいこく》に踏《ふみ》とゞまつて勉强《べんきやう》された。池袋《いけぶくろ》のお宅《たく》に、かくて全《まつた》くのアメリカン・モダーンライフが營《いと》なまれ出《だ》したのは、今《いま》からざつと八九年前《ねんまへ》のことである。

スポーツのファンと云《い》つても、この夫人《ふじん》などは世間《せけん》にザラに有《あ》る、簡單《かんたん》、お手輕《てがる》なファンではない。昨年《さくねん》のシーズンに全《まつた》く慧星《すゐせい》の樣《やう》に現《あら》はれて燦然《さんぜん》たる光鋒《くわうぼう》を見《み》せ、つひに關東《くわんとう》のナムバア・ワンとなつた立教《りつけう》のラグビーは實《じつ》際《さい》、支那子夫人《しなこふじん》の後援《こうゑん》、鼓舞《こぶ》に待《ま》つところが多《おほ》かつた。夫君圓吉氏《ふくんゑんきちし》は、ラグビー部創立以來《ぶさうりついらい》からの部長先生《ぶちやうせんせい》だが、菅教授《すがけうじゆ》をして今日《こんにち》の如《ごと》きラグビー・ファンたらしめたのも、支那子夫人《しなこふじん》の力《ちから》である、と池袋《いけぶくろ》の立教《りつけう》ボーイ達《たち》は語《かた》る。だから、並《なみ》たいていのファンではない、と私《わたし》も云《い》ふのである。

菅支那子夫人

慶應《けいおう》は今日《こんにち》のチームを造《つく》り上《あ》げるのに、三十年以上《ねんいじやう》かゝつた。早稻田《わせだ》も十二三年《ねん》の歴史《れきし》がある。然《しか》し立教《りつけう》は僅《わづ》か七シーズン目《め》に、日本《にほん》一の勝名乘《かちなのり》を擧《あ》げて終《しま》つた。部《ぶ》の創立選手早川君《さうりつせんしゆはやかはくん》などが、七圓五拾錢也《ゑんごじつせんなり》の和製《わせい》ボールを買《か》つて來《き》て、漫然《まんぜん》と蹴《け》りつ放《はな》してゐる時《とき》に、『まづいゝコーチにつきなさい。外《ぐわい》國《こく》の本《ほん》を澤山讀《たくさんよ》んで研究《けんきう》しなさい。』と勸《すゝ》めたのが支那子夫人《しなこふじん》である。夫人《ふじん》の蹴球熱《しうきうねつ》は夫君圓吉教授《ふくんゑんきちけうじゆ》に感染《かんせん》して、教《けう》授《じゆ》は蹴球部長《しうきうぶちやう》になつた。試合《しあひ》ごとに夫《ふ》妻《さい》の姿《すがた》が、スタンドに仲《なか》よく並《なら》ばなかつたためしはない。立教《りつけう》は優勝《いうしよう》した。勝《か》つた彼等選手達《かれらせんしゆたち》が、菅氏夫妻《すがしふさい》を一緒こたに胴上《どうあ》げしようとして、奧《おく》さまにだけは逃《に》げられた、と云《い》ふ噂《うはさ》もアメリカのカレッヂ映畫《えいぐわ》めいて、頗《すこぶ》る非常《ひじやう》に面白《おもしろ》い。

寳生さと子夫人（野球）

ワキ寳生《はうしやう》の家元《いへもと》、脇方《わきかた》としては現《げん》代《だい》、隨一《ずゐいち》の稱《しよう》ある寳生新氏《はうしやうしんし》ご夫妻《ふさい》が、また頗《すこ》ぶる非常《ひじやう》なベースボール・ファンである。七百年傳統《ねんでんとう》の古《ふる》い藝道《げいだう》に、ひたすら精進《しやうじん》、これを事《こと》としてゐる人《ひと》達《たち》の群《むれ》にも、時代《じだい》の打《う》ち寄《よ》せる波《なみ》の力《ちから》は怖《おそ》ろしい。能樂《のうがく》、謠曲家方面《えうきよくかはうめん》のスポーツ熱《ねつ》は、六代目尾上菊五郎氏《だいめをのへきくごらうし》、故澤《こさは》田正二郎氏《だしやうじらうし》、淺草《あさくさ》の民衆藝術家《みんしうげいじゆつか》五九郎《ごくらう》氏《し》など程《ほど》、パッと世間《せけん》の人氣《にんき》は惹《ひ》かないが實《じつ》に大《だい》したもので、とりわけ大寳《だいはう》生重英氏《しやうしげひでし》を始《はじ》め、寳生一門《はうしやういちもん》は『見《み》る野《や》球《きう》』の範圍《はんゐ》を越《こ》え、みづからチームを作《つく》つてグラウンドに立《た》つ程度《ていど》にまで發《はつ》展《てん》してしまつた。

寶生流《ほうしやうりう》には寶生《ほうしやう》チーム、喜多流《きたりう》には喜多《きた》チーム、先頃《さきごろ》はまた大倉流小鼓《おほくらりうこつゞみ》までが大倉《おほくら》チームを作《つく》り、一《ひと》つ六大學《だいがく》の向《むか》ふを張《は》つて、リーグ戰《せん》を開《ひら》からではないか、と云《い》ふ騒動《さうどう》である。あの御曹子《おんざうし》、長者觀世元滋大人《ちやうじやくわんぜもとしげだいにん》までが、野球《やきう》となるとたいがいの私用《しよう》を放《な》げすてゝ、神宮《じんぐう》グラウンドへ急《いそ》ぐと云《い》ふ。『ゆくへ定《さだ》めぬ旅《たび》なれば、こし方《かた》もいづこならまし』などゝ、澁《しぶ》い聲《こゑ》で鉢《はち》の木《き》のかゝゝりに立《た》つ人《ひと》が、カーンと云《い》ふバットの快音《くわいおん》につれて、ファンと共《とも》にスタンドからワーッと叫《さけ》ぶ、と云《い》ふのも奇妙《きめう》な新時代《しんじだい》の一風景《ふうけい》ではないか。

さて、新氏夫人《しんしふじん》さと子《こ》さんは、そう云《い》ふ社會《しやくわい》の人《ひと》とも覺《おぼ》えず、野球《やきう》には立派《りつぱ》な鑑賞眼《かんしやうがん》をそなへてゐる。始《はじ》めはお弟子達《でしだち》からすゝめられて、『ダマされる』と思《おも》つて見《み》に出《で》かけたのが、その日《ひ》つから忽《たちま》ちにして、野球《やきう》ファンの一人《ひとり》になつて終《しま》つた。去年《きよねん》の秋《あき》、早明戰《さうめいせん》の日《ひ》、凱歌《がいか》は早大《さうだい》にあがつた。スタンドのファンはたいがい、先《さき》を急《いそ》いで引《ひき》上《あ》げて終《しま》つた。たそがれはやゝに迫《せま》つてゐる。そのなかに、まだスタンドの上《うへ》に佇立《ちよりつ》して、飽《あ》かず戰《たゝか》ひの跡《あと》を見守《みまも》つてゐる夫妻《ふさい》の姿《すがた》がある。これが寶生《ほうしやう》新氏《しんし》ご夫妻《ふさい》であつた。

宝生さと子夫人

和田豐子夫人（水　泳）

その道《みち》では、ちよいと有名《いうめい》すぎる夫人《ふじん》の一人《ひとり》であるが、やはりファン列傳《れつでん》にこの人《ひと》をぬかすわけには行《ゆ》かない。水泳《すゐえい》のファンで、『和田《わだ》の小母《をば》さん』を知《し》らなければ、すでにモグリだとさへ云《い》はれて終《しま》ふ。いつぞやなどはプリンス秩父宮《ちゝぶのみや》さまが、墨田《すみだ》プールへおなりのとき、豐子夫人《とよこふじん》の姿《すがた》を御覧《ごらん》になつて、『あゝ、今日《けふ》も和田《わだ》のおばさんが來《き》てゐるね。』と仰有《おつしや》つた位《くらゐ》の、これは大《だい》したおばさんである。大小有名無名《だいせういうめいむめい》な水泳選手《すゐえいせんしゆ》で、和田《わだ》のおばさんの世話《せわ》にならぬ者《もの》はない、とまで河童連《かつぱれん》は大《おほ》げさに云《い》ふ。

芝《しば》の三田《た》に、和田工務所《わだこうむしよ》と云《い》ふ、相當《さうたう》な工事建築請負《こうじけんちくうけおひ》のお店《みせ》を持《も》ち、明大《めいだい》卒業《そつげふ》のお子《こ》さんもあり、とてもお忙《いそ》がしいお生活《せいくわつ》ながら、どの水泳競技會《すゐえいきやうぎくわい》にも、おばさんの顔《かほ》が見《み》えぬ事《こと》つてない。去年《きよねん》の九月《ぐわつ》には豐島園《としまえん》のプールで、女《をんな》ばかりの第《だい》一回水上競技界《くわいすゐじやうきやうぎかい》が開《ひら》かれた。出發合圖員《スターター》も、審判官《しんぱんくわん》も、時計員《タイムキーパー》も、競技《きやうぎ》のアナウンサアも、全部女性《ぜんぶぢよせい》。男子《だんし》の手《て》は一《ひと》つも借《か》りぬと云《い》ふ大會《たいくわい》である。おばさんは無論《むろん》その總參謀《そうさんぼう》、競技委員長《きやうぎゐゐんちやう》で、大會終《たいくわいを》つてから堂堂《だうだう》と、一場《ぢやう》の大演説《だいえんぜつ》をやつた。

そう云《い》ふ舶來《はくらい》のスポーツ、ファンが、また面白《おもしろ》いことには、大《たい》した常盤《ときは》津《づ》の唄《うた》ひ手《て》で、この古《ふる》い江戸藝術《えどげいじゆつ》に親《した》しむこと正《まさ》に二十年《ねん》、立派《りつぱ》に『常盤津《ときはづ》文字豐《もじとよ》』と云《い》ふ、名《な》をとつてゐる。雨《あめ》の日《ひ》のつれづれのをりなど、三絃《げん》を膝《ひざ》にしてひとり、澁《しぶ》いノドを聞《き》かせるそうである。珍《めづ》らしい多角的趣味《たかくてきしゆみ》のご婦人《ふじん》である。おばさんのお宅《たく》には、最近《さいきん》

和田豊子夫人

また例《れい》の名古屋《なごや》椙山高女生《すぎやまかうぢよせい》、世界的《せかいてき》ブレスト選手《せんしゆ》前畑秀子嬢《まへはたひでこぢやう》が、ハワイゆきの準備練習《じゆんびれんしふ》に、一ヶ月半《げつはん》も身《み》を寄《よ》せてゐた。水泳《すゐえい》の事《こと》なら、どんな面倒《めんだう》な用《よう》事《じ》でもどしどし引受《ひきう》けようと云《い》ふ、この道《みち》の恩人《おんじん》。また底《そこ》ぬけの女性《ぢよせい》ファンの一人《ひとり》である。

坂井英子夫人（武　道）

武道《ぶだう》と云《い》へば、劍道《けんだう》、柔道《じうだう》、弓術《きうじゆつ》と云《い》ふところだが、それだけに限《かぎ》られてはゐない。坂井夫人《さかゐふじん》は、スポーツ萬般《ばんぱん》に亘《わた》つてのファンである。なにしろ今《いま》は舶來《はくらい》スポーツ全盛《ぜんせい》の時代《じだい》で、日本古來《にほんこらい》の武道《ぶだう》は、いさゝか置《お》いてけ堀《ぼり》の形《かたち》である。しかし試《こゝろ》みに、小石川下富坂《こいしかはしもとみさか》の講道館道場《かうだうくわんだうぢやう》へ出《で》かけてゆくと、府立《ふりつ》第二《だいに》、目白女子大附屬《めじろぢよしだいふぞく》など在學中《ざいがくちう》の、花《はな》はづかしい令孃《れいぢやう》たちが、二十名位《めいくらゐ》ゐ特別女子部會員《とくべつぢよしぶくわいゐん》として、どたん、ばたんと、勇《いさ》ましい柔道《じうだう》の亂《らん》とりなどをやつてゐる。運動《うんどう》に東西《とうざい》はない。あゝ、スポーツ時代《じだい》なるかな。

嗚呼《あゝ》、スポーツ時代《じだい》なるかな、と勢《いきほ》ひよく云《い》つて置《お》いて、わが坂井夫人《さかゐふじん》のお噂《うはさ》に歸《かへ》るとしよう。福岡縣選出代議士《ふくをかけんせんしゆつだいぎし》、坂井大輔氏《さかゐだいすけし》の夫人《ふじん》で、夫君大輔氏《ふくんだいすけし》は昔《むかし》『早稻田《わせだ》の大《だい》なん』と云《い》へば、誰《た》れ知《し》らぬものない學生柔道界《がくせいじうだうかい》のチャムピオンであつた。尤《もつと》も代議士《だいぎし》には例《れい》の宮川一貫居士《みやかはいつくわんこじ》と云《い》ふ、日本《にほん》でたつた五六人《にん》しかない、講堂館七段《かうだうくわんだん》の名士《めいし》もゐる。實際《じつさい》あの衆議員議院の討論《たうろん》、痛罵《つうば》、馬鹿《ばか》、間拔《まぬ》け、國賊《こくぞく》などと云《い》ふ惡罵《あくば》を聞《き》いてゐると、柔道《じうだう》の心得《こゝろえ》位《くらゐ》ゐなくては、代議士《だいぎし》は務《つと》まりそうにも思《おも》へない。閑話休題《ところで》。とにかく夫人《ふじん》は、女學校時分《ぢよがくかうじぶん》から何《な》んでもスポーツならお好《す》きであつた。御良人《ごりやうじん》との關係《くわんけい》で、柔道《じうだう》、劍道《けんだう》などにも立派《りつぱ》な御意見《ごいけん》、鑑賞眼《かんしやうがん》を持《も》つて居《を》られる點《てん》、この方面《はうめん》では極《ご》く小數《せうすう》の國粹武道《こくすゐぶだう》のファンのうちの一人《にん》と云《い》はねばならぬ。

野球《やきう》もよく御覽《ごらん》になる。やはり夫君《ふくん》の卒業《そつげふ》された早稻田《わせだ》の森《もり》、伊丹《いたみ》、佐藤《さとう》君《くん》などがお好《す》きの由《よし》。法政《はふせい》が負《ま》けても一生懸命《しやうけんめい》な所《ところ》がいゝ、と云《い》ふお話《はなし》は傾《けい》聽《ちやう》に値《あた》ひしよう。夫人《ふじん》はまた相撲《すまふ》がお好《す》きで、武藏山《むさしやま》、玉錦《たまにしき》、天龍《てんりう》と云《い》つた風《ふう》な、常《つね》に勝敗《しようはい》を度外《どぐわい》に置《お》いて、果敢《くわかん》な正面衝突《しやうめんしようとつ》をやる力士《りきし》に、格別好意《かくべつかうい》をお持《も》ちだそうである。四谷見附内《よつやみつけうち》のお宅《たく》には、名《な》さへ『三郎丸《さぶらうまる》』と云《い》ふ、猛《まう》烈《れつ》に大《おほ》きいブルドックが頑《がん》ばつてゐるのも、坂井大輔《さかゐだいすけ》と云《い》ふ標札《へうさつ》の字《じ》が、非《ひ》常《じやう》に大《おほ》きいのと共《とも》に、ご近所《きんじよ》の評判《ひやうばん》だそうである。

久保田ふさ子夫人（野　球）

『久保田萬太郎《くぼたまんたらう》さんと云《い》ふひと、とても優《やさ》しいかたかと想像《さうざう》してゐたのに、實物《じつぶつ》は全《まつた》くお相撲《すまふ》さんみたいね。』と、失禮《しつれい》なことを筆者《ひつしや》に云《い》つた女學生《ぢよがくせい》があつた。成《な》る程《ほど》、お名前《なまへ》から受《う》ける感《かん》じや、古《ふる》くは籾山米刄堂版《もみやまべいじんだうはん》の『淺草《あさくさ》』それから次々《つぎつぎ》に『冬枯《ふゆがれ》』『露芝《つゆしば》』の作《さく》者《しや》。いつもお職人《しよくにん》や、藝者《げいしや》や、新派《しんぱ》の俳優《はいいう》などが現《あら》はれて、ちやきちやきの江戸《えど》ッ子《こ》語《ご》を話《はな》す、このひとの作品《さくひん》を通《とほ》して、一女學生《ぢよがくせい》がこんな失禮《しつれい》な言葉《ことば》を吐《は》いたのも、滿更無理《まんざらむり》とも思《おも》へぬ、ふしもある。だが、今《いま》は萬太郎大人《まんたらうだいじん》のお噂《うはさ》をしてゐる時《とき》ではなかつたつけ。

問題《もんだい》は令夫人《れいふじん》である。淺草《あさくさ》のお宅《たく》から、日暮里《につぽり》へお越《こ》しになつて、それで幾《いく》らかおひまが出來《でき》たわけでもあるまい。小島政二郎氏《こじままさじらうし》、南部修太郎氏《なんぶしうたらうし》と、夫妻揃《ふさいそろ》つて野球《やきう》ファン、無論猛烈《むろんまうれつ》な母校《ぼかう》の慶應《けいおう》びゐき。そのお宣傳《せんでん》に動《うご》かされたのが始《はじ》まりらしく、近來《きんらい》はまた大《だい》したベースボール・ファンの一人《ひとり》になつてしまつたと云《い》ふ。『今戸橋《いまどばし》』の作者《さくしや》の奧《おく》がたが、アメリカ人《じん》の發明《はつめい》した野球《やきう》に、並々《なみなみ》ならぬ熱心《ねつしん》をお示《しめ》しになつた所《ところ》で、それに不思議《ふしぎ》はないだらう。奥《おく》さんは病氣《びやうき》ひとつなすつた事《こと》のない、惠《めぐ》まれたる健康夫人《けんかうふじん》である。

日暮里《にっぽり》、花見寺上《はなみでらうへ》のお宅《たく》から、リーグ戰《せん》のうちは殆《ほと》んど、缺勤《けっきん》なしの御出精《ごしゆっせい》ぶりで、これには御良人《ごりやうじん》もアキれて、ちよつとお冠《かんむり》を曲《ま》げたところ、ほかの事《こと》には至極柔順《しごくじうじゆん》な夫人《ふじん》だのに、『贅澤《ぜいたく》は以後致《いごいた》しません。着物《きもの》も一枚《まい》も要《い》りません。どうか着物《きもの》のお代《かは》りに、神宮野球《じんぐうやきう》の定期入場席券《レザーブ・シート》を買《か》つて下《くだ》さいまし。一生《しやう》の御願《おねが》ひです。』とやつたので、萬太郎大人《まんたらうたいじん》、眼《め》を白黒《しろくろ》なすつた、と云《い》ふ愉快《ゆくわい》なエピソードが傳《つた》へられてゐる。この話《はなし》を筆者《ひっしや》が、さる女《ぢよ》學生《がくせい》に受賣《うけうり》したら、彼女《かのぢよ》は忽ち『そうよ。奥《おく》さんの仰有《おっしゃ》るのは本當《ほんたう》よ。早《はや》くレザーブ・シートでも買《か》つてお上《あ》げにならないと、益々小說《ますますせうせつ》が賣《う》れなくなるわ。』と、いやはや大《たい》した劍幕《けんまく》であつた。萬太郎氏《まんたらうし》、もつて如何《いかん》となしなすか……。

徳川喜和子姫（乗　馬）

少《すこ》し變《かは》つたスポーツに、眼《め》を轉《てん》ずることにしよう。德川厚男《とくがはあつしだん》の令孃《れいぢやう》で、有名《いうめい》なお姫様《ひめさま》である。一體《たい》に德川家《とくがはけ》の御《ご》一門《もん》にはスポーツ・ファンのお歷々《れきれき》が多《おほ》い。尾張義親侯《をはりよしちかこう》は、越前《ゑちぜん》の松平家《まつだひらけ》から、御養子《ごやうし》になつた方《かた》であるが、虎《とら》や象狩《ぞうが》りと云《い》ふ、雄大《ゆうだい》なるスポーツマンである。一體《たい》スポーツは、語源《ごげん》を英國《えいこく》の狩獵《しゆれふ》から發《はつ》してゐる位《くらゐ》で、德川義《とくがはよし》親侯《ちかこう》などは、さしづめプレシデント・ルーズベルト氏《し》と同《おな》じく、立派《りっぱ》な世界《せかい》的《てき》スポーツマンである、と云《い》ふ妙《めう》な理《り》屈《くつ》はとにかくとして、喜和子姫《きわこひめ》の令兄《れいけい》は、喜精氏《きせいし》、喜知氏《きちし》ともに、學習院《がくしふゐん》の德川兄弟《とくがはきやうだい》として、華胄野球界《くわちうやきうかい》に鳴《な》つてゐた。喜知氏《きちし》は去年《きよねん》惜《を》しまれつつ物故《ぶっこ》したが、京都帝大《きやうとていだい》の中堅手《センタア》。一番打者《トップバッター》として、六大學《だいがく》にも愆《は》しいスタアであつた。

徳川喜和子さん

姫《ひめ》の叔父君《をぢぎみ》に當《あた》る誠男《せいだん》も、勝伯爵家《かつはくしやくけ》をつがれた勝伯《かつはく》も、立派《りっぱ》な野球選手《やきうせんしゆ》であつた。姫《ひめ》が夙《と》くから、スポーツを好《このむ》やうになつたのも、理《り》の當然《たうぜん》である。

いくら野球《やきう》がお好《す》きでも、德川家《とくがはけ》のお姫様《ひめさま》にベースボールは出來《でき》ない。テニスもお上手《じやうず》だが、そこで、斷然《だんぜん》お乘《の》り出《だ》しになつたのが馬《うま》である。乘馬《じようば》は、みづから行《おこな》ふスポーツとして、とにかく特異《ユニーク》な興趣《きようしゆ》を持《も》つてゐる。健康《けんかう》にもいゝ。朗《ほが》らかである。外國婦人《ぐわいこくふじん》が乘馬《じようば》を愛《あい》する事《こと》は非常《ひじやう》なもので、もと代々《よよ》木《ぎ》の井上乘馬倶樂部《ゐのうへじようばくらぶ》のメンバアであつた、イギリスのスミス孃《ぢやう》などは、乘《の》り出《だ》して一週間目《しうかんめ》かに、原《はら》つぱで速歩《そくほ》をやり、落馬《らくば》して大怪我《おほけが》をした。普通《ふつう》の人《ひと》ならそれで止《や》めてしまふ。所《ところ》がミス・スミスは、病院《びやういん》から出《で》るとその次《つぎ》の日《ひ》、すぐ倶樂部《くらぶ》へ現《あら》はれて鞭《ホイップ》を握《にぎ》つたと云《い》ふ……。

わが德川喜和子姫《とくがはきわこひめ》にも、そうした武《ぶ》勇傳式《ゆうでんしき》お物語《ものがたり》が相當《さうたう》ある。素的《すてき》にスマートネスな令孃《れいぢやう》だから、ミス・スミスの樣《やう》に、落馬《らくば》するような事《こと》は一ペンもない筈《はず》。昨年《さくねん》は遙々京都《はるばるきやうと》の乘馬大會《じようばたいくわい》にまで遠征《ゑんせい》して、無論《むろん》一等《とう》になつた。代《よ》々木《よぎ》の原《はら》から、神宮裏參道《じんぐううらさんだう》を、トットットと急《きふ》ピッチで走《はし》らせる、姫《ひめ》の颯《さっ》爽《さう》たる騎乘《きじよう》ぶりを、茫然《ばうぜん》とながめつくしてゐる紳士《しんし》の顏《かほ》たるや、ペシヤンコである。國際軍人《こくさいぐんじん》か警官《けいくわん》あがりでもない限《かぎ》り、日本《にほん》の紳士《しんし》で馬《うま》に乘《の》れる人《ひと》は殆《ほと》んどないと、この間《あひだ》も大使館附武官《たいしくわんつきぶくわん》の某外國夫人《ぼうぐわいこくふじん》が私《わたし》に威張《ゐば》つた。ちとうまらない自慢《じまん》だが、事實《じじつ》だからどうも致方《いたしかた》がない。

山下さき子夫人（野球）

思《おも》ひきつての、變《かは》りだねである。山下《やました》さき子夫人《こふじん》などゝ云《い》ふと、少《すこ》し改《あらた》まるが、たしかに良人《をつと》を敬《けい》し、家《うち》をよく守《まも》る立派《りつぱ》な夫人《ふじん》である。たゞ、ちよつと生活階層《せいくわつかいそう》が違《ちが》ふだけである。即《すなは》ち落語家《らくごか》、柳家金語樓氏《やなぎやきんごろうし》の女房御《にようばうご》である。金語樓氏《きんごろうし》は、落語界《らくごかい》のモダン・ボーイであつて、兵隊《へいたい》さんの落語《らくご》から出發《しゆつぱつ》して、巧《たく》みに時代《じだい》の機微《きび》をうがち、珍勢《ちんせい》イカモノ、サモア・ダンスだの、落語《らくご》新劇《しんげき》だの、色々《いろいろ》と新手《あらて》を用《もち》ひてゐる、云《い》はゞ斯道《しだう》の革命兒《かくめいじ》である。ボヤボヤしてゐると、人間《にんげん》はいつアゴの下《した》が早《ひ》あがつて終《しま》ふか判《わか》らない。朝露《てうろ》の世《よ》の中《なか》である。心《こゝろ》あるものは、まづ自分《じぶん》の足元《あしもと》をはつきりと見《み》て、明日《あす》が日《ひ》の爲《ため》に備《そな》へねばならぬ。

金語樓氏《きんごろうし》は、なかなかの才物《さいぶつ》で、またごく小數《せうすう》の「心《こゝろ》ある者《もの》」の一人《ひとり》であつた。高座《かうざ》の生活《せいくわつ》を延長《えんちやう》して、バットをかつぎ、底《そこ》に釘《くぎ》のついた靴《くつ》をはいて、グラウンドに現《あら》はれ始《はじ》めた。これなん、戸山《とやま》ヶ原《はら》、代々木練兵場天然《よよぎれんぺいぢやうてんねん》グランド、最近《さいきん》の名物《めいぶつ》、キンゴロウ・野球《やきう》チームである。御重寶《おちようはう》なもので、世《よ》の學生連《がくせいれん》の中《なか》には、落語《らくご》の熊公《くまこう》、與太郎《よたらう》に金《きん》ボタンの制服《せいふく》を着《き》せたような人物《じんぶつ》が、不思議《ふしぎ》に多《おほ》いと見《み》えて、その臨時雇《エキストラ》選手の活躍《くわつやく》で、キンゴロー野球團《やきうだん》なかなか強《つよ》い。

俄然《がぜん》、こゝでさき子夫人《こふじん》なるものの出幕《しゆつばく》となるのである。御亭主《ごていしゆ》のあとについて、お辨當持參役《べんたうぢさんやく》となつて、天然《てんねん》グランドに出《で》てみると、成《な》る程《ほど》野球《やきう》は面白《おもしろ》い。忽《たちま》ちにして速成《そくせい》フアンの一人《ひとり》となり、轉《てん》じて神宮《じんぐう》スタンドに、六大學高級野球觀覽者《だいがくかうきふやきうくわんらんしや》となつた。こうなると益々《ますます》どうも面白《おもしろ》い。下谷稻荷町《したやいなりちやう》の家《いへ》を、その都度《つど》あけるのが、弟子《でし》たちの手前《てまへ》も少《すこ》しオカしいので、うまい口實《こうじつ》を見《み》つけ出《だ》した。肩《かた》がこるから、青山《あをやま》へお灸《きふ》をすえにゆく、と云《い》ふのである。お灸《きう》は、野球《やきう》をもぢつた得意《とくい》のシヤレだとは、少《すこ》し苦《くる》しいサゲではないであらうか。

堤なほ子夫人（ラグビー）

大阪工業大學《おほさかこうげふだいがく》の總長《そうちやう》、工學博士《こうがくはかせ》堤正義《つゝみまさよし》先生《せんせい》の令夫人《れいふじん》である。一體《たい》にラグビー蹴球《しうきう》は非常《ひじやう》に勇猛熾烈《ゆうまうしれつ》なスポーツであつて、正直《しやうぢき》、いつどんなアクシデントに出逢《であ》ふかわからない。一試合《しあひ》に、誰《た》れか怪我《けが》をせぬものが有《あ》つたためしはない。だから、よほどラグビーを愛《あい》し、この競技《きやうぎ》の紳士性《しんしせい》を尊重《そんちやう》せぬ限《かぎ》り、友達《ともだち》を選手《せんしゆ》に持《も》つてさへ、心配《しんぱい》である。ましてわが兄弟《きやうだい》を、況《いは》んやいとしわが子《こ》を選手《せんしゆ》とした場合《ばあひ》……。

堤なほ子夫人

ところが、堤博士《つゝみはかせ》のお宅《たく》からは、極《きは》めて優秀《いうしう》なるラグビー・チャンピオンが、四人《にん》ともわが國《くに》の蹴球界《しうきうかい》に送《おく》り出《だ》されてゐる。こんなことはラグビーの本場英國《ほんばえいこく》にも、少《すこ》しルールは違《ちが》ふがアメリカのラグビー界《かい》にもない、異常《いじやう》なる事實《じじつ》である。選手《せんしゆ》も選手《せんしゆ》、それが決《けつ》して凡庸《ぼんよう》のラガーではない。まづ長子《ちやうし》正之君《まさゆきくん》は、東京帝大《とうきやうていだい》の主將《しゆしやう》で次兄正安《じけいまさやす》君《くん》は今春《こんしゆん》、芽出度《めでた》く業《げふ》を終《を》へる慶應《けいおう》ラグビーの主將《しゆしやう》、第《だい》一兄弟《きやうだい》揃《そろ》つて主將《しゆしやう》になる事《こと》からして、並大《なみたい》ていのお話《はなし》ではないのである。三弟信正君《ていのぶまさくん》は、立敎大《りつけうだい》學《がく》の選手《せんしゆ》、まだ若《わか》いが足《あし》が非常《ひじやう》に早《はや》いから、今冬《こんとう》のシーズンは必《かな》らず立敎《りつけう》の正選手《レギユラー》となるだらう。末弟正行君《まつていまさゆきくん》は、いま慶應普通部《けいおうふつうぶ》の選手《せんしゆ》。以上《いじやう》四人《にん》の兄弟《きやうだい》が揃《そろ》ひも揃《そろ》つて、同《おな》じラグビー・チームのバックメン。然《しか》も守備位置《ポジシヨン》まで同《おな》じ華《はな》やかな、C T B《センタースリーコーター》である、と云《い》ふのだから、揃《そろ》へ事《ごと》にした所《ところ》でこうまくゆくものではない。

嚴密《げんみつ》な批較《ひかく》は出來《でき》ないが、素質《そしつ》、技《ぎ》術《じゆつ》に於《おい》て長兄正幸君《ちやうけいまさゆきくん》が特《とく》に立優《たちまさ》つてゐた。然《しか》し東京帝大《とうきやうていだい》は、近來《きんらい》夥《おびたゞ》しく劣《れつ》勢《せい》で、堤君一人《つゝみくんひとり》の奮鬪《ふんとう》では、倒《たふ》れかゝる巨木《きよぼく》、素《もと》より防《ふせ》がれべくもない。かくて數年《すうねん》、兄正幸《あにまさゆき》、弟正安《おとうとまさやす》、共《とも》に敵《てき》味方《みかた》に別《わか》れて、猛烈《まうれつ》なるタックルに奔《ほん》命《めい》した。これをスタンドに於《おい》て、しづかに眺《なが》めて居《を》られるのが母堂《ぼだう》なほ子夫《こふ》人《じん》である。筆者《ひつしや》はいつか『あの人《ひと》がほら、堤《つゝみ》さんのお母樣《かあさま》だよ』と友達《ともだち》に指《し》示《じ》されて、涙《なみだ》に近《ちか》い氣持《きもち》に襲《おそ》はれた思《おも》ひ出《で》がある。千萬無量《まんむりやう》と云《い》ふが、云《い》ふ事《こと》は古《ふる》くて概念的《がいねんてき》だけれど、事實《じじつ》の前《まへ》にこの言葉《ことば》がピタリと當《あて》はまるのをどうしよう……。

鷲澤たき子夫人（野球）

長野縣第二區《ながのけんだいく》から立候補《りつこうほ》して、殆《ほと》んど當選確實《たうせんかくじつ》と云《い》はれ乍《なが》ら、次點《じてん》で落選《らくせん》した鷲澤與四二《わしざはよしじ》氏《し》の令夫人《れいふじん》である。鷲澤氏《わしざはし》は、かつて學生時代《がくせいじだい》慶應野球部《けいおうやきうぶ》のマネージャーであつた。最近世《さいきんよ》に知《し》られた床《ゆか》しい美談《びだん》であるが、いま、慶應《けいおう》の選手《せんしゆ》として鳴《な》らしてゐる三谷二壘手《たにるゐしゆ》は、全《まつた》く鷲澤氏《わしざはし》の支持《しぢ》で、今日《こんにち》まで愉《ゆ》快《くわい》な學生々活《がくせいせいくわつ》を送《おく》つて來《き》たのであると云《い》ふ。三谷君《たにくん》は三才《さい》の時《とき》、ハワイで孤《こ》兒《じ》になつた。二十年前《ねんぜん》、彼地《かのち》へ遠征中《えんせいちう》それと知《し》つた鷲澤氏《わしざはし》は、彼《かれ》を日本《にほん》へつれかへり、小學校《せうがくかう》を卒《お》へさせ、神港商《しんかうしやう》業《げふ》から、轉《てん》じて慶應《けいおう》の副將格《ふくしやうかく》になる今《こん》日《にち》の好機《かうき》を與《あた》へたのであつた。

そうした美談《びだん》が、今《いま》まで傳《つた》へられなかつたのも、尚更《なほさら》ゆかしい事共《ことども》であ

鷲澤たき子夫人

る。夫人《ふじん》はまた當代《たうだい》、殆《ほと》んど無比《むひ》の女《ぢよ》流野球通《りうやきうつう》。古《ふる》い時代《じだい》のゲームを、最《もつと》も長《なが》く見《み》て居《を》られる點《てん》では、夫人《ふじん》などその第一人者《だいいちにんしや》と云《い》つてよからう。ゴシツプ氏《し》の傳《つた》へる所《ところ》によると、かつて御良人《ごりやうじん》と一緒《しよ》に天津《てんしん》の總領事《そうりやうじ》に在勤時代《ざいきんじだい》、相當實《さうたうみ》のある野球試合《やきうしあひ》が見《み》たさに、をりを見《み》ては上海《シャンハイ》、大連《たいれん》まではるばる見物《けんぶつ》に行《ゆ》かれたと云《い》ふ。まことに大《たい》したものである。

だから、夫人《ふじん》と一緒《しよ》に神宮《じんぐう》のスタンドへ並《なら》んだりした時《とき》、よく當世風《たうせいふう》の紳士《しんし》などが、ろくに野球《やきう》を知《し》りもしないで、安打《ヒツト》だの、失策《エラア》だのと云《い》はふものなら、忽《たちま》ちこの人《ひと》に輕蔑《けいべつ》されて終《しま》ふさうである。なまはんかな新聞《しんぶん》のスポーツ記者以上《きしやいじやう》、ベースボールに對《たい》しての立派《りつぱ》な眼識《がんしき》をそなへてゐるさうである。リーグ戰《せん》も始《はじ》まつた。鷲澤氏《わしざはし》が若《も》し當選《たうせん》してゐたら、さすがに代議士夫人《だいぎしふじん》となつては多忙《たばう》を極《きは》め、神宮《じんぐう》スタンドへ陣《ぢん》どる時《とき》にも邪魔《じやま》されよう。落選《らくせん》して却《かへ》つて、野球《やきう》が見《み》られるので悦《よろこ》んで居《ゐ》られるらしい、と或《あ》る與太《よた》ファンが云《い》つた。御主人《ごしゆじん》にはお氣《き》の毒《どく》だが、そんな氣《き》さへするほど、事《こと》ほど左樣《さやう》に、女性《ぢよせい》ファン列傳中《れつでんちう》での大關格《おほぜきかく》、夫人《ふじん》である。

岡村文子女史（野球）

この人《ひと》を女史《ぢよし》などゝ呼《よ》ぶのは異《い》なものだらうが、とにかくファン列傳《れつでん》の打止《と》めに、この變《かは》りだねを一人《ひとり》引《ひ》つぱり出《だ》して、チョンと最後《さいご》の拍子木《ひやうしぎ》を入《い》れる事《こと》にしよう。淺草《あさくさ》から蒲田《かまた》へと、云《い》はゞ時代《じだい》の流《なが》れに從《したが》つて、尖端《せんたん》をばかり泳《およ》いできた女性《ぢよせい》である。人氣《にんき》をあて込《こ》んで、それであゝ度々《たびたび》神宮《じんぐう》、戸塚《とつか》のスタンドへ現《あら》はれる、と云《い》ふ世評《せひやう》は、これは少《すこ》しばかり酷《こく》であらう。今《いま》では、自分《じぶん》でもなか〳〵うまく野球《やきう》をやる。蒲田《かまた》では、時々《ときどき》中堅手《センタア》などをやつて、男《をとこ》と一緒《しよ》にゲームにも出《で》る。無論《むろん》、固《かた》い正式《せいしき》なボールである。

あゝ云《い》ふ世界《せかい》の人《ひと》には似《に》ず、室内遊戯《しつないいうぎ》が嫌《きら》ひで、リーグ戰《せん》の話《はなし》をさせても、相當《さうたう》立派《りつぱ》な批評《ひひやう》もする。スタンド・プレー、即《すなは》ち、ファンをあてこみの、氣《き》ざなプレーを極端《きよくたん》に痛罵《つうば》するところなども面白《おもしろ》い。最近《さいきん》も「昔《むかし》から見《み》ると、選手《せんしゆ》の素質《そしつ》が低下《ていか》しましたね。六大學《だいがく》のリーグ戰《せん》も、いまは甲子園《かふしゑん》の延長《えんちやう》ですわ。」とどこかで氣焔《きえん》を吐《は》いてゐた。「早稻田《わせだ》がやはり幾分《いくぶん》好《す》きですね。ほかの大學《だいがく》には書生役者《しよせいやくしや》の馳《か》け出《だ》しみたいなのが居《ゐ》るぢやないの。」と、どうしてなか〳〵手酷《てきび》しい。

岡村文子さん

牛込《うしごめ》の喜久井町《きくゐちやう》に、長《なが》らく彼女《かのぢよ》は住《す》んでゐた。そこで、今《いま》よりも、もつと若《わか》かりし時代《じだい》を送《おく》つた。だから勢《いきほ》ひ、戸塚球場《とつかきうぢやう》に緣《えん》も多《おほ》くなつて、早稻田《わせだ》に親《した》しみを感《かん》ずるに至《いた》つたのだらう。往年《わうねん》の谷口投手《たにぐちとうしゆ》、今大連《いまだいれん》にゐる岩瀨五郎《いはせごらう》君《くん》を、殆《ほと》んど心醉《しんすゐ》に近《ちか》いまで、好《この》んで見《み》たとも云《い》ふから、野球《やきう》と云《い》ふと、神宮《じんぐう》スタンドしか知《し》らぬ、速成《そくせい》のファンではない。一《ひと》つは明《あか》るい都會人的茶氣《とくわいじんてきちやき》が手傳《てつだ》つてもゐるだらうが、女流《ぢよりう》ファン、天下《てんか》に多《おほ》しと雖《いへど》も、女性《ぢよせい》で、スポンヂボールでなく、固《かた》い正規《せいき》なボールのゲームに、かりにも中堅手《センタア》を買《か》つて出《で》よう、などゝ云《い》ふ人物《じんぶつ》は、まづこの人《ひと》と、京都《きやうと》の太秦《うづまさ》の住人《ぢうにん》、伏見直江《ふしみなほえ》なにがし位《ぐらゐ》のものだらう。

美容衞生から觀《み》た女子《ぢよし》のスポーツ

文部省體育研究所技師醫學博士　吉田章信

女子《ぢよし》がスポーツをやつては、容姿《ようし》をわるくするとか、特有《とくいう》の優美《いうび》さがなくなるなどと、心配《しんぱい》した時代《じだい》はすでに過《す》ぎ去《さ》つてしまひました。

新時代《しんじだい》の婦人美《ふじんび》は、その伸《の》び〱とした健康《けんかう》さや、血色《けつしよく》の生々《いき〱》した所《ところ》、それから機敏《きびん》な動作《どうさ》の中《うち》にあるのです。

近年《きんねん》、女子《ぢよし》のスポーツが非常《ひじやう》に盛《さか》んになつたのは、誠《まこと》に喜《よろこ》ぶべき傾向《けいかう》で、スポーツによつて婦人《ふじん》は、ますます近代的《きんだいてき》の美《び》を發揮《はつき》してゆくことになります。

世間《せけん》では、女流《ぢよりう》スポーツ家《か》は、よく不妊症《ふにんしやう》になると言《い》ふので、年頃《としごろ》の女流《ぢよりう》スポーツ家《か》をもつ親御《おやご》達《たち》は、娘《むすめ》をどうすればよいかと、惱《なや》んでゐられるのを屡々《しば〱》見うけるのであります。

親御《おやご》としては、もつともな心配《しんぱい》とは思《おも》ひますが、私《わたし》の調《しら》べたところでは、そうした心配《しんぱい》は取《と》りこし苦勞《くらう》に過《す》ぎないのであります。外國《ぐわいこく》では日本《にほん》とはお話《はなし》にならぬ程《ほど》スポーツが盛《さか》んで、烈《はげ》しい運動《うんどう》をやつてゐますが、スポーツの惡影響《あくえいきやう》などゝいふ事《こと》について、心配《しんぱい》をもつ者《もの》は一人《ひとり》もありません。アメリカの體操教員養成所《たいさうけうゐんやうせいじよ》の生徒《せいと》について調《しら》べた統計《とうけい》を見《み》ましても、スポーツをやつたために、結婚後《けつこんご》困《こま》つたといふ例《れい》はないのであります。

しかし、外國婦人《ぐわいこくふじん》は非常《ひじやう》に衞生智識《ゑいせいちしき》をもち、その生活《せいくわつ》も科學的《くわがくてき》で、健康《けんかう》を保持《ほぢ》するために常《つね》に細心《さいしん》の注意《ちうい》をおこたらぬ所《ところ》からきてゐるのを見《み》のがす事《こと》はできません。

一體《いつたい》スポーツ選手《せんしゆ》の生活《せいくわつ》を見《み》ますに、隨分無理《ずゐぶんむり》をしてゐる事《こと》は誰《たれ》しも認《みと》めることでせう。まして婦人《ふじん》は生理的《せいりてき》に男子《だんし》より條件《でうけん》が惡《わる》いのでありますから、我校《わがかう》の名譽《めいよ》の爲《た》めにとかいつて、月經時《げつけいじ》の雨《あめ》の中《なか》でも練習《れんしふ》をやつたり、身體《からだ》が弱《よわ》つてゐる時《とき》に、強《し》いて押《お》し通《とほ》すことは考《かんが》へものであります。それでなくとも、傍《はた》から見《み》てゐると、涙《なみだ》が出《で》る程《ほど》の苦心《くしん》をしてゐるのが女流《ぢよりう》スポーツ家《か》の生活《せいくわつ》です。身體《からだ》のみか、心《こゝろ》もうちくだいてやつてゐるのが選手《せんしゆ》の生活《せいくわつ》です。試合前《しあひまへ》などは、神經《しんけい》が興奮《こうふん》してゐる爲《ため》に、少々《せう〱》の病氣《びやうき》にも氣付《きづ》かずに練習《れんしふ》することさへあります。いくら平常《ふだん》丈夫《ぢやうぶ》な者《もの》でも、これでは體《からだ》にくるひを來《きた》してしまひます。どこも惡《わる》くなかつたのにスポーツをやつた爲《た》めに不妊症《ふにんしやう》になつたといふ人《ひと》があるなら、それは知《し》らぬ間《ま》に冷症《ひえしやう》とか、子宮《しきゆう》の位置《ゐち》の變化《へんくわ》、その他《た》の病氣《びやうき》を起《おこ》しても氣《き》づかずに居《ゐ》て手當《てあて》もせず無理《むり》をつゞけてゐる事《こと》によるのでせう。

常《つね》に自分《じぶん》の身體《からだ》に細心《さいしん》の注意《ちうい》を拂《はら》つて、どこか少《すこ》しでも故障《こしやう》のあるときには相當《さうたう》の手當《てあて》をすると共《とも》に、夜更《よふ》かしをせぬこと、食事《しよくじ》を定《き》めて滋養分《じやうぶん》を澤山《たくさん》とること、精神《せいしん》を爽《さわや》かに持《も》つこと等《とう》を心得《こゝろえ》ねばなりません。

以上《いじやう》のやうな注意《ちうい》があるならば、烈《はげ》しい運動《うんどう》をする人《ひと》でも、何《なん》の心配《しんぱい》もいらないのです。それは有名《いうめい》な女子《ぢよし》スポーツ家《か》が、圓滿《ゑんまん》な家庭生活《かていせいくわつ》を營《いとな》んでゐるのを見《み》ても、分《わか》ることゝ思《おも》ひます。が然《しか》し學生時代《がくせいじだい》に烈《はげ》しい運動《うんどう》をしてゐた人《ひと》が、家庭《かてい》に這入《はい》つて、急《きふ》に運動《うんどう》を中止《ちうし》するときには、往々《わう〱》危險《きけん》が伴《ともな》ひます。總《すべ》て生活《せいくわつ》の激變《げきへん》は、女子《ぢよし》に限《かぎ》らず、男子《だんし》でもわるいのであります。

以上《いじやう》は女子《ぢよし》スポーツ家《か》の概要的《がいえうてき》な衞生《ゑいせい》を申《まを》し述《の》べましたが、次《つぎ》には婦人《ふじん》にふさわしいスポーツをあげてみませう。

一、水泳《すゐえい》はスポーツの中《なか》で一番《いちばん》御《お》すゝめしたいものです。水泳《すゐえい》は全身《ぜんしん》の大《だい》筋肉《きんにく》を均等《きんとう》に發達《はつたつ》せしめますから、したがつて身體《からだ》が伸《の》び〱として均整《きんせい》が取《と》れて、立派《りつぱ》な身體《からだ》にします。又《また》水《みづ》の抵抗《ていかう》をおしてなめらかに進《すゝ》んでゆく運動《うんどう》ですから、動作《どうさ》がなめらかになつて參《まゐ》ります。婦人《ふじん》は男子《だんし》よりも水《みづ》の寒冷《かんれい》にも耐《た》へやすく、又《また》浮《う》きやすいのです。日本《にほん》にはプールが澤山《たくさん》ないが、夏期海水浴場《かきかいすゐよくぢやう》で行《おこな》ふ丈《だけ》でも結構《けつこう》です。外國《ぐわいこく》の大《たい》ていの學校《がくかう》にはプールの設備《せつび》があり、年中《ねんぢう》を通《つう》じて水泳《すゐえい》をやつてゐますが、それ程體育價値《ほどたいいくかち》があるのです。

二、ダンスは社交《しやかう》ダンス、體育《たいいく》ダンス共《とも》に女子《ぢよし》の身體《からだ》を美《うつく》しくさせます、その運動《うんどう》が手足《てあし》、胴《どう》を始《はじ》め全身《ぜんしん》の曲線《きよくせん》的《てき》の運動《うんどう》であり、音樂《おんがく》に合《あは》せてリズミカルなもので、情操《じやうさう》の上《うへ》からいつてもよいのであります。但《たゞ》し、日本固有《にほんこいう》の舞踊《ぶよう》は身體《からだ》を動《うご》かす部分《ぶぶん》が少《すく》なく、スポーツの部分《ぶぶん》には、はいらないのです。

三、テニス　世界各國《せかいかくこく》ともテニスは女子《ぢよし》のスポーツとして盛《さか》んに行《おこな》はれて居《を》ります。それは走《はし》る運動《うんどう》が多《おほ》く、肺臟《はいざう》、心臟《しんざう》を強《つよ》くし、動作《どうさ》が機敏《きびん》になり、興味《きようみ》からいつても大《たい》へん好《い》い運動《うんどう》であります。

四、乘馬《じようば》　經濟上《けいざいじやう》の關係《くわんけい》などが手傳《てつだ》ふためか、日本《にほん》では乘馬《じようば》をやる婦人《ふじん》は極《ご》く少《すく》ないのですが、婦人《ふじん》向《む》きの運動《うんどう》です。下《した》からトン〳〵響《ひゞ》いて腰《こし》で調節《てうせつ》する、所謂平均運動《いはゆるへいきんうんどう》にはいるもので、乘馬《じようば》をやると安產出來《あんざんでき》るといつて、外國《ぐわいこく》の若《わか》い婦人間《ふじんかん》には乘馬熱《じようばねつ》が盛《さか》んであります。但《たゞ》し乘馬《じようば》は、月經中《げつけいちう》とその前後《ぜんご》一日《にち》は中止《ちうし》する事《こと》、又婦人病《またふじんびやう》のある人《ひと》は決《けつ》してやつてはなりません。

五、登山《とざん》　關西《くわんさい》では婦人《ふじん》の登山熱《とざんねつ》が盛《さか》んですが大《たい》へん好《い》い事《こと》です。登山《とざん》は人《ひと》の心《こゝろ》を若《わか》くします。享樂《きやうらく》の後《のち》には悲哀《ひあい》、苦《くる》しみが伴《ともな》ふ場合《ばあひ》が多《おほ》いものですが山登《やまのぼ》りは途中《とちう》は苦《くる》しくとも後《のち》の味《あぢ》は云《い》ひ得《え》ぬものがあります。

六、ピクニック　野外《やぐわい》に一家《か》連《つ》れ立《だ》つて、出《で》かける時《とき》の心《こゝろ》よさ

七、ドライヴ　デンマーク、イギリス、ドイツでは遠乘《とほの》りが盛《さか》んですよく晴《は》れた日曜日《にちえうび》などは男女《だんぢよ》が合乘《あひの》りで遠《とほ》くへ出《で》かけて行《ゆ》くのを見受《みう》けました。

八、ホッケー

九、ゴルフいづれも危險《きけん》がなく、戶外《こぐわい》の空氣《くうき》を呼吸《こきふ》し、日光《につくわう》に浴《よく》する事《こと》が出來《でき》、婦人《ふじん》には適《てき》した運動《うんどう》です。

一〇、自轉車《じてんしや》　婦人《ふじん》が自轉車《じてんしや》に乘《の》ると惡《わる》いといふ人《ひと》もありますが、決《けつ》してさうではなく、乘馬《じようば》と同《おな》じ運動《うんどう》であります。地方《ちはう》の女學校《ぢよがくかう》から「女學生《ぢよがくせい》の通學《つうがく》に自轉車《じてんしや》はさしつかへないだらうか」といふ質問《しつもん》が度々《たびたび》來《き》た事《こと》がありますが、今《いま》では害《がい》のない事《こと》が分《わか》り、自轉車通學《じてんしやつうがく》を許《ゆる》してゐるやうです。但《たゞ》し坂《さか》の登《のぼ》り下《お》りや、遠乘《とほの》り、はげしいスピードを出《だ》す事《こと》はよくありません。

女性の聲

三木順子

一分《ぷん》一秒《べう》の休《やす》みもなく進步《しんぽ》して行《ゆ》く子供達《こどもたち》の知識欲《ちしきよく》と時代《じだい》への敏感性《びんかんせい》には、もう私達《わたしたち》のやうに生理的《せいりてき》にも保守的《ほしゆてき》になつた者《もの》には、どうにもならないあせりと淋《さび》しさがあります。

子供《こども》の爲《た》めを思《おも》へばどんな苦痛《くつう》でも堪《た》え忍《しの》んで一生懸命《しやうけんめい》に働《はたら》く事《こと》の出來《でき》る母心《ははごころ》、それは親《おや》としてもつ一種《しゆ》の本能的滿足《ほんのうてきまんぞく》かも知《し》れませんが、子供《こども》は親《おや》のとうした心《こゝろ》づかひをも左程《さほど》に感《かん》じないかの樣《やう》に、グン〳〵自己《じこ》を主張《しゆちやう》し表現《へうげん》して行《ゆ》かうとします。確《たし》かに子供等《こどもら》は古《ふる》いセンチメンタルを持《も》つてゐません。因習《いんしふ》や私達《わたしたち》の尊《たふと》い道德《だうとく》、誇《ほこ》り等《とう》を平氣《へいき》で飛《と》び越《こ》へて行《ゆ》く子等《こら》には古《ふる》い物《もの》の中《なか》には何《なん》らの魅力《みりよく》も權威《けんゐ》も感《かん》じないやうに見《み》えます。時代性《じだいせい》でせうか。

私《わたし》は子供《こども》から新《あたら》しい思想《しさう》や小說《せうせつ》を聞《き》かされる時《とき》言葉《ことば》の上《うへ》では解《わか》つた樣《やう》でも感情《かんじやう》や生活《せいくわつ》の上《うへ》では矢張《やは》り自分《じぶん》の物《もの》にはなれません。時々《ときどき》餘《あま》りにも遠《とほ》い世界《せかい》の物《もの》である事《こと》に譯《わけ》が分《わか》らなくなります。

遲《おく》れたるトロイカよ、傷《いた》む勿《な》かれ、吾々《われわれ》の生活《せいくわつ》は跡《あと》かたも無《な》く過《す》ぎてしまつたのだ。（エセーニン）

女性の聲

松竹キネマ 林 千 歳

私《わたし》には、トーキー、殊《こと》にオールトーキーの場合《ばあひ》は、映畫《えいぐわ》の本質的《ほんしつてき》のよさの上《うへ》から云《い》へば、必《かな》ずしも、映《えい》畫《ぐわ》としても好《よ》いものであるとは思《おも》へないのです。それには先《ま》づ國際的《こくさいてき》でないといふ事《こと》も第《だい》一に數《かず》へられますし、又畫面《またぐわめん》の上《うへ》から受《う》ける觀客《くわんきやく》のイリユージヨンがサイレントの場合《ばあひ》より、ずつと限定《げんてい》されて了《しま》ふからなのです。

然《しか》し、之《これ》を演《えん》ずる者《もの》、即《すなは》ち製作者《せいさくしや》の側《かは》から申《まを》しますと、之《これ》は前《まへ》の言分《いひぶん》とは、大變《たいへん》矛盾《むじゆん》して居《ゐ》る樣《やう》ですが、私《わたし》はトーキーには興味《きようみ》を持《も》つて居《ゐ》るのです。即《すなは》ちトーキーには、聲《こゑ》があるといふ事《こと》が映畫《えいぐわ》より自由《じいう》であると同時《どうじ》は、其《そ》の演技《えんぎ》、技巧《ぎかう》、演出《えんしゆつ》手法《しゆはふ》などに舞臺《ぶたい》とも又違《またちが》つた獨特《どくとく》の境地《きやうち》があると思《おも》はれます。つまり、舞臺《ぶたい》の演技《えんぎ》は、ステーヂと觀客席《くわんきやくせき》の間《あひだ》に、或距離《あるきより》をおいて演《えん》ぜられるもので、從《したが》つて幾分誇張《いくぶんこちやう》された舞《ぶ》臺技巧《たいぎかう》を要《えう》するわけですが、之《これ》がトーキーになれば、カメラと俳優《はいいう》との間《あひだ》は、舞臺《ぶたい》よりずつと近《ちか》くなりますから、極《ご》く自然《しぜん》な、小味《こあぢ》な藝《げい》が出來《でき》るわけで、其《そ》の點《てん》私《わたし》はトーキーに大變興味《たいへんきようみ》を持《も》つて居《ゐ》るのです。

女性の聲

谷田部脩之助氏令孃
谷田部文子

私《わたし》の一番《ばん》好《す》きなのは、あの輕《けい》快《くわい》な、或《あるひ》は物淋《ものさび》しいジャズに合《あは》せて、心《こゝろ》ゆくまで踊《おど》ること、何《なに》も彼《か》も忘《わす》れて唯《たゞ》無心《むしん》に踊《おど》つて居《ゐ》る時《とき》こそ、私《わたし》にとつては、本當《ほんたう》に嬉《うれ》しい時《とき》なのです。

でも、踊《おど》る時《とき》には　その音樂《おんがく》とパートナーに依《よ》つて感《かん》じが大《たい》變《へん》違《ちが》つてまゐります。パートナーこそ、踊《おどり》には一番《ばん》大切《たいせつ》なものでせう。

同《おな》じ様《やう》に、私《わたし》の大《だい》すきな「ヘレン・ケーン」の(I have to have you)を踊《おど》る時《とき》でも、氣《き》の合《あ》つたパートナーと踊《おど》る時《とき》と、さらでない時《とき》とでは、大變《たいへん》感《かん》じが違《ちが》ふものです。

パートナーとしては、勿論《もちろん》、男《をとこ》の方《かた》でも女《をんな》の方《かた》でも、スタイルが好《よ》くて、禮儀《れいぎ》の正《たゞ》しい上品《じやうひん》な方《かた》でなければならないのは申《まを》すまでもありませんが、同時《どうじ》に技倆《ぎりやう》のすぐれた上手《じやうず》な踊手《おどりて》である事《こと》が望《のぞ》ましいと思《おも》ひます。

そして相手《あひて》を樂《たの》しく、上手《じやうず》に踊《おど》らせる氣持《きもち》で踊《おど》つて下《くだ》さる方《かた》が一番《ばん》嬉《うれ》しく、自分丈《じぶんだ》け好《い》い氣持《きもち》になつて踊《おど》つたりする、パートナー程《ほど》、相手《あひて》に取《と》つて踊《おど》りにくいものはないものです。

女流運動家《ぢよりううんどうか》の活躍《くわつやく》と月經秘話《げつけいひわ》

東 譲 二

記憶すべき米國の一女性

カザリン・クーパア、彼女《かのぢよ》は、イリノイ・アスレチックスの倶樂部員《メンバア》で、千九百七年頃《ねんごろ》から十二三年《ねん》ごろにかけ、走巾跳《はしりはゞとび》を最《もつと》も得意《とくい》とし、走高跳《はしりたかとび》これにつぎ、五十米《メートル》、百米、二百米《メートル》競爭《きやうさう》にも、非公認《ひこうにん》ながら全米最高記録《ぜんべいさいかうきろく》を、うち二《ふた》つは世界《せかい》のレコードを持《も》つてゐた。

あらゆる方面《はうめん》に『世界第一《せかいだいゝち》』を目指《めざ》してやまない國《くに》アメリカ。スポーツもまたお多分《たぶん》に洩《も》れよう筈《はず》がない。曾《か》つてパリ、及《およ》びアムステルダムに開《ひら》かれた、萬國《ばんこく》オリムピック大會《たいくわい》には、總勢《そうぜい》五百に近《ちか》い代表選手《だいへうせんしゆ》を派遣《はけん》するのに、國家《こくか》が、特《とく》に一萬《まん》トン級《きふ》の軍艦《ぐんかん》を一艘《さう》、惜《を》し氣《げ》もなく提供《ていきやう》した位《くら》ゐ、諸事《しよじ》おそろしく派手《はで》で大袈裟《おほげさ》で、また業々《げふげふ》しい。日本《にほん》などでは女子《ぢよし》のスポーツ所《どころ》か、男子《だんし》の運動競技界《うんどうきやうぎかい》まで、殆《ほと》んどスパイク靴《ぐつ》の存在《そんざい》さへ知《し》らなかつた時代《じだい》に、アメリカのカザリン・クーパー女史《ぢよし》は、走巾跳《はしりはゞとび》に五米《メートル》五六の好記録《かうきろく》を生《う》んでゐる。

彼女《かのぢよ》は、天才《てんさい》で、そして努力《どりよく》を忘《わす》れぬ才媛《さいえん》であつた。古《ふる》ぼけた寫眞《しやしん》であるけれど、こゝに掲《かゝ》げる肖像《せうざう》がすべてを物語《ものがた》る。單純《たんじゆん》にして明《あか》るい、無内容《むないよう》なヤンキイ・ガールではなく、極《きは》めて理《り》智的《ちてき》な、好《この》ましい容貌《マスク》を持《も》つてゐる。身長《しんちやう》五呎《フート》六吋《インチ》二分《ぶん》の一。體重《たいぢう》は日本流《にほんりう》に呼《よ》んで十六貫《くわん》二百五十匁《もんめ》僚。どつちかと云《い》へば、少《すこ》し肥《ふと》りじしな、ガッシリした體格《たいかく》の女性《ぢよせい》と云《い》つていゝ。イリノイ州《しう》、カールメール市《し》のハイ・スクールに學《まな》び、スポーツのほかに特《とく》に文《ぶん》學《がく》を愛《あい》し、好《この》んで郷土《きやうど》の天才《てんさい》ホイットマンの詩《し》を讀《よ》んだ、と、彼女自身《かのぢよじしん》その短《みじ》かい自傳《じでん》のうちに告白《こくはく》してゐる。

カザリン・クーパー女史

私《わたし》が何故《なぜ》、こうした文章《ぶんしやう》の冒頭《ばうとう》に、このアメリカの一女性《ぢよせい》に對《たい》して、並々《なみなみ》ならぬ關心《くわんしん》を持《も》つて大方《おほかた》に呼《よ》びかけるのであるか、それは今《いま》から恰度《ちやうど》十一年前《ねんまへ》、千九百十九年《ねん》、大正《たいしやう》で云《い》つて七年《ねん》の春《はる》、彼女《かのぢよ》カザリン・クーパーが、アメリカの月刊雑誌《マンスリー》『シカゴ・マガジン』誌上《しじやう》に三回《くわい》ほど引續《ひきつゞ》いて、極《きは》めて異色《いしよく》ある一文《ぶん》を發表《はつぺう》してゐたからである。私《わたし》は不思議《ふしぎ》な因縁《いんねん》から、現在《げんざい》、まだこの古《ふる》ぼけた雜誌《ざつし》の切抜《きりぬ》きを、後生《ごしやう》大事《だいじ》に珍藏《ちんざう》してゐる。はしなくも、私《わたし》の愚《おろ》かしい蒐集癖《しうしふへき》が、こゝに立派《りつぱ》に役《やく》だつ時《とき》にめぐまれた。すべて、物《もの》は粗《そ》末《まつ》に扱《あつか》はぬがいゝと、今《いま》にして微笑《びせう》と共《とも》に思《おも》ひ返《かへ》す次第《しだい》である。

題名《タイトル》は『私《わたし》の運動家生活《うんどうかせいくわつ》の想《おも》ひ出《で》』とも譯《やく》すべき、極《ご》く平凡《へいぼん》なものであるが、内容《ないよう》はなかなか含蓄《がんちく》に富《と》んでゐる。特《とく》に、『月經《げつけい》時《どき》のツレーニングに就《つい》て』は、肯綮《こうけい》に値《あた》ひする點《てん》が少《すく》くない。

十三歳で初陣のその當日

『この種の記述《かきかた》に就《つい》て、人《ひと》は誰《た》れでも一應《おう》の躊躇《ちうちよ》を至《いた》します。殊《こと》に女性《ぢよせい》は、月經《げつけい》などゝ云《い》ふ問題《もんだい》を輕々《かるがる》しく、口《くち》に、ペンにすべきではありますまい。しかし私《わたし》は、この文章《ぶんしやう》を發《はつ》表《ぺう》する第《だい》一の動機《モチーフ》が、『スポーツ・ウイメンと月經《げつけい》』の點《てん》でありました。私《わたし》は、まだ結婚《けつこん》しない、スポーツ選手《せんしゆ》であつた時代《じだい》にも、よく友達《ともだち》にこの事《こと》を話《はな》しました。しかし、スポーツ嫌《きら》ひな女友《をんなとも》達《たち》は、いつも『それは貴孃《あなた》の身體《しんたい》が變調《へんてう》だから』と一蹴《しう》して終《しま》ひました。でも今《いま》の私《わたし》は二人《ふたり》の子《こ》の母《はゝ》です。子供《こども》は丈夫《ぢやうぶ》です。私《わたし》は確信《かくしん》を以《もつ》て、大聲《おほごゑ》でこの事《こと》を呼號《クワイ》してもいゝ時《とき》ではないでせうか。

彼女《かのおよ》はこう書《か》き出《だ》してゐる。私《わたし》は要點《えうてん》だけを取《とり》ついで行《ゆ》かふ。前半《ぜんはん》、三分《ぶん》の一位《くらゐ》は、生《お》ひたちの思《おも》ひ出《で》、始《はじ》めてハイスクールの運動會《うんどうくわい》に出《で》て、百米《メートル》レースに優勝《いうしよう》したこと。それから、漫然《まんぜん》と走巾跳《はしりはゞとび》をやつて見《み》ると、學校《がくかう》一の選手《せんしゆ》よりも、三四呎《フイート》も遠《とほ》くへ跳《と》んだ事《こと》から、ジャムプ競技《きやうぎ》に興味《きようみ》を覺《おぼ》え始《はじ》めたこと。指導者《コーチ》など一人《ひとり》もなく、たゞ自分一人《じぶんひとり》で色々《いろいろ》に工風《くふう》して跳《と》んでみたこと。そしてハイスクール二年《ねん》生《せい》、十三歳《さい》の秋《あき》には、すでに五米《メートル》三八と云《い》ふ、全米《ぜんべい》レコードを作《つく》つてしまつたこと……。

『その時分《じぶん》(月經《げつけい》來潮《らいてう》の意《い》)になると、體操受持《たいさうけもち》の舍監《しやかん》の先生《せんせい》は、表《リスト》を作《つく》つておいて、あらかじめ生徒《せいと》に、體操《たいさう》の時間《じかん》を休《やす》ませます。私達《わたしたち》のクラスはたいがい滿《まん》十二年《ねん》八ヶ月《げつ》から、十三年《ねん》九ヶ月位《げつくらゐ》の生徒《せいと》ばかりで、たいがい月經《げつけい》を經驗《けいけん》してゐました。私《わたし》は滿《まん》十三年《ねん》と二ヶ月《げつ》に、初潮《しよてう》を見《み》ました。母《はゝ》はむしろ悦《よろこ》んで、それでお前《まへ》は人間《にんげん》になつたのだ。自分《じぶん》より半年《はんとし》ほど早《はや》いけれど、丈夫《ぢやうぶ》なお前《まへ》の事《こと》だから心配《しんぱい》はない。そう云《い》つて色々《いろ〳〵》な手當《てあて》の方法《はうはふ》を教《をし》へて呉《く》れました。』

『しかし、です。私《わたし》はその間《あひだ》、たいがいは三日半《かはん》か四日《か》位《くらゐ》、明《あき》らかに月經《げつけい》の來潮《らいてう》は見《み》ますけれど、身體《からだ》の狀態《じやうたい》も、また生活氣分《せいくわつきぶん》も、考《かんが》へる力《ちから》、記憶《きおく》能力《のうりよく》にも、何《なん》の變化《へんくわ》がありません。身體《からだ》も頭腦《づなう》もぴんぴんしてゐます。ハ・ネまわるローペルヌ川《がは》の魚《うを》と同《おな》じです。友達《ともだち》にそつと訊《たづ》ねると、中《なか》にはその時分二三日《にち》は、總身《さうしん》がだるく、眠《ねむ》く、頭痛《づつう》さへする、と云《い》ふ者《もの》さへあります。私《わたし》には、不思議《ふしぎ》に思《おも》へる事《こと》でした。』

『そして私《わたし》が、滿《まん》十三年《ねん》と九ケ月《げつ》になつた秋《あき》のひと日《ひ》、シカゴ市《し》のパーク・スタデアムで、生《うま》れて始《はじ》めこの各州《かくしう》クラブ對抗《たいかう》の競技界《きやうぎかい》に參加《さんか》しました。まだこの時《とき》は、私《わたし》の走巾跳《はしりはゞとび》のレコード五米《メートル》三八も、よそには知《し》れてゐなかつたのです。昂奮《かうふん》の爲《ため》に、眠《ねむ》れぬ夜《よ》が二三日續《にちつゞ》きました。その精神的《せいしんてき》な疲勞《ひらう》の爲《ため》でせうか。いつもより三日《か》ほど早《はや》く、肝腎《かんじん》の日《ひ》の朝《あさ》になつて、突然《とつぜん》に私《わたし》はあれを見《み》てしまつたのです。』

彼女の語る月經中の運動

彼女《かのぢよ》は肝腎《かんじん》な朝《あさ》になつて、いつもよりは多《た》量《りやう》の月經《げつけい》を見《み》た。愕然《がくぜん》とした。が、折角《せつかく》の競技會《きやうぎくわい》を、それが爲《ため》に中止《ちうし》しようとは、さらさら考《かんが》へない。しかし、十三才《さい》の少女《せうぢよ》として、漠然《ばくぜん》とした衞生知識《ゑいせいちしき》からの判斷《はんだん》ながら、これは大變《たいへん》な事《こと》になつたと思《おも》つた。母《はゝ》や指導者《コーチャー》に云《い》へば、一言《げん》のもとに出場《しゆつぢやう》を中止《ちうし》されて終《しま》ふ。朝《あさ》、そこで彼女《かのぢよ》は學校《がくかう》へゆくとすぐ、校庭《かうてい》のフキールドで、試驗的《しけんてき》にたつた一人《ひとり》で走巾跳《はしりはゞとび》をやつて見《み》た。そして若《も》し、月經《げつけい》の爲《ため》にろくに跳《と》べぬ樣《やう》だつたら、斷然中止《だんぜんちうし》しようと決心《けつしん》した。

所《ところ》が、身體《からだ》の調子《てうし》に少《すこ》しの變《かは》りもない。却《かへ》つていつもより澤山《たくさん》跳《と》べそうである。氣《き》も明《あか》るく、パークスタジアムの大會《たいくわい》に參加《さんか》した。ふだんは比較的《ひかくてき》無《む》口《くち》な、だんまり屋《や》であつた彼女《かのぢよ》が、矢《や》張《は》り多少《たせう》の生理的要件《せいりてきえうけん》の現《あら》はれか、大《たい》變元氣《へんげんき》に喋舌《しやべ》り續《つゞ》けたので、上級《じやうきふ》の友《とも》達《だち》が『そんなに昂奮《かうふん》しちやいけない。初陣《うひぢん》の時《とき》は私《わたし》もそうだつたけれど、あんまり嬉《うれ》しくつてろくに跳《と》べず、大縮尻《おほしくじり》をした。』と、誠《まこと》しやかに注意《ちうい》した、とも彼女《かのぢよ》は書《か》いてゐる。

『それはをよそ、愉快《ゆくわい》な想《おも》ひ出《で》の日《ひ》です。私《わたし》は跳《と》びました。嬉《うれ》しさと恥《はぢ》らひとに、まるで、今巣立《いますだ》つたばかりの、小鳥《ことり》の様《やう》な氣持《きもち》で跳《と》びました。最初《さいしよ》から、他《た》の三十名《めい》ばかりの選手《せんしゆ》よりも、一米以上《メートルいじやう》も余計《よけい》に跳《と》べるのです。そうしてベスト・セブンにも、一番《ばん》いゝ成績《せいせき》で殘《のこ》り、第《だい》五回目《くわいめ》の試《し》抜に、五米《メートル》四五のレコードを生《う》みました。どうしたと云《い》ふのでせう。こんなに好《よ》く跳《と》べた事《こと》は、生《うま》れて始《はじ》めてゞあつたのです。』

身體《からだ》の調子《てうし》が非常《ひじやう》に好《よ》く、百米《メートル》にも出場《しゆつぢやう》して、五回《くわい》も走《はし》つて決勝《けつしよう》に二着《ちやく》になり、リレーにもハイ・スクールの最終走者《アンカーマン》として出場《しゆつぢやう》、二人《ふたり》の選手《せんしゆ》を拔《ぬ》いて二着《ちやく》になつた。翌《あく》る朝《あさ》の新聞《しんぶん》が、『全米驚異《ぜんべいきやうい》の的《まと》たるべき一少女《せうぢよ》、シカゴ市《し》に現《あら》はる』と、大《おほ》きな活字《くわつじ》で報道《はうだう》したのも無理《むり》はない。正直《しやうぢき》な彼女《かのぢよ》は書《か》いてゐる。その夜食《やしよく》の間《あひだ》にも、『私《わたし》はそーつと便所《はゞかり》へ行《い》つて、大切《たいせつ》なお手當《てあて》を取《とり》替《か》へました』と…。

『十三歳《さい》の春《はる》から始《はじ》まつた私《わたし》の選手生活《せんしゆせいくわつ》は、二十一歳《さい》の秋《あき》まで、殆《ほと》んど八年《ねん》の余《よ》も續《つゞ》きました。自慢《じまん》を許《ゆる》して頂《いたゞ》ければ、私《わたし》の八年間《ねんかん》の生活記録《せいくわつきろく》は、當時《たうじ》のアメリカ女子陸上競技界《ぢよしりくじやうきやうぎかい》の側面史《そくめんし》とも云《い》へませう。私《わたし》はその間《あひだ》に、何度《なんど》か月經中《げつけいちう》に走《はし》つたり、跳《と》んだりしました。しかし、最初《さいしよ》の殊勲《しゆくん》の時《とき》のように、私《わたし》は却《かへ》つて、月經中《げつけいちう》のレコードの方《はう》が、ふだんより好《よ》かつたとさへ思《おも》ひます。友達《ともだち》にも、先輩《せんぱい》にも、内證《ないしよう》で私《わたし》はこの事《こと》を話《はな》しました。然《しか》し彼等《かれら》は、彼女等《かのぢよら》は、絶對《ぜつたい》にそれを信《しん》じようと致《いた》しません。今《いま》でこそ私《わたし》は明瞭《めいれう》に斷言《だんげん》が出來《でき》るでせう。私《わたし》は結婚《けつこん》して、すでに二人《ふたり》の强健《きやうけん》な赤《あか》ん坊《ばう》の母《はゝ》である。斷《だん》じて私《わたし》は、不健康《ふけんかう》な、不自然《ふしぜん》な肉體《にくたい》の持主《もちぬし》ではない……』

思ひ出の名選手H・S嬢

この邊《へん》で私《わたし》にも、一《ひと》つの思《おも》ひ出《で》を語《かた》らして頂《いたゞ》き度《た》い、大正《たいしやう》十四年《ねん》の春《はる》、東《とう》京神宮競技場《きやうじんぐうきやうぎぢやう》に、女子體育大會《ぢよしたいいくたいくわい》の開《ひら》かれた時《とき》である。選手《せんしゆ》の控室《ひかへしつ》を順々に歩《ある》いてゐると、選手《せんしゆ》よりもまづ第《だい》一に、顔色蒼白《がんしよくさうはく》たる幾人《いくにん》かの教師《けうし》、指導者《しだうしや》たちに出逢《であ》つた。彼等《かれら》、及《およ》び彼女《かのぢよ》たちの心勞位《しんらうくら》ゐ、およそ深甚《しんじん》なる敬意《けいい》を拂《はら》ふに値《あたひ》ひするものはない。彼等《かれら》は一個《こ》の人形師《にんぎやうし》であり、また芝居《しばゐ》の舞臺監督《ぶたいかんとく》である。試合《しあひ》をするのは若《わか》き女學生達《ぢよがくせいたち》であるが、一切《さい》の獻《こん》だては、すべて彼等《かれら》コーチヤーの責任《せきにん》である。一年《ねん》、二年《ねん》と長《なが》い勞苦《らうく》の結果《けつくわ》を、一瞬《しゆん》にして今《いま》、決算《けつさん》しようとしてゐるのである。常識《じやうしき》ある者《もの》には、彼等《かれら》の憂《うれ》はしい顏《かほ》は正視《せいし》が出來《でき》ない。

そうした憂《うれ》はしい氣《げ》な人達《ひとたち》の中《なか》に、A縣《けん》の女學校《ぢよがくかう》で、いつも優秀《いうしう》な選手《せんしゆ》を多數《たすう》に送《おく》つて來《く》る女學校《ぢよがくかう》の教師《けうし》、K氏《し》がゐた。側《かたは》らには、當時《たうじ》鳴《な》らした短距離《スプリンター》で、極東大會《きよくとうたいくわい》の代表選手《だいへうせんしゆ》でもあつたT君《くん》が立《た》つてゐた。K氏《し》もT君《くん》も見知《みし》り越《ごし》なので、私《わたし》もその對話《たいわ》の仲間《なかま》にはいつた。聞《き》くと、選手《せんしゆ》のうちの一番有望《いうばう》なH・S嬢《ぢやう》が、昨夜《さくや》から例《れい》の病氣《びやうき》であると云《い》ふ。K氏《し》は云《い》つた。『Sは非常《ひじやう》に丈夫《ぢやうぶ》な子《こ》で、練習中月經《れんしふちうげつけい》の時《とき》でも、少《すこ》しも影響《えいきやう》はないのですが、何《な》しろ今日《こんにち》は舞臺《ぶたい》が大《おほ》きすぎますので、私《わたし》の頭痛《づつう》の種《たね》ですよ。』

するとT君《くん》が引取《ひきと》つた。『元氣《げんき》ですよ。リレーにも、二番《ばん》か三番《ばん》にしようと僕《ぼく》が云《い》つたら、ぜひラストを走《はし》らせて呉《く》れと云《い》つてゐました。あの元氣《げんき》なら心配《しんぱい》はありません。』それは確《たし》かに、或《あ》る程度《ていど》までK氏《し》の心勞《しんらう》を慰《なぐさ》める言葉《ことば》であつたらしいが、私《わたし》はスタンドから、たゞ漫然《まんぜん》と若《わか》い乙女達《おとめたち》が走《はし》り、跳《と》ぶのを見《み》まもつてゐる。ファン達《たち》には、決《けつ》してかうした背後《はいご》の苦《くる》しい營《いとな》みが判《わか》るまい、と思《おも》つて、一種暗然《しゆあんぜん》たる氣持《きもち》に打《う》たれて終《しま》つた。

そこで私《わたし》は、前《まへ》より以上《いじやう》の期待《きたい》をもつて、スタート・ラインに並《なら》んだH・S嬢《ぢやう》の走《はし》り方《かた》を見《み》守《まも》つた。彼女《かのぢよ》の三人《にん》置《お》いた隣《となり》には、當時有名《たうじいうめい》な愛知淑德《あいちしゆくとく》の高村繁子嬢《たかむらしげこぢやう》が頑《がん》ばつてゐる。高村嬢《たかむらぢやう》は第《だい》一回《くわい》、二回《くわい》の神宮競《じんぐうきやう》技《ぎ》、五十米《メートル》の覇者《はしや》である。ピストルは鳴《な》つた。六人《にん》の決勝《けつしよう》ランナアは、堤《つゝみ》の切《き》れた洪水《こうずゐ》のように、一齊《せい》に猛然《まうぜん》と走《はし》り出《だ》した。

H・S嬢《ぢやう》のスライドは、極《きは》めて調子《てうし》よく伸《の》びてゐる。高村嬢《たかむらぢやう》の定評《ていひやう》あるピッチも、流石《さすが》であつた。だがコース[illegible]に於《おい》てやゝ恵《めぐ》まれてゐた内側《うちがは》のH・S嬢《ぢやう》は、愈《いよい》よ鮮《あざ》やかなダッシュ・スピードでゴールに迫《せま》つた。百米《メートル》、十三秒《べう》八、つひに快勝《くわいしよう》のテープは、彼女《かのぢよ》の胸《むね》で切《き》られたのである。そして彼女《かのぢよ》は四百米《メートル》リレーにもラストを承《うけたま》はつて、更《さら》に美《うつく》しいフォームを示《しめ》し乍《なが》ら一着《ちやく》になつた。私《わたし》はスタンドの上《うへ》から、二重《ぢう》の意味《いみ》をこめて、熱烈《ねつれつ》なる拍《はく》手《しゆ》を、彼女《かのぢよ》の爲《ため》に送《おく》らずには居《ゐ》られなかつた。

時代の大波と近代の女性

月經《げつけい》が、平均年齢《へいきんねんれい》にして十五歳《さい》、個《こ》人的《じんてき》に見《み》れば十三歳《さい》、乃至《ないし》十八歳《さい》位《くら》ゐにして始《はじ》めて生《しやう》ずる、女性《ぢよせい》の生理的要《せいりてきえう》件《けん》であつて、その反復《はんぷく》する日數《にっすう》も、統《とう》計《けい》の示《しめ》すところに依《よ》れば、百人中約《にんちうやく》七十人《にん》までが二十八日目毎《にちめごと》、百人中《にんちう》十四人迄《にんまで》が三十日目毎《にちめごと》、殘《のこ》り十六パアセントが二十六七日《にち》、乃至《ないし》三十一二日《にち》までであることなど、今更《いまさら》こゝで私《わたし》が繰《くり》返《かへ》す必要《ひつえう》はあるまい。

漠然《ばくぜん》とした統計《とうけい》であるが、月經時《げつけいじ》の身體的《しんたいてき》徴候《ちようこう》として、一、月經《げつけい》中《ちう》に不安《ふあん》倦怠《けんたい》甚《はなは》だしく、臥床《ぐわしやう》せずには居《を》られぬ者《もの》七パアセント、二、臥床程度《ぐわしやうていど》ではないにしても、頭痛《づつう》、眩暈《めまひ》を感《かん》じ不快《ふくわい》、絶頂時《ぜつちやうじ》には半日《はんにち》位《くら》ゐ横臥《わうぐわ》する者《もの》二十一パアセント、三、月經中《げつけいちう》とにかく不《ふ》快《くわい》、輕微《けいび》なる頭痛《づつう》、聊《いさゝ》かの食慾不振《しよくよくふしん》を來《きた》す者《もの》五十四パーセント、四、その期間中《きかんちう》、殆《ほと》んど大《たい》した身體的症狀《しんたいてきしやうじやう》なきもの十パアセント五、月經中《げつけいちう》いかに激《はげ》しい活動《くわつどう》を行《おこな》つても、精神的《せいしんてき》にすら大《たい》した影響《えいきやう》を感《かん》ぜぬもの、八パアセント、以上《いじやう》が、或《あ》る新進醫學士《しんしんいがくし》の私《わたし》に提示《ていじ》してくれた比率《ひりつ》である。

多少《たせう》の異論《いろん》はあるかも知《し》れないが、月經中《げつけいちう》に不快甚《ふくわいはなは》だしく臥床《ぐわしやう》する女性《ぢよせい》の數《かず》と、殆《ほと》んどこれを感《かん》ぜず、たゞ精神《せいしん》的《てき》に聊《いさゝ》かの憂鬱《いううつ》を覺《おぼ》える程度《ていど》の割合《わりあひ》とが、ほゞ一致《いち》を見《み》てゐるのは面白《おもしろ》い。だが、これは單《たん》なる統計《とうけい》の上《うへ》に示《しめ》されたる數字《すうじ》であつて、要《えう》は個人《こじん》の問題《もんだい》に歸着《きちやく》する。米國《べいこく》のカザリン・クーパー女史《ぢよし》は、また日本《にほん》の女學生《ぢよがくせい》H・S孃《ぢやう》は、月經中殆《げつけいちうほと》んど不快《ふくわい》の情感《じやうかん》すらないらしく、却《かへ》つてその期間中《きかんちう》に秀抜《しうばつ》なるレコードを出《だ》して、スポーツ界《かい》に大《おほ》きな足跡《そくせき》を印《いん》した。百の統計表《とうけいへう》も、その個人《こじん》の體質《たいしつ》の前《まへ》には、要《えう》するに單《たん》なる漠然《ばくぜん》たる數字《すうじ》に過《す》ぎはしない。

勿論《もちろん》この間中《あひだぢう》、安靜《あんせい》を守《まも》つて、嚴密《げんみつ》なる攝生《せつせい》を行《おこな》ふに越《こ》した事《こと》はない。だが、近代《きんだい》の女性生活相《ぢよせいせいくわつさう》は、千八百九十年以前《ねんいぜん》の、生理衞生書《せいりゑいせいしよ》を一々忠實《ちうじつ》にひもといて、御無理御尤《ごむりごもつと》もの攝生《せつせい》を守《まも》つてばかり居《を》られない有樣《ありさま》である。堂々《だうだう》と男子《だんし》に對抗《たいかう》して、學術《がくじゆつ》に、職業《しよくげふ》に、生活街頭《せいくわつがいとう》に立《た》つべく、餘儀《よぎ》なくされて

—169—

ゐる。昔《むかし》の生理衞生書《せいりえいせいしよ》は、よろしく有閑婦人《いうかんふじん》の座右《ざう》に呈上《ていじやう》して置《お》いて、新興《しんこう》の女性《ぢよせい》はまづ、生《い》きた衞生常識《ゑいせいじやうしき》を戸外《こぐわい》に求《もと》めて赴《ゆ》かねばならぬ。

先づ女性生活相の一解剖

私《わたし》の親愛《しんあい》なる一友人《いうじん》は、いまの女性《ぢよせい》職業生活中《しよくげふせいくわつちう》、最《もつと》も勇敢《ゆうかん》に身體《からだ》を酷使《こくし》する階級《かいきふ》たる市街自動車《しがいじどうしや》の車掌《しやしやう》さんに就《つい》て調査《てうさ》して呉《く》れた。尤《もつと》もこれは、ごく概括的《がいくわつてき》なる調《しら》べであつて、絶對《ぜつたい》の信據《しんきよ》は置《お》けないけれど、充分困難《じうぶんこんなん》なる調査《てうさ》であるだけに、その點《てん》は讀者《どくしや》の御寛恕《ごくわんじよ》を願《ねが》ひ度《た》い。

年齢／摘要	滿十七才	滿十八才〃二十才	滿廿一才〃廿三才	滿廿四才〃廿六才
殆んど違和なく期間中も就業する者	二二%	二五%	二三%	二〇%
頂上時に半日休む者	二八%	二七%	二九%	二九%
同一日休業の者	三七%	三六%	三八%	三二%
同二日休業の者	八%	七%	五%	一一%
期間中全休の者	五%	五%	六%	八%

元《もと》よりこの休業者《きうげふしや》が、果《はた》して純粹《じゆんすゐ》に月經《げつけい》の爲《ため》休業《きうげふ》したのであるかどうか、それは殘《のこ》らず信《しん》じがたい節《ふし》もあるし、元來《ぐわんらい》がその月經《げつけい》の期間《きかん》すら、人《ひと》に依《よ》つて多少《たせう》の相違《さうゐ》の生《しやう》ずるのだが。

とにかく、月經中殆《げつけいちうほと》んど心身《しんしん》の違和《ゐわ》を感《かん》ぜず、あの激務《げきむ》にたずさはつてゐる女性《ぢよせい》が、常《つね》に廿人《にん》の上《うへ》を越《こ》すと云《い》ふのは、正《まさ》に愉快《ゆくわい》なる現象《げんしやう》ではあるまいか。身《み》に絹布《けんぷ》をまとつて、觀劇《くわんげき》に、デパート巡禮《じゆんれい》に、すべて自家《じか》用《よう》の自働車《カー》を用《もち》ひ乍《なが》ら、この期間中《きかんちう》大方《おほかた》はヒステリー症狀《しやうじやう》を起《おこ》し、若《もし》くは臥床《ぐわしやう》して蒼白《あをじろ》く呻吟《しんぎん》する有閑婦人《いうかんふじん》を想像《さうぞう》すると、プロレタリア・イデオロギーの信奉者《しんぽうしや》でない私《わたし》なども、またおのづからなる微笑《びせう》をすら禁《きん》じ得《え》ない。

こゝで私《わたし》は、更《さら》に愉快《ゆくわい》なる女性《ぢよせい》の一友人《いうじん》を紹介《せうかい》せねばならぬ。彼女《かのぢよ》は東京《とうきやう》に生《うま》れ、東京《とうきやう》に育《そだ》つた。そしてよき結《けつ》婚《こん》をした。が、不幸《ふかう》にして、三十六才《さい》にして、二人《ふたり》の子《こ》の母《はゝ》のまゝ未亡人《みばうじん》になつた。東京生《とうきやううま》れの彼女《かのぢよ》は、健氣《けなげ》にも、亡《な》くなつた不幸《ふかう》な良人《をつと》の土地《とち》千葉《ちば》に根《ね》をおろして、一人《ひとり》の下男《げなん》と下働《したばた》らき女性《ぢよせい》と共《とも》に、みづから鍬《くは》をとつて田圃《たんぼ》に出《い》づる生活《せいくわつ》をやり始《はじ》めた。

農村婦達と月經の處置

スポーツとは何《な》んの關《か》はりもないが、月經《げつけい》には、大《おほ》きな關係《くわんけい》がある。工場勞働者《こうぢやうらうどうしや》、鑛山勞働者《くわうざんらうどうしや》の女性《ぢよせい》にも、同樣《どうやう》の注意《ちうい》も惹《ひ》かれるのであるが、農村《のうそん》の女性《ぢよせい》の大部分《だいぶぶん》は、彼女《かのぢよ》と同《おな》じく、膝《ひざ》或《ある》ひは腰部《えうぶ》をまで深田《しんでん》に沒《ぼつ》して、田《た》を打《う》ち、田《た》の草《くさ》を取《と》り、そして稻《いね》を植《う》える。おそらく、月經《げつけい》の頂上時《ちやうじやうじ》と雖《いへど》も、田植《たうゑ》に出《で》ぬ若《わか》き農家《のうか》の妻《つま》があつたら、彼女《かのぢよ》はその理由《りいう》一《ひと》つでたゞちに、婚家《こんか》から抛《はう》り出《だ》されて出戻《でもど》りとなるに違《ちが》ひない。

『お返事《へんじ》に窮《きう》し申《まを》し候《さふらふ》。百姓女《ひやくしやうをんな》は、病弱《びやうじやく》な身體《からだ》にては一日《にち》も務《つと》まり難《がた》く、ビクトリアやら云《い》ふ丁字帶《ていじたい》を用《もち》ひ候《さふらふ》も、至《いた》つて近來《きんらい》のことにて、つひ近頃《ちかごろ》まで有《あ》り合《あは》せのボロきれ、藁判紙《わらばんし》などにて手製《てせい》の丁字帶《ていじたい》を拵《こしら》へ、そのまゝ腰《こし》を沒《ぼつ》する深田《しんでん》に鍬《くは》を振《ふる》ひ申《まを》し候《さふらふ》。それにても年毎《としごと》に、ぴんぴん丈夫《ぢやうぶ》な赤《あか》ん坊《ばう》が生《うま》れ申《まを》し候《さふらふ》。私《わたし》など始《はじ》めて當地《たうち》へ參《まゐ》り候《さふらふ》節《せつ》、田圃中《たんぼちう》で男《をとこ》の子《こ》を產《う》み落《おと》した主婦《しゆふ》の話《はなし》をきゝ、眼《め》を圓《まる》く致《いた》し候《さふらふ》ことも、はやすでに十年《ねん》の昔《むかし》にと相成申《あひなりまを》し候《さふらふ》。』

これが、私《わたし》の質問《しつもん》の手紙《てがみ》に對《たい》して、彼女《かのぢよ》の寄《よ》せた返信《へんしん》の一節《せつ》である。今更《いまさら》驚《おどろ》くにはあたるまい。月經帶《げつけいたい》の代《かは》りに、ボロと手拭《てぬぐひ》位《くらゐ》で、出鱈目《でたらめ》な手當《てあて》をして、春夏秋冬《しゆんかしうとう》時《とき》を定《さだ》めずに、田《た》へ、山《やま》へ、畑《はたけ》へ出《で》て働《はた》らく農村女性《のうそんぢよせい》が、都會《とくわい》でぢやらつく女性《ぢよせい》たちよりも、遙《はる》かに多產《たさん》で、しかも健康《けんかう》な子《こ》を生《う》む、と云《い》ふ結論《けつろん》は、正《まさ》しくカザリン・クーパー女史《ぢよし》の自傳《じでん》を、立派《りつぱ》に裏《うら》書《がき》する事實《じじつ》では無《な》からうか。同《おな》じ都會《とくわい》生活者《せいくわつしや》でも、前垂《まへだ》れにパッチ一《ひと》つで、ひねもす、重《おも》い綱《つな》を引《ひ》く俗稱《ぞくしよう》『よんやこりや』婦人《ふじん》たちは、特《とく》に多產《たさん》で、同《おな》じく丈夫《ぢやうぶ》な子《こ》のママさんであると云《い》ふ。

示されたる統計上の數學

私《わたし》は餘《あま》りにも、女性《ぢよせい》の體質《たいしつ》の、強健《きやうけん》なる反面《はんめん》のみを視《み》つづけて來《き》たかも知《し》れない。しかし、正直《しやうぢき》に云《い》へば病《や》みがちで、始終《しじう》なまつ白《しろ》い顔《かほ》をした、うついむき加減《かげん》の明治《めいぢ》三十年式令孃《さんじふねんしきれいぢやう》を、私《わたし》は問題《もんだい》にしては居《ゐ》なかつた。病人《びやうにん》には、醫者《いしや》がある。今《いま》はどんな邊鄙《へんぴ》な土地《とち》へ行《い》つても、『醫學博士《いがくはかせ》』がごろごろしてゐる。博士《はかせ》だから、病人《びやうにん》を治《なほ》すには自信《じしん》も有《あ》るだらう。私《わたし》は博士《はかせ》ではない。スポーツは好《す》きである。トラックを走《はし》り、フオールドに、投《な》げ、かつ跳《と》ぶ若《わか》き女性《ぢよせい》を見《み》る事《こと》を、こよなく愛《あい》してゐる。始《はじ》めから、病人《びやうにん》に向《むか》つて筆《ふで》を執《と》てゐるのではなかつた。

三四年前《ねんまへ》であるが、中國《ちうごく》の或《あ》る女子《ぢよし》

師範學校《しはんがくかう》の競技《きやうぎ》、體操主任《たいさうしゆにん》の研究家《けんきうか》、B・K氏《し》に依頼《いらい》して得《え》た、統計《とうけい》を、序《ついで》にもう一《ひと》つこゝで御紹介《ごせうかい》しよう。これは前後《ぜんご》三年間《ねんかん》、K氏《し》が常《つね》に苦心《くしん》をして、その指導《しだう》する女生徒《ぢよせいと》から、仔細《しさい》に調《しら》べあげてくれた貴重《きちよう》なる參考資料《さんかうしれう》である。山陽道《さんやうだう》の海岸線《かいがんせん》に面《めん》した、極《きは》めて健康地《けんかうち》な女師範學校《ぢよしはんがくかう》であるから、示《しめ》された統計《とうけい》の數字《すうじ》も、夥《おびただ》しく明《あか》るい、立派《りつぱ》なものである。

月經中の出缺席調査

摘要　　學級	一年級	二年級	三年級	四年級
期間中何等の苦痛なく全出席の者	二一%	二三%	二五%	二四%
一日だけ休む者	三二%	二九%	二八%	三〇%
二日だけ休む者	一八%	一九%	一八%	一七%
三日だけ休む者	一八%	一九%	一七%	一六%
四日も休む者	八%	七%	六%	五%
五日も休む者	三%	三%	六%	八%
缺席者で學校には出席する者	八八%	九〇%	九一%	八六%
缺席者で學校をも休む者	一二%	一〇%	九%	一四%

こゝにもまた、體操《たいさう》を苦《くる》しとしない生徒《せいと》さんが、各《かく》クラスとも二十名《めい》を下《くだ》らず、三年級《ねんきふ》の成績《せいせき》が最《もつと》もよく、そして四年級《ねんきふ》に入《はい》つてやゝ亂調子《らんてうし》の傾向《けいかう》を示《しめ》してゐる。三年級《ねんきふ》と云《い》へば、年齢《ねんれい》で見《み》ると正《まさ》に十八九歳《さい》、女性《ぢよせい》として若《わか》さの頂上《ちやうじやう》に達《たつ》しかけた時《とき》らしく、最上級《さいじやうきふ》がやゝ亂調子《らんてうし》なのは、趣味《しゆみ》、性向《せいかう》、精神狀態《せいしんじやうたい》からして、色《いろ》色複雜《いろふくざつ》な情念《じやうねん》を感《かん》ずるからの現《あら》はれであらう。別表《べつぺう》の、同《おな》じ體操《たいさう》競技缺席者數《きやうぎけつせきしやすう》も、學校《がくかう》には出《で》る者《もの》の數《すう》は、やはり三年級《ねんきふ》が一番上成績《ばんじやうせいせき》であつて、四年《ねん》に入《い》つて調子《てうし》を狂《くる》はしかけてゐる。何《いづ》れにしても示《しめ》された數字《すうじ》の大體《だいたい》の傾向《けいかう》が、前掲市街自働車《ぜんけいしがいじどうしや》の車掌《しやしやう》さんの場合《ばあひ》と共通《きようつう》してゐるのは爭《あら》そはれない。

世界の女性人見孃の近信

廣義《くわうぎ》に解釋《かいしやく》すれば、人《ひと》の世《よ》の生活《せいくわつ》はすべて一《ひと》つの生《い》きたスポーツではないであらうか。

學事《がくじ》に精進《しやうじん》する事《こと》も、巷《ちまた》に出《い》でて職業《しよくげふ》の野《や》に働《はた》らく事《こと》も、人世《じんせい》の行路《コース》こそ

65 「女流運動家の活躍と月経秘話」 東譲二 『婦人画報』昭和5年5月1日

異《こと》なれ、一《ひと》つのスポーツと見《み》てもよくはないか。女學校時代《ぢよがくかうじだい》、月經《げつけい》を見《み》る毎《ごと》に、二日《か》も三日《か》も臥床《ぐわしやう》するような事《こと》で、果《はた》してこの人生《じんせい》の、生《い》きたスポーツ・ウイメンになれるであらうか。おそらく、そんな風《ふう》では、身體《からだ》の何《いづ》れかに、大《おほ》きな全身的疾患《ぜんしんてきしつくわん》があるのではないか。そうと知《し》つたならばよろしく、一日《にち》も早《はや》く『博士《はかせ》』の門《もん》を叩《たゝ》くべきである。進《すゝ》んだ醫學《いがく》は、いまや『治療醫學《ちれういがく》』の程度《ていど》を越《こ》えて『豫防醫學《よばういがく》』の領域《りやうゐき》にまで突進《とつしん》してゐる。スポーツは、たしかに立派《りつぱ》な『豫防醫學《よばういがく》』の、有力《いうりよく》なる一分野《ぶんや》ではないであらうか。

わが國陸上競技界《くにりくじやうきやうぎかい》の巨人《きよじん》、人見絹枝《ひとみきぬえ》女史《ぢよし》の言葉《ことば》を借《か》りて、本文《ほんぶん》の最後《さいご》の結句《けつく》としよう。

『それが眞面目《まじめ》に取扱《とりあつか》はれる質問《しつもん》ならば、私《わたし》も悦《よろこ》んでお答《こた》へいたしませう。私《わたし》などは、岡山《をかやま》でテニスに熱中《ねつちう》し、競技部《きやうぎぶ》にも無理《むり》やり引《ひ》つぱられて、脚氣《かつけ》で校醫附添《かういつきそ》ひの走巾跳《はしりはゞと》に優勝《いうしよう》した頃《ころ》から、この問題《もんだい》には卒業《そつげふ》してゐました。私《わたし》などの立場《たちば》となつては、月經《げつけい》の爲《ため》にレコードを落《おと》したり、謂《いは》れなくして競技《きやうぎ》を休《やす》んだりする事《こと》が、絶對《ぜつたい》に許《ゆる》されません。そのかはり、普通《ふつう》のお醫者《いしや》さまでも、どうかと思《おも》はれる程《ほど》の、周到《しうたう》な手當《てあて》を致《いた》します。身體《からだ》が資本《しほん》です。綿密《めんみつ》な攝生法《せつせいはふ》を守《まも》らなくて、どうして世界《せかい》の舞臺《ぶたい》に立《た》てませう。私《わたし》はその期《き》間中《かんちう》でも、決《けつ》して憂鬱《いううつ》を感《かん》じません。不安《ふあん》もありません。不斷《ふだん》から、充分《じうぶん》それに備《そな》へて、無理《むり》な生活《せいくわつ》をして居《ゐ》ないからです。』

蓋《けだ》し、まさに傾聴《けいちやう》すべき言葉《ことば》ではないか。戰《たゝか》つて勝《か》たざるなき女史《ぢよし》の言《こと》葉《ば》にして、始《はじ》めて權威《けんゐ》を持《も》つ。言葉《ことば》は短《みじ》かいが、私《わたし》のくだくだしい文章《ぶんしやう》の全《ぜん》部《ぶ》を要約《えうやく》してみても、人見《ひとみ》さんのこの一言《ごん》に如《し》かないのである。最後《さいご》に、私《わたし》はもう一度《ど》冒頭《ぼうとう》に返《かへ》つて、畏敬《ゐけい》すべきカザリン・クーパー女史《ぢよし》『回想《くわいさう》』の一ページを取次《とりつ》がう。『なるべくなら、月《げつ》經時《けいどき》には、殊《こと》に來潮《らいてう》の第《だい》一日目《にちめ》に注意《ちうい》をなさい。清潔《せいけつ》なる脫脂綿《だつしめん》を、出來《でき》るだけ落《お》ちついて取換《とりか》へなさい。黴菌《ばいきん》のはいる道《みち》のない所《とこ》に、決《けつ》して病氣《びやうき》はないのです。そして、時《とき》に逢《あ》はゞ、決然《けつぜん》と、朗《ほが》らかな氣持《きもち》で起《た》ち上《あが》りなさい……』

× × ×

67　「月経時の安全な手当法の座談会」竹内茂代、桜井ミキ子、松尾貞子 ほか 『主婦之友』昭和5年7月1日

月經時《げつけいじ》の安全《あんぜん》な手當法《てあてはふ》の座談會《ざだんくわい》

職業婦人《しよくげふふじん》や女學生《ぢよがくせい》のために安全《あんぜん》で衛生的《えいせいてき》な手《て》當法《あてはふ》の研究《けんきう》

井手病院長　竹《たけ》内《うち》茂《しげ》代《よ》
東京府立第六高等女學校教諭　櫻《さくら》井《ゐ》ミキ子《こ》
女流運動選手の母堂　松《まつ》尾《を》貞《てい》子《こ》
石井漠舞踊團　石《いし》井《ゐ》ゑい子《こ》
東京市營自動車々掌　富《とみ》本《もと》まつ子《こ》

初經《しよけい》は十四年《ねん》十ヶ月《げつ》

記者　只今《たゞいま》は昔《むかし》と異《ちが》ひまして、婦人《ふじん》が外《そと》に出《で》ることが、いろ〳〵の意味《いみ》で多《おほ》くなつてをります。それで、月經中《げつけいちう》は、どんな手當《てあて》をしたら最《もつと》も安全《あんぜん》かといふやうなことは、誰方《どなた》もお考《かんが》へになることだと存《ぞん》じまして、今日《こんにち》は皆樣《みなさま》の御經驗《ごけいけん》を伺《うかゞ》はせて頂《いたゞ》きたいと存《ぞん》じます。

竹内　それは適切《てきせつ》なことですね。健康《けんかう》な體《からだ》であり、そして完全《くわんぜん》な處置《しよち》を施《ほどこ》してさへあれば、月經中《げつけいちう》でも、少《すこ》しもふだんと變《かは》らない活動《くわつどう》ができるわけです。それには第《だい》一に、お母樣《かあさま》なり、學校《がくかう》の先生《せんせい》なりが、月經《げつけい》に對《たい》して正《たゞ》しい知識《ちしき》を持《も》つて、初經《しよけい》のときに完全《くわんぜん》に指導《しだう》することが必要《ひつえう》です。

櫻井　私《わたくし》の學校《がくかう》では、衛生部《えいせいぶ》といふ部門《ぶもん》がございまして、私《わたくし》がその部長《ぶちやう》をいたしてをります。生徒《せいと》には二年《ねん》のときに、お作法《さはふ》の先生《せんせい》から、月經《げつけい》に關《くわん》する講話《かうわ》をして頂《いたゞ》くことになつてをります。統計《とうけい》を取《と》つてみますと、一年《ねん》生《せい》では、一組《ひとくみ》四十八名中《めいちう》、初經者《しよけいしや》は六七名《めい》ですから、二年生《ねんせい》が丁度《ちやうど》よいと思《おも》ひまして。

竹内　日本人《にほんじん》の初經《しよけい》は、平均《へいきん》十四年《ねん》十ヶ月《げつ》といはれてをりますが、近年幾分早《きんねんいくぶんはや》くなつたといふことです。とにかく十四五歳《さい》になれば、來《らい》潮《てう》するものと考《かんが》へなくてはなりません。

松尾　女《をんな》の子《こ》を持《も》ちますと、それが一苦勞《ひとくらう》でございます。宅《たく》の長女《ちやうぢよ》は、十五の秋《あき》に初經《しよけい》を見《み》ましたが、十四の春《はる》、女學校《ぢよがくかう》に入學《にふがく》いたしますと同時《どうじ》に、それを話《はな》しておかうか、まだ早《はや》からうか、どんな風《ふう》に話《はな》したものだらうと思《おも》ひ、隨分心配《ずゐぶんしんぱい》いたしました。

△豫《よ》備《び》知《ち》識《しき》は正《せい》確《かく》に

竹内 女學校《ぢよがくかう》では、どんな程度《ていど》にお敎《をし》へになりますか。

櫻井 初《はじ》めから話《はな》しますのもと存《ぞん》じまして、まづ『生徒《せいと》心得《こゝろえ》』と申《まを》す、小册子《せうさつし》を各自《かくじ》に配《くば》ります。その中《なか》に、女子《ぢよし》特別衞生心得《とくべつゑいせいこゝろえ》といふ欄《らん》を設《まう》けて、これは校醫《かうい》の名《な》で記《しる》してあります。

『女子《ぢよし》が十四五歲《さい》になると、體《からだ》にも心《こゝろ》にも變化《へんくわ》を生《しやう》じ、月經《げつけい》が始《はじ》まります。それで、その時《じ》期《き》に注意《ちうい》すべきことを申上《まをしあ》げます。』として、

○運動《うんどう》を程《ほど》よくすること。
○帶《おび》や紐《ひも》で體《からだ》を固《かた》く締《し》めぬこと。
○便通《べんつう》をよくすること。
○精神《せいしん》を安《やす》らかにすること。
○風邪《かぜ》を引《ひ》かぬこと、及《およ》び食事《しよくじ》の注意《ちうい》。
○淸潔《せいけつ》にすること。
○入浴《にふよく》せぬこと。

といふやうに、至《いた》つて槪念的《がいねんてき》に、各項《かくかう》僅《わづ》か二三行《ぎやう》づゝの、簡單《かんたん》な說明《せつめい》をつけておきます。暫《しばら》くして、お作法《さはふ》の先生《せんせい》が生徒《せいと》を集《あつ》め、先日《せんじつ》の心得《こゝろえ》を讀《よ》んだかどうかを訊《き》いた上《うへ》で、月經《げつけい》についての話《はなし》を、詳《くは》しく聞《き》かせます。

松尾 學校《がくかう》でお敎《をし》へくださることは、ほんとに好都合《かうつがふ》でございます。親子《おやこ》の間《あひだ》でも、かういふことは改《あらたま》つては話《はな》しにくいものです。學《がく》校《かう》で豫備知識《よびちしき》を與《あた》へておいて頂《いただ》きますと、いろいろ注意《ちうい》もしよいと存《ぞん》じます。

櫻井 その代《かは》り一人《ひとり》々々《く》についてといふわけにはまゐりませんから、或《あ》る生徒《せいと》には丁度《ちやうど》よい時《じ》期《き》であつたり、また或《あ》る者《もの》には、まだ〳〵必要《ひつえう》がないといふやうなことになります。

松尾 そこは、家庭《かてい》で注意《ちうい》しなくてはならないところでございます。その頃《ころ》になりますと、めき〳〵と體《からだ》の發育狀態《はついくじやうたい》が變《かは》つてまゐりますね。今《いま》までの子供《こども》らしい肉附《にくづき》と異《ちが》つて、肩《かた》や

69 「月経時の安全な手当法の座談会」 竹内茂代、桜井ミキ子、松尾貞子 ほか 『主婦之友』昭和5年7月1日

腰《こし》のあたりに、何《なん》となく女《をんな》らしい線《せん》が現《あらは》れてゐるのが、氣《き》をつけてゐますと、はつきりと判《わか》ります。

竹内 肉體《にくたい》ばかりでなく、精神上《せいしんじやう》にも、感傷的《かんしやうてき》になつたり、無口《むくち》の子《こ》がはしやいやぎやになつたり、いろ〳〵の變化《へんくわ》があるものです。

△月經帶《げつけいたい》は何《なに》がよいか

記者 女學校《ぢよがくかう》では、手當《てあて》についても、具體的《ぐたいてき》にお敎《をし》へになりますか。

櫻井 さういたしてをりますの。まづいろ〳〵の參考品《さんかうひん》を集《あつ》めて、私共《わたくしども》が實際《じつさい》に使《つか》つてみた上《うへ》で、これならばと思《おも》ふものを標準《へうじゆん》とし、それによつて用《もち》ひ方《かた》を說明《せつめい》いたします。そしてその月經帶《げつけいたい》は、購買部《こうばいぶ》で賣《う》つてをります。

記者 その月經帶《げつけいたい》の特長《とくちやう》は何《なん》でございますの。

櫻井 ネル製《せい》で、汚《よご》れ易《やす》いところだけにゴムが張《は》つてあります。

竹内 私《わたくし》は、ネルのものが最《もつと》もよいと思《おも》ひます。その他《た》のものは、不衛生《ふゑいせい》なところや不經濟《ふけいざい》の點《てん》があります。

櫻井 さういふ說《せつ》も出《で》ましたので、校醫《かうい》の先生《せんせい》にもいろ〳〵御相談《ごさうだん》いたしましたが、ゴムが張《は》つてあつても差支《さしつかへ》ないとおつしやいますし、それに水《みづ》さへかければ、綺麗《きれい》に汚《よご》れが落《お》ちるといふ便利《べんり》もございますから。

松尾 私共《わたくしども》でも、ゴムのついたのを使《つか》はせてをります。洗濯《せんたく》のことなども考《かんが》へてやりませんと、つい億劫《おくくふ》がつたり恥《はづか》しがつたり、汚《よご》れたものを、いつまでもしまひ込《こ》んでおいたりして困《こま》ります。

櫻井 ゴムは、折目《をりめ》のないやうに出來《でき》たものを選《えら》ばないと、すぐ切《き》れることがあります。

△是非《ぜひ》改《あらた》めたい手當法《てあてはふ》

竹内 昔《むかし》は月經帶《げつけいたい》を用《もち》ひず、タンポンと稱《しよう》して、局所《きよくしよ》に詰《つ》め物《もの》をする人《ひと》が多《おほ》かつたのですが、あれは以《もつ》ての外《ほか》です。月經《げつけい》は、週期的《しうきてき》に起《おこ》る充血《じゆうけつ》が、その頂點《ちやうてん》に達《たつ》したとき、子宮粘膜《しきうねんまく》に無數《むすう》の傷《きず》ができて、そこから血液《けつえき》を搾《しぼ》り出《だ》すものです。ですから、その際外部《さいぐわいぶ》から物《もの》を挿《さう》入《にふ》するのは、非常《ひじやう》に危險《きけん》なことです。幸《さいは》ひ、この頃《ごろ》の方《かた》は、雜誌《ざつし》などでタンポンの有害《いうがい》なことを識《し》り、行《おこな》ふ人《ひと》が少《すく》いやうですが、それでも既婚者《きこんしや》や經產婦《けいさんぷ》の中《なか》には、まだこれを行《おこな》つてゐる人《ひと》が隨分《ずいぶん》あります。これは是非《ぜひ》改《あらた》めたいものです。

△衛生的《えいせいてき》で安全《あんぜん》な手《て》當《あて》法《はふ》

櫻井 女學生《ぢよがくせい》は、まだ處置《しよち》にも慣《な》れませんし、集合《しふがふ》の中《なか》にゐることですから、完全《くわんぜん》な手當《てあて》を考《かんが》へてやることが最《もつと》も必要《ひつえう》であり、且《か》つむづかしいことです。

御承知《ごしようち》の通《とほ》り、學校《がくかう》の授業時間《じゆげふじかん》は五十分間《ふんかん》で、十分《ぷん》の休《やす》みですが、この數分間《すうふんかん》に、不慣《ふな》れの下級生《かきふせい》などが、全然《ぜんぜん》手當《てあて》を取換《とりか》へることは、なか〳〵困難《こんなん》です。それでいろ〳〵と研究《けんきう》の結果《けつくわ》、次《つぎ》のやうなものにしました。まづ月經帶《げつけいたい》のゴムの上《うへ》に、青梅綿《あをめわた》(普通《ふつう》の小袖綿《こそでわた》)を一枚《まい》、二寸幅《すんはゞ》で三四寸《すん》くらゐに切つて載《の》せ、(學校《がくかう》で指定《してい》した月經帶《げつけいたい》は、綿《わた》を挾《はさ》むやうになつてゐます。)その上《うへ》に脫脂綿《だつしめん》を、人《ひと》によつて五枚《まい》なり三枚《まい》なり重《かさ》ねて用《もち》ひます。

これで、十分間《ぷんかん》の休《やす》みには、汚《よご》れた上側《うはがは》の脫脂綿《だつしめん》一枚《まい》だけを取《と》つて捨《す》て、次々《つぎつぎ》と一枚《まい》づつ捨《す》てゝ、お晝《ひる》の長《なが》い休《やす》み時間《じかん》に、初《はじ》めてゆつくりと全部《ぜんぶ》の手當《てあて》を替《か》へるのです。この方法《はうはふ》は大分《だいぶ》工合《ぐあひ》がよく、大《たい》した失敗《しつぱい》もないやうです。慣《な》れて來《く》ますと、各自《かくじ》にいろ〳〵工合《ぐあひ》よく考《かんが》へるでせうが。

(月經帶は圖のやうな形式のものとは限りませんが、とにかくこのやうに、一番下に青梅綿を一枚おき、その上に脫脂綿をおくことが安全です。)

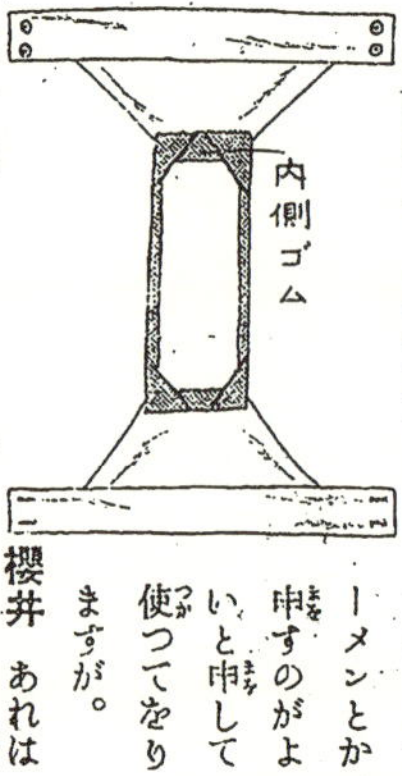

松尾 私共《わたくしども》では、レーメンとか申《まを》すのがよいと申《まを》して使《つか》つてをりますが。

櫻井 あれは私《わたくし》も試《ため》してみました。慣《な》れないせゐかも存《ぞん》じませんが、何《なん》ですか重《おも》いやうな氣《き》がしまして‥‥運動《うんどう》に不自由《ふじいう》ではないでせうか。勿論《もちろん》人《ひと》によりませうが。家庭《かてい》で丁字帶《ていじたい》を拵《こしら》へますときでも、眞中《まんなか》のところに、青梅綿《あをめわた》をやはり

71　「月経時の安全な手当法の座談会」 竹内茂代、桜井ミキ子、松尾貞子 ほか 『主婦之友』昭和5年7月1日

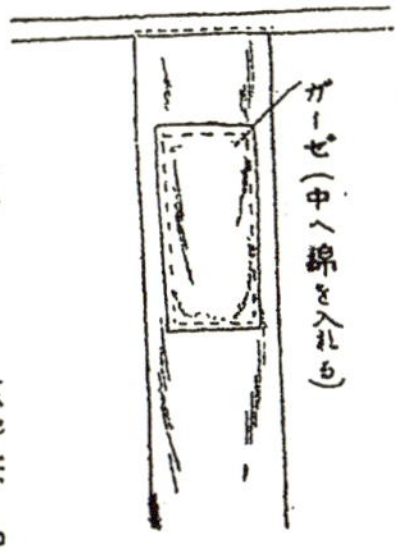

（手製の丁字帶も、月經帶として結構です。但し汚れるところへは、青梅綿を一枚おき、上にガーゼをざつと綴ぢつけておくこと。）

二寸幅《すんはゞ》三四寸《すん》に切《き》つて載《の》せ、その上《うへ》に、綿《わた》よりも二分《ぶ》まはりくらゐ大《おほ》きいガーゼを載《の》せ、ガーゼの周圍《しうゐ》をざつと丁字帶《ていじたい》に縫《ぬ》ひつけ、その上《うへ》に脱脂綿《だつしめん》を、前《まへ》に申《まを》したやうに三枚《まい》なり五枚《まい》なり重《かさ》ねて用《もち》ひますと、大變工合《たいへんぐあひ》がよいやうです。青梅綿《あをうめわた》は脱脂綿《だつしめん》と異《ちが》つて水分《すゐぶん》を吸收《きふしう》しませんから、上《うへ》に一枚《まい》用《つか》つてあるだけでも、外《そと》まで滲《し》み出《だ》して恥《はづか》しい思《おも》ひをするといふやうなことはないやうです。但《たゞ》し、直接《ちよくせつ》には、脱脂綿《だつしめん》でなくてはいけません。

△職業《しよくげふ》婦《ふ》人《じん》の手《て》當《あて》法《はふ》

記者　月經《げつけい》のとき、一番《ばん》辛《つら》いだらうと思《おも》ひますのは、自動車《じどうしや》の車掌《しやしやう》さんですね。何《なに》かよい御《ご》工夫《くふう》でもおありになりますか。

富本　私共《わたくしども》は一回《くわい》の乘車時間《じようしやじかん》が四時間《じかん》です。その間《あひだ》、終點《しゆうてん》へ着《つ》いたときは、約《やく》五分《ふん》くらゐの時間《じかん》がありますが、後《あと》のお客様《きやくさま》が待《ま》つてゐますし、とても自分用《じぶんよう》などは達《たつ》してはをられません。ですから四時間《じかん》といふものは、完全《くわんぜん》に寸暇《すんか》なしで、しかもその間《あひだ》は、車内《しやない》や次《つぎ》の停留場《ていりうぢやう》に一々氣《き》をつけてゐなくてはなりません。身《み》も心《こゝろ》も緊張《きんちやう》しつゞけです。

記者　四時間《じかん》は辛《つら》いことですね。どんな御用意《ごようい》をなさいます。

富本　皆《みな》さんがいろ〳〵と試《ため》してみて、あれがよいとか、これが便利《べんり》だとかいふのを使《つか》つてみてをります。ぴつたり體《からだ》に合《あ》つて氣持《きもち》がよいと思《おも》ふと、すぐ破《やぶ》れたり、丈夫《ぢやうぶ》だと思《おも》ふと値段《ねだん》が高《たか》かつたり、むづかしいものです。何《なに》しろ動搖《どうえう》の激《はげ》しい車《くるま》の中《なか》に、長時間《ちやうじかん》立《た》ちつゞけですから、用意《ようい》はみつしりいたします。

記者　車掌《しやしやう》さんに次《つ》いで、私達《わたくしたち》がいつもはらはらしますのは、舞踊《ぶよう》をなさる方《かた》ですね。

石井　よく皆《みな》さんが、月經中《げつけいちう》どうするかとおつしやいます。全《まつた》く日本《にほん》の踊《をどり》に比《くら》べますと、體《からだ》の動《うご》かし方《かた》が激《はげ》しいですから。でも私達《わたくしたち》のは、時間《じかん》が短《みじか》いでせう。長《なが》くて七分《ふん》、平均《へいきん》四五分《ふん》ですもの。ですから平氣《へいき》ですわ。

記者　どんな御用意《ごようい》をなさいますか。

石井　やはり、いろ〳〵出來《でき》てゐるのを使《つか》つてみて、その中《なか》から自分《じぶん》で工合《ぐあひ》がいゝと思《おも》ふのを用《もち》ひます。そしてパンツを、ふだんより一枚《まい》よけいに穿《は》くと、それでもう大丈夫《だいぢやうぶ》。

記者　車掌《しやしやう》さんは、乘車中《じようしやちう》に急《きふ》に來潮《らいてう》したときなど、お困《こま》りでせうね。尚《な》ほまだ二時間《じかん》も三時間《じかん》も乘《の》る時間《じかん》があるときなど。

富本　豫定日《よていび》の頃《ころ》には、大體用意《だいたいようい》をして乘《の》りますが、二三日《にち》の狂《くる》ひは免《まぬか》れませんから、そんな心配《しんぱい》はよくあります。でもいつも脱脂綿《だつしめん》を少《すこ》し用意《ようい》してゐると、終點《しゆうてん》へ着《つ》いたときにでも、應急《おうきふ》の處置《しよち》はとれます。洋服《やうふく》は、さういふときは和服《わふく》のやうな失敗《しつぱい》はありません。

松尾　洋服《やうふく》の下穿《したばき》は、ほんとによろしうございますね。私共《わたくしども》では、和服《わふく》のときでも、夏冬《なつふゆ》とも、下穿《したばき》を用《もち》ひさせてをります。衞生上《ゑいせいじやう》からも、護身上《ごしんじやう》からも、ぜひ一般《ぱん》に用《もち》ひたいものです。

櫻井　私《わたくし》の學校《がくかう》の體操《たいさう》の先生《せんせい》は、月經帶《げつけいたい》の上《うへ》に更《さら》に丁字帶《ていじたい》をして、少《すこ》しもふだんと變《かは》りなく體操《たいさう》の授業《じゆげふ》ができると申《まを》してをります。

△入《にふ》浴《よく》は避《さ》けること

記者　月經時《げつけいじ》の入浴《にふよく》は、絶對《ぜつたい》にいけませんでせうか。

竹内　經血《けいけつ》は間斷《かんだん》なく出《で》るものですから、濟《す》み

ますまでは、入《はひ》らない方《はう》がよろしいですね。しかし不潔《ふけつ》になりますから、毎夜就床前《まいよしうしやうぜん》に、溫湯《をんたう》で搾《しぼ》つたタオルで、綺麗《きれい》に外部《ぐわいぶ》だけを拭《ぬぐ》ふやうにしたいものです。

松尾　私《わたくし》は毎夜《まいよ》、お風呂《ふろ》で、全身《ぜんしん》を拭《ふ》くやうにさせてゐます。學校《がくかう》へまゐりますと、汗《あせ》や埃《ほこり》でひどうございますから。

石井　私《わたくし》などは職業上《しよくげふじやう》、白粉《おしろい》を濃《こ》く、しかも胸《むね》から腕《うで》の方《はう》まで塗《ぬ》りますので、どうしてもお湯《ゆ》に入《はひ》らぬわけにはまゐりません。初《はじ》めはちよつと氣味《きみ》が惡《わる》いやうにも思《おも》ひましたが、馴《な》れると何《なん》でもございません。尤《もつと》もたゞ白粉《おしろい》を落《おと》すといふ程度《ていど》に入《はひ》るのです。

△慣《な》れた勤勞《きんらう》は差支《さしつかへ》ない

富本　私《わたくし》は、お湯《ゆ》に入《はひ》れない辛《つら》さよりも、睡《ねむ》いので困《こま》ります。

竹内　月經中《げつけいちう》は、生理的《せいりてき》に、ふだんよりは睡《ねむ》いものです。

富本　そのために、よく起《おこ》るのがお金《かね》の間違《まちが》ひ、公金《こうきん》ですから、不足《ふそく》すれば辨償《べんしやう》ですし、多《おほ》くあつても成績《せいせき》に關係《くわんけい》します。怠《なま》けて間違《まちが》ふのではないのですから、辛《つら》うございますわ。

記者　それが運轉手《うんてんしゆ》さんだつたら、忽《たちま》ち事故《じこ》ですね。

富本　ですから交通勞働《かうつうらうどう》に從事《じうじ》する婦人《ふじん》には、月經中《げつけいちう》の休《やす》みを要求《えうきう》するのですけれども、いつも却下《きやくか》されてしまひます。

記者　女學校《ぢよがくかう》では、運動《うんどう》や體操《たいさう》などは、どうさいますか。

櫻井　見學濟《けんがくずみ》といふのがございまして、それに記名《きめい》して休《やす》むことになつてをりますが、三年《ねん》生《せい》くらゐまでは、恥《はづか》しがつて休《やす》みません。四年《ねん》五年《ねん》となりますと、平氣《へいき》のやうですが。

竹内　ふだん慣《な》れた仕事《しごと》、或《あるひ》はその程度《ていど》のことなら、決《けつ》して差支《さしつかへ》ありません。學校《がくかう》の體操《たいさう》な

73 「月経時の安全な手当法の座談会」 竹内茂代、桜井ミキ子、松尾貞子 ほか 『主婦之友』昭和5年7月1日

どもその通《とほ》りです。體操《たいさう》くらゐできないやうでは、どうなるでせう。女中《ぢよちう》さんは炊事《すゐじ》を休《やす》む、農家《のうか》の主婦《しゆふ》は田畑《たはた》へ出《で》られない、それが四週《しう》目《め》毎《ごと》にあつては大變《たいへん》です。但《たゞ》し跳躍《てうやく》などは、多《た》少加《せうか》減《げん》した方《はう》がよいでせう。月經痛《げつけいつう》のある婦人《ふじん》は已《や》むを得《え》ないが、それは病的《びやうてき》で、病的《びやうてき》の人《ひと》は、その病氣《びやうき》を治《なほ》して、月經時《げつけいじ》の苦《く》痛《つう》をなくするやうにしなくてはなりません。

△母《はゝ》としての注《ちう》意《い》

記者　お母樣《かあさま》の立場《たちば》から、何《なに》かもつと御注意《ごちうい》になることはございませんかしら。

松尾　かういふ問題《もんだい》は、專門家《せんもんか》の方《かた》がおつしやれば、生理的《せいりてき》のことで、何《なに》も恥《はづか》しいことはない、といふことになりますが、さうかと申《まを》して、あまり露骨《ろこつ》にしたくないと存《ぞん》じます。それで娘《むすめ》などにも、手當《てあて》はどこまでも淸潔《せいけつ》にして、正《たゞ》しい攝生《せつせい》をさせなくてはならないが、態度《たいど》は、決《けつ》して人《ひと》に厭《いや》な感《かん》じを與《あた》へないやうにしなくてはならぬと敎《をし》へてをります。それには母親《はゝおや》がよく氣《き》をつけて、恥《はづか》しい思《おも》ひをしないで濟《す》むやうに、それとなく世話《せわ》してやるのが、最《もつと》もよいのではございますまいか。

私《わたくし》は、娘《むすめ》が女學校《ぢよがくかう》に入《はい》ると同時《どうじ》に、まづ肌着《はだぎ》を洗《あら》ふことを敎《をし》へました。それは、たゞに洗《あら》ひ方《かた》を敎《をし》へるといふ意味《いみ》ばかりではなく、いつ初經《しよけい》を見《み》るかわかりませんから、さういふとき、もし肌着《はだぎ》を汚《よご》すやうなことがあつても、女中《ぢよちう》に洗《あら》はせるわけにも行《ゆ》きませんし、それかと申《まを》して、急《きふ》に自分《じぶん》で洗《あら》ふのもきまりが惡《わる》いといふやうなことになると思《おも》ひます。或《あ》るお孃樣《ぢやうさま》は、そんなことから、汚《よご》れた部分《ぶぶん》を鋏《はさみ》で切《き》つてしまつたといつて、そのお母樣《かあさま》が大變《たいへん》お叱《しか》りになりましたが、お孃《ぢやう》さんの心《こゝろ》になれば、無理《むり》もないことだと思《おも》ひます。

櫻井　初經者《しよけいしや》には、殊《こと》にいろ／＼の注意《ちうい》が必要《ひつえう》ですね。學校《がくかう》などでも、よく泣《な》いて來《く》る生徒《せいと》があります。只今《たゞいま》は專屬《せんぞく》の看護婦《かんごふ》が一人《ひとり》をりますので、誰《だれ》でもそこへ行《い》つて手當《てあて》を受《う》けるやうにいたしてをります。

松尾　私共《わたくしども》の娘《むすめ》も、初《はじ》めの日《ひ》、學校《がくかう》から涙《なみだ》を浮《うか》べて歸《かへ》つてまゐりました。どうしたのかと思《おも》つて訊《き》いても、默《だま》つて泣《な》いてゐますので、すぐそれだと察《さつ》して、そつと蔭《かげ》に喚《よ》んで訊《き》いてみましたら、果《はた》してさうでした。すぐに用意《ようい》しておいた手當《てあて》をし、決《けつ》して心配《しんぱい》するものでないことを敎《をし》へましたので、翌日《よくじつ》はもうふだんと少《すこ》しも變《かは》りなく學校《がくかう》へまゐりました。

生來內氣《せいらいうちき》な子《こ》ですが、私《わたくし》にだけは、よくその時期《じき》を告《つ》げ、私《わたくし》も內外《ないがい》に注意《ちうい》してやりますので、失敗《しつぱい》もないやうでございます。

櫻井　どうかして失敗《しつぱい》などのあつたとき、多勢《おほぜい》ですと、お互《たが》に私語《さゝや》き合《あ》つたりしますので、當人《たうにん》はきまりが惡《わる》く、椅子《いす》カヴァーなどを汚《よご》しても、知《し》らぬ振《ふ》りをしてしまふといふやうなことがありますから、傍《はた》の者《もの》が注意《ちうい》して、お互《たがひ》に助《たす》け合《あ》ふやうにさせます。

記者　西洋式《せいやうしき》の便所《べんじよ》は、汚《よご》れもの〻始末《しまつ》に困《こま》るやうに思《おも》ひますが、如何《いかゞ》でせう。

松尾　どうも日本人《にほんじん》の習慣《しふくわん》と違《ちが》ふのですから、仕方《しかた》がございませんね。西洋人《せいやうじん》は割《わり》に平氣《へいき》なのでせう。私《わたくし》などは母《はゝ》から、普通《ふつう》の便所《べんじよ》でも、汚《よご》れたものは、ちよつと紙《かみ》に包《つゝ》んで落《おと》すやうにと敎《をし》へられたものですが、やはり日本人《にほんじん》は、さうありたいやうに思《おも》ひますね。月經帶《げつけいたい》などを洗《あら》ひましても、あまり人目《ひとめ》に觸《ふ》れないところへ干させるやうにしてをります。

櫻井　無暗《むやみ》に恥《はづか》しいと思《おも》はせて祕《かく》し立《た》て、不衞生《ふえいせい》な手當《てあて》をされては困《こま》りますから、指導者《しだうしや》はよほど眞面目《まじめ》に、よく子供《こども》の心持《こゝろもち》を理解《りかい》して行《ゆ》くやうにしなければなりませんね。

記者　いろ／＼有《あ》りがたう存《ぞん》じました。

(泉道雄先生)

(本間俊平先生)

(徳富蘇峰先生)

(河井道子先生)

婦《ふ》人《じん》の煩《はん》

誌上相談

女《をんな》なるが故《ゆゑ》に、泣《な》いて暮《く》らさればならぬ人《ひと》が如何《いか》に多《おほ》いことか。思《おも》つただけでも、私《わたくし》たちの胸《むね》は暗《くら》くなります。『主婦之友《しゆふのとも》』が世《よ》に出《で》た初《はじ》めから、悩《なや》める婦《ふ》人《じん》の味方《みかた》として、あらゆる働《はたら》きをつゞけて來《き》たのも、さういふお氣《き》の毒《どく》な方《かた》を、どうかして悩《なや》みのない生活《せいくわつ》に、引《ひ》きもどしたいといふ願《ねが》ひからでありました。

今度《こんど》、誌上《しじやう》の婦人煩悶相談所《ふじんはんもんさうだんじよ》を設《まう》けて、私《わたくし》たちの働《はたら》きを、もつと眞剣《しんけん》に、もつと積極的《せつきよくてき》にしたいと試《こゝろ》みたのも、このごろの家庭《かてい》には、人知《ひとし》れず泣《な》いてゐる、氣《き》の毒《どく》な御《ご》婦《ふ》人《じん》が餘《あま》りに多《おほ》いことを知《し》つてゐるからであります。

『主婦之友《しゆふのとも》』には、讀者奉仕部《どくしやほうしぶ》といふのがあつて、いろいろな御相談《ごさうだん》にあづかつてゐます。

今度《こんど》は、奉仕部《ほうしぶ》の

顧　(イロハ順)

千代田高等女學校々長	泉《いづみ》道《たう》雄《ゆう》先《せん》生《せい》
山口縣秋吉・傳道者	本《ほん》間《ま》俊《しゆん》平《ぺい》先《せん》生《せい》
東京日々新聞社々賓	德《とく》富《とみ》蘇《そ》峰《ほう》先《せん》生《せい》
惠泉女學院々長	河《かは》井《ゐ》道《みち》子《こ》先《せん》生《せい》
社會改良家	賀《か》川《がは》豐《とよ》彦《ひこ》先《せん》生《せい》
調布高等女學校々長	川《かは》村《むつ》理《り》助《すけ》先《せん》生《せい》
至誠病院々長	吉《よし》岡《をか》彌《や》生《よひ》先《せん》生《せい》
明治大學々長	横《よこ》田《た》秀《ひで》雄《を》先《せん》生《せい》

(高島米峯先生)

(鷲島佳吉先生)

(井深花子先生)

(久布白落實先生)

75　「誌上相談　婦人の煩悶相談所」　高島米峰　『主婦之友』昭和５年８月１日

(賀川豐彦先生)

(川村理助先生)

(吉岡彌生先生)

(横田秀雄先生)

悶《もん》相《さう》談《だん》所《じよ》

ほかに、こゝに發《はつ》表《べう》したやうな名高《なだか》い十六人《にん》の先生方《せんせいがた》を顧問《こもん》にお願《ねが》ひして、そのお力《ちから》に依《よ》り、いろ／＼な煩《はん》悶《もん》に惱《なや》んでゐられる方《かた》のために、御《ご》親切《しんせつ》な解決《かいけつ》の道《みち》を授《さづ》けて頂《いたゞ》くことにしました。

誌上《しじやう》以外《いぐわい》に於《おい》ても、出來《でき》るだけの御《ご》相談相手《さうだんあひて》になりたいと存《ぞん》じますから、人《ひと》にも打《う》ち明《あ》けかねてゐるやうな惱《なや》みをもつてゐられる方《かた》は、どうぞ御《ご》遠慮《ゑんりよ》なしにお手紙《てがみ》をくださいませ。私《わたくし》たちは一本《ぽん》の端書《はがき》と雖《いへど》も、等閑《なほざり》にしないやうに心掛《こゝろが》けてゐますから、『主婦之友《しゆふのとも》』を信《しん》じて御《ご》相談《さうだん》くださいませ。本號《ほんがう》には一《ひと》つの問題《もんだい》について、高島米峯先生《たかしまべいほうせんせい》から、御《ご》親切《しんせつ》な解決法《かいけつはふ》を示《しめ》して頂《いたゞ》きました。どうぞ御《ご》熟讀《じゆくどく》くださるやうに祈《いの》り上《あ》げます。（係記者《かゝりきしや》）

問

番町教會名譽牧師
高《たか》島《しま》米《べい》峯《ほう》先《せん》生《せい》
綱《つな》島《じま》佳《か》吉《きち》先《せん》生《せい》

井深梶之助氏夫人　矯風會理事
井《ゐ》深《ぶか》花《はな》子《こ》先《せん》生《せい》

日本基督教婦人矯風會理事
久《く》布《ぶ》白《じろ》落《おち》實《み》先《せん》生《せい》

大日本聯合女子青年團理事　山脇高等女學校々長
山《やま》脇《わき》房《ふさ》子《こ》先《せん》生《せい》

救世軍日本司令官
山《やま》室《むろ》軍《ぐん》平《ぺい》先《せん》生《せい》

前北豐島刑務所典獄　幼年保護會々長
有《あり》馬《ま》四《し》郎《ろ》助《すけ》先《せん》生《せい》

矯風會理事　婦人ホーム
守《もり》屋《や》東《あづま》先《せん》生《せい》

(山脇房子先生)

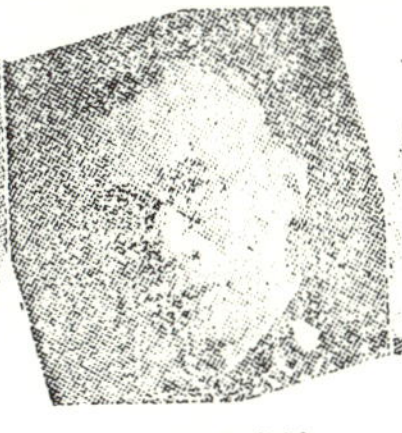
(山室軍平先生)

(有馬四郎助先生)

(守屋　東先生)

私《わたくし》は婚約中《こんやくちう》に過《あやま》つて貞操《ていさう》を破《やぶ》つた者《もの》ですが未《いま》だに擧式《きよしき》の日《ひ》も定《さだ》まらず悩《なや》んでをります。お救《すく》ひくださいませ。

解答者──高《たか》島《しま》米《べい》峯《ほう》

來《く》る日《ひ》も〳〵苦惱《くなう》の連續《れんぞく》で、心《こゝろ》の憩《いこ》ふ暇《ひま》とてもないこの身《み》……せめて、毎月愛讀《まいつきあいどく》させて頂《いたゞ》いてゐる『主婦之友《しゆふのとも》』の奉仕部《ほうしぶ》の手《て》に縋《すが》つて慰《なぐさ》められたらと、只今思《たゞいまおも》ひ切《き》つてこの便《たよ》りを記《しる》させて頂《いたゞ》きます。

私《わたくし》は只今《たゞいま》廿四歳《さい》でございますが、數年前《すうねんぜん》當地《たうち》の縣立高女《けんりつかうぢよ》を卒《を》へ、父亡《ちゝな》き後《のち》を母上《はゝうへ》のお手傳《てつた》ひしつゝ過《す》してまゐりました。そして丁《ちやう》度《ど》三年前《ねんぜん》に、河合《かあひ》（假名《かめい》）といふ××大學出身《だいがくしゆつしん》の方《かた》（目下《もくか》廿七歳《さい》）と婚約《こんやく》いたしました。無論《むろん》双方《さうはう》の親達《おやたち》も承諾《しようだく》の上《うへ》で定《きま》つたのでございます。併《しか》し、私共二人《わたくしどもふたり》は既《すで》に中等學校時代《ちうとうがくかうじだい》より互《たがひ》に愛《あい》し合《あ》つてをりました。お互《たがひ》に眞劍《しんけん》に愛《あい》し愛《あい》されることが、どんなに幸福《かうふく》でありましたことか……先方《せんぱう》の兩親《りやうしん》は河合《かあひ》にとつて養《やう》父母で、もう七十前後《ぜんご》の老人《らうじん》でしたから、と言《い》つても若《わか》い私共《わたくしども》の話相手《はなしあひて》にはなりませんでしたけれども、私《わたくし》の母《はゝ》は二人《ふたり》をよく理《り》解《かい》してゐてくれましたので、ほんとに樂《たの》しい朝夕《あさゆふ》を送《おく》ることができました。

河合《かあひ》は幼《をさな》い頃《ころ》から氣難《きむつ》かしい老人達《らうじんたち》によく仕《つか》へて、苦勞《くらう》を充分《じうぶん》に味《あぢは》つてまゐりました。そして暗《くら》い家庭《かてい》に人《ひと》となつたにも關《かゝは》らず、常《つね》に快活《くわいくわつ》でした。それに引換《ひきか》へ、この私《わたくし》は小《ちひさ》いときから默《だま》り勝《が》ちで、大聲《おほごゑ》をあげて心《こゝろ》の底《そこ》から笑《わら》ふこともなかつたほどでした。それゆゑ河合《かあひ》は始終《しじう》私《わたくし》の氣持《きも》ちを引立《ひきた》て、勵《はげ》ましてくれましたが、何事《なにごと》につけても、よく注《ちう》意《い》の行屆《ゆきとゞ》くことは、私《わたくし》の母《はゝ》が驚《おどろ》いてゐたくらゐでございました。

二人《ふたり》の間《あひだ》が、たゞこのまゝに過《す》ぎて行《ゆ》けば何《なに》も言《い》ふことはないのでしたけれど……。實《じつ》は、私《わたくし》は常々身體《つね〴〵からだ》が虚弱《きよじやく》で、月《つき》のもの、ために、その都度苦《つどくる》しまされてをりました。昨《さく》年《ねん》の一月《げつ》十二日《にち》のこと、餘《あま》りのことに堪《た》へられず、近《ちか》くの婦人科醫《ふじんくわい》を訪《おとづ》れました。診察《しんさつ》の結果《けつくわ》は、極度《きよくど》の子宮後屈《しきうこうくつ》とのことでしたので、手術《しゆじゆつ》をしました。

平生《へいぜい》から弱《よわ》い私《わたくし》の身體《からだ》は、手術後《しゆじゆつご》も想《おも》つたより高熱《かうねつ》が續《つゞ》き、それに、絲《いと》を拔《ぬ》いて二三日《にち》してからのこと、今想《いまおも》つても恐《おそ》ろしいほどですが、切口《きりくち》が開《ひら》いて膿《うみ》が吹《ふ》き出《だ》してゐるのを病院《びやういん》の先生《せんせい》が御覽《ごらん》になり、『私《わたくし》が手術《しゆじゆつ》するやうになつてから、こんなことは初《はじ》めてゞすよ。』と大變《たいへん》お驚《おどろ》きになつたくらゐでした。それからは專《もつぱ》らそこの手當《てあて》で日《ひ》を過《すご》し、やつと四十日目《にちめ》に歩《ある》くお稽古《けいこ》を始《はじ》めました。

その間《あひだ》人手《ひとで》の少《すくな》い私方《わたくしかた》のことゆゑ、河《か》合《あひ》は毎日《まいにち》のやうに病室《びやうしつ》に訪《おとづ》れて來《き》て、母《はゝ》に代《かは》つて食事《しよくじ》の支度《したく》から用便《ようべん》の世話《せわ》まで、自《みづか》ら進《すゝ》んでしてくれたのでした。それも河合《かあひ》の兩親《りやうしん》は、若《わか》い男性《だんせい》が婦人科病院《ふじんくわびやうゐん》などへ出入《しゆつにふ》するのを嫌《きら》つてゐたので、兩親《りやうしん》に祕《ひ》して來《き》てくれるのでしたが、お蔭《かげ》で、淋《さび》しい私《わたくし》は、どんなに慰《なぐさ》められたことでせう。良人《をつと》たるべき人《ひと》なればこそと、私《わたくし》は心《こゝろ》のすべてを河合《かあひ》に捧《さゝ》げてゐました。併《しか》し、身《み》も魂《たましひ》も餘《あま》すところなく捧《さゝ》げ盡《つく》して感謝《かんしや》の誠《まこと》を表《へう》し得《え》なかつたことは、河合《かあひ》を大變淋《たいへんさび》しがらせたやうでした。

かうした二人《ふたり》きりの病院生活《びやうゐんせいくわつ》が、お互《たがひ》の胸《むね》に、或《あ》る惱《なや》ましい影《かげ》を懷《いだ》かせずにはおきません。廿七と廿四の若《わか》い婚約者同志《こんやくしやどうし》の生活《せいくわつ》ですもの。道學者《だうがくしや》に言《い》はせれば、その頃《ころ》の私《わたくし》共《ども》の心《こゝろ》の隅《すみ》には、旣《すで》に醜《みにく》い龜裂《ひゞ》ができてゐたに違《ちが》ひありません。

けれども、それまでの長《なが》い間《あひだ》、ほんたうに純《じゆん》な清《きよ》い交《まじは》りをして來《き》た二人《ふたり》なのです。それなのに、あゝ、愛《あい》する河合《かあひ》の切《せつ》ない惱《なや》みに、私《わたくし》はたうとう禁斷《きんだん》の扉《とびら》を推《お》し破《やぶ》つてしまひました。愛《あい》する人《ひと》に身《み》も心《こゝろ》も許《ゆる》して、私《わたくし》はそのとき少《すこ》しも悔《く》ゆべき筈《はず》もありませんでしたが、たゞ〳〵私達《わたくしたち》を信《しん》じ、二人《ふたり》きりの語《かた》らひを許《ゆる》してゐてくださる母《はゝ》に對《たい》して、濟《す》まないのみでした。

その後《ご》、當然來《たうぜんきた》るべき運命《うんめい》とは申《まを》せ、それはあまりに弱《よわ》い私《わたくし》の身體《からだ》にとつて、不思議《ふしぎ》とも思《おも》はれるほどの事實《じじつ》――姙娠《にんしん》となつて、その結果《けつくわ》があらはれてまゐりました。それでも、五ケ月《げつ》過《す》ぎても私《わたくし》には信《しん》じられないくらゐで、殊《こと》につはりも氣《き》づかぬほどでしたので、醫師《いし》の診察《しんさつ》を受《う》けるまで、それとは知《し》らぬ不安《ふあん》のうちに過《すご》してしまつたのでございました。

姙娠《にんしん》と知《し》つて無論河合《むろんかあひ》も驚《おどろ》きました。けれども、すべてを覺悟《かくご》して、二人《ふたり》で、先《ま》づ母《はゝ》に打明《うちあ》けて詫《わ》びました。母《はゝ》も非常《ひじやう》に驚《おどろ》き、早速《さつそく》先方《せんぱう》の兩親《りやうしん》へ相談《さうだん》に行《ゆ》きましたけれど、先方《せんぱう》では、『そちらの方《はう》で、何《なん》とかして貰《もら》はれば困《こま》る。』といふあつけない返事《へんじ》に、私《わたくし》もすべてを諦《あきら》めて、もう一度《ど》診察《しんさつ》を受《う》けに縣立病院《けんりつびやうゐん》へまゐりましたところ、骨盤狹窄症《こつばんけふさくしやう》のため、胎兒《たいじ》の發育不良《はついくふりやう》とのことにて、入院《にふゐん》すること、なり、幸《かう》か不幸《ふかう》か、七ヶ月目《げつめ》に人工流産《じんこうりうざん》を施《ほどこ》して頂《いたゞ》き、やつと人《ひと》に知《し》られず濟《す》ますことができました。

けれども、先方《せんぱう》の兩親《りやうしん》は未《いま》だに結婚《けつこん》の日取《ひど》りさへ定《さだ》めてくれません。この八月《ぐわつ》で婚約《こんやく》期間《かん》も滿《まん》三年《ねん》になりますから、私《わたくし》方《かた》から交渉《かうせふ》にまゐる筈《はず》ですけれど、河合《かあひ》も『この十月《ぐわつ》には是非《ぜひ》式《しき》を擧《あ》げるやうに計《はか》らひますから。』と母《はゝ》を慰《なぐさ》めてゐます。また、『あなたがどんなに弱《よわ》くても、私《わたくし》は屹度《きつと》面倒《めんだう》を見《み》て行《ゆ》きます。』と弱《よわ》い私《わたくし》を絶《た》えず勵《はげ》ましては、何《なに》くれとなく保健上《ほけんじやう》の注意《ちうい》をもしてくれます。

ぢつと考《かんが》へてみますと、樂《たの》しかるべき私《わたくし》共《ども》の未來《みらい》の家庭生活《かていせいくわつ》も、私《わたくし》の弱《よわ》さから、壞《こは》れてしまふのではないでせうか……河合《かあひ》の輝《かゞや》かしい將來《しやうらい》の幸福《かうふく》のために、自分《じぶん》は潔《いさぎよ》くこの切《せつ》ない愛《あい》の絆《きづな》を斷《た》ち切《き》られねばならないのでせうか。併《しか》し、弱《よわ》いながらも、彼《かれ》のためにふさはしき協同者《けふどうしや》としての修養《しうやう》を積《つ》むことを忘《わす》れなかつた私《わたくし》でございます。

思《おも》へば私共《わたくしども》の婚約期間《こんやくきかん》の餘《あま》り長《なが》かつたことが、すべての災《わざはひ》の原因《げんいん》ではなかつたでせうか。この八月《ぐわつ》に先方《せんぱう》と話《はな》し合《あ》つて、何《なん》と申《まを》されるか、尙《な》ほ言《げん》を左右《さいう》にして擧式《きよしき》を延《の》ばされるやうでしたら、私《わたくし》はどうすればよいのでせう。母《はゝ》は、若《も》しさうなれば、こちらから斷《ことわ》つてしまふ——と申《まを》しますけれど、私達《わたくしたち》は、もうそんなに容易《たやす》く離《はな》れることはできません。とは申《まを》せ、これから先《さき》、結婚《けつこん》までの幾《いく》日《にち》かの間《あひだ》に、若《も》しまた河合《かあひ》の激《はげ》しい愛慾《あいよく》の求《もと》めに出會《でお》つたとしたならば、私《わたくし》は愛《あい》する貞《みさを》を失《うしな》ふ覺悟《かくご》で、固《かた》く斥《しりぞ》けるべきでせうか。これが最《もつと》も私《わたくし》の切《せつ》ない心《こゝろ》の惱《なや》みなのでございます。再《ふたゝ》び以前《いぜん》のやうなことを繰返《くりかへ》しては今度《こんど》こそ生《い》きてゐられないでせう。河合《かあひ》も今《いま》は冷靜《れいせい》にこのことを考《かんが》へてゐてはくれますけれど……

こんな恥晒《はぢさら》しなことを遠慮《ゑんりよ》なくお話《はなし》して、先生《せんせい》にはさぞ御迷惑《ごめいわく》だとは存《ぞん》じますが、外《ほか》には誰《たれ》に語《かた》ることもできません。どうか、私《わたくし》の行手《ゆくて》に、はつきりした光明《くわうみやう》をお與《あた》へくださいまし。お願《ねが》ひ申上《まをしあ》げます。（**涙の女**）

* * *

お手紙《てがみ》繰返《くりかへ》し拜見《はいけん》いたしました。一讀《どく》し再讀《さいどく》して、あなた樣《さま》のうづくやうな惱《なや》みのお心持《こゝろもち》を、よく味《あぢは》つてみました。そしてお氣《き》の毒《どく》なあなたの立場《たちば》に、心《こゝろ》から御同情《ごどうじやう》申上《まをしあ》げたい氣持《きもち》でいつぱいになりました。

若《わか》くして戀《こひ》を知《し》つたあなた達《たち》が、割合《わりあひ》に長過《ながす》ぎたと思《おも》はれる婚約期間中《こんやくきかんちう》に、越《こ》ゆべからざる一線《せん》を乘《の》り越《こ》えられたことを、今《いま》こゝで強《つよ》くおとがめはいたしますまい。若《わか》き血《ち》に燃《も》えるあなた達《たち》が、互《たがひ》に愛《あい》し愛《あい》されて、病院生活《びやうゐんせいくわつ》中《ちう》に二人《ふたり》きりで接觸《せつしよく》されてゐられた當時《たうじ》の境遇《きやうぐう》を想《おも》へば、一面《めん》に無理《むり》もないやうな氣《き》もしないではありませぬ。けれども、それは同情《どうじやう》すべき過失《くわしつ》であつても、當然《たうぜん》としてそのまゝ看過《かんくわ》すべきことでせうか。否《いな》、はつきりと申《まを》せば、それはむしろ許《ゆる》し難《がた》いほどの過失《くわしつ》であります。

結婚前《けつこんぜん》に貞操《ていさう》を破《やぶ》ることは、たとひそれが婚《こん》約者同志《やくしやどうし》の間《あひだ》であつても、讃《たゝ》へるべきことではありませぬ。今《いま》のあなたは、その過失《くわしつ》に對《たい》する自責《じせき》の念《ねん》に相當《さうたう》惱《なや》んでをられるやうですが、そのことのあつた當時《たうじ》のあなたは、自分《じぶん》のなさつたことに就《つ》いて、今《いま》ほどには良心《りやうしん》が鋭《するど》く閃《ひらめ》いてゐなかつたやうに思《おも》はれます。『たゞ母《はゝ》に對《たい》して濟《す》まなく思《おも》ふのみ……』と申《まを》されてゐる邊《あた》りを讀《よ》み返《かへ》すことは、私《わたくし》にとつて一種《しゆ》の苦痛《くつう》をさへ感《かん》ぜしめました。お母樣《かあさま》の理解《りかい》のあつたといふことが、保護者《ほごしや》としての責任《せきにん》を外《はづ》れて、却《かへつ》て無理解《むりかい》な結果《けつくわ》を招《まね》いたことを悲《かな》しまないではゐられませぬ。

79　「誌上相談　婦人の煩悶相談所」　高島米峰　『主婦之友』昭和5年8月1日

もと〱異性間《いせいかん》の愛情《あいじやう》は、各自《かくじ》の魂《たましひ》に自《おの》づと湧《わ》き起《おこ》るものではありますが、如何《いか》にそれが自然《しぜん》の發露《はつろ》だとは申《まを》せ、決《けつ》して氣儘勝手《きまゝかつて》にこれを濫用《らんよう》すべきではありませぬ。或《あ》るときはこれを抑制《よくせい》し、或《あ》るときはこれを導《みちび》いて、高《たか》く聖《きよ》らかなものにせねばなりません。殊《こと》に、結婚《けつこん》といふ人生《じんせい》の嚴肅《げんしゆく》な事件《じけん》を前《まへ》にせる、婚約中《こんやくちう》の若《わか》い男女《だんぢよ》は、相互《さうご》の愛情《あいじやう》を如何《いか》にせば純潔《じゆんけつ》に成長《せいちやう》せしめ得《う》るかといふことに就《つ》いて、鞏固《きやうこ》な決心《けつしん》と愼重《しんちよう》な態度《たいど》とを以《もつ》て進《すゝ》まなければなりませぬ。女《をんな》の生命《せいめい》であるその純潔《じゆんけつ》を失《うしな》ふやうなことがあれば、『たとひ全世界《ぜんせかい》を得《え》たとしても、何《なん》の利益《りえき》幸福《かうふく》がありませう。』既《すで》にその決心《けつしん》と態度《たいど》とがあれば、できるだけ早《はや》く結婚《けつこん》すべきであります。

　私《わたくし》の知《し》つてゐる、婚約中《こんやくちう》の或《あ》る處女《しよぢよ》が、（この方《かた》は信仰《しんかう》のある家庭《かてい》のお孃《ぢやう》さんですが）その良人《をつと》たるべき青年《せいねん》より『僕《ぼく》を愛《あい》するならば…』と堪《た》へ難《がた》き愛慾《あいよく》の惱《なや》みを打明《うちあ》けられたとき、『ほんたうにあなたを愛《あい》するがゆゑに、私《わたくし》は忍《しの》ばねばなりませぬ。』と、冷《つめた》いほどにきつぱりと答《こた》へて、その貞潔《ていけつ》を通《とほ》したことを、密《ひそか》に耳《みゝ》にしましたが、約《やく》一ケ年《ねん》の婚約期《こんやくき》を經《へ》て始《はじ》められた、その人達《ひとたち》の結婚生活《けつこんせいくわつ》は、私《わたくし》の眼《め》から見《み》ても羨《うらや》ましいほどの睦《むつま》じさであります。婚約中《こんやくちう》のお二《ふた》人《り》の交際《かうさい》も、双方《さうはう》どちらかの家庭《かてい》に於《おい》てなされ、本人《ほんにん》二人《ふたり》きりといふよりも、公然《こうぜん》と家族的《かぞくてき》に、皆《みな》と一緒《しよ》になされる方《はう》が多《おほ》かつたやうに思《おも》ひます。しかも兩家《りやうけ》の奥樣達《おくさまたち》が互《たがひ》に諜《しめ》し合《あは》せて、注《ちう》意深《いぶか》い愛《あい》によつて、その交際《かうさい》を指導《しだう》してゐられたのでした。婚約期間《こんやくきかん》の長《なが》かつたゝめに、種々《しゆ〲》な悲劇《ひげき》が醸《かも》されたといふやうな例《れい》は、よく耳《みゝ》にするところであります。この點《てん》は、世《よ》のお母樣《かあさま》方《がた》にも御注意《ごちうい》を促《うなが》したいと存《ぞん》じます。

　お手紙《てがみ》では、河合《かあひ》さんの御兩親《ごりやうしん》が、何《なに》ゆゑにあなた達《たち》の擧式《きよしき》の日《ひ》をお延《の》ばしになるのか、大切《たいせつ》なその點《てん》が不明瞭《ふめいれう》ですが、別《べつ》に複雑《ふくざつ》な原因《げんいん》があるのではありませんか。一日《にち》も早《はや》く御結婚《ごけつこん》なさることが、あなたの救《すく》はるべき第一歩《だいほ》だと思《おも》ふ私《わたくし》にとつて、その事情《じじやう》のはつきりしないことは大變遺憾《たいへんゐかん》に存《ぞん》じます。

　幸《さいは》ひ河合《かあひ》といふ青年《せいねん》は、頭《あたま》もよいやうですし、親切《しんせつ》で純情《じゆんじやう》な青年《せいねん》のやうですから、あなたの態《たい》度如何《ごいかん》によつて、屹度《きつと》同一《どう》の過失《くわしつ》を繰返《くりかへ》されるやうなことはないでせう。萬《まん》一あなたが、再《ふたゝ》び拒《こば》まねばならぬやうなことが起《おこ》つたとしても、拒《こば》まれたゝめに、あなたから離《はな》れるといふやうな、そんな不眞面目《ふまじめ》な方《かた》だとは思《おも》はれません。既《すで》に双方《さうはう》の親御達《おやごたち》も、あなた達《たち》の結婚《けつこん》に就《つ》いては御諒解《ごれうかい》があり、結婚《けつこん》の日取《ひど》りさへ定《きま》ればよいといふ、相愛《さうあい》のあなた達《たち》の間《あひだ》に、さうした不安《ふあん》のあるべき理由《りいう》はないではありませんか。結婚《けつこん》上《じやう》の責任《せきにん》に目醒《めざ》められてゐるほどの方《かた》ならば、今少《いますこ》し落着《おちつ》いて、確乎《かくこ》たる信念《しんねん》に生《い》きてゐて頂《いただ》きたいと申上《まをしあ》げたいくらゐです。

あなたは御自分《ごじぶん》の身體《からだ》が弱《よわ》いため、果《はた》して結《けつ》婚生活《こんせいくわつ》に堪《た》へてゆけるかどうか。または良人《をつと》を不幸《ふかう》にしはしないかとお案《あん》じになつてゐられるやうですが、娘時代《むすめじだい》には虚弱《きよじやく》な身體《からだ》の持主《もちぬし》だつた方《かた》が、結婚《けつこん》されてから丈夫《ぢやうぶ》になられたといふ例《ためし》は少《すくな》くありません。婦人《ふじん》の身體《からだ》の弱《よわ》いことは、その年齢《ねんれい》と境遇《きやうぐう》とによつて次第《しだい》に變《かは》つてゆくものですから、あなたが愈々《いよいよ》結婚生《けつこんせい》活《くわつ》に入《はひ》つて、希望多《きばうおほ》い朝夕《あさゆふ》を規則正《きそくただ》しく注意深《ちういぶか》く送《おく》られるやうになれば、或《あるひ》は見違《みちが》へるやうに元氣《げんき》になられるのではないかとも存《ぞん》じます。

併《しか》し、妻《つま》の弱《よわ》いといふことは、良人《をつと》にとつて不幸《ふかう》でないとは申《まを》せません。然《しか》らば、相變《あひかは》らず弱《よわ》い妻《つま》である場合《ばあひ》には、どうするか。その場合《ばあひ》は、精神的充實《せいしんてきじゆうじつ》によつて良人《をつと》のために仕《つか》へることより他《ほか》に途《みち》はありませぬ。それは弱《よわ》い妻《つま》に對《たい》してのみ言《い》ふべきことではなく、既《すで》にその半身《はんしん》たる良人《をつと》もまた精神的修養《せいしんてきしうやう》によつて、自己《じこ》の不《ふ》滿《まん》を充《みた》してゆくだけの愛情《あいじやう》を湧《わ》かさねばなりませぬ。自分《じぶん》が勝手《かつて》に選《えら》んだ妻《つま》であり、また良人《をつと》であるとしても、一度偕老同穴《ひとたびかいらうどうけつ》を誓《ちか》つた以上《いじやう》、そこには見《み》えざる人間以上《にんげんいじやう》の力《ちから》の加《くは》はつてゐることを信《しん》じて、互《たがひ》に勵《はげ》まし合《あ》ひ扶《たす》け合《あ》つて進《すす》むべきであります。恰《あたか》も神佛《しんぶつ》の前《まへ》に跪《ひざまづ》いて、心《こころ》靜《しづ》かに懺悔《ざんげ》するときのやうな謙虚《けんきよ》な氣持《きも》ちを以《もつ》て、夫婦生活《ふうふせいくわつ》の根柢《こんてい》とすることができれば、じりじりと消《き》えかゝつた灯《ひ》に新《あたら》しい油《あぶら》が注《そそ》がれたとき、如《ごと》く、輝《かゞや》かしい夫婦愛《ふうふあい》が新《あたら》しく蘇《よみがへ》つてまゐりませう。

さうなれば、夫婦《ふうふ》の間《あひだ》は單《たん》なる戀愛《れんあい》といふやうな淺薄《せんぱく》なものではなく、もつと永遠性《えいゑんせい》を帶《お》びた強《つよ》い力《ちから》に結《むす》ばれて、新《あたら》しい歡喜《くわんき》と報謝《はうしや》とが日《ひ》毎《ごと》に湧《わ》き溢《あふ》れて來《き》ます。そして、妻《つま》に對《たい》し、良《をつ》人《と》に對《たい》して、たゞ自分《じぶん》の愛《あい》の足《た》りないことが恐《おそ》れられるのみとなります。そのとき、夫婦生活《ふうふせいくわつ》の倦怠《けんたい》も危機《きき》も、煙《けむり》の如《ごと》く散《さん》じ、霧《きり》の如《ごと》く消《き》え去《さ》ります。そこまで進《すす》んで行《ゆ》けば、相手《あひて》の身體《からだ》が弱《よわ》からうと、周圍《しうゐ》に離間《りかん》や中傷《ちうしやう》が行《おこな》はれようと、それらは決《けつ》して夫婦生活《ふうふせいくわつ》に微動《びどう》だも與《あた》へるものではありません。強《つよ》くお立《た》ちなさい。あなたの將來《しやうらい》が旺盛《わうせい》な元氣《げんき》に燃《も》えた朝夕《てうせき》であることを祈《いの》つて筆《ふで》を擱《お》きます。

婚約中《こんやくちう》の心得《こころえ》

婚約《こんやく》は人生《じんせい》の一大事《だいじ》を決定《けつてい》する第一關門《だいくわんもん》なるがゆゑに、最《もつと》も愼重《しんちよう》なる考慮《かうりよ》を經《へ》なければなりませぬ。婚約《こんやく》は必《かなら》ずしも破棄《はき》し得《え》ざるものではない。けれども、一旦《たん》婚約《こんやく》したる以上《いじやう》、必《かなら》ず有終《いうしう》の美果《びくわ》を收《をさ》むべく、最善《さいぜん》の努力《どりよく》をすることが肝要《かんえう》であります。

一、結婚生活《けつこんせいくわつ》は、處女時代《しよぢよじだい》のやうな暢氣《のんき》さでは、到底背負《たうていせお》ひきれぬほどの重荷《おもに》である。從《したが》つて、婚約期間《こんやくきかん》に於《おい》て、それに堪《た》へ得《う》るだけの内省《ないせい》と用意《ようい》を整《ととの》へておかねばならぬ。

二、兩親《りやうしん》の監督保護《かんとくほご》の下《もと》に、婚約者《こんやくしや》と家《か》族的交際《ぞくてきかうさい》をなすこと。

三、婚約中《こんやくちう》は、他《た》の異性《いせい》との個人的交際《こじんてきかうさい》をなさゞること。

四、婚約者《こんやくしや》の長處《ちやうしよ》のみを見《み》て、これに陶《たう》醉《すゐ》することなく、その短處《たんしよ》をも發見《はつけん》して、これを補《おぎな》ふの用意《ようい》あるべきこと。

五、獨《ひと》り婚約者《こんやくしや》だけでなく、その周圍《しうゐ》の人々《ひとびと》の性格好尚《せいかくかうしやう》をも洞察《どうさつ》すること。

六、婚約中《こんやくちう》は、特《とく》に心身《しんしん》を平靜《へいせい》にし、行《かう》動《どう》を公明《こうめい》にして、斷《だん》じて處女線《しよぢよせん》を越《こ》えざること。

81　「よい子を儲ける座談会」　竹内茂代、池田林儀、高島平三郎、島信　ほか　『婦人倶楽部』昭和5年8月1日

よい子《こ》を儲《まう》ける座《ざ》談《だん》會《くわい》

出席者

女醫　竹内茂代
優生運動主幹　池田林儀
東洋大學敎授　高島平三郎
醫學博士　島信
帝大敎授醫學博士　永井潜
帝大敎授理學博士　三宅驥一
日本女子大敎授　高良富子
（寫眞向つて右より）

記者　本日《ほんじつ》は御多忙《ごたはう》の所《ところ》をお繰《く》り合《あは》せいたゞきまして誠《まこと》に有難《ありがた》う存《ぞん》じます。吾々《われ〳〵》の後繼《こうけい》者《しや》には國《くに》としても一家《か》としても、よい後繼《こうけい》者《しや》がほしい。どうしたらよい後繼者《こうけいしや》即《すなは》ちよい子《こ》が儲《まう》けられるであらうか、非常《ひじやう》にむづかしい問題《もんだい》であると思《おも》ひますが、この座談《ざだん》會《くわい》によつて實際的《じつさいてき》の御指導《ごしだう》をお願《ねが》ひ申上《まをしあ》げたいと思《おも》ふのでございます。で此《こ》のことは聊《いさゝ》か専門《せんもん》にもわたりますので、竹内茂代《たけうちしげよ》先生《せい》に座長《ざちやう》として進行《しんかう》を御願《おねが》ひ致《いた》したいと思《おも》ひますが如何《いかゞ》でございませうか……

竹内　まことに結構《けつこう》な座談會《ざだんくわい》でございますので私《わたし》も喜《よろこ》んで出《で》てまゐりました。只今座長《たゞいまざちやう》をとのお話《はなし》ですが、甚《はなは》だ不馴《ふな》れでございますけれども、進行係《しんかうがか》りをいたさせて頂《いたゞ》きます。

よい子《こ》とはどんな子《こ》をいふか

竹内　先《ま》づ順序《じゆんじよ》として良《よ》い子《こ》とはどんな子《こ》かと云《い》ふことから伺《うかゞ》ひたいと思《おも》ひます。

よく世間《せけん》のお母様達《かあさまたち》の申《まう》しますには、良《よ》い子《こ》と申《まう》すことは、大《おほ》きくなつたら總理大臣《そうりだいじん》になれ、大將《たいしやう》になれと云《い》ふやうな風《ふう》に、大抵《たいてい》の親《おや》が良《よ》い子《こ》と云《い》ふと、直《す》ぐさう云《い》つたやうな人《ひと》を目指《めざ》して申《まう》すやうでございますが私共《わたしども》が子供《こども》を育《そだ》てる場合《ばあひ》、さう云《い》ふ目標《もくへう》を持《も》つよりも、もつと外《ほか》に人間《にんげん》として良《よ》い子《こ》になると云《い》ふ目標《もくへう》で育《そだ》てゝ行《ゆ》く方《はう》が値打《ねうち》がありはしないかと存《ぞん》じますが、其邊《そのへん》に就《つい》て皆様方《みなさまがた》の御意見《ごいけん》を伺《うかゞ》はして戴《いたゞ》きたうご

ざいます。

高島　優生學《いうせいがく》や生理學《せいりがく》や又《また》小兒科《せうにくわ》の先生方《せんせいがた》から色々《いろ〳〵》の御意見《ごいけん》が伺《うかゞ》へるだらうと思《おも》ひますが、良《よ》い子《こ》と云《い》ふのは、いつたいどんな風《ふう》な子《こ》を指《さ》すのでございませうか。

池田　むつかしく考《かんが》へないで普通云《ふつうい》ふ丈夫《ぢやうぶ》な身體《からだ》で、普通《ふつう》の教育《けういく》を受入《うけい》れることが出來《でき》て、先《さき》へ先《さき》へとぐん〳〵芽《め》を伸《の》ばして行《ゆ》かれる程度《ていど》の者《もの》ぢやありませんか。

永井　良《よ》い子《こ》と云《い》ふ標準《へうじゆん》が實《じつ》は漠然《ばくぜん》として居《を》りますが、大體今《だいたいいま》のやうな御話《おはなし》だと、學校《がくかう》へ行《ゆ》けば相當成績《さうたうせいせき》が良《よ》いとか、入學試驗《にふがくしけん》も餘《あま》り心配《しんぱい》せぬでも合格《がふかく》することが出來《でき》るとか、身體《からだ》も相當《さうたう》に丈夫《ぢやうぶ》で、常識《じやうしき》も相當發達《さうたうはつたつ》して居《ゐ》ると云《い》ふ程度《ていど》の子供《こども》としておいては如何《いかが》ですか。

池田　つまり國民《こくみん》として、社會人《しやくわいじん》として其義《そのぎ》務《む》を自分《じぶん》で果《はた》し得《う》る人《ひと》ですね。社會《しやくわい》の文化《ぶんくわ》をより高《たか》めて行《ゆ》く力《ちから》のある人《ひと》、社會人《しやくわいじん》として文化《ぶんくわ》を高《たか》めて行《ゆ》く上《うへ》に貢獻《こうけん》することの出《で》來《き》る人《ひと》、さう云《い》ふ人《ひと》になれる子供《こども》、それ位《くらゐ》の程度《ていど》ではどうです。

良《よ》い子《こ》を得《う》る兩《りやう》親《しん》の資《し》格《かく》

竹内　それで結構《けつこう》だと思《おも》ひます。そこでさう云《い》ふ子供《ども》を得《え》ようとするには、どう云《い》ふ兩親《りやうしん》でなければならないか、よい子《こ》を得《う》る兩親《りやうしん》のもつべき資格《しかく》とでも云《い》ふべきことについてお伺《うかゞ》ひしたいと思《おも》ひます。

永井　それは出來《でき》るだけ遺傳的缺陷《ゐでんてきけつかん》のない、缺陷《けつかん》がないと云《い》ふばかりでなく、又相當《またさうたう》に良《よ》い資格《しかく》を餘計《よけい》に有《も》つて居《ゐ》る人《ひと》が兩親《りやうしん》になる。即《すなは》ちさう云《い》ふ人同士《ひとどうし》が結婚《けつこん》すると云《い》ふ

永井潜先生

ことが良《よ》い子《こ》を得《う》る根本《こんぽん》ですね。

竹内　世間《せけん》の實際問題《じつさいもんだい》として酒《さけ》と黴毒《ばいどく》と精神《せいしん》病《びやう》でございますね。此問題《このもんだい》についてはどうお考《かんがへ》になりますか。

永井　私《わたし》の考《かんが》へでは詰《つま》り遺傳的《ゐでんてき》の家系《かけい》を調《しら》べて見《み》て、一般的《はんてき》に家系調査《かけいてうさ》の上《うへ》から觀《み》て注目《ちうもく》すべきことは、長生《ながい》きをすると云《い》ふやうなことが一つの目標《もくへう》だと思《おも》ひます。是《これ》は誰《だれ》でも欲《ほつ》することでありますが、長生《ながい》きに伴《ともな》つて要《い》る色々《いろ〳〵》な良《よ》い資格《しかく》はあります。例《たと》へば智慧《ちゑ》があるとか、或《あるひ》は場合《はあひ》に依《よ》つては其《そ》の人《ひと》が麗《うる》はしいと云《い》ふやうなことも、それと結《むす》び付《つ》いて起《おこ》ると云《い》ふやうなことを言《い》つて居《ゐ》る人《ひと》もある位《くらゐ》ですから、まあさう云《い》ふ工合《ぐあひ》に出來《でき》るだけ兩親《りやうしん》の素質的關係《そしつてきくわんけい》を調《しら》べて、遺傳的《ゐでんてき》の缺陷《けつかん》があるものとは結婚《けつこん》しない。さうして遺傳的《ゐでんてき》に考《かんが》へて良《よ》い素質《そしつ》を具《そな》へた人《ひと》を選《えら》ぶ。又實際《またじつさい》の經歴《けいれき》から見《み》ても、善《よ》い仕事《しごと》を各方面《かくはうめん》に於《おい》て、社會的《しやくわいてき》にも個人《こじん》的《てき》にもしたと云《い》ふやうな人《ひと》の家系《かけい》に注意《ちうい》して相手《あひて》を選《えら》ぶより外《ほか》あるまいと思《おも》ひます。

高良　遺傳的要素《ゐでんてきえうそ》の外《ほか》に、兩親《りやうしん》の心身《しんしん》の發育《はついく》が十分《ぶん》であると云《い》ふことも必要《ひつえう》ではないでせうか。

永井　遺傳學《ゐでんがく》の見地《けんち》から云《い》へば、さう云《い》ふ健《けん》全《ぜん》な發達《はつたつ》を遂《と》げると云《い》ふことの抑々《そも〳〵》の本《もと》は矢張《やは》り遺傳的關係《ゐでんてきくわんけい》に求《もと》めなければならぬのでせう。それから色々《いろ〳〵》な境遇《きやうぐう》などに依《よ》つて其人《そのひと》が一代《だい》に於《おい》て得《え》た影響《えいきやう》などは割合力《わりあひちから》のないものですから、現在例《げんざいたと》へばスポーツに依《よ》つて體格《たいかく》が良《よ》くなつたとか、勉強《べんきやう》の結果《けつくわ》知識《ちしき》を増《ま》して好《よ》い位置《ゐち》に着《つ》いて居《ゐ》ると云《い》ふやうなことは第二次的《だいにじてき》になりはしないか。矢張《やは》り家系《かけい》の調査《てうさ》をして、其《そ》の成績《せいせき》を中心《ちうしん》として、自分《じぶん》の配偶者《はいぐうしや》を決定《けつてい》すると云《い》ふことが、先《ま》づ一番問題《ばんもんだい》の核心《かくしん》ぢやないかと思《おも》ひます。

三宅　遺傳《ゐでん》のことに就《つい》ては餘程《よほど》世間《せけん》に誤解《ごかい》があるやうで、私共《わたしども》の所《ところ》へもちよい〳〵結婚《けつこん》問題《もんだい》などに關係《くわんけい》して聞《き》きに來《く》る人《ひと》があります。例《たと》へば癩病《らいびやう》の問題《もんだい》ですね。それから殊《こと》に最近《さいきん》は啞者《おし》の問題《もんだい》とか或《あるひ》は血族結婚《けつぞくけつこん》の問《もん》題《だい》ですが、癩病《らいびやう》もお祖父《ぢい》さんの從兄弟《いとこ》の兄《きやう》弟《だい》の子《こ》なんかと云《い》ふ、何代《なんだい》か前《まへ》に癩病患者《らいびやうくわんじや》が一人《ひとり》ある、それはどうかと云《い》ふやうなことで、併《しか》しさう云《い》ふ工合《ぐあひ》になると其系統《そのけいとう》がはつきり分《わか》らぬので、若《も》しさうなると其《その》一族《ぞく》はもう數《すう》十人《にん》、數《すう》百人《にん》と云《い》ふ者《もの》が結婚《けつこん》が出來《でき》ない。又啞者《またおし》に就《つい》ても其兄弟《そのきやうだい》はどうか知《し》りませんけれども、從兄弟《いとこ》の又從兄弟《またいとこ》などと云《い》ふ場合《はあひ》には、さう云《い》ふことになるとどうもはつきりわからないですね。

竹内　高良《かうら》さんの方《はう》の專門《せんもん》の、所謂不良少年《いはゆるふりやうせうねん》などになる子《こ》を生《う》む兩親《りやうしん》には何《なに》か特別《とくべつ》な親《おや》が斯《か》うだから子供《こども》が斯《か》うだと云《い》ふやうな所《ところ》はございませんでせうか。

高良　何《なに》か兩親《りやうしん》に精神的《せいしんてき》の缺陷《けつかん》でもございませんければ、さう云《い》ふことは餘《あま》り言《い》へませんのですが、此頃《このごろ》何《なに》か感情《かんじやう》の安定《あんてい》さのテストとか云《い》ふやうなものが出來《でき》まして、子供《こども》の感情《かんじやう》の安定《あんてい》さを測《はか》りまして、何點以上不《なんてんいじやうふ》安定《あんてい》の點數《てんすう》が現《あら》はれて來《き》たら、其《そ》の兩親《りやうしん》の感情の安定《あんてい》さを調《しら》べると云《い》ふやうなことがあります。其場合《そのばあひ》親《おや》も感情《かんじやう》が不安定《ふあんてい》でありますと、子供《こども》も感情《かんじやう》が不安定《ふあんてい》であると云《い》ふことになりますと、その家族《かぞく》は精神病《せいしんびやう》でなくても一體《たい》にさう云《い》ふ缺陷《けつかん》があると云《い》ふことが言《い》へると思《おも》ひます。社會的《しやくわいてき》に非常《ひじやう》に高《たか》い地位《ちゐ》に就《つ》いて居《ゐ》る人《ひと》でも、メンタルテストの結果《けつくわ》隨分《ずゐぶん》偏《かたよ》つた缺陷《けつかん》の現《あらは》れるのがあるやうでございます。

さう云《い》つたやうな、精神病《せいしんびやう》か精神病《せいしんびやう》でないかと云《い》ふやうなテストでなく、感情《かんじやう》の安《あん》定《てい》とか不安定《ふあんてい》さとかと云《い》ふやうなまあ性格《せいかく》が神經質《しんけいしつ》だと云《い》ふやうなことは心理學《しんりがく》や精神病學《せいしんびやうがく》の研究《けんきう》が細《こま》かくなつて來《く》る研究《けんきう》が出來《で》ようと思《おも》ひます。

亞米利加《アメリカ》のボストンやカンサスシチーあたりでは各兒童《かくじどう》の感情《かんじやう》の安定《あんてい》さ、遺傳《ゐでん》病等《びやうとう》のカードが出來《でき》て居《を》りまして自分《じぶん》は此《この》町《まち》の何《なん》と云《い》ふ人《ひと》と結婚《けつこん》したいから其《そ》の家系《かけい》を調《しら》べて呉《く》れと云《い》へば、戸籍《こせき》の上《うへ》に現《あらは》れて居《ゐ》ることばかりでなしに、其人《そのひと》の親《おや》や兄弟《きやうだい》のメンタルテスト、それから感情《かんじやう》の安定《あんてい》さがどうであるとか、其家《そのうち》の親類《しんるゐ》には何人《なんにん》精神病者《せいしんびやうしや》があつて、何遍《なんべん》罹《か》つたと云《い》ふやうな家系簿《かけいぼ》と申《まう》しますか、さう云《い》ふ物《もの》があつて直《す》ぐ分《わか》るさうで、斯《こ》んな物《もの》でもあれば良《よ》い親《おや》の資格《しかく》を決定《けつてい》するのに餘程《よほど》都合《つがふ》が宜《い》いと思《おも》ひます。

池田 兩親《りやうしん》の配偶者選擇《はいぐうしやせんたく》のことですが、イギリスにレオナルド、ダーヴインの優生學教《いうせいがくけう》育協會《いくけふくわい》と云《い》ふのがあります。それからミシガンの師範學校《しはんがくかう》には優生學《いうせいがく》の講座《かうざ》がありますが其所《そこ》でも配偶者《はいぐうしや》の資格《しかく》の中《うち》で斯《か》う云《い》ふことを言《い》つて居《を》ります。配偶者《はいぐうしや》の資格《しかく》としては遺傳的《ゐでんてき》の條件《でうけん》を調査《てうさ》することも大事《だいじ》だし、血統《けつとう》を調査《てうさ》する事《こと》も勿論大事《もちろんだいじ》には相違《さうゐ》ないが、もう一《ひと》つ必要《ひつえう》なことがあると云《い》ふのです。それは男《をとこ》なり女《をんな》なりの周圍《しうゐ》の友達《ともだち》及《およ》び其《そ》の環境《くわんきやう》に就《つい》て出來《でき》るだけ多《おほ》く調査《てうさ》する。それは勿論良《もちろんよ》い友達《ともだち》や周圍《しうゐ》に善《よ》い人《ひと》の多《おほ》い配偶者《はいぐうしや》は、子供《こども》を生《う》んだ場合《ばあひ》、後《あと》から子供《こども》に對《たい》しての影響《えいきやう》が非常《ひじやう》に宜《よろ》しいと云《い》ふので、配偶者《はいぐうしや》の選擇《せんたく》に就《つい》ては友達《ともだち》や環境《くわんきやう》と云《い》ふことをやかましく云《い》つて居《を》ります。日《に》本《ほん》では友達《ともだち》でなしに、親戚縁者《しんせきえんじや》の全部《ぜんぶ》を含《ふく》むと思《おも》ひますが、是《これ》は矢張《やは》り配偶者選擇《はいぐうしやせんたく》の條件《でうけん》として注意《ちうい》すべき根本的《こんぽんてき》の要項《えうかう》に算《かぞ》ふべきことだと思《おも》ひます。それから今《いま》の町田《まちだ》農林大臣《のうりんだいじん》、あの人《ひと》が銀行《ぎんかう》をやつて澤山《たくさん》の人《ひと》を長《なが》い間使《あひだつか》つて居《を》りますが、其經驗《そのけいけん》に依《よ》ると一番《ばん》間違《まちが》ひのないのは、育《そだ》ちの宜《い》い、周《しう》

85　「よい子を儲ける座談会」　竹内茂代、池田林儀、高島平三郎、島信 ほか　『婦人倶楽部』昭和5年8月1日

圍《ゐ》の善《よ》い所《ところ》で育《そだ》つた人《ひと》は間違《まちが》ひがないと云《い》ふことで、非常《ひじやう》に貧《まづ》しく育《そだ》つたとか云《い》ふ者《もの》は、是《これ》は秀才《しうさい》だと思《おも》つて居《を》つても時々《ときどき》間違《まちが》ひが起《おこ》つて來《く》る。それに友達《ともだち》の交際範圍《かうさいはんゐ》の狹《せま》い人《ひと》に起《おこ》り易《やす》くて、廣《ひろ》い人《ひと》には少《すく》いと云《い》ふことであります。矢張《やは》り之《これ》なども、配偶者選擇《はいぐうしやせんたく》に就《つい》て注意《ちうい》すべきことだと思《おも》ひます。

竹内　子供《こども》が生《うま》れて後《のち》には、親類《しんるゐ》と云《い》ふより寧《むし》ろ其《そ》の友人《いうじん》と云《い》ふ方《はう》が、子供《こども》に接《せつ》する機會《きくわい》が多《おほ》いと思《おも》ひますから、此點《このてん》は考《かんが》へなければならないでせう。それから酒飲《さけの》みの親《おや》には良《よ》い子《こ》が生《うま》れないと云《い》ふことは一般《はん》に考《かんが》へられて居《を》りますが是《これ》はどんなものでございませうか。

永井　酒《さけ》の問題《もんだい》は私共酒《わたしどもさけ》が嫌《きら》ひですから、酒《さけ》が惡《わる》いと云《い》ふことは大《おほ》いに贊成《さんせい》ですが、併《しか》し學術《がくじゆつ》上《じやう》から云《い》つてどう云《い》ふ根據《こんきよ》があるかと云《い》ふことですね。

竹内　禁酒運動者《きんしゆうんどうしや》の云《い》ふ如《ごと》く酒《さけ》と云《い》ふものに害《がい》があればそれは本當《ほんたう》に滅《ほろ》びてしまひさうに思《おも》ひますが、又《また》一方《はう》の飲《の》む側《がは》では皆酒《みなさけ》を飲《の》むが、それ程《ほど》でもないと云《い》ふやうなことを申《まを》しますがどんなものでせうか。

三宅　近頃飲《ちかごろの》んだ方《はう》が宜《よ》いと云《い》ふ人《ひと》が居《ゐ》ますね。

永井　是《これ》は併《しか》し相對《さうたい》的《てき》のもので、絶對《ぜつたい》的《てき》に善《よ》い、絶對的《ぜつたいてき》に惡《わる》いと云《い》ふことは言《い》へないけれども、大體《だいたい》の上《うへ》から云《い》へば、酒《さけ》を飲《の》む方《はう》が宜《い》いか飲《の》まない方《はう》が宜《い》いかと云《い》ふならば無論飲《むろんの》まない方《はう》が宜《い》いと云《い》ふことは、是《これ》は間違《まちが》ひのないことで、例《たと》へば生命保險《せいめいほけん》の澤山《たくさん》の統計《とうけい》の上《うへ》から見《み》ても、飲《の》む者《もの》と飲《の》まない者《もの》との平均《へいきん》の壽命《じゆみやう》とか、或《あるひ》は其他《そのた》損《そん》傷保險《しやうほけん》の統計《とうけい》、犯罪《はんざい》の統計《とうけい》などの、實際《じつさい》の數字《すうじ》の上《うへ》から見《み》て酒《さけ》を飲《の》むが宜《い》いか飲《の》まぬが宜《い》いかと云《い》ふことは分《わか》りますが、個人個《こじんこ》人《じん》に就《つい》て酒《さけ》を飲《の》まぬ者《もの》の子供《こども》は何時《いつ》でも良《よ》い、酒《さけ》を飲《の》む者《もの》の子《こ》は何時《いつ》でも惡《わる》いとは言《い》へないが、斯《か》う云《い》ふ會《くわい》として論《ろん》ずる場合《ばあい》は大體論《だいたいろん》から言《い》ふのが宜《い》いと思《おも》ふ。さう云《い》ふ意味《いみ》で私《わたし》は酒《さけ》を飲《の》まない方《はう》が宜《い》いと思《おも》ふのです。

酒《さけ》を飲《の》むから惡《わる》い關係《くわんけい》が遺傳《ゐでん》するのでなく、酒《さけ》を飲《の》むと子供《こども》が惡《わる》くなると云《い》ふのではない、酒《さけ》に耽溺《たんでき》すると云《い》ふやうなその性《せい》質《しつ》の要素《えうそ》が惡《わる》いのです。

是《これ》は遺傳學《ゐでんがく》から云《い》へば酒《さけ》を飲《の》むと云《い》ふ一代《だい》に受《う》けた酒《さけ》の害《がい》が生殖細胞《せいしよくさいはう》を通《つう》じて遺傳《ゐでん》すると云《い》ふことは考《かんが》へられない。併《しか》しながら酒《さけ》を飲《の》む爲《ため》に生殖細胞《せいしよくさいはう》が中毒《ちうどく》すると云《い》ふことは考《かんが》へられます。

竹内　姙娠中母《にんしんちうはゝ》が酒《さけ》を飲《の》むと云《い》ふやうなことはどうでせう。

永井　無論惡《むろんわる》いですね。直接《ちよくせつ》アルコールが循《じゆん》環《くわん》しますからね。

適當《てきたう》な結《けつ》婚《こん》年《ねん》齡《れい》は?

竹内　それから結婚年齡《けつこんねんれい》に就《つい》て伺《うかゞ》ひたいのですが、三宅先生《やけせんせい》結婚年齡《けつこんねんれい》はどの位《くらゐ》が適當《てきたう》でございませうか。

三宅　餘《あま》り早婚《さうこん》もいけないが晩婚《はんこん》もいけませんね。

高良　永井《ながゐ》先生《せんせい》の御話《おはなし》では、一代《だい》に於《おい》て得《え》たことは餘《あま》り影響《えいきやう》がないと云《い》ふことでございますが、さう致《いた》しますと婦人《ふじん》などは身體的《しんたいてき》にも精神的《せいしんてき》にもまだ發達《はつたつ》しない十六七と云《い》ふやうな年齡《ねんれい》で結婚《けつこん》して母《はゝ》となることは、如何《いかゞ》なものでせうか。

高良富子先生

永井　餘《あま》り早婚《さうこん》だと第《だい》一生殖細胞《せいしよくさいはう》がまだ十分《ぶん》に發達《はつたつ》して居《ゐ》ない、また榮養《えいやう》の關係《くわんけい》と云《い》ふやうな所《ところ》から、さう云《い》ふ場合《ばあひ》の子供《こども》には影《えい》響《きやう》することが甚《はなは》だ大《だい》なるものがあると思《おも》ひます。其他《そのた》種々《しゆぐ》の狀況《じやうけう》から考《かんが》へましても早《さう》婚《こん》はよくないだらうと思《おも》ひます。

高良　朝鮮《てうせん》など今《いま》でも十五六歳《さい》と云《い》ふやうな早婚《さうこん》が行《おこな》はれるやうですね。

永井　是《これ》は社會《しやくわい》の生活《せいくわつ》狀態《じやうたい》から段々《だん〳〵》移《うつ》り變《かは》るもので、社會生活《しやくわいせいくわつ》がさう逼迫《ひつはく》して居《ゐ》ない時《とき》はさう云《い》ふことも出來《でき》ませうけれども、段々《だん〳〵》文化《ぶんくわ》が進《すゝ》んで忙《せは》しくなれば、さう云《い》ふ早婚《さうこん》と云《い》ふやうなことは、次第《しだい》に減《へ》るべく餘儀《よぎ》なくされるだらうと思《おも》ひます。

竹内　それでは反對《はんたい》に晩婚《はんこん》が何故《なぜ》いけないかと云《い》ふことを伺《うかゞ》ひ度《た》うございます。

島　乳兒《にうじ》の死亡率《しばうりつ》などから云《い》つても晩婚《はんこん》になると多《おほ》いですね。乳兒《にうじ》の死亡率《しばうりつ》の少《すくな》いのは二十四五歳《さい》の母親《はゝおや》から生《うま》れる子供《こども》です。母《はゝ》親《おや》の年齡《ねんれい》が進《すゝ》んでから子供《こども》が生《うま》れるとか、齡取《としと》つてから姙娠《にんしん》したと云《い》ふやうな場合《ばあひ》には子宮内《しきうない》の擴《ひろ》がり方《かた》が惡《わる》いと云《い》ふやうな關係《くわんけい》から、――是《これ》は竹内先生《たけうちせんせい》の方《はう》の專門《せんもん》ですが、――胎兒《たいじ》の發育《はついく》が惡《わる》いのです。齡取《としと》つてからの姙娠《にんしん》は、胎兒《たいじ》が子宮内《しきうない》で發育《はついく》するのに若《わか》い人《ひと》の子宮内《しきうない》よりも惡《わる》いと云《い》ふことは一般《はん》に認《みと》められて居《を》ります。

高良　男子《だんし》の年齡《ねんれい》も關係《くわんけい》しますか。

島　男子《だんし》の年齡《ねんれい》は餘《あま》り影響《えいきやう》がないやうに思《おも》ひます。

記者　以前《いぜん》に何《なに》かの本《ほん》でちよつと見《み》たのでございますが、末ツ子《すゑこ》に秀才《しうさい》が多《おほ》いと云《い》ふことがありましたけれども、さう云《い》ふことが實際《じつさい》あるものでございませうか。末ツ子《すゑこ》と申《まう》しますと、親《おや》の年齡《とし》が多《おほ》くなつてからの子供《こども》と云《い》ふことになりますが……

永井　是《これ》は偉人《ゐじん》の問題《もんだい》になりますが、兩親《りやうしん》のどう云《い》ふ年齡《ねんれい》の時《とき》に偉人天才《ゐじんてんさい》が生《うま》れたかと云《い》ふことを調《しら》べた人《ひと》があります。兎《と》に角《かく》餘《あま》り若《わか》い時《とき》の子供《こども》は良《よ》くない。非常《ひじやう》に傑出《けつしゆつ》した者《もの》は或《あ》る程度《ていど》まで兩親《りやうしん》の心身《しんしん》が成熟《せいじゆく》した場合《ばあひ》に出來《でき》た者《もの》に多《おほ》いと云《い》ふことになりま

三宅鑛一先生

す。必《かならず》しも末《すゑ》ツ子《こ》と云《い》ふ譯《わけ》には行《ゆ》かないでせうが、總領《そうりやう》の甚《じん》六と云《い》ふ諺《ことわざ》は幾分當《いくぶんあた》つて居《ゐ》るやうですね。（笑聲《せふせい》）

三宅　最近亞米利加《さいきんアメリカ》で昔《むかし》からの偉人《ゐじん》について色々調《いろ／＼しら》べた所《ところ》が、親《おや》の偉《えら》いのが非常《ひじやう》に少《すくな》い、それだから若《も》し偉《えら》くない親《おや》が子供《こども》を生《う》まぬことにしたら偉《えら》い者《もの》は生《うま》れぬことになります。（笑聲起《せふせいおこ》る）

人間《にんげん》の遺傳因子《ゐでんいんし》と云《い》ふものは非常《ひじやう》に複雜《ふくざつ》な關係《くわんけい》があるから、親《おや》が偉《えら》いから直《す》ぐ偉《えら》い兒《こ》が出來《でき》ると云《い》ふことは言《い》へぬやうです。

高島　ずつと前《まへ》ですが何歳《なんさい》の親《おや》から生《うま》れた子《こ》供《ども》にはどの位天才《くらゐてんさい》があると云《い》ふやうな統計《とうけい》が出《で》て居《を》りましたが、あれなんかを見《み》ても永井《ながゐ》先生《せんせい》の御話《おはなし》のやうに、心身《しんしん》の發育《はついく》の十分《ぶん》な親《おや》から生《うま》れた子供《こども》の方《はう》が宜《い》いので、末《すゑ》ツ子《こ》でも、殊《こと》に晩婚《ばんこん》で父《ちゝ》が六十とか七十になつて生《うま》れた子供《こども》でもなか／＼優秀《いうしう》な者《もの》があるやうですね。矢張《やは》り結局《けつきよく》十分發達《ぶんはつたつ》してから生《うま》れた子《こ》が優《すぐ》れて居《ゐ》るやうでございますね。

永井　どうも大體《だいたい》さうのやうですね。

島　育《そだ》てると云《い》ふ事《こと》の關係《くわんけい》もありませう。親《おや》は子供《こども》を生《う》んで生《う》み放《はな》しにするのではなく、それを仕上《しあ》げてゆくのですから、直接《ちよくせつ》親《おや》の健康《けんかう》も關係《くわんけい》しませうし、親《おや》に育兒《いくじ》の知《ち》識《しき》がある時《とき》とない時《とき》とは違《ちが》ひますし、從《したが》つて初《はじ》めて子供《こども》を生《う》んだ場合《ばあひ》はなか／＼十分《ぶん》に行《ゆ》き兼《か》ねると思《おも》ひます。

血《けつ》族《ぞく》結《けつ》婚《こん》は善《よ》いか惡《わる》いか

永井　それから血族結婚《けつぞくけつこん》の問題《もんだい》は大事《だいじ》なことですが、是《これ》は三宅君《やけくん》に御話《おはなし》を願《ねが》つた方《はう》が宜《い》いでせう。

三宅　此間《このあひだ》も私《わたし》の所《ところ》へ聞《き》いて來《き》た人《ひと》がありますが、私共《わたしども》が餘《あま》りさう云《い》ふことを雜誌《ざつし》などに發表《はつぺう》すると云《い》ふと非常《ひじやう》に誤解《ごかい》する人《ひと》がありまして、血族結婚《けつぞくけつこん》がいかぬと云《い》ふことになれば、外《ほか》にどんな良《よ》いことがあつてもやらないと云《い》ふことになるかも知《し》れぬが、私《わたし》共《ども》は血族結婚《けつぞくけつこん》と云《い》つても從兄弟《いとこ》以上《いじやう》の血族《けつぞく》結婚《けつこん》はいけないが、從兄弟位《いとこぐらゐ》なれば余《あま》り害《がい》はない、双方共心身《さうはうともしんしん》が良好《りやうかう》ならば却《かへ》つて宜《い》いかと思《おも》ひます。遺傳學上《ゐでんがくじやう》からは萬《まん》一缺點《けつてん》があると、それが現《あら》はれ易《やす》いと云《い》ふことはありますね。けれどもさう云《い》ふことは非常《ひじやう》に能《よ》く家系《かけい》を調《しら》べて、缺點《けつてん》が少《すくな》いと云《い》ふことになれば、結構《けつこう》だと思《おも》ひます。

永井　詰《つま》り昔《むかし》は遺傳學《ゐでんがく》の關係《くわんけい》が餘《あま》り明《あきらか》でなかつたので、近親結婚其《きんしんけつこんその》ものに對《たい》して非常《ひじやう》に惧《おそれ》を懷《いだ》いたのですが、それは間違《まちが》ひであると云《い》ふことは明《あきらか》だらうと思《おも》ひます。我々《われ／＼》は血族結婚《けつぞくけつこん》を絕對《ぜつたい》に否認《ひにん》することもいけないけれども、又《また》一面《めん》血族結婚《けつぞくけつこん》を奨勵《しやうれい》ずると云《い》ふことは、之《これ》も大《おほ》いに考慮《かうりよ》しなければならぬ問題《もんだい》である、と云《い》ふことになると思《おも》ひます。

竹内 是《これ》は隨分學者《ずゐぶんがくしや》の間《あひだ》にも議論《ぎろん》があり、統《とう》計《けい》にも現《あらは》れて居《ゐ》るやうでございますが、一般《ぱん》に今《いま》の所《ところ》では血族結婚《けつぞくけつこん》でない方《はう》が宜《い》いと考《かんが》へられて居《を》りますので、そんなに恐《おそ》れなくても宜《い》いと云《い》ふことを伺《うかゞ》はして戴《いたゞ》きますと氣《き》強《づよ》くなります。

永井 まあ實際統計《じつさいとうけい》の上《うへ》から大體論《だいたいろん》を云《い》へば良《よ》くない方《はう》が多《おほ》いのですから、少《すくな》くとも奨《しやう》勵《れい》すべきものでない、寧《むし》ろせぬ方《はう》が宜《よ》からうと思《おも》ひます。

妊《にん》娠《しん》中《ちう》の心《しん》身《しん》の衛《ゑい》生《せい》

竹内 次《つぎ》によい子《こ》を儲《まう》ける爲《た》めの妊娠中《にんしんちう》の心《しん》身《しん》の衛生《ゑいせい》と云《い》ふことについて御話《おはなし》を伺《うかゞ》ひたいと思《おも》ひます。

胎教《たいけう》と云《い》ふやうな昔《むかし》から行《おこな》はれて居《を》りますことも併《あは》せて御話《おはなし》を願《ねが》ひます。

高島 三宅君《やけくん》などもさうでせうが、生物學者《せいぶつがくしや》はよく胎教《たいけう》を攻撃《こうげき》しますね。

三宅 いや別《べつ》に胎教《たいけう》を攻撃《こうげき》すると云《い》ふ譯《わけ》ではありませんが、今《いま》まで偉人《ゐじん》の顔《かほ》を見《み》て居《を》ると良《よ》い兒《こ》が生《うま》れるとか、妊娠中《にんしんちう》に火事《くわじ》を見《み》ると赤《あか》い痣《あざ》が子供《こども》に出來《でき》るとか、さう云《い》ふことを攻撃《こうげき》するので、精神上《せいしんじやう》の安定《あんてい》とか健《けん》康上《かうじやう》には色々關係《いろ〳〵くわんけい》するところがあると思《おも》ひます。今《いま》までの迷信的胎教《めいしんてきたいけう》はいけないが、心身共《しんしんとも》に衛生《ゑいせい》を守《まも》ると云《い》ふ上《うへ》から正《たゞ》しい胎《たい》教《きやう》はよいことだと思《おも》ひます。

竹内 先生《せんせい》の仰《お》つしやるやうな輕《かる》い意味《いみ》でなく、私《わたし》などはもつと胎教《たいけう》と云《い》ふことに重《おも》い意味《いみ》があるやうに思《おも》ふのでありますが、高《たか》島先生《しませんせい》一つ胎教《たいけう》の有効《いうかう》な御話《おはなし》を御願《おねが》ひ致《いた》します。

高島 今《いま》三宅《やけ》さんの云《い》はれるやうに、何《なに》か母《はゝ》の考《かんが》へたことが直《す》ぐに子供《こども》に移《うつ》ると昔《むかし》よく申《まう》しましたね、母《はゝ》が妊娠中《にんしんちう》に本《ほん》を讀《よ》んで居《を》ると子供《こども》が本《ほん》が好《す》きになるとか、妊娠中《にんしんちう》に算盤勘定《そろばんかんぢやう》をして居《を》ると子供《こども》が經濟家《けいざいか》になるとか云《い》ふ、さう云《い》ふことは無論馬鹿《むろんばか》なことで、又火事《またくわじ》を見《み》ると痣《あざ》が出來《でき》ると云《い》ふやうなことは詰《つま》らぬことだけれども、――たとへば妊娠中《にんしんちう》の妻《つま》を夫《をつと》が虐待《ぎやくたい》したり非常《ひじやう》に嫉妬《しつと》を起《おこ》させるやうなことをしたりして妻《つま》の心《こゝろ》を非常《ひじやう》に苦《くる》しめれば、當然其結果《たうぜんそのけつくわ》として妊婦《にんぷ》の身體《からだ》にそれが影響《えいきやう》して榮養《えいやう》が不《ふ》良《りやう》になることもあらうし、或《あるひ》は神經病《しんけいびやう》のやうになることもあらう。妊娠中《にんしんちう》の衛生《ゑいせい》の上《うへ》から云《い》つでも、母《はゝ》が妊娠中身體《にんしんちうからだ》を大事《だいじ》にし

89　「よい子を儲ける座談会」 竹内茂代、池田林儀、高島平三郎、島信 ほか 『婦人倶楽部』昭和5年8月1日

高島平三郎先生

生活《せいくわつ》を規則《きそく》正《たゞ》しくすることは、子供《こども》の爲《ため》にも良《よ》いことだと云《い》ふことは言《い》ひ得《う》るので、英雄偉人《えいゆうゐじん》などの夢《ゆめ》を見《み》たからどうとか、云《い》ふやうなことはないが、さう云《い》ふ本《ほん》などを見《み》て母親《はゝおや》が善《よ》き感《かん》じを有《も》ち希望《きばう》を有《も》つことは、私《わたし》は大變《たいへん》良《よ》いことだと思《おも》つて居《ゐ》る。だから迷信《めいしん》は打破《だは》しなければならぬけれども其爲《そのため》に胎教全體《たいけうぜんたい》を否定《ひてい》するやうなことは、學者《がくしや》も教育者《けういくしや》も言《い》はぬ方《はう》が宜《よろ》しからうと思《おも》ふのです。

竹内　私共始終《わたしどもしじゆう》生《うま》れて來《く》る子供《こども》を眺《なが》めて、母《はゝ》親《おや》の妊娠中《にんしんちう》の心《こゝろ》の置所《おきどころ》と云《い》ふやうなことを可《か》なり事實《じじつ》から教《をし》へられるのでございますが、兎角《とかく》妊娠中《にんしんちう》ずつと通《とほ》して精神《せいしん》に所謂煩《いはゆるはん》悶《もん》を持《も》つた時《とき》に生《うま》れて來《く》る子供《こども》が、生《うま》れて出《で》て後《のち》も精神的《せいしんてき》に何《なん》だか眞直《まつす》ぐに發育《はついく》が出《で》來《き》ないやうに思《おも》ひます。

高島　それは私《わたし》も非常《ひじやう》に同感《どうかん》です。今日《こんにち》の科《くわ》學《がく》から、殊《こと》に心理學《しんりがく》や生物學《せいぶつがく》の方《はう》から、母《はゝ》が斯《か》う云《い》ふ精神《せいしん》を持《も》つたのが子供《こども》に遺傳《ゐでん》したとか、子供《こども》に斯《か》う云《い》ふ風《ふう》に遺傳《ゐでん》したとか云《い》ふことの證明《しようめい》が出來《でき》なくても、母《はゝ》がさう云《い》ふ考《かんがへ》を有《も》つて居《ゐ》ることは宜《い》いに違《ちが》ひないと私《わたし》の友人《いうじん》で胎教《たいけう》と云《い》ふ本《ほん》を書《か》いた人《ひと》が、是《これ》は自分《じぶん》の大勢《おほぜい》の子供《こども》の中《うち》で、今丁度竹内《いまちやうどたけうち》さんの言《い》はれたやうに、長男《ちやうなん》が母《はゝ》の胎内《たいない》に居《ゐ》る時《とき》に、其母《そのはゝ》が非常《ひじやう》に心配《しんぱい》したり苦勞《くらう》したりすることが多《おほ》かつた。で其後《そのご》の子供《こども》は澤山《たくさん》あるけれども何等異狀《なんらいじやう》はないが上《うへ》の子供《こども》が餘程變《よほどかは》つて居《ゐ》る。で熟々《つくづく》考《かんが》へて、是《これ》は矢張《やは》り母《はゝ》が妊娠中心配《にんしんちうしんぱい》した爲《ため》に斯《か》うなつたのであらうと、それからまあ色々古今《いろいろここん》の書物《しよもつ》を調《しら》べて胎教《たいけう》と云《い》ふ書物《しよもつ》を書《か》いた。是《これ》は誰《たれ》でも自分《じぶん》がさう云《い》ふ境遇《きやうぐう》に當《あた》つて見《み》ると、それが影響《えいきやう》したのであらうと云《い》ふことを考《かんが》へます。

永井　胎教《たいけう》と云《い》ふ事《こと》は、私《わたし》は不贊成《ふさんせい》ではありませんが、詰《つま》り敬虔《けいけん》な心《こゝろ》を持《も》つとか、心《こゝろ》を穩《おだや》かにするとか云《い》ふやうな事《こと》は何時《いつ》やつても惡《わる》いことはないが殊《こと》に妊娠中《にんしんちう》には母《はゝ》は新《あたら》しい個體《こたい》を作《つく》る爲《ため》に自分《じぶん》の血《ち》を分《わ》け骨《ほね》を削《けづ》つて居《ゐ》る。斯《か》う云《い》ふ時《とき》にさう云《い》ふことは無論良《むろんよ》いことゝ思《おも》ひます。只併《たゞしか》しさう云《い》ふやうなことを生物學者《せいぶつがくしや》が反對《はんたい》するのは、今《いま》も三宅君《やけくん》の言《い》はれたやうに、餘《あま》り迷信的《めいしんてき》だからで、胎教《たいけう》と云《い》ふことをやれば惡《わる》い子《こ》供《ども》でも良《よ》くなると云《い》ふやうに考《かんが》へられては迷惑千萬《めいわくせんばん》で、妊娠中身體《にんしんちうからだ》を大事《だいじ》にし心《こゝろ》を平《たひら》かにしなければならぬと云《い》ふやうな意味《いみ》ならば、誰《たれ》も不贊成《ふさんせい》を云《い》ふ人《ひと》はないと思《おも》ひます。

高良　姙娠中《にんしんちう》の婦人《ふじん》の感情《かんじやう》の變化《へんくわ》が直接《ちよくせつ》にも間接《かんせつ》にも胎兒《たいじ》に影響《えいきやう》すると云《い》ふ點《てん》から云《い》つても胎教《たいけう》と云《い》ふ修養《しうやう》が東洋《とうやう》にあることは非《ひ》常《じやう》に面白《おもしろ》いことだと思《おも》ひます。それで子供《こども》が生《うま》れるまでは子供《こども》でないやうに考《かんが》へる家《か》庭《てい》があるやうですが、此頃《このごろ》の心理學《しんりがく》などでは、まだ子供《こども》が胎内《たいない》に居《ゐ》る時《とき》でも子供《こども》として扱《あつか》ひ、或《あるひ》は尊敬《そんけい》を持《も》つべきものとされて

居《ゐ》て、法律上《はふりつじやう》では何《なん》ケ月以上《げついじやう》かにならなければ認《みと》めぬか知《し》れませんが、胎兒《たいじ》も矢張《やは》り一個《こ》の人《ひと》として認《みと》めることは良《よ》いと思《おも》ひます。さう云《い》ふ點《てん》から申《まう》しますと、胎教《たいけう》と云《い》ふことがもつと婦人《ふじん》の日常生活《にちじやうせいくわつ》に這入《はい》つて來《く》ると宜《よろ》しいと思《おも》ひます。

永井 非常《ひじやう》に結構《けつこう》なことだと思《おも》ひます。私《わたし》も内分泌《ないぶんぴ》のことを申上《まうしあ》げようと思《おも》つたのですが、心配《しんぱい》をすると血液中《けつえきちう》にアドリナリンが餘計出來《よけいでき》る。無論胎盤《むろんたいばん》を通《とほ》して種々子供《しゆぐこども》に影響《えいきやう》することも證明《しようめい》されます。尚《なほ》只今御話《たゞいまおはなし》のやうに子供《こども》の人格《じんかく》を胎内《たいない》に居《ゐ》る時《とき》から尊重《そんちよう》すると云《い》ふことは洵《まこと》に結構《けつこう》なことだと思《おも》ふのです。

竹内 今《いま》の御話《おはなし》は精神的《せいしんてき》の御話《おはなし》ですが身體《からだ》に對《たい》して、母《はゝ》の榮養状態《えいやうじやうたい》をよくしてやらなければならぬと思《おも》ひます。例《たと》へば運動《うんどう》にしても、又乘物《またのりもの》にしても、どんな人《ひと》に對《たい》しても乘物《のりもの》はいけない、重《おも》い物《もの》を持《も》つてはいけないと云《い》ふやうに敎《をし》へ易《やす》いのですけれども、今《いま》までの生活状態《せいくわつじやうたい》が勞働《らうどう》をして居《を》つたと云《い》ふやうな人《ひと》には非常《ひじやう》に惡《わる》いものでもないし、それを誰《たれ》でも同《おな》じやうに敎《をし》へるのは間違《まちが》ひで、昔《むかし》から云《い》はれたやうに姙娠中運動《にんしんちううんどう》すれば御產《おさん》が輕《かる》いと云《い》ふやうなことも、もつと實際的《じつさいてき》に敎《をし》へて欲《ほ》しいと云《い》ふやうなことを始終考《しじうかんが》へて居《を》ります。

哺《ほ》乳《にう》時《じ》代《だい》の大《たい》切《せつ》な注《ちう》意《い》

竹内 次《つぎ》に哺乳時代《ほにうじだい》に注意《ちうい》すべき事《こと》柄《がら》をお伺《うかゞ》ひいたしたいと思《おも》ひます。乳《ちゝ》に離《はな》れるまでの最《もつと》も大切《たいせつ》な注意《ちうい》を島先生《しませんせい》に御願《おねが》ひ致《いた》します。

島 先《ま》づ子供《こども》を丈夫《ぢやうぶ》に生《う》む、丈夫《ぢやうぶ》に拵《こしら》へ上《あ》げた子供《こども》を今度《こんど》はそれを益《ます〳〵》發達《はつたつ》させて行《ゆ》くことになります。日本《にほん》では一般《はん》に母乳榮養《ぼにうえいやう》でやつて居《を》りますので誠《まこと》に宜《よ》いことでありますれども、母乳榮養《ぼにうえいやう》で一番大切《ばんたいせつ》なことは規則正《きそくたゞ》しく授乳《じゆにう》することであります。先《ま》づ四時間置《じかんお》きに授乳《じゆにう》して一日《にち》に五回《くわい》やる。是《これ》は人工榮養《じんこうえいやう》でも同《おな》じであり

91　「よい子を儲ける座談会」　竹内茂代、池田林儀、高島平三郎、島信 ほか　『婦人倶楽部』昭和5年8月1日

ますが、乳《ちゝ》を飲《の》ませる癖《くせ》と云《い》ふものは非常《ひじやう》に付易《つきやす》いのですから、子供《こども》が生《うま》れたら初《はじ》めから非常《ひじやう》に規則正《きそくたゞ》しい生活《せいくわつ》をさせなければいけません。初《はじ》めは乳《ちゝ》の出方《でかた》も少《すくな》く飲《の》み方《かた》も弱《よわ》いので、三時間置《じかんお》きにやる人《ひと》がありますが、是《これ》は後《あと》で直《なほ》すのに困《こま》るもので、非常《ひじやう》な勞力《らうりよく》を要《えう》するばかりでなく、不規則《ふきそく》になり易《やす》いと云《い》ふことがありますので、私《わたし》は初《はじ》めから四時間置《じかんお》きに飲《の》ませることを勸《すゝ》めて居《を》ります。それで先《ま》づ母乳《ほにう》ばかりで養《やしな》つて居《ゐ》る場合《ばあひ》は四時間置《じかんお》きに規則正《きそくたゞ》しく飲《の》ませる。さうして健康《けんかう》な子供《こども》の場合《ばあひ》は乳《ちゝ》をやめ

島信先生

るまで飲《の》まして差支《さしつか》へありません。

乳兒《にうじ》の榮養《えいやう》に就《つい》ては人《ひと》に依《よ》つて色々《いろく》な説《せつ》を唱《とな》へて居《を》りますが、大體《だいたい》五ケ月以上《げついじやう》になつて體重《たいぢう》六千グラム位《くらゐ》になれば野菜《やさい》の裏濾《うらごし》を與《あた》へるとか、段々《だんく》に色々《いろく》な物《もの》を取入《とりい》れてやるやうに致《いた》します。そこで一般《ぱん》に困《こま》るのは離乳期《りにうき》に消化不良《せうくわふりやう》が多《おほ》いことでありますが、それは今《いま》まで母乳《ぼにう》ばかりを飲《の》んで居《を》つたのが、急《きふ》に離乳《りにう》して變《かは》つた物《もの》を喰《た》べさせられるから多《おほ》いので、それを五六ケ月《げつ》から段々《だんく》に喰《た》べさせると離乳《りにう》が非常《ひじやう》に樂《らく》に行《ゆ》きます。もう六ケ月位《げつぐらゐ》から野菜《やさい》も、果物《くだもの》も裏濾《うらごし》にして喰《た》べさせるやうにすれば、離《り》乳《にう》の時《とき》は乳《ちゝ》を止《や》めて重湯《おもゆ》にする、それからお交《まじ》りにして粥《かゆ》に移《うつ》つて行《ゆ》くと云《い》ふやうなことが直《す》ぐ出來《でき》て、樂《らく》に弊害《へいがい》なく離乳《りにう》が出來《き》ます。

母乳《ぼにう》の與《あた》へられない場合《ばあひ》に人工榮養《じんこうえいやう》で子《こ》供《ども》が育《そだ》つかどうかと云《い》へば、人工榮養《じんこうえいやう》でも子供《こども》は十分《ぶん》に育《そだ》つことは勿論《もちろん》で、人工榮養《じんこうえいやう》は哺育者《ほいくしや》の注意次第《ちういしだい》で旨《うま》く行《ゆ》くので、決《けつ》して惡《わる》いと云《い》ふのではありませんが注意《ちうい》が足《た》りないと榮養障害《えいやうしやうがい》を起《おこ》すことがあります。

一方《ぱう》に體質《たいしつ》が榮養《えいやう》に依《よ》つて改善《かいぜん》されると云《い》ふこともありますので、特種《とくしゆ》の體質《たいしつ》を有《も》つて居《ゐ》る子供《こども》の場合《ばあひ》は特種《とくしゆ》の榮養法《えいやうはふ》を行《おこな》ひますと、全部《ぜんぶ》を改造《かいざう》する譯《わけ》には行《ゆ》かぬか知《し》れませんけれども、體質《たいしつ》の一部分《ぶぶん》を改造《かいざう》して行《ゆ》くことも出來《でき》ます。それでありますから結局乳兒《けつきよくにうじ》の榮養《えいやう》が一生《しやう》の健康《けんかう》に影響《えいきやう》して來《く》る譯《わけ》でありまして、最《もつと》も大切《たいせつ》なことであります。

人工榮養《じんこうえいやう》の大體《だいたい》の注意《ちうい》を申上《まうしあ》げますと、一般《ぱん》に今多《いまおほ》く粉《こな》ミルクが使《つか》はれて居《を》りますが、粉《こな》ミルクに書《か》いてある處方《しよはう》、それから今《いま》まで多《おほ》く牛乳《ぎうにう》なり煉乳《れんにう》なりを使《つか》ふ場合《ばあひ》、之《これ》を薄《うす》めて使《つか》ひます場合《ばあひ》に、何《なん》ケ月《げつ》の子供《こども》はどう云《い》ふ風《ふう》に薄《うす》めると云《い》ふ風《ふう》にやつて居《を》りまして、それが一般《ぱん》に行《おこな》はれて居《を》りますが、伯林《ベルリン》の小兒科《せうにくわ》の大家《たいか》の主張《しゆちやう》では牛乳《ぎうにう》は成《なる》べく少《すくな》いが宜《よ》いと云《い》ふので、あそこでは一日《にち》の牛乳《ぎうにう》の分量《ぶんりやう》は四百グラムを限度《げんど》として居《ゐ》る。どんな大《おほ》きな子供《こども》でも四百グラム以上與《いじやうあた》へない。牛乳《ぎうにう》を多《おほ》くするとか或《あるひ》は牛乳《ぎうにう》ばかりにしますと、榮養物《えいやうぶつ》は十分《ぶん》に與《や》つて居《を》つて而《しか》も身體《からだ》は瘦《や》せて、所謂偏乳榮《いはゆるへんにうえい》

養《やう》障害《しやうがい》と云《い》ふものを起《おこ》します。それで成《なる》べく母乳《ぼにう》に近《ちか》くして與《あた》へるのがよろしいのであります。

　現在《げんざい》自分《じぶん》でやつて居《を》りますのは、倍《ばい》に薄《うす》めて、それに小《ちひ》さい間《あひだ》は砂糖《さたう》を三パーセントから五パーセントにして重湯《おもゆ》で薄《うす》めて居《を》ります。子供《こども》が三ケ月以上《げついじやう》になりますれば榮養狀態《えいやうじやうたい》に從《したが》つて穀粉《こくふん》を加《くは》へます。穀粉《こくふん》としては玄米《げんまい》の粉《こな》とか或《あるひ》は日本《にほん》では一般《ぱん》にメリケン粉《こ》が手《て》に入《い》り易《やす》いので之《これ》を使《つか》ひますそれを三パーセントから五パーセント、大《おほ》きくなれば八パーセントと云《い》ふやうに致《いた》します。

　それから子供《こども》が大《おほ》きくなつても乳《ちゝ》の榮養《えいやう》價《か》は同《おな》じでありますから濃《こ》くする必要《ひつえう》はありません。だから倍《ばい》に薄《うす》めた牛乳《ぎうにう》で、普通《ふつう》の場合《ばあひ》一回《くわい》の分量《ぶんりやう》は子供《こども》の月齡《げつれい》を十倍《ばい》したものに百を加《くは》へた數《すう》にすれば宜《よ》いので、二ケ月《げつ》の子供《こども》なれば百二十グラム、三ケ月《げつ》の子供《こども》なれば百四十グラムやれば宜《よろ》しうございます。病的《びやうてき》の場合《ばあひ》は又特別《またとくべつ》の注意《ちうい》が要《い》りますが、健康《けんかう》な場合《ばあひ》は其《そ》の榮養《えいやう》で差支《さしつか》へありません。さうして健康《けんかう》な子供《こども》で五ケ月《げつ》か六ケ月位《げつぐらゐ》になれば卵黃《きみ》を一回《くわい》に半分位《はんぶんぐらゐ》、段《だん》段馴《だんな》らして一箇《こ》にすると云《い》ふやうにして、それに野菜《やさい》の裏漉《うらごし》した物《もの》を入《い》れると云《い》ふやうにして行《ゆ》くと、割合榮養上《わりあひえいやうじやう》からも失敗《しつぱい》がなく、健康《けんかう》に發育《はついく》して行《ゆ》く子供《こども》が得《え》られます。

　で牛乳《ぎうにう》を多《おほ》く攝《と》つて居《ゐ》る場合《ばあひ》、或《あるひ》は母乳《ぼにう》を非常《ひじやう》に多《おほ》く飮《の》んで居《ゐ》る場合《ばあひ》に、目方《めかた》だけ非常《ひじやう》に多《おほ》くなつてでぶ〳〵した子供《こども》が出來《でき》ますが、是《これ》は却《かへ》つて抵抗《ていかう》が弱《よわ》く脂肪《しばう》と水《みづ》が主《おも》に身體《からだ》に沈着《ちんちやく》した弱《よわ》い者《もの》で、固肥《かたぶと》りした者《もの》にしなければいけない。丈夫《ちやうぶ》さうに見《み》えても夏《なつ》になると疫痢《えきり》に罹《かゝ》つたり冬《ふゆ》になると肺尖《はいせん》をやられると云《い》ふやうな子供《こども》は、多《おほ》くさう云《い》ふぶく〳〵した子供《こども》で、結局抵抗《けつきよくていかう》力《りよく》が弱《よわ》いのです。一體《たい》に頰《ほ》つぺたのぶら下《さが》つて居《ゐ》るやうな子供《こども》は弱《よわ》いのです。榮養上《えいやうじやう》から云《い》つて乳《ちゝ》を飮過《のみす》ぎる子供《こども》が多《おほ》くさう云《い》ふことになります。どうも今《いま》まで人工榮養《じんこうえいやう》の場合《ばあひ》に重湯《おもゆ》で薄《うす》める位《くらゐ》までには行《い》つて居《を》りますが、穀粉《こくふん》を加《くは》へると云《い》ふやうなことは少《すく》いやうですね。コンデンスミルクでも牛乳《ぎうにう》でも月齡《げつれい》が多《おほ》くなるに從《したが》つて濃《こ》くすると云《い》ふやうな缺點《けつてん》があるやうに思《おも》ひます。

池田　穀粉《こくふん》は何《なに》をやりますか。

島　普通《ふつう》はメリケン粉《こ》ですが、自分《じぶん》の所《ところ》では玄米《げんまい》の粉《こな》を使《つか》つて居《を》ります。白米の粉《こな》でも差支《さしつか》へありません。

竹内　今《いま》のお母《かあ》さん方《かた》は、人工榮養《じんこうえいやう》のことを可《か》なり多《おほ》く覺《おぼ》えて居《を》られるやうでございます。けれども、極《ご》く幼《をさな》い兒《こ》にはどうしても母《ぼ》乳《にう》に増《ま》すものはありません。どうして母乳《ぼにう》

池田林儀先生

が良《よ》いのかと申《まう》しますと、あの母乳《ぼにう》を吸《す》ふ哺乳運動《ほにうんどう》といふものが、生《うま》れて直《す》ぐからの子供《こども》の體育《たいいく》になるからであります。即《すなは》ち咽《いん》喉《かう》から首《くび》の周圍《まはり》、舌《した》、頰《ほゝ》、その邊《へん》の筋肉《きんにく》が非常《ひじやう》に強《つよ》く働《はたら》くのです。ところが人工榮養《じんこうえいやう》でゴムの乳首《ちくび》を樂《らく》に吸《す》はして居《を》つたのでは子供《こども》は努力《どりよく》も要《えう》しませんし、輕《かる》く吸《す》つても直《す》ぐ出《で》て參《まゐ》りますので、其處《そこ》の發達《はつたつ》は割合《わりあひ》に見られません。それですから、さう云《い》ふ子供《こども》は母《はゝ》の乳《ち》をのましても吸《す》はなくなつて簡單《かんたん》に出《で》る乳首《ちくび》を喜《よろこ》ぶやうになり母《はゝ》の乳《ち》は次第《しだい》に少《すくな》くなる、乳《ち》が少《すく》なければお腹《なか》が空《す》きますから、子供《こども》は吸《す》ひ着《つ》いて直《す》ぐ出《で》る乳首《くび》をます／＼喜《よろこ》ぶやうになる。生《うま》れた時《とき》に筋肉《きんにく》の發達《はつたつ》のよい確《しつ》かりした肥《ふと》つた子供《こども》ですと、非常《ひじやう》に乳《ち》を吸《す》ふ力《ちから》が強《つよ》うございまして、その強《つよ》い力《ちから》で吸《す》ふ事《こと》がその子供《こども》を餘計《よけい》發達《はつたつ》させることになります。

又若《またも》し人工榮養《じんこうえいやう》にするならば、牛乳《ぎうにう》の乳《ち》首《くび》が簡單《かんたん》に直《す》ぐ出《で》て來《く》るやうなのではいけない、もつと努力《どりよく》して吸《す》ふやうな工夫《くふう》をしたいと思《おも》ひます。

高島　お乳《ちゝ》を呑《の》むにも努力《どりよく》の習慣《しふくわん》をつけると云《い》ふお話《はなし》は頗《すこぶ》る面白《おもしろ》いことです。此《こ》の頃《ごろ》の若《わか》い者《もの》は成《なる》たけ働《はたら》かないでいゝ事《こと》をしようといふ事《こと》ばかり考《かんが》へて居《を》るが一體衞生《たいえいせい》といふ事《こと》と道德《だうとく》といふ事《こと》は私《わたし》は一ツものだと思《おも》ふのです。規則正《きそくたゞ》しく乳《ちゝ》を飮《の》ますやうな事《こと》も一ツの、衞生《えいせい》にもなるし、それが又道德《まただうとく》にもなると思《おも》ふのです。

竹内　一體餘《たいあま》り子供《こども》を大事《だいじ》に／＼といつて何《なん》でも彼《か》でも包《つゝ》みくるんで消極的《せうきよくてき》にばかり育《そだ》てる。教育《けういく》があればある程《ほど》お母《かあ》さんがさういふ風《ふう》になつて居《ゐ》るのは間違《まちがひ》だと思《おも》ひます。で私《わたし》は生《うま》れ落《お》ちて間《ま》もなくから手《て》や足《あし》を出《だ》させて育《そだ》てる事《こと》を奬勵《しやうれい》して居《を》ります。手《て》を出《だ》して育《そだ》てると、此手《このて》だけはどんな風《かぜ》に觸《ふ》れても感冒《かぜ》を引《ひ》かなくなる。月足《つきた》らずのやうな小《ちひ》さい弱《よわ》い子《こ》ならば、大事《だいじ》をとらなければ育《そだ》ちませんけれども、月滿《つきみ》ちて生《うま》れた子供《こども》は、いゝ加減《かげん》そこらを出《だ》して育《そだ》てゝも、身體《からだ》に障《さは》るやうなことはないやうでございます。

殊《こと》に氣候《きかう》の暖《あたゝ》かい所《ところ》で生《うま》れた子供《こども》ならば手《て》や足《あし》は餘《あま》り包《つゝ》みくるみしない方《はう》が宜《よろ》しいやうです。それから一年以上《ねんいじやう》になつても襁《おし》褓《つ》を結《ゆは》へ付《つ》けておしつこを取《と》るといふ事《こと》をやつて居《ゐ》るお母《かあ》さんが隨分《ずゐぶん》あります。その理由《りいう》を聞《き》くと寒《さむ》くて可哀想《かあいさう》だと言《い》ひますけれども、度々出《たびたびだ》して足《あし》や何《なに》かを曝《さら》しますとその曝《さら》し出《だ》すといふことで感冒《かぜ》を引《ひ》かないやうになつてしまひますし、それから襁褓《おしつ》を更《か》へる時《とき》でも、胸《むね》をパツと展《ひろ》げて致《いた》した方《はう》が宜《よろ》しく、一日《にち》に十回襁褓《くわいおしつ》を更《か》へるならば十回展《くわいひろ》げて、胸《むね》から腹《はら》まで出《だ》してしまふやうな習慣《しふくわん》を附《つ》けさへすれば、風《かぜ》に觸《ふ》れても感冒《かぜ》を引《ひ》くことはありません。襁褓《おしつ》の濕《しめ》ツぽいのはいけませんけれども、乾燥《かんさう》さへして居《を》れば、嚴寒《げんかん》でも溫《あたゝ》めて襁褓《おしつ》を附《つ》けるやうな事《こと》をしない習慣《しふくわん》さへ附《つ》ければ、それは些《ちつ》とも感冒《かぜ》を引《ひ》きませんし、それに子供《こども》は最初《さいしよ》のうちは冷《つめ》たい襁褓《おむつ》を附《つ》けると大《おほ》きな深呼吸《しんこきふ》をする、その深呼吸《しんこきふ》によつても身《から》體《だ》を鍛《きた》へ上《あ》げることになりますので、特《とく》に弱《よわ》くないお子供《こども》だつたらさういふ方針《はうしん》でやつて居《を》ります。

　さうして出來《でき》るだけ子供《こども》に小《ち》さい時《とき》から努力《どりよく》させる、幾《いく》ら可愛《かはい》くてもさう抱《だつ》こばかりしないで、自然《しぜん》に起《お》きられるやうになるまで成《なる》べく寢《ね》せて置《お》きます、起《お》きたいものだから獨《ひとり》で頭《あたま》を上《あ》げるやうにもなります、その次《つぎ》に這《は》ふ、それから坐《すは》るといふやうな順序《じゆんじよ》です。

永井　割合平凡《わりあひへいぼん》の事《こと》であるが爲《ため》に忘《わす》れられて居《ゐ》ると思《おも》ふことは母體《ぼたい》の榮養《えいやう》の問題《もんだい》であります。若《も》しそれを怠《おこた》りますと、例《たと》へば母《はゝ》の乳《ちゝ》さへやつてゐれば完全《くわんぜん》な榮養《えいやう》であると思《おも》うて居《ゐ》るが、焉《いづく》んぞ知《し》らんその乳《ちゝ》の榮養《えいやう》は惡《わる》いものになつて居《を》ることがある。石灰《せきくわい》とかヴイタミンCとかの如《ごと》きは乳《ちゝ》の中《なか》にやゝもすると不足勝《ふそくがち》のものであります。

　私《わたし》はさういふ意味《いみ》から姙婦《にんぷ》及《およ》び乳《ちゝ》を與《あた》へて居《ゐ》る婦人《ふじん》の榮養《えいやう》といふことに餘程《よつぽど》目覺《めざ》めて、これまでのやうな唯《たゞ》滋養物《じやうぶつ》を喰《た》べるとか何《なん》とかいふことにのみ着目《ちやくもく》しないで、能《よ》く専門家《せんもんか》に聞《き》いて榮養《えいやう》の不足《ふそく》しないやうにすることが必要《ひつえう》だらうと思《おも》ふのです。

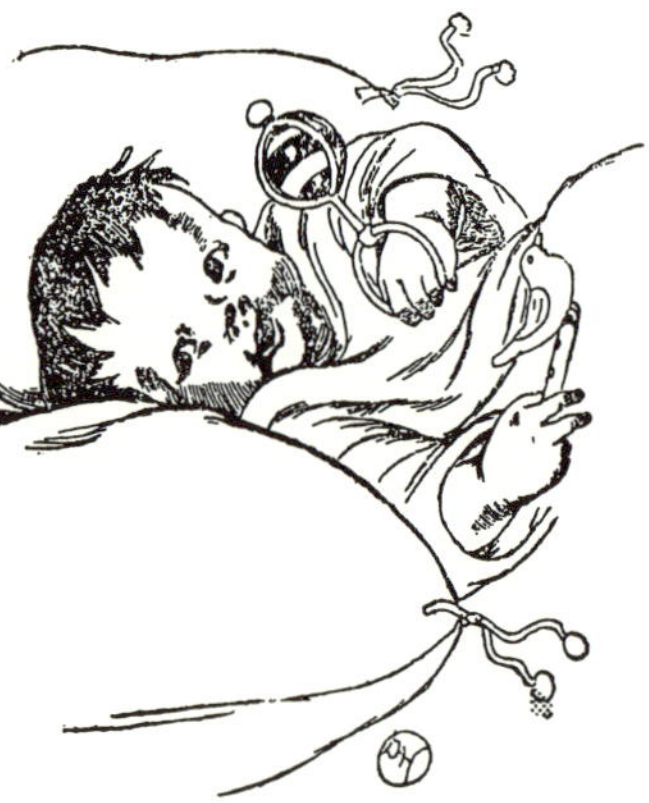

高島　それから白粉《おしろい》の鉛毒《えんどく》が子供《こども》の腦膜炎《のうまくえん》を起《おこ》すといふことは、明《あきら》かに證明出來《しようめいでき》ますか。

島　それは出來《でき》ますけれども、乳《ちゝ》を通《とほ》して行《い》く分量《ぶんりやう》は非常《ひじやう》に少《すく》いのです、子供《こども》に鉛毒《えんどく》の起《おこ》りますのは、體《からだ》に塗《つ》けます白粉《おしろい》を子供《こども》が舐めるからです。

高良　胎兒《たいじ》の場合《ばあひ》も同《おな》じくそれがありますか。

島　胎兒《たいじ》は流産《りうざん》が起《おこ》りまして、早産《さうざん》するやうな事《こと》もあります。

高良　日本《にほん》の家庭《かてい》では子供《こども》に餘《あま》り外《そと》から刺戟《しげき》をし過《す》ぎると思《おも》ひます。玩具《おもちや》などもカラカラを與《あた》へたり、笛《ふえ》を與《あた》へたり、周圍《しうゐ》の人《ひと》があやしたり、玩具《おもちや》にしたり、精神的《せいしんてき》な刺戟《しげき》が多過《おほす》ぎると思《おも》ふのです。もう少《すこ》し子供《こども》が自由《じいう》な生活《せいくわつ》をして居《ゐ》る時間《じかん》を多《おほ》くしたいと思《おも》ひます。

　私《わたし》は五六千人《にん》の兒童《じどう》を調《しら》べて日本《にほん》の兒童《じどう》の標準《へうじゆん》を取《と》つて見《み》ましたのと、外國《ぐわいこく》で今《いま》エールの兒童健康相談所《じどうけんかうさうだんじよ》に居《を》りますケツセルといふ人《ひと》の得《え》ました兒童《じどう》の標準《へうじゆん》とを比《くら》べますと、日本《にほん》の幼兒《えうじ》の方《はう》が運動《うんどう》の發達《はつたつ》は遲《おく》れて居《を》ります、一二ケ月位《げつくらゐ》づつ平均《へいきん》が遲《おく》れて行《い》きます、それに反《はん》して言語《げんご》の發育《はついく》は日本《にほん》の兒童《じどう》の方《はう》が早《はや》い、しやべり出《だ》すのは日本《にほん》の方《はう》が早《はや》いので、言語《げんご》は智能標準《ちのうへうじゆん》になるといふやうなことを申《まう》しますけれども、さうすると日本《にほん》の子供《こども》の方《はう》が頭《あたま》がいゝかといふと、必《かなら》ずしもさういふ譯《わけ》でもない。

それとも一ツ《ひと》は兒童《じどう》の感情《かんじやう》がどんな風《ふう》に周圍《しうゐ》の社會生活《しやくわいせいくわつ》に支配《しはい》されるかといふやうな感情系統《かんじやうけいとう》を調《しら》べて見《み》ますと、日本《にほん》の子供《こども》の方《はう》が非常《ひじやう》に早《はや》い。早熟《さうじゆく》なのです。さういふ點《てん》から申《まう》しますと日本《にほん》の子供《こども》が育《そだ》つ場合《ばあひ》、餘《あま》りに周圍《しうゐ》のものの刺戟《しげき》が多過《おほす》ぎるのではないかと思《おも》ひます。

健康兒《けんかうじ》と病弱兒《びやうじやくじ》の扱《あつか》ひ方《かた》

竹内　では次《つぎ》に健康兒と病弱兒《びやうじやくじ》の扱《あつか》ひ方《かた》について伺《うかゞ》ひたいと思《おも》ひます。

育兒《いくじ》に就《つい》て醫者《いしや》がいろ〳〵書《か》いたものや話《はなし》をする所《ところ》を聞《き》いて見《み》ますと、多《おほ》くは『病弱兒《びやうじやくじ》の手當《てあて》』といふやうなことになつて、子供《こども》の育《そだ》て方《かた》がどうしても消極的《せうきよくてき》でございます。醫者《いしや》に連《つ》れて行《い》く兒《こ》は、いつも病弱兒《びやうじやくじ》ですから無理《むり》もないことですが、すべての方面《はうめん》にもつと鍛《きた》へ上《あ》げると云《い》ふことに缺《か》けて居《ゐ》るやうに思《おも》ふのでございます。

高島　生《うま》れた小《ちい》さい赤《あか》ン坊《ばう》の體操《たいさう》といふものを、獨逸邊《ドイツあた》りではさせるやうですが……

島　やつて居《を》りますが、それは全體《ぜんたい》としていいか惡《わる》いかといふことは問題《もんだい》らしうございます。現在《げんざい》では自然《しぜん》に起《おこ》つて來《く》るのを助長《じよちやう》してやるやうにする、無理《むり》に早《はや》く數《かぞ》へることはしない方《はう》がいゝといふことが一般《ぱん》のやうでございます。

竹内　私《わたし》の試《こゝろ》みて居《を》りますのは、手《て》は自然《しぜん》に動《うご》かす儘《まゝ》にまかせますが、足《あし》だけは一日《にち》に何度《なんど》でも襁褓《おむつ》を取替《とりか》へる毎《ごと》に、手《て》をかけて自由《じいう》に足《あし》を動《うご》かさしてやる、さうすると足《あし》の動《うご》かし方《かた》が早《はや》くなります。

高島　兩足《りやうあし》を持《も》つて、逆《さか》さにしたのを寫眞《しやしん》で見《み》ましたが、あれは素人《しろうと》が考《かんが》へてよくないと思《おも》ふ、自然《しぜん》にやり始《はじ》めることを助長《じよちやう》してやるやうにするのが、一番《ばん》いゝでせう。

島　たゞ同《おな》じ位置《ゐち》に始終《しじう》寢《ね》かして置《お》きますとその爲《た》めに肺炎《はいえん》に罹《かゝ》り易《やす》いといふ事《こと》がありますから其邊《そのへん》の注意《ちうい》は必要《ひつえう》だと思《おも》ひます。また獨逸《ドイツ》での例《れい》ですが赤《あか》ン坊《ばう》の手足《てあし》を成《なる》べく早《はや》く動《うご》かすやうにしましたら、乳兒《にうじ》の病氣《びやうき》の率《りつ》が非常《ひじやう》に下《さが》つたさうです、たゞ寢《ね》かして置《お》くと血液《けつえき》の循環《じゆんくわん》が惡《わる》く鬱血《うつけつ》が起《おこ》りますから、非常《ひじやう》に弱《よわ》くなつて、さういふ所《ところ》から肺炎《はいえん》に罹《かゝ》り易《やす》いことになるのでせう。

周圍《しうゐ》の者《もの》の幼兒《えうじ》に對《たい》する感化《かんくわ》

竹内　幼児に對する周圍の者の感化と云ふことは非常に大切な事と思ひます。女中、乳母、車夫、それからその家のお祖父さん、お祖母さん、さういふやうな人が子供に及ぼす感化、隨分これは考へなければならぬことと思ひます。

池田　私《わたし》は家で自分《じぶん》の子供《こども》を見て居りますが家の人が女中でも、お祖母さんでも、兄弟でも、皆同じやうにすることが必要だと思ひます。殊に大事なのは言葉ですから、言葉はみな家中同じ言葉を使ふこと、それから家中の人が皆なるべく同じ動作をすること遊ぶのも家中みな同じやうに遊ぶこと。それから私一番氣にするのはお客さんです、子供をあやしたりするお客さんが來ますと子供を別室に連れて行かせます。

　それからもう一ツは小さい子供には口でものを言ふのは宜くないやうです、子供は口で言はないで、ドン／＼動作で行ひます、第一親の眞似をしますし、家の人の眞似をしますから、家の人は餘程氣を付けなければいけません。それから子供が何を食べたか、どのくらゐの量を食べたか、お油斷をするにしても、家中の人が皆な何を話すといふことが分るやうにするといふことが必要だと思つて居ります。

高島　池田さんのやうにすれば理想的です、始終それが習慣になつて、惡いといふ事は誰も皆惡い、善いといふ事は誰も皆善い、さうなればいゝ。所が例へばお父さんやお母さんが小言をいふと、お祖父さんやお祖母さんが『ナニ怒つたつてお前のお父さんだつて小さい時にはあんな事をした。』とか言うて、孫を可愛がつて孫の惡い事を辯護するといふやうなことをしてはいけない、幾ら可愛くても親がいけないといふものならば、いけないものだといふことで皆で歩調を揃へて行く、家中の人がすべて子供と同じやうな動作をするといふことは出來にくいでせうか、子供を無茶苦茶にお客さんの前に出したり何かするのは、日本の惡い癖だと思ひます。

　それから一體お母さんの一番大切な用は家を齊めて行くといふこともあるだらうが子供のことだけは人に任せないで自分でやる。少くとも學校へ行く位までは始終自分

97 「よい子を儲ける座談会」 竹内茂代、池田林儀、高島平三郎、島信 ほか 『婦人倶楽部』昭和5年8月1日

が直接《ちよくせつ》に子供の事は直に當つてやる。若し何處《どこ》かへ行つて人に委せねばならぬやうな時には、それは仕方ないけれども、自分《じぶん》が家にゐて女中にさういふ事をやらして置くといふことは、大變いけない事だと思ひます。周圍の者から一寸偶然に受けたことが將來その人の品性の土臺《どだい》になるやうな事や惡い事の土臺《どだい》になることは色々例があります。東京帝大の名譽教授片山國嘉先生に私《わたし》が或時『貴方が幼さい時に、何《なに》か感動を受けたやうなことで、それが土臺《どだい》になつて貴方の信仰なり品性の本になつたのだと思はれるやうな事はありませんか。』と聞いたことがある。さうすると先生は直ぐに答へられた。五ツ《いつつ》位の時でしたらうか、いつも私《わたし》の守をしてくれる爺さんと田《た》の畦道を一緒に歩いてゆくと丁度稲の穂が出てゐたから子供心に珍らしいものだからこれを取《と》らうとした。所がその爺さんが『坊ちやん、人の物を取るものではありません、お止しなさい。』と言うて止めた。『ナニ誰《だれ》も見てゐない、取つてもいゝだらう。』といふて取らうとすると『坊ちやん、天道様が見て御座る』と言うてその爺さんが非常な眞面目な顏をして天《てん》を指した。その時の爺さんの様子が今五十何年の後になつても現在見えるやうであると申されました。

優良兒と不良兒の特徴

竹内 それでは次に「優良兒と不良兒の特徴」と申すことに就て御願ひ致します。幼さい時にどういふ風なのが大きくなつて優良な人になり、子供の時にどんな風であつた者が大きくなつて不良になるかといふやうな、幼ない時にさういふ點を導くべき點を教へていたゞきましたら、それを努めて行くといふことも出來やしないかと思ひます。これは高島先生に教へていたゞきたいと思ひます。

高島 併しこれは何歳位までをいふのですか、二つや三つでは將來不良兒になるだらうといふやうなことは、とても分《わか》りません。」

竹内 さあ小學校に上がるまで位の子供で、さういふやうな徴候が現れはしないのでせうか。

高島 小學校に上がる位になれば多少あるでせう。少年審判所の御厄介になつた者、東京と神奈川の小學校卒業位の子供ですな、それを三萬八千二百十二人について、少年審判所に來た者をずつと調べて、どんなことをした者が少年審判所へ來るやうな惡い者になつたか、平生どんなことをして來た者があつたかといふことか、十三ばかり學

げてある。

第一は共同動作を缺く、他人と一緒に何かやらない、他人が皆やつても自分だけで拗ねてやらないとか何とかいふものです。第二は常に他人と爭ふ、いつでも他人と喧嘩をする。第三は放恣不規律、我儘であつて規律がない。第四は嘘を常習として言ふ。第五はこれは學校の生徒なら授業中雜談をしたり、又は喧嘩をする。第六は幼さい者を虐待する。第七は盗癖がある。第八は教師又は長上の命令に從はない。第九は怠慢で常に缺席遲刻する。第十は映畫狂、活動寫眞を盛んに見に行く。第十一は性的早熟、第十二は浮浪癖、第十三は無駄遣ひです。さういふことが大變不良兒になる原因です。それを戒しめる事が必要だと思ふ。

竹内　私もかういふ實例に出遭ひました。其子は四つの時に、親の蟇口の中から金を出して何か買ひに行つたといふやうなことで、親に叱られたところが、大變上手に大人が吃驚するやうな言葉を以てお詫をしたといふことがあり、その後にもさう云ふことがあると前よりももつとうまく、もうこれで私は死んでお詫をしませうといふやうな巧いことを云ふのです。で次第々々に悪くなつてとう／＼裁判所に渡らねばならぬやうな風にまで進んだ子供を見ましたが、これは大變私共參考になりました。

高島　お母さんは子供の周圍の社會をよく理解する、お母さんばかりでなく、年取つた者は皆現代に觸れて、少くとも現代に立つて自分が尖端に立たない迄も、現代を理解し、子供の周圍を理解して行くといふことが大變必要な事で、すべてに於て年取つた人が後から來る若い人を本當に魂を打込んでやることが必要だと思ふ。[illegible]が一齊に入つて、あんな亂暴する中に入つて、酒を一滴も飲まない、何故に酒を飲まないかといふと、お母さんが、どうか酒を飲まぬやうにして呉れ、酒を飲む人はどうしたつて身體も弱いし、精神も悪くなるから、どうか飲まぬやうにして呉れ、幾ら人が勸めても飲まぬやうにして、どうしても飲まなければならん時には、それはお母さんの涙だと思つて飲んで呉れと言はれた、それを繰返して言はれたものだから母の涙だと思ふと飲むことが出來ないといふことを、[illegible]さんが話したことを雜誌でも見ましたし、私も直接聞きましたが、これが本當にお母さんの子供に對する態度であり、感化の如何に力強いかといふ好い例であると思ふ。それには盲目の愛ではいけないが、お母さんがすべてを理解するといふことが第一非常に大事だと思ひます。

竹内　それでは如何でございませうか、今日のお話はこの位で打止めましては……

記者　有益なお話を長時間伺はせていただきまして、有難うございました。

避《ひ》姙《にん》に失《しつ》敗《ぱい》した婦《ふ》人《じん》の經《けい》驗《けん》

〔一〕避《ひ》姙《にん》から神《しん》經《けい》衰《すゐ》弱《じやく》になつた失《しつ》敗《はい》の告《こく》白《はく》

北《きた》村《むら》圭《けい》子《こ》（北海道）

×

虚榮と享樂から避姙

私達夫婦《わたくしたちふうふ》は、なんといふ誤《あやま》つた考《かんが》へを持《も》つてゐたのでございませう。省《かへり》みれば、あまりにも無智《むち》な二人《ふたり》であつたことを、今更恥《いまさらはづ》かしく思《おも》はずにはゐられません。新婚生活《しんこんせいくわつ》の甘美《かんび》な陶酔《たうすゐ》から容易《ようい》に醒《さ》めなかつた私《わたくし》は、一途《づ》に心身《しんしん》を虚榮《きよえい》と享樂《きやうらく》に溺《おぼ》れさせてをりました。私《わたくし》は當時《たうじ》の若《わか》さと美《うつく》しさとを、何時《いつ》までも保持《ほぢ》したいと希《ねが》ひ、また、私《わたくし》の心《こゝろ》は、あくまで情痴《じやうち》の世界《せかい》を追《お》うてゐたのであります。

かうして愛慾《あいよく》の虜《とりこ》となつた私達《わたくしたち》は、當然《たうぜん》、夫婦生活《ふうふせいくわつ》の常道《じやうだう》に反《そむ》いて、愚《おろ》かにも、避姙《ひにん》のためにサックを使用《しよう》いたしました。子供《こども》さへ生《うま》れなければ……と、現實《げんじつ》の享樂《きやうらく》の外何物《ほかなにもの》もなかつたのであります。勿論《もちろん》、子供《こども》が生《うま》れたとて、何等《なんら》生活《せいくわつ》に脅威《けふゐ》を感《かん》じる私達《わたくしたち》ではなかつたのでありますから。

併《しか》し、かうした天理《てんり》に悖《もと》つた性生活《せいせいくわつ》に、どうして破綻《はたん》が來《こ》ずにをりませう。結婚前《けつこんぜん》に異性《いせい》を知《し》つてゐた良人《をつと》——その經《へ》て來《き》た過去《くわこ》のすべてを許《ゆる》して結婚《けつこん》したのでした——には勿論《もちろん》、私《わたくし》自身《じしん》にも、サックの使用《しよう》は極《きは》めて不自然《ふしぜん》で、非常《ひじやう》に不愉快《ふゆくわい》でした。果《はた》せるかな、二ケ月後《げつご》には、私《わたくし》は強度《きやうど》の神經衰弱《しんけいすゐじやく》に罹《かゝ》つてしまひました。

×

別居生活から性病に

良人《をつと》との別居生活《べつきよせいくわつ》——醫師《いし》の勸告《くわんこく》により、餘儀《よぎ》なく海邊《かいへん》に二ケ月《げつ》を送《おく》つたのでしたが、暑中《しよちう》とて、その間懸命《かんけんめい》に海水浴《かいすゐよく》を勵《はげ》み、攝生《せつせい》に努《つと》めました結果《けつくわ》、さしもの神經衰弱《しんけいすゐじやく》も、全《まつた》く治《なほ》つてしまひました。で、獨《ひと》り家《いへ》に殘《のこ》つてゐた良人《をつと》の身《み》が案《あん》じられてゐましたことゝて、私《わたくし》は、結婚前《けつこんぜん》の健《けん》康《かう》に復《ふく》すると共《とも》に歸宅《きたく》いたしました。

私《わたくし》の歸宅後《きたくご》は、サックの使用《しよう》を止《や》めて、その性生活《せいせいくわつ》を常態《じやうたい》に復《ふく》しました。けれども、一度《ひとたび》、神聖《しんせい》なるべき夫婦生活《ふうふせいくわつ》を單《たん》なる享樂《きやうらく》にまかした私達《わたくしたち》の上《うへ》に、天《てん》は既《すで》に最後《さいご》の鐵槌《てつつゐ》を下《くだ》してゐたのでありました。

二週間《しうかん》ほど經《へ》て、私《わたくし》は性病《せいびやう》に冒《をか》されたことを知《し》りました。それは輕《かる》い淋疾性尿道炎《りんしつせいねうだうえん》ではありましたが、私《わたくし》の愕《おどろ》きは非常《ひじやう》なものでした。別居中案《べつきよちうあん》じてゐたことを現實《げんじつ》にして、私《わたくし》は悔《く》いて返《かへ》らぬことながら、泣《な》いて良人《をつと》を怨《うら》みました。良人《をつと》は、私《わたくし》の留守中《るすちう》に、二度《ど》までも花柳《くわりう》の巷《ちまた》に足《あし》を運《はこ》んでゐたのでありました。

一時《じ》は癈人《はいじん》になるのではないかとまで恐《おそ》れたほどの症狀《しやうじやう》も、早《はや》く專門醫《せんもんい》にかゝつたゝめか、良人《をつと》も私《わたくし》も、約《やく》五週間《しうかん》で全治《ぜんち》はしましたが、併《しか》し、私《わたくし》は嘗《かつ》てこんな恥《はづ》かしい思《おも》ひをしたことはなく、人目《ひとめ》を避《さ》けての通院《つういん》の途《みち》すがらも、良人《をつと》を呪《のろ》ふ心《こゝろ》は止《や》みませんでした。けれども、靜《しづ》かに反省《はんせい》するとき、すべては皆《み》な自分《じぶん》の淺慮《あさはか》な、誤《あやま》つた考《かんが》へから招《まね》いた失敗《しつぱい》であることを、漸《やうや》く覺《さと》ることができたのでありました。

この悲慘《ひさん》な失敗《しつぱい》が動機《どうき》となつて、私達《わたくしたち》は、心身共《しんしんとも》に正《たゞ》しい、眞《しん》に幸福《かうふく》な夫婦生活《ふうふせいくわつ》に入《はい》ることができました。今《いま》では二人《ふたり》の愛兒《あいじ》を惠《めぐ》まれ、私自身《わたくしじしん》も、寧《むし》ろ結婚前《けつこんぜん》よりも生々《いき／＼》とした、明《あか》るい美《うつく》しさのうちに、救《すく》はれた日々《ひゞ》を感謝《かんしや》してゐるのでございます。（寅）

〔二〕避《ひ》姙《にん》法《はふ》で婦《ふ》人《じん》病《びやう》になつた失《しつ》敗《ぱい》の經《けい》驗《けん》

潮《しほ》野《の》滿《みち》子《こ》（東京）

×

悲慘なりし新婚生活

私共《わたくしども》は大正《たいしやう》九年《ねん》の一月末《げつすゑ》、主人《しゆじん》が三十歳《さい》、私《わたくし》が二十二歳《さい》で結婚《けつこん》いたしましたが、翌《よく》二月《ぐわつ》の初《はじ》めに月經《げつけい》を見《み》たのみで、早《はや》や姙娠《にんしん》したのでございました。そして、四月《ぐわつ》の初《はじ》め頃《ごろ》から約一月《やくひとつき》といふものは、重《おも》い／＼つはりのために、頭《あたま》も上《あが》らないといふやうな始末《しまつ》でしたから、まことにみじめな新婚生活《しんこんせいくわつ》でございました。

やがて、その年《とし》の十一月中旬《ぐわつちうじゆん》、無事《ぶじ》に女兒《ぢよじ》を分娩《ぶんべん》しましたが、翌《よく》年《ねん》五月《ぐわつ》には早《はや》くも第《だい》二兒《じ》を姙娠《にんしん》し、翌《よく》十一年《ねん》の二月《ぐわつ》にまた／＼女兒《ぢよじ》を分娩《ぶんべん》しました。このとき長女《ちやうぢよ》は、やつとあんよができかけたばかりで、私《わたくし》の忙《いそが》しさと申《まを》しましたら、全《まつた》く目《め》が廻《まは》るほどでございました。

かくするうちに、産後半歳《さんごはんさい》で、その八月《ぐわつ》にまたもや三回目《くわいめ》を姙娠《にんしん》しましたが、これは、母體《ぼたい》の辛勞《しんらう》が激《はげ》しかつたゝめか、間《ま》もなく流産《りうざん》してしまひました。併《しか》し、その翌年《よくねん》の大正《たいしやう》十二年《ねん》四月《ぐわつ》に、また／＼四回目《くわいめ》を姙娠《にんしん》し、翌《よく》十三年《ねん》の一月中旬《げつちうじゆん》、初《はじ》めて男兒《だんじ》を分娩《ぶんべん》いたしました。それから數《すう》ケ月《げつ》の間《あひだ》、私《わたくし》の腹《はら》は空《あ》いてをりましたが、八月《ぐわつ》に入《はい》つてまたも姙娠《にんしん》し、翌《よく》十四年《ねん》の五月《ぐわつ》、第《だい》三女《ぢよ》を儲《まう》けたのでございました。

×

避姙の必要を痛感す

このやうに、次々《つぎ／＼》と姙娠《にんしん》、分娩《ぶんべん》を繰返《くりかへ》して、結婚後《けつこんご》僅々《きん／＼》六ケ年《ねん》の間《あひだ》に一男《なん》三女《ぢよ》を擧《あ》げましたが、その

101 「避妊に失敗した婦人の経験」 北村圭子、潮野満子、浜田京子、水田きよ子 『主婦之友』 昭和5年10月1日

ため分娩《ぶんべん》や育兒《いくじ》の費用《ひよう》に追《お》はれて、一家《か》の經濟《けいざい》に餘裕《よゆう》はなく、從《したが》つて四人《にん》の育兒《いくじ》から家事《かじ》萬端《ばんたん》を、身《み》一《ひと》つでやつてゆかねばならぬのでした。殆《ほとん》ど年兒《としご》に四人《にん》もの乳幼兒《にうえうじ》を持《も》つては、その世《せ》話《わ》の大變《たいへん》なこと全《まつた》く想像《さうざう》の外《ほか》でございます。

ですから、それまで少《すこ》しも産兒調節《さんじてうせつ》などを考《かんが》へたことのなかつた私共《わたくしども》も、漸《やうや》くその必要《ひつえう》を痛切《つうせつ》に感《かん》じ・避妊法《ひにんはふ》を實行《じつかう》することになりました。最初《さいしよ》には、普通《ふつう》一般《ぱん》に行《おこな》はれてゐて、まづ安全《あんぜん》だとされてゐる、コンドームを使用《しよう》することにしました。私《わたくし》はこれまで、何時《いつ》も産後《さんご》四ケ月《げつ》を經《へ》て、初《はじ》めて月經《げつけい》を見《み》る例《れい》になつてをりましたので、第《だい》四兒《じ》の分娩後《ぶんべんご》四ケ月《げつ》を經《へ》、月經《げつけい》を見《み》てから使用《しよう》いたしました。

このコンドーム使用《しよう》は、翌年《よくねん》の四月《ぐわつ》まで約半《やくはん》ケ年《ねん》に亘《わた》りましたが、その間《あひだ》の夫婦《ふうふ》の忍耐《にんたい》は、なか/\容易《ようい》でなく、しかも結局《けつきよく》、神經衰弱《しんけいすゐじやく》になりさうだと、主人《しゆじん》から不足《ふそく》を訴《うつた》へられて、その使用《しよう》を中止《ちうし》しなければなりませんでした。

そこで、今度《こんど》は、お友達《ともだち》から教《をし》へて頂《いただ》いた、洗滌法《せんできはふ》を行《おこな》ふことにしました。これはたゞその都度《つど》風呂場《ふろば》に行《ゆ》き、水《みづ》を以《もつ》て行《おこな》ふので、夏《なつ》の間《あひだ》はその面倒《めんだう》さへ忍《しの》べばよいのでしたが、冬季《とうき》の苦痛《くつう》は、到底《たうてい》お話《はなし》になりません。それに風呂場《ふろば》とは名《な》のみで、セメントのたゝきの上《うへ》に風呂桶《ふろをけ》を据《す》ゑたゞけですから、戸《と》の隙間《すきま》からは寒風《かんぷう》が吹《ふ》き入《い》り、身體《からだ》のしんまでが凍つてしまひさうです。それでもこの方法《はうはふ》を、約《やく》一ケ年間《ねんかん》、私《わたくし》は忍耐《にんたい》に忍耐《にんたい》を重《かさ》ねて續行《ぞくかう》いたしました。

×

すつかり健康を害す

かうして避妊法《ひにんはふ》を實行《じつかう》して、約《やく》一年半《ねんはん》の間《あひだ》、完全《くわんぜん》に妊娠《にんしん》を避《さ》けることはできてをりましたが、丁度《ちやうど》その頃《ころ》から、私《わたくし》は嘗《かつ》て經驗《けいけん》しない、腰痛《えうつう》と頭痛《づつう》を、日毎《ひごと》に強《つよ》く覺《おぼ》えるやうになりました。

毎日《まいにち》眼《め》も開《あ》けられないくらゐの頭痛《づつう》に惱《なや》まされた私《わたくし》は、今《いま》まで生々《いき/\》としてゐた顔色《かほいろ》も全《まつた》く艶《つや》を失《うしな》つて青黒《あをぐろ》くなり、ほんたうに見《み》る影《かげ》もなく窶《やつ》れてしまひました。そして、生《うま》れて一度《ど》も經驗《けいけん》しなかつた病床《びやうしやう》に就《つ》く身《み》となり、良人《をつと》の氣《き》を損《そん》ずることは一通《ひととほ》りでありませんでした。

これはてつきり、洗滌法《せんできはふ》にて身體《からだ》を冷《ひや》したことから、子宮《しきう》を惡《わる》くしたのであらう。いくら避妊《ひにん》の目的《もくてき》は達《たつ》しられても、健康《けんかう》を害《がい》し、家庭《かてい》の氣分《きぶん》を害《そこ》ねては、それこそ恐《おそ》ろしいことだと、さすがの私《わたくし》も覺《さと》らずにはゐませんでした。

私《わたくし》はそこで、斷然《だんぜん》避妊法《ひにんはふ》を中止《ちうし》しました。併《しか》し、そのときは既《すで》に遲《おそ》く、依然《いぜん》として腰痛《えうつう》・頭痛《づつう》が去《さ》らないばかりか、たつた一人《ひとり》の男兒《だんじ》を昨年《さくねん》の夏《なつ》疫痢《えきり》で亡《な》くし、早《はや》く後嗣《あとつぎ》をと望《のぞ》みながら、到底《たうてい》それを惠《めぐ》まれずに、明《あ》け暮《く》れを悔悟《くわいご》と焦躁《せうさう》に送《おく》る境遇《きやうぐう》となつてしまひました。

天理《てんり》に悖《もと》つた行爲《かうゐ》に、どうして良《よ》い結果《けつくわ》が齎《もたら》されませう。今《いま》は、つく/\と神様《かみさま》の御惠《みめぐ》みに反《そむ》いたことの恐《おそ》ろしさに戰きつゝ、ひたすら養《やう》生に努《つと》めてゐる私《わたくし》でございます。(寅)

〔三〕避妊《ひにん》のため良人《をつと》を不品行《ふひんかう》にさせた失敗《しつぱい》

濱《はま》田《だ》京《きやう》子《こ》(京都)

五人の子女を儲けて

×

私達《わたくしたち》は、約半年《やくはんねん》の樂《たの》しい婚約期《こんやくき》を、清《きよ》い交際《かうさい》に過《すご》して、今《いま》から十二年前《ねんぜん》、良人《をつと》が二十七歳《さい》、私《わたくし》が二十三歳《さい》の春《はる》結婚《けつこん》したのでありました。以來《いらい》、物質的《ぶつしつてき》にも精神的《せいしんてき》にも惠《めぐ》まれて、私《わたくし》は何一《なにひと》つ苦《くる》しい、悲《かな》しいことをも經驗《けいけん》せずに、實《じつ》に十年《ねん》一日《じつ》の如《ごと》く過《すご》して、その間《あひだ》に五人《にん》の子女《しぢよ》を儲《まう》け

ました。

　ところが、私《わたくし》の、かうしたなだらかな人生《じんせい》のコースに、突然闇《とつぜんやみ》が訪《おとづ》れたのでありました。それは、未《ま》だ年若《としわか》い私《わたくし》にとり、唯一人《たゞひとり》の相談《さうだん》相手《あひて》であつた母《はゝ》が、急《きふ》に亡《な》くなつたことでございます。他《ほか》に兄妹《きやうだい》のない私《わたくし》が、（良人《をつと》は婿養子《むこやうし》です。）母《はゝ》を亡《な》くした悲《かな》しみは、それは經驗《けいけん》された方《かた》でなければお解《わか》りになりますまい。

　母《はゝ》を失《な》くして、非常《ひじやう》に精神《せいしん》を傷《きず》けられた私《わたくし》は、また、今後《こんご》は五人《にん》もの子達《こたち》の世話《せわ》を、自分《じぶん》一人《ひとり》の身《み》に負《お》はねばならぬことを思《おも》ひ、尚《な》ほこの上《うへ》に、更《さら》に子供《こども》が生《うま》れた場合《ばあひ》を想像《さうざう》すると、これはどうでも今後《こんご》は避姙《ひにん》しなければならぬと決心《けつしん》したのであります。

　そして、當時《たうじ》御誌《おんし》で拜見《はいけん》した、荻野《をぎの》博士《はかせ》の研究《けんきう》による排卵期《はいらんき》と受胎《じゆたい》に關《くわん》する學説《がくせつ》を信《しん》じ、良人《をつと》と合議《がふぎ》の上《うへ》實行《じつかう》することにいたしました。

×

良人は家を外にして

　もと／＼私《わたくし》は、堅《かた》い／＼決心《けつしん》を持《も》つてをりましたが、一方の良人《をつと》は、初《はじ》めこそ期間中《きかんちう》を嚴守《げんしゆ》してくれましたものゝ、だん／＼と心に弛《ゆる》みが見《み》えて來《き》まして、やがて、期間中《きかんちう》をも守《まも》り得《え》なくなりました。けれども、私《わたくし》は、頑《ぐわん》としてそれに應じませんでした。すると、良人《をつと》は益々《ます／＼》烈《はげ》しくなり、しまひには、私《わたくし》の避姙《ひにん》の理由《りいう》にいろ／＼と邪推《じやすゐ》を廻《まは》し、聞《き》くに堪《た》へない惡口まで申《まを》すやうになりました。

　最初《さいしよ》あれほどまでに堅《かた》い約束《やくそく》をしておきながらと、良人《をつと》の誠意《せいい》のない仕打《しう》ちに腹立《はらだ》たしくもなりましたが、やがて冷靜《れいせい》に還《かへ》るべきを信《しん》じ、すべてをおつと堪《こら》へて、相變《あひかは》らず、良人《をつと》の希望《きばう》を拒んでをりました。

　ところが、どうしたことでせう。それほど烈《はげ》しかつた良人《をつと》の希望《きばう》が、何時《いつ》とはなしに、ぱつたり止《や》んでしまひました。私《わたくし》は、良人《をつと》の態度《たいど》に注視《ちうし》しました。何《なん》となくそは／＼として落着《おちつ》きがなく、そして、その頃《ころ》から、今晩《こんばん》は幹事會《かんじくわい》だ、理事會だと、急《きふ》に會合《くわいがふ》の日《ひ》が増《ふ》えてまゐりました。歸宅《きたく》の時間《じかん》も、やれ事務《じむ》が多忙《たばう》であつたの、何《なん》のと、四時《じ》の退《ひ》けが、薄暗《うすくら》くなることも度々《たびく》でありました。思《おも》ひなしか、私《わたくし》に對《たい》する仕打《しうち》も急《きふ》に冷淡《れいたん》になり始《はじ》め、私《わたくし》といふものの存在《そんざい》が、ほんたうに邪魔物《じやまもの》だといふやうに見《み》え、子供達《こどもたち》をさへ、うるさく思《おも》つてゐるやうでありました。

　けれども、良人《をつと》を絶對《ぜつたい》に信《しん》じてゐた私《わたくし》には、少《すこ》しもそれを疑《うたが》ふことができず、反《かへ》つて毎日《まいにち》浮かぬ顔《かほ》でゐるのは、何《なん》ぞ身體《からだ》でも惡《わる》いのではないかと、内々心配《ないくしんぱい》したほどでした。併《しか》しその後《ご》も、夜《よる》の集會《しふくわい》が十二時《じ》にもなることが度々《たびく》で、それは嘗《かつ》てないことでしたから、私《わたくし》は、その理由《りいう》を突止《つきと》めずにはゐられなくなりました。

すると、どうでせう。永《なが》い間《あひだ》私《わたくし》を欺《あざむ》き來《きた》つた裏面《りめん》の行動《かうどう》――若《わか》い娘《むすめ》と懇《ねんごろ》になり、相語《あひかた》らつてゐたことが明《あきら》かになりました。私《わたくし》は燃《も》え上《あが》る嫉妬《しつと》の炎《ほのほ》に、獨《ひと》り胸《むね》ぬちが煮《に》え返《かへ》るのでありました。

×

死を決して漸く覺る

私《わたくし》は、懊惱《あうなう》の果《は》て、五人《にん》の子供《こども》を道連《みちづ》れに、死《し》をすら決《けつ》したのでありました。良人《をつと》の歸《かへ》らぬ夜《よ》、薄《うす》闇《やみ》に鎖《とざ》された海岸《かいがん》に、ぼんやり立《た》つたこともありました。底氣味《そこきみ》の惡《わる》い青《あを》い光《ひかり》が、浪頭《なみがしら》に明滅《めいめつ》して、ばちやくと汀打《みぎはう》つ水《みづ》は、自分《じぶん》を海底《かいてい》に引《ひき》摺《ず》り込《こ》むかに見《み》えるのでした。その娘《むすめ》といふのを殺《ころ》した上《うへ》で、自分達《じぶんたち》も、この世《よ》から姿《すがた》を消《け》さうなどゝ、實《じつ》に危《あぶな》い瀬戸際《せとぎは》でした。

併《しか》し、このとき、亡《な》き母《はゝ》の優《やさ》しい顔《かほ》が、私《わたくし》の眼底《がんてい》に、はつきり映《うつ》るのでした。あゝ私《わたし》は弱《よわ》かつた。今《いま》は死《し》ぬべき時《とき》でない。家《いへ》のため、子《こ》達《たち》のため、強《つよ》くく生《い》きねばならない。そして良人《をつと》の心《こゝろ》を自分《じぶん》の手《て》に引《ひ》き戻《もど》すこそ、私《わたし》の務《つと》めではないか。……この悶《もだ》えこそ、避姙《ひにん》などゝ、人生《じんせい》を半《なか》ば享樂的《きやうらくてき》に、遊戯的《いうぎてき》に考《かんが》へて、大自然《だいしぜん》の理《り》に逆《さか》つた當然《たうぜん》の報《むく》いだ……と、私《わたくし》は漸《やうや》く覺《さと》ることができたのでありました。

間《ま》もなく二人《ふたり》が、互《たがひ》にすべてを打明《うちあ》けて、前《ぜん》非《ぴ》を改《あらた》め、新《あら》たに家庭生活《かていせいくわつ》を建《た》て直《なほ》すべく誓《ちか》ひ合《あ》つたことは、申《まを》すまでもございません。かうして、今《いま》は良人《をつと》の心《こゝろ》が、すべて私《わたくし》に向《むか》つてゐりまして、家庭《かてい》を樂《たの》しみ、子供《こども》を愛《あい》する、以《い》前通《ぜんどほ》りの優《やさ》しい良人《をつと》となり、お父様《とうさま》となつてくださいましたことは、これ偏《ひとへ》に神佛《しんぶつ》の御力《みちから》と、私《わたくし》は毎日合掌感謝《まいにちがつしやうかんしや》してをるのでありますが、それにしても、時代《じだい》の尖端《せんたん》を行《ゆ》くといふ、悪《にく》むべきアメリカかぶれの娘達《むすめたち》の存在《そんざい》を、今尚《いまな》ほ心《こゝろ》窃《ひそ》かに怖《おそ》れてゐる次第《しだい》でございます。(實)

〔四〕

避《ひ》姙《にん》法《はふ》から家《か》庭《てい》を破《は》壊《くわい》した實《じつ》話《わ》

水《み》田《た》きよ子《こ》(東京)

×

大震災にて境遇一變

久美子《くみこ》(假名《かめい》)は十九歳《さい》のとき結婚《けつこん》して、二十一歳《さい》のときに女兒《ぢよじ》を分《ぶん》娩《べん》しました。その頃久美子《ころくみこ》の主人《しゆじん》は、東京《とうきやう》でも可《か》なり信用《しんよう》のあつた××銀行《ぎんかう》に勤《つと》めて、二百圓近《ゑんちか》くの月收《げつしう》があり、相當餘裕《さうたうよゆう》ある生活《せいくわつ》を營《いとな》んでをりました。

ところが、先年《せんねん》の關東大震災《くわんとうだいしんさい》に大打撃《だいだげき》を受《う》けて、數年後《すうねんご》その銀行《ぎんかう》が破產《はさん》し、財界《ざいかい》に大《おほ》きな波《は》紋《もん》を投《とう》じたことは、世間周知《せけんしうち》の事柄《ことがら》でありますが、そのとき、久美子《くみこ》の主人《しゆじん》も、ほんの形《かた》ばかりの退職手當《たいしよくてあて》を貰《もら》つて、失業者《しつげふしや》の群《むれ》に逐《お》ひやられたわけで、それからの彼等《かれら》の生活《せいくわつ》は、非常《ひじやう》にみじめなものとなりました。

主人《しゆじん》は某高等商業學校《ぼうかうとうしやうげふがくかう》を卒業《そつげふ》してゐましたので、暫《しばら》く遊《あそ》んだ後《のち》、その先輩《せんぱい》や同窓《どうそう》の厚意《こうい》で、△△會社《くわいしや》に勤《つと》めるやうになりましたが、月收《げつしう》は僅《わづ》か從前《じゆうぜん》の三分《ぶん》の一くらゐであつたので、依然《いぜん》として生活難《せいくわつなん》は免《のが》れませんでした。

久美子《くみこ》は、この家庭《かてい》の難局《なんきよく》に直面《ちよくめん》して、晏如《あんじよ》としてゐることはできませんでした。彼女《かのぢよ》は某《ぼう》ミッションスクール出身《しゆつしん》の才媛《さいゑん》として、英語《えいご》に堪《かん》能《のう》なのと、彼女《かのぢよ》らしい負《ま》け惜《を》しみの強《つよ》い性質《せいしつ》から、夫婦共稼《ふうふともかせ》ぎをなすべく、その頃七《ころなゝ》つになつてゐた女兒《ちようじ》を郷里《きやうり》の實家《じつか》に託《たく》して、タイピストとして某商會《ぼうしやうくわい》に勤《つと》め、殆《ほとん》ど主人《しゆじん》と同額《どうがく》の收入《しうにふ》を得《え》るやうになりました。

×

生活安定のため避姙

單《たん》なる家庭《かてい》の主婦《しゆふ》に止《とゞ》まつてゐた頃《ころ》の彼女《かのぢよ》は、割合地味《わりあひぢみ》な方《はう》でしたが、職業婦人《しよくげふふじん》となつてからは、目《め》立《だ》つて裝《よそほ》ひが若々《わか〳〵》しくなり、洋裝《やうさう》に斷髮《だんはつ》が少《すこ》しも不自然《ふしぜん》でないくらゐに、洗煉《せんれん》された美《うつく》しさになりました。

かうして、久美子達《くみこたち》の家庭《かてい》は、漸《やうや》く明《あか》るいものとなり、この上《うへ》は、經濟的保障《けいざいてきほしやう》のつき次第《しだい》、國元《くにもと》においてある子供《こども》を呼《よ》び寄《よ》せようと、話《はな》し合《あ》つてゐたのでしたが、昭和四年《せうわねん》の春《はる》、久美子《くみこ》は豫期《よき》せぬ姙娠《にんしん》をしたのであります。これは彼女等《かのぢよら》の家庭《かてい》に取《と》つて、青天《せいてん》の霹靂《へきれき》でした。

といふのは、彼女等《かのぢよら》の家庭《かてい》に今子供《いまこども》が生《うま》れては、久美子《くみこ》は再《ふたゝ》び家庭《かてい》の婦人《ふじん》に戻《もど》らねばならず、必然的《ひつぜんてき》に、以前《いぜん》より以上《いじやう》の生活苦《せいくわつく》に陷《おちい》らねばならぬことを、萬々承知《ばん〳〵しようち》してゐましたから、子供《こども》の生《うま》れることを極度《きよくど》に恐《おそ》れて、かねてコントロールを實行《じつかう》してゐたことは、申《まを》すまでもなかつたのであります。ところが、それにも拘《かゝは》らず姙《にん》娠したのですから、特《とく》に久美子《くみこ》の驚《おどろ》いたのは無《む》理《り》もありません。

彼女《かのぢよ》が避姙法《ひにんはふ》の實行中《じつかうちう》に、なぜ姙娠《にんしん》するに至《いた》つたかと申《まを》しますに、久美子《くみこ》は元來身體《ぐわんらいからだ》の弱《よわ》い方《はう》でしたから、現今女子側《げんこんぢよしがは》に行《おこな》はれてゐる避姙《ひにん》方法《はうはふ》が、若《も》し健康《けんかう》に障《さは》るやうではいけないといふので、主人《しゆじん》の方《はう》で××××を使用《しよう》し、その目的《もくてき》を達《たつ》してゐたのでしたが、不圖《ふと》した不注意《ふちうい》で、その處置《しよち》に失敗《しつぱい》したといふのでした。

×

自暴自棄・却て失業

久美子《くみこ》は、つはりの苦痛《くつう》よりも、子供《こども》が生《うま》れ出《で》て後《のち》の生活苦《せいくわつく》を思《おも》うて、日夜煩悶《にちやはんもん》しました。その果《は》て、

105　「避妊に失敗した婦人の経験」　北村圭子、潮野満子、浜田京子、水田きよ子　『主婦之友』
昭和5年10月1日

悪《わる》いことゝは知《し》りながら、彼女《かのぢよ》は心當《こゝろあた》りの醫師《いし》や産婆《さんば》を訪《たづ》ねて相談《さうだん》を持《も》ちかけたり、廣告《くわうこく》に釣《つ》られて危《あぶな》つかしい高價《かうか》な藥品《やくひん》を求《もと》めたりしましたが、併《しか》し、さうしたすべての方法《はうはふ》に失敗《しつぱい》してからは、彼女《かのぢよ》の煩悶《はんもん》は益々《ます〳〵》深刻《しんこく》となり、半《なか》ば自棄《やけ》氣味《ぎみ》となつて、ダンスホールで一夜《や》を踊《をど》り明《あ》かしたり、圓《えん》タクを飛《と》ばしたり、あらゆる不《ふ》攝《せつ》生《せい》極《きは》まることを平氣《へいき》でやつてをりました。

このやうな自暴自棄《じばうじき》が、何事《なにごと》もなくて濟《す》む筈《はず》はありません。五ケ月《げつ》に入《はひ》つて、激《はげ》しい痛《いた》みを伴《ともな》つて流産《りうざん》しました。これは、或《あるひ》は久美子《くみこ》の待《ま》ち設《まう》けたところかも判《わか》りませんが、それ以來《いらい》、彼女《かのぢよ》は全《まつた》く健康《けんかう》を害《がい》して、三ケ月《げつ》の間《あひだ》商會《しやうくわい》を缺《けつ》勤《きん》することを餘儀《よぎ》なくされましたから、嵐《あらし》のやうな求職群《きうしよくぐん》に、當然《たうぜん》、彼女《かのぢよ》は折角《せつかく》得《え》た地位《ちゐ》を逐《お》はれてしまひ、また〳〵街頭《がいとう》に職《しよく》を求《もと》めねばならなくなりました。勿論《もちろん》、その後《ご》久美子《くみこ》は姙娠《にんしん》を極度《きよくど》に恐《おそ》れ、その主人《しゆじん》も、一層《そう》この方面《はうめん》に注《ちう》意《い》するやうになつたのであります。

その頃《ころ》久美子《くみこ》の友人《いうじん》で、新《あら》たに喫茶店《きつさてん》を出《だ》さうといふ者《もの》がありましたが、商會《しやうくわい》を罷《や》めて後《のち》就《しう》職《しよく》を焦《あせ》つてゐた彼女《かのぢよ》は、その經營者《けいえいしや》から助力《じよりき》を求《もと》められると、大層《たいそう》乘氣《のりき》で、そこに女給兼《ぢよきふけん》相談《さうだん》役《やく》といつた格《かく》で働《はたら》き出《だ》しました。

それほど美人《びじん》といふでもないが、魅力《みりよく》ある顔《かほ》と、秀《すぐ》れた教養《けうやう》を持《も》つ久美子《くみこ》のために、その喫《きつ》茶店《さてん》は非常《ひじやう》な繁昌《はんじやう》を見《み》ました。これに自信《じしん》を得《え》た彼女自身《かのぢよじしん》も、毎日《まいにち》を興味《きようみ》ある働《はたら》きに任《にん》じましたから、從《したが》つてその收入《しうにふ》も、以前《いぜん》商會《しやうくわい》で得《え》てゐたより以上《いじやう》に多《おほ》く得《え》るやうになつたのです。

×

女給・破婚への道行

併《しか》し、さうなると、主人《しゆじん》の心《こゝろ》は穩《おだや》かでありません。自然《しぜん》彼女《かのぢよ》のその主人《しゆじん》に對《たい》する愛情《あいじやう》は薄《うす》らぎ、しかも彼女《かのぢよ》を廻《めぐ》る誘惑《いうわく》の手《て》は、益々《ます〳〵》繁《しげ》くなつてゆくのでしたから。

何《なん》といつても、夫婦《ふうふ》の貞操《ていさう》が、家庭生活《かていせいくわつ》の根《こん》本《ぽん》で、お互《たがひ》にその點《てん》を信《しん》じ合《あ》へてこそ、初《はじ》めて安《やす》んじて家庭《かてい》を營《いとな》むことができるものです。たま〳〵彼女《かのぢよ》の顔色《かほいろ》の衰《おとろ》へに、主人《しゆじん》が強《し》ひて婦《ふ》人科醫《じんくわい》に診察《しんさつ》を求《もと》めさせると、それは子宮内《しきうない》膜炎《まくえん》で、今《いま》のうちに搔爬《さうは》しないと、不姙症《ふにんしやう》になる虞《おそれ》があるといふのでした。別《べつ》に健康《けんかう》に差支《さしつか》へなければ、不姙症《ふにんしやう》の方《はう》がいゝかも知《し》れない（面倒《めんだう》なコントロールの必要《ひつえう》もなくなるから）……これが久美子《くみこ》の肚《はら》でしたが、主人《しゆじん》は、病氣《びやうき》は治《なほ》さねばと、無理《むり》に手術《しゆじゆつ》を受《う》けさせたのです。治療後《ちれうご》、久美子《くみこ》は、今後《こんご》は姙娠《にんしん》し易《やす》いから、自分《じぶん》の方《はう》でその豫防《よばう》をしよう、と言《い》ひ出《だ》しました。これには、併《しか》し、主人《しゆじん》が斷然反對《だんぜんはんたい》しました。喫茶店《きつさてん》の、あのエロ氣分《きぶん》の中《なか》に働《はたら》いてゐる妻《つま》に對《たい》する信用《しんよう》は、たゞ、性的《せいてき》の弱身《よわみ》にあつたのですから。完全《くわんぜん》に姙娠可能《にんしんかのう》であるがゆゑに、そして姙娠《にんしん》を恐《おそ》れゝばこそ、女《をんな》の貞操《ていさう》は保《たも》たれるのだ、と久美子《くみこ》の主人《しゆじん》は考《かんが》へるのでした。

この際《さい》、産兒制限《さんじせいげん》の方法《はうはふ》を、妻《つま》に施《ほどこ》すべきか、はた主人《しゆじん》が實行《じつかう》すべきかは、小い問題《もんだい》のやうながら、實《じつ》は、夫婦間《ふうふかん》の貞操《ていさう》に關《くわん》する、重大《ぢゆうだい》な問題《もんだい》であるのです。

久美子《くみこ》は、女《をんな》を性的《せいてき》にあくまで束縛《そくばく》し、常《つね》に姙娠《にんしん》の恐怖《きようふ》に脅《おびや》かしておかうとする主人《しゆじん》に、強《つよ》く反抗《はんかう》しました。そして、ともかく氣持《きもち》だけでも自由《じいう》になりたいと、主人《しゆじん》の反對《はんたい》を押《お》し切《き》つて、遂《つひ》に自身《じしん》に避姙《ひにん》の方法《はうはふ》を講《かう》じたのです。

その後《ご》は、とかく夫婦《ふうふ》の間《あひだ》に風波《ふうは》が絶《た》えず、そのうちに、久美子《くみこ》の素行上《そかうじやう》に面白《おもしろ》からぬ噂《うはさ》がパッと立《た》つたりして、益々《ます〳〵》惡化《あくくわ》し、最近《さいきん》では別居《べつきよ》してゐるやうですが、子供《こども》まである仲《なか》とて、知《ち》人仲間《じんなかま》で氣《き》を揉《も》むこと切《しき》りであります。

久美子《くみこ》は、避姙法《ひにんはふ》によつて、完全《くわんぜん》にその目的《もくてき》は遂《たつ》し得《え》ましたが、併《しか》し、そのために、家庭《かてい》を破壞《はくわい》したやうなものではないでせうか。（實）

男《をとこ》は何故《なにゆゑ》に處女《しよぢよ》を妻《つま》に求《もと》めるか

性《せい》の純潔《じゆんけつ》を保證《ほしよう》する故《ゆゑ》に

早大教授 帆足理一郎

男子《だんし》は何故《なにゆゑ》に處女《しよぢよ》を妻《つま》に選《えら》ぶかといふ問題《もんだい》に關《くわん》しては、二《ふた》つの方面《はうめん》から考《かんが》へることができる。一は心《しん》理的《りてき》に、趣味《しゆみ》の點《てん》から、他《た》は倫理的《りんりてき》に、品性《ひんせい》の見地《けんち》から。

先《ま》づ第《だい》一に、心理的《しんりてき》な方面《はうめん》から云《い》へば、物質的《ぶつしつてき》に同價値《どうかち》のものであつても、それを享樂《きやうらく》する場合《ばあひ》に、最初《さいしよ》のものと、屢々繰返《しばしばくりかへ》されたものとは、限界効《げんかいかう》用性《ようせい》の原理《げんり》に從《したが》つて、價値《かち》が大《おほい》に異《ことな》る。野菜《やさい》や肴《さかな》のはしり、それが必《かなら》しも盛《さか》りの時《とき》よりの味《あぢ》よきものでなくても、人《ひと》が初物《はつもの》やはしりを愛好《あいかう》するのは、心《しん》理的理由《りてきりいう》に基《もと》づく。着物《きもの》も住居《すまゐ》も新《あたら》しい物《もの》を望《のぞ》み、セコンド・ハンドに對《たい》しては侮蔑《ぶべつ》の氣分《きぶん》を以《もつ》て、等價《とうか》よりは遙《はるか》に値打《ねうち》を低《ひく》く見《み》る。古來《こらい》、神《かみ》に捧《さゝ》げる供物《くもつ》にしても、仔羊の最初《さいしよ》に生《うま》れたものや、穀物《こくもつ》の最初《さいしよ》に稔《みの》つた初穗《はつほ》を選《えら》ぶのは、人間自身《にんげんじしん》がそれらを好尚《かうしやう》するからだ。

かうした物的《ぶつてき》な事情《じじやう》に對《たい》しても、お初《はつ》のもの、新《しん》奇《き》なものを愛好《あいかう》するのは、人間通有《にんげんつういう》の趣味《しゆみ》であるものを、まして異性《いせい》と共《とも》に靈肉《れいにく》一致《ち》した新生涯《しんしやうがい》の首途《かどで》を一歩《ぽ》ふみださうとする場合《ばあひ》に、凡《すべ》てのことが全的《ぜんてき》に新《あたら》しく、初發《しよはつ》であることを望《のぞ》むのは、男子《だんし》のみの潔癖《けつぺき》ではなく、女子《ぢよし》にとつても同樣《どうやう》であると想像《さうざう》される。

尤《もつと》も、童貞《どうてい》を保《たも》つてゐない男子《だんし》にとつては、それほどの潔癖《けつぺき》はありえないであらうか、自《みづか》ら性《せい》の純潔《じゆんけつ》を保《たも》つてゐる男子《だんし》にとつては、自分《じぶん》が絕對的《ぜつたいてき》な純潔《じゆんけつ》を捧《さゝ》げる相手《あひて》の異性《いせい》に對《たい》して、絕對的《ぜつたいてき》な純潔《じゆんけつ》を望《のぞ》むことは當然《たうぜん》であり、彼女《かのぢよ》が處女性《しよぢよせい》を保《たも》つてゐることは、彼《かれ》にとりて、絕對價値《ぜつたいかち》である事《こと》に相違《さうゐ》ない。

自《みづか》ら童貞《どうてい》をもたない場合《ばあひ》でも、妻《つま》たる者《もの》に處女性《しよぢよせい》を望《のぞ》むは、道德的《だうとくてき》には缺陷《けつかん》があるが、趣味《しゆみ》の上《うへ》からは通有《つういう》のことであつて、女子《ぢよし》の場合《ばあひ》、自《みづか》ら處女性《しよぢよせい》を破《やぶ》つた者《もの》でも、童貞《どうてい》なる男子《だんし》を求《もと》める潔癖《けつぺき》は普通《ふつう》であらう。童貞《どうてい》であり、處女《しよぢよ》である者《もの》は、一般《ぱん》に初心《しよしん》で、純眞《じゆんしん》な、熱烈《ねつれつ》な愛情《あいじやう》を捧《さゝ》げてくれるだらうといふ豫想《よさう》も、處女《しよぢよ》を選《えら》ぶ理由《りいう》の一となる。

けれど、趣味《しゆみ》の問題《もんだい》は、たゞさうであるといふ事《じ》實《じつ》に即《そく》した事柄《ことがら》で、さうであるべきだといふ必然性《ひつぜんせい》をもたぬ。そこで、第《だい》二に、より一層重要《さうぢうえう》な理由《りいう》として、倫理的《りんりてき》な方面《はうめん》を考《かんが》へねばならぬ。

男子《だんし》にとりても、結婚《けつこん》は新《あたら》しい社會的責任《しやかいてきせきにん》を背負《せお》つて立《た》つ覺悟《かくご》を要《えう》するが故《ゆゑ》に、生涯《しやうがい》の重大事《ぢゆうだいじ》ではあるが、女子《ぢよし》にとつては、その母性《ぼせい》に即《そく》して、男子《だんし》よりは更《さら》に一層重大事《そうぢゆうだいじ》であつて、結婚《けつこん》は彼女《かのぢよ》の生涯《しやうがい》の

貞操《ていさう》を人間的《にんげんてき》に考《かんが》へたい

小説家　北村小松

運命《うんめい》を支配《しはい》するものである。從《したが》つて、彼女《かのぢよ》が結婚《けつこん》に臨《のぞ》む場合《ばあひ》に、處女性《しよぢよせい》を保《たも》つてゐることは、彼女《かのぢよ》の生涯《しやうがい》の貞操《ていさう》を保證《ほしよう》するに一層《いつそう》力あるものだ。一旦《いつたん》處女《しよぢよ》性《せい》を失《うしな》つた婦人《ふじん》は第二《だいに》、第三《だいさん》の男《をとこ》へと、輾々《てんてん》、氣《き》を轉《てん》じ易《やす》い。世《よ》にある多《おほ》くの淫婦《いんぷ》は大抵《たいてい》一度《いちど》男《をとこ》に誘惑《いうわく》又《また》は翫弄《ぐわんろう》されて處女性《しよぢよせい》を失《うしな》つた後《のち》の捨鉢《すてばち》か、或《あるひ》はさうでなくても、一旦《いつたん》處女性《しよぢよせい》を失《うしな》つたものは、性《せい》の神《しん》秘《ぴ》を冒瀆《ばうとく》したものであるから、第二《だいに》、第三《だいさん》の異性《いせい》に輾々《てんてん》することを、何《なん》の良心的《りやうしんてき》苦痛《くつう》なく行《おこな》ひうる婦人《ふじん》だ。之《これ》に反《はん》して、處女性《しよぢよせい》を保《たも》てる一般婦人《いつぱんふじん》は最初《さいしよ》の一人《ひとり》を守《まも》る純情《じゆんじやう》の持主《もちぬし》である。從《したが》つて性《せい》の純潔《じゆんけつ》は、彼女《かのぢよ》の人格的純潔の保證《ほしよう》となる。

男子《だんし》においてもさうであるが、一人《ひとり》の異性《いせい》しか經《けい》驗《けん》のない者《もの》は、その一異性《いせい》との友情《いうじやう》が絶對價値《ぜつたいかち》であつて、此友情《このいうじやう》を捨《す》てゝ他《た》に代用品《だいようひん》を見出《みいだ》すことはできない。愛《あい》を二三にする者《もの》はその人《ひと》の品性《ひんせい》において下劣《げれつ》な徒輩《とはい》だ。結婚《けつこん》の神聖《しんせい》は雙貞《さうてい》あり處女性《しよぢよせい》ある二人《ふたり》の結合《けつがふ》においてのみ求《もと》むべきで、吾等《われら》が處女《しよぢよ》を求《もと》めるのは、血統《けつとう》の純潔《じゆんけつ》など云《い》ふ家族制度《かぞくせいど》の遺習《ゐしふ》としてではなく、處女性《しよぢよせい》は實《じつ》に彼女《かのぢよ》の魂《たましひ》の純潔無垢《じゆんけつむく》を象《しやう》徴《ちやう》するものであるからだ。處女性《しよぢよせい》は單《たん》に純潔《じゆんけつ》の表象《へうしやう》であるばかりでなく、あらゆる男子《だんし》の陋劣《ろうれつ》な誘惑《いうわく》、――殊《こと》に彼女《かのぢよ》が才色《さいしよく》優《すぐ》れた婦人《ふじん》であればあるだけ、男子《だんし》の猛烈《まうれつ》な誘惑《いうわく》――に逆《さから》つて戰《たゝか》ふ必要《ひつえう》があるから、それだけ彼女《かのぢよ》が處女性《しよぢよせい》を純潔《じゆんけつ》に保《たも》つてゐることは、勝利の榮冠《えいかん》であり、又《また》道徳的《だうとくてき》努力《どりよく》の成果《せいくわ》として、彼女《かのぢよ》が他《ほか》の種々色々《しゆじゆいろいろ》な誘惑《いうわく》にも打勝《うちか》ちうる道徳力を示《しめ》すものである。

茲《こゝ》に處女性《しよぢよせい》とは敢《あへ》て肉體的《にくたいてき》の處女性《しよぢよせい》をいふのではなく、精神的《せいしんてき》の處女性《しよぢよせい》を意味《いみ》する。といふのは、若《わか》い婦人《ふじん》が暴行《ばうかう》を受《う》けて肉體的《にくたいてき》の處女性《しよぢよせい》を失《うしな》つてゐても、それは精神的《せいしんてき》に自己《じこ》の意志《いし》によつて處女性《しよぢよせい》を失《うしな》つた場合《ばあひ》、即《すなは》ち戀愛關係《れんあいかんけい》などで處女性《しよぢよせい》を失《うしな》つた場合《ばあひ》とは違《ちが》ふ。後《のち》の場合《ばあひ》は、處女性《しよぢよせい》の實質《じつしつ》を失《うしな》つてゐるが、前《まへ》の場合《ばあひ》には、精神的處女性《せいしんてきしよぢよせい》は安全《あんぜん》である。だが、靈肉《れいにく》共《とも》に處女性《しよぢよせい》の完《まつた》きを求《もと》めるのが趣味《しゆみ》と道徳《だうとく》との一致《いつち》で、たとひ精神的《せいしんてき》には處女性《しよぢよせい》を失《うしな》つてゐないにしても、肉體的《にくたいてき》に之《これ》を持《も》たないことは精神的《せいしんてき》に憾《うら》みの一《ひと》つだ。肉《にく》は靈《れい》の表現《へうげん》、靈肉《れいにく》共《とも》に處女性《しよぢよせい》を完《まつた》うして、彼女《かのぢよ》は純潔《じゆんけつ》なる聖愛《せいあい》の祭壇《さいだん》に女神《めがみ》の如《ごと》く君《くん》臨《りん》男子《だんし》をして拜跪《はいき》せしめる魅力《みりよく》をもつ。そは彼女《かのぢよ》の周圍《しうゐ》に道徳的完全性《だうとくてきくわんぜんせい》の後光《ごくわう》を放《はな》つてゐるからだ。

「なぜ男は處女を妻に求めるか？」

「仕來りだから……」

かう答へたら不眞面目だと云ふ人があるかも知れない。では

「あまりに小ブルジョア的だから……」

と答へてもいい。

家庭生活が何よりも大事な家庭だけが、「私の實在」で、家庭の外では絶對に近い生活があるばかりである小市民には、せめて、妻だけでも處女でなければ、あまりにみぢめすぎるからだ……と云つたらやつぱり不眞面目な考へだと云はれるだらうか？

だが、妻に處女を求めるのが、仕來りでない事もないのだ。例へば—例へばである。例へば、昔《むかし》ギリシヤ、ローマでは、處女が、宗教的儀式として性獸神、パンの神の像の男根で破瓜を行つたと云ふことが記録及び繪畫、彫刻として殘つてゐる。

又《また》、これはどこで、いつ頃だつたか記憶してゐないが、昔《むかし》ある國《くに》で結婚式《けつこんしき》には花嫁は、夫《おつと》よりも先に、儀式として式をつかさどる神父の様なものに處女を破らせると云ふ事が書いてあつたのを讀んだ記憶がある。

現代人《げんだいじん》だつたら、そんな坊主は憤慨して殺すかも知れない。が、その時代のその國の人人の觀念形態がさうだつたのだから、それが不思議でもなく、男は非處女を妻に求めてゐたわけである。

現代、ブルジョア教育では必要以上に貞操を強調してゐる。だから小供の時分小學校の教師にはづかしめられたと記憶する娘か、結婚《けつこん》して、その貞操觀念のために自殺しようとする様な事にすらなるのである。（サンデー每日八月十日號參照）

勿論《もちろん》處女性だと云つて無政府的な不倫をよしとすると云ふのでは決してないが、これからの女は、みさをだけが人間の生命ではないと云ふ事も考へて見ていいと云ふのである。

國家、社會と云ふものに「家庭」以上の親和を感じてよい「貞操」以外にももつと重大視していいものを重大視してゐないで「貞操」にだけこだわりすぎてゐる傾向があると云ふのである。

「家庭」だけがかくれ家でそれだけが「私の實在」だと云ふ思想は、あまりに非社會的な考へ方ではないか知ら。

貞操ばかり守つてゐる處女と、處女でなくて妻になつても社會的に有意義な仕事の出來る女とは、人類社會の進歩と云ふ點から見て後者の方が人間として價値がある。

が、これは、進歩したイデオロギーの所有者にだけうなづかれる事で、一般的にはやつぱり「處女でなければ」であらう。だが、どちらにして童貞でもない男すらが處女を妻に求めるのはコツケイでもあり不愉快でもある。

私の場合にすれば、私が戀し結婚《けつこん》した妻が處女だつたら萬事〇・Kである。萬一處女で無かつた所で戀して一所に生活して行けると思つた女なら私はよいと思つてゐる。

勿論《もちろん》一つには人間に專有慾もあるせいでもあらう性欲學や生理學の上から女は處女でなければ血液が

どうのかうのと云ふ人もあるが、それならそれで、同《おな》じ觀念《かんねん》から男《をとこ》も童貞《どうてい》を守《まも》つてからの話《はなし》にしよう。
男《をとこ》だけが童貞《どうてい》でなくつても女は處女《しよぢよ》でなければ妻《つま》になれないなど〻云《い》ふのは理論的《りろんてき》にも馬鹿馬鹿《ばかばか》しい。私《わたし》は童貞《どうてい》で結婚《けつこん》したからその點《てん》では大きな事《こと》も云へないではないか、私《わたし》は、妻《つま》が處女《しよぢよ》だつたかさうでなかつたかを第一義的《だいいちぎてき》に考《かんが》へる必要《ひつえう》がないと思《おも》つてゐる。
無政府主義的《むせいふしゆぎてき》でなければ、私《わたし》は貞操《ていさう》と云《い》ふものも、もつと人間的《にんげんてき》に考《かんが》へたいと思《おも》ふ。

新《あたら》しさに對《たい》する好奇《かうき》から

早大教授　喜多壯一郎

課題《くわだい》「男《をとこ》は何故《なにゆゑ》に處女《しよぢよ》を妻《つま》に求《もと》めるか」は餘《あま》りに賢明《けんめい》な課題《くわだい》じやない。

とくに「……といふ題《だい》で、男《をとこ》が──いや、先生《せんせい》の場合《ばあひ》をご執筆《しつぴつ》願《ねが》へれば倚可《なほよし》──」と但《ただ》し書《がき》してあるに到《いた》つては。

もし、執筆者《しつぴつしや》たる僕自身《ぼくじしん》の場合《ばあひ》であつていゝなら、課題《くわだい》への解答《かいたふ》は簡單明瞭《かんたんめいれう》だ。「彼女《かのぢよ》を求《もと》めたので、彼女《かのぢよ》が處女《しよぢよ》であつた。ことは求《もと》め了《をは》つた後《のち》に明白《めいはく》になつた」といふより外《ほか》に途《みち》がないからだ。

一體全體《いつたいぜんたい》、男《をとこ》ばかりではあるまい。女《をんな》だつても、もしも──變《へん》な話だが、「處女《しよぢよ》」に對《たい》して「處男《しよだん》」といふのか、いはゆる「女《をんな》」を知《し》らないといふ童貞《どうてい》が生理的《せいりてき》に證明《しようめい》し得《う》るならば、女《をんな》だつてきつと初婚《しよこん》には「わたし處男《しよだん》がいゝわ？」とくるだらう。それが、有難《ありがた》いことには「處女《しよぢよ》」に對《たい》する「處男《しよだん》」の生理的立證方法《せいりてきりつしようはうはふ》がまづないんだから、男《をとこ》は無論《むろん》。

だが、この課題《くわだい》は男《をとこ》にとつては賢明《けんめい》な課題《くわだい》でないとしても、女《をんな》にとつてはかなりに深刻《しんこく》に考《かんが》へられる問題《もんだい》だらうか、まづ、問題《もんだい》だ。

元來《ぐわんらい》、男《をとこ》といはず女《をんな》といはず、「新《あたら》しさ」を求《もと》めてやまないのが人間《にんげん》──男女《だんぢよ》を抱括《はうくわつ》して──の本能《ほんのう》だ。

「新《あたら》しさ」は──好奇心《かうきしん》に訴《うつた》えてくる感覺《かんかく》でもある。「新《あたら》しさ」は──獨占感《どくせんかん》に訴《うつた》えてくる感覺《かんかく》でもある。だから、なんでもかでも「新《あたら》しいもの──新《あたら》しさを缺《か》いてゐるもの、新《あたら》しさが失《うしな》はれてゐるもの」に對《たい》しては好奇心《かうきしん》も獨占感《どくせんかん》もひかれない。

それにしても、「處女《しよぢよ》」はまづ「妻《つま》」として嫁る時《とき》には誰《たれ》しも要求《えうきう》する傾向《けいかう》がある。それに意味《いみ》はある。「妻《つま》」は一生涯《いつしやうがい》のベター・ハーフだ。

一生涯《いつしやうがい》のベター・ハーフが、「處女《しよぢよ》」でない。といふのでは、そこに「新《あたらし》さ」が伴《ともな》ふ。女《をんな》の「新《あたらし》さ」には他《た》の男《をとこ》との性的交渉《せいてきかうせふ》も心的交渉《しんてきかうせふ》も存在《そんざい》する、といふ必然的《ひつぜんてき》な條件《でうけん》は、「妻《つま》は夫《をつと》の性格《せいかく》と一致《いつち》する」といふ要求《えうきう》を傷《きず》けてくるからでもあらう。

「妻《つま》」としては「處女《しよぢよ》」を要求《えうきう》するが、「情婦《じやうふ》」としてはそれを問題《もんだい》にしない傾向《けいかう》はないでもあるまい。むしろ「情婦《じやうふ》」には「新《あたらし》さ」をもつ――即《すなは》ち情事《じやうじ》についていろ〳〵と紆余曲節《うよきよくせつ》の經驗《けいけん》をもつたもの――がたのしみ甲斐《がひ》ありとせぬでもあるまい。

「妻《つま》」の場合《ばあひ》には、男《をとこ》が「處女《しよぢよ》」を要求《えうきう》して、その他《た》の場合《ばあひ》での女《をんな》への交渉《かうせふ》に「處女《しよぢよ》」を要求《えうきう》しない。これが考《かんが》へる必要《ひつえう》がある。

で、「妻《つま》」として要求《えうきう》する女《をんな》に對《たい》して男《をとこ》が主《しゆ》として「處女性《しよぢよせい》」の存在《そんざい》を要求《えうきう》するのは、正《まさ》に好奇心《かうきしん》の一表現《へうげん》だ。もし、男《をとこ》にも生理的《せいりてき》に變化《へんくわ》するものならば、きつと女《をんな》も「處男性《しよだんせい》」を露骨《ろこつ》に要求《えうきう》してくるだらう。

難《むづか》しく、やれ初夜權《しよやけん》だとか處女權《しよぢよけん》だとか稱《しよう》して、これを權利化《けんりくわ》して、男《をとこ》が女《をんな》に處女《しよぢよ》を要求《えうきう》するなんていふのは、妻《つま》は、好奇心《かうきしん》と獨占感《どくせんかん》と「新《あたらし》さ」がないといふ人間《にんげん》の一種《しゆ》の變態的要求《へんたいてきえうきう》だ。

いまに、いつか「新《あたらし》さ」に破壞《はくわい》された女《をんな》でも、人造的《じんざうてき》に「處女性《しよぢよせい》」を立證《りつしよう》し得《う》るやうに醫學《いがく》でも發達《はつたつ》して、失《うしな》はれた處女性《しよぢよせい》が完全《くわんぜん》に「新《しん》」に還元《くわんげん》される時代《じだい》がくると、「男《をとこ》は何故《なにゆゑ》にその昔處女《むかししよぢよ》を妻《つま》に要求《えうきう》したか」と不思議《ふしぎ》がれることもあらう。

たゞ、傷《きず》ついたものよりも傷《きず》つかないもの、「新《あたら》しさ」に對《たい》しての男《をとこ》の好奇的《かうきてき》な獵奇的《れふきてき》な表現《へうげん》だとみてよいのが、課題《くわだい》への答《こたへ》の一部分《ぶぶん》だ。

だが、なんとかと疊《たゝみ》は新《あたら》しいのがいゝ、といふ。まさにこれ一種《しゆ》の男《をとこ》の普通概括《ふつうがいくわつ》された變態性慾感《へんたいせいよくかん》への表現《へうげん》だ。

それにしても「古《ふる》くつても」「傷《きず》ついてゐても」、「人《ひと》のものでも」なんでもかでもあの女《をんな》を欲《ほ》しい、死《し》ぬほどほしい、といふのもまさに一種《しゆ》の變態的《へんたいてき》な所有本能《しよいうほんのう》のひとつだ。

どつちにしても、新《あたら》しいものを好《この》む人間性《にんげんせい》のあるうちは男《をとこ》は「處女《しよぢよ》」を妻《つま》に要求《えうきう》することだらう。

（八、一六日）

理由《りいう》はある
（だが男性《だんせい》の身勝手《みがつて》の場合《ばあひ》が多《おほ》い）

批評家　新居格

111 「男は何故に処女を妻に求めるか」 帆足理一郎、北村小松、喜多壮一郎、新居格 『婦人画報』 昭和5年10月1日

男《をとこ》が童貞《どうてい》であれば、妻《つま》として處女《しよぢよ》を選《えら》ぶのも當然《たうぜん》な感情《かんじやう》だと思《おも》ふが、男《をとこ》が完全《くわんぜん》な童貞《どうてい》でもない場合《ばあひ》に、結婚《けつこん》のとき處女《しよぢよ》を選《え》らびたがるのは男《をとこ》としては勝手《かつて》な話《はなし》である。わたしはさうした勝手《かつて》な男《をとこ》のために何故《なにゆゑ》結婚《けつこん》するに際《さい》して處女《しよぢよ》を妻《つま》に選《えら》ぶかと云《い》ふが如《ごと》き理由《りいう》を考《かんが》へてやりたくはない。

それにわたしは少々《せう／＼》性質《せいしつ》が悪《わる》くて疑《うたが》ひ深《ぶか》い。處女《しよぢよ》とは何《なん》ぞや、と云《い》ふ疑問《ぎもん》がそれだ。そして完全《くわんぜん》な處女《しよぢよ》は完全《くわんぜん》な童貞《どうてい》と共《とも》にその比率《ひりつ》が漸次《ぜんじ》少《すく》なくなつて行《ゆ》くのではないかと思《おも》つてゐる際《さい》だとすれば、結婚《けつこん》をしない非處女《ひしよぢよ》がかなりある譯《わけ》だと思《おも》つてゐる。少々《せう／＼》極言《きよくげん》の感《かん》はあるがアメリカには處女《しよぢよ》なしとさへ悪口《わるくち》を云《い》ふ人《ひと》がある。アメリカの風潮《ふうてう》から押《お》してさう云《い》ふ結論《けつろん》があるのかも知《し》れないが、わが國《くに》でも完全《くわんぜん》な處女《しよぢよ》が少《すく》なくなつて行《ゆ》くと見《み》る見方《みかた》がある。男《をとこ》！ 自分《じぶん》が完全《くわんぜん》なる童貞《どうてい》でもないのに完全《くわんぜん》な處女《しよぢよ》を望《のぞ》むが如《ごと》き身勝手《みがつて》な考方《かんがへかた》はよすべきである。

わたしは結婚《けつこん》が處女《しよぢよ》（よし完全《くわんぜん》な處女《しよぢよ》であれ）であることを條件《でうけん》とする考方《かんがへかた》は餘程《よほど》ルーズになつて來《き》たかに思《おも》へる。處女《しよぢよ》であるとかないとかと云《い》ふ理由《りいう》よりも、外《ほか》の條件《でうけん》の方《はう》が今《いま》となつては重《おも》きをなして來《き》たと思《おも》つてゐる。

外《ほか》の條件《でうけん》が同《おな》じことに具備《ぐび》してゐる場合《ばあひ》には非處女《ひしよぢよ》より處女《しよぢよ》の方《はう》が感情的《かんじやうてき》に選《えら》ばれるでもあらう。だが、そんな感情《かんじやう》を當然《たうぜん》としてもつ資格《しかく》のあるものは願《ねが》はくば完全《くわんぜん》なる童貞《どうてい》の男子《だんし》であつてほしい。この質問《しつもん》をあべこべにして「女は何故《なにゆゑ》に童貞《どうてい》を夫《をつと》に求《もと》めるか」と考《かんが》へたがる女《をんな》にたいして「男は何故《なにゆゑ》に處女《しよぢよ》を妻《つま》に求《もと》めるか」と云《い》ふ男《をとこ》の理由《りいう》のみがあつていゝのである。幾度《いくど》も結婚《けつこん》したり、結婚《けつこん》しなくとも童貞《どうてい》でもない男《をとこ》たちがその後《ご》にも處女《しよぢよ》を妻《つま》として求《もと》める。その理由《りいう》は？ と云《い》ふならば完全《くわんぜん》な處女《しよぢよ》より抗議《かうぎ》してやれ。

處女《しよぢよ》を選《えら》ぶ理由《りいう》は完全《くわんぜん》な處女《しよぢよ》が清純《せいじゆん》で浄潔《じやうけつ》だとするのにちがひない。だが、それは完全《くわんぜん》な處女《しよぢよ》に限《かぎ》つてのことである。ミスとかマドモアゼルとかの呼《よ》び掛《か》けがあるから、それが完全《くわんぜん》な處女《しよぢよ》と信《しん》ずるお目出度《めでた》い人《ひと》も少《すく》なくなつて來《き》たであらう。完全《くわんぜん》な處女《しよぢよ》でないものは處女《しよぢよ》ではない。男《をとこ》は何故《なぜ》處女《しよぢよ》を結婚《けつこん》の對手《あひて》に妻《つま》として選《えら》ぶかと云《い》ふことを理由《りいう》づけるためには男《をとこ》は何故《なぜ》非處女《ひしよぢよ》を妻《つま》として比較的《ひかくてき》に選《え》らびたがらないかを説明《せつめい》すれば同《おな》じことになるであらう。

非處女《ひしよぢよ》とは結婚《けつこん》若《も》しくはその他《た》の形式《けいしき》で處女《しよぢよ》であることの地位《ちゐ》を失《うしな》つた女《をんな》である。處女《しよぢよ》が處女《しよぢよ》でなくなることは異性《いせい》との肉體的交際《にくたいてきかうさい》による。女性《ぢよせい》は異性《いせい》との肉交《にくかう》によつて異性《いせい》の血液《けつえき》の影響《えいきやう》を受《う》けるものと云《い》はれてゐる。それは純正《じゆんせい》の處女《しよぢよ》の血液《けつえき》が何《なに》がしかの別《べつ》の陰影《いんえい》が加味《かみ》されたと云《い》ふことになる。人間《にんげん》は誰《たれ》でもより純情《じゆんじやう》なものを愛《あい》する本能《ほんのう》がある。それが男《をとこ》が處女《しよぢよ》（貞操上《ていさうじやう》の）を非處女《ひしよぢよ》より選《えら》びたがる本能的《ほんのうてき》の理由《りいう》かも知《し》れない。

それは血液《けつえき》の上《うへ》の影響《えいきやう》のない非童貞《ひどうてい》の男子《だんし》にたいして完全《くわんぜん》な處女《しよぢよ》のもつ感情《かんじやう》でもあらう。一種《いつしゆ》の本能的《ほんのうてき》な潔癖《けつぺき》から來《く》るのにこの男《をとこ》又《また》はこの女《をんな》に初《はじ》めての時映つた影《かげ》があつたことにたいする本能的《ほんのうてき》なショックであらう。新鮮《しんせん》にして清純《せいじゆん》、こんな感《かん》じから來《く》る

一種《しゆ》の心理作用《しんりさよう》である。だが、さうした宗教的情緒《しゆうけうてきじやうちよ》に似《に》たものは科學的《くわがくてき》な理知《りち》に入《い》れ損《そん》しつゝある。又《また》理知《りち》ではないが、處女《しよぢよ》であれ、非處女《ひしよぢよ》であれ、すきなものが好《す》きだと云《い》ふ感《かん》じが遙《はる》かに強《つよ》く感情的《かんじやうてき》にも發展《はつてん》して來《き》たのではないかとも思《おも》はれる。

處女《しよぢよ》を超越視《ちやうゑつし》する感《かん》じは淡《うす》くなつた。それはたしかだ。それだからと云《い》つて、非處女《ひしよぢよ》であることを勸說《くわんせつ》する何《なん》ら理由《りいう》もない。又非處女《またひしよぢよ》の状態《じやうたい》が結婚以外《けつこんいぐわい》から來《き》てはならないとも云《い》へない。結婚《けつこん》とは形式上《けいしきじやう》の問題《もんだい》で、內容的《ないようてき》にはもつとよき状態《じやうたい》が兩性《りやうせい》の間《あひだ》に事實《じじつ》として存《そん》するからである。非處女《ひしよぢよ》と云《い》ふだけのことで輕蔑《けいべつ》すべきではなく、處女《しよぢよ》と云《い》ふだけで過重《くわぢう》するのも可笑《をか》しい。

愛《あい》と理解《りかい》と自由合意《じいうがふい》の上《うへ》ならば處女《しよぢよ》と非處女《ひしよぢよ》とはどうでもよからう。

完全《くわんぜん》な處女《しよぢよ》の清純《せいじゆん》な、乙女子《をとめご》の心《こゝろ》を望《のぞ》むものは完全《くわんぜん》にして等《ひと》しく清純《せいじゆん》なる童貞《どうてい》であらしめよ。わたしは早婚《さうこん》であつたためでもあらうが童貞《どうてい》で結婚《けつこん》した。完全《くわんぜん》な處女《しよぢよ》と。そのときならば非處女《ひしよぢよ》を望《のぞ》まなかつたであらうと今《いま》でも想起《さうき》する。だが、今《いま》は處女《しよぢよ》、非處女《ひしよぢよ》であることの關心《くわんしん》よりももつと他《た》の條件《でうけん》を考慮《かうりよ》する。運命《うんめい》が不幸《ふかう》にして非處女《ひしよぢよ》の地位《ちゐ》に置《お》いた女性《ぢよせい》達《たち》（破婚《はこん》、未亡人《みばうじん》その他《た》）にそれだけの理由《りいう》で處女《しよぢよ》である地位《ちゐ》よりほかに何《なん》の理由《りいう》もなく差別視《さべつし》するのはよくない。人《ひと》としての問題《もんだい》が一番大切《いちばんたいせつ》なのである。

男達《をとこたち》！ 自分《じぶん》が童貞《どうてい》であるかどうかを考《かんが》へもせずに、いや、それを棚《たな》にあげて妻《つま》として處女《しよぢよ》を望《のぞ》むもないもんだ。そんな虫《むし》のいゝ男達《をとこたち》の考《かんが》へ方《かた》をいゝ氣《き》に許《ゆる》すのは明《あき》らかに男性《だんせい》が我儘《わがまゝ》であることを默認《もくにん》する社會組織上《しやくわいそしきじやう》の、缺陥《けつかん》である。その身勝手《みがつて》な男性《だんせい》の考《かんが》へ方《かた》をどう女性《ぢよせい》が批評《ひひやう》するかをわたしはむしろきかまほしい一人《ひとり》である。（終）

113 「童貞の価値」 生田花世、三宅やす子、杉浦翠子、阿部ツヤコ 『婦人画報』昭和5年10月1日

童貞の價値

男《をとこ》ごころとその童貞《どうてい》

生田花世

男性《だんせい》といふものを女性《ぢよせい》がほんとに知《し》つたなら惑《まどひ》がさめる……。男性《だんせい》にとつて久遠《くをん》の女性《ぢよせい》があり得《え》ないやうに（瞬間的《しゆんかんてき》にはありえても）女性《ぢよせい》にとつても久《く》遠の男性《だんせい》なんてめつたにあるものでない。男性《だんせい》とかう女性《ぢよせい》より相對的《さうたいてき》にいへる人々《ひとびと》は不童貞人《ふどうていじん》もしくば非童貞人《ひどうていじん》であるからである。又《また》その不童貞人《ふどうていじん》、非童貞人《ひどうていじん》であるところに男性本來《だんせいほんらい》の面目《めんもく》があると知《し》つたら、女性《ぢよせい》は男性《だんせい》の戀愛《れんあい》なんか大《だい》して氣《き》にしなくてもいいかもしれない。

私《わたし》はこれまで何萬《なんまん》といふ男性《だんせい》の中《なか》からただ一人《ひとり》の童貞人《どうていじん》をも見《み》なかつたといふ發見《はつけん》をしてゐる。不具《かたわ》の人《ひと》は論外《ろんぐわい》であるが、不具《かたわ》の人《ひと》にしても性的機能《せいてききのう》以外《いぐわい》のものであれば、その心身《しんしん》の不童貞《ふどうてい》さは、健康人《けんかうじん》以上《いじやう》の熱烈《ねつれつ》に燃《も》えやすいことはこれを生理的《せいりてき》に考《かんが》へて見《み》ても分《わか》るはずである。

所詮《しよせん》、男性《だんせい》の童貞《どうてい》は、彼等《かれら》が少年《せうねん》から青年《せいねん》になつた時《とき》にどつかへふりおとして了《しま》ふ珠玉《しゆぎよく》のやうなものではあるまいか。

たまたま男性《だんせい》の中《なか》には自制力《じせいりよく》のつよい人《ひと》があつて、二十九歳《さい》までも三十歳《さい》までも肉體上《にくたいじやう》（心は保證《ほしよう》出來《でき》ない）の操守《さうしゆ》の純《じゆん》なのもある。私《わたし》はさうした人《ひと》に少年美《せうねんび》を見《み》る、潔《きよ》らかだなとおもへる。戀愛《れんあい》ではなくとも心《しん》からそんな人《ひと》を愛《あい》したくなつてくる。

童貞《どうてい》の價値《かち》は男女何《だんぢよいづ》れとも絶對《ぜつたい》である。純潔《じゆんけつ》な男《だん》女《ぢよ》の終身《しゆうしん》の結合《けつがふ》はこの世《よ》の中《なか》でもつとも完美《くわんび》なものであるといふ理想《りさう》を私《わたし》たちはすてることが出來《でき》ない。だがこの理想《りさう》どほりのことのゆるされるいい條《でう》件《けん》は數《かぞ》へるほどの人《ひと》にしかめぐまれないであらう。さうしたものは金殿玉樓《きんでんぎよくろう》の中《なか》に折々《をりをり》あるかもしれない。ブルジョアの温室《をんしつ》に折々《をりをり》あるかもしれない。しかしさうしたところにもどんな日蔭《ひかげ》の女《をんな》、日蔭《ひかげ》の子《こ》供《ども》たちがかくされてゐるか、しれたものではない。そんなところでの機械《きかい》の世界《せかい》はブルジョアの幕《まく》がおりて、こちらからは見《み》えないとしかおもはれないのだ。プロレタリアの世界《せかい》では經濟的《けいざいてき》に考《かんが》へて見《み》ても、まづ男女《だんぢよ》の童貞《どうてい》は非常《ひじやう》に早《はや》く失《うしな》はれるであらう。環

壊からいつても亦《また》そのことが想像《そうぞう》されるからである。

男女《だんぢよ》ともにその童貞《どうてい》は至高至美《しこうしび》のものであるとかう最初《さいしよ》に絶對《ぜつたい》の價値《かち》をみとめておいて、次《つぎ》に問題《もんだい》になるのは童貞《どうてい》を失《うしな》つた男女《だんぢよ》のことである。女性《ぢよせい》のことはしばらくおく、男性《だんせい》の場合《ばあひ》は失《うしな》つて見《み》たところでなげき悲《かな》しむにはあたらない。

たとへて見《み》るなら男性《だんせい》は飛行機《ひかうき》であり自動車《じどうしや》である。飛行機《ひかうき》は飛《と》ぶためのものだ、自動車《じどうしや》は走《はし》るためのものだ、男性《だんせい》はその種族《しゆぞく》をこの世《よ》にのこすための「種蒔《たねま》く人《ひと》」だ。一人《ひとり》の女性《ぢよせい》でよかつた男性《だんせい》もあつたらうが三人五人八人《にん》、時《とき》にはかぞへきれない女性《ぢよせい》を必要《ひつえう》とした男性《だんせい》もあつたであらう。私《わたし》はよく護國寺《ごこくじ》の墓地《ぼち》を歩《ある》いてその男名《だんめい》の墓《はか》をみてそんなことを考《かんが》へた。そこには故岩野泡鳴《こいはのはうめい》氏、故島村抱月《こしまむらはうげつ》氏といふやうな仁《ひと》が、一人以上《ひとりいじやう》の女性《ぢよせい》を愛《あい》して永眠《えいみん》してゐるのだもの……。

男《をとこ》の人《ひと》は遊《あそ》んで遊《あそ》びぬいて、女《をんな》に卒業《そつげふ》して了《しま》つた人《ひと》が夫《をつと》として信用《しんよう》出來《でき》るとものしりの人々《ひとびと》は教《をし》へてくれる。石部金吉《いしべきんきち》はきつと四十前後《ぜんご》からいけなくなるときいてたがこれは本當《ほんたう》といつてよからう。不童貞人《ふどうていじん》が（例外《れいぐわい》もあるが）男《をとこ》としてたのもしいとは何《なん》たるこの世《よ》の皮肉《ひにく》であらう。何《なん》としてさうなんだらう。

女一人《をんなひとり》もつくらないと男仲間《をとこなかま》ではその男《をとこ》をケイベツする。「能《のう》なしだナ」といつたりして……。妾《めかけ》を八人《にん》もつてるといふ人《ひと》の噂《うはさ》などして男《をとこ》たちはワイワイいふ。結婚《けつこん》しないでも非難《ひなん》はしないのである。こんなことからでも男性《だんせい》の世界《せかい》は女性《ぢよせい》にはたまらない世界《せかい》である。男性《だんせい》はなつかしいが、又《また》にくい。女《をんな》も四十歳近《さいちか》くなるとそのことがわかる、そして夢《ゆめ》がさめる、そこで子供《こども》が可愛《かあい》いのだ、夫《をつと》よりも。とにもかくにも大多數《だいたすう》の女《をんな》は男《をとこ》にこりこりして了《しま》ふのがおちで、そこで幕《まく》だ。

童貞《どうてい》をいかに觀《み》る

三宅やす子

結婚《けつこん》する場合《ばあひ》、（或《あるひ》は愛人《あいじん》に持《も》つ場合《ばあひ》でも）、女性《ぢよせい》は男子《だんし》の童貞《どうてい》を、あまり重大視《ぢゆうだいし》して居《ゐ》なかつたようです。無論《むろん》其《その》理由《りゆう》は、童貞《どうてい》を輕視《けいし》するといふよりも、そんなことが當人並《たうにんなら》にはたの人《ひと》の言葉《ことば》でわかるものではなく、果《はた》して眞僞《しんぎ》が信《しん》じられるべきかどうかといふ疑問《ぎもん》があるのは勿論《もちろん》ですが、大體《だいたい》女《をんな》の方《はう》の心理《しんり》に、相手方《あいてかた》の童貞《どうてい》を望《のぞ》んでも到底《たうてい》得《え》られないといふ先入主的《せんにふしゆてき》なあきらめが主《おも》になつて働《はたら》いて居《ゐ》たのだらうと考《かんが》へられます。現在《げんざい》といはず、古來《こらい》、到《いた》るところに存在《そんざい》する賣笑制度《ばいせうせいど》を知《し》つて居《ゐ》るものに、此《この》あきらめの起《おこ》るのは、當然《たうぜん》かもしれません。

然《しか》し、それは單《たん》なるあきらめで、又多《またおほ》くの男子《だんし》が大抵《たいてい》さうだからといふ類例《るゐれい》から、仕方《しかた》なしに許《ゆる》す氣持《きも》になるものだつたでせうが、それなら一應《いちおう》の理《り》があります。更《さら》にもう一《ひと》つ、女《をんな》は處女《しよぢよ》を失《うしな》ふことは重大《ぢゆうだい》なことだが、男《をとこ》は、さほど童貞《どうてい》を云々《うんぬん》すべきことではない、といふ考《かんが》へ方《かた》——これがかなり大多數《だいたすう》だが、もし現代《げんだい》の女性《ぢよせい》も、さう考《かんが》へて居《ゐ》たなら、救《すく》はれがたい誤謬《ごびう》だと考《かんが》へます。

×

理想社會《りさうしやくわい》を假空《かくう》して考《かんが》へれば、男女共成長《だんぢよともせいちやう》して、異性《いせい》を相識《あひし》る年齡《ねんれい》に達《たつ》したら、それ〳〵適當《てきたう》な配遇《はいぐう》を求《もと》めて、家庭《かてい》を作《つく》り、男《をとこ》も女《をんな》も、そのときに、はじめて異性《いせい》を相識《あひし》るといふことになるのが、人生《じんせい》の幸福《かうふく》でありませう。もし誰《だれ》でもが、容易《たやす》く、さうなれるものならば、自分《じぶん》の伴侶《はんりよ》を得《う》るまでに、無暗《むやみ》に、愛《あい》を感《かん》じない異性《いせい》によつて、童貞《どうてい》を失《うしな》ふことはないに違《ちが》ひないが、人間《にんげん》の智慧《ちゑ》が進《すゝ》み、撰擇《せんたく》がむづかしくなつた上《うへ》に、社會状態《しやくわいじやうたい》は益《ます〳〵》複雜《ふくざつ》になつて、適當《てきたう》な相手《あひて》がめつかつてさへも、それが結婚《けつこん》といふことになると、雙方《さうはう》に困難《こんなん》な事情《じじやう》が伏在《ふくざい》するといふ有様《ありさま》の現在《げんざい》の社會《しやくわい》では、童貞《どうてい》といふことゝ、結婚《けつこん》といふこととの關係《くわんけい》は、次第《しだい》に距離《きより》が遠《とほ》くなつてゆきつゝあります。

×

この社會《しやくわい》で、結婚《けつこん》するまで決《けつ》して女性《ぢよせい》に近《ちか》づかない、といふ人《ひと》がないとは云《い》はないけれど、さういふ人《ひと》が却《かへ》つて性慾《せいよく》のとりこになつて、つまらない女性《ぢよせい》を崇拝《すうはい》してしまつたりすることが往々《わう〳〵》あるようです。修學年齡《しうがくねんれい》から異性《いせい》に心《こゝろ》を惹《ひ》かれて、自分《じぶん》のすることを投《な》げやりにするような男子《だんし》はしようがないけれど、相當《さうたう》の年齡《ねんれい》に達《たつ》して、堅《かた》くるしくかまへて居《ゐ》る人《ひと》に禁慾者的《きんよくしやてき》な人《ひと》がある。女性《ぢよせい》の立場《たちば》から、男子《だんし》の童貞《どうてい》を評價《ひやうか》すると、やはり、童貞《どうてい》を失《うしな》ふ機會《きくわい》が、どんな不純《ふじゆん》な場合《ばあひ》に起《おこ》つたか、といふことに問題《もんだい》が歸着《きちやく》するんです。一寸《ちよつと》した誘惑《いうわく》に負《ま》けるような男《をとこ》は、信《しん》じられませんから。不純《ふじゆん》といふことは、それは、賣笑《ばいせう》の婦人《ふじん》との間《あひだ》に起《おこ》つたか、それ以外《いぐわい》の關係《くわんけい》で起《おこ》つたか、といふような事《こと》ではなく、フラ〳〵とした出來心《できごころ》であつたといふようなのが、女性《ぢよせい》から見《み》ては危險視《きけんし》されるのですが、事實《じじつ》は、酒《さけ》の上《うへ》の出來心《できごころ》でもなければ、そんな機會《きくわい》はないらしくもあります。

×

大膽《だいたん》に童貞《どうてい》、處女《しよぢよ》の價値《かち》を過大視《くわだいし》したりするのは、所有的《しよいうてき》な觀念《くわんねん》に基《もと》く結婚制度《けつこんせいど》が生《う》んだ結果《けつくわ》で、男《をとこ》も女《をんな》も、獨立《どくりつ》した人格《じんかく》を尊重《そんちよう》する以上《いじやう》、童貞《どうてい》、並《ならび》に處女《しよぢよ》の價値《かち》をやかましく評價《ひやうか》するには及《およ》ばないことです。男《をとこ》はさういふものだからあきらめるといふのでなく、男女平等《だんぢよびやうどう》に、獨立人格《どくりつじんかく》をみとめて、生理的《せいりてき》な一部面《いちぶめん》に對《たい》して偏見《へんけん》を持《も》たないといふことです。但《たゞ》し、これは、どんな女《をんな》にでも近《ちか》づくとか、どんな男《をとこ》にでも身《み》を任《まか》せるとかいふ亂倫《らんりん》の意味《いみ》ではありません。かうした廣《ひろ》い貞操評價《ていさうひやうか》は、却《かへ》つて男女間《だんぢよかん》に、高《たか》い情操《じやうさう》を要求《えうきう》する嚴粛《げんしゆく》なことになります。紙數《しすう》つきて充分《じゆうぶん》でありませんが。以上《いじやう》

結局《けつきよく》は主觀《しゆくわん》の問題《もんだい》

杉浦翠子

童貞《どうてい》といふ名稱《めいしよう》は、男性《だんせい》の肉體《にくたい》が性慾《せいよく》不犯《ふぼん》であることを云《い》ふのに相對《さうたい》して、女性《ぢよせい》の處女《しよぢよ》をもいふことである。

童貞《どうてい》の價値《かち》はどこ迄《まで》も價値《かち》である。但《たゞ》し、童貞《どうてい》を守《まも》りつゝある現在《げんざい》の己《おの》れを價値《かち》とするのと、結婚《けつこん》に至《いた》るまでの期間《きかん》に童貞《どうてい》を守《まも》つたといふことに價値《かち》を認《みと》めるのとある。

また、一生涯《しやうがい》童貞《どうてい》を守《まも》り終《おほ》せたといふ者《もの》、それは宗教家《しうけうか》にあるが、結局《けつきよく》、童貞《どうてい》といふものを守《まも》るには、其當事者《そのたうじしや》なるものゝ一《ひと》つの信念《しんねん》から生《うま》れるのであつて、其信念《そのしんねん》に對《たい》して第三者《だいさんしや》が賢愚《けんぐ》の批判《ひはん》を與《あた》へることは愼めたい。

大僧正《だいそうじやう》道重信教師《みちしげしんけうし》に會《あ》つた人《ひと》が、あなたは完全《くわんぜん》な童貞《どうてい》であることは疑《うたが》ひなしとして、其《その》それを、どうして抑制《よくせい》し終《おほ》せましたかと、聞《き》いたら「南無阿彌陀佛《なむあみだぶつ》」を唱《とな》へてゐたと云《い》はれた。サン、フランシスにしても、やはり人間《にんげん》であつたから、不犯《ふぼん》の心境《しんきやう》を維持《ゐぢ》するのに非常《ひじやう》に苦《くる》しかつたに違《ちが》ひない。雪《ゆき》の晩《ばん》に起《お》き出《い》で雪達磨《ゆきだるま》を作《つく》り、これは自分《じぶん》の妻《つま》だ、これは自分《じぶん》の子《こ》だとして慰《なぐさ》め、そして雪達磨《ゆきだるま》の消《き》えて行《ゆ》く果敢《はか》なさを見《み》て悟《さと》つてゐたと云《い》ふ。かう云《い》ふ人達《ひとたち》は人間本能《にんげんほんのう》の動《うご》きより、より大《おほ》きな生命《せいめい》を奉仕しようとして、堪《た》へ難《がた》い慾《よく》と闘《たゝか》つたのである。むかし、これらは宗教家《しうけうか》としての童貞《どうてい》で、私達《わたしたち》はこの人達《ひとたち》のやうに一生涯《いつしやうがい》童貞《どうてい》を守《まも》る可《べ》き必要《ひつえう》を認《みと》めない。だが、かうした不犯《ふぼん》の心境《しんきやう》にあつた人達《ひとたち》の心理《しんり》を淨《きよ》い深いと、斷破の念《ねん》を拂《はら》ふことは既《すで》に其人《そのひと》は童貞《どうてい》の價値《かち》を認《みと》めてゐるわけである。

和語《わご》に「あらたま」と云《い》ふ言葉《ことば》があるが、あれはまだ磨《みが》かない珠《たま》、即《すなは》ち人《ひと》の手《て》に觸《ふ》れたことのない珠《たま》を云《い》ふのであつて、これを目出度《めでた》いものゝ冠頭詞《くわんとうし》に用《もち》ふるのも、やはり童貞《どうてい》の價値《かち》を認《みと》めてゐるのである。

宗教家《しうけうか》のやうに、生涯《しやうがい》童貞《どうてい》を守《まも》る必要《ひつえう》のない私達《わたしたち》が、結婚《けつこん》するまでの期間《きかん》に異性《いせい》を抱擁《はうよう》しないと云《い》ふ考《かんが》へは、結婚《けつこん》をして人間生活《にんげんせいくわつ》の首途《かどで》とし、其首途《そのかどで》を幸福《かうふく》にあらしめたい信念《しんねん》から生《うま》れるので、自分《じぶん》の配偶者《はいぐうしや》たる人《ひと》に自分《じぶん》の全身全靈《ぜんしんぜんれい》を捧《さゝ》げたいと思《おも》ふならば、童貞《どうてい》であるより他《ほか》はないのである。ところが、ここに誤解《ごかい》され易《やす》いのは、處女《しよぢよ》であり童貞《どうてい》であることに、それ程《ほど》の將來《しやうらい》をかけて結婚《けつこん》したにも拘《かゝは》らず、事實《じじつ》は裏切《うらぎ》られて甚《はなは》だ不幸《ふかう》な夫婦《ふうふ》になつてしまうことがある。さういふ人《ひと》は童貞《どうてい》であつたことを呪咀《じゆそ》して、反對《はんたい》に其後《そのご》を破操《はさう》に陥《おちい》る人《ひと》を屢《しばしば》見《み》うけるが、これは童貞《どうてい》たりしことが無價値《むかち》であつたのではなく其人《そのひと》の結婚《けつこん》が不幸《ふかう》であつたのである。

117　「童貞の価値」 生田花世、三宅やす子、杉浦翠子、阿部ツヤコ 『婦人画報』昭和5年10月1日

我國上代人《わがくにじやうだいじん》の生活《せいくわつ》を見《み》ると、處女《しよぢよ》と云《い》ふものは非常《ひじやう》に價値《かち》づけられたもので、最《もつと》も尊《たふと》いものであつた。神《かみ》に仕《つか》へるものは處女《しよぢよ》であらねばならなかつたのであつて、これらは精神上《せいしんじやう》から處女《しよぢよ》を禮讃《らいさん》するのでもあるし、また生理上《せいりじやう》からも處女《しよぢよ》を清淨《せいじやう》としたものであらうと思《おも》ふ。今《いま》私《わたし》は、山莊《さんさう》にゐる爲《ため》に萬葉集《まんえふしふ》を持《も》つて居《ゐ》ないけれど、萬葉集《まんえふしふ》の歌《うた》の一句《く》に、「常處《とこをと》女《め》にて」と云《い》ふ言葉《ことば》さへあつたのを覺《おぼ》えてゐる。

西洋人《せいやうじん》なんかは、處女《しよぢよ》を無闇《むやみ》に貴《たふと》ぶよりも、一旦結婚《いつたんけつこん》した人《ひと》の方《はう》が妻《つま》に良《よ》いと云《い》ふ、それは家政《かせい》に長《ちやう》じてゐると云《い》ふ云《い》ひ分《ぶん》だが、それはあまり人間《にんげん》をメカニズム化《くわ》し、情緒《じやうちよ》ぬきにした云《い》ひ草《ぐさ》だと思《おも》ふが、これとて結婚《けつこん》した女《をんな》を強《し》いてよろしと云《い》ふのではなくて、處女《しよぢよ》であつて家政《かせい》に長《ちやう》じてゐれば尚《なほ》良《よ》いわけではないかと思《おも》ふ。

兎《と》に角《かく》、以上《いじやう》童貞《どうてい》を價値《かち》する人《ひと》と無價値《むかち》する人《ひと》との答《こたへ》がまちまちであらうが、現代《げんだい》は無價値《むかち》とする人《ひと》の方《はう》が多數《たすう》であると思《おも》はれる。しかし、それはいづれにしても主觀《しゆくわん》の問題《もんだい》で解決《かいけつ》するのが當然《たうぜん》であるのだから、私《わたし》としては結婚《けつこん》するまで處女《しよぢよ》であつた自分《じぶん》故《ゆゑ》に、それを良《よ》しとしたい、但《ただ》しそれを良《よ》しと云《い》つて人《ひと》に勸《すゝ》めることでもなく、人《ひと》に誇《ほこ》つて愚《おろ》かしく、たゞ己《おの》れに向《むか》つての信念《しんねん》であつた。

（千ケ瀧山莊《せんがたきさんさう》にて五、八、二一）

男性《だんせい》の貞操《ていさう》

阿部ツヤコ

私《わたし》は一番初《いちばんはじ》めの人間《にんげん》のことを思《おも》つて了《しま》ふ。一體《いつたい》全體《ぜんたい》アダムとイヴはたしかに童貞《どうてい》であり處女《しよぢよ》であつたに違《ちが》ひない。或日《あるひ》蛇《へび》に教《をそ》はつて林檎《りんご》の實《み》を喰《た》べたら處女《しよぢよ》や童貞《どうてい》でなくなる方法《はうはふ》を發見《はつけん》して、それから無數《むすう》に人類《じんるゐ》が繁殖《はんしよく》して、今日《こんにち》こうして私《わたし》たちがこの地球《ちきう》の上《うへ》に存在《そんざい》し得《え》て居《ゐ》る譯《わけ》なのでせうか……。

だけど私《わたし》にはどうしても考《かんが》へられない。それはアダムとイヴはまあいゝとして、その子《こ》は一體《いつたい》何人《なんにん》生《う》まれたのか。そしてその子《こ》たちは男《をとこ》だつたか女《をんな》だつたか。どつちにしても兄弟姉妹《きやうだいしまい》であるには違《ちが》ひない。そうしてその兄妹《きやうだい》たちが蛇《へび》に教《をそ》はつて林檎《りんご》を喰《た》べたのだらうか、それとも父母《ふぼ》のアダム、イヴにきいたのだらうか。

原始人《げんしじん》は血族結婚《けつぞくけつこん》であり雜婚《ざつこん》であるしか仕方《しかた》がなかつた譯《わけ》だから、父母兄弟姉妹《ふぼきやうだいしまい》は同時《どうじ》に夫婦《ふうふ》でもあつたのだらうと思《おも》ふ。そうすると、アダムとイヴの子《こ》が偶數《ぐうすう》で男《をとこ》一人《り》女《をんな》一人《り》と云《い》ふ工合《ぐあひ》に行《ゆ》けばいゝけれど、男《をとこ》か女《をんな》か一人《にん》あまつたとする――そうすると其《そ》のあまつた一人《ひとり》の男《をとこ》か女《をんな》かが、坊《ばう》さんか尼《あま》さんになつてくれゝばいゝのに、まだお寺《てら》もない原始時代《げんしじだい》のことだから、そうも行《ゆ》かず、やつぱり蛇《へび》にきいてしまつたので、童貞《どうてい》のまゝ死《し》ぬのはいやだと思《おも》ひ出《だ》

しはぢだと思《おも》ひ出《だ》しはしたものゝ、もう他《た》の兄《きやう》妹《だい》、姉弟《きやうだい》たちはそれぞれ一人《ひとり》づつ夫婦《ふうふ》になつてしまつてゐるので、どうすることも出來《でき》ない――と思《おも》ふのは文明人《ぶんめいじん》の考《かんが》へで、兄妹《きやうだい》で夫婦《ふうふ》になつてもいゝ――ならざるを得《え》ない状態《じやうたい》だから、兄《あに》や妹《いもうと》との相手《あいて》を横《よこ》どりする位《くらゐ》はあたり前《まへ》で、むしろ人類《じんるゐ》としての義《ぎ》ですらあつたかも知《し》れないのだから、このために三角關係《さんかくくわんけい》なんてものは起《おこ》らなかつたのだらうと思《おも》ふ。

それはそうとして最後《さいご》の一人《ひとり》が、兄《あに》か姉妹《きやうだい》の相手《あひて》と夫婦《ふうふ》になつたとする。とこゝで片方《かたはう》は處女《しよぢよ》か童貞《どうてい》でも、相手《あひて》はそうではないわけだ。それでも決《けつ》して不服《ふふく》ではなかつたのだらうと思《おも》ふ。

それから段々《だんだん》と人類《じんるゐ》が繁殖《はんしよく》して來《き》て、あんまり多《おほ》くなつたのだから――實際《じつさい》アダムとイヴは自分《じぶん》たちの子《こ》の子《こ》の子《こ》が等比級數的《とうひきうすうてき》にどん／＼ふえて、とう／＼、何億何兆《なんおくなんちやう》と云《い》ふ今日《こんにち》の人口《じんこう》が生《うま》れようとは想像《さうざう》しなかつたかも知《し》れない程《ほど》人間《にんげん》がふえちやつたから、仕方《しかた》がないから法律《はふりつ》とか道徳《だうとく》とか云《い》ふものをこしらへて整理《せいり》するやうになつた。だけどまだ原始時代《げんしじだい》の人間《にんげん》の起《おこ》らなかつた時《とき》の遺風《ゐふう》で男《をとこ》だけは童貞《どうてい》でなくてもいゝと云《い》ふことになつた。(それは或《あ》る時《とき》、女《をんな》の數《すう》が男《をとこ》の數《すう》よりもずつと増《ふ》えてしまつたので、一人一人《ひとりひとり》ではどうしても女《をんな》があまつてしまふので、アダムとイヴの一人一人《ひとりひとり》の規則《きそく》がくるつてしまつて、童貞《どうてい》でなくても處女《しよぢよ》と結婚《けつこん》してもいゝ、と云《い》ふことになつてしまつたのだと思《おも》ふ。)

だけれども Ocstity とか Virginity の價値《かち》と云《い》ふのは對社會的規約《たいしやくわいてききやく》に基《もと》いて生《しやう》ずるものである。

私《わたし》は思《おも》ふ。近來男性《きんらいだんせい》の貞操《ていさう》と云《い》ふものが、道徳的《だうとくてき》或《あるひ》は法律的《はふりつてき》に、女性《ぢよせい》の貞操《ていさう》と同樣《どうやう》に非常《ひじやう》に高《たか》く評價《ひやうか》される樣《やう》になつて居《ゐ》る。それは文明人《ぶんめいじん》の繁雜《はんざつ》な社會《しやくわい》生活《せいくわつ》にとつては絶對的《ぜつたいてき》に必要《ひつえう》なことで、男性《だんせい》の貞操《ていさう》蹂躙訴訟《じうりんそしやう》とか夫《をつと》の姦通《かんつう》を告發《こくはつ》すると云《い》ふ樣《やう》なことも今《いま》の社會《しやくわい》では決《けつ》して無意義《むいぎ》なことではないと思《おも》ふけれど、更《さら》に一歩《いつぽ》を進《すゝ》めて考《かんが》へれば「貞操《ていさう》」の價値《かち》そのものが、男性女性《だんせいぢよせい》の別《べつ》なく一樣《いちやう》に低下《ていか》して無價値《むかち》なものになつてしまふのではないかと思《おも》ふ。その理由《りいう》は男性女性《だんせいぢよせい》の別《べつ》なく社會人《しやくわいじん》としての自覺《じかく》を確然《かくぜん》と把持《はぢ》することから出發《しゆつぱつ》することゝ思《おも》ふのである。

問題の女性の貞操觀

貞操《ていさう》の尊重《そんちよう》は恐怖《きやうふ》から

北村兼子

貞操觀念《ていさうかんねん》は科學《くわがく》の軌道《きだう》に乘《の》つて變化《へんくわ》して行《ゆ》く。

德川時代《とくがはじだい》の娘《むすめ》さんは若《わか》い男《をとこ》とすれ違《ちが》つたゞけで頬《ほゝ》に潮紅葉《うすもみぢ》を散《ち》らしたといふが現代女學生《モダーンガール》は電車《でんしや》の吊《つ》り皮《かは》に男學生《ボーイ》とゝもにぶら下《さ》つて指々相摩《しゝさうま》しても恥《はづ》かしくないばかりでなく、車體《しやたい》の動搖《どうえう》を利用《りよう》して身《み》をすり付《つ》けて快感《ファンタジー》を味《あぢ》ふほど勇敢《ゆうかん》になつた。ダンスホールで異性相擁《いせいさうよう》して肉《にく》の香《か》が移《うつ》り合《あ》ふ時《とき》に腦《なう》を躍《をど》らす日本青年《にほんせいねん》はまだ免疫《めんえき》されてゐない。アメリカは男女《だんぢよ》七歳《さい》にしてもうダンスをやつてゐる。幼稚園《えうちゑん》で小《ちい》さな男・女が組《く》み合《あ》つて可愛《かはい》い調子《てうし》で踊《をど》る、この時代《じだい》から訓練《くんれん》されて肉《にく》の刺戟性《しげきせい》を感《かん》じないから生長《せいちやう》して友《いう》愛結婚《あいけつこん》といつた大反逆《だいはんぎやく》を企《くはだ》てる。十年《ねん》の後《のち》には貞操《ていさう》の二字《じ》が廢語《はいご》となるかも知《し》れない。

東洋《とうやう》では人間《にんげん》の情慾《じやうよく》を酒《さけ》、味《あぢ》、色《いろ》の三《み》つにつめた。甘《あま》い酒《さけ》を衆人《しうじん》の前《まへ》で嘗《な》めても羞恥《しうち》を感《かん》じないどころか飲酒家《いんしゆか》の癖《くせ》として無理《むり》に杯《さかづき》を下戸《げこ》にすゝめて喜《よろこ》んでゐる。西洋人《せいやうじん》にもその傾向《けいかう》があつて獨酌《どくしやく》より友《とも》だちと乾盃《かんぱい》するのを樂《たの》む。「味《あぢ》」も同《おな》じことで宴會《えんくわい》などは別《べつ》として家庭的《かていてき》にも團欒《だんらん》して晩餐《ばんさん》を樂《たの》む。中華民國《ちうくわみんこく》などでは店頭《てんとう》で家族相集《かぞくあひあつま》つて卓《テーブル》を圍《かこ》んで食事《しよくじ》をする。子《こ》どもは大《おほ》きな茶碗《ちやわん》と長《なが》い箸《はし》とを持《も》つて軒下《のきした》や木蔭《こかげ》などで遊《あそ》びながら喰《た》べてゐる。下層社會《かさうしやくわい》では「隱《かく》れて喰《た》べてゐたら豚《ぶた》と同《おな》じものを喰《く》つてゐると邪推《じやすい》されても辯解《べんかい》のしやうがない」から人《ひと》の見《み》てゐるところで喰《た》べるといふ一種《しゆ》の體面《たいめん》論《ろん》から公開食事《こうかいしよくじ》をやる。食事《しよくじ》を家庭《かてい》の暗《くら》いところで喰《た》べてゐるのは日本《にほん》の特徴《とくちよう》らしい。しかしこれは家庭《かてい》の便宜《べんぎ》であつて必《かなら》ずしも秘密《ひみつ》ではないが、食事《しよくじ》をしてゐるところをみられることに婦人《ふじん》は幾分《いくぶん》の羞恥感《しうちかん》を持《も》つ。しかるに「色《いろ》」に到《いた》つては國情《こくじやう》と時代《じだい》とを問《と》はず絕對秘密《ぜつたいひみつ》で樞密院《すうみつゐん》、軍事參議院《ぐんじさんぎゐん》の議事《ぎじ》のやうに決《けつ》して公開《こうかい》しない。三慾《よく》のうちで「色《いろ》」だけが神秘性《しんぴせい》を保《たも》つてゐるが、こゝに父母《ふぼ》が子《こ》をつれて散歩《さんぽ》してゐると假定《かてい》する。その子《こ》は如何《いか》にして生《うま》れたかは明白《めいはく》であるから父母《ふぼ》が

「色《いろ》」を隠蔽《いんぺい》する位《くらゐ》ならその當然《たうぜん》の結果《けつくわ》として生《うま》れた「子《こ》」を同《おな》じく隠蔽《いんぺい》せねばならぬ。子《こ》のある限《かぎ》り證據《しようこ》は確實《かくじつ》だが現行犯《げんかうはん》は隠所《いんじよ》に行《おこな》はれた、父母《ふぼ》は子《こ》を前《まへ》にして羞恥《しうち》を感《かん》じないどころかわが子《こ》を人《ひと》に自慢《じまん》する、子《こ》そのものは自身《じしん》が生《うま》れた原因《げんいん》について父母《ふぼ》の執《と》つた行動《かうどう》に遡《さかのぼ》つてまで追及《ついきう》して羞恥《しうち》を感《かん》じない、これは習慣《しふくわん》であつて道徳《だうとく》でも人倫《じんりん》でもないから隠《かく》しおほせられるだけは隠《かく》して、隠《かく》し切《き》れない結果《けつくわ》である證據物《しようこぶつ》をつれて散歩《さんぽ》しても恥《はづ》かしくない。樞密院《すうみつゐん》の議事《ぎじ》でも内容《ないよう》は手《て》に取《と》るやうに國民《こくみん》に洩《も》れる時代《じだい》である。

未婚婦人《みこんふじん》が貞操《ていさう》を尊重《そんちよう》するのは、これを濫用《らんよう》した結果《けつくわ》（妊娠《にんしん》）に對《たい》する恐怖《きようふ》である。もし科學《くわがく》の力《ちから》で原因《げんいん》をそのまゝにして結果《けつくわ》だけを除《のぞ》き去《さ》ることができたら未婚婦人《みこんふじん》の貞操觀念《ていさうくわんねん》は大變化《だいへんくわ》を呈《てい》するであらう、あらうではない、すでに大變化《だいへんくわ》を始《はじ》めつゝある。

新《あら》にできた盗犯防止法案《たうはんばうしはふあん》でも近代立法觀念《きんだいりつぱふくわんねん》から貞操擁護《ていさうようご》のためなら人《ひと》を殺《ころ》しても罪《つみ》とは認《みと》めないことになつた。貞操《ていさう》は婦人《ふじん》の生命《せいめい》であるといふ點《てん》に基礎《きそ》づけられてゐるが法律《はふりつ》にも無理《むり》がある。貞操《ていさう》が生命《せいめい》ならそれを蹂躙《じうりん》したものは死罪《しざい》の宣告《せんこく》を受《う》くべきものだ。

貞操蹂躙《ていさうじうりん》の訴《うつたへ》に性別《せいべつ》はないが男《をとこ》から女《をんな》を相手取《あひてど》つて起《おこ》した例《れい》は少《すくな》く大《たい》てい婦人《ふじん》が原告《げんこく》で、訴状《そじやう》には三萬圓《さんまんゑん》五萬圓《まんゑん》といふ慰藉料《ゐしやれう》も書《か》かれるが結局《けつきよく》は安《やす》いものに値切《ねぎ》られて平均《へいきん》三四百圓《ゑん》どころで貞操《ていさう》が精算《せいさん》される。先《ま》づ米國《べいこく》の一割《わり》どころの相場《さうば》である。何《なん》と安《やす》い生命《せいめい》ではないか、科學《くわがく》が進歩《しんぽ》したら貞操相場《ていさうさうば》は値下《ねさ》げを演《えん》ずるであらう。

北村兼子女史

酒味色《しゆみしよく》を同時《どうじ》に商《あきな》ふ營業者《えいげふしや》に遊廓《いうくわく》がある。カフエーもこれに近《ちか》い、性業婦人《せいげふふじん》は「酒《さけ》」「味《あぢ》」と同《おな》じ程度《ていど》に「色《いろ》」を取扱《とりあつか》つてゐるから極端《きよくたん》な猥談《わいだん》にも顔《かほ》を赤《あか》らめない。握手《あくしゆ》、キッスなどは良家《りやうけ》の處女《しよぢよ》にとつて大衝動《だいしようどう》であるが、性營業者《せいえいげふしや》に取《と》つては何《なん》の刺戟《しげき》もない。藝妓《げいぎ》や女給《ぢよきふ》の貞操蹂躙《ていさうじうりん》が司法室《しはふしつ》に取《と》り上《あ》げられなかつた例《れい》もあるのは「羞恥觀念《しうちくわんねん》を伴《ともな》はない貞操《ていさう》は生命《せいめい》のあるものではない」からである。羞恥觀念《しうちくわんねん》が科學《くわがく》で抜《ぬ》かれたあとの貞操《ていさう》は香氣《かうき》の抜《ぬ》けた香水《かうすゐ》であつて、ダンピングものには相場《さうば》がない。

生理知識《せいりちしき》が發達《はつたつ》して一般《いつぱん》が婦人科醫《ふじんくわい》の見方《みかた》をもつて物品《ぶつぴん》として貞操《ていさう》をみるやうになつて抽象的《ちうしやうてき》な貞操道徳《ていさうだうとく》は觀念的《くわんねんてき》な唯物《ゆゐぶつ》の上《うへ》に權威《けんゐ》を失《うしな》ひ、今《いま》でも野蠻國《やばんこく》では婦人《ふじん》の外出《ぐわいしゆつ》に顔面をつゝんで現《あらは》さない。文明國《ぶんめいこく》では顔面も腕《うで》も手《て》も脚《あし》も露出《ろしゆつ》してシイックといふ。時《とき》としては乳房に次《つ》いで現《あら》はれるものは何《なん》であるか。

男性《だんせい》は柔《やはら》かな腕《うで》を見《み》たがり、白《しろ》い股《もゝ》をみたがり、進《すゝ》み進《すゝ》んで貞操《ていさう》の終點《しゆうてん》にまで突貫《とつくわん》する。文明《ぶんめい》といふものは含蓄《がんちく》がない。科學《くわがく》は元來風流《ぐわんらいふうりう》なものではない。雲間《くもま》の片《かた》われ月《つき》の影《かげ》を賞《しやう》せずして、晴天《せいてん》の滿月《まんげつ》を望遠鏡《ばうゑんきやう》でみやうとする。いやだ、貞操《ていさう》はたゞ風流才子《ふうりうさいし》にのみ殘《のこ》して置《お》きたいと婦人《ふじん》は希《ねが》ふ。

貞《てい》操《さう》は議《ぎ》論《ろん》のほか

丹　稲　子

貞操観《ていさうくわん》をとの仰《おほせ》せですけれど、一體《たい》貞操《ていさう》などといふ事《こと》は、凡《およ》そ主観的《しゆくわんてき》な問題《もんだい》なのですから、今《いま》でも昔《むかし》でも、決《けつ》して變《かは》る事《こと》のない、統《とう》一されたものだと思《おも》ふので御座《ござ》います。唯《ただ》時世《じせい》がいろいろと變《かは》つて來《き》まして、近頃《ちかごろ》のやうにエロだのグロだのといふやうな事《こと》の言《い》はれる時代《じだい》になりますと、むしろ世間《せけん》の見方《みかた》の方《はう》が變《かは》つて來《く》るのではないかと思《おも》はれます。貞操《ていさう》といふものは、強《し》ひられるものでもなく、又論《またろん》ずべき性質《せいしつ》のものでもなく、貞操《ていさう》は其《そ》の人自身《ひとじしん》だけの問題《もんだい》だと思《おも》ふのです。

一體《たい》貞操《ていさう》には、をかしな言《い》ひ方《かた》かも知《し》れませんが三種類《しゆるい》あると思《おも》ふのです。即《すなは》ち其《そ》の一《ひと》つは、處女《しよぢよ》の貞操《ていさう》、次《つ》ぎは、結婚《けつこん》してからの貞操《ていさう》、それから又《また》、不幸《ふかう》にして寡婦《くわふ》になつた場合《ばあひ》の貞操《ていさう》と、この三《みつ》つがあると思《おも》ひます。

處女《しよぢよ》の貞操《ていさう》については、之《これ》はむしろ日本《にほん》よりも外國《ぐわいこく》の方《はう》が重大視《ぢゆうだいし》して居《ゐ》る様《やう》で、日本《にほん》の場合《ばあひ》は、處女《しよぢよ》よりも、有夫《いうふ》の人《ひと》の貞操《ていさう》を重《おも》く見《み》て居《ゐ》る様《やう》です。

それに就《つ》いての可否《かひ》はこゝにはしばらく置《お》くとしまして、いづれにしろ、處女《しよぢよ》が貞操《ていさう》を重《おも》んずるといふ事《こと》は、その人自身《ひとじしん》に取《と》つて最《もつと》も大《おほ》きな誇《ほこ》であるべき筈《はず》です。然《しか》し、その處女《しよぢよ》が若《も》し不幸《ふかう》にして、例《たと》へば強姦《がうかん》されたとか、男《をとこ》にだまされて、無意識《むいしき》の中《うち》に貞操《ていさう》を破《やぶ》つた様《やう》な場合《ばあひ》には、日本《にほん》の社會制度《しやくわいせいど》のやうに、傷物扱《きずものあつか》ひをして、唾棄《だき》すべきやうな行動《かうどう》を取《と》るのは、其《そ》の人《ひと》が、人格的《じんかくてき》に傷《きず》ついて居《ゐ》ない様《やう》な場合《ばあひ》には、本當《ほんたう》にかわいさうな事《こと》だと、私《わたし》は思《おも》ふのです。

一體《たい》に男《をとこ》の人《ひと》は、處女《しよぢよ》の貞操《ていさう》といふ事《こと》を大變尊重《たいへんそんちやう》して居《ゐ》る様《やう》ですが、又或《またある》種《しゆ》の資本家階級《しほんかかいきふ》の人達《ひとたち》などの中《なか》には、この女《をんな》の處女性《しよぢよせい》といふものを、金錢《きんせん》によつて購《あがな》ひ、それをむしろ男《をとこ》の誇《ほこ》りの様《やう》に思《おも》つて居《ゐ》る人達《ひとたち》さへあるのです。然《し》かもかうした事柄《ことがら》に對《たい》しては、世間《せけん》でもあまり問題《もんだい》にしようとはせず、むしろ弱《よわ》い女《をんな》の立場《たちば》の方《はう》を輕《かろ》んずる傾向《けいかう》があるのは、大變間違《たいへんまちが》つた事《こと》だと存《ぞん》じます。

しひたげられた弱《よわ》い階級《かいきふ》の女《をんな》の人達《ひとたち》が、無意識《むいしき》、若《も》しくは不可抗力《ふかかうりよく》の中《なか》に、處女《しよぢよ》を失《うしな》つた人達《ひとたち》が世間的《せけんてき》に葬《ほうむ》られ、不遇《ふぐう》になつて居《ゐ》るのを見《み》ると、私《わたし》達《たち》のやうに相當《さうたう》の年齢《ねんれい》になつたものは、何《なん》とかして、親切《しんせつ》にその方々《かたがた》の道《みち》を開《ひら》いて上《あ》げたいと思《おも》ふのです。

次《つ》ぎに結婚後《けつこんご》の貞操《ていさう》ですが、之《これ》については、昔《むかし》と違《ちが》つて、近頃《ちかごろ》は自由戀愛《じいうれんあい》だとか、友愛結婚《いうあいけつこん》だとかいふやうな事《こと》が、日本《にほん》でもいろ〳〵と言《い》はれては居《ゐ》る様《やう》ですが、やはり、外國《ぐわいこく》のマダム達《たち》の方《はう》が日本《にほん》の女性《ぢよせい》より、可成《かな》り放縦《はうじゆう》な生活《せいくわつ》をして非難《ひなん》されて居《ゐ》る様《やう》です。之《これ》は、外國《ぐわいこく》では、結婚《けつこん》は自由《じいう》に出來《でき》ても、離婚《りこん》は法律《はふりつ》によらなければ、仲々《なか〳〵》出來《でき》ないのですが、この點《てん》日本《にほん》は、法律《はふりつ》によらずとも、合意《がふい》で簡單《かんたん》に離婚《りこん》が出來《でき》る結果《けつくわ》ではないでせうか。

一體《たい》、戀愛《れんあい》、結婚《けつこん》、そして貞操《ていさう》といふ事《こと》は、各々《おのおの》別々《べつべつ》に考《かんが》へるべきだと思《おも》ひます。例《たと》へば、こゝに若し、熱烈《ねつれつ》な戀愛《れんあい》によつて出來《でき》た一組《ひとくみ》の夫婦《ふうふ》が、あつたとしても、さういふ人達《ひとたち》に限《かぎ》つて、長《なが》つゞきせず、直《す》ぐ別《わか》れるやうな現象《げんしやう》があります。

若き日の丹稲子女史

それから又《また》、之《これ》とは反對《はんたい》に、お互《たがひ》にいくら思《おも》ひ合《あ》つて居《ゐ》る同士《どうし》でも、周圍《しうゐ》の事情《じじやう》によつて所謂《いはゆる》形式的《けいしきてき》の結婚《けつこん》の出來《でき》ないで居《ゐ》る人達《ひとたち》が、かへつて、最後《さいご》まで、靈肉共《れいにくとも》に一緒《いつしよ》であるといふ場合《ばあひ》もあります。

或《あるひ》は又《また》、マルキストのいふ様《やう》に唯物論《ゆゐぶつろん》の辨證法《べんしやうはう》で、一二が四といふ都合《つがふ》で、女《をんな》が男《をとこ》に食《た》べさせて貰《もら》ふために、所謂《いはゆる》結婚業を營《いとな》んで、心《こゝろ》にも無《な》い貞操《ていさう》を守《まも》つて居《ゐ》るのが、果《はた》して正《たゞ》しい貞操《ていさう》といふべきでせうか。

それ故《ゆゑ》、之《これ》は要《えう》するに、その人々《ひとびと》の問題《もんだい》で、他人《たにん》のかれこれいふべき事《こと》ではないのです。

次《つ》きは又最愛《さいあい》の夫《をつと》に死《し》なれた寡婦《くわふ》の貞操《ていさう》の場合《ばあひ》でも、大勢《おほぜい》の子供《こども》を抱《かか》えて、今日《こんにち》が、生活《せいくわつ》出來《でき》るか出來《でき》ないにかゝはらず、再緣《さいえん》もせず貞操《ていさう》を守《まも》つて居《ゐ》る女性《ぢよせい》に對《たい》して、昔《むかし》の様《やう》に最大級《さいだいきふ》の讃辭《さんじ》を呈《てい》する事《こと》もないが、又《また》一概《いちがい》に之《これ》を古《ふる》くさいとして笑《わら》ふ事《こと》も出來《でき》ないでせう。

要《えう》するに、結論《けつろん》は、私達《わたしたち》の貞操《ていさう》は私達《わたしたち》自身《じしん》であつて、之《これ》を論《ろん》じたりする事《こと》は私《わたし》には出來《でき》ません。

然《しか》し最後《さいご》に一寸《ちよつと》申《まを》し上《あ》げ度《た》いのは、現代《げんだい》の女性《ぢよせい》は、昔《むかし》の封建時代《ほうけんじだい》などとは違《ちが》つて、智的《ちてき》にもめざめて來《き》て居《ゐ》ますし、又職業婦人《またしよくげふふじん》が多《おほ》くなつた結果《けつくわ》、女《をんな》でも立派《りつぱ》に自活《じくわつ》が出來《でき》る人達《ひとたち》が多《おほ》くなりましたから、所謂《いはゆる》しひたげられた結婚《けつこん》をして、形式的《けいしきてき》だけに貞操《ていさう》を守《まも》つて居《ゐ》るといふ事《こと》は、段々《だんだん》少《すくな》くなつて來《き》た事《こと》は、喜《よろこ》ばしい事《こと》です。

舊《ふる》き貞《てい》操《さう》觀《くわん》の崩《ほう》壊《くわい》

平林たい子

今日《こんにち》まで云《い》はれて來《き》た貞操《ていさう》とは、人間的《にんげんてき》な節操《せつさう》ではなく、所有《しよいう》せられた女性《ぢよせい》が、一人《ひとり》の特定《とくてい》の男性《だんせい》に對《たい》して捧《さゝ》げるみさをであつた。だからこゝでは女性《ぢよせい》は男性《だんせい》のいかなる專制《せんせい》と暴君《ばうくん》をも甘受《かんじゆ》して絶對的《ぜつたいてき》に男性《だんせい》に從順《じゆうじゆん》である事《こと》を社會《しやくわい》から強《し》ひられてゐた。かくてこゝには女性自身《ぢよせいじしん》の人格《じんかく》はなかつた。

然《しか》しながらこうした貞操觀《ていさうくわん》は女性《ぢよせい》が

123　「問題の女性の貞操観」 北村兼子、丹稲子、平林たい子、東日出子 『婦人画報』昭和５年10月１日

生《うま》れながらにして神《かみ》から課《くわ》せられたやうな非歴史的《ひれきしてき》なものではなく、この貞《てい》操觀《さうくわん》も亦各々《またおのおの》の時代《じだい》が生んだ社會的產物《しやくわいてきさんぶつ》であつた。

例《たと》へば古代社會《こだいしやくわい》のやうに女性《ぢよせい》が男性《だんせい》と對等《たいとう》に或《ある》はそれ以上《いじやう》に自然《しぜん》と勇敢《ゆうかん》にたゝかつてゐた時代《じだい》には社會《しやくわい》を通《つう》じて男子《だんし》の專制《せんせい》を許容《きよよう》する貞操觀《ていさうくわん》はなかつた。少《すく》なくともこうした女子特有《ぢよしとくいう》の貞《てい》操觀《さうくわん》の發生《はつせい》は根本的《こんぽんてき》には私有財產制度《しいうざいさんせいど》が生《うま》れてから、父系父權《ふけいふけん》の確立《かくりつ》より自《じ》己《こ》に屬《ぞく》する有形無形《いうけいむけい》の所有物《しよいうぶつ》を完全《くわんぜん》に自分《じぶん》の子孫《しそん》にゆづる爲《た》めに女性《ぢよせい》に貞操《ていさう》を強要《きやうえう》し始《はじ》めた所《ところ》に始《はじ》まるものであるが、現在女性《げんざいぢよせい》に貞操《ていさう》を强《し》ひる男性《だんせい》は財《ざい》產所有者《さんしよいうしや》のみではなく、所有《しよいう》しない者《もの》までが「女性《ぢよせい》は何物《なにもの》でもなく、男性《だんせい》はすべてゞある」と考《かんが》へてゐる。即《すなは》ち女《ぢよ》性《せい》は男性《だんせい》の所有物《しよいうぶつ》である。故《ゆゑ》に所有權《しよいうけん》を犯《をか》されない爲《た》めに女性《ぢよせい》に對《たい》して貞操《ていさう》を强要《きやうえう》してゐる。かゝる從來《じうらい》の貞操《ていさう》は生產力發展過程《せいさんりよくはつてんくわてい》の一段階《だんかい》を反映《はんえい》する社《しや》會《くわい》の經濟的諸關係《けいざいてきしよくわんけい》の上《うへ》に發生《はつせい》した諸觀《しよくわん》念形態《ねんけいたい》——政治《せいぢ》、法律社會《はふりつしやくわい》の習慣《しふくわん》、及《およ》び家庭生活《かていせいくわつ》の樣式《やうしき》——がかくの如《ごと》くになさしめたのであつて、決《けつ》して天《てん》より命《めい》ぜられた絕對的《ぜつたいてき》なものではなかつた。それをあたかも眞《しん》の自覺《じかく》ある女性《ぢよせい》にとつて、永久《えいきう》に正《ただ》しい只一《ただひと》つの道《みち》であると考《かんが》へる事《こと》はあやまりである。

從《したが》つて貞操《ていさう》もそれが經濟的社會的諸《けいざいてきしやくわいてきしよ》關係《くわんけい》によつて必然的《ひつぜんてき》に規定《きてい》せられてゐる間《あひだ》は合理的《がふりてき》であり、理性《りせい》に合致《がつち》してゐる。

であるから封建的《ほうけんてき》な貞操《ていさう》を女性本來《ぢよせいほんらい》の天職《てんしよく》の如《ごと》くに考《かんが》へて、一生《しやう》を男性《だんせい》に捧《さゝ》げ通《とほ》すやうな貞操觀《ていさうくわん》を私《わたし》は排斥《はいせき》する。

この考《かんが》へは私《わたくし》一人《ひとり》のものではなく、實際社會《じつさいしやくわい》が次第《しだい》にかくなさしめるに至《いた》つた。即《すなは》ち男性《だんせい》にすべての經濟生活《けいざいせいくわつ》がゆだねられ、女性《ぢよせい》はそれに隷屬《れいぞく》し、所《しよ》有《いう》されなければ生活出來《せいくわつでき》なかつた時《とき》には、先《さ》きのやうな貞操觀念《ていさうくわんねん》を强《し》いられても一概《がい》に無理《むり》であると云《い》へない理由《りいう》が經濟的《けいざいてき》、社會的《しやくわいてき》にも存在《そんざい》してゐた。だが封建時代《ほうけんじだい》、及《およ》び初期資本主義時代《しよきしほんしゆぎじだい》を頂點《ちやうてん》として、今《いま》やかゝる貞操觀《ていさうくわん》は崩《ほう》壞《くわい》しつゝある。

生產樣式《せいさんやうしき》の變化《へんくわ》は——小規模《せうきぼ》な手工《しゆこう》業的生產方法《げふてきせいさんはうはふ》から大規模《だいきぼ》な機械《きかい》による工場生產組織《こうぢやうせいさんそしき》への變化《へんくわ》——は女性《ぢよせい》が經《けい》濟的《ざいてき》にも社會的《しやくわいてき》にも獨立《どくりつ》し、男性《だんせい》にのみ寄生《きせい》しなくとも種々《しゆじゆ》の職業《しよくげふ》を得《え》て生《い》きる道《みち》を生《しやう》ぜしめた。こゝにおいて女《ぢよ》性《せい》は男性《だんせい》の所有物《しよいうぶつ》ではなくなり、從《したが》つて從來女性《じうらいぢよせい》にのみ强制《きやうせい》せられて來《き》た貞《てい》操《さう》は必然的《ひつぜんてき》に崩壞《ほうくわい》しはじめた。だが大《だい》多數《たすう》の女性《ぢよせい》は未《いま》だ世《よ》の被支配階級者《ひしはいかいきふしや》として、プロレタリアの男子《だんし》と共《とも》に其《そ》の苦《く》悶《もん》の中《なか》に運命《うんめい》を共《とも》にしてゐる。從《したが》つて現《げん》在《ざい》では色々《いろいろ》な過渡的《くわとてき》現象《げんしやう》がある。即《すなは》ち自《じ》己《こ》の運命《うんめい》に眞面目《まじめ》となつて從順《じうじゆん》な家庭婦《かていふ》人《じん》、モダンマダム、モダンガール、職業《しよくげふ》婦人《ふじん》、勞働婦人《らうどうふじん》等々。

だから吾々《われわれ》は今直《いまただ》ちにそれらを只一《ただひと》つの物差《ものさ》しで判斷《はんだん》して彼《かれ》らを責《せ》める事《こと》は出來《でき》ない。

平林たい子女史

私《わたし》の貞《てい》操《さう》觀《くわん》

東日出子

現在《げんざい》は女性《ぢよせい》が社會生活《しやくわいせいくわつ》をするために二重《にぢう》の負擔《ふたん》を背負《せお》はされてゐる。―男子《だんし》からの專制《せんせい》と支配階級《しはいかいきふ》からの壓迫《あつぱく》。

然《しか》し今後《こんご》の社會《しやくわい》では女性《ぢよせい》にのみ強《し》いられた貞操《ていさう》はなくなり、自由《じいう》にして、如何《いか》なる壓迫《あつぱく》にも耐《た》へられる男女《だんぢよ》の相愛《さうあい》によつてのみ、つながれた貞操《ていさう》こそ、その名《な》に價《あたひ》ひするものである。

世《よ》の貞操讃美論者《ていさうさんびろんしや》は女性《ぢよせい》が多《おほ》くの男性《だんせい》に接《せつ》するのは不道德《ふだうとく》で、一人《ひとり》の男性《だんせい》と一生《いつしやう》を共《とも》にするこそ、最《もつと》も美《うつく》しいといふ。たしかにこの事《こと》自體《じたい》は美《うつく》しいが、言葉《ことば》の裏《うら》には、男性《だんせい》への隷屬《れいぞく》を强《し》いてゐるのを見逃《みのが》してはならない。

勿論《もちろん》私《わたし》は隷屬《れいぞく》する事《こと》に反對《はんたい》しても、それらの人達《ひとたち》とは異《こと》つた意味《いみ》で一人《ひとり》の男性《だんせい》を守《まも》ることに反對《はんたい》するものではない。

昔《むかし》から日本《にほん》の女性《ぢよせい》は「貞婦《ていふ》兩夫《りやうふ》に見《まみ》えず。」などと誰《だれ》にも申《まを》す位《くらゐ》で、世界《せかい》中《ぢう》の婦人《ふじん》の中《なか》でも一番《いちばん》貞操《ていさう》觀念《くわんねん》が强《つよ》い。と言《い》はれて居《ゐ》ると聞《き》いて居《を》りますが、之《これ》は本當《ほんたう》に美《うつく》しい喜《よろこ》ばしい事《こと》で、大變《たいへん》結構《けつこう》な事《こと》だと存《ぞん》じます。私《わたし》なども古《ふる》くさい女《をんな》の事《こと》で御座《ござ》いますから、貞《てい》操《さう》とは女《をんな》に取《と》つては、最《もつと》も大切《たいせつ》なものであり、死《し》を以《もつ》て守《まも》るべきもの、といふ風《ふう》に、學校《がくかう》でも習《なら》ひ、家庭《かてい》でも教《をし》へられて育《そだ》てられてまゐりました。私《わたし》は、女《をんな》は、何處《どこ》までも女《をんな》らしく、つゝましやかに家庭《かてい》を守《まも》つて、初緣《しよえん》を完《まつた》うする、所謂《いはゆる》嫁《か》しては共白髮《ともしらが》まで添《そ》ひ遂《と》げる事《こと》、之《これ》こそ、やはり女《をんな》に取《と》つて一番《いちばん》の幸福《かうふく》だらうと思《おも》ふので御座《ござ》います。

然《しか》しながら、家庭《かてい》といふものは、やはり、男《をとこ》の方《かた》と女《をんな》の方《かた》とが持《も》ちつ持《も》たれつして行《ゆ》かなければならないもので、いくら女《をんな》の方《はう》丈《だ》けで、貞操《ていさう》を守《まも》り、平和《へいわ》に圓滿《ゑんまん》に暮《くら》して行《ゆ》かうと努力《どりよく》しても、男《をとこ》の方《かた》が、浮氣《うはき》をなさつたり、勝手《かつて》氣《き》ままばかりなさる樣《やう》では、やはりそこにいろ／＼面白《おもしろ》くない事《こと》が出來《でき》てしつくりとうまく行《ゆ》くものではないでせう。

かういふ場合《ばあひ》に、從來《じうらい》の婦人達《ふじんたち》ですと、前《まへ》にも申《まを》しました樣《やう》に、女《をんな》は嫁《か》しては、どこまでも夫《をつと》に服從《ふくじう》すべきものとして、男《をとこ》の方《はう》で、どんな勝手《かつて》な事《こと》をなさらうと、だまつて辛棒《しんばう》して來《き》たものなのですが、近頃《ちかごろ》では時世《じせい》も段々《だん／＼》變《かは》つてまゐりましたし、又《また》女《をんな》の方々《かた／＼》の考《かんが》へも進《すゝ》んでまゐりましたから、さうさう男《をとこ》の横暴《わうぼう》にしひたげられてばかりはゐなくなりました。從《したが》つて家庭《かてい》に破綻《はたん》を來《き》たすといふ樣《やう》な事《こと》も自然《しぜん》多《おほ》くなり勝《が》ちになつた樣《やう》です。

かうした新《あたら》しい婦人達《ふじんたち》も、決《けつ》して貞《てい》操《さう》を輕々《かる／＼》しく見《み》ていらつしやるわけではないのでせうが、自《し》然《ぜん》昔風《むかしふう》に言《い》へば、初緣《しよえん》でおさまらないといふ樣《やう》な婦人達《ふじんたち》も多《おほ》くなり、中《なか》には、次《つ》ぎ／＼にと二度《にど》も三度《ど》も結婚《けつこん》しなければならない樣《やう》な方《かた》が出來《でき》て來《き》たり、其《そ》の他《た》いろいろ面倒《めんだう》な事《こと》が起《おこ》つて來《き》たりするのだと思《おも》ひます。かうした場合《ばあひ》の大部分《だいぶぶん》の

125　「問題の女性の貞操観」 北村兼子、丹稲子、平林たい子、東日出子 『婦人画報』昭和５年10月１日

罪《つみ》は男《をとこ》の方《かた》の我《わが》まま勝手《かつて》と無理解《むりかい》が原因《げんいん》して居《ゐ》るのではないでせうか？ 女《をんな》は嫁《か》して、惡《わる》い旦那様《だんなさま》を持《も》つた位《くらゐ》不幸《ふかう》な事《こと》は御座《ござ》いません。

所謂《いはゆる》モダンガールと呼《よ》ばれる近頃《ちかごろ》の若《わか》い女性達《ぢよせいたち》が、とかく貞操觀念《ていさうかんねん》が薄《うす》い様《やう》に世間《せけん》でやかましく言《い》はれて居《ゐ》る様《やう》ですが、男《をとこ》の方々《かた〴〵》にくらべれば、今《いま》の若《わか》い女性達《ぢよせいたち》も日本《にほん》の女《をんな》の人《ひと》は、やはり、貞操《ていさう》を守《まも》るといふ點《てん》に於《お》いては、隨分《ずいぶん》強《つよ》い所《ところ》を持《も》つて居《ゐ》る様《やう》に思《おも》ひます。

そして、近頃《ちかごろ》では、又《また》女《をんな》の方《かた》でも職業《しよくげふ》を持《も》つ方《かた》も多《おほ》くなりましたから、從《したが》つて今《いま》までの女《をんな》の方《かた》の様《やう》に、いくら男《をとこ》の方《かた》が勝手《かつて》氣《き》ままをなさらうと、こゝで夫婦別《ふうふわか》れをしては、明日《あす》からでも、自分《じぶん》が生活《せいくわつ》をして行《ゆ》く事《こと》が出來《でき》ないからといふので、自然《しぜん》女《をんな》の方《はう》で泣《な》き寢入《ねい》りになつてしまふといふ様《やう》な事《こと》がなくなりますから、かうした自分《じぶん》で生活力《せいくわつりよく》を持《も》つ女《をんな》の人《ひと》が殖《ふ》えて來《き》ますと、家庭《かてい》の問題《もんだい》が一層《いつそう》複雑《ふくざつ》になつて來《く》るのは仕《し》方《かた》のない事《こと》でせう。

然《しか》し、之《これ》は何職業《なにしよくげふ》に限《かぎ》らず、女《をんな》はやはり、結婚《けつこん》すれば、職業《しよくげふ》をやめるのが本來《ほんらい》ではないかと、私《わたし》は考《かんが》へます。勿論《もちろん》經濟上《けいざいじやう》の事《こと》などからもさうも行《ゆ》かない場合《ばあひ》が多《おほ》いので御座《ござ》いませうが、かうした職業婦人《しよくげふふじん》が家庭《かてい》を持《も》つた場合《ばあひ》は、旦那《だんな》様に、奥様《おくさま》の職業《しよくげふ》に對《たい》しての好《よ》き理解《りかい》がないと、仲々《なか〳〵》うまく行《ゆ》かないもので御座《ござ》います。

東日出子女史

とかく男《をとこ》の方《かた》は、どなたでも、奥様《おくさま》が職業《しよくげふ》を持《も》つて働《はたら》いていらつしやる場合《ばあひ》でも何《なん》でも、お家《うち》では、古《ふる》い女《をんな》の型《かた》にはめて、専制《せんせい》に振舞《ふるま》ふ方《かた》が、大部分《だいぶぶん》なので、職業婦人《しよくげふふじん》の家庭《かてい》を圓滿《ゑんまん》にさせてゆくには旦那様《だんなさま》の好《よ》き理解《りかい》と同情《どうじやう》が一番肝心《いちばんかんじん》な事《こと》だと存《ぞん》じます。殊《こと》に私共《わたくしども》のやうな、時間《じかん》に不規則《ふきそく》な、そしてその他《た》のいろ〳〵家庭生活《かていせいくわつ》に差《さ》しさわりになり易《やす》い條件《でうけん》を持《も》つて居《を》ります女優《ぢよいう》などは絶對《ぜつたい》に結婚《けつこん》など致《いた》しますのは間違《まちが》ひだと思《おも》ひます。私《わたし》は女優《ぢよいう》になりまして直《す》ぐ二年位《ねんぐらゐ》で家庭《かてい》を持《も》ちました。その時《とき》には直《す》ぐにも止《や》めるつもりで居《を》りましたのですが、一體《いつたい》に私《わたし》は小《ちひ》さい時《とき》から身體《からだ》が弱《よわ》くて我《わが》ままいつぱいに育《そだ》つて居《を》りまして、祖母《そぼ》や母《はゝ》がいろ〳〵と小《ちひ》さい時《とき》から藝事《げいごと》を仕込《しこ》んでくれたりしたものですから、切角《せつかく》好《す》きな道《みち》にはいつてやりかけたものだからといふ藝道《げいだう》に對《たい》する執着心《しふちやくしん》もあり、一方《いつぱう》には夫《をつと》の希望《きばう》もあつたりして、其《そ》の後《ご》も女優《ぢよいう》を止《や》めずに居《を》ります中《うち》、後《のち》には經濟的《けいざいてき》の必要《ひつえう》も起《お》きて來《き》たりして止《や》める事《こと》が出來《でき》なくなりましたが、長《なが》い間《あひだ》にはやはりいろ〳〵無理《むり》が出來《でき》て、職業《しよくげふ》と家庭《かてい》とを兩方《りやうはう》持《も》つ惱《なや》みに苦《くる》しんでまゐりました。然《しか》も前《まへ》にも申《まを》しました様《やう》に私《わたし》が古《ふる》い型《かた》の女《をんな》で、一旦《いつたん》嫁げば、夫婦別《ふうふわか》れなどをするものでないといふ思想《しさう》に捉《とら》はれて居《を》りましたために、家庭《かてい》をも仕事《しごと》をも捨《す》てられず過去《くわこ》十八年間《ねんかん》も苦《くる》しんで來《き》た次第《しだい》です。でも今《いま》では私《わたし》も、この惱《なや》みからすつかり救《すく》はれまして、父《ちゝ》の許《もと》にあつて藝道《げいだう》のためにひたすら精進《しやうじん》いたして居《を》ります。

貞操のアメリカ化を排す

谷 讓 次

一

「貞操《ていさう》のアメリカ化《くわ》を排《はい》す」といふのが、編輯者《へんしふしや》から與《あた》へられた課《くわ》題《だい》である。かういふことを論議《ろんぎ》するためには、先《ま》づ、今日《こんにち》の日本《にほん》にいはゆる「貞操《ていさう》」なるものが「アメリカ化《くわ》」しつゝあるといふ事實《じじつ》が存在《そんざい》することを、前提《ぜんてい》として承認《しようにん》しなければならない。こゝで必《ひつ》然的《ぜんてき》に問題《もんだい》になるのは、「貞操《ていさう》」の概念《がいねん》と、「アメリカ化《くわ》」の意《い》義《ぎ》である。アメリカ化《くわ》といふことが、男女《だんぢよ》の間《あひだ》に貞操《ていさう》の觀念《くわんねん》が稀薄《きはく》になつて、性生活《せいせいくわつ》を律《りつ》する規約《きやく》に昔《むかし》ほどの力《ちから》がなくなつたといふだけの意《い》味《み》ならば、「アメリカ化《くわ》」は、何《なに》もアメリカといふ地理的概念《ちりてきがいねん》によつて解決《かいけつ》すべきではないと思《おも》ふ。アメリカの青年男女《せいねんだんぢよ》に、さういふ傾《けい》向《かう》が濃厚《のうこう》であるか否《いな》かは、おのづから別問題《べつもんだい》だ。

或《あ》る人《ひと》に言《い》はせると、全米《ぜんべい》のハイ・スクウル女學生中《ぢよがくせいちう》に、一人《ひとり》の處女《しよぢよ》あるなしとまで極言《きよくけん》してゐるが、他《た》はこれを駁《ばく》して、事實《じじつ》はそれ程《ほど》でもないといふ。要《えう》するに、ジヤズ、ダンス、映畫《えいぐわ》、いはゆる「寢臺《しんだい》の出《で》て來《く》る安小說《やすせうせつ》」などによつて、日本《にほん》に傳《つた》はつて想定《さうてい》されてゐる輕佻浮薄《けいてうふはく》なアメリカの風潮《ふうてう》から、この「貞操《ていさう》のアメリカ化《くわ》」なる言葉《ことば》が生《うま》れたのであらうと思《おも》ふ。

それならば、アメリカ化《くわ》してゐるのは、貞操《ていさう》ばかりではない。また、日本《にほん》に於《お》ける貞操《ていさう》の觀念《くわんねん》だけがアメリカ化《くわ》してゐる譯《わけ》ではない。したがつて、「アメリカ化《くわ》」は「混沌化《こんとんくわ》」と置《お》きかへられていゝと思《おも》ふ。より適切《てきせつ》には、貞操《ていさう》の「大戰後化《たいせんごくわ》」とさるべきだと思《おも》ふ。歐洲《おうしう》大戰《たいせん》によつてなされた舊性道德破壞《きうせいだうとくはくわい》の世界的《せかいてき》波浪《はらう》が、いまごろこの遠海《えんかい》の孤島《ことう》へ打《う》ち寄《よ》せて來《き》て、本誌《ほんし》の編輯者《へんしふしや》をして僕《ぼく》に「貞操《ていさう》のアメリカ化《くわ》」を排《はい》させてゐるのだ。すべてのブルジョア世界《せかい》の動向《どうかう》は日本《にほん》へは、アメリカを通《とほ》つて太平洋《たいへいやう》から來《く》る。

この、大戰後《たいせんご》の歐洲《おうしう》とアメリカに現《あらは》れた顯著《けんちよ》なる性的放縱《せいてきはうじう》の傾向《けいかう》は、大戰《たいせん》によつて持《も》ち來《きた》された虛無思想《きよむしさう》から來《き》てゐるだけに、いふまでもなく、本質的《ほんしつてき》にブルヂョア・ニヒリズムである。だから、享《きやう》樂的《らくてき》であり、破壞的《はくわいてき》であり、自殺的《じさつてき》である。しかし、前世紀《ぜんせいき》貴族階《きぞくかい》級《きふ》の終焉期《しうえんき》にあらはれた、あのいはゆる世紀末的現象《せいきまつてきげんしやう》のやうに、唯《ゆい》美的情操《びてきじやうさう》に脚《た》つてゐるものではない。この「繰《く》り返《かへ》されつゝある世《せい》紀末《きまつ》」は、それほど詩的《してき》でもなく、個人主義的《こじんしゆぎてき》でもなく、退嬰的《たいえいてき》でもないどころか、恐《おそろ》しく戰略的《せんりやくてき》な、擴大性《くわくだいせい》を帶《お》びた、一《ひと》つの明《あか》るい破壞作業《はくわいさげふ》であり、同時《どうじ》に建設作業《けんせつさげふ》でもある。意識《いしき》しない目的意識《もくてきいしき》の下《もと》に動《うご》いてゐる一つの力《ちから》なのだ。この點《てん》が、この現時《げんじ》の「性道德《せいだうとく》の大戰後化《たいせんごくわ》」——こゝでは「貞操《ていさう》のアメリカ化《くわ》」——の特色《とくしよく》であり、それだけまた、社會的《しやくわいてき》に、いはゆる各國《かくこく》の識者《しきしや》の憂慮《いうりよ》にまで論議《ろんぎ》されてゐるゆゑんである。つまり、青年男女《せいねんだんぢよ》が如何《いか》にも明《あか》るいこゝろもちと明《あか》るい顔《かほ》つきとで實《じつ》に呆《あき》れ返《かへ》つたことをしてゐるといつたふうに、一部《ぶ》の人達《ひとたち》には驚異的《きやういてき》に映《うつ》つてゐることであらうと思《おも》ふ。が、僕《ぼく》は、この同《おな》じ理由《りいう》から、「貞操《ていさう》のアメリカ化《くわ》」を排《はい》する前《まへ》に一應《おう》これを是認《ぜにん》したいのである。

二

性生活《せいせいくわつ》を粉飾《ふんしよく》して、、より享樂的《きやうらくてき》にすることが即《すなは》ち文明《ぶんめい》だといつた人《ひと》があるが、さう言《い》つてもさしつかへないと思《おも》ふ。とにかく、近代人《きんだいじん》の性生活《せいせいくわつ》が享樂的《きやうらくてき》になつてゐることは事實《じじつ》だ。ちやうど、食慾《しよくよく》は飢《う》ゑを滿《み》たせばいゝだけのものだが、それが食事《しよくじ》となると、樣々《さまざま》の慣《くわん》習《しふ》と儀禮《ぎれい》と調味《てうみ》によつて宴會《えんくわい》や晩餐《ばんさん》にまで粉飾《ふんしよく》され、享樂《きやうらく》されるやうに、文明人《ぶんめいじん》は、あらゆる機會《きくわい》に性慾《せいよく》を粉飾《ふんしよく》して享樂《きやうらく》しやうとする。それは、文明人《ぶんめいじん》の特權《とくけん》でさへもあるのだが、これが、粉飾《ふんしよく》されたる性生活《せいせいくわつ》としてその享樂的要素《きやうらくてきえうそ》が濃《こ》くなつて來《く》ると、社會的《しやくわいてき》に觀察《くわんさつ》して裁斷《さいだん》を受《う》けなければならなくなる。

食慾《しよくよく》はどこまで往《い》つても個人的《こじんてき》だが、戀愛《れんあい》は兩性間《りやうせいかん》の交渉《かうせふ》だから社會的支配《しやくわいてきしはい》を受《う》けなければならないのは當然《たうぜん》だ。だから僕《ぼく》は、言《い》ひかへれば、近代《きんだい》の戀愛《れんあい》は、この通念的《つうねんてき》な社會性《しやくわいせい》に埋沒《まいぼつ》し切《き》つて、私《し》的《てき》に微小《びせう》なもの、そして微小《びせう》なだけに金剛石《こんがうせき》のやうに快朗《くわいらう》で貴重《きちよう》なものとして飽《あ》くまで my own business に局限《きよくげん》して守《まも》り育《そだ》てゝ往《ゆ》くところに唯《ゆゐ》一の途《みち》があると思《おも》ふ。

わかり切《き》つたことだが、かうして現代《げんだい》の特性《とくせい》の一つである性《せい》の享《きやう》樂《らく》は、戀愛《れんあい》によつて、そして純眞《じゆんしん》な戀愛《れんあい》によつてのみ淨化《じやうくわ》され、ジヤステフアイされる。一個《こ》の男性《だんせい》と一個《こ》の女性《ぢよせい》との間《あひだ》に眞實《しんじつ》の戀愛《れんあい》さへあれば、その性的交渉《せいてきかうせふ》はどんなに享樂的《きやうらくてき》であつても、享樂的《きやうらくてき》であればあるほど、增《ま》す自然《しぜん》の流露《りうろ》であり、天眞爛漫《てんしんらんまん》であり、兒戲《じぎ》の相《すがた》であるであらう。反對《はんたい》に、戀愛《れんあい》のない性的交渉《せいてきかうせふ》は、それが享樂《きやうらく》的《てき》であればあるほど、反社會的《はんしやくわいてき》であり、醜怪《しうくわい》である。なぜなら實際《じつさい》は多《おほ》くの場合《ばあひ》さうでないにしても、概念的《がいねんてき》に言《い》つて、戀愛《れんあい》の確保《かくほ》は夫婦《ふうふ》といふ制度《せいど》によつて保證《ほしよう》されてゐるから、夫婦《ふうふ》でない性交渉《せいかうせふ》はそれだけでも反規約的《はんきやくてき》であると言《い》ひ得《う》る。

こゝに問題《もんだい》になつてゐる「貞操《ていさう》のアメリカ化《くわ》」は勿論後者《もちろんこうしや》の場合《ばあひ》だが、それならば、何故《なにゆゑ》僕は、この闇黑《あんこく》の事象《じしやう》を、明《あか》るい建設作業《けんせつさげふ》として、排撃《はいげき》する前《まへ》に一應《おう》肯定《こうてい》すると言《い》つたか。

それは、兩性間《りやうせいかん》の享樂的交渉《きやうらくてきかうせふ》を、それがどんなに享樂的《きやうらくてき》なものであつても、淨化《じやうくわ》しジヤステフアイする戀愛《れんあい》を持《も》つてゐない以上《いじやう》、これは全然別個《ぜんぜんべつこ》の現象《げんしやう》と觀《み》べきだからだ。そしてそれは、自身《じしん》その行爲《かうゐ》をジヤステフアイする全然別個《ぜんぜんべつこ》の何《なに》かを持《も》つてゐなければならい。そこで「貞操《ていさう》のアメリカ化《くわ》を排《はい》す」ることは、この新《あたら》しいジヤステフイケイシヨンに對《たい》する攻撃《こうげき》であり、また僕《ぼく》が一應《おう》それを受《う》け入《い》れるといつたのも、この新《あたら》しいジヤステフイケイシヨンに對《たい》する一つの同情《どうじやう》からである。

貞操《ていさう》――かういふ玄妙不可侵《げんみやうふかしん》の獨立《どくりつ》の存在《そんざい》があると假定《かてい》して――が無視《むし》されて來《き》たことは、今《いま》にはじまつたことではない。神樣《かみさま》でさへ時《とき》として侮辱《ぶじよく》されるやうに、貞操《ていさう》といふ宗教的《しうけうてき》な可憐《かれん》なる乙女《をとめ》は、時《とき》どき無視《むし》されるやうに歴史的《れきしてき》に受難《じゆなん》の運命《うんめい》に立《た》たされてゐる。皮《ひ》肉《にく》にも商取引《しやうとりひき》の對象《たいしやう》として賣買《ばいばい》されてゐるくらゐだ。この賣淫《ばいいん》―非戀愛結婚生活《ひれんあいけつこんせいくわつ》を含《ふく》む――の場合《ばあひ》、男性《だんせい》は金錢《きんせん》によつて性《せい》の滿足《まんぞく》を買《か》ひ、女性《ぢよせい》はその一番大事《ばんだいじ》だと敎《をし》へられてゐる貞操《ていさう》を賣《う》つた代金《だいきん》で衣食《いしよく》する。つまり、性的享樂《せいてききやうらく》と財物《ざいぶつ》との交換《かうくわん》だが、現下《げんか》の「貞操《ていさう》の大戰後化《たいせんごくわ》」は、勿論賣淫《もちろんばいいん》ではない、同《おな》じく交換《かうくわん》ではあるが、それは、双方對等《さうはうたいとう》の地位《ちゐ》に立《た》つた完全《くわんぜん》な自由意思《じいういし》の合意《がふい》による享樂《きやうらく》と享樂《きやうらく》の交換《かうくわん》である。

三

男性《だんせい》が女性《ぢよせい》を性的享樂《せいてききやうらく》の對象《たいしやう》とのみ視《み》て、財物《ざいぶつ》をあたへて享樂《きやうらく》を購《あがな》つてゐたのが、いま女性《ぢよせい》は、一個《こ》の人間《にんげん》として、自分《じぶん》の享樂《きやうらく》を得《う》るために交換的《かうくわんてき》に男性《だんせい》に享樂《きやうらく》を與《あた》へるやうになつて來《き》てゐるのではないかと思《おも》ふ。對等《たいとう》に、女性《ぢよせい》の側《がは》からは男性《だんせい》を性的享樂《せいてききやうらく》の對象《たいしやう》と觀《み》出《だ》して來《き》たのだ。賣買《ばいばい》ではなく、自由《じいう》な立場《たちば》に於《お》ける享樂《きやうらく》と享樂《きやうらく》の交換《かうくわん》なのだ。これは、大戰後《たいせんご》に於《お》ける女性《ぢよせい》の職業的進出《しよくげふてきしんしゆつ》、經濟的《けいざいてき》獨立力等《どくりつりよくとう》によるものだが、女性《ぢよせい》が、かうして自己《じこ》の享樂《きやうらく》のための享樂《きやうらく》を意識《いしき》して行動《かうどう》するやうになつたのは、はるかに人間的《にんげんてき》であり、女性《ぢよせい》にとつて飛躍的《ひやくてき》な進歩《しんぽ》であることは言《い》ふまでもない。

「貞操《ていさう》のアメリカ化《くわ》」は、かうして女性《ぢよせい》が、同等《どうとう》の享樂以外何《きやうらくいぐわいなん》らの代償《だいしやう》をも男性《だんせい》から要求《えうきう》しない態度《たいど》を意味《いみ》すると思《おも》ふ。だから、この動向《どうかう》をジヤステフアイするものは、享樂《きやうらく》のための享樂《きやうらく》であり、女性《ぢよせい》が、この男性《だんせい》との水平線《すゐへいせん》にまで上《のぼ》つて來《き》た意味《いみ》で、一概《がい》に排撃《はいげき》する前《まへ》に、先《ま》づ是認《ぜにん》しなければならないと僕《ぼく》は思《おも》ふ。言《い》ひかへれば、「貞操《ていさう》のアメリカ化《くわ》」は貞操《ていさう》の交換化《かうくわんくわ》である。受《う》け入《い》れられた貞操《ていさう》の概念《がいねん》に對《たい》する女性《ぢよせい》の反逆《はんぎやく》である。古《ふる》いものを破壞《はくわい》し、その燒土に新《あたら》しいものを建《た》てやうとする作業過程《さげふくわてい》での、幾分同情《いくぶんどうじやう》していゝ、ひとつのfalse motion であると思《おも》ふ。

しかし、これは世界的動向《せかいてきどうかう》を言《い》つてゐるに過《す》ぎない。言《い》ふまでもなく、日本《にほん》の女性《ぢよせい》はずつと遲《おく》れてゐる。エロテシズムだの、それを勝手《かつて》に略《りやく》してエロだの、或《あるひ》は何《なん》のつもりかイツトなどといふ、誰《だれ》がはじめたことか知《し》らないが、實《じつ》に不愉快極《ふゆくわいきは》まる、愚劣《ぐれつ》きはまる、女性《ぢよせい》にとつてはこの上《うへ》ない侮辱《ぶじよく》である惡趣味《あくしゆみ》が、こんなに横行《わうかう》しても、女性《ぢよせい》から一片《ぺん》の抗議《かうぎ》が出《で》るでもなく、かへつて得々《とくとく》としてさういふ男性《だんせい》に迎合《げいがふ》しつゝある日本《にほん》の女性《ぢよせい》など、あまりにお粗末《そまつ》で、實《じつ》は問題《もんだい》にならないのだ。カフヱなどといふ場處《ばしよ》における無智《むち》な性的蠢《せいてきしゆん》動《どう》を指《さ》して「貞操《ていさう》のアメリカ化《くわ》」などといふくらゐの所《ところ》であらう。

一たい、貞操《ていさう》などといふ獨立《どくりつ》した概念《がいねん》を想定《さうてい》することは出來《でき》ない貞操《ていさう》！　何《なん》といふ色《いろ》の褪せた、事大的《じだいてき》な、道化《だうけ》じみた田舍娘《ゐなかむすめ》だらう？　お前《まへ》は、通俗小說《つうぞくせうせつ》の代物《しろもの》だ。それも、何度《なんど》も危機《きき》に遭遇《さうぐう》したり、都《つ》合《がふ》のいゝ時《とき》に破《やぶ》られたりするためにちよつぴり顏《かほ》を出《だ》すだけの甘《あま》い感傷《かんしやう》でしかない。

日本在來《にほんざいらい》の貞操《ていさう》などといふ觀念《くわんねん》は、文字《もじ》だけで內容《ないよう》のない、單《たん》に男性《だんせい》のための玩具《ぐわんぐ》としての女性《ぢよせい》の完全性《くわんぜんせい》を、迷信《めいしん》にまで強調《きやうてう》しただけのものだと思《おも》ふ。だから、女性《ぢよせい》の貞操《ていさう》といふと、これだけは妙《めう》に社會《しやくわい》共通《きやうつう》の財產《ざいさん》のやうに男性《だんせい》は考《かんが》へてゐて、その神聖《しんせい》きはまる「貞《てい》操《さう》」に「アメリカ化《くわ》」されてはたまらないといふので騒《さわ》ぎになるのだが、言《い》はゞおためごかしである。女性《ぢよせい》にだけ期待《きたい》してゐる、片務《へんむ》的《てき》な御都合主義《ごつがふしゆぎ》の貞操《ていさう》である。こんな無意味《むいみ》な、滑稽《こつけい》にまでうつろな貞操《ていさう》などは、女性自身《ぢよせいじしん》が、先《ま》づ今日《こんにち》の女學校《ぢよがくかう》の教育《けういく》と共《とも》に蹴散《けち》らすことが必要《ひつえう》なのだ。チヤアルストンやハイ・ハアドルで踏《ふ》みにじつてしまふがいゝ。それからほんたうのものが出來《でき》る。

處女時代《しよぢよじだい》の戀愛《れんあい》に惱《なや》む妻《つま》の告白《こくはく》

〔1〕 良人《をつと》から處女性《しよぢよせい》を疑《うたが》はれる妻《つま》

◈娘時代《むすめじだい》の日誌《につし》から根《ね》も葉《は》もないことを誤解《ごかい》される◈

清浦《きようら》すぎ子《こ》（長崎）

※

忘れもしない七年前《ねんぜん》の春《はる》！ 三年間《ねんかん》も續《つゞ》いた私達《わたくしたち》の正《たゞ》しい戀愛《れんあい》は、兩親《りやうしん》の無理解《むりかい》と周圍《しうゐ》の反對《はんたい》のために、むごくも引《ひ》き裂《さ》かれてしまひました。

『僕《ぼく》も男《をとこ》です。一度《ど》忘《わす》れてしまひますと誓《ちか》つた以上《いじやう》、すぎ子《こ》さんの幸福《かうふく》を妨《さまた》げるやうなことは決《けつ》していたしません。御安心《ごあんしん》ください。』

彼《かれ》は悲痛《ひつう》な言葉《ことば》を殘《のこ》して、遂《つひ》に上京《じやうきやう》してしまひました。

それから永《なが》い間《あひだ》、その誓《ちか》ひの通《とほ》り、私《わたくし》は彼《かれ》について何《なん》の便《たよ》りも聞《き》くことはできませんでした。けれども雨《あめ》につけ、風《かぜ》につけ、私《わたくし》の想《おも》ひは唯一筋《たゞひとすぢ》でございました。――その生死《せいし》のほどさへも判《わか》らぬ彼《かれ》の面影《おもかげ》を偲《しの》びつゝ、私《わたくし》の日誌《につし》、私《わたくし》のノートには、如何《いか》に失戀《しつれん》の悲《かな》しみが、或《あるひ》は歌《うた》となり、詩《し》となつて、織《お》り込《こ》まれたことでありませう。

※

その頃《ころ》、引《ひ》き續《つゞ》いて私《わたくし》の縁談《えんだん》が起《おこ》りました。あれかこれかと兩親《りやうしん》の選擇《せんたく》の後《のち》、近《ちか》く見合《みあひ》をしたばかりの、或《あ》る相當《さうたう》の官《くわん》吏《り》に白羽《しらは》の矢《や》が立《た》ちました。品行方正《ひんかうはうせい》、質素勤勉《しつそきんべん》――如何《いか》にも嚴格《げんかく》な兩親《りやうしん》の氣《き》に入《い》りさうな人《ひと》でした。私《わたくし》も、初《はじ》めて一切《さい》のことに目《め》を閉《と》ぢました。そして、今《いま》となつては、ひたすらに婚約者《こんやくしや》に對《たい》して愛情《あいじやう》を湧《わ》かせることに努《つと》めました。

やがて嫁《とつ》ぐ日《ひ》はまゐりました。私《わたくし》は永《なが》らく續《つゞ》けて來《き》た處女時代《しよぢよじだい》の日誌《につし》、ノートに書《か》き連《つら》ねた歌《うた》、詩《し》、俳句《はいく》、感想文《かんさうぶん》、それから澤山《たくさん》のアルバム、さうしたものを一纏《ひとまと》めにして、嫁入道具《よめいりだうぐ》と一緒《しよ》に簞笥《たんす》の抽斗《ひきだし》に藏《しま》ひました。

何《なん》といふ愚《おろ》かな私《わたくし》だつたでせう。私《わたくし》はそれ等《ら》一切《さい》のものに、さやうならをすべきであることに氣《き》がつかなかつたのです。若《も》しその中《なか》の一《ひと》つでも良人《をつと》の目《め》に觸《ふ》れたならば、どんな恐《おそ》ろしい結果《けつくわ》を招《まね》くかといふことに氣《き》がつかなか

つたのです。あまりに手離し難い愛着を感じるまゝに、それを箪笥《たんす》の底《そこ》に藏《しま》つておいた私《わたくし》の不用意《ふようい》を、今更《いまさら》に後悔《こうくわい》してをります。

嫁《とつ》いだ私《わたくし》に、不思議《ふしぎ》な愛情《あいじやう》が湧《わ》いて來《き》ました。それは誠《まこと》に不思議《ふしぎ》としか言《い》ふことのできない感情《かんじやう》でした。私《わたくし》は良人《をつと》を愛《あい》したのです。曾《か》つては戀人に捧げた一切の愛を、私は今、良人《と》に捧《さゝ》げてゐるのです。良人《をつと》もまた三十歳《さい》まで女知《をんなし》らずで通《とほ》した人《ひと》、言《い》はゞ三十の初戀《はつこひ》で、その愛情《あいじやう》は本當《ほんたう》に濃《こま》かなものでした。かうして幸《かう》福《ふく》な日《ひ》は一月《ひとつき》あまり續《つゞ》きました。

※

結婚後四十日《にち》を過《す》ぎてから、私《わたくし》は四五日《にち》滯在《たいざい》の豫定《よてい》で、實家《さと》へ歸《かへ》りました。するとその翌日《よくじつ》『スグカヘレ』の電報《でんぽう》を受《う》けました。何事《なにごと》かと急《いそ》いで歸《かへ》りましたが、停車場《ていしやば》に迎《むか》ひに來《き》てくれた良人《をつと》の顏色《かほいろ》が、いつになく靑《あを》ざめてゐて、その態度《たいど》も、どことなく、よそよそしいやうでした。

その夜《よ》は、ひどく寒《さむ》く、宵《よひ》から綿雪《わたゆき》が、ちらちら落ちてをりました。

夕食《ゆふしよく》をすませて、小い火鉢《ひばち》を中《なか》に二人《ふたり》が差《さ》し向《むか》ひになつたとき、どんな恐《おそ》ろしい言葉《ことば》が良人《をつと》から發《はつ》せられたことでせう。私《わたくし》は自分《じぶん》の耳を疑《うたが》ひました。けれども悲《かな》しいかな、それは事實《じじつ》だつたのです――

私《わたくし》の留守中《るすちう》に、良人《をつと》は、處女時代《しよぢよじだい》の私《わたくし》の日誌《につし》やノートを見《み》て、私《わたくし》の祕密《ひみつ》を知《し》つてしまつたのです。良人《をつと》の怒《いかり》は、すさまじいほどでした。けれども、あゝ、何《なん》の辯解《べんかい》をする餘地《よち》が私《わたくし》にありませう。私《わたくし》は靑《あを》ざめて、あふれ落《お》ちる涙《なみだ》を拭《ふ》くことさへも忘《わす》れてゐました。

『違《ちが》ひます〳〵、たとへ戀愛《れんあい》はあつても私《わたくし》は處女《しよぢよ》でした。神樣《かみさま》にも誓《ちか》ひます。どうぞ私《わたくし》が處女《しよぢよ》であつたことを信《しん》じてください。』

けれども良人《をつと》の恐《おそ》ろしい誤解《ごかい》は、遂《つひ》に釋《と》くことはできませんでした。良人《をつと》は、その日誌《につし》やノートを取り上げて、何《なん》と詫《あや》まつても返《かへ》してくれませんでした。良人《をつと》はそれを私《わたくし》の兩親《りやうしん》や媒介者《ばいかいしや》に叩《たた》きつけて、私《わたくし》を一思《ひとおも》ひに離別《りべつ》しようか、それとも一切《さい》に目《め》をつぶつて、許《ゆる》してやらうかと、永《なが》い間苦《あひだくる》しんでゐるかのやうでした。

※

それからの良人《をつと》の態度《たいど》は、全《まつた》く一變《ぺん》してしまひました。今《いま》となつては、あの當時離縁《たうじりえん》になつてゐた方《はう》が、まだ〳〵幸福《かうふく》ではなかつたかと、つく〴〵考《かんが》へてをります。自分《じぶん》のかりそめの過失《くわしつ》からとはいへ、二人《ふたり》の子供《こども》の母《はは》となつた今日《こんにち》も尚《な》ほ、良人《をつと》の疑《うたが》ひを釋《と》くことができないのです。あゝ六年間《ねんかん》の永《なが》い永《なが》い辛抱《しんばう》—何《なに》がゆゑの辛抱《しんばう》だ。たゞ一事《じ》、處女時代《しよじよじだい》の純潔《じゆんけつ》さを信《しん》じて頂《いただ》きたいばかりでございます。けれども、六年間《ねんかん》の涙《なみだ》の生活《せいくわつ》も、遂《つひ》に『處女《しよぢよ》であつた』ことを信《しん》じて頂《いただ》くことはできないのです。私《わたくし》の苦《くる》しみが足《た》らないのか、私《わたくし》の罪《つみ》がそれほどに深《ふか》いのか。

これからの永《なが》い〳〵一生《しやう》を、私《わたくし》は相變《あひかは》らず慘《みじ》めな生活狀態《せいくわつじやうたい》で送《おく》らなければならないのでせうか。社會的《しやくわいてき》の地位《ちゐ》や名譽《めいよ》、それが今《いま》の私《わたくし》に何《なん》の幸福《かうふく》を與《あた》へてくれませう。

一時《じ》は死《し》をすら覺悟《かくご》いたしましたが、愛兒《あいじ》のためにも、この恐《おそ》ろしい誤解《ごかい》を釋《と》かぬうちは死《し》んでも死《し》にきれませぬ。

いつまで經《た》つても苦悶《くもん》の生活《せいくわつ》から脫《ぬ》け切《き》れぬ私《わたくし》、これも自業自得《じごふじとく》からとは申《まを》せ、いつか良人《をつと》に『處女《しよぢよ》であつた。』と信《しん》じて貰《もら》ひたい一念《ねん》を、今《いま》も尚《な》ほ持《も》ち續《つづ》けつゝ、淋《さび》しく生《い》きて行《ゆ》く私《わたくし》でございます。（賞）

〔2〕寫眞《しやしん》一枚《まい》で惱《なや》み通《とほ》した私《わたくし》の經驗《けいけん》

◆一緖《しよ》に撮《と》つた寫眞《しやしん》ゆゑに良人《をつと》も惱《なや》めば私《わたくし》も惱《なや》む◆

三《み》田《た》和《かず》子《こ》（大阪）

『和子《かずこ》、この寫眞《しやしん》に覺《おぼ》えがあるか。』——結婚《けつこん》してから、ついぞ荒《あら》い言葉《ことば》一《ひと》つかけたことのなか良人《をつと》でした。不思議《ふしぎ》に思《おも》ひながら、食卓《しよくたく》の上《うへ》の寫眞《しやしん》を手《て》に取《と》つた私《わたくし》は、流石《さすが》にハッとして息《いき》を呑《の》みました。

『驚《おどろ》かなくてもいゝよ。だが僕《ぼく》は訊《き》いておきたい。お前は寫眞が嫌ひではなかつたのかい。」

皮肉《ひにく》な質問《しつもん》に、私《わたくし》は返《かへ》す言葉《ことば》もありませんでした。未《ま》だそのときまでに十月《とつき》とは經《た》つてゐない新婚當時《しんこんたうじ》の頃《ころ》から、折《をり》にふれて、良人《をつと》からカメラを差《さ》し向《む》けられても、厭《いや》といつて逃《に》げてゐた私《わたくし》、それほど寫眞嫌《しやしんぎら》ひな私《わたくし》が、人《ひと》もあらうに濱田と——男の濱田と、たゞ二人きりでカメラの前《まへ》に立《た》つたとは！

それにしても、今《いま》は記憶《きおく》にさへないこの寫眞《しやしん》を、誰《だれ》が、何《なん》の目的《もくてき》で良人《をつと》の目《め》に觸《ふ》れさせたのか。濱田《はまだ》？ 濱田自身《はまだじしん》が？ さう思《おも》ふと、私《わたくし》は口惜《くや》しさが胸《むね》に込《こ》み上《あ》げて來《き》て、九月半《ぐわつなかば》のうそ寒い夜を、一睡もせずに泣き明かしました。

※

實は私《わたくし》の兩親《りやうしん》は、以前某市《いぜんぼうし》で、かなりな鐵工所《てつこうじよ》を經營《けいえい》してをりました。ところが三人《にん》の子供《こども》のうち、一粒種《ひとつぶだね》の長男《ちやうなん》を高《かう》工時代《こうじだい》に脚氣《かつけ》で死《し》なしてからは、すつかりこの世《よ》に見限《みかぎ》りをつけて、姉《あね》に養子《やうし》を迎《むか》へたのを機《き》に隱居《いんきよ》してしまひました。

義兄《ぎけい》は實地《じつち》から鍛《きた》へ上《あ》げた人《ひと》だけあつて、人物《じんぶつ》はしつかりしてゐましたが、若《わか》いに似合《にあ》はず保守的《ほしゆてき》なところがあるために、二年《ねん》三年《ねん》と經《た》つうちには、私《わたくし》を溺愛《できあい》する子煩惱《こぼんなう》な兩親《りやうしん》との間《あひだ》に、時々《ときどき》氣《き》まづい感情《かんじやう》の縺《もつ》れを生《しやう》じるやうになりました。

殊《こと》に私《わたくし》が女學校《ぢよがくかう》の卒業期《そつげふき》を控《ひか》へて、女子大《ぢよしだい》に行《ゆ》くと言《い》ひ出《だ》したとき、第一《だいい》に反對《はんたい》したのは義兄《ぎけい》の代辯者《だいべんしや》としての姉《あね》でした。この上《うへ》勉強《べんきやう》させて一體何《たいなん》にするつもりなの？……かう問《と》ひ詰《つ》められてみると、父《ちゝ》も強《し》ひて押《お》しきることはできぬのでした。

私《わたくし》はこれが不平《ふへい》でたまりませんでした。でそれからといふものは、姉達《あねたち》とは、ろく／＼口《くち》もきかず、まるで仇同志《かたきどうし》のやうに憎《にく》み合《あ》つて來《き》ましたが、遂《つひ》には、持《も》ち前《まへ》のきかぬ氣《き》から、家《いへ》を出《で》て獨立《どくりつ》しようと考《かんが》へるやうになりました。

※

暫くして私《わたくし》は、或《あ》るタイピスト養成《やうせい》所《じよ》に入《はひ》りました。そしてそこで、自《じ》活《くわつ》のため、必死《ひつし》の習練《しふれん》を積《つ》むことになりました。姉《あね》が勝《か》つか、自分《じぶん》が敗《ま》けるか——激《はげ》しい闘爭心《とうさうしん》が、篠《しの》つく雨《あめ》のやうに、鍵盤《けんばん》の一打《だ》々《く》々に打込《うちこ》まれるのでした。

私《わたくし》のこの熱心《ねつしん》さは、忽《たちま》ち敎師《けうし》の眼《め》に留《とま》りましたが、その中《なか》でも特《とく》に眞劍《しんけん》な態度《たいど》で、私《わたくし》のため何《なに》くれとなく見知《みし》らぬ道《みち》を拓《ひら》いてくれたのが、ほかならぬ前記《ぜんき》の濱田《はまだ》でした。晝間《ひるま》の勤《つと》めの餘暇《よか》に、その養成所《やうせいじよ》でタイプとコレスとを敎《をし》へてゐた濱田《はまだ》は、私《わたくし》のやうに職業《しよくげふ》に急《いそ》ぐものにとつては、望《のぞ》んでも得《え》られぬ良敎師《りやうけうし》でした。そのうへ卒業《そつげふ》のときには、わざ〳〵自分《じぶん》の勤《つと》めてゐる會社《くわいしや》に推薦《すゐせん》までしてくれたので、私《わたくし》はつく〴〵濱田《はまだ》の親切《しんせつ》に信頼《しんらい》すると共《とも》に、實《じつ》の兄《あに》に對《たい》するやうな親《した》しみをさへ感《かん》じるやうになりました。そして果《はて》は彼《かれ》の家庭《かてい》にも出入《しゆつにふ》して、奥《おく》様《さま》とまで心易《こゝろやす》く交際《かうさい》するやうになりました。

※

このまゝ何事《なにごと》もなく濟《す》めば、私《わたくし》の經驗《けいけん》する社會《しやくわい》といふものは、あまりにも幸福《かうふく》すぎますが、やがて一《ひと》つの事件《じけん》が起《おこ》りました。それは丁度《ちやうど》、入社《にふしや》して半年《はんとし》ほど後《のち》だつたと思《おも》ひます。或《あ》る日《ひ》私《わたくし》は濱田《はまだ》と溪谷《けいこく》の美《び》で名《な》高《だか》い某温泉《ぼうをんせん》へ小旅行《せうりよかう》をいたしました。

初《はじ》めは奥樣《おくさま》も一緒《しよ》に、三人《にん》で寫眞《しやしん》を撮《と》りに行《ゆ》く約束《やくそく》だつたのですが、その日《ひ》になつて何故《なぜ》か奥樣《おくさま》が急《きふ》に止《よ》すとおつしやるので、私《わたくし》は仕方《しかた》なく濱田《はまだ》と二人《ふたり》で出《で》かけました。理由《りいう》は直《す》ぐに判《わか》りました。その朝《あさ》この夫婦《ふうふ》は、私《わたくし》のことから激《はげ》しい諍《いさか》ひをしたといふのです。それを聞《き》いたとき、私《わたくし》は、あまりに邪氣《じやき》のなさ過《す》ぎたらしい自分《じぶん》の行爲《かうゐ》が、何《なに》か厭《いや》な凶兆《きようてう》になるのではないかと、今更《いまさら》、うしろめたく變《へん》に心《こゝろ》を滅入《めい》らせてしまひました。

ところが翌日《よくじつ》、社《しや》から退《ひ》けのときに、仲好《なかよ》しの淺子《あさこ》さんが私《わたくし》を追《お》つて來《き》て、意味《いみ》あり氣《げ》に笑《わら》つて話《はな》しかけるのでした。

『あなた昨日《きのふ》温泉《をんせん》へ行《い》つて？』

『えゝ寫眞《しやしん》を撮《と》りに行《い》つてよ、濱田《はまだ》さんと。』

『あなたは濱田《はまだ》さんと入社前《にふしやまへ》から特別《スペシャル》なのだから、私默《わたしだま》つてゐたけれど、あの人《ひと》には氣《き》をおつけなさいよ。これまでだつて何人《なんにん》泣《な》かされたか知《し》れやしないの。それに昨日《きのふ》のことだつて、皆《みんな》は馴《な》れつこで問題《もんだい》にしてやしないけれど、大《だい》分・傳されてるのよ。』

※

意外《ぐわい》な話《はなし》に、私《わたくし》はどう答《こた》へてよいか判《わか》りませんでした。屹度《きつと》顔色《かほいろ》まで變《かは》つてゐたことでせう。さう言《い》はれゝば私《わたくし》にも思《おも》ひ中《あた》る節《ふし》がないではありませんでした。これまでに二三度《ど》變《へん》に思《おも》はれたことがあつたので、あまり近《ちか》より過《す》ぎては、と警戒《けいかい》だけはしてゐたのですが、前々《まへく》からの關係《くわんけい》もあり、また濱田《はまだ》も直《す》ぐあとで他意《たい》ない風《ふう》を示《しめ》すので、私《わたくし》は自分《じぶん》の思《おも》ひ過《すご》しと信《しん》じてゐたのでした。

それにしても、昨日《きのふ》のことゝいひ、今日《けふ》の話《はなし》といひ、自分《じぶん》の世間《せけん》知らずを眞正面《まうしやうめん》から見《み》せつけられた私《わたくし》は、もう辯解《べんかい》するだけの元氣《げんき》もなく、獨《ひと》り淋《さび》しく家《いへ》へ戻《もど》つて來《き》ました。

私《わたくし》と濱田《はまだ》との交渉《かうせふ》は、これが最後《さいご》でした。その後《ご》退社《たいしや》した私《わたくし》の許《もと》へ、濱田《はまだ》から三度《ど》ほど手紙《てがみ》を寄越《よこ》しましたが、私《わたくし》は恐《おそ》ろしいものゝやうにそれを開《ひら》きもせず、燒《や》きすてゝしまひました。

私《わたくし》は以上《いじやう》のことを、もつと詳《くは》しく良人《をつと》に話《はな》して、寫眞《しやしん》もその時《とき》撮《と》つたものだと附《つ》け加《くは》へました。良人《をつと》は、『僕《ぼく》は何《なに》が何《なん》だかわからない。がとにかく、この話《はなし》は、これでお預《あづ》りにしておかう。』と言《い》つたきり口《くち》を噤《つぐ》んでしまひました。

※

ところが翌日《よくじつ》になつて、良人《をつと》はまた變《へん》な手紙《てがみ》を持《も》つて戻《もど》つて來《き》ました。讀《よ》んで見《み》よと言《い》はれるまゝに開《あ》けて見《み》ますと、『私《わたし》は昨日《きくじつ》お送《おく》りした寫眞中《しやしんちう》の男《をとこ》の方《はう》の友人《いうじん》だが、あなたはあれを御覽《ごらん》になつて、あの男《をとこ》と奥樣《おくさま》とが、嘗《かつ》てどういふ關係《くわんけい》にあつたか、大抵《たいてい》御推察《ごすゐさつ》のことゝ思《おも》ふ。餘《よ》は、たゞあなたの御裁斷《ごさいだん》を待《ま》つのみ。』といつた意味《いみ》のことが書《か》かれてあるのでありました。

良人《をつと》は、蒼白《まつさを》になつて震《ふる》へてゐる私《わたくし》を尻目《しりめ》

に默《だま》つて書齋《しよさい》へ入《はひ》つて行《ゆ》きました。私《わたくし》はその後《あと》を追《お》ふ勇氣《ゆうき》もなく、その場《ば》へ泣《な》き崩《くづ》れてしまひました。

私《わたくし》は濱田《はまだ》を呪《のろ》ひました。彼《かれ》の手蹟《しゆせき》としか思《おも》へない無名《むめい》の手紙《てがみ》の一字《じ》々々《〳〵》が、私《わたくし》の眼《め》には、まるで惡魔《あくま》の行列《ぎやうれつ》のやうに思《おも》はれました。そして毎日《まいにち》々々《〳〵》默《だま》り勝《が》ちになつて行《ゆ》く良人《をつと》を、氣《き》の毒《どく》にも濟《す》まなくも思《おも》ひながら、どうする術《すべ》もなく惱《なや》みつゞけました。

二週間《しうかん》の後《のち》、今度《こんど》は三回目《くわいめ》の手紙《てがみ》が私《わたくし》宛《あて》に配達《はいたつ》されました。相變《あひかは》らず差出人《さしだしにん》の名前《なまへ》は記《しる》してありませんが、書體《しよたい》は正《まさ》しく濱田《はまだ》なのです。それには、かう書《か》かれてありました。

『最近結婚《さいきんけつこん》されたと聞《き》いて、もうぢつとしてゐられなくなつた。あなたは誰《だれ》が何《なん》と言《い》つても私《わたし》のものだ。そのことはあなただつて承知《しようち》の筈《はず》だ。去年妻《きよねんつま》が離別《りべつ》した私《わたし》は、今《いま》はもうあなたなしには生《い》きて行《ゆ》けない。近日《きんじつ》お訪《たづ》ねするから、どうか良《よ》い機會《きくわい》を知《し》らせてください――』

※

この手紙《てがみ》を見《み》ると、良人《をつと》は訊《き》きました。

『で、お前《まへ》會《あ》ふ氣《き》か。』

『私《わたし》、會《あ》つてやります。會《あ》つて言《い》ひたいだけのことを、言《い》つて〳〵言《い》つてやります。』

暫《しばら》く考《かんが》へてゐて良人《をつと》は、また訊《き》きました。

『若《も》し僕《ぼく》がその場《ば》にゐたら、お前《まへ》は自分《じぶん》の潔白《けつぱく》を證明《しようめい》することができるか。』

私《わたくし》は聲《こゑ》をあげて泣《な》きました。身《み》から出《で》た錆《さび》とはいへ、いつになつたら乾《ほ》せる濡衣《ぬれぎぬ》か。まだ疑《うたが》はれてゐると知《し》つて、私《わたくし》は自分《じぶん》が心《しん》から情《なさけ》なくなつたのでした。

それから一月餘《ひとつきあま》りは、何事《なにごと》もなく過《す》ぎました。幸《さいは》ひ濱田《はまだ》は姿《すがた》を見《み》せませんでした。そして一家《か》は漸《やうや》く明《あか》るい空氣《くうき》が漂《たゞよ》ひ始《はじ》めました。けれども濱田《はまだ》の執拗《しつえう》な復讐《ふくしう》は決《けつ》して中止《ちうし》されたのではありませんでした。或《あ》る日《ひ》、突然《とつぜん》一人《ひとり》の見知《みし》らぬ來客《らいきやく》がありました。名刺《めいし》には××法律相談所《はふりつさうだんじよ》とありますので、不思議《ふしぎ》に思《おも》ひながら、請《しやう》じ入《い》れて居間《ゐま》へ退《さが》つてをりますと、間《ま》もなく客《きやく》の激《はげ》しい聲《こゑ》が洩《も》れて來《き》ました。そしてその言葉《ことば》の中《なか》には、濱田《はまだ》の名《な》が、はつきりと聞《き》かれるではありませんか。私《わたくし》の胸《むね》は、早鐘《はやがね》のやうに動悸《どうき》を打《う》ち始《はじ》めました。

『濱田《はまだ》と奧樣《おくさま》との關係《くわんけい》が、そこまで進《すゝ》んでゐたとすれば、彼《かれ》の立場《たちば》も認《みと》めてやらねばなりますまい。あなたも紳士《しんし》として地位《ちゐ》も名譽《めいよ》もある方《かた》だ。相當《さうたう》の敬意《けいい》を表《へう》してやるのが、あなたの體面《たいめん》ぢやありませんか。』

あゝ何《なん》といふ恐《おそ》ろしいこと！　では戀《こひ》に狂《くる》ふと見《み》せたのは彼《かれ》の本意《ほんい》ではなかつたのか。姦通《かんつう》の汚名《をめい》、そしてその代償金《だいしやうきん》！　惡魔《あくま》、鬼《おに》、デモン！　耻《はぢ》と口惜《くや》しさに齒軋《はぎし》りして、私《わたくし》は彼《かれ》を呪《のろ》ひました。

※

『私の行爲《かうゐ》が姦通《かんつう》に當《あた》るとおつしやるなら、宜《よろ》しい、私《わたし》は潔《いさぎよ》く法《はふ》の裁《さば》きを受《う》けませう。濱田氏《はまだし》にさう言《い》つてください。示《じ》談《だん》なんて眞《ま》つ平《ぴら》です。』

良人《をつと》の靜《しづ》かな聲《こゑ》を微《かす》かに〳〵聞《き》きながら、いつか私《わたくし》は氣《き》を失《うしな》つてをりました。

幾時間《いくじかん》かの後《のち》・漸《やうや》く我《われ》に還《かへ》つた私《わたくし》は、良人《をつと》の前《まへ》に身《み》を伏《ふ》せて泣《な》いてをりました。身《み》に覺《おぼ》えなければ悔《くや》むに當《あた》らぬと諭《さと》されても、泣《な》けて泣けてならぬ私《わたくし》。許《ゆる》すと口《くち》には優《やさ》しく言《い》ひながら、それ以來《いらい》、すつかり沈默勝《ちんもくがち》になつた淋《さび》しさうな良人《をつと》。言《い》うても及《およ》ばぬ過去《くわこ》の不覺《ふかく》は、私《わたくし》達《たち》に苦《にが》い惱《なや》みを貽《のこ》してしまひました。

良人《をつと》は今社命《いましやめい》を帶《お》びて海外《かいぐわい》に在《あ》りますが、その心《こゝろ》に、私《わたくし》の姿《すがた》は果《はた》してどんなに映《うつ》るでせう。信《しん》じられてゐたゞけに、淋《さび》しい負目《おひめ》を一生擔《にな》つて行《ゆ》かねばならぬ私《わたくし》は、自分《じぶん》を愚《おろ》かなものに思《おも》つてをります。（賞）

137　「ヒステリー座談会」 浅原六朗、石浜金作、大井さち子、小島政二郎 ほか 『婦人公論』昭和6年1月1日

ヒステリー座談會

（寫眞說明）右から高田・石濱・淺原・大井・小島・一人おいて濱尾・宮脇・福井・三宅・近松の諸氏

出席者（五十音順）

淺原六朗
石濱金作
大井さち子
小島政二郎
前檢事 近松秋江
醫學博士 濱尾四郎
福井正憑
三宅やす子
萬世橋署長（前警視廳人事相談係長） 宮脇倫
……
高田保

記者 松本

松本　どなたも有難《ありがた》うございました。今晩《こんばん》は高田《たかた》さんに司會《しくわい》していたゞきます。

高田　今日《けふ》は色々《いろ／＼》の方面《はうめん》の方《かた》に集《あつま》つて戴《いたゞ》いて、ヒステリーの研究《けんきう》、と云《い》ふと少々變《せう／＼へん》ですが、萬事《ばんじ》ヒステリーについて、犯罪方面《はんざいはうめん》の方《かた》や、醫學方面《いがくはうめん》の方《かた》や、それからヒステリーの被害者《ひがいしや》、……加害者《かがいしや》は居《を》らないかも知《し》れないかとにかく、ヒステリーに關《くわん》する座談會《ざだんくわい》をやつて戴《いたゞ》きたいといふ註文《ちゆうもん》なのであります。……しかし一體《たい》ヒステリーと云《い》ふものは何《なん》であるか？　と云《い》ふ問題《もんだい》になると、是《これ》が第《だい》一にどうも分《わか》らない。たゞ漫然《まんぜん》とヒステリー／＼と云《い》つては居《を》りますが、その正體《しやうたい》は何《なん》であるかであります。例《たと》へば戀仲《こひなか》の二人《ふたり》がいちやついたり、じやれたり、拗《す》ねて見《み》たりすることまでがヒステリーならば、是《これ》はまさに人生《じんせい》の花《はな》だ。是《これ》がなけれ

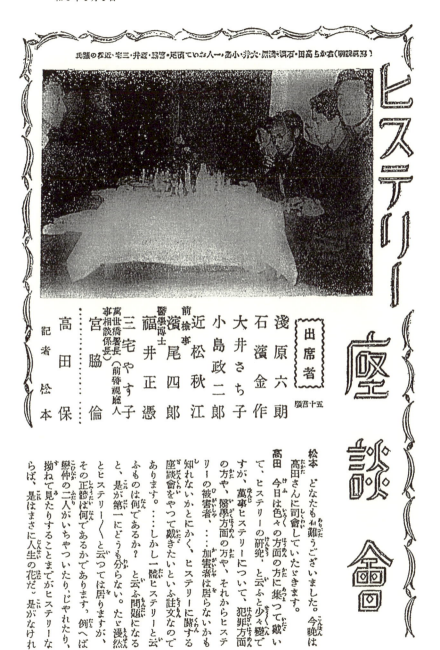

ばさしあたり小島《こじま》なんかが非常《ひじやう》に困《こま》ることになる。

小島 ひどいことになつたな。(笑聲)

ヒステリーとはどんな病氣か

高田 そこで最初《さいしよ》に伺《うかが》つて置《お》きたいのですが、醫學上《いがくしやう》ヒステリーの定義《ていぎ》と云《い》ふやうなものはあるでせうか。

福井 一體《たい》ヒステリーと云《い》ふ名前《なまへ》は、希臘語《ギリシヤご》のヒステロース即《すなは》ち、子宮《しきう》と云《い》ふ言葉《ことば》から轉化《てんくわ》して來《き》たのです。それは、日本《にほん》でも漢方《かんぱう》の人《ひと》が、「臓躁《ざうさう》」と言《い》つて居《を》ります。「臓《ざう》」は「子臓《しざう》」で子宮《しきう》のことです。一夕醫話《せきいわ》に「金匱要略《キンキエウリヤク》ニ言《イ》フトコロノ悲傷欲レ哭、象如ニ神靈所ノ作トアル、證《シヨウ》ニ輕重《ケイヂウ》ノ差《サ》ハアレドモ、コレガ臓躁《ザウサウ》ノ證《シヨウ》ノ狀態《ジヤウタイ》ニテ然《シカ》モ變動《ヘンドウ》多《オホ》ク、泣《ナ》クト思《オモ》ヘバ笑《ワラ》ヒ、鬱悒《ウツイウ》スルカト思《オモ》ヘバ忻躍《キンヤク》シクリ、噪囈《ゴウゲイ》シタリ、甚《ハナハダ》シキニ至《イタ》リテハ其狀《ソノジヤウ》殆《ホトン》ド狂《キヤウ》ニ似《ニ》タルモノアリ、或《アルヒ》ハ直《タダチ》ニ狂氣《キヤウキ》トナルモ亦《マタ》有リテ、變化《ヘンクワ》豫《アラカジ》メ言《イ》ヒ難《ガタ》キモノアリ。サレド其《ソ》ノ證《シヨウ》ハ悉《コトゴト》ク皆《ミナ》子宮《シキウ》ノ躁擾《サウゼウ》ノ諸部《シヨブ》ヘ感動攣引《カンドウレンイン》スルモノナリ」とありますのは、臓躁《ざうさう》の語《ご》の由來《ゆらい》を述《の》べると同時《どうじ》に、現代醫學《げんだいいがく》が言《い》つて居《ゐ》るヒステリーの特異病狀《とくいびやうじやう》が、簡明《かんめい》にうまく捉《とら》へられて居《ゐ》るですね。

それで外國《ぐわいこく》でも日本《にほん》でも其《そ》の當時《たうじ》に於《おい》ては、此《こ》の病氣《びやうき》の特徴《とくちやう》として體内《たいない》に球塊《きうくわい》の如《ごと》きものが、昇降隱顯《しようかういんけん》することがあるが、これは畢竟《ひつきやう》、子宮《しきう》が自由自在《じいうじざい》に體内《たいない》を徘徊《はいくわい》して、生殖慾《せいしよくよく》が盛《さかん》に燃《も》えるのを滿足《まんぞく》させん爲《た》めに起《おこ》つて來《く》るものだとして居《ゐ》たのであります。從《したが》つて名前《なまへ》は子宮《しきう》からとつて、婦人《ふじん》に獨特《どくとく》の病氣《びやうき》だと考《かんが》へて居《ゐ》たので、昔《むかし》の人《ひと》にもヒステリーがなかつた譯《わけ》ぢやないのですね。併《しか》し醫學《いがく》の進歩《しんぽ》した今日《こんにち》では、そんな子宮説《しきうせつ》のみを信《しん》ずることが出來《でき》なくなりました。

又近頃《またちかごろ》になるとヒステリーと云《い》ふ獨立《どくりつ》した病氣《びやうき》はないと云《い》ふ學者《がくしや》もある。一つのヒステリー性症候群《せいしやうこうぐん》、病氣《びやうき》の現《あらは》れの群《グループ》をなしたものである。即《すなは》ち生來性《せいらいしやう》の性格異常《せいかくいじやう》の素地《そち》の上《うへ》に、或《あ》る精神的原因《せいしんてきげんいん》が加《くは》はつて、所謂《いはゆる》ヒステリー性症狀《せいしやうじやう》を發呈《はつてい》すものですから、ヒステリーといふ病名《びやうめい》を棄《す》てゝ、寧《むし》ろ心因性神經症《しんいんせいしんけいしやう》といふべきだと説《と》く人《ひと》もあります。要《えう》するに、ヒステリーは機能性神經症《きのうせいしんけいしやう》の一つで、固有《こいう》の身體的及《しんたいてきおよ》び精神的症候群《せいしんてきしやうこうぐん》を呈《てい》するものですけれども、其《そ》の本態《ほんたい》を簡單《かんたん》に定義《ていぎ》することは、頗《すこぶ》る困難《こんなん》です。

石濱 病氣《びやうき》ですか…兎《と》に角《かく》。

福井 病氣《びやうき》は勿論立派《もちろんりつぱ》な病氣《びやうき》です。まあ嚴然《げんぜん》と獨立《どくりつ》した病氣《びやうき》ぢやないと云《い》つて見《み》た所《ところ》で良《よ》い方法《はうはふ》もなく仕方《しかた》がありませんから、其《その》儘慣用《まゝくわんよう》じて居《を》りますが、ヒステリーなる病名《びやうめい》は、今日《こんにち》では多少濫用《たせうらんよう》せられて居《ゐ》る傾向《けいかう》があります。まあ一種《しゆ》の「精神性神經病《せいしんせいしんけいびやう》」と云《い》ふやうなものなんですね。それで世俗的《せぞくてき》にヒステリーといふてゐる中《うち》には、さうでないものが澤山《たくさん》あると思《おも》ひます。それはいはゆるヒステリー性症候群《せいしやうこうぐん》は、本來《ほんらい》のヒステリー患者《くわんじや》ばかりでなく、いろ〳〵の機能的神經病《きのうてきしんけいびやう》および精神病《せいしんびやう》の症狀《しやうじやう》として一過性《くわせい》に現《あら》はることもあり、又健康《またけんかう》な人《ひと》でも或《あ》る劇《はげ》しい精神的又《せいしんてきまた》は身體的傷痍《しんたいてきしやうい》の後《のち》に

139　「ヒステリー座談会」 浅原六朗、石浜金作、大井さち子、小島政二郎 ほか 『婦人公論』昭和6年1月1日

この症候群《しやうこうぐん》を呈《てい》することがあるから、往々《わうわう》眞《しん》のヒステリーと混同《こんどう》されるのですね。
同樣《どうやう》にその原因《げんいん》として普通《ふつう》に知《し》られて居《ゐ》ますものは、その實原因《じつげんいん》ではなく大概《たいがい》一つの動機《どうき》即《すなは》ち誘因《いういん》であつて、本當《ほんたう》の原因《げんいん》は何《なに》かといへば腦《のう》の先天性病的素質《せんてんせいびやうてきそしつ》であつて、親《おや》から傳《つた》はるものであります。即《すなは》ち精神病《せいしんびやう》、神經病《しんけいびやう》、性格異常及《せいかくいじやうおよ》びヒステリー性《せい》の傾向《けいかう》のある人《ひと》の子供《こども》、或《あるひ》は大酒家《たいしゆか》の子供《こども》とか言《い》ふやうに、何《なに》か生來的《せいらいてき》の素質《そしつ》を持《も》つて生《うま》れた者《もの》に出《で》るものであると云《い》ふ風《ふう》に、今《いま》では解釋《かいしやく》して居《ゐ》ます。

ヒステリーの性別と年齢

石濱　男《をとこ》でも有《あ》り得《う》るのですか。

福井　さうです。先程申《さきほどまを》しましたやうに、昔《むかし》は女性生殖腺《ぢよせいせいしよくせん》に直接關係《ちよくせつくわんけい》があると考《かんが》へ、女子獨特《ぢよしどくとく》の病氣《びやうき》で男《をとこ》にはないといはれてゐましたが、それは間違《まちが》ひで、男子《だんし》にも、子供《こども》にも起《おこ》るものです。併《しか》し多《おほ》くは女子《ぢよし》に發《はつ》するもので、男《をとこ》は僅《わづか》に二割位《わりくらゐ》のものです。殊《こと》に女子《ぢよし》では生殖器《せいしよくき》に關係《くわんけい》した病氣《びやうき》から誘《いう》發《はつ》する。それで破瓜期《はくわき》とか、姙娠中《にんしんちう》だとか、月經《げつけい》、授乳《じゆにう》と云《い》ふ事柄《ことがら》の時期《じき》に發《はつ》しやすい。

淺原　破瓜期《はくわき》と云《い》ふのは十五六からでせう。あの時分《じぶん》にヒステリーがあるのですか？

大井　あの時分《じぶん》からヒステリーが起《おこ》つたりする。種々《しゆじゆ》なものに慾望《よくばう》を感《かん》じ出《だ》して性的《せいてき》にも目覺《めざ》めるわけなのでせうが、その方面《はうめん》には無智《むち》であり不備《ふび》である故《ゆゑ》に性的不滿《せいてきふまん》から起《おこ》るものでせう？

福井　それはさう云《い》ふ考《かんが》へからヒステリーと云《い》ふ名前《なまへ》をつけたのでせう。殊《こと》に精神分析學《せいしんぶんせきがく》で有名《いうめい》なフロイド氏《し》がいふやうに、幼少時《えうせうじ》に於《おい》て受《う》けた精神的外傷《せいしんてきぐわいしやう》、就中性《なかんづくせい》に關《くわん》する迫害《はくがい》、例《たと》へば猥褻《わいせつ》、又《また》は暴行《ばうかう》といふやうな被害《ひがい》に際《さい》して、十分《ぶん》に其《そ》の羞恥《しうち》や悲憤《ひふん》等《とう》の感動《かんどう》を外《そと》に發散《はつさん》せずに、獨《ひと》り心《こころ》の内《うち》に抑壓《よくあつ》して居《ゐ》ますと、それが後《のち》に結婚生活《けつこんせいくわつ》に入《はい》つてから、或《あるひ》は強烈《きやうれつ》な刺戟《しげき》となつて發病《はつびやう》することがあります。

大井　思春期《ししゆんき》に時々《ときどき》憂鬱《いううつ》になつたりなんか致《いた》しますね。さう云《い》ふ時《とき》に兄《にい》さんとか、肉親《にくしん》の者《もの》にうんと擽《くすぐ》つて貰《もら》ふと直《なほ》るとか言《い》ふ話《はなし》がありますね。

宮脇　一平《ぺい》の漫畫《まんぐわ》「へぼ胡瓜《きうり》」にもたしかありますね。

福井　それは、昔《むかし》、ヒステリーは淫事斷禁《いんじだんきん》が原因《げんいん》であると考《かんが》へ、結婚《けつこん》を勸《すゝ》めて病氣《びやうき》を治《なほ》した時代《じだい》もあつたのですが、それは主《しゆ》として境遇《きやうぐう》の變化《へんくわ》が、佳良《かりやう》な影響《えいきやう》を與《あた》へるからで、直接結婚《ちよくせつけつこん》そのものが治癒《ちゆ》の効《かう》を奏《そう》した譯《わけ》ではありません。畢竟《ひつきやう》、これはヒステリーが、若年者未婚者《じやくねんしやみこんしや》に多《おほ》いところから起《おこ》つたことでせう。

高田　醫學上《いがくじやう》の立場《たちば》から見《み》て、男《をとこ》の背景《はいけい》なしに、ヒステリーが起《おこ》るものでせうか？ 異《い》性《せい》と云《い》ふものとの距離《きより》が近《ちか》いかどうかは別《べつ》問題《もんだい》として、ヒステリーがヒステリー獨自《どくじ》で起《おこ》ると云《い》ふことが有《あ》り得《う》るのでせうか？

福井　それは有《あ》り得《う》る。

高田　では赤《あか》ん坊《ばう》の場合《ばあひ》にだつてもあるでせうか？

福井　ありません。

高田　では、ヒステリーの症状《しやうじやう》は幾《いく》つ頃《ごろ》か

ら起《おこ》すのですか？

福井 普通《ふつう》は破瓜期《はくわき》前後《ぜんご》即《すなは》ち十五六歳頃《さいごろ》から起《おこ》します。最年少《さいねんせう》のレコードは十一歳《さい》で、一番多《ばんおほ》いのは二十歳乃至《さいないし》三十歳《さい》の間《あひだ》であります。

小島 どんな好《す》きな異性《いせい》がゐたつて、起《おこ》す人《ひと》は起《おこ》すのだよ。

ヒステリー大發作の頂點。所謂ヒステリー弓とよぶもの。

高田 ではやはり異性《いせい》の認識《にんしき》があつて、初《はじ》めてヒステリーが起《おこ》るのだといふことになりますね。

小島 又《また》それでなければ僕達《ぼくたち》の問題《もんだい》にならないよ。

福井 全然關係《ぜんぜんくわんけい》なしに起《おこ》すと云《い》ふこともあります。併《しか》し動機《どうき》はどうしてもさう云《い》ふ風《ふう》なことが多《おほ》いですね。

ヒステリーの誘因

石濱 生理的《せいりてき》なヒステリーと、精神的《せいしんてき》なヒステリーと兩方《りやうはう》ありますね。純粋《じゆんすゐ》に肉體《にくたい》から來《く》るのは割合少《わりあひすくな》いのぢやありませんか？

福井 さうです。それは吾々《われわれ》の方《はう》でいふ、所謂《いはゆる》身體的症候《しんたいてきしやうこう》と、精神的症候《せいしんてきしやうこう》との二種《しゆ》ですが、其《そ》の現《あら》はれ方《かた》は、何《いづ》れも多種多樣《たしゆたやう》で、同一症候《どういつしやうこう》でも樣々《さまざま》に變化《へんくわ》して、長《なが》く續《つゞ》く者《もの》もあれば、たゞ一時性《じせい》に發作《ほつさ》するものもあります。世俗的《せぞくてき》に、あの婦人《ふじん》はヒステリーだの、ヒステリツクだのといふが、これはヒステリーの特徴《とくちやう》として、人《ひと》の目《め》につき易《やす》いのは、身體的症候《しんたいてきしやうこう》よりも、精神的症候《せいしんてきしやうこう》の方《はう》で 其《そ》の動作感情《どうさかんじやう》に、著《いちじる》しい違和《ゐわ》を來《きた》すからであります。

經濟的誘因

石濱 經濟的《けいざいてき》に女《をんな》を迫害《はくがい》するから起《おこ》るのではないかと思《おも》ふ。結局《けつきよく》それは經濟《けいざい》に基《もと》づくのだ。

大井 經濟的《けいざいてき》と云《い》へば、男《をとこ》だつてお金《かね》のない時《とき》は憂鬱《いううつ》になつていらついて居《ゐ》らつしやいませう。やはりヒステリー……（笑聲）

石濱 やはり經濟的《けいざいてき》になつて來《く》るんだらう。純粋《じゆんすゐ》に生理的原因《さいりてきげんいん》からだけ來《く》るのは少《すくな》いと思《おも》ふ。大抵經濟的原因《たいていけいざいてきげんいん》で男《をとこ》が女《をんな》を虐《いぢ》めるから、女《をんな》は自分《じぶん》はどうも出來《でき》ないと云《い》ふのでヒステリーを起《おこ》すのではないかと思《おも》ふ。

近松 そりやあ、經濟的原因《けいざいてきげんいん》もあるでせうがしかし……

福井 それは今《いま》の誘因《いういん》なんです。

石濱 生《うま》れた時《とき》からヒステリーを起《おこ》す人間《にんげん》は限定《げんてい》されて居《ゐ》るのですね。

福井 さうです。前《まへ》に申《まを》しましたやうに、先《ま》

141　「ヒステリー座談会」　浅原六朗、石浜金作、大井さち子、小島政二郎 ほか　『婦人公論』昭和6年1月1日

天的《てんてき》に病素質《びやうそしつ》として、潜伏《せんぷく》して居《ゐ》る者《もの》が、環境《くわんきやう》の刺戟《しげき》に依《よ》つて誘發《いうはつ》せられることが多《おほ》いのですから……。フロイド氏《し》のいふ性《せい》的迫害《てきはくがい》も、たしかにその一つです。私《わたし》が去《きよ》年《ねん》四月《ぐわつ》でしたか、日々新聞《にちにちしんぶん》の通俗講話欄《つうぞくかうわらん》にその事《こと》を出《だ》した時《とき》にも、丁度《ちやうど》さう云《い》ふ風《ふう》な經驗《けいけん》を持《も》つた人《ひと》や、或《あるひ》はそれで困《こま》つて居《ゐ》る旦那《だんな》さんが來《き》たり、手紙《てがみ》の照會《せうくわい》なんかが多《おほ》く、大變反響《たいへんはんきやう》がありました。それから推《お》して見《み》ると、やはりさう云《い》ふ類《たぐひ》が日本《にほん》にも相《さう》當《たう》あるのですね。それ等《ら》は旣《すで》に久《ひさ》しく潜在《せんざい》して居《ゐ》る病種《びやうしゆ》が、何《なに》かの刺戟《しげき》を受《う》けて、萠《ほう》芽《が》したに過《す》ぎないのであります。

嫉妬から

近松　今《いま》、經濟的《けいざいてき》の原因《げんいん》と云《い》ふお話《はなし》がありましたが、經濟的原因《けいざいてきげんいん》もあるでせう。だが、經濟的原因《けいざいてきげんいん》と云《い》ふばかりでなく嫉妬《しつと》と云《い》ふこと、嫉妬《しつと》と云《い》ふこととヒステリーと云《い》ふことと非常《ひじやう》に關係《くわんけい》があると思《おも》ふ。旦那《だんな》さんがお妾《めかけ》を置《お》くとか、藝者遊《げいしやあそ》びをするとか、他《ほか》に女《をんな》をこしらへることが、ヒステリーになる原因《げんいん》になる。

石濱　經濟的《けいざいてき》に打擊《だげき》を蒙《かうむ》るからやはり嫉妬《しつと》があると思《おも》ふけれども、嫉妬《しつと》はその理由《りいう》を解《かい》析《せき》してゆくと、結局自分《けつきよくじぶん》の生存《せいぞん》を危《あやふ》くする他《た》の者《もの》の壓迫《あつぱく》に原因《げんいん》する。そして、それは具體的《ぐたいてき》には結局經濟《けつきよくけいざい》にくる。

近松　それはヒステリーの唯物史觀《ゆゐぶつしくわん》だな。（笑聲）

性的不滿から

大井　それはさうともかぎらず、さつきもいつたやうに性的不滿《せいてきふまん》から來《く》るのでせう？

近松　直接《ちよくせつ》には性的不滿《せいてきふまん》から起《おこ》るのでせうが嫉妬《しつど》と云《い》ふ場合《ばあひ》には相當年取《さうたうとしと》つた人《ひと》でも、——もつとも年取《としと》つた人《ひと》でも性的《せいてき》の滿足《まんぞく》を得《え》たい婦人《ふじん》は無論《むろん》あるでせうが、しかし、嫉妬《しつと》と云《い》ふものは必《かなら》ずしも肉體的《にくたいてき》ばかりでなく、むしろ、精神的《せいしんてき》なものではないですか？

淺原　それは兩方《りやうはう》からでせう。肉體的《にくたいてき》と精神《せいしん》的《てき》と兩方面《りやうはうめん》から嫉妬《しつと》は來《く》ると思《おも》ふ。ヒステリーの起《おこ》るのは大體に於《おい》て娼婦型《しやうふけい》より母型《ぼけい》の女《をんな》に多《おほ》くはないかと思《おも》ふ。

大井　さうですね。（後記《こうき》　娼婦型《しやうふけい》の女《をんな》は女《をんな》で特別《とくべつ》に病的《びやうてき》なヒスをおこすものときゝました。）

淺原　母性《ぼせい》は一つのものを專有《せんいう》したり、どこ迄《まで》も建設《けんせつ》して行《ゆ》きたい。さう云《い》ふ性質《せいしつ》がある。さう云《い》ふ性格《せいかく》はどこかヒステリカルなものです。さう云《い》ふのがヒステリーになる傾向《けいかう》があるのかも知《し》れない。

大井　男《をとこ》の方《かた》が遊蕩《いうたう》なさいますね。家《うち》へ歸《かへ》つて來《く》ると奧《おく》さんが厭《いや》な顏《かほ》をする。實《じつ》は其奧《そのおく》さんは前夜旦那樣《ぜんやだんなさま》に抱《だ》かれたかつた。併《しか》しそれが出《で》來《き》なかつた。さう云《い》ふやうな潜在的觀念《せんざいてきくわんねん》がですね、嵩《かう》じて來《き》て、出《で》て來《く》るもんぢやないでせうか？

近松　それは何《いづ》れもあるでせう。

石濱　女《をんな》が性的《せいてき》に不滿《ふまん》すると云《い》ふことはありますか？

大井　それはありますよ。

石濱　然《しか》しそれは實際《じつさい》は隨分稀《ずゐぶんまれ》だと思《おも》ふ。

三宅　然《しか》しそれは男《をとこ》の方《かた》の獨斷《どくだん》のようですね。肉體的《にくたいてき》にどうと云《い》ふよりも、精神的《せいしんてき》に

本當《ほんたう》に嫉妬《しつと》でなくとも・幾《いく》ら夫婦《ふうふ》が一緒《しよ》に居《ゐ》るから・滿足《まんぞく》だつてこともないでせうと思《おも》ひます。

大井　然《しか》し石濱《いしはま》さん、かう云《い》ふ場合《はあひ》があるでせう、男《をとこ》の人《ひと》が風《かぜ》を引《ひ》く、女《をんな》も風《かぜ》を引《ひ》ぐ時《とき》に、藥《くすり》は男《をとこ》だつて女《をんな》だつて區別《くべつ》しないでせう。妻《つま》が肉體的《にくたいてき》に不滿《ふまん》を感《かん》じてヒステリーを起《おこ》す、さう云《い》ふ時《とき》に夫《をつと》は他所《よそ》に行《い》つて道樂《だうらく》をする。詰《つま》り妻《つま》も單的《たんてき》にいつて、希望《きばう》があつたと云《い》ふことが、證明《しようめい》されやしないですか？

石濱　結局《けつきよく》の所大《ところおほ》きな問題《もんだい》になるがね。男《をとこ》が浮氣《うはき》をする時《とき》に女《をんな》も浮氣《うはき》が出來《でき》れば嫉妬《しつと》と云《い》ふものが起《お》きずにすむ。起《おこ》らない事《こと》もないが、そんなものは押《おさ》へつける事《こと》が出來《でき》るやうになる。女《をんな》も同《おな》じではないですか。所《ところ》がそれが出來《でき》ない社會狀態《しやくわいじやうたい》だから嫉妬《しつと》が起《おこ》る。出來《でき》れば意味《いみ》をなさない。

近松　然《しか》し例《たと》へば男性《だんせい》が他《ほか》の女《をんな》と戯《たはむ》れる。其《その》細君《さいくん》が他《ほか》の男《をとこ》を拵《こしら》へれば、相殺《さうさつ》する譯《わけ》だが、その實《じつ》、やはり男《をとこ》の場合《はあひ》を言《い》つても自分《じぶん》は他《ほか》の女《をんな》がある。細君以外《さいくんいぐわい》の女《をんな》がある、細君《さいくん》も自分以外《じぶんいぐわい》の男《をとこ》があると云《い》ふと、相殺《さうさつ》される譯《わけ》だけれども、それでもやはり嫉妬《しつと》は感《かん》ずる。

石濱　其場合女《そのばあひをんな》が強《つよ》いんですか？

近松　自分《じぶん》もやつて、向《むか》うも男《をとこ》をやつてゐるのだけれども、それで、いゝやうなものだけれども、女《をんな》もさう云《い》ふことはあるだらうが、男《をとこ》でもさう云《い》ふことがある。尙且《なほか》つ嫉《しつ》妬《と》を感《かん》ずる。俺《おれ》もやつて居《ゐ》るのだけれども女《をんな》がやつては困《こま》ると云《い》ふ氣持《きもち》が生《しやう》ずる。

石濱　嫉妬《しつと》と云《い》ふものは、文化史的《ぶんくわしてき》に見《み》ると、結局經濟的不滿《けつきよくけいざいてきふまん》か性的不滿《せいてきふまん》に分《わか》れる。どつちかに原因《げんいん》があればあるのですけれども、それ以外《いぐわい》には意味《いみ》がないと思《おも》ふ。

近松　僕《ぼく》はそれ以外《いぐわい》に、大《おほ》きな嫉妬《しつと》があると思《おも》ふ。

石濱　さう云《い》へば不滿《ふまん》ばかりだ。

淺原　それは分解《ぶんかい》すると經濟的性的《けいざいてきせいてき》二つの原《げん》因《いん》ですね。

近松　生理的《せいりてき》な色々《いろ〳〵》な妄想《もうさう》で聯想《れんさう》と云《い》ふものは非常《ひじやう》に働《はたら》くのです。嫉妬《しつと》の內容《ないよう》には……嫉妬《しつと》する其內容《そのないよう》には非常《ひじやう》に妄想的《もうさうてき》な色々《いろ〳〵》のことを想像《さうぞう》したり、聯想《れんさう》したりする心理《しんり》も働《はたら》く。

石濱　然《しか》しそれを働《はたら》かせば、世《よ》の中《なか》は不滿《ふまん》だらけになるでせう。

近松　勿論《もちろん》それは不滿《ふまん》でもあるでせうが、嫉《しつ》妬《と》そのものは獨立的《どくりつてき》の事實《じじつ》ですよ。リアリテイだ。

淺原　リアリテイですが、リアリテイを働《はたら》かせる原因《げんいん》を考《かんが》へれば、何《いづ》れかの、其兩方《そのりやうはう》の範疇《はんちう》に屬《ぞく》する。事實《じじつ》に於《おい》ては近松《ちかまつ》さんの言《い》ふやうなものだが、原因《げんいん》は二つのうちの、どちらからか來《き》て居《ゐ》る。

大井　私《わたし》もさう思《おも》ふわね。

石濱　例《たと》へば經濟的《けいざいてき》に十分《ぶん》にされて居《ゐ》る、性《せい》的《てき》にも十分支給《ぶんしきふ》されて居《ゐ》る。それ以外《いぐわい》に夫《をつと》が餘所《よそ》に女《をんな》があつて、其場合《そのばあひ》に本當《ほんたう》に好《す》きでね、それを嫉妬《しつと》するといふのは、それは意味《いみ》をなさん嫉妬《しつと》だと思《おも》ふ。當然自分《たうぜんじぶん》で整《せい》理《り》すべきだし、またしてゆくと思《おも》ふ。

淺原　さう云《い》ふ場合《はあひ》の嫉妬《しつと》は比較的《ひかくてき》に薄弱《はくじやく》だね

近松　さうすると僕《ぼく》は體驗《たいけん》が少《すく》いのかね？

（笑聲）

143　「ヒステリー座談会」　浅原六朗、石浜金作、大井さち子、小島政二郎 ほか　『婦人公論』昭和6年1月1日

浅原　あなたの言《い》ふのも分《わか》るが、嫉妬《しつと》の一部には、生活《せいくわつ》の上《うへ》のつまらない習慣《しふくわん》に基礎《きそ》を置《お》いたものもある。

石濱　それは現實《げんじつ》はさうですが、現實《げんじつ》を整理《せいり》するのが時代《じだい》の進歩《しんぽ》だと思《おも》ふが……

近松　しかし、これは一つの事實《じじつ》ですからね。あんまり嫉妬《しつと》の話《はなし》になつて、少《すこ》しヒステリーとは離《はな》れて來《き》て居《ゐ》るが、嫉妬《しつと》と云《い》ふものとヒステリーとは非常《ひじやう》に關係《くわんけい》がありませう。

福井　それは精神感動《せいしんかんどう》と云《い》ふものが一つの誘因《いういん》であつて、非常《ひじやう》に發作《ほつさ》して居《ゐ》る場合《ばあひ》でも、茲《こゝ》に感動《かんどう》の激變《げきへん》が加《くは》はると、急《きふ》に止《や》んだり或《あるひ》は急《きふ》に起《おこ》つたりする。例《たと》へば雷《かみなり》の鳴《な》るたんびにヒステリーの發作《ほつさ》を起《おこ》したと云《い》ふ例《れい》もある。詰《つま》りさう云《い》ふ感動《かんどう》の激變《げきへん》、精神《せいしん》過勞《くわらう》から來《き》ますから、嫉妬《しつと》も性的條件《せいてきでうけん》と關《くわん》係《けい》して、原因《げんいん》ぢやないけれども誘因《いういん》を爲《な》して居《ゐ》ることは大《おほ》きいものです。嫉妬《しつと》の問題《もんだい》で序《ついで》に言《い》ふと、ヒステリー患者《くわんじや》は、目《め》には見《み》えないものが見《み》えたり、耳《みゝ》には變《へん》な音《おと》が聞《きこ》えたり、甘《あま》いものが苦《にが》かつたり、辛かつたりします。同様《どうやう》に嗅覺《きうかく》にも異常《いじやう》が起《おこ》り、普通《ふつう》には臭《にほ》はないものが臭《にほ》つたりするやうなので、一般《はん》に特別《とくべつ》に鋭敏《えいびん》になつて來《く》る時《とき》がある。或《あ》る婦人《ふじん》はヒステリーの發作毎《ほつさごと》に、種々《しゆじゆ》の臭《にほ》ひがして嘔氣《はきけ》を催《もよほ》すといふて鼻孔《びこう》に綿栓《わたせん》をしてゐた。そんな譯《わけ》だから嫉妬《しつと》の嵩《かう》じて居《ゐ》るやうな時《とき》には、旦那《だんな》さんが花柳《くわりう》界《かい》に遊《あそ》びに行《い》つて、歸《かへ》つて來《く》ると、着物《きもの》やなんかの匂《にほひ》を嗅《か》いで、何處《どこ》かに行《い》つて他《ほか》の人《ひと》に接したといふことを探《さぐ》り當《あ》てゝたいへん騷《さわ》ぐ……。

浅原　ちよつと面白《おもしろ》いですね。第《だい》六感的《かんてき》のものですね。

福井　それは特《とく》にヒステリーの强《つよ》いものにあります。

近松　お醫者《いしや》さんの方《はう》から云《い》ふと、統計的《とうけいてき》に御覧《ごらん》になつて、經濟的《けいざいてき》の問題《もんだい》と性的《せいてき》の問題《もんだい》と何《ど》ちらが多《おほ》いですか？

福井　それは性的《せいてき》の場合《ばあひ》が多《おほ》い。

石濱　それは醫者《いしや》は生理的《せいりてき》の場合《ばあひ》を取扱《とりあつか》ふからそれが多《おほ》く見《み》えるのだが、實際社會《じつさいしやくわい》でヒステリーと呼《よ》ぶ時《とき》のは、そんなのよりも、もつと精神的《せいしんてき》のが多《おほ》いと思《おも》ふ。

ヒステリーの摸倣

浅原　ヒステリーは、氣狂《きちが》ひにはならんでせう。あれとは違《ちが》ふでせうな？

福井　それは定義《ていぎ》のところで申《まを》しましたやうに、なか〱六ケ敷《し》い問題《もんだい》ですが、やはり一種《しゆ》の精神病《せいしんびやう》です。即《すなは》ち所謂《いはゆる》精神的神經病《せいしんてきしんけいびやう》で摸倣《もはう》すると云《い》ふことが得意《とくい》ですから、尼寺《あまでら》であるとか、或《あるひ》は寄宿舍《きしゆくしや》であるとかいふ所《ところ》に一人《ひとり》でるとどん〱出《で》る。

高田　傳染性《でんせんせい》ヒステリーは厄介《やつかい》ですな。

福井　傳染病《でんせんびやう》ぢやないが、人《ひと》の病氣《びやうき》を眞似《まね》るのです。又《また》、非常《ひじやう》に被暗示性《ひあんじせい》が亢進《かうしん》して居《ゐ》て、自分《じぶん》でも他《ほか》からでも暗示《あんじ》を與《あた》へて說得《せつとく》すると、病氣《びやうき》が起《おこ》るやうなことがあります。それには面白《おもしろ》い例《れい》がある。或《あ》る婦人《ふじん》は懷姙《くわいにん》したと思《おも》つたら、それが原《もと》で、下腹《したはら》が段々《だんだん》膨《ふく》れ出《だ》し、月經《げつけい》が止《と》まり、乳房《ちぶさ》が大《おほ》きくなつて、搾《しぼ》ると、お乳《ち》が出《で》る。醫者《いしや》が見《み》て間違《まちが》へたといふ程《ほど》のものがある。又耳《またみゝ》が鳴《な》ると思《おも》ふ觀念《くわんねん》で、實際《じつさい》に耳鳴《みゝなり》を來《き》たし、

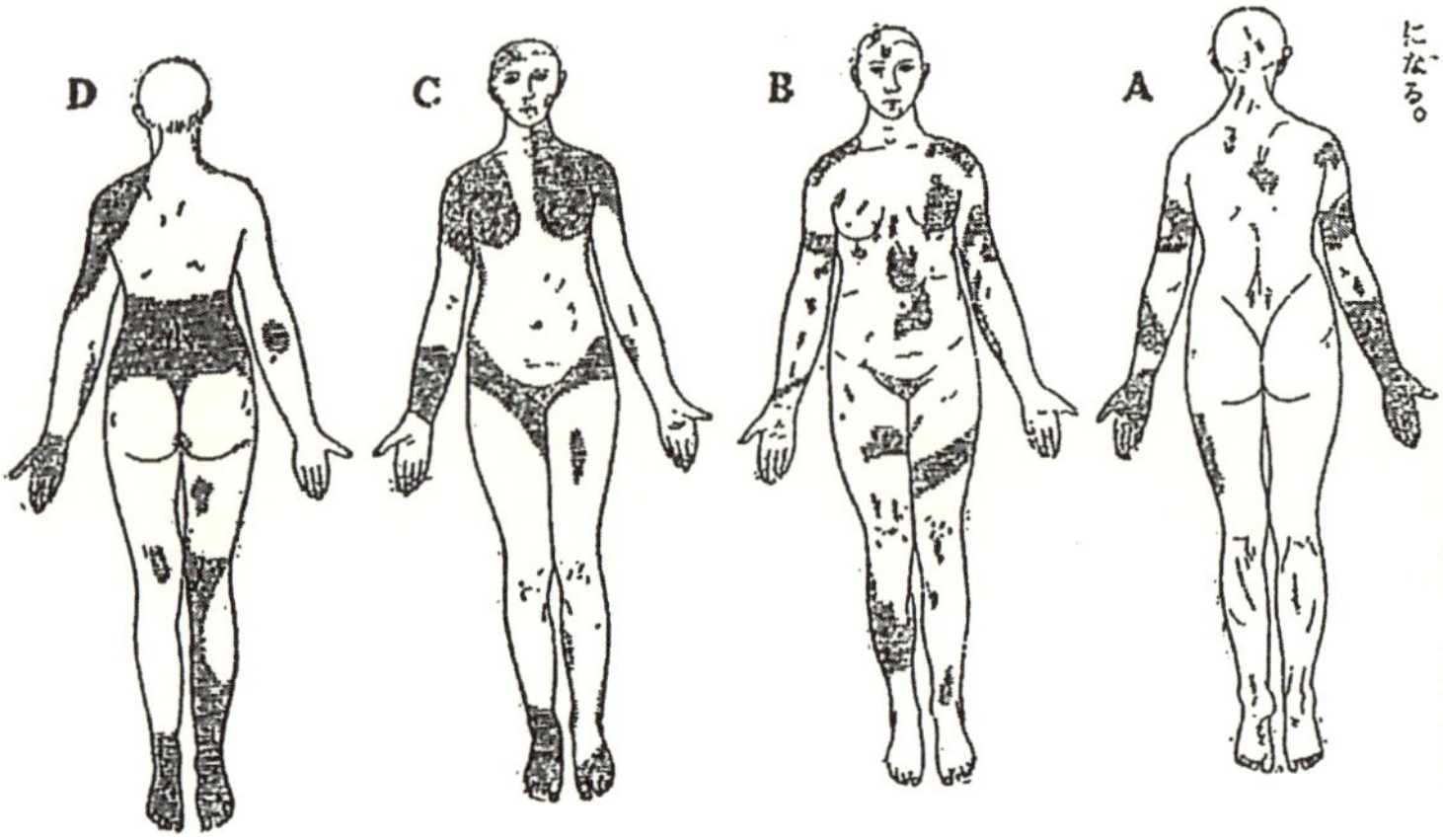

ＡＢは島狀知覺痲痺、癔病の際は黒線の部分が痲痺する。ＣＤは島狀又は斑狀痲痺知覺過敏、黒い部分の感覺が過敏になる。

或《あるひ》は胸《むね》が痛《いた》むといふ暗示《あんじ》で、實際《じつさい》に胸痛《きようつう》が起《おこ》るが如《ごと》きである。

ヒステリーはなくなる？

石濱　現代《げんだい》の社會《しやくわい》の表面《へうめん》から、尼《あま》さんとか奧《おく》さんとか、昔風《むかしふう》の奧《おく》さんで、社會《しやくわい》から隔離《かくり》されて居《ゐ》る人《ひと》は、よくさう云《い》ふ病氣《びやうき》を起《おこ》しますが、今《いま》の若《わか》い夫婦《ふうふ》は、夫《をつと》の着物《きもの》に外《ほか》の女《をんな》の臭《にほひ》がする、細君《さいくん》の袂《たもと》に外《ほか》の男《をとこ》の臭《にほひ》がすることがあるでせう。（笑聲）さう云《い》ふことは問題《もんだい》にしません。さうすると隨分《ずゐぶん》ヒステリーは減《へ》る譯《わけ》なんですよ。私《わたし》はもうなくなると思《おも》ひますね。

大井　なくなると思《おも》ひます。それは淸算《せいさん》されて行《ゆ》くと思《おも》ひますね。ずつと減《へ》るとおもひます。

近松　そんなことはないでせう。それがなくなるだらうかね？

石濱　なくなるのは社會生活《しやくわいせいくわつ》の進步《しんぽ》ですよ。それは少《すこ》しはあるけれども・・・

近松　なくなることはないと思《おも》ふな。

淺原　少《すこ》しはあるですね。現在《げんざい》の結婚生活《けつこんせいくわつ》の習慣《しふくわん》とか、生理的《せいりてき》なものが、貞操《ていさう》に於《おい》て解《かい》放《はう》されると云《い》ふ場合《はあひ》、ヒステリイは少《すく》なる。しかし半面《はんめん》に於《おい》て社會《しやくわい》の文化進展《ぶんくわしんてん》がメカニツクになれば、別《べつ》な意味《いみ》からヒステリーが起《おこ》ると思《おも》ふ。外《ほか》の形式《けいしき》から起《おこ》ると思《おも》ふ。

高田　古《ふる》いヒステリーが淸算《せいさん》されて、新《あたら》しいヒステリーが起《おこ》る。ヒステリー永遠說《えいゑんせつ》といふ譯《わけ》だね。

石濱　僕《ぼく》は女學校《ぢよがくかう》で七年間《ねんかん》敎《をし》へて居《ゐ》て、ヒステリーらしい女《をんな》の生徒《せいと》は、一人《ひとり》しか見《み》ないよ。

大井　いまの明《あか》るい若《わか》い女《をんな》にはないと思《おも》ひますね。私《わたし》はないと思《おも》ひますわ。

近松　今《いま》の若《わか》い女《をんな》は解放《かいはう》されて來《き》てをります。結婚《けつこん》の狀態《じやうたい》から言《い》つても、條件《でうけん》が婦人《ふじん》を解放《かいはう》されるやうな風《ふう》になつて居《を》りますけれども、しかしながら妻《つま》となつて、子供《こども》が出來《でき》て、段々《だんだん》其中《そのうち》には又嫉妬《またしつと》の場合《はあひ》ばかりでなく、かういふ場合《はあひ》もありませうな、ヒステリーを起《おこ》すのは無論《むろん》ある筈《はず》ですね、例《たと》へば子供《こども》を亡《なく》したとか云《い》ふ場合《はあひ》に・・・。

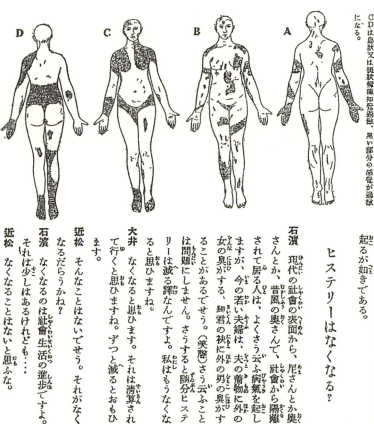

145　「ヒステリー座談会」 浅原六朗、石浜金作、大井さち子、小島政二郎 ほか 『婦人公論』昭和6年1月1日

福井　えゝさうです。先程《さきほど》話《はな》した感動《かんどう》の激《げき》變《へん》、精神《せいしん》の過勞《くわらう》から起《おこ》るものです。

近松　さう云《い》ふ風《ふう》に生活《せいくわつ》が複雑《ふくざつ》になつて來《く》ると、やつぱりヒステリーの原因《げんいん》が他《ほか》に生《しやう》じて來《き》ます。それは、若《わか》い處女《しよぢよ》の時代《じだい》のみについていへば、今日《こんにち》の女性《ぢよせい》は、昔《むかし》の女性《ぢよせい》よりは解放《かいはう》されてゐるが、段々《だんだん》複雑《ふくざつ》な生活《せいくわつ》に入《はい》ると　ヒステリーの起因《きいん》が出來《でき》る。

石濱　ですけれどもね。それも例《たと》へば子供《こども》を亡《なく》しませう。死《し》んだものは、ヒステリーを起《おこ》して悔《くや》んでも仕方《しかた》がないんです。諦《あきら》めるのですね。それでヒステリーなんか起《おこ》さない。

淺原　彼女等《かのぢよら》が明《あか》るい生活《せいくわつ》を十分《ぶん》に味《あぢは》つて居《ゐ》れば居《ゐ》る程《ほど》、ヒステリーは無《な》くなる。しかし、今迄《いままで》の結婚《けつこん》の形式《けいしき》によつて、過去《くわこ》の同《おな》じ社會制度《しやくわいせいど》の家庭《かてい》の中《なか》に這入《はい》つて行《い》つて、子供《こども》が出來《でき》、十年《ねん》も經《た》つと亭主《ていしゆ》が餘所《よそ》へ浮《うは》氣《き》すると云《い》ふやうになると、ヒステリー或《ある》ひはヒステリー的傾向《てきけいかう》が生《しやう》ずるだらう。だが、家庭《かてい》も制度《せいど》も、新《あた》らしく解放《かいはう》されれば今迄《いままで》のヒステリーは稀《まれ》になる。なくなる。

近松　それは確《たし》になくなる。さうなるとお醫《い》者《しや》さんが要《い》りませんね。(笑聲)

ヒステリーと人事相談所

高田　(宮脇氏《みやわきし》に向《むか》ひ)　ヒステリーの人事相談《にんじさうだん》の數《すう》は多《おほ》くなる傾向《けいかう》を持《も》つて居《を》りますか？

宮脇　まだ自分《じぶん》でヒステリーの概念《がいねん》をしつかりと摑《つか》んで居《ゐ》ませんものですから、ヒステリーであつたかどうか、はつきり分《わか》らない。然《しか》し實際凄《じつさいすご》いと思《おも》ふ婦人《ふじん》が居《ゐ》ます。

淺原　新《あた》しい若《わか》い婦人《ふじん》のヒステリーはエキセントリツクですね。

宮脇　さうですね。私《わたし》の人事相談係《にんじさうだんがゝり》に居《を》りました當時《たうじ》、かういふことがあつたのです。主人《しゆじん》の方《はう》は高等師範《かうとうしはん》を、細君《さいくん》の方《はう》は女子大《ぢよしだい》を出《で》てをりますが、それで一度《ど》若《わか》い時分《じぶん》に其主人《そのしゆじん》が第《だい》二號《がう》を作《つく》つたのです。第《だい》二號《がう》を作《つく》つて細君《さいくん》に見《み》つかつて手切話《てぎれはなし》となつて金《かね》を二千圓程《ゑんほど》やつた。其後《そのご》はずつと細君《さいくん》は非《ひ》常《じやう》に心配《しんぱい》しまして、絶《た》えず自分《じぶん》の主人《しゆじん》は何《なに》か惡《わる》いことをして居《ゐ》ると思《おも》つて、人事《じんじ》相談《さうだん》所《しよ》にも訴《うつた》へ出《で》たのです。さうして其主人《そのしゆじん》の叔父《をぢ》や親類《しんるゐ》にふれ廻《まは》つて、叔父《をぢ》さんも、皆《みな》ももう絶對《ぜつたい》に其《そ》の方《はう》の心配《しんぱい》はないと云《い》ふことを保證《ほしよう》しても、飽迄《あくまでも》叔父《をぢ》さんは男《をとこ》だから男《をとこ》の應援《おうゑん》をするといつて細君《さいくん》が信《しん》じない。よくくはしくその理由《りいう》を聞《き》くと、主人《しゆじん》が夫《ふう》婦《ふ》生活《せいくわつ》上《じやう》の實行力《じつかうりよく》が無《な》い。インポテントなのです。(笑聲)やはりそれは嫉妬《しつと》から來《く》る一例《れい》でせうな。私共《わたしども》や周圍《しうゐ》の者《もの》が何《なん》と言《い》つても、どうしても信用《しんよう》しないのです。話《はなし》を聞《き》いて居《ゐ》ましても初《はじ》めの中《うち》は一生懸命《しやうけんめい》話《はな》して居《ゐ》ましたのが、直《す》ぐにカツと出《で》て來《く》る。或《あるひ》は又《また》非常《ひじやう》に憤慨《ふんがい》して泣《な》くのですね。泣《な》いたり笑《わら》つたりする。是《これ》はどうしてもヒステリーと云《い》ふことを言《い》へば言《い》へるでせうね。

高田　全然性的原因《ぜんぜんせいてきげんいん》のない、性的背景《せいてきはいけい》のないヒステリーの相談《さうだん》はありましたか？

宮脇　ヒステリツクと云《い》ふのはありますね。凄《すご》いですね。とても憤慨《ふんがい》するですね。そしてさういふ場合《ばあひ》はやはり財産問題《ざいさんもんだい》や自分《じぶん》の一家《か》の問題《もんだい》や子供《こども》の問題等《もんだいなど》から起《おこ》るやうですね。

石濱　財産《ざいさん》が一番《ばん》ですよ。

高田　私《わたし》の知《し》つて居《ゐ》る友人夫婦《いうじんふうふ》でこんなのがあります。非常《ひじやう》に御亭主《ごていしゆ》さんが人《ひと》が好《よ》いんですね。誰《たれ》にでも下手《したて》に出《で》る。謙遜《けんそん》でつまり腰《こし》が低《ひく》い。ところがその奥《おく》さんと云《い》ふのが反對《はんたい》で、これは非常《ひじやう》に氣位《きぐらゐ》が高《たか》い。で奥《おく》さんは始終《しじう》「貴方《あなた》は意氣地《いくぢ》なしだ」と云《い》つて旦那《だんな》さんをやつつけて居《ゐ》る。さてこの二《ふた》人《り》がある時山《ときやま》の中《なか》の温泉場《をんせんぢやう》へ出《で》かけて行《い》つた。そこである細道《ほそみち》を歩《ある》いてゐると、其處《そこ》へ馬方《うまかた》が馬《うま》を引《ひ》いて向《むか》うからやつて來《き》た。馬《うま》が來《き》たので旦《だん》那《な》さんがよけた。すると奥《おく》さんがかう言《い》つて怒《おこ》つたといふのですね。「貴方《あなた》は人間《にんげん》ぢやありませんか。相手《あひて》は馬《うま》です。馬《うま》に向《むか》つて人間《にんげん》が道《みち》をよける。さう云《い》ふ料簡《れうけん》だから貴方《あなた》は出世《しゆつせ》をしないのだ。」（笑聲）

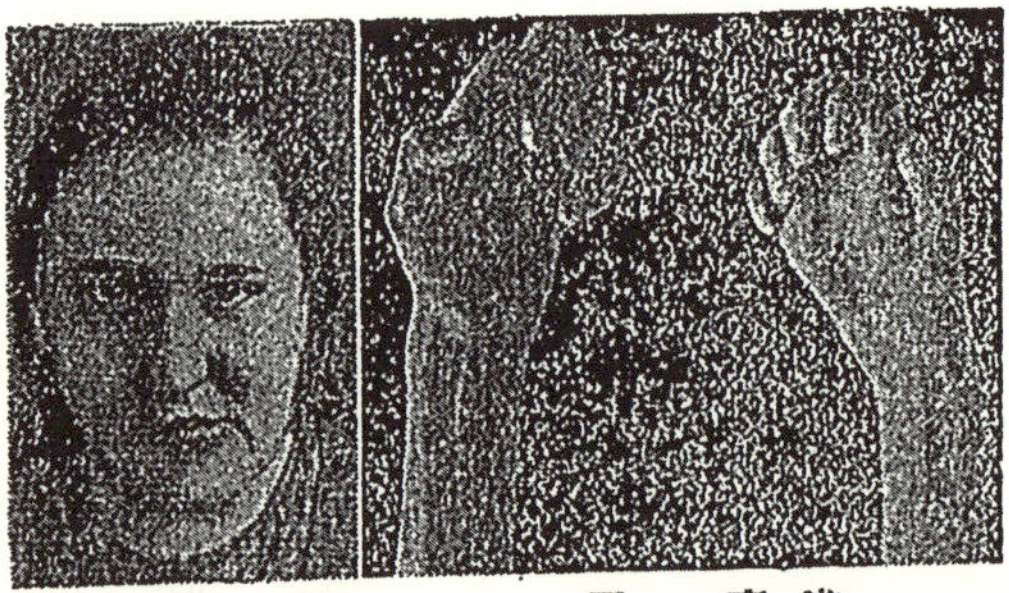

ヒステリーの局部的痙攣、右は手、左は顔面

淺原　それはうまい話《はなし》だな。（笑聲）

高田　斯《こ》んなのになるとヒステリツクでなくヒステリーなのでせうね。

石濱　亭主《ていしゆ》が出世《しゆつせ》しないから癪《しやく》に障《さは》るんだね。

ヒステリー犯罪

高田　濱尾《はまを》さん、あなたの檢事時代《けんじじだい》にお裁《さば》きになつたヒステリーに關《くわん》する面白《おもしろ》い例《れい》を伺《うかが》ひませうか？

濱尾　僕《ぼく》は理論立《りろんだ》つて區別《くべつ》すると、ヒステリーが因《いん》になる犯《はん》罪《ざい》と所謂《いはゆる》ヒステリー的《てき》な犯罪《はんざい》と分《わ》けるのが一番分《ばんわか》り易《やす》い。それでヒステリーを原因《げんいん》とする犯罪《はんざい》は色々《いろいろ》な犯罪《はんざい》があります。結局殺人《けつきよくさつじん》、傷害《しやうがい》…、此點《このてん》に就《つ》いて特《とく》にヒステリーは法律的問題《はふりつてきもんだい》にはならない。と云《い》ふのは刑法《けいはふ》三十九條《でう》に心神喪失云々《しんしんさうしつうんぬん》と云《い》ふ言葉《ことば》がありますね。是《これ》は要《えう》するに行爲《かうゐ》當時《たうじ》、是非《ぜひ》、善惡《ぜんあく》を辨別《べんべつ》し得《え》ない程度《ていど》ならよいのです。例《たと》へばそれは精神病《せいしんびやう》であらうと、ヒステリーであらうと、夢遊病《むいうびやう》であらうと、泥醉者《でいすゐしや》であらうと、結論《けつろん》は同《おな》じだ。特《とく》にヒステリーかどうかお醫者《いしや》さんに鑑定《かんてい》して貰《もら》はないのです。其時意識《そのときいしき》がなかつたか、是非《ぜひ》、善惡《ぜんあく》を辨別《べんべつ》し得《う》る状態《じやうたい》にあつたか、どうかと云《い》ふことだけが問題《もんだい》で、ヒステリーであつたか、どうか調《しら》べませぬから分《わか》りませぬがね。も一つは所謂《いはゆる》ヒステリー的犯罪《てきはんざい》、例《たと》へば月經當時《げつけいたうじ》に於《お》ける萬引《まんび》き、それから嫉妬《しつと》です。嫉妬《しつと》による放火《はうくわ》、日本《にほん》に多《おほ》くある奴《やつ》です。一番女《ばんをんな》らしい。女《をんな》にのみ行《おこな》はれる事件《じけん》といふべきでせう。硫酸《りうさん》を投《な》げる奴《やつ》。僕《ぼく》は自分《じぶん》で一件取扱《けんとりあつか》ひました。男《をとこ》が寢《ね》て居《ゐ》る間《ま》に××をちよん切つたのです。尤《もつと》も醫者上《いしやあ》がりの女《をんな》だがね。（笑聲）

大井　さう〳〵、それは、新聞《しんぶん》に出《で》てゐまし

147　「ヒステリー座談会」　浅原六朗、石浜金作、大井さち子、小島政二郎 ほか　『婦人公論』昭和6年1月1日

たね。

濱尾　さうして男《をとこ》に硫酸《りうさん》を投《な》げた、起訴《きそ》するか、どうか問題《もんだい》になつて僕《ぼく》は被害者《ひがいしや》を調《しら》べに行《ゆ》きましたが、之《これ》を起訴《きそ》したつて仕方《しかた》がない。がしかしどうも、これを許《ゆる》してちよい〱やられちや男《をとこ》は堪《たま》らないと云《い》ふ說《せつ》もある。（笑聲）

石濱　是非《ぜひ》起訴《きそ》して貰《もら》はなくちや困《こま》る。

濱尾　是《これ》はお醫者《いしや》に鑑定《かんてい》して貰《もら》つて、將來《しやうらい》使《し》用《よう》に堪《た》へるや否《いな》やと云《い》ふことを眞面目《まじめ》に聞《き》いた。情狀《じやうじやう》は非常《ひじやう》に酌量《しやくりやう》すべきで、法《はふ》律《りつ》で言《い》ふと、少《すく》くとも精神耗弱《せいしんもうじやく》の狀態《じやうたい》にあつたけれども、是《これ》は醫學上《いがくじやう》の問題《もんだい》から言《い》へばヒステリーかどうか分《わか》らないけれども、兎《と》に角法律《かくはふりつ》から言《い》へば變《へん》な狀態《じやうたい》にあることは分《わか》りますがね。

石濱　鋏《はさみ》ですか？

濱尾　裁《た》ち物《もの》の鋏《はさみ》ですから、豫備《よび》してゐたのではないことは分《わか》つてゐる。唯《たゞ》硫酸《りうさん》を買《か》つてある理由《りいう》がちよつと被疑者《ひぎしや》の辯解《べんかい》が曖昧《あいまい》でしたがね、一時的《じてき》の發作《ほつさ》ではなかつたと思《おも》ふんですがね。兎《と》に角訊《かくき》いて見《み》た所《ところ》が、病院長《びやうゐんちやう》の說《せつ》にはあれは直《なほ》し得《う》る……（笑聲）それで不起訴《ふきそ》にしましたがね。

松本　で、女《をんな》はどうしました。

濱尾　其女《そのをんな》の人《ひと》に非常《ひじやう》に興味《きやうみ》を持《も》つたのは、女《をんな》は泣《な》きます。その泣《な》くのが、起訴《きそ》されるのか、されないのかは心配《しんぱい》して居《を》らない。相手《あひて》の男《をとこ》がどう云《い》つて居《ゐ》るか聞《き》きたいのです。彼女《かのぢよ》が心配《しんぱい》してゐるのは、自分《じぶん》が罰《はつ》せられるか如何《どう》かではない。相手《あひて》にすてられるかどうかなんだ。

大井　愛《あい》して居《ゐ》るのですね。

濱尾　其處《そこ》が實《じつ》に女《をんな》らしい犯罪《はんざい》です。「愛《あい》すればこそ」と云《い》ふのは全《まつた》くです。起訴《きそ》、不起訴《ふきそ》と云《い》ふことはちつとも驚《おどろ》かない。泣《な》いては居《ゐ》るけれども、大《たい》して心配《しんぱい》しない。男《をとこ》に女《をんな》を罰《はつ》して欲《ほ》しくはないかと聞《き》いたら「罰《はつ》して欲《ほ》しくはないけれども、もうあの女《をんな》とは迚《とて》も一緒《しよ》になれぬ」と云《い》つた。それを言《い》つたら非常《ひじやう》に泣《な》き、テーブルに泣《な》きくづれて、紅涙潸々《こうるゐさんさん》として書記《しよき》も流石《さすが》に驚《おどろ》いてワーツと聲《こゑ》を上《あ》げちやつた。（笑聲）

淺原　女《をんな》の特異性《とくいせい》ですね。

濱尾　こんなことをして、男《をとこ》が可愛《かあい》がつて吳《く》れると思《おも》ふのは圖々《づう〱》しいといへるが、又《また》ひどく可憐《かれん》だとも云《い》へる。

淺原　それは女《をんな》の持味《もちあぢ》ですよ。

大井　さうです、ある種《しゆ》の女《をんな》の、圖々《づう〱》しさですね。

月經時の萬引

濱尾　それから、さつきも一寸《ちよつと》言《い》つたが、月《げつ》經時《けいじ》の萬引《まんびき》。

高田　その場《ば》の法《はふ》の適用《てきよう》は……？

濱尾　大抵《たいてい》はさう云《い》ふ場合《ばあひ》は起訴《きそ》しないが、しかしさう云《い》ふことが一般《はん》に知《し》れて居《を》りますので、之《これ》を言《い》ひ立《た》てにやつて居《ゐ》る奴《やつ》がある。其區別《そのくべつ》がちよつと分《わか》らないで困《こま》る。どうもそれで見《み》ると、相手《あひて》の言《い》ふことを信用《しんよう》すると、一月《つき》に三度《ど》位月經《くらゐげつけい》があるやうな犯罪《はんざい》があるのですが、（笑聲）絕對《ぜつたい》にないとも言《い》へないでせうが、實《じつ》に困《こま》ることがありますね。

三宅　月經《ひつけい》の時《とき》に萬引《まんびき》すると云《い》ふことは男《をとこ》の方《かた》がくつゝけた理由《りいう》ぢやないのですか。女《をんな》

がそれを覺《おぼ》えて月經《げつけい》の時《とき》にさう思《おも》はれるのを好《よ》いことにして萬引《まんびき》をやるのぢやないかと思《おも》ひます。そんなことは無《な》いと思《おも》ひます。

福井 勿論《もちろん》さういふ類《るゐ》もあるでせうが、事實《じじつ》ヒステリーには、病的《びやうてき》に萬引癖《まんびきへき》が起《おこ》ることがある。名譽《めいよ》、地位《ちゐ》があり、金《かね》も持《も》つて居《ゐ》ながら、盜《ぬす》むのです。殊《こと》に月經時《げつけいじ》、姙娠時《にんしんじ》などに一番多《ばんおほ》いので、大概《たいがい》、急《きふ》にぼんやりして、自分《じぶん》ではどうして、そんな氣《き》になつたか解《わか》らぬやうなことがある。又《また》よく解《わか》つてゐるやうな時《とき》でも、美《うつく》しい反物《たんもの》などを見《み》ると、虚榮《きよえい》や、摸倣《もはう》の空想《くうさう》がむら〳〵と湧《わ》き出《で》て、これに伴《ともな》つて、慾望《よくばう》の感情《かんじやう》が非常《ひじやう》に強《つよ》く起《おこ》り、一方理《はうり》性《せい》で制止《せいし》することが出《で》來《き》なくなつて、つい竊《ぬす》んでしまふのです。

高田 生活難《せいくわつなん》の爲《ため》に仕方《しかた》なしに萬引《まんびき》をするのと、さういふ贅澤《ぜいたく》な感情《かんじやう》から萬引《まんびき》をするのと、この二つを裁《さば》く時分《じぶん》には、仕方《しかた》なしに追出《おひだ》されて來《き》た生活難犯罪《せいくわつなんはんざい》の方《はう》に酌量《しやくりやう》すべき情狀《じやうじやう》を認《みと》め、贅澤《ぜいたく》な感情《かんじやう》から來《く》るヒステリー犯罪《はんざい》の方《はう》を重《おも》く罰《ばつ》してやるべきだと僕《ぼく》は思《おも》ひますがね。現在《げんざい》はどうですか？

濱尾 兩方《りやうはう》とも現在《げんざい》は許《ゆる》されて居《ゐ》る、生活難《せいくわつなん》の爲《ため》のは無論許《むろんゆる》されます。贅澤《ぜいたく》でやると云《い》ふことは極《ご》く少《すく》ないですね。一種《しゆ》のヒステリーは贅澤《ぜいたく》を超越《てうえつ》して居《を》ります。

高田 生活難《せいくわつなん》に較《くら》べれば、片《かた》一方《はう》は贅澤《ぜいたく》ですよ。

濱尾 ヒステリーで止《や》むに止《や》まれぬのは、自分《じぶん》には子供《こども》がないのに子供《こども》の襁褓《おむつ》を取《と》つたり、そんなことをして盜《ぬす》むのがある。さう云《い》ふのは金時計《きんどけい》を盜《ぬす》むことをしない。止《や》むに止《や》まれなくてやるらしい。

ヒステリーの朦朧狀態

福井 その犯罪《はんざい》の處《ところ》についでに申上《まをしあ》げたいのですが、法《はふ》の制裁《せいさい》を加《くは》へようとしても、實《じつ》際本當《さいほんたう》のヒステリーでありますと、多《おほ》くの犯罪行爲《はんざいかうゐ》は、意識《いしき》が溷濁《こんだく》して、所謂朦朧狀《いはゆるまうろうじやう》態《たい》になつてゐる時《とき》に行《おこな》はれるのですから、困《こま》るのでせう。これは心《こころ》がボーツとなつて夜《よる》だか晝《ひる》だか判然《はんぜん》しないやうな狀態《じやうたい》で、思《し》考力《かうりよく》も、判斷力《はんだんりよく》も無《な》くなるのですから、かういふ時《とき》に何《ど》うかすると、亂暴《らんばう》をしたり、放火《はうくわ》をしたり、甚《はなは》しい時《とき》には人《ひと》を殺《ころ》すこともあるのです。

女《をんな》が自分《じぶん》の愛兒《あいじ》を殺《ころ》すやうなのは、十中《ちう》の九まではこの發作中《ほつさちう》に於《お》ける朦朧狀態《まうろうじやうたい》で自分《じぶん》で殺《ころ》したことを知《し》らずにゐるが、人《ひと》に騷《さわ》がれて、ヘツト夢《ゆめ》から醒《さ》めたやうに、死兒《しじ》を抱《だ》き上《あ》げて、悲《かな》しむといふトレージデーを演《えん》ずるのです。又平素《またへいそ》憎《にく》み、或《あるひ》は怨《うら》んでゐる人《ひと》の家《うち》を、ヒステリーが起《おこ》ると、無意識《むいしき》に放火《はうくわ》して、火《ひ》の燃《も》え上《あが》つたところを見《み》て、氣《き》が附《つ》き、飛《と》んだことをしたと、茫然自失《はうぜんじしつ》する者《もの》もあります。ですからそれは法律上《はふりつじやう》の判定《はんてい》が、非常《ひじやう》にむづかしいでせう。かういふ朦朧狀態《まうろうじやうたい》は、忽然《こつぜん》と時々起《ときどきおこ》るもので、本《ほん》を讀《よ》んだり、看護婦《かんごふ》と話《はなし》をして居《ゐ》たり、一生懸命裁縫《しやうけんめいさいはう》などしてゐる最中《さいちう》に、不圖《ふと》、一時《じ》ぼんやりして、全《まつた》く別人《べつじん》になつてしまつて、その間《あひだ》にしたことは、後《あと》から、少《すこ》しも覺《おぼ》えがないことがあります。又反對《またはんたい》に全《まつた》く間違《まちが》つたことを、後《あと》から思《おも》ひ浮《うか》べ、強姦《がうかん》されたとか、強奪《がうだつ》されたとか、事實無根《じじつむこん》のことを訴《うつた》へるやうなことがあります。又《また》固くなつて一晝夜位《ちうやくらゐ》發作《ほつさ》を起《おこ》したまゝ寢《ね》てしまつて居《ゐ》ると云《い》ふやうなこともあり、又《また》、所謂《いはゆる》夢遊症《いうしやう》の形《かたち》を取《と》つて、いろいろの仕事《しごと》をしたり、出歩《である》いたり、朦朧狀《もうろうじやう》態《たい》中に隨分色々《ずゐぶんいろいろ》なことがあります。

ヒステリーの豫防と治療

淺原　女《をんな》にヒステリーが多《おほ》いのは體質《たいしつ》の問題《もんだい》もありますけれども、社會制度《しやくわいせいど》の問題《もんだい》もあります。女性《ぢよせい》と云《い》ふものは低《ひく》いレベルにあつて、男子《だんし》は家庭的《かていてき》にも女《をんな》を壓迫《あつぱく》するし、經濟上《けいざいじやう》の權力《けんりよく》もないし、社會上《しやくわいじやう》に發展《はつてん》する方法《はうはふ》も少《すこ》しも開《ひら》かれて居《を》らない。さうして隱閉《いんぺい》されて居《ゐ》るために段々《だんだん》出《で》て來《く》る。狹《せま》い範圍《はんゐ》の彼女等《かのぢよら》の感情《かんじやう》で、小《ち》さな嫉妬《しつと》をしたり小《ち》さな偏見《へんけん》を持《も》つたりするのは止《や》むを得《え》ない。他《た》の人《ひと》が悲《かな》しむ時《とき》は一緒《しよ》に悲《かな》しむが、他《た》の人《ひと》が喜《よろこ》ぶ時《とき》は、他《た》の人《ひと》と喜《よろこ》ぶことが出來《でき》ない、すぐ嫉妬《しつと》にもつて來《く》る。あれはやはり女《をんな》の生活《せいくわつ》と云《い》ふものが解放《かいはう》されない處《ところ》に原因《げんいん》がある。女性《ぢよせい》をもつと開放《かいはう》しなければヒステリーは本當《ほんたう》に直《なほ》らぬでせう。

福井　環境《くわんきやう》によつて誘因《いういん》を作《つく》ると云《い》ふことは事實《じじつ》ですね。ですからヒステリーの素質《そしつ》を持《も》つて居《ゐ》るのを起《おこ》させないやうにするには、その環境《くわんきやう》を良《よ》くしてやることです。卽《すなは》ち日常生活《にちじやうせいくわつ》に注意《ちうい》して境遇《きやうぐう》に激《はげ》しい變化《へんくわ》のないやう、心掛《こゝろが》けることが肝要《かんえう》です。さもないと其《そ》の變化《へんくわ》が、刺戟《しげき》となつて、潜伏《せんぷく》して居《ゐ》る素質《そしつ》を誘《さそ》ふ動機《どうき》となります。

淺原　誘發《いうはつ》しない場合《ばあひ》が多《おほ》くなれば、それは少《すく》なくなる譯《わけ》ですね。

福井　從《したが》つて豫防《よばう》及《およ》び治療法《ちれうはふ》としては、さう云《い》ふ家庭《かてい》に於《おい》て苦《くる》しみを嘗《な》めて居《を》れば、家庭《かてい》から離《はな》し、或《あるひ》は他《た》の土地《とち》に連《つ》れて行《ゆ》くと云《い》ふやうなことで、環境《くわんきやう》をよくしてやれば、勿論起《もちろんおこ》る程度《ひんど》は、遙《はる》かに少《すくな》くなるわけですね。ところが、世間《せけん》ではヒステリーを厄介視《やつかいし》して、女《をんな》の我儘《わがまゝ》から起《おこ》るものゝやうに思《おも》ふものもあるが、それは大《おほ》きな誤《あやま》りで前《まへ》にいつたやうに一種《しゆ》の遺傳性《ゐでんせい》を持《も》つ病氣《びやうき》ですから、決《けつ》して輕視《けいし》する譯《わけ》に行《ゆ》かぬ。だから若《も》しも妻《つま》がヒステリーにかゝつたならば、夫《をつと》は勿論《もちろん》其《そ》の家族《かぞく》たるものも、彼《か》の女《ぢよ》の心情《しんじやう》を憫《あはれ》んで、出來《でき》るだけこれを慰藉《ゐしや》すると同時《どうじ》に、一方《はう》には適當《てきたう》の醫治《いぢ》を施《ほどこ》して、快癒《くわいゆ》に努力《どりよく》しなければなりません。これは急《きふ》には直《なほ》せませんが、近頃《ちかごろ》はいゝ注射藥《ちうしややく》も出來《でき》てゐます。

淺原　細君《さいくん》がヒステリーになるのは亭主《ていしゆ》が無能力者《むのうりよくしや》だからだ。

大井　異議《いぎ》なし〳〵。

高田　だから、ヒステリーといふものは、女性《ぢよせい》一般《ぱん》の責任《せきにん》でなくて、男性《だんせい》の恥辱《ちじよく》なりといふことになるんだな。

石濱　さうだ。ヒステリーは女性《ぢよせい》の恥辱《ちじよく》と考《かんが》へるのは、女性《ぢよせい》に對《たい》する僭越《せんえつ》の次第《しだい》だ。男《をとこ》が大部分《だいぶぶん》起《お》こさせるのだから、こりや反對《はんたい》に男《をとこ》の恥辱《ちじよく》だ。

小島　（石濱氏《いしはまし》に向《む》ひ）そんなことは女學校《ぢよがくかう》にでも行《い》つて演說《えんぜつ》して來《こ》い。こんな處《ところ》で言《い》つたつて駄目《だめ》だ。——僕《ぼく》の友達《ともだち》に三度《ど》女房《にようばう》を貰《もら》つて三度《ど》ヒステリーだ。所《ところ》が當人《たうにん》はかう言《い》つてゐる。「俺《おれ》はつく〴〵考《かんが》へたが、ヒステリーになるやうな女《をんな》でなければ、好《す》けないのだ」つて。

淺原 ヒステリーにさせなければ承知《しようち》しないのだらう。

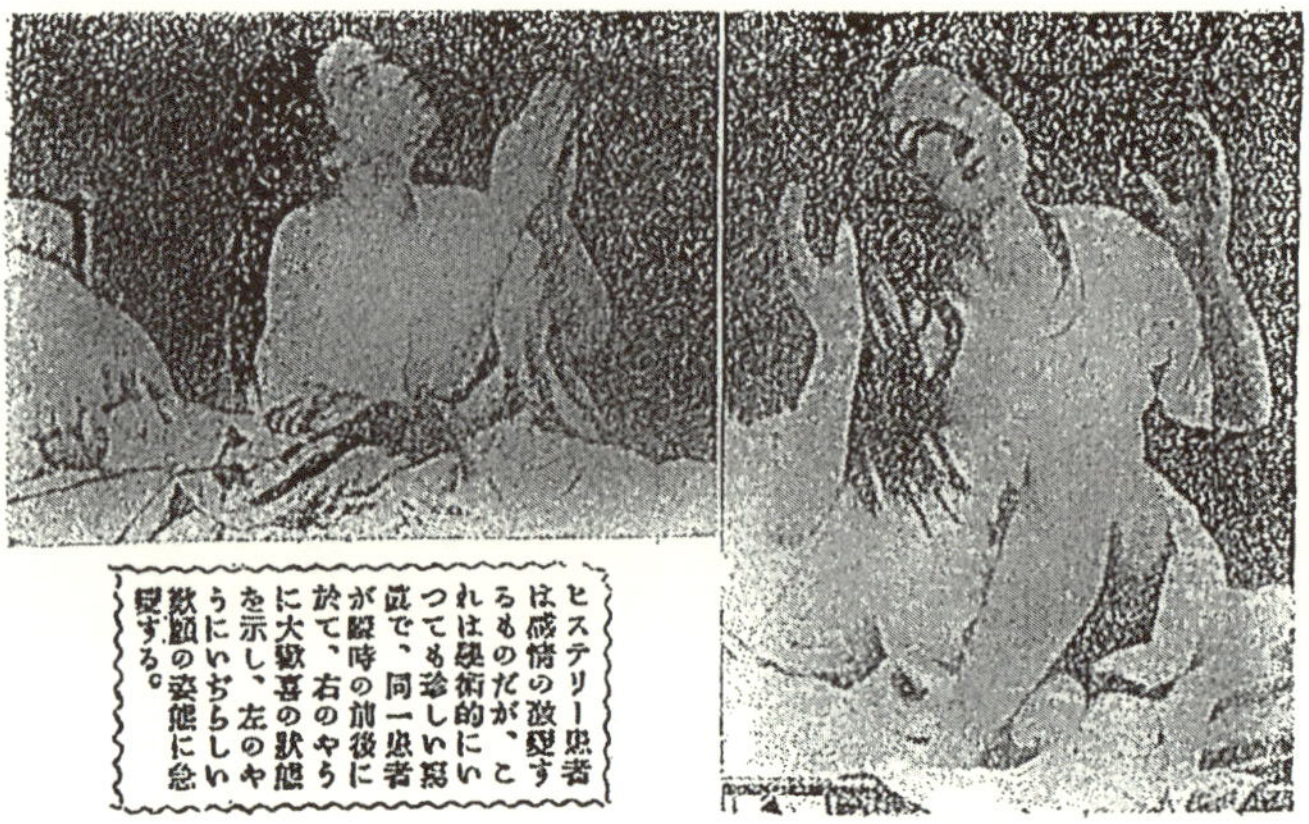

ヒステリー患者は感情の激變するものだが、これは學術的にいつても珍しい寫眞で、同一患者が瞬時の前後に於て、右のやうに大歡喜の狀態を示し、左のやうにいぢらしい歎願の姿態に急變する。

近松 ヒステリーになる女《をんな》は面白《おもしろ》い女《をんな》だ、口《く》説《ぜつ》のあるのが……

石濱 それはヒステリーが面白《おもしろ》いのでなく、ヒステリーになりうる位《くらゐ》、ビンカンな所《ところ》がいいのだ。ヒステリーを好《す》きだなどとはモツテの外《ほか》の道樂《だうらく》だ。

小島 だから三人目《にんめ》で、もう止《よ》したと言《い》ひます。もう是《これ》から四人目《にんめ》を貰《もら》ひたいと思《おも》はないと言《い》ひます。

淺原 亭主《ていしゆ》がヒステリーの女《をんな》が好《す》きな場合《ばあひ》に女房《にようばう》にもヒステリーの傾向《けいかう》が生《しやう》じる。そう云《い》ふのは、女房《にようばう》のヒステリーを助長《じよちやう》させるのが非常《ひじやう》に快感《くわいかん》なのだ。なるべく煽《あふ》つて置《お》いて……

近松 「來《く》るとその儘《まゝ》喧嘩《けんくわ》して、背中合《せなかあは》せの泣《な》き寢入《ねい》り」と云《い》ふ、あれがヒステリーの……

三宅 女《をんな》が惚《ほ》れて居《ゐ》れば、それで惚《ほ》れただけの反應《はんおう》を受《う》けてをれば、ヒステリーには大《たい》抵《てい》なりませぬ。其反應《そのはんおう》と云《い》ふのが生理的《せいりてき》と云《い》ふよりは、男《をとこ》のお方《かた》は氣分《きぶん》の嫌《きら》ひな女《をんな》にだつて親《した》しくなるけれども、女《をんな》は氣持《きもち》が七分《ぶ》で機會《きかい》が三分《ぶ》で、氣持《きもち》が七分《ぶ》だから幾《いく》ら奧《おく》さんを男《をとこ》がしよつ中可愛《ちうかあい》がつて居《ゐ》ると思《おも》つても、女《をんな》の方《はう》ぢや何《なに》か不滿《ふまん》があれば毎日《まいにち》一緒《しよ》に居《ゐ》つても、七分《ぶ》のヒステリーで以《もつ》て消《け》されてしまふと云《い》ふことになります。

淺原 戰術《せんじゆつ》が下手《へた》だからだ。家庭戰術《かていせんじゆつ》があるからね、初《はじ》めあんまり亭主《ていしゆ》が下手《したて》にでて、甘《あま》ちやんの態度《たいど》をとると後《あと》で困《こま》る。まあ適《てき》度《ど》の中《うち》に男性《だんせい》は何時《いつ》も女性《ぢよせい》をコントロールして行《ゆ》く必要《ひつえう》がある。

高田 茨城《いばらぎ》の田舍《ゐなか》にかう云《い》ふ制度《せいど》がある。是《これ》は非常《ひじやう》に好《よ》い習慣《しふくわん》だと思《おも》ふのですけれども、小《ちひ》さな村《むら》で二十三夜《や》のお祭《まつり》の晩村中《ばんむらぢう》の女房《にようばう》が月並《つきなみ》に會場《くわいぢやう》が出來《でき》て毎月集《まいつきあつ》まる。其晩《そのばん》は男《をとこ》は皆追拂《みなおひはら》はれる。宵《よひ》の口《くち》から月《つき》の出《で》る迄亭主《までていしゆ》の讒訴《ざんそ》を云《い》ふ、思《おも》ひツ切《き》り云《い》ふ。

大井 それはヒステリーのいゝ治療法《ちれうはふ》ですね。

高田 すつかり曝《さら》け出《だ》しちやふと、腹《はら》の蟲《むし》が治《をさ》まつて、外《ほか》の家《うち》もさうかと思《おも》つて諦《あきら》めがついて清々《せい〱》する。

大井 それはプロイエル氏《し》の談話治療《だんわちれう》とか何《なん》とか……。

151　「ヒステリー座談会」　浅原六朗、石浜金作、大井さち子、小島政二郎 ほか 『婦人公論』昭和6年1月1日

高田　そのために亭主《ていしゆ》が怒《いか》れば亭主《ていしゆ》は笑《わら》ひ者《もの》になる。三夜様《やさま》の晩《ばん》に云《い》つたことを取上《とりあ》げて慍《おこ》ると馬鹿《ばか》な奴《やつ》だと云《い》はれる。

浅原　婦人公論《ふじんこうろん》の讀者《どくしや》の良人《をつと》に與《あた》へる言葉《ことば》として僕《ぼく》はかう云《い》ふ。あなた方《がた》は成可《なるべ》く女房《にようぼう》をデパートに月《つき》に二回《くわい》位《くらゐ》おやりなさい。さうすればヒステリーはうすらぎます。

三宅　そんなに見縊《みくび》つちや……。

小島　正月號《しやうぐわつがう》の婦人公論《ふじんこうろん》は安《やす》いよ、ヒステリーの治療法《ちれうはふ》まで話《はな》してあるから……（笑聲）

浅原　尖端的《せんたんてき》の女性《ぢよせい》は別《べつ》ですよ。一般《ぱん》にサラリーマンの女房《にようぼう》は半年《はんとし》に一度《ど》もデパートにも行《ゆ》かぬてですよ。

近松　三宅《みやけ》さんがいつか書《か》かれたやうに、デパートへ行《い》つて、たとへ五十錢《せん》のものでも買《か》つて來《く》るのは、女《をんな》の快樂《くわいらく》ですね。

石濱　細君《さいくん》も自分《じぶん》も苦《くる》しんでゐる時《とき》は、ばツと暴《あば》れる。それが最上《さいじやう》の療法《れうはふ》だ。

ヒステリー賛否

浅原　小島氏《こじまし》はどうです。ヒステリー傾向《けいかう》がいゝかい。

大井　好《す》きらしいわよ、先《さつき》からの口吻《こうふん》でね。

小島　どちらかといへば好《す》きだね。

松本　どうでせう。ヒステリー症状《しやうじやう》を好《この》むか、どうか皆《みな》さんの御意見《ごいけん》をお聞《き》かせ下《くだ》さいませんか？

浅原　讀者《どくしや》にとつては非常《ひじやう》に面白《おもしろ》いと思《おも》ふ。

高田　（小島氏《こじまし》に向《むか》ひ）先《ま》づ君《きみ》から言《い》つて呉《く》れないかい？

小島　往復葉書《わうふくはがき》にして出《だ》した方《はう》がいゝよ。そんなことをすると、「アラ、好《す》かないワ」と云《い》ふのが多《おほ》いだらうなあ。（笑聲）

（宮脇氏《みやわきし》退場《たいぢやう》）

浅原　三宅《みやけ》さんどうです？　ヒステリー的症《てきしやう》状《じやう》を持《も》つた男性《だんせい》は嫌《きら》ひですか？

三宅　男《をとこ》のヒステリーは厭《いや》でございますね。でもね、神經質《しんけいしつ》の面白《おもしろ》いのもいゝけれどもぼんやりしてゐる人《ひと》よりも、變《へん》に少《すこ》し癖《くせ》があつたのがいゝと思《おも》ひます。

高田　男《をとこ》は何時《いつ》でも、相手《あひて》の女性《ぢよせい》の要求《えうきう》するやうな形《かたち》になつてゐてやりやいゝのさ。三《み》宅《やけ》さん向《む》きとか、大井《おほゐ》さん向《む》きとか云《い》ふやうに、相手次第《あひてしだい》に適應《てきおう》して行《い》つてやつてりやそれでいゝのさ。

大井　何時《いつ》かなつて來《く》る。

高田　女《をんな》だつて男《をとこ》が要求《えうきう》する通《とほ》りに何時《いつ》かなつて來《く》るでせう。

大井　さうですね。

高田　例《たと》へば大井《おほゐ》さんに小島《こじま》が要求《えうきう》して居《ゐ》ると、大井《おほゐ》さんが小島好《こじまごの》みのヒステリーになる。小島君《こじまくん》がそれを小島好《こじまごの》みにすることが出來《でき》なかつたなら、小島《こじま》は結婚《けつこん》の資格《しかく》がないのだ。それはやり方《かた》がまづいんだよ。だが、男《をとこ》の方《はう》は「なつてゐてやる」んで、女《をんな》の方《はう》は「なつて來《く》る」んですな。

浅原　ヒステリーの女《をんな》はさう好《す》きではないが、ヒステリーになり得《う》るやうな性格《せいかく》を持《も》つた素質《そしつ》の女《をんな》が好《す》きだ。

石濱　そりやさうだ。あゝ云《い》ふ肉體的《にくたいてき》な癲癇《てんかん》のやうなヒステリーを起《おこ》すやうな女《をんな》を好《す》きになるやうな男《をとこ》はないだらう。

高田　それは無《な》いさ。純粹《じゆんすゐ》ヒステリーの生《き》一《いつ》本《ほん》といふのぢや誰《たれ》だつて困《こま》る。例《たと》へばどん

な酒飲《さけの》みでも、生《き》のアルコールは好《す》きぢやないからね。けれどもある人《ひと》はジンを飲《の》み、ある人《ひと》はビールを飲《の》む。このジンやビールの中《なか》にアルコールが無《な》かつたら面白《おもしろ》くないだらう。それと同《おな》じでヒステリーは嫌《きら》ひだが、ヒステリー的《てき》スピリツトは要《い》るといふ理窟《りくつ》なのさ。

松本 近松先生《ちかまつせんせい》がヒステリーに罹《かゝ》つた女《をんな》が好《す》きだと仰言《おつしや》いましたが、それもヒステリーになるやうな傾向《けいかう》の女《をんな》が好《す》きなので、ムキ出《だ》しのヒステリーになられたのでは、近松《ちかまつ》先生《せんせい》だつてお困《こま》りだらうと思《おも》ふ。

濱尾 困《こま》る所《ところ》に快感《くわいかん》があるのではないのですか？

近松 私《わたし》にしても、側《はた》に、家庭《かてい》にゐられては困《こま》ります。

高田 贅澤《ぜいたく》ですね。

大井 隨分《ずゐぶん》無責任《むせきにん》ね。小島《こじま》さんも困《こま》るのですか？

小島 ヒステリーは……しかし、ヒステリーが起《おこ》りさうだといふのを見たりするといゝですよ。僕《ぼく》の友達《ともだち》が好《す》きだと云《い》ふ……

三宅 隨分《ずゐぶん》お友達《ともだち》が居《ゐ》らつしやいますね。（笑聲）

小島 さつきの友達《ともだち》です。一般《はん》にヒステリーだといふ女《をんな》は姿《すがた》がいゝ。

近松 家庭生活《かていせいくわつ》では困《こま》るが、ヒステリー性《せい》の女《をんな》は見《み》た所《ところ》がいゝ。

小島 姿《すがた》がいゝでせう？

大井 凄艶《せいえん》なんですか？

小島 僕《ぼく》なんか時代遲《じだいおく》れですよ。下町《したまち》にゐたからね。芝居《しばゐ》を見《み》たりなんかして、あれが殘《のこ》つて居《ゐ》る。

高田 （小島氏《こじまし》に向《むか》ひ）つまり君《きみ》は人生《じんせい》に芝《しば》居《ゐ》がして見《み》たいのですな？

小島 躓《つまづ》くやうな新聞記者《しんぶんきしや》のやうな質問《しつもん》するなよ。（笑聲）

三宅 御亭主《ごていしゆ》の顔一人《かほひとり》見《み》てゐるから、色々《いろ／＼》なものを要求《えうきう》して其《その》お好《この》み通《どほ》りにならないからヒステリーになるのでせう？

高田 然《しか》し三宅《みやけ》さん、女性《ぢよせい》が要求《えうきう》するからと言《い》つて、男性《だんせい》が百貨店《くわてん》を開業《かいげふ》しなければならんといふ義務《ぎむ》はありますまい。せめて日《にち》用品市場《ようひんいちば》位《ぐらゐ》にして置《お》いて頂《いたゞ》きたいですね。

（笑聲）

淺原 女性《ぢよせい》は社會的《しやくわいてき》に解放《かいはう》されないから非常《ひじやう》に偏狹《へんけふ》だ。その點《てん》が氣《き》の毒《どく》だ。

石濱 ヒステリーは生理《せいり》的以外《てきいぐわい》は男《をとこ》が惡《わる》いのだね。

近松 さつきからどうも。……僕《ぼく》はそれが分《わか》らない。男《をとこ》の方《はう》ばかり惡《わる》くするのが。（笑聲）男《をとこ》の方《はう》に原因《げんいん》がなくつてヒステリーがあると思《おも》ふ。

淺原 それは近松氏《ちかまつし》の經驗《けいけん》が一番早分《ばんはやわか》りだ。

（笑聲）

近松 「食《く》ひつきや紅《べに》よ」と云《い》ふのがありますね。はゝゝ。

高田 「抓《つね》りや紫《むらさき》」ですか……あゝ云《い》ふことが近松《ちかまつ》さんは好《す》きなんですね。

大井 私《わたし》も近松《ちかまつ》さんのはさう思《おも》ふわ。

高田 「色《いろ》で仕上《しあ》げたこの體《からだ》」といひますが、それだつて自分《じぶん》の家《うち》で染《そ》め上《あ》げたんぢや面白《おもしろ》くないんでせう。やはり誂《あつら》へに出《だ》さなければならぬと云《い》ふ所《ところ》だね。家庭《かてい》染めぢやいかんのでせうからな。（笑聲）

松本 私《わたし》の友人《いうじん》にこんな例《れい》があります。前《まへ》の

153　「ヒステリー座談会」　浅原六朗、石浜金作、大井さち子、小島政二郎 ほか 『婦人公論』昭和6年1月1日

晩遊《ばんあそ》んで來《き》て、一寸細君《ちよつとさいくん》に濟《す》まぬ氣持《きもち》で家《うち》へ歸《かへ》つて寢《ね》る。所《ところ》が翌朝《よくてう》になつて見《み》ると、枕許《まくらもと》にいつも置《お》いてある新聞《しんぶん》が破《やぶ》られてゐる。これなぞは理由《りいう》の如何《いかん》を問《と》はず、男《をとこ》から見《み》れば同情《どうじやう》が持《も》てませんね。

高田　さう云《い》ふ時《とき》毆《なぐ》るかね？

浅原　毆《なぐ》るね。

大井　男《をとこ》ならば私《わたし》もやります。私《わたし》も同情《どうじやう》をもちません。

三宅　新聞《しんぶん》を破《やぶ》つたつて、怒《おこ》つちやいけませんよ。

松本　どうしてですか？

三宅　そんなこと當《あた》り前《まへ》ですわ。新聞持《しんぶんも》つて來《き》て呉《く》れただけでも勿體《もつたい》ない位《くらゐ》です。それは男《をとこ》が色々《いろいろ》の方面《はうめん》に於《おい》て働《はたら》きが足《た》りないのです。

大井　それはさうです。

三宅　精神的《せいしんてき》にも肉體的《にくたいてき》にも女《をんな》に負《ま》ける爲《ため》にヒステリーが起《おこ》ると思《おも》ふ。

大井　しかしそれはさうだけれども新聞《しんぶん》を破《やぶ》るのは馬鹿《ばか》ですよ。

浅原　女《をんな》が強《つよ》いなら女《をんな》がマスターしたらいいでせう。

小島　新聞破《しんぶんやぶ》いたくらゐで、あとがケロッとしたら一寸面白《ちよつとおもしろ》いぢやないですか。

松本　さうでもないでせう。次《つぎ》の時《とき》には、時《と》計《けい》がぶち壞《こは》してあつたり……。

小島　あとはケロケロしてゐたら一寸《ちよつと》いゝぢやないか。

松本　聞《き》いてをれば、さうも言《い》へるが、實際《じつさい》ではどうも……。

大井　さう云《い》ふ場合《ばあひ》に「この新聞《しんぶん》を破《やぶ》つたのはあなたをぶつつもりでやつたのよ」とかなんとか、ユーモアな言葉《ことば》を投《な》げればいいんでせう。

松本　そんなに、小説《せうせつ》でも書《か》いてる見《み》たいな具合《ぐあひ》に行《ゆ》きませんよ。又《また》そんな女《をんな》に限《かぎ》つてそんなことは云《い》はないのです。そんな女《をんな》なら決《けつ》して怒《おこ》りやしませんよ。

近松　三宅《みやけ》さん、さつきあなたはヒステリーは全部《ぜんぶ》男《をとこ》の責任《せきにん》だと仰言《おつしや》つたが、さうとばかりは言《い》へないでせう。

三宅　全部《ぜんぶ》とは言《い》へませんけれども、特別《とくべつ》にヒステリー傾向《けいかう》の多《おほ》いのは別《べつ》で、普通《ふつう》の女《をんな》ならば、それが漫然《まんぜん》とヒステリーと名前《なまへ》を附《つ》けられてゐる人《ひと》には、大抵男《たいていをとこ》の人《ひと》が相手《あひて》の女《をんな》に惚《ほ》れさせるし向《む》けが足《た》りない時《とき》に起《おこ》り易《やす》いと思《おも》ひます。

石濱　僕《ぼく》もさう思《おも》ふけれどもな。

三宅　醫者《いしや》の力《ちから》だつて、まして御亭主《ごていしゆ》の力《ちから》なんかで強《つよ》いヒステリーは治《なほ》りやしないと思《おも》ふけれども、隨分我儘《ずゐぶんわがまゝ》な女《をんな》の人《ひと》でも自分《じぶん》を可愛《かあい》がつて呉《く》れて居《ゐ》ると思《おも》ふと、それで滿足《まんぞく》して馬鹿《ばか》に御機嫌《ごきげん》が好《よ》くなるのもあるやうですね。それと男《をとこ》の人《ひと》はヒステリーでもない婦人《ふじん》をヒステリーと云《い》ふくせがありますよ。

大井　男《をとこ》が食《く》ひ足《た》りないと云《い》ふこともありますね。

近松　それはさう云《い》へばさうかも知《し》れぬ。それは斯《か》う云《い》ふ例《れい》がある。旦那樣《だんなさま》は兎《と》に角鷹《かくおう》揚《やう》な實《じつ》に穏《おとな》しい人《ひと》なんです。妻君《さいくん》はやきもき〳〵して居《ゐ》る。生活《せいくわつ》に困《こま》つて居《ゐ》ると云《い》ふ譯《わけ》でもない、又性慾《またせいよく》を非常《ひじやう》に渴望《かつばう》するやうな年齢《とし》でもないけれども、奥《おく》さんが藥罐《やくわん》を抛《はふ》り出《だ》すとか云《い》ふやうなことをやるので

す。決《けつ》して悪《わる》い人《ひと》でもないんですがね。

淺原　時《とき》たま男《をとこ》は女房《にようばう》の横《よこ》つ面《つら》を毆《なぐ》つてやるといゝ。

濱尾　默《だま》つて居《ゐ》る夫《をつと》は不贊成《ふさんせい》ですね。それは益々《ます／＼》奧《おく》さんのヒステリーを煽《あふ》つて居《ゐ》るやうなものです。

淺原　毆《なぐ》られると欝積《うつせき》したものが發散《はつさん》してしまふ。

高田　男性《だんせい》としてはヒステリーは彈壓《だんあつ》すべきものだよ。僕《ぼく》は萬國《ばんこく》の亭主《ていしゆ》にヒステリーを彈壓《だんあつ》せよと云《い》ふな。近松《ちかまつ》さんの云《い》ふ通《とほ》り藥《や》罐《くわん》を拋《な》げても拋《な》げつ放《はな》しにさせることがいけない。

淺原　藥罐《やくわん》を拋《な》げた時《とき》に直《す》ぐ彈壓《だんあつ》するのは戰《せん》術《じゆつ》が下手《へた》だ。其時《そのとき》はヒラリヒラリと身《み》を躱《かは》して（身振宜《みぶりよろ》しく）あとで隙《すき》をうかゞつて今度《こんど》はパツとヒツぱたかなければならぬ。

（哄笑）

ヒステリーはどうなる？

高田　最後《さいご》に云《い》つて置《お》きたいのは、食《く》へるか食《く》へないかと云《い》ふ線上《せんじやう》に立《た》つて居《を》れば、ヒステリーは起《おこ》らぬだらうといふこの事《こと》です。婦人公論《ふじんこうろん》がヒステリー座談會《ざだんくわい》を催《もよほ》してもヒステリーと緣《えん》のない人《ひと》がある。起《おこ》したくつても起《おこ》せない人《ひと》がある。此座談會《このざだんくわい》を羨《うらやま》しいと仰《おつ》しやる人《ひと》があると思《おも》ふ。實際《じつさい》から云《い》ふ例《れい》を知《し》つて居《ゐ》る。ヒステリーの硬直狀態《かうちよくじやうたい》にあつて、ふんぞり返《かへ》つた人《ひと》が、大震災《だいしんさい》に遭《あ》つてひよいと起《お》き上《あ》がつて出掛《でか》けたと云《い》ふ、非常時《ひじやうじ》にヒステリーがぱつと瞬間《しゆんかん》に消《き》えてしまふ。それと同《おな》じやうに現在《げんざい》のやうな餓死《がし》するか否《いな》かの生活戰線《せいくわつせんせん》に立《た》つたならば、ヒステリーは消《き》えてしまふ。

淺原　そいつは反駁《はんばく》しなければならぬ。

濱尾　はつきりするために質問《しつもん》したいのですが、先《さ》きのお話《はなし》の石濱《いしはま》さんのお說《せつ》によつて詰《つま》りヒステリーと云《い》へば經濟問題或《けいざいもんだいあるひ》は性《せい》の問題《もんだい》ですね、是《これ》は已《や》むを得《え》ざるものとして認《みと》めるのでせう。それで高田《たかた》さんは其經濟《そのけいざい》問題《もんだい》が餘《あま》り深刻《しんこく》になると又零《またゼロ》になる、さう云《い》ふ結論《けつろん》ですね。結局《けつきよく》ヒステリーを起《おこ》すのは生活戰線《せいくわつせんせん》に居《ゐ》るものぢやない、多少《たせう》プチブルと云《い》ふのですね。

石濱　さうです。それでヒステリーは覆滅《ふくめつ》しなければならぬと言《い》ふのです。

濱尾　はつきり分《わか》りました。それに對《たい》する意《い》見《けん》は別《べつ》として、仰《おつ》しやることは隨分徹底《ずゐぶんてつてい》して居《ゐ》るな。

淺原　然《しか》し生活戰線《せいくわつせんせん》に居《ゐ》る女性《ぢよせい》は非常《ひじやう》に少《すく》ない。何《なん》と云《い》つても女性《ぢよせい》は男性《だんせい》の庇護《ひご》の下《もと》にある、例《たと》へば四十圓《えん》三十圓《えん》の月給《げつきふ》でも、男《をとこ》がとれば、大體妻《だいたいつま》と云《い》ふものは男性《だんせい》の庇護《ひご》のド《もと》にある。女性《ぢよせい》は生活戰線《せいくわつせんせん》の直接的經驗《ちよくせつてきけいけん》者《しや》ではない。少《すくな》くとも一般的意味《はんてきいみ》に於《おい》て、それで現在總《げんざいすべ》ての女性《ぢよせい》を生活戰線《せいくわつせんせん》に引上《ひきあ》げ又《また》は引下《ひきさ》げることは現在《げんざい》の社會制度《しやくわいせいど》では不《ふ》可能《かのう》だ。それを婦人公論《ふじんこうろん》の讀者《どくしや》である奧《おく》さん方《がた》に望《のぞ》むのは非常《ひじやう》に違《ちが》つてゐるよ。

高田　當然軈《たうぜんやが》て來《く》るであらう大《おほ》きな瞬間《しゆんかん》が來《く》ればだよ。大地震《だいぢしん》が來《き》た其瞬間《そのしゆんかん》に、それ迄《まで》のヒステリーが消《き》えたやうにさ。勿論《もちろん》そのあとで其次《そのつぎ》に來《く》る新《あたら》しい制度《せいど》の下《もと》に新《あたら》しい形式《けいしき》を持《も》つたヒステリーは現《あら》はれるかも知《し》れないが。

155　「ヒステリー座談会」　浅原六朗、石浜金作、大井さち子、小島政二郎 ほか　『婦人公論』昭和6年1月1日

濱尾　大地震《だいぢしん》と生活《せいくわつ》の壓迫《あつぱく》を、同《おな》じ比喩《ひゆ》にするのは、論理《ろんり》の「比喩《ひゆ》の虚僞《きよぎ》」ではないか。

淺原　女性《ぢよせい》で、直接《ちよくせつ》、死《し》ぬか生《い》きるかなんて生活戰線《せいくわつせんせん》に立《た》つて居《ゐ》る者《もの》は少《すくな》いよ。

高田　現在生活戰線《げんざいせいくわつせんせん》に立《た》たないで居《ゐ》る家庭《かてい》の女性《ぢよせい》が、非常《ひじやう》に多《おほ》いといふ事《こと》は事實《じじつ》かも知《し》れない。しかしやがて彼女達《かのぢよたち》まで動員《どうゐん》されずにはゐない時代《じだい》が、きつと來《く》るといふのだ。

大井　醫學《いがく》が發達《はつたつ》すれば、段々《だんだん》ヒステリーは免疫《めんえき》されて來《く》るのではないかと思《おも》ふ。

近松　先《さき》つき福井《ふくゐ》さんのお話《はなし》に、ヒステリーは痛《いた》いといつても、患部《くわんぶ》が定《さだ》まらないといはれた。段々《だんだん》尋《たづ》ねて見《み》ると三度《ど》共《とも》痛《いた》い所《ところ》が違《ちが》つて居《ゐ》るが、何處《どこ》か痛《いた》い、さう云《い》ふのがヒステリーだと仰《おつ》しやつたやうに、ヒステリーと社會《しやくわい》の經濟《けいざい》がどうだと云《い》ふが、豆腐《とうふ》を切《き》つたやうに、社會《しやくわい》の經濟状態《けいざいじやうたい》はなりもしないし、又《また》なつたと假定《かてい》しても痛《いた》い所《ところ》は二度《ど》ともに違《ちが》ふやうに浮動性《ふどうせい》のものだから生活《せいくわつ》とか何《なん》とか云《い》ふことなしに人間《にんげん》に附《つ》いて居《ゐ》ると思《おも》ふ。

嫁と姑の問題

三宅　これは、最初《さいしよ》の年齡問題《ねんれいもんだい》の所《ところ》で話《はな》すべきだつたでせうが……近松《ちかまつ》さんが或奧《あるおく》さんが相當《さうたう》の年齡《ねんれい》で、性的慾望《せいてきよくばう》もないやうな年《ねん》齡《れい》で起《おこ》つたと仰《おつ》しやつたけれども、大《おほ》きな問題《もんだい》ですと思《おも》ひますが、五十前《まへ》だと今《いま》おつしやいますが、其時代《そのじだい》に女性《ぢよせい》は高田《たかた》さんの仰《おつ》しやつた生活戰線《せいくわつせんせん》と云《い》ふことにもぴたつと來《こ》ないし、性的慾望《せいてきよくばう》にもぴたつと來《こ》ないし、どうすることも出來《でき》ない、女性《ぢよせい》の重大《ぢゆうだい》なものがあると思《おも》ふ。ヒステリーといへば男《をとこ》の方達《かたたち》には、若《わか》い女《をんな》を問題《もんだい》にした方《はう》が面白《おもしろ》いだらうけれども、この方《はう》が問題《もんだい》だと思《おも》ひます。女《をんな》に取《と》つては此方《こつち》が問題《もんだい》です。五十前後《ぜんご》の生涯《しやうがい》は女《をんな》は迚《とて》も非常《ひじやう》に大切《たいせつ》で、其《その》先《さき》どうなつて行《ゆ》くか分《わか》らぬ。死《し》ねばいゝけれども死《し》ぬことも出來《でき》ない。是《これ》と云《い》ふのは五十前後《ぜんご》のヒステリー状態《じやうたい》は夫《をつと》のゐる人《ひと》もゐない人《ひと》もある。男《をとこ》の方《かた》から云《い》へば性的慾《せいてきよく》望《ばう》がさうないやうに見《み》られてゐるけれども、實際《じつさい》に云《い》ふと、却《かへ》つて若《わか》い女《をんな》の人《ひと》は男《をとこ》に色々好意《いろいろかうい》を持《も》たれて、男《をとこ》からチヤホヤされて、性的慾望《せいてきよくばう》が消《け》されてゐるとか、子供《こども》を育《そだ》てゝお乳飮《ちのの》ませたりして消《け》されるけれども、五十前後《ぜんご》は性的慾望《せいてきよくばう》ばかりになつて來《き》やしないかと思《おも》ひますね。

濱尾　醫學的《いがくてき》に見《み》ていかゞです。

福井　さうです。舊來《きうらい》の家庭制度《かていせいど》でいふと、嫁《よめ》と姑《しうとめ》との喧嘩《けんくわ》、不和《ふわ》です。よく、近頃《ちかごろ》は孫《まご》も出來《でき》て好《よ》くなつたが、嫁入《よめい》つて來《き》た當座《たうざ》は虐待《ぎやくたい》されたと云《い》ふことを聞《き》かされるが、それは澤山《たくさん》あることで、ヒステリーと迄《まで》ゆかぬ程度《ていど》のもの、閉經期《へいけいき》に屬《ぞく》する精神的《せいしんてき》なり又肉體的《またにくたいてき》の變化《へんくわ》から來《く》るものです。それに就《つい》て一度《ど》或《あ》る所《ところ》で講話《かうわ》した時《とき》に大變《たいへん》感謝《かんしや》された反響《はんきやう》を澤山《たくさん》持《も》つた例《れい》があります。姑《しうとめ》は自身《じしん》が嫁入《よめい》つて來《き》た當時《たうじ》意地惡《いぢわる》くされたことがいつまでも解《と》けないでゐる。所《ところ》が嫁《よめ》が來《く》る時分《じぶん》は大概閉經期《たいがいへいけいき》で、嫁《よめ》ばかりでなく、他《た》を見《み》ても腹立《はらだた》しくなつて見《み》えたり、非常《ひじやう》に變化《へんくわ》して好《す》き嫌《きら》ひが強《つよ》くなつてゐる。丁度孫《ちやうどまご》が出來《でき》る時分《じぶん》にはすつかりさう云《い》ふ肉體的精神的苦悶《にくたいてきせいしんてきくもん》から免《まぬが》れてしま

つて、何《なに》を見《み》ても氣《き》持《もち》よく氣《き》が清々《せいせい》するやうになつたので、嫁《よめ》の當《あた》りも好《よ》くなるし、さういふことを一つも考《かんが》へないでゐるといふと、孫《まご》が出來《でき》たので落着《おちつ》いて嫁《よめ》の當《あた》りが好《よ》くなつたと解釋《かいしやく》してゐた。所《ところ》が以前《いぜん》にかういふ辛《つら》いこともあつたといふことがいつ迄《まで》もお互《たがひ》の間《あひだ》に殘《のこ》つて居《ゐ》たけれども、さう云《い》ふ風《ふう》な譯《わけ》で故意《こい》でなくて、體《からだ》の調子《てうし》で、半《なか》ば生理的《せいりてき》に仲《なか》が惡《わる》かつたので、特別《とくべつ》にお母《かあ》さんは無理《むり》に私《わたし》を虐《いぢ》めたのでないといふことがお互《たがひ》に諒解《りやうかい》が出來《でき》たといふ例《れい》がありますが、實際《じつさい》さういふ時期《じき》に純粹《じゆんすゐ》のヒステリーでなく或程度《あるていど》のさういふ症狀《しやうじやう》はかなり濃厚《のうこう》になるのですね。

三宅 婦人公論《ふじんこうろん》の讀者《どくしや》は若《わか》い人《ひと》が多《おほ》いから、先《ま》づさう云《い》ふことはないでせうけれども、やはり家族《かぞく》や何《なに》かにさういふ人《ひと》があるから隨分《ずゐぶん》それで惱《なや》まされてゐることがあると思《おも》ひます。それは男《をとこ》ぢやなくて、若《わか》い人達《ひとたち》とか、今《いま》の色々《いろいろ》な女《をんな》が進歩《しんぽ》しないのも、その年配《ねんぱい》の女《をんな》が蔭《かげ》に邪魔《じやま》してゐるからです。

福井 先程《さきほど》地震《ぢしん》のお話《はなし》ですが、地震《ぢしん》の爲《ため》にピシヤツと治《なほ》つた人《ひと》もあるし、又《また》強《つよ》いさういふ精神感動《せいしんかんどう》が動機《どうき》になつて起《おこ》つた人《ひと》もある。だから醫者《いしや》の方《はう》から云《い》ふと、本當《ほんたう》のヒステリーはなか〳〵なくなりませんよ。

石濱 私等《わたしら》の方《はう》の希望《きばう》から云《い》ひますれば、例《たと》へば母親《はゝおや》でもさうでありますけれども、五十前《まへ》に月經閉止期《げつけいへいしき》に焦燥する。其時《そのとき》に母親《はゝおや》はさういふ知識《ちしき》を持《も》つてゐる。月經閉止期《げつけいへいしき》で自分《じぶん》は何《なん》となくイライラするといふ意識《いしき》がある。それで或程《あるてい》度《ど》まで抑《おさ》へて頂《いたゞ》きたいのですね。

大井 それは理智的《りちてき》ですね。

福井 自分《じぶん》でそれを悟《さと》れば、成程《なるほど》いふことが分《わか》つて大變《たいへん》に解釋《かいしやく》もしよくなるし、さういふ意味合《いみあひ》に於《おい》て自重《じちよう》するから家庭爭議《かていさうぎ》が減《へ》る譯《わけ》ですね。それが大分《だいぶ》ありました。丁度《ちやうど》年齡《ねんれい》がさう云《い》ふ風《ふう》になるんですよ、大概《たいがい》の家庭《かてい》で……。

石濱 一般《いつぱん》の人《ひと》が無自覺《むじかく》でイライラするのが社會《しやくわい》に多《おほ》い。さうすると此解決《このかいけつ》は社會的《しやくわいてき》問題《だい》になりますけれどもね。

福井 さう云《い》ふ風《ふう》に善意《ぜんい》に解釋《かいしやく》すると、日本《にほん》の舊家庭《きうかてい》で、若夫婦《わかふうふ》と年寄《としより》と一緒《しよ》に居《ゐ》ることが苦痛《くつう》にならぬ譯《わけ》ですね。

石濱 それには文學《ぶんがく》を勉強《べんきやう》するといゝ。

近松 文學《ぶんがく》をやるとよくない。（苦笑）

石濱 あなたの考《かんが》へてゐらつしやる文學《ぶんがく》と、私《わたし》の考《かんが》へてゐる文學《ぶんがく》は少《すこ》し違《ちが》ふのでせう。

高田 三宅《みやけ》さんが云《い》つたやうな閉經期頃《へいけいきごろ》の變態《へんたい》な氣持《きもち》、さう云《い》ふ風《ふう》な氣持《きもち》の性的慾望《せいてきよくばう》の持主《もちぬし》の御婦人《ごふじん》に、三日絕食《かぜつしよく》さして見《み》たいですね。その後《ご》で男《をとこ》と手《て》を握《にぎ》るか、握飯《にぎりめし》を取《と》るかと云《い》ふことになると、恐《おそ》らくその人《ひと》も

157　「ヒステリー座談会」 浅原六朗、石浜金作、大井さち子、小島政二郎 ほか 『婦人公論』昭和6年1月1日

握飯《にぎりめし》に手《て》が行《ゆ》くだらうと思《おも》ふ。何《なに》よりも先《ま》づ握飯《にぎりめし》に手《て》を出《だ》さなければならぬと云《い》ふやうな社會的《しやくわいてき》の苦《くる》しみに來《き》てゐれば、ヒステリーはなくなる。だから現在《げんざい》の場合《ばあひ》はヒステリーは老年《らうねん》でも中年《ちうねん》でも少女《せうぢよ》でも、是《これ》はプチブル的《てき》のものだ。プロレタリアにはヒステリーさへも無《な》いのだといふことを瞭《はつき》りさせたいと思《おも》ふんですよ。

淺原　女性《ぢよせい》の現在《げんざい》を考察《かうさつ》すれば、生活戰線《せいくわつせんせん》にゐないといふのは事實《じじつ》だ。あつても其《その》一割《わり》位《くらゐ》なものだらうと思《おも》ふ。大部分《だいぶぶん》の女性《ぢよせい》は、間接的生産面《かんせつてきせいさんめん》に關係《くわんけい》してゐるだけであつて、九割迄《わりまで》の女性《ぢよせい》は男性《だんせい》の經濟的庇護《けいざいてきひご》の下《もと》にゐる。それを退《しりぞ》けるといふことは、到底《たうてい》不可能《ふかのう》だと思《おも》ふ。それに現在《げんざい》の社會狀態《しやくわいじやうたい》に於《おい》ては男《をとこ》さへも失業者《しつげふしや》が多《おほ》いのだから。

高田　ヒステリーに對《たい》する色々《いろ〳〵》な反響《はんきやう》の意見《いけん》を讀者《どくしや》から募《つの》る方《はう》が面白《おもしろ》い。

淺原　理性《りせい》で生活感情《せいくわつかんじやう》を押《おさ》へ整理《せいり》することは必要《ひつえう》だが、それのみを強調《きやうてう》することは書生論《しよせいろん》だ、現實《げんじつ》の人間生活《にんげんせいくわつ》と云《い》ふものは、もつと感情《かんじやう》によつて支配《しはい》されるものだ。ことに女性《ぢよせい》の場合《ばあひ》に於《おい》てそうである。感情《かんじやう》を無視《むし》してヒステリーの座談會《ざだんくわい》は出來《でき》ない。殊《こと》に女性《ぢよせい》の感情《かんじやう》を無視《むし》しては。

石濱　さう云《い》ふ風《ふう》に言《い》つてゐたら進歩《しんぽ》がない。いつ迄《まで》も女《をんな》は動物《どうぶつ》として認《みと》めるやうなものだ。

大井　だから石濱《いしはま》さんのはいゝんです。女《をんな》を動物的《どうぶつてき》に見《み》るのがいけないのだ。

高田　是《これ》で終《をはり》にしようぢやないか。

松本　どうも有難《ありがた》うございました。

（昭和五年十一月十一日　於赤坂ボントン）

親《おや》も娘《むすめ》も知《し》らねばならぬ結婚衛生《けっこんゑいせい》

結婚生活《けっこんせいくわつ》を圓滿にする性知識《せいちしき》はどうして知《し》るか

井出醫院長 竹内茂代

◇心《こゝろ》の準備《じゆんび》

昔《むかし》とちがひ、親《おや》の意志《いし》だけで結婚《けつこん》が決《きま》り娘《むすめ》の知《し》らない間《ま》に婚禮《こんれい》の支度《したく》が出來《でき》てゐるといふ様《やう》なことは今日《こんにち》ありません。娘《むすめ》も相當考《さうたうかんが》へ自分《じぶん》も嫁《か》づくのだと決心《けつしん》されるのですから、心《こゝろ》の準備《じゆんび》はまづできたものとの前提《ぜんてい》のもとに申《まう》し上《あ》げませう。

嫁《か》づかうと決心《けつしん》してもいろ/\前途《ぜんと》に對《たい》しての心《こゝろ》の戰《おのゝ》きが必《かなら》ずあります。假令《たとへ》二十歳《さい》になつても相當思《さうたうおも》ひ惱《なや》むものです。で、心《こゝろ》の準《じゆん》備《び》として大切《たいせつ》なことは、一度《ど》嫁《か》づいたなら、如何《いか》なる苦痛《くつう》、どんな豫想外《よさうぐわい》のことが起《お》きても、自分《じぶん》の愛情《あいじやう》の全《すべ》てを捧《さゝ》げ、眞《しん》の愛《あい》の焔《ほのほ》で燒《や》き盡《つく》すやうな夫《をつと》に對《たい》する愛情《あいじやう》を捧《さゝ》げ、必《かなら》ず自分《じぶん》が中心《ちうしん》となつて、家庭《かてい》を幸福《かうふく》ならしめようとの決心《けつしん》をもち、昔風《むかしふう》に一度《ど》嫁《か》づいたら、決《けつ》して生家《せいか》の閾《しきゐ》を跨《また》がないといふ決心《けつしん》を持《も》たねばなりません。

その爲《た》めには夫《をつと》の周圍《しうゐ》の人達《ひとたち》には常《つね》に明《あか》い氣持《きもち》で接《せつ》し、舅《しうと》、姑《しうとめ》、小姑《こじうと》をも自分《じぶん》の愛《あい》情《じやう》で抱擁《はうよう》し、扇《あふぎ》の要《かなめ》の位置《ゐち》に坐《すわ》つてやりとげねばなりません。

◇體《からだ》の準備《じゆんび》

次《つぎ》に體《からだ》の準備《じゆんび》で、どういふ體《からだ》の準備《じゆんび》が必要《ひつえう》かといひますと、充分發育《じゆうぶんはついく》した體《からだ》でなくてはなりません。それ故年齡《ゆゑねんれい》は二十歳以上《さいいじやう》であつて欲《ほ》しいのです。

婦人《ふじん》の生育《せいいく》は滿《まん》十九歳《さい》ですから、それ以上《いじやう》なら差支《さしつか》へありません。けれども結婚《けつこん》されるには體《からだ》の成長《せいちやう》だけでなく、性生活《せいせいくわつ》に適《かな》つた條《でう》件《けん》がなければなりません。

第《だい》一月經《げつけい》がなくてはなりません。初經《しよけい》は十四、五歳《さい》にあり、時《とき》として十七、八才《さい》の時《とき》、或《あるひ》は二十歳《さい》を過《す》ぎて起《おこ》る人《ひと》もありますが、滿《まん》十九歳《さい》まで初經《しよけい》を見《み》ないといふ人《ひと》は何《なに》か異狀《いじやう》のある人《ひと》で、生殖器《せいしよくき》の發育不全《はついくふぜん》か、閉鎖《へいさ》してゐる等《など》の人《ひと》であります。

ですから若《も》し不完全《ふくわんぜん》だと思《おも》つたら、必《かなら》ず醫《い》師《し》の診斷《しんだん》を受《う》けて結婚《けつこん》すべきです。又月經はあるにしても二日《か》以內《いない》で濟《す》むといふ人《ひと》は、多《おほ》くは生殖器《せいしよくき》の發育不全《はついくふぜん》の人《ひと》です。結婚《けつこん》をすれば子供《こども》を生《う》むといふことが、大切《たいせつ》な條件《でうけん》ですから、姙娠不能《にんしんふのう》のやうな體《からだ》では結婚《けつこん》の資格《しかく》はないといへませう。

第二《だい》は無病《むびやう》であることが大切《たいせつ》の條件《でうけん》です。特《とく》に配偶者《はいぐうしや》に傳染《でんせん》させる病氣《びやうき》を持《も》つことは、絶對《ぜつたい》に結婚《けつこん》の資格《しかく》のない人《ひと》です。それは結核《けつかく》と性病《せいびやう》の方《かた》です。

結核患者《けつかくくわんじや》か病中結婚《びやうちうけつこん》するやうなことはありませんけれども、殆《ほと》んど苦痛《くつう》なく自覺症狀《じかくしやうじやう》も消《き》えたので、醫師《いし》も全快《ぜんくわい》といふと、若《わか》い人《ひと》には直《す》ぐ結婚談《けつこんだん》が持上《もちあが》り、第一《だい》親《おや》があせり出《だ》します。完全《くわんぜん》に治《なほ》らないで結婚《けつこん》すると、肉體《にくたい》的《てき》、精神的《せいしんてき》の大變化《だいへんくわ》に會《あ》つて病氣《びやうき》が再發《さいはつ》し易《やす》く、殊《こと》に姙娠《にんしん》すると猛然《まうぜん》と病勢《びやうせい》が募《つの》り、滿月《まんげつ》を待《ま》たないで、母子《ぼし》共《とも》に生命《せいめい》をたゝれるやうな悲慘事《ひさんじ》を起《おこ》す實例《じつれい》は澤山《たくさん》ございます。

性病《せいびやう》には先天梅毒《せんてんばいどく》と、淋毒《りんどく》とあります。先《せん》天梅毒《てんばいどく》が結婚期《けつこんき》にでるのは極《きは》めて少《すく》いのですが、往々《わうわう》にして夫《をつと》に傳染《でんせん》し隨分《ずゐぶん》慘《みぢ》めなことになります。

淋毒《りんどく》は處女《しよぢよ》にはあるべきものでないと思《おも》はれてゐますが、處女《しよぢよ》にして處女《しよぢよ》ならざるもの、及《およ》び父親《ちゝおや》が花柳界《くわりうかい》の巷《ちまた》に入《はい》る人《ひと》の家庭《かてい》の人《ひと》には可成《かな》り見受《みう》けられます。必《かなら》ずしも本人《ほんにん》の不《ふ》品行《ひんかう》のみによつて起《おこ》るものではないのです。ですから結婚決定前《けつこんけつていまへ》、兩者《りやうしや》の健康診斷《けんかうしんだん》を交換《かうくわん》する必要《ひつえう》があり、男子《だんし》の性病所有者《せいびやうしよいうしや》は婦人《ふじん》に比《くら》べて數十倍《すうじふばい》多《おほ》いのですから、健康《けんかう》の保證《ほしよう》は必要《ひつえう》でございます。

病氣《びやうき》を持《も》たないといふことは、非常《ひじやう》に大切《たいせつ》ですが、そればかりではいけません。眞《しん》に一家《か》を理想通《りそうどほ》りに整頓《せいとん》し、複雜《ふくざつ》な家庭《かてい》を切廻《きりまは》し、夫《をつと》をして後顧《こうこ》の憂《うれひ》なからしめ、舅姑《しうとしうとめ》に滿足《まんぞく》を與《あた》へ、我子《わがこ》を健康《けんかう》に生《う》み且《か》つ育《そだ》てるには、人《ひと》一倍《ばい》强《つよ》い體《からだ》でなくてはなりません。少《すこ》し重《おも》いものを持《も》ち、或《あるひ》は一寸《ちよつと》歩《ある》いて動悸《どうき》がし息切《いきぎ》れのする人《ひと》はこの目的《もくてき》は達《たつ》せられないでせう。

如何《いか》に人《ひと》には親切《しんせつ》を盡《つく》したくも、心《こゝろ》は如何《いか》に優《やさ》しいくても、弱《よわ》い肉體《にくたい》ではその親切《しんせつ》も優《やさ》しさも實現《じつげん》されません。

◇新婚當初《しんこんたうしよ》の性生活《せいせいくわつ》

結婚前《けつこんぜん》二三日《にち》になりましたら、懇意《こんい》の婦人《ふにん》

科醫《くわい》なり、女醫《ぢよい》なりを尋《たづ》ねて、性生活《せいせいくわつ》に關《くわん》する知識《ちしき》の指導《しだう》を受《う》けることが大切《たいせつ》で、これからその場合《ばあひ》にお話《はなし》する事柄《ことがら》を申上《まうしあ》げてみます。

全《すべ》ての準備《じゆんび》が整《ととの》ひ、式《しき》が擧《あ》げられ完全《くわんぜん》に夫《をつと》の手《て》に渡《わた》された時《とき》、非常《ひじやう》に恐怖《きやうふ》する人《ひと》があります。恐怖《きやうふ》のあまり性交《せいかう》不能《ふのう》にをはり、新婚《しんこん》旅行《りよかう》の途中《とちう》から失望《しつぼう》のどん底《そこ》に、意氣《いき》銷沈《せうちん》して歸《かへ》る人《ひと》があります。それが自身《じしん》不具者《ふぐしや》でもあるかの如《ごと》く悲歎《ひたん》にくれ却《かへ》つて破綻《はたん》に導《みちび》かれることがあります。

私共《わたしども》はさういふ出來事《できごと》に會《あ》ふことは屢《しば》〳〵あり、幸《さいは》ひ全《まつた》く目的《もくてき》を達《たつ》せられない人《ひと》は數《すう》千人《にん》に一人《ひとり》て、一二週間《しうかん》で完全《くわんぜん》に目的《もくてき》を達《たつ》せられるやうになります。それですから結婚當初《けつこんたうしよ》、餘《あま》り恐怖《きやうふ》せずに全《すべ》てを夫《をつと》に打《う》ちまかせ、心《こゝろ》から肉體《にくたい》も精神《せいしん》も夫《をつと》と溶《と》け合《あ》ふやうな氣持《きもち》が必要《ひつえう》です。それでも萬《まん》一性交《せいかう》不能《ふのう》のときは、決《けつ》して失望《しつぼう》することなく婦人科醫《ふじんくわい》の手《て》にかゝれば、必《かなら》ず目的《もくてき》を達《たつ》するやうになります。

假令《たとひ》困難《こんなん》なく目的《もくてき》を達《たつ》せられたにせよ、新婚《しんこん》二三日《にさんにち》の間《あひだ》は、誰《たれ》も必《かなら》ず大小《だいせう》の局部《きよくぶ》の痛《いた》みを感《かん》ずるものです。若《も》し新婚旅行《しんこんりよかう》に出《で》たら餘《あま》り歩《ある》き廻《まは》らない方《はう》がよいのです。男性《だんせい》には何等《なんら》苦痛《くつう》がないから、變《かは》つた場所《ばしよ》へ行《ゆ》きたがりますが、一週間位《しうかんぐらゐ》は同《おな》じ處《ところ》に滯在《たいざい》して靜《しづ》かな生活《せいくわつ》をした方《はう》がよろしいのです。

結婚後《けつこんご》の病氣《びやうき》

兩者《りやうしや》が健康《けんかう》のつもりで結婚《けつこん》しても、夫《をつと》が何《なん》年《ねん》か前《まへ》に淋毒《りんどく》を患《わづら》つた人《ひと》なら、どこかに淋菌《りんきん》が隱《かく》れてゐて花嫁《はなよめ》に移《うつ》ります。淋菌《りんきん》は病《や》み上《あ》げた粘膜《ねんまく》ではおとなしく生存《せいぞん》しますが、病《や》んだことのない處女《しよぢよ》の粘膜《ねんまく》に移《うつ》し植《う》ゑられたときは猛威《まうゐ》を振《ふる》ひ、急性《きふせい》淋毒性《りんどくせい》内膜炎《ないまくえん》を起《おこ》し、早《はや》きは二十四時間《じかん》以内《いない》、遲《おそ》きは三日位《かぐらゐ》に膣口《ちつこう》或《あるひ》に尿道口《ねうだうこう》は燒《や》ける樣《やう》な痛《いた》みを感《かん》じ、膿樣《のうやう》の分泌物《ぶんぴつぶつ》が多《おほ》くなり、或《あるひ》は下腹痛《かふくつう》、血尿《けつねう》等《とう》を起《おこ》して、かなり痛《いた》むやうになります。又《また》月經直後《げつけいちよくご》に結婚《けつこん》すると、夫《をつと》に古《ふる》い病氣《びやうき》のあつた場合《ばあひ》は前《まへ》に述《の》べたやうな病氣《びやうき》を起《おこ》します。

結婚後《けつこんご》萬《まん》一夫《をつと》に病氣《びやうき》のある場合《ばあひ》、最《もつと》も傳染《でんせん》し易《やす》いのは月經中《げつけいちゆう》と月經直後《げつけいちよくご》です。月經中《げつけいちゆう》の性交《せいかう》は禁《きん》じてゐますが、月經後《げつけいご》二三日《にち》は月經《げつけい》の創《きず》が癒《い》えないで、そこから黴菌《ばいきん》が入《はい》り喇叭《らつぱ》管炎《くわんえん》、卵巣炎《らんさうえん》等《とう》を起《おこ》します。ですからこの時期《じき》を過《す》ぎれば餘《あま》り傳染《でんせん》いたしません。

誤《あやま》り易《やす》い月經閉止《げつけいへいし》

結婚後《けつこんご》人《ひと》によつて結婚前《けつこんぜん》一度《ど》月經《げつけい》があつたまゝ閉止《へいし》して姙娠《にんしん》する人《ひと》があります。それが結婚後《けつこんご》の一二ケ月《げつ》は房事《ばうじ》過度《くわど》になり易《やす》いため、折角《せつかく》受胎《じゆたい》しても流產《りうざん》し易《やす》い。この場合《ばあひ》の流產《りうざん》は不全流產《ふぜんりうざん》で卵膜《らんまく》が殘《のこ》り易《やす》いから、必《かなら》ず醫師《いし》の手《て》で搔把手術《さうはしゆじゆつ》して貰《もら》はねばなりません。萬《まん》一粟粒程《あはつぶほど》の卵膜《らんまく》でも殘《のこ》すと、それから内《ない》膜炎《まくえん》を起《おこ》して不姙症《ふにんしやう》になります。月經閉止《げつけいへいし》は一ケ月《げつ》でも決《けつ》して忽《ゆるが》せにせず、正《たゞ》しい姙娠《にんしん》かどうか確定《かくてい》して貰《もら》ひ姙娠《にんしん》の準備《じゆんび》をしなくてはなりません。特《とく》に古《ふる》い肋膜《ろくまく》、腹膜《ふくまく》、關節炎《くわんせつえん》、肺尖《はいせん》カタル等《とう》の結核性《けつかくせい》の病《やまひ》を經《へ》た人《ひと》は月經閉《げつけいへい》止《し》に重《おも》きをおき、姙娠《にんしん》の有無《うむ》を早《はや》く決定《けつてい》しておかなければなりません。

結婚《けつこん》は月經《げつけい》の日《ひ》どりによつて決定《けつてい》して規則《きそく》正《たゞ》しい人《ひと》の場合《ばあひ》は差支《さしつか》へありませんが、不規《ふき》質の人《ひと》は結婚《けつこん》するとその夫《つま》の月經《げつけい》が早《はや》くなるもので、多《おほ》くの人《ひと》は結婚後《けつこんご》すぐ月經《つけい》になります。假令《たとへ》新婚《しんこん》の場合《はあひ》でも月經來潮中《げつけいらいてうちう》の性交《せいかう》は禁止《きんし》しなくてはなりません。

結婚當初《けつこんたうしよ》の月經閉止《げつけいへいし》は、姙娠《にんしん》とのみ思《おも》ひこみ結核《けつかく》の再發《さいはつ》を知《し》らず、病勢《びやうせい》の募《つの》るのを放置《はうち》される場合《ばあひ》は可成《かな》り多《おほ》いのです。月經《げつけい》が止《と》まり食慾《しよくよく》が進《すゝ》まず、微熱《びねつ》があり、氣分《きぶん》が重《おも》いのは結核初期《けつかくしよき》の症狀《しやうじやう》ですが、又《また》姙娠始《にんしんはじ》めにもかうした症狀《しやうじやう》を伴《ともな》ひます。

衞生《えいせい》上《じやう》から觀《み》た夫婦《ふうふ》の相性《あいしやう》

醫學博士　福井正憑

◇相性判斷《あいしやうはんだん》は迷信《めいしん》?

夫婦《ふうふ》の相性《あいしやう》が、どうのかうのとよく申《まう》しますが、これに二つの觀方《みかた》があります。其《そ》の一は所謂《いはゆる》干支《えと》の上《うへ》から來《く》るもので、十干《かん》と十二支《し》とから判斷《はんだん》して居《を》ります。他《た》の一は生理上《せいりじやう》から來《く》るもので、體《たい》質や心性に關係じて居るのであります。

干支上《えとじやう》の相性《あいしやう》が、果《はた》して事實《じじつ》であるかどうかは、私共門外漢《わたしどもゝんぐわいかん》の知《し》るところでありませんから申《まう》しませんが、新城理學博士《しんじやうりがくはかせ》は『木火《もくくわ》土金水《どきんすゐ》を相生《さうしやう》の順《じゆん》、水火金木土《すゐくわきんもくど》を相剋《さうこく》の順《じゆん》と稱《しよう》へ、相生順《さうしやうじゆん》の相接近《あひせつきん》せる二つは、よく調《てう》和《わ》して性《しやう》の合《あ》ふもの、相剋順《さうこくじゆん》の相隣接《あひりんせつ》せる二つは、互《たがひ》に相《あひ》きしりて性《しやう》の合《あ》はぬものとして判斷《はんだん》するのですが、これも五行說《ぎやうせつ》に從《したが》ひながら、甚《はなは》しく五行說本來《ぎやうせつほんらい》の趣旨《しゆし》を誤《あやま》つたものである。……思《おも》へば人《ひと》と人《ひと》とは必《かなら》ず相愛《あいあい》すべきものである。等《ひと》しく神《かみ》の子《こ》であり、等《ひと》しく佛《ぶつ》性《しやう》を有《いう》するものである以上《いじやう》、眞《しん》に互《たがひ》に相《あひ》諒解《りやうかい》すれば、性《しやう》が合《あ》はぬといふことはある筈《はず》がない。人《ひと》を木石視《ぼくせきし》し、土偶視《どぐうし》して、性《しやう》が合《あ》はぬなど論《ろん》するのは無稽《むけい》も亦甚《またはなは》だしい。』云々《うんぬん》と說《と》いて居《を》られます。

併《しか》し私《わたし》の述《の》べようとする所謂相性《いはゆるあひしやう》は、決《けつ》してそんな無稽《むけい》なものではありません。確實《かくじつ》な科學上《くわがくじやう》に立脚《りつきやく》したもので、緣談《えんだん》の良否《りやうひ》を考《かう》慮《りよ》する場合《ばあひ》に、將又夫婦《はたまたふうふ》の和合《わがふ》を圖《はか》る上《うへ》に於《おい》て、參考《さんかう》となるに尠《すくな》からざる價値《かち》あるものです。

◇心理的《しんりてき》に見《み》た相性《あひしやう》

其《そ》の科學上《くわがくじやう》から觀《み》た相性《あひしやう》にも、これに色々《いろ／＼》の原因《げんいん》があります。世俗的《せぞくてき》に性《しやう》が合《あ》ふの、合《あ》はないのと申《まう》しますのは、精神的《せいしんてき》のもので、『あの人《ひと》の氣象《きしやう》が如《あ》斯《か》て、私《わたし》は斯《か》うだから性《しやう》が合《あ》はないのよ』などと、夫婦喧嘩《ふうふけんくわ》の仲裁《ちうさい》に入《はい》つた人《ひと》が、細君《さいくん》から聞《き》かされることがあるさうです。成《な》る程《ほど》さういふこともあるだらうと思《おも》ひます。氣象《きしやう》が合《あ》はないとなると、角《かど》が立《た》つて夫婦仲《ふうふなか》が圓滿《ゑんまん》に行《ゆ》かないから、夫婦喧嘩《ふうふけんくわ》も絶《た》えない譯《わけ》です。

例《たと》へば短氣《たんき》で、怒《おこ》りつぽい男《をとこ》と、同《おな》じ氣象《きしやう》の女《をんな》と結婚《けつこん》するが如《ごと》きで、さうなつた日《ひ》には堪《たま》りません。最初《さいしよ》の中《うち》こそ、お互《たがひ》に遠慮《ゑんりよ》して忍《しの》んで居《ゐ》るでせうが、馴《な》れるに從《したが》つて、我《わ》が儘《まゝ》が出《で》ると、夫婦《ふうふ》は事毎《ことごと》に衝突《しやうとつ》して、犬《いぬ》も喰《く》はないやつを、演《えん》ずることになります。

然《しか》るに一方《はう》が癇癪《かんしやく》でも、一方《はう》が柔順《じうじゆん》であると、衝突《しやうとつ》を免《まぬか》れて、夫婦仲《ふうふなか》が睦《むつま》じく暮《くら》して行《ゆ》かれます。さういふ家庭《かてい》もよく見《み》るところで、ガリ／＼の夫《をつと》に、優《やさ》しい奥《おく》さんがついて家庭《かてい》がいつも春《はる》のやうに、暖《あたゝ》かく過《す》ごせるものも見受《みう》けられます。

これは、ほんの一例《れい》ですが、心理的《しんりてき》に來《く》る夫婦《ふうふ》の相性《あひしやう》は、見逃《みのが》すべからざるもので、此《こ》の心理的相性《しんりてきあひしやう》には、原因《げんいん》ずるものがあります。そこで其《そ》の氣象《きしやう》なり、氣質《きしつ》なりが、何處《どこ》から來《く》るかといふことを、尋《たづ》ねて見《み》なければなりません。

心理學上《しんりがくじやう》から申《まう》しますと、氣象《きしやう》といふものは、體質《たいしつ》から來《く》るもので、此《こ》の二つのものは極《きは》めて密接《みつせつ》に關係《くわんけい》して居《を》ります。此《こ》の說《せつ》は、心理學者《しんりがくしや》のすべてが一致《ち》するところで、醫學《がく》の方《はう》でもこれを認《みと》めて居《を》ります。

◇體質《たいしつ》と氣象《きしやう》との關係《くわんけい》

然《しか》らば體質《たいしつ》と氣象《きしやう》とは、どう關係《くわんけい》するかといふと、これが重要《ぢゆうえう》な問題《もんだい》であります。

一體《たい》、體質《たいしつ》とは、體格《たいかく》に賦與《ぶよ》せられた性質《せいしつ》で、各自《かくじ》持《も》つて生《うま》れたものであることは申《まう》すまでもありません。一口《ひとくち》に言《い》へば、體格《たいかく》の强《きやう》健《けん》なものには、强《つよ》い意志《いし》が備《そな》はり、虚弱《きよじやく》な人《ひと》の意志《いし》は、薄弱《はくじやく》なるが如《ごと》きで、意志《いし》といふものは體格《たいかく》に支配《しはい》されるものであります。

此《こ》の體格《たいかく》に就《つ》いて、其《そ》の體質《たいしつ》を分類《ぶんるゐ》すると大體《だいたい》多血質《けつしつ》、神經質《しんけいしつ》、筋骨質《きんこつしつ》及《およ》び粘液質《ねんえきしつ》の四種となり、氣象《きしやう》もそれに從《したが》つて違《ちが》ふのであります。即《すなは》ち、

多血質《たけつしつ》の人《ひと》は、體格《たいかく》が丈夫《ぢやうぶ》で、氣《き》がしつかりと落着《おちつ》いて居《を》りますが、其《そ》の代《かは》り立腹《りつぷく》すると、雷《かみなり》さんのやうになります。これに反《はん》して神經質《しんけいしつ》の人《ひと》は、體格《たいかく》は弱《よわ》い方《はう》ですが、感情《かんじやう》に富《と》んで、動作《どうさ》が敏捷《びんせう》です。併《しか》し感情《かんじやう》が變《かは》り易《やす》いので、失敗《しつぱい》することも多《おほ》くあります。恁《か》ういふ人《ひと》は、あの人《ひと》がいゝとなると、馬鹿《ばか》に氣《き》に入《い》るが、氣《き》の變《かは》ることも早《はや》いものであります。

それから筋骨質《きんこつしつ》の人《ひと》は、筋骨《きんこつ》が發達《はつたつ》してゐて强《つよ》く、怒《おこ》り易《やす》いものですが、何《ど》うかすると憂鬱《いううつ》に陷《おちい》つて、われと自《みづか》ら惱《なや》むことがあります。終《をは》りの粘液質《ねんえきしつ》の人《ひと》は、脂肪《しばう》に富《と》んでゐて不活潑《ふくわつぱつ》ですが、それだけ心《こゝろ》が冷靜《れいせい》で、感情《かんじやう》に動《うご》かされることは尠《すくな》いのであります。

併《しか》し實際《じつさい》のところ、孰《いづ》れの體質《たいしつ》に於《おい》ても、各型《かくかた》の性質《せいしつ》が色々《いろ／＼》に相混《あひこん》じてゐて、全《まつた》く純粹《じゆんすゐ》の型《かた》は、少《すくな》いもので、これを判然《はんぜん》と區別《くべつ》することは困難《こんなん》であります。だから其《そ》の中《うち》で、主《しゆ》要《えう》な性質《せいしつ》を一番《ばん》多《おほ》く有《いう》するものを以《もつ》て、その型《かた》に當《あ》てはめるのであることを、豫《あらかじ》め承知《しようち》して戴《いただ》かなければなりません。

○體質《たいしつ》から觀《み》た相性《あひしやう》

然《しか》らば、その異《こと》つた體質《たいしつ》の人々《ひとびと》が、何《ど》ういふ鹽梅《あんばい》に配合《はいがふ》したならば、相性《あひしやう》が合《あ》つて、家庭《てい》が圓滿《ゑんまん》に行《ゆ》くかと申《まう》しますと、成《な》るべく體《たい》質《しつ》の違《ちが》つた人《ひと》を選《えら》ぶのが宜《よろ》しく、同《おな》じ體質《たいしつ》の人同志《ひとどうし》では、面白《おもしろ》くないのであります。卽《すなは》ち、男《をとこ》が多《た》血質《けつしつ》ならば、女《をんな》は筋骨質《きんこつしつ》で、女《をんな》が神經《しんけい》質《しつ》ならば、筋骨質《きんこつしつ》の男《をとこ》に配《はい》するのがよいのであります。又男《またをとこ》が神經質《しんけいしつ》ならば、女《をんな》は粘液質《ねんえきしつ》で、多《た》血質《けつしつ》の女《をんな》は、粘液質《ねんえきしつ》の男《をとこ》と適合《てきがふ》して居《を》ります。これを解《わか》り易《やす》く表示《へうじ》しますと、

男子《だんし》		女子《ぢよし》
多《た》血質《けつしつ》	→	筋骨質《きんこつしつ》
筋骨質《きんこつしつ》	←	神經質《しんけいしつ》
神經質《しんけいしつ》	→	粘液質《ねんえきしつ》
粘液質《ねんえきしつ》	←	多《た》血質《けつしつ》

これは相性《あひしやう》の、良《よ》い方《はう》の體質《たいしつ》ですが、惡《わる》い方《はう》では、男《をとこ》の多《た》血質《けつしつ》と女《をんな》の粘液質《ねんえきしつ》とを初《はじ》め、同體質《どうたいしつ》のものであります。例《たと》へば神經質《しんけいしつ》と神《しん》經質《けいしつ》、粘液質《ねんえきしつ》と粘液質《ねんえきしつ》との如《ごと》きで、何《ど》うもさういふ夫婦仲《ふうふなか》は、面白《おもしろ》く行《ゆ》かないやうです。

如上《じよじやう》の相性《あひしやう》は、心理的《しんりてき》、體質性《たいしつせい》のもので、單《たん》に夫婦仲《ふうふなか》がよいか惡《わる》いかといふ時《とき》に、原因《げんいん》となるもので、病氣《びやうき》や不姙《ふにん》に關《くわん》することは別《べつ》問題《もんだい》で、必《かなら》ず相並行《あひへいかう》するとは限《かぎ》りません。卽《すなは》ち體質《たいしつ》によつて、夫婦《ふうふ》の氣心《きごころ》がよく合《あ》つても姙娠《にんしん》しないものもあります。又病氣《またびやうき》なども稀《まれ》にそれから起《おこ》ることもあります。

○夫婦《ふうふ》の相性《あひしやう》と不姙《ふにん》

或《あ》る八百屋《やほや》の夫婦《ふうふ》です。夫《をつと》は三十一、細君《さいくん》は二十六で、七年前《ねんまへ》に結婚《けつこん》したのですが、一《ひと》人《り》も子《こ》が無《な》く、夫婦《ふうふ》は非常《ひじやう》に子《こ》を欲《ほ》しがつて居《ゐ》るのですが、つひぞ姙娠《にんしん》の氣《け》もなく、今日《こんにち》に至《いた》つたのであります。夫婦《ふうふ》とも健康《けんかう》で、身《しん》

體上《たいじやう》には何等《なんら》不姙《ふにん》の原因《げんいん》と認《みと》むべき異常《いじやう》が無《な》いので、多分相性《たぶんあひしやう》がよくないためだらうと、夫婦《ふうふ》はあきらめて居《ゐ》たといふことです。

併《しか》し家庭《かてい》が淋《さび》しいと、自然夫婦《しぜんふうふ》が面白《おもしろ》くなく、夫《をつと》は家《いへ》を明《あ》けて、外遊《そとあそ》びをするやうになり、細君《さいくん》は獨《ひと》りくよ〳〵、樂《たの》しからず暮《くら》して居《ゐ》たのですが、今《いま》一度《ど》原因《げんいん》をたしかめたいといふので、或《あ》る日私《ひわたし》の病院《びやうゐん》へ來《き》て、事情《じじやう》を訴《うつた》へ、何《ど》うかして子寶《こだから》を得《う》る方法《はうはふ》がないものかと、相談《さうだん》をしたのであります。

よく話《はなし》を聞《き》いて見《み》ると、其《そ》の夫《をつと》なる人《ひと》は、筋骨質《きんこつしつ》らしく、細君《さいくん》は純粹《じゆんすゐ》の多血質《たけつしつ》の人《ひと》であることが解《わか》りました。一體《たい》、筋骨質《きんこつしつ》の人《ひと》は、生殖力《せいしよくりよく》に富《と》んでは居《を》りますし、多血質《たけつしつ》も同《どう》樣《やう》ですが、純粹《じゆんすゐ》の多血質《たけつしつ》となると、却《かへ》つて姙《にん》娠機能《しんきのう》が、乏《とぼ》しく、中《なか》には絶對《ぜつたい》に不姙《ふにん》なものであることは、昔《むかし》からも知《し》られて居《を》ります。

八百屋《やほや》夫婦《ふうふ》の間《あひだ》に子《こ》の無《な》いのは、恰度此《ちやうどこ》の相性《あひしやう》に當《あた》つて居《を》りますので、此《こ》の上《うへ》は人工姙《じんこうにん》娠《しん》を行《おこな》つたら、望《のぞみ》を遂《と》げ得《う》ることもあらうと理由《りいう》を說《と》いて話《はな》したところ、細君《さいくん》は喜《よろこ》んで、『では、都合《つがふ》を見《み》て、夫《をつと》と一所《しよ》にお伺《うかゞ》ひしますから、宜《よろ》しくたのみます』と言《い》つて歸《かへ》つて行《ゆ》きましたが、それ切《き》り再《ふたゝ》び見《み》えませんでした。ところが三月許《つきばか》り經《た》つて、『人工姙娠《じんこうにんしん》とやらを行《おこな》つていただく積《つも》りでしたが、到頭破綻《たうとうはたん》して別《わか》れることになり、私《わたし》は、今《いま》、實家《じつか》に戻《もど》つて居《を》ります。いづれまたお願《ねが》ひすることもあらうと存《ぞん》じますが、不取敢《とりあへず》ご挨拶《あいさつ》まで……』といふ意味《いみ》の手紙《てがみ》が參《まゐ》りました。

それから一年許《ねんばか》り過《す》ぎてから、又音信《またたより》がありました。『先生《せんせい》、私《わたし》は再婚《さいこん》しましたが、何《ど》うした神《かみ》のお惠《めぐ》みか、姙娠《にんしん》の身《み》となりました。……それにつけても先生《せんせい》のお說《せつ》を、しみじみ感謝《かんしや》して居《を》ります……』と、彼女《かのぢよ》は思《おも》ひがけなくも、姙娠《にんしん》したのであります。其《そ》の二度《ど》目《め》の夫《をつと》なる人《ひと》は、どういふ體質《たいしつ》の人《ひと》か、直接《ちよくせつ》調《しら》べては見《み》ませんが、手紙《てがみ》の模樣《もやう》では、私《わたし》の說《せつ》に從《したが》つた相性《あひしやう》が、旨《うま》く合《あ》つたに違《ちが》ひないのです。それ許《ばか》りでなく、前《まへ》の夫《をつと》も、再婚《さいこん》して男《をとこ》の子《こ》を生《う》んだことを耳《みゝ》にいたしました。これなどは全《まつた》く相性《あひしやう》に依《よ》るものであつて、興味《きようみ》のあることゝ思《おも》ひます。これに類《るゐ》する實例《じつれい》や又相性《またあひしやう》の惡《わる》い不姙夫婦《ふにんふうふ》の、人工姙娠《じんこうにんしん》によつて成功《せいこう》した喜《よろこ》びの例《れい》を、澤山經驗《たくさんけいけん》いたして居《を》ります。

尚《なほ》、體質《たいしつ》上《じやう》妊娠《にんしん》し難《がた》いものは、粘液質《ねんえきしつ》のもので、さういふ婦人《ふじん》は、普通《ふつう》ではなか〳〵妊《にん》娠《しん》しませんが、若《も》しも筋骨質《きんこつしつ》又《また》は神經質《しんけいしつ》の人《ひと》と配合《はいがふ》すれば、其《そ》の不幸《ふかう》を免《まぬが》れることが出來《でき》ます。

◇相性《あひしやう》と血液型《けつえきけい》

それからもう一《ひと》つ相性《あひしやう》の惡《わる》いのは、血族結《けつぞくけつ》婚《こん》のもので、血緣《けつえん》が近《ちか》ければ近《ちか》い程《ほど》、相性《あひしやう》が良《よ》くありません。尤《もつと》もこれは體質《たいしつ》上《じやう》の關係《くわんけい》で、心理上《しんりじやう》では仲《なか》の好《よ》い夫婦《ふうふ》でも、いとこ同志《どうし》の夫婦《ふうふ》などになりますと、子《こ》の無《な》いものが多《おほ》くあります。此《こ》の原因《げんいん》として考《かんが》ふべきことは、同《おな》じ性質《せいしつ》が、多分《たぶん》に含《ふく》まれて居《ゐ》る關係《くわんけい》で、生《せい》殖機能《しよくきのう》が極《きは》めて不良《ふりやう》であります。卽《すなは》ち生殖《せいしよく》力《りよく》の乏《とぼ》しいこと、妊娠《にんしん》しても畸形《きけい》若《も》しくは虚《きよ》弱等《じやくとう》が多《おほ》く、健康《けんかう》な子《こ》は少《すくな》いことです。

かういふのこそ、眞《しん》に生物學的《せいぶつがくてき》に相性《あひしやう》の惡《わる》い男女といふべきもので、解剖的《かいばうてき》には當然《たうぜん》受《じゆ》胎《たい》する筈《はず》の男《をとこ》の精子《せいし》と女《をんな》の卵子《らんし》とが會合《くわいがふ》しても、一向《いつかう》結《むす》び付《つ》かないのであります。これは今日《こんにち》のところでは、此《こ》の兩性生殖細胞《りやうせいせいしよくさいばう》が、化《くわ》學的《がくてき》に反應《はんおう》し合《あ》はないからだと說明《せつめい》する外《ほか》ありません。世《よ》の中《なか》の夫婦《ふうふ》の間《あひだ》には、かゝいふ不思議《ふしぎ》な仲《なか》もありますもので、遺憾《ゐかん》ながら、未《いま》だ斯樣《かやう》な卵子《らんし》や精子《せいし》の相性《あひしやう》まで、見極《みきは》めた學者《がくしや》もなく、全《まつた》く性《しやう》が合《あ》はぬといふより致《いた》し方《かた》ないのであります。

併《しか》し、此《こ》れ等《ら》の關係《くわんけい》を闡明《せんめい》することも、決《けつ》して至難《しなん》の業《わざ》でないと思《おも》ひます。近年私《きんねんわたし》は、所謂《いはゆる》血液型《けつえきけい》と相性《あひしやう》及《およ》び不妊《ふにん》との關係《くわんけい》を、專《もつぱ》ら研究《けんきう》して居《を》りますが、最《もつと》も科學的《くわがくてき》な相性判斷《あひしやうはんだん》法《はふ》として役立《やくだ》ち、緣談《えんだん》を結《むす》ぶには、まづ血液《けつえき》型《けい》の檢査《けんさ》をしてからといふ時代《じだい》が、近《ちか》き將來《しやうらい》に來《く》るだらうと思《おも》ひます。

性的無知《せいてきむち》から 失敗《しつぱい》を招《まね》いた男女《だんぢよ》の告白《こくはく》

經驗實話五篇

姙娠後《にんしんご》の月經《げつけい》から貞操《ていさう》を疑《うたが》はれた私《わたし》

四國《こく》では相當《さうたう》の事業家《じげふか》として知《し》られた人見《ひとみ》家《け》に嫁《かた》づいた私《わたし》は、可成《かな》り幸福《かうふく》と羨望《せんばう》の境遇《きやうぐう》にありました。それが婚後《こんご》一年《ねん》にして早《はや》くも幾度《いくど》か死《し》の覺悟《かくご》さへするやうな破目《はめ》になつたのでした。

事《こと》の起《おこ》りは結婚後《けつこんご》間《ま》もなく私《わたし》は、東京《とうきやう》の親《しん》戚《せき》に餘儀《よぎ》ない用事《ようじ》のために、上京《じやうきやう》することになり、出發前夜《しゆつぱつぜんや》夫《をつと》と交《まじは》つたきり約《やく》一ケ月別居《げつべつきよ》したことになるのでございます。上京後《じやうきやうご》いつもなら四五日位《にちくらゐ》ある月經《げつけい》が一二日《にち》で終《をは》り歸國《きこく》後《ご》は、すつかり月經《げつけい》が止《と》まつてしまつたのです。やがて母《はゝ》となる私《わたし》の喜《よろこ》びは當時《たうじ》非常《ひじやう》なものでしたが、同様《どうやう》喜《よろこ》んで頂《いただ》ける筈《はず》の夫《をつと》は不思議《ふしぎ》に少《すこ》しも喜《よろこ》んでくれないのみか、滿月《まんげつ》の迫《せま》るにつれて、いよ〳〵憂欝《いううつ》になつて行《ゆ》くのでした。

夫《をつと》は私《わたし》の上京中《じやうきやうちゆう》に月經《げつけい》があつたといふことをきゝ、それ以後《いご》の姙娠《にんしん》はどう考《かんが》へても自分《じぶん》のものではないと、計《はか》らずも私《わたし》の貞操《ていさう》を疑《うたが》はれるに到《いた》つたのです。それが生《う》み月《づき》を計算《けいさん》いたしますと、月經後《げつけいご》九ケ月《げつ》で分娩《ぶんべん》するわけで丁度《ちやうど》上京中《じやうきやうちゆう》の姙娠《にんしん》のやうになるからです。夫《をつと》は若《も》し上京前《じやうきやうぜん》の姙娠《にんしん》ならば月經《げつけい》はある筈《はず》はないと、私《わたし》を離婚《りこん》すると云《い》ひ出《だ》しました。私《わたし》は身《み》におぼえのないことですから、立派《りつぱ》に夫《をつと》の子供《こども》であると主張《しゆちやう》しても、それは信《しん》じられませんでした。それ以後《いご》といふものは家庭《かてい》は冷《つめた》く、暗《くら》い流《なが》れがいつも續《つゞ》きました。

いよ〳〵分娩《ぶんべん》の日《ひ》が來《き》ても夫《をつと》は、私《わたし》の側《そば》にゐて下《くだ》さらず、生《うま》れた子供《こども》の顏《かほ》も振《ふ》り向《む》かうともいたしません。私《わたし》は身《み》の潔白《けつぱく》を證明《しようめい》する

167　「性的無知から失敗を招いた男女の告白」 人見春子、大崎純子 『婦人倶楽部』昭和6年1月1日

ために幾度《いくど》か死《し》を決心《けつしん》しましたが、愛兒《あいじ》のことなど思《おも》ひましてふみ止《とゞま》つてゐました。

それで某博士《ばうはくし》に全《すべ》てを打開《うちあ》けて、おたづねしました結果《けつくわ》姙娠後《にんしんご》も月經《げつけい》が全然《ぜんぜん》止《とま》らない場《ば》合《あひ》がある、統計上《とうけいじやう》二十五パーセント位《くらゐ》は姙娠《にんしん》後《ご》の月經《げつけい》が、いつものに比《くら》べて少量《せうりやう》ではあるが一二ケ月續《つゞ》くといひきかされました。それによつて夫《をつと》の疑《うたが》ひも晴《は》れて、今《いま》は以前《いぜん》の幸福《かうふく》の生活《せいくわつ》を味《あぢは》つてをるのでございます。

（高知　人見　春子）

姙娠《にんしん》とも心《こゝろ》づかず通經藥《つうけいやく》で失敗《しつぱい》した經驗《けいけん》

一昨年《おとゝし》の春結婚《はるけつこん》してその八月《ぐわつ》のことでしたが、どういふわけか、今《いま》までにつひぞないこと、月經《げつけい》がございませんでしたので、姙娠《にんしん》したのではないかしらと思《おも》つてゐましたところ、さうではなく、翌《よく》九月《ぐわつ》からまた順調《じゆんてう》に毎月《まいつき》あるやうになりました。

不思議《ふしぎ》なこともあればあるものと思《おも》つてゐましたところ、翌年《よくねん》つまり昨年《さくねん》の八月《ぐわつ》になつて、又《また》しても月經《げつけい》がとまりました。でも去年《きよねん》のこともございますので、なに九月《ぐわつ》になれば又《また》あるだらうと思《おも》つてゐました。

ところが今度《こんど》ばかりは、九月《ぐわつ》になつても、その月《つき》の終《をは》りに近《ちか》づいても變化《へんくわ》がなく、あまり氣《き》にも掛《か》けずにをりました。さうかうしてゐるうちに、十月《ぐわつ》も終《をは》りに近《ちか》づき、もう止經《しけい》以來《いらい》三ケ月《げつ》です。流石《さすが》の私《わたし》も少《すこ》しく心配《しんぱい》になつて來《き》ました。何《なに》か惡《わる》い病氣《びやうき》でも起《おこ》つたんではないかしらと、氣《き》を揉《も》むやうになりました。

そして毎朝夕《まいあさゆふ》、手《て》にする新聞《しんぶん》の廣告欄《くわうこくらん》に出《で》てゐる流經藥《りうけいやく》だの、『月《つき》やく止《とま》り數《すう》ケ月《げつ》の人《ひと》も迷《まよ》はず來談《らいだん》』だのといふやうな文句《もんく》に、今《いま》までにない注意《ちうい》を向《む》けるやうになりました。

それでとうとう大枚《たいまい》五圓《えん》を奮發《ふんぱつ》して、ある流經藥《りうけいやく》を買《か》つて分量通《ぶんりやうどほ》り毎日服用《まいにちふくよう》して見《み》ましたが、一向何《かうな》んのしるしもなかつたので、よせばよかつたのに、私《わたし》はもう一度《ど》他《ほか》の女名前《をんななまへ》の人《ひと》のところから、流經藥《りうけいやく》を取寄《とりよ》せ分量通《ぶんりやうどほ》り飲《の》んでゐたら別《べつ》に害《がい》もなかつたかも知《し》れませんが、私《わたし》には若《も》しかしたら前《まへ》の時《とき》のは分量《ぶんりやう》が少《すく》な過《す》ぎたのではないかしらといふ考《かんが》へもありましたので、今度《こんど》は二日分《ふつかぶん》くらゐを一日《にち》に飲《の》んで見《み》ました。

ところが、この薬《くすり》を服用《ふくよう》し始《はじ》めて三日目《みつかめ》頃《ごろ》から、時々《ときどき》下腹《したはら》が痛《いた》んで參《まゐ》り一週間目《しうかんめ》の夜《よる》になつて急《きふ》に激《はげ》しい痛《いた》みが起《おこ》つて參《まゐ》りました。そして恰度《ちやうど》『オコリ』のやうに高《たか》い熱《ねつ》が出《で》て、體《からだ》が灼《や》かれるやうな熱苦《あつくる》しさを覺《おぼ》えると、今《こん》度《ど》は急《きふ》に寒《さむ》けがして來《き》て、ガタ／＼と慄《ふる》へるやうになるのです。そのうちには出血《しゆつけつ》して來《く》る、痛《いた》みは益《ます》々はげしくなつて來《き》て、其夜《そのよ》の一時《じ》頃《ごろ》にはもう息《いき》も止《と》まるかと思《おも》はれるばかりでした。

主人《しゆじん》はあわてゝ産婦人科《さんぷじんくわ》の××博士《はくし》を迎《むか》へましたが。内診《ないしん》された結果《けつくわ》、驚《おどろ》いたことには私《わたし》は妊娠《にんしん》三ケ月《げつ》で、その流産《りうざん》と一緒《しよ》に急性《きふせい》の骨盤腹膜炎《こつばんふくまくえん》が起《おこ》つてゐたのが判《わか》り、入院手術《にふゐんしゆじゆつ》で生命《いのち》だけは助《たす》かりました。妊娠《にんしん》とも心《こゝろ》つかずに通經藥《つうけいやく》などを服用《ふくよう》した私《わたし》の無知《むち》をどうぞお笑《わら》ひ下《くだ》さい。（東京　大崎純子）

夫《をつと》の淋毒《りんどく》が傳染《でんせん》して苦悶《くもん》の日《ひ》を送《おく》る私《わたくし》

舅姑《きうこ》に對《たい》する氣兼《きがね》氣苦勞《きぐらう》はありましても、夫《をつと》の優《やさ》しい温《あたゝ》かい心《こゝろ》に慰《なぐさ》められて、新婚《しんこん》二ケ月《げつ》は全《まつた》く夢《ゆめ》のやうに過《す》ぎ去《さ》りました。

ところが、漸《やうや》く春《はる》めいて來《き》た三月半《ぐわつなかば》の或《あ》る朝《あさ》、その前日《ぜんじつ》まで何《な》んともなかつたのに、どうしたことか、私《わたし》は突然《とつぜん》四十度《ど》もの高熱《かうねつ》に襲《おそ》はれ、それに右下腹部《みぎかふくぶ》が劇《はげ》しく痛《いた》み、ガタガタと寒《さむ》けが頻《しき》りに起《おこ》つて來《き》て、私《わたし》は苦痛《くつう》に堪《た》へられずに其儘《そのまゝ》倒《たふ》れてしまひました。早速《さつそく》、醫師《いし》に來《き》て頂《いたゞ》きましたが、これは腎盂炎《じんうえん》といふ恐《おそろ》しい病氣《びやうき》で、醫師《いし》から絶對安靜《ぜつたいあんせい》を命《めい》じられました。

それからといふものは、私《わたし》はまる二ケ月間《げつかん》床《とこ》につききりで治療《ちれう》を受《う》け、更《さら》に其後《そのご》は一ケ月《げつ》醫院《いゐん》に通院《つうゐん》いたしまして、どうやら漸《やうや》く家《うち》の仕事《しごと》もボツ／＼出來《でき》るほどになりました。病後直《びやうごたゞ》ちに夏《なつ》を迎《むか》へた私《わたし》は、夏中《なつぢう》はかばかしくなく、でも暑熱《しよねつ》が去《さ》つたら體《からだ》も元通《もとどほ》りになるだらうと、秋《あき》の來《く》るのをただ待《ま》ち侘《わ》びてをりましたが、九月《ぐわつ》に入《はい》つても少《すこ》しも體《からだ》の具《ぐ》合《あひ》がよくなく、却《かへ》つて毎日下腹《まいにちしたはら》が痛《いた》み、氣持《きもち》の惡《わる》い膿《のう》のやうな下《お》りものも出《で》て、遂《つひ》には尿《ねう》にも血《ち》が混《まじ》つて出《で》るやうになりました。夫《をつと》もこれには非常《ひじやう》に心配《しんぱい》して、近所《きんじよ》の婦人《ふじん》科醫《くわい》のところへ連《つ》れて行《い》つてくれました。診察《しんさつ》の結果《けつくわ》、淋毒性《りんどくせい》の喇叭管炎《らつぱくわんえん》で、兩側《りやうがは》の喇叭《らつぱ》管《くわん》とも冒《をか》されてゐることが分《わか》りました。

申《まう》すまでもなく、私《わたし》の淋毒《りんどく》は夫《をつと》からうつされたもので、夫《をつと》は病氣《びやうき》が慢性《まんせい》となつて苦痛《くつう》がなくなつてゐたため、完治《くわんぢ》したものと誤信《ごしん》してゐたのですが、慢性《まんせい》になつても結婚《けつこん》して、處女《しよぢよ》の新《あたら》しい粘膜《ねんまく》に觸《ふ》れると、淋菌《りんきん》は再生《さいせい》の活動《くわつどう》を始《はじ》めて來《く》るのださうです。そして前《まへ》にやつた腎盂炎《じんうえん》も、この淋毒《りんどく》のためだつたと、はじめてこの醫師《いし》から聞《き》かされ、私《わたし》は全《まつた》く身《み》震《ぶる》ひがいたしました。夫《をつと》にしろ私《わたし》にしろ、もう少《すこ》し衞生上《えいせいじやう》の知識《ちしき》があつたなら、こんな苦痛《くつう》を嘗《な》めずに濟《す》んだらうと、返《かへ》す返《がへ》すも殘念《ざんねん》でなりませんでした。（東京　竹田藤枝）

結婚《けつこん》三日《みつか》にして妻《つま》に去《さ》られた男《をとこ》の告白《こくはく》

私《わたし》は東京《とうきやう》の銀行員《ぎんかうゐん》ですが、昨年《さくねん》銀行《ぎんかう》の重役《ぢゆうやく》の媒酌《ばいしやく》で婚約《こんやく》が成立《せいりつ》しました。誰《だれ》しもが經驗《けいけん》するだらうと思《おも》はれる、新婚《しんこん》の夢《ゆめ》を想《おも》ふてただ歡喜《くわんき》と幸福感《かうふくかん》とで、世《よ》の中《なか》の全《すべ》ては明《あか》る

169　「性的無知から失敗を招いた男女の告白」　人見春子、大崎純子　『婦人倶楽部』昭和6年1月1日

く華《はな》やかに輝《かゞや》くのでした。それが結婚《けつこん》三日《か》目《め》の慘《さん》な運命《うんめい》に會《あ》ふとは夢想《むさう》だもしなかつたのです。

といふのは甚《はなは》だ男《をとこ》として申《まう》し難《にく》いことで、意氣地《いくぢ》がない話《はなし》ですが、どうしても夫婦《ふうふ》の交《まじは》りができなかつたのです。その爲《た》めに結婚後《けつこんご》三日《か》にして早《はや》くも妻《つま》は打驚《うちおどろ》いて實家《じつか》に逃《のが》れ去《さ》つてしまひました。

妻《つま》が實家《じつか》へ去《さ》つたので事《こと》は大《おほ》きい問題《もんだい》になりまして、媒酌人《ばいしやくにん》である重役《ぢゆうやく》は色《いろ》を變《か》へて、飛《と》んで參《まゐ》りました。

兎《と》も角《かく》、醫師《いし》にと奬められて、駿河臺《するがだい》の某《ぼう》博士《はくし》のもとを訪《と》ひ、全《すべ》てをお話《はなし》いたしまして、治《なほ》るものかどうか、診察《しんさつ》して貰《もら》ひました。其《そ》の結果《けつくわ》、大變《たいへん》博士《はくし》に笑《わら》はれて了《しま》ひました。これは別《べつ》に異常《いじやう》がある譯《わけ》ではない、精神《せいしん》的《てき》の興奮《こうふん》がひどく、一種《しゆ》の恐怖心《きやうふしん》におそはれたのだといはれました。なる程《ほど》と私《わたし》も思《おも》ひ當《あた》るのでした。それから一週間《しうかん》ばかりの通院《つういん》で、再《ふたゝ》び妻《つま》を呼《よ》び戻《もど》すことができましたがいまだに物笑《ものわら》ひの種《たね》にされてをるのです。

（東京　大橋　元）

性的恐怖心《せいてききやうふしん》から悩《なや》みぬいた私《わたくし》

私《わたし》の生家《せいか》は相當《さうたう》の舊家《きうか》である上《うへ》に、父《ちゝ》が報徳宗《ほうとくしう》の熱心《ねつしん》な景仰者《けいかうしや》であり實行者《じつかうしや》でもあつた爲《た》め、その家庭教育《かていけういく》は非常《ひじやう》に嚴《きび》しいもので性《せい》に對《たい》する知識《ちしき》など藥《くすり》にしたくもなく、むしろない方《はう》が誇《ほこ》りのやうに、これまで仕向《しむ》けられて來《き》た私《わたくし》でした。

しかも當《たう》の夫《をつと》は、當時《たうじ》二十四歳《さい》といふ若年《じやくねん》で、流石《さすが》は報徳宗《ほうとくしう》の父《ちゝ》の氣《き》にかなふほどだけあつて、今時《いまどき》の青年《せいねん》には珍《めづら》しく眞面目《まじめ》な武骨《ぶこつ》者《もの》で、カフェ遊《あそ》びなどもしたこともなければ無論《むろん》異性《いせい》になど接《せつ》したことがないのでした。

お互《たがひ》に性知識《せいちしき》のなかつたのが禍《わざは》ひして結婚《けつこん》當夜《たうや》、私《わたし》は仲人《なかうど》から夫婦《ふうふ》の契《ちぎ》りについて少《すこ》しく說明《せつめい》を受《う》けましたが、却《かへ》つて不安《ふあん》と恐《おそ》れとを抱《いだ》かせるに過《す》ぎないだけで、事實《じじつ》夫婦《ふうふ》の契《ちぎ》りはかくも苦痛《くつう》で恐《おそろ》しいものかと、危《あや》ふく私《わたし》は失心《しつしん》せんばかりになりました。

苦惱《くのう》の一夜《や》は明《あ》けましたが私《わたし》は激《はげ》しい苦痛《くつう》に惱《なや》むよりなかつたのでございます。それでゐて、夫《をつと》には信賴と愛着を覺え、幸福な氣持にさへなつてきました。

こんな風《ふう》で結婚後《けつこんご》一月《つき》たち、恰度《ちやうど》二ケ月《げつ》ほど經《た》つた頃《ころ》、母《はゝ》が、突然《とつぜん》訪《たづ》ねてまゐり、その話《はなし》によると夫《をつと》から離緣《りえん》の申《まう》し出《いで》があつたといふのです。離婚《りこん》の理由《りいう》はいろ〳〵ならべてありましたが、本統《ほんとう》の理由《りいう》の何《な》んであるかは直《す》ぐ頷《うなづ》けました。

私《わたし》は母《はゝ》に問《と》はれるまゝに、とうとう隱《かく》しきれず、恥《はづか》しい事情《じじやう》をすべて打開《うちあ》けました。母《はゝ》はそれならば醫者《いしや》に相談《さうだん》して見《み》るよりあるまいと、翌日《よくじつ》私《わたし》は母《はゝ》につれられて、初《はじ》めて婦人《ふじん》科《くわ》の先生《せんせい》の診察《しんさつ》を受《う》けました。先生《せんせい》は事情《じじやう》を一通《ひととほ》り聞《き》かれた後《のち》、『これは膣痙攣《ちつけいれん》といふ神經《しんけい》的《てき》の症狀《しやうじやう》で、勿論《もちろん》不具《ふぐ》などではないのです。さう云《い》ふ方《かた》が時々《ときどき》ありますが、治《なほ》ることは必《かな》らず治《なほ》りますから』と仰言《おつしや》つて通院《つういん》をいひ渡《わた》され約《やく》一ケ月後《げつご》全治《ぜんち》いたしました。

今《いま》ではこんな事《こと》は、夫《をつと》との間《あひだ》の笑話《わらひばなし》になつてしまひましたが、當時《たうじ》の私《わたし》としては苦痛《くつう》には惱《なや》み、離婚話《りこんばなし》では脅《おびや》かされ、全《まつた》くひどい目《め》にあつたものです。（靜岡　佐々素子）

童貞・非童貞の區別

童貞の特徴とその誘惑

大槻憲二

童貞の心理

英語《えいご》には「未婚者《みこんしや》の羞恥心《しうちしん》」bachelor-shyness と云《い》ふ言葉《ことば》があるが、これは外國人《ぐわいこくじん》ばかりでなく、日本人《にほんじん》でも同樣《どうやう》で、未婚者《みこんしや》は既婚《きこん》者《しや》よりは羞《はにか》み易《やす》いものである。處女《しよぢよ》の羞恥《しうち》は男《をとこ》の慾情《よくじやう》をそそるとよく云《い》はれてゐるが、童《どう》貞《てい》の羞恥《しうち》とても年増女《としまをんな》の心《こゝろ》を動《うご》かすに變《かは》りはない。何故《なにゆゑ》に童貞《どうてい》や處女《しよぢよ》は赧面《たんめん》し易《やす》いかと云《い》ふに、それは彼等《かれら》に於《お》いて身體《しんたい》のあらゆる部《ぶ》分《ぶん》が、殊《こと》に顔面《がんめん》のやうな神經《しんけい》や感覺《かんかく》の鋭《するど》い部《ぶ》分《ぶん》は、亢奮《かうふん》し易《やす》く性器《せいき》化《くわ》し易《やす》いからである。だから顔面《がんめん》は亢奮《かうふん》して紅潮《こうてう》するのである。

顔面《がんめん》が性器《せいき》化《くわ》すると云《い》ふことを、なほ十分《ぶん》に分《わか》りよく説明《せつめい》するためには、精神分析學上《せいしんぶんせきがくじやう》のリビドーと云《い》ふ概念《がいねん》に依《よ》るより外《ほか》はない。此《この》リビドーと云《い》ふのは、まづ愛慾衝動《あいよくしようどう》とでも譯《やく》したら、よろしからうと思《おも》ふ。愛慾衝動《リビドー》は性慾《せいよく》よりは意味《いみ》が廣《ひろ》く、性慾《せいよく》は人《ひと》が思春期《ししゆんき》に入《はい》つて、リビドーが性器《せいき》を通《つう》じて對象《たいしやう》(相手《あひて》)に纏綿《てんめん》せられるやうになつてからの肉體的現《にくたいてきげん》象《しやう》だけを云《い》ふので、つまり生殖作用《せいしよくさよう》の慾望《よくばう》だけを云《い》ふのである。だからリビドーは性慾《せいよく》よりは意味《いみ》がずつと廣《ひろ》く、深《ふか》く、複雜《ふくざつ》である。

リビドーは生《うま》れたての赤《あか》ん坊《ばう》に於《お》いては全《ぜん》身《しん》に瀰漫《びまん》してゐる。自分自身《じぶんじしん》にだけ纏綿《てんめん》せられてゐる。お釋迦《しやか》さんばかりが天上天下唯我《てんじやうてんかゆゐが》獨尊《どくそん》と思《おも》ふのではなく、凡夫《ぼんぷ》もみなさう思《おも》ふのである。つまり愛慾衝動《リビドー》は專《もつぱ》ら内《うち》に向《むか》つてゐるが、それが漸次《ぜんじ》に外《そと》に向《むか》ふやうになる。何《なん》に依《よ》つて外《そと》に向《むか》ふやうになるかと云《い》へば、赤《あか》ん坊《ばう》はまづお乳《ちゝ》を吸《す》ふのに口唇《こうしん》に依《よ》つて乳《ち》房《ぶさ》に(母親《はゝおや》に)リビドーは纏綿《てんめん》する。吸《す》つたお乳《ちゝ》は糞《ふん》となり、尿《ねう》となつて外部《ぐわいぶ》に排泄《はいせつ》せられるので、次《つぎ》にはまた肛門《こうもん》や尿道《ねうだう》を通《つう》じてリビドーは外界《ぐわいかい》に(糞便《ふんべん》の世話《せわ》する人《ひと》)纏綿《てんめん》せられるやうになる。そこで口唇性感時代《こうしんせいかんじだい》、肛《こう》門性感時代《もんせいかんじだい》、尿道性感時代《ねうだうせいかんじだい》などが出現《しゆつげん》する。併《しか》しこれ等《ら》の時代《じだい》が判然《はんぜん》と區別《くべつ》されるわけでは固《もと》よりない。

やがて尿道《ねうだう》から性器《せいき》に性感《せいかん》がうつるやうになつて、性器《せいき》を通《つう》じてリビドーが對象《たいしやう》に、相《あひ》手《て》に、戀人《こひびと》に、配偶者《はいぐうしや》に纏綿《てんめん》せられるやうになつて、一人前《にんまへ》の人間《にんげん》が出來《でき》るわけで、それまでが童貞時代《どうていじだい》であるが、リビドーに就《つ》いて云《い》へば、童貞《どうてい》のリビドーは性器《せいき》に專《もつぱ》ら移《うつ》らうとして、まだ果《はた》さずまご〱してゐる狀態《じやうたい》である。だから時々《ときどき》戸惑《まご》ひしては顔面《がんめん》に出《で》ては紅《こう》潮《てう》したり、腕《うで》や股《また》に出《で》ては無暗《むやみ》にこそばがゆがつたり、身内全體《みうちぜんたい》に發《はつ》しては「箸《はし》のころげたやうなことにも」をかしがつて笑《わら》ひ轉《ころ》げるやうになるのである。

併《しか》し口脣《こうしん》、肛門《こうもん》、尿道《ねうだう》の性感《せいかん》は、リビドーが性器時代《せいきじだい》に入《はい》つても、必《かなら》ずしも失《な》くなつてしまふわけではなく、接吻《せつぷん》の恍惚《くわうこつ》、ほゝづき、チウインガムの愛用《あいよう》など、みなその名殘《なごり》の證據《しようこ》である。赤《あか》ん坊《ばう》の時代《じだい》に指《ゆび》を盛《さか》んにしやぶつた者《もの》は、生長《せいちやう》して後《のち》、喫煙飲酒《きつえんいんしゆ》する傾向《けいかう》が多《おほ》いことをフロイド博士《はかせ》は幾多《いくた》の實例《じつれい》に就《つ》いて研究《けんきう》してゐる。

童貞の魅惑

併《しか》し本當《ほんたう》に異性《いせい》を知《し》るまでは性器《せいき》はリビドーの主權《しゆけん》が完全《くわんぜん》に移《うつ》ると云《い》ふことはないやうである。自瀆行爲《じとくかうゐ》（自慰《じゐ》）を行《おこな》つてゐるだけでは十分《ぶん》でないやうである。何《なん》となれば自瀆《じどく》行爲《かうゐ》には對象《たいしやう》（相手《あひて》）がないからである。自《じ》瀆行爲《どくかうゐ》に於《お》いて何人《なんぴと》か相手《あひて》を空想《くうさう》する方《はう》が精《せい》神上《しんじやう》の弊害《へいがい》が少《すくな》いとは從來醫學上《じゆうらいいがくじやう》でも云《い》はれて來《き》たが、精神分析《せいしんぶんせき》で云《い》へば、それは當然《たうぜん》である。性行爲《せいかうゐ》を通《つう》じて我々《われ〱》のリビドーが外界《ぐわいかい》に、相手《あひて》に纏綿《てんめん》せられるのであるが、よしんば空想上《くうさうじやう》にもせよ、相手《あひて》がない時《とき》にはリビドーは内向《ないかう》してしまつて、行《ゆ》き場《ば》がないからである。

だから一度《ど》異性《いせい》を知《し》ることに依《よ》つて、男女《だんぢよ》を問《と》はず、その人《ひと》の身心《しんしん》に大《おほ》きな變化《へんくわ》の起《お》きるのは當然《たうぜん》である。まづリビドーは、それが外《ぐわい》部《ぶ》の對象《たいしやう》に纏綿《てんめん》せらるべき正當《せいたう》な溝《みぞ》を得《え》たことになる。我々《われ〱》の呼吸《こきふ》は毛孔《まうこう》でも行《おこな》ふが、主《しゆ》要《えう》なる呼吸《こきふ》は口鼻《こうび》で行《おこな》ふやうに、我々《われ〱》の性感《せいかん》は口吻《こうふん》、尿道《ねうだう》、肛門《こうもん》にもあるが、性器《せいき》がその主權者《しゆけんしや》である。このやうに性器《せいき》が主權者《しゆけんしや》にならない人《ひと》は、とかく病的《びやうてき》になるのである。渙《くわん》言《げん》すれば、その人《ひと》の性感《せいかん》は幼兒的《えうじてき》である。口《こう》脣《しん》、肛門《こうもん》、尿道《ねうだう》の性感《せいかん》ばかりしかないか、（つまり不能症《ふのうしやう》であるか）或《あるひ》はその對象《たいしやう》も母親《はゝおや》でなければならないかである。母親《はゝおや》にリビドーを纏綿《てんめん》させる場合《ばあひ》には、勿論專《もちろんもつぱ》ら性感《せいかん》は口脣《こうしん》、肛門《こうもん》、尿道《ねうだう》にあるが、性交《せいかう》は固《もと》より禁斷《きんだん》されてゐる。女嫌《をんなぎら》ひと云《い》はれる人《ひと》にはかう云《い》ふ病《びやう》的傾向《てきけいかう》の人《ひと》が多《おほ》いやうである。精神分析《せいしんぶんせき》から云《い》ふと、女嫌《をんなぎら》ひは不健全《ふけんぜん》で、年頃《としごろ》になればリビドーを母親《はゝおや》から引揚《ひきあ》げて、他《た》にその代償《だいしやう》（戀《こひ》人《ひと》）を求《もと》める方《はう》が健全《けんぜん》なのである。併《しか》しその場合《ばあひ》にリビドーは從來《じゆうらい》のくせがついてゐるから、とかく母親代理《はゝおやだいり》のやうな年長婦人《ねんちやうふじん》に纏綿《てんめん》したがるものである。そこで「若《わか》き燕《つばめ》」が出《で》來上《きあが》るわけである。

リビドーが性器《せいき》を通《つう》じて一定《てい》の相手《あひて》に纏綿《てんめん》せられるやうになると、そこに必《かなら》ず或《あ》る種《しゆ》の落着《おちつ》きが出來《でき》て來《く》る。これ既婚者《きこんしや》の重味《おもみ》であつて、童貞《どうてい》や處女《しよぢよ》はどことなく落着《おちつ》かぬのは無理《むり》もないことである。あんまり落着《おちつ》き過《す》ぎてゐるのは母親《はゝおや》にリビドーを纏綿《てんめん》させ、即《すなは》ち性的《せいてき》に不健全《ふけんぜん》な、幼兒症者《えうじしやうしや》であるかも知《し》れないのである。

　性器《せいき》を通《つう》じて一度《ど》リビドーが相手《あひて》に纏綿《てんめん》さられると、リビドーは無意識《むいしき》には習慣性《しふくわんせい》や定《てい》着性《ちやくせい》のあるものであるから、同《おな》じ相手《あひて》を求《もと》めるやうになる。これが執着未練《しふちやくみれん》と云《い》ふものである。男女《だんぢよ》を問《と》はず最初《さいしよ》の相手《あひて》は、その故《ゆゑ》に何《なん》となくなつかしい。殊《こと》に女《をんな》に於《お》いてこれが甚《はなはだ》しいやうである。ヘツダ・ガブラーと云《い》ふイブセン作中《さくちゆう》の女主人公《をんなしゆじんこう》は男《をとこ》の一生《しやう》を、運《うん》命《めい》を支配《しはい》して見《み》たいと云《い》ふやうなことを云《い》つてゐるがそれは自我《じが》の強《つよ》い、我儘《わがまゝ》な、加虐性《サヂイ》者的《スト》（精神分析《せいしんぶんせき》で云《い》へば、ヨカスタ型《がた》）の近《きん》代女性《だいぢよせい》にあり勝《が》ちな慾望《よくばう》で、つまり童貞者《どうていしや》のリビドーをまづ自分《じぶん》に纏綿《てんめん》させようと云《い》ふことで、精神分析者《せいしんぶんせきしや》アードラーはこれを「最初《さいしよ》のものたらうとする意志《いし》」と名付《なつ》けてゐる。道《みち》を歩《ある》いてゐて、あとから人《ひと》に追拔《おひぬ》かれるやうなことを非常《ひじやう》に、病的《びやうてき》におそれるやうな人《ひと》は、性的《せいてき》な方面《はうめん》ではやはりこの「最初《さいしよ》の者《もの》（第《だい》一者《しや》）」たらんとする意志《いし》が強《つよ》いさうである。

テレゴニー

　このやうに童貞《どうてい》を重要視《ぢゆうえうし》する心理《しんり》は、これを童貞者自身《どうていしやじしん》の側《がは》からと、相手《あひて》たる女性《ぢよせい》の側《がは》からとに別《わ》けて調《しら》べて見《み》なければならない。

　山本有三《やまもというざう》が近頃《ちかごろ》、東朝紙上《とうてうしじやう》に連載《れんさい》してゐる小説《せうせつ》「風《かぜ》」の中《なか》の一女性人物堯子《ぢよせいじんぶつたかこ》は、ブラウニングの戀愛哲學《れんあいてつがく》を奉《ほう》じて「一人《ひとり》に、只一人《ただひとり》に、而《しか》も唯《たゞ》一度《ど》」と云《い》ふをモツトーとしてゐるが、これは精神分析《せいしんぶんせき》から見《み》ると、典型的《てんけいてき》なヒステリー的思想《てきしさう》である。堯子《たかこ》は自分《じぶん》でもさう考《かんが》へてゐるのだから、相手《あひて》にも必《かなら》ず同《どう》一の條件《でうけん》を要求《えうきう》するに相違《さうゐ》ない。つまり處女《しよぢよ》と童《どう》貞《てい》との結婚《けつこん》を理想的《りさうてき》とする思想《しさう》である。一體《たい》にブラウニングは詩人《しじん》として傑《すぐ》れた點《てん》はあつたらうが、一面病的《めんびやうてき》な人《ひと》で、その夫人《ふじん》となつたエリザベス・バレツトの如《ごと》きは始終《しじゆう》病褥《びやうじよく》を離《はな》れ得《え》ない女詩人《をんなしじん》であつたのだ。彼等《かれら》の最《さい》初《しよ》の對面《たいめん》も病褥《びやうじよく》に於《お》いてなされた程《ほど》である。ロマンテイシズムは必《かなら》ず病的《びやうてき》な様相《やうさう》を一面《めん》に具《そな》へてゐるのだ。極端《きよくたん》なのはノヴーリスで、彼《かれ》は病氣《びやうき》こそ眞《しん》の人生《じんせい》であり、病氣《びやうき》から眞文《しんぶん》學《がく》は生《うま》れると喝破《かつぱ》した。そこにも慥《たしか》に一面《めん》の眞理《しんり》はあるが、「一人《ひとり》に唯一人《たゞひとり》に、而《しか》も唯《たゞ》一度《ど》」的戀愛思想《てきれんあいしさう》に對《たい》しては「風《かぜ》」の中《なか》の男性《だんせい》人物襲司《じんぶつじようじ》の批評《ひひやう》に私《わたし》も大體贊成《だいたいさんせい》する。

　と云《い》つたからとて、私《わたし》は處女《しよぢよ》と童貞《どうてい》とを決《けつ》して輕視《けいし》するものではないのだ。それを尊重《そんちよう》することは、生理學的《せいりがくてき》な根據《こんきよ》さへある。殊《こと》に處女《しよぢよ》が童貞《どうてい》よりも尊重《そんちよう》されたことは、ひとり日本《にほん》のみならず世界《せかい》一般《ぱん》の共通事實《きようつうじじつ》であるが、これは一般《ぱん》に男中心《をとこちゆうしん》の社會《しやくわい》に於《お》ける支配《しはい》者《しや》としての男《をとこ》の利己的教育《りこてきけういく》の結果《けつくわ》であるとのみは早計《さうけい》に斷《だん》じ去《さ》れない。さう斷《だん》じるのは女《をんな》の僻《ひが》みでなければ、却《かへ》つて彼女等《かのぢよら》の放埒《はうらつ》への願望《ぐわんばう》の不用意《ふようい》な告白《こくはく》にさへ聞《きこ》えないでもない。讀者諸姉《どくしやしよし》は嘗《かつ》てテレゴニーと云《い》ふことに就《つ》いて聽《き》かれたことがあるであらうか。

　クランスの生物學者《せいぶつがくしや》シユール・ゴールドシユミツト博士《はかせ》の説《せつ》であるが、精液《せいえき》はこれを受《う》けた女體《ぢよたい》に於《お》いて二重《ぢゆう》の役割《やくわり》を果《はた》すのだと云《い》ふのである。これは卵子《らんし》を受胎《じゆたい》せしめるばかりでなく、婦人《ふじん》の血液《けつえき》を變化《へんくわ》させると云《い》ふのである。たつた一つの卵子《らんし》を生《い》かすためにあれほど無數《むすう》の精蟲《せいちゆう》が浪費《らうひ》せられると云《い》ふことは、自然《しぜん》の意圖《いと》として信《しん》ぜられないと博士《はかせ》は云《い》ふのである。受胎《じゆたい》の用《よう》に任《にん》ぜざる精蟲《せいちゆう》は膣《ちつ》内《ない》の粘膜《ねんまく》に吸收《きふしう》せられて血液《けつえき》に變化《へんくわ》を及《およ》ぼし漸次《ぜんじ》「似《に》たもの夫婦《ふうふ》」が出來上《できあが》ると云《い》ふのである。その證據《しようこ》の一つとしては、例《たと》へば黒牛《くろうし》(牡《をす》)を白牛《しろうし》(牝《めす》)にかけ、後《のち》にまた白牛《しろうし》(牡《をす》)をかけて見《み》ると、白牛《しろうし》の子《こ》として黒牛《くろうし》が生《うま》れることがある。それは總《すべ》ての牧畜家《ぼくちくか》の間《あひだ》に周知《しうち》の事實《じじつ》である。このやうに第《だい》一の父《ちゝ》の血《ち》が、第二《だいに》の父《ちゝ》の液《たね》に依《よ》つて生《うま》れた子供《こども》の中《なか》に現《あらは》れることをテレゴニーと云《い》ふのである。

何故に清純は要求されるか

私《わたし》は生物學者《せいぶつがくしや》でないから右《みぎ》の事實《じじつ》が人間《にんげん》に於《お》いてはどれだけの程度《ていど》に於《お》いて現《あらは》れ、また人間《にんげん》の精神生活《せいしんせいくわつ》に於《お》いてどれだけの意義《いぎ》を持《も》つてゐるかに就《つ》いては詳論《しやうろん》することは出來《でき》ないが、もし何等《なんら》かの程度《ていど》にもせよ、婦人《ふじん》の身《しん》心《しん》に影響《えいきやう》を及《およ》ぼすものとすれば、婦人《ふじん》の貞操《ていさう》が男子《だんし》のそれよりも比較的《ひかくてき》嚴重《げんぢう》に守《まも》られ、要求《えうきう》せられたことは偶然《ぐうぜん》でないと思《おも》ふ。男性《だんせい》の利《り》己主義《こしゆぎ》もさることながら、それのみでは説明《せつめい》し去《さ》れない他《た》の動機《どうき》の存在《そんざい》を、否定《ひてい》することは出來《でき》ないと思《おも》ふ。少《すく》くとも男性側《だんせいがは》の女性《ぢよせい》に對《たい》する貞操要求《ていさうえうきう》とは獨立《どくりつ》して、女性自身《ぢよせいじしん》の自《じ》己《こ》に對《たい》する要求《えうきう》が抑々《そも〳〵》男子《だんし》の場合《はあひ》よりも强《つよ》かつたであらうと私《わたし》は信《しん》ぜざるを得《え》ぬ。「まだ見《み》ぬ將來《しやうらい》の夫《をつと》のために自分《じぶん》は貞操《ていさう》を守《まも》らねばならぬと誓《ちか》つて來《き》た」と或《あ》る婦人《ふじん》は云《い》つたさうであるが、ところがその婦人《ふじん》の夫《をつと》となつた男《をとこ》はそんなしほらしい事《こと》は夢《ゆめ》にも考《かんが》へて見《み》たことはなく、仕《し》たい放題《はうだい》の事《こと》をして來《き》た男《をとこ》であつたとしたら、その婦人《ふじん》のためには氣《き》の毒《どく》なやうであるが、男《をとこ》としては「まだ見《み》ぬ將來《しやうらい》の妻《つま》のために」などゝ考《かんが》へてゐる者《もの》は、どちらかと云《い》ふとあまり多《おほ》くないやうである。それが善《よ》いか惡《わる》いかは別問題《べつもんだい》として、青年時代《せいねんじだい》にはそれくらゐヒステリカルに清純趣味《せいじゆんしゆみ》があつてもいゝ、否《いな》ある方《はう》がいゝと私《わたし》は思《おも》ふのである。眞面目《まじめ》な青年《せいねん》ならば、それくらゐの「抑《よく》壓《あつ》」を己自身《おのれじしん》に加《くは》へて(それが成功《せいかう》するかせぬかはともかくとして)、神經衰弱《しんけいすゐじやく》に一度《ど》はなる位《くらゐ》の方《はう》が救《すく》はれると思《おも》ふのである。大抵《たいてい》の場合《はあひ》は、抑壓《よくあつ》が强《つよ》ければ强《つよ》いほど、衝動《しようどう》が他《た》の方面《はうめん》に迸《ほとばし》り出《い》で、却《かへ》つて結果《けつくわ》だけは、不《ふ》倫《りん》な行爲《かうゐ》となつたり、その人格《じんかく》を誤解《ごかい》されるやうな妙《めう》な失敗《しつぱい》となつたりするものである。併《しか》し自分《じぶん》の性衝動《せいしようどう》を十分《ぶん》に支配《しはい》し處理《しより》することが出來《でき》るやうな年齡《ねんれい》になれば、それくらゐの抑壓力《よくあつりよく》のある人《ひと》ならば、屹度《きつと》立派《りつぱ》な人格《じんかく》を築《きづ》き上《あ》げるやうになるであらうと私《わたし》は信《しん》じてゐる。

ところが、處女《しよぢよ》と云《い》ふものは一面《めん》それほど尊重《そんちよう》し尊重《そんちよう》されたものでありながら、他《た》面《めん》非《ひ》常《じやう》に嫌惡《けんを》されたものである。處女《しよぢよ》は所謂《いはゆる》タブーであつて、神聖《しんせい》であると共《とも》に忌《いみ》であつたのだ。往古《わうこ》、西洋《せいやう》にも日本《にほん》にも初夜權《ユス・プリマエ・ノクチス》なるものが不文律《ふぶんりつ》として存在《そんざい》し、僧侶《そうりよ》、君侯《くんこう》、酋《しう》長《ちやう》、時《とき》には父兄《ふけい》、仲人《なかうど》さへもが處女《しよぢよ》を破《やぶ》つて後《のち》に娘《むすめ》を嫁《か》せしめたものである。もし仲人《なかうど》にして處女《しよぢよ》のまゝで嫁《か》せしめたならば不德義《ふとくぎ》、無《ひ》責任《せきにん》として批難《ひなん》せられ、その地《ち》に居《ゐ》たゝまらなかつた時代《じだい》もあつたと云《い》ふことである。これは往古《わうこ》は概《がい》して早婚《さうこん》であつて、初經以前《しよけいいぜん》に多《おほ》くは結婚《けつこん》し、不自然《ふしぜん》に處女膜《しよぢよまく》を破《やぶ》るが故《ゆゑ》に、その流血《りうけつ》を忌《い》んだものであつて、處女性《しよぢよせい》それ自身《じしん》を尊重《そんちやう》したことは往古《わうこ》も今日《こんにち》も變《かは》りはなかつたと信《しん》ぜられる。現《げん》に多《おほ》くの場合《ばあひ》、初夜《しよや》權行使者《けんかうししや》と雖《いへど》もその儀式《ぎしき》は單《たん》に處女膜《しよぢよまく》を破《やぶ》るのみに終《をは》つて、射精《しやせい》することは許《ゆる》されなかつたやうであるから——。

處女尊重《しよぢよそんちやう》の歴史《れきし》はこのやうに古《ふる》いが、童貞《どうてい》愛《あい》の歴史《れきし》は非常《ひじやう》に新《あたら》しい。併《しか》しその事實《じじつ》が全《ぜん》然《ぜん》なかつたのではない。地方的《ちはうてき》に、又《また》は一時《じ》的《てき》にあつたらしい證據《しようこ》は、例《たと》へば吉田御殿《よしだごてん》に於《お》ける千姫《せんひめ》の亂行《らんぎやう》のやうな事實《じじつ》である。童貞《どうてい》愛玩《あいぐわん》の趣味《しゆみ》が階級的《かいきふてき》に、個的《こてき》に存在《そんざい》してゐたことは明《あきらか》だ。

「童貞」と「若き燕」

私《わたし》はさきに「若《わか》き燕《つばめ》」の事《こと》に一寸言《ちよつとい》ひ及《およ》んだが、この「若《わか》き燕《つばめ》」なるものが「童貞《どうてい》」と内的《ないてき》に外的《ぐわいてき》に必然《ひつぜん》な關係《くわんけい》を有《も》つてゐる。

「童貞《どうてい》」は男子《だんし》に對《たい》する女子《ぢよし》の對等的權利《たいとうてきけんり》主張《しゆちやう》の結果生《けつくわしやう》じたものであると共《とも》に、また或《あ》る點《てん》で男子《だんし》の女性化《ぢよせいくわ》を意味《いみ》してゐる。男性《だんせい》の被《マ》虐待性者《ゾヒスト》化を意味《いみ》してゐる。處女性《しよぢよせい》が男子《だんし》への性的魅惑《せいてきみわく》であつたやうに、「童貞《どうてい》」は慥《たし》かに、明《あきら》かに加虐待性者《サヂイスト》化して來《き》た女性《ぢよせい》への性的魅《せいてきみ》惑《わく》であるに相違《さうゐ》ない。「童貞《どうてい》」、「若《わか》き燕《つばめ》」共《とも》に清純《せいじゆん》、若《わか》さ、美《うつく》しさ、性的無智《せいてきむち》、無力《むりよく》など、約言《やくげん》すれば「處女《しよぢよ》」と共通《きやうつう》たるものを多分《たぶん》に含有《がんいう》してゐる。牧逸馬《まきいつま》の「この太陽《たいやう》」の中《なか》の岸蘭子《きしらんこ》のやうな性格《せいかく》は大正以前《たいしやういぜん》には殆《ほとん》ど見《み》られなかつた（少《すくな》くとも文學《ぶんがく》には現《あらは》れなかつた）と共《とも》に、元雄《もとを》のやうな「若《わか》き燕《つばめ》」型性格《かたせいかく》も時《じ》代《だい》の代表的性格《だいへうてきせいかく》とはなり得《え》なかつたであらう。元雄《もとを》は「童貞《どうてい》」ではなくなつた後《のち》も、而《しか》も永遠《えいゑん》の「若《わか》き燕《つばめ》」である。「童貞《どうてい》」もまた現《げん》代《だい》の社會的要求《しやくわいてきえうきう》に應《おう》じての產物《さんぶつ》であると云《い》はねばならぬ。蘭子《らんこ》が元雄《もとを》と曉子《あきこ》との清純《せいじゆん》な戀《れん》愛《あい》を眺《なが》めて、急《きふ》にこれを邪魔《じやま》しなくなつたあのサデイスト的衝動《てきしようどう》は、これ童貞の誘惑に外《ほか》ならないではないか。白紙《はくし》は筆墨《ひつぼく》への誘惑《いうわく》であり、新味《しんみ》は食慾《しよくよく》への誘惑《いうわく》であり、極地《きよくち》は探《たん》険《けん》への誘惑《いうわく》であり、處女《しよぢよ》は性的暴漢《せいてきばうかん》への誘惑《いうわく》であるやうに、童貞《どうてい》は吸血鬼《ヴアンプ》への誘惑《いうわく》でなければならぬ。

童貞犯の無意識的動機

そのやうに童貞《どうてい》への慾求《よくきう》は女《をんな》の處女意識《しよぢよいしき》から發《はつ》せずして、寧《むし》ろ女《をんな》の人間《にんげん》としての自覺《じかく》から、更《さら》にまたサディストとしての年長婦人《ねんちやうふじん》（不《ふ》良《りやう》マダム、未亡人《みばうじん》、吸血鬼《ヴアムプ》）等《とう》の嗜好《しかう》から發《はつ》してゐることを認《みと》めないわけに行《ゆ》かない。そこに男《をとこ》が處女《しよぢよ》を嗜好《しかう》する心理《しんり》との相似《さうじ》もあるが、多少《たせう》の相違《さうゐ》もある。男《をとこ》が處女《しよぢよ》を嗜好《しかう》するとすれば、それは處女《しよぢよ》の（一）純潔《じゆんけつ》に對《たい》するヒステリカルな魅惑《みわく》、（二）性的無智《せいてきむち》に對《たい》する自《じ》己《こ》優越感《いうゑつかん》の滿足《まんぞく》のためであらう。であるから社會全般《しやくわいぜんぱん》がヒステリイに罹《かゝ》つてゐたとも云《い》ふべき西洋中世時代《せいやうちうせいじだい》に於《お》いて、處女《マリヤ》崇拜《すうはい》が盛《さか》んであつたのだ。と共《とも》に、婦人《ふじん》を妖魔《ウイツチ》として畏《い》怖《ふ》することも甚《はなはだ》しかつたのである。婦人《ふじん》を天使視《てんしし》する時代《じだい》には、必《かなら》ず他方《たはう》にこれを魔女《まぢよ》視《し》する思想《しさう》が並存《へいそん》するものである。それだけに不能症者《ふのうしやうしや》が多《おほ》いと斷言《だんてい》して大過《たいくわ》はないのである。

で、男《をとこ》の處女愛《しよぢよあい》には、よしんば生理學的根《せいりがくてきこん》據《きよ》はあるにもせよ、心理的《しんりてき》にはヒステリカルな色《いろ》を帶《お》びてゐる（即《すなは》ち劣等感《れつとうかん》の補償作用《ほしやうさよう》として現《あらは》れてゐる）場合《はあひ》が少《すくな》くないが、女《をんな》の童《どう》貞愛《ていあい》は多《おほ》く優越感《いうえつかん》から來《き》てゐると思《おも》ふ。大抵《たいてい》の母親《はゝおや》が自分《じぶん》の息子《むすこ》の結婚《けつこん》には嫉妬《しつと》を起《おこ》すと同《おな》じ心理《しんり》から（よしんば、敎育《けういく》の有無《うむ》に依《よ》つてこの感情《かんじやう》の程度《ていど》に等差《とうさ》こそあれ）大抵《たいてい》の年《ねん》長婦人《ちやうふじん》は未婚《みこん》の靑年《せいねん》に對《たい》して童貞犯《どうていはん》（處女犯《しよぢよはん》に對《たい》してもしこの言葉《ことば》が成立《せいりつ》し得《え》るならば）的誘惑《てきいうわく》を感《かん》ずるものであるらしい。實際《じつさい》、蘭《らん》子《こ》が元雄《もとを》を愛撫《あいぶ》するその愛撫《あいぶ》し方《かた》は、多《おほ》くの母親《はゝおや》が赤《あか》ん坊《ぼう》をあやすそのあやし方《かた》と、實質《じつしつ》に於《お》いてどれほどの相違《さうゐ》があるだらう？　かう云《い》ふ言葉《ことば》は多《おほ》くの婦人《ふじん》を驚《おどろ》かせるかも知《し》れないが、母親《はゝおや》の愛撫《あいぶ》が如何《いか》に子供《こども》に最初《さいしよ》の性《せい》的誘惑《てきいうわく》を敎《をし》へるかを研究《けんきう》したフロイド博士《はかせ》の幼兒性感論《えうじせいかんろん》を讀《よ》むならば、蓋《けだ》し思《おも》ひ半《なか》ばに過《す》ぐるものがあるのである。

かゝる母親的《はゝおやてき》の性感情《せいかんじやう》を精神分析學《せいしんぶんせきがく》ではヨカスタ・コムプレクスと呼《よ》ぶのである。ヨカスタとはギリシアの神話《しんわ》「エディポス」の中《なか》に出《で》て來《く》る人名《じんめい》であるが、この物語《ものがたり》はテーベの王《わう》エディポスが、己《おの》れの實父《じつぷ》たる隣國王《りんこくわう》をそれとは知《し》らずして攻《せ》め殺《ころ》し、己《おの》れの實母《じつぼ》ヨカスタと、これまたそれと知《し》らずして結婚《けつこん》すると云《い》ふ運命悲劇《うんめいひげき》であるが、精神分析《せいしんぶんせき》の鼻祖《びそ》フロイドはこの傳説《でんせつ》が人間肉親間《にんげんにくしんかん》の愛慾鬪爭《あいよくとうさう》の無意識的顯現《むいしきてきけんげん》であることを觀破《くわんぱ》し、母《はゝ》の子《こ》に對《たい》する愛着《あいちやく》をヨカスタ・コムプレクスと呼《よ》び、子《こ》の異性親《いせいしん》を慕《した》ひ同性親《どうせいしん》を拒《しりぞ》ける心理《しんり》をエディポス・コムプクスと名付《なづ》けたのである。即《すなは》ち、母《はゝ》の男兒《だんじ》に對《たい》する愛慾《あいよく》が他人《たにん》の未婚靑《みこんせい》年《ねん》に「轉位《てんゐ》」せられたものが「若《わか》き燕《つばめ》」であつて、「童貞《どうてい》」であることは「若《わか》き燕《つばめ》」の重要《ちやうえう》な資格《しかく》の一つでなければならない。この場合《はあひ》に「母《はゝ》」と云《い》ふのは、實際《じつさい》その女《をんな》が子供《こども》を持《も》つてゐると否《いな》とを問《と》はないのである。蘭子《らんこ》は子供《こども》を有《も》つてゐなかつたとしても、十分《ぶん》にヨカスタであるのだ。……つまり「若《わか》き燕《つばめ》」は他人《たにん》であつて實子《じつし》ではないだけに、骨肉《こつにく》としての倫理的禁斷《りんりてききんだん》がないからして、一層《そう》このコムプレクスはヨカスタ型《がた》の婦人《ふじん》に於《お》いて起《おこ》り易《やす》いのである。このやうに實子《じつし》と若《わか》き燕《つばめ》のやうな類似《るゐじ》のものが、無意識《むいしき》に於《お》いて相互《さうご》に轉《てん》位《ゐ》せられ、錯綜《さくそう》し、複合《ふくがふ》するが故《ゆゑ》に、これをコムプレクスと呼《よ》ぶのである。

處女《しよぢよ》も童貞《どうてい》も惱《なや》みであると共《とも》に魅惑《みわく》である所以《ゆえん》は、そこに存《そん》するのである。

醫學から見た「童貞」

正木不如丘

「處女性《しよぢよせい》に醫學的根據《いがくてきこんきよ》を與《あた》へてしまつた先生《せんせい》　ですから、童貞《どうてい》に對《たい》しても醫學的根據《いがくてきこんきよ》を與《あた》へて下《くだ》さらなくては片手落《かたておち》です。」

「そいつは困《こま》りますね。童貞《どうてい》と非童貞《ひどうてい》を純醫《じゆんい》學的《がくてき》に區別《くべつ》する事《こと》は不可能《ふかのう》なんです。若《も》し萬《まん》一それが可能《かのう》であつても、そんな事《こと》をかけば、なぐられますよ。」

かう云《い》ふ對話《たいわ》が婦人公論《ふじんこうろん》の若《わか》い編輯孃《へんしうちやう》……間違《まちが》つたらごめん……と筆者《ひつしや》との間《あひだ》で行《おこな》はれた。

「でも何《なん》とかして下《くだ》さい。」

「では何《なん》とかします。」

と引《ひ》きうけてしまつてから、筆者《ひつしや》は愉快《ゆくわい》になつたのである。何故《なぜ》だつたか。要《えう》するに處女非處女《しよちよひしよぢよ》の區別《くべつ》が醫學的《いがくてき》に……試驗管內《しけんくわんない》で血清學的檢査《けつせいがくてきけんさ》によつて……可能性《かのうせい》があるのに、童貞《どうてい》と非童貞《ひどうてい》の區別《くべつ》が、自然科學的《しぜんくわがくてき》には不可能《ふかのう》である事《こと》が、種々《しゆじゆ》の暗示《あんじ》に富《と》むのに氣《き》がついたからである。

處女《しよぢよ》と非處女《ひしよぢよ》は何《なん》となく態度《たいど》で區別《くべつ》がつく、と同樣《どうやう》な意味《いみ》に於《おい》て童貞《どうてい》と非童貞《ひどうてい》とは何《なん》となく區別《くべつ》がつく、と云《い》へば誰《たれ》でも反對《はんたい》しないであらう。然《しか》るに處女《しよぢよ》と非處女《ひしよぢよ》は肉體的《にくたいてき》に區別《くべつ》がつくのが事實《じじつ》であるのに、童貞《どうてい》と非童貞《ひどうてい》が肉體的《にくたいてき》に區別《べつ》がつかない事《こと》は、女性《ぢよせい》から云《い》へば憤慨《ふんがい》に値《あたひ》する程《ほど》の片手落《かたておち》であらう。が然《しか》し此片手落《このかたておち》は自然律《しぜんりつ》に立脚《りつきやく》した當然《たうぜん》さを持《も》つて居《ゐ》るのを忘《わす》れさへしなければ、決《けつ》して女性《ぢよせい》は憤慨《ふんがい》しないでも居《ゐ》られはしまいか。

先《ま》づ人類以下《じんるゐいか》の動物界《どうぶつかい》に迄目《までめ》を向《む》けて見《み》よう。兩性《りやうせい》に別《わか》れて居《ゐ》る魚類《ぎよるゐ》の多《おほ》くのものは、雌性《しせい》の卵子放流《らんしはうりう》と雄性《ゆうせい》の精糸放流《せいしはうりう》によつて、體外受精《たいぐわいじゆせい》が行《おこな》はれるものであるから、これは人類《じんるゐ》とは可成《かな》りかけ離《はな》れて居《ゐ》る。次《つぎ》に鳥類《てうるゐ》の如《ごと》きものでは、體內受精《たいないじゆせい》が行《おこな》はれるが、胎生《たいせい》でなく卵生《らんせい》である。それ故雄性《ゆゑゆうせい》が子孫《しそん》に及《およ》ぼす影響《えいきやう》は主《しゆ》として精糸《せいし》一つにつながれたものであつて、受精《じゆせい》に關與《くわんよ》する雄性《ゆうせい》の個體的存在《こたいてきそんざい》は系統的存在種重要《けいとうてきそんざいほどぢうえう》な意味《いみ》を持《も》つて居《を》らない。極端《きよくたん》に云《い》へば兩性《りやうせい》は系統的種族保存《けいとうてきしゆぞくほぞん》のための性體《せいたい》の保持者《ほぢしや》にしか過《す》ぎない。換言《くわんげん》すれば個體《こたい》は種族系統《しゆぞくけいとう》の一つの鎖《くさり》の輪《わ》であつて、性體《せいたい》の保護者《ほごしや》としての生存價値《せいぞんかち》しかない。

然《しか》るに獸類《じうるゐ》となると胎生《たいせい》であるから、受精《じゆせい》後《ご》に於《おい》ても子《こ》は母體《ぼたい》の體內《たいない》に停《とゞま》つて、母體《ぼたい》からの影響《えいきやう》をうける事《こと》が出來《でき》る。それ故若《ゆゑも》し雄性《ゆうせい》が雌性《しせい》に對《たい》して肉體的《にくたいてき》の影響《えいきやう》を賦與《ふよ》する可能性《かのうせい》があれば、雄性《ゆうせい》は雌性《しせい》の肉體《にくたい》を通《つう》して間接《かんせつ》に子體《したい》の受精後《じゆせいご》に於《おい》ても尙相當《なほさうたう》の影響《えいきやう》を與《あた》へる事《こと》が可能《かのう》となつて來《く》る。

女性《ぢよせい》の子宮粘膜《しきうねんまく》は……週期的出血《しうきてきしゆつけつ》を觀《み》る高等動物《かうとうどうぶつ》に限《かぎ》るが……全《まつた》く健康狀態《けんかうじやうたい》で未消化蛋白質《みせうくわたんぱくしつ》の通過《つうくわ》を完全《くわんぜん》に防禦《ばうぎよ》する時機《じき》は甚《はなは》だ短《みじか》い、その結果男性的分泌物《けつくわだんせいてきぶんぴつ》は比較的容易《ひかくてきようい》に女性血液內《ぢよせいけつえきない》に侵入《しんにふ》して、全身的影響《ぜんしんてきえいきやう》を與《あた》へる。其影響《そのえいきやう》の結果《けつくわ》は女性《ぢよせい》の血淸檢査《けつせいけんさ》に於《おい》て證明《しようめい》する事《こと》が出來《でき》るのである。即《すなは》ち人親《じんるゐ》に於《おい》ては受胎後《じゆたいご》に於《おい》て胎兒《たいじ》は父性《ふせい》の影響《えいきやう》を母體《ぼたい》を沮《とほ》して享《う》けるのである。恐《おそ》らく高級《かうきふ》の動物《どうぶつ》が胎生《たいせい》である重大《ちやうだい》なる意味《いみ》は、此受胎後《このじゆたいご》に於《お》ける父性《ふせい》感受《かんじゆ》にあると思《おも》はれる。

何故《なにゆゑ》に受胎後《じゆたいご》の父性感受《ふせいかんじゆ》が必要《ひつえう》となつて來《き》たのか。それは人類《じんるゐ》の如《ごと》き高級《かうきふ》なる動物《どうぶつ》に於《おい》ては、父性《ふせい》は單純《たんじゆん》なる受精價値《じゆせいかち》のみの存在《そんざい》ではなくて、よりよき子孫《しそん》の發生《はつせい》に對《たい》する存在《そんざい》であるからである。即《すなは》ちよりよき子孫《しそん》の發生《はつせい》を啻《たゞ》に精糸《せいし》による受精《じゆせい》のみにゆだねて置《お》かずに、一層深刻《そうしんこく》な方法《はうはふ》を講《かう》ずる必要《ひつえう》と、又人類《またじんるゐ》

177　「童貞・非童貞の区別」　大槻憲二、正木不如丘　『婦人公論』昭和6年2月1日

父性《ふせい》がそれだけの價値《かち》ある存在《そんざい》となつて居《ゐ》るからである。

此事實《このじじつ》の反面《はんめん》には、處女非處女《しよぢよひしよぢよ》が血清學的《けつせいがくてき》にも決定《けつてい》し得《う》る事《こと》となつたのであつて、之《こ》れは女性《ぢよせい》のために祝福《しゆくふく》すべき事《こと》である。

一層單的《たんてき》の處女非處女《しよぢよひしよぢよ》の肉體的區別《にくたいてきくべつ》は處女《しよぢよ》膜《まく》の歴史《れきし》に關《くわん》するものである。人類《じんるゐ》の發祥以《はつしやうい》來現代迄幾《らいげんだいまでいく》百世紀《せいき》を經過《けいくわ》したが、生《うま》れる女兒《ぢよじ》は必《かなら》ず處女膜《しよぢよまく》を持《も》つて生《うま》れて來《く》る。それは何《なん》の必要《ひつえう》があるのであらうか。此不可思議《このふかしぎ》を遺《ゐ》傳學者《でんがくしや》は、生後《せいご》得《え》たる性質《せいしつ》は何代同樣《なんだいどうやう》な事《こと》をくり返《かへ》しても遺《ゐ》傳《でん》しない、と云《い》ふ一つの定理《ていり》の證明材料《しようめいざいれう》として居《ゐ》る。そして又《また》遺傳學者《でんがくしや》は人類《じんるゐ》の足蹟《そくせき》の退行《たいかう》を進化史的《しんくわしてき》に説明《せつめい》して、其《その》原因《げんいん》が自然《しぜん》の力《ちから》にある不《ふ》用體軀《ようたいく》は、遺《ゐ》傳的《でんてき》に退行《たいかう》の經過《けいくわ》をとると云《い》つて居《ゐ》る。然《しか》し處女膜《しよぢよまく》の破裂《はれつ》は自然《しぜん》の力《ちから》に原因《げんいん》して居《ゐ》ないだらうか。生殖《せいしよく》こそ自然《しぜん》の力《ちから》であると私《わたし》は信《しん》ずる。生殖《せいしよく》を主《しゆ》として考《かんが》へれば處女膜《しよぢよまく》は不必要千萬《ふひつえうばん》である。然《しか》も最《もつと》も皮肉《ひにく》なのは、處女膜《しよぢよまく》の破裂《はれつ》なくしては生殖《せいしよく》は不可能《ふかのう》でもある。

筆者《ひつしや》は此不可思議《このふかしぎ》を當然《たうぜん》と考《かんが》へたい。即《すなは》ち高級《かうきふ》な動物《どうぶつ》にのみ存《そん》する處女膜《しよぢよまく》は、或《あ》る特定《とくてい》の男性《だんせい》のみからの影響《えいきやう》を、女性《ぢよせい》に濃厚《のうかう》に享《う》けしめるために、自然《しぜん》は一見不《けんぶ》必要《ひつえう》と思《おも》はれる處女膜《しよぢよまく》を永遠《えいゑん》に退行《たいかう》させないのだ。處女膜《しよぢよまく》の破裂《はれつ》のための出血《しゆつけつ》を古代人《こだいじん》が一種《しゆ》のセレモニーとして神聖視《しんせいし》した歴史《れきし》を視《み》れば、筆者《ひつしや》の解《かい》釋《しやく》の當然性《たうぜんせい》を否定《ひてい》出來《でき》まい。太古《たいこ》に於《おい》て處女《しよぢよ》は先《ま》づ神《かみ》にさゝげられた。其時代《そのじだい》の處女《しよぢよ》の中《ちう》心《しん》は處女膜《しよぢよまく》にあつたのである。次《つぎ》の代《だい》に初《はじ》めて神《かみ》は特定《とくてい》の男性《だんせい》に置換《ちかん》されたのである。

以上《いじやう》の記述《きじゆつ》は處女非處女《しよぢよひしよぢよ》が肉體的《にくたいてき》に區別《くべつ》せられる事實《じじつ》とその意味《いみ》を説《と》いたのだ。然《しか》らば此《この》一編《ぺん》の目的《もくてき》と觀《み》られる、童貞非童貞《どうていひどうてい》の區別《くべつ》は果《はた》して肉體的《にくたいてき》に根據《こんきよ》を持《も》つか。誠《まこと》に遺憾《ゐかん》ながらそれは不可能《ふかのう》である。

何故《なぜ》それが不可能《ふかのう》か、曰《いは》く不可能《ふかのう》なのが當《たう》然《ぜん》であるからである。特定《とくてい》の女性《ぢよせい》から男性《だんせい》が特定《とくてい》の肉體的影響《にくたいてきえいきやう》を享《う》ける必要《ひつえう》はない。男性《だんせい》は姙娠《にんしん》しはしない。且又男性《かつまただんせい》はどの女性《ぢよせい》に對《たい》しても受精《じゆせい》せしむる自由《じいう》と義務《ぎむ》を持《も》つて居《ゐ》なくてはならない。何故《なぜ》ならば女性《ぢよせい》の方《はう》が種族《しゆぞく》保存《ほぞん》により重大《ぢうだい》の役割《やくわり》をするものであり、且《かつ》又女性《またぢよせい》はよりよき子孫《しそん》により種族保存《しゆぞくほぞん》のために特定《とくてい》の男性《だんせい》を選《えら》ぶ必要《ひつえう》があるからである。

女性《ぢよせい》は雌鍵《めかぎ》であつて男性《だんせい》は萬能鍵《ばんのうかぎ》を持《も》つて居《ゐ》るものだ。一つの鍵《かぎ》で開《あ》けられた女性《ぢよせい》は其《その》鍵《かぎ》だけに硬化《かうくわ》する。若《も》し男性《だんせい》も一定《てい》の雄鍵《をかぎ》しか持《も》たぬとしたならば、AはAに、BはB′にと決定《けつてい》される事《こと》となつて、種族《しゆぞく》の保存《ほぞん》はその機會《きくわい》が甚《はなはだ》しく限定《げんてい》されるであらう。それ故《ゆゑ》

自然《しぜん》は女性《ぢよせい》を雌鍵《めかぎ》としたが、男性《だんせい》には萬能鍵《ばんのうかぎ》を渡《わた》しで置《お》いて、種族保存《しゆぞくほぞん》の機會《きくわい》を多《おほ》くして居《ゐ》るのだ。

然《しか》しこれは唯生理的《たゞせいりてき》の觀點《くわんてん》からの考察《かうさつ》であつて、社會的《しやくわいてき》の觀點《くわんてん》からの事《こと》は自《おのづか》ら別問題《べつもんだい》でなくてはならない。

精神醫學《せいしんいがく》の方面《はうめん》から觀《み》たならば、童貞非童《どうていひどう》貞《てい》の別《べつ》はどうであるか。無意識《むいしき》に抑壓《よくあつ》されて居《ゐ》る性慾《せいよく》が一度《ど》その願望《ぐわんまう》を遂《と》げたと云《い》ふ事《こと》は前意識《ぜんいしき》の放棄《はうき》と云《い》ふ點《てん》に於《おい》て重大《ぢうだい》な意味《いみ》がなくてはならない。此點《このてん》は兩性共《りやうせいとも》に同樣《どうやう》である。童貞《どうてい》と處女《しよぢよ》の無意識裡《むいしきり》に抑壓《よくあつ》されて居《ゐ》た性的《せいてき》願望《ぐわんまう》は、云《い》はゞ祖先《そせん》から傳《つた》へられた倉庫《さうこ》の中《なか》の家寶《かほう》である。その家寶《かほう》の何《なん》であるかを彼等《かれら》は全《まつた》く知《し》らない。此倉庫《このさうこ》の戸《と》を彼等《かれら》は生後《せいご》の教養《けうやう》によつて閉《た》てゝ居《ゐ》たのであつた。たまたま機會《きくわい》があつて、彼等《かれら》は此倉庫《このさうこ》の鍵《かぎ》をお互《たがひ》に交換《かうくわん》して……その交換《かうくわん》の機會《きくわい》となつたのは普通《ふつう》の場合《ばあひ》は戀愛《れんあい》である……家寶《かほう》を見《み》せあつてしまつた。その家寶《かほう》こそ世《よ》にもかぐはしき不思議《ふしぎ》なものであつた。

此機會《このきくわい》と共《とも》に女性《ぢよせい》は吾家《わがや》の家寶《かほう》を此男性《このだんせい》以外《ぐわい》には絶對《ぜつたい》に見《み》せぬ事《こと》に硬化《かうくわ》してしまつた。然《しか》もかうして特定《とくてい》の異性《いせい》にしか此家寶《このかほう》を見《み》せぬ事《こと》によつて、女性《ぢよせい》は家寶《かほう》の尊《たふと》さを増加《ぞうか》せんとするのであつた。

然《しか》るに男性《だんせい》は一度《ど》Aに家寶《かほう》は見《み》せたが、男《だん》性《せい》の持《も》つ家寶《かほう》は其性質上《そのせいしつじやう》、BにもCにも見《み》せて差支《さしつかへ》のないものなのである。が然《しか》し相手《あひて》が此《こ》の男性《だんせい》にしか見《み》せられぬ家寶《かほう》と考《かんが》へて居《ゐ》るのに、男性《だんせい》は自分《じぶん》の家寶《かほう》を他《た》の女性《ぢよせい》に見《み》せてもいゝものだらうか。勿論男性《もちろんだんせい》の持《も》つ家寶《かほう》はポリバレントではあるが。

かう觀察《くわんさつ》して來《く》れば、童貞《どうてい》と非《ひ》童貞《どうてい》の別《べつ》は男性《だんせい》の肉身《にくしん》には附着《ふちやく》して居《ゐ》ないが、その別《べつ》は男性《だんせい》の肉體《にくたい》をはなれて、女性《ぢよせい》の肉體《にくたい》に結《むす》びつけられて居《ゐ》るのである。

或男性《あるだんせい》が或女性《あるぢよせい》の肉體《にくたい》に刺青《いれずみ》を施《ほどこ》したと假《か》定《てい》する。男《をとこ》は第《だい》一の刺青《いれずみ》を或女性《あるぢよせい》に施《ほどこ》したのだ。男《をとこ》はすべて刺青師《いれずみし》なのだ。女性《ぢよせい》は其刺青《そのいれずみ》によつて生命《せいめい》を保《たも》つのだとする。他《た》の刺青師《いれずみし》から再度《さいど》の刺青《いれずみ》をうける事《こと》は自《し》然《ぜん》の意《い》に反《はん》するのだ。かう云《い》ふ場合《ばあひ》には名人《めいじん》で且《かつ》眞面目《じめ》な刺青師《いれずみし》は、一生《しやう》がゝりで此一人《このひとり》の女性《ぢよせい》の刺青《いれずみ》の完成《くわんせい》を計《はか》るのが當然《たうぜん》ではあるまいか。其處《そこ》に刺青師《いれずみし》の眞面目《まじめ》さと名人肌《めいじんはだ》があるのだ。

刺青師《いれずみし》なれば、どの女性《ぢよせい》にも刺青《いれずみ》をする腕《うで》はあるのだ。だが自分《じぶん》ばかりが刺青師《いれずみし》ではない。すべての男性《だんせい》は皆刺青師《みないれずみし》なのだ。そして一女性《ぢよせい》に刺青《いれずみ》を施《ほどこ》しても、その刺青師《いれずみし》は決《けつ》して自分《じぶん》の肉體《にくたい》には刺青《いれずみ》をうけはしないのだ。唯彼《ただかれ》は一女性《ぢよせい》に既《すで》に刺青《いれずみ》を施《ほどこ》したと云《い》ふ精神《せいしん》的刺戟《てきしげき》をうけるだけだ。

結局童貞醫學《けつきよくどうていいがく》は處女醫學《しよぢよいがく》と比較《ひかく》すると甚《はなは》しく薄弱《はくじやく》なものであるのが事實《じじつ》である。然《しか》し此《この》手落《てお》ちの醫學《いがく》に向《むか》つて憤激《ふんげき》する女性《ぢよせい》は、實《じつ》は女性《ぢよせい》としての正《ただ》しきめざめに達《たつ》せぬ女性《ぢよせい》であると云《い》ひ得《う》る。寧《むし》ろ此醫學《このいがく》の片手落《かたてお》ちこそ、女性《ぢよせい》が男性《だんせい》に優《すぐ》る最大《さいだい》の强所《きやうしよ》の曝露《ばくろ》であると、女性《ぢよせい》は滿足《まんぞく》しなくてはうそであらう。

唯筆者《ただひつしや》は、刺青師《いれずみし》を選《えら》べ！　名人《めいじん》を選《えら》べ！と一般女性《はんぢよせい》のために叫《さけ》んで稿《かう》を終《をは》りたい。

歸朝者の語る

解放《かいはう》されたアメリカの尖端《せんたん》ガール

ドクトル 馬島僴

十年前《ねんぜん》のアメリカと、今度《こんど》旅行《りよかう》して見《み》て來《き》たアメリカとをくらべる時《とき》、若《わか》い婦人《ふじん》の性問題《せいもんだい》に對《たい》する考《かんが》へ方《かた》が大《たい》へん變《かは》つてきてゐるのに驚《おどろ》かされました。

十年前《ねんぜん》のアメリカ婦人《ふじん》——特《とく》に英國式《えいこくしき》の淑女教育《しゆくぢよけういく》を受《う》けた婦人《ふじん》は、若《も》し男子《だんし》が婦人《ふじん》の前《まへ》で性《せい》の話《はなし》や戀愛論《れんあいろん》でも始《はじ》めたら、大仰《おほぎやう》にも卒倒《そつたう》したり、「失禮《しつれい》な」とプリ〳〵おこり出《だ》し、時《とき》によつては男《をとこ》の横面《よこつら》をなぐつて席《せき》を立《た》つといふ有樣《ありさま》でした。

その頃《ころ》は戰爭後《せんさうご》の轉換期《てんくわんき》で、アメリカ婦人《ふじん》もやうやく固《かた》いコルセットをやめ、鯨骨《げいこつ》のアンドンスカートを捨《す》てゝ、短《みじか》いスカートに移《うつ》らうとして第《だい》一歩《ぽ》をふみ出《だ》した時《とき》です。

だが今《いま》では、スカートは膝《ひざ》の上《うへ》まで舞《ま》ひ上《あが》り、固《かた》いコルセットは姿《すがた》をひそめ、頭髮《とうはつ》はカットされてしまひました。こうした外形《ぐわいけい》の變化《へんくわ》は、その思想《しさう》をも變化《へんくわ》させました。

神秘《しんぴ》の奥深《おくふか》くへかくして居《ゐ》た性《せい》の問題《もんだい》は、明朗《めいらう》と白日《はくじつ》の下《もと》にさらけ出《だ》されたのです。

或《あ》る日《ひ》私《わたし》は知《し》り合《あ》ひになつた若《わか》い婦人《ふじん》に恐《おそ》る〳〵たづねてみました。

「失禮《しつれい》ですが……あなたはバスコントロールの方法《はうはふ》を御存《ごぞん》じですか」

「まあ……」婦人《ふじん》は平然《へいぜん》と笑《わら》つて言葉《ことば》をつゞけました。

「今頃《いまごろ》そんなことを知《し》らない人《ひと》があるでせうか。それは婦人《ふじん》の身《み》だしなみの一《ひと》つですわ。もし知《し》らない人《ひと》があつたら、隨分《ずゐぶん》時代《じだい》からおきざりにされた、あはれな人《ひと》ね。!……でも私《わたし》もつと詳《くは》しいことを知《し》りたいの」と一々眞向《まむか》うから質問《しつもん》してきました。

友人同志《いうじんどうし》の間《あひだ》でもわからない事《こと》は質問《しつもん》もし議論《ぎろん》もし合《あ》ふのださうです。

又或《またある》婦人《ふじん》は私《わたし》にこう話《はな》しました。

「今《いま》のアメリカ婦人《ふじん》は、男子《だんし》と一緒《いつしよ》にタバコものめばカクテルものむ、……でもあなたはこれを見《み》て道徳的《だうとくてき》に低級《ていきふ》になつたとは思《おも》はないでせう。不道徳《ふだうとく》だなんていふ人《ひと》があつたら、それは新《あたら》しい時代《じだい》を理解出來《りかいでき》ない方《かた》ですわ」と、

パーラーの火《ひ》を消《け》してヒソ〳〵話《はな》した昔《むかし》の戀愛行進曲《れんあいかうしんきよく》は、今《いま》は街頭《がいとう》の灯《ひ》の眞中《まんなか》で大《おほ》びらに戀人《こいびと》と腕《うで》をくんでジャズの中《なか》を舞《ま》ひ狂《くる》ふ。

何《なに》もかもザックバランなのです。

「生理的貞操《せいりてきていさう》を要求《えうきう》する程《ほど》アメリカの青年《せいねん》は馬鹿《ばか》ではありませんよ」と或會合《あるくわいがふ》で隣《とな》り合《あ》つた若《わか》い新聞記者《しんぶんきしや》は前《まへ》おきして、

「この意味《いみ》で二度目《どめ》からの結婚《けつこん》の方《はう》が安全《あんぜん》で幸福《かうふく》ですよ。始《はじ》めは無我《むが》夢中《むちう》で結婚《けつこん》する。まして性《せい》の事實《じじつ》をしらない婦人《ふじん》においておや——である。生理的貞操《せいりてきていさう》は婦人《ふじん》をドレイにしてゐた昔《むかし》の遺物《ゐぶつ》なんだからね」と氣焔《きえん》をあげてゐました。これに對《たい》して異議《いぎ》を申《まを》し出《で》るものなどあるはづはありません。

海水浴場《かいすゐよくぢやう》の風景《ふうけい》を見《み》ても、手足《てあし》や胸《むね》を表《あら》はにすることを恥《はづ》かしがるやうな古風《こふう》な教養《けうやう》や感情《かんじやう》は完全《くわんぜん》に海水《かいすゐ》に洗《あら》ひざらされて居《を》ります。

それはアメリカの婦人《ふじん》のみでなくドイツにも裸體《らたい》クラブといふ會《くわい》が數百《すうひやく》もあつて、裸體《らたい》の男女《だんぢよ》、老若《らうにやく》がマラソンもやれば畑《はたけ》もつくる。こうして自然《しぜん》に親《した》しみ、健康《けんかう》の増進《ぞうしん》につとめながら、一方《ぱう》には古《ふる》い性感情《せいかんじやう》を一掃《さう》しようといふのです。

歐米婦人《おうべいふじん》の中《なか》で一番淑女振《ばんしゆくぢよぶ》ると評判《ひやうばん》されてゐるイギリスの若《わか》い婦人《ふじん》がハイドパークの公園《こうゑん》の水浴場《みづあびば》に眞裸體《まつぱだか》で表《あら》はれたとの記事《きじ》を向《むか》ふにゐる時《とき》見《み》ました。

このやうに婦人《ふじん》が、とらへられた小《ちい》さい籠《かご》の中《なか》から解放《かいはう》されて、男子《だんし》と共《とも》に大氣《たいき》を呼吸《こきふ》してゐる有樣《ありさま》は、今度《こんど》の旅行《りよかう》の印象《いんしやう》にきざみこまれて居《を》ります。

婦人《ふじん》の解放《かいはう》は經濟的獨立《けいざいてきどくりつ》によることは申《まを》すまでもありませんが、特《とく》にアメリカの婦人《ふじん》が完全《くわんぜん》に解放《かいはう》されて居《を》りますのは、婦人《ふじん》の方《はう》が男子《だんし》よりも職業《しよくげふ》につきやすく、收入《しうにふ》も多《おほ》いところから來《き》て居《ゐ》るのです。

181 「嫁入準備とお産準備の座談会」 石川千代松、岩崎直子、西崎綾乃、高島平三郎 ほか 『婦人倶楽部』昭和6年3月1日

嫁入準備と

よき嫁《よめ》となる諸準《しよじゆん》備《び》

婚家《こんか》と近親《きんしん》への理解《りかい》

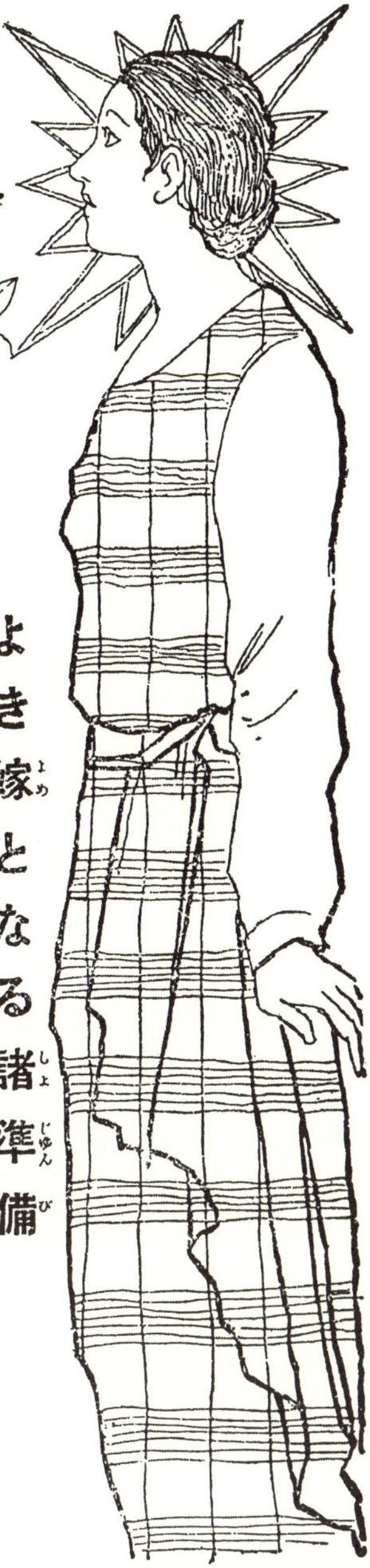

記者 それではどうぞこれからお始《はじ》めを願《ねが》ひます。

竹内 『よき嫁《よめ》となる諸準備《しよじゆんび》』からお始《はじ》めいたゞいたらどうでございませう。先《ま》づ三輪田《みわだ》先生《せんせい》から一《ひと》つお皮切《かはきり》をお願《ねが》ひいたしましては……。

三輪田 これは精神上《せいしんじやう》の問題《もんだい》だから、簡單《かんたん》にいふ譯《わけ》にもいきませんが、まあ古《ふる》い言葉《ことば》であるが、眞心《まごころ》を持《も》つ、つまり善良《ぜんりやう》な性質《せいしつ》の人《ひと》がお嫁《よめ》さんに一番《ばん》いゝと思《おも》ふのです。裁縫《さいほう》の知識《ちしき》を持《も》つとか、割烹《かつぱう》の腕《うで》を持《も》つといふことよりも、可愛《かはい》い、善良《ぜんりやう》の人《ひと》は何人《だれ》にも好《す》かれますからね。

竹内 それは根本《こんぽん》ですね。ところが隨分《ずゐぶん》いゝ方《かた》でも近親《きんしん》との關柄《かんけい》について惱《なや》んでゐる方《かた》があるやうですね。

三輪田 以前は結婚した當事者兩人が大切《たいせつ》なんであつて、親戚《しんせき》やなんかが、あまり干渉《かんせう》したりする習慣《しふくわん》が間違《まちが》つてゐると思《おも》ひますから、さういふものは排斥《はいせき》して、嫁《よめ》に最《もつと》も都合《つがふ》のいゝ社會《しやくわい》を造《つく》る方《はう》がいいと思《おも》ひます。

お産準備の座談会

御出席者（イロハ順）

理學博士	石川千代松
東京府産婆會副會長	岩崎直子
西崎藥學博士夫人	西崎綾乃
日本女子大學校教授	高島平三郎
井出病院長	竹内茂代
立正婦人會々長	松平俊子
醫學博士	福井正憑
三輪田高等女學校長	三輪田元道

松平 さういふ習慣をつくつていたゞくことは大數賛成《さんせい》ですけれど、しかし、それは教育家《けういくか》の方達《かたたち》に主張《しゆちやう》して戴《いたゞ》いて、親《おや》として娘《むすめ》に教《をし》へる場合《ばあひ》には、嫁《よめ》として務《つと》むべき心得《こゝろえ》を教《をし》へたいと思《おも》ひます。

高島 それは、よい娘《むすめ》になつておけば、よい嫁《よめ》になるには相違《さうゐ》ないけれども、姑《しうと》とか小姑《こじうと》とか、懇切《こんせつ》によく交際《かうさい》して行《い》かなければならないのだから、私《わたし》の專門《せんもん》の學問《がくもん》を出《だ》すやうだが、幾歳《いくつ》ぐらゐの女《をんな》の子《こ》はかういふものだ、男の子《こ》はかういふものだ、年寄《としより》はかういふものだと、やはり一般《ぱん》の心理狀態《しんりじやうたい》に關《くわん》する傾向《けいかう》を知《し》らして置《お》くことが大變必要《たいへんひつえう》だと思《おも》ふのです。

竹内 はじめて他《よそ》へ行《い》かれる人《ひと》に對《たい》して、私《わたし》はかういふことを申《まう》して居《を》ります。人《ひと》は第《だい》一印象《いんしやう》と云《い》ふものが非常《ひじやう》に大切《たいせつ》である、最初《さいしよ》に會《あ》つたときにあの人《ひと》はいゝ人《ひと》だといふ氣持《きもち》を持《も》てば、その人《ひと》のすることは何《なに》を見《み》てもいゝと思《おも》ふ、けれども反對《はんたい》に最初《さいしよ》に惡《わる》い印象《いんしやう》をもてば、よいことをしても、皆惡《みなわる》くとつていくやうになる、お嫁《よめ》に行《い》く人《ひと》にも、此《こ》のことを知《し》つていただきたいと思《おも》ひます。

高島 第《だい》一印象《いんしやう》は大切《たいせつ》です。子供《こども》がものを怖《おそ》れたり何《なに》かするのは、何《なに》にも知《し》らなかつた時《とき》に、非常《ひじやう》に驚《おどろ》いたとか、突然飛出《とつぜんとびだ》して吃《びつ》驚《くり》したとかいふ、一番初《ばんはじ》めの印象《いんしやう》が永《なが》く心《こゝろ》に殘《のこ》つて、くだらんものを怖《おそ》れたりすることになるのです。それと同《おな》じことですから初《はじ》めに嫁《よめ》に行《い》く前《まへ》に、夫《をつと》となる人《ひと》はかういふ人《ひと》だといふことは無論《むろん》よく知《し》らなければなりませんが、お父《とう》さんお母《かあ》さんはかういふ人《ひと》、親戚《しんせき》にかういふ人《ひ》がをるといふこと

183　「嫁入準備とお産準備の座談会」 石川千代松、岩崎直子、西崎綾乃、高島平三郎 ほか 『婦人倶楽部』昭和６年３月１日

を、出來《でき》るだけよく調《しら》べもし、出來《でき》るならば先《さき》に交際《かうさい》をしておいて、そこに行《い》つたときの第《だい》一印象《いんしやう》に氣《き》をつけるといふことにすればいいでせう。

三輪田　それから家風《かふう》や家業《かげふ》といふやうなことも調査《てうさ》しておいて、豫《あらかじ》め理解《りかい》を持《も》つて行《い》くと云《い》ふことも心《こゝろ》がけたらよい事《こと》ですね。

よき妻《つま》となる諸《しよ》準《じゆん》備《び》

夫《をつと》への理《り》解《かい》
妻《つま》の心《こゝろ》得《え》
婚《こん》約《やく》中《ちう》の交《かう》際《さい》

記者　なほ心《こゝろ》の準備《じゆんび》として大切《たいせつ》なことは、よき妻《つま》としての堅《かた》い覺悟《かくご》を持《も》つてゐなければなるまいと思《おも》ひますが、それ等《ら》について……。

福井　貞操《ていさう》といふことでありますが、結婚《けつこん》すると間《ま》もなく、夫《をつと》が妻《つま》の貞操《ていさう》に疑惑《ぎわく》を懷《いだ》いて、煩悶《はんもん》する人《ひと》が多《おほ》いやうです。私共《わたしども》の所《ところ》に隨分質問《ずゐぶんしつもん》を持《も》つてきます。假《か》りに新妻《にひづま》が處女《しよぢよ》として取扱《とりあつか》へないといふ疑惑《ぎわく》がある位《くらゐ》なら、寧《むし》ろ結婚《けつこん》したのが間違《まちが》ひだと私《わたし》は思《おも》ひますね。とにかく夫《をつと》も妻《つま》もお互《たがひ》に十分《ぶん》理解《りかい》して、貞操問題《ていさうもんだい》などに疑惑《ぎわく》を懷《いだ》くといふことは絶對《ぜつたい》にないやうにして置《お》きたいと思《おも》ひます。

三輪田　昔《むかし》は女《をんな》が燒餅《やきもち》を燒《や》くものに決《きま》つてゐましたが、近頃《ちかごろ》は男《をとこ》の方《かた》でも、相當善良《さうたうぜんりやう》な妻《つま》に向《むか》つて、色々疑惑《いろいろぎわく》を懷《いだ》いたりなんかするやうな人《ひと》も殖《ふ》えて來《き》たやうな氣《き》がしますね。どうも不思議《ふしぎ》にこの頃《ごろ》は男《をとこ》の方《かた》が餘計《よけい》燒《や》くやうに思《おも》ひますが、如何《いかゞ》ですか。（笑《せう》聲《せい》頻《しき》りに起《おこ》る）

西崎　男《をとこ》と女《をんな》の交際《かうさい》が昔《むかし》より自由《じいう》になつて來《き》ましたからでせうね。

竹内　嫉妬《しつと》といふ字《じ》も一字《じ》だけは男扁《をとこへん》にしてよろしいのですね。

高島　人扁《にんべん》にしたらいゝでせう（笑聲再《せうせいふたた》び起《おこ》る）それは私《わたし》も確《たし》かに事實《じじつ》を認《みと》めるし、心《しん》理上當然《りじやうたうぜん》のことだと思《おも》ふんです。一體《たい》、女《をんな》が嫉妬心《しつとしん》が強《つよ》かつたといふのは、女《をんな》が昔《むかし》は大變限《たいへんかぎ》られて居《を》つたからですね。男《をとこ》の方《はう》は自由《じいう》だから、女《をんな》が男《をとこ》に對《たい》して疑《うたが》ひが起《おこ》るやうになる、今《いま》は女《をんな》が自由《じいう》になつて、誰《だれ》とでも交際《かうさい》するやうになつてきたから、男《をとこ》が燒《や》くのでせう。

竹内　岩崎《いはさき》さん、御經驗《ごけいけん》から一《ひと》つ……。

岩崎　恐《おそ》れ入《い》ります。私《わたし》には姑《しうと》が一人《ひとり》をりましたけれども、よく娘時代《むすめじだい》に餘所《よそ》さんのお話《はなし》に、姑《しうと》さんと嫁《よめ》さんがあまり良《よ》くないといふことを伺《うかゞ》つて、どういふ譯《わけ》であゝいふ風《ふう》になりますものかしらんと考《かんが》へました。お互《たがひ》に胸《むね》の中《なか》をすつかりさらけ出《だ》して、そのうちの人《ひと》になりきりましたら、夫《をつと》と姑《しうと》と嫁《よめ》とぴつたりと心《こゝろ》が合《あ》つて、そんなこと

はないだらうにと思《おも》つてをりました。嫁附きましてから、そんな考《かんが》へて居《を》りましたから、自分《じぶん》でかうしたいと思《おも》ひますと『お母《かあ》さんかうしませう』と申《まう》しますし、母《はゝ》も行《い》きたい所《ところ》には行《い》きたいと申《まう》しますし、戴《いたゞ》きたい物《もの》は戴《いたゞ》きたいと申《まう》しまして、母親《はゝおや》からも可愛《かはい》がつていたゞきました。

松平　さういふ態度《たいど》はお嫁《よめ》さんとして滿點《まんてん》ですね。

記者　それから婚約中《こんやくちう》の交際《かうさい》でありますが、これはかなり大事《だいじ》な問題《もんだい》と思《おも》ひますから、十分《じふぶん》ご意見《いけん》を伺《うかゞ》はせていたゞきたう御座《ござ》います。

高島　私《わたし》は娘《むすめ》を三人《にん》嫁《よめ》にやりましたが、一番《ばん》長《なが》いのが一年《ねん》、短《みじか》い者《もの》でも二月《ふたつき》三月《みつき》くらゐ交際《かうさい》をさせました。

三輪田　ただ不安《ふあん》なのは、日本《にほん》では婚約《こんやく》をすると、女《をんな》の方《はう》で昔風《むかしふう》の道徳《だうとく》が頭《あたま》に浮《うか》んで來《き》て、自分《じぶん》のすべてを捧《さゝ》げるものゝ如《ごと》く考《かんが》へてしまふ、それで婚約《こんやく》して交際《かうさい》をして居《ゐ》るうちに、本當《ほんたう》のエンゲーヂでなくて、事實《じじつ》上《じやう》の結婚《けつこん》まで進《すゝ》むやうな人《ひと》もある、若《も》し破《は》談《だん》にでもなつたら大《おほ》きな問題《もんだい》が起《おこ》るから、婚約中《こんやくちう》には綺麗《きれい》に交際《かうさい》をする、お互《たがひ》に自分《じぶん》が適《てき》するかどうかといふことをよく考《かんが》へる意味《いみ》に於《おい》て交際《かうさい》をするのだといふことを、教《をし》へておかないと危《あぶな》いですね。

石川　それには性《せい》の教育《けういく》といふことが大變肝《たいへんかん》要《えう》なことではないかと思《おも》ひます。エレン・ケイなどは性教育《せいけういく》が完全《くわんぜん》に行《ゆ》けば、婚約中《こんやくちう》に決《けつ》して過《あやま》ちはないといつてゐます。

高島　總《すべ》て婦人《ふじん》に自覺《じかく》を與《あた》へることが必要《ひつえう》だと思《おも》ひます。本當《ほんたう》に、自分《じぶん》がかうすればどうなる、自分《じぶん》といふものはどういふものだといふことを、深《ふか》く悟《さと》らせることで、私《わたし》の娘《むすめ》は出來《でき》るだけさうして居《を》ります。性《せい》のことも話《はな》して、女《をんな》といふものはそれがために生涯取返《しやうがいとりかへ》しのつかないやうな、體《からだ》の中《なか》の内《ない》分泌《ぶんぴ》や、血液《けつえき》の状態《じやうたい》までが變《かは》るやうな變化《へんくわ》が來《く》る位《くらゐ》だから、殊《こと》に女《をんな》の純潔《じゆんけつ》を保《たも》つことが必要《ひつえう》だといふことを教《をし》へて居《を》ります。

竹内　私《わたし》なんかよく經驗《けいけん》しますところでは、二人《ふたり》で散歩《さんぽ》に一緒《しよ》に出《で》るとかいふ風《ふう》のことをやり出《だ》しますと、その妹《いもうと》に非常《ひじやう》な惡感化《くわ》を及《およ》ぼすことです。ですから私《わたし》はこの時《じ》

185　「嫁入準備とお産準備の座談会」 石川千代松、岩崎直子、西崎綾乃、高島平三郎 ほか 『婦人倶楽部』昭和6年3月1日

期《き》を出來《でき》るだけ短《みじか》くした方《はう》がいゝと思《おも》ふのです。殊《こと》に弟妹《ていまい》などが澤山《たくさん》あります時《とき》には、さうでなければならないと思《おも》つて居《を》ります。まあ最長半年位《さいちやうはんとしくらゐ》でせうね。

西崎　婚約中《こんやくちう》の交際《かうさい》で、非常《ひじやう》に相容《あひい》れない點《てん》や、その他缺點《たけつてん》が見《み》えても、大抵《たいてい》は我慢《がまん》をしてしまふのが多《おほ》いのですね。何故《なぜ》我慢《がまん》をするかといふと、世間體《せけんてい》が惡《わる》いとか何《なん》とか思《おも》つて、……兩方共傷《りやうはうともきず》つくやうに思《おも》ふのですね。これは後日《ごじつ》の問題《もんだい》になることですから、もしさうした點《てん》を見《み》つけたら、私《わたし》は止《よ》した方《はう》がいゝと思《おも》ひます。世間《せけん》もそれを惡《わる》く批評《ひひやう》したりするのをやめて……。

福井　賛成《さんせい》です。その爲《ため》の交際《かうさい》ですからね。

三輪田　この間《あひだ》こんなことがありました。男子《だんし》の人《ひと》が政策《せいさく》でちよつと山《やま》をかけて、俺《おれ》と結婚《けつこん》したら餘程《よほど》むづかしいといふやうなことを口《くち》にしたので、女《をんな》が恐《こは》がつてそれぢや御免《ごめん》だといつた、ところが、男《をとこ》の方《はう》では、まあ覺悟《かくご》を決《き》めさせようと思《おも》つて言《い》つたんだといふのです。（笑聲起《せうせいおこ》る）そんな覺悟《かくご》などを決《き》めさせずに、本當《ほんたう》の眞心《まごころ》をいつて貰《もら》はないと、女《をんな》はちよつと當惑するですね。

松平　私《わたし》は娘《むすめ》にこんな觀念《くわんねん》を持《も》たせます……どんな人でも決して完全な人はない、お前《まへ》の兩親夫婦《りやうしんふうふ》でさへも意見《いけん》が衝突《しようとつ》したことがあるだらう。どうしても我々《われ〳〵》はお互《たがひ》に忍《しの》び合《あ》ひもし、またいつまでも喧嘩《けんくわ》して居《ゐ》るのでもない、夫《をつと》でも妻《つま》でも、完全《くわんぜん》に兩方《りやうはう》から全部《ぜんぶ》氣《き》に入《い》つて一生《しやう》を暮《くら》して居《ゐ》るものではないから、或程度《あるていど》の缺點《けつてん》といふものは、お互《たがひ》に忍《しの》び合《あ》はなければならんものだといふことを、これは夫《をつと》ばかりでなく一切《さい》の人《ひと》に對《たい》してもさうした觀念《くわんねん》で行《い》けば、夫《をつと》は固《もと》より、夫婦《ふうふ》の關係《くわんけい》もよく行《い》つて、理解《りかい》する事《こと》が出來《でき》るのだと申《まう》し聞《き》かせてをります。お互《たがひ》に我慢《がまん》し合《あ》ふといふ觀念《くわんねん》でなければ、――一から十まで自分《じぶん》の氣《き》に入《い》つた夫《をつと》でなければならないと思《おも》はせましたら、どんな夫《をつと》を持《も》つても、終生《しゆうせい》これでいゝと思《おも》ふことはないだらうと思《おも》ひます。

西崎　結婚《けつこん》といふものは、よく正反對《せいはんたい》の家庭《かてい》で緣組《えんぐみ》が出來《でき》ることがありますね。そこはやはり、違《ちが》つたものが寄合《よりあ》ひ、歩《あゆ》み寄《よ》つて――根本《こんぽん》には一脈相通《みやくあひつう》ずるものがなければなりませんが、十年後《ねんご》には本當《ほんたう》にいゝものが出來《でき》るだらうと思《おも》ひますね。

早《はや》く世慣《よな》れるにはどうしたらよいか

家事家政《かじかせい》の事《こと》
交際應待《かうさいおうたい》の事《こと》

記者　大《たい》そう結構《けつこう》なお話《はなし》を伺《うかゞ》ひました。それでは次《つぎ》に進《すゝ》みまして、いよ〳〵人中《ひとなか》に出《で》て世間《せけん》といふものも知《し》らなければならず、どうしたら早《はや》く世慣《よな》れることが出來《でき》るかといふことについて、お教《をし》へをいたゞきたいと思《おも》ひます。

三輪田　學校《がくかう》の教育《けういく》あたりも、近頃《ちかごろ》は寧《むし》ろ實《じつ》生活《せいくわつ》を背景《はいけい》にしてやる方《はう》がいゝといふ說《せつ》も段々《だん〳〵》出《で》て參《まゐ》りましたが、まあ今《いま》のところではお母《かあ》さんが教《をし》へるといふことが一番大事《ばんだいじ》でせうね。そしてお嫁《よめ》に行《い》つて兎《と》に角何《かくなん》でもやつて見《み》る、失敗《しくじ》つた時《とき》に教《をし》へて貰《もら》ふ。また姑《しうと》も若《わか》い人《ひと》は失敗《しくじ》るものだといふことを豫《あらかじ》め考《かんが》へて置《お》いて、やさしく教《をし》へてやるといふ風《ふう》にするのですね。

竹内　私《わたし》の存《ぞん》じて居《を》る例《れい》でありますが、このお姑《しうと》さんは非常《ひじやう》に賢明《けんめい》な方《かた》で、子供《こども》に嫁《よめ》さんが來《く》ると、その日《ひ》に別居《べつきよ》して、さうして娘《むすめ》にさせるつもりで、嫁《よめ》に一切《さい》をやらせました。さうすると翌朝《よくあさ》から息子《むすこ》が來《き》て『どうもお母《かあ》さん、御飯《ごはん》が焦《こ》げついて臭《くさ》くて食《た》べられない』といふ、その次《つぎ》には『汁《しる》が水《みづ》のやうで飮《の》めない』その次《つぎ》には『着物《きもの》はどれを着《き》ていゝか分《わか》らない』と、いふやうな小言《こごと》を毎日一《まいにちひと》つくらゐ持《も》つてくるのです。するとお母《かあ》さんは『まあお待《ま》ちよ、もう三十年《ねん》お待《ま》ちよ、お母《かあ》さんくらゐの時《とき》になれば、結構《けつこう》よくなるよ、お母《かあ》さんは無教育《むけういく》だけれど、あの人《ひと》は教育《けういく》を受《う》けてゐるから、お母さんの時まで待つたら、お前《まへ》の氣《き》に入《い》るやうに十分《ぶん》するよ』といつて、ちつとも見《み》てやらないで、委《まか》せてゐたら、一年《ねん》たつたら息子《むすこ》がちつとも小言《こごと》をいつて來《こ》なかつたといつてをります。さういふ風《ふう》にしてやらせたら早《はや》く世慣《よな》れるだらうと思《おも》ひます。

高島　日本《にほん》ではお客様《きやくさま》に外套《ぐわいとう》を着《き》せるといふことが禮儀《れいぎ》になつて居《ゐ》るが、餘所《よそ》にゆくとそこにお孃《ぢやう》さんがたつてゐても知《し》らん顔《かほ》をして見《み》て居《ゐ》ることがある、たまにお母《かあ》さんにいはれて着《き》せることがあると、外套《ぐわいとう》を頭《あたま》から冠《かぶ》せられて弱《よは》つてしまふ、やつて貰《もら》はん方《はう》がいゝと思《おも》ひます（笑聲起《せうせいおこ》る）。私《わたし》の學《がく》校《かう》の生徒《せいと》には、應待《おうたい》でも何《なん》でも、學校《がくかう》から家《うち》に歸《かへ》つて、直《す》ぐそのまま用《よう》を辨《べん》ずるといふ風《ふう》にやらして居《を》りますが、しかしいくら學校《がくかう》でやつても、家庭《かてい》でお母《かあ》さんが實際《じつさい》に應用《おうよう》させ、なほその上《うへ》に細《こま》かに氣《き》をつけて敎《をし》へるやうにしないと大變後《たいへんあと》で困《こま》るゝ思《おも》ひます。

187　「嫁入準備とお産準備の座談会」 石川千代松、岩崎直子、西崎綾乃、高島平三郎 ほか 『婦人倶楽部』昭和6年3月1日

式服《しきふく》調度品《てうどひん》についての諸準備《しよじゆんび》

式服《しきふく》調度品《てうどひん》の調《とゝの》へ方《かた》

三輪田　こなひだ結婚《けつこん》した或《あ》る男爵《だんしやく》の花嫁《はなよめ》は白《しろ》の羽二重《はぶたへ》の式服《しきふく》を着《き》てゐましたが、如何《いか》にも神々《かう〴〵》しくてよかつたですが白《しろ》の無地《むぢ》に赤《あか》の下着《したぎ》を着《き》るといふやうにしたら誠《まこと》に品《ひん》がよくて、後《あと》でそれを好《す》きなものに染《そ》める事《こと》も出來《でき》るから、そんなやうな事《こと》にして、兎《と》に角金《かくかね》をかけないやうにする事《こと》を奬勵《しやうれい》しなければいけないと思《おも》ひます。

西崎　一番不經濟《はんふけいざい》と思《おも》ひますのは黑《くろ》の振袖《ふりそで》ですね。私《わたし》は下《した》を眞白《まつしろ》にして、さうして裲襠《うちかけ》の白《しろ》を、下《した》の方《はう》を朱《しゆ》でぼかしました。すると非常《ひじやう》に綺麗《きれい》で、上品《じやうひん》ですが、金《かね》もかゝらずに、後《あと》で染返《そめかへ》しも出來《でき》ます。それから色《いろ》直《なほ》しは黑《くろ》の友袖《ともそで》にして、後《あと》で奥《おく》さんになつて役《やく》に立《た》つやうにして置《お》くのです。前《まへ》に婚《こん》約《やく》といふことがありますから、その間《あひだ》によく相談《さうだん》して、その家《うち》に向《む》くやうに整《とゝの》へる必《ひつ》要《えう》があり、私《わたし》は數《かず》を少《すくな》くして、氣《き》の利《き》いたもので、着替《きか》へたら目先《めさき》の變《かは》るやうなものを、僅《わづ》かばかり拵《こしら》へて置《お》くのが一番《ばん》いゝと思《おも》ひます。

高島　それがいゝですね。一般《はん》としては、日《に》本《ほん》が今《いま》のやうな有樣《ありさま》であつて、どこへ行《い》くにも女は何枚《なんまい》も〳〵着物《きもの》を替《か》へて行かねばならない、一《ひと》つの着物《きもの》を着て行くのは恥《はづ》かしいなどといふ觀念《くわんねん》を、學校《がくかう》でも社會《しやくわい》でも廃《や》めさせるやうに主張《しゆちやう》しなければいけないと思《おも》ふのです。この間《あひだ》も會《くわい》があつた時に變《かは》つた物《もの》を着《き》て行《い》くといふ婦人《ふじん》の話《はなし》をきいた……愚《おろか》なことですね。

三輪田　なるべくならば御婦人《ごふじん》は、會《くわい》や何《なに》でも同《おな》じ着物《きもの》を幾回《いくくわい》でも着《き》て行《い》く勇氣《ゆうき》をつてゐて欲《ほ》しい、笑《わら》はれて辟易《へきえき》するやうはだめです。

石川　着物《きもの》は禮服《れいふく》は一枚《まい》でいゝ譯《わけ》ですね。一い事《こと》ではないから申《まう》しますが、濱尾新さの奥樣《おくさま》の儀式《ぎしき》などの禮服《れいふく》の時《とき》は必《かなら》ず同《おな》じ物《もの》でしたが、私共《わたしども》の家內《かない》も眞似《まね》をしてをましたが、男《をとこ》の方《かた》のフロックコートと思《おも》ばよいので、これは私共《わたしども》のフロックコーですといつて居《を》りました。

西崎　婚禮《こんれい》の仕度《したく》といふものはこの位《くらゐ》するといふ豫算《よさん》を立《た》てて、さうして半分《はんぶん》は仕度《したく》にして、半分《はんぶん》は金《かね》で持《も》たして置《お》く、それが一番《ばん》いゝことだと思《おも》ひます。緣附《かたづ》く早々《さう〳〵》から自分《じぶん》の小遣《こづか》ひがいくらもないといふ風《ふう》で、ちよい〳〵里《さと》の方《はう》へ無心《むしん》するやうでもいけないと思《おも》ひます。

高島　しかし貰《もら》ふ方《はう》で、うちではこれだけのことをしてくれないと面目《めんぼく》がない、體裁《ていさい》は幾《いく》つ持つて來いといふのがありますな。ど

うしても今《いま》の社會《しやくわい》狀態《じやうたい》では兩方《りやうはう》が協定《けふてい》しなければいけません。これは聞《き》いた話《はなし》ですけれども、本人自身《ほんにんじしん》は非常《ひじやう》にいゝ人《ひと》だと思《おも》ふけれども、さう思《おも》ひながら里方《さとかた》の態度《たいど》が氣《き》に入《い》らないので、つい嫁《よめ》がいやになるといふのがあります。餘程《よほど》里方《さとかた》の母親《はゝおや》が氣《き》をつけなければならないと思《おも》ひますね。

三輪田　ただ私《わたし》は皆《みな》さんにちよつと聞《き》いて戴《いたゞ》きたいのは、今《いま》の結婚《けつこん》などの話《はなし》は、嫁《よめ》を貰《もら》ふ男《をとこ》の方《はう》がしつかりしてをれば、かういふ弊害《へいがい》は或《あ》る程度《ていど》まで打破《だは》が出來《でき》ると思《おも》ふのです。……俺《おれ》は式服《しきふく》、訪問服《はうもんふく》、仕事服《しごとふく》とあればいゝんだ、それ以上《いじやう》揃《こしら》へずに來《き》てくれと、かう強《つよ》く出《で》て來《く》ると解決《かいけつ》が早《はや》い、それを先《ま》づ自分《じぶん》が嫁《よめ》を貰《もら》ふ年《とし》になりながらいつまでも伯父《をぢ》さんや伯母《をば》さんに、私《わたし》は嫁《よめ》を貰《もら》ふから『然《しか》るべく』などといつて置《お》くと、うちの家風《かふう》もあり、隣近所《となりきんじよ》の釣合《つりあひ》があるから、色直《いろなほ》しの着物《きもの》は着替《きか》へてほしいとか、更《さら》にこれを衣紋竿《えもんざを》にかけてお仕度拜見《したくはいけん》といつて見《み》に來《く》るやうな習慣《しふくわん》が多《おほ》いんですね。お仕度拜見《したくはいけん》と出《で》られると、人間《にんげん》といふものは弱《よは》いもので、少《すこ》し飾《かざ》つて見《み》たくなるのです。

松平　簞笥《たんす》の中《なか》がから〳〵だつたといふやうな時《とき》にも、周圍《しうゐ》の人《ひと》が惡口《わるくち》をしないやうにしたいですね。

三輪田　さういふ社會《しやくわい》の輿論《よろん》が出來《でき》なければいけません。

結婚式《けつこんしき》披露式《ひろうしき》について

理想《りさう》の結婚式《けつこんしき》と披露式《ひろうしき》

記者　それでは次《つぎ》に結婚式《けつこんしき》のこと、披露式《ひろうしき》のことなどについて、心得《こゝろえ》ておくべき諸準備《しよじゆんび》のお話《はなし》を承《うけたまは》りたいと思《おも》ひます。

三輪田　結婚式《けつこんしき》も私《わたし》の經驗《けいけん》によりますと、大《だい》神宮樣《じんぐうさま》、氏神樣《うじがみさま》、教會《けうくわい》、お寺《てら》、中《なか》には孔子《こうし》樣《さま》の像《ざう》をかけてその前《まへ》でやるのもありますね。しかし科學的《くわがくてき》に考《かんが》へたならば、式《しき》といふのは人格本位《じんかくほんゐ》なんだから、お互《たがひ》に保證人《ほしようにん》が居《を》つて、我《わたく》々は人格的《じんかくてき》に終生苦樂《しうせいくらく》を共《とも》にするといふことを、媒酌人《ばいしやくにん》の前《まへ》に誓《ちか》つていへば澤山《たくさん》だと思《おも》ふのです。ただ形式《けいしき》といふものは相當勢力《さうたうせいりよく》を持《も》つて居《ゐ》るから、人々《ひと〴〵》の氣《き》にすむやうにするより外《ほか》に途《みち》はないと思《おも》ひます。

石川　私《わたし》は頼《たの》まれて二《ふた》つ結婚式《けつこんしき》をやつたことがありますが、私《わたし》のやつたのは變《かは》つてゐるのです。二《ふた》つとも動物學者《どうぶつがくしや》で、私《わたし》に今《いま》の女《をんな》と男《をとこ》の心得《こゝろえ》、性《せい》の教育《けういく》と、もう一《ひと》つは遺傳《ゐでん》や何《なに》かの事《こと》を話《はな》してくれといふので、お嫁《よめ》さんと二人《ふたり》に一時間《じかん》ばかり話《はなし》をしました。さういふ式《しき》をやつたんですが、これが流行《はや》れば大變《たいへん》いゝと思《おも》ひました。

189　「嫁入準備とお産準備の座談会」　石川千代松、岩崎直子、西崎綾乃、高島平三郎 ほか 『婦人倶楽部』昭和6年3月1日

西崎　結婚式《けつこんしき》を擧《あ》げます時《とき》に、とき〳〵嫁さんの方《はう》の宗教《しうけう》とお婿《むこ》さんの宗教《しうけう》と違《ちが》ふ場合《ばあひ》がありまして、それが時々問題《とき〴〵もんだい》になつて居《を》るやうでございますが、さういふ場合《ばあひ》にはやはり夫《をつと》の宗教《しうけう》に從《したが》つて式《しき》を擧《あ》げるのが當然《たうぜん》だと私《わたし》は主張《しゆちやう》して居《を》ります。私共《わたしども》の子供《こども》のときには牧師《ぼくし》さんに來《き》ていたゞいて、私共兩親《わたしどもりやうしん》と、お媒酌人《なかうど》と、本人夫婦《ほんにんふうふ》とそれだけでやつてしまひました。

高島　披露式《ひろうしき》にたいへん大金《たいきん》をかけてする人《ひと》があります。それは出來《でき》る人《ひと》はいゝですけれども、出來ることなら誰《だれ》も同《おな》じ様《やう》にしたらいゝと思《おも》ふのです。私《わたし》の行《い》つた中《なか》で大變《たいへん》よかつたのは、西洋《せいやう》のテイー・パーテイー、即《すなは》ちお茶《ちや》の會《くわい》でした。隨分多勢《ずゐぶんおほぜい》の人《ひと》が來《き》てをつたが、そのグループ〳〵で集《あつま》つて、皆《みな》が立《た》つて色々《いろ〳〵》な話《はなし》をやつたりして、和氣靄《わきあい》靄《あい》の裡《うち》に、金《かね》もさうかけないで、無論《むろん》クリスチヤンだからお酒《さけ》など使《つか》ひませんでしたが、非常《ひじやう》に愉快《ゆくわい》に披露式《ひろうしき》をやつた人《ひと》があります。いゝと思《おも》ひますね。

岩崎　此頃大分《このごろだいぶ》ございます。私共《わたしども》も本當《ほんたう》に結構《けつこう》だと思《おも》ひます。

高島　それも二種《ふたいろ》あるやうですね。勝手《かつて》に行《い》つて喰《た》べて歸《かへ》つて來《く》るのがありますが、あれは感心《かんしん》しませんね。

西崎　披露式《ひろうしき》にはたいていお父《とう》さんやお母《かあ》さんのお客《きやく》さんをお招《よ》びになりますが、私《わたし》は出來《でき》るだけ子供《こども》を中心《ちうしん》に披露《ひろう》したいと思《おも》ひまして、正面《しやうめん》の上席《じやうせき》に子供《こども》の先生《せんせい》や子供《こども》のお友達《ともだち》を全部《ぜんぶ》据《す》ゑました。

三輪田　私《わたし》の娘《むすめ》が結婚致《けつこんいた》しました時《とき》に、子供《こども》を中心《ちうしん》にして、非常《ひじやう》に緣故《えんこ》の深《ふか》い人《ひと》は招《よ》びましたけれども、そんなに澤山《たくさん》招《よ》ばなかつたのです。さうするとその後何處《ごどこ》からも、娘《むすめ》が嫁《よめ》に行《い》つたつて俺《おれ》の所《ところ》へ知《し》らせもしな

いといつて、大數招待は怨まれたやうです。怨《うら》まれても忍耐《にんたい》して居《ゐ》ればいゝですけれども、これは相當苦痛《さうたうくつう》なものです。だからやはり若《も》し御馳走《ごちそう》するならば極《ご》く少數《せうすう》の友達《ともだち》を本位《ほんゐ》にするが、あとは今高島君《いまたかしまくん》の言《い》つたやうなティー・パーティーにした方《はう》がいゝと思《おも》ひますね。

高島 奥《おく》さん（西崎夫人《にしざきふじん》に）の仰《おつ》しやつた子供本位《こどもほんゐ》といふのは非常《ひじやう》にいゝことですが、やはり嫁《よめ》さんを知《し》つて居《ゐ》る人《ひと》や、親戚《しんせき》や、朋友《ほういう》には、娘《むすめ》が斯《か》うなつたといふことを知《し》らせる必要《ひつえう》もあるのだから、二遍《へん》すればいいですね。私《わたし》の一番末《いちばんすゑ》の娘《むすめ》のときはさうしました。先《さき》に全體《ぜんたい》のをやつて、それから朋友《ほういう》ばかりのをやりました。

西崎 私《わたし》のはお席《せき》を子供中心《こどもちうしん》にしたのでございます。それから私《わたし》は、お嫁《よめ》は媒酌人《なかうど》にまかせないで、私《わたし》が手《て》を引《ひ》いて皆《みな》さんにずつと御挨拶《ごあいさつ》させました。

石川 一體《たい》日本《にほん》はあゝいふ事《こと》が大袈裟《おほげさ》ですな、結婚《けつこん》ばかりでなしに何《なん》でも大袈裟《おほげさ》です。虚《きよ》の字《じ》のつくことを好《す》く。虚榮《きよえい》とか、虚飾《きよしよく》とか、虚勢《きよせい》とか……。（笑聲《せうせい》わく）

身《しん》體《たい》衞《ゑい》生《せい》上《じやう》の諸《しよ》心《こゝろ》得《え》

結《けつ》婚《こん》生《せい》活《くわつ》の理《り》解《かい》
身體上《しんたいじやう》の缺陥《けつかん》と病氣《びやうき》の注意《ちうい》

石川 一昨年《さくねん》ロンドンに性《せい》の萬國會議《ばんこくくわいぎ》がありました。私《わたし》はその記録《きろく》を持《も》つて居《を》りますが、その中《なか》に性《せい》の教育《けういく》といふものは男《をとこ》でも女《をんな》でも、極《ご》く小《ちい》さい時分《じぶん》からやらなければならぬといふことを頻《しき》りに言《い》つて居《を》りますね。

三輪田 私《わたし》も若《わか》い時《とき》から自然《しぜん》に教《をし》へて行くがいゝと思《おも》ひますが、教《をし》へ方《かた》に技術《ぎじゆつ》を要《えう》しますわ。

竹内 私《わたし》は男《をとこ》の子供《こども》には男《をとこ》が教《をし》へ、女《をんな》の子供《こども》には女《をんな》の口《くち》から教《をし》へるのが一番自然《はんしぜん》であらうと思《おも》ひます。私《わたし》など解剖《かいばう》の圖解《づかい》から教《をし》へて居《を》ります。

三輪田 たゞ自分《じぶん》の知《し》つてゐる事實《じじつ》からこゝに注意《ちうい》したいのは、自分《じぶん》のからだに差支《さしつかへ》が

191　「嫁入準備とお産準備の座談会」 石川千代松、岩崎直子、西崎綾乃、高島平三郎 ほか 『婦人倶楽部』昭和6年3月1日

（100）……嫁入準備とお產準備の座談會

ないか、例《たと》へばあざがあるとか、乳頭《にうとう》の[illegible]が右と左と違ふとかいふ小さい缺點《けつてん》があつても、うちあけておく方《はう》がいゝですね。かくしてゐて、結婚後夫《けつこんごをつと》が見《み》つけて、いやになつて別《わか》れたといふのなどあります。

西崎　隱《かく》してゐると騙《だま》されたといふ感《かん》じがしますからね。

福井　日本《にほん》の現在《げんざい》では可《か》なり未婚《みこん》の男性《だんせい》には性病《せいびやう》があるやうですから、どうしてもこれは健康診斷《けんかうしんだん》をして貰《もら》ひたい、或《あるひ》は疑《うたが》はしい場合《はあひ》には男性《だんせい》の方《はう》で是非《ぜひ》治《なほ》して貰《もら》ひたいといふことをいつておきたいですね。

竹内　此節《このせつ》は可《か》なり行《おこな》はれて居《を》りますね。少《すこ》し心得《こゝろえ》のあるお母《かあ》さんでございますと、自分《じぶん》の娘《むすめ》のも婿《むこ》へ提出《ていしゆつ》し、向《むか》ふの婿《むこ》さんのも要求致《えうきういた》します。私共《わたしども》はかなりさういふ例《れい》を取扱《とりあつか》つて居《を》ります。

記者　是非《ぜひ》それは正直《しやうぢき》な診斷書《しんだんしよ》が交換《かうくわん》されるやうにしたいものですね。

竹内　それはさうですとも。苟《いやし》くも健康診斷《けんかうしんだん》をして上《あ》げる以上《いじやう》、頭《あたま》の先《さき》から足《あし》の爪先《つまさき》まで、正《たゞ》しい診斷書《しんだんしよ》でなければなりません。勿論將來子供《しやうらいこども》が出來《でき》る出來《でき》ないといふことは斷言出來《だんげんでき》ませんけれども、これならば出《で》來《き》る可能性《かのうせい》があるといふことは言《い》はなければなりません。それからさういふ事《こと》をして居《を》ります爲《た》めに、私《わたし》が始終惱《しじうなや》まされるのは陰毛《いんもう》の少《すくな》いといふことです。

高島　あれは健康《けんかう》に影響《えいきやう》しますか。

福井　姙娠《にんしん》にも關係《くわんけい》はないのです。私共《わたしども》は隨分相談《ずいぶんさうだん》を受《う》けますが、矢張《やは》りさういふことで破談《はだん》になるのが隨分《ずいぶん》ありますね、健康《けんかう》には關係《くわんけい》はないのですが……。

竹内　も一《ひと》つ附加《つけくは》へてハツキリ知《し》つて頂《いたゞ》きたいことは、性交不能《せいかうふのう》といふことが新婚當時《しんこんたうじ》かなりありますけれども、これは大部分《だいぶぶん》は醫者《いしや》の手《て》によつて治《なほ》るものだといふことと、それから、兎《と》に角性病《かくせいびやう》を患《わづら》つた場合《はあひ》は極《きは》めてハツキリ治《なほ》つてしまつてからでなければならないといふことを、雜誌《ざつし》の上《うへ》で言《い》つて置《お》いていたゞきたいのです。

記者　結核《けつかく》を患《わづら》つた人《ひと》は如何《いかゞ》です。

竹内　結核《けつかく》を豫《かね》て患《わづら》つた人《ひと》は、夫《をつと》になる人《ひと》も妻《つま》になる人《ひと》も年限《ねんげん》は決《き》める譯《わけ》にはゆきませんけれども、醫學的《いがくてき》にレントゲンとか、其《その》他《た》の方法《はうはふ》で、これならば結婚《けつこん》しても差支《さしつかへ》な

いといふ、ハッキリした醫者《いしや》の診斷《しんだん》がつくまでは結婚《けつこん》しない様《やう》にしなければなりません。結核《けつかく》を一度《ど》患《わづら》つた人《ひと》が結婚《けつこん》をしまして、それから姙娠《にんしん》して再發《さいはつ》しますと、その妻《つま》と子《こ》と兩方失《りやうはうしな》ふやうになりますから、假令《たとへ》輕《かる》い肋膜炎位《ろくまくえんくらゐ》のものでも、本當《ほんたう》に治《なほ》つてしまはない間《うち》は決《けつ》して結婚《けつこん》するものでありません。

記者　心臟病《しんざうびやう》は如何《いかゞ》でございますか。

福井　勿論心臟病《もちろんしんざうびやう》も腎臟病《じんざうびやう》もいけません。殊《こと》に心臟《しんざう》の惡《わる》い人《ひと》などは困《こま》りますね。

三輪田　鰹節《かつをぶし》なんかの目錄《もくろく》をかいてやるよりは、健康診斷《けんかうしんだん》を取交《とりかは》すことを必要條件《ひつえうでうけん》にしなければいけませんね。

姙娠《にんしん》を最《もつと》も早《はや》く自分《じぶん》で知《し》る法《はふ》

〰身《しん》體《たい》的《てき》徴《ちよう》候《こう》〰

記者　それでは嫁入準備《よめいりじゆんび》のお話《はなし》はこの邊《へん》にして、次《つぎ》にお產準備《さんじゆんび》のお話《はなし》に移《うつ》つて頂《いただ》きたいと思《おも》ひます。

福井　姙娠《にんしん》を最《もつと》も早《はや》く自分《じぶん》で知《し》る一般的《いつぱんてき》なことでは、今《いま》まで規則正《きそくただ》しくあつた月經《げつけい》が止《と》まることですね。それと同時《どうじ》に多少《たせう》とも身體《しんたい》症狀《しやうじやう》が皆《みな》あります。一番早《いちばんはや》く出《で》るのは胃《ゐ》の症狀《しやうじやう》で嘔吐《おうと》を催《もよほ》すとか、俗《ぞく》にいふ惡阻《つはり》の徴候《ちようこう》らしいものがあります。月經《げつけい》の不規則《ふきそく》な人《ひと》でも幾分《いくぶん》この症狀《しやうじやう》の出《で》るものです。だん〳〵大《おほ》きくなれば、勿論《もちろん》乳《ちゝ》が着色《ちやくしよく》してくるといふやうなことでわかります。

自分《じぶん》でわかるのは、まあこのくらゐのことですね。

竹內　ところがよくまちがふのは前《まへ》に肋膜炎《ろくまくえん》を患《わづら》つたり、腹膜炎《ふくまくえん》を患《わづら》つたといふ人《ひと》で月《げつ》經《けい》が止《と》まつた、姙娠《にんしん》だらうと放《はう》つて置《お》くと豈計《あにはか》らんや結核《けつかく》の再發《さいはつ》であつたといふのがあります。結核《けつかく》の初期《しよき》には月經《げつけい》のとまることが多《おほ》いですからね。それで知《し》らない間《ま》に二三ヶ月位過《げつぐらゐす》ぎてしまつて、その內《うち》に輕《かる》い熱《ねつ》が出《で》る、食慾《しよくよく》がなくなる、何《なん》となく氣分《きぶん》が惡《わる》いといふやうな姙娠《にんしん》の徴候《ちようこう》と同《おな》じやうな狀態《じやうたい》が起《おこ》つて來《き》て、すつかり姙娠《にんしん》だと思《おも》つてゐるうちに病勢《びやうせい》をすゝめてしまふといふのがあります。

193 「嫁入準備とお産準備の座談会」 石川千代松、岩崎直子、西崎綾乃、高島平三郎 ほか 『婦人倶楽部』昭和6年3月1日

不妊症《ふにんしやう》のもととなる無知識《むちしき》

福井 一ヶ月《げつ》あるべきものがないといふ時《とき》は産科《さんくわ》の醫者《いしや》に診察《しんさつ》して貰《もら》つて、本當《ほんたう》の妊娠《にんしん》であるかないかといふことをハツキリして貰《もら》ふことが必要《ひつえう》です。一《ひ》ト月位《つきぐらゐ》は又《また》いつもの不順《ふじゆん》だからと思《おも》つて旅行《りよかう》をするとか、或《あるひ》は不攝生《ふせつせい》のために、妊娠初期《にんしんしよき》の流産《りうざん》をする人《ひと》が、初妊娠《しよにんしん》の人《ひと》、殊《こと》に新婚《しんこん》の人《ひと》には多《おほ》いです。

竹内 一人《ひとり》生《う》んであとが出來《でき》なくなつてしまつたといふ人《ひと》には隨分《ずゐぶん》それがあるのです。結婚《けつこん》した月《つき》に妊娠《にんしん》したのを知《し》らずにをつてそしてどうしても結婚後《けつこんご》二ヶ月位《げつぐらゐ》の間《あひだ》といふものは、性交過度《せいかうくわど》になりますから、それで流産《りうざん》を起《おこ》すのです。而《しか》もそれが一月乃至《ひとつきないし》二月《ふたつき》の結婚直後《けつこんちよくご》の流産《りうざん》は、さういふ時代《じだい》には胎盤《たいばん》が出來上《できあが》つて居《ゐ》りませんから、子供《こども》が出《で》てしまつてもあとで胎盤《たいばん》はひとりでには決《けつ》して出《で》ません。子宮全體《しきゆうぜんたい》が卵膜《らんまく》でまだ胎盤《たいばん》として形造《かたちづく》つて居《を》りませんので、是非《ぜひ》とも手術《しゆじゆつ》によつてそれを掻出《かきだ》してしまはなければ後《あと》へ卵膜《らんまく》が殘《のこ》ります。假令《たとへ》少《すこ》しの卵《らん》膜《まく》でも卵膜《らんまく》が殘《のこ》つてをつては必《かなら》ず子宮内膜《しきゆうないまく》炎《えん》を起《おこ》して、長《なが》い間《あひだ》出血《しゆつけつ》したり、子宮《しきゆう》が腫《は》れたり、炎症《えんしやう》を起《おこ》しますので、それで不《ふ》妊症《にんしやう》になつてしまふのです。

岩崎 私《わたし》どもは澤山《たくさん》のお方《かた》にお接《せつ》しいたしまして、帶《おび》を上《あ》げます時《とき》に、里《さと》のお母樣《かあさま》にお孃《ぢやう》さんのお月經《げつけい》は日《ひ》は幾日《いくにち》でしたか、お痛《いた》みは?』と聞《き》いても『どんなですかね、この娘《こ》は』といふ調子《てうし》でず、順調《じゆんてう》に月經《げつけい》がキチン〳〵とおありになつてをらなければ、第一子宮《しきう》が完全《くわんぜん》であるかないか分《わか》らないでせう。故障《こしやう》があれば、未婚《みこん》のうちにお治《なほ》しいたゞいておかねばなりませんのに、そんなことに關心《くわんしん》をおもちになるお母樣《かあさま》はないのです。

よき子《こ》を生《う》むための心遣《こゝろづか》ひ

胎教《たいけう》と起居動作《ききよどうさ》

三輪田 私《わたし》は支那《しな》の孔子《こうし》樣《さま》はお父《とう》さんやお母《かあ》さんの胎教《たいけう》がよかつたとか何《なん》とかよくいひますけれども、科學的《くわがくてき》に根柢《こんてい》のないものだと思《おも》つて居《を》りますがね。

石川 外國《ぐわいこく》でも胎教《たいけう》といふことは近頃《ちかごろ》までは中々《なかなか》あつたのですな。ダーウヰンのやうな人《ひと》でも一時《じ》はさういふ考《かんが》へて持《も》つて居《を》つたのですが、これは生殖細胞《せいしよくさいばう》がチヤンと分《わか》れて居《を》つて、今《いま》の學問《がくもん》では胎教《たいけう》はあるべからざる事《こと》ですな。

西崎 でもおしやべりの子供《こども》にはおしやべりが出來《でき》たりしますから――。

石川 それは性質《せいしつ》です、それはおしやべりだからおしやべりの子供《こども》が出來《でき》るのです。

西崎 さうすると子供《こども》の生《うま》れるのは遺傳《ゐでん》で、胎內教育《たいないけういく》といふものは幾《いく》ら母親《はゝおや》が愼《つゝ》しみを缺《か》いてもいゝ、立派《りつぱ》な兩親《りやうしん》でなければ良《よ》い子《こ》は出來《でき》ないといふのですか。

石川 さうです。

高島 子供《こども》が胎內《たいない》に宿《やど》ると胎兒《たいじ》の神經系統《しんけいけいとう》に遺傳《ゐでん》の素因《そいん》といふものが宿《やど》るのです。後來《こうらい》英雄《えいゆう》となるも・または學者《がくしや》になるも、すべてこの素因《そいん》が土臺《どだい》となるのです。

松平 遺傳《ゐでん》といふことゝ胎教《たいけう》といふものは非《ひ》常《じやう》に近《ちか》い問題《もんだい》になるのですね。だから非常《ひじやう》に感激《かんげき》しすぎたりするといけないといひますね。

高島 子供《こども》が母胎《ぼたい》にある間《あひだ》は、母《はゝ》の心身《しんしん》の感《かん》應《おう》によつて動《うご》かされるのですから、よい感《かん》應《おう》を與《あた》へることが必要《ひつえう》です。强《つよ》い精神感動《せいしんかんどう》は全《まつた》く肉體《にくたい》に大《おほ》きな影響《えいきやう》を與《あた》へるものですからね。胎兒《たいじ》は同《おな》じく母《はゝ》の生理機能《せいりきのう》をなしてゐるのですから、母《はゝ》を動《うご》かす精神感《せいしんかん》動《どう》は胎兒《たいじ》をも動《うご》かさずにはゐないのです。

石川 遺傳質《ゐでんしつ》が良《よ》くなるか惡《わる》くなるか、それは環境《くわんきやう》によつてどちらにも行《ゆ》くのだからそこに胎教《たいけう》の値打《ねうち》があります。

高島 よく兎脣《みつくち》の子供《こども》がありますね。あれは母《はゝ》の不衞生《ふゑいせい》から起《おこ》る場合《ばあひ》があるらしいですね。一體《いつたい》胎兒《たいじ》は最初《さいしよ》のうちは獸《けもの》によく似《に》たもので脣なども初めは兎のやうに、上脣《うはくちびる》がさけてゐるのです。それがだん〳〵ふさがつて人間《にんげん》らしくなつて生《うま》れるのですが、その脣《くちびる》がふさがりかけた頃《ころ》に、母親《はゝおや》が非常《ひじやう》に驚《おどろ》くとか、心配《しんぱい》するとか、夫婦喧嘩《ふうふけんくわ》をするとかすると、ふさがらずにしまひ、氣《き》の毒《どく》な不具《ふぐ》の子《こ》になるのです。

記者 胎兒《たいじ》がさうしたことを感《かん》じるのは、いつ頃《ごろ》からでせうか。

高島 宿《やど》つて百二十日以上《にちいじやう》たつて、胎動《たいどう》を初《はじ》めたころからですね。普通感覺《ふつうかんかく》といつて內《ない》臟《ざう》、筋肉《きんにく》・關節《くわんせつ》・腱《すぢ》といふ機關《きくわん》から起《おこ》る感《かん》覺《かく》です。それから皮膚感覺《ひふかんかく》、運動感覺《うんどうかんかく》があります。母親《はゝおや》が冷《つめ》たいものに觸《さは》ると、胎動《たいどう》を起《おこ》すでせう。あれは胎兒《たいじ》が溫度《をんど》に對《たい》して感《かん》じる證據《しようこ》です。

非常《ひじやう》に有益《いうえき》なお話《はなし》が多《おほ》かつたので、この續《つゞ》きを次號《じがう》に――姙娠中《にんしんちう》の食物《しよくもつ》の注意《ちうい》、安產《あんざん》する爲《ため》の手《て》ぬかりのない用意《ようい》、家人《かじん》の心遣《こゝろづか》ひ、準備《じゆんび》すべき品々《しなじな》に至《いた》るまで、初產《うひざん》の人《ひと》にも經《けい》產婦《さんぷ》にも極《きは》めて大切《たいせつ》な一切《さい》の注意心得《ちういこゝろえ》を掲載《けいさい》いたします。――どうぞお見逃《みのが》しなきやう――

195　「嫁入準備とお産準備の座談会」 石川千代松、岩崎直子、西崎綾乃、高島平三郎 ほか 『婦人倶楽部』昭和6年4月1日

嫁《よめ》入《いり》準備《じゆんび》とお產《さん》準備《じゆんび》の座談會《ざだんくわい》

姙娠中《にんしんちう》の食物《しよくもつ》の注意《ちうい》

竹内　次《つぎ》に、食物《しよくもつ》の注意《ちうい》がいりますね。本當《ほんたう》に眼《め》に見《み》えない樣《やう》な小《ちひ》さいものから、わづかな間《ま》に大《おほ》きなものを作《つく》り上《あ》げる爲《ため》には食物《しよくもつ》が原料《げんれう》になるのですから親《おや》が食《た》べる食物《しよくもつ》に缺陥《けつかん》があつたり、榮養《えいやう》が不足《ふそく》してはいけません。嫌《きら》ひなものや何《なに》かを作《つく》らないやうにして、お母《かあ》さんが何《なん》でも食《た》べるといふことが必要《ひつえう》でございますね。

福井　食物《しよくもつ》は偏《かたよ》らないといふことが必要《ひつえう》ですね。惡阻《つわり》になりますと偏《かたよ》りがちですが、出《で》來《き》得《う》るかぎり混合食《こんがふしよく》、即《すなは》ちいろ〳〵なものを攝《と》るやうにして、偏食《へんしよく》しないといふことが第一《だいいち》です。

記者　刺戟性《しげきせい》のものは姙娠中《にんしんちう》にはいけませんでせうか。

福井　刺身《さしみ》のつま、位《くらゐ》なものは差支《さしつか》へありませんが、カレーのやうなものはいけません。

安產《あんざん》するための心遣《こゝろづか》ひ

記者　だん〳〵月《つき》が進《すゝ》むにつれて、いろ〳〵な注意《ちうい》があらうと存《ぞん》じますが、一番《ばん》心《こゝろ》にかかるのは是非《ぜひ》安產《あんざん》したいと云《い》ふことだらうと思《おも》ひます。御注意《ごちうい》をお聞《き》かせ願《ねが》ひます。

松平　ちよつと專門家《せんもんか》のお說《せつ》を伺《うかゞ》ひたいのですが、私《わたし》は姙娠しましてから出產《しゆつさん》の日《ひ》まで

就寢の時《とき》と起床前《きしやうぜん》に腹式呼吸《ふくしきこきふ》を致《いた》します。さうしますと、眠《ねむ》る時《とき》なんか非常《ひじやう》に氣持《きもち》よく眠《ねむ》れるんでございますよ。

竹内 それは生《う》れる前《まへ》に急《きふ》にやつてはいけませんでせうが、最初《はじめ》からずつとやつて居《ゐ》ることならば一向差支《かうさしつか》へないことです。腹筋《ふくきん》を強《つよ》くすることは大切《たいせつ》なことですからね。何《なん》だか此《こ》の頃《ごろ》の若《わか》い方《かた》は姙娠《にんしん》の攝生《せつせい》といへば、動《うご》きすぎてはいけないと信《しん》じてゐるの

御出席者

（イロハ順）

理學博士	石川千代松
東京府産婆會副會長	岩崎直子
西崎藥學博士夫人	西崎綾乃
日本女子大學校教授	高島平三郎
井出醫院長	竹内茂代
立正婦人會々長	松平俊子
醫學博士	福井正憑
三輪田高等女學校長	三輪田元道

か、筋肉《きんにく》の鍛錬《たんれん》が尠《すくな》く、筋《きん》肉《にく》の發達《はつたつ》が非常《ひじやう》に惡《わる》くて、みな力《ちから》がなくて苦《くる》しみますし、時間《じかん》がかゝるのです。お産《さん》は生《う》み出《だ》す力《ちから》がなければならないのですから、體《たい》操《さう》をするなり、或《あるひ》は雑巾《ざふきん》がけをするにも箒《はうき》をつかふにも、もつと力《ちから》をこめてする習慣《しふくわん》を姙娠前《にんしんぜん》からつけて、姙娠《にんしん》してもつゞけてやつて、所謂筋力をつくつてゆく働きをすることが、安産《あんざん》のためには必要《ひつえう》な條件《でうけん》です。

記者 姙娠《にんしん》してから體操《たいさう》をはじめてもかまはないでせうか。

竹内 それは流産《りうざん》を起《おこ》したりするおそれがありますね。日頃《ひごろ》何《なに》もしない人《ひと》だつたら筋力《きんりよく》を養《やしな》ふわけにゆきません。ふだん働《はたら》いてゐる人《ひと》は何《なに》をしてもいゝのです。乘物《のりもの》につても重《おも》いものを持《も》つても一向差支《かうさしつか》へありません。

松平 私《わたし》は最近《さいきん》にもお産《さん》をいたしましたが、人間《にんげん》としてどの位《くらゐ》まで抵抗力《ていかうりよく》があるかといふことを自分《じぶん》で試驗《しけん》いたします爲《た》めに、隨《ずゐ》分活動《ぶんくわつどう》いたしました、周圍《しうゐ》の者《もの》が皆《みな》はらはらして驚《おどろ》いた位《くらゐ》です。それでお醫者《いしや》さんも看護婦《かんごふ》も、私《わたし》のやうに産前産後《さんぜんさんご》のよいものはないと驚《おどろ》いてゐます。

福井 とにかく平常《ふだん》の生活《せいくわつ》に遠《とほ》ざかるといけませんね。

岩崎 さうでございますね、ふだんなれた方《かた》なら何《なに》を遊《あそ》ばしてもよろしうございます。あまり乘物《のりもの》などにおのりにならない方《かた》は四ケ月頃《げつごろ》までは、おのりにならない方《はう》がよろ

197　「嫁入準備とお産準備の座談会」　石川千代松、岩崎直子、西崎綾乃、高島平三郎 ほか　『婦人倶楽部』昭和6年4月1日

しうございます。

三輪田　お尻《しり》が大《おほ》きいといふと女《をんな》は厭《いや》がりますが、あれは大變《たいへん》いゝ事《こと》なんでせう。

福井　骨盤《こつばん》の大《おほ》きいのは非常《ひじやう》にいゝことです。姙娠《にんしん》したら、一應骨盤《おうこつばん》を醫者《いしや》にはかつて貰《もら》つておくことですね。さあお産《さん》になつて困《こま》つたといふ例《れい》がありますから——。

岩崎　それから便通《べんつう》も大切《たいせつ》なことで、一日《にち》一回《くわい》は必《かなら》じ通《つう》じるやうに、お通《つう》じのないときは灌腸《くわんちやう》を遊《あそ》ばすのがよろしうございますね。

初産《しよざん》の人《ひと》と經産婦《けいさんぷ》の相違《さうゐ》する點《てん》

記者　初産《しよさん》と、何度《なんど》もお産《さん》をしたといふ人《ひと》とはお産《さん》も幾分《いくぶん》ちがひませうね。

岩崎　前《まへ》のお産《さん》が非常《ひじやう》に輕《かる》かつたといふので無理《むり》をなさつたりして失敗《しつぱい》なさる方《かた》がございます。面倒《めんだう》をみなければならないお子様《こさま》がおありですから、自然《しぜん》無理《り》を遊《あそ》ばして、まだ子宮《しきう》が平常《ふだん》に復《か》へらない前《まへ》にお起《お》きになる方《かた》がありますが、大切《たいせつ》にして頂《いただ》きたうございます。

福井　前《まへ》のお産《さん》が重《おも》かつたからと心配《しんぱい》する人《ひと》がありますが、前《まへ》はかうだつたからかうといふことはありませんね。只前《たゞまへ》に産婆《さんば》さんが間《ま》に合《あ》はない位早《くらゐはや》く生《うま》れたといふ人《ひと》は、お産近《さんちか》くなつたならば出歩《である》かないやうにすることです。よく電車《でんしや》の中《なか》で生《う》みおとしたといふやうな人《ひと》は、必《かなら》ず經産《けいさん》の人《ひと》で、特《とく》に骨盤《こつばん》が大《おほ》きくて、赤坊《あかんぼう》が小《ちひ》さくてす、通《とほ》りで生《うま》れたといふやうな經驗《けいけん》のある人《ひと》は特《とく》に注《ちう》意《い》しなければなりません。

三輪田　よく流産《りうざん》する人《ひと》は癖《くせ》になると云《い》ひますが……

福井　癖《くせ》ちやありません。流産後《りうざんご》の手當《てあて》がわるいからです。最初流産《さいしよりうざん》の時《とき》に充分《じうぶん》手當《てあて》を完全《くわんぜん》にして居《を》ればさういふことはないのです。もう一《ひと》つは黴毒《ばいどく》のある人《ひと》が黴毒《ばいどく》の治《なほ》らぬ爲《た》めに早《はや》く生《うま》れる人《ひと》もあります。

お乳《ちゝ》のこと

竹内　それからお乳《ちゝ》のことを申《まう》しませう。簡《かん》單《たん》なことで注意《ちうい》しなければならないことは乳首《ちくび》の出《で》てゐない人《ひと》は愈《いよ》〻お乳《ちゝ》を飲《の》ませるといふ時《とき》になつて大變《たいへん》困難《こんなん》することがありますから、姙娠《にんしん》の後半期《こうはんき》になりましたならば、あまり刺戟《しげき》しすぎても困《こま》りますが、或《あ》る程度《ていど》に自分《じぶん》で引張《ひつぱ》り出《だ》すとか、冷《つめ》たい水《みづ》で拭《ふ》いたりして皮膚《ひふ》を強《つよ》くするといふことが必要《ひつえう》でございます。

岩崎　なか〳〵出《で》てこないやうでしたら、此《この》頃《ごろ》は乳首《ちくび》を吸《す》ひだす機械《きかい》がありますから、それをお求《もと》めになつて、吸《す》ひださすとよろしうございます。

記者　お乳《ちゝ》の出《で》の少《すくな》い人《ひと》のお乳《ちゝ》を澤山《たくさん》にする方法《はうはふ》はありませんか。

竹内 乳《ちゝ》の出《で》る出《で》ないは主《しゆ》として食物《しよくもつ》ですが食物《しよくもつ》に好《す》き嫌《きら》ひが多《おほ》いと出《で》ないことがあります。

福井 お乳《ちゝ》が張《は》つて來《き》た時《とき》に痛《いた》いといつて觸《さは》らせない人《ひと》がありますが、あれはいけません。張《は》つて來《き》た時《とき》には飲《の》ませるなり、罨法《あんぱふ》なりして、搾《しぼ》り取《と》つて置《お》くのです。さうすると後《あと》で同《おな》じ調子《てうし》で出《で》ますが、あの時《とき》に少《すこ》し大切《だいじ》にして置《お》くと、あとで出《で》なくなります。

産婆《さんば》または醫者《いしや》の診察《しんさつ》

記者 姙娠中《にんしんちう》お產婆《さんば》さんなり、お醫者《いしや》なりに診《み》ていたゞくことに就《つ》いての御注意《ごちうい》は——

岩崎 姙娠《にんしん》してゐるが、別《べつ》に異狀《いじやう》はないといふのでお醫者《いしや》さまにも診《み》ていたゞかず、いよ〳〵五ケ月《げつ》になつて、帶《おび》をするからと初《はじ》めて產婆《さんば》をおよびになる方《かた》がございます。いつか新婚《しんこん》の方《かた》で、そんな方《かた》がございまし

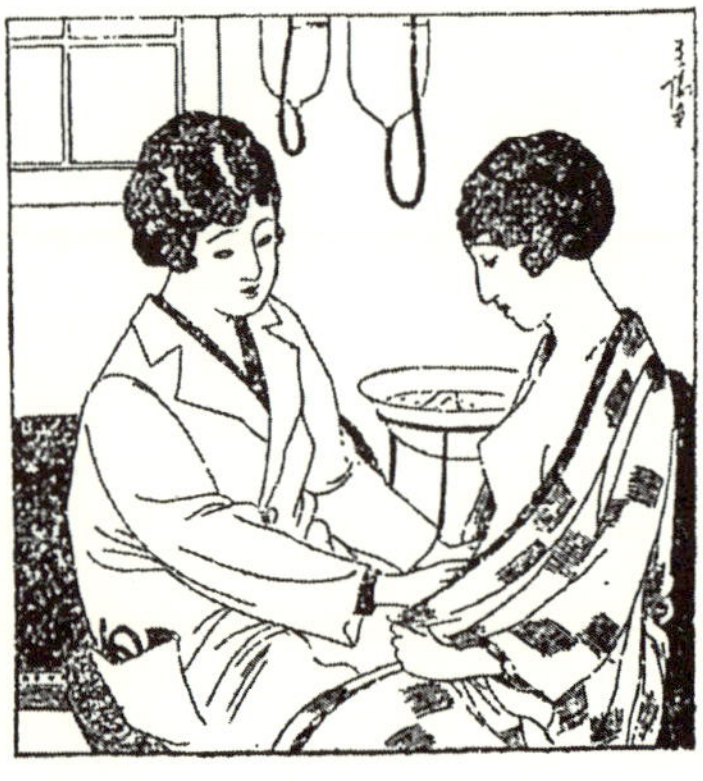

て、伺《うかゞ》ひましたところ、御親戚《ごしんせき》の方《かた》やら大勢《おほぜい》御祝《おいは》ひにお出《い》でになつて大變賑《たいへんにぎや》かでございました。ところが御診察《ごしんさつ》しますと、お腹《なか》は空《かつ》つぽなのでございます。お醫者樣《いしやさま》もおよびいたゞいて診《み》ていたゞきましたが、矢《や》張《は》り姙娠《にんしん》でなく、御本人《ごほんにん》は月經《げつけい》も五ケ月《げつ》なく、ツハリもあつたといふのですけれど、それは妄想姙娠《まうざうにんしん》の類《るゐ》で精神作用《せいしんさよう》で姙娠《にんしん》の徴候《ちようこう》をあらはしたものと見《み》えます。矢張《やは》り早《はや》く診《み》せていたゞかぬと、とんだことになります。

記者 診《さ》ていたゞく要點《えうてん》はどんなことです

か。

竹内　順調《じゆんてう》に大《おほ》きくなつて居《ゐ》るかといふことと、後半期《こうはんき》に入《はひ》つて位置《ゐち》が正《たゞ》しくあるかどうか、水《みづ》が多《おほ》すぎはしないか、即《すなは》ち病的姙娠《びやうてきにんしん》ではないか、生理的《せいりてき》に行《い》つて居《ゐ》るかどうかといふこと、そんなことを大體注意《だいたいちうい》して診《み》てもらへばいゝですね。それから姙娠中《にんしんちう》の浮腫《ふくみ》ですが、ナニ姙娠中《にんしんちう》の浮腫《ふくみ》は生《う》れゝば取《と》れるよといつてゐるうちに、その浮腫《ふくみ》が悪《わる》い浮腫《ふくみ》で、子癇《しかん》を起《おこ》して吃驚《びつくり》して病院《びやうゐん》に駈《か》けつけるといふやうな例《れい》がかなり多《おほ》いことですから、診察《しんさつ》を受《う》ける時《とき》の要點《えうてん》としてさういふことも心得《こゝろえ》て置《お》かなければなりませんね。

異狀姙娠《いじやうにんしん》の徴候《ちようこう》とその手《て》當法《あてはふ》

記者　それから『異狀姙娠《いじやうにんしん》』の徴候《ちようこう》とか手《て》當《あて》法《はふ》などについてお伺《うかゞ》ひいたしたう御座《ござ》います。

福井　命掛《いのちが》けの異狀姙娠《いじやうにんしん》は、いはゆる子宮外《しきうぐわい》姙娠《にんしん》で、喇叭管姙娠《らつぱくわんにんしん》といふのが一番《ばん》多《おほ》いのです。これは中《なか》には、最近《さいきん》も八ケ月《げつ》も保《たも》つたといふやうな珍《めづら》しいものもありますが、大概《たいがい》そんなに長《なが》らく保《たも》つものではありません、三ケ月《げつ》なり四ケ月位《げつぐらゐ》の間《あひだ》に破裂《はれつ》してしまふのが普通《ふつう》です。偶ゝ同衾《たまたまどうきん》や何《なに》かが機會《きくわい》になつて破裂《はれつ》するといふことも隨分《ずゐぶん》あります。それから今一《いまひと》つは葡萄狀鬼胎《ぶだうじやうきたい》といつて、子供《こども》にならないで葡萄《ぶだう》の房《ふさ》のやうになるものです。これも姙娠《にんしん》の前半期《ぜんはんき》で太概出血《たいがいしゆつけつ》をして來《く》るし、又醫《またい》者《しや》の方《はう》で云《い》ひますと、月《つき》に相當《さうたう》しなくてどん／＼急《きふ》に大《おほ》きくなるといふやうなことやらで分《わか》ります。それ等《ら》の手當《てあて》としては何《いづ》れも早《はや》いめに醫者《いしや》に診《み》てもらふといふことです。

三輪田　その子宮外姙娠《しきうぐわいにんしん》には決《き》まつた原因《げんいん》がありますか。

福井　多《おほ》くは淋病《りんびやう》や何《なに》かを患《わづら》つた後《あと》に起《おこ》しますね。

竹内　それからもう一《ひと》つ同《おな》じことですが、素《しろう》人《と》が氣付《きつ》くといふ點《てん》から申《まう》しますと、出血《しゆつけつ》と先刻申《さつきまう》しました浮腫《ふくみ》です。姙娠中腫《にんしんちうは》れて參《まゐ》りました場合《ばあひ》、それは非常《ひじやう》に恐《おそ》ろしい子《し》癇《かん》を起《おこ》す前兆《ぜんちやう》であるときがあります。それから姙娠《にんしん》の極《ご》く最初《はじめ》から最後《さいご》まで、どんな條件《でうけん》であつても出血《しゆつけつ》するといふのは病的《びやうてき》ですから、その一滴《いつてき》の出血《しゆつけつ》からどれだけ大《おほ》きな出血《しゆつけつ》になるか、それは分《わか》りませんから、とに角出血《かくしゆつけつ》があつたら異狀《いじやう》として早《はや》く手遲《ておく》れにならないやうに手當《てあて》をすることですね。

福井　それから胎盤《たいばん》の早期剝離《さうきはくり》といふのがあります。まだ口《くち》を開《ひら》かない、勿論子供《もちろんこども》も出《で》ない中《うち》に胎盤《たいばん》が剝《は》がれてしまつた時《とき》には、子供《こども》は死《し》んでしまふし、出血《しゆつけつ》の爲《た》めにお母《かあ》さんも死《し》んでしまひます。子供《こども》が出《で》ないから手術《しゆじゆつ》をして居《ゐ》る中《うち》にお母《かあ》さんが死《し》んでしまふといふことがあります。これも矢張早《やはりはや》い中《うち》に手當《てあて》すればそれは助《たす》け得《う》るのです。

竹内　なほ簡單《かんたん》な異狀《いじやう》ですが、位置《ゐち》の異狀《いじやう》で、それは子供《こども》が足《あし》を下《した》に向《む》けて出《で》る俗《ぞく》に逆兒《さかご》といふのがあります。二度《ど》目《め》からのお產《さん》では殆《ほと》んど子供《こども》を失《うしな》ふことはありませんが、初產《しよざん》でございますと子供《こども》を失《うしな》ふことの方《はう》が半分以上《はんぶんいじやう》なのですから、これも生《うま》れる前《まへ》になほして貰《もら》つておかねばなりません。まだ生《うま》れる前《まへ》に直《なほ》して置《お》けばいゝのです。

福井　中《なか》には子供《こども》が横《よこ》になつたのがあります

「嫁入準備とお産準備の座談会」 石川千代松、岩崎直子、西崎綾乃、高島平三郎 ほか 『婦人倶楽部』昭和6年4月1日

横になつたまゝお產《さん》がはじまるとこれは絕《ぜつ》對《たい》に助《たす》かりません、殊《こと》に箝《はま》り込《こ》んでしまひますと、赤坊《あかんばう》を切《き》つて出《だ》さなければならないことになります。

記者　それは自分《じぶん》にわかりますか。

竹內　わかりません。矢張《やはり》その爲《た》めに少《すく》なくも一ケ月《げつ》一回《くわい》は診《み》てもらふことが必要《ひつえう》ですね。

福井　も一《ひと》つ、子宮後屈《しきうこうくつ》の人《ひと》は姙娠《にんしん》したら難《なん》產《ざん》します。ところが醫《い》者《しや》の手《て》によつて難產《なんざん》にならないで濟《す》む樣《やう》にできるものであり、どうしても難產《なんざん》になるべき運命《うんめい》のものであれば、豫《あらかじ》めそれを豫防《よばう》するとか、或《あるひ》は全然《ぜんぜん》前以《まへもつ》てそれを除去《じよきよ》してしまふとかいふ方法《はうはふ》がとれるのですから、兎《と》に角前《かくまへ》に診《み》せるのが安全《あんぜん》です。

記者　姙娠の末期《まつき》になりまして、位置を急《きふ》に變《か》へるといふことがあつても直《なほ》りますか。

竹內　直《なほ》ります。どうしても直《なほ》らぬ場合《ばあひ》には、直《なほ》らぬ樣《やう》な覺悟《かくご》をしてお產《さん》に掛《かゝ》るのです、さうすれば間違《まちが》ひはありません。

記者　位置《ゐち》の變《かは》る原因《げんいん》はどんなことですか。

竹內　逆《さか》さになるのは、骨盤《こつばん》の狹《せま》い人《ひと》で頭《あたま》が箝《はま》り込《こ》まないのがよくあります、五人《にん》も六人《にん》も生《う》んで、あまりお腹《なか》がだぶ〳〵になつてゐる人《ひと》も引《ひ》つくり返《かへ》りやすいのです。

お產《さん》の用《よう》意《い》

記者　次《つぎ》にお產《さん》の用意《ようい》萬端《ばんたん》のお話《はなし》を伺《うかゞ》ひたうございます。

竹內　岩崎《いはさき》さんどうぞ……。

岩崎　ご用意《ようい》していたゞく物品《ぶつぴん》は澤山《たくさん》ございます。地《ぢ》の薄《うす》い晒木綿《さらしもめん》二反《たん》（產褥蒲團《さんじよくぶとん》と赤《あか》ちやんの腹帶用《はらおびよう》）、中《ちう》くらゐの晒木綿《さらしもめん》三反《たん》、（產婦《さんぷ》の腹帶《はらおび》、丁字帶《ていじたい》、乳《ち》あて用《よう》）、金巾大《かなきんおほ》巾《はゞ》もの四尺五寸《しやくすん》・蒲團綿《ふとんわた》三枚《まい》、靑梅綿《あをめわた》二袋《ふたふくろ》乃至《ないし》三袋《みふくろ》、盥《たらひ》一個《こ》、その附屬《ふぞく》として莫蓙《ござ》、瀨戶《せと》引洗面器《ひきせんめんき》三個《こ》（消毒用《せうどくよう》）、蓋茶碗《ふたぢやわん》二三個《こ》お盆《ぼん》二三枚《まい》、石鹼《せきけん》二箇《こ》（アイボリー、硼酸《ほうさん》石鹼《せきけん》などの類《るゐ》）、タオル大小《だいせう》二枚乃至《まいないし》三枚《まい》、手拭《てぬぐひ》二本乃至《ほんないし》五本《ほん》、半紙《はんし》一帖《でふ》、麻《あさ》、襁袋《わかぶくろ》二袋《ふくろ》、浴衣《ゆかた》または敷布《しきふ》二枚《まい》、丹前《たんぜん》または毛布《まうふ》一枚《まい》、湯《ゆ》たんぽ二三箇《こ》、櫻紙《さくらがみ》五六帖乃至《でふないし》二十帖《でふ》、挿込便器《さしこみべんき》一箇《こ》、ガーゼ二反乃至《たんないし》五反《たん》、脫脂綿《だつしめん》三ポンド乃至《ないし》五ポンド、硼酸《ほうさん》半《はん》ポンド、リゾール百瓦《グラム》乃至《ないし》三百瓦《グラム》、オレーフ油《ゆ》三十瓦《グラム》乃至《ないし》五十瓦《グラム》、アルコール二百瓦乃至《グラムないし》

一ポンド、氷嚢《ひようのう》二三箇《こ》 蠟燭《らふそく》二三本《ぼん》、護謨《ごむ》布《ぬの》三尺《じやく》五寸《すん》もの一枚《まい》、油紙《あぶらがみ》大《だい》九枚《まい》つゞき一枚《まい》、小六枚《まい》つゞき三枚《まい》・吸呑《すいのみ》または急須《きふす》二三箇《こ》（牛乳《ぎうにう》、葡萄酒《ぶだうしゆ》・湯茶《ゆちや》入れ用《よう》）、シツカロール又《また》はタルカン二箇《こ》、胞衣納器《えないれき》一箇《こ》、折箱《をりばこ》一二箇《こ》、白《しろ》ネル大巾《おほはゞ》四尺《しやく》五寸《すん》、（冬《ふゆ》の股引《またひき》に仕立《した》てるもの）一升入《しようい》れの容器《あきびん》一箇《こ》（湯《ゆ》ざまし入《い》れ）、三百瓦《グラム》入れくらゐの空罎《あきびん》一箇《こ》（硼酸《ほうさん》入れ）などで、お揃《そろ》へになればなほ結構《けつかう》と存《ぞん》じますのは、灌腸《くわんちやう》用のイルリガートルと體温器《たいおんき》とでございます。

竹内　それだけ用意《ようい》すれば普通《ふつう》には十分《ぶん》ですね。必《かなら》ずそれだけなくては足《た》りないといふのではありませんけれど……。

岩崎　左樣《さやう》でございます。それから用《もち》ひ方《かた》は産婆《さんば》々々によつて勝手《かつて》がございますから、豫《あらかじ》めおかゝりになつてゐる産婆《さんば》に御相談《ごさうだん》になるとよろしうございます。

福井　私《わたし》ども醫師《いし》が用《もち》ひてゐる繃帶材料《はうたいざいれう》が入《い》れる金屬製《きんぞくせい》の消毒貯槽罐《せうどくちよぞうくわん》といふのがありますが、あれを用意《ようい》すれば、消毒《せうどく》も乾燥《かんさう》も充《じう》分《ぶん》に行《ゆ》きます。これは簡單《かんたん》なのは四、五圓《ゑん》程度《ていど》で、醫療器具店《いれうきぐてん》で買《か》つてをります。お産《さん》の爲《ため》ばかりでなく、平常《ふだん》の準備《じゆんび》にも一《ひと》つ位《くらゐ》用意《ようい》して置《お》かれても無益《むえき》ではないと思《おも》ひます。その罐《くわん》に平常《ふだん》から綿《わた》やガーゼを消毒《せうどく》して貯《たくは》へて置《お》けば、殊《こと》に突然《とつぜん》の怪我《けが》などのときに、應急《おうきふ》の處置《しよち》をするために大變便利《たいへんべんり》で安全《あんぜん》です。

竹内　らふそくの用意《ようい》が是非《ぜひ》ほしいのです。夜中《やちう》停電《ていでん》などでまごつくことがありますから。

岩崎　さつき申上《まうしあ》げました中《うち》に大巾《おほはゞ》四尺《しやく》五寸《すん》の白《しろ》ネルと申《まう》しましたが、お寒《さむ》い時《とき》には夫《それ》で股引《もゝひき》をつくつておいていたゞくと、お産《さん》後《ご》の灌腸便通消毒《くわんちやうべんつうせうどく》の折《をり》などにお寒《さむ》くなく、お看護申上《かんごまうしあ》げるものにも都合《つがふ》がよろしうございます。股引《もゝひき》は長《なが》さ二尺《しやく》五寸《すん》から二尺《しやく》八寸位《すんくらゐ》にして、足《あし》の先《さき》の出《で》ませんやうに、恰《ちやう》度袋《どぶくろ》のやうに縫《ぬ》ひつめていたゞきますと、お産婦《さんぷ》は温《あたゝか》くてよろしいかと存《ぞん》じます。

記者　産褥蒲團《さんじよくぶとん》などの作《つく》り方《かた》について、特別《とくべつ》な御工夫《ごくふう》はございませんか。

岩崎　市場《しぢやう》で買《う》つてをります分娩具《ぶんべんぐ》の産褥《さんじよく》蒲團《ぶとん》は小《ちひ》さすぎて不便《ふべん》なときがございます。さつき申上《まうしあ》げました油紙《あぶらがみ》のうち、九枚《まい》つゞきのものと、六枚《まい》つゞきのものとは、産褥《さんじよく》ぶとんにおつくりいたゞくのでございます。

記者　どういふ風《ふう》にしてつくりますか。

岩崎　豫《あらかじ》め油紙《あぶらがみ》を熱湯《ねつたう》にひたして、固《かた》くしぼつた布《きれ》で裏表《うらおもて》ともふきまして、更《さら》にリゾールを百倍《ばい》にといた液《えき》で兩面《りやうめん》をふいて乾《かわ》かしていたゞきます。さうして、九枚《まい》つゞきの油紙《あぶらがみ》はひろげて、その上《うへ》に青梅綿《あをめわた》を三枚《まい》どほり敷《し》き、眞中《まんなか》にはもう一枚綿《まいわた》を重《かさ》ねまして、その上《うへ》に地質《ぢしつ》のわるい晒木綿《さらしもめん》を三巾《みはゞ》縫《ぬ》ひ合《あは》せ、長《なが》さは油紙《あぶらがみ》より三寸《ずん》ほど長《なが》くしたものを載《の》せ、長《なが》い方《はう》を裏《うら》に折返《をりかへ》して周圍《しうゐ》をグルリと縫《ぬ》ひつけていたゞきます。これが大《おほ》きい方《はう》の産褥蒲團《さんじよくぶとん》で、六枚《まい》つゞきの方《はう》は、青梅綿《あをめわた》を二枚《まい》どほりしき、眞中《まんなか》だけもう一枚餘分《まいよぶん》に重《かさ》ねまして、前《まへ》のと同《おな》じやうに晒《さらし》木綿二巾半《もめんふたはゞはん》にして油紙《あぶらがみ》より三寸長目《ずんながめ》にしたものをのせて裏《うら》へ折返《をりかへ》して縫《ぬ》ひつけます。

記者　大小《だいせう》つくつておくわけですね。

岩崎　さうです。それからも一《ひと》つ兩側《りやうがは》とも晒《さら》布二巾《しふたはゞ》にして長《なが》さを二尺《しやく》二寸《すん》としまして、中《なか》に綿《わた》を二枚《まい》どほり入《い》れた恰度晒布《ちやうどさらし》の座《ざ》ぶとんのやうなものをおつくりいたゞきます。

記者 その他《ほか》油紙《あぶらがみ》は何《なに》もしないでおくのですか。

岩崎 それでは汚物《おぶつ》を入《い》れる袋《ふくろ》をつくつていたゞきます。

竹内 產後《さんご》の腹帶《はらおび》はどうしてゐらつしやいますか。

岩崎 中《ちう》くらゐの地《ち》の晒木綿《さらしもめん》を、御體格《ごたいかく》によつて長《なが》くせねばなりませんが、まづ普通《ふつう》の方《かた》なら、長《なが》さ三尺《じやく》二寸《すん》に切《き》つたものを二枚《まい》用意《ようい》しまして、どちらも巾《はゞ》七寸《すん》五分《ぶ》に裁《た》ち切《き》り、一枚《まい》の方《はう》は・兩端《りやうはし》を四《よ》つ割《わり》に（第《だい》一圖《づ》參照《さんせう》）一尺《しやく》ほど切《き》りこみます。これを下《した》に、もう一枚《まい》の切《き》りこまない方《はう》のと重《かさ》ね中《ちう》央を一筋《ひとすぢ》縫《ぬ》ひつけておきます。

記者 用《もち》ひますときは？

岩崎 切《き》りこみのない方《はう》をまきまして、お腹《なか》の上《うへ》で合《あは》せ、切《き》りこみのある方《はう》をそれ〴〵むすんで、お腹《なか》を十分《ぶん》しめるのでございます。

福井 赤坊《あかんばう》の腹帶《はらおび》も入《い》るはずですね。

岩崎 それは晒布《さらし》を巾《はゞ》六寸《すん》三分《ぶ》、長《なが》さ一尺《しやく》五寸《すん》位に切《き》りまして、縱《たて》に三つに折《を》り、その折目《をりめ》を兩端《りやうはし》とも六寸《すん》五分《ぶ》切《き》りこみ、なほ上《うへ》になる方《はう》の眞中《まんなか》を左右《さいう》から六寸《すん》五分《ぶ》切《き》りこんでおくのでございます。（第二《に》圖參照《さんせう》）これは三枚《まい》つくつておきます。

第一圖

第二圖

竹内 丁字帶《ていじたい》も入《い》りますね。

岩崎 これも晒布《さらし》でつくりますが、長《なが》さ二尺《しやく》五寸《すん》、巾《はゞ》七寸《すん》ほどのものに長《なが》さ三尺《しやく》ほどの紐《ひも》を、その一端に[illegible]だれのやうな恰好につけます。紐《ひも》のつかない方《はう》は、眞中《まんなか》に下《した》から一尺《しやく》ほどの切目《きれめ》を入《い》れておきます。

記者 用意《ようい》は何《なん》ケ月頃《げつごろ》までにとゝのへておかねばならぬものですか。

岩崎 七ケ月頃《げつごろ》までにおとゝのへなさるのがよいと存《ぞん》じます。

福井 昔《むかし》の習慣《しふくわん》で、古《ふる》い布片《きれ》などを集《あつ》めて置《お》いて、產襤褸《さんぼろ》といつて不潔《ふけつ》な綿《わた》や布《きれ》を其儘《そのまゝ》に使《つか》ふ方《かた》も時《とき》としてありますが、そのため生命《せいめい》に危險《きけん》のあるやうな病氣《びやうき》、即《すなは》ち產褥熱《さんじよくねつ》などを產後《さんご》に起《おこ》して來《く》ることがありますから、若《も》しも已《や》むを得《え》ず古布《ふるぎれ》を使《つか》ふ場合《ばあひ》には必《かなら》ず嚴重に消毒《せうどく》して置《お》かなくては危險《きけん》です。

これまでの習慣《しふくわん》で產氣《さんけ》がつくと、腹《はら》に力《ちから》をつけるために食物《しよくもつ》を食《た》べさせますが、あまり腹の張《は》るやうなものはいけません。腹《はら》の張《は》るやうなものや、鷄卵《けいらん》などを食《た》べさせますと、後《あと》で嘔氣《はきけ》を催《もよほ》すことがありますから、注意《ちうい》しなければなりません。まづお粥《かゆ》で、白身《しろみ》の輕《かる》い魚肉《ぎよにく》くらゐを食《た》べさせるがよいでせう。

203　「嫁入準備とお産準備の座談会」　石川千代松、岩崎直子、西崎綾乃、高島平三郎 ほか 『婦人倶楽部』昭和６年４月１日

記者　お産婆《さんば》さんとして、家人《かじん》の方《かた》にかうしておいてくれたらといふやうな御注文《ごちうもん》がございませんか。

岩崎　昔《むかし》と今《いま》とではお産《さん》についての考《かんが》へもちがつてきてゐますから、お姑《しうと》さんがたとへ御經驗《ごけいけん》がおありにはなりましても今《いま》のお産《さん》についても少《すこ》し知《し》つてゐていたゞきたいこと、私《わたし》どもがまゐりまして、御挨拶《ごあいさつ》だけですぐ引込《ひきこ》まれるお姑《しうと》さんがありますが、矢張《やは》り、御《ご》一緒《しよ》に御相談《ごさうだん》にのつていたゞく方《はう》が連絡《れんらく》も便利《べんり》ですし、お嫁《よめ》さんにしても私《わたし》どもにしても氣持《きもち》がよろしうございます。

福井　お産《さん》が始《はじ》まつたらお湯《ゆ》を用意《ようい》すべきことは云《い》ふまでもないが、氷嚢《へうのう》と氷《こほり》とを用意《ようい》することも忘《わす》れてはなりません。殊《こと》に經産《けいさん》婦《ぷ》の場合《ばあひ》には、お産《さん》が輕《かる》ければ輕《かる》いほど、弛《ち》緩性出血《わくせいしゆつけつ》を起《おこ》し易《やす》いもので、さういふ場合《ばあひ》には直《す》ぐ氷《こほり》が必要《ひつえう》です。兎《と》に角《かく》、産後《さんご》は冷《ひや》せば危險《きけん》な出血《しゆつけつ》など起《おこ》らぬものですから、初産婦《しよさんぷ》であらうが經産婦《けいさんぷ》であらうが、家人《かじん》は氷《こほり》を用意《ようい》して頂《いたゞ》きたい。お産《さん》に氷《こほり》は非常《ひじやう》に必要《ひつえう》なものなのですが、それの分《わか》らぬ人《ひと》が多《おほ》いです。

分娩《ぶんべん》の諸準備《しよじゆんび》と心得《こゝろえ》

出産《しゆつさん》の徴候《ちようこう》

竹内　それでは次《つぎ》に出産《しゆつさん》の徴候《ちようこう》について申上《まうしあ》げませう。豫定日《よていび》に達《たつ》してゐる場合《ばあひ》のお産《さん》の徴候《ちようこう》は二三日前《にちまへ》から尿意《ねうい》を頻《しき》りに催《もよほ》すことです。それが病的《びやうてき》の場合《ばあひ》とちがひますから、痛《いた》みもなく氣持《きもち》も別《べつ》にわるいやうなことはなく、これまで一日《にち》に五回《くわい》あつたのが七八回《くわい》もそれ以上《いじやう》もいくやうになります。

岩崎　こしけの量《りやう》もましてまゐります。それから赤《あか》ちやんの動《うご》き方《かた》がだん〳〵少《すく》なくなつてまゐります。

竹内　なほ進《すゝ》むと、お腹《なか》がはつてきたと思《おも》ふと、次第《しだい》に下《した》の方《はう》に張《は》つてきて、どうしたのかと思《おも》つてゐると、ふつとやんでしまふといつたやうな極《きは》めて不規則《ふきそく》に張《は》つてはやみ〳〵いたします。これは子宮《しきう》の収縮《しうしゆく》が起《おこ》つてきた證據《しようこ》なのです。

岩崎　さうして痛《いた》みがなくて張《は》つてくる方《かた》とお腹《なか》に弱《よわ》いいたみが起《おこ》つてくる方《かた》とございますね。痛《いた》みがなくてお産《さん》なさる方《かた》は、大抵《たいてい》そのお母樣《かあさま》もそんな風《ふう》なお産《さん》を遊《あそ》ばした方《かた》でございますね。遺傳《ゐでん》のやうでございます。

竹内　とにかくそんな風《ふう》になつてきたら、分娩《ぶんべん》までに間《ま》がありませんから、直《す》ぐお産《さん》が始《はじ》まる場合《ばあひ》と、二三日《にち》おいて始《はじ》まる場合《ばあひ》とありますが、とにかく外出《ぐわいしゆつ》だの洗濯《せんたく》だの過《くわ》度《ど》の仕事《しごと》をさけ、用心《ようじん》することが肝要《かんえう》です。

岩崎　お腹《なか》の張《は》りが痛《いた》みを伴《ともな》ふやうになり、痛《いた》みが時間《じかん》をきめてくると、それが陣痛《ぢんつう》ですから、産婆《さんば》にすぐお知《し》らせになるのが順《じゆん》序《じよ》です。産婆《さんば》も都合《つがふ》をつけておまちせねばなりませんからなるべく早《はや》くお知《し》らせになることが大切《たいせつ》です。陣痛《ぢんつう》は五度《ど》六度《ど》と重《かさ》な

るにつれて時間《じかん》が短《みじ》かくなり、痛《いた》みが強《つよ》くなつてきましたら、もう分娩《ぶんべん》がたしかにはじまつた證據《しようこ》でございます。

竹内　お産《さん》の數日前《すうじつまへ》に、前陣痛《まへぢんつう》といつて間歇《かんかつ》性《せい》の痛《いた》みをおこすことがありますが、これは不規則《ふきそく》で、しかも次第《しだい》に回數《くわいすう》が減《へ》つてきますから、本當《ほんたう》の催《もよほ》しでないことがわかります。本當《ほんたう》の陣痛《ぢんつう》ならば必《かなら》ずいたみと時間《じかん》が迫《せま》つてきて、その頃《ころ》には粘液《ねんえき》の分泌《ぶんぴつ》か血《けつ》性《せい》の粘液《ねんえき》か、または水《みづ》が出《で》てまゐります。俗《ぞく》に『印《しるし》があつた』などいひますね。かうなるのが正規《せいき》の分娩《ぶんべん》の徴候《ちようこう》です。

記者　豫定日《よていび》前《まへ》の場合《ばあひ》はどうなりますか。

竹内　突然出血《とつぜんしゆつけつ》をおこしてきます。七ケ月以《げつい》前《ぜん》ならば流産《りうざん》、以後《いご》なれば早産《さうざん》です。

産《さん》褥《じよく》の諸《しよ》準《じゆん》備《び》

記者　産褥《さんによく》はどういふ風《ふう》にとゝのへるとよろしいのですか。

岩崎　産室《さんしつ》はどこにするとか方角《はうがく》はどうとか細《こまか》いことでもよく産婆《さんば》と連絡《れんらく》をとつておいていたゞきたいのです。その他産褥《ほかさんによく》はどんな風《ふう》に敷《し》くとか、お火鉢《ひばち》の位置《ゐち》はどこにするとか、電燈《でんとう》の位置《ゐち》や紐《ひも》などどういふ風《ふう》にするとかいふことまで、産婆《さんば》と相談《さうだん》しておいていたゞくと結構《けつかう》でございます。

福井　産室《さんしつ》には無用《むよう》のものは入《はい》つてはなりませんが、産婆《さんば》は産室《さんしつ》を一歩《ぽ》も離《はな》れることは出來《でき》ないのですから、家人《かじん》の誰《だ》れか一人《ひとり》は必《かな》らず次《つぎ》の間《ま》に居《ゐ》て、用《よう》があるとき産婆《さんば》を補助《ほじよ》するやうにしなければなりません。

岩崎　産室《さんしつ》におつかひになるお部屋《へや》は机《つくゑ》その他《た》とりのけ、廣《ひろ》くつかへるやうにしてからおさうぢをして、おふとんをしいていたゞきます。産褥《さんじよく》ぶとんは、敷《しき》ぶとんの上《うへ》に枕《まくら》から少《すこ》し下《した》ぐらゐからおしきになるのが適當《てきたう》で、あまり下《した》にしますと、時《とき》として羊《やう》水《すゐ》が流《なが》れだすことがございます。

西崎　脱脂綿《だつしめん》や藥品類《やくひんるゐ》やその他《た》の用品《ようひん》は、どうしておけば一番《ばん》お便利《べんり》ですか。

岩崎　風呂敷《ふろしき》なり行李《かうり》なりに入《い》れて、一纏《ひとまと》めにして産婆《さんば》にわかるやうに産室《さんしつ》の隅《すみ》においていたゞきますのが、便利《べんり》でございます。それから産室《さんしつ》の腰硝子《こしがらす》には紙《かみ》を貼《は》つておいて頂《いたゞ》くと、よろしうございます。日光《につくわう》が直《ちよく》

205 「嫁入準備とお産準備の座談会」 石川千代松、岩崎直子、西崎綾乃、高島平三郎 ほか 『婦人倶楽部』昭和6年4月1日

射《や》して工合《ぐあひ》の惡《わる》いこともございますし、外《そと》から覗《のぞ》かれるといふのも一寸《ちよつと》どうか……。

產婦《さんぷ》の心得《こゝろえ》

竹内 この頃《ごろ》の若《わか》い方《かた》は我慢《がまん》が足《た》らず、わづかの痛《いた》みにも大騒《おほさわ》ぎして、その間《あひだ》に分娩時《ぶんべんじ》間《かん》が長《なが》くかゝるのがありますね。

岩崎 分娩時《ぶんべんじ》におけがをなさるのもさういふ方《かた》に多《おほ》うございます。それからお腹壓《いきみ》をお加《くは》へになる時期《じき》がございますが、產婆《さんば》は必要《ひつえう》なときに御注意《ごちうい》いたしますのですが、その時期《じき》のこないうちにおいきみになつて、早期破水《さうきはすゐ》をいたしましたり、お怪我《けが》をしたり、また肝心《かんじん》のときに疲《つか》れてお腹壓《いきみ》になれないといふこともございます。またお產《さん》の終《をは》り近《ちか》くに產婆《さんば》がお腹壓《いきみ》をおとめすることがございますが、そんなときには呼吸《こきふ》を廣《ひろ》く遊《あそ》ばしていたゞかないと、お怪我《けが》が起《おこ》ります。

福井 よく初產《しよさん》の方《かた》は樣子《やうす》が分《わか》らないだけに大事《だいじ》をとつて、早《はや》く床《とこ》に就《つ》いたりしますが、あまり早《はや》く床《とこ》に就《つ》くのはいけませんね。就《しう》床《しやう》に最《もつと》も適當《てきたう》な時期《じき》は、陣痛《ぢんつう》が次第《しだい》に強《つよ》くなつて、痛《いた》む間《あひだ》の方《はう》が歇《や》んでゐる間《あひだ》よりも長《なが》くなつて、その間歇《かんけつ》が短《みぢか》くなつた頃《ころ》です。かうなつたら、決《けつ》して坐《すわ》つてはなりません。そしてもう小水《せうすゐ》でも大便《だいべん》でも便器《べんき》で取《と》つて、便所《べんじよ》へは行《い》つてはなりません。

季節等《きせつなど》によつて相違《さうゐ》する準備《じゆんび》の心得《こゝろえ》

竹内 冬《ふゆ》のお產《さん》はあまり暖《あたゝ》めるのもいけないし、といつて寒《さむ》すぎるのも困《こま》ります。

岩崎 冬《ふゆ》はお產室《さんしつ》に白《しろ》い金巾《かなきん》のカーテンを張《は》り廻《めぐ》らしておきますと、大變《たいへん》温《あたゝか》くて炭《すみ》もさう澤山《たくさん》つかはずにすみます。それからお產《さん》婦《ぷ》にはさつき申上《まうしあ》げましたネルの股引《もゝひき》をはいていたゞきますこと、夏《なつ》は晒布《さらし》で、膝《ひざ》くらゐまでの股引《もゝひき》を矢張《やは》りつけていたゞきますとよろしうございます。

福井 寒《さむ》いときのお產《さん》には、是非《ぜひ》とも湯《ゆ》たんぽが必要《ひつえう》です。こんなことは分《わか》りきつたことのやうでありながら、その準備《じゆんび》がないため、母親《はゝおや》なり赤坊《あかんぼう》なりが困《こま》ることが實際《じつさい》によくあるのです。湯《ゆ》たんぽは嚴寒《げんかん》の候《こう》に必《ひつ》

要《えう》なのは云《い》ふまでもありませんが、さういふ非常《ひじやう》に寒《さむ》いときばかりでなく、秋冷春寒《しうれいしゆんかん》のお産《さん》には、是非《ぜひ》とも用意《ようい》することを忘《わす》れてはなりません。

竹内 夏《なつ》だからといつて吹《ふ》きとほしのお部屋《へや》ではいけませんが、扇風器《せんぷうき》は絶對《ぜつたい》にいけません。

岩崎 夏《なつ》は赤《あか》ちやんのために、小《ちい》さな寢臺《しんだい》を用意《ようい》しておいていたゞきますと、のみもつかず、埃《ほこり》もつかず衛生的《えいせいてき》でございますね。

準備《じゆんび》なき場合《ばあひ》の應急《おうきふ》處置法《しよちはふ》

竹内 お産《さん》は最少限度《さいせうげんど》初産《しよさん》の人《ひと》で六時間《じかん》、經産《けいさん》の人《ひと》で一時間《じかん》かゝるものですから、その間《かん》に準備《じゆんび》できないことはありませんが、萬《まん》一準備《じゆんび》もなく、産婆《さんば》も間《ま》に合《あ》はないといふときは、疊《たゝみ》の上《うへ》でもかまひませんから、ゴム布《ぎれ》なり油紙《あぶらがみ》なりを手早《てばや》くひろげて、その上《うへ》でお産《さん》をし、有合《ありあは》せの帶《おび》なり紐《ひも》なりでお腹《なか》をしつかりしばつて、子宮《しきう》を壓迫《あつぱく》しておくことが必要《ひつえう》です。

岩崎 恰度《ちやうど》お臍《へそ》の部分《ぶぶん》をしびれこむほど縛《しば》るのでございます。そして氷《こほり》がありましたらその上《うへ》にのせてお冷《ひや》しになれば何《なに》よりでございます。

松平 赤《あか》ちやんはどうしますか。

岩崎 眼《め》と鼻《はな》と口《くち》とをよく拭《ふ》いてやり、なるだけ温《あたゝ》かに包《つゝ》んで醫師《いし》か産婆《さんば》の來《く》るのを待《ま》ちます。震災《しんさい》のときなどお湯《ゆ》をつかはせることの出來《でき》ない場合《ばあひ》がありました。

福井 こんな場合《ばあひ》、産婦《さんぷ》の頭《あたま》は必《かな》らず低《ひく》くして置《お》きます。産後《さんご》は腦貧血《のうひんけつ》を起《おこ》し易《やす》いですから、それを防《ふせ》ぐためにさうするのです。

出生兒《しゆつしやうじ》と産婦《さんぷ》

西崎 赤《あか》ちやんが生《うま》れますと、以前《いぜん》はよくまくりをのませましたね。

岩崎 今日《こんにち》では初乳《はつちゝ》をおあげになることになつてをります。初乳《はつちゝ》をおあげになりますとかにばゝが出《で》ますし、胃腸《ゐちやう》をこはすやうなことはございません。

松平 産後《さんご》乳《ちゝ》の出《で》るのが二日《にち》おくれる方《かた》もあるやうですけれど……。

岩崎 さうしたお方《かた》は、一時《じ》の補《おぎな》ひとして、

207　「嫁入準備とお産準備の座談会」 石川千代松、岩崎直子、西崎綾乃、高島平三郎 ほか 『婦人倶楽部』昭和6年4月1日

微温湯《ぬるまゆ》かお番茶《ばんちや》のうすいのをおあげになるとよろしうございます。

三輪田　夜泣《よな》きをして困《こま》るといふ赤坊《あかんばう》がありますが、あれはどうしたのです。

岩崎　澤山《たくさん》ございますが、夜分《やぶん》にお湯《ゆ》をおつかはせになり、それからお乳《ちゝ》をあげてやすませますと、よくお眠《ねむ》りになります。

石川　お湯《ゆ》は何度位《なんどぐらゐ》が適温《てきおん》なのですか。

岩崎　お寒《さむ》い時分《じぶん》には四十度《ど》から四十二度位《どぐらゐ》が頃合《ころあひ》かと存《ぞん》じます。つかはせてゐるうちに冷《さ》めますから、始終《しじう》さし湯《ゆ》をなさらぬといけません。お湯《ゆ》かげんをみるのに手《て》の甲《かふ》だけ入《い》れてみる方《かた》がありますが、二の腕《うで》まで入《い》れてごらんになるのが安全《あんぜん》でございます。

三輪田　なれないお母《かあ》さんは一寸《ちよつと》つかはせにくいものでせうね。

岩崎　いつかある赤《あか》ちやんを私《わたし》がお七夜《や》までお湯《ゆ》のお世話《せわ》をしましてそれから三週間目《しうかんめ》に伺《うかゞ》ひますと、赤《あか》ちやんが何《なん》だか臭《くさ》いのです。おむつの臭《にほ》ひでもなし、ふつと氣《き》がついて、掌《てのひら》を開《ひら》いてみますと、たゞれて糸《いと》を引《ひ》くではありませんか、本當《ほんたう》にびつくりいたしました。赤《あか》ちやんは手《て》を握《にぎ》つてゐますが、お湯《ゆ》をすますと、よくふいて・水氣《みづけ》をとり打粉《うちこ》をふることをお忘《わす》れになつてはなりません。

西崎　赤《あか》ちやんで皮膚病《ひふびやう》のやうなものがございますね。何《なに》かの不注意《ふちうい》からでせうか。

岩崎　發育《はついく》のいゝ赤《あか》ちやんは、日《ひ》がたつにつれ、分泌作用《ぶんぴつさよう》がさかんで脂肪《しばう》のやうなものがお頭《つむり》の前《まへ》の方《はう》にたまります。お湯《ゆ》のとき十分洗《ぶんあら》ひませんと、それが雲脂《ふけ》のやうに凝《かたま》つて、皮膚病《ひふびやう》のやうになるのが多《おほ》うございます。

ます。矢張《やは》り二三週間《しうかん》に一回《くわい》オレーフ油《ゆ》を脱脂綿《だつしめん》につけておふきになるとよろしうございます。

記者 早産兒《さうさんじ》とか、虚弱《きよじやく》な子供《こども》の取扱方《とりあつかひかた》はどんな風《ふう》にすればいゝのですか。

竹內 早産兒《さうざんじ》は特別《とくべつ》な保溫裝置《ほおんさうち》なり、或《あるひ》は湯《ゆ》たんぽなりで、六十五度《ど》から七十度《ど》くらゐに晝夜間斷《ちうやかんだん》なく溫《あたゝ》めてやらねばなりません。なほこんな子供《こども》はお乳《ちゝ》を少《すこ》しのむとすぐ疲《つか》れて眠《ねむ》り、十分《ぶん》のむ事《こと》が出來《でき》ないのでお母《かあ》さんの乳《ちゝ》の出《で》が細《ほそ》くなつて遂《つひ》にとまつてしまふことさへありますが、殊《こと》に虛弱兒《きよじやくじ》には母乳《ぼにう》が必要《ひつえう》なのですから、少量《せうりやう》づつでも度々《たびたび》やつて、乳《ちゝ》の細《ほそ》らないやうにしなければなりません。

三輪田 赤坊《あかんぼう》には薄着《うすぎ》をさせよといひますね。

竹內 健康《けんかう》な初生兒《しよせいじ》ならどんな寒中《かんちう》でも晒布《さらし》の肌着《はだぎ》に綿《めん》ネルの襦袢《じゆばん》、薄綿《うすわた》の胴着《どうぎ》、綿入《わたいれ》の着物《きもの》といつた工合《ぐあひ》にきせ、おくるみに包《つゝ》んで上《うへ》から、薄《うす》ければ二枚《まい》、厚《あつ》ければ一枚《まい》かけたらいゝのです。

西崎 おむつをあたゝめてやりますが、あれはいかゞでせう。

竹內 あれはもつてのほかですね。よく乾《かわ》いてゐれば、そのまゝでいゝのです。またお乳《ちゝ》も一回《くわい》にのむだけのませる方《はう》がいゝのです。分量《ぶんりやう》などやかましくいふことはいりません。

産《さん》婦《ぷ》の諸《しよ》心《こゝろ》得《え》

福井 産後《さんご》は最初《さいしよ》の二日間《ふつかかん》くらゐは仰臥《ぎやうぐわ》して餘《あま》り高《たか》くない枕《まくら》を用《もち》ひて靜《しづ》かに寢《ね》てゐることが大切《たいせつ》です。

209　「嫁入準備とお産準備の座談会」 石川千代松、岩崎直子、西崎綾乃、高島平三郎 ほか 『婦人倶楽部』昭和6年4月1日

三四日《か》からは側臥《そくぐわ》してもよろしいですが、極《きは》めて靜《しづ》かに動《うご》かすやうにしないといけませんね。急《きふ》に體《からだ》を動《うご》かすやうなことがあると、子宮《しきう》の位置《ゐち》が變《かは》つたり、出血《しゆつけつ》したりすることがありますから、注意《ちうい》を要《えう》します。それから側臥《そくぐわ》するにしても、片方《かたく》だけをいつも下《した》にしてゐてはなりません。これも子《し》宮《きう》の轉位《てんゐ》を起《おこ》すことがありますから。で、右《みぎ》を下《した》にしたら今度《こんど》は左《ひだり》を下《した》にするといふやうに時々《ときぐ》臥位《ぐわゐ》を變《か》へる方《はう》がよくなほ全《まつた》く左側《ひだりがは》なり右側《みぎがは》なりを眞下《ました》にするのでなく、半《なか》ば仰向《あふむ》けくらゐに寢《ね》るのがよろしいです。

記者　產婦《さんぷ》の食事《しよく》について御注意《ごちうい》がございましたら……。

岩崎　おかゆ、卵《たまご》の半熟《はんじゆく》、牛乳《ぎうにう》、スープ、梅《うめ》干《ぼし》といつた軟《やは》かいものを最初《さいしよ》召上《めしあが》つていただき、胃腸《ゐちやう》の囘復《くわいふく》にしたがひ、ふだんのお食事《しよくじ》にすゝんでいつていたゞいたらよろしうございます。

西崎　お風呂《ふろ》はいつ頃《ごろ》からはいつていゝのですか。

岩崎　盗汗《ねあせ》やお乳《ちゝ》の分泌《ぶんぴつ》で體《からだ》が不潔《ふけつ》になり易《やす》うございますから、四日《か》目位《めくらゐ》からお湯《ゆ》でおふきになるとよろしうございます。お湯《ゆ》は熱《あつ》く、少《すこ》しアルコールを入《い》れますと、垢《あか》がとれてお心持《こゝろもち》がよろしうございます。お風《ふ》呂《ろ》にお入《はい》りになるのは普通《ふつう》の狀態《じやうたい》では四週《しう》間後《かんご》になればよろしからうかと存《ぞん》じます。はじめは長湯《ながゆ》を遊《あそ》ばしてはいけません。

福井　產後《さんご》の經過《けいくわ》がよかつたならば、一週間《しうかん》目《め》頃《ごろ》からは、一日《にち》に一、二時間位《じかんくらゐ》は、食事《しよくじ》や授乳《じゆにう》などの折《を》りに坐《すわ》つてもよろしいです。そして二週間目頃《しうかんめごろ》からは、起《お》きて室内《しつない》を歩《ある》いてもよろしいですが、全《まつた》く產褥《さんじよく》を離《はな》れるのは、三週間《しうかん》を過《す》ぎなければなりません。でも未《ま》だ此《こ》の頃《ころ》は生殖器《せいしよくき》が平生《へいぜい》の狀態《じやうたい》に復《かへ》つてをらないもので、その恢復《くわいふく》には少《すく》なくとも六週間《しうかん》はかかりますから、それまでは禁慾《きんよく》が大切《たいせつ》です。

松平　頭髪《かみ》が氣持《きもち》がわるうございますね、何《い》日《つ》頃《ごろ》からとかしてよろしいのですか。

岩崎　昔《むかし》は二十一日間《にちかん》はいぢらないことになつてゐましたが、二三週間《しうかん》もそのまゝにしておいて一度《ど》にいぢると却《かへ》つて頭痛《づつう》がしたりいたしますから、お產後《さんご》はその日《ひ》からでもお梳《とか》しになつてよろしうございます。

西崎　お厠《かはや》に行《ゆ》くと据風《すきかぜ》を引《ひ》くなどいひますね、何日《いつ》頃《ごろ》から行《い》つていゝのです？

岩崎　早《はや》くからお出《いで》になるとお體《からだ》の動搖《どうえう》に伴《ともな》つて自《し》然《ぜん》腹壓《いきみ》が加《くは》はり、子宮收縮《しきうしうしゆく》のためによくないのでございます。御經過《ごけいくわ》さへよければ十日位《かくらゐ》から靜《しづ》かにお出遊《いであそ》ばしてよろしいでせう。

記者　腹帶《はらおび》は何日位《なんにちくらゐ》までまいてゐるのがよろしいのですか。

岩崎　まあ六週間《しうかん》か八週間《しうかん》くらゐまで、卷《ま》いておいでになる方《はう》がよろしうございますね。殊《こと》に何度《なんど》もお產《さん》をした方《かた》は、產後《さんご》に胃《ゐ》腸《ちやう》の下垂症《かすゐしやう》を起《おこ》し易《やす》うございますからそれを防《ふせ》ぐためにも、長《なが》い間《あひだ》おまきになつておいでになるのがよろしうございます。

記者　それではこのくらゐにいたしまして——澤山有益《たくさんいうえき》なお話《はなし》をいたゞきまして、ありがたうございました。

親子問題座談會

出席者（五十音順）

歌人	今井邦子
矯風會	ガンドレット恒子
故白村夫人	厨川蝶子
陸軍中將	四王天延孝
東京朝日	鈴木文史朗
評論家	新居格
弘太郎夫人	西崎綾乃
小說家	三宅やす子
本誌記者	佐藤、菊池、松南

菊池 先《ま》づ第一《だいいち》に、親《おや》と子《こ》の思想《しさう》の問題《もんだい》から、お願《ねが》ひしたいと思《おも》ひます。一《ひと》つ新居《にゐ》さんあたりからどうか……

新居 例《たと》へばツルゲネーフの「父《ちゝ》と子《こ》」あの時代《じだい》は、親爺《おやぢ》と子供《こども》が理解《りかい》し合《あ》ひはない。兩方《りやうはう》の世界《せかい》が、全《まつた》く違《ちが》つて居《を》つた。今《いま》でも無論《むろん》それが多《おほ》いんだが、併《しか》し、僕《ぼく》だとか三宅《みやけ》さんだとかといふやうに、割合《わりあひ》に子供《こども》の生《せい》活《くわつ》と親《おや》の生活《せいくわつ》が近《ちか》くて、理解《りかい》があるのもある。

松南 親子《おやこ》の間《あひだ》に理解《りかい》があつても、矢《や》張《は》り問題《もんだい》がありませう。

新居 さうです。理解《りかい》がありながら、その故《ゆゑ》に起《おこ》る色々《いろいろ》な問題《もんだい》があるのだ。だから、古《ふる》い時代《じだい》のやうな關係《くわんけい》で、親《おや》と子《こ》の問題《もんだい》が起きた場合《ばあひ》と、非常《ひじやう》に思想《しさう》が接近《せつきん》して居《を》つて、理解《りかい》がありながら、而《しか》も尚《な》ほ且《か》つ問題《もんだい》が起《おこ》る場合《ばあひ》この二《ふた》つがあるのです。

佐藤 例《たと》へば？

新居 思想《しさう》の問題《もんだい》でも、結婚《けつこん》の問題《もんだい》でも、戀愛《れんあい》の問題《もんだい》でも、その他《た》、お互《たがひ》によく分《わか》つてゐるのだけれども、矢《や》張《は》り非常《ひじやう》に困《こま》る問題《もんだい》がある。

鈴木 しかし僕《ぼく》の親爺《おやぢ》は殆《ほと》んど學校《がくかう》教《けう》育《いく》もないしするから、思想問題《しさうもんだい》は起《お》きなかつた。君《きみ》みたいに危險思想《きけんしさう》をもたなかつたよ。

新居 その君《きみ》が子供《こども》の時分《じぶん》とは？

鈴木 非常《ひじやう》に善良《ぜんりやう》な子《こ》供《ども》だつたからね。「ほとゝぎす」の浪子《なみこ》に表《あらは》れた思《し》想《さう》——即《すなは》ち浪子《なみこ》とおつかさんのやうなのが新舊思想《しんきうしさう》の衝突《しようとつ》だといつてゐたのだが、今《いま》はもつと深刻《しんこく》になつてゐるね。

西崎 親《おや》と子《こ》の氣持《きもち》をよく融和《ゆうわ》して行くやうにするには、親《おや》と子《こ》の間《あひだ》にフレンドシップが必要《ひつえう》だと思《おも》ひます。さうして子《こ》供《ども》がどんなことで

211　「親子問題座談会」 今井邦子、新居格、西崎綾乃、ガンドレット恒子 ほか 『婦人画報』昭和6年5月1日

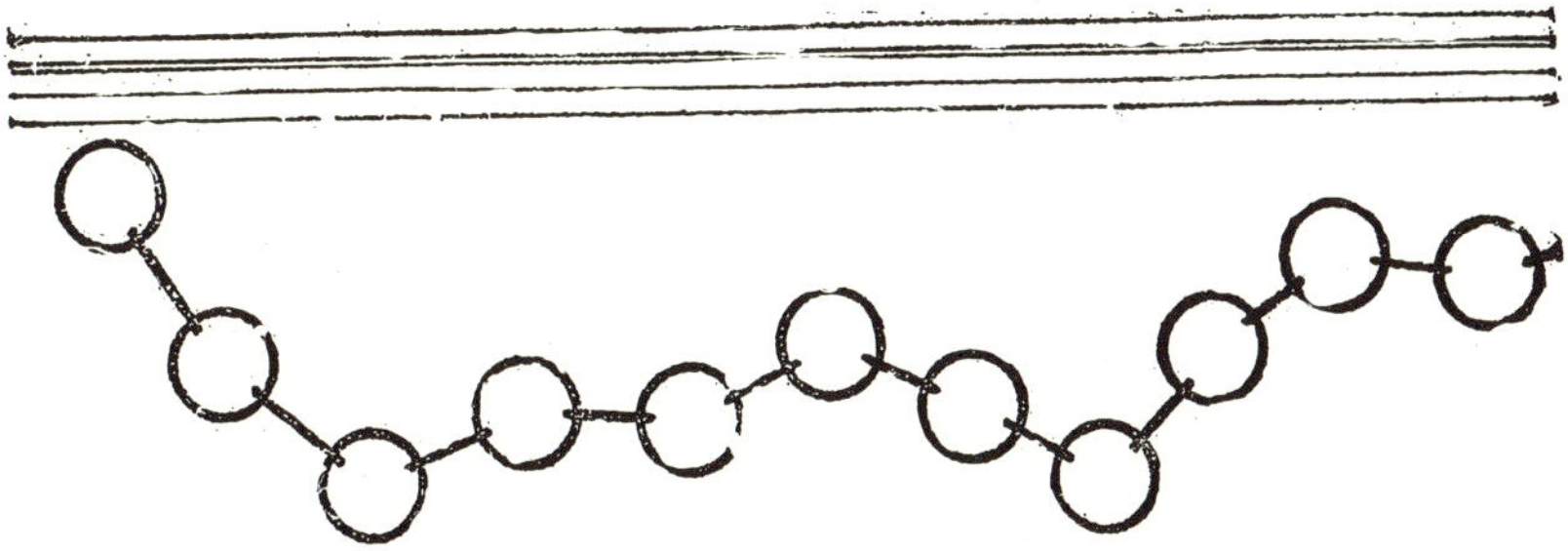

も、親《おや》に遠慮《えんりよ》なくいへる態度《たいど》を親《おや》がもつてゐることが必要《ひつえう》です。

新居　子供《こども》といふものは、親《おや》がこの程《てい》度《ど》までしか知《し》るまいと思《おも》つてゐるのに、それ以上《いじやう》知《し》つてゐるものですね。

ガンドレット　確《たし》にさうです。

新居　私《わたし》は、昔法律《むかしはふりつ》をやつたことがある。六法全書《ろつぱふぜんしよ》などを戸棚《とだな》の中《なか》に仕舞《しま》ひこんで置《お》いても、子供《こども》はちやんと知《し》つてゐて、その中《なか》にあるやうなことを書《か》く。それが六法全書《ろつぱふぜんしよ》ばかりでなく、他《ほか》のこともさうではないかと思《おも》ふと、少《すこ》しうんざりします。だから女《をんな》の親《おや》でも男《をとこ》の親《おや》でも、子供《こども》はこの程度《ていど》までしか知《し》らないと思《おも》ふと、それは大變違《たいへんちが》ふ。

鈴木　西崎《にしざき》さんのおつしやつたフレンドシップをもつことには大賛成《だいさんせい》です。うまく行《い》つてゐる親《おや》と子《こ》の關係《くわんけい》を見《み》ると、親爺《おやぢ》と息子《むすこ》、おつかさんと娘《むすめ》さんといふものの間《あひだ》に、親子《おやこ》といふ關係以外《くわんけいいぐわい》に、友達《ともだち》といふやうな觀念《くわんねん》がある。

西崎　私《わたし》どもの家《うち》では、少《すこ》しそれが度《ど》を超《こ》へ過《す》ぎまして、全然友達《ぜんぜんともだち》でございます。主人《しゆじん》が子供《こども》を泣《な》かしたり喜《よろこ》ばしたり、小《ちひ》さい時《とき》して居《を》りましたのが、いまだにそれが抜《ぬ》けきれませんで、どれが親《おや》だか子《こ》だか分《わか》らないと皆様《みなさま》がおつしやいます。

鈴木　私《わたし》の知《し》つてゐる或人《あるひと》は子供《こども》に對《たい》して非常《ひじやう》に峻嚴《しゆんげん》です。私《わたし》は不幸《ふかう》な人《ひと》だと思《おも》つてゐるのですが、子供《こども》と口《くち》もきかないで難《むつ》かしい顔《かほ》をしてゐる。だから子供《こども》の方《はう》でも、親爺《おやぢ》の前《まへ》へ出《で》て來《き》ても口《くち》も開《き》かないといふやうな習慣《しふくわん》がついて了《しま》つた。そしてお互《たがひ》に打《う》ちあけない。從《したが》つて子供《こども》と話《はなし》をすることが億劫《おくくふ》になり、不愉快《ふゆくわい》になるといつた具合《ぐあひ》です。斯《こ》うなつてくると親爺《おやぢ》が子供《こども》にとつては非常《ひじやう》に苦痛《くつう》になる譯《わけ》です。

新居　（三宅《みやけ》さんに向《む》いて）貴方《あなた》のところはうまく行《い》つてゐるやうですね。

三宅　親《おや》に何《なん》でもうちあけるやうにしてゐるのですが、歳《とし》が違《ちが》ふからどうせ云《い》つても同感《どうかん》して呉《く》れないのだからと思《おも》ふのでせう。餘《あま》りいひません。友達《ともだち》にはいふやうですけれども。後《あと》でそれが分《わか》つた時《とき》には、本當《ほんたう》に厭《いや》な氣持《きもち》です。でもまだ十六、七位《ぐらゐ》の時《とき》はいひますね。

西崎　私《わたし》どもは、嫁《よめ》に至《いた》るまで何《なん》でも分《わか》つて呉《く》れると信《しん》じてゐるのでございます。ですから、今《いま》三宅《みやけ》さんのおつしやられたやうなことは、一度《ど》も考《かんが》へたことはありません。それで決《けつ》して少《すこ》しのことでも隠《かく》したことはございません。

今井　先程《さきほど》のお話《はなし》は、どちらも私《わたし》にはよく分《わか》るのです。私《わたし》は、父《ちゝ》が嚴格《げんかく》でしたから、自分《じぶん》でいひたいことも、一《ひと》つも父《ちゝ》の前《まへ》ではいひませんでした。嚴格《げんかく》といふことはどうしてもいけないことだと思《おも》ひます。けれども自分《じぶん》の子供《こども》の場合《ばあひ》は——私《わたし》の家《うち》なんか餘《あま》りお友達《ともだち》になり過《す》ぎてゐて、時《とき》に命令《めいれい》が行《おこな》はれないやうなことがありますので、この頃《ごろ》は嚴格《げんかく》でなければいけないと思《おも》つて居《ゐ》る位《くらゐ》です。或點《あるてん》では、一度《ど》お友達《ともだち》の方《はう》へ話《はな》して置《お》いたやうなことでも、私《わたし》の方《はう》には通《つう》じないことがあります。しかし私《わたし》が今子供《いまこども》であつてもやはりさうだらうと思《おも》ひます。

三宅　それが決《けつ》して悪《わる》いといふ譯《わけ》ではないのです。

新居　子供《こども》を觀察《くわんさつ》して居《を》つて、ちよつと參《まゐ》つてゐるのは、「父《ちゝ》の書《か》く彼《か》の女《ぢよ》といふのは幻影《げんえい》だ」といふのです。幻影《げんえい》ではないといふことにすれば、母《はゝ》の子《こ》として母《はゝ》の方《はう》に僕《ぼく》に對《たい》する遠《ゑん》慮《りよ》が要《い》る。けれども全然幻影《ぜんぜんげんえい》だとし

てしまうのもいけないやうな氣《き》がするらしい、そこで、又《また》「幻影《げんえい》だといひ切《き》れるか知《し》ら」といふようなことを書《か》いたり、それから「父《ちゝ》はよき父《ちゝ》である、しかし屢々過失《しばしばくわしつ》を犯《おか》す……」などと……

今井 頭《あたま》のよいお子《こ》さんですこと。

新居 父《ちゝ》と母《はゝ》と兩方《りやうはう》に氣《き》を使《つか》つてゐるといふことは分《わか》るね。

今井 いわゆる思想運動《しさううんどう》なんかにはいる場合《ばあひ》があつたら、どうしてもお母《かあ》さんは考《かんが》へます。宅《たく》の子供《こども》にはそんな心配《しんぱい》はありませんが、今《いま》の若《わか》い人《ひと》は、かなり熱《ねつ》をもつてさういふ方面《はうめん》に進《すゝ》んでゐる時《とき》ですから可《か》なり具體的《ぐたいてき》に考《かんが》へる必要《ひつえう》がありませう。然《しか》しさういふ方向《はうかう》に行《ゆ》かうとする者《もの》は、とめたところでどうにもなりますまい。私《わたし》どもか文學《ぶんがく》に志《こゝろざ》した時《とき》、どの位《くらゐ》泣《な》いて止《と》められたか知《し》れませんが、やめることが出來《でき》なかつた。思想運動《しさううんどう》もそれと同樣《どうやう》だと思《おも》ひます。

新居 私《わたし》は、子供《こども》がどんな思想《しさう》を持《も》たうが、それは彼等《かれら》の勝手《かつて》なことだと思《おも》つてゐる。もつなといつても、もつ者《もの》は仕方《しかた》がないのだから、それは自由《じいう》にさせて居《を》ります。

鈴木 これは、個人《こじん》〳〵の場合《ばあひ》で違《ちが》ふのだから、總括的《そうくわつてき》にはいへない譯《わけ》です。或場合《あるばあひ》には、親《おや》の方《はう》で「俺《おれ》はかう思《おも》ふがなあ」といふと息子《むすこ》が、「さうがなあ」といつて、納得《なつとく》が行《い》つて、片附《かたづ》いてしまう場合《ばあひ》も想像出來《さうざうでき》ます。しかし親爺《おやぢ》の方《はう》もお袋《ふくろ》の方《はう》も理解《りかい》がなくて、仕方《しかた》がないやうな場合《ばあひ》もある。が餘《あま》り嚴格《げんかく》にし過《す》ぎて置《お》いて、子供《こども》が何《なに》を讀《よ》んで、何《なに》を考《かんが》へてゐるか分《わか》らないのは、最《もつと》も危險《きけん》ですね。

新居 僕《ぼく》は、子供《こども》に對《たい》して非常《ひじやう》に遠慮《ゑんりよ》があるのです。友達《ともだち》になるよりも、子供《こども》の方《はう》にいはせれば、どうも俺《おれ》は父《ちゝ》と稱《しよう》すべく、少々所《せう〳〵ところ》か、もつと以上《いじやう》に物足《ものた》らんと思《おも》つて居《を》りはしないかといふ感《かん》じがする。つまりひけ目《め》があるね。

西崎 母親《はゝおや》よりは父親《ちゝおや》の方《はう》に幾分遠慮《いくぶんゑんりよ》する。かういふことはありませうね。それはお父《とう》さんのデグニデイが惡《わる》いからです。

新居 デグニテイのないことは自覺《じかく》して居《を》りますが、私《わたし》は非常《ひじやう》に早婚《さうこん》でしたから、子供《こども》が大《おほ》き過《す》ぎるのです。だから、こちらも子供《こども》といふべく餘《あま》りに向《むか》ふが大《おほ》きいし、向《むか》ふが父《ちゝ》といふべく餘《あま》りに物足《ものた》らんやうな、妙《めう》な關係《くわんけい》に置《お》かれてゐる。

西崎 私《わたし》も父《ちゝ》が十九、母《はゝ》が十六の時《とき》の子《こ》ですから父《ちゝ》と一緒《いつしよ》に歩《ある》いて居《ゐ》ますと、よく奥《おく》さんと間違《まちが》へられました。その位《くらゐ》の程度《ていど》の違《ちが》ひですが、やつぱりどつちかといふと父《ちゝ》に遠慮《ゑんりよ》がありました。それから昔《むかし》は子供《こども》がちよつとした人格的《じんかくてき》な失策《しつさく》でも致《いた》しますと、改《あらた》めた後《のち》までも、始終《しじう》疑《うたがひ》の眼《め》を以《もつ》て、見《み》る場合《ばあひ》があつたやうに思《おも》ひます。それは子供《こども》の氣持《きもち》を傷《きず》つけて、それから後《あと》は何事《なにごと》も打開《うちあ》けない嫌《きらひ》がありはしないかと思《おも》ひます。

厨川 親《おや》の意見《いけん》といふものは、さつぱり駄目《だめ》でございます。どつちかといふと、私《わたし》は子供《こども》の意見《いけん》に從《したが》つて、ついて行《い》く場合《ばあひ》が多《おほ》いのでございますが。どうも私《わたし》よりは子供《こども》の方《はう》が偉《えら》いやうな感《かん》じがいたします。

新居 威嚴《ゐげん》のない點《てん》に於《おい》ては、僕《ぼく》は人後《じんご》に落《お》ちない。

厨川 子供《こども》といふものは、色々親《いろ〳〵おや》を批評《ひひやう》します。殊《こと》にこの頃《ごろ》はそれがひどいのじやないでせうか。時《とき》には親《おや》の心理《しんり》にまで立《た》ち入《い》つて批評《ひひやう》します。

今井 いふことが面白《おもしろ》いので、今日《こんにち》では親《おや》の方《はう》が好意《かうい》をもつて居《を》りますね。

厨川 勿論好意《もちろんかうい》をもつてゐるのですが、子供《こども》の方《はう》で少《すこ》し教《をし》へるといふやうな傾向《けいかう》があるやうでございます。

三宅 さういふやうなことは受付《うけつ》けないでよいでせう。子《こ》に親《おや》のことをいはれてたまるものですか、本當《ほんたう》に親《おや》の氣持《きもち》は、その時代《じだい》にならなければ分《わか》らないのだから、私《わたし》は斷然受付《だんぜんうけつ》けない。

新居 とんなに親《おや》の方《はう》で新《あたら》しい時代《じだい》のことを理解《りかい》してゐる積《つも》りでも、矢張《やは》り子供《こども》の方《はう》から見《み》れば、あれは古《ふる》いといふ感《かん》じはある。

厨川 さうして、自分達《じぶんたち》の心理《しんり》までも解剖《かいばう》せられることは嫌《いや》ですね。

今井 お持《も》ちになつてゐる子供《こども》の年齡《ねんれい》によつていろいろ違《ちが》ひます。

ガンドレツト 嚴格過《げんかくす》ぎるといふことが、隨分惡《ずゐぶんわる》い結果《けつくわ》になつてゐるやうでございます。私《わたし》の所《ところ》には、仕事《しごと》の關係上《くわんけいじやう》、男《をとこ》の方《かた》も女《をんな》の方《かた》も相談《さうだん》にいらつしやいます。私《わたし》が、「何故《なぜ》お母《かあ》さまに御相談《ごさうだん》なさらないのですか」と問《と》ひますと、「それを母《はゝ》なんかにいつても分《わか》りつこありませんよ」といつた調子《てうし》です。「お話《はなし》になつたことはありませんか」と聞《き》くと、「迚《とて》も駄目《だめ》だから、初《はじ》めから話《はな》しません。」さうい

213　「親子問題座談会」 今井邦子、新居格、西崎綾乃、ガンドレット恒子 ほか 『婦人画報』昭和6年5月1日

前列右より 三宅・野川・西崎・ガントレット・今井の諸女史　後列右より 四王天・鈴木・新居の諸氏

つて相談《さうだん》にも來《く》る方《かた》が非常《ひじやう》に多《おほ》い。さういふお方《かた》の御家庭《ごかてい》を研究《けんきう》しますと、殆《ほと》んど全部《ぜんぶ》、親《おや》のいつた事《こと》なら絶對《ぜつたい》におしつける、といつたやうな家庭《かてい》ばかりです。よく子供《こども》のいひ分《ぶん》を聞《き》いて置《お》かないと、一番《いちばん》困《こま》つたお子《こ》さんが出來《でき》ます。「そんなことをおつしやつたつて、子供《こども》のいふことなどが聞《き》いてゐられるものですか」とおつじやる親《おや》たちに限《かぎ》つて、困《こま》るお子《こ》さんを持《も》つのだと思《おも》ひます。フレンドシップといひましても程度《ていど》がございまして、矢張《やは》り龜《かめ》の甲《かふ》より年《とし》の功《こう》といひますから、一應《いちおう》子供《こども》のいひ分《ぶん》を聞《き》いて、最後《さいご》の決定《けつてい》は子供《こども》に委《まか》せる。さうすると親《おや》の思《おも》つてゐる通《とほ》りにはならないでも、近所《きんじよ》には來《き》ます。

西崎　親《おや》は、世間《せけん》を廣《ひろ》く見《み》て、若《わか》い人《ひと》の動《うご》きがどうなつてゐるかといふことに注意《ちゆうい》し、子供達《こどもたち》の話相手《はなしあひて》になるやうに、修業《しゆげふ》する必要《ひつえう》がありますれ。

新居　親達《おやたち》が自分《じぶん》のもつてゐる人生觀《じんせいくわん》なり、社會觀《しやくわいくわん》なり、趣味觀《しゆみくわん》や何《なに》かで社會《しやくわい》を見《み》ずに、若《わか》い者《もの》の時代感情《じだいかんじやう》なり、趣味《しゆみ》なりを努《つと》めて理解《りかい》すべく努《ど》力《りよく》するといふことが最《もつと》も必要《ひつえう》です。

西崎　自分《じぶん》がその年位《としぐらゐ》な時分《じぶん》には、どういふ氣持《きもち》をもつて居《を》つたかを、考《かんが》へて、それから子供《こども》に！……

鈴木　それがいゝ結論《けつろん》ですな。

三宅　子供《こども》のつき合《あ》つてゐるお友達《ともだち》と知《し》り合《あ》ひになると、割合《わりあひ》に子供《こども》がどう動《うご》いてゐるかといふことが分《わか》ります。お友達同志《ともだちどうし》の話《はなし》といふものは、可《か》なり深《ふか》くはいつてゐるやうです。

新居　三宅《みやけ》さんのお話《はなし》は、時代感情《じだいかんじやう》なり、趣味《しゆみ》なりを知《し》るといふことの原《げん》則《そく》に伴《ともな》ふ具體的暗示《ぐたいてきあんじ》の一《ひと》つだれ。

佐藤　子供《こども》の戀愛《れんあい》に就《つい》てどうお考《かんが》へになりますか。

三宅　子供《こども》が戀愛《れんあい》にはいつた時《とき》に、「お母《かあ》さんがとめれば、あの人《ひと》が非常《ひじやう》に好《す》きになる」といふことをいひました。詰《つま》り、ちよつと好《す》きな位《くらゐ》で、私《わたし》が默《だま》つてゐればどうなるか分《わか》らないが、とめれば、あの人《ひと》が好《す》きになつてしまうかも知《し》れない、といはれて、ぎよつとしたことがあります。なるべくは子供《こども》のいふ通《とほ》り聞《き》いてやりたいのですけれども、さういふ問《もん》題《だい》になりますと、親《おや》には輪廓《りんくわく》だけしか話《はな》さないから、こつちでは色々《いろいろ》餘《よ》計心配《けいしんぱい》します。親《おや》といふものは、何《ど》

處《こ》の親《おや》でも取越苦勞《とりこしくらう》をするものです。しかし、どんな事《こと》が起《お》きやうとも子供自身《こどもじしん》がしつかりして居《を》ればよい譯《わけ》です。若《も》し心配《しんぱい》なことが起《おこ》れば、親《おや》にいふ、それまで親《おや》は默《だま》つてゐればよいので、後《あと》は自分《じぶん》で好《す》きな通《とほ》りにさせる。それ以上仕方《いじやうしかた》がないと思《おも》ひます。

新居 僕《ぼく》は父《ちゝ》として、女《をんな》の子《こ》に對《たい》して、二《ふた》つの心配《しんぱい》の種《たね》がある。一《ひと》つは、婦人《ふじん》の澤山《たくさん》ゐらつしやる前《まへ》でいつてよいかどうか分《わか》りませんが、女《をんな》の子《こ》には、詰《つま》り月經來潮《げつけいらいてう》の時代《じだい》が來《き》たといふことが第《だい》一考《かんが》へさせられる。その次《つぎ》には、戀愛《れんあい》といふことに頭《あたま》が出來《でき》てゐるのかなあ、どうかなあといふ時《とき》に、これも又《また》親《おや》としてちよつと考《かんが》へさせられる。女《をんな》の子《こ》といふものは十六位《くらゐ》な時《とき》に、只《たゞ》漠然《ばくぜん》と戀愛《れんあい》を感《かん》じるのぢやないですか。

今井 漠然《ばくぜん》たる戀《こひ》ですか……

新居 漠然《ばくぜん》と一種《しゆ》の無意識的《むいしきてき》に戀《こひ》を感《かん》じて來《く》る時代《じだい》があるやうに思《おも》ふ。その時《とき》に女同志《をんなどうし》が――漠戀時代《ばくれんじだい》に盛《さか》んに手紙《てがみ》をやり取《と》りすることを發見《はつけん》した。ちよつと手紙《てがみ》を見《み》ると文章《ぶんしやう》がうまい。「この子《こ》は文章《ぶんしやう》がうまい。よく行《い》けば非常《ひじやう》に文學的《ぶんがくてき》な才能《さいのう》を發輝《はつき》する。悪《わる》く行《ゆ》けばどんなになるか分《わか》らん。ちよつと注意《ちうい》したらどうですか」と學校《がくかう》の先生《せんせい》にいふと、「どうも私《わたし》の若《わか》い時代《じだい》を考《かんが》へると、さう注意《ちうい》も出來《でき》ませんので……」學監《がくかん》の方《はう》がこれでね。僕《ぼく》は主義《しゆぎ》として、日記《にき》なんかゞ机《つくゑ》の上《うへ》にある場合《ばあひ》、さういふものを見《み》れば、何《なに》かもつとはつきりしたことが分《わか》るかも知《し》れないと思《おも》ふが、斷《だん》じて見《み》ない。ところが、それは原則《げんそく》としてさうなんですが、ちよつと手紙《てがみ》などが來《く》ると、やつぱり父《ちゝ》として、何《な》にかありはしないかといふ風《ふう》なやつぱり心配《しんぱい》がある。

鈴木 父《ちゝ》の心配《しんぱい》か……

新居 戀愛《れんあい》に對《たい》しても、それに伴《ともな》ふ結婚《けつこん》に對《たい》しても、理智《りち》を以《もつ》て、選擇《せんたく》して行《ゆ》くならばよいと思《おも》ふが、ケアレス・ミステークがないやうに、といふ心配《しんぱい》は、父《ちゝ》としてはかなりあると思《おも》ふ。

厨川 私《わたし》どものは、三宅《みやけ》さんのおつしやつたのと、丁度《ちやうど》反對《はんたい》で、子供《こども》が自分《じぶん》で好《す》きな人《ひと》が出來《でき》ますと、私《わたし》に一番初《ばんはじ》めに話《はなし》をする、私《わたし》が保證《ほしよう》をつければ、安心《あんしん》して愛《あい》し合《あ》ふ。なぜかといひますと、「僕《ぼく》は好《す》きだけれども經驗《けいけん》が足《た》りない。家《うち》の事情《じじやう》も本當《ほんたう》によく分《わか》らない。色々《いろいろ》な事柄《ことがら》をお母《かあ》さんに聞《き》くのが、一番安心《ばんあんしん》して自分《じぶん》の行動《かうどう》が取《と》れる」といつて、一番最初《ばんさいしよ》に私《わたし》にうちあけます。こちらから立入《たちい》つて、子供《こども》の氣持《きもち》を推察《すゐさつ》するのは嫌《いや》ですけれども、自分《じぶん》から日記《にき》を時々《ときどき》見《み》せるのです。さうして自分《じぶん》はかういふ精神生活《せいしんせいくわつ》をしてゐるといつて私《わたし》に話《はな》します。

新居 それは樂《らく》ですね。

三宅 男《をとこ》のお子《こ》さんだからですね。

西崎 フレンドシップといふのはそれですね。フレンドシップがあると不平《ふへい》も打《う》ちあけられる。につちもさつちも行《い》かなくならない内《うち》に親《おや》にうちあけていへる態度《たいど》を親《おや》がもつといふこと、それが必要《ひつえう》だと思《おも》ひます。

新居 僕《ぼく》にはもう一《ひと》つ惱《なや》みがある。子《こ》が理智《りち》で相手《あひて》を選擇《せんたく》する。そこでOKといふことになれば結構《けつこう》だが、今《いま》東京《とうきやう》では、田舍《ゐなか》と違《ちが》つて媒酌結婚《ばいしやくけつこん》の暇《ひま》がない。それと、「お宅《たく》のよし子《こ》さんも大《おほ》きくなつた。何處《どこ》かへやらなければならん時《とき》ですが、君《きみ》はさういふことに關《くわん》しては自由《じいう》で、そんなことは考《かんが》へてゐないだらう」と先方《せんぱう》で勝手《かつて》にきめてゐる。それに子供《こども》が時々《ときどき》ものを書《か》くので、「女文士《ぢよぶんし》みたいな、理窟《りくつ》ぽい女《をんな》ではないか」と思《おも》はれ、隨分困《ずゐぶんこま》ることがあります。その實《じつ》、父《ちゝ》として子《こ》の結婚《けつこん》には相當頭《さうたうあたま》を惱《なや》まし、子供《こども》も理窟《りくつ》ぽくもないし、寧《むし》ろ内氣《うちき》な方《はう》だけれども、之《これ》には、實《じつ》にジレンマに陷《おちい》つて困《こま》つちもう。

鈴木 餘《あま》り子供《こども》の自由《じいう》にばかり委《まか》せて置《お》いて、どうしてもうまく行《ゆ》きさうでないといふことが起《お》きた場合《ばあひ》――親《おや》の方《はう》の觀察《くわんさつ》で、あのひとゝ一緒《しよ》になつたら一生不幸《いつしやうふかう》だ、といふことがはつきり分《わか》る場合《ばあひ》には、どうしたものでせうね。

新居 男《をとこ》なら、しくじつたらやり直《なほ》してもよいが、女《をんな》の方《はう》では、しくじつたらやり直《なほ》すといふ譯《わけ》にはいかんからな……

西崎 私《わたし》は、子供《こども》の方《はう》に責任《せきにん》をもたせてしまひます。

鈴木 さうするとお宅《たく》では、自分《じぶん》で以《もつ》て選《えら》んで來《き》た譯《わけ》ですか？

西崎 さうではないのですが……、極《ご》く親《した》しくしてゐる方《かた》の家《うち》から、あなたの方《はう》にどうだといふ話合《はなしあひ》でそれを頂戴《ちやうだい》いたしました。

新居 お宅《たく》はそれでよいのですが、僕《ぼく》等《ら》はどうも……何時《いつ》か、山崎君《やまざきくん》の奥《おく》さんでしたか、よその人《ひと》に、「よし子《こ》

215　「親子問題座談会」　今井邦子、新居格、西崎綾乃、ガンドレット恒子 ほか　『婦人画報』昭和6年5月1日

さんはどうです」といふと、「お孃《じやう》さんは、大變《たいへん》よいのだけれども　お父《とう》さんがあれぢやね」といふので……

西崎　さういふことをおつしやるのは　大變《たいへん》にさばけたお方《かた》だからですよ。

新居　御挨拶《ごあいさつ》ですね。「お父《とう》さんがあれぢやあ貰《もら》ひ手《て》がないわよ」といつてゐます。

鈴木　昔《むかし》は、自由結婚《じいうけつこん》の場合《ばあひ》に、親《おや》がその處置《しよち》をどうするか考《かんが》へたものだ。今《いま》ぢやそんなことは問題《もんだい》にならないのだけれども、實際《じつさい》の場合《ばあひ》を考《かんが》へて見《み》るのに、割合《わりあひ》にその點《てん》が惠《めぐ》まれて居《を》らないやうに思《おも》ふ。例《たと》へば僕《ぼく》等《ら》の所《ところ》によく「何處《どこ》かよい聟《むこ》さんがあつたら世話《せわ》して呉《く》れないか」と言《い》つてくるのだから……

今井　さういふ現象《げんしやう》が澤山《たくさん》ありますね。私《わたし》どもでも頼《たの》まれてお嫁《よめ》さんを探《さが》して居《を》つても、なか〳〵ありません。

鈴木　相手《あひて》がないのだな。結局《けつきよく》親《おや》か知合《しりあひ》の人《ひと》が世話《せわ》して自然《しぜん》媒酌《ばいしやく》結婚《けつこん》といふことになるね。又《また》それが當《あた》り前《まへ》だね。

新居　理知的《りちてき》に形式《けいしき》を考《かんが》へて選擇《せんたく》するのだけれども、交際《かうさい》の範圍《はんゐ》が廣《ひろ》いかといふと、選擇《せんたく》の範圍《はんゐ》は決《けつ》して廣《ひろ》くない。そこが實際問題《じつさいもんだい》として面倒《めんだう》なんだ。

西崎　この頃《ごろ》の若《わか》い人《ひと》は、全然《ぜんぜん》知《し》らない人《ひと》とは嫌《いや》だ、といふ氣持《きもち》は隨分《ずゐぶん》あります。それならば交際機關《かうさいきくわん》があるかといふと、何《なに》にもないのですから、非常《ひじやう》にむづかしいのですね。

新居　詰《つま》り媒酌結婚《ばいしやくけつこん》を嫌《きら》つて、理解《りかい》と理解《りかい》とだといふことになるのだが、今《いま》の状態《じやうたい》では非常《ひじやう》に範圍《はんゐ》が狹《せま》くて、よく選擇《せんたく》が出來《でき》ない。

今井　娘《むすめ》が高《たか》い教育《けういく》を受《う》けた場合《ばあひ》など、「どうせ娘《むすめ》の方《はう》で……」といふ考《かんが》へと、「何《なん》でも教《をし》へてあるんだから、却《かへ》つて親《おや》のいふことは承知《しようち》しないだらう」といふ考《かんが》へから、打《う》ち捨《す》てて置《お》いて、却《かへ》つて娘《むすめ》の方《はう》は青年《せいねん》とつき合《あ》ふ機會《きくわい》がないために婚期《こんき》を失《うしな》つてゐる方《かた》が幾《いく》らもあると思《おも》ひます。戀愛《れんあい》をもつたお子《こ》さんを考《かんが》へると同時《どうじ》に、戀愛《れんあい》をもたないお子《こ》さんの場合《ばあひ》を考《かんが》へる必要《ひつえう》がありますね。

鈴木　殊《こと》に娘《むすめ》さんの場合《ばあひ》は、ない方《はう》が多《おほ》いでせう。さう自由《じいう》に男《をとこ》と交際《かうさい》することは、日本《にほん》の社會《しやくわい》では出來《でき》ないことですから……

ガンドレット　私《わたし》の友達《ともだち》のお子《こ》さんに、何《なに》にもいはないで默《だま》つて、親《おや》の定《さだ》めた處《ところ》へお嫁《よめ》に行《い》つてしまつて、その後《あと》で、決《けつ》して穢《きたな》い意味《いみ》でなく、自分《じぶん》が戀《こひ》の對象《たいしやう》とした人《ひと》があつたことを知《し》つたことがあります。これは親《おや》と友達《ともだち》の責任《せきにん》だと思《おも》ひます。

鈴木　女學校《ぢよがくかう》を出《で》て、一、二、三年位《ねんぐらゐ》經《た》つてゐる娘《むすめ》さん――これには、商家《しやうか》の娘《むすめ》さんもあるでせうし、サラリーマンの娘《むすめ》さんもあるでせうが、上流《じやうりう》の娘《むすめ》さんは、ダンスホールだとか、テイパーテイとかゞあつて、色々《いろいろ》な人《ひと》に接《せつ》する機會《きくわい》があるが、中流《ちうりう》以下《いか》の娘《むすめ》さんは、至《いた》つて舊式《きうしき》であり、若《わか》い青年《せいねん》などとつき會《あ》ふ交際機關《かうさいきくわん》がないのです。それが爲《ため》に、戀愛《れんあい》の機會《きくわい》も少《すくな》く、親《おや》が配偶者《はいぐうしや》を見付《みつ》けてやらなければならない状態《じやうたい》に置《お》かれてゐるのではないでせうか。

今井　あの方《かた》が好《す》きだと思《おも》つて居《を》つても、お互《たがひ》に通《つう》ずる機會《きくわい》がないのですね。

西崎　かういふことを、私《わたし》は始終經驗《しじゆうけいけん》して居《を》ります。例《たと》へばこの人《ひと》が好《す》きだから、少《すこ》し交際《かうさい》して見《み》たいと思《おも》つても、世間《せけん》の閑人《ひまじん》が鵜《う》の目《め》鷹《たか》の目《め》で、女《をんな》と一緒《しよ》に歩《ある》いたら何《なに》か大事件《だいじけん》のやうにいふ。ですから、手《て》も足《あし》も

出《で》ないのです。

鈴木　日本人《にほんじん》といふものは、殆《ほと》んど媒《ばい》酌結婚《しやくけつこん》だが、それでは、日本《にほん》の家庭《かてい》は、西洋人《せいやうじん》の家庭《かてい》よりも不幸《ふかう》かどうか、それを一應考《かんが》へて見《み》たい。私《わたし》の知《し》つてゐる有名《いうめい》な大使《たいし》、その人《ひと》の奥《おく》さんは非常《ひじやう》な賢婦人《けんふじん》だが、その大使《たいし》ある時僕《ときぼく》に打明《うちあ》けて云《い》ふのに「僕《ぼく》は實《じつ》は寫眞結婚《しやしんけつこん》だよ」といふた。亞米《アメ》利加《リカ》ぢや寫眞結婚《しやしんけつこん》を排斥《はいせき》してゐるが、大使《たいし》はこの寫眞結婚《しやしんけつこん》をして、而《しか》も御兩人《ごりやうにん》とも他《ひと》の羨《うらや》むほどの睦《むつま》じさで、家庭生活《かていせいくわつ》を樂《たの》しんでゐる。

新居　相當《さうたう》の友達《ともだち》がよいといふなら、寫眞結婚《しやしんけつこん》だつてよいだらう。それに媒酌結婚《ばいしやくけつこん》だからまづいといふ譯《わけ》でもない何《なん》だつてうまく行《ゆ》くものは行《ゆ》くしまづく行《ゆ》くものはまづく行《ゆ》くよ。

今井　運命《うんめい》ですわ。

ガンドレット　自分《じぶん》の子供《こども》が愛《あい》する人《ひと》を見付《みつ》けた場合《ばあひ》、頭《あたま》からそれを排《はい》惡視《あくし》していただき度《た》くない。その時《とき》に親《おや》なり友達《ともだち》なりが、自分《じぶん》として相當《さうたう》の助言《じよげん》を與《あた》へ、意見《いけん》をいつて、さうして進《すゝ》めべきものは進《すゝ》めるやうに、手《て》を引《ひ》いてやる。幾《いく》ら娘《むすめ》や息子《むすこ》が好《す》いて居《を》つても、將來《しやうらい》がむづかしいと思《おも》つたら、親《おや》が注意《ちうい》をしてやる。若《も》し強情《がうじやう》ばつて、自分《じぶん》の思《おも》ひ通《どほ》りをとうさうといふ者《もの》には、さうさせる。その代《かは》り、最後《さいご》の決定《けつてい》は子供《こども》に與《あた》へて責任《せきにん》をもたせないと、どうしても自由結婚《じいうけつこん》は成功《せいかう》しないと思《おも》ひます。私《わたし》は、丁度《ちやうど》六人程媒介《にんほどばいかい》しました。この人《ひと》ならばと思《おも》ふ時《とき》に、兩方《りやうはう》その人《ひと》だけを招《よ》べば見合《みあ》ひと思《おも》ひますから、ティー、パーテイでもしまして、會《あ》はせ、後《あと》で「お嫁《よめ》さんを貰《もら》はないか」「貰《もら》はうと思《おも》ふがよいのかない」「この間來《あひだき》たお嬢《ぢやう》さんはど

217　「親子問題座談会」　今井邦子、新居格、西崎綾乃、ガンドレット恒子 ほか 『婦人画報』昭和6年5月1日

う」「話《はな》せますね」といつたやうなことから始《はじ》めるのです。さうして三ケ月《げつ》か四ケ月《げつ》、自分《じぶん》がついてゐるやうにして交際《かうさい》をさせてやります。さうして、結婚《けつこん》の最後《さいご》の決定《けつてい》はあなた方《かた》ですから、後《あと》で「奥《おく》さん、あなたが世話《せわ》して呉《く》れたから……といふことはいはせませんよ」と、かういふ風《ふう》にして結婚《けつこん》させました。六家《か》族共貧に仕合《しあは》せです。時々《ときどき》は喧嘩《けんくわ》をして駈《か》けこんで來《き》ますけれども、「最後《さいご》の決定《けつてい》をしたのはあなただから、お嬢《ぢやう》なら追《お》ひ出《だ》せばよいぢやありませんか」といひますと、すごく歸《かへ》つて行《ゆ》きます。

新居　今《いま》の話《はなし》は一番適切《ばんてきせつ》ですね……

ガンドレット　さういふことを外國《ぐわいこく》の人《ひと》に話《はな》しますと、「羨《うらや》ましいですね、私《わたし》の國《くに》ではあの方《かた》が好《す》きだと思《おも》つても、つき合《あ》ふ機會《きくわい》がないので、その儘過《まゝす》ごしてしまひます」と言《い》ひました。或《あ》るオールド・ミスの人《ひと》に「あなたはラブしたことはないのですか」と訊《き》きますと彼女《かのぢよ》は「ラブしたことはあります。又向《またむか》ふの人《ひと》もラブして呉《く》れたやうだつたけれども、その人《ひと》とつき合《あ》ふ機會《きくわい》がなくて、他《ほか》の人《ひと》と結婚《けつこん》してしまつたのです。あなた方《がた》の國《くに》のやうに、いはゆる第三者《だいしや》が間《あひだ》に立《た》つて、結婚《けつこん》させるといふのは本當《ほんたう》に羨《うらやま》しい」といふことを申《まを》しました。それで、或《あ》る人《ひと》から今《いま》の日本《にほん》の結婚方法《けつこんはうはふ》と、西洋《せいやう》の方法《はうはふ》とを、若《も》し調和《てうわ》する方法《はうはふ》を考《かんが》へ出《だ》せば、あなたは金持《かねもち》になりますよと笑《わら》はれたことがありました。

鈴木　英吉利《イギリス》に行《ゆ》くと、オールド・ミスで、いゝ加減《かげん》年取《としと》つた人《ひと》で結婚《けつこん》しない人《ひと》が非常《ひじやう》に多《おほ》いですね。

ガンドレット　あるオールド・ミスに「あなたのやうな立派《りつぱ》な方《かた》がなぜ結婚《けつこん》しないんですか」と訊《き》きますと、「アイ・アム・ツウ・パーチュー・エンド・モデレイト。」といひました。さういふことを聞《き》きますと、日本《にほん》の媒介結婚《ばいかいけつこん》を全然排斥《ぜんぜんはいせき》することは出來《でき》ませんね。

鈴木　確《たし》かにさうです。これは世界的《せかいてき》になつて來《き》ますよ。

西崎　私《わたし》は十八組位《くみぐらゐ》、紹介《せうかい》をしてやりました。私《わたし》の家《いへ》には、大學《だいがく》の學生《がくせい》が始終出入《しじうではい》りして居《を》りましたから、その方達《かたたち》を、よい家庭《かてい》のお嬢《ぢやう》さんと一緒にしました。大抵兩方共《たいていりやうはうとも》家庭《かてい》の事《じ》情《じやう》が分《わか》つてゐましたので、面倒《めんだう》なことなど一《ひと》つもありませんでした。長《なが》い交際《かうさい》をするとか、先方《せんぱう》をよく調《しら》べるとか何《なん》とかいふことは、大《たい》した問《もん》題《だい》ぢやないと思《おも》ひます。初《はじ》めに虫《むし》が好《す》くか好《す》かんかが、一番大切《ばんたいせつ》な問題《もんだい》で、あとは勝手《かつて》に調《しら》べさせます。

新居　今《いま》お話《はなし》の紹介結婚《せうかいけつこん》といふのはよい言葉《ことば》ですね。

西崎　媒酌《ばいしやく》といふ言葉《ことば》は、ちよつと氣《き》障《ざ》で眼障《めざは》りですね。それで私《わたし》は、紹《せう》介《かい》といふ言葉《ことば》を使《つか》ひます。多勢《おほぜい》の中《なか》から相手《あひて》を擇《えら》んで、これに決《き》めやうといふには矢張《やは》り、そこに、或《あ》る神《しん》秘的《ぴてき》な氣持《きもち》が働《はたら》いて來《く》るやうです。さうして最後《さいご》の決定《けつてい》は、自分《じぶん》で決《き》めさせます。だから後《あと》になつて、喧嘩《けんくわ》しやうが何《なに》をしやうが、私《わたし》には關係《くわんけい》がない。しかし紹介《せうかい》するのですから、八分《ぶ》九分《ぶ》迄《まで》の保證《ほしよう》を付《つ》けるが、後《あと》の一分《ぶ》は兩方《りやうはう》で教育《けういく》し合《あ》ふ。それが出來《でき》ないならば、どつちも馬鹿《ばか》だから構《かま》はない。さういふ風《ふう》にいひますと、喧嘩《けんくわ》の仕樣《しやう》がないのです。半《はん》年《とし》も一年《ねん》も交際《かうさい》しなければ分《わか》らないといふのは古《ふる》い考《かんが》へです。

新居　一年《ねん》なんていふのは鈍感《どんかん》だね。

ガンドレット　さうです、好《す》かないのは好《す》かないのですからね。

鈴木　自分《じぶん》の經驗《けいけん》でも本當《ほんたう》によいのは

一瞬間《しゆんかん》で決《き》まる。

新居　丁度《ちやうど》、君《きみ》が編輯《へんしふ》するやうにね。

鈴木　一時間《じかん》、見《み》なければ本當《ほんたう》に決定《けつてい》し得《え》ないやうなことはない。確《たし》かに人間《にんげん》にはさういふ本能《ほんのう》がある。

西崎　昔《むかし》から「目《め》につく妻君鼻《さいくんはな》につき易《やす》し」と言《い》ひます。綺麗《きれい》な人《ひと》だ、非《ひ》常《じやう》に別嬪《べつぴん》だと思《おも》つても、後《あと》で缺點《けつてん》が見《み》えて來《く》るものです。矢張《やは》り第《だい》三者《しや》が幾《いく》らか意見《いけん》を與《あた》へてやるといふことが、一番《ばん》よいことだと思《おも》ひます。

鈴木　僕《ぼく》は或所《あるところ》から「どういふ人《ひと》を好《かう》男子《だんし》と思《おも》ふか」といふ質問《しつもん》を受《う》けたことがある。これは大變面白《たいへんおもしろ》い質問《しつもん》だと思《おも》つて、私《わたし》の例《れい》に擧《あ》げたのが鈴《すゞ》木《き》喜《き》三郎氏《らうし》。あの人《ひと》は、普通《ふつう》の眼《め》で見《み》ると、ブルドッグを長《なが》くしたやうで、色《いろ》は（新居氏《にゐし》に向《むか》ひ）君《きみ》よりも黒《くろ》い。眉《まゆ》はげじ〳〵眉《まゆ》だし、鼻《はな》は無《む》論平《ろんぴら》つたいし、口《くち》は大《おほ》きいし、だがどうも好《す》きな顏《かほ》だ。普通《ふつう》の人《ひと》なら、いわゆるのつぺりとした活動役者《くわつどうやくしや》みたいなのを好男子《かうだんし》だと見《み》るか知《し》れないが、僕《ぼく》はどうも、あの顏《かほ》が好《す》きだ。一種《しゆ》の男性的《だんせいてき》なところがある。

ガンドレット　つまり一種《しゆ》の味《あぢ》があるのでせう。

鈴木　男《をとこ》でも女《をんな》でも、顏《かほ》ぢやないとい

219　「親子問題座談会」　今井邦子、新居格、西崎綾乃、ガンドレット恒子 ほか 『婦人画報』昭和6年5月1日

ふことを申《まを》しますが、やつぱりさうだと思《おも》ふ。その人《ひと》の教養《けうやう》とか、性格《せいかく》とかゞ、矢張《やは》り働《はたら》いて來《く》るのでせう。

西崎　私《わたし》は、男《をとこ》でも女《をんな》でも、綺麗《きれい》な男《をとこ》だとか、綺麗《きれい》な女《をんな》だとか、といふよりも、暖かさうな賢さうな顔が、いつも私《わたし》の眼《め》につきます。

鈴木　私《わたし》は、かういふことを考《かんが》へる。日曜《にちえう》に上野公園《うへのこうゑん》などに行《い》きますと、何千組《なんぜんくみ》といふ家族《かぞく》が、ベンチに寄《よ》つてたり家《うち》から持《も》つて來《き》たお重《ぢゆう》を開《ひら》いて食《た》べたりしてゐる、圓滿《ゑんまん》なシーンを到《いた》るところで見《み》る。これは皆《みな》戀愛《れんあい》結婚《けつこん》から來《き》たかといふと、決《けつ》してさうではない。大抵《たいてい》いい加減《かげん》に媒酌《ばいしやく》結《けつ》婚《こん》をした者《もの》ばかりだ、それでもかういふ幸福《かうふく》な光景《くわうけい》を呈《てい》し得《う》るのは、どういふ譯《わけ》か。一體多くの人《ひと》は、文學《ぶんがく》者《しや》とか、思想家《しさうか》とか、さういふ風《ふう》な特別《とくべつ》なパーソナリテイをもつた人間《にんげん》は別《べつ》として、類型的《るゐけいてき》だから、一通《ひととほ》りの條件《でうけん》さへ備《そな》へれば、それでよいのだ餘《あま》り深《ふか》く考《かんが》へると駄目《だめ》だ。と思《おも》つた。

今井　かういふことは如何でございませうか、その子供《こども》の性質《せいしつ》を一人《ひとり》一人《ひとり》で見《み》ると、どうしても自分《じぶん》で選《えら》ばなければ承知《しやうち》の出來《でき》ないのが居《ゐ》りますし、又親達《またおやたち》が見《み》てやらなければ、やつて行《い》けさうもないと思《おも》はれるのもあります。同《おな》じ兄弟《きやうだい》の中《うち》でもそこを見分《みわ》けて導《みちび》いてやるのが、親《おや》として大事《だいじ》なところではないでせうか。

新居　どつちだか分《わか》らんのもゐますよ、僕《ぼく》の家《うち》のはどつちだか分《わか》らない。

鈴木　運《うん》に委《まか》せるのですね。かういふ例《れい》がある。最初《さいしよ》は自由結婚《じいうけつこん》をした。ところがどうもうまく行《ゆ》かない。子《こ》供《ども》が出來《でき》たけれども、到頭《たうとう》離縁《りえん》にしてしまつた。次《つぎ》はカフエーの女《をんな》と戀愛《れんあい》にはいつて、家《うち》に入《い》れやうとした。が、それにはお母《かあ》さんもお父《とう》さんも大《だい》の不賛成《ふさんせい》で、私《わたし》のところに來《き》て「ぜひ思《おも》ひ止るやうに話《はな》して呉《く》れ、カフエーの女《をんな》なんかと一緒《いつしよ》になられては困《こま》る」といふのです。私《わたし》も、困《こま》りましたが、兎《と》も角《かく》いつて見《み》ました。さうすると友人《いうじん》は「いや、今度《こんど》のは確《たし》かによいのですから……」と、どうしても聞《き》かない。それでは仕方《しかた》がないといふ譯《わけ》で一緒《いつしよ》になつた。ところが、お母《かあ》さんがすつかり氣《き》に入《い》つちやつて、「あれを貰《もら》つて大變《たいへん》よかつた。前《まへ》のよりも遙《はるか》によい。前《まへ》のはどうも偉過《えらす》ぎて、私《わたし》などを姑扱《しうとあつか》ひにして相手《あひて》にしなかつたが、今度《こんど》のは非常《ひじやう》によい」といふので大變《たいへん》に圓滿《ゑんまん》に行《い》つてゐる。さういふ例《れい》もあるのです。

今井　一概《いちがい》にもいへませんね。

新居　今《いま》のはうまく行《ゆ》く場合《ばあひ》だが、かういふことを親《おや》として考《かんが》へませんか。世間《せけん》には別《わか》れたいのだけれども經濟的《けいざいてき》な獨立《どくりつ》が女《をんな》の方《はう》にはないので、隱忍《いんにん》してゐる例《れい》が相當《さうたう》あるのではないか。さういふ例《れい》を見《み》ると、自《じ》分《ぶん》の子供《こども》が、若《も》し結婚《けつこん》に破綻《はたん》を來《きた》したといふ時《とき》には、或《あるひ》は來《き》たさねばならない状態《じやうたい》の時《とき》に、ある一《ひと》つの力《ちから》、詰《つま》り自分《じぶん》で經濟的《けいざいてき》の獨立《どくりつ》を得《う》る道《みち》、それを若《わか》い時代《じだい》に養《やしな》つて置《お》いてやる必要《ひつえう》はないだらうか。それがあれば非常《ひじやう》に解決《かいけつ》が樂《らく》なのに、それがない爲《ため》に、くすぶつて、ずつと嫌《いや》な日《ひ》を送《おく》つてゐるといふ家庭《かてい》が隨分《ずゐぶん》ありはしまいか。

今井　自分《じぶん》でさういふ力《ちから》をつけるのもよいと思《おも》ひますが、世間《せけん》の人《ひと》に、家《か》庭《てい》の事情《じじやう》まで立入《たちい》つていはれるのはうるさいものですね。

新居　私《わたし》は、有島生馬《ありしまいくま》さんから、佛蘭《フラン》西《ス》の人《ひと》は、友達《ともだち》が戀愛《れんあい》してゐると、

色々《いろ／＼》激勵《げきれい》してやるといふことを聞《き》きました。日本《にほん》では戀《こひ》してゐる人《ひと》があると、「何《なに》いつてゐるのだ」といつて、乘氣《のりき》になつてゐるのを仰《お》へつける。

ガンドレット　ある日《ひ》私《わたし》は、學校《がくかう》で生徒《せいと》に英語《えいご》の譯《やく》をつけさせてゐますと、生徒《せいと》が「フリー・ラブといふところに來《き》て、ちよつと詰《つま》つてしまひました「フリー・ラブといふことが分《わか》らない？」と申《まを》しますと「だつて先生《せんせい》……」といふのです。私《わたし》は叱《しか》つてやりました。「怪《け》しからん。フリー・ラブといふ言葉《ことば》を何《なん》だと思《おも》つてゐるのですか、これを恥《は》かしがるやうではいけません」といつて、そこで戀愛《れんあい》の講演《かうえん》をした譯《わけ》です。「これを恥《はづか》しいと思《おも》ふのは間違《まちがひ》です。最《もつと》も神聖《しんせい》なことです、男女《だんぢよ》の間《あひだ》に戀《こひ》がなければ動物《どうぶつ》と同《おな》じことです。それを恥《は》かしいと思《おも》ふのはいけません」さういふと、生徒達《せいとたち》は「ちよつと先生《せんせい》は新《あたら》しいわね!!」といひました。異性《いせい》を愛《あい》してゐる、戀《こひ》してゐるといふやうな場合《ばあひ》は、それを罪惡視《ざいあくし》して蓋《ふた》をするやうなことはしないで、それに適當《てきたう》な助言《じよげん》を與《あた》へて、ならうことならそれを成立《せいりつ》させてやるといふ氣持《きもち》が必要《ひつえう》です。

新居　「僕は、あの人《ひと》を戀《こひ》してゐます」といふと、「のろけるな」といふやうなことで、却《かへ》つて抑《おさ》へつけてしまう。戀愛彈壓《れんあいだんあつ》の傾向《けいかう》があり過《す》ぎるですね。

ガンドレット　男《をとこ》の子《こ》には、どつちへ轉《ころ》んでも自分《じぶん》でやつて行《ゆ》かれる職業《しよくげふ》なり技能《ぎのう》をつけてやるといふことは私《わたし》の持論《ぢろん》です。二十一といふ聲《こゑ》を聞《き》きます時《とき》は、自分《じぶん》は大人《おとな》になつた、何時《いつ》までも親《おや》の脛《すね》を噛《かじ》つてゐてはいけないといふ氣持《きもち》を養《やしな》はせて、女《をんな》の場合《ばあひ》ならば、必《かなら》ずお嫁《よめ》に行《ゆ》かなければならないのだといふ條件《でうけん》つきで、職業教育《しよくげふけういく》をします。若《も》し適當《てきたう》な配遇《はいぐう》者《しや》があれば結婚《けつこん》するし、世話《せわ》する人《ひと》がなくて結婚出來《けつこんでき》なくても、一人《ひとり》でやつて行《ゆ》かれる人間《にんげん》を拵《こしら》へる。

新居　親《おや》と子《こ》のこの座談會《ざだんくわい》で、先程《さきほど》から色々《いろ／＼》お話《はなし》がありましたが、新《あたら》しい戀愛《れんあい》をして結婚《けつこん》することもよいし、さつきの紹介結婚《せうかいけつこん》で行《ゆ》くのもよいし、色々《いろ／＼》ありますが、併《しか》しさういふことを考《かんが》へる前《まへ》に、さういふ場合《ばあひ》を想像《さうざう》して、親《おや》として子供《こども》の爲《ため》に、もう少《すこ》し關心《くわんしん》を向《む》けるべきことが、實《じつ》に重大《ぢうだい》ではないかと思《おも》ひます。

西崎　子供《こども》が年頃《としごろ》になるまで、うかうかして居《を》らないで、小《ちひ》さい時分《じぶん》に、理性《りせい》と情愛《じやうあい》とが並行《へいかう》して育《そだ》つて行《ゆ》くやうにして、誤《あやま》つた生活《せいくわつ》に陷《おちい》らないやうに、育《そだ》ててやつたらよいと思《おも》ひます。

新居　試驗勉強《しけんべんきやう》のやうに、眼《め》の前《まへ》に逼《せま》つて、慌《あわ》ててばた／＼やつても駄目《だめ》だ。

鈴木　しかし、君《きみ》は、ばた／＼してゐるのではないか（新居氏苦笑《にゐしくせう》）

ガンドレット　私《わたし》の家《いへ》では、子供《こども》がラブといふ言葉《ことば》を普通《ふつう》に使《つか》つて居《を》ります。ラブといふ言葉《ことば》を小學校時代《せうがくかうじだい》に使《つか》つたら、迚《とて》も困《こま》つたものだとお思《おも》ひになるでせうが、私《わたし》の家《いへ》では、男《をとこ》の子供《こども》がよくないことをいたしますと、「あなた、そんなことをしてゐると、よい女《ひと》にあなたはラブされませんよ。」詰《つま》り良《よ》い女《をんな》をラブする權利《けんり》がなくなるといふと、一番《いちばん》嫌《いや》がります。ラブといふ言葉《ことば》が、非常《ひじやう》に綺麗《きれい》な言葉《ことば》だと思《おも》はれて居《を》ります。

新居　日本《にほん》では兩性《りやうせい》の間《あひだ》に起《おこ》る言葉《ことば》か、下卑《げび》過《す》ぎて使《つか》はれてゐるのではなからうか。例《たと》へば媾曳《あひびき》といふ言葉《ことば》と、ランデヴーといふ言葉《ことば》と比《くら》べると、事實《じじつ》は同《おな》じだらうけれども、日《に》本《ほん》のはその意味《いみ》がどうも下卑《げひ》てゐる。それが戀愛《れんあい》といふものをぐつと引下《ひきさ》げてゐる感《かん》じがする。何《なに》か彼女《かのぢよ》を愛《あい》したとか何《なん》とかいふと、直《す》ぐ「のろけるな」といふことになる。

ガンドレット　あちらでスヰート・ハートといふ言葉《ことば》は、子供《こども》の間《あひだ》でも淨化《じやうくわ》されて使《つか》はれてゐます。

新居　日本《にほん》でも、すきだとか、好《この》ましいといふ言葉《ことば》はよい。惚《ほ》れるとか、何《なん》とかいふ言葉《ことば》になると、ちよつとね……

鈴木　詰《つま》り日本《にほん》の長《なが》い歴史《れきし》から來《き》た譯《わけ》でせうね。それといふのは、戀《こひ》といふものを武士階級《ぶしかいきふ》では、汚《きたな》いやうな穢《けが》らはしいやうに考《かんが》へられて居《を》つたのが、今尚《いまな》ほ殘《のこ》つてゐるのですから。

今井　本當《ほんたう》の言葉《ことば》の意味《いみ》はよいのですけれども、惡《わる》い氣持《きもち》を與《あた》へてしまう言葉《ことば》がありますね。

鈴木　惚《ほ》れるといふのは、何《なに》か他《ほか》によい言葉《ことば》はないだらうか。

新居　好《この》ましいとか好《す》きだとか……

鈴木　それとはちよつと……

新居　鈴木君《すゞきくん》、朝日新聞《あさひしんぶん》でよい言葉《ことば》を作《つく》つて吳《く》れよ。

鈴木　これは大問題《だいもんだい》だね。惚《ほ》れるといふ言葉《ことば》は……

221 「親子問題座談会」 今井邦子、新居格、西崎綾乃、ガンドレット恒子 ほか 『婦人画報』昭和6年5月1日

新居 今《いま》の議會《ぎくわい》に、惚《ほ》れるといふ言葉《ことば》はいかんから、改正《かいせい》する建議案《けんぎあん》でも出《だ》すか……

菊池 片《かた》一方《はう》の親《おや》が早《はや》く亡《な》くなつた場合《ばあひ》に、子供《こども》に對《たい》して、再婚《さいこん》してよいか惡《わる》いか、その邊《へん》に就《つい》て一《ひと》つお話《はな》し下《くだ》さい。

新居 再婚《さいこん》がよいか惡《わる》いかといふことと、親《おや》の戀愛《れんあい》の問題《もんだい》ですね。

菊池 それと子供《こども》との問題《もんだい》です。

西崎 これは一番《いちばん》むづかしいやうに思《おも》ひます。

新居 有島《ありしま》さんの長男《ちやうなん》の方《かた》で、新聞《しんぶん》を見《み》て居《ゐ》つて、お父《とう》さんのと同《おな》じやうな記事《きじ》を見《み》ると、實《じつ》に憂鬱《いううつ》になる——さういふことを僕《ぼく》は聞《き》いたこれは再婚《さいこん》じやないが、親《おや》の戀愛《れんあい》から起《お》きた色々《いろ〳〵》な發生《はつせい》だね。戀愛《れんあい》を本質的《ほんしつてき》に突進《つきすゝ》むと、實《じつ》に色々《いろ〳〵》な問題《もんだい》がある筈《はず》だ。

鈴木 個人々々《こじん〳〵》の家庭《かてい》、又《また》子供《こども》などによつても違《ちが》つて來《く》る。一概《いちがい》にどうといふことは出來《でき》ない問題《もんだい》だらうな。

新居 綜合的《そうがふてき》に、或《あるひ》は統一的《とういつてき》にいへない問題《もんだい》だけれども、特殊《とくしゆ》な二三の例《れい》として、かういふことがあつたからかうだとか、かういふ場合《ばあひ》には、子供達《こどもたち》は、かうなりはしないかといふことは、考《かんが》へられはしないかしら。

鈴木 自分《じぶん》が模範《もはん》となつて子供《こども》を育《そだ》てて行《い》かなければならない時期《じき》と、子供《こども》が成人《せいじん》してしまつて、お嫁《よめ》になるなり、お嫁《よめ》を貰《もら》ふやうになつた時期《じき》と、各々《おの〳〵》の場合《ばあひ》によつて、自《おのづか》ら違《ちが》つて來《く》るのではないですか。

三宅 大抵《たいてい》子供《こども》を育《そだ》ててゐる時期《じき》にさういふ問題《もんだい》が起《おこ》り易《やす》いものです。ですから親《おや》の戀愛《れんあい》を子供《こども》に理解《りかい》して貰《もら》ふこと、そして子供《こども》が育《そだ》つて行《い》つて、子供《こども》が間違《まちが》つた考《かんがへ》をもたないやうな、よく理解《りかい》し合《あ》つた、筋《すぢ》の通《とほ》つた戀愛《れんあい》をしなければならんと思《おも》ひます。

新居 子供《こども》にとつて、非常《ひじやう》に憂欝《いううつ》だとか、何《なん》だとかいふ、その何《なに》かを投入《なげい》れないやうなものならよい。

三宅 投入《なげい》れるやうな戀愛《れんあい》だつたら、親《おや》として、相當分別《さうたうふんべつ》もありますから、よすべきだと思《おも》ひます。

新居 理論上《りろんじやう》よすべきだといつても、よせる位《くらゐ》なものだつたらよいが、さうは行《い》かない場合《ばあひ》もある。

今井　子供《こども》が育《そだ》つてから、親《おや》が戀愛《れんあい》をするのは嫌《いや》ですね。親《おや》が、さういふ風《ふう》になつた爲《ため》に、子供《こども》が家《うち》を出《で》てしまうといふのが随分《ずゐぶん》ありますね。

鈴木　僕《ぼく》が子供《こども》であつて、若《も》しおつかさんだけが居《を》つたら、結婚《けつこん》して貰《もら》ひたいやうな氣《き》がする。

今井　誰《だれ》も、家《うち》を整理《せいり》して行《い》く人《ひと》がゐない時《とき》は別《べつ》ですが、例《たと》へば姉《あね》があつて、家《うち》の中《なか》のことをやつてゐる時《とき》は、新《あた》らしいお母《かあ》さんに來《き》て貰《もら》ひたくありません。何《なに》か闖入者《ちんにふしや》がはいつて來《き》たといふ現象《げんしやう》を感《かん》じますから。

ガンドレット　しかし、再婚《さいこん》することを惡《わる》いといふのはいけないと思《おも》ひます。再婚《さいこん》しなければならん事情《じじやう》をもつてゐるかどうかも分《わか》らないのに、貞婦《ていふ》二夫《ふ》にまみへず、かういふやうなことで不道徳《ふだうとく》のやうにいふ場合《ばあひ》が多《おほ》いのです。これは男子《だんし》の方《はう》に對《たい》してよりも、女子《ぢよし》に對《たい》しての方《はう》が酷《こく》です。

厨川　皆《みな》さんのおつしやる通《とほ》りだと思《おも》ひます。再婚《さいこん》のいゝ惡《わる》いは家庭生活《かていせいくわつ》にもよりますし、一概《がい》にいへないと思《おも》ひます。何《いづ》れにせよ世間《せけん》の人《ひと》は餘《あま》り他《ほか》のことを干渉《かんせふ》し過《す》ぎるやうです。だから戀愛問題等《れんあいもんだいとう》でも朗《ほが》らかにやつてよいことも、ついうるさいからといつて、ないしよにこそ〳〵とやり勝《が》ちです。

新居　ところが、僕《ぼく》は世間《せけん》が何《なん》と見《み》やうが、さういふことに捉《とら》はれるやうじや駄目《だめ》だと思《おも》つてゐる。

松南　だいぶん時間《じかん》が經《た》ちましたから、この邊《へん》で打《う》ち切《き》り度《た》いと思《おも》ひます。どうもありがとうございました。

銀座會館にて

男《をとこ》は何故《なぜ》カフェーへ行《ゆ》くか

男性《だんせい》の避難場處《ひなんばしよ》

淺原六朗

男《をとこ》は何故《なぜ》、カフエーに行《ゆ》くか？

この答《こた》へは簡單《かんたん》です。カフエーには彼女《かのぢよ》が居《ゐ》るからです。何《な》んとなく彼女《かのぢよ》らしきものが居《ゐ》るからです。彼女《かのぢよ》や、彼女《かのぢよ》らしきものが、カフエーに居《を》らないなら、男《をとこ》はカフエーに行《ゆ》かなくなるでせう。全部《ぜんぶ》とは行《ゆ》かなくても、五割は減《へ》るでせう。

由來《ゆらい》、男《をとこ》は放浪性《はうらうせい》ロマンチストです。そして女性《ぢよせい》のやうに、城《しろ》にたてこもつて守《まも》る人間《にんげん》ではなく、攻《せ》める人間《にんげん》です。何《なに》か攻《せ》めたくつて耐《たま》らないのが男《をとこ》です。

しかしながら、ビルデングや、電車《でんしや》や、舗道《ペーヴメント》や、社交室《しやかうしつ》で、むやみと、攻《せ》めることは出來《でき》ません。舗道《はだう》や、ビルデングで逢《あ》ふ彼女《かのぢよ》たちは、彼《かれ》にとつては、みだりに攻《せ》めてはならない人《ひと》たちです。或《あるひ》は、見知《みし》らぬ美《うつく》しき彼女《かのぢよ》です。

男《をとこ》は、しばしば、いや、常《つね》に裝飾《さうしよく》に全《ぜん》力《りよく》をあげた見知《みし》らぬ彼女《かのぢよ》たちの美《び》に惱《な》やまされます。

街頭《がいとう》にある見知《みし》らぬ彼女《かのぢよ》たちは、すばらしく、新鮮《しんせん》で、つくられたばかりのパンのやうにふくよかです。處《ところ》が、あゝ攻《せ》める性能《せいのう》をあたへられた男《をとこ》たちが、常《つね》にこの新鮮《しんせん》なパンを見《み》せつけられて、しかも指《ゆび》一本《ぽん》みだりにさはつてはならないとなれば、いつたい男《をとこ》はどうすればいいのですか。

家庭《かてい》をもつて居《ゐ》る人《ひと》でも、攻《せ》める本能《ほんのう》があるがために苦痛《くつう》を感《かん》じます。まして、獨身《どくしん》のサラリイマンは、神經衰弱《しんけいすゐじやく》になります。

だから、こゝに男《をとこ》たちがカフエーに行《ゆ》く重大《ぢゆうだい》な意味《いみ》がでてくるのです。この重大《ぢゆうだい》な意味《いみ》と、重大《ぢゆうだい》な問題《もんだい》についてお話《はな》する前《まへ》に、ある男《をとこ》が、蒼《あを》い顏《かほ》で、から云《い》ふ感想《かんさう》をもらしてゐました。

「君《きみ》、君《きみ》。」

この男《をとこ》は、話《はなし》をする時《とき》に、君《きみ》、君《きみ》と、むやみに君《きみ》を連續《れんぞく》させる癖《くせ》をもつてゐます。そしてヒユマニストで、そして理想主義者《りさうしゆぎしや》で、そして愛妻家《あいさいか》です。

　この男《をとこ》が、君《きみ》、君《きみ》を連發《れんぱつ》しながら、私《わたし》になげいたのです。

「君《きみ》、君《きみ》、女《をんな》つて妙《めう》なものだねえ。」

「妙《めう》なものさ。だが、君《きみ》はどんな處《ところ》に、女《をんな》の妙《めう》なものを感《かん》じたのだい？」

「だつて、君《きみ》、君《きみ》の前《まへ》で云《い》ふのは可笑《をか》しいが、君《きみ》、よく聽《き》いてくれ給《たま》へ。」

「ふむ、よく聽《き》かう。」

「君《きみ》、僕《ぼく》の女房《にようばう》だね。僕《ぼく》の女房《にようばう》は、多《た》分申分《ぶんまをしぶん》の少《すく》い女《をんな》だと思《おも》ふ。」

「たしかに申分《まをしぶん》は少《すく》いよ。」

「だが、これだけは承服《しようふく》できない申分《まをしぶん》があるんだ。」

「どんな申分《まをしぶん》だね。」

「君《きみ》、君《きみ》、僕《ぼく》の女房《にようばう》はよく働《はたら》いてくれる。馬《うま》のやうに働《はたら》いてくれるよ。だが、君《きみ》、君《きみ》、働《はたら》いて家《うち》にゐるときの女房《にようばう》は、何《な》んて汚《きたな》い恰好《かつかう》をしてゐる女房《にようばう》だらう。着物《きもの》には垢《あか》がついてゐるし、でなけりや、どこか破《やぶ》れてゐる。前《まへ》の方《はう》は洗濯《せんたく》で濡《ぬ》れてゐる髮《かみ》の毛《け》は、モチヤモヂヤで、顏《かほ》はヂヤガ芋《いも》のやうな顏《かほ》をしてゐる。それで一旦《たん》、そとにでて行《ゆ》くときとなるとどうだ。君《きみ》、君《きみ》、全《まつた》く見《み》ちがえる女《をんな》になつてゐるのだよ。着物《きもの》も、ハンドバックも、髮《かみ》の形《かたち》も、所謂最新流行《いはゆるさいしんりうかう》と云《い》ふ形《かたち》で、しやらりしやらりと圓《えん》タクでデパアトに出《で》かけて行《ゆ》くんだ。これは、いつたいどうしたことだ。君《きみ》、君《きみ》、僕《ぼく》は女房《にようばう》のいちばん汚《きたな》い、いちばん貧《まづ》しい處《ところ》だけを見《み》せつけられて、最新流行《さいしんりうかう》のあつぱれ美人《びじん》になりすました時《とき》には、そとにお出《で》かけになつて、ほかの男《をとこ》たちにその姿《すがた》を見《み》せてゐるんだ。これはいつたいどう云《い》ふことだ。」

「そこが問題《もんだい》なんだね。」

　私《わたし》は哲學的《てつがくてき》な顏《かほ》をして

「だから、男《をとこ》はみンなカフヱーに行《い》くんだよ」

　と、說明《せつめい》した。

「男《をとこ》はかくして、あらゆる女性《ぢよせい》から、煽《あふ》られるんだ。しかも煽《あふ》られた感情《かんじやう》を、どうするわけにも行《ゆ》かない。仕方《しかた》がないからカフヱーに行《ゆ》くんだ、カフヱーに行《ゆ》けば、彼女《かのぢよ》たちが、美《うつく》しき城《しろ》となつて、ヤア、どこからでも攻撃《こうげき》していらつしやい、と云《い》はんばかりに、明《あか》るいサアビスをしてくれる。一杯《ぱい》のビールをのみ、グラスのカクテルをのみながら、蝶《てふ》のやうにむらがる彼女《かのぢよ》たちのエロを誰《だれ》もはばからずに享樂《きやうらく》しながら男性《だんせい》のもつてゐる攻撃的精神《こうげきてきせいしん》も多《た》少滿足《せうまんぞく》することが出來《でき》るんだ。このカフヱーは、男《をとこ》が中心《ちゆうしん》で、彼女《かのぢよ》たちは、それへのサアビスガアルだ。だから、のんびりと自由《じいう》で、マダムや、ミスの前《まへ》で氣兼苦勞《きがねくらう》するやうなことは一《ひと》つも要《い》らないのだからね。」

「わかつた。」

「わかつたらう。世《よ》のマダムやミスの街頭盛裝《がいとうせいさう》に對《たい》する避難場處《ひなんばしよ》がカフヱーなのさ。街頭《がいとう》で煽《あふ》られたものが、カフヱーにきて癒《いや》されるんだ。結局《けつきよく》、世《よ》のマダムやミスたちが、我々《われわれ》をカフヱーに追《お》ひやつてゐると云《い》ふことも云《い》へるのさ」

「君《きみ》、君《きみ》、わかつた。」

「わかつたらう。ぢや、これから一緒《しよ》にカフヱーに行《ゆ》くことにしよう。」

「それが、いいやうだね、君《きみ》、君《きみ》」

〰〰〰〰〰〰

○

カツフヱーのお客《きやく》、大層不機嫌《たいそうふきげん》なので女給《ぢよきふ》が側《そば》へ行《い》つて

女給「どうか致《いた》しまして」

お客「おいこれを見《み》ろコップの底《そこ》に蠅《はい》が入《はい》つて居《ゐ》るぢやないか。これは一體《たい》どう云《い》ふ事《こと》だ」

女給「まことに相濟《あひす》みません。でも妾《わたし》は占者《うらなひしや》ぢやありませんから」

225　「男は何故カフエーへ行くか」　浅原六朗、酒井真人、生方敏郎　『婦人画報』昭和6年7月1日

愛《あい》のウオーミング・アップに

酒井眞人

男《をとこ》がカフエに行《ゆ》くのは、むろんそこに女給《ぢよきふ》がゐるからだ。女給《ぢよきふ》のゐないカフエなんて、ダイヤの指環《ゆびわ》をはめない伯爵夫人《はくしやくふじん》と同《おな》じに、意味《いみ》ないものだ。

だからカフエといへば、世《よ》の淑女達《しゆくぢよたち》は、いろいろの男《をとこ》が、女給《ぢよきふ》のやさしいサーヴイスにひたつて、半《なか》ば溺《おぼ》れかゝつたやうに、もう暫《しば》らくの間《あひだ》、自家《うち》へ歸《かへ》るのをよさうとつとめながら、一ぱい一圓《ゑん》もするミリオン・ダラーとか、緑《グリーン》の惡魔《デヴイルズ》とかいふ伊達《だて》なカクテールを、何《なに》か訴《うつた》へたやうな調子《てうし》で、仕切《しきり》のあるそこのボックスにもたれて、靜《しづ》かに、センチメンタルに、或《ある》ひは女給《ぢよきふ》をからかひながら飲《の》んでゐる光景《くわうけい》を、想《さう》像《ざう》すればいゝのだ。

藝者《げいしや》などは、呼《よ》んで見《み》なくては顔《かほ》は分《わか》らぬし、呼《よ》んで見《み》て顔《かほ》でもひどく惡《わる》かつたら、百年目《ねんめ》だが、そこへいくとカフエは、女給《ぢよきふ》の顔《かほ》が何人《なんにん》でもゐながらにして見《み》れるし、氣《き》に入《い》つたのがゐたら、—

「君《きみ》、あの女給《ぢよきふ》さん、何《な》んといふの？」

と持番《もちばん》の女《をんな》に訊《き》けば、

「小百合《さゆり》さんよ、お呼《よ》びしませうか？」

と直《す》ぐ粋《すゐ》な取計《とりはか》らひをしてくれて、そこで、

「君《きみ》、いゝからこゝの番《ばん》へ入《はい》れよ。」といへば、チップはもう確實《かくじつ》に貰《もら》へることが分《わか》つたから、次《つぎ》にやつて來《く》るお客《きやく》を順送《じゆんおく》りに他《ほか》の同輩《どうはい》にあてがつて、

「ぢや番《ばん》を通《とほ》しますから、何《なに》を召《め》し上《あが》つて？」と來《く》るから、いさゝか男《をとこ》はいい氣持《きもち》になつて、

「ミリオン・ダラーにしようか。君《きみ》、飲《の》むだらう？　うん、さうか、そんなら、二人《ふたり》で仲《なか》よく半分《はんぶん》づゝ飲《の》まう。」などゝ、何《なに》か幸運《かううん》でもひき當《あ》てたかのやうに、そこに二時間《じかん》でも三時間《じかん》でも、蜷局《とぐろ》を卷《ま》いてしまふことになるのだ。

男《をとこ》と生《うま》れたからには、何《な》んといふこともなく、女《をんな》の手《て》を握《にぎ》つで見《み》たく思《おも》ふことがあるものだ。この點《てん》、妻帶者《さいたいしや》は、簡單《かんたん》に、資本《もとで》がいらずにそれが出《で》來《き》て、何《な》んとも羨《うらやま》しいが、これが獨《どく》身者《しんしや》となると、苦勞《くらう》しないで女《をんな》の手《て》を握《にぎ》れるところは、カフエ丈《だ》けといふことになるのだ。

「やあ、こなひだは醉《よ》つ拂《ぱら》つて失敬《しつけい》したね、濟《す》まなかつた。」といつて握手《あくしゆ》が出來《でき》るし、

「僕《ぼく》は、君《きみ》の贔屓《ひいき》だよ。君《きみ》。僕嫌《ぼくきら》ひかい？」といつて嬉《うれ》しがらせな握手《あくしゆ》することも出來《でき》るし、

「何《な》んでもいゝから、遠慮《ゑんりよ》しないで食《た》べ給《たま》へよ。」といつて、二三十分間《ぷんかん》女《をんな》の手《て》を握《にぎ》つたまゝで、感觸《かんしよく》を樂《たの》しむことも出來《でき》るのである。こんな便利《べんり》なところが、一體《たい》他《ほか》に、何處《どこ》にあるといふのか。

だから、よく男《をとこ》は、カフエの持《も》つ魅《み》力《りよく》は、そこの醸《かも》し出《だ》す空氣《くうき》にあるといふが、それといふのが、つまりは女給《ぢよきふ》

が酵母《かうぼ》となつてゐるからのことで、従つて男《をとこ》は、女給《ぢよきふ》がやさしければやさしいほど、美《うつく》しければ美《うつく》しいほど、かつて自分《じぶん》が好《す》きだつた女《をんな》に似《に》てれば似《に》てるほど、美味《びみ》な滋養分《じやうぶん》を與《あた》へられたかの如《ごと》く、有卦《うけ》に入《い》り、驚喜《きやうき》し、断然《だんぜん》通《かよ》はうと決心《けつしん》するのである。

　しかもカフエに通《かよ》つたからとて、いくらかゝるものではない。藝者遊《げいしやあそ》びなどから比《くら》べれば、無代《ただ》みたいなものなのだ。後悔《こうくわい》のやうな恰好《かつかう》をして、待合《まちあひ》から出《で》て來《く》る位《くら》ゐなら、その十三四圓《ゑん》を、カフエで一氣《き》に使《つか》つて見《み》たならば、氣心《きごゝろ》の知《し》れた女給《ぢよきふ》なら、「そんなに無理《むり》するの、およしなさいよ。」といつて、たつた十三四圓《ゑん》蕩盡《たうじん》するのを止《と》めてくれるかも知《し》れないし、「踊《をど》りに送《おく》つてつて下《くだ》さらない。だつてあなたの相伴《しやうばん》して、こんなに飲《の》んぢやつたんですもの。」などゝ思《おも》ひ設《まう》けぬチャンスがやつて來《く》るかも知《し》れないし、「君《きみ》はサッパリしてゐるから、僕好《ぼくす》きさ。」とあべこべに女《をんな》から君呼《きみよ》ばはりで逆《ぎやく》モーションをかけられることがあるかも知《し》れないし、その他等々《たとう〳〵》、僅《わづ》かの金《かね》と僅《わづ》かの男《をとこ》らしさを見《み》せた丈《だ》けで、男《をとこ》は屡々《しば〳〵》、金鑛《きんくわう》を掘《ほ》り當《あ》てたやうにして、「掘《ほ》り出《だ》しもの」をカフエで見《み》つけることがあるものだ。

　カフエは、獨身者《どくしんもの》と妻帶者《さいたいしや》とを問《と》はず、その燥《ひ》からびた生活《せいくわつ》を慰《なぐさ》めてくれる唯一《ゆゐいつ》の應接間《サロン》だ。慇懃《いんぎん》に、感覺的《かんかくてき》に、上手《じやうず》に女《をんな》をからかひながら、しかも巧《たく》みに危險《きけん》をよけて通《とほ》られるなど、これは一種《しゆ》の室内《しつない》スポーツだ。

　だから男達《をとこたち》は、會社員《くわいしやゐん》でも、官吏《くわんり》でも、政治家《せいぢか》でも、商人《しやうにん》でも、文士《ぶんし》はむろんのこと、皆《み》んなカフエでそこはかとなき戀《こひ》のウオーミング・アップをしてゐるのだ。

　好《す》きな女給《ぢよきふ》に、一種《しゆ》都雅《とが》な戀《こひ》の姿《すがた》を想《おも》つてカフエに行《ゆ》く男《をとこ》もあるだらうし、女《をんな》は世界《せかい》に一人《ひとり》ぢやないぞと自《みづか》ら慰《なぐさ》める爲《た》めにカフエに行《ゆ》く失戀《しつれん》の男《をとこ》もあるだらうし、あるつたけの好《す》きな女《をんな》給《きふ》に戀《こひ》をして片《かた》つ端《ぱし》から忘《わす》れて行《ゆ》く爲《た》めにカフエに行《ゆ》く、女給《ぢよきふ》を教材《けうざい》にする粋《すゐ》な男《をとこ》もあるだらうし、若干《じやくかん》の金《かね》を持《も》てば、男《をとこ》は勇躍《ゆうやく》して、ウオーミング・アップに出《で》かけるのだ。

　淑女達《しゆくぢよたち》よ、これもかれも、皆《み》んな、御身等《おんみら》の慾念《よくねん》に對《たい》する、男《をとこ》の私《ひそか》なる心《こゝろ》づくしなのであつて、やがてこの戀《こひ》のウオーミング・アップが、御身達《おんみたち》を慰《なぐさ》めるのに役立《やくだ》つことになるのである。

鬱憤《うつぷん》の解消《かいせう》に

生方敏郎

　宋《そう》から來朝《らいてう》した榮西《えいさい》と云《い》ふ坊《ばう》さんが、茶《ちや》を以《もつ》て源《みなもと》實朝《さねとも》の病氣《びやうき》を治療《ちれう》したのは有名《いうめい》な話《はなし》だ。コーヒーも最初《さいしよ》は薬物《やくぶつ》として用《もち》ひられ、後《のち》に嗜好品《しかうひん》と成《な》つた。そして十八世紀《せいき》に於《お》ける英吉利《イギリス》でのカフエーの大繁昌《だいはんじやう》は實《じつ》に想像以上《さうざういじやう》

227 「男は何故カフエーへ行くか」 浅原六朗、酒井真人、生方敏郎 『婦人画報』昭和6年7月1日

である。併《しか》し其處《そこ》へ出入《でいり》する客種《きやくだね》はと云《い》へばドクトル、ジヨンソンとかアチスン等《とう》を初《はじ》めとし、文士畫家等《ぶんしぐわかとう》の藝術《げいじゆつ》家《か》、尙《なほ》廣《ひろ》くは學者《がくしや》政治家《せいぢか》等《とう》の知識階級《ちしきかいきふ》だつた。其時代《そのじだい》のカフエー繁昌記《はんじやうき》に關《くわん》する文獻《ぶんけん》は、まだ新《あたら》しいことだけに今日《こんにち》澤山《たくさん》殘《のこ》されてゐる。

日本《にほん》で最初《さいしよ》のカフエーと云《い》へば、日《ひ》吉町《よしまち》のプランタン、尾《を》張町《はりちやう》のライオンなどだらうが、お客《きやく》さんは矢張《やはり》藝術家《げいじゆつか》、のちには廣《ひろ》く知識階級《ちしきかいきふ》、明治《めいぢ》四十五年頃《ねんごろ》出來《でき》た南鍋町《みなみなべちやう》のパウリスタは、一杯《ぱい》五錢《せん》で安《やす》いところから之《これ》は學生《がくせい》を主《おも》なる客《きやく》とした。

何《いづ》れにしても客《きやく》は最初《さいしよ》から男性《だんせい》が主《しゆ》だつたゞ、婦人客《ふじんきやく》必《かなら》ずしも絶無《ぜつむ》ではなかつた。其頃《そのころ》新《あたら》しい女《をんな》と呼《よ》ばれた靑鞜社《せいたふしや》の人々《ひとびと》など隨分《ずゐぶん》カフエーで見《み》かけることが屢《しばしば》だつた。だが、それは今《いま》だつてそんな變《かは》つた婦人達《ふじんたち》でない限《かぎ》りは——

で、男《をとこ》は何故《なぜ》カフエーへ行《ゆ》くか？

實朝卿《さねともきやう》が茶《ちや》を服《の》んだやうに、まさか藥《くすり》や養生《やうじやう》のつもりでカフエーを飮《の》みに行《ゆ》くものはなからう。カフイーネが心臟《しんざう》に利《き》き、又《また》利尿劑《りねうざい》として効果《かうくわ》有《あ》ることは確《たし》かだが。

閑暇《ひま》を潰《つぶ》しにか？　小人閑居《せうじんかんきよ》して不善《ふぜん》を爲《な》すと云《い》ふからには、惡事《あくじ》も時々《ときどき》もくろまれるだらう。これからナイト、クラブへ繰《く》り出《だ》さうか位《くらゐ》の。

それともサヴオで踊《をどり》の對手《あひて》を探《さが》すパリジヤンのやうに、若《わか》い美《うつく》しい踊《をどり》の對手《あひて》を探《さが》さう爲《た》めにか？　否《いな》、カフエーには踊《をどり》の仲間《なかま》は澤山《たくさん》あるが、對手《あひて》を此《こ》所《こ》で拾《ひろ》ふわけには行《ゆ》かぬ。對手《あひて》はむしろ踊《をどり》の歸途《きと》に一緒《しよ》に流《なが》れ込《こ》むことでもあればだ。

まさか勉強《べんきやう》しに來《く》るでもあるまい。晝《ひる》のカフエーが如何《いか》に靜《しづ》かでも。

要《えう》するに閑《ひま》つぶしだ。氣散《きさん》じだ。

事務所《じむしよ》へ訪《たづ》ねて來《き》た友人《いうじん》への應接室《おうせつしつ》代《がは》りとして、社《しや》の應接間《おうせつま》の番茶《ばんちや》一杯《ぱい》では餘《あま》りに殺風景《さつぷうけい》だから、カフエーでも喫茶店《きつさてん》でも手近《てぢか》なところで、ソーダ水《すゐ》でも啜《すゝ》り乍《なが》ら話《はな》さう。併《しか》しそんなのはカフエーの使命《しめい》ではあるまい。

勤務先《きんむさき》での終日《しうじつ》の疲《つか》れ、家庭《かてい》で家《か》庭《てい》の人達《ひとたち》への氣兼《きが》ねなしに、誰《だれ》しも何《ど》處《こ》かで欝《うつ》を散《さん》じ氣《き》を晴《は》らし度《た》い。日本《にほん》アルプス連峰《れんぽう》の頂《いたゞ》きも極《きは》めて浩然《かうぜん》の氣《き》を養《やしな》ふと云《い》ふ如《ごと》き、大懸《おほがゝ》りな欝憤《うつぷん》晴《ばら》しでなしに、日《ひ》毎々々《ごと〳〵》の小《ちひ》さな欝憤《うつぷん》を何《と》處《こ》かへ行《い》つて晴《は》らしたい。それにはカフエーは適《い》い所《とこ》だ。

野暮《やぼ》な店《みせ》ではラウドスピーカアが引《ひつ》切無《きりな》しに放送《はうそう》する。お料理《れうり》の講釋《かうしやく》でも、株式《かぶしき》の相場《さうば》でも、淸元《きよもと》でも童謠《どうえう》でも矢釜《やかま》しくさへ有《あ》ればいゝと云《い》つた樣《やう》に。

又或店《またあるみせ》ではジヤズのレコード。何處《どこ》の店《みせ》でも聞《き》くやうな同《おな》じものゝ繰返《くりかへ》し、併《しか》しハワイアン、ギタアのねばりこい音律《おんりつ》の、何《ど》うしても大《おほ》きな聲《こゑ》で談《はな》さないと對手《あひて》に聲《こゑ》が通《とほ》らぬほどの騷々《さうざう》しさ。おかげ樣《さま》で氣《き》がボウとして小欝《せううつ》を忘《わす》れます。

およそ見知《みし》らぬ男《をとこ》や女《をんな》のゴタ〳〵した中《なか》で、あの矢釜《やかま》しさ騷々《さうざう》しさに取《とり》かこまれたら、いかな重役《ぢうやく》のしかめ面《つら》も、又《また》あの貞淑《ていしゆく》にゐらせられる細君《さいくん》のお聲《こゑ》も聞《き》こえては來《こ》ないから。

小《ちひ》さなサラリーマン、憐《あは》れな亭主《ハズ》、何《なん》と矢釜《やかま》しいジヤズの渦卷《うづまき》に日毎《ひごと》の欝《うつ》を忘《わす》れるとは！　人生《じんせい》の安價《あんか》な避難所《ひなんじよ》としてのカフエーよ。

世《よ》は不景氣《ふけいき》と共《とも》に小欝憤《せううつぷん》の大量生産《たいりやうせいさん》が行はれ、從《したが》つてカフエーの大繁昌《だいはんじやう》と成《な》り、カフエーの數《かず》の大膨張《だいばうちやう》と成《な》つた。大《だい》は大阪《おほさか》の銀座《ぎんざ》進出《しんしゆつ》カフエーから、小《せう》は四五百圓《ゑん》の資本《しほん》で出來《でき》るのらくら亭主《ていしゆ》ぴんしやん細君《さいくん》の企業《きげふ》に到《いた》るまで、都市《とし》より郊外迄《かうぐわいまで》、ひた〳〵とカフエーの波《なみ》。

先月迄《せんげつまで》は燒鳥屋《やきとりや》の爲《ため》さん、小金《こがね》が出來《でき》たので自《みづか》ら大工《だいく》を指揮《しき》しプロ向《むき》のカフエー設計中《せつけいちう》とある。

「何《ど》うも、恁《こ》う不景氣《ふけいき》ぢやエロで行《ゆ》くんですね。此階段《このかいだん》を高《たか》くしたところが私《わたし》の新案《しんあん》で、女給《ぢよきふ》さんが此所《ここ》を登《のぼ》る時《とき》に階下《した》のお客《きやく》さんに脚《あし》がお景物《けいぶつ》に成《な》ります」

「造《つく》り付《つ》けのボックスですね」

「えゝ、椅子《いす》だと何《ど》うにも動《うご》かせるから、間《あひだ》に距離《きより》が出來《でき》がちですが、作《つく》り付《つ》けで二人《ふたり》並《なら》んで懸《か》けられる樣《やう》にしてあれば、酌《しやく》をする拍子《ひやうし》にソラね。そして低《ひく》く深《ふか》くかけられて、向《むか》ひ合《あ》つた腰《こし》懸《かけ》が又近距離《またきんきより》です。椅子《いす》の下《した》で觸《ふ》れ合《あ》ふのがソレ自然《しぜん》の約束《やくそく》。座席構造《ざせきこうざう》のエロ、サーヴイスとは好《よ》い思《おも》ひ付《つ》きでせう」

爲《ため》さんの經驗《けいけん》からの新案珍案《しんあんちんあん》。

では女性《ぢよせい》の欝憤《うつぷん》は何處《どこ》で晴《は》らす？

カフエーでヒスが豫防《よばう》出來《でき》るとしたら、元《もと》へ返《かへ》つて又藥用《またやくよう》に成《な》つた樣《やう》なものだ。

婦《ふ》人《じん》の立《たち》場《ば》から
男《だん》子《し》方《がた》へ呉《くれ》々《ぐ》も御《ご》相《さう》談《だん》

婦《ふ》人《じん》を玩《ぐわん》弄《ろう》視《し》して下《くだ》さるな

米田和歌

婦《ふ》人《じん》問《もん》題《だい》をいふ場《ば》合《あひ》によく『女《をんな》は保《ほ》守《しゆ》的《てき》』だといはれます。自《じ》分《ぶん》に省《かへり》みてその批《ひ》評《ひやう》が不《ふ》當《たう》だとはいはれない事《こと》をよく知《し》つてゐるのでありますが、同《どう》時《じ》に又《また》私《わたくし》は男《だん》子《し》の頭《あたま》にも相《さう》當《たう》保《ほ》守《しゆ》的《てき》な處《ところ》があると申《まう》したいのです。殊《こと》に婦《ふ》人《じん》に對《たい》する考《かんがへ》に於《おい》てさうである様《やう》に思《おも》はれます。昔《むかし》の家《か》長《ちやう》專《せん》制《せい》時《じ》代《だい》の男《だん》尊《そん》女《ぢよ》卑《ひ》風《ふう》の考《かんが》へが、今《いま》もなほ相《さう》當《たう》殘《のこ》つて居《ゐ》る様《やう》に思《おも》はれるといふ事《こと》なのです。

婦《ふ》人《じん》を批《ひ》評《ひやう》する青《せい》年《ねん》の言《こと》葉《ば》

私《わたくし》をさう思《おも》はせる例《れい》は澤《たく》山《さん》ありますが、靑《せい》年《ねん》方《がた》の間《あひだ》にさへ相《さう》當《たう》婦《ふ》人《じん》を玩《ぐわん》弄《ろう》視《し》する態《たい》度《ど》があるのを見《み》てびつくりするのです。女《ぢよ》學《がく》校《かう》の運《うん》動《どう》會《くわい》に行《い》つて見《けん》物《ぶつ》してゐる男《だん》學《がく》生《せい》、勿《もち》論《ろん》制《せい》服《ふく》制《せい》帽《ぼう》です、その人《ひと》達《たち》のいふ事《こと》を聞《き》いて御《ご》覧《らん》なさいませ。『角《すみ》から何《なん》番《ばん》目《め》、一《ちよ》寸《つと》ふめるネ。』『オイ、それよりその後《うしろ》のを見《み》ろよ。あれでも人《にん》間《げん》らしく手《て》を上《あ》げたり下《さ》げたりしてゐるぜ女《ぢよ》學《がく》校《かう》も人《ひと》助《だす》けだ。高《かう》女《ぢよ》卒《そつ》と來《く》れア資《し》格《かく》が出《で》來《き》るからナ。』といふ様《やう》な風《ふう》に笑《わら》つたり喋《しやべ》つたり、迚《とて》も筆《ふで》にされない様《やう》な言《こと》葉《ば》でなされる顔《かほ》の批《ひ》評《ひやう》をお聞《き》きなさるでせう。電《でん》車《しや》の中《なか》、百貨《くわ》店《てん》、往《わう》來《らい》、到《いた》る處《ところ》これに類《るゐ》した光《くわう》景《けい》を見《み》る事《こと》は六《むつ》かしくありません。若《わか》い人《ひと》の元《げん》氣《き》から出《で》るいたづら心《こゝろ》のあらはれとも醜くいへばいへませうが、やはり婦人《ふじん》を玩弄視《ぐわんろうし》する遺風《ゐふう》が、どこか意識《いしき》しない頭《あたま》の隅《すみ》つこにあるのではないでせうか。

男女《だんぢよ》相互《さうご》の禮儀《れいぎ》作法《さはふ》

然《しか》し若《わか》い方々《かた〴〵》の結婚問題《けつこんもんだい》にぶつかつて、何時《いつ》も思《おも》ふ事《こと》は、どうかお互《たがひ》によく知《し》り合《あ》つて結婚《けつこん》して頂《いたゞ》きたいといふ事《こと》です。それには青年男女《せいねんだんぢよ》の交際《かうさい》が必要《ひつえう》となります。それは私達《わたくしたち》の最《もつと》も望《のぞ》ましい事《こと》の一《ひと》つなのです。處《ところ》が如何《いかん》せん今《いま》の様《やう》な状態《じやうたい》では狼《おほかみ》の群《むれ》に羊《ひつじ》を投《な》げ出《だ》す様《やう》な感《かん》じがして到底《たうてい》忍《しの》び得《え》ません。

勿論監督《もちろんかんとく》なしの放埒《はうらつ》な交際《かうさい》をさせようといふのではありませんが、女子自《ぢよしみづか》らも學問《がくもん》もし品性《ひんせい》も高《たか》め、自重心《じちようしん》を持《ぢ》することに勤《つと》めなければならぬと同時《どうじ》に、青年方《せいねんがた》も精神的《せいしんてき》には申《まう》す迄《まで》もなく、形式的《けいしきてき》にも訪問《はうもん》、手紙《てがみ》、談話《だんわ》、紹介《せうかい》など、若《わか》い婦人《ふじん》に對《たい》する上品《じやうひん》な交際上《かうさいじやう》の諸禮儀作法《しよれいぎさはふ》を心得《こゝろえ》られて、美《うつく》しいそして氣持《きも》ちのよい交際《かうさい》が行《おこな》はれんことを望《のぞ》む次第《しだい》でございます。

共働《きようどう》の世界《せかい》と對等《たいとう》の性道徳《せいどうとく》

奥　むめお

形《かたち》の上《うへ》でこそ働《はたら》く區別《くべつ》はありますが、等《ひと》しく自分達《じぶんたち》の生活《せいくわつ》に必要《ひつえう》な勞務《らうむ》であると云《い》ふ點《てん》で同《おな》じやうに尊重《そんちよう》され、同《おな》じやうに重要視《ぢうえうし》されていゝものだと考《かんが》へます。

互《たがひ》に反省《はんせい》することによつて

社會的《しやくわいてき》な事《こと》を云《い》ひ出《だ》しますと、短《みぢか》い枚數《まいすう》では書《か》けさうにもありませんので、卑近《ひきん》な家庭《かてい》的《てき》な事《こと》だけに就《つ》いて申《まう》し上《あ》げますと、先《ま》づ大多數《だいたすう》の男性《だんせい》に要求《えうきう》したい事《こと》は、妻《つま》の家庭的《かていてき》勞務《らうむ》に對《たい》する理解《りかい》であると思《おも》ひます。特別《とくべつ》な人々《ひと〴〵》は兎《と》に角《かく》、一般《ぱん》に男《をとこ》は外《そと》で、女《をんな》は内《うち》で、

それにも拘《かゝは》らず、大多數《だいたすう》の男性《だんせい》は、きまつたやうに、主婦《しゆふ》の家庭的勞務《かていてきらうむ》を、自分《じぶん》の仕事《しごと》に比《ひ》して、まるで價値《かち》のない仕事《しごと》、乃至《ないし》は、比較《ひかく》にならない程《ほど》、つまらない仕事《しごと》のやうに考《かんが》へ勝《が》ちのやうです。これは云《い》ふ迄《まで》もなく主《しゆ》婦《ふ》の家庭的勞務《かていてきらうむ》なるものが、一見何等《けんなんら》の貨幣《くわへい》價値《かち》をも齎《もた》らさない、云《い》ひ換《か》へれば、いくら働《はたら》いても直接《ちよくせつ》お金《かね》にならない事《こと》に起因《きいん》してるのだと思《おも》ひます。アメリカではさうした事《こと》から、一時婦人《じふじん》の間《あひだ》に、主婦《しゆふ》の家庭勞務《かていらうむ》に對《たい》して、夫《をつと》は賃銀《ちんぎん》を仕拂《しはら》ふべしと云《い》つたやうな運動《うんどう》さへ起《おこ》つた事《こと》があります。極端《きよくたん》に個人主《こじんしゆ》義的《ぎてき》な經濟思想《けいざいしさう》の發達《はつたつ》したアメリカとしては、如何《いか》にも尤《もつと》も至極《しごく》の事《こと》でありますが、私《わたくし》

達《たち》としては、其處《そこ》まで行《ゆ》かない中《うち》に、お互《たがひ》に反省《はんせい》する事《こと》によつて、家庭《かてい》を最《もつと》も望《のぞ》ましい形《かたち》の協同的《けふどうてき》な一個《こ》の社會《しやくわい》として、お互《たがひ》の勤勞《きんらう》を平等《べうどう》に尊重《そんちよう》する根本的《こんぽんてき》な理解《りかい》と、相互扶助《さうごふじよ》の愛《あい》の精神《せいしん》に充《み》ちたものとして築《きづ》き上《あ》げて行《ゆ》きたいものだと考《かんが》へます。況《いは》んや家庭《かてい》に子供《こども》があつて、育兒《いくじ》と云《い》ふ大《おほ》きな使命《しめい》を持《も》つてゐる場合《ばあひ》に於《お》ては、尚《なほ》一層痛切《そうつうせつ》にその理解《りかい》と、その理解《りかい》に裏附《うらづ》けられた處《ところ》の愛《あい》の精神《せいしん》が必要《ひつえう》です。父《ちゝ》と母《はゝ》の間《あひだ》で一方《はう》が主人《しゆじん》で威張《いば》り散《ち》らし、一方《はう》が奴隷《どれい》のやうに服從《ふくじう》してゐるやうな在來《ざいらい》の家庭《かてい》の空氣《くうき》は、封建時代《ほうけんじだい》ならば兎《と》に角《かく》、どうして、子供《こども》の自由《じいう》な單純《たんじゆん》な成育《せいいく》を傷《きずつ》けないで置《お》きませう。皆《み》んな働《はたら》く世界《せかい》、さうして、皆《み》んなその働《はたら》く事《こと》を同《おな》じやうに尊敬《そんけい》する世界《せかい》、それこそ、子供達《こどもたち》の今後《こんご》の世界《せかい》への訓育《くんいく》として、何《なに》よりも大切《たいせつ》な家庭教育《かていけういく》ではないでせうか。

チョン髷《まげ》と一緒《しよ》に過去《すぎさ》つた

また、近頃《ちかごろ》のやうに、夫《をつと》の收入《しうにふ》だけを當《あ》てにして、一家《か》の生計《せいけい》が立《た》ち兼《か》ねる場合《ばあひ》が、次第《しだい》に多《おほ》くなつて、妻《つま》が街頭《がいとう》に出《で》て、或《あるひ》は家庭《かてい》内《ない》で職業《しよくげふ》を持《も》たなければならない場合《ばあひ》におきましては、家庭《かてい》の雜務《ざつむ》に對《たい》する夫《をつと》の理解《りかい》と、その分擔《ぶんたん》は決定的《けつていてき》に缺《か》くべからざるものだと信《しん》じます。無理解《むりかい》な夫《をつと》の許《もと》で、職業的勞務《しよくげふてきらうむ》と家庭雜務《かていざつむ》の二重《ぢう》の仕事《しごと》に苦《くる》しめられてゐる今日《こんにち》の多《おほ》くの主婦《しゆふ》の場合《ばあひ》を考《かんが》へますと、近頃頻發《ちかごろひんぱつ》するいろんな家庭悲劇《かていひげき》の起《おこ》る事《こと》を一面當然《めんたうぜん》な事《こと》と云《い》はなければなりません。この場合《ばあひ》、勿論主婦《もちろんしゆふ》として充分自重《じうぶんじちよう》しなければならない事《こと》は云《い》ふ迄《まで》もない事《こと》ですが、婦人《ふじん》を昔《むかし》のやうに家庭《かてい》の中《うち》に閉《と》ぢ込《こ》めて置《お》く事《こと》の出來《でき》なくなつた時代《じだい》の推移《すゐい》に就《つ》いて、凡《あら》ゆる男性《だんせい》に、單《たん》に理性《りせい》だけでなく、感情的《かんじやうてき》にも反省《はんせい》し、清算《せいさん》して頂《いたゞ》かねばならないと思《おも》ひます。

これを要《えう》するに、如何《いか》なる強辯《きやうべん》をしようとも、男《をとこ》が主人《しゆじん》であり、女《をんな》が召使《めしつかひ》であると云《い》ふ封建的男女道德《ほうけんてきだんぢよだうとく》は、もう彼《か》のチョンマゲと一緒《しよ》に遠《とほ》の昔《むかし》に過《す》ぎ去《さ》つたのです。今《いま》にして尚《なほ》、その封建的道德《ほうけんてきだうとく》なり、習慣《しふくわん》なりを強要《きやうえう》する事《こと》は、結局《けつきよく》大《おほ》きな破綻《はたん》以外《いぐわい》の何物《なにもの》をも齎《もた》らさないでありませう。これは單《たん》に家庭内《かていない》に於《お》ける夫《をつと》と妻《つま》との場合《ばあひ》にだけ限《かぎ》られた事《こと》ではありません。婦人《ふじん》を玩弄物視《ぐわんろうぶつし》する現在《げんざい》の風潮《ふうてう》に就《つ》いても、等《ひと》しく同《おな》じ結論《けつろん》が引出《ひきだ》されて來《き》ます。婦人《ふじん》の貞操《ていさう》を弄《もてあそ》ぶ處《ところ》の時代《じだい》は、同時《どうじ》に貞操《ていさう》を持《も》たない多《おほ》くの婦人《ふじん》を持《も》つ事《こと》によつて、男性《だんせい》自身《じしん》に自然《しぜん》は大《おほ》きなしつぺ返しを與《あた》へてゐるではありませんか。

男女協同《だんぢよけふどう》、共働《きようどう》の世界《せかい》、對等《たいとう》な性道德《せいだうとく》に依《よ》つて結《むす》びつけられた世界《せかい》、それこそ、私達《わたくしたち》の眞《しん》に共《とも》に生《い》き得《う》る世界《せかい》であると信《しん》じます。さうして、其處《そこ》に現《あらは》れた男女《だんぢよ》の本質的相違《ほんしつてきさうゐ》に依《よ》る性的分業《せいてきぶんげふ》こそ、眞《しん》に家庭《かてい》なり社會《しやくわい》なり、國家《こくか》なりを形成《かたちづく》る一つの重大《ぢうだい》な土臺石《どだいいし》だと思《おも》ひます。

婦人《ふじん》の解放《かいはう》は男子方自身《だんしがたじしん》の利益《りえき》

山川菊榮

日本《にほん》婦人《ふじん》の肉體的繊弱《にくたいてきせんじやく》は、度々《たび〱》問題《もんだい》にされるその高度《かうど》の死亡率《しばうりつ》によつて立證《りつしよう》されます。歐米《おうべい》では、職業上《しよくげふじやう》種々《いろ〱》の危險《きけん》にさらされるので靑年期《せいねんき》の男子《だんし》の死亡率《しばうりつ》は女子《ぢよし》のよりも高《たか》いのを常《つね》としますが、文明國中《ぶんめいこくちう》、日本《にほん》のみはこれに反《はん》して、十五歳乃至《さいないし》四十五歳《さい》といふ、最《もつと》も壯《さか》んなるべき年頃《としごろ》の婦人《ふじん》の死亡率《しばうりつ》が、同年《どうねん》輩《はい》の男子《だんし》のそれを遙《はる》かに凌《しの》ぐといふ、特異《とくい》な例《れい》を示《しめ》して居《を》ります。そしてその死亡《しばう》の高率《かうりつ》の原因《げんいん》は結核性疾患《けつかくせいしつくわん》にあります。

此年齡《このねんれい》の婦人《ふじん》は、妻《つま》として母《はゝ》として、最《もつと》も重大《ぢうだい》な任務《にんむ》を帯《お》びてゐる上《うへ》に、家庭《かてい》の貧困《ひんこん》や夫《をつと》の失業《しつげふ》は、彼女達《かのぢよたち》を街頭《がいとう》にかり立《た》てゝパンのために働《はたら》かせることが、日毎《ひごと》に多《おほ》くなつて來《き》てゐる。この二重三重《にぢうさんぢう》の負擔《ふたん》に堪《た》へるためには、强壯《きやうさう》な體軀《たいく》と、よき榮養《えいやう》、十分《ぶん》な休息睡眠《きうそくすゐみん》を必要《ひつえう》とします。然《しか》るに日本《にほん》の家庭《かてい》では、女《をんな》は無限《むげん》に煩雜《はんざつ》な不規則《ふきそく》な雜用《ざつよう》の連續《れんぞく》によつて規則的《きそくてき》な休息《きうそく》、十分《ぶん》な睡眠《すゐみん》を許《ゆる》されぬのみか、『あなたけお大事《だいじ》な身體《からだ》』しかし私《わたくし》ならばどうでも、といつたやうな、卑屈《ひくつ》な自卑心《じひしん》が傳統的《でんとうてき》な美德《びとく》となつてゐるので、必要以上《ひつえういじやう》の自己犠牲《じこぎせい》を敢《あへ》てし、自分《じぶん》の生命《せいめい》と健康《けんかう》とを、虐待《ぎやくたい》するのが常《つね》であります。かうして働《はたら》き盛《ざか》りの婦人《ふじん》の、各國《かくこく》に例《れい》のない高度《かうど》の死亡率《しばうりつ》といふ、甚《はなは》だ不面目《ふめんぼく》な結果《けつくわ》が數字《すうじ》の上《うへ》に現《あら》はれることとなりました。部分的《ぶぶんてき》には女工《ぢよこう》や醜業婦《しうげふふ》の過度《くわど》の勞働《らうどう》、不規則《ふきそく》な生活《せいくわつ》もこれを手傳《てつだ》つては居《を》りませうが、一般的《ぱんてき》には、何《なん》といつても、婦人《ふじん》の地位《ちゐ》が低《ひく》く、婦人自身《ふじんじしん》も、また男子も婦人の生命の全部といふことを念頭において居らず、生活全體が目的意識されてゐないいろいろな障碍や不調和に對して、家庭の破綻を招くためであるとしか思はれません。

娘の生活と妻の生活の變り方

今日女學生の身長は、三十年前に比して一寸だけ延び、いろいろの點で體育的發達の跡が見られると傳へられるのは喜ばしいことながら、さて彼女達が、學生の生活、娘の生活を終つて、一歩家庭へはいつた後はどうでせう。男達の古い趣味は、彼女達の新しい洋裝を嫌つて、重くるしい帯や足にからまりつく袂の長いキモノを要求し、三度々々の食事ごしらへとおしめの洗濯と、小遣帳とに沒頭してゐる妻、傳統と慣例の鎖につながれて一歩も自由な歩みを踏み出すことのできずにゐる家庭奴隷としての妻たることを要求する。女學生として、娘としての女は、妻となり、母となるに及んで、すつかり前代、前々代の妻や母の型に戻つてしまひ、女學生時代の教育も、無に歸してしまふといふ有樣。今日の若い娘のあの溌剌たる活氣、颯爽たる風姿も、個性的な家庭の冷たく堅い殻に包まれて朽ちてゆく許かり、卑屈な、愚痴つぽい、陰氣な、因循不活潑なあり來りの家庭婦人の型にはまつてしまふのかと思ふと、まことに情ない氣がします。

男子と同じ自由を樂しませよ

家庭婦人も娘時代と同じやうに、朗らかに明るく、健康に、活潑に生きて行つた方が、男としても愉快なことではないでせうか。味噌臭く汗じみた女房、愚痴と嘆息と、卑下と依頼心のかたまりみたいな奥さんは、男子の重荷とはなつても、支柱となり伴侶となることはできますまい。女性をいつまでも若く、美しく、朗らかにならせたいと思ふならば、男子は、個々の婦人に對して利己的、支配的な態度を改めると同時に、婦人の一般的地位の改善に努め、婦人に男子と同じ自由を樂しませなければなるまいと思ひます。

男子の優越な地位は、肉體的にも、精神的にも、男子の能力が婦人のそれよりもすぐれたものに發達させました。しかし婦人が男子

233　「婦人の立場から男子方へ呉々も御相談」　米田和歌、奥むめお、山川菊栄、平塚らいてう
『婦人倶楽部』昭和6年9月1日

と同《おな》じやうに自由《じいう》に、のび〳〵と育《そだ》てられたならば、男子《だんし》は現在《げんざい》得《え》てゐるものを失《うしな》ふ代《かは》りに、もつと多《おほ》くのものを得《う》る筈《はず》です。彼等《かれら》は奴隷《どれい》として、自主的《じしゆてき》な意思《いし》のない、重荷《おもに》としての婦人《ふじん》を失《うしな》ふ代《かは》りに、新《あら》たに自主獨立《じしゆどくりつ》の、自《みづか》から守《まも》り、自《みづか》から行動《かうどう》することのできる親《した》しい伴侶《はんりよ》、理解《りかい》ある友人《いうじん》としての婦人《ふじん》を得《う》ることになり、從《したが》つて心身《しんしん》共に十分《じふぶん》に發達《はつたつ》した、さういふ婦人《ふじん》によつて生《う》み且《か》つ育《そだ》てられる次《つぎ》の時代《じだい》の男子《だんし》もまた隷屬卑屈《れいぞくひくつ》な奴隷的《どれいてき》婦人《ふじん》を母《はゝ》とするよりも、遙《はる》かに立派《りつぱ》な素質《そしつ》をその母《はゝ》からうけつぐことになります。婦人解放《ふじんかいはう》を恐《おそ》れる男子《だんし》は、それによつて失《うしな》はれるものより、遙《はる》かに多《おほ》くのものが得《え》られることを理解《りかい》して、婦人《ふじん》と共《とも》に、男子自身《だんしじしん》の利益《りえき》のために、この運動《うんどう》を援助《えんじよ》してほしいものだと思《おも》ひます。

世帯疲《しよたいづか》れに窶《やつ》れた妻《つま》に代《かは》りて

平塚らいてう

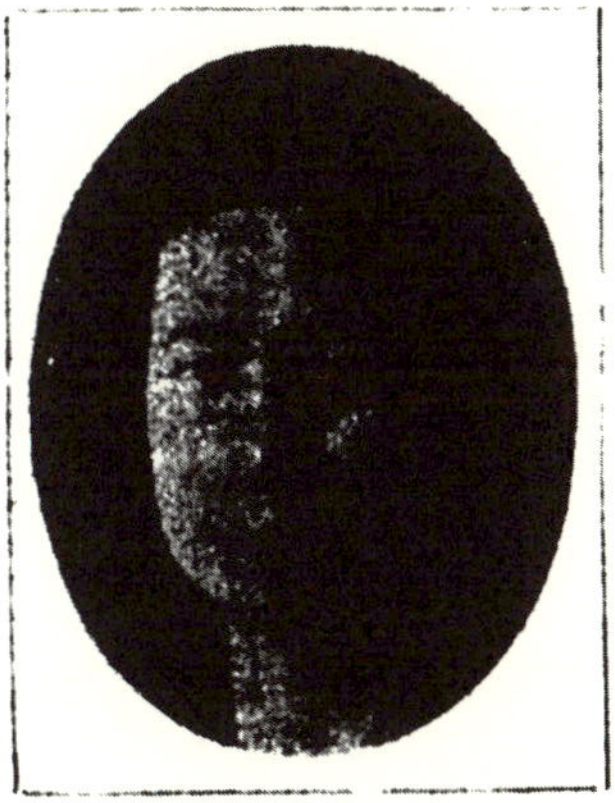

或《あ》る婦人雜誌《ふじんざつし》がその讀者《どくしや》に（多《おほ》くは中流乃《ない》至《し》[illegible]のサラリーマン階級家庭婦人《かいきふかていふじん》のやうに思《おも》はれますが）「私達《わたくしたち》から取《と》り除《のぞ》きたい一つの雜用《ざつよう》は何《なに》か？」「それは誰《だれ》にしてもらふべきでせうか？」といふ問《と》ひを出《だ》しました。その回答《くわいたふ》によると、「朝《あさ》の寢床《ねどこ》あげ、寢衣《ねまき》の始末《しまつ》」「朝、雨戸《あまど》を明《あ》けること」「衣服《いふく》の出入《だしい》れ」「身《み》のまはり一切《いつさい》のもの〻出《だ》し入《い》れ」是等《これら》は「各自《かくじ》ですること」

といふのが可成《かな》り多《おほ》く、しかもそのどれもが主《しゆ》として夫《をつと》に對《たい》して要求《えうきう》してゐるものでした。

中《なか》には主婦《しゆふ》は炊事《すいじ》や拭《ふ》き掃除《さうぢ》で朝《あさ》は特《とく》に忙《せわ》しいのですから、庭《には》はきだけは主人《しゆじん》の仕事《しごと》にしてほしい、朝飯《あさはん》だけはお給仕《きふじ》しなくともひとりで食《た》べて貰《もら》ひたい、新聞雜誌《しんぶんざつし》の見《み》つぱなし讀《よ》みつぱなしは困《こま》る等々《とうとう》、こんなのもありました。

是等《これら》はみな何《なに》を物語《ものがた》るものでせう。主人《しゆじん》といはれる男《をとこ》たちがその家庭《かてい》に於《おい》てどれほど無精《ぶしやう》もので、やりつぱなしで、自分《じぶん》の身《み》のまはりのこと何《なに》一つ自分《じぶん》でしてゐないといふことを十分《ぶん》に裏書《うらがき》するものです。しかも一層《そう》わるい事《こと》は今日《こんにち》もなほ多《おほ》くの男《をとこ》たちがそれを當然《たうぜん》だと思《おも》つて居《ゐ》ることです。（在來《ざいらい》の家庭《かてい》に於《お》ける誤《あやま》られた男兒《だんじ》教育《けういく》に十分《ぶん》罪《つみ》がありますが）

しかし男《をとこ》も女《をんな》も老人《らうじん》も子供《こども》も（老衰者《らうすゐしや》や幼《えう》少者《せうしや》は別《べつ》として）病人《びやうにん》でない限《かぎ》り、自分《じぶん》の身《み》まはりのことは自分《じぶん》でするのが當然《たうぜん》であり、又《また》それが習慣《しふくわん》づきさへすれば、たとへ忙《せわ》しい仕事《しごと》をもつ人《ひと》でも、その位《くらゐ》のことは無理《むり》なしに、否却《いなかへつ》て氣持《きもち》よく物《もの》が整理《せいり》され、能率的《のうりつてき》でさへあると思《おも》ひます。

主婦《しゆふ》の餘力《よりよく》を他《た》に注《そゝ》げ

右《みぎ》のものを左《ひだり》へやるにも一々『おい！おい！』と妻《つま》をよびつけてはさせることに慣《な》らされてゐる男《をとこ》たちにとつては、最初《さいしよ》は相當《さうたう》の努力《どりよく》を要《えう》することかも知《し》れませんけれど、家内中《ちう》のものが皆《みな》自分《じぶん》の身《み》のまはりのことだけは自分《じぶん》でやるといふ、よい習慣《しふくわん》をもつやうになれば、家庭《かてい》がどんなにか自治的《じちてき》に秩序《ちつじよ》だち、そこに明《あか》るさ、朗《ほが》らかさが自《おのづ》からに湧《わ》き上《あが》つてくる事《こと》でせう。そして今迄《いままで》主婦《しゆふ》一人《ひとり》に負《お》はされてゐた無數《むすう》の雜用《ざつよう》が少《すく》なくとも半減《はんげん》され、主婦《しゆふ》はその時間《じかん》と精力《せいりよく》を他《た》の、もつと家庭《かてい》及《およ》び社會《しやくわい》にとつて有用《いうよう》、有意義《いうぎ》な方面《はうめん》へと伸《の》ばすことが出來《でき》るに相違《さうゐ》ありません。例《たと》へば子供《こども》の教育《けういく》についても只目前《たゞもくぜん》のことだけに止《とゞ》まらず、もつと根本的《こんぽんてき》に母《はゝ》の立場《たちば》から今日《こんにち》の教育《けういく》内容《ないよう》やその制度《せいど》の改革《かいかく》について、或《あるひ》は現下《げんか》の社會問題《しやくわいもんだい》、思想問題《しさうもんだい》について、（是等《これら》は單《たん》に母《はゝ》としても知《し》らねばならず、考《かんが》へなければならないことでせう。）その他《た》家族全體《かぞくぜんたい》の保健《ほけん》、衞《えい》生《せい》、それに關聯《くわんれん》して社會衞生施設《しやくわいゑいせいしせつ》、醫療制度《いれうせいど》の改善《かいぜん》、服裝問題《ふくさうもんだい》、住宅問題《ぢうたくもんだい》、或《あるひ》は家庭經濟《かていけいざい》の合理化《がふりくわ》、消費組合運動等々《せうひくみあひうんどうとうとう》と自分《じぶん》たちの家庭《かてい》を、その家庭《かてい》のある村《むら》を、町《まち》を、社會《しやくわい》をよくするために女《をんな》の力《ちから》を待《ま》つことは實《じつ》に無限《むげん》にあります。

無產化《むさんくわ》しつゝある中產階級《ちうさんかいきふ》

最後《さいご》に、わたくしが中產家庭《ちうさんかてい》の主人《しゆじん》といはれる男《をとこ》たちに反省《はんせい》して頂《いたゞ》きたいことは、今日《こんにち》のこの社會情勢《しやくわいじやうせい》が、經濟的《けいざいてき》の理由《りいう》からだけでも、結局妻《けつきよくつま》に夫《をつと》の世話《せわ》を安心《あんしん》し落着《おちつ》いてしてゐることを許《ゆる》さないといふことです。何故《なぜ》なら中產階級《ちうさんかいきふ》は今日《こんにち》日《ひ》に日《ひ》に無產化《むさんくわ》しつゝあります。そして夫《をつと》の收入《しうにふ》だけでは少家族《せうかぞく》の家庭《かてい》でなければ先《ま》づ不足《ふそく》がちです。しかも不足《ふそく》がちなその收入《しうにふ》の道《みち》さへ、いつ何時見舞《なんどきみま》はれるかも知《し》れない失業《しつげふ》によつて全《まつた》く途絶《とぜつ》するといふ危險《きけん》の中《なか》に常《つね》に置《お》かれてゐます。

かういふ境遇《きやうぐう》にある妻《つま》が、まして何人《なんにん》かの子供《こども》の母《はゝ》である妻《つま》が、自身《じしん》も職業戰線《しよくげふせんせん》に立《た》ち、所謂夫婦共稼《いはゆるふうふともかせ》ぎで一家《か》の經濟生活《けいざいせいくわつ》の充實《じうじつ》を、或《あるひ》は萬《まん》一の場合《ばあひ》の備《そな》へを志《こゝろざ》すのをどうして阻《そ》止《し》することが出來《でき》ませう。

單《たん》に家庭《かてい》に於《お》ける經濟事情《けいざいじじやう》から考《かんが》へても、夫《をつと》の雜用《ざつよう》で妻《つま》の時間《じかん》を滿《みた》すことなど思《おも》ひもよらぬ時代《じだい》の來《きた》りつゝあることを男《をとこ》たちに先《ま》づ悟《さと》つて貰《もら》はなければなりません。

わたくしは世帶疲《しよたいづか》れに窶《やつ》れた中產以下《ちうさんいか》の多《おほ》くの妻《つま》や母《はゝ》に代《かは》つて、こゝにその夫《をつと》である多《おほ》くの男《をとこ》たちに、

『男《をとこ》も自分《じぶん》の身《み》のまはりのことは自分《じぶん》でして下《くだ》さい』

この一つの提案《ていあん》をして置《お》きます。

獨身《どくしん》でゐる私《わたし》の意中《いちう》を打明《うちあ》ければ

時《とき》には寂《さび》しくもなります

日本畫家　柿内青葉

私《わたし》は至《し》極《ご》平凡《へいぼん》な女《をんな》ですから、獨身《どくしん》に對《たい》する主義主張《しゆぎしゆちやう》を持合《もちあは》せては居《を》りません。

母親《はゝおや》が私《わたし》の幼時《えうじ》に他界《たかい》したため、父《ちゝ》の手《て》で育《そだ》てられて參《まゐ》りました。此《こ》の父《ちゝ》が柿内家《かきうちけ》の次男《じなん》で、性質《せいしつ》が非常《ひじやう》に磊落《らいらく》であつたために、『畫《ゑ》が好《す》きなら、それで身《み》を立《た》てたらよからう』と申《まう》しまして、後繼問題《こうけいもんだい》で私《わたし》に何等《なんら》の責《せき》任感《にんかん》を抱《いだ》かせず、將來《しやうらい》に對《たい》しても兎《と》や角拘束《かくかうそく》がましいことも言《い》はなかつたのが、私《わたし》を今日《こんにち》に至《いた》らしめて了《しま》ひました。

勿論《もちろん》繪畫《かいぐわ》を描《ゑが》くことは子供《こども》の時《とき》から好《す》きで三度《ど》の御飯《ごはん》を戴《いたゞ》かなくともといつた位《くらゐ》、狂的《きやうてき》でございました。從《したが》つて婚期《こんき》になつても、夫《をつと》に仕《つか》へる心算《つもり》で畫《ゑ》に仕《つか》へて行《い》かうと言《い》ふ一筋《ひとすぢ》の氣持《きもち》で、畫《ゑ》と離《はな》れることは、死《し》ぬよりも辛《つら》い事《こと》のやうに思《おも》へたのでございます。

良《よ》い畫《ゑ》を描《か》きたいと思《おも》ひ乍《なが》らも、意《い》に充《み》たないものばかりしか描《か》けない凡骨《ぼんこつ》の私《わたし》でありながら、而《しか》も畫《ゑ》だけが唯一《ゆゐいつ》の憧《あこが》れであり、生命《せいめい》であり、仕事《しごと》であつたのでございます。

ですから、結婚生活《けつこんせいくわつ》にでも這入《はい》つて了《しま》へば藝術《げいじゆつ》に對《たい》する情熱《じやうねつ》は褪《あ》せて了《しま》ひませうし構想《かうさう》も纒《まと》まるまいと思《おも》ひます。從《したが》つて畫筆《ぐわひつ》と永久《えいきう》にお別《わか》れをする氣《き》でなければ、結婚《けつこん》は出來《でき》ないことになりますが、それは思《おも》つてみるだけでも、餘《あま》り氣乘《きのり》のすることではございません。

富有《ふいう》な家《いへ》に嫁《とつ》いだのは良《い》いが、夫《をつと》が放蕩《はうたう》して困《こま》るとか、家計《かけい》が苦《くる》しいとかいふ愚痴《ぐち》を度《たび》度《たび》聞《き》かされることがありますが、愛慾《あいよく》の惱《なや》みから、微塵《みぢん》も煩《わづら》はされずに、自《みづか》らの好《す》きな道《みち》に沒頭出來《ぼつとうでき》ることを寧《むし》ろ幸福《かうふく》だとさへ考《かんが》へることもあります。

併《しか》し私《わたし》が若《も》し結婚生活《けつこんせいくわつ》に這入《はい》つたとすれば立派《りつぱ》な奧《お》様《さま》として、内助《ないじよ》の功《こう》を盡《つく》すことが出《で》來《き》はしないかとも想《おも》へることがあります。愛《かな》しい子供《こども》を置去《おきざ》りにして、婚家《こんか》を去《さ》る方等《かたなど》を見《み》ると、愛兒《あいじ》の爲《た》めに全生命《ぜんせいめい》を捧《さゝ》げ得《え》ない女性《ぢよせい》を寂《さび》しく考《かんが》へることもある位《くらゐ》です。年《とし》のせゐか、近頃《ちかごろ》は將來《しやうらい》のことを案《あん》じるやうなことも時々《ときどき》あります。

獨身生活《どくしんせいくわつ》の悲哀《ひあい》とでも申《まう》しませうか、老後《らうご》の慰《なぐさ》めに子供《こども》でも貰《もら》はうかとも考《かんが》へないでもありません。然《しか》し、さう考《かんが》へるものゝ、いざ子供《こども》でも面倒《めんだう》を見《み》なければならない時《とき》には、自分《じぶん》の藝術《げいじゆつ》の幾分《いくぶん》かゝ、その子供《こども》の爲《た》めに削られることを思《おも》ふと、矢張《やは》りこのまゝで居《ゐ》た方《はう》が幸福《かうふく》で、生活《せいくわつ》に波《なみ》が立《た》たないといふことになつて了《しま》ふのでございます。

易者《えきしや》の言葉《ことば》が氣《き》になつて

女優　森律子

子供《こども》の頃《ころ》、母親《はゝおや》に連《つ》れられて、神社佛閣等《じんじやぶつかくなど》に參詣《さんけい》したついでに、易《えき》を見《み》て貰《もら》ふと、何時《いつ》でも判《はん》に押《お》したやうに『此《こ》の子《こ》は、夫《をつと》を持《も》つと不幸《ふかう》になる。結婚《けつこん》をしても必《かなら》ず生別《せいべつ》、死別《しべつ》が付《つ》き纏《まと》ふ』と占《うらな》はれたのが、深《ふか》く頭《あたま》に沁《し》み込《こ》んでしまひましたので、年頃《としごろ》になつて、親達《おやたち》から結婚《けつこん》をしきりに薦《すゝ》められても、其《そ》の氣《き》になれなかつたのが、今日《こんにち》の私《わたし》の在《あ》るわけであります。

獨身生活《どくしんせいくわつ》を送《おく》るには、何《なに》か職業《しよくげふ》を持《も》つて經濟的《けいざいてき》に自活《じくわつ》しなければ通《とほ》せない。それには劇《げき》の方《はう》こそ好《す》きな道《みち》であつたので、社會《しやくわい》の反響《はんきやう》を押切《おしき》つて、女優《ぢよいう》になつてしまつたのでした。同時《どうじ》に、藝道《げいだう》のために一身《いつしん》を捧《さゝ》げたならば、自分《じぶん》の宿命的《しゆくめいてき》な不幸《ふかう》から完全《くわんぜん》に拔《ぬ》け出《で》て、幸福《かうふく》な生涯《しやうがい》を送《おく》ることが出來《でき》はしないかと考《かんが》へたのは勿論《もちろん》でした。それ以來《いらい》、苦勞《くらう》が並々《なみなみ》で、なかつたので、その方面《はうめん》にのみ氣持《きもち》を奪《うば》はれて居《ゐ》たので、大過《たいくわ》のない獨身生活《どくしんせいくわつ》を送《おく》ることが出來《でき》てゐるのです。

若《も》し私《わたし》が結婚《けつこん》しましたならば、當然《たうぜん》私《わたし》は夫婦間《ふうふかん》の愛慾《あいよく》と、藝術《げいじゆつ》に對《たい》する精進《しやうじん》との間《あひだ》に板挾《いたばさ》みになつて一方《いつぱう》に忠實《ちゆうじつ》にならうとすれば、一方《いつぱう》は何《ど》うしても捨《す》てゝ了《しま》はなければならなくなるのです。從《したが》つて、私《わたし》はそれ程《ほど》に苦《くる》しんでまで、家庭《かてい》の女《をんな》にならう等《など》とは考《かんが》へられなかつたのです。

又《また》、假《か》りに、私《わたし》が進《すゝ》んで家庭生活《かていせいくわつ》に這入《はい》らうと思《おも》つても、私《わたし》の藝術《げいじゆつ》を心行《こゝろゆ》くまで、延《の》ばして呉《く》れる程《ほど》に寛容《くわんよう》な理解《りかい》を夫《をつと》に求《もと》めることは無理《むり》な注文《ちゆうもん》でせうし、それだけの理解《りかい》のある方《かた》を探《さが》し出《だ》すことが、却々《なかなか》至難《しなん》だらうと思《おも》はれます。

家庭生活《かていせいくわつ》を營《いとな》みつゝも、職業《しよくげふ》を完《まつた》うする方《かた》をお見受《みう》けしますが、そのために支拂《しはら》はれる犧牲《ぎせい》の並々《なみなみ》ならぬものがあるだらうと推察《すゐさつ》して居《を》ります。私《わたし》はそれだけの努力《どりよく》なり惱《なや》み

を藝《けい》に注《そゝ》がんがための獨身《どくしん》なのでございます。

獨身生活《どくしんせいくわつ》をするためには、非常《ひじやう》な努力《どりよく》を要《えう》することは言葉《ことは》を待《ま》たないのですけれど、其《そ》の代償《だいしやう》として、誰《だれ》に拘束《かうそく》されるでもない自由《じいう》さを、藝《けい》に充分《じうぶん》注《つ》ぎ込《こ》んで、自己《じこ》の藝術《けいじゆつ》をどしどし延《の》びさせて行《い》くことが出來《でき》るのが有《あり》難《がた》いと思《おも》ひます。

私達《わたしたち》の稼業《かけふ》は、夜《よる》が主《おも》でございますから、家《か》庭生活《ていせいくわつ》を、みつちり味《あぢ》はふ等《など》といふことは出《で》來《き》惡《にく》いのです。此《こ》の點《てん》から申《まう》しましても、夫《をつと》を持《も》てば、必《かなら》ず夫《をつと》に不滿《ふまん》を抱《いだ》かせるに定《きま》つて居《を》ります。又《また》、華《はな》やかな稼業《かけふ》であつて見《み》れば、各方面《かくはうめん》の殿方《とのがた》とも御交際《ごかうさい》を願《ねが》はなければなりませんので、其度毎《そのたびごと》に嫉妬《しつと》でもされましたら結局《けつきよく》は自滅《じめつ》の他《ほか》はなくなつて了《しま》ひます。

他人樣《よそさま》から老後《らうご》を何《ど》うするといふやうな御《ご》注意《ちうい》を受《う》けることもありますが、多少《たせう》の寂《さび》しさを感《かん》じないでもありませんが、日頃《ひごろ》の心《こゝろ》の自由《じいう》さに依《よ》つて、埋合《うめあは》せがついて居《を》ります。

社會的《しやくわいてき》な常識《じやうしき》としては、結婚《けつこん》をすれば幸福《かうふく》で、獨身《どくしん》で居《ゐ》るものは不幸《ふかう》であると云《い》つた風《ふう》に定《き》められて居《ゐ》るやうでございますが、『私《わたし》』といふもの丶場合《はあひ》にのみは、此《こ》の言葉《ことは》は、當《あて》嵌《はま》らないと思《おも》ひます。寧《むし》ろ獨身《どくしん》で居《ゐ》ることが最大《さいだい》の幸福《かうふく》なのです。嫁《かた》づけるとか嫁《かた》づけないなどと呼《よば》れる女性《ぢよせい》は、丸《まる》で道具《だうぐ》の置《お》き變《か》へみたいに思《おも》はれて、甚《はなは》だ奇妙《きめう》な響《ひゞき》を感《かん》じる私《わたし》なのでございますから……。

自《し》然《ぜん》のなりゆきに

音樂家　武岡鶴代

『未《ま》だ獨身《どくしん》で被居《いらつしや》るんですか?』とか『早《はや》く御結婚《ごけつこん》なすつたら如何《いかゞ》?』といつた言葉《ことは》を幾《いく》度《ど》となく浴《あび》せられる毎《ごと》に、私《わたし》は微苦笑《びくせう》を禁《きん》じ得《え》ないのです。

私《わたし》は自然《しぜん》のなりゆきに、凡《すべ》ての運命《うんめい》を托《たく》するのが、無理《むり》のない生涯《しやうがい》を過《すご》すことが出來《でき》る最良《さいりやう》の方法《はうはふ》だと考《かんが》へて居《ゐ》りますから、現在《げんざい》の獨身生活《どくしんせいくわつ》も、決《けつ》して獨身生活《どくしんせいくわつ》を一生徹《しやうとほ》すがための獨身主義《どくしんしゆぎ》を奉《ほう》じて居《ゐ》るわけではないのです。結婚《けつこん》をしたいと考《かんが》へたり、又《また》、さうした機會《きくわい》が私《わたし》に惠《めぐ》まれたら、私《わたし》は結婚《けつこん》するかも知《し》れないのです。

ですから、私《わたし》の本來《ほんらい》の意志《いし》なり、思想《しさう》は、運命《うんめい》に抗《さから》つたがために、產《う》み出《だ》される矛盾《むじゆん》に惱《なや》みたくないからと言《い》ふに過《す》ぎないのです。

又《また》、學校《がくかう》を卒《を》へてから、忙《いそ》がしい生活《せいくわつ》を送《おく》つて居《ゐ》る私《わたし》は、樂々《らくらく》と結婚《けつこん》について考《かんが》へる隙《ひま》さへないのです。

世間體《せけんてい》とか、老先《おいさき》といつたことを考《かんが》へる母《はゝ》は、流石《さすが》に心配《しんぱい》になると見《み》えまして、折々《をりをり》私《わたし》に結婚《けつこん》を薦《すゝ》めるのですけれど、『未《ま》だ一人《ひとり》で居《ゐ》て好《す》きな道《みち》を勉強《べんきやう》したいと思《おも》つてるんですから……』と辯解《べんかい》して居《ゐ》るやうな譯《わけ》です。私《わたし》を未《ま》だほんの子供《こども》だとしか思《おも》つてゐない母《はゝ》が、日夜私《にちやわたし》を溫《あたゝか》い翼《つばさ》でくるんで吳《く》れますので、每《まい》日大《にちおほ》きな赤《あか》ん坊《ばう》になつて甘《あま》えてゐるやうな始《し》末《まつ》なのです。從《したが》つて私《わたし》の現在《げんざい》の心境《しんきやう》は、無邪《むじや》氣《き》な子供《こども》の氣持《きもち》です。その子供《こども》が夫《をつと》を持《も》つて子供《こども》を養育《やういく》することは、今《いま》の私《わたし》にはちよつと考《かんが》へられないのです。それに敎《をし》へて居《ゐ》る生徒《せいと》達《たち》が皆若《みなわか》いものですから、尚更《なほさ》ら私《わたし》までが同化《どうくわ》されて、呑氣《のんき》なその日《ひ》、その日《ひ》を送《おく》つて了《しま》ふのです。

夫《をつと》を持《も》つたら、現在《げんざい》のやうに自由《じいう》な、太平樂《たいへいらく》をきめ込《こ》んで、のうのうと暮《くら》すわけにも行《い》かないでせうし、又私《またわたし》のやうに朝《あさ》から晩《ばん》までピアノばかり彈《ひ》いてゐる女《そんな》を、妻《つま》に持《も》つ夫《をつと》は、必《かなら》ず神經衰弱《しんけいすゐじやく》に罹《かゝ》るに違《ちが》ひないのですから、結婚《けつこん》をすることは、相手《あひて》を不幸《ふかう》に陷《おと》し入《い》れることを意味《いみ》するのではないかとも思《おも》へます。何《なに》はともあれ、差當《さしあた》つて他人《たにん》の助力《じよりよく》を仰《あほ》いで生活《せいくわつ》しなくても良《い》い私《わたし》の現在《げんざい》では、血《ち》みどろになつて築《きづ》きあげた藝術《げいじゆつ》の片影《へんえい》と、その道《みち》にのみ專念《せんねん》出來《で》る自由《じいう》な生活《せいくわつ》とを、殊更《ことさら》に進《すゝ》んで破壞《はくわい》しようとは考《かんが》へて居《を》りません。

所信《しよしん》をなし遂《と》げ度《た》い爲《ため》に

婦選獲得同盟理事長　市川房枝

私《わたし》は曾《かつ》て某紙上《ぼうしじやう》に獨身論《どくしんろん》を發表《はつぺう》したことがありましたが、私《わたし》の獨身主義《どくしんしゆぎ》は、敢然《かんぜん》として自己《じこ》の所信《しよしん》を貫《つらぬ》いて行《ゆ》かうとするには、假令《たとへ》幾何《いくはく》かの犧牲《ぎせい》を拂《はら》つても、何等《なんら》束縛《そくばく》のない生活《せいくわつ》を遂行《すゐかう》しなければ、所詮中途《しよせんちうと》で挫折《ざせつ》するの他《ほか》はないと信《しん》じたからでした。又《また》、私《わたし》の思想《しさう》とか、關係《くわんけい》して居《ゐ》る仕事《しごと》といつたものが、私《わたし》をして到底家庭《たうていかてい》の主婦《しゆふ》としての義務《ぎむ》を果《はた》し得《え》ないといふ危惧《きぐ》の念《ねん》を抱《いだ》かせたのも一因《いん》でせう。

親《おや》が勝手《かつて》に取《と》りきめて吳《く》れた夫《をつと》に、無條件《むでうけん》で服從《ふくじう》し、其《そ》の上《うへ》に舅《しうと》の御機嫌《ごきけん》を伺《うかゞ》つたり、子供《こども》の養育《やういく》から、家事萬端《かじばんたん》を切廻《きりまは》さなければならぬ主婦《しゆふ》なるものの立場《たちば》を想像《さうざう》すると、封建《ほうけん》時代《じだい》の過去《くわこ》ならば兎《と》に角《かく》として、社會《しやくわい》が目眩《めまぐる》しいまでに進《すゝ》んで來《き》た今日《こんにち》、相當《さうたう》に目醒《めさ》めた女性《ぢよせい》であつたならば、女性《ぢよせい》の奴隷的《どれいてき》な立場《たちば》に對《たい》して、必《かなら》ず反抗的《はんかうてき》な衝動《しようどう》を感《かん》せずには居《を》られないと思《おも》ふのです。

私《わたし》は此《こ》の見地《けんち》から、結婚生活《けつこんせいくわつ》を斥《しりぞ》けて、結《けつ》婚期《こんき》に親達《おやたち》の希望《きばう》から完全《くわんぜん》に退《しりぞ》いて了《しま》つたのです。然《しか》し私《わたし》は此《こ》の私《わたし》の考《かんが》へが、一般婦人《はんふじん》に取《と》つては、決《けつ》して正鵠《せいかう》なものであるとは思《おも》つて居《を》りません。結婚生活《けつこんせいくわつ》を送《おく》ることが、人生《じんせい》の常道《じやうだう》であると信《しん》じて居《を》ります。唯私《たゞわたし》は、能力的《のうりよくてき》に男性《だんせい》よりも劣《おと》つて居《ゐ》る女性《ぢよせい》が、ある仕事《しごと》の完成《くわんせい》を期《き》して奮闘《ふんとう》して居《ゐ》る場合《はあじ》に、結婚生活《けつこんせいくわつ》に入《い》るといふことは、凡《すべ》てを完全《くわんぜん》に遂行《すゐかう》して行《ゆ》く上《うへ》に不可能《ふかのう》であると知《し》つて居《を》つたからです。

勿論《もちろん》、社會制度《しやくわいせいど》が女子《ぢよし》の有利《いうり》な立場《たちば》に改革《かいかく》されて、生活樣式等《せいくわつやうしきとう》が理想的《りさうてき》に改善《かいぜん》され、夫婦生活《ふうふせいくわつ》の合理化《がふりくわ》が行《おこな》はれて、强《し》ひて個人《こじん》の意志《いし》を曲《ま》げなくとも結婚生活《けつこんせいくわつ》が續《つゞ》けて行《ゆ》けるやうであつたならば、私《わたし》は喜《よろこ》んで結婚《けつこん》をして居《ゐ》たかも知《し》れないのです。然《しか》し、それは、只夢《たゞゆめ》を見《み》るだけのことで、言《い》ふべくして行《おこな》はれぬことですから、結局獨身生活《けつきよくどくしんせいくわつ》を送《おく》るより致方《いたしかた》がないのです。

現代《げんだい》の一般社會《はんしやくわい》では、女性《ぢよせい》の獨身生活《どくしんせいくわつ》をする者《もの》に對《たい》して、一概《がい》にオールドミスとか獨身《どくしん》者《もの》とか呼《よ》んで、一種《しゆ》の色眼鏡《いろめがね》を持《も》つて眺《なが》めたり、輕蔑《けいべつ》したりするのを例《れい》として居《を》りますが、これは非常《ひじやう》に頑迷《ぐわんめい》な舊思想《きうしさう》であると思《おも》ふのです。過去《くわこ》の社會《しやくわい》に於《お》ける獨身者達《どくしんものたち》は、或《あるひ》は卑屈《ひくつ》な態度《たいど》や斜眼視《しやがんし》した見解《けんかい》を抱《いだ》いて、その生活《せいくわつ》を續《つゞ》けて居《を》つたかも知《し》れませんが、社會《しやくわい》が複雜《ふくざつ》になるに從《したが》つて、獨身者《どくしんもの》は增加《ぞうか》する傾向《けいかう》を持《も》つて居《ゐ》る實例《じつれい》を調《しら》べて見《み》ても、獨身生活《どくしんせいくわつ》に意義《いぎ》のある內容《ないよう》が盛《も》られて來《き》たことを證明《しようめい》してゐるのだと考《かんが》へます。家事《かじ》のみにかまけて、人生《じんせい》の本來《ほんらい》さへも顚倒《てんたう》して了《しま》ふやうな生活《せいくわつ》よりも、朗《ほが》らかで意志《いし》に生《い》きる者《もの》の生活《せいくわつ》の方《はう》が、どれだけ有意義《いういぎ》であるか判《わか》らない場合《ばあひ》があると思《おも》ふのです。

現《げん》に米國《べいこく》などでも、獨身者《どくしんもの》は驚《おどろ》くべき多數《たすう》に昇《のぼ》つて居《ゐ》て、私《わたし》が交際《かうさい》して來《き》た彼女達《かのぢよたち》は實《じつ》に明《あか》るい生活《せいくわつ》をして居《を》りました。男性《だんせい》との交《かう》際《さい》の如《ごと》きも毫末《すこし》も後暗《うしろぐら》いことなしに、自由《じいう》に續《つゞ》けてゐる女性《ぢよせい》の多《おほ》くを私《わたし》は知《し》つてゐるのでございます。そして、自己《じこ》の主義主張《しゆぎしゆちやう》、又《また》は仕事《しごと》なりを自由《じいう》に伸《のは》して行《ゆ》く姿《すがた》は羨《うらや》ましいとさへ思《おも》つた程《ほど》です。

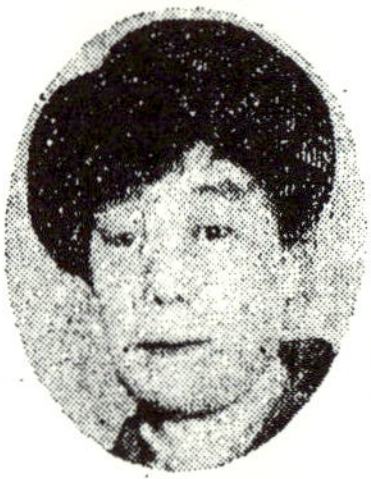

氣《き》樂《らく》なものではありません

洋畫家　埴原久和代

理由《りいう》も何《なに》もなしに獨身《どくしん》で通《とほ》して參《まゐ》りました。私《わたし》は過去《くわこ》に於《お》いて、結婚《けつこん》に對《たい》して大《おほ》きな希望《きばう》と憧憬《しようけい》を持《も》つて、結婚生活《けつこんせいくわつ》に這入《はい》つたのでしたが、僅《わづ》か二三ケ月《けつ》過ぎるか過《す》ぎないうちに大《おほ》きな幻滅《げんめつ》に遭遇《さうぐう》して、婚家《こんか》を去《さ》つて參《まゐ》りました。

結婚《けつこん》なんてこんなつまらないものかと考《かんが》へた私《わたし》は、將來自立《しやうらいじりつ》が出來《でき》る道《みち》を選《えら》ばなければならなかつたので、畫《ゑ》に依《よ》つて自分《じぶん》を慰《なぐさ》め且《か》つ是《これ》によつて自活《じくわつ》して行《い》かうと決心《けつしん》したのでございます。

母《はゝ》が又私《またわたし》に深《ふか》い理解《りかい》を持《も》たず、飽《あ》くまで私《わたし》の自由《じいう》を尊重《そんちよう》して呉《く》れなかつたら、今日《こんにち》の私《わたし》はないと考《かんが》へます。洋畫家《やうぐわか》として立《た》つてからは、畫《ゑ》に對《たい》する精進《しやうじん》のために、日《ひ》も夜《よ》も追《お》ひたてられるやうな心持《こゝろもち》で、畫《ゑ》にのみ全力《ぜんりよく》を集《しふ》注《ちう》して　他事《たじ》を考《かんが》へる閑《ひま》がなかつたのです。

畫《ゑ》を描《か》いて獨身《どくしん》で暮《くら》したいと申《まう》される方《かた》に屢〻《しば〳〵》出會《であ》つたり、訪問《はうもん》を受《う》けたりしますが、獨身生活《どくしんせいくわつ》は、他人樣《ひとさま》がお考《かんが》へになる程《ほど》、呑氣《のんき》なものでも、氣樂《きらく》なものでもなく、反對《はんたい》に大《たい》變《へん》な苦勞《くらう》の多《おほ》いものだからと申《まう》して、結婚《けつこん》をお薦《すゝ》めして居《ゐ》るやうな始末《しまつ》でございます。

後援者《こうゑんしや》と稱《しよう》する者《もの》を持《も》つて、外面的《ぐわいめんてき》な獨身《どくしん》生活《せいくわつ》を送《おく》る方《かた》は別《べつ》として、私達眞《わたしたちしん》からの獨身《どくしん》者《もの》は、根《ね》も葉《は》もない臆測《おくそく》や風評《ふうひやう》に、相當苦《さうたうくる》しめられなければなりません。又弱《またよわ》い女《をんな》であるがための誘惑《いうわく》も、當然身邊《たうぜんしんぺん》に付《つ》き纏《まと》ふことを覺悟《かくご》しなければならないのです。其他《そのた》、世人《せにん》の輕蔑《けいべつ》や迫害《はくがい》も意味《いみ》のない苦勞《くらう》の種《たね》であるのです。從《したが》つて餘程《よほど》の勝氣《かちき》な性質《せいしつ》であるとか、變《かは》り者《もの》でない以上《いじやう》、却々獨身《なか〳〵どくしん》の苦痛《くつう》には、耐《た》へ得《え》られない事《こと》になるのです。

この反面《はんめん》に、夫《をつと》の機嫌《きげん》氣褄《きづま》を取《と》る氣苦勞《きぐらう》は要《い》らないし、筆《ふで》を把《と》りたい時《とき》には、時間《じかん》の如《い》何《かん》を問《と》はずに、カンバスに向《むか》つたり、念想《ねんさう》に耽《ふけ》るといつた工合《ぐあひ》で、我儘《わがまゝ》一杯《いつぱい》な生活《せいくわつ》を送《おく》ることが出來《でき》ます。描《か》くといふことは氣分《きぶん》の問《もん》題《だい》で、この藝術慾《げいじゆつよく》を心行《こゝろゆ》くまで滿喫《まんきつ》するには非常《ひじやう》に好都合《かうつがふ》です。誰《たれ》にも拘束《かうそく》されない所《ところ》が獨身者《どくしんもの》の取柄《とりえ》だらうと思《おも》ひます。

然《しか》し社會《しやくわい》は私《わたし》を何《ど》う批判《ひはん》して居《ゐ》るかも知《し》れません。若《も》し過去《くわこ》に於《おい》て理解《りかい》の深《ふか》い良《よ》き配偶《はいぐう》者《しや》にめぐり會《あ》うたならば、私《わたし》は乾度結婚生活《きつとけつこんせいくわつ》を喜《よろこ》んでしたに違《ちが》ひないと思《おも》ひます。ですから、何《ど》うして獨身《どくしん》で居《ゐ》るのかと問《と》はれた場合《ばあひ》に、明確《めいかく》な原因《げんいん》を探《さが》し當《あ》てることの出來《でき》ない私《わたし》であるといふことになります。

娘の惱み妻の

娘《むすめ》の惱《なや》み

容貌《ようはう》についての惱《なや》み

記者　本日《ほんじつ》は御多忙《ごたはう》のところ、有難《ありがた》うございました。これから一般婦人《はんふじん》の數々《かずかず》の惱《なや》みにつきまして、慰安《ゐあん》ともなり、又《また》、行《ゆ》くべき途《みち》の光明《くわうみやう》ともなるお話《はなし》をお願《ねが》ひいたします。

秋山　容貌體質等《ようはうたいしつなど》についての惱《なや》み——これについて私《わたくし》の經驗《けいけん》からは、結局《けつきよく》は容貌體質《ようはうたいしつ》の惡《わる》い人《ひと》が結婚《けつこん》が出來《でき》るやうに運《はこ》べば、問題《もんだい》は決《けつ》することと思《おも》ひます。容貌《ようばう》の惡《わる》い人《ひと》の結婚《けつこん》の媒酌《ばいしやく》をします時《とき》には、寫眞《しやしん》の交換《かうかん》とか竊《ひそ》かに見《み》るやうな見合《みあひ》をせずに、堂々《だう／＼》と會見《くわいけん》をさすんですね。

記者　どうしてですか。

秋山　その譯《わけ》は、人《ひと》には靜止美《せいしび》と動的美《どうてきび》の二《ふた》つがある、そこで假令《たとへ》容貌《ようばう》が惡《わる》くても、その人《ひと》の擧措進退《きよそしんたい》が閑雅《かんが》であるとか、上品《じやうひん》であるとかいふ場合《ばあひ》は、男子《だんし》を惹《ひ》つける力《ちから》がありますからです。

生田　目《め》のある男子《だんし》ならば、さういふ所《ところ》に寧《むし》ろ着眼《ちやくがん》するかも知《し》れませんね。

秋山　それでこの惱《なや》みを解《と》くには容貌《ようばう》の惡《わる》い人《ひと》は、これを補《おぎな》ふのに、知識《ちしき》とか、その他《た》の方面《はうめん》に發達《はつたつ》をさして、總《すべ》てを上品閑雅《じやうひんかんが》にしてやつて行《ゆ》くことがよいと思《おも》ひます。

高島　若《わか》い時《とき》に、醜《みにく》いといふ程《ほど》でなくても、若《わか》い者《もの》好《す》きのしない、容貌《ようはう》の婦人《ふじん》も、年《とし》を取《と》つて來《く》るといふと、造作《ざうさく》の整《いの》つた美《うつく》しさでなしに、そこに一種《しゆ》の磨《みが》きのかかつた美《うつく》しさが出《で》て來《き》て、異性《いせい》から相當《さうたう》に尊敬《そんけい》せられるやうになつて行《ゆ》くといふことが、我々《われ／＼》はこの齡《とし》になつて、だん／＼經驗《けいけん》を積《つ》んで居《ゐ》る譯《わけ》だが、自分《じぶん》の配偶者《はいぐうしや》を選擇《せんたく》する場合《ばあひ》に、唯《たゞ》、異性《いせい》の容貌《ようはう》、道具立《だうぐだて》の整《との》つて居《ゐ》る美《うつく》しさといふことだけに心《こころ》を惹《ひ》かれて、ここで最後《さいご》の決定《けつてい》をしてしまふなどといふやうな、そんな淺薄《あさはか》な仕方《しかた》は、確《たし》かに現代《げんだい》は流行《はや》らないね。

山田　たしかにお說《せつ》のとほりですね。

243 「娘の悩み妻の悩み座談会」 生田八栗、飯島三安、大屋梅子、金尾千鶴子 ほか 『婦人倶楽部』昭和6年9月1日

惱み座談會

御出席の方々

（イロハ順）

淺草婦人相談宿泊所主任	生田八栗先生
元警視廳不良少年係主任	飯島三安先生
『母の家』主婦	大屋梅子先生
兩全會主任	金尾千鶴子先生
評論家	高島米峰先生
小說家	長田幹彥先生
雜誌『家庭』主幹	村岡花子先生
評論家	山田わか先生
辯護士	秋山襄先生
東京市婦人少年職業紹介所長	柴田忠德先生
醫學博士	森田正馬先生

高島　現代《げんだい》の青年《せいねん》は大分《だいぶん》思想《しさう》が變《かは》つてきてゐるから、容貌《ようばう》よりもむしろ精神美《せいしんび》――もつと廣《ひろ》くいへば實力《じつりよく》ですね。實力《じつりよく》のある女性《ぢよせい》といふものを要《えう》求《きう》して居《ゐ》るから、今日《こんにち》は實力《じつりよく》のある女は必《かなら》ず勝利《しようり》を得《う》るに決《きま》つて居《ゐ》るんだといふことを、若《わか》い女性《ぢよせい》に徹底《てつてい》させるといふことが一番必要《ばんひつえう》ですね。

柴田　私《わたくし》は紹介所《せうかいじよ》をやつて居《を》りますが、美《うつく》しい人《ひと》は兎角《とかく》體質《たいしつ》が弱《よわ》い、體《からだ》が丈夫《ぢやうぶ》なら、少《すこ》し位造作《くらゐのざうさく》が惡《わる》くても、進《すゝ》む途《みち》は十分《ぶん》にあるといふことを私《わたくし》は感《かん》じて居《を》ります。醜《みにく》い者《もの》は概《がい》して技術的方面《ぎじゆつてきはうめん》によく、人《ひと》との應接《おうせつ》などには不向《ふむき》かと存《ぞん》じます。

飯島　美人《びじん》はサービス方面《はうめん》ですね。

森田　自分《じぶん》は容貌《ようばう》がよくないと思《おも》つて居《ゐ》る人《ひと》、つまり自惚《うぬぼれ》を持《も》たない人《ひと》が幸福《かうふく》になるかと思《おも》ひます。

高島　美人《びじん》といふのは異性《いせい》の主觀《しゆくわん》で決《きま》るのですから寧《むし》ろ、美人《びじん》といふよりは、あれは好《す》きだ、あれは嫌《きら》ひだといふので決定《けつてい》するのだから、どんな容貌《ようばう》の惡《わる》い婦人《ふじん》でも、どこかに好《す》きな人《ひと》があるものです。

飯島　一般《ぱん》の標準《へうじゆん》としては、私《わたくし》は美人《びじん》だと云《い》つて美人振《びじんぶ》る人《ひと》よりは、少《すこ》し顔《かほ》は醜《みにく》いといふ人《ひと》の方《はう》が確《たし》かに心《こゝろ》だてが優《やさ》しくて、朗《ほがら》かですね。又修養《またしうやう》を積《つ》んで行《ゆ》けば行《ゆ》く程《ほど》だん〳〵形《かたち》が變《かは》つて來《く》るのは事實《じじつ》ですね。

柴田　それにいまは健康美《けんかうび》、曲線《きよくせん》美《び》といふやうなことが云《い》はれて來《き》ましたから、少々《せう〳〵》顔《かほ》が醜《みにく》くても悲觀《ひくわん》はいりませんね。

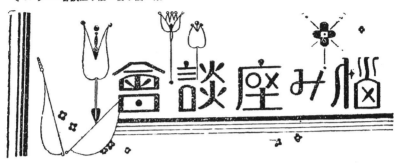

——柴田忠德先生——

體質《たいしつ》に就《つい》ての悩《なや》み

記者 それから天性《てんせい》の痼疾《こしつ》を持《も》つて居《ゐ》るとか、或《あるひ》は生理《せいり》的《てき》に何《なに》か缺陷《けつかん》があるとかいふ婦人《ふじん》の悩《なや》みは、どんな風《ふう》に導《みちび》いたらよろしうございませうか。

大屋 兎《と》に角《かく》、全部《ぜんぶ》を慰《なぐさ》める譯《わけ》にはいきませんが、その人《ひと》が、本當《ほんたう》に仕事《しごと》に生《い》きるとか趣味《しゆみ》に生《い》きるといふことにすれば、或程度《あるていど》まで慰《なぐさ》められると存《ぞん》じます。其《そ》の人《ひと》の持《も》つ長所《ちやうしよ》を引《ひ》き出して教導《けうだう》して行《ゆ》くといふことも救《すく》はるべき一方《はう》法《はふ》ではないでせうか。

高島 つまり戀愛《れんあい》だけの世界《せかい》、結婚《けつこん》だけの世界《せかい》といふ風《ふう》な考《かんが》へから行詰《ゆきづま》りを生《しやう》ずるのだから、結婚《けつこん》や戀愛《れんあい》だけが人生《じんせい》の全部《ぜんぶ》ではない、學問《がくもん》もあるし、政治《せいぢ》も經濟《けいざい》も宗教《しうけう》も道徳《だうとく》もあるし、要《えう》するに世界《せかい》を廣《ひろ》く見《み》て、どこが自分《じぶん》の住《す》むべき最《もつと》も適當《てきたう》な世界《せかい》であるかといふことを發見《はつけん》させる、本人《ほんにん》が發見《はつけん》し得《え》なければさう導《みちび》いてやるべきであらうと思《おも》ふですね。

記者 結局《けつきよく》そこでございませうね。

向學心《かうがくしん》に就《つ》いての悩《なや》み

記者 小學校《せうがくかう》を出《で》て女學校《ぢよがくかう》に行《ゆ》くことが出來《でき》ないとか女學校《ぢよがくかう》を卒《を》へて專門學校《せんもんがくかう》に行《ゆ》きたくても家庭《かてい》の財政《ざいせい》が許《ゆる》さない、かういふことについて悩《なや》んで居《ゐ》る人《ひと》もあらうと思《おも》ひますが——。

森田 最近《さいきん》に私《わたくし》の知《し》つて居《ゐ》る二十四五の娘《むすめ》ですが、小學校《せうがくかう》を漸《やうや》く卒業《そつげふ》して、看護婦《かんごふ》の免状《めんじやう》を取《と》りました。それがどうも女學校《ぢよがくかう》を卒業《そつげふ》してゐないことを肩身《かたみ》狹《せま》く思《おも》つて、自《じ》殺《さつ》を企《くはだ》てたことがあるといふのですけれども、さういふのはやはり變態的《へんたいてき》で、並《なみ》の人《ひと》ぢやない、一口《ひとくち》にいへば虚榮《きよえい》ですね。

森田 それかといふと學問《がくもん》をさせようとしても、なか／＼覺《おぼ》えない、それでもまだ學校《がくかう》を卒業《そつげふ》したいといふのがあるが、非常《ひじやう》な間《ま》違《ちが》ひですね、現在《げんざい》の社會《しやくわい》のこの不景氣《ふけいき》の時《じ》機《き》を利用《りよう》して、一般《ぱん》の人《ひと》に、學校《がくかう》に行《ゆ》くに及《およ》ばないといふことを、何《なん》とかして知《し》らせたいといふ希望《きばう》を僕《ぼく》は持《も》つてゐますね。

——森田正馬先生——

大屋 私共《わたくしども》に居《を》りまする子供達《こどもたち》は、皆《みな》現在《げんざい》が不遇《ふぐう》でありますから、やつと義務教育《ぎむけういく》を卒《を》へますと、それ〳〵丁稚《でつち》に行《ゆ》くとか、給《きふ》仕《じ》に行《ゆ》くとか、女中《ぢよちう》に行《ゆ》くとかしますが、それで非常《ひじやう》に惱《なや》んでゐるのがあります。その時《とき》に私《わたくし》は『決《けつ》して世《よ》の中《なか》は學問《がくもん》だけで行《ゆ》けるものではない、それは仕合《しあは》せかも知《し》れないが出來《でき》ないことまで、尙《な》ほしたいといふことを考《かんが》へるよりも、もつと本當《ほんたう》に働《はたら》ける人《ひと》になりませう。これから貴方《あなた》がたが他所樣《よそさま》の家庭《かてい》に行《い》つたり、仕事《しごと》をしたりすると、それこそ生《い》きた學問《がくもん》だから、それが本當《ほんたう》に出來《でき》て來《き》た時《とき》には、きつと貴方《あなた》がたの望《のぞ》んでゐる學問《がくもん》も出來《でき》て來《く》ることになるでせうから、先《ま》づ忍耐《にんたい》して待《ま》ちませう。さうして今《いま》は、自分《じぶん》の立場《たちば》をどうするかといふことを、子供心《こどもごころ》にも一番覺悟《ばんかくご》しなければなりません、本當《ほんたう》に實力《じつりよく》のある、本當《ほんたう》の世《よ》の中《なか》の學問《がくもん》をしませう』と、はつきりと訓《さと》してやりますと、大變滿足《たいへんまんぞく》しまして、本《ほん》當《たう》にさうだ、出來《でき》たら夜學《やがく》にでも行《ゆ》かうと勇《いさ》んで行《い》つてくれるのです。

山田　私《わたくし》も同《おな》じ意見《いけん》です。いつか新潟《にひがた》の方《はう》で、小學校《せうがくかう》の先生《せんせい》でしたが、弟《おとうと》を帝大《ていだい》へ入《い》れてゐたが、その間《あひだ》に家《いへ》も屋敷《やしき》もなくなつてしまつて俸給《ほうきう》だけで夫婦《ふうふ》に子供二人《こどもふたり》が暮《くら》して行《ゆ》かねばならない。そのうちで弟《おとうと》の學資《がくし》を送《おく》ることはとても出來《でき》ない。どうしたら學校《がくかう》が續《つゞ》けられるかといふことを、弟《おとうと》さんから私《わたくし》に相談《さうだん》して來《き》ました。その時《とき》、私《わたくし》は――『貴方《あなた》の採《と》るべき途《みち》は退學《たいがく》をすることだ、貴方《あなた》が勉强《べんきやう》するのは、實際《じつさい》に役立《やくだ》つ人間《にんけん》、世《よ》の中《なか》に益《えき》になる人間《にんけん》になる積《つも》りであらう、只地位《たゞちゐ》を得《う》ることが貴方《あなた》の飾《かざ》りぢやない、先《ま》づ第《だい》一に兄《にい》さん夫婦《ふうふ》を苦《くる》しめないことを考《かんが》へなさい』といつてやりました。

柴田　學士《がくし》になつたからといつて只看板《たゞかんばん》だけで働《はたら》ける時代《じだい》は過《す》ぎ去《さ》りましたね。

村岡　本當《ほんたう》に向學心《かうがくしん》のある人《ひと》は、學校《がくかう》へ行《ゆ》かなくても自分《じぶん》で勉强《べんきやう》していくらもえらくなつてゐます。私達《わたくしたち》の友達《ともだち》の中《うち》で尊敬《そんけい》して居《ゐ》る方《かた》でも、又文學者《またぶんがくしや》の方《かた》でも、決《けつ》して女《ぢよ》學校《がくかう》に行《い》つた方《かた》ばかりとは限《かぎ》りません。小《せう》學校《がくかう》だけしか行《ゆ》かない方《かた》も澤山《たくさん》ありますがそこのところを今《いま》の若《わか》い娘《むすめ》さん達《たち》はよく考《かんが》へなければなりません。

長田　學校病《がくかうびやう》といふのは非常《ひじやう》に適切《てきせつ》な言葉《ことは》と思《おも》ひます。『お茶《ちや》の水《みづ》』の入學試驗《にふがくしけん》の時《とき》に行《い》つて見《み》ると、學生《がくせい》さんよりお母《かあ》さん達《たち》が目《め》を据《す》ゑて居《を》ります。あゝいふことは實《じつ》に愚《ぐ》劣《れつ》でゝね。

兩親《りやうしん》を失《うしな》つた孤獨《こどく》の惱《なや》み

記者　嫁入頃《よめいりごろ》の娘《むすめ》が兩親《りやうしん》を失《うしな》つたら、隨分悲觀《ずゐぶんひくわん》もしませうし中《なか》には天地《てんち》に自分一人《じぶんひとり》だと思《おも》つて、ひねくれるのもあらうと思《おも》ひますが、かういふ人《ひと》の導《みちび》き方《かた》、慰《なぐさ》め方《かた》についてーー。

飯島　これは或事件《あるじけん》の參考人《さんかうにん》として呼《よ》んだ娘《むすめ》ですが、伯父《をぢ》さんはあるが面倒《めんだう》を見《み》てくれない、尋常《じんじやう》六年《ねん》の時《とき》から誰《たれ》も看《み》てくれないので、村《むら》の製紙《せいし》工場《こうじやう》に入《はい》つたが、非常《ひじやう》に意志《いし》が強《つよ》かつたので、毎晩便所《まいばんべんじよ》に入《はい》つて五燭《しよく》の電燈《でんとう》で本《ほん》を讀《よ》んだのです。それからそこを逃《に》げ出《だ》して、東京府下《とうきやうふか》のお醫者《いしや》さんの所《ところ》の女中《ぢよちう》に入《はい》つて、僅《わづ》か八圓《えん》の給料《きうれう》を貰《もら》つて夜《よる》の女學校《ぢよがくかう》へ入《はい》りましたが、電車賃《でんしやちん》が出來《でき》ないので、三十町《ちやう》もある道《みち》を毎日《まいにち》歩《ある》いて通《かよ》つたのです。

秋山　感心《かんしん》な娘《むすめ》さんですね。

飯島　到頭女學校《たうとうぢよがくかう》の三年《ねん》までこぎつけたが、どうにもならないので、結局銀座《けつきよくぎんざ》や新宿《しんじゆく》の街頭《がいとう》で花賣《はなうり》をやつたり、飯炊《めしたき》に入《はい》つたりしてとう〳〵女學校《ぢよがくかう》だけ卒業《そつげふ》したのです。これなどは意思《いし》の強《つよ》い女《をんな》の實例《じつれい》で何《なん》とかして職業《しよくげふ》さへあればやつて行《ゆ》きたいといつてゐました。

──飯島三安先生──

高島　本人《ほんにん》の意思《いし》が堅固《けんご》ならば、自分《じぶん》の運命《うんめい》は切拓《きりひら》いて行《ゆ》ける、親《おや》はなくとも子《こ》は育《そだ》つといふのは全《まつた》くで、本人《ほんにん》の意思《いし》が弱《よわ》ければ、

「娘の悩み妻の悩み座談会」 生田八栗、飯島三安、大屋梅子、金尾千鶴子 ほか 『婦人倶楽部』昭和6年9月1日

世話《せわ》する者《もの》があつても駄目《だめ》ですね。

飯田　兩親《りやうしん》のない者《もの》、孤獨《こどく》な者《もの》が不良《ふりやう》になるといふことは不幸《ふかう》な問題《もんだい》であります。孤獨《こどく》の者《もの》で出世《しゆつせ》する者《もの》も、出世《しゆつせ》しない者《もの》も、實《じつ》例《れい》は澤山《たくさん》あります。不幸《ふかう》になるのと出世《しゆつせ》するのとの別《わか》れ道《みち》は、その本人《ほんにん》の性質《せいしつ》です。大概《たいがい》の者《もの》は親《おや》がなくても伯父《おぢ》があり、隣人《りんじん》がある。幸福《かうふく》になる人《ひと》は、自分自身《じぶんじしん》の孤獨《こどく》を悲《かな》しむ人《ひと》で、伯父《おぢ》も隣人《りんじん》も可哀想《かはいさう》だと世《せ》話《や》をしてくれる、それと反對《はんたい》に、自分《じぶん》の孤獨《こどく》を怨《うら》む人《ひと》がある。親切《しんせつ》に世話《せや》してくれたり物《もの》をくれたりしても感謝《かんしや》しない。一寸《ちよつと》自分《じぶん》に氣《き》に入《い》らないことがあると怒《おこ》る、そして自分《じぶん》に親《おや》があればもつと深切《しんせつ》にしてくれるだらうが、伯父《おぢ》も隣人《りんじん》も自分《じぶん》を虐待《ぎやくたい》すると頭《あたま》から怨《うら》む人《ひと》がある。それは自分《じぶん》の孤獨《こどく》を呪《のろ》ふ人《ひと》で、この二《ふた》つが出世《しゆつせ》するかしないかの別《わか》れ道《みち》であります。自分《じぶん》の運命《うんめい》を悲《かな》しんでをれば、必《かなら》ず皆《みな》氣《き》の毒《どく》がつて世話《せわ》してくれるものです。

──村岡花子先生──

村岡　私《わたくし》は小《ちひ》さい時《とき》に、宗敎學校《しうけうがくかう》にをりました關係上《くわんけいじやう》、ミツシヨン關係《くわんけい》の孤兒院《こじゐん》と聯絡《れんらく》がついて居《を》つて、友達《ともだち》の中《うち》に兩親《りやうしん》と別《わか》れてしまつた極《ご》く運《うん》の惡《わる》い方《かた》を澤山《たくさん》知《し》つて居《を》りますが、自然《しぜん》の配劑《はいざい》といひませうかさういふ境遇《きやうぐう》の人達《ひとたち》は――殆《ほとん》ど私《わたし》の知《し》つて居《ゐ》る限《かぎ》りに於《おい》ては、極《ご》く強情《がうじやう》で境遇《きやうぐう》がさうさせるのか知《し》りませんが、それがその人《ひと》のための救《すく》ひとなつて、割合《わりあひ》にしつかりとしてをりました。隨《ずゐ》分《ぶん》よくなつた人《ひと》も知《し》つて居《を》ります。

大屋　私《わたくし》の友達《ともだち》にもいくらもありますが、これは自然《しぜん》、よい意《い》味《み》の依賴心《いらいしん》を持《も》たない故ではないかと思《おも》ひます。何《なに》もかも持《も》つて行《ゆ》くところがないから自分《じぶん》でしなければならない、親《おや》がしてくれるべき事《こと》でも、小《ちひ》さい時《とき》からみんな自分《じぶん》でしなければならない、そこで自然《しぜん》にしつかりしたところが出來《でき》てくるのです。惡《わる》くいへば強情《がうじやう》でせうが、自分《じぶん》の立場《たちば》をハツキリ自覺《じかく》して、事《こと》に當《あた》つてよく忍《しの》んで行《ゆ》けるやうな方《かた》を度々《たびたび》見受《みう》けますが、さういふ方《かた》は必《かなら》ず末《すゑ》には成功《せいこう》なさるやうであります。

愛人《あいじん》と結《けつ》婚《こん》出《で》來《き》ない惱《なや》み

記者　例《たと》へば家柄《いへがら》がちがふとか、貧富《ひんぷ》

の差《さ》が甚《はなはだ》しいとかいふので親《おや》が許《ゆる》さないとかいふのがありますね。

大屋　最近《さいきん》の話《はなし》ですが、私《わたくし》が親《した》しくして居《ゐ》る方《かた》で兩方共人格的《りやうはうともじんかくてき》には立派《りつぱ》で、男《をとこ》の方《かた》は學問《がくもん》も十分《ぶん》あり、女《をんな》の方《かた》も以前《いぜん》は相當《さうたう》な學《がく》者《しや》の家《いへ》に生《うま》れた人《ひと》で、その家《いへ》がずつと續《つゞ》いて居《ゐ》りさへすれば、何《なん》にも結婚《けつこん》する事《こと》にちつとも差支《さしつかへ》はなかつたのですが、現在《げんざい》は御《ご》不幸《ふかう》でありましたために、職業婦人《しよくげふふじん》になつて居《ゐ》たのです。さういふことから、三年《ねん》も前《まへ》から關係《くわんけい》が續《つゞ》いて居《を》つたに拘《かゝは》らず、媒介《ばいかい》者《しや》を通《つう》じて兩親《りやうしん》に熱心《ねつしん》に話《はな》されたけれどもお許《ゆる》しがないために、大變悲觀《たいへんひくわん》せられまして、到頭死《たうとうし》んでしまはれましたのですが、私《わたくし》はその時本當《ときほんたう》に惜《を》しかつた、あれ程《ほど》のお二人《ふたり》でありながら、何故《なぜ》もう少《すこ》しお待《ま》ちになれなかつたか、と大變殘念《たいへんざんねん》に思《おも》ひました。でさういふ場合《はあひ》には無理《むり》をしないで、忍《しの》んで待《ま》たれるといふことが必要《ひつえう》だと思《おも》ひます。

高島　門閥《もんばつ》とか家柄《いへがら》に執着《しうちやく》するのは舊思想《きうしさう》でそんなものを今時分《いまじぶん》まで殘《のこ》して置《お》くのが間《ま》違《ちが》ひですね。

長田　或《あ》る立派《りつぱ》な醫者《いしや》の娘《むすめ》さんですが、大震《だいしん》災《さい》の時《とき》に、もと自分《じぶん》の家《うち》の藥局生《やくきよくせい》だつた藥《やく》劑士《ざいし》の別宅《べつたく》に逃《に》げて行《い》つて居《を》りました。ところがそこで藥劑士《やくざいし》の息子《むすこ》と戀愛關係《れんあいくわんけい》に落《お》ちてしまつたのです。さうして結婚《けつこん》さしてくれといふが、阿母《おかあ》さんが、あんな家《うち》の藥《やく》局生《きよくせい》だつた男《をとこ》の息子《むすこ》とは一緒《しよ》にはさせられないといふのです。

──長田幹彦先生──

金尾　それは無理解《むりかい》ですね。

長田　處《ところ》が親父《おとう》さんの方《はう》は『お前《まへ》がいゝと思《おも》つたならばいゝけれども、あの男《をとこ》には必《かなら》ず缺點《けつてん》がある、それを發見《はつけん》しろ。』と、娘《むすめ》にいつたのです、その男《をとこ》は學校《がくかう》も非常《ひじやう》によく出來《でき》たが、大變女義者な男《をとこ》だといふことを親父《おとう》

249　「娘の悩み妻の悩み座談会」 生田八栗、飯島三安、大屋梅子、金尾千鶴子 ほか 『婦人倶楽部』昭和6年9月1日

さんは知《し》つてゐたのです。それを非常《ひじやう》に憤《いきどほ》つて、缺點《けつてん》を捜《さが》せと、非常《ひじやう》によく導《みちび》いたけれども、娘《むすめ》には遂《つひ》に分《わか》らなくて、とう〳〵許《ゆる》されないものですから、家出《いへで》して、その息子《むすこ》のゐる下宿《げしゆく》に逃《に》げてしまつたのです。その時《とき》お父《とう》さんが『一遍娘《べんむすめ》を捨《す》てて見《み》るのも一《ひと》つの方法《はうはふ》だらう』兎《と》に角《かく》一緒《しよ》に生活《せいくわつ》して居《ゐ》る間《あひだ》には、若《わか》い女《をんな》から手紙《てがみ》が來《き》たり、遊《あそ》びに來《く》る女《をんな》もあつたりして、それを發見《はつけん》すれば娘《むすめ》も自然《しぜん》目《め》が覺《さ》めるだらうといふので、そのまゝにしておくうちに子供《こども》が出來《でき》てしまつたのです。その頃《ころ》からその男《をとこ》が娘《むすめ》さんを虐待《ぎやくたい》し出《だ》したので、始《はじ》めて目《め》が覺《さ》めて、親父《おとう》さんに許《ゆる》しを乞《こ》ふと、今度《こんど》は親父《おとう》さんの方《はう》が許《ゆる》さなくなつてしまつたのです。

生田　どうしてですか。

長田　このまま許《ゆる》してやると、家庭《かてい》に非常《ひじやう》な爭議《さうぎ》が起《おこ》る。兄妹《きやうだい》の見《み》せしめにならないといふのです。既《すで》に八ケ月《げつ》ばかり經過《けいくわ》して居《を》りますが、かういふ場合《ばあひ》、親《おや》が許《ゆる》してやるべきものでせうか、それを承《うけたまは》りたいと思《おも》ひますが――。

高島　親《おや》が許《ゆる》さないで誰《だれ》が許《ゆる》す？　親《おや》の愛《あい》といふものは子供《こども》のよい時《とき》だけではない。子《こ》供《ども》が惡《わる》くなれば惡《わる》くなつた程《ほど》、愛《あい》してやらなければならんと私《わたし》は考《かんが》へて居《ゐ》る。

山田　高島先生《たかしませんせい》のお說《せつ》に共鳴《きようめい》いたしますね。

飯島　兄妹《きやうだい》のみせしめにならないといふよりも、さういふ悲境《ひきやう》に立《た》つて來《き》た姉《あね》が本當《ほんたう》に後悔《こうくわい》して、妹や弟に監督をしたら却つてよい敎《をし》へとなると思《おも》ひます。

村岡　私《わたし》はよく若《わか》い方《かた》で、戀愛《れんあい》に惱《なや》んで居《ゐ》る方《かた》の話《はなし》を聞《き》くと、本人《ほんにん》はとても戀愛《れんあい》をして居《ゐ》るつもりで話《はな》すけれども、結局《けつきよく》、戀《こひ》を戀《こひ》して居《ゐ》るといふのですか、一番初《ばんはじ》めのステツプをやつて居《ゐ》るのが、大分《だいぶ》あるやうに思《おも》ひますね。さうして、それは親《おや》が注意《ちうい》するよりも、或場合《あるばあひ》には多少友達《たせうともだち》のやうな人《ひと》が『貴女《あなた》は戀《こひ》を戀《こひ》して居《ゐ》る、若《わか》い女《をんな》の一《ひと》つの決《き》まつたステツプを、豫定通《よていどほ》り進行《しんかう》してゐはしませんか、まだその位《くらゐ》の戀《こひ》は、これから三《み》つも四《よ》つも來《き》はしないでせうか、少《すこ》し考《かんが》へ直《なほ》して見《み》たらどうでせう。』といふことをいつたらいゝと思《おも》ひます。御自分《ごじぶん》では本氣《ほんき》

になつて居《を》りますけれども、結局《けつきよく》ほんの小《こ》手調《てしら》べといふこともあります。

愛人《あいじん》に裏《うら》切《ぎ》られた惱《なや》み

記者 所《ところ》で愛人《あいじん》に裏《うら》切《ぎ》られた惱《なや》みの問《もん》題《だい》は如何《いかが》でせう。

生田 非常《ひじやう》にデリケートのことがそこにあるのです。例《たと》へば戀《こひ》し合《あ》つて居《ゐ》る男《をとこ》と女《をんな》があつて、女《をんな》は非常《ひじやう》に若《わか》くて清淨《せいじやう》である、ところが、男《をとこ》が大膽不敵《だいたんふてき》にも貞操《ていさう》を奪《うば》ふといふやうなことを迫《せま》つた場合《ばあひ》に、もう自分達《じぶんたち》は結婚《けつこん》するんだといふ風《ふう》になつて居《ゐ》ても、女《をんな》が結婚《けつこん》といふ一《ひと》ツのエポツクから向《むか》ふに問《もん》題《だい》を延《のば》してもらひたいと斷《ことわ》ると、男《をとこ》が厭《あ》きてしまふといふ實例《じつれい》がよくありますね、最《さい》後《ご》の一線《せん》を許《ゆる》さないが爲《ため》に裏切《うらぎ》られたと思《おも》つて、女《をんな》から去《さ》るといふ場合《ばあひ》がよくありますな。

高島 それはいけない。その時《とき》は女《をんな》の方《はう》で思《おも》ひ切《き》つたらいゝ、そんな不埒《ふらち》な男《をとこ》と結婚《けつこん》するに及《およ》ばぬ、その男《をとこ》とどうしても結婚《けつこん》しなければならぬといふことはない。

――秋山 [illegible]先生――

飯島 さういふことではなくて、本當《ほんたう》に愛人《あいじん》が他《ほか》の女《をんな》に走《はし》つたといふ場合《ばあひ》には、さらにその愛人《あいじん》に反省《はんせい》を求《もと》めて、それでも尚《な》ほ且《か》つ向《むか》ふの女性《ぢよせい》と結婚生活《けつこんせいくわつ》に入《はい》るといふのならば、そんな者《もの》はいまさら未練《みれん》らしく追《お》はないで、毅然《きぜん》として思《おも》ひきつた方《はう》がよいと思《おも》ひます。

秋山 再《ふたゝ》び聞《き》く必要《ひつえう》はないでせう。こちらを思《おも》ひ切《き》つて他《ほか》の女《をんな》に走《はし》る、それ自體《じたい》で十分《ぶん》であるから、意思《いし》の力《ちから》に依《よ》つて思《おも》ひ切《き》るその一事《じ》で足《た》ると思《おも》ふ。もし周圍《しうゐ》に酸《す》いも甘《あま》

251　「娘の悩み妻の悩み座談会」 生田八栗、飯島三安、大屋梅子、金尾千鶴子 ほか 『婦人倶楽部』昭和6年9月1日

いも悩み分けたその道《みち》の經驗者《けいけんしや》がゐたら、自分《じぶん》の經驗《けいけん》を披瀝《ひれき》して、導《みちび》いてやればいゝと思《おも》ひます。

生田　私《わたし》は原因《げんいん》を自分《じぶん》に考《かんが》へて見《み》る必要《ひつえう》がありはしないかと思《おも》ひます、どういふ原因《げんいん》から斯《か》ういふ結果《けつくわ》になつたかといふことですね、さうして打算《ださん》とか色々《いろいろ》なものが交《まじ》つて居《ゐ》るのであるといふことがわかれば、離《はな》れることが餘程樂《よほどらく》になるのではないかと思《おも》ひますね。

二人《ふたり》の異《い》性《せい》から愛《あい》される悩《なや》み

記者　次《つぎ》に二人《ふたり》の異《い》性《せい》から同時《どうじ》に愛《あい》される悩《なや》みといふのですがさうした際《さい》に執《と》るべき道《みち》についてどうぞ。

金尾　理智的《りちてき》に判斷《はんだん》して決《き》めた方《はう》が宜《よろ》しいのではございませんか。

高島　どうも戀愛《れんあい》といふものが理智的《りちてき》になつてくれゝばいゝけれども、大抵盲目的《たいていもうもくてき》ですからね。

秋山　こちらには戀愛《れんあい》はない、向《むか》ふからのみ愛《あい》されて居《ゐ》るといふ場合《ばあひ》には結婚《けつこん》といふ事《こと》を眼目《がんもく》に置《お》いて、自分《じぶん》の父兄《ふけい》、先輩《せんぱい》に相談《さうだん》して、自《みづか》らもよく考《かんが》へ、さうして定めればいいですね。

高島　二人《ふたり》の中一人《うちひとり》を取《と》らないで二人共蹴飛《ふたりともけと》ばしたらいい譯《わけ》だ。

長田　一人《ひとり》を捨《す》てるなら兩方共與《りやうはうともあた》へない。さ

うしないと捨《す》てられた方《はう》は永久《えいきう》に恨《うら》みますよ。

記者 或《ある》ひは兩方共捨《りやうはうともす》てゝしまつて、二年《ねん》なり三年《ねん》なり冷靜《れいせい》に考《かんが》へる、その内《うち》にはどつちか熱《ねつ》がなくなるやうな事《こと》も出來《でき》て來《き》ませうから、その時《とき》にきめるのもいゝかも知《し》れませんね。

生田 二人《ふたり》といふことになると競爭心《きやうそうしん》が出來《でき》て、一方《はう》の人《ひと》はそれ程《ほど》でなくても、片《かた》つ方《はう》に競爭者《きやうそうしや》がある爲《ため》に、その戀愛《れんあい》が異常《いじやう》に昂《たか》ぶつて居《ゐ》るといふやうな事《こと》を看破《みやぶ》ることが女《をんな》の方《はう》に出來《でき》たらいゝのですけれど――。

誘惑《いうわく》の魔《ま》の手《て》にかかつたときの惱《なや》み

記者 誘惑《いうわく》の魔《ま》の手《て》にかゝつた時《とき》のなやみといふのがありますが、これについて――。

飯島 かういふ例《れい》があります。女子大《ぢよしだい》の生徒《せいと》で或《あ》るダンスホールへ行《い》つたところが、そこに以前《いぜん》一度《ど》檢擧《けんきよ》した不良青年《ふりやうせいねん》が居《を》つて、これが應對《おうたい》が割合《わりあひ》にノーブルなのです。その女子大《ぢよしだい》の生徒《せいと》のところへ行《い》つて、非常《ひじやう》に慇懃《いんぎん》に『お相手《あひて》を願《ねが》ひます。』『私《わたくし》はダンスは踊《をど》れません。』といふと『イヤ此間《このあひだ》もあなたのダンスを拜見致《はいけんいた》しました。』といふ風《ふう》にやられたので、到頭《たうとう》一緒《しよ》にダンスをやつたんですね。そのダンスをやつて居《ゐ》る間《あひだ》に彼《かれ》は『今晩僕《こんばんぼく》は青山《あをやま》の屋敷《やしき》へ歸《かへ》らないで銀座《ぎんざ》のお店《みせ》へ行《い》つて泊《とま》らうと思《おも》ひますから早《はや》く失禮《しつれい》いたします。』かういつたのです。

―生田八栗先生―

金尾 語《かた》らずして効果的《かうくわてき》の言葉《ことば》ですね。

飯島 さうです。だものですから、この言葉《ことば》一《ひと》つによつて令孃《れいぢやう》はスツカリ青山《あをやま》に邸宅《ていたく》の

253　「娘の悩み妻の悩み座談会」　生田八栗、飯島三安、大屋梅子、金尾千鶴子 ほか 『婦人倶楽部』昭和6年9月1日

ある若者《わかもの》、さうして年配《ねんぱい》からいつても：交際振《かうさいぶり》からいつても、大學《だいがく》を卒業《そつげふ》した方《かた》か、會社員《くわいしやゐん》の方《かた》だらうといふので、これと遂《つひ》に深《ふか》い戀愛《れんあい》に陷《おちい》つて、家出《いへで》までしようとするその時《とき》に私《わたし》がかういふ男《をとこ》だから又何《またなに》かやつてゐないだらうかと思《おも》つて、住居《すまゐ》へ刑事《けいじ》をやつて調《しら》べたところが、今家出《いまいへで》をしようと打合《うちあは》せて居《ゐ》るところを發見《はつけん》して捕《とら》へたのですか、斯《か》ういふやうな所《ところ》から見《み》ると、結局《けつきよく》婦人自身《ふじんじしん》が社會《しやくわい》の裏面《りめん》を見《み》る聰明《そうめい》さがないと云《い》ふことを物語《ものがた》つてをるのです。

秋山　誘惑《いうわく》にかゝつたとわかつたらその事實《じじつ》を速《すみや》かに父兄先輩《ふけいせんぱい》に話《はな》すのですね。すると父兄先輩《ふけいせんぱい》は又魔《またま》の手《て》をのばした父兄先輩《ふけいせんぱい》に談《だん》じ突《つ》けて、さうして自然《しぜん》に強《つよ》い戒告《かいこく》を與《あた》へさせるやうになる、社會的制裁《しやくわいてきせいさい》を強《つよ》くせしめ、さうして反面《はんめん》に於《お》ては誘惑《いうわく》された婦《ふ》人《じん》に對《たい》して事情《じじやう》をよく汲取《くみと》つてやつて、それを餘《あま》り排斥《はいせき》せぬやうにするといふ風潮《ふうてう》を起《おこ》したらいゝと思《おも》ふのです。

飯島　なか／＼誘惑《いうわく》に對《たい》する社會《しやくわい》の裏面《りめん》を知《し》らせるといふことは難《むづ》かしいことであつて昨年《さくねん》の春九州《はるきうしう》の某女學校《ぼうぢよがくかう》の先生《せんせい》ですが、八《や》幡《はた》の製鐵所《せいてつじよ》の職工《しよくこう》と正式《せいしき》の結婚《けつこん》をした事件《じけん》がありましたが、あれなどはこの八幡製鐵《やはたせいてつ》所《じよ》の職工《しよくこう》が大學生《だいがくせい》の制服制帽《せいふくせいばう》で常《つね》に歩《ある》いてをる、これは小倉《こくら》でしたか、そしてその女《ぢよ》學校《がくかう》の先生《せんせい》の附近《ふきん》に下宿《げしゆく》をしてこの先生《せんせい》と近付《ちかづき》になつた。

記者　計畫的《けいくわくてき》なんですね。

—山田わか先生—

飯島　さうしてゐる間《あひだ》に當時《たうじ》新聞《しんぶん》に出《で》たから名前《なまへ》が出《で》ても差支《さしつか》へないと思《おも》ひますが、松本《まつもと》博士《はくし》の名前《なまへ》を利用《りよう》して、この生徒《せいと》は今大學《いまだいがく》に來《き》てをるが、非常《ひじやう》に頭《あたま》もいゝ、あなたとお近附《ちかづき》になつたといふことを申《まう》してゐたが將來《しやうらい》は自分《じぶん》のところの研究生《けんきうせい》として勤《つと》めさせたいといふことを書《か》いて、非常《ひじやう》に將來見《しやうらいみ》込《こ》みがある者《もの》だから面倒《めんだう》を見《み》て貰《もら》ひたいといふ手紙《てがみ》をやつた。その結果本人《けつくわほんにん》が兄父《ふけい》に話《はな》して結婚問題《けつこんもんだい》にまで至《いた》つたのです。父親《ちゝおや》がその男《をとこ》の素行《そかう》を調《しら》べに行《い》つたところが、その男《をとこ》はチヤンと或《あ》る會社員《くわいしやゐん》で立派《りつぱ》な獨身《どくしん》の男《をとこ》の名前《なまへ》を騙《かた》つてゐたので、その住所《ぢうしよ》の所《ところ》へ行《い》つたらチヤンと會社《くわいしや》に勤《つと》めてをる、これならば立派《りつぱ》なものです、あんな眞面目《まじめ》な方《かた》はないといふことを父親《ちゝおや》が聞《き》いたものですから、そこで正式《せいしき》に結婚式《けつこんしき》を擧《あ》げたのです。さうして新婚旅行《しんこんりよかう》に東京《とうきやう》に來《き》て、麹町《かうぢまち》の或《あ》る旅館《りよくわん》に泊《とま》つてをつたが、その間《あひだ》に夫《をつと》の教養《けうやう》の足《た》りないといふことを女教員《ぢよけうゐん》だから發見《はつけん》した。段々《だん／＼》さういふ風《ふう》なことがあつたので、この男《をとこ》もこゝまで來《く》れば大丈夫《だいぢやうぶ》だらうと云《い》ふので、實《じつ》はおれは八幡製鐵所《やはたせいてつじよ》の職工《しよくこう》だとはじめて假面《かめん》をとつたのです。

村岡　何《なん》といふ色魔《しきま》でせう。

飯島　そこで女《をんな》はびつくりしてその事情《じじやう》を父《ちゝ》親《おや》に話《はな》したので、お父《とう》さんが非常《ひじやう》に怒《おこ》つてすぐ告訴《こくそ》してしまつたのです。それで警視《けいし》廳《ちやう》へ紹介《せうかい》が來《き》まして、旅館《りよくわん》に置《お》いてあつた荷物《にもつ》をすぐ返《かへ》してよこせといふのでありま

したけれども、斯《か》ういふやうな手段《しゆだん》でやりますと、相當敎養《さうたうけうやう》ある若《わか》い女性《ぢよせい》が案外《あんぐわい》ひつかゝるのです。

山田　惱《なや》みを解決《かいけつ》するより未然《みぜん》に防《ふせ》ぐことの方《はう》ですね。

飯島　かゝつてしまつては男性《だんせい》と別《わか》れるより外《ほか》仕方《しかた》ない。それよりかゝらないやうにするのですね。それから今《いま》までの經驗《けいけん》によると、婦人雜誌《ふじんざつし》などでいろ〳〵な社會《しやくわい》の裏面《りめん》を讀《よ》んでゐる娘《むすめ》さんの方《はう》が割合《わりあひ》に誘惑《いうわく》にかからないですね。却《かへ》つて雜誌《ざつし》など讀《よ》まない深窓《しんさう》に育《そだ》つたお孃《ぢやう》さんが、ダンスホールなんかでちよつとした機會《きくわい》でひつかゝつて居《ゐ》るやうです。

妻《つま》の惱《なや》み

姑舅小姑《しうとめしうとこじうと》についての惱《なや》み

記者　では次《つぎ》に妻《つま》の惱《なや》みに移《うつ》つて頂《いただ》きまして、姑《しうとめ》、舅《しうと》、小姑《こじうと》についてお話《はなし》を伺《うかゞ》はして頂《いただ》きます。

森田　僕《ぼく》の知《し》つてゐるお嫁《よめ》さんですが、そのお姑《しうと》さんに非常《ひじやう》に虐待《ぎやくたい》された。ところがそのお姑《しうと》さんは二十年餘《ねんあまり》も前《まへ》から精神病《せいしんびやう》であつたといふことがわかつて、解決《かいけつ》したのがありました。病名《びやうめい》は早發性痴呆《さうはつせいちはう》といふのですが、これは普通《ふつう》の人《ひと》が見《み》て狂人《きちがひ》と思《おも》へない、媒酌人《なかうど》も知《し》らないし、平素心易《へいそこころやす》い人《ひと》も

——金尾千鶴子先生——

255　「娘の悩み妻の悩み座談会」 生田八栗、飯島三安、大屋梅子、金尾千鶴子 ほか 『婦人倶楽部』昭和6年9月1日

狂人《きちがひ》とは思《おも》はなかつた、さういふ實例《じつれい》があります。

高島　姑嫁《しうとめよめ》は原則《げんそく》として日本《にほん》では同居《どうきよ》すべき筈《はず》だが、それがうまく行《い》かない場合《ばあひ》、而《しか》も夫婦生活《ふうふせいくわつ》に破綻《はたん》を生《しやう》じようといふ時《とき》には、別居《べつきよ》ですね。解決《かいけつ》はそれより他《ほか》に途《みち》がない。

山田　さうですね、だから私《わたし》はこれを第《だい》二段《だん》の善《ぜん》といふ。第《だい》一段《だん》の善《ぜん》はやはり舅姑《しうとしうとめ》を本當《ほんたう》の自分《じぶん》の父母《ふぼ》のやうに思《おも》ひ、また舅姑《しうとしうとめ》も嫁《よめ》を自分《じぶん》の娘《むすめ》のやうに思《おも》ふ、これを第《だい》一段《だん》の善《ぜん》といひたい。

飯島　嫁《よめ》さんが本當《ほんたう》に自分《じぶん》の實母《じつぼ》のやうに思《おも》つて仕《つか》へたならば、そんな悲劇《ひげき》は割合《わりあひ》に少《すくな》くなつて來《き》やしないかと思《おも》ひますね。近頃《ちかごろ》昔《むかし》のやうにさういふ姑《しうとめ》と嫁《よめ》の問題《もんだい》が少《すくな》くなつて來《き》たことも、一《ひと》つは教育《けういく》の力《ちから》だらうと思《おも》ひますが、これからもこの教育《けういく》の力《ちから》によつて、段々《だん〳〵》なくして行《い》くやうに仕向《しむ》けて行《い》きたいと思《おも》ひます。

秋山　それから夫《をつと》の態度《たいど》といふことが必要《ひつえう》ですね。私《わたし》が實行《じつかう》してゐることですが、私《わたし》は親《おや》に物《もの》を上《あ》げようといふ時《とき》は、家内《かない》に持《も》つて行《い》かせるんです、家内の發意の如《ごと》くにして。又母親《またはゝおや》が家内《かない》を褒《ほ》めてをるといふやうな時《とき》には、直《す》ぐそれを家内《かない》に傳《つた》へるといふ風《ふう》に細《こま》かしい注意《ちうい》を拂《はら》つて嫁《よめ》と姑《しうとめ》との間《あひだ》に手際《てぎは》よく立《た》つて居《ゐ》れば、この惱《なや》みは餘程少《よほどすくな》くなると思《おも》ひます。

生田　私《わたし》はお嫁《よめ》さんに姑《しうとめ》の立場《たちば》から注文《ちうもん》したい事《こと》が一《ひと》つあるのです。それはお姑《しうと》さんとお嫁《よめ》さんとが比較的平和《ひかくてきへいわ》に見《み》えてゐる仲《なか》であつても、その中《なか》にイラ〳〵した氣持《きもち》があるといふ事《こと》が非常《ひじやう》に多《おほ》いと思《おも》ひます。一般《ぱん》のお姑《しうと》さんがいろ〳〵意地惡《いぢわる》くしたり、イラ〳〵するといふことの本當《ほんたう》の氣持《きもち》には自分《じぶん》の存在《そんざい》が認《みと》められないといふ淋《さび》しさが非常《ひじやう》にあるのではないかと思《おも》ひます。それが若《わか》い人《ひと》には分《わか》らない淋《さび》しみなのです　又《また》お姑《しうと》さんは夫《それ》を口《くち》に出《だ》していひたくない片《かた》意地《いぢ》な氣持《きもち》がある、夫《それ》をいはずに要求《えうきう》して居《ゐ》るのだと思《おも》ふのです。ですからお嫁《よめ》さんはお姑《しうと》さんを始終《しじう》立《た》てゝ、立《た》てるというてもチヤホヤとして立《た》てるのでなく、何《なん》でも物《もの》を相談《さうだん》する、何《なに》か買物《かひもの》でもあれば先《ま》づお母《かあ》さんに相談《さうだん》する、さうしたことがお姑《しうと》さ

んの非常《ひじやう》な慰安《ゐあん》ではないかと思《おも》ふのです。それを第一《だいい》に考《かんが》へ、そしてお姑《しうと》さんの嫌《きら》ひな事《こと》をしないといふことに注意《ちうい》することが必要《ひつえう》でないかと思《おも》ひます。

記者 不和《ふや》の因《もと》にはお嫁《よめ》さんの方《はう》にもいろいろ足《た》りないことがあるのですから、お嫁《よめ》さんの心《こゝろ》がけも大事《だいじ》なことでございますね。

夫《をつと》に愛《あい》されぬ惱《なや》み、夫《をつと》を愛《あい》し得《え》ぬ惱《なや》み

飯島 愛《あい》されぬとか愛《あい》し得《え》ぬとかいふ惱《なや》みは結婚生活《けつこんせいくわつ》に入《はい》るとどんな人《ひと》でもさういふやうな時機《じき》が必《かなら》ず一度《ど》は來《く》るものではないのですか。唯《たゞ》さういふ場合《ばあひ》に出來《でき》るだけ自分《じぶん》が修養《しうやう》して、夫《をつと》の趣味《しゆみ》、夫《をつと》の氣分《きぶん》に副《そ》ふやうに努《つと》め、また自《じ》分《ぶん》の氣持《きもち》も出來《でき》るだけ夫《をつと》を愛《あい》するやうに向《む》けて行《い》くことが一番大事《いちばんだいじ》ではないかと思《おも》ひます。

高島 異性《いせい》が結合《けつがふ》して夫婦生活《ふうふせいくわつ》を營《いとな》むといふことが、人間《にんげん》だけの力《ちから》で一體《たいで》出來《き》るかどうかといふことを、根本的《こんぽんてき》に反省《はんせい》する必要《ひつえう》があるのではないかと思《おも》ふね。成程《なるほど》自由結婚《じいうけつこん》だから、おれが勝手《かつて》に相手《あひて》を見付《みつ》けたんだといふかも知《し》れぬが、そのおれの相手《あひて》を見《み》付《つ》けさしてくれた非常《ひじやう》に大《おほ》きな力《ちから》があるのではないかと私《わたし》は考《かんが》へる。愛《あい》せられぬ惱《なや》みとか、愛《あい》し得《え》ぬ惱《なや》みとか、愛《あい》の冷却《れいきやく》とか、さういふやうな問題《もんだい》に逢着《はうちやく》した時分《じぶん》に、おれ自身《じしん》の力《ちから》だけでどうかして見《み》ようといふやうな考《かんがへ》を起《おこ》すより、合《あは》せてくれたものがあるんだから、合《あ》はせてくれたものに訴《うつた》へる、祈《いの》るといふやうな氣持《きもち》が起《おこ》つてくれば、この惱《なや》みは非常に緩和されると思《おも》ふ

――高島米峰先生――

257　「娘の悩み妻の悩み座談会」 生田八栗、飯島三安、大屋梅子、金尾千鶴子 ほか 『婦人倶楽部』昭和6年9月1日

秋山　又《また》自分《じぶん》のことをいひますが、私《わたし》が結婚《けつこん》したとき、私《わたし》の親友《しんいう》に『君《きみ》お嫁《よめ》さんを貰《もら》つたら、いつも惚《ほ》れて居《を》れ、惚《ほ》れる氣持《きもち》をもつて居《を》れ。』といふことをいはれた、これは平《へい》凡《ぼん》ではあるが、いゝことだと思《おも》ひます。

村岡　新時代《しんじだい》の夫婦《ふうふ》は兩方《りやうはう》とも戀愛《れんあい》の氣持《きもち》をもつて行《い》きたいといふ氣持《きもち》がございますね、けれども女《をんな》の方《はう》が多少《たせう》叡智《えいち》といひませうか、それが足《た》りないために、全部《ぜんぶ》出《だ》してしまつて、出鱈目《でたらめ》に享樂《きやうらく》してしまひますから、必《かなら》ず疲《つか》れてしまふのです。そこでわるい言葉《ことば》でいへば夫《をつと》をあやなすといふのでせうか、一《ひと》つの技巧《ぎこう》がいると思《おも》ひます。いつも心《こゝろ》をつかつてこの技巧《ぎこう》をちよい／＼出《だ》してをれば、先《ま》づ圓滿《ゑんまん》に行《い》けるのではないかと思《おも》ひます。

秋山　蓄電池《ちくでんち》だつてしまひには無《な》くなつてしまふやうなもので、夫婦《ふうふ》の間《あひだ》の愛《あい》といふものが、さう何時《いつ》までも高鳴《たかな》つてないといふ事《こと》は當然《たうぜん》の事《こと》で、君子《くんし》の交《まじは》り淡《うす》きこと水《みづ》の如《ごと》し、水《みづ》のやうな夫婦《ふうふ》の愛《あい》が夫婦《ふうふ》の間《あひだ》の大《だい》なる愛《あい》であつて、積極的《せつきよくてき》に嫌《きら》はれるといふならば別《べつ》ですが、愛《あい》は冷めぬが如《ごと》く、冷めたるが如《ごと》きが本當《ほんたう》の夫婦愛《ふうふあい》であると思《おも》ふ、その通《とほ》り覺悟《かくご》しておけばいゝと思《おも》ふのです。

長田　それに子供《こども》といふものが、夫婦愛《ふうふあい》の一《ひと》ツの介在物《かいざいぶつ》で、これが可《か》なり良《よ》くしてくれるんだと思《おも》ひますな。私《わたし》は夫婦喧嘩《ふうふけんくわ》など一遍《ぺん》もして來《き》た事《こと》のない冷《つめ》たい關係《くわんけい》ですが、私《わたし》の理想《りさう》としては夫婦《ふうふ》といふものは、平行《へいかう》線《せん》でなくちやならぬといふ主張《しゆちやう》をもつて居《を》ります。いつ會《あ》つてもいやな感《かん》じはしない、それかといふて寞《は》迦《か》に惚《ほ》れて、あの女《をんな》がゐ

なければ何《なに》も出來《でき》ないといふやうな氣《き》持《もち》になつたことはない。年《とし》を老《と》つて、七十まで生《い》きるか六十まで生《い》きるか知《し》りませんが、死《し》ぬ時《とき》には、細君《さいくん》に向《むか》つて、『隨分君《ずゐぶんきみ》とも長《なが》い間《あひだ》一緒《しよ》に歩《ある》いて來《き》たね。』と握手《あくしゆ》して、『左《さ》樣《やう》なら。』とハツキリいへるやうな關係《くわんけい》に置《お》きたいやうな氣《き》がしますね。

柴田 私《わたし》も長田《ながた》さんと同感《どうかん》ですね。

放蕩《はうたう》の夫《をつと》を持《も》つ妻《つま》の悩《なや》み

記者 放蕩《はうたう》の夫《をつと》を持《も》つ悩《なや》みといふのも隨分《ずゐぶん》ある問題《もんだい》でせうね。

長田 それは私《わたし》の家内《かない》にお聞《き》き下《く》さるのがよさゝうですね。(笑聲起《せうせいおこ》る) 今《いま》は全然《ぜんぜん》やめましたが、放蕩《はうたう》した長《なが》い間《あひだ》をズツと回顧《くわいこ》して見《み》ますと、妻《つま》に對《たい》して放蕩《はうたう》で迷惑《めいわく》をかける男《をとこ》は、これは非常《ひじやう》に正《たゞ》しくない放蕩《はうたう》をしてをる男《をとこ》であると思《おも》ひます。

高島 放蕩《はうたう》に正《たゞ》しいはをかしいね。

長田 女《をんな》と戀愛關係《れんあいくわんけい》におちないあの氣分《きぶん》、遊《あそ》びですな、放蕩《はつたう》の蕩《たう》の字《じ》をとりたいのです。遊《あそ》びを遊《あそ》ぶといふ放蕩《はうたう》はいくらか勘辨《かんべん》して戴《いたゞ》きたいと思《おも》ふのです。それを惡化《あくくわ》させるのは細君《さいくん》が惡《わる》いと思《おも》ふ。例《たと》へば夜遲《よるおそ》く歸《かへ》つて見《み》ると、怒《おこ》つたやうな顏《かほ》をして居《ゐ》る、どうせ機嫌《きげん》よく『お歸《かへ》りなさいませ。』といふ程《ほど》の人《ひと》もありますまいが、その時《とき》にどうも何《なに》かして來《き》たのぢやないかといふやうな疑《ぎ》惑《わく》を持《も》ち、いろ〳〵根《ね》掘《ほ》り葉《は》掘《ほ》り聞《き》かれると、面倒《めんだう》くさくなるから、どうでもいゝぢやないかといふやうなことになりハ その足《あし》でまた自動車《じどうしや》で出《で》かけてしまふやうな風を

大屋梅子先生

よく見《み》ます。そこを甚《はなは》だ我儘《わがまゝ》な話《はなし》ですけれども、何《なん》とか解決《かいけつ》つけて――。

秋山 昔《むかし》からいふ狐色《きつねいろ》に嫉《や》く程度《ていど》ですね、深《ふか》く胸《むね》に藏《ざう》して容易《ようい》に發《はつ》しない、さうしてある機會《きくわい》にチヨピツとだす。

長田 或《あ》る役者《やくしや》の細君《さいくん》ですが、夫《をつと》の歸《かへ》りの遲《おそ》い晩《ばん》には糯米《もちごめ》を買《か》ひまして、それを煮《に》て醬《しやう》油《ゆ》を引《ひ》いて金網《かなあみ》で燒《や》くんですね。それを夫《をつと》が非常《ひじやう》に好《す》きなものですから、歸《かへ》る時分《じぶん》に火《ひ》にかけてチヤンと拵《こしら》へて、歸《かへ》つたとなるとジユツと入《い》れてやるんです。さうすると酒《さけ》の後口《あとくち》には大變美味《たいへんおい》しいのです。美味《おい》しいから毎晩《まいばん》十二時《じ》なら十二時頃《じころ》にはキチンとその味《あぢ》を思《おも》ひ出《だ》して歸《かへ》つて來《く》る。それでたうとう浮氣《うはき》をしなくなつたといふ話《はなし》があります。

秋山 細君《さいくん》の誠意《せいい》が通《とほ》つたんですね。

生田 夫《をつと》が放蕩《はうたう》するといつて、よく奥《おく》さんが夫婦喧嘩《ふうふけんくわ》の問題《もんだい》を私《わたし》の方《はう》などへも持《も》つて來《こ》られますが、放蕩《はうたう》するからといつて自分《じぶん》が嫌《きら》はれてしまつたといふ風《ふう》に考《かんが》へることはあまり早合點ではないかと思《おも》ひます。妻《つま》に

妻《つま》として大事《だいじ》に思《おも》つてゐながら、只氣分《たゞきぶん》を養《やしな》ひに行《い》くといふ輕《かる》い意味《いみ》のものも隨分《ずゐぶん》あると思《おも》ひます。それを自分《じぶん》が直《す》ぐにも捨《す》てられるのではないかといふやうな取越苦勞《とりこしくらう》をしないで、もう少《すこ》し自重《じちやう》した態度《たいど》をとつて行《い》つたらと思《おも》ひます。

金尾　さうですね。

生田　奥《おく》さんの執《と》る態度《たいど》で一番惡《いちばんわる》いと思《おも》ふことは、脅《おど》かしの態度《たいど》ですね、姿《すがた》を晦《くら》ましてしまふとか、自殺《じさつ》したふりをしたり、そんな氣配《けはい》を示《しめ》すとかして非常《ひじやう》に周圍《しうゐ》を騷《さわ》がして、旦那樣《だんなさま》を困《こま》らしてやらうといふ氣持《きもち》のある奥《おく》さんが隨分澤山《ずゐぶんたくさん》あります。それは愼《つゝ》しまなければならぬと思《おも》ひます。

夫《をつと》に愛人《あいじん》の出來《でき》たときの惱《なや》み

記者　夫《をつと》に愛人《あいじん》の出《で》來《き》た時《とき》の惱《なや》み、これは如何《いかゞ》でございませう。

生田　私《わたし》は夫《をつと》が自分《じぶん》を捨《す》て、他《た》の愛人《あいじん》に移《うつ》るといふのはどういふ原因《げんいん》であるかといふ、その關係《くわんけい》を一番先《いちばんさき》に考《かんが》へて見《み》なければならぬと思《おも》ひます。さうして夫《をつと》が愛人《あいじん》から受《う》けるやうな興味《きようみ》が、自分《じぶん》にも備《そな》はつてゐるかどうかといふことを考《かんが》へて、なるべく夫《をつと》が求《もと》めてゐることを滿《みた》さなければならないと思《おも》ひます。

村岡　夫《をつと》の年齡《ねんれい》の關係《くわんけい》ではないのですか。つまり男《をとこ》の方《はう》が四十位《しじふくらゐ》の時《とき》ですね。火《ひ》の最後《さいご》の火華《ひばな》の燃《も》え出《だ》す時《とき》といふものがあるのぢやないでせうか。その時《とき》に愛人《あいじん》ができたら非常《ひじやう》に禍《わざはひ》なる哉《かな》ではないでせうか。澤山《たくさん》の夫婦《ふうふ》の中《なか》には初《はじ》めから愛人《あいじん》を妻《つま》にして一生愛人《しやうあいじん》と妻《つま》が同《おな》じである人《ひと》と、妻《つま》だけで愛《あい》人《じん》といふものに巡《めぐ》り合《あは》ない人《ひと》とあります。後者《こうしや》の場合《ばあひ》さうしたその危險《きけん》の時《とき》に初《はじ》めて愛《あい》し得《う》る女《をんな》に遭《あ》つたといふ事《こと》も、この不思《ふし》議《ぎ》な人生《じんせい》にないことではないと思《おも》ひます。さういふ場合《ばあひ》は可《か》なり深刻《しんこく》な惱《なや》みであらうと思《おも》ひます。

記者　その時《とき》に奥《おく》さんとしては、どんな態度《たいど》を執《と》つたらいゝでせうか。

秋山　妻《つま》のとる手段《しゆだん》で一番困《いちばんこま》るのは、夫《をつと》の信《しん》賴《らい》してをる先覺者《せんかくしや》に、度々家庭《たびたびかてい》へ來《き》てゐて貰《もら》ふことです。さうすると自《おの》づとキチンと襟《えり》を正《たゞ》して居《を》らなければならぬから困《こま》る、かう思《おも》ひますね。

長田　中年《ちゆうねん》の戀《こひ》といふやうなことを、一頃《ひところ》いはれた時《とき》に、非常《ひじやう》に性慾的《せいよくてき》に取《と》られて居《を》りましたけれども、私《わたし》は男《をとこ》が四十位《くらゐ》で本當《ほんたう》に精神的《せいしんてき》の戀愛《れんあい》をするのではないかとも思《おも》ひますね。精神的《せいしんてき》な戀愛《れんあい》が結《むす》ばれた場合《ばあひ》は、ちよつと匙《さじ》を投《な》げますね。仕方《しかた》がないと思《おも》ふですな。肉體的《にくたいてき》の場合《ばあひ》だといろ〳〵救濟《きうさい》の方法《はうはふ》がありますけれども。

生田　夫《をつと》にたとへ愛人《あいじん》が出來《でき》ても、愛人《あいじん》の所《ところ》に往《い》つてしまつても、自分《じぶん》は一生《しやう》その夫《をつと》と離《はな》れることは出來《でき》ないといふことがシツカリ分《わか》つたら、おちついた態度《たいど》を執《と》つて、やはりそれに附《つ》いて行《い》く決心《けつしん》が必要《ひつえう》であると思《おも》ひます。それから又《また》その夫《をつと》に愛人《あいじん》が出來《でき》て、自分《じぶん》に對《たい》する愛《あい》がない、自分《じぶん》はどうしても附《つ》いて行《い》かれないといふことが、いろいろな方面《はうめん》から長《なが》い間冷靜《あひだれいせい》に考《かんが》へてわかつたら、別《わか》れるよりほかはないと思《おも》ひます。

森田　四十くらゐになつて、どうしてさういふ戀愛《れんあい》になつたかといふ事《こと》について、僕《ぼく》はかういふ風《ふう》に考《かんが》へて居《を》ります。若《わか》い時《とき》には性慾《せいよく》も強《つよ》いが恥《はづか》しい。戀愛《れんあい》といふことに非常《ひじやう》に重《おも》きを置《お》く。それからもう一《ひと》つは戀愛《れんあい》の技術《ぎじゆつ》を知《し》らない。四十頃《ごろ》になると性慾《せいよく》は乏《とぼ》しい、若《わか》い時《とき》のやうなものでない。たゞしかし社會的制裁《しやくわいてきせいさい》などを構《かま》はなくなる。感《かん》じなくなる。その時《とき》に僕自身《ぼくじしん》の經驗《けいけん》でいふと、四十頃《ごろ》になれば夫婦共《ふうふとも》に戀愛《れんあい》といふことに重《おも》きを置《お》くよりも、家《うち》といふことに重《おも》きを置《お》かなければならない。家《うち》と自分《じぶん》の仕事《しごと》ですね。さういふことを重《おも》んずるために他《た》の戀愛《れんあい》に走《はし》ることが出來《でき》ない。それに走《はし》るのは家庭《かてい》に重《おも》きをおかない人《ひと》のことであらうと思《おも》ふのです。

山田　私《わたし》もさつきからそれを言《い》はうと考《かんが》へてゐたのです。

子寶《こだから》を惠《めぐ》まれぬ妻《つま》の惱《なや》み

記者　夫婦《ふうふ》が子寶《こだから》を惠《めぐ》まれぬ場合《ばあひ》その惱《なや》みを紛《まぎ》らすとか諦《あきら》めさせるとかする方法《はうはふ》はないでせうか。

高島　子供《こども》を貰《もら》ふこと、それでなければ猫《ねこ》とか犬《いぬ》とか、或《あるひ》は小鳥《ことり》を飼《か》ふとか、そんなことで纔《わづ》かに子《こ》のない寂寞《せきばく》を慰《なぐさ》めて居《ゐ》る人《ひと》もあるのですね。どうしても子《こ》がなくて寂《さび》しい場合《ばあひ》には、そんなことでもしなければならないでせう。

山田　妻《つま》が子《こ》がないからといふ惱《なや》みが強《つよ》く、夫婦仲《ふうふなか》が面白《おもしろ》くない、家庭《かてい》の中《なか》が暗《くら》いといふのは、本當《ほんたう》の夫婦《ふうふ》になり切《き》つてゐないからだらうと思《おも》ひます。子供《こども》がなくてお互《たがひ》に寂《さび》しいと思《おも》へば思《おも》ふ程《ほど》、お互《たがひ》に慰《なぐさ》め合《あ》つて行《い》くべきもので、私共《わたしども》は少《すこ》し年上《としうへ》でも夫《をつと》を父《ちゝ》のやうに思《おも》ひ、主人《しゆじん》の方《はう》でも私《わたし》を娘《むすめ》のやうに思《おも》つて居《を》ります。

村岡　私共《わたしども》はたつた一人《ひとり》の子供《こども》を亡《な》くして居《を》ります。六年前《ねんまへ》に亡《な》くしましたが、その時《とき》の氣持《きもち》は何物《なにもの》にも較《くら》べられない悲《かな》しさでした。恐《おそ》らく夫《をつと》もさうでございませう、けれども、私共《わたしども》は、子供《こども》のあつた時《とき》でも、家庭《かてい》生活《せいくわつ》といふものの單位《たんゐ》をどこに置《お》くか、これは夫婦二人《ふうふふたり》といふことだからして、子供《こども》

261　「娘の悩み妻の悩み座談会」 生田八栗、飯島三安、大屋梅子、金尾千鶴子 ほか 『婦人倶楽部』昭和6年9月1日

を奪られたといふことは、夫婦生活《ふうふせいくわつ》を少《すこ》しも侵《おか》すべきものでもなく、又《また》侵《おか》されもしないといふだけの氣持《きもち》を持《も》つて居《を》ります。ただ、子供《こども》を失《うしな》つた、子供《こども》のない家庭《かてい》の妻《つま》といふものは、非常《ひじやう》に複雜《ふくざつ》な役割《やくわり》があります。家《うち》の中《なか》を暗《くら》くしないためには、不自然《ふしぜん》でなくて、自然々々《しぜん〳〵》に子供《こども》の分《ぶん》までも勤《つと》めて行《い》かなければなりません。賑《にぎや》かさ！　これが多少《たせう》そこに必要《ひつえう》かと思《おも》つて居《を》ります。たゞ私達《わたしたち》は、寧《むし》ろ子供《こども》を失《うしな》ひましてからの方《はう》が、私《わたし》が夫《をつと》を眺《なが》めます目《め》が、あの人《ひと》も私《わたし》と同《おな》じ惱《なや》みを持《も》つ人《ひと》だ、痛《いた》いだらうと思《おも》ひますと、いろ／＼なことを許《ゆる》すことが出來《でき》ます。もう一《ひと》つは、兎《と》に角《かく》、私《わたし》はこの人《ひと》に依《よ》つて唯一人《たゞひとり》の子《こ》を得《え》たと思《おも》ひますと、失《うしな》つた子《こ》の唯一人《たゞひとり》の繋《つな》がりが、天《てん》にも地《ち》にもこの人《ひと》のみと思《おも》ひますから、一層《そう》今《いま》までに感《かん》じたことのない愛着《あいちやく》と申《まう》しますかが、夫《をつと》に對《たい》してあります。恐《おそ》らく夫《をつと》も同《おな》じやうな氣持《きもち》で私《わたし》を見《み》るやうに思《おも》ひます。そこで私達《わたしたち》が子供《こども》があつた時《とき》以上《いじやう》の親《した》しみを、或意味《あるいみ》からいふと樂《たの》しさまでも湧《わ》いて來《き》ます。これらはちよつと氣《き》の持《も》ち方《かた》で、多分《たぶん》直《なほ》して行《い》けるやうに思《おも》ひます。

長田　いゝなあ、僕《ぼく》にも分《わか》るなあ……

村岡　私《わたし》など隱《かく》れんぼをすることもあります。私《わたし》は小《ちひ》さい體《からだ》だもんですから、ふつと茶目《ちやめ》氣分《きぶん》を出《だ》して、新橋驛《しんばしえき》などに降《お》りますと、蔭《かげ》へ隱《かく》れてしまふ。『どこへ行《い》つちやつたんだ。』といふので、そこに何《なん》ともいへない朗《ほがら》かな、無邪氣《むじやき》な氣持《きもち》になりますが、自然《しぜん》自然《しぜん》にそれが育《はぐく》まれて行《い》くのです。

山田　私《わたし》は子供《こども》がありませんので、他人《たにん》の子供《こども》を育《そだ》てゝ居《を》りますが、全然《ぜんぜん》私《わたし》は母《はゝ》になり切《き》つて、自分《じぶん》の產《う》んだと同《おな》じやうな氣持《きもち》になつて居《を》ります。男《をとこ》の方《かた》はなか／＼さうはいかないものらしく、私《わたし》が子供《こども》に凝《こ》り過《す》ぎてしまふと、燒餅《やきもち》を妬《や》くといふと可笑《おか》しいですが、さういふ氣分《きぶん》が見《み》えます。男《をとこ》は父《ちゝ》になり切《き》れないですね。そこで私《わたし》は貴女《あなた》（村岡《むらをか》さん）見《み》たいに小《ちひ》さくて可愛《かはい》くはないけれど、私《わたし》が子供《こども》なんですよ。全部《ぜんぶ》私《わたし》を娘《むすめ》のやうな氣分《きぶん》で以《もつ》て、兎《と》に角《かく》、私《わたし》が少《すこ》しでも伸《の》びるためには、何物《なにもの》も吝《をし》まないといふ氣持《きもち》で見《み》てやつて下《くだ》さいと申《まを》します。私《わたし》も主人《しゆじん》のいふことはどんなことでも聞《き》くのです。

金尾　私《わたし》も十四歳《さい》まで育《そだ》て上《あ》げた娘《むすめ》に別《わか》れました悲《かな》しい經驗《けいけん》を持《も》つて居《を》りますが、其《そ》の悲《かな》しさ惱《なや》ましさは、到底《たうてい》お話《はなし》にはなりません。七年《ねん》も過《す》ぎました今日《こんにち》でも、思《おも》ひ出《だ》す毎《ごと》に憂鬱《いううつ》になります。死《し》なれた當座《たうざ》は、自分《じぶん》もいつそ死《し》んでしまひたい氣《き》がしましたが、思《おも》ひ直《なほ》して、是《これ》からは世《よ》の中《なか》の一番不幸《ばんふかう》な人達《ひとたち》のお友達《ともだち》になつて、共《とも》に泣《な》いたり慰《なぐさ》めたり致《いた》しませうと決心《けつしん》して、現在《げんざい》のやうな仕事《しごと》に一身《しん》を捧《さゝ》げさせて頂《いたゞ》いて居《を》ります。亡《な》き娘《むすめ》を偲《しの》ぶにつけて、一緒《しよ》に朝夕《あさゆふ》を送《おく》つてゐる人達《ひとたち》を娘《むすめ》だと思《おも》つて世話《せわ》して居《を》りますと、氣持《きもち》もまぎれて、娘《むすめ》と一緒《しよ》に暮《くら》して居《ゐ》るやうな、安《やす》らかな心持《こゝろもち》さへいたします。積善《せきぜん》の家《いへ》に餘慶《よけい》ありといふやうなことも考《かんが》へて、安《やす》らかに每日《まいにち》を過《すご》して居《を》ります。

記者　大變結構《たいへんけつこう》なお考《かんが》へだと存《ぞん》じます。

夫《をつと》に先立《さきだ》たれた妻《つま》の惱《なや》み

記者　夫《をつと》に先立《さきだ》たれ

た場合《ばあひ》に、子供《こども》のある場合《ばあひ》は尚《な》は更《さら》でありませうが、自分《じぶん》の身《み》の振《ふ》り方《かた》、獨立《どくりつ》の方法《はふ》などは、どうしたらよろしうございませうか。再婚《さいこん》といふことも大分《だいぶ》認《みと》められて居《ゐ》るらしうございますが——。

秋山　實《じつ》は私《わたし》の妹《いもうと》が子供《こども》を三人《にん》も殘《のこ》して夫《をつと》に先立《さきだ》たれたのです。その時《とき》に私《わたし》の取《と》つた處置《しよち》は、幾《いく》らかヒステリーを起《おこ》したのですが、私《わたし》は妹《いもうと》のいふが儘《まゝ》にして置《お》いて、さうして時《とき》が經《た》つて悲《かな》しみが薄《うす》らいだ時《とき》に、再婚《さいこん》を奬《すゝ》めました。三人《にん》の子供《こども》は私《わたし》が引取《ひきと》つて、やはり再婚《さいこん》の人《ひと》を選《えら》つて結婚《けつこん》させたのです。初婚《しよこん》の人《ひと》から話《はなし》があつても私《わたし》は取《と》り合《あ》はなかつた、それは結婚《けつこん》して長《なが》くなればこちらの敗目《ひけめ》になる、必《かなら》ず不和《ふわ》になると思《おも》つたのです。今日《こんにち》では大變《たいへん》うまく行《い》つて、以前《いぜん》居《ゐ》つた家《うち》へも夫《をつと》と共《とも》に見《み》に行《い》つたり墓《はか》へも一緒《しよ》に參《まゐ》るといふ風《ふう》になつてゐます。

高島　未亡人《みばうじん》になつた時《とき》の婦人《ふじん》の氣持《きもち》では再《さい》婚しません、子供《こども》を育《そだ》て、行きますといふのですが、經濟的《けいざいてき》にさういふ條件《でうけん》が具備《ぐび》して居《ゐ》れば、その人《ひと》の氣持《きもち》で獨身《どくしん》を通《とほ》すがよし、どうしても、經濟上《けいざいじやう》の都合《つがふ》もあり、自《じ》分《ぶん》でもやはり夫婦生活《ふうふせいくわつ》に多少《たせう》の希望《きばう》があるといふことであれば、遠慮《ゑんりよ》なく再婚《さいこん》をする、一に未亡人《みばうじん》になつた人《ひと》の氣持《きもち》を生《い》かすより外《ほか》に仕樣《しやう》がない、只《たゞ》強要《きやうえう》するのはいけない。

山田　私《わたし》の氣持《きもち》を聞《き》いて下《くだ》さいませんか。私《わたし》の主人《しゆじん》が四年前《ねんまへ》に腦溢血《のういつけつ》を起《おこ》しまして、今《いま》では大變治《たいへんなほ》りましたが、やはり不自由《ふじいう》ですからそれで若《も》し私《わたし》が先《さき》に死《し》んだらどんなにか困《こま》るだらうと思《おも》ひます。どうぞ私《わたし》が生殘《いきのこ》つて、先《さき》に死《し》なして上《あ》げたい。死《し》んだ時《とき》の死骸《しがい》を片附《かたづ》けたりいろ〳〵することがありませう、ゾツとする程《ほど》いやですね、そのいやな氣持《きもち》を向《む》ふに味《あぢは》はしたくないのです。

村岡　子供《こども》のない體《からだ》だと殊《こと》にさう感《かん》じますね。それで自分《じぶん》が獨《ひと》りになつたら、生《い》きて居《ゐ》るかどうか分《わか》らないと思《おも》つて居《を》ります。分《わか》らないけれども、勿論《もちろん》生《い》きますでせう、子供《こども》が死《し》んでも生《い》きて居《ゐ》るんですから……。再《さい》婚といふことは考《かんが》へませんが——。

大屋　精神的《せいしんてき》の慰《なぐさ》めになる仕事《しごと》を持《も》つといふことは、大《おほ》きな惱《なや》みを解決《かいけつ》することになります。

夫《をつと》との學《がく》問《もん》知識《しき》の餘《あま》りに隔《へだ》たりある惱《なや》み

記者　夫婦間《ふうふかん》に學問知識《がくもんちしき》のあまり隔《へだ》たりがあつて、それから起《おこ》る惱《なや》みについてのお話《はなし》を伺《うかゞ》ひたうございます。

森田　心掛《こゝろがけ》さへよければ大抵《たいてい》は間隔《かんかく》があつても、直《す》ぐ修養《しうやう》が積《つ》みます。それで僕《ぼく》は學校《がくかう》を卒業《そつげふ》したといふことに重《おも》きを置《お》かない。本人《ほんにん》の氣持《きもち》で、夫《をつと》が家内《かない》を感化《かんくわ》し、家内《かない》が夫《をつと》に追《お》ついて行《い》けるのです。

秋山　この學問知識《がくもんちしき》といふ意味《いみ》が、專門《せんもん》の學《がく》問知識《もんちしき》といふのならば隔《へだ》たりがあつても差《さし》支《つかへ》ない。夫《をつと》の方《はう》に專門《せんもん》の學問《がくもん》のあるといふ事《こと》は當然《たうぜん》なことで、又妻《またつま》の方《はう》に專門《せんもん》の知識《ちしき》があつても、これは最初《さいしよ》から覺悟《かくご》の上《うへ》で、一向差支《かうさしつかへ》ないことです。たゞ問題《もんだい》になるのは、寧ろ常識《じやうしき》といふことになるでせう。夫《をつと》に專門《せんもん》の學問《がくもん》があつて、若《も》し妻《つま》に小學校《せうがく》の知識《ちしき》もないといふのがあれば、よく讀書《どくしよ》をして、常識《じやうしき》を養《やしな》つて置《お》けばいゝので、それ以上《いじやう》の學問《がくもん》は要《い》らない、御社《おんしや》の雜誌《ざつし》でも讀《よ》んで居《ゐ》ればいゝのです。今度《こんど》はその反對《はんたい》に妻《つま》の方《はう》が學問《がくもん》があつて、夫《をつと》の方《はう》が學問《がくもん》がないといふ場合《ばあひ》は、多《おほ》ゝは專門的《せんもんてき》の學問《がくもん》であらうと思《おも》ふが、それならば、男子《だんし》の方《はう》は相《さう》當《たう》の常識《じやうしき》を備《そな》へて居《ゐ》るから、何《なん》にも差支《さしつかへ》はない筈《はず》です。この問題《もんだい》は結局《けつきよく》常識《じやうしき》の足《た》らぬ方《はう》が、それを涵養《かんやう》して置《お》けばいゝんです。それ以外《いぐわい》は、本來《ほんらい》の婦德《ふとく》を發揮《はつき》して、貞淑《ていしゆく》に夫《をつと》に仕《つか》へて行《ゆ》けば、學問知識《がくもんちしき》の懸隔《けんかく》は問《もん》題《だい》でないと思《おも》はれるのです。

長田　私共《わたくしども》以前《いぜん》の時代《じだい》の夫婦《ふうふ》は、夫《をつと》の友達《ともだち》が來《き》て話《はな》して居《を》りますのを、細君《さいくん》が興味《きようみ》を持《も》つて聞《き》いて居《ゐ》ると『お前《まへ》など分《わか》らないからあちらに行《い》つて居《を》れ。』といふ風《ふう》なのが非常《ひじやう》に多《おほ》かつた。妻《つま》をさういふ方《はう》に導《みちび》いて行《い》くといふことさへしなかつたのです。ところが今《いま》の時代《じだい》は隨分《ずゐぶん》よくやつて居《ゐ》る人《ひと》があるやうに思《おも》ひます。細君《さいくん》が夫《をつと》の本當《ほんたう》のアシスタントであり、秘書《ひしよ》であるといふのがよくあります。

飯島　出來《でき》るだけ妻《つま》を夫《をつと》の生活方面《せいくわつはうめん》に接近《せつきん》さして、お互《たがひ》に常識《じやうしき》を廣《ひろ》めて、同《おな》じ程度《ていど》に常《じやう》識《しき》を進《すゝ》めて行《ゆ》くやうに導《みちび》くことが大事《だいじ》ですね。

記者　長時間《ちやうじかん》有難《ありがた》うございました。これで閉《へい》會《くわい》に願《ねが》ひます。（完）

斯《か》ういふ男子《だんし》は見込《みこみ》がない

不《ふ》平《へい》不《ふ》滿《まん》を持《も》つ人《ひと》

内相夫人　安達雪子

時代《じだい》が變《かは》つても、社會《しやくわい》が複雜《ふくざつ》になつても、賴《たの》もしい男《をとこ》か、賴《たの》もしくない男《をとこ》かを見《み》る標準《へうじゆん》には變《かは》りが無《な》いと思《おも》ひます。

私《わたし》の貧《まづ》しい經驗《けいけん》によりますと、何事《なにごと》によらず、與《あた》へられた使命《しめい》、即《すなは》ち仕事《しごと》なり、或《あるひ》は境《きやう》遇等《ぐうなど》に對《たい》して、不《ふ》平《へい》不《ふ》滿《まん》を稱《とな》へるやうな男《をとこ》は將來《しやうらい》に於《おい》て成功《せいこう》する見込《みこみ》が無《な》いやうで御座《ござ》います。これに反《はん》して、つまらない仕事《しごと》に齷齪《あくそく》しなければならぬ立場《たちば》に置《お》かれても、熱心《ねつしん》に努《ど》力《りよく》を惜《をし》まぬ男《をとこ》、或《あるひ》は不遇《ふぐう》な境地《きやうち》に置《お》かれても愚痴《ぐち》一《ひと》つこぼさず、絶《た》えず前途《ぜんと》に希望《きばう》を抱《いだ》いて、一心《しん》不亂《ぷらん》に奮鬪《ふんとう》するやうな人物《じんぶつ》は、必《かなら》ず他日《たじつ》社會的《しやくわいてき》に酬《むく》いられて居《ゐ》る樣《やう》であります。始終《しじう》不《ふ》平《へい》不《ふ》滿《まん》が胸中《きようちう》に蟠《わだかま》つてゐるやうな人《ひと》は、自分《じぶん》の將來《しやうらい》を暗《くら》くする大《おほ》きな癌《がん》の持主《もちぬし》と言《い》つても宜《よろ》しいでせう。

學生時代《がくせいじだい》に首席《しゆせき》であつたといふやうな人《ひと》が、社會《しやくわい》に出《で》て案外《あんぐわい》出世《しゆつせ》しないといふやうな例《れい》は幾《いく》らもありますが、斯《か》ういふ人《ひと》の缺點《けつてん》は自分《じぶん》の才能《さいのう》の豐《ゆた》かなのを恃《たの》んで、社會《しやくわい》に出《で》て與《あた》へられた仕事《しごと》をつまらなく思《おも》ひ、つい勤勉《きんべん》を缺《か》くからでありませう。

これに反《はん》し、非常《ひじやう》に遲鈍《ちどん》な頭腦《づなう》の人《ひと》でも、一にも努力《どりよく》、二にも努力《どりよく》、三にも努力《どりよく》といふやうな眞劍《しんけん》な青年《せいねん》は、たとひ社會的《しやくわいてき》に華々《はな〴〵》しい名聲《めいせい》を馳《は》せ得《え》ぬまでも、何等《なんら》かの意味《いみ》で、確實《かくじつ》な收穫《しうくわく》を得《え》るものであります。

家庭生活《かていせいくわつ》に於《お》ける男子《だんし》の態度《たいど》を見《み》ても、成功不成功《せいこうふせいこう》の見込《みこみ》をつけることが出來《でき》ると思《おも》ひます。つまらぬ事《こと》に口數《くちかず》が多《おほ》かつたり、細々《こま〴〵》したことに口《くち》を出《だ》したりする男《をとこ》は、有望《いうばう》な將來《しやうらい》は持《も》つてゐないやうであります。家庭《かてい》の些事《さじ》にまで彼是《かれこれ》言《い》ふ暇《ひま》があるのは、それだけ社會的《しやくわいてき》に奮鬪《ふんとう》する機會《きくわい》を失《うしな》ふことになるからではありますまいか。私《わたし》は幼《をさな》い時《とき》『男《をとこ》は三年《ねん》に三口《くち》』といふ諺《ことわざ》を聞《き》きました。男子《だんし》は多辯《たべん》を愼《つゝし》む、其《そ》の代《かは》り一旦《たん》言《い》つたことは飽《あ》く迄《まで》貫《つらぬ》くといふ意味《いみ》であらうと存《ぞん》じます。馱辯《だべん》の多《おほ》い重厚味《ぢうこうみ》の無《な》い男《をとこ》は頼《たの》もしくありません。

また敬虔《けいけん》の念《ねん》を持《も》たない男《をとこ》も頼《たの》もしくありません。それは必《かなら》ずしも宗教《しうけう》にのみ限《かぎ》りません。すべてに對《たい》して、この觀念《くわんねん》を缺《か》く人《ひと》は、何《なに》かにつけて面白《おもしろ》からぬ現《あら》はれの出《で》る人《ひと》てあるやうに思《おも》ひます。

男子《だんし》の面目《めんぼく》を顧《かへり》みぬ青年《せいねん》

法學博士　米田實

すべて物事《ものごと》を成《な》し遂《と》げようとするには、あらゆる激烈《げきれつ》な試錬《しれん》に堪《た》へ得《う》るだけの、確固《かくこ》とした志操《しさう》と、圓滿《ゑんまん》な性格《せいかく》と、强健《きやうけん》な身體《しんたい》とを必要《ひつえう》とします。從《したが》つてこれ等《ら》の中《うち》の何《いづ》れかの一《ひと》つが缺《か》けてゐても、それは成功《せいこう》の危《あや》ぶまれる、頼《たの》みにならない男《をとこ》どいふことになります。

成功《せいこう》、不成功《ふせいこう》は一《ひと》つは運《うん》だと考《かんが》へるやうな男《をとこ》では駄目《だめ》です。運《うん》といふものは、決《けつ》して棚《たな》から落《お》ちて來《く》る牡丹餅《ぼたもち》のやうなものではありません。人《ひと》おの〳〵が汗《あせ》の努力《どりよく》によつて切開《きりひら》くものでありますから、眞劍《しんけん》てない人《ひと》、つまり熱《ねつ》と力《ちから》と向上心《かうじやうしん》を持《も》たぬ男《をとこ》は、絶對《ぜつたい》に見込《みこ》の無《な》い男《をとこ》と言《い》つて宜《よろ》しいでせう。

私《わたし》が日常接《にちじやうせつ》して居《ゐ》る學生《がくせい》の中《なか》にでも、明晰《めいせき》な頭腦《づなう》を持《も》ちながら、懶《なま》けて勉强《べんきやう》しない男《をとこ》があります。また出來《でき》なくて懶《なま》ける者《もの》もあります。是《これ》は何《いづ》れも見込《みこみ》の無《な》い男《をとこ》であります。ところが頭腦《づなう》がさほどよくなくとも、懸命《けんめい》に勉《べん》强《きやう》して寸時《すんじ》も止《や》まない學生《がくせい》があります。斯《か》ういふ青年《せいねん》こそ末頼《すゑたの》もしく眺《なが》められます。

また中《なか》には非常《ひじやう》に利己的《りこてき》で、自己《じこ》を利《り》せんがためには、男子《だんし》の面目《めんぼく》をも顧《かへり》みずに、媚《こ》び諂《へつ》らふとか、或《あるひ》は關係《くわんけい》が薄《うす》らぐと弊履《へいり》を捨《す》てるやうな態度《たいど》に出《で》て敢《あへ》て恥《は》ぢないといふやうな輕薄《けいはく》な男《をとこ》で、將來《しやうらい》に見込《みこ》のあるのは絶無《ぜつむ》と言《い》つて可《い》いくらゐ確實《かくじつ》であります。

また依頼心《いらいしん》の强《つよ》い男《をとこ》も感心出來《かんしんでき》ません。これは自分《じぶん》に獨力《どくりよく》で運命《うんめい》を開拓《かいたく》して行《ゆ》くだけの勇氣《ゆうき》が無《な》い證據《しようこ》です。斯《か》うした依頼心《いらいしん》の强《つよ》い男《をとこ》に限《かぎ》つて恒心《こうしん》といふものが無《な》く、集散離合《じふさんりがふ》の夥《おびただ》しい、頼《たよ》りにならぬ浮草《うきぐさ》のやうな性質《せいしつ》の持主《もちぬし》であります。

薄《うす》つぺらで内容《ないよう》のない男《をとこ》

文部省社會教育局長　關屋龍吉

世《よ》の中《なか》がだん〳〵せち辛《から》くなり、殊《こと》に經濟《けいざい》界《かい》が逼迫《ひつぱく》などして來《き》ますと、必然的《ひつぜんてき》に現《あら》はれて來《く》るのは、人間《にんげん》が性根《しやうね》が其場遁《そのばのが》れになることであります。すべてが打算的《ださんてき》利己的《りこてき》になり、或《あるひ》は他人《たにん》の力《ちから》にばかり頼《たよ》つて、自力《じりき》で奮闘《ふんとう》するといふ精神《せいしん》を失《うしな》ふことであります。

併《しか》し斯《か》うした社會《しやくわい》の悪風潮《あくふうてう》に同化《どうくわ》して、徒《いたづ》らに姑息《こそく》の手段《しゆだん》を弄《ろう》するやうな男《をとこ》や、人間《にんげん》が薄《うす》つぺらで、たゞ外見《ぐわいけん》にのみ拘泥《かうでい》してゐるやうな男《をとこ》は、斷《だん》じて見込《みこ》がありません。斯《か》うした缺點《けつてん》を持《も》つ男《をとこ》は、特《とく》に都會育《とくわいそだ》ちの青年《せいねん》に多《おほ》いやうであります。

また人《ひと》によつては、無闇《むやみ》に威張《ゐば》つたり、偉《えら》い者《もの》に見《み》られようとする性質《せいしつ》の男《をとこ》がありますが内容《ないよう》の空虚《くうきよ》な、精神生活《せいしんせいくわつ》の豊《ゆた》かでない者《もの》に限《かぎ》つて、この弊《へい》を持《も》つて居《ゐ》るやうであります。斯《か》ういふ人物《じんぶつ》は、個人《こじん》としても、社會人《しやくわいじん》としても親《した》しみにくいもので、良《よ》い將來《しやうらい》を期待《きたい》することは出來《でき》ないと思《おも》ひます。

いかに明晰《めいせき》な頭腦《づなう》を持《も》つてゐても、努力《どりよく》の精神《せいしん》に缺《か》けた男《をとこ》や、謙遜《けんそん》といふことを辨《わきま》へぬ男《をとこ》は末《すゑ》の見込《みこ》がありません。何《な》んとなれば、努力《どりよく》を厭《いと》ふやうでは、あたら良《よ》い頭腦《づなう》も持《も》ち腐《くさ》れになりますし、傲慢《がうまん》な心《こころ》を持《も》つてゐては、社會人《しやくわいじん》として容《い》れられないからであります。

親《した》しみにくく、柔和《にうわ》さの無《な》い男《をとこ》にも、將來《しやうらい》の望《のぞ》みをかけられません。

額《ひたひ》に汗《あせ》するを好《この》まぬ者《もの》

前代議士　伊藤痴遊

此頃《このごろ》の青年《せいねん》は、非常《ひじやう》に利口《りこう》に立廻《たちまは》り、打算《ださん》的《てき》になつて來《き》たやうであります。謂《い》はゞ額《ひたひ》に汗《あせ》せずして事《こと》を成《な》さう、辛苦《しんく》を嘗《な》めずして金《かね》を儲《まう》けようといふやうな氣風《きふう》が増長《ぞうちやう》して來《き》たやうです。併《しか》し是《これ》は根本的《こんぽんてき》に間違《まちが》つた考《かんが》へで、この量見《りやうけん》を改《あらた》めない限《かぎ》り、頼《たの》もしい青年《せいねん》には斷《だん》じてなれません。

打算的《ださんてき》であつたり、利己的《りこてき》であつたりする男《をとこ》に限《かぎ》つて、自分《じぶん》を本位《ほんゐ》とした世界《せかい》だけしか考《かんが》へないがために、いきほひ社會全體《しやくわいぜんたい》の構成《こうせい》とか、組織《そしき》とかいつたものを洞察《どうさつ》する明《めい》に缺《か》けてゐますから、目前《もくぜん》の小利《せうり》になどばかり汲《きふ》汲《きふ》として、健實《けんじつ》に大《だい》を成《な》すといふ素質《そしつ》に缺《か》けて居《ゐ》りますから見込《みこ》がありません。

どんなつまらない仕事《しごと》にも、全力《ぜんりよく》でぶつかつて行《ゆ》く眞劍《しんけん》さの無《な》い男《をとこ》は、いつまで立《た》つても、結局《けつきよく》生《い》き甲斐《がひ》のある仕事《しごと》を見《み》つけ出《だ》すことの出來《でき》ない男《をとこ》であつて、謂《い》はゞ完全《くわんぜん》に『敗《はい》慘者《さんしや》』の商標《しやうへう》を社會《しやくわい》から貼《は》られたやうなものであります。

また男《をとこ》らしくもなく愚痴《ぐち》をこぼす者《もの》があります。『こればかりの月給《げつきふ》ぢや生活《せいくわつ》が出來《でき》ない』とか、『莫迦《ばか》々々しくて働《はたら》いて居《ゐ》られない』とかいふ風《ふう》に女女《めめ》しいことを言《い》ふ。さて仕事《しごと》の方は充分《じうぶん》にして居《ゐ》るかといふと、さういふ男《をとこ》に限《かぎ》つて仕事《しごと》の方《はう》は留守《るす》にしてゐる。

月給《げつきふ》ばかり上《あ》げて貰《もら》はうと思《おも》つても、さうは問屋《とんや》で卸《おろ》すものではない。先《ま》づ働《はたら》くことを第《だい》一とせずして、不遇《ふぐう》を喞《かこ》つやうな男《をとこ》は見込《みこみ》がありません。

また我慢《がまん》の無《な》い男《をとこ》も駄目《だめ》です。成功《せいこう》してゐるやうな人物《じんぶつ》は、古今《ここん》を通《つう》じて、皆尋常《みなじんじやう》一様《やう》の我慢《がまん》の仕方《しかた》ではなかつたのです。運《うん》や機會《きくわい》は悉《ことごと》く隱忍自重《いんにんじちやう》、つまり我慢《がまん》するところに降《くだ》つて來《く》るものであることを、歴史《れきし》が物語《ものがた》つて居《ゐ》るではありませんか。

意志《いし》の弱《よわ》い輕薄《けいはく》な男《をとこ》

警視總監 高橋守雄

獅子《しし》は兎《うさぎ》を捕《とら》へるにも全力《ぜんりよく》を注《そゝ》ぐと謂《い》はれて居《を》りますが、この心懸《こゝろが》けは人間《にんげん》に於《おい》ても同《おな》じことで、何事《なにごと》に當《あた》るにも、誠心誠意《せいしんせいい》、全力《ぜんりよく》を傾《かたむ》け盡《つく》す意氣込《いきご》みでなければなりません。

ところが自分《じぶん》に與《あた》へられた仕事《しごと》、使命《しめい》に對《たい》して、全力《ぜんりよく》を注《そゝ》ぐどころか、あべこべに不平《ふへい》不滿《ふまん》を抱《いだ》き、熱心《ねつしん》になり得《え》ないやうな男《をとこ》は、生存競爭《せいぞんきやうさう》のこの社會《しやくわい》に立《た》つて行《ゆ》けない。つまり見込《みこみ》の無《な》い男《をとこ》と見做《みな》して差支《さしつか》へないと思《おも》ひます。

また人間《にんげん》の運命《うんめい》といふものは、非常《ひじやう》に微妙《びめう》なもので、有爲轉變《うゐてんぺん》、實《じつ》に豫測《よそく》しがたいものでありますが、逆境《ぎやくきやう》、不遇《ふぐう》、失意《しつい》に臨《のぞ》んで、一《ひ》ト溜《たま》りもなく打《う》ちのめされて、青息吐息《あをいきといき》をつくやうな、性格《せいかく》に粘《ねば》りを持《も》たず、奮鬪心《ふんとうしん》を缺《か》き、禍《わざはひ》を切拔《きりぬ》ける意氣《いき》を持《も》たぬ男《をとこ》も見込《みこみ》がないと言《い》つて宜《よろ》しいでせう。

それから人徳《にんとく》に缺《か》けてゐる男《をとこ》、これも見込《みこみ》がありません。成功《せいこう》は望《のぞ》まれません。上《うへ》に諂《へつ》らひ、下《した》を蔑《さげす》むやうな男《をとこ》、或《あるひ》は順潮《じゆんてう》だと見《み》るとのさばり出《だ》し、形勢非《けいせいひ》なりと見《み》れば龜《かめ》の子《こ》のやうに首《くび》をすぼめるやうな男《をとこ》は、えて輕薄《けいはく》な人間《にんげん》の取《と》る態度《たいど》であつて、こんな人間《にんげん》は一時《じ》の勢力《せいりよく》を占《し》めるかも知《し》れませんが、それは砂濱《すなはま》に印《しる》した鳥《とり》の足跡《あしあと》のやうな果敢《はか》ないもので、すぐに叩《たゝ》きのめされてしまひます。

社會《しやくわい》は雜然《ざつぜん》としてゐるやうでありますが、

實《じつ》はなか〳〵聰明《そうめい》な一種《しゆ》の社會性《しやくわいせい》といふものがありまして、善《ぜん》には必《かなら》ず味方《みかた》することになるものであります。この眞理《しんり》を解《かい》する事《こと》の出《で》來《き》ない、男《をとこ》は氣《き》の毒《どく》ながら見込《みこみ》がありません

實《じつ》行《かう》のにぶい人《ひと》

宮田修氏夫人 宮田たか子

社會的《しやくわいてき》に成功《せいかう》の出來《でき》なかつた人《ひと》の缺點《けつてん》を調《しら》べてみますと、各個人個人《かくこじんこじん》に依《よ》つて色々複雜《いろ〳〵ふくざつ》した原因《げんいん》がありますが、其人達《そのひとたち》の持《も》つてゐる通有《つういう》の缺點《けつてん》とも稱《しよう》すべきものは、『實行《じつかう》の鈍《にぶ》い』といふ點《てん》であるやうでございます。

全《まつた》く、どれ程《ほど》高遠《かうゑん》な理想《りさう》を抱《いだ》いて居《ゐ》ても、實現《じつげん》させるための努力《どりよく》を缺《か》いたならば、其《そ》の人《ひと》の持《も》つ理想《りさう》は、結局空想《けつきよくくうさう》に了《をは》つてしまふことになります。

辯舌《べんぜつ》が巧《たく》みで、口先《くちさき》だけで懸河《けんが》のやうな熱《ねつ》辯《べん》を弄《らう》しても、實行力《じつかうりよく》がなかつたならば、僞《ぎ》善者《ぜんしや》としての罵《のゝしり》を受《う》けてしまひませうし、理《り》非曲直《ひきよくちよく》の判斷《はんだん》だけは立派《りつぱ》に持《も》つて居《ゐ》ても、それを實行《じつかう》するだけの勇氣《ゆうき》がなければ、判斷《はんだん》の眞價《しんか》は失《うしな》はれて居《を》ります。

即《すなは》ち、この實行力《じつかうりよく》を缺《か》くと言《い》ふ言葉《ことば》の中《なか》には、薄志弱行《はくしじやくかう》とか、怠惰《たいだ》とか、輕薄等《けいはくなど》といつた色々《いろ〳〵》の意味《いみ》が含《ふく》まれて居《を》りますが、何事《なにごと》に依《よ》らず、この傾向《けいかう》を持《も》つた方《かた》は、末《すゑ》の見込《みこみ》がないやうに思《おも》ひます。

又《また》物《もの》の價値《かち》を無視《むし》する方《かた》、物《もの》を粗末《そまつ》になさる方《かた》、言葉《ことば》を換《か》へて言《い》へば、奢侈《しやし》、贅澤《ぜいたく》に流《なが》れる人《ひと》は、不可《いけ》ないと思《おも》ひます。何事《なにごと》も勤《きん》儉《けん》、節約《せつやく》、質素《しつそ》にしてこそ、生活《せいくわつ》に締《しま》りが出《で》來《き》、性格《せいかく》にも眞面目《まじめ》さが産《うま》れ、思想《しさう》も健實《けんじつ》になつて參《まゐ》るのですが、金錢《きんせん》を勿體《もつたい》ないと思《おも》はなかつたり、無駄《むだ》に使《つか》ふやうな方《かた》には、餘《あま》り立《りつ》派《ぱ》な方《かた》は見《み》つからないやうです。最近《さいきん》私《わたくし》が旅《りよ》行《かう》を致《いた》しました折《をり》に、ある處《ところ》で、『母《は》の賜《たまもの》と』いふ母親《はゝおや》の養育《やういく》に對《たい》して感謝《かんしや》を捧《さゝ》げたパンフレットを拜見《はいけん》して、非常《ひじやう》に感激《かんげき》させられました。

パンフレットの著者《ちよしや》は、若《わか》くして大《おほ》きな病院《びやういん》を經營《けいえい》してゐる醫者《いしや》なのですが、此《こ》の方《かた》に一人《ひとり》の後援者《こうえんしや》があるのです。此《こ》の後援者《こうえんしや》があればこそ、今日《こんにち》になられたのださうですが、後援者《こうえんしや》に見込《みこ》まれた動機《どうき》は、その方《かた》が未《ま》だ苦學時代《くがくじだい》に、子供《こども》の頃《ころ》の母《はゝ》の教《をし》へが身《み》に沁《し》みて、一粒《つぶ》の米《こめ》にさへも勿體《もつたい》なさを知《し》つてゐた所《ところ》にあつたさうです。

物事《ものごと》を粗末《そまつ》にするやうな方々《かた〴〵》は、必《かなら》ず感謝《かんしや》の念《ねん》を持《も》つことの出來《でき》ぬ人《ひと》ですから、矢張《やは》り人間《にんげん》としての纏《まとま》りを缺《か》いて居《ゐ》るのだと思《おも》ひます。

269 「婦人病全治者の経験発表の座談会」 石崎仲三郎、伊藤てい子、原田こと子、冨岡百合子ほか 『主婦之友』昭和7年2月1日

婦《ふ》人《じん》病《びやう》經《けい》驗《けん》發《はつ》表《ぺう》

出席

醫學博士 石《いし》崎《ざき》仲《なか》三《さぶ》郎《らう》

伊《い》藤《とう》てい子《こ》

原《はら》田《だ》こと子《こ》

△婦人病患者《ふじんびやうくわんじや》の心理《しんり》

記者『では、これから始《はじ》めることにいたします。今日《こんにち》の會《くわい》は、問題《もんだい》が問題《もんだい》でございますから、假名《かめい》で發表《はつぺう》いたすことになつてをります。どうぞ、そのおつもりで、御《ご》腹藏《ふくざう》なくお話《はな》しくださいませ。』

石崎『一體《たい》に、婦人病《ふじんびやう》といふと、よほど病氣《びやうき》が重《おも》くならなければ、診察《しんさつ》を受《う》けないので困《こま》りますね。早《はや》いうちなら、一二週間《しうかん》で治《なほ》るものも、後《おく》れたゝめに、二ケ月《げつ》も三ケ月《げつ》も、かゝつてしまふ。』

伊藤『婦人科《ふじんくわ》に、内診《ないしん》といふ厭《いや》な條件《でうけん》がなければ、億劫《おくくふ》がらずに診《み》て頂《いたゞ》くのですけども。』

石崎『どこを診察《しんさつ》しても、同《おな》じぢやありませんか。醫者《いしや》の方《はう》では、さう思《おも》つて扱《あつか》つてゐるんですがね。』

伊藤『それは、專門家《せんもんか》のお考《かんが》へでございます。なか〳〵さう、さつぱりとはまゐりませんわね、皆《みな》さん如何《いかゞ》でせう。』

原田『とにかく初《はじ》めて婦人科《ふじんくわ》へ行《ゆ》くときは、誰方《どなた》にしても、躊躇《ちうちよ》するのが普通《ふつう》だと存《ぞん》じます。ですから、婦人科《ふじんくわ》のお醫者《いしや》樣は、よほど患者の心持を察してくださつて、例へば、既往症などをお訊きになるにしても、なるたけお答《こた》へのし易《やす》いやうにしてくださると、ほんとに助《たす》かると存《ぞん》じます。』

石崎『すると、婦人科醫《ふじんくわい》は、やはり女醫《ぢよい》の方《はう》がいゝといふことになりますね。』

冨岡『さうとも限《かぎ》りませんね。よく、若《わか》い女醫《ぢよい》さんだの、看護婦《かんごふ》さんだのに、いやに冷《つめ》たい表情《へうじやう》で、じろ〳〵見《み》てゐられるのは、厭《いや》なものですね。つまり、同性《どうせい》の人《ひと》に自分《じぶん》の弱味《よわみ》を見《み》られるといふやうな心持《こゝろもち》が、無意識《むいしき》のうちに働《はたら》いてゐるのかも判《わか》りませんわ。何《なん》でもないことですけども。』

石崎『婦人科醫《ふじんくわい》は、病氣《びやうき》を診斷《しんだん》すると同時《どうじ》に、患者《くわんじや》の精神鑑定《せいしんかんてい》をしなくてはならないわけですね。いや全《まつた》く、さう思《おも》ふことがありますよ。患《くわん》者《じや》によつては、病氣《びやうき》を重《おも》く診斷《しんだん》しないと面白《おもしろ》く

全《ぜん》治《ぢ》者《しや》の座《ざ》談《だん》會《くわい》

答 (イロハ順)
富岡百合子
和《わ》田《だ》弘《ひろ》子《こ》
笹《さ》間《ま》とり子《こ》

な婦人がありますが、婦人科に大したことはありません。[illegible]必要《ひつえう》はないでせう。」など言《い》はうものなら、拗ぶと思《おも》ひの外《ほか》、甚《はなは》だ不《ふ》滿《まん》の人《ひと》があるんです。尤《もつと》もかういふのは、病氣《びやうき》の原因《げんいん》が御主人《ごしゆじん》にあるといふやうなときで、病氣《びやうき》を重大《ぢゆうだい》に取扱《とりあつか》はれるといふことによつて、一《ひと》つの慰《なぐさ》めとなるらしいんですね。

さうかと思《おも》ふと、また、うつかり、「どうも病《びやう》氣《き》の原因《げんいん》が御主人《ごしゆじん》にあると思《おも》ひます。」とでも言《い》へば、「いゝえ宅《たく》の主人《しゆじん》に限《かぎ》つて、決《けつ》してそんな病氣《びやうき》はございません。品行方正《ひんかうはうせい》で、外《そと》で悪《わる》いことをするやうなことは絶對《ぜつたい》にありません。」と、大變《たいへん》な信頼振《しんらいぶ》りを示《しめ》されて、恐縮《きようしゆく》することもあります。

現在《げんざい》それに違《ちが》ひないと思《おも》つても、醫者《いしや》の一言《ごん》から家庭爭議《かていさうぎ》でも起《おこ》されては大變《たいへん》ですから、まづ徐々《じよじよ》に說明《せつめい》することもありますが、とにかく病人《びやうにん》の心理《しんり》といふものは健康人《けんかうじん》とは大分《だいぶ》違《ちが》ふが、婦人《ふじん》の場合《ばあひ》は一そうそれが複雑《ふくざつ》だといふことを、つくぐ思《おも》ひますね。」

▲月經痛《げつけいつう》が治《なほ》つた經驗《けいけん》

記者「皆《みな》さんが、御病氣中《ごびやうきちう》の様子《やうす》から、それが治《なほ》つたまでの御經驗《ごけいけん》を、順順にお話《はな》しくださいませんか。』

伊藤「私《わたくし》のは月經困難《げつけいこんなん》でした。ひどいのは月《げつ》經《けい》の始《はじ》まる最初《さいしよ》の日《ひ》ですが、お腹《なか》が引吊《ひつつ》るやうに痛《いた》み、腰《こし》から脚《あし》にかけて、いふにいはれない痛《いた》みを覺《おぼ》えるのです。それに、頭《あたま》は重《おも》いし、肩《かた》は凝《こ》るで、第一日《だいいちにち》は、大抵《たいてい》起《お》きてゐられないのが普通《ふつう》でした。』

記者「御結婚前《ごけつこんぜん》からでしたか。』

伊藤「いゝえ、結婚前《けつこんぜん》は月經《げつけい》のときでも、ふだんでも、大《たい》して變《かは》りはないくらゐでしたの。長男《ちやうなん》が生《うま》れた後《のち》からだと思《おも》ひますね、こんなになつたのは。』

石崎「産後《さんご》に子宮後屈《しきゆうこうくつ》を起《おこ》したのでせう。よくあることです。とにかく普通《ふつう》でも月經時《げつけいじ》は、多《た》少體《せうからだ》がだるいとか、頭《あたま》が重《おも》いとか、眠《ねむ》いとかいふ程度《ていど》の異狀《いじやう》はありますが、起《お》きてゐられないが

271 「婦人病全治者の経験発表の座談会」 石崎仲三郎、伊藤てい子、原田こと子、冨岡百合子ほか 『主婦之友』昭和7年2月1日

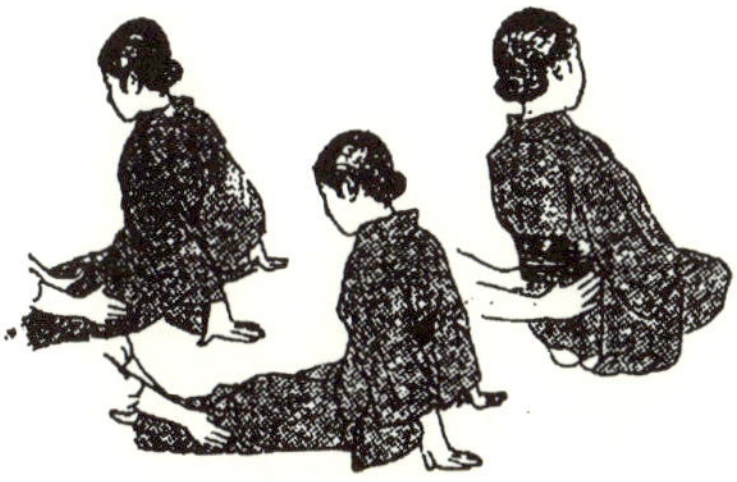

(婦人病の指壓法)

(1)肩胛骨に沿うて順に下へ。(2)脊骨の兩側を上より腰椎まで。(3)腰骨の上で横になると左右に一寸凹みのある點。以上を拇指頭で苦痛のない程度に強く壓し、次に腰骨の兩側から兩股に外で膝で下し、兩脚を自然に伸して大腿部の外側の筋肉を膝頭へ、つゞいて下脚の脛の外側を足首までいづれも拇指頭に力を入れて、十回くらゐづゝ繰返して壓します。

とか、ふだんしてゐる仕事《しごと》ができないとかいふのは、病的《びやうてき》と見《み》なければなりませんね。』

伊藤『婦人科《ふじんくわ》の先生《せんせい》に診《み》て頂《いたゞ》きましたら、やはり後屈《こうくつ》だとおつしやられましたが、忙《いそが》しいのにかまけて、ついそのまゝにしてをりました。ところが、或《あ》る方《かた》から、指壓療法《しあつれうはふ》で大變《たいへん》よく治《なほ》るといふことを伺《うかゞ》ひまして、早速《さつそく》して頂《いたゞ》きました。背《せ》から腰椎《えうつゐ》にかけて、脊骨《せぼね》の兩側《りやうがは》を壓《お》し、腰帶《こしおび》の直下《すぐした》のところを、ぐつと壓《お》しますと、非常《ひじやう》に快《こゝろよ》い痛《いた》みを覺《おぼ》えて、腰《こし》の痛《いた》みが大《たい》變《へん》らくになります。それから兩脚《りやうあし》まで壓《お》し下《おろ》すのですが、これを毎日《まいにち》繰返《くりかへ》してゐますうちに、腰《こし》や脚《あし》の引吊《ひきつ》れが緩《ゆる》むやうな氣《き》がしまして、これを始《はじ》めてからは、月經時《げつけいじ》の苦痛《くつう》を、さつぱりと忘《わす》れました。私《わたくし》の場合《ばあひ》は、指壓法《しあつはふ》が大變《たいへん》よく效《き》いたのだと思《おも》ひます。』

▲後屈《こうくつ》を治《なほ》した例《れい》いろ／＼

原田『私《わたくし》も後屈《こうくつ》で隨分難儀《ずゐぶんなんぎ》いたしました。やはり月經痛《げつけいつう》がございましたし、それに、とてもひどい肩凝《かたこ》りで、頸筋《くびすぢ》からかけて頭《あたま》が重《おも》く、ひどいときは、胸《むね》が惡《わる》くて、御飯《ごはん》も頂《いたゞ》けないのです。お醫者《いしや》へも少《すこ》し通《かよ》つてみましたが、捗々《はか／＼》しいこともないので止《よ》してしまひ、お藥《くすり》も、あれこれと隨分《ずゐぶん》服《の》みましたが、駄目《だめ》でした。

ところが、いつか「主婦之友《しゆふのとも》」に出《で》てゐた、あの腰枕《こしまくら》ですね。あれをやつてみたら、大變氣持《たいへんきもち》がいゝのです。それから、ずつとつゞけて使《つか》つてみましたら、もう一年《ねん》くらゐになりますが、この頃《ごろ》は、すつかり丈夫《ぢやうぶ》になりました。』

笹間『私《わたくし》は結婚後《けつこんご》五年《ねん》になりますが、不幸《ふかう》にしてまだ子供《こども》が惠《めぐ》まれません。時々《とき／″＼》お腹《なか》が引吊《ひきつ》るやうに痛《いた》み、殊《こと》に月經《げつけい》のときは、それが特《とく》にひどく、尙《な》ほふだん帶下《こしけ》も少々《せう／＼》ありますので、思《おも》ひ切《き》つて婦人科醫《ふじんくわい》に診《み》て頂《いたゞ》きましたら、後屈《こうくつ》で、しかも癒着《ゆちやく》してゐると申《まを》されました。

(就寢時腰へ小枕を入れる)

手術《しゆじゆつ》するには、お金《かね》もなし、時間《じかん》もなし、一時《じ》は隨分《ずゐぶん》がつかりしましたが、或《あ》る動機《どうき》から、運動《うんどう》を始《はじ》めたの

せず。運動《うんどう》と申《まを》しますと大袈裟《おほげさ》ですが、夜就床前《まへ》に、蒲團《ふとん》の上《うへ》で、足《あし》を投《な》げ出《だ》して坐《すわ》り、くるりと仰向《あふむけ》に轉《ころ》ぶと同時《どうじ》に、足《あし》を頭《あたま》の上方《じやうはう》に着《つ》けるのです。初《はじ》めは、なかなか着《つ》きませんでしたが、一週間《しうかん》、十日《か》と經《た》つに從《したが》つて着《つ》くやうになり、今《いま》では、それをやらないと、心持《こゝろもち》が悪《わる》くて眠《ねむ》れないくらゐです。

この運動《うんどう》を始《はじ》めてから、もう半年以上《はんとしいじやう》になりますが、大變體《たいへんからだ》の工合《ぐあひ》がよく、以前《いぜん》のやうに、下腹《したはら》を抱《かゝ》へるやうにして歩《ある》くことなどはなくなりました。癒着《ゆちやく》は、手術《しゆじゆつ》しなくては治《なほ》す方法《はうはふ》はないと申《まを》しますが、私《わたくし》は苦痛《くつう》がなければ、まづ我慢する外ないと思つて只今《たゞいま》では非常《ひじやう》に愉快《ゆくわい》に働《はたら》いてをります。この上《うへ》、もし子供《こども》でも授《さづ》かれば、ほんとにこの上《うへ》ない喜《よろこ》びでございます。』

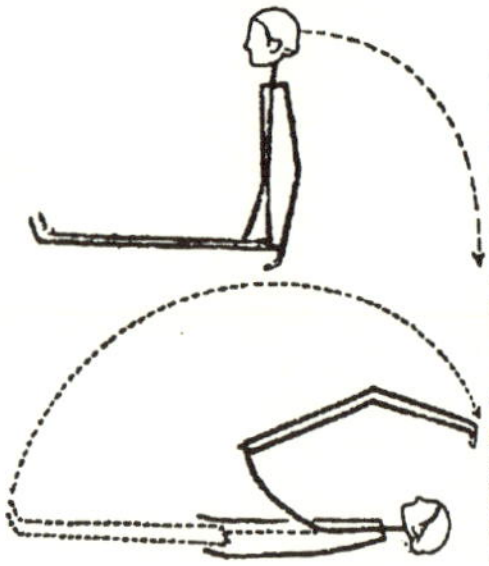
（子宮の位置を正しくする運動）

▲帶下《こしけ》を治《なほ》した經驗《けいけん》

冨岡『一番不愉快《ばんふゆくわい》なのは帶下《こしけ》でございますね。私《わたくし》は十年以上《ねんいじやう》も、これで惱《なや》みました。大《たい》した苦痛《くつう》もなく、慢性《まんせい》になつてしまつたので、お醫者《いしや》へ通《かよ》つても、これは御主人《ごしゆじん》と兩方《りやうはう》一緒《しよ》に治《なほ》さなければ駄目《だめ》だと申《まを》され、いつもいゝ加減《かげん》なところで中止《ちゆうし》してしまふので、一進《しん》一退《たい》といふ有樣《ありさま》でした。或《あ》る方《かた》から、慢性《まんせい》の病氣《びやうき》なら漢方醫《かんぱうい》に限《かぎ》る、第一《だい》副作用《ふくさよう》がないから安心《あんしん》だと、しきりに勸《すゝ》められ、青山《あをやま》の久木田《くきだ》先生《せんせい》のお藥《くすり》を服《の》み始《はじ》めました。

初《はじ》めはあの臭《にほ》ひが厭《いや》でしたが、だんだん慣《な》れるに從《したが》つて、却《かへつ》て何《なん》ともいへぬ親《した》しみのある臭《にほ》

（婦人病に有効な漢方藥）艾葉一分、牡丹皮三分、當歸三分、桂皮三分、芍藥三分、人參一分、川芎一分、阿膠一分、甘草一分、麥門冬三分、半夏二分、地黄二分、以上一回分を水二合で一合に煎じつめ、一日三回服用のこと。

ひだと思《おも》ふやうになり、半年以上《はんとしいじやう》もずつと服《の》みつゞけましたら、顔色《かほいろ》が大變《たいへん》よくなつて、腰《こし》も冷《ひ》えなくなり、お腹《なか》の吊《つ》れることも忘《わす》れて、大變工合《たいへんぐあひ》よくなりました。同時《どうじ》にお灸《きう》をすゑましたから、どちらがどう效《き》いたか、とにかく漢方藥《かんぱうやく》も馬鹿《ばか》にできません。』

記者『和田《わだ》さんは、隨分《ずゐぶん》ひどくお患《わずら》ひになつたのださうでございますね。』

和田『[illegible]を起《おこ》して、それこそ死《し》ぬかと思《おも》ひました。主人《しゆじん》が病氣《びやうき》してゐたことさへ知《し》らずにゐた、無智《むち》な私《わたくし》ですから、私《わたくし》の病氣《びやうき》がそのためだと聞《き》いたときの驚《おどろ》きと悲《かな》しみ、病氣《びやうき》の苦《くる》しみと精神的《せいしんてき》の煩悶《はんもん》とで、なか〳〵快《よ》くならず、二ケ月餘《げつよ》も床《とこ》に就《つ》いてをりました。その後《ご》も病院《びやうゐん》に通《かよ》つて注射《ちうしや》をしまして、痛《いた》みは治《なほ》りましたが、もういゝと先生《せんせい》がおつしやつてからも、なか〳〵帶下《こしけ》が止《とま》りません。そこへ或《あ》る方《かた》からイヒチオール球《きう》を勸《すゝ》められて用《もち》ひましたら、それからすつかり快《よ》くなりました。』

石崎『坐藥《ざやく》にも、いろ〳〵のものができてゐますが、炎症《えんしやう》を除《と》る目的《もくてき》のものと、たゞ分泌物《ぶんぴつぶつ》を吸收《きふしう》するだけのものとあります。吸收《きふしう》するだけのものは、いはゞ脱脂綿《だつしめん》を入《い》れておくのと同《おな》じで、膣外《ちつぐわい》へ流《なが》れ出《で》ることは防《ふせ》ぎますが、溶解《ようかい》しないものを、いつまでも挿入《さうにふ》しつゞけることは、却《かへつ》て炎症《えんしやう》を增《ま》すことがありますから、よく注意《ちうい》して用《もち》ひなくてはいけません。』

▲冷《ひ》え性《しやう》を治《なほ》した經驗《けいけん》

記者『婦人病《ふじんびやう》に冷《ひ》え性《しやう》は附物《つきもの》のやうですね。』

石崎『冷《ひ》え性《しやう》といふのは、つまり生殖器《せいしよくき》に異狀《いじやう》があり、鬱積《うつせき》されて、血液《けつえき》の循環《じゆんかん》が惡《わる》くなるから、腰が冷えたり足《あし》が冷えたりするのです。』

記者『すると根本的《こんぽんてき》には、結局病氣《けつきよくびやうき》を治《なほ》してといふことになりますが、何《なに》か簡單《かんたん》な方法《はうはふ》で、お治《なほ》りになつた方《かた》はございませんか。』

原田『私《わたくし》は腰湯《こしゆ》が一番《ばん》だと思《おも》ひます。冷《ひ》え性《しやう》と一口《ひとくち》に申《まを》しますが、經驗《けいけん》のない方《かた》には到底解《たうていわか》らない辛《つら》さです。私《わたくし》も何年《なんねん》冬《ふゆ》になると、炬燵《こたつ》、湯《ゆ》たんぽ、毛絲《けいと》、眞綿《まわた》と、體《からだ》を溫《あたゝ》める考《かんが》へばかりしてをりました。寒《さむ》くて眠《ねむ》れないからと思《おも》つて、寢《ね》しなにお風呂《ふろ》へまゐり、よく溫《あたゝ》まつて來《く》るのですが、家《うち》へ歸《かへ》るまでにはもう冷《ひ》えてしまひます。そのくせ逆上性《のぼせしやう》で、お湯《ゆ》にも長《なが》く浸《つか》つてはゐられないのですから、ほんとに堪《たま》りませんでした。

（冷え性には腰湯が有效）

冷《ひ》えるのには腰湯《こしゆ》がいゝ、子供《こども》のできない人《ひと》が、腰湯《こしゆ》をつゞけて、妊娠《にんしん》したといふ例《れい》さへある、ぜひやつて御覽《ごらん》なさいと言《い》はれるので、干葉《ひば》の腰湯《こしゆ》をいたしました。

ちやんと寢《ね》るばかりに支度《したく》をしておいて、お釜《かま》に一杯水《はいみづ》を入《い》れ、中《なか》に大根《だいこん》の干葉《ひば》を入《い》れて煎《せん》じ、その煎汁《せんじじる》を盥《たらひ》に入《い》れ、丁度浴《ちやうどゆあ》み加減《かげん》にして、その中《なか》にちやつと坐《すわ》つてゐるのですが、腰のまゝでは患者が多いのです。患者は肌着を着、その上から熱いシーツを、首だけ出してすつぽり被り、その端が蒲團の縁へ被さるやうにしますと、湯氣《ゆげ》が皆《みん》なシーツの中に籠《こも》つて、ほか／＼と温《あたた》かくなります。途中《とちゆう》で一度差《さ》し湯をして、額《ひたひ》から汗《あせ》が落《お》ちるくらゐまで、ぢつと温《あたた》まつたならば、手早く絞つたタオルで全身をよく拭ひ、すぐ寢るのです。すると蒲團の中はほか／＼として、しかもお風呂《ふろ》に長《なが》く入《はひ》つたやうに逆上《のぼ》せることなく、ぐつすりと眠《ねむ》れて、翌朝《よくてう》も大變《たいへん》氣持《きもち》がよろしいのです。最初《さいしよ》は、少《すこ》し億劫《おくくふ》だと存《ぞん》じましたが、盥《たらひ》一つ、お臺所《だいどころ》へ持《も》ち込《こ》めばよいのですから、樂に出來るし、手數でもございません。冷え性の方には、ぜひお勸めしたいと思ひます。（拍手）

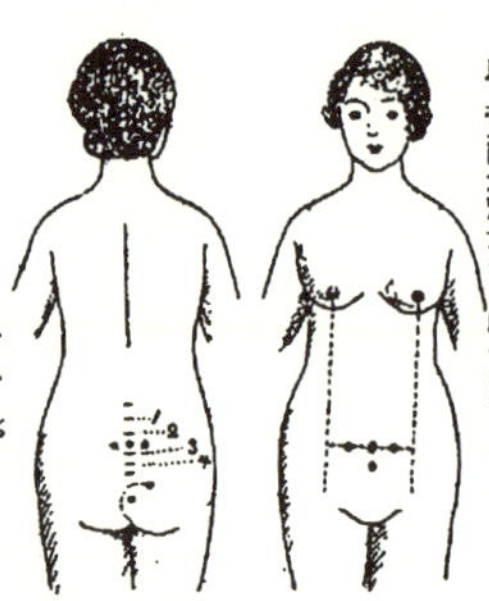

（婦人病に有效な灸點）
（1）胸の兩側で乳房の垂直線との中央。
（2）臍下一寸五分。
（3）背部で第二腰椎と第三腰椎の間と、その左右の三點。
（4）脊柱の終りから上に第二節。
（5）脊柱の終りから四指を横におき、その右一寸の點。
以上灸は米粒大一ケ所七火づゝすゑる。

冨岡「お灸《きう》もよろしうございますよ。元《もと》は、私《わたくし》はお灸《きう》なんて野蠻《やばん》だつて、笑《わら》つてゐたんですが、親戚《しんせき》のもので脊髓病《せきずゐびやう》に罹《かか》つた者《もの》がございまして、それが醫者《いしや》なのです。同業《どうげふ》の専門家《せんもんか》が、代《かは》る／＼いろ／＼の手當《てあて》をしても、どうしても痛《いた》みが止《と》まらないので、さうなると醫者《いしや》でも迷《まよ》ふと見《み》え、ふだん馬鹿《ばか》にしてゐる、お灸《きう》の先生《せんせい》を頼《たの》んだわけなのです。ところが、そのお灸《きう》でぴつたり痛《いた》みが止《と》つたといふので、それからはすつかりお灸黨《きうたう》になり、私《わたくし》も勸《すす》められてすゑたのですが、確《たし》かによく效《き》きます。（拍手）

△不姙《ふにん》の人《ひと》が子寶《こだから》を得《え》るまで

記者『先日《せんじつ》田舎《いなか》から知人《ちじん》がまゐりまして、その近所《きんじよ》の人《ひと》が、永年《ながねん》子供《こども》がなく、いろ〳〵手《て》を盡《つく》しても、姙娠《にんしん》する模様《もやう》がないので、すつかり悲觀《ひくわん》してゐたところへ、「主婦之友《しゆふのとも》」で「掌中珠《しやうちゆうじゆ》」のことを見《み》て、早速試《さつそくこゝろ》みたところ、暫《しばら》くして、結《けつ》婚後《こんご》七年目《ねんめ》で、初《はじ》めて姙娠《にんしん》したといふことを申《まを》してをりました。』

石崎『その婦人《ふじん》の不姙《ふにん》の原因《げんいん》が何《なん》であつたか、そして「掌中珠《しやうちゆうじゆ》」といふ藥《くすり》が、どんなものであるか判《わか》りませんが、とにかく姙娠《にんしん》といふものは、神祕的《しんぴてき》のもので、その機會《きくわい》といふのは、一寸理《ちよつとり》窟ではなかなかむつかしいですね。然《しか》し、[illegible]ところへ見《み》える不姙《ふにん》の婦人《ふじん》で、よく診察《しんさつ》してみると別《べつ》に何《なに》も異狀《いじやう》がない、勿論御主人《もちろんごしゆじん》の方《かた》にも何《なに》も異狀《いじやう》がなく、立派《りつぱ》に姙娠《にんしん》しなければならない筈《はず》の夫《ふう》婦《ふ》が、どうしても姙娠《にんしん》しない。かういふ場合《ばあひ》内《ない》膜搔爬《まくさうは》をすると、大抵姙娠《たいていにんしん》しますね。大變《たいへん》喜《よろこ》んで靈《れい》に見《み》えることがよくあるが、こんなのは、實際不姙《じつさいふにん》の原因《げんいん》が何《なん》であるか、よく判《わか》らないので、全《まつた》く一寸《ちよつと》したはずみだなと思《おも》ひます。』

▲醫師《いし》の立場《たちば》から見《み》た民間療法《みんかんれうはふ》

石崎『先刻《さつき》から、皆《みな》さんがいろ〳〵の療法《れうはふ》で病《びやう》氣を治《なほ》されたお話《はなし》を聴ひましたから、私《わたくし》は醫者《いしや》としての立場《たちば》から、一寸意見《ちよつといけん》を申《まを》し述《の》べてみませう。今日《こんにち》、無藥療法《むやくれうはふ》の種類《しゆるゐ》は隨分多《ずゐぶんおほ》くあるやうです。曰《いは》く何々術《なになにじゆつ》、何々療法《なになにれうはふ》、何々式療器《なになにしきれうき》等々《とう〳〵》。これらの療法《れうはふ》のうちには、相當研究《さうたうけんきう》して、立派《りつぱ》な信念《しんねん》の下《もと》に施術《しじゆつ》してをられる方《かた》もありませうが、またかなりいゝ加減《かげん》なものも少《すくな》くないやうです。大體人間《だいたいにんげん》の體《からだ》は、その顏《かほ》の形《かたち》が違《ちが》ふやうに、内臓《ないざう》にしても、位置《ゐち》や大《おほ》きさに多少《たせう》の變化《へんくわ》はあり、その機能《きのう》に至《いた》つては、實《じつ》に微妙《びめう》なもので、さう理窟通《りくつどほ》りに行《ゆ》かないのです。

ですから、發達《はつたつ》した今日《こんにち》の解剖醫學《かいばういがく》を以《もつ》てしても、それが絶對的《ぜつたいてき》のものだとは斷言《だんげん》できず、同《おな》じ方法《はうはふ》を施《ほどこ》しても、患者《くわんじや》の體質《たいしつ》により結果《けつくわ》の異《ちが》ふこともあり、先程《さきほど》もお話《はなし》のやうに、同《おな》じ病《びやう》氣《き》に感染《かんせん》しても、或《あ》る方《かた》は別《べつ》に大《たい》した苦痛《くつう》もなく慢性《まんせい》になり、或《あ》る方《かた》は急《きふ》に腹膜炎《ふくまくえん》を起《おこ》して死《し》ぬか生《い》きるかの騷《さわ》ぎになるといふやうに、それはどちらにしても豫期《よき》しないことなのです。

實際《じつさい》からいふと、現代醫學《げんだいいがく》といふものが、多《た》少人《せうひと》に倦《あ》きられてゐます。何《なに》か他《ほか》の方法《はうはふ》をと求《もと》めてゐる人《ひと》が多《おほ》い。そこでいろ〳〵の特殊療法《とくしゆれうはふ》といふものが考《かんが》へられ、歡迎《くわんげい》されて來《き》たのでありますが、これとても絶對的《ぜつたいてき》といふものはありません。そこで醫者《いしや》は大《おほ》いに自己《じこ》を[illegible]して自信のある範圍で療法を施すやうにしないと、患者《くわんじや》を過らせることがあります。

先刻《さつき》お話《はな》しのいろ〳〵の療法《れうはふ》のうち、例《たと》へば灸《きう》は一種《しゆ》の刺戟療法《しげきれうはふ》で、自家血精《じかけつせい》を注射《ちうしや》すると同樣《どうやう》な效果《かうくわ》があるといふので、醫者《いしや》で研究《けんきう》する人《ひと》が大分《だいぶ》出《で》て來《き》ました。腰湯《こしゆ》も、たゞ氣持《きもち》がよいばかりでなく、炎症を除る上《うへ》に效果があります。しかし、子宮《しきう》の附屬器《ふぞくき》に急性症狀《きふせいしやうじやう》があるとき、例《たと》へば喇叭管炎《らつぱくわんえん》を起《おこ》して、痛《いた》んで熱《ねつ》があるやうなときですね、こんなときに坐浴《ざよく》しては、却《かへ》て症狀《しやうじやう》を增進《ぞうしん》させます。

かういふやうに、慢性《まんせい》の病氣《びやうき》には大抵無事《たいていぶじ》ですが、急性で痛みのあるときに、素人がやたらに手《て》を下《くだ》すといふことは、考《かんが》へねばならぬことがありますから、どんな病氣《びやうき》でも、この方法《はうはふ》なら治《なほ》らないことはないといふやうに考《かんが》へてしまふことは、危險《きけん》といはねばなりません。

要《えう》するに病人《びやうにん》の希望《きばう》は、病氣《びやうき》が治《なほ》りさへすればよいので、醫者《いしや》の使命《しめい》も、病氣《びやうき》を治《なほ》せばよろしいのですから、お互《たがひ》に狹量《けふりやう》であつてはならないと思《おも》ひます。そして結局《けつきよく》は、婦人《ふじん》の衞生思想《ゑいせいしさう》がもつと進步《しんぽ》して、この程度《ていど》の病氣《びやうき》なら精神療法《せいしんれうはふ》でよい、これは一刻《こく》を爭《あらそ》つて外科醫《げくわい》へ行《ゆ》かなくては、といふやうに判斷《はんだん》できれば、間違《まちが》ひは起《おこ》らないといふことになるのです。』

▲子《し》宮《きう》癌《がん》の民《みん》間《かん》療《れう》法《はふ》

記者『癌《がん》は、早期《さうき》の手術以外《しゆじゆついぐわい》に治《なほ》す方法《はうはふ》がないと申《まを》すことですが、最近發見《さいきんはつけん》されたPOU《ピーオーユー》ホルモンは、如何《いかゞ》でせう。民間療法《みんかんれうはふ》として菱《ひし》の實《み》が效《き》くといはれますが、やはり何《なに》か根據《こんきよ》のあることだと思《おも》ひますが。』

石崎『癌《がん》を本當《ほんたう》に治《なほ》すことができれば、實《じつ》に大《だい》發明《はつめい》です。世界的《せかいてき》に懸賞金《けんしやうきん》を出《だ》して癌《がん》の治療《ちれう》を奬勵《しやうれい》してゐますが、未《いま》だにこれといふものが出《で》て來《き》ません。例《れい》のPOU《ピーオーユー》ホルモンですが、あれも、まだはつきりとは認《みと》められてゐません。變の藥《くすり》にしてもですね、昔何《むかしなに》かさうした病氣《びやうき》の人《ひと》が用《もち》ひて治《なほ》つたといふやうな實例《じつれい》があつて、傳《つた》へられたものと思《おも》ひますが、その治《なほ》つたといふ病氣《びやうき》が、果《はた》して癌《がん》であつたかどうかですね。』

記者『もうお醫者《いしや》にも見放《みはな》されて、死《し》を待《ま》つより他《ほか》に方法《はうはふ》がないといふやうなときには、試《こゝろ》みに服《の》んでみることも、いゝことではないでせうか、別《べつ》に害《がい》がないものならば。』

石崎『數年前《すうねんぜん》のことでしたが、郷里《きやうり》の人《ひと》が來《き》て、胃癌《ゐがん》で死《し》を宣告《せんこく》された老人《らうじん》を、どうせ駄目《だめ》なのだから、入院《にふゐん》させて、安心《あんしん》して、死《し》なしてやつてくれと頼《たの》まれました。婦人科《ふじんくわ》の病院《びやうゐん》へ、専門《せんもん》異《ちが》ひの胃癌《ゐがん》の、それも男《をとこ》の患者《くわんじや》です。ぜひといふので診察《しんさつ》してみると、外《そと》からでも立派《りつぱ》に觸《ふ》れて判《わか》るほどです。到底駄目《たうていだめ》だと思《おも》ひましたが、「大丈夫《だいぢやうぶ》だ、僕《ぼく》が引受《ひきう》けた。」とやつたものです。それから一ケ月《げつ》ばかり病院《びやうゐん》へおいて、毎日大丈夫《まいにちだいぢやうぶ》だ、大變顏色《たいへんかほいろ》がよくなつた、肥《ふと》つて來《き》たと、皆《みんな》で力《ちから》づけましたら、來《き》たときより食慾《しよくよく》も出《で》るし、元氣《げんき》がよくなつて來《き》ました。

もう大丈夫《だいぢやうぶ》だからと言《い》つて、國《くに》へ歸《かへ》してから二年《ねん》、消息《せうそく》がないので、多分死《たぶんし》んだらうと思《おも》つてゐたら、昨年《さくねん》、すつかり丈夫《ぢやうぶ》になつて歸《かへ》つてゐると言《い》つて來《き》たので、驚《おどろ》きました。さうなると、その老人《らうじん》の病氣《びやうき》が何《なん》であつたかゞ判《わか》らなくなりますが、あのとき私《わたくし》のところで、やはり死《し》を宣告《せんこく》したら、だん〳〵衰弱《すゐじやく》して死《し》んだかも知《し》れません。ですから、絶望《ぜつばう》といふときでも、病人《びやうにん》を苦《くる》しめない限《かぎ》り、いゝといふ方法《はうはふ》があつたら、大《おほ》いに希望《きばう》を持《も》たせてやらしてみると、科學的《くわがくてき》には解《わか》らない結果《けつくわ》を來《きた》すことがあるといふことは、否定《ひてい》のできない事實《じじつ》です。』

△婦人病患者《ふじんびやうくわんじや》の性生活《せいせいくわつ》

記者『婦人病患者《ふじんびやうくわんじや》の性生活《せいせいくわつ》は、どんな注意《ちゆうい》が要《い》りませう。』

石崎『急性《きふせい》の、痛《いた》みのある場合《ばあひ》は、勿論控《もちろんひか》へなくてはなりませんが、慢性《まんせい》の場合《ばあひ》でも、刺戟《しげき》を與《あた》へるといふことは、よくはないのですから、醫者《いしや》の立場《たちば》からいへば、治療中《ちれうちゆう》は絶對《ぜつたい》に愼《つゝし》んで頂《いたゞ》きたいのですが、實際問題《じつさいもんだい》としては、むづかしいかも知《し》れませんね。』

伊藤『よほど旦那樣《だんなさま》に理解《りかい》がなければ、無理《むり》ですね。私《わたくし》のお友達《ともだち》にも、半年《はんとし》ばかり奥樣《おくさま》がお醫者《いしや》へ通《かよ》つてゐる間《あひだ》に、御主人《ごしゆじん》が外《そと》で遊《あそ》び出《だ》し、折角病氣《せつかくびやうき》の治《なほ》つた頃《ころ》には、家《うち》へ寄《よ》りつかなくなつてしまつたなどゝいふことがあります。』

石崎『入院《にふゐん》してゐる方《かた》が一番心配《いちばんしんぱい》になるのは、それらしいですね。實際《じつさい》、男《をとこ》といふものは横着《わうちやく》で、自分《じぶん》が原因《もと》で奥《おく》さんを苦《くる》しませておきながら、また勝手《かつて》な眞似《まね》をするといふのが、よくあるんですから、奥《おく》さんたるもの、氣《き》を揉《も》まずにはゐられないわけです。』

記者『では、どの程度《ていど》ならいゝのでせう。』

石崎『勿論《もちろん》、病氣《びやうき》の程度《ていど》にもよりますが、まあ苦痛《くつう》がない程度《ていど》、不愉快《ふゆくわい》な現象《げんしやう》を起《おこ》さない程度《ていど》に、と言《い》つておく他《ほか》ないでせうね。全然健康《ぜんぜんけんかう》ではないといふことを、旦那樣《だんなさま》に忘《わす》れないで頂《いたゞ》くことです。』

和田『親戚《しんせき》の若夫婦《わかふうふ》ですが、嫁《よめ》が入院《にふゐん》して一寸《ちよつと》した手術《しゆじゆつ》をしました。二週間《しうかん》ばかりで歸《かへ》つて來《き》たと思《おも》ひましたら、却《かへ》つて惡《わる》くなつたと申《まを》して、また入院《にふゐん》しました。先生《せんせい》が、こんど退院《たいゐん》するときは、兩親《りやうしん》の家《うち》へ行《ゆ》くやうにつて、笑《わら》つていらつしやつたさうですが。』

石崎『よくあることです。退院《たいゐん》するときは、大抵《たいてい》よく御注意《ごちゆうい》するのですから、こゝは、よく醫者《いしや》の言《いひつけ》を守《まも》つて頂《いたゞ》かなくては困《こま》る。殊《こと》に旦那樣《だんなさま》に、これをお願《ねが》ひします。』

記者『お忙《いそが》しいところを、長《なが》いことありがたう存《ぞん》じました。』

ヒステリー全《ぜん》治《ち》者《しや》の座《ざ》談《だん》會《くわい》

(1) ヒステリーの原因《げんいん》

記者 今日《けふ》の會《くわい》は、ヒステリー全治《ぜんち》の御《ご》經驗《けいけん》を伺《うかゞ》ひたいと存《ぞん》じますので、少々《せう〳〵》お願《ねが》ひし難《にく》いことでございましたが、幸《さいは》ひに皆様《みなさま》が御理解《ごりかい》くださいまして、かうしてお集《あつま》りいたゞきましたことは、ほんとに有難《ありがた》うございます。

中村 ヒステリーといふ病名《びやうめい》を、世間《せけん》一般《ぱん》には、一種《しゆ》の侮蔑《ぶべつ》の意《い》を含《ふく》んだやうに用《もち》ひられる傾向《けいかう》があるので困《こま》りますね。

秋山 何《なん》でもないと思《おも》ふんですがね。花柳病全《くわりうびやうぜん》治者《ちしや》の座談會《ざだんくわい》とでもいふことなら、外聞《ぐわいぶん》が悪《わる》くて出《で》られませんが、ヒステリーは別段恥《べつだんはづ》かしいことはない。誰《だれ》でも多少《たせう》その氣味《きみ》はあるんぢあないですか。何《なに》かの拍子《ひやうし》に病的《びやうてき》になる人《ひと》と、環境《くわんきやう》によつて治《なほ》まつてゐる違《ちが》ひでせう。

記者 ヒステリーの起《おこ》る原因《げんいん》は、何故《なぜ》でせう。

中村 無論《むろん》素質《そしつ》が主《おも》です。醫學上《いがくじやう》では素因《そいん》と呼《よ》んでゐますが、この素因《そいん》の上《うへ》に、家庭《かてい》の誤《あやま》つた養育法《やういくはふ》や、精神感動《せいしんかんどう》や、心身《しんしん》の過勞《くわらう》や、恐怖《きやうふ》や、煩悶《はんもん》や、失望《しつばう》や、飲酒《いんしゆ》や、不《ふ》適當《てきたう》な職業《しよくげふ》や、慢性病《まんせいびやう》の衰弱《すゐじやく》、月經《げつけい》、妊娠《にんしん》、分娩《ぶんべん》などが誘因《いういん》となつて、初《はじ》めてヒステリーの症状《しやうじやう》が現《あらは》れることが多《おほ》いのです。

記者 女《をんな》に多《おほ》いやうですが、何《なに》か婦人病《ふじんびやう》との關係《くわんけい》がございますか。

中村 全《まつた》く關係《くわんけい》がありません。全然別《ぜんぜんべつ》のものです。寧《むし》ろヒステリーが主《しゆ》になつて、却《かへつ》て卵巣《らんさう》痛《つう》などの起《おこ》ることがあります。ところが、そんなときには、病人《びやうにん》は勿論《もちろん》、家族《かぞく》の人《ひと》も、婦《ふ》人病《じんびやう》から來《き》てゐるのかも知《し》れないと思《おも》つて婦《ふ》人科《じんくわ》へ行《ゆ》く。婦人科《ふじんくわ》では、やあ後屈《こうくつ》だとか、卵巣《らんさう》が腫《は》れてゐるとか言《い》つて、手術《しゆじゆつ》をしたりしますが、原因《げんいん》はもと〳〵ヒステリーにあるのですから、何《なん》の役《やく》にも立《た》たないといふこと

出席者

(五十音順)

會社員 秋《あき》山《やま》初《はつ》之《の》助《すけ》
秋山氏夫人 秋《あき》山《やま》み さ子《こ》
實業家 大《おほ》橋《はし》正《しやう》二《じ》
川《かは》村《むら》春《はる》子《こ》
平《ひら》井《ゐ》と し子《こ》
日本精神醫學會 中《なか》村《むら》古《こ》峡《けふ》

が往々《わう/\》あります。

記者 ヒステリーのために、卵巣《らんさう》が痛《いた》むといふのは、どういふ譯《わけ》でせう。

中村 ヒステリー患者《くわんじや》には、知覺障礙《ちかくしやうがい》と言つて、身體《からだ》の各部《かくぶ》、特《とく》に頭《あたま》や、肩《かた》、頸筋《くびすぢ》、乳房《ちぶさ》などにひどい疼《いた》みを覺《おぼ》えたり、また反對《はんたい》に、身體《からだ》の各部《かくぶ》に知覺《ちかく》の鈍《にぶ》くなるところができたり、或《あるひ》はヒステリー球《きう》といつて、心窩部《しんくわぶ》から咽元《のどもと》へ球《たま》のやうなものが込《こ》み上げて來《き》て、そのため呼吸《こきふ》が塞《ふさ》がるやうになつたりするので、これ等《ら》を、婦人病《ふじんびやう》から來《く》る障礙《しやうがい》だと考《かんが》へたのです。しかし今《いま》では、ヒステリーは決《けつ》して婦人《ふじん》だけでなく、男子《だんし》にも子供《こども》にもあることが判明《はんめい》しました。從《したが》つて内生殖器《ないせいしよくき》の障礙《しやうがい》とは、何《なん》の關係《くわんけい》もないのです。たゞ統計上《とうけいじやう》からいふと女《をんな》七男《をとこ》三といふことになります。

(2) 父《ちゝ》の急死《きふし》が動機《どうき》で發病《はつびやう》

記者 皆様《みなさま》の、發病《はつびやう》の動機《どうき》をお話《はな》しくださいませんか。秋山《あきやま》さん、如何《いかゞ》でせう。

秋山(夫人) 私《わたくし》のも、たしかにそんな素質《そしつ》があつたのでせうね。結婚《けつこん》四五年前《ねんまへ》から、毎年《まいねん》二三回《くわい》くらゐ、ひどい頭痛《づつう》のすることがありました。それはいつも嘔氣《はきけ》が伴《ともな》つて、吐《は》いてしまはないうちは頭痛《づつう》が止《や》まないのです。それから根仕事《こんしごと》をすると頭《あたま》が變《へん》になり、一寸《ちよつと》したことが氣《き》になつて眠《ねむ》れなかつたり……

秋山 さういふ素質《そしつ》のあるところへ、結婚《けつこん》と同時《どうじ》に、實家《じつか》の父《ちゝ》が急死《きふし》したので、新婚《しんこん》の樂《たの》しさよりも、父《ちゝ》の追憶《つゐおく》で泣《な》いてゐるといふ始末《しまつ》でせう。そこへもつて來《き》て、僕《ぼく》が案外《あんぐわい》に貧乏《びんばふ》で暢氣者《のんきもの》でしたから、今《いま》までしたことのない金錢《きんせん》の心配《しんぱい》やら、いろ／＼の氣苦勞《きぐらう》やらで、たうとう持《も》つてゐた素質《そしつ》が、病的《びやうてき》に現《あらは》れたのでせう。

しかもですね。僕《ぼく》は、敢《あへ》てヒステリーの

讃者《さんしや》ではありませんが、ヒステリーの素質《そしつ》を持《も》つた人《ひと》は常《つね》に快活《くわいくわつ》で、いはゞ彈力《だんりよく》があつて、妻《つま》としても決《けつ》して不愉快《ふゆくわい》な女《をんな》ではないと思《おも》ひます。病的《びやうてき》に狂《くる》ひ出《だ》されては御免《ごめん》ですが。

中村 そこがヒステリー性格《せいかく》の長處《ちやうしよ》です。一面《めん》頗《すこぶ》る快活《くわいくわつ》で、華《はな》やかで、且《か》つ機敏《きびん》で、社交界《しやかうかい》に出《で》れば、花形《はながた》などゝ謳《うた》はれることもあります。異性《いせい》の心《こゝろ》を強《つよ》く引《ひ》きつける點《てん》も、そこにあります。

(3) 子供《こども》を亡《なく》したのが原因《げんいん》

記者 岡村《かはむら》さんは、どんな原因《げんいん》でしたか。

川村 私《わたくし》は、小《ちひさ》いときから、氣儘《きまゝ》いつぱいに育《そだ》つて、何《なん》でも望《のぞ》みの叶《かな》はないものはないのでした。十八で結婚《けつこん》しましたが、主人《しゆじん》が珍《めづら》しく寛大《くわんだい》な人《ひと》で、私《わたくし》の我儘《わがまゝ》を一度《ど》も叱《しか》つたことがありません。それが、いよ〳〵私《わたくし》を増長《ぞうちやう》させました。かうして我儘《わがまゝ》が募《つの》り切《き》つたところへ、二人《ふたり》の子供《こども》をつゞけざまに亡《なく》しましたので、私《わたくし》は狂人《きちがひ》のやうになつてしまひました。慰《なぐさ》めるつもりで一そう優《やさ》しくしてくれる良人《をつと》の態度《たいど》までが癪に觸《さは》つて、何《なん》といふことなしに頭《あたま》がむしやくしやするのです。

記者 お子《こ》さんは、お二人《ふたり》きりでしたか。

川村 えゝ、その二人《ふたり》を二人《ふたり》とも亡《なく》しましたので。でも只今《たゞいま》は、もうすつかり諦《あきら》めがつきました。あとの出來《でき》る年《とし》でもございませんが。

中村 私《わたくし》が最近《さいきん》お診しした方《かた》にも、お母《かあ》さんと子供《こども》さんを同時《どうじ》に亡《なく》してから、ひどいヒステリーに悩《なや》まされた方《かた》がありました。私自身《わたくしじしん》にも經驗《けいけん》がありますが、親《おや》や子《こ》に死《し》なれるくらゐ、強《つよ》い精神感動《せいしんかんどう》を受《う》けることはありませんね。

(4) 良人《をつと》の不身持《ふみもち》から

記者 平井《ひらゐ》さん、お話《はな》しくださいませんか。

平井 私《わたくし》もやはり我儘《わがまゝ》に育《そだ》つた方《はう》でございます。それが十九の春《はる》、たゞ兩親《りやうしん》の意志《いし》で、ある大《おほ》きい商家《しやうか》へ嫁入《よめい》りました。それは非常《ひじやう》に舊式《きうしき》な嚴《きび》しい家風《かふう》の家《いへ》で、世馴《よな》れない私《わたくし》には、事毎《ことごと》に苦《くる》しみでございましたが、それでも最初《さいしよ》良人《をつと》が眞面目《まじめ》で優《やさ》しい人《ひと》でしたから、それだけを頼《たよ》りに過《すご》してまゐりました。

三度目《どめ》のお産後《さんご》、肥立《ひだち》が惡《わる》く、つゞいて腹膜炎《ふくまくえん》を起《おこ》したりして、ひどく患《わづら》ひましたが、そのとき婦人科《ふじんくわ》のお醫者《いしや》へかゝるのさへ、姑《しうと》や小姑《こじうと》への遠慮《えんりよ》で、全《まつた》く身《み》も心《こゝろ》も細《ほそ》るばかりでした。ある日《ひ》、從弟《いとこ》が見舞《みまひ》に來《き》て、良人《をつと》は惡《わる》い病氣《びやうき》にかゝり、私《わたくし》には内密《ないみつ》で、或《あ》る病院《びやういん》に通《かよ》つてゐるといふことを報告《はうこく》して行《ゆ》きました。最初《さいしよ》は半信半疑《はんしんはんぎ》で聞《き》いてゐた私《わたくし》も、あれこれと考《かんが》へてみますと、思《おも》ひ當《あた》るふしもあり、さては、私《わたくし》の病氣《びやうき》もそのためかと思《おも》ふと、ぞつといたしました。

早速《さつそく》婦人科《ふじんくわ》へ行つて、そのことを申《まを》しましたら、實《じつ》は奥様《おくさま》の病氣《びやうき》も旦那様《だんなさま》の御病氣《ごびやうき》が原因《げんいん》ですが、御存《ごぞん》じないものを申上《まをしあ》げてもと存《ぞん》じて默《だま》つてをりましたといふ挨拶《あいさつ》。私《わたくし》は今《いま》更《さら》のやうにその不親切《ふしんせつ》が恨《うら》めしく、大方良人《おほかたをつと》の方《はう》から口止《くちど》めされたのだらうなどゝ、腹立《はらだ》ちまぎれの捨《す》ぜりふを殘《のこ》して、それつきりそのお醫者《いしや》へ行かなくなつてしまひました。その夜《よ》、良人《をつと》に向《む》つて、その非《ひ》を責《せ》めて〳〵責《せ》めぬきました。今《いま》まで信《しん》じてゐただけに、よほど猛烈《まうれつ》に責《せ》めたものと見《み》えます。最初《さいしよ》は惡《わる》かつた惡《わる》かつたと申《まを》してゐた良人《をつと》が『ヒステリー!!』と一言《ごんい》言つて、ぷいと出《で》て行つてしまひました。このときから、私《わたくし》のヒステリー的態度《てきたいど》は、露骨《ろこつ》になつたのだらうと思《おも》ひます。つまりそれまでの忍苦《にんく》が、一時《じ》に爆發《ばくはつ》したのでございます。

(5) 發作《はつさ》するときの氣持《きもち》

記者 ヒステリーの發作《はつさ》の、起《おこ》らうとするときは、御自分《ごじぶん》にもお判《わか》りになりますか。

秋山（夫人） 割《わ》れるやうな偏頭痛《へんづつう》がすることゝ後頭部《こうとうぶ》の少《すこ》し上《うへ》のところが、何《なん》とも言《い》へない氣持《きもち》に痛《いた》むので、それは全《まつた》く形容《けいよう》のできない氣持《きもち》です。何《なに》か大《おほ》きい物《もの》で、頭《あたま》の頂上《ちやうじやう》をが一んと叩《たた》きつけたら、いゝ氣持《きもち》だらうと思《おも》つて、ひどくなると夢中《むちゆう》で拳《こぶし》を固《かた》めて頭《あたま》をなぐつては、よく良人《をつと》を困《こま》らせたやうでした。

平井 私《わたくし》は殆《ほとん》ど半病人《はんびやうにん》のやうになつて、毎日《まいにち》何《なに》もせずにたゞぶら〳〵してゐますと、今度《こんど》は良人《をつと》が公然《こうぜん》と家《うち》を外《そと》にするやうになり、夜《よる》の一時《じ》二時頃《じごろ》、酒氣《しゆき》を帶《お》びて歸《かへ》つて來《き》ます。私《わたくし》は口惜《くや》しいと思《おも》ふと、胸元《むなもと》がぐーッと塞《ふさ》つて、そのまゝ息《いき》が止《とま》るのではないかと思《おも》ふやうなことが度々《たびたび》ございました。

(6) 發作中《ほつさちう》の意識《いしき》はどうか

記者 そんなとき、意識《いしき》はどうなんです。

秋山(夫人) 發作《ほつさ》が起《おこ》つても、意識《いしき》がないとは思《おも》ひませんね。今自分《いまじぶん》は少《すこ》し變《へん》だぞと心《こゝろ》では思《おも》ひながら、それを抑《おさ》へようとか、我慢《がまん》しなくてはいけないとかいふ氣持《きもち》よりも、相手《あひて》が困《こま》れば困《こま》るほど、物《もの》を投《な》げて毀したり、壞《こは》してみたりすることが制《せい》し切《き》れなくなるのです。しかし無意識《むいしき》でない證據《しようこ》には、決《けつ》して大切《たいせつ》なものや高價《かうか》なものは壞《こは》しません。ハンケチとか浴衣《ゆかた》とか湯呑《ゆのみ》くらゐなものでした。私《わたくし》の場合《ばあひ》では。

中村 高價《かうか》なものでも何《なん》でも、平氣《へいき》で壞《こは》すやうになつたら、それはもう單純《たんじゆん》なヒステリーでなくて、よほど進《すゝ》んだ精神異常《せいしんいじやう》です。ヒステリーでも、錯亂狀態《さくらんじやうたい》や朦朧狀態中《もうろうじやうたいちう》には、隨分《ずゐぶん》思《おも》ひ切《き》つた暴行《ぼうかう》や犯罪《はんざい》をして、あとでよく記憶《きおく》してゐないこともあります。

大橋 私《わたくし》の經驗《けいけん》を申上《まをしあ》げませう。私《わたくし》のは強度《きやうど》の神經衰弱《しんけいすゐじやく》とは申《まを》しましたが、その態度《たいど》は全《まつた》く謂《いは》ゆるヒステリー的態度《てきたいど》でした。たうとゝ父母《ふぼ》も弟妹《ていまい》も愛想《あいそ》をつかしてしまひましたが、たゞ妻《つま》だけが、その狂人《きやうじん》じみた私《わたくし》を慰《なぐさ》めてくれました。ところがその妻《つま》に向《むか》つて絶《た》えず難問題《なんもんだい》を持《も》ちかけては困《こま》らしてゐたのです。要《えう》するに、自分《じぶん》の病氣《びやうき》だといふことを認《みと》めさせよう、自分《じぶん》は重大《ぢうだい》な病氣《びやうき》だぞと思《おも》はせようといふ意識《いしき》があるらしいですね。

中村 それがヒステリーの特徴《とくちやう》です。他人《たにん》の同情《どうじやう》や注意《ちうい》を、何《なん》とかして自分《じぶん》一身《しん》に集《あつ》めようとするのです。意識的《いしきてき》にも、また無意識的《むいしきてき》にもさうです。そこがヒステリーの自我中心的《じがちうしんてき》のところです。

(7) 病中《びやうちう》のいろ〳〵な想《おも》ひ出《で》

記者 御病氣中《ごびやうきちう》のいろ〳〵な醜態《しうたい》と申上《まをしあ》げては失禮《しつれい》ですが、謂《いは》ゆるヒステリー的態度《てきたいど》を、お治《なほ》りになつた今日《こんにち》お考《かんが》へになると、やはり御自分《ごじぶん》が惡《わる》かつたとお思《おも》ひになりますか。

川村 病氣中《びやうきちう》は、決《けつ》して自分《じぶん》が惡《わる》いと思《おも》ひませんでした。私《わたくし》のは我儘《わがまゝ》一點張《てんば》りでしたが、それに對《たい》して良人《をつと》が寛大《くわんだい》であることが、却《かへつ》て

283　「ヒステリー全治者の座談会」秋山初之助、秋山みさ子、大橋正二、川村春子、平井とし子、中村古峡　『主婦之友』昭和7年5月1日

不滿《ふまん》で、これはきつと私《わたくし》なんか眼中《がんちう》にないに相違《さうゐ》ないと思《おも》ふと、何《なに》も彼《か》も腹立《はらだ》しくなるのでしたが、治《なほ》つてみれば隨分厄介《ずゐぶんやくかい》な妻《つま》であつたらうと、すまない氣《き》がします。

秋山　病氣《びやうき》とは言《い》へ、外《そと》に出《で》て働《はたら》く男《をとこ》にとつて、家《いへ》を守《まも》る家内《かない》がヒステリーだといふことは、實際《じつさい》腹《はら》の立《た》つことが、どんなにあるかわかりませんよ。思《おも》はず『いゝ加減《かげん》にしろ、馬鹿《ばか》っ。』て言《い》ふと、『どうせ私《わたし》は馬鹿《ばか》です。』とか何《なん》とか目《め》を吊《つ》り上《あ》げてしまつて、びり〱と寢衣《ねまき》の袖《そで》をもぎつたりするんです。先程《さきほど》の告白《こくはく》によると、浴衣《ゆかた》かハンケチ程度《ていど》の大損害《だいそんがい》のないものを破《やぶ》つたといふことですが、あの割烹《かつぽう》は錦《きん》紗《しや》の羽織《はおり》でもお召《めし》の着物《きもの》でも同《おな》じでせうからた。（秋山夫人くす〱笑ふ）

伊豆《いづ》の温泉場《をんせんば》へ行《い》つたときでした。歸《かへ》りに家内《かない》の洋傘《かうもり》を、宿《やど》へ忘《わす》れて來《き》たんです。それで一汽車《ひときしや》遅《おく》らして、次《つぎ》の自動車《じどうしや》に賴《たの》んで持《も》つて來《き》て貰《もら》ふことにして、驛《えき》の待合室《まちあひしつ》で待《ま》つてゐるうちに、何《なに》が氣《き》に觸《さは》つたか、泣《なきはじ》めました。さん〱僕《ぼく》を罵《のゝし》つて、しまひにはハンケチをびり〱やつて泣《な》き出《だ》すので、集《あつま》つてゐる人《ひと》は皆《みん》なじろ〱見《み》る。人混《ひとごみ》の中《なか》で叱《しか》るにも叱《しか》れず、全《まる》く僕《ぼく》の方《はう》が泣《な》きたい程《ほど》でした。

秋山(夫人)　でも男《をとこ》の方《かた》なら、『古《ふる》い洋傘《かうもり》なんかいゝぢやないか。』といふだらうと思《おも》ふのに、自動車《じどうしや》などに賴《たの》んで、殺風景《さつぷうけい》な驛《えき》に二時間《じかん》も待《ま》たされたことが、その時《とき》の私《わたくし》にはとても癪《しやく》に觸《さは》つたんですもの。今《いま》なら何《なん》でもございませんが。

川村　それは、奥樣《おくさま》のお心持《こゝろもち》は、ようく解《わか》りますわ。

大橋　親《した》しい者《もの》ほど虐《いぢ》めてみたいのです。私《わたくし》は、妻《つま》に熱《あつ》いお粥《かゆ》を投《な》げつけて、火傷《やけど》をさしたり、コップを叩《たゝ》きつけたり、室《へや》へ入《はひ》つて來《く》ると怒るしや顔をしてにらみつけたね、[illegible]

酷にしました。今だに済まなかつたと感じてゐます。

平井　全《まつた》く常軌《じやうき》を逸《いつ》してますね。丁度《ちやうど》姑《しうとめ》が死《し》にまして、そのお通夜《つや》のときでした。いつも近《ちか》しくしてゐる知人《ちじん》の未亡人《みばうじん》が來《き》てくださつたのですが、それがどうも良人《をつと》に變《へん》な眼附《めつき》をするやうに思《おも》へて仕方《しかた》がないのです。それで傍《そば》を離《はな》れずに警戒《けいかい》してゐましたので、氣《き》を悪《わる》くしたのでせう、一寸《ちよつと》厭味《いやみ》を言《い》はれたのです。良人《をつと》が氣《き》の毒《どく》がつて私《わたくし》をたしなめましたのが、ぐつと癪《しやく》に觸《さは》つて、多勢《おほぜい》の中《なか》で良人《をつと》と二人《ふたり》をさんざんやり込《こ》めてしまひました。そのときは充分《じうぶん》自分《じぶん》の方《はう》に理窟《りくつ》があると思《おも》つて、後《のち》まで得意《とくい》になつてゐたものですが、今考《いまかんが》へれば何《なん》といふ恥《はづ》かしい態度《たいど》でしたらう。

川村　お互樣《たがひさま》に、自分《じぶん》のしてゐたことが悪《わる》かつた、恥《はづ》かしかつたと思《おも》はれるやうになつたことは、有《あ》り難《がた》いことでございますね。

(8) ヒステリーの療法《れうはふ》

記者　では次《つぎ》に、ヒステリーの療法《れうはふ》に移《うつ》つていたゞきませう。中村先生《なかむらせんせい》、一口《ひとくち》に申《まを》したら、ヒステリーはどうすれば治《なほ》りませう。

中村　さあ、それはなかなかの大問題《だいもんだい》で、十人《にん》十樣百人百態、相手の症狀如何《しやうじやういかん》で、臨機應變にこちらの策戰《さくせん》を變《か》へなければなりませんが、まづ原則的《げんそくてき》に申《まを》すならば、精神《せいしん》と身體《しんたい》の兩方面《りやうはうめん》から徐々《じよじよ》に改善《かいぜん》を圖《はか》るのです。

ヒステリー患者《くわんじや》の性格《せいかく》は、私《わたくし》の持論《ぢろん》によると、神經質《しんけいしつ》の人《ひと》とは正反對《せいはんたい》に、常《つね》に外向的《ぐわいかうてき》過敏性《くわびんせい》であります。從《したが》つて、他人《たにん》のことにはよく氣《き》がついて、彼是《かれこれ》と干渉《かんせふ》したり批評《ひひやう》したり、殊《こと》に他《た》の短處《たんしよ》や缺點《けつてん》を指摘《してき》することに於《おい》ては、隨分《ずゐぶん》鋭敏《えいびん》な官能《くわんのう》を持《も》つてゐますが、反對《はんたい》に、自己《じこ》の性格《せいかく》を内省《ないせい》したり、自分《じぶん》の病氣《びやうき》の本態《ほんたい》を正確《せいかく》に理解《りかい》しようといふ努力《どりよく》は乏《とぼ》しいので、甚《はなは》だしいのは、全《まつた》く自分《じぶん》が病氣《びやうき》であるといふ認識《にんしき》さへ缺《か》いてゐる人《ひと》があります。しかも、感情《かんじやう》は過敏《くわびん》で、愛憎《あいぞう》が極端《きよくたん》で、自尊心《じそんしん》や虚榮心《きよえいしん》や復讐心《ふくしうしん》は人一倍《ひといちばい》強《つよ》いのだから堪《たま》りません。それで本人《ほんにん》の自尊心《じそんしん》や虚榮心《きよえいしん》を傷《きずつ》けないやう、徐々《じよじよ》に指導《しだう》し、自己《じこ》の病氣《びやうき》の本態《ほんたい》を知《し》らしめ、併《あは》せて今《いま》までの心《こゝろ》の持方《もちかた》の誤《あやま》つてゐたことや、その生活法《せいくわつはふ》を矯正《けうせい》するやうに仕向《しむ》けて行《ゆ》きます。これを、私《わたくし》は教育療法《けういくれうはふ》と呼《よ》んでをります。

また身體的《しんたいてき》には、一般《いつぱん》に衰弱《すゐじやく》してゐる中樞《ちうすう》神經系《しんけいけい》の榮養《えいやう》を高《たか》め、肉體全部《にくたいぜんぶ》を強壯《きやうさう》にするために、藥《くすり》も必要《ひつえう》に應《おう》じて用《もち》ひますが、主《おも》として患者自身《くわんじやじしん》に作業《さげふ》を勵行《れいかう》させて、その結果に興味《み》を持《も》たせるやうに導《みちび》き、自己《じこ》の能力《のうりよく》に自信《じしん》を得《え》させると同時《どうじ》に、時《とき》には、不自由《ふじいう》や不愉快《ふゆくわい》があつてもそれに抵抗《ていかう》させ、苦《くる》しい困《こん》難《なん》な仕《し》事《ごと》にも打勝《うちか》たせて、感情《かんじやう》の陶冶《たうや》と意志《いし》の鍛錬《たんれん》を圖《はか》らせます。これを私《わたくし》は作業訓練療法《さげふくんれんれうはふ》と申《まを》してをります。

要《えう》するにこの教育療法《けういくれうはふ》と作業訓練療法《さげふくんれんれうはふ》の二方面《はうめん》から指導《しだう》して行《ゆ》きますと、ヒステリーは必《かなら》ず治《なほ》し得《う》るものと信《しん》じます。

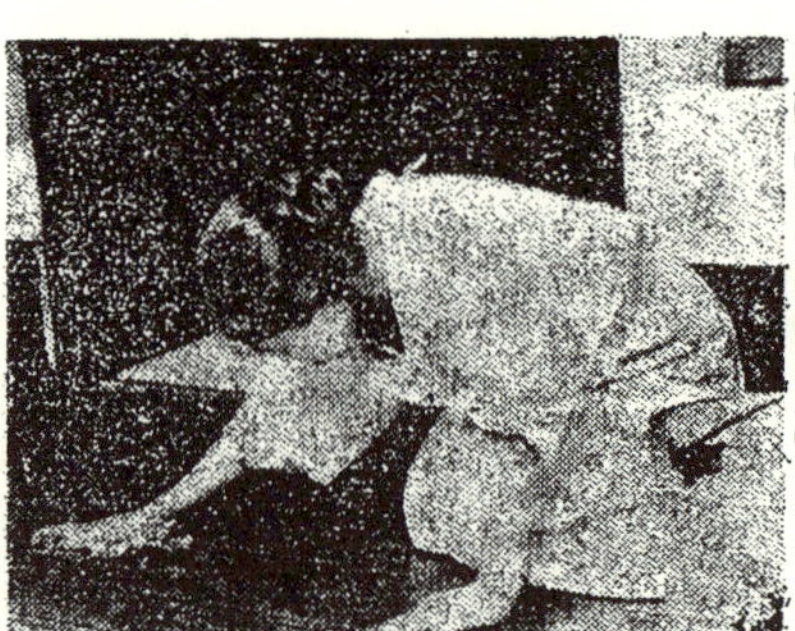

『ヒステリーの作業訓練療法』(一)　一二週間の絶對安靜で、すつかり精神が鎭靜したら、次に作業訓練療法に移る。最初は炊事の手傳や室の掃除など、身の廻りのことからぼつぼつ始める。生活を規律正しくすることが、何より大切であります。

記者　それで、先生《せんせい》の療養所《れうやうじよ》では、どういふ風《ふう》にその療法《れうはふ》を施《ほどこ》していらつしやいますか。

中村　私《わたくし》の療養所《れうやうじよ》へ來《く》る方《かた》は、大抵《たいてい》は重症《ぢうしやう》の方《かた》で、家庭《かてい》でも、他《た》の醫師《いし》でも、いはゞ持《も》てあまされた方《かた》ですが、私《わたくし》の療養所《れうやうじよ》では、絶對《ぜつたい》に從來《じうらい》の環境《くわんきやう》から隔離《かくり》し、ある期間内《きかんない》は、家人《かじん》や友人《いうじん》との面會文通《めんくわいぶんつう》すら嚴禁《げんきん》します。

そして最初《さいしよ》の一二週間《しうかん》は、患者《くわんじや》に絶對安靜《ぜつたいあんせい》を命《めい》じます。これは患者《くわんじや》の精神《せいしん》の鎭靜《ちんせい》を圖《はか》るためで、かなりひどい興奮狀態《こうふんじやうたい》や、また躁鬱《さううつ》狀態《じやうたい》で來《き》た患者《くわんじや》でも、適當《てきたう》な鎭靜《しようう》さへ施《ほどこ》すなら、それがヒステリー患者《くわんじや》である限《かぎ》りは、まづ一二週間《しうかん》の絶對安靜《ぜつたいあんせい》で、精神《せいしん》の安定《あんてい》は回復《くわいふく》するものです。精神《せいしん》が鎭靜《ちんせい》して、ほゞ常態《じやうたい》に復《ふく》したら、これからその性格《せいかく》の改造《かいざう》として、終日戸外《しうじつこぐわい》にあつて、いろ／＼の訓練作業《くんれんさげふ》をさせます。

作業《さげふ》の種類《しゆるゐ》は、主《しゆ》として園藝《えんげい》、耕作《かうさく》、養兎《やうと》、養鷄《やうけい》、家事《かじ》、炊事《すゐじ》の手傳《てつだ》ひなどですが、最初《さいしよ》は極く骨《ほね》の折れないものから始めて、だん／＼骨《ほね》を折れるやうにかたむけます。

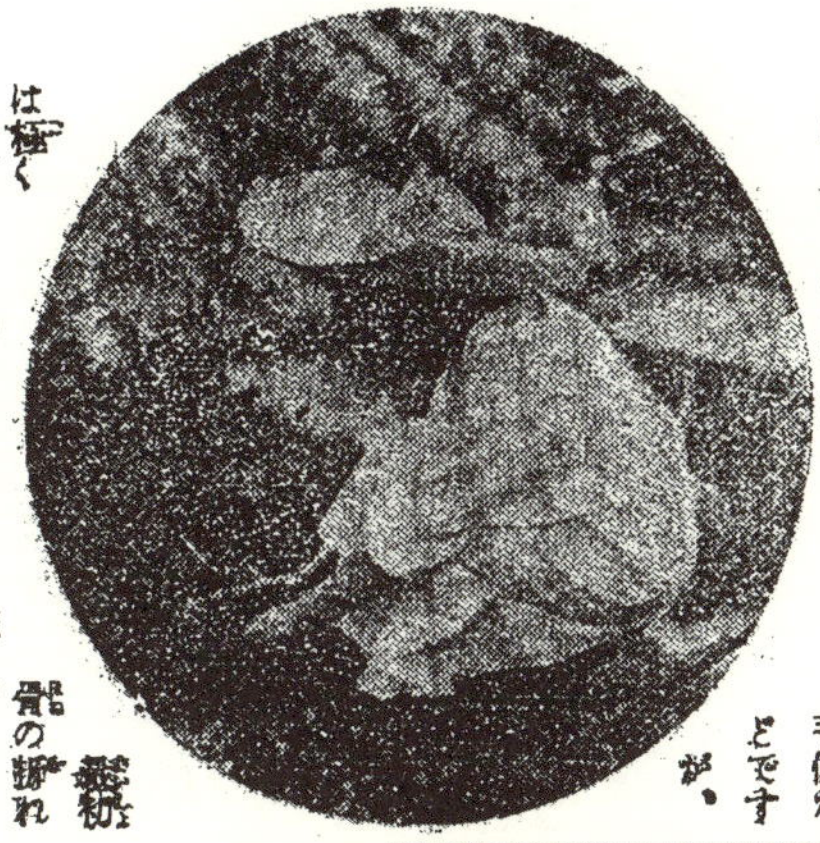

『ヒステリーの作業訓練療法』(一)　日中は主として戸外の作業。これも初めには、草取りや花卉の手入など、輕易な仕事からさせます。麗かな日の光を浴びて自然に親しむこの仕事も、初めのうちは、患者はとかく氣の進まぬことがあるが、その氣儘な感情に打克つて行くやうに指導する。

それから患者《くわんじや》には毎日《まいにち》の作業《さげふ》や、行動《かうどう》や、感想《かんさう》や、症狀《しやうじやう》などを、赤裸々《せきらら》に日記《につき》に記載《きさい》させ、それを私《わたくし》が閲讀《えつどく》し、許《ゆる》し、心《こゝろ》の持方《もちかた》を指導《しだう》します。また毎週《まいしう》一二回談話會《だんわくわい》を開《ひら》いて、療養《れうやう》に關《くわん》する講話《かうわ》や注意《ちうい》を與《あた》へ、質疑《しつぎ》に答《こた》へます。かうして療養生活《れうやうせいくわつ》を繼續《けいぞく》させますと、大抵《たいてい》は二三ケ月《げつ》で、更生《かうせい》の道《みち》を開《ひら》くやうになります。（『ヒステリーの作業訓練療法《さぎやうくんれんれうはふ》』參照《さんせう》）

『ヒステリーの作業訓練療法』(三)
仕事に飽かぬやうに、時々、養鶏、養兎など、動物の飼育に氣分を換へさせることも有效です。無心に餌を拾ふ雛の可愛さに、いつかこれらの仕事に興味が湧いて來る。

(9) 治《なほ》らぬヒステリー

記者 さういふ風《ふう》に指導《しだう》なさいますと、どんなヒステリーでも、皆《みん》な全治《ぜんち》するでせうか。

中村 殘念《ざんねん》ながら、さう旨《うま》く行かないことがあります。

記者 どんなのは治《なほ》らないのでせう。

中村 クレペリンといふ學者《がくしや》も、ヒステリーを發達性《はつたつせい》と變質性《へんしつせい》の二種《しゆ》に大別《たいべつ》して、發達性《はつたつせい》の方《はう》は教化指導《けうくわしだう》し得《う》る見込《みこみ》があるが、變質性《へんしつせい》の方《はう》は、一種《しゆ》の生來性精神發育不良《せいらいせいせいしんはついくふりやう》で、なかなか治《なほ》り難《にく》いといつてをります。こんなのは、大抵《たいてい》十二三歳《さい》から、既《すで》に著《いちじる》しい症狀《しやうじやう》を呈《てい》して、普通謂《ふつういは》ゆるヒステリーだといふ程度《ていど》のものは、周圍《しうゐ》の人《ひと》の導《みちび》き方《かた》によつて治《なほ》し得《う》るものです。

『ヒステリーの作業訓練療法』(四)
一週間の戸外作業に、自分は働けるといふ自信がつき、第二週からは今までは到底出來ないと思つてゐたやうな勞働をも、自ら進んでやるやうになる。

(10) 良人《をつと》の理解《りかい》によつて全治《ぜんち》

記者 秋山《あきやま》さんは、御主人《ごしゆじん》のお力《ちから》でお治《なほ》しになつたのださうですね。

秋山(夫人) 全《まつた》く、良人《をつと》の力《ちから》一《ひと》つでした。よく我慢《がまん》してくれたと感謝《かんしや》してをります。

記者 秋山《あきやま》さんは、宗教《しうけう》をお持《も》ちやないんですか。

『ヒステリーの作業訓練療法』(五)
間には、多少、根氣の要る作業もさせる。鶏舎とか兎小屋とかの製作など、こつこつと仕上げる樂しみと共に、患者は自分の體力にも、精神力にも、大きい自信を持つやうになる。

秋山　いや別《べつ》に。凡夫《ぼんぷ》のことですから、初《はじ》めは隨分腹《ずいぶんはら》も立《た》てました。一緒《しよ》に興奮《こうふん》してしまつて、この女《をんな》のために私《わたくし》の生涯《しやうがい》は駄目《だめ》にされてしまふといふやうに考《かんが》へたこともありましたが、そのうちに、これは私《わたくし》の考《かんがへ》がいけないといふことに氣《き》がついたのです。

元來《ぐわんらい》、妻《つま》は無邪氣《むじやき》な明《あか》るい性質《せいしつ》なんです。ヒステリーが起《おこ》つてこそ、始末《しまつ》に負《お》へませんが、ふだんは至《いた》つて快活《くわいくわつ》な、可憐《かれん》な女《をんな》です。さうだ、いつも明《あか》るく樂《たの》しい思《おも》ひばかりしようと思《おも》ふから煩悶《はんもん》があるんだ、樂《たの》しみがある代《かは》りに時々惱《ときどきなや》まされると諦《あきら》めてしまへば何《なん》でもない、とかう悟《さと》つてからは、まづ私《わたくし》の方《はう》がずつと氣《き》が輕《かる》くなつたので、妻《つま》の發作《ほつさ》に對《たい》しても、今《いま》までのやうに苦《にが》い顏《かほ》もせず、反抗《はんかう》もせず、苦《くる》しみに同情《どうじやう》して行けるやうになりました。勿論《もちろん》、私《わたくし》自身《じしん》の行《おこな》ひは、妻《つま》に氣《き》を揉《も》ませたり、淋《さび》しがらせたりは一切《さい》しないやうに注意《ちゆうい》しました。

中村　細君《さいくん》のヒステリーを治《なほ》すためには、まづ良人《をつと》自身《じしん》が自《みづか》ら清淨潔白《しやうじやうけつぱく》にしなければならないといふ、私《わたくし》の持論《ぢろん》を裏書《うらがき》してくだすつたのは、實《じつ》に敬服《けいふく》します。

秋山（夫人）　それから、偶然《ぐうぜん》かも知《し》れませんが、風邪《かぜ》のために高熱《かうねつ》が出《で》て、一週間《しうかん》ほど床《とこ》につきましたら、その後《ご》は以前《いぜん》のやうにひどい頭痛《づつう》が起《おこ》らなくなりました。頭痛《づつう》の激《はげ》しいときは電氣《でんき》をかけて貰《もら》ひましたが、これは大變《たいへん》いい氣持《きもち》だと思《おも》ひました。

中村　頭《あたま》の中《なか》の血液《けつえき》の循環《じゆんくわん》がよくなつて、鬱血《うつけつ》がなくなり、血壓《けつあつ》も自然《しぜん》に下《さが》りますから、頭痛《づつう》のひどいときなどは、對症療法《たいしやうれうほふ》として電氣《でんき》をかけることはいゝでせう。

(11)　二ケ月《げつ》の療養《れうやう》で生《うま》れ更《かは》る

平井　私《わたくし》は苦《くる》しみに苦《くる》しみ抜《ぬ》き、いつも子供《こども》

を發して生家へ歸らうとして、家を出でしまひました。そして姉のところに行つて相談しましたら、姉は、それもいゝが、まあ少し興奮《こうふん》してゐるやうだから、話はあとで決めるとして、少《すこ》し轉地でもしたつもりで遊んでゐるやうにと言はれ、それから姉の盡力《じんりよく》で、中村《なかむら》先生の診療所へ御厄介になりました。

最初は每日子供のことが想ひ出されたり、氣がひどく口惜しいやうに考へられて、何事も手につきませんでしたが、そのうちだんだん先生のお話も解るやうになつて、二ケ月《げつ》の療養生活で過去三年の惡夢も清算され、晴々《はれ〴〵》として我が家に歸りました。

(12) 生活《せいくわつ》の一變《ぺん》で全治《ぜんち》した

記者 川村さんは、精常院へお入《はい》りになつたのは何時《いつ》でしたか。

川村 昨年《さくねん》の五月から七月まで、二ケ月《げつ》でした。初めはお山の玄米の御飯がどうしても咽喉《のど》に通らず、生活も不自由《ふじ》がちで困りましたが、毎日山登りをするうちに血壓《けつあつ》も低《ひく》くなり、靜坐法に似《に》た練膽法を行つたり、食事《しよくじ》も二回に減されるなど、私《わたくし》のこれまでの生活とは根本から違ひますので、何《なに》も彼も自分《じぶん》の手足《てあし》を動かしてみて、初めて勞働の尊さも解り、お腹が空けば何でも美味しく頂けることもわかり、多年の偏食癖《へんしよくへき》も一掃《さう》されました。退院後が大切《たいせつ》とのことで、只今《たゞいま》ではすつかり以前の生活を改めまして、精常主義は每日一里《り》に近い徒歩を實行《じつかう》し、三度の食事も何でも美味しく頂けて、やつと明るい生活ができるやうになつたのでございます。

(13) 家《か》人《じん》への注《ちう》意

大橋 私《わたくし》は自分が多年苦しんだ經驗から、病人《にん》の心をよく察《さつ》しることができます。私《わたくし》の病氣は、先ほども申上げたやうに、一に辛抱強い妻の看護《かんご》と、別所《べつしよ》先生のお力によつて全快したので、今では往年の俤《おもかげ》は少《すこ》しもない健康體で、日夜忙しい仕事に追はれてをります。自分《じぶん》の經驗から見《み》て、ヒステリー患者は、實《じつ》に氣の毒です。そしてこの患者ほど、自分《じぶん》の病氣を勿體ぶるものはありません。他《た》に對して、それは實《じつ》に重大な病氣だと見《み》せたいのです。思はせたいのです。人の居《ゐ》ないところでは起《お》きてゐても、人の足音を聞くと、急いで蒲團を被《かぶ》つて重態を裝ふことを敢てする病氣です。見《み》舞に來た人にでも、病氣を輕く見《み》られるのは面白くないといふ病氣です。

家庭の人達は、この行爲を憎んではいけません。僞病だなど、考へてはいけません。この心持に同情して、共々病氣を大切《たいせつ》に扱ふやうにするのです。『頭が痛い。』と訴へれば『痛いでせう。』とこちらから大きく出《で》るのです。『苦しい。』といへば、『さぞ苦しいでせう。私もそんなときは、苦しかつた。かういふ風に苦しかつた。』といふやうに相槌《あひづち》を打《う》つのです。そして、その苦しみによく耐へて行かれることを賞揚すると、患者は自然《しぜん》に苦しみに耐へることに努力するやうになります。すべて苦しみは、苦痛《くつう》そのものよりも、苦痛を苦《く》にすることによつて苦《く》を增すのですから、耐へることに努力すれば、苦《く》は半減されて行きます。

以上《いじやう》はほんの一例に過ぎませんが、要《えう》するにヒステリー患者を扱ふことは、子供を扱ふと同じことであります。一朝一夕に治せることではありません。患者の、少《すこ》しでも快《こゝろよ》い喜びを自分《じぶん》の喜びとして、氣永に導くことが大切です。さうすれば、決して治らないことはないと信じます。

中村 全くお說の通りです。ヒステリーといふ

289　「ヒステリー全治者の座談会」 秋山初之助、秋山みさ子、大橋正二、川村春子、平井とし子、中村古峡 『主婦之友』昭和７年５月１日

病氣《びやうき》は、前《まへ》にも申《まを》したやうに、頗《すこぶ》る自我中心《じがちゆうしん》的《てき》のもので、何事《なにごと》にもまづ、自己《じこ》の利害《りがい》を中心《ちゆうしん》とし、あくまで自己《じこ》を他人《たにん》の前《まへ》に、誇大的《こだいてき》に發表《はつぺう》し、他《た》の同情《どうじやう》を求《もと》めたり、または、自己《じこ》の優越《いうゑつ》を他《た》に認《みと》めさせようと努力《どりよく》するものです。だから、周圍《しうゐ》の人々《ひとびと》は、よくその心理《しんり》を呑《の》み込《こ》んで、力《つと》めて病人《びやうにん》の不平《ふへい》や愚痴《ぐち》を聽《き》いてやり、その感情《かんじやう》を、興奮《こうふん》させないやうにしなければいけません。

さうして一應《おう》は、相手《あいて》の自尊心《じそんしん》や虚榮心《きよえいしん》や、優越感《いうゑつかん》を滿足《まんぞく》させておいて、その後《あと》で、徐々《じよじよ》にこれを指導《しだう》し、啓發し、訓誡《くんかい》するやうに、努《つと》めなければなりません。それは大橋《おほはし》さんもおつしやるやうに、全《まつた》く子供《こども》を取扱《とりあつか》ふと同様《どうやう》の心掛《こころがけ》が必要《ひつえう》です。子供《こども》は、あまり叱《しか》つたり、事毎《ことごと》に小言《こごと》を言《い》つたりすると、直《す》ぐに泣《な》いたり拗《す》ねたり、ふてくされたり、或《ある》は委縮《ゐしゆく》してしまひます。ところが、ある程度《ていど》までその長所《ちやうしよ》を賞揚《しやうやう》し、またはその立場《たちば》に同情《どうじやう》してやつて、適當《てきたう》にこれを調子《てうし》づけますと、なか／＼よく氣《き》がつき、よく働《はたら》いて、時《とき》には、大人《おとな》にも劣《おと》らぬ仕事《しごと》をするものです。勿論《もちろん》、あまり有頂天《うちやうてん》にならないやう、適度《てきど》に手綱《たづな》をしめることも忘《わす》れてはなりませんが。これがヒステリー患者《くわんじや》を治療《ちれう》する上《うへ》に於《おい》て、指導者《しだうしや》の執《と》るべき態度《たいど》だと考《かんが》へます。

記者　いろ／＼有益《いうえき》なお話《はなし》を伺《うかが》ひまして、有《あ》り難《がた》う存《ぞん》じました。

結《けつ》婚《こん》前《ぜん》に知《し》つておきたいことの相《さう》談《だん》會《くわい》

☆知《し》らねばならぬことで正《たゞ》しく教《をし》へる人《ひと》の少《すくな》い結《けつ》婚《こん》衛《ゑい》生《せい》☆

（保坂博士と）（吉岡女史）

解答者

（京橋産婦人科醫院長　醫學博士）保《ほ》坂《さか》孝《たか》雄《を》

（東京至誠病院長　東京女子醫學專門學校長）吉《よし》岡《をか》彌《や》生《よひ》

結婚《けつこん》は、華々《はなばな》しい人生《じんせい》への首途《かどで》であります。あなた方《がた》は、お嫁入《よめいり》の準備《じゆんび》として、いろいろのことをお習《なら》ひになつたでせう。けれども、結婚《けつこん》には、まだまだあなた方《がた》の未知《みち》の世界《せかい》が限《かぎ》りなくあることを、あなた方《がた》も御存《ごぞん》じでせう。そして、随分《ずゐぶん》不安《ふあん》に思召《おぼしめ》していらつしやるでせう。それは割合《わりあひ》に正《たゞ》しく教《をし》へられることが少《すくな》いやうですから。しかし、それは大切《たいせつ》なことであります。誰方《どなた》も正《たゞ》しく知《し》つておかねばなりません。知《し》らうとして知《し》り得《え》ない、また教《をし》へようとして教《をし》へ得《え》ない、この大切《たいせつ》な問題《もんだい》を、保坂《ほさか》、吉岡《よしをか》の両先生《りやうせんせい》にお願《ねが》ひして、正《たゞ》しく御解答《ごかいたふ》いたゞきました。お嫁様方《およめさまがた》にもお母様方《かあさまがた》にも、必《かなら》ずお役《やく》に立《た》つことゝ信《しん》じます。（記者）

（一）結《けつ》婚《こん》の日《ひ》取《ど》りは何《い》時《つ》がよいか？

三《み》上《かみ》とし子《こ》（二十一歳）

私《わたくし》は、婚禮《こんれい》の日取《ひど》りについて不安《ふあん》に思《おも》つてゐる者《もの》でございます。と申《まを》しますのは、私共《わたくしども》は式《しき》を擧《あ》げると直《す》ぐに、海外《かいぐわい》の任地《にんち》に出立《しゆつたつ》することになつてをりますので、先方《せんぱう》では、五月《ごがつ》の第《だい》二日曜日《にちえうび》（八日《か》）にいたしたいと申《まを》します。

私《わたくし》の方《はう》も、その頃《ころ》で差支《さしつかへ》ないと存《ぞん》じましたので、決《き》めてしまひましたところ、どうしたわけか、今月《こんげつ》は月經《げつけい》が豫定《よてい》より五日《か》も遅《おく》れて來潮《らいてう》いたしました。こんなことは曾《かつ》てないことですが、體《からだ》には別《べつ》に異狀《いじやう》を感《かん》じません。この順《じゆん》ですと、五月《ぐわつ》は丁度《ちやうど》式《しき》の頃《ころ》に差支《さしつか》へるのではないかと存《ぞん》じて、心配《しんぱい》してをります。何《なに》かよい方法《はうはふ》はございますまいか。

保坂先生のお答へ　結婚《けつこん》の日取《ひど》りは、第《だい》一に花嫁《はなよめ》の體《からだ》の都合《つがふ》を條件《でうけん》として決《き》めなくてはなりません。あなたの場合《ばあひ》も、勿論最初《もちろんさいしよ》それで決《き》

291　「結婚前に知つておきたいことの相談会」 保坂孝雄、吉岡弥生 『主婦之友』昭和7年5月1日

めたのでせうが、不安《ふあん》だとすれば、御相談《ごさうだん》の上《うへ》、日《ひ》を變更《へんかう》されるのが最善《さいぜん》の方法《はうはふ》です。

　平常《ふだん》はきちんとあつた月經《げつけい》が、何《なに》か大《おほ》きい心身《しんしん》の刺戟《しげき》で、狂《くる》ひを生《しやう》ずることはよくあります。あなたも、結婚《けつこん》といふ大《おほ》きい感動《かんどう》が、豫定日《よていび》を遅《おく》らしたのでせう。ですからほんたうは、月經《げつけい》と月經《げつけい》との中間《ちうかん》の日《ひ》を當《あ》てれば、三四日《か》は、遅《おく》れても早《はや》くなつても、差支《さしつかへ》ないわけで、私《わたくし》はそれを、第一《だいいち》の安全吉日《あんぜんきちにち》だと申《まを》してゐます。

　とにかく、あなたの場合《ばあひ》は、日取《ひど》りを安全《あんぜん》なところに變更《へんかう》されることをお勧《すゝ》めします。

　もしどうしても變更《へんかう》ができないときは、醫師《いし》と相談《さうだん》の上《うへ》、豫定日《よていび》の十日《か》くらゐ前《まへ》からホルモン製劑《せいざい》を服用《ふくよう》されて、月經《げつけい》を促進《そくしん》さして御覽《ごらん》なさい。これは曾《かつ》て御相談《ごさうだん》を受《う》けて試《こゝろ》み、功《こう》を奏《そう》した經驗《けいけん》から申上《まをしあ》げるのですが、體質《たいしつ》にもよつて、誰方《どなた》にでもとお引受《ひきう》けはできませんから、最良《さいりやう》の方法《はうはふ》は、日取《ひど》りを變更《へんかう》することであります。

(二) 夫婦生活《ふうふせいくわつ》に對《たい》しての不安《ふあん》

津村《つむら》たま子《こ》（二十歳）

　私《わたくし》は來月結婚式《らいげつけつこんしき》をすることになつてをります。先方《せんぱう》は有望《いうばう》な青年《せいねん》で、大變《たいへん》恵《めぐ》まれた結婚《けつこん》だと申《まを》して、皆様《みなさま》が祝福《しゆくふく》してくださいます。私《わたくし》も自分《じぶん》の幸福《かうふく》を、ほんとに感謝《かんしや》して已《や》みませんが、時々《ときどき》、何《なん》とも云《い》へない不安《ふあん》が、頭《あたま》の一部《ぶ》に浮《うか》び、暗《くら》い心持《こゝろもち》になります。

　娘《むすめ》の身《み》で何《なん》だか申上《まをしあ》げにくいことですが、それは、夫婦生活《ふうふせいくわつ》——と申《まを》すのでせうか——に對《たい》しての不安《ふあん》でございます。私《わたくし》のお友達《ともだち》は、女學校《ぢよがくかう》を卒業《そつげふ》すると同時《どうじ》に結婚《けつこん》されましたが、一ケ月《げつ》と經《た》たないうちに離縁《りえん》になりました。噂《うはさ》には、御結婚《ごけつこん》の第一夜《だいいちや》から、旦那様《だんなさま》を怖《こは》がつて泣《な》いてばかりいらつしやつたとか伺《うかゞ》ひました。

　さういふことを考《かんが》へますと、私《わたくし》のやうな何《なに》も知《し》らない者《もの》が、妻《つま》としての務《つと》めができるかしらと、不安《ふあん》で堪《たま》りません。母《はゝ》にも相談《さうだん》しにくいことですし、獨《ひと》りで惱《なや》んでをります。

保坂先生のお答へ……今《いま》の若《わか》い方《かた》は、雜誌《ざつし》などによつて、結婚《けつこん》の意味《いみ》を朧《おぼろ》げながらも御存《ごぞん》じでせうから、結婚《けつこん》とは、たゞ男女《だんぢよ》が同《おな》じ家《うち》に

生活《せいくわつ》するだけのものとはお考《かんが》へにならないでせうが、それでも、結婚《けつこん》の翌朝《よくあさ》、自分《じぶん》の姿《すがた》が昨日《きのふ》と變《かは》つてゐないのが不思議《ふしぎ》だ、と言《い》つた人《ひと》のあるといふくらゐ、婦人《ふじん》にとつて大《おほ》きい衝動《しようどう》を與《あた》へるものであります。精神的《せいしんてき》にも、肉體的《にくたいてき》にも。

しかし、それは自然《しぜん》のことですから、たゞ恐《おそ》れてはいけません。男子《だんし》は、殊《こと》に夫婦生活《ふうふせいくわつ》に對《たい》しては、常《つね》に積極的《せききよくてき》なものです。それは確《たし》かに、厳格《げんかく》な家庭《かてい》に育《そだ》つたお嬢樣《ぢやうさま》には、意外《いぐわい》な驚《おどろ》きであるに相違《さうゐ》ありません。けれどもそれを悪行だと誤解してはなりません。良人《をつと》を信頼《しんらい》し、尊敬《そんけい》して、心身共に捧《さゝ》げるのが妻《つま》の務《つと》めであります。これは、どんなに親《した》しい間《あひだ》でも、結婚前《けつこんまへ》には越《こ》えてならない城《しろ》です。妻《つま》として初《はじ》めて得《え》られる特權《とくけん》です。

もし、あなたの不安《ふあん》が、たゞ未知《みち》の世界《せかい》を恐《おそ》れるといふ、處女《しよぢよ》らしい不安《ふあん》なら決《けつ》して御心配《ごしんぱい》なさいますな。それとも、もしあなたのお體《からだ》に、何《なに》か異狀《いじやう》でもお感《かん》じになるやうでしたら、それは結婚前《けつこんまへ》に、ぜひ一度《いちど》専門醫《せんもんい》に御相談《ごさうだん》なさいませ。

(三) 男子《だんし》の性病《せいびやう》が恐《おそ》ろしくてならぬ

吉野《よしの》みち子《こ》（二十四歳）

私《わたくし》は至《いた》つて健康《けんかう》でございますが、結婚《けつこん》を前《まへ》にして、性病《せいびやう》を非常《ひじやう》に恐《おそ》れてをります。それは私《わたくし》の親《した》しいお友達《ともだち》で、三年前《ねんまへ》に結婚《けつこん》された方《かた》が、御主人《ごしゆじん》の性病《せいびやう》が原因《げんいん》で、慢性《まんせい》の婦人病《ふじんびやう》に罹《かゝ》り、そのために、夫婦《ふうふ》の仲《なか》も初《はじ》めのやうに圓滿《ゑんまん》に行かず、この頃《ごろ》では强度《きやうど》のヒステリーにさへなつて、ほんとにお氣《き》の毒《どく》に堪《た》へません。

私《わたくし》の良人《をつと》となる人《ひと》は、非常《ひじやう》に眞面目《まじめ》な、品行方正《ひんかうはうせい》な青年《せいねん》ですから、よもやそんな病氣《びやうき》に罹《かゝ》つてゐる筈《はず》はないと信《しん》じますが、『男《をとこ》といふものは當《あて》にならない。』と、逢《あ》ふ度毎《たびごと》に歎《なげ》いてゐる友《とも》を見《み》ますと、萬一《まんいち》といふ不安《ふあん》が起《おこ》り、樂《たの》しい結婚《けつこん》も、恐《おそ》ろしいやうな氣《き》がいたします。

吉岡先生のお答へ……近來婦人《きんらいふじん》の衛生思想《えいせいしさう》が進《すゝ》んで、結婚《けつこん》についても、自分《じぶん》の體質《たいしつ》や體格《たいかく》、先方《せんぱう》の健康狀態《けんかうじやうたい》などに、第一《だいいち》に關心《くわんしん》を持《も》つやうになつたことは、大變《たいへん》に喜《よろこ》ばしいことですが、これをもう一歩《ぽ》進《すゝ》めて、徹底《てつてい》させるやうにしたいものです。例《たと》へば、あなたの御心配《ごしんぱい》の性病《せいびやう》でも、既《すで》に結婚《けつこん》の日取《ひど》りまで決《きま》つてしまつてからでは、どうにもなりません。もう一歩《ぽ》進《すゝ》んで、婚約《こんやく》の條件《でうけん》として、健康診斷書《けんかうしんだんしよ》を交換《かうくわん》するといふことが私《わたくし》の理想《りさう》です。

しかし、品行方正《ひんかうはうせい》の男子《だんし》でしたら、まづ性病《せいびやう》はないものと信《しん》じてい ゝわけですから、恐《おそ》らくあなたの良人《をつと》になられる方《かた》も、清淨《しやうじやう》であると信《しん》じます。けれども、萬《まん》一結婚後《けつこんご》に、少《すこ》しでも異狀《いじやう》をお感《かん》じになつたら、早《はや》く御主人《ごしゆじん》に打明《うちあ》けることが大切《たいせつ》です。たとひそれが忌《い》はしい病氣《びやうき》でないにせよ、早《はや》く手當《てあて》をするといふことは必要《ひつえう》で、お互《たがひ》に祕《ひ》してゐると、病氣《びやうき》を益々《ますます》深入《ふかい》りさせてしまひます。

なほ一言御注意《ごんごちうい》したいことは、萬《まん》一そんなことがあつた場合《ばあひ》、それが男子《だんし》の罪《つみ》には相違《さうゐ》ありませんが、一途《づ》に御主人《ごしゆじん》の非《ひ》を責《せ》めて、その立場《たちば》をなくしてしまふやうなことのないやうに、互《たがひ》に諒解《りやうかい》し合《あ》つて治療《ちれう》されるやうに望《のぞ》みます。惡《わる》いと思《おも》つたことでも、眞正面《ましやうめん》から攻撃《こうげき》されると、つい反動的《はんどうてき》な態度《たいど》をとるやうになり、いゝ結果《けつくわ》は得《え》られません。疑惑《ぎわく》や取越苦勞《とりこしぐらう》をせずに、合理的《がふりてき》の方法《はうはふ》によつて治療《ぢれう》すべきであります。

（四）満足《まんぞく》な夫婦生活《ふうふせいくわつ》が案《あん》じられる

門井《かどゐ》きみ子《こ》（三十歳）

私《わたくし》はきみ子《こ》の姉《あね》でございます。近日《きんじつ》妹《いもうと》が結婚《けつこん》いたしますにつき、一家《か》は只今《たゞいま》喜《よろこ》びに滿《み》ちてをり、私《わたくし》も勿論《もちろん》妹《いもうと》のために祝福《しゆくふく》してをりますが、たゞ獨《ひと》り胸《むね》を痛《いた》めてをりますことは、妹《いもうと》も私《わたくし》のやうに、性的《せいてき》に缺陥《けつかん》を持《も》つ女《をんな》ではないかといふことであります。

私《わたくし》は、十九歳《さい》のとき現在《げんざい》の良人《をつと》と結婚《けつこん》いたし、只今《たゞいま》は一男《なん》一女《ぢよ》の母《はゝ》となつて、他《た》からは、非常《ひじやう》に幸福《かうふく》さうに思《おも》はれてゐるのでございますが、實《じつ》は私《わたくし》自身《じしん》は、結婚以來《けつこんいらい》一度《ど》も夫婦生活《ふうふせいくわつ》に對《たい》する悦《よろこ》びを感《かん》じたことがございません。良人《をつと》は非常《ひじやう》に健康《けんかう》で、また精力家《せいりよくか》であるだけに、たゞ義務的《ぎむてき》な私《わたくし》の態度《たいど》に不滿《ふまん》であることも、よく承知《しようち》してをりますが、どうすることもできません。

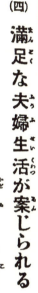

結婚以來《けつこんいらい》惱《なや》みつゞけてゐる、この苦《くる》しみを、妹《いもうと》にはさせたくないと思《おも》ひますが、父《ちゝ》も母《はゝ》もたゞ嚴格《げんかく》一方《ぱう》で、さういふ相談《さうだん》はできません。何《なに》かよい方法《はうはふ》はございますまいか。

保坂先生のお答へ……不感症《ふかんしよう》の原因《げんいん》は、内生殖器《ないせいしよくき》の異狀《いじやう》から來《く》ることもあり、或《あるひ》は少女時代《せうぢよじだい》の惡癖《あくへき》によることもあるが、また何等《なんら》缺陷《けつかん》がないにも拘《かゝ》らず、その行爲《かうゐ》を唾棄《だき》すべきもののやうに卑《いや》しむといふ潜在意識《せんざいいしき》があつて、どうしても沒頭《ぼつとう》することができず、そのためにいつでも不滿《ふまん》を感《かん》じてゐる人《ひと》もあります。

あなたの場合《ばあひ》も、御兩親《ごりやうしん》とも非常《ひじやう》に嚴格《げんかく》な方《かた》だとすれば、やはり知《し》らず識《し》らずのうちに、

さうした意識《いしき》があるのではないでせうか。男子《だんし》といふものを、みんな父親《ちゝおや》のやうに、尊敬《そんけい》すべきものとのみ考《かんが》へてゐた方《かた》が、良人《をつと》としての男子《だんし》の行爲《かうゐ》を、意外《いぐわい》に醜《みにく》くも卑《いやし》くも思《おも》ふ結果《けつくわ》、どうしてもそれに順應《じゆんおう》して行《ゆ》けないといふやうなことは往々あります。

お妹《いもうと》さんのことも、健康《けんかう》であり、また月經《げつけい》なども順調《じゆんてう》であるとすれば、普通《ふつう》の結婚生活《けつこんせいくわつ》はできるものと見《み》る他《ほか》ないでせう。たゞ、夫婦生活《ふうふせいくわつ》といふものについて、驚《おどろ》いたり失望《しつばう》したりせぬだけの御注意《ごちゆうい》を、あなたから、なすつておく方《はう》がよろしいでせう。

（五）新婚《しん こん》旅行《りよ かう》は有害《いう がい》でせうか？

豊島《とよしま》てい子《こ》（二十三歳）

私《わたくし》こと、近日《きんじつ》K《ケイ》と申《まを》す人《ひと》と結婚《けつこん》いたしますので、新婚旅行《しんこんりよかう》について、御指示《ごしじ》を願《ねが》ひたいと存《ぞん》じます。

實《じつ》は、このことについて、二三の方《かた》に相談《さうだん》いたしましたところ、A《エー》子さんは、新婚旅行《しんこんりよかう》を兼《か》ねて御主人《ごしゆじん》の郷里《きやうり》に歸《かへ》られ、窮屈だの親戚廻《しんせきまは》りだのと、非常《ひじやう》に疲《つか》れたゝめ、東京《とうきやう》へ歸《かへ》ると一週《しう》間《かん》も床《とこ》に就《つ》いたので、新婚旅行《しんこんりよかう》はつまらないものだと申《まを》されます。またお醫者樣《いしやさま》のお説《せつ》などでも、とかく性的《せいてき》にも放縱《はうじう》になり易《やす》いから有害《いうがい》だとのことですが、如何《いかが》なものでせう。

K《ケイ》の友人《いうじん》のH《エイチ》氏《し》の經驗《けいけん》では、式《しき》から披露會《ひろうくわい》と一日緊張して、衆人環視《しうじんくわんし》の中心《ちうしん》になつてゐた新婦《しんぷ》が、良人《をつと》と二人《ふたり》きりで汽車《きしや》に乘《の》り込《こ》んだとき、漸《やうや》くほつとしたらしい顏《かほ》を見《み》て、自分《じぶん》もやつと安心《あんしん》し、非常《ひじやう》に喜《よろこ》びを感《かん》じ、初《はじ》めて良人《をつと》だといふ強《つよ》い責任《せきにん》を覺《おぼ》えたと申《まを》して、ぜひ旅行《りよかう》を實行《じつかう》するやう勸《すゝ》めてくれるさうですが、どちらを用《もち》ひたらよろしいでせうか

吉岡先生のお答へ……新婚旅行《しんこんりよかう》の意味《いみ》は、新夫婦《しんふうふ》が、周圍《しうゐ》の煩《わづら》はしさから離《はな》れて、靜《しづ》かに語《かた》らひ、新生活《しんせいくわつ》に入《い》る基礎《きそ》を定《さだ》めるためのものですから、この目的《もくてき》さへ履《は》き違《ちが》へなければ、有害《いうがい》なことはありません。

勿論《もちろん》、無節制は愼《つゝし》むべきで、時日《じじつ》も三四日《か》で結構《けつこう》、場所《ばしよ》も靜《しづ》かなところを選《えら》ぶべきですが、あまり不便《ふべん》で、そのため苦勞《くらう》するやうでも困《こま》ります。

とにかく、後日《ごにち》に、よい印象《いんしやう》を殘《のこ》すやうにしなくてはいけません。

（六）結婚《けつ こん》後《ご》に起《おこ》り易《やす》い病氣《びやう き》は何《なに》か？

後藤《ご とう》はつ子《こ》（二十四歳）

私《わたくし》は幼い頃《ころ》から體《からだ》が弱《よわ》く、肋膜炎《ろくまくえん》で一年《ねん》、神經衰弱《しんけいすゐじやく》で一年《ねん》、轉地療養《てんちれうやう》をしたほどでした。そのため結婚《けつこん》も遲延《ちえん》しましたが、こゝ二三年《ねん》は大變丈夫《たいへんぢやうぶ》になりましたので、父母《ふぼ》の勸《すゝ》めるまゝに、結婚《けつこん》することにいたしました。新婚後《しんこんご》再發《さいはつ》するやうなことはございますまいか。勿論《もちろん》只今《たゞいま》は少《すこ》しも異狀《いじやう》はありません。

保坂先生のお答へ……結婚《けつこん》は、婦人《ふじん》の體《からだ》にいろいろの變化《へんくわ》を與《あた》へるため、結婚後《けつこんご》病氣《びやうき》に罹《かゝ》ることは少《すく》くありません。殊《こと》に、以前《いぜん》に病氣《びやうき》をされた方《かた》は、よく注意《ちうい》して、少《すこ》しでも異狀《いじやう》があつたら、早《はや》く手當《てあて》することが大切《たいせつ》です。第一《だい》は神經衰弱《しんけいすゐじやく》で、これは多《おほ》く新婚後《しんこんご》半年《はんとし》くらゐ、少《すこ》し馴《な》れて來《き》た頃《ころ》に起《おこ》ります、丁度《ちやうど》

姙娠された方《かた》の御惡阻のやうなもので、たゞ何《なん》となく、やるせない想《おも》ひ、とでもいふのでせうか、別《べつ》にどれがどうといふわけも解《わか》らない、淋《さみ》しさが起《おこ》つて、泣《な》きたいやうな氣持《きもち》になるのです。新婚《しんこん》で張《は》りつめた心身《しんしん》の過勞《くわらう》が原因《げんいん》です。療法《れうはふ》は、御主人《ごしゆじん》がその心《こゝろ》を汲《く》んで注意《ちうい》して上《あ》げるのが、最《もつと》も有效《いうかう》ですが、それに甘《あま》えすぎると、この拍子《ひやうし》に我儘《わがまゝ》な奥樣《おくさま》が出《で》來上《きあ》りますから、御自分《ごじぶん》で、よほど自制《じせい》しなくてはいけません。

第二《だい》は微熱《びねつ》で、これは肺門淋巴腺炎《はいもんりんぱせんえん》に罹《かゝ》つてゐることが多《おほ》いです。毎日夕方《まいにちゆふがた》になると、三十七度二三分《ぶ》になるやうなら、早《はや》く御用心《ごようじん》なさいませ。嫁入道具《よめいりだうぐ》に、檢温器《けんをんき》を一箇用意《こようい》するのも、用心《ようじん》のためにいゝことでせう。

第三《だい》は、結婚前《けつこんまへ》には月經《げつけい》が順調《じゆんてう》であつた人《ひと》が、結婚後《けつこんご》急《きふ》に不順《ふじゆん》になつたり、過多《くわた》になつたりすることがありますが、それは何《なに》か故障《こしやう》の起《おこ》つた證據《しようこ》ですから、早《はや》く適當《てきたう》の手當《てあて》を受《う》けることです。

（七）處女《しよぢよ》であつたといふ證明《しようめい》は何《なに》か

太田《おほた》まち子《こ》（廿五歳）

昨年結婚《さくねんけつこん》した私《わたくし》の友達《ともだち》が、御主人《ごしゆじん》から處女《しよぢよ》を疑《うたが》はれて、隨分《ずゐぶん》お可哀《かはい》さうでした。私《わたくし》も近《ちか》く結婚《けつこん》するのですが、必《かなら》ず處女《しよぢよ》であつたといふ證明《しようめい》は、どうしたらできるのでせうか。

保坂先生のお答へ……むづかしい問題《もんだい》ですね。動物《どうぶつ》では血清學的《けつせいがくてき》に試驗《しけん》されてゐますが、信《しん》愛《あい》すべき夫婦《ふうふ》が、そこまで感情《かんじやう》がこじれたら困《こま》るでせう。

とても
三種類《しゆるゐ》の色《いろ》が評判《ひやうばん》なんです
明るい魅力のライト
上品な魅力のダーク
モダンな魅力のオレンヂ（オレンヂの口紅は最近巴里で大流行の尖端色です。）
ウテナ

よく結婚《けっこん》の初夜《しょや》に、出血《しゅっけつ》をすれば處女《しょじょ》だ、しないから處女《しょじょ》でないといふので問題《もんだい》にする人《ひと》もありますが、これは問題《もんだい》になりません。何《な》故ならば、處女膜《しょじょまく》は薄《うす》いものですから、たとひ處女《しょじょ》でも、何《なに》か激《はげ》しい動作《どうさ》でもしたはずみに、破《やぶ》れることがないとは申《まを》せません。殊《こと》に最近《さいきん》のやうに、女子《じょし》のスポーツが盛《さか》んな時代《じだい》には、昔《むかし》のやうに、それだけを以《もっ》て證明《しょうめい》することはできないでせう。要《よう》するに、信《しん》じて貰《もら》ふより仕方《しかた》がないのです。

(八) 結婚《けっこん》前《まへ》の婦人科《ふじんくわ》の診察《しんさつ》

大津《おほつ》たき子《こ》(二十三歳)

私《わたくし》は十六歳《さい》で初經《しょけい》を見《み》ましたが、十八歳《さい》になつても、まだ二三ケ月目《げつめ》毎《ごと》にしか來潮《らいちょう》しませんので、母《はは》が心配《しんぱい》して、婦人科醫《ふじんくわい》の診察《しんさつ》を受《う》けたことがございます。ところが無理解《むりかい》な親戚《しんせき》の者《もの》が、嫁入前《よめいりまへ》に婦人科醫《ふじんくわい》にかゝるやうでは、と申《まを》して、ひどく攻撃《こうげき》されました。

最近《さいきん》結婚《けっこん》することになりましたが、結婚前《けっこんぜん》婦人科醫《ふじんくわい》にかゝつたことは、良人《をっと》にしても氣持《きもち》惡《わる》く思《おも》ふでせうか。

保坂先生のお答へ……婦人病《ふじんびょう》といふものは、處女《しょじょ》にもあるので、それは別《べつ》に恥《は》づべきものではありません。それを云々《うんぬん》するのは、婦人科《ふじんくわ》の意義《いぎ》が解《わか》らないのです。

しかし、物事《ものごと》は理窟《りくつ》ではなく感情《かんじょう》で、殊《こと》に結婚《けっこん》などの場合《ばあひ》、感情《かんじょう》に隔《へだ》りができたら、たとひ理窟《りくつ》はどうであらうとも、どうにもならぬことがあります。

要《えう》するに、あなたの煩悶《はんもん》は、御自分《ごじぶん》の過去《くわこ》の婦人科的診察《ふじんくわてきしんさつ》を、御主人《ごしゅじん》に知《し》らしたくないといふことにあるのでせうが、御自分《ごじぶん》に疚《やま》しいところのない以上《いじょう》、わざ〳〵知《し》らせる必要《ひつえう》もないことです。夫婦間《ふうふかん》に秘密《ひみつ》は絶對《ぜったい》にいけませんが、これは、秘密《ひみつ》といふ意味《いみ》ではありません。

お互《たがひ》に年頃《としごろ》です。結婚前《けっこんぜん》一二度《ど》は、戀愛《れんあい》を經驗《けいけん》したかもわかりません。或《あるひ》は、他《た》の人《ひと》と縁談《えんだん》が起《おこ》つたこともありませう。いくら夫婦《ふうふ》間《かん》に秘密《ひみつ》は禁物《きんもつ》だと申《まを》しても、昔《むかし》の戀文《こひぶみ》まで出《だ》して見《み》せる必要《ひつえう》はないではありませんか。それと同様《どうやう》です。

話《はな》さない方《はう》が、氣持《きもち》がいゝと思《おも》ふことでしたら、話《はな》す必要《ひつえう》はありません。知《し》れたからと申《まを》して、別《べつ》に恥《は》しい病氣《びょうき》でも何《なん》でもないことなのですから。

(九) 姙娠《にんしん》を自分《じぶん》で早《はや》く知《し》るには?

山口《やまぐち》はる子《こ》(二十二歳)

私《わたくし》は來月上旬《らいげつじょうじゅん》に結婚式《けっこんしき》を擧《あ》げて、すぐ良人《をっと》の任地《にんち》にまゐるのですが、遠方《えんぱう》で知人《ちじん》が一人《ひとり》もをりませんから、何《なに》より心細《こゝろぼそ》いのは、姙娠《にんしん》したときのことでございます。どうしたら姙娠《にんしん》を自分《じぶん》で早《はや》く知《し》ることができませうか。

吉岡先生のお答へ……結婚後《けっこんご》、これまで順調《じゅんてう》にあつた月經《げっけい》の閉止《へいし》することが第《だい》一、次《つぎ》に朝起《あさお》きると、胸《むね》がむかついて、食慾《しょくよく》がなく、或《あるひ》は吐《は》いたりします。自分《じぶん》で最《もっと》も判《わか》り易《やす》いのは、この程度《ていど》のことですから、もしそんな症狀《しょうじょう》がありましたら、早《はや》く産科醫《さんくわい》の診察《しんさつ》を受《う》けた方《はう》が安全《あんぜん》であります。

297 「結婚前に知つておきたいことの相談会」 保坂孝雄、吉岡弥生 『主婦之友』昭和7年5月1日

(十)よい子供《こども》を産《う》む心得《こゝろえ》は?

高田《たかた》ふじ子《こ》(二十三歳)

私共《わたくしども》は、結婚《けっこん》したら、いゝ子供《こども》を欲《ほ》しいといふのが、第一《だいいち》の目的《もくてき》でございます。どんな注意《ちうい》が必要《ひつえう》でせうか。

保坂先生のお答へ……良人《をっと》としては、第一《だいいち》に大《たい》酒《しゅ》を慎《つゝし》むことです。大酒家《たいしゅか》の子供《こども》に、健康《けんかう》も性能《せいのう》も、薄弱《はくじゃく》なものが出來易《できやす》いことは、事實《じじつ》であります。

次《つぎ》に、品行《ひんかう》を慎《つゝし》んで、花柳病《くわりうびやう》などに罹《かゝ》らぬやうにすること。先天黴毒兒《せんてんばいどくじ》の狀態《じやうたい》の悲慘《ひさん》なことは、誰方《どなた》も充分御存《じうぶんごぞん》じでありませう。

妻《つま》としては、胎教《たいけう》といふことも必要《ひつえう》ですから、常《つね》に生活《せいくわつ》を明《あか》るく、そして堅實《けんじつ》にすべきで、要《えう》するに夫婦《ふうふ》の生活《せいくわつ》そのものが、子供《こども》に反映《はんえい》するものですから、だらしない生活《せいくわつ》をせぬやうにせねばなりません。

(十一)結婚《けっこん》しても暫《しばら》くは妊娠《にんしん》を避けたい

本田《ほんだ》とし子《こ》(二十歳)

私共《わたくしども》は、結婚後《けっこんご》すぐに子供《こども》ができるのは厭《いや》だと存《ぞん》じます。三四年《ねん》は、二人《ふたり》きりの樂《たの》しい生活《せいくわつ》をしたいと願《ねが》ふものですが、何《なに》かよい方法《はうはふ》はございますまいか。

吉岡先生のお答へ……とんでもない考《かんがへ》です。結婚《けっこん》の目的《もくてき》は、事業のためではありません。もし子供《こども》ができて困《こま》るやうなら、もう暫《しばら》く結《けっ》婚《こん》を見合《みあは》せられては如何《いかゞ》ですか。

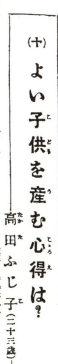

花《はな》婿《むこ》の性《せい》病《びやう》と貞《てい》操《さう》に就《つい》ての座《ざ》談《だん》會《くわい》

△性《せい》病《びやう》はごんなに恐《おそ》ろしいものか？

△輕《かろ》んぜられた男《だん》子《し》の貞《てい》操《さう》觀《くわん》を如《い》何《か》に導《みちび》くべきか？

出席者

代議士　安《あ》部《べ》磯《いそ》雄《を》先《せん》生《せい》

千代田高等女學校長　泉《いづみ》道《だう》雄《ゆう》先《せん》生《せい》

東京女子醫學專門學校長　吉《よし》岡《をか》彌《や》生《よひ》先《せん》生《せい》

醫學博士　高《たか》田《た》義《ぎ》一郎《らう》先《せん》生《せい》

故工學博士田中不二氏夫人　田《た》中《なか》芳《よし》子《こ》夫《ふ》人《じん》

小說家　沖《おき》野《の》岩《いは》三《さぶ》郎《らう》先《せん》生《せい》

評論家　山《やま》田《だ》わか先《せん》生《せい》

山脇高等女學校長　日本聯合女子青年團理事長　山《やま》脇《わき》房《ふさ》子《こ》先《せん》生《せい》

――昭和七年十二月十九日、丸の內會館にて。

—(出席の方々)—
(右より)
(後列) 高田義一郎博士 沖野岩三郎氏 安部磯雄氏 泉道雄氏
(前列) 吉岡彌生女史 山脇房子女史 田中芳子夫人 山田わか女史

記者 今日《こんにち》はお忙《いそが》しい中《なか》を、態《わざ》々《く》お出《で》かけ頂《いただ》きまして、まことに有《あ》り難《がた》う存《ぞん》じました。

こゝで今《いま》から、先生方《せんせいがた》にお話《はな》し願《ねが》ひたいと思《おも》ふ問題《もんだい》は、先《さ》き程《ほど》社會《しやくわい》に一大《だい》衝動《しようどう》を與《あた》へた、

鳥潟博士令孃の結婚取消問題
鳥《とり》潟《がた》博《はか》士《せ》令《れい》孃《ぢやう》の結《けつ》婚《こん》取《とり》消《けし》問《もん》題《だい》

の再檢討《さいけんたう》をして頂《いただ》き、それに關《くわん》して、花婿《はなむこ》の性病《せいびやう》竝《なら》びに、一般男子《はんだんし》の貞操問題《ていさうもんだい》に就《つい》て、心《こゝろ》おきなくお話《はな》して頂《いただ》ければ、まことに結構《けつこう》と存《ぞん》じます。

今日《こんにち》の結婚前《けつこんぜん》の若《わか》い男子《だんし》の貞操《ていさう》に就《つい》て、先般東京日日新聞紙上《せんぱんとうきやうにちにちしんぶんしじやう》に、或《あ》る小説家《せうせつか》その他《た》が、『純潔《じゆんけつ》とか、童貞《どうてい》とか、そんな理想的《りさうてき》なことが、この世《よ》の中《なか》にあると思《おも》つてゐるのか。』とか、『童貞《どうてい》である青年《せいねん》を求《もと》めることは、殆《ほとん》ど不可能《ふかのう》です。』などゝ發表《はつぺう》してゐられましたが、あれは、餘《あま》りに事實《じじつ》を誇張《ちやう》してゐるやうで、同意《どうい》しかねる點《てん》もあります。

貞操《ていさう》に對《たい》する今《いま》までの觀念《くわんねん》が、一般《はん》に男子《だんし》にのみ餘《あま》りに都合《つがふ》よくできてをりましたが、あの結婚取消事件《けつこんとりけしじけん》を動機《どうき》として、青年《せいねん》たちの心持《こゝろもち》が、少《すこ》しでも眞面目《まじめ》な方《はう》に動《うご》いて來《き》たやうですし、令孃方《れいぢやうがた》にしても、男子《だんし》の貞操《ていさう》に關《くわん》して、今《いま》まで夢《ゆめ》のやうにたゞ美《うつく》しいものとのみ心《こゝろ》に描《ゑが》いてゐられたことゝ、實際《じつさい》とは、違《ちが》つてゐたことがわかつて來《き》たやうであります。このとき、本日《ほんじつ》の座談會《ざだんくわい》が、更《さら》に一般青年男女《はんせいねんだんぢよ》のため、またお母様《かあさま》のため、結婚淨化《けつこんじやうくわ》の上《うへ》から、實際上役立《じつさいじやうやくだ》つ參考資料《さんかうしれう》を少《すこ》しでも提供《ていきよう》することができれば、幸《さいは》ひに存《ぞん》じます。

沖野先生《おきのせんせい》から、どうぞ、お願《ねが》ひいたします。

♣お母さんの遺傳!
♣お母《かあ》さんの遺《ゐ》傳《でん》!

沖野 私《わたくし》は、この問題《もんだい》を批判《ひはん》する前《まへ》に、是非《ぜひ》皆《みな》さんに聽《き》いて頂《いただ》きたいと思《おも》ふことがあ

ります。それは、問題《もんだい》の鳥潟博士令嬢靜子《とりがたはかせれいぢやうしづこ》さんのお母《かあ》さん(榮子樣《えいこさま》)を、私《わたくし》がよく知《し》つてゐることです。ずつと前《まへ》のことですが、エリフォードといふ外人《ぐわいじん》の家《うち》で、私《わたくし》と榮子《えいこ》さんは一緒《しよ》に働《はたら》いてゐたことがあります。また私《わたくし》の家内《かない》は、榮子《えいこ》さんとは學校時代《がくかうじだい》に同窓《どうそう》でした。それゆゑ、この問題《もんだい》が起《おこ》つたとき、私《わたくし》共夫婦《ともふうふ》は一生懸命《しやうけんめい》考《かんが》へました。妻《つま》は第《だい》一に、『これはお母《かあ》さんからの遺傳《ゐでん》ですね。』と申《まを》しましたが、私《わたくし》も、確《たし》かにさうだといふことが、ピーンと頭《あたま》へ來《き》ました。

榮子《えいこ》さんは伊達家《だてけ》の親戚《しんせき》で、實家《じつか》は非常《ひじやう》な家柄《いへがら》ではあつたが、御維新《ごゐしん》に沒落《ぼつらく》し、榮子《えいこ》さんは十三歳《さい》の、まだ肩揚《かたあげ》のとれない頃《ころ》から、大阪《おほさか》の傳道學校《ミツシヨンスクール》ウィルミナ女學校《ぢよがくかう》に入學《にふがく》して苦學《くがく》した人《ひと》でした。

卒業後《そつげふご》、同校《どうかう》の先生《せんせい》をしてゐるときに、或《あ》る人《ひと》から結婚《けつこん》を申込《まをしこ》まれたのです。

すると榮子《えいこ》さんは、或《あ》る朝《あさ》のこと、ヴァイオリンを手《て》にして『行《い》つてまゐります。』と出《で》て行《い》つたきり、二三ケ月間《げつかん》、自宅《じたく》へは歸《かへ》らず、そのまゝその申込者《まをしこみしや》と、共同生活《きようどうせいくわつ》をしたのです。その間《あひだ》に『この人《ひと》は將來《しやうらい》の見込《みこみ》がない。到底《たうてい》一生《しやう》を偕《とも》にするに足《た》らぬ人《ひと》だ。』と見極《みきは》めて、斷然實家《だんぜんじつか》に歸《かへ》つてしまひました。そのときも榮子《えいこ》さんは、清《きよ》い處女《しよぢよ》のまゝでした。

その後《ご》この申込者《まをしこみしや》は、榮子《えいこ》さんに是非《ぜひ》會《あ》はしてくれと、度々《たびたび》學校《がくかう》へ訪《たづ》ねて來《き》ましたが、それを斷《ことわ》るのが、私《わたくし》の妻《つま》の役目《やくめ》でした。

榮子《えいこ》さんは、このやうに冷靜《れいせい》な、また非常《ひじやう》に理性《りせい》の勝《か》つた人《ひと》でしたが、半面《はんめん》には、實《じつ》に優《やさ》しさの溢《あふ》れた女性《ぢよせい》でした。

(鳥潟博士令嬢の結婚解消)

♣短刀《たんたう》を突《つ》きつけられて

沖野　一方《ぱう》にお父《とう》さんの鳥潟博士《とりがたはかせ》は、京都帝大《きやうとていだい》醫學部《いがくぶ》で奮鬪《ふんとう》した方《かた》で、冷靜《れいせい》な理論家《りろんか》です。學界《がくかい》でも可《か》なり敵《てき》の多《おほ》い人《ひと》でした。

かゝる兩親《りやうしん》の許《もと》に育《はぐく》まれた靜子《しづこ》さんでしたが、相手《あひて》の男性《だんせい》の性病《せいびやう》の有無《うむ》に就《つい》ては、お父《とう》さんに、これまで度々《たびたび》糺《ただ》してゐたらしいのです。しかも自分《じぶん》のお友達《ともだち》が性病《せいびやう》の男子《だんし》と結婚《けつこん》して、不具同樣《ふぐどうやう》の悲慘《ひさん》な境遇《きやうぐう》に突《つ》き落《おと》されてゐる事實《じじつ》を、眼《ま》のあたりに見聞《けんもん》してゐた靜子《しづこ》さんが、結婚《けつこん》の初夜《しよや》に、相手《あひて》は帝大出身《ていだいしゆつしん》の秀才《しうさい》である醫學士《いがくし》――文學士《ぶんがくし》か何《なに》かならまだしも、專門《せんもん》の醫學士《いがくし》から、『時《とき》に僕《ぼく》は……』と切《き》り出《だ》されたのだから、吃驚《びつくり》したのも無理《むり》はありません。

そのとき靜子《しづこ》さんの採《と》つた態度《たいど》は、餘《あま》りに冷酷《れいこく》だと、若《わか》い男學生《だんがくせい》たちがわい〳〵言《い》つてゐたやうですが、あの場合《ばあひ》、驚《おどろ》かない女《をんな》は、處女《しよぢよ》でなければ、馬鹿《ばか》だと思《おも》ひます。

丁度《ちやうど》、兩刀使《りやうたうつか》ひの勇將宮本武藏《ゆうしやうみやもとむさし》が、老後《らうご》丸腰《まるごし》になつて、もう一切人《さいひと》を殺《ころ》さないと言《い》つて、相手《あひて》に氣《き》も心《こゝろ》も許《ゆる》させて、對談《たいだん》してゐるときに、突然《とつぜん》、ヌッと白鞘《しらざや》の短刀《たんたう》を突《つ》きつけたと同《どう》

301　「花婿の性病と貞操に就ての座談会」　安部磯雄、泉道雄、吉岡弥生、高田義一郎 ほか 『主婦之友』昭和８年２月１日

樣、これで悲鳴を擧げない女なら、恐らく普通《ふつう》の處女《しよぢよ》ではありますまい。

婿《むこ》さんにしても、自分《じぶん》が醫學士《がくし》である悲《かな》しさに、それを隱《かく》しきることができず、率直《そつちよく》に告白《こくはく》せずにはゐられなかつた、その正直《しやうぢき》な態度《たいど》には、同情《どうじやう》すべきだと思《おも》ひます。

◆靜子《しづこ》さんだからできた

沖野　鳥潟家《とりがたけ》があの問題後《もんだいご》・結婚取消《けつこんとりけし》の通知狀《つうちじやう》を印刷《いんさつ》して廻《まは》したことなど、どうかと思《おも》ふといふ人《ひと》がありますが、あれをこのまゝにしておけば、花婿《はなむこ》の長岡氏《ながをかし》は、しやあ〳〵と過《すご》せたかも知れぬが、靜子さんは一夜で汚されたた花嫁《はなよめ》といふので、あたら一生《いつしやう》を葬《ほうむ》られてしまふのです。鳥潟氏《とりがたし》としても、已《や》むを得《え》ず採《と》られた手段《しゆだん》だつたと思《おも》ひます。あながち鳥潟氏《とりがたし》のみを責《せ》むべきではないと思《おも》ひます。

私《わたくし》の知人《ちじん》に某政治家《ぼうせいぢか》がありますが、最初《さいしよ》の結婚《けつこん》は厭《いや》で〳〵仕方《しかた》がなかつたのを、無理《むり》に責《せ》め立《た》てられて結婚《けつこん》したものゝ、どうにも厭《いや》で堪《たま》らぬので『一晩《ひとばん》で淋病《りんびやう》を傳染《うつ》して、アメリカへ逃《に》げてやるのだ。』とて、直《たゞ》ちに渡米《とべい》して某大學《ぼうだいがく》に入《はひ》つてしまつた。

この話《はなし》を聞《き》いて、家内《かない》が『男《をとこ》といふものは怪《け》しからん。』と、非常《ひじやう》に憤慨《ふんがい》してゐたが、その憤激《ふんげき》のやり場《ば》がなくつて、悶々《もん〳〵》してゐたとき、今度《こんど》の鳥潟博士令嬢《とりがたはかせれいぢやう》の問題《もんだい》が起《おこ》つたので、もう滿洲問題《まんしうもんだい》どころではない、靜子《しづこ》さんだから、こんなにはつきりした態度《たいど》に出《で》られたのだ。』と非常《ひじやう》に感激《かんげき》してゐましたよ。

泉　新聞《しんぶん》だけで見《み》ると、靜子《しづこ》さんは、相手《あひて》の童貞《どうてい》であるかどうかといふことを極論《きよくろん》するのでなく、性病《せいびやう》を隱《かく》してゐた卑怯《ひけふ》な態度《たいど》が不滿《ふまん》だといふことを言《い》つてゐられましたが、かうなると、他《た》の道德問題《だうとくもんだい》になると思《おも》ひます。

山脇　私《わたし》も靜子《しづこ》さんをお預《あづか》りして、敬服《けいふく》しまし

長岡さんが性病に罹られたのは、大學を卒業のとき、謝恩會の後で、友達に誘はれて、よくないところへ足を運び、傳染したのだといふ新聞記事を讀んだとき、私の學生時代を顧みて、二十年前も今も、道德的には變りないなあと、つくづく考へさせられました。（記者）

たので、靜子《しづこ》さんの性格《せいかく》なり成績《せいせき》なりは、よく存《ぞん》じてをりますが、曲《まが》つたことは針《はり》で突《つ》いたほども嫌《きら》ひで、許《ゆる》すことはできない。正《ただ》しいことは、どこまでも正《ただ》しいと主張《しゆちやう》しないではゐられぬ、ハッキりした性格《せいかく》の人《ひと》でした。

嚴《おごそ》かに神前《しんぜん》に誓《ちか》ひ、多《おほ》くの人々《ひとびと》に祝福《しゆくふく》されて、もうこそ大丈夫《だいぢやうぶ》と思《おも》つたときに、さうされたのですから、その悲《かな》しみと憤《いきどほ》りは、大《たい》變《へん》だつたことゝ思《おも》ひます。

沖野 靜子《しづこ》さんが、神戸《かうべ》の裁判所《さいばんしよ》の判事《はんじ》に話《はな》したところによると、長岡《ながをか》さんに、武裝《ぶさう》してゐたさうですからね。

♣一時《じ》に慄《ふる》へ上《あが》つた

吉岡 そのとき、もう少《すこ》し人間味《にんげんみ》があつて欲《ほ》しいと思《おも》ひました。新郎《しんらう》が性病《せいびやう》を患《わづら》つたのは二年前《ねんまへ》のことでもあり、新婦《しんぷ》を愛《あい》するの餘《あま》り、萬一《まんいち》、恩師《おんし》の令嬢《れいぢやう》に傳染《うつ》してはならぬと、用心《ようじん》して、武裝《ぶさう》したのでせうから、そこを女《をんな》らしく、潤《うるほ》ひを出《だ》して欲《ほ》しかつたと思《おも》ひます。あゝした場合《ばあひ》、純理論《じゆんりろん》でのみ行《ゆ》くのは、少《すこ》し女《をんな》の味《あぢ》が足《た》りなかつたかと思《おも》ひます。

できれば新郎《しんらう》と相談《さうだん》して、『今暫《いましばら》く婚約時代《こんやくじだい》でをりませう。あなたの病氣《びやうき》がすつかり治《なほ》つてから、お互《たがひ》に眞《しん》の結婚生活《けつこんせいくわつ》に入《はひ》りませう。』と言《い》へるだけの餘裕《よゆう》が、どうしてなかつたかと、同《おな》じ女性《じよせい》の一人《ひとり》として殘念《ざんねん》に思《おも》ひます。

山田 尤《もつと》もです。併《しか》し、それは相當苦勞《さうたうくらう》した私《わたし》たちなら、できることでせう。調布高女《てうふかうぢよ》の川村先生《かはむらせんせい》も、言《い》つてをられました。『實際《じつさい》の夫婦《ふうふ》ならずとも、既《すで》に心《こゝろ》と心の契《ちぎ》りをしたのだから、もう少《すこ》し餘裕《よゆう》を以《もつ》て、心《こゝろ》の契《ちぎ》りを全《まつた》うしたらよろしかつたらうに……あれでは、自然《しぜん》に頭《あたま》の下《さが》るやうな行爲《かうゐ》だとは言《い》へない。』と。

けれども、靜子《しづこ》さんは、性關係《せいくわんけい》を甘《あま》い美《うつく》しいものだと想像《さうざう》してゐられたのでせう。そして、これから夫婦《ふうふ》として、心《こゝろ》と心《こゝろ》とを開《ひら》いて、結《むす》びの絲《いと》を出《だ》さうとしてゐるところへ、餘《あま》りにも不可思議《ふかしぎ》な器具《きぐ》を持《も》ち出《だ》されて、一時《じ》に慄《ふる》へ上《あが》つてしまつたのではないでせうか。そして、折角《せつかく》出しかけた絲《いと》も、ブツッと切《き》れてしまつたのではないかと思《おも》ひます。

黴菌は處女には特に激しく傳染します。（吉岡女史談）

♣昨日《きのふ》の言葉《ことば》と今日《けふ》の態度《たいど》

吉岡 絲《いと》は切《き》れてもよいが、仲人《なかうど》もあることなのですから、そこをもう一度《ど》考《かんが》へ直《なほ》して、つ

303　「花婿の性病と貞操に就ての座談会」 安部磯雄、泉道雄、吉岡弥生、高田義一郎 ほか 『主婦之友』昭和8年2月1日

ないで聞へなかつたのでせうかね。

山田　靜子さんは、お父さんから『どうか思《おも》ひ返《かへ》して、こゝを圓《まる》く納《をさ》めてくれ。』と、いろいろ諭《さと》されて、御自分《ごじぶん》も、それではと、もう一度《ど》結婚《けつこん》を完成《くわんせい》する氣《き》になり、第二《だいに》日目《にちめ》でしたか、長岡氏《ながをかうし》のお母樣《かあさま》に『お母樣《かあさま》、……出《で》かけるのですが、あのう花嫁衣裳を着てまゐりませうかしら。』と訊《き》いたさうです。そして、訪問着《はうもんぎ》くらゐでよいといふので、着物《きもの》を着換《きか》へ、機嫌《きげん》よく二人《ふたり》で鳥潟家《とりがたけ》へ行《い》つたところ、博士《はかせ》も非常《ひじやう》に喜《よろこ》ばれたさうでした。

そこで、博士《はかせ》は『まあ一杯《はいの》飲め。』といふので、新郎新婦の前にお酒が出されました。ところが、長岡氏がよい氣《き》になつて、大變《たいへん》飲《の》んださうです。靜子《しづこ》さんとしては『つい昨夜《さくや》、自分《じぶん》が性病《せいびやう》及《およ》び酒害《しゆがい》に就《つい》て、あんなに熱心《ねつしん》に說《と》いたのに、今日《けふ》はもうこんなに澤山《たくさん》お酒《さけ》を飲《の》むなんて、何《なん》といふ意志《いし》薄弱《はくじやく》の人《ひと》だらう。こんな人《ひと》は一生《しやう》の伴侶《はんりよ》とするに足《た》らない。』と思《おも》ひ込《こ》んで、折角《せつかく》開《ひら》きかけた心《こゝろ》の扉《とびら》を、またサッと閉《し》めてしまつたものと思《おも》はれます。

高田　一度《ど》痳病《りんびやう》に罹《かゝ》つたことがあると、飲酒《いんしゆ》によつて再發《さいはつ》するといふことも、靜子《しづこ》さんは知《し》つてゐられたとのことでしたね。

♣中學生《ちうがくせい》に性病《せいびやう》のお話《はなし》

記者　長岡《ながをか》さんが性病《せいびやう》に罹《かゝ》られたのは、大學《だいがく》を卒業《そつげふ》のとき、謝恩會《しやおんくわい》の後《あと》で友達《ともだち》に誘《さそ》はれて、よくないところへ足《あし》を運《はこ》び、遂《つひ》に傳染《でんせん》したのだといふ新聞記事《しんぶんきじ》を讀《よ》んだとき、私共《わたくしども》の學《がく》生時代《せいじだい》を顧《かへり》みて、敎育《けういく》の程度《ていど》は進《すゝ》んでも、道《だう》德的《とくてき》には、廿年前《ねんまへ》も今《いま》も、やつぱり變《かは》らないのかなあと思《おも》ひました。

私《わたくし》の學生時代《がくせいじだい》などはさうでした。卒業《そつげふ》のときなど、あれは堅《かた》いなんて言《い》はれてゐる人《ひと》は、無理《むり》にも引張《ひつぱ》つて行《ゆ》かれたものです。平《へい》

結婚前に健康診斷書を交換することです。花嫁の健康診斷書は花婿側の指定する醫者に、花婿の健康診斷書は花嫁側の指定する醫者に、認めて貰ふことです。（吉岡女史談）

生《せい》一人《ひとり》で行《ゆ》くのは相當勇氣《さうたうゆうき》を要《えう》しますが、多《おほ》勢《ぜい》一緒《しよ》では、謂《いは》ゆる群集心理《ぐんしふしんり》と申《まを》しますか、好奇心《かうきしん》が募《つの》ると申《まを》しますか、十人《にん》のうち七人《にん》までは、行《い》つてしまひますね。どんなに堅《かた》いと言《い》はれるやうな人《ひと》でも、機會《きくわい》さへ與《あた》へるなら、よほど意志《いし》が鞏固《きようこ》でない以上《いじやう》、大抵《たいてい》は墜《お》ちてしまひます。

そこに、今日《こんにち》のこの集《あつま》りに、問題《もんだい》となるべきことがあると思ひます。誰かの言葉のやうに、男子《だんし》で結婚前《けつこんぜん》に性病《せいびやう》に罹《かゝ》つてゐないといふものは殆《ほとん》どない——といふことが事實《じじつ》に近《ちか》いとして、假《かり》に未婚《みこん》の男子《だんし》十人《にん》のうち、五人《にん》は性病《せいびやう》に罹《かゝ》つてゐるとしても、これを十人《にん》に一人《ひとり》くらゐに減《へ》して行《ゆ》くには、どうすればよいかといふことになります。

吉岡　伊藤長七《いとうちやうしち》氏《し》が府立《ふりつ》五中《ちう》の校長《かうちやう》をしてゐられるとき、一日《にち》私《わたし》は招《まね》かれて、中學《ちうがく》の四五年《ねん》生全部《せいぜんぶ》と、そのお母樣方《かあさまがた》の前《まへ》で、痲病《りんびやう》に就《つい》ての話《はなし》を徹底的《てつていてき》にしたことがあります。

後《あと》でお母《かあ》さん方《がた》が『あのときは、お話《はなし》を隨《ずゐ》分辛《ぶんつら》い思《おも》ひで伺《うかゞ》つてゐましたが、今《いま》になつてみると、實際《じつさい》に役立《やくだ》つて、あのお話《はなし》を聽《き》いてゐてよかつた。』と感謝《かんしや》されましたが、かういふ話《はなし》を、中學校《ちうがくかう》などでするやうになるとよいと思《おも》ひます。

記者　さうしておけば、將來惡《しやうらいわる》いところへ誘《さそ》はれたやうなときでも、以前《いぜん》に教《をし》へられてゐたことを、ふつと想《おも》ひ出《だ》して、危險《きけん》を未然《みぜん》に防《ふせ》ぐことができませうね。

♣童《どう》貞《てい》を守《まも》るために

山田　私《わたし》の子供《こども》が徴兵檢査《ちようへいけんさ》のとき、私《わたし》に手紙《てがみ》を寄越《よこ》しまして、「花柳病の檢査をされた。」と書いてをりました。

私《わたし》はそのとき思《おも》はずパッと顔《かほ》が赧《あか》くなつて、腹立《はらだ》たしく思《おも》ひました。母《はゝ》の慾目《よくめ》からではなく、子供《こども》は清《きよ》く育《そだ》つて、その年《とし》になるまで花柳病《くわりうびやう》などゝいふことは、病名《びやうめい》さへも知《し》らないでゐらうと信《しん》じてゐた私《わたし》は、その手紙《てがみ》を讀《よ》んだとき、ポカッと、横面《よこつら》を打《う》たれたやうに感《かん》じました。やがて靜《しづ》かに考《かんが》へ直《なほ》して、一般《ぱん》には、さうした檢査《けんさ》も必要《ひつえう》なことかも知《し》れぬ、併《しか》し體も自然の息子だけが試驗されたのではない

昔と違ひ今は非常に誘惑の機關が發達して來てゐるので、一層心配でなりませぬ。男子の童貞は、三十分の時間と五十錢のお金さへあれば自由に破れるといふことを聞いて、全く驚いてしまひました。（田中夫人談）

305　「花婿の性病と貞操に就ての座談会」　安部磯雄、泉道雄、吉岡弥生、高田義一郎 ほか 『主婦之友』昭和８年２月１日

から……と勸めました。

神近《かみちか》さんでしたか、『童貞《どうてい》の未婚男子《みこんだんし》が、この世《よ》にあるなどゝ信《しん》じるのは、時代意識《じだいいしき》に缺《か》けてゐるものだ。』といふ意味《いみ》のことを某紙上《ぼうしじやう》に載《の》せてゐられましたが、これは私《わたし》に肯定《こうてい》できかねます。私《わたし》が、東京朝日《とうきやうあさひ》新聞《しんぶん》の煩悶相談《はんもんさうだん》を受《う》けるやうになつてから、受取《うけど》るいろ〳〵の悩《なや》みの手紙《てがみ》の中《なか》に、自己《じこ》の童貞《どうてい》を守《まも》るために、どんなに苦《くる》しんでゐる人々《ひとびと》が多《おほ》いかといふことを、知《し》つてゐるからです。

吉岡　近頃《ちかごろ》の學生《がくせい》の童貞《どうてい》は、守《まも》られてゐませうか。あなた方《かた》(記者《きしや》に向《むか》つて)の時代《じだい》と比《くら》べまして……

記者　それは確《たし》かに、以前《いぜん》よりは守《まも》られてゐると思《おも》ひます。

安部　私《わたくし》もさう思《おも》ひます。

泉　私《わたくし》の學生時代《がくせいじだい》、醫科《いくわ》の學生《がくせい》には隨分道樂《ずゐぶんだうらく》するものが多《おほ》かつたです。公然《こうぜん》と、よからぬところへ行《い》つたものです。行《ゆ》かないのは寧《むし》ろ恥《はぢ》ぐらゐに思《おも》つてゐたらしいですね。

私《わたくし》は明治《めいぢ》三十六年《ねん》の帝大出《ていだいで》ですが、文科《ぶんくわ》の方《はう》の我々《われわれ》の友達《ともだち》には、隨分眞面目《ずゐぶんまじめ》なのが多《おほ》く、中《なか》にはいろ〳〵の意味《いみ》で、童貞《どうてい》を守《まも》つてゐたのが少《すくな》くなかつたと思《おも》ひます。

私《わたくし》は自宅《じたく》がお寺《てら》で、小いときから、宗教的雰圍氣《しゆうけうてきふんゐき》の中《なか》に育《そだ》てられたゝめ、その點《てん》は非常《ひじやう》に惠《めぐ》まれてゐましたが、今《いま》は昔《むかし》と違《ちが》ひ、誘惑《いうわく》も非常《ひじやう》に多《おほ》くなつてゐるので、危險《きけん》が多《おほ》いかとも思《おも》ひます。

高田　私《わたくし》は勉學《べんがく》のため、徴兵猶豫《ちようへいいうよ》を受《う》けてゐて、二十七歳《さい》で入營《にふえい》しましたが、二十一歳《さい》の壯丁《さうてい》が、殆《ほとん》ど全部《ぜんぶ》、痳病《りんびやう》をやつてゐるには驚《おどろ》きました。

『僕《ぼく》は痳病《りんびやう》ではない。』と言《い》つても、『いや、二十一歳《さい》のものが既《すで》にやつてゐるのに、その年《と》齢《し》になつて、罹《かか》つてゐないなんて信《しん》じられな

子寶の無い原因

不姙と不感は…婦人の生命線…

結婚後《けつこんご》幾年《いくねん》經《た》つても子寶《こだから》が無《な》く、夫婦愛《ふうふあい》を缺《か》き家庭《かてい》を破局《はきよく》に導《みちび》く實例《じつれい》は、古今《ここん》を通《つう》じてあまりにも多《おほ》い事《こと》で、殊《こと》に今日《こんにち》の樣《やう》な文明婦人《ぶんめいふじん》としては、何《なに》よりも、この點《てん》に十二分《ぶん》の注意《ちゆうい》を要《えう》すべきであります。

不姙《ふにん》と不感《ふかん》の多《おほ》くは、子宮病《しきゆうびやう》が原因《げんいん》するもので、いつも手足《てあし》、腰《こし》の周《まは》り、背中《せなか》が冷《ひ》へ、頭痛《づつう》、のぼせ、動悸《どうき》を催《もよほ》し、全身《ぜんしん》は常《つね》に倦怠《だるさ》を覺《おぼ》へ、月經時《げつけいじ》には下腹《したはら》、腰痛《こしいた》が劇《はげ》しくなつて、月經《げつけい》は不順《ふじゆん》になり、下《しも》からは帶下症《こしけ》とて、卵《たまご》の白味《しろみ》、黄《き》、青《あを》等《など》の下《お》り物《もの》がある等《など》、これ等《ら》は素人方《しろうとがた》の解《わか》りやすい子宮病《しきゆうびやう》の症狀であります。以上《いじやう》の如《ごと》く、姙娠《にんしん》を妨《さまた》げ、夫婦間《ふうふかん》の○○を不敏《ふびん》ならしむる、最大原因《さいだいげんいん》の子宮病治療法《しきゆうびやうちれうはふ》を考究《かうきう》せずして、徒《いたづ》らに悶《もだ》へ苦《くる》しむのは、誠《まこと》に寒心《かんしん》の極《きは》みであります。弊舖《へいほ》が過去《くわこ》三十年間《ねんかん》に渉《わた》つて、子宮病自宅療法《しきゆうびやうたくれうはふ》と、命《いのち》の母《はは》たる良藥《りやうやく》を發表《はつぺう》して、慢性《まんせい》の子宮病《しきゆうびやう》を快治《くわいち》し、子寶《こだから》を擧《あ》げた目出度《めでた》き家庭《かてい》の實例《じつれい》は、この紙面《しめん》に掲《かか》げきれぬ程《ほど》であります。（上の寫眞は最近の實例の一つで、岐阜縣加茂郡古井村、長谷川要氏夫人。）

論より證據《しようこ》ハガキで主婦之友を見た旨《むね》明記《めいき》し、東京市京橋區入船町三丁目笹岡大藥房相談部へ申込めば、増田博士外三醫學士《いがくし》が、詳述《しやうじゆつ》せる、自宅療法書及命の母効能錄其他子寶集を無代進呈《てい》します。命の母は各國有名藥舖で販賣《はんばい》して居ります。（藥價は一回、二回、三回、五回、十回）慢性の方は病狀を詳《くわ》しく記して、本舖へ註文《ちゆうもん》せられれば、加減命の母を御送り致します。

い。」とて、ほんたうにしないのです。

調《しら》べてみると、それ等《ら》の壯丁《さうてい》は、五月《ぐわつ》に徴兵檢査《ちようへいけんさ》を受《う》けて、十二月《ぐわつ》に入營《にふえい》するといふので、いざ入營《にふえい》すると、當分《たうぶん》は遊《あそ》べないから、うんと遊《あそ》んでおけと、一生懸命《いつしやうけんめい》遊《あそ》んだ結果《けつくわ》、五月《ぐわつ》の檢査《けんさ》のときにはなかつたものが、入營《にふえい》したときには、皆《みん》な痳病《りんびやう》に罹《かか》つてゐたといふわけでした。

かうしたことは、實際問題《じつさいもんだい》としては、可《か》なり大問題《だいもんだい》だと思《おも》ひます。

◆男子《だんし》の童貞《どうてい》を尊《たつと》べ！

記者　山脇先生《やまわきせんせい》、どうぞ御感想《ごかんさう》を……

山脇　男子《だんし》が處女《しよぢよ》を尊《たつと》ぶやうに、女子《ぢよし》がもつと男子《だんし》の貞操《ていさう》を尊《たつと》ぶやうになつたなら、それだけでも違《ちが》ふと思《おも》ひます。

人間《にんげん》と生《うま》れて、誰《だれ》しも異性《いせい》を惹《ひ》きつけようとする意識《いしき》を、持《も》たないものはないのですから、互《たがひ》に童貞《どうてい》を尊《たつと》んで、童貞《どうてい》でなければ結婚《けつこん》しないといふ風《ふう》になるとよいと思《おも》ひます。

かの世界戰爭當時《せかいせんさうたうじ》、ドイツの若《わか》い婦人《ふじん》たちは、言《い》ひ合《あは》したやうに、軍人《ぐんじん》に嫁《か》したい、軍人《ぐんじん》に!!と希望《きばう》しました。しかもその軍人《ぐんじん》は、一度《ど》や二度《ど》は戰爭《せんさう》に參加《さんか》したことのある、銃創《じうさう》くらゐはところ〴〵に受《う》けてゐるといつた人《ひと》でなければ、厭《いや》だといふのでした。それゆゑ、軍人志願者《ぐんじんしぐわんしや》が非常《ひじやう》に増《ふ》えたさうです。

我國《わがくに》では、家《いへ》に財産《ざいさん》もあり、經濟的《けいざいてき》には何《なに》不自由《ふじいう》ない親《おや》が、息子《むすこ》が年頃《としごろ》になつて放蕩《はうたう》を始《はじ》め出《だ》すと、その放蕩《はうたう》を止《や》めさせる手段《しゆだん》として、母親《はゝおや》がどこか適當《てきたう》な娘《むすめ》さんを物色《ぶつしよく》して、結婚《けつこん》の申込《まをしこ》みをされてゐたやうですし、娘《むすめ》さんにしても、先方《せんぱう》に財産《ざいさん》があり、相當《さうたう》の家柄《いへがら》であれば、男子《だんし》の貞操《ていさう》、乃至人格等《ないしじんかくとう》は第《だい》二として、フラ〳〵と嫁《とつ》ぐやうな方《かた》もあつたやうですが、今後《こんご》の若《わか》い婦人《ふじん》は、こんなことではいけません。もつと女子《ぢよし》青年《せいねん》たちの見識《けんしき》を高《たか》めねばなりません。

♣貞操觀念《ていさうくわんねん》の強《つよ》い大和《やまと》少女《をとめ》

山脇 私《わたし》は今《いま》想《おも》ひ起《おこ》しても、恥《はづ》かしくてならぬことがあります。それは、歐米人中《おうべいじんちう》でも典型的《てんけいてき》に對し禮儀正しいと言はれる英國《えいこく》婦人の一人が、私《わたし》に、『日本《にほん》にはまだ男女《だんぢよ》の交際機關《かうさいきくわん》がないから、一つ《ひと》新《あたら》しく作《つく》つては如何《いか》でせう。』と相談《さうだん》せられ、日本《にほん》婦人《ふじん》四五人《にん》、西洋人《せいやうじん》七人《にん》くらゐで、適當《てきたう》な場所《ばしよ》や會費《くわいひ》の額《がく》なども定《き》め、ダンスをした方《はう》がよからうといふやうなことまで話し合つてゐました。

ところが、その英國婦人《えいこくふじん》が日本《にほん》の青年《せいねん》に就《つい》て、いろ〳〵と調《しら》べてみると、どうも貞操觀《ていさうくわん》念《ねん》が薄《うす》く、あはよくば一《ひと》つ令孃《れいぢやう》を引《ひ》つかけてやらうなど〻いふのが多《おほ》いことを見拔《みぬ》いて、『今《いま》のやうな有樣《ありさま》では、折角《せつかく》さうした會《くわい》を作《つく》つても、若《も》し令孃《れいぢやう》に過《あやま》ちが起《おこ》つた場合《ばあひ》、取《と》り返《かへ》しがつかないから、もう暫《しばら》く時期《じき》を待《ま》つた方《はう》がよからう。』といふので、中止《ちうし》になつてしまひましたが、今日《こんにち》になつても、日本《にほん》にまだ完全《くわんぜん》な男女《だんぢよ》の交際機關《かうさいきくわん》がないといふことは、ほんたうに淋《さび》しいこと〻思《おも》ひます。

日本《にほん》の女子《ぢよし》は、諸外國《しよぐわいこく》の婦人《ふじん》に比《くら》べて、非《ひ》常《じやう》に貞操觀念《ていさうくわんねん》が強《つよ》いが、男子《だんし》は非常《ひじやう》に弱《よわ》い。このま〻では、どうしても片手落《かたておち》です。先《ま》づ男子側《だんしがは》に、純潔《じゆんけつ》、貞操《ていさう》といふ觀念《くわんねん》を、もつと吹《ふ》き込《こ》まねばならんと思《おも》ひます。

♣青春期《せいしゆんき》の抑制《よくせい》は無害《むがい》

吉岡 私《わたし》は女《をんな》ですから、男《をとこ》の心理《しんり》はよくわかりませんけれど、私《わたし》の持論《ぢろん》として申上《まをしあ》げたいことは、性《せい》といふ問題《もんだい》に就《つい》て醫者《いしや》が『青春期《せいしゆんき》にこれを抑《おさ》へることは、身體《からだ》のどこかに異狀《いじやう》を來《きた》し、却《かへつ》て不健康《ふけんかう》になるから、無理《むり》にこれを

何といつても誘惑の機關の殖えたことは、全く非常なものですね。（田中夫人談）

抑制《よくせい》することはいけない。」などゝよく申《まを》すやうですが、私《わたし》はこれを否定《ひてい》したい。

結婚生活《けつこんせいくわつ》の基調《きてう》は、一夫一婦にありとの觀念《くわんねん》を、はつきりと持《も》たせさへすれば、性慾《せいよく》を抑制《よくせい》したからとて、心身《しんしん》に何等《なんら》の別條《べつでう》なしといふことを、この機會《きくわい》に、はつきり斷言《だんげん》しておきたいのです。

私《わたし》は自分《じぶん》が醫者《いしや》といふ立場《たちば》から、若《わか》い多《おほ》くの男子《だんし》を呪《のろ》ひたいやうに思《おも》ひます。それは、結婚後《けつこんご》一週間《しうかん》もしないうちに、花嫁《はなよめ》が性病《せいびやう》を傳染《うつ》され、今《いま》まで純眞無垢《じゆんしんむく》の美《うつく》しい處女《しよぢよ》が、眼もあてられない有様となつて、私のところへ飛《と》び込《こ》んで來《く》る。それも急性《きふせい》に來《き》たので、非常《ひじやう》に痛《いた》みが激《はげ》しかつたりして、驚《おどろ》いて手當《てあて》を受《う》けに來《く》るのです。

これが若《も》し慢性症狀《まんせいしやうじやう》で來《き》たものでしたら、急激《きふげき》の苦痛《くつう》や變化《へんくわ》がないため、多分《たぶん》生活狀態《せいくわつじやうたい》が變《かは》つたゝめだらうくらゐに思《おも》つて、そのまま見過《みすご》してゐるうちに、症狀《しやうじやう》はグン／＼進《すゝ》んで、子宮内膜炎《しきうないまくえん》になり、實質炎《じつしつえん》になり、病菌《びやうきん》は次第《しだい》に深部《しんぶ》へ侵入《しんにふ》して行《ゆ》き、三年《ねん》も經《た》つうちには、完全《くわんぜん》な不姙症《ふにんしやう》になつてしまひます。

姑《しうと》は自分《じぶん》の息子《むすこ》に罪《つみ》のあることも知《し》らず、嫁《よめ》の身體《からだ》が惡《わる》いからと、嫁《よめ》のみを責《せ》め、遂《つひ》には離婚《りこん》などゝいふ問題《もんだい》まで起《おこ》ります。私《わたし》はここに至《いた》つて、男《をとこ》の性病《せいびやう》を心《こゝろ》から呪《のろ》ひます。

♣健康診斷書《けんかうしんだんしよ》を取交《とりかは》せ

安部 今日《こんにち》の如《ごと》く、男子《だんし》の貞操《ていさう》が疑《うたが》はれてゐるといふことは、まことに氣《き》の毒《どく》に思《おも》ひます。

私《わたくし》には四人《にん》の女《をんな》の子《こ》があり、その中《うち》三人《にん》は既《すで》に結婚《けつこん》して、今一人《いまひとり》殘《のこ》つてをりますが、子《し》女《ぢよ》の結婚《けつこん》に際《さい》して、私《わたくし》が何《なに》よりも第一《だいいち》に思《おも》ふことは、相手《あひて》の性病《せいびやう》の有無《うむ》です。

幸《さいは》ひ、子供《こども》たちは、今《いま》までは何《いづ》れも幸福《かうふく》な結婚生活《けつこんせいくわつ》を續《つゞ》けてをりますが、今度《こんど》の鳥潟博《とりがたはか》士《せ》の令孃《れいぢやう》の事件《じけん》から考《かんが》へましても、今後《こんご》の青《せい》年男女《ねんだんぢよ》は、結婚前《けつこんぜん》に、お互《たがひ》に信頼《しんらい》した醫師《いし》に願《ねが》つて、健康診斷《けんかうしんだん》をして貰《もら》ひ、その診斷書《しんだんしよ》を取《と》り交《かは》すといふことにしては、どうかと思《おも》ひます。

親の立場としては、子供を一人前に育て上げるまでの苦勞は、一通りや二通りではありません。併し、誘惑の多い社會に強く賢い子供を育て上げることは、張り合ひがあるとも申せませう。（記者）

診斷書《しんだんしよ》を出《だ》すなどゝ申《まを》しますと、今《いま》までの婦人《ふじん》の方《かた》は、何《なん》だか屈辱《くつじよく》のやうに考《かんが》へ、そんな面倒《めんだう》なことは厭《いや》だといふし、またその兩親《りやうしん》たちも、妙《めう》に急《いそ》いで話《はなし》を纏《まと》めてしまひたがつたものです。併《しか》し、これはもつと眞劍《しんけん》に考《かんが》ふべき問題《もんだい》だと思《おも》ひます。

私《わたくし》は、専門家でないから、よくわかりませんが、吉岡さん、この結婚前《けっこんぜん》の健康診斷《けんかうしんだん》といふことは、實際上《じっさいじゃう》どの程度《ていど》まで行《おこな》へるものでせうか。

♣處女《しょぢょ》には激《はげ》しく傳染《でんせん》する

吉岡 黴毒の方ですと、全身的ですから血液檢査をすれば直《す》ぐわかりますが、淋病《りんびやう》は局所症《きょくしょしゃう》で、一度《ど》や二度起《どおこ》つたものでも、現在《げんざい》は治《なほ》つて、淋菌《りんきん》が潜伏《せんぷく》してゐるといふやうなのは、ちよつと診察《しんさつ》してもわからないのです。全快後《ぜんくわいご》一ケ年《ねん》も經《た》つて、その間《かん》、醫師《いし》にも徹底的治療して直ひ、これならよいだらうといふ程度《ていど》になれば、結婚《けっこん》してもよいのです。

長岡《ながをか》さんの場合《ばあひ》は、自分《じぶん》には現在性病《げんざいせいびやう》ではないと信《しん》じてゐるが、既往《きわう》にあるので、萬一《まんいち》にもといふことを心配《しんぱい》したのでせう。淋菌《りんきん》は處女《しょぢょ》の方《かた》には、特《とく》に激《はげ》しく傳染《でんせん》するといふことが、醫師《いし》としての自分《じぶん》に、よくわかつてゐたせゐもありませう。

山田 或《あ》る人《ひと》が、淋病《りんびやう》は全快後《ぜんくわいご》三年經《ねんた》てば大丈夫《だいぢやうぶ》だといふことを言《い》つてをられましたが、どうでせうか。

吉岡 年限《ねんげん》では定《さだ》められません。全治後《ぜんちご》といへども、二度《ど》三度《ど》と信用《しんよう》ある專門醫《せんもんい》の診察《しんさつ》を受《う》けて、もうよいと言《い》はれゝば、まあ大丈夫《だいぢやうぶ》と思《おも》ひます。黴毒《ばいどく》は、全快後《ぜんくわいご》少《すく》くとも一年間《ねんかん》は結婚《けっこん》すべからずといふことを、ドイツでは國法《こくはふ》で定《さだ》めてあるさうです。

♣性病《せいびやう》は表面《へうめん》だけでは不明《ふめい》

山田 長岡《ながをか》さんは、自分《じぶん》で性病《せいびやう》を告白《こくはく》して問題《もんだい》を起《おこ》してゐるが、あの場合《ばあひ》、長岡《ながをか》さんが醫者《いしゃ》でなく、たゞの素人《しろうと》だつたとして、醫者《いしゃ》に健康診斷《けんかうしんだん》を受《う》けたとしても、『完全無缺《くわんぜんむけつ》』といふ診斷書《しんだんしょ》を書《か》くでせうね。

これからの青年男女に、童貞が認められないと決めてしまへば、妻はちよつと良人の歸りが遲くなつても、良人を疑ふやうになりませう。これでは幽家の心臓ともいふべき家庭に、力がなくなつてしまひます。（田中夫人談）

幾度《いくど》調《しら》べても、長岡氏《ながをかし》の症狀《しやうじやう》は陰性《いんせい》だつたと新聞《しんぶん》に書《か》いてありましたね。

吉岡 陰性《いんせい》とは、病菌《びやうきん》がない――大丈夫《だいぢやうぶ》といふことです。

山田 それなら尙《な》ほのこと、長岡《ながをか》さんが若し醫《い》者《しや》でなかつたら、危《あぶな》く平氣《へいき》で過《すご》してしまふところでしたね。

吉岡 その通《とほ》りです。一度《ど》痳病《りんびやう》に罹《かゝ》つて、既《すで》に全快《ぜんくわい》してゐる人《ひと》でも、表面《へうめん》だけではわかりません。深部《しんぶ》に根《ね》強《づよ》く古《ふる》い病菌《びやうきん》が殘《のこ》つてゐて、大切《たいせつ》なときに出《で》て來《く》るのです。處女《しよぢよ》の弱《よわ》い粘《ねん》膜《まく》に觸れると共、特《とく》に強く傳染《でんせん》し易《やす》いことを、くれぐも忘《わす》れないでください。

細菌學《さいきんがく》は非常《ひじやう》に難《むづか》しいものですが、新《あたら》しい菌《きん》なら、これを染《そ》めて、顯微鏡《けんびきやう》で見《み》れば直《す》ぐわかります。けれども、古《ふる》い菌《きん》は染《そ》めたゞけではわかりませんから、これを暫《しばら》く培養《ばいやう》して初《はじ》めてわかるのです。

山田 すると、安部先生《あべせんせい》が先《さき》ほど言《い》はれた、診《しん》斷書《だんしよ》の交換云々《かうくわんうんぬん》といふことも、實際《じつさい》には不安《ふあん》なものですね。

吉岡 いゝえ、診斷書《しんだんしよ》を交換《かうくわん》しないよりは遙《はる》かにましです。まさか誰《だれ》にもわかるやうな症狀《しやうじやう》に對《たい》して、無病《むびやう》などゝは書《か》きませぬ。上述《じやうじゆつ》のことを一通《ひととほ》り知《し》つておけば、先《ま》づ安心《あんしん》です。

安部 健康診斷書《けんかうしんだんしよ》の交換《かうくわん》は、男子《だんし》には非常《ひじやう》によい警告《けいこく》になり、自重《じちよう》を促《うなが》すことになると思《おも》ひますから、せいぐ實行《じつかう》したいものです。

吉岡 先日《せんじつ》も、結婚後《けつこんご》は素人《しろうと》ならば危《あぶな》く不具《ふぐ》と見《み》て、當然花嫁《たうぜんはなよめ》を離婚《りこん》するところでしたが、結婚前《けつこんぜん》の診察《しんさつ》により、ちよつとの手術《しゆじゆつ》で直《す》ぐ治《なほ》すことができました。

たゞ注意《ちうい》しておきたいのは、結婚前《けつこんぜん》一週間《しうかん》とか十日《か》とかになつて、もう結婚《けつこん》するばかりのときに、診《み》てくれと言《い》はれても、醫者《いしや》は困《こま》ります。子宮《しきう》の位置異状《ゐちいじやう》などで、治療《ちれう》を要《えう》する場合《ばあひ》もありますから、できるだけ早《はや》く診《み》て貰《もら》ふこと。そして、誰《だれ》かも言《い》つてをられたやうに、花嫁《はなよめ》の健康診斷書《けんかうしんだんしよ》は、花婿側《はなむこがは》の指定《してい》する醫者《いしや》に、また花婿《はなむこ》の健康診斷書《けんかうしんだんしよ》は、花嫁側《はなよめがは》の指定《してい》する醫者《いしや》に認《みと》めて貰《もら》ふことですね。

母は、子供が生命を打ち込んで沒頭するやうなものを與へて、性の方面に氣をとられぬやうにすることが大切です。（山田女史談）

痳病患者《りんびやうくわんじや》が快《よ》くなれば、私共醫者《わたしどもいしや》は、現在《げんざい》の三分《ぶん》の一しか用事《ようじ》がなくなりませうよ。かう言《い》つてしまへば、醫者《いしや》としては非常《ひじやう》に損《そん》なわけですけれどね……（笑聲）

♣不妊症《ふにんしやう》になる痳毒《りんどく》

311 「花婿の性病と貞操に就ての座談会」 安部磯雄、泉道雄、吉岡弥生、高田義一郎 ほか 『主婦之友』昭和8年2月1日

山田 癩病に遺傳しますか。

吉岡 遺傳はしません。けれども、婦人《ふじん》が癩菌に冒《をか》されると、不姙症《ふにんしやう》になつてしまひます。

山田 淋毒性股關節炎《りんどくせいこくわんせつえん》といふのがあるさうですが、どんなのですか。

吉岡 ひどいのになると腰《こし》が立《た》たなくなつて、不具者同然になります。

山田 靜子さんは、從姉《いとこ》が、それに罹《かゝ》された悲《ひ》慘《さん》な事實《じじつ》を知《し》つてゐたゝめ、一層恐《そうおそ》れられたのでせうね。

記者 田中《たなか》さんは、あの靜子《しづこ》さんと長岡《ながをか》さんの結婚取消《けつこんとりけし》の問題《もんだい》に就《つい》て、どんな風《ふう》にお考《かんが》へになつてゐられますか。

田中 子供《こども》を持つ母《はゝ》の立場《たちば》から、どうかして子《こ》供《ども》がさうした性病《せいびやう》などに罹《かゝ》らぬやうにとのみ願《ねが》つてをります。

昔《むかし》と違《ちが》ひ、今《いま》は非常《ひじやう》に誘惑《いうわく》の機關《きくわん》が發達《はつたつ》して來《き》てゐるので、一層心配《そうしんぱい》でなりませぬ。男《だん》子《し》の童貞《どうてい》は、三十分《ぷん》の時間《じかん》と、五十錢《せん》のお金《かね》さへあれば破《やぶ》れるといふことを聞《き》いて、全《まつた》く驚《おどろ》いてしまひました。それほど私《わたし》は、社會《しやくわい》の實狀《じつじやう》に疎《うと》いのでございます。

淬野 いや、五分《ふん》の時間《じかん》があればよいといふのです。それで先般問題《せんぱんもんだい》が起《おこ》つて、某裁判所《ばうさいばんしよ》の判事《はんじ》が、そんなことはないといふので、實際《じつさい》を調《しら》べてみたところ、果《はた》して五分《ふん》あれば充分《じうぶん》だといふことが證明《しようめい》できたさうです。(哄笑)

田中 或《あ》る人《ひと》が××黨事件《たうじけん》で拘引《こういん》されたとき、某官廳《ばうくわんちやう》の人《ひと》から『こんな思想問題《しさうもんだい》に引《ひつ》かゝるよりも、女《をんな》でも引《ひつ》かけてゐればよいのに……』と言《い》はれましたとか。外《そと》には誘惑《いうわく》の網《あみ》が到《いた》るところに張《は》られてをり、官廳《くわんちやう》にお勤《つと》めになるやうな人《ひと》ですら、尚《な》ほそんなことをそゝのかすやうでは、どうして男《をとこ》の子《こ》を守《まも》つてよいかと、母《はゝ》の胸《むね》がうづきました。

幸《さいは》ひにも私《わたし》の子供《こども》は、山田《やまだ》さんのお子《こ》さん

と同様《どうやう》、童貞《どうてい》であるといふことを、聲《こゑ》を大《おほ》きくして、はつきり言《い》ひたいのです。

♣童貞《どうてい》を守《まも》つてゐる人《ひと》がある

山田　今《いま》、誘惑《いうわく》が多《おほ》いといふお話《はなし》がありましたが、今《いま》から二十年《ねん》も前《まへ》には、『自瀆《じとく》をするくらゐなら、月《つき》に一回《くわい》くらゐは行《い》つてもいゝぞ。』と言《い》はれたやうな、一體《たい》にそんな不眞面目《ふまじめ》な低級《ていきふ》な風《ふう》がありましたが、十年前《ねんぜん》には、たとひ行《い》つてもよいぞと言《い》はれても、いや、なかなかそんなところへは行《ゆ》くべきでないと自重《じちよう》するやうになつて來《き》ました。

それが現今《げんこん》では、ほんの少數《せうすう》ではあるが、童貞《どうてい》を守《まも》つてゐる人《ひと》もあるといふことを、信《しん》じられるほどになつて來《き》てをります。これはやはり、敎《けう》育の 賜《たまもの》ではないでせうか。

田中　私《わたし》にも、さうした明《あか》るい傾向《けいかう》のあるといふことはわかりますが、何《なん》と申《まを》しても、誘惑《いうわく》の機關《きくわん》の増《ふ》えたことは、これまた非常《ひじやう》なものでございますからね。

記者　まことに親《おや》の立場《たちば》としては、子供《こども》を一人《にん》前《まへ》に育《そだ》て上《あ》げるまでの苦勞《くらう》は、一通《ひとこほ》りや二通《ふたこほ》りではありません。併《しか》し、かうした誘惑《いうわく》の多《おほ》い社會《しやくわい》の中《なか》に、ほんとに強《つよ》く賢《かしこ》い、人格的《じんかくてき》にもしつかりした子供《こども》を育《そだ》て上《あ》げるのですから、張合《はりあ》ひがあるとも申《まを》せませう。

沖野先生《おきのせんせい》は、貞操《ていさう》に就《つい》て、男性《だんせい》と女性《ぢよせい》と比《くら》べて、どんな風《ふう》にお思《おも》ひになりますか。

♣男《をとこ》と女《をんな》との根本的相違《こんぽんてきさうゐ》

沖野　私《わたくし》は家内《かない》を持《も》つてゐるから、多《た》少《せう》女《をんな》を知《し》つてゐるつもりだが、女《をんな》はどんなにしても、一年《ねん》にせい〲二人《ふたり》しか子供《こども》を産《う》めない。ところが、男《をとこ》なら數《すう》百人《にん》を産《う》ませ得《う》る。

女《をんな》は早《はや》くて十五歳《さい》くらゐから生殖《せいしよく》作用《よう》を營《いとな》むことができても、四十七八歳《さい》くらゐまでし

313　「花婿の性病と貞操に就ての座談会」　安部磯雄、泉道雄、吉岡弥生、高田義一郎 ほか 『主婦之友』昭和８年２月１日

かゞめない。併し、男の精力は、その年になつても、更《さら》に旺盛《わうせい》である。これを譬《たと》へて申《まを》せば、女《をんな》は地面《ぢめん》であり、男《をとこ》はその地面《ぢめん》に生《は》えた樹《き》です。樹《き》は何千《なん》何萬《なんまん》の實《み》を結《むす》び、風《かぜ》はその多《おほ》くの實《み》を吹《ふ》き散《ち》らし、ばら撒《ま》くが、地面《ぢめん》はそれを拾《ひろ》つて、二《ふた》つか三《みつ》つしか實《み》を結《むす》ばぬ。

男《をとこ》はばら撒《ま》くのが本能《ほんのう》である。男《をとこ》の性慾《せいよく》と女《をんな》のそれとは、根本的《こんぽんてき》に相違《さうゐ》してゐる。かく考《かんが》へて來《く》ると、男《をとこ》の貞操問題《ていさうもんだい》は、婦人《ふじん》のそれよりも難《むづか》しいといふことになります。

♣男子《だんし》の性慾《せいよく》を他《た》に向《む》けよ

吉岡　たとひばら撒《ま》くことが本能《ほんのう》だからとて、節制《せつせい》もなくばら撒《ま》いたらどうなります。ばら撒《ま》かないことが神《かみ》の攝理《せつり》ではないでせうか。

沖野　神《かみ》の攝理《せつり》によつて、人間《にんげん》がばら撒《ま》かないのであつたら、人類《じんるゐ》は絶滅《ぜつめつ》してしまひます。

吉岡　人間《にんげん》としては、この本能《ほんのう》を矯《た》めて行《ゆ》かねばなりません。

沖野　ばら撒《ま》くことは本質《ほんしつ》です。矯《た》めてはいけない。他《た》へ發散《はつさん》の方法《はうはふ》をとるのです。氣持《きもち》を他《た》へ向《む》けることです。私《わたくし》も子供《こども》を一人《ひとり》持《も》つてをり、童貞《どうてい》を信《しん》じてゐるが、何《なに》によつて過《あやま》つことなく過《すご》したかといへば、非常《ひじやう》に厳《きび》しいドイツ語《ご》の先生《せんせい》に就《つい》て、ドイツ語《ご》の勉強《べんきやう》をさせたのです。子供《こども》が『先生《せんせい》、元日《ぐわんじつ》だけは休《やす》みませうか。』と言《い》つても『勉強《べんきやう》に休《やす》みはない。』と言《い》はれたくらゐだつたから、勉強《べんきやう》に全生活《ぜんせいくわつ》を打込《うちこ》んで、猛習《まうしふ》したゝめ、軌道《きだう》から外《そ》れることがなかつたのです。

安部先生《あべせんせい》が、テニスや野球《やきう》を盛《さか》んに奨勵《しやうれい》なさることも、男子《だんし》の性慾《せいよく》を他《た》に向《む》けるためでせう。かくの如《ごと》く、何等《なんら》かの方法《はうはふ》によつて、性慾《せいよく》を他《た》へ發散《はつさん》せしむべきであります。

♣人間《にんげん》を動物《どうぶつ》に墮《おと》すな

高田　全《まつた》く、この問題《もんだい》は難《むづか》しい問題《もんだい》ですね。

吉岡　私《わたし》は女子《ぢよし》と同樣《どうやう》に、男子《だんし》の貞操《ていさう》をも、強調《きやうてう》して行《ゆ》きたいと思《おも》ひます。

田中　お互《たがひ》に純潔《じゆんけつ》でなければ、幸福《かうふく》な家庭《かてい》はできないといふことに力點《りきてん》をおき、夫婦生活《ふうふせいくわつ》は必《かなら》ず一夫《ぷ》一婦《ぷ》であることを目標《もくへう》としたいと思《おも》ひます。

『男《をとこ》には童貞《どうてい》の人《ひと》を求《もと》められないから、せめて性病《せいびやう》でない人《ひと》を。』といふ考《かんが》へを改《あらた》めて、今《いま》一段高《だんたか》いところに眼《め》をつけて貰《もら》ひたい。私《わたし》など子供《こども》の童貞《どうてい》を信《しん》じ、良人《をつと》を信《しん》じて來《き》たればこそ、たとひ三度《ど》の食事《しよくじ》を二度《ど》にしても、子《こ》供《ども》のため、良人《をつと》のため、家《いへ》のためにと、一生《しやう》懸命《けんめい》働《はたら》いて來《こ》られたのだと思《おも》ひます。

これからの青年男子《せいねんだんし》に童貞《どうてい》が認《みと》められないと定《さだ》めてしまへば、妻《つま》は、ちよつと良人《をつと》の歸《かへ》りが遲《おそ》くなつても、近頃主人《ちかごろしゆじん》は何處《どこ》で何《なに》をしてゐるかわかつたものではない——などゝ思《おも》ふやうにもなりませう。これでは、國家《こくか》の心臟《しんざう》ともいふべき家庭《かてい》に、力《ちから》がなくなつてしまひます。

吉岡　人間《にんげん》は抑制力《よくせいりよく》と克己心《こつきしん》とがあるゆゑに、萬物《ばんぶつ》の靈長《れいちやう》たり得《う》るのです。動物《どうぶつ》のさかりのついたときにはどうでせうか。本能《ほんのう》のまゝに動《うご》いてゐるではありませんか。情慾《じやうよく》は人間《にんげん》の理性《りせい》を奪《うば》ふとも申《まを》しますが、人間《にんげん》に若《も》し克己心《こつきしん》や抑制力《よくせいりよく》がなくなつたら、動物《どうぶつ》と同《おな》じです。結婚《けつこん》は種族保存《しゆぞくほぞん》のためで、享樂《きやうらく》のためではない。私《わたし》はかく信《しん》じてゐますから、男子《だんし》にもこの氣持《きもち》を植《う》ゑつけていつたならば、この問題《もんだい》は解決《かいけつ》できると思《おも》ひます。

『友達に誘はれるまゝ、フラ〳〵と財布を袂に入れて外へ出たが、そのとき、私の思ひをグイと後へ引戻したものがあつた。それは母の面影だつた。』と、高島平三郎先生はおつしやいました。（田中夫人談）

今《いま》は結婚難《けつこんなん》の時代《じだい》

高田　誘惑《いうわく》の多《おほ》いのは結婚難《けつこんなん》のためです。一般《ぱん》からいへば、三十歳《さい》まで男子《だんし》が貞操《ていさう》を守《まも》るといふことも、なか〳〵困難《こんなん》なことです。

若《も》し三十歳《さい》になれば、必《かなら》ず結婚《けつこん》ができるといふのだつたら、それまで辛抱《しんばう》して、童貞《どうてい》を守《まも》り抜《ぬ》くこともできませうが、今《いま》の經濟狀態《けいざいじやうたい》では、三十は愚《おろ》か、何時《いつ》になつたら結婚《けつこん》できるかわからない社會《しやくわい》の實情《じつじやう》です。それを結婚《けつこん》するまで童貞《どうてい》を守《まも》れといふのは、無理《むり》ではないでせうか。

沖野　今《いま》は失業者《しつげふしや》と同樣《どうやう》、結婚難《けつこんなん》の時代《じだい》です。私共《わたくしども》の頼《たの》まれることは、就職《しうしよく》の世話《せわ》と結婚《けつこん》の世話《せわ》ばかりです。これからの結婚難《けつこんなん》は、就《しう》職難《しよくなん》と同樣《どうやう》、一《ひと》つの社會問題《しやくわいもんだい》として扱《あつか》ふべきものと思《おも》ひます。

一《ひと》つ男性《だんせい》の本質《ほんしつ》を述《の》べるによい例《れい》があるから、申上《まをしあ》げませう。私《わたくし》が嘗《かつ》て、德富蘆花《とくとみろくわ》先《せん》生《せい》の全集《ぜんしふ》二十卷《くわん》を編輯《へんしふ》したとき、私《わたくし》は先生《せんせい》の作品《さくひん》を全部《ぜんぶ》、日記《につき》まで讀《よ》みましたが、先生《せんせい》は實《じつ》に特殊《とくしゆ》の性格《せいかく》を持《も》つてゐられました。

一日《にち》、私《わたくし》は先生《せんせい》を訪《たづ》ねたところ、奧《おく》さんが出《で》て來《こ》られて、直《す》ぐ先生《せんせい》のところへ飛《と》んで行《ゆ》かれ『今《いま》、沖野《おきの》さんが見《み》えましたよ。』と言《い》はれてゐたやうでしたが、先生《せんせい》は『おゝ、さうか……』と、にこ〳〵と會《あ》つてくださつたのでした。ところが、この次《つぎ》に行《い》つたときには、

315　「花婿の性病と貞操に就ての座談会」　安部磯雄、泉道雄、吉岡弥生、高田義一郎 ほか　『主婦之友』昭和8年2月1日

女醫で奥さんとコソ〳〵話してゐて、それから奥《おく》さんが取次《とりつ》がれたので、遂《つひ》に會《あ》つて頂《いたゞ》けなかつた。

その蘆花先生《ろくわせんせい》の死《し》が近《ちか》づいたとき、主治醫《しゆぢい》の某博士《ぼうはかせ》と奥《おく》さんとがひそ〳〵話《はな》し合《あ》つてゐたのを、多分容體《たぶんようだい》に就《つい》てゞも話《はな》し合《あ》つたのでせうが、先生は非常に怒り、『もう診察など一切受けないから歸《かへ》れ。』と斷《ことわ》られたさうです。

吉岡　それは特異質《とくいしつ》ですね。

高田　嫉妬《しつと》です。男《をとこ》にも女《をんな》にも共通《きようつう》した嫉妬心《しつとしん》ですね。先《さき》ほど、沖野《おきの》さんのお話《はなし》に、男《をとこ》の性《せい》慾《よく》は女《をんな》のそれよりも強《つよ》いといふことがありましたが、私はそれと反對に、女の方が男よりも強《つよ》いと思《おも》ひます。

精神病院《せいしんびやうゐん》などに入《はひ》つてゐる患者《くわんじや》に就《つい》て見《み》ると、よくわかります。平素《へいそ》は社會《しやくわい》の手前《てまへ》がありますが、一切《さい》の道徳的束縛《だうとくてきそくばく》と法律的制裁《はふりつてきせいさい》とを離《はな》れて、野放《のはな》しの裸馬《はだかうま》のやうにしてみると、男《をとこ》よりも女《をんな》の方《はう》が、平生抑《へいせいおさ》へられてゐる反動《はんどう》からか、本能《ほんのう》が強《つよ》いやうに思《おも》はれます。

たゞ女《をんな》は、『姙娠《にんしん》する』といふことがあるため、已《や》むを得《え》ず、抑制《よくせい》を守《まも》らされてゐるのではないでせうか。

♣母《はゝ》はどう思《おも》ふか！

記者　女《をんな》の方《かた》が、たとひさうした強《つよ》い本能《ほんのう》を持《も》つてゐられるとしても、よくこれを抑《おさ》へて、あらゆる不利不遇《ふりふぐう》の中《なか》に、貞潔《ていけつ》を全《まつた》うされるのは、ほんとに偉《えら》いと思《おも》ひます。

話《はなし》は違《ちが》ひますが、どうしたら、子供《こども》を性病《せいびやう》などに罹《かゝ》らせないで濟《す》みませうか。

山田　そのために世《よ》の多《おほ》くの母《はゝ》たちは、慄《ふる》へながら心《こゝろ》を痛《いた》めてゐます。私《わたし》はいろ〳〵と考《かんが》へましたが、これは一《ひと》つ、何《なに》か子供自身《こどもじしん》が自《みづか》ら深《ふか》く生命《いのち》を打《う》ち込《こ》んで沒頭《ぼつとう》するものを與《あた》へるに如《し》かずと、一人《ひとり》の子供《こども》には繪心《ゑごゝろ》のあるのを

幸《さいは》ひ、せつせと繪《ゑ》を奬勵《しやうれい》しました。

今一人《いまひとり》の子供《こども》は、多少文學《たせうぶんがく》に興味《きようみ》を持《も》つてゐるやうなので、その方面《はうめん》に向《む》けて一生懸命《しやうけんめい》沒頭《ぼつとう》するやうに仕向《しむ》けました。そして性《せい》の方《はう》に氣《き》をとられぬやうにと、努力《どりよく》しました。

田中／私《わたし》は子供《こども》の性問題《せいもんだい》に就《つい》ては、非常《ひじやう》に心配《しんぱい》して、高島平三郎先生《たかしまへいざぶらうせんせい》のところへ相談《さうだん》に行《ゆ》きました。ところが先生《せんせい》は『あなたのところなら、さう心配《しんぱい》しなくてもよいだらうが、參考《さんかう》までに……』と、御自分《ごじぶん》の體驗《たいけん》を話《はな》してくださいました。

……十八歳《さい》のとき、私《わたし》は母校《ぼかう》の助手《じよしゆ》をして働《はたら》くことになつたが、その當時《たうじ》は、遊《あそ》びに行《ゆ》くことを、別《べつ》にさう惡《わる》いとは思《おも》はなかつた。お祭《まつり》だなどゝいへば、校長《かうちやう》が先立《さきだ》ちで、三味《さみ》線《せん》を彈《ひ》いて行《い》つたやうな時代《じだい》でした。それゆゑ、自分《じぶん》も友達《ともだち》に誘《さそ》はれるまゝに、フラ〳〵として、財布《さいふ》を袂《たもと》に入《い》れて家《うち》を出《で》たこともあつた。けれどもそのとき、私《わたし》の思《おも》ひをグイと捉《とら》へるやうに、後《うしろ》へ引戻《ひきもど》したものがあつた。それは母《はゝ》の面影《おもかげ》であつた。「自分《じぶん》が、こんなことをするのを、母《はゝ》はどう思《おも》ふであらうか。」と考《かんが》へるとき、兩足《りやうあし》はすくんで動《うご》けなくなつてしまつた。母《はゝ》は、何時《いつ》も私《わたし》を、――一村《そん》の寶《たから》、一部《ぐん》の寶《たから》、一國《こく》の寶《たから》になるお前《まへ》だよ。――と言《い》つてゐましたから……』

困難《こんなん》を突破《とつぱ》するのは克己《こくき》

山田　ニュートンでしたか、『自分《じぶん》は一生涯《しやうがい》一度《ど》の精液《せいえき》も出《だ》さなかつた。』といふことを、何《なに》かの參考《さんかう》にもならうかと、死《し》ぬ間際《まぎは》に醫者《いしや》に告《こく》白《はく》してゐましたが、人間《にんげん》として、性慾《せいよく》を抑《おさ》へることは、不可能《ふかのう》ではないと思《おも》ひます。要《えう》するに、我々《われ〳〵》の動物的要素《どうぶつてきえうそ》を、旺盛《わうせい》な精《せい》神力《しんりよく》によつて打負《うちま》かして行《ゆ》くことにあると信《しん》じます。これには、父母《ふぼ》や學校《がくかう》の先生方《せんせいがた》が、總《そう》がゝりで、母《はゝ》が吾子《わがこ》のために祈《いの》るやうに願《ねが》ふその熱心《ねつしん》さを以《もつ》て、適當《てきたう》な指導《しだう》をして行《ゆ》くより他《ほか》はありませぬ。

田中　ぜひともお孃《ぢやう》さん方《がた》に、男子《だんし》が處女《しよぢよ》を尊《たふと》ぶやうに、女《をんな》も男子《だんし》が童貞《どうてい》であることを望《のぞ》むことを、強調《きやうてう》して行《ゆ》くことがよいと、こゝに繰返《くりかへ》して、申《まを》し述《の》べさせて頂《いたゞ》きます。

山田　エレンケイは『人間《にんげん》一生《しやう》の間《あひだ》には、どんな大問題《だいもんだい》にぶつゝかるかも知《し》れぬ。それを解《かい》決《けつ》するには、克己心《こくきしん》が必要《ひつえう》だ。』と申《まを》してゐます。こんな時代《じだい》ですから、結婚《けつこん》できるのは、二十代《だい》でできるか、三十代《だい》でできるか、わか

317　「花婿の性病と貞操に就ての座談会」　安部磯雄、泉道雄、吉岡弥生、高田義一郎 ほか 『主婦之友』昭和8年2月1日

らないが　男に飼されまでの間を、克己心《こくきしん》を養成《やうせい》する基礎《きそ》としなければ、一生克己心《こくきしん》を養《やう》成《せい》し損《そこな》つてしまひます。

山脇　自分《じぶん》の心《こゝろ》を搖《ゆす》ぶり、自分《じぶん》を盲目《めしひ》にする本《ほん》能《のう》を抑制《よくせい》し、忍耐《にんたい》して行《ゆ》くことは、卽《すなは》ち人格《じんかく》を高《たか》めて行《ゆ》くことではありますまいか。

吉岡　私共《わたくしども》の理想《りさう》としては、三十歳《さい》くらゐまでに、精神的《せいしんてき》にも經濟的《けいざいてき》にも、相當《さうたう》の準備《じゆんび》を作《つく》つておいてから、焦《あせ》らずに結婚《けつこん》するといふことにしたいと思《おも》ひます。

◦將來《しやうらい》の生活《せいくわつ》への備《そな》へ

山脇　私《わたし》の知《し》つてゐる男子《だんし》の方《かた》で、永《なが》い間婚約《こんやく》してゐながら、容易《ようい》に結婚《けつこん》なさらないので、どうしてゞすかと訊《き》いたら、「少《すこ》しでも將來充《しやうらいじう》實《じつ》した樂《たの》しい生活《せいくわつ》をするために、經濟的《けいざいてき》にももう少《すこ》しよくなつてからにしたい。」とのことでした。その方《かた》は英國《えいこく》の宣敎師《せんけうし》でしたが、日《に》本《ほん》へ來《き》て十二年目《ねんめ》に結婚《けつこん》されました。

安部　それができるなら、私《わたくし》は双手《さうしゆ》を擧《あ》げて賛成《さんせい》しますが、萬人《ばんにん》に通用《つうよう》できますかね。

泉　今《いま》の若《わか》い方々《かたぐ》には、已《や》むを得《え》ないこと〻許《ゆる》されてゐるために、惡《あく》と知《し》りつゝ墮《お》ちて行《ゆ》く傾向《けいかう》がありはしますまいか。どうも克己心《こくきしん》が足《た》らぬやうに思《おも》ひます。

記者　今日《こんにち》の座談會《ざだんくわい》は、非常《ひじやう》に緊張《きんちやう》したお集《あつま》りで、お蔭《かげ》で皆樣《みなさま》から有益《いうえき》なお話《はなし》を澤山《たくさん》伺《うかゞ》ふことができまして、有《あ》り難《がた》うございました。

山田　かうして、私共婦《わたしどもふ》人《じん》の意見《いけん》が自由《じいう》に申《まを》し述《の》べられるやうになつたのも、やはり時代《じだい》だと思《おも》ひます。かうした男女《だんぢよ》の貞操《ていさう》や性病《せいびやう》に關《くわん》する有益《いうえき》な座談會《ざだんくわい》を、公開《こうかい》できるやうになつたのも、恐《おそ》らくこれが最初《さいしよ》でせうね。

記者　愛讀者《あいどくしや》の皆樣《みなさま》にとつて、屹度《きつと》よい參考《さんかう》になると存《ぞん》じます。有《あ》り難《がた》うございました。

・・・・（插繪《さしゑ》――富永謙太郎氏《とみながけんたらうし》）

一流《ナンバーワン》の藝者《げいしや》・女給《ぢよきふ》・ダンサーが語《かた》る……

旦那様《だんなさま》の浮氣《うはき》を防《ふせ》ぐ方法《はうはふ》の座談會《ざだんくわい》

（司會者）……大辻司郎《おほつじしらう》

出席者

（年齢順でも身長順でもイロハ順でもありません）

（昭和八年二月二十三日・赤坂錦水にて）

▲赤坂　フロリダ・ダンスホール　東《あづま》ネネ《ね》

▲新宿　帝都舞踏場　小《を》野《の》貴《き》世《よ》子《こ》

▲新宿　帝都舞踏場　由《ゆ》利《り》サチヨ

▲新橋　新松吉三升　林《りん》彌《や》

▲赤坂　豊の家　お秀《ひで》

▲赤坂　豊田家　豐《とよ》子《こ》

▲銀座　カフェー・マル　良《よし》江《え》

▲銀座　サロン・春　玲《れい》子《と》

▲銀座　パレス　道《みち》江《え》

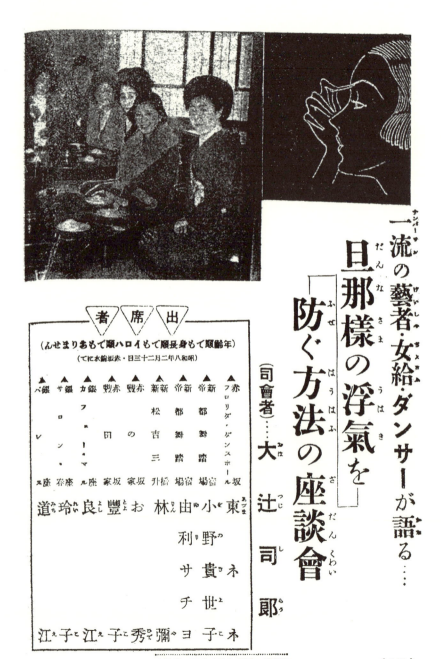

─(右より)─ お秀　ネネ　貴世子　貞子　大辻氏　林翻　サチヨ　良江　道江　玲子の諸君

〔1〕奥様《おくさま》のサービス振《ぶ》りが足《た》りないから

大辻　本日《ほんじつ》はお睡《ねむ》いところをお集《あつま》り願《ねが》ひまして、有《あ》り難《がた》うございます。今日《こんにち》の座談會《ざだんくわい》は、世間《せけん》の旦那《だんな》様方《さまがた》に接近《せつきん》することの多《おほ》い御商賣《ごしやうばい》の皆様《みなさま》に、男心《をとこごゝろ》を語《かた》つて頂《いたゞ》きたいのです。藝者《げいしや》さん、ダンサーさん――さん附《づ》けは變《へん》だな、呼《よ》び捨《す》てにしませう。職業的《しよくげふてき》の立場《たちば》から、一《ひと》つ大《おほ》いに男性《だんせい》を素《す》つ破抜《ぱぬ》いてください。そして今日《けふ》だけは、奥様方《おくさまがた》の味方《みかた》になつてしやべつて頂《いたゞ》きたいですよ。

　つまり皆《みな》さんの御主人《ごしゆじん》が、どうも浮《うは》氣をなさる。夜遊《よあそ》びをなさる。これを如何《いか》にして未然《みぜん》に防《ふせ》ぐや。その方法《はうはふ》を教《をし》へて頂《いたゞ》きたいです。

良江　つまり商賣氣《しやうばいぎ》を離《はな》れて、種明《たねあか》しをしろとおつしやるんですね。

大辻　さう〳〵、そんな氣持《きもち》で、たゞ何《なん》となく、漠然《ばくぜん》と、それからそれ、あれからあれと、お話《はなし》をして頂《いたゞ》けばいゝのです。浮氣《うはき》とは、そも何《なん》であるか、ですなあ。

お秀　さあ、出來心《できごゝろ》でせう。

貴子　生《うま》れつきぢやないでせうか。

お秀　達者《たつしや》な人《ひと》にも感染《かつ》る、傳染病《でんせんびやう》みたいなものだわね。

大辻　何不足《なにふそく》もないやうな立派《りつぱ》な奥《おく》さんを持《も》ちながら、待合《まちあひ》やカフェー、ダンスホールに浮身《うきみ》をやつす人《ひと》を、僕《ぼく》はいくらも知《し》つてゐます。

お秀　先生《せんせい》もそのお一人《ひとり》でせう。（笑聲）

大辻　まだ發言《はつげん》を許《ゆる》さぬのに、しやべつてはいかんです。

良江　家《うち》を外《そと》になさる方《かた》は、家《うち》が面白《おもしろ》くないからぢやないですか？

玲子　カフェーにいらつしやれば、至《いた》れり盡《つく》せりの、サービス(奉仕《ほうし》)をするでせう。お家《うち》にゐるより居心地《ゐごゝち》がよいにきまつてますわ。

道江　結局《けつきよく》、奥様《おくさま》の旦那《だんな》様《さま》に對《たい》するサービスが惡《わる》いからですわよ。

大辻　僕《ぼく》の友人《いうじん》が女給《ぢよきふ》さんと結婚《けつこん》したん

だがね、いろ／＼サービスして貰《もら》ふんで、何《なん》だか心附《チップ》をやらなけりや惡《わる》いやうな氣《き》がするつて、さう言つてゐたよ。（笑聲）

お秀　そりや奥様《おくさま》に心附《チップ》をお出《だ》しになれば、きつといゝサービスをしてくださいますわよ。

辰江　男《をとこ》なんてものは、アラ御免《ごめん》なさい、大辻《おほつじ》先生《せんせい》も男《をとこ》でしたわね。（笑聲）

大辻　純然《じゆんぜん》たる男《をとこ》だよ、吉屋信子《よしやのぶこ》先生《せんせい》に似《に》てると言《い》はれたことも、あるにはあるがね。

辰江　まあ世間《せけん》の男《をとこ》はですね、少々《せうく》の心附《チップ》は出《だ》してもいゝから、大《おほ》いにサービスして貰《もら》ひたいものらしいわね。

大辻　毎日見《まいにちみ》なれてゐる細君《さいくん》の顔《かほ》より、女給さんの顔《かほ》を見《み》る方《はう》が、變《へん》化《くわ》があつて面《おも》白《しろ》いから、浮氣《うはき》をするんだね。

お秀　ほんとに惡《わる》いタチですわ。

辰江　でもそれで妾達《わたしたち》が生活《せいくわつ》して行《ゆ》けるんですもの、まんざら貶《けな》したものでもないわ。

大辻　こら／＼、商賣氣《しやうばいぎ》を出《だ》しちやいかんといふのに……（笑聲）

〔2〕ダンスホールはいくらで遊《あそ》べるか？

大辻　諸君《しよくん》のうちでは、ダンサーが一番新《いちばんあたら》しい職業《しよくげふ》ですね。猫《ねこ》も杓子《しやくし》もダンスをやるやうになつたのは、いつ頃《ごろ》からですか？

貴世子　東京《とうきやう》は二三年前《にさんねんまへ》から、急《きふ》に盛《さか》んになりました。

大辻　客種《きやくだね》は、主《おも》にどんな人達《ひとたち》ですか？

貴世子　若《わか》い會社員《くわいしやゐん》、學生《がくせい》さん達《たち》です。

サチヨ　頭《あたま》の禿《は》げたオヂイさんも多《おほ》いわよ。

大辻　お金《かね》をいくら持《も》つて行《ゆ》けば、面白《おもしろ》く踊《をど》れますか？

貴世子　まあ三時間《じかん》でせうね。一時間《じかん》に十回踊《くわいをど》るとして、三十回《くわい》ですわね。一回《くわい》が二十錢《せん》ですから……

大辻　一回《くわい》二十錢《せん》とすると、三十回《くわい》で……一二三が六、六十回か……いや六十錢《せん》かな。

ネネ　六圓《ゑん》ですわよ。（笑聲）

大辻　それで諸君《しよくん》の收入《しうにふ》は？

ネネ　一回《くわい》（三分間《さんぷんかん》）踊《をど》つて、ダンサーが八錢《せん》、ホールが十二錢《せん》の收入《しうにふ》になります。

大辻　下《した》には下《した》があるでせうが、ナンバーワン（第《だい》一流《りう》）の收入《しうにふ》は、どれくらゐになるのですか？

貴世子　さうですね。月《つき》に三百圓《ゑん》……とい

（右は豐子さん・左はお秀さん）

ふところでせう。

大辻 いゝ商賣ですなア。軍人なら佐官級、會社《くわいしや》なら重役級《ぢうやくきふ》、役所《やくしよ》なら局長級、十圓札《ゑんさつ》なら三十枚《まい》、一圓札なら……

サチヨ 厭《いや》よ、そんなに細《こま》い勘定《かんぢやう》をなすつちや。

（右は大辻氏・左は林彌さん）

大辻 資本《もとで》は、どのくらゐかゝります？

貴世子 十五六圓もするダンス靴《ぐつ》が、二た月《つき》とは保《も》ちません。洋《やう》服《ふく》なども、すぐに裾《すそ》が切《き》れてしまひます。

大辻 ダンスホールのお客様《きやくさま》には、江《え》戸《ど》つ子《こ》は見當《みあた》りませんね。洋服《やうふく》なんか、アメリカ西部《せいぶ》の田舎者《ゐなかもの》の趣味《しゆみ》ですよ。ズボンが皺《しわ》になつて、靴《くつ》が斜《なゝめ》に擦《す》り減つてゐるのがあるんだからね。踊《をど》るお金《かね》で、靴《くつ》の踵《かゝと》でも修繕《しうぜん》したらいゝと思《おも》ふんだがな。（笑聲）

ネネ 靴《くつ》は汚《きた》なくても、頭《あたま》は、みんな綺麗《きれい》ですわよ。

大辻 といつて、頭《あたま》で踊《をど》るわけにも行かんだらうしね。（笑聲）

林彌 この頃《ころ》は藝者衆《げいしやしう》でも、ダンスが大流行《だいりうかう》ですわ。お座敷《ざしき》で、レコードをかけて踊《をど》るんですのよ。

お秀 まるで疊屋《たゝみや》さんに、御奉公《ごほうこう》するやうなもんだわね。

照子 お客様《きやくさま》が要求《えうきう》なさるんですから、足《あし》の動《うご》かし方《かた》くらゐ知《し》らないと、お對手《あひて》になれませんもの……

〔3〕お客様《きやくさま》は彼女等《かのぢよら》に何《なに》を求《もと》めるか？

大辻 諸君《しよくん》のところへ遊《あそ》びに行《ゆ》く男《をとこ》は、一體《たい》、何《なに》を諸君《しよくん》に求《もと》めるんですかね。

夏江 お客様《きやくさま》によつて違《ちが》ひますけど、カフェーなんかでは、あの明《あか》い朗《ほが》かな氣分《きぶん》が好《す》きでいらつしやるんですわね。

大辻 氣分《きぶん》だけぢやなさゝうだがなア。

道江 女給《ぢよきふ》に野心《やしん》があつてお出《いで》になる方《かた》は、少《すくな》いと思《おも》ひますわ。

大辻 ではカフェーには、魅力《みりよく》のある美人《びじん》はゐないといふことになりますね。

玲子 氣分《きぶん》だけのお客様《きやくさま》も少《すくな》いわね。何《なん》となく女給《ぢよきふ》の顏《かほ》が見《み》たくてお出《いで》になる方《かた》が、多《おほ》いと思《おも》ふわ。

道江 あなたは強氣《つよき》だからいゝわね。妾《わたし》にはさうは思《おも》へないわ。

辰江 併《しか》し、みんな自惚《うぬぼ》れてるのよ。でなきや心附《チツプ》なんか貰《もら》へやしないわ。

大辻 心附《チツプ》の話《はなし》を少《すこ》しやりませう。普通《ふつう》は受持《うけもち》の女給《ぢよきふ》さんに、いくらやればいゝの？

道江 まあ一圓《えん》ですわね。

大辻 應援の女給《ぢよきふ》さんには？

玲子 五十錢《せん》です。

辰江 五十錢《せん》なんて心附《チツプ》ぢやないわよ。妾達《わたしたち》の通行税《つうかうぜい》みたいなもんよ。

大辻 ひどいことを君《きみ》は言《い》ふんですね。すると何《なん》ですね。ビールの二本《ほん》も飮《の》んで、何《なに》か一皿《ひとさら》食《た》べて、まあ三圓《えん》の會計《くわいけい》だとして、五圓《えん》もおけば、ちよつといゝお客《きやく》ですね。

玲子 まあ、とぼけていらつして……先生《せんせい》はその道《みち》の大家《たいか》なんでせう。（笑聲）

大辻 ま、そんな話《はなし》は止《や》めて、何《なに》か他《ほか》のことを伺《うかゞ》ひませう。

辰江 女給《ぢよきふ》に野心《やしん》のある方《かた》は、こつそりと、十圓札《ゑんさつ》くらゐ握《にぎ》らせてくださいますわ。景氣《けいき》のよかつた頃《ころ》は、これでも妾《わたし》、百圓札《ゑんさつ》くらゐ貰《もら》つたことがありますわよ。

大辻 もつと若《わか》かつた頃《ころ》は……でせう。

辰江 えゝ、それで五六回《たび》も通《かよ》つてモノにならないと、バッタリお出《いで》になりません。

大辻 そりや無《む》理《り》もないですよ。誰《だれ》だって無駄《むだ》な金《かね》は使《つか》ひたくないからね。

辰江 妾《わたし》はお客様《きやくさま》の素振《そぶ》りで、野心《やしん》のある人《ひと》かない人《ひと》か、すぐ判《わか》りますわ。野心《やしん》のありさうな人《ひと》には、なるべく曖昧《あいまい》な態度《たいど》を見《み》せて、口《く》說《ど》かれたらモノになりさうな、觸《さは》らば散《ち》らん風情《ふぜい》を見《み》せるのが、女給術《ぢよきふじゆつ》の奥《おく》の手《て》ですわ。

大辻 風情《ふぜい》だけで濟《す》みますか？

辰江 これで内心《ないしん》、なかなかガッチリしてるんですもの……（笑聲）

玲子 堅氣《かたぎ》の奥《おく》さまなどは、女給《ぢよきふ》とさへ見《み》れば不良《ふりやう》のやうに思《おも》つていらつしやるんですわ。

道江 さうよ。そりや大勢《おほぜい》ゐる中《なか》には、簡單《かんたん》な方《かた》もあつて、仲間《なかま》の信用《しんよう》をおとすこともあるでせうけれど、女給《ぢよきふ》だつて、立派《りつぱ》な職業婦人《しよくげふふじん》ですわ。

辰江 さうですわ。妾《わたし》たち、心附《チツプ》は頂《いたゞ》きたいけれど、他人《ひと》様《さま》の旦那様《だんなさま》まで頂《いたゞ》からうなんて氣持《きもち》は、これつぱかしもありませんわ。

玲子 全《まつた》くよ。それだのに、まるで賣笑婦《ばいせうふ》かなんかのやうに……

（右は道江さん・左は玲子さん）

大辻 まあ、そんなに興奮《こうふん》しちやいけないよ。奥様方《おくさまがた》には、僕《ぼく》からよく申《まを》しておきますよ。

323　「旦那様の浮気を防ぐ方法の座談会」　大辻司郎、東ネネ、小野貴世子、由利サチヨ、ほか
『主婦之友』昭和8年4月1日

ところで、女給《ぢよきふ》さんの收入《しうにふ》は、どのくらゐあ一りますか？　きり〳〵結着《けつちやく》、掛値《かけね》のないところは？

道江　さあ、收入《しうにふ》は店《みせ》により人《ひと》によつて、ピンからキリまでありますわ。

（右は貴世子さん・左はネネさん）

大辻　ピンの方《はう》はどうでもいゝから、キリの方《はう》を聞《き》きたいな。

眞江　まあ、いゝときで三百圓《ゑん》くらゐ……

大辻　休《やす》んで働かなきやダメですね。

眞江　えゝ、今《いま》んところ、そんな勘定《かんぢやう》になつてゐます。

〔4〕浮氣《うはき》な旦那《だんな》樣《さま》にヤキモチの奥《おく》樣《さま》は附《つ》きもの

大辻　今度《こんど》は、藝者諸《げいしやしよ》君《くん》の、お話《はなし》を伺《うかが》ひませう。

林彌　花柳界《くわりうかい》へは、カフェーや、ダンスホールのやうに、簡單《かんたん》にはお出《いで》になられません。

大辻　小笠原流《をがさはらりう》、池坊《いけのばう》、書畫骨董《しよぐわこつとう》の鑑定法《かんていはふ》から疊の裏表《うらおもて》の見分《みわ》け方《かた》まで心得《こゝろえ》てゐないと、藝者遊《げいしやあそ》びはできないらしいね。（笑聲）

お秀　まさかそんなこともありませんけれど、相當《さうたう》に口喧《くちやかま》しい方《かた》がお見《み》えになりますので、妾《わたし》たち藝者《げいしや》がお座敷《ざしき》へ出《で》ますと、身體《からだ》よりも神經《しんけい》の方《かた》が、よけいに疲《つか》れますわ。

大辻　では、馬鹿《ばか》な女《をんな》ぢや、いや失禮《しつれい》、低能《ていのう》なお方《かた》ぢや、勤《つと》まらんわけですな。

豊子　いゝえ、どうも恐《おそ》れ入《い》ります。

大辻　いや、こゝで恐《おそ》れ入《い》られちや、こちらが困《こま》りますから、今暫《いましばら》く、恐《おそ》れ入《い》らんでゐてください。

お秀　何《なに》しろ立派《りつぱ》な學校《がくかう》を出《で》られた、教養《けうやう》のある奥樣《おくさま》をお持《も》ちになつてゐられる紳士方《しんしかた》の前《まへ》に出《で》るのですから、何《なに》か一言《ひとこと》申上《まをしあ》げるにも、これで相當《さうたう》に氣《き》を遣《つか》ひますのよ。

大辻　その代《かは》り、藝者《げいしや》さんは子供《こども》のときから訓練《くんれん》されるんですからね。林彌《りんや》さんは、この世《せ》界《かい》に入《はい》つて幾年《いくねん》になります？

林彌　子供《こども》のときからですから、十三年《ねん》くらゐになりますわ。

大辻　役人《やくにん》だつたら、恩給《おんきふ》が貰《もら》へる頃《ころ》ですね。お秀《ひで》さんは？

お秀　それを申上《まをしあ》げると、妾《わたし》の年《とし》がバレますから……。（笑聲）何《なに》しろ耳學問《みゝがくもん》をいたしますので、お客樣方《きやくさまがた》のお話《はなし》を、判《わか》つたやうな顏《かほ》をして聽《き》いてゐますのよ。

大辻 判《わか》つたやうな顔《かほ》つて、どんな顔《かほ》だい？

お秀 藝者衆《げいしやしう》の顔《かほ》は、みんなさうよ。

大辻 どんな男《をとこ》が、花柳界《くわりうかい》に多《おほ》く出入《でい》りするんだらうな。

（右はサチヨさん・左は夏江さん）

お秀 お金《かね》があつて、ヤキモチの奥様《おくさま》のおありになる方《かた》なら、必《かなら》ず遊《あそ》びにお出《いで》になります。

林彌 旦那《だんな》様《さま》が浮《うは》氣《き》をするから、奥様《おくさま》がヤキモチを燒《や》くやうになるのか、奥様《おくさま》がヤキモチを燒《や》くから、旦那《だんな》様《さま》が浮氣《うはき》をするやうになるのか、どつちでせうね。

お秀 どつちが先《さき》だか知《し》らないけれど、浮氣《うはき》な旦那《だんな》様《さま》にヤキモチ燒《や》きの奥様《おくさま》は、切《き》つても切《き》れぬ因果關係《いんぐわかんけい》があるやうだわ。

大辻 全然《ぜんぜん》ヤカナイ奥様《おくさま》でも困《こま》るでせう。

お秀 ヤキモチは狐色《きつねいろ》ほど〻、昔《むかし》から相場《さうば》がきまつてゐますわよ。

〔5〕良人《をつと》の浮氣《うはき》を子供《こども》に知《し》らせる勿《なか》れ

豐子 ヤキモチといへば、先日《せんじつ》のあの櫻内《さくらうち》さんのお孃《ぢやう》さんの自殺《じさつ》は、どこでも大評判《だいひやうばん》でしたわね。

大辻 あの問題《もんだい》を諸君《しよくん》はどう考《かんが》へます。

お秀 御主人《ごしゆじん》と奥様《おくさま》が、等分《とうぶん》に責任《せきにん》を負《お》ふべきだと思《おも》ひますわ。實《じつ》は問題《もんだい》の二號《がう》さん（お妾《めかけ》）は、妾共《わたくしども》のお隣《となり》に住《す》んでゐられますので、よく存《ぞん》じてをりますが、もう七八年《ねん》も前《まへ》から、櫻内《さくらうち》さんの、お世話《せわ》になつていらつしやいます。あのとき以來《いらい》、二階《かい》に閉《と》ぢ籠《こも》つて、お孃《ぢやう》樣《さま》のお寫眞《しやしん》に線香《せんかう》を上《あ》げて、お詫《わ》びばかりしてゐられます。

豐子 お氣の毒《どく》ですわね。

お秀 他人樣《ひとさま》のお話《はなし》ですが、あのお孃樣《ぢやうさま》は、今《いま》のお母樣《かあさま》が違《ちが》つていらつしやるので、二號《がう》さんは大變《たいへん》お孃樣《ぢやうさま》に同情《どうじやう》して、まるで御姉妹《ごきやうだい》のやうに、仲《なか》よく暮《くら》してゐられたさうです。

貴世子 御主人《ごしゆじん》が奥樣《おくさま》に、御妾宅《ごせうたく》のことを打明《うちあ》けられたのが、よくなかつたのぢやありませんか？

豐子 でも、どうせ知《し》れることなんですもの。

大辻 僕《ぼく》はこ〻で、浮氣《うはき》な御主人《ごしゆじん》をお持《も》ちの奥《おく》樣方《さまがた》に、よく、考《かんが》へて頂《いただ》きたいことがあります。それは先《ま》づ、奥樣《おくさま》が全力《ぜんりよく》を擧《あ》げて、御主《ごしゆ》人《じん》の愛《あい》を取戻《とりもど》すために、努力《どりよく》して頂《いただ》きたいこと。それから御主人《ごしゆじん》の不身持《ふみもち》を、どんなことがあつても、子供《こども》さんにだけは知《し》らせないやうにして頂《いたゞ》きたいことです。

人妻《ひとづま》としては忍《しの》び難《がた》いほどのことも、母親《はゝおや》としてなら、忍《しの》べる筈《はず》だと思《おも》ひます。

お房　妾共《わたしども》が拝見《はいけん》しますところでは、お若《わか》くて深酒《ふかざけ》を召《め》されたり、若《わか》い藝者《げいしや》に身《み》を誤《あやま》られたりする方《かた》は、立派《りつぱ》な御家庭《ごかてい》の、淋《さび》しい坊《ぼつ》ちやんが一番多《ばんおほ》いやうですわ。

良江　主人《しゆじん》がカフェーやダンスホール、待合《まちあひ》などに出入《でい》りすることを、奥様《おくさま》にも知《し》らせてはいけないと思《おも》ひますわ。自分《じぶん》の奥様一人《おくさまひとり》くらゐゴマ化せないやうな男《をとこ》なら、浮氣《うはき》をする資格《しかく》なんかありませんわ。（笑聲と喝采）

大辻　併《しか》し世間《せけん》の奥様方《おくさまがた》は、秘密《ひみつ》を打明《うちあ》けてさへくだされば、すべてを許《ゆる》してやるとおつしやいますよ。

良江　そりや嘘《うそ》だわ。

玲子　インチキだわよ。

道江　心《こゝろ》にもないことよ。

大辻　これ／＼、靜肅《せいしゆく》に／＼、これは重大《ぢうだい》な問《もん》題《だい》なんだから……

お秀　自分《じぶん》にはこんな女《をんな》があると、秘密《ひみつ》を打明《うちあ》けられたら、奥様《おくさま》として、氣持《きもち》のいゝ筈《はず》はないと思《おも》ひますわ。

良江　モチですわよ。良人《をつと》は私一人《ひとり》のもの……と、絶對《ぜつたい》に思《おも》ひ込《こ》んでゐてこそ、奥《おく》さんは幸福《ふく》で、また一家《か》が圓滿《ゑんまん》にやつて行《ゆ》けるんですもの……

大辻　併《しか》し、御主人《ごしゆじん》に秘密《ひみつ》を打明《うちあ》けられたら、たいがいの奥様《おくさま》は、子供《こども》のためにとか、良人《をつと》の體面《たいめん》のためにとかいつて、諦《あきら》めて我慢《がまん》なさいますね。

豐子　だから結局《けつきよく》、家《いへ》の中《なか》が面白《おもしろ》くなくなるぢやありませんか。

大辻　それで御主人《ごしゆじん》は、ます／＼浮氣《うはき》をするといふ寸法《すんぽふ》ですね。

〔6〕
子供《こども》利用《りよう》で良人《をつと》の浮氣《うはき》を封《ふう》じた話《はなし》

大辻　今度《こんど》は諸君《しよくん》が奥様《おくさま》になつたとして、御主《ごしゆ》人《じん》が浮氣《うはき》をしたら、どうなさいます？

道江　訊《き》くだけ野暮《やぼ》だわ。モチ、全力《ぜんりよく》を擧《あ》げて取《と》り戻《もど》しますわ。その方法《はうはふ》は、臨機應變《りんきおうへん》、どんなことをするか判《わか》りませんが、とにかく妻《つま》は、子供《こども》ができれば、良人《をつと》の不在中《ふざいちゆう》は良《よ》い母《はゝ》親《おや》になる必要《ひつえう》がありますが、良人《をつと》が家《うち》にゐる時《とき》は、子供《こども》よりも良人《をつと》第《だい》一のサービスをしなくてはいけないと思《おも》ひます。

お秀　妾《わたし》はそんな經驗《けいけん》はございませんが、（ちよつと舌を出す）自分《じぶん》の惡《わる》いところを良人《をつと》に遠《ゑん》慮《りよ》なく言《い》つて頂《いたゞ》いて、素直《すなほ》に改《あらた》めたいと思《おも》ひますわ。

豐子　あら、お秀姐《ひでねえ》さん、ほんとに、素直《すなほ》になれて？

お秀　なれますわよ。ね、なれることにしときませうよ。（笑聲）

辰江　あたしだつたら、良人《をつと》が浮氣《うはき》なんかしたら、口惜《くや》しくつて、きつと泣《な》き出《だ》してしまひますわ。

大辻　泣《な》きの一手《て》ですね。それもいゝでせう。ダンサー諸氏《しよし》は如何《いかが》ですか？

ネネ　そのときにならなくては判《わか》りませんわ。

貴世子　妾《わたし》はその方《はう》にも經驗《けいけん》がありますが、氣《き》永《なが》に諫《いさ》めてみます。それでも浮氣《うはき》を止《や》めなければ、素直《すなほ》に別《わか》れてしまひます。

大辻　別《わか》れちやつちや、お話《はなし》にならんですよ。

辰江　妾《わたし》の知《し》つてゐる奥様《おくさま》に、こんな方《かた》がありますわ。御主人《ごしゆじん》がよく外泊《ぐわいはく》なさるので、奥様《おくさま》は困《こま》つてしまつて『外泊《ぐわいはく》なさるのをお止《と》めはいたしませんか、子供《こども》が朝起《あさお》きたとき、お父《とう》さまお早《はや》うございますと、御挨拶《ごあいさつ》ができますやうに、せめて朝早《あさはや》くお歸《かへ》りになつてゐてください。』と、お頼《たの》みになりました。

それからといふものは、午前《ごぜん》四時《じ》には必《かなら》ず御歸宅《ごきたく》になり、やがて外泊《ぐわいはく》はなさらぬやうになりました。

お秀　素晴《すばら》しい家庭《かてい》美談《びだん》ですわね。

長江　子供《こども》を上手《じやうず》に利用《りよう》すれば、主人《しゆじん》の浮氣《うはき》を止《や》めさせることもできますし、下手《へた》に利用《りよう》すれば、子供《こども》の將來《しやうらい》を誤《あやま》らせるやうなことにもなりますわね。

お秀　ですから、奥様《おくさま》になる前《まへ》に、お母様《かあさま》になる勉強《べんきやう》もしておかなくては不可《いけ》ないわ。

大辻　失禮《しつれい》ですが、醫者諸君《いしやしよくん》が、それほどの正《ただ》しい認識《にんしき》を持《も》つてゐられることは、なかなかエーと思《おも》ふです。民政黨總裁《みんせいたうそうさい》の若槻《わかつき》さんでさへ、エーものはエー、とおつしやつたですからね。……ときに若槻《わかつき》さんの安來節《やすきぶし》を、誰《だれ》か聞《き》いたことはありませんか？

長江　だつて、あの方《かた》、ちつともカフェーにお出《いで》にならないんですもの。（笑聲）

サチヨ　ダンスホールにだつて、いらつしやらないわ。

お秀　偉《えら》い政治家《せいぢか》の方《かた》も、花柳界《くわりうかい》にはよくお出《いで》になりますが、新聞《しんぶん》に出《で》るときのお顔《かほ》と、宴會《えんくわい》でお遊《あそ》びになるときのお顔《かほ》とは、まるつきり違《ちが》ひますわよ。

林彌　そりやさうよ。當《あた》り前《まへ》だわ。どこの旦那《だんな》様《さま》だつて、同《おな》じですわ。

〔7〕永《なが》つゞきするやう安全《あんぜん》な道《みち》を歩《ある》く

大辻　皆《みな》さんは生活《せいくわつ》のために働《はたら》いてゐられるのだから、きつと眞劍《しんけん》だらうと思《おも》ひます。その點《てん》大《おほ》いに敬意《けいい》を表《へう》しますが、皆様《みなさま》も自重《じちよう》して頂《いただ》きたいですな。

道江　女給《ぢよきふ》といふ商賣《しやうばい》も、もつと奥様方《おくさまがた》に理解《りかい》して頂《いただ》きたいと思《おも》ひますわ。

長江　だん〳〵理解《りかい》して頂《いただ》けますわよ。先日《せんじつ》なんか、奥《おく》さん同伴《どうはん》でお出《いで》になつて、女給《ぢよきふ》を二三人《にん》呼んで『ねえ君《きみ》、女給《ぢよきふ》といふのはこんなもんだよ。だから君《きみ》、安心《あんしん》していゝよ。』と、ずゐぶん失禮《しつれい》な實物《じつぶつ》教育《けういく》をなさつた方《かた》がありましたわ。

大辻 そいつァ徹底《てつてい》してゐて愉快《ゆくわい》だな。

道江 先日《せんじつ》、妾《わたし》の店《みせ》へ一週間《しうかん》もつゞけてお出《いで》になつて、千圓近《せんゑんちか》くもお遊《つか》びになつた方《かた》がありましたわ。而《しか》もその方《かた》は、この妾《わたし》がお氣《き》に召《め》したんですつて……

玲子 女給《ぢよきふ》なんか金《かね》さへ出《だ》せば……といふやうに思《おも》つてゐる人《ひと》があるので、癪《しやく》に障《さは》るわね。

道江 妾《わたし》、なんだか氣味《きみ》が惡《わる》かつたので、きつぱりお斷《ことわ》りしましたわ。

良江 そりや惜《を》しかつたわね。も少《すこ》し儲《まう》けてやりやよかつたのに……（笑聲）

玲子 その人《ひと》、金滿家《きんまんか》ぢやないわ。お金持《かねもち》はケチなものよ。二三人《にん》で來《き》て、一圓《ゑん》五十錢《せん》づゝ割前《わりまへ》なんか出《だ》すのよ。カフェーで、お金《かね》をバラ撒《ま》く人《ひと》は、たいてい貧乏人《びんばふにん》よ。

大辻 そんな、ツラアテのこと言《い》つちやいかんよ。僕等《ぼくら》はたまにお金《かね》が入《はい》ると、使《つか》つてしまふまでが心配《しんぱい》で、つい慌《あわ》てるんだよ。（笑聲）

お秀 お金《かね》を持《も》つことには、あまり馴《な》れていらつしやらないのね。

大辻 止《よ》さうよ、そんな話《はなし》。（笑聲）諸君《しよくん》はたいてい一家《か》を構《かま》へていらつしやるんでせう。

道江 えゝ、親《おや》だの兄弟《きやうだい》だのと稱《しよう》してゐる人《ひと》が多《おほ》いやうですわ。

良江 内縁《ないえん》の良人《をつと》などもね。

お秀 妾《わたし》などは、よそから頂《いたゞ》いた子供《こども》もありますし、中學《ちうがく》へ行《い》つてる伜《せがれ》もあるんですの。年寄《としより》から妹《いもうと》まで揃《そろ》つてゐますから、自分一人《じぶんひとり》の氣儘《きまゝ》はできませんわ。結局《けつきよく》、永《なが》つゞきのする、安全《あんぜん》な道《みち》を歩《ある》くよりほかありません。

林彌 よく世間《せけん》の方《かた》は、藝者《げいしや》には後援者《パトロン》がなくてはやつて行《ゆ》けないと、おつしやいますけれど、そんなことはありませんわ。虚榮心《きよえいしん》の強《つよ》い方《かた》はともかく、普通《ふつう》の生活《せいくわつ》をするのでしたら、自分一人《じぶんひとり》の働《はたら》きだけで充分《じうぶん》ですわ。

お秀 男《をとこ》の方《かた》をおだましする氣《き》は毛頭《まうとう》ありませ

329 「旦那様の浮気を防ぐ方法の座談会」 大辻司郎、東ネネ、小野貴世子、由利サチヨ、ほか
『主婦之友』昭和8年4月1日

ゑがら、あまり男の[illegible]になさらないやうに、世間の方々《かたがた》にお願《ねが》ひしたいと思《おも》ひますわ。（さやかな喝采起る。）

大辻 いや、よく解《わか》りました。ダンサー組《ぐみ》の諸《しよ》君《くん》は、この意見《いけん》に如何《いかゞ》です？

ネネ 商賣《しやうばい》は違《ちが》ひますけれど、氣持《きもち》は御同感《ごどうかん》ですわ。

貴世子 何《なん》の商賣《しやうばい》でも同《おな》じものね。併《しか》し、二三の不心得《ふこゝろえ》な人《ひと》のために、正《たゞ》しいものまでが誤《ご》解《かい》されるのは、ほんとに殘念《ざんねん》だと思《おも》ひます。

大辻 良江《よしえ》君《くん》、君《きみ》はどうしたんだい？

良江 あたし、あんまりしやべつて、くたびれちやつたので、默《だま》つてるのよ。

大辻 ぢや僕が話しませう。先頃《さきごろ》、品川《しながは》の八《や》つ山下《やました》で、非《ひ》常警戒中《じやうけいかいちう》の警官氏《けいくわんし》と一緒《しよ》に、夜《よる》の十二時《じ》から二時《じ》まで、御苦勞《ごくらう》千萬《ばん》にも立《た》つてゐたことがあります。

このとき警戒線《けいかいせん》に引《ひつ》かゝつた自動車《じどうしや》の中《なか》の婦人《ふじん》は、（これは何《いづ》れも男子《だんし》同伴《どうはん》で、あの附近《ふきん》の怪《あや》しげな場所《ばしよ》へ泊《と》り込《こ》むのが目的《もくてき》です。）女《ぢよ》給《きふ》さんが一番多《ばんおほ》いだらうと思《おも》つてゐたところ、意外《いぐわい》なことには、不良女給三、素人（[illegible]、未亡人《みばうじん》、人妻《ひとづま》、看護婦《かんごふ》など）三、女事務員四といふ割合《わりあひ》でした。

お秀 收入《しうにふ》の多《おほ》い人《ひと》は、小《ちひ》な誘惑《いうわく》には勝《か》てますが、女事務員《をんなじむゐん》のやうに收入《しうにふ》の少《すくな》い人《ひと》は、どうしても、誘惑《いうわく》に負《ま》けることが多《おほ》いでせうね。

良江 女《をんな》が、着物《きもの》だの持物《もちもの》だのを欲《ほ》しがるときは、一番危《ばんき》險《けん》な時代《じだい》ですから、御家庭《ごかてい》でも、よほど注意《ちゆうい》をなさらないといけませんわ。

〔8〕こんなお客様《きやくさま》は溺《おぼ》れやすくて危《き》險《けん》

大辻　ダンスホールでは、どんなお客《きやく》が一番《ばん》嫌《きら》はれますか？

貴世子　お客様《きやくさま》ですから、さう毛嫌《けぎら》ひはしませんけれど、踊《をど》りながらあまり話《はなし》をなさる方《かた》や、奴凧《やつこだこ》のやうに身體《からだ》を振《ふ》る方《かた》などは、あまり喜《よろこ》ばれませんわ。

サチヨ　この頃《ごろ》、ニンニクが流行《はや》つてゐるとみえて、臭《くさ》いわね。あたし、大嫌《だいきら》ひだわ。

大辻　燒賣《しうまい》のげつぷなどを噛《か》みしめながら踊《をど》るのたんかも、嫌《きら》はれるでせうね。

ネネ　香水《かうすゐ》の匂《にほ》ひだつて、男《をとこ》の人《ひと》がつけてゐるのはキザだわね。

大辻　カフェーでは、どんな人《ひと》が嫌《きら》はれます？

道江　お酒《さけ》を召上《めしあが》つて、すぐ醉《よ》つぱらふ方《かた》は、嫌《きら》はれますわ。

大辻　そりや無理《むり》だよ、君《きみ》、お酒《さけ》を飲《の》ましておいて、醉《よ》つちやいけないなんて……(笑聲)

良江　お金《かね》を費《つか》つて、厭《いや》らしいことを言はないで、紳士的《しんしてき》で、垢脱《あかぬ》けのした朗《ほが》かな方《かた》なら、きつとモテますわ。

大辻　無理《むり》だよ、君《きみ》、カフェーなんかに行《ゆ》くお客《きやく》に、そんな特製品《とくせいひん》はないよ。

道江　樹《き》によつて魚《うを》を求《もと》むる如《ごと》し、なんてね。

お秀　待合《まちあひ》のお客様《きやくさま》で嫌《きら》はれ者《もの》は、藝者《げいしや》の着物《きもの》を褒《ほ》める方《かた》、手相《てさう》を見《み》てやらうとおつしやる方《かた》、肩書《かたがき》つきの名刺《めいし》を出《だ》す方《かた》、藝者《げいしや》の悲《かな》しい身《み》の上話《うへばなし》を聞《き》きたがる方《かた》、地所家屋《ちしよかをく》のお話《はなし》をなさる方《かた》……

大辻　も、もういゝですよ、藝者遊《げいしやあそ》びのコツが解《わか》つたから、いつか僕《ぼく》の生命保險《せいめいほけん》の金《かね》でも手《て》に入《はい》つたら、一《ひと》つ大《おほ》いに豪遊《がういう》しますよ。(笑聲)

お秀　どうぞ、お待《ま》ちしてますわ。

大辻　まだ商賣氣《しやうばいぎ》を出《だ》しちやいかんですよ。ところで諸君《しよくん》が見《み》て、こんな人《ひと》なら遊《あそ》びにいらつしても、決《けつ》して間違《まちが》ふことはない、こんな人《ひと》は遊《あそ》びにお出《いで》になると危險《きけん》だといふやうなことを、少《すこ》し話《はな》してくれませんか。

ネネ　ダンスホールのお客様《きやくさま》で、踊《をど》りながら息《いき》をはずませて興奮《こうふん》なさる方《かた》がありますが、あんな方《かた》は、お出《いで》にならない方《はう》が、心臟《しんざう》のためにもよろしいと思《おも》ひますわ。

貴世子　明《あか》く朗《ほが》かで、誰《だれ》にも萬遍《まんべん》なく愛嬌《あいけう》を振《ふ》りまくやうな方《かた》は、少《すこ》しも危險性《きけんせい》がないと思《おも》ひますわ。

玲子　カフェーでしたら、隅《すみ》つこのテーブルに小《ちひ》さくなつて、チビ〳〵飲《の》みながら、ニヤ〳〵なさる方《かた》は、ちよつと危險《きけん》ですわ。眞中《まんなか》のテーブルで、誰憚《たれはゞか》らず飲《の》んでるやうな豪放《がうはう》な方《かた》は、女給《ぢよきふ》なんかに誘はれることはありません。

良江　一體《たい》に、妾共《わたしども》に對《たい》しても輕《かる》い冗談口《じようだんぐち》のきける方《かた》は、腹《はら》に野心《やしん》のない證據《しようこ》で、割合《わりあひ》にしつかりしていらつしやいますわ。無口《むくち》で、内氣《うちき》で、陰性《いんせい》の方《かた》は、どうかすると間違《まちが》ひを起《おこ》しますから、そんな方《かた》の奥様《おくさま》は、旦那様《だんなさま》がカフェーやダンスホールに出入《でい》りなさることを、極力防止《きよくりよくばうし》なさらなくてはいけません。

お秀　奥様《おくさま》に冗談《じようだん》もおつしやらないやうな旦那《だんな》様《さま》を、謹嚴《きんげん》な人《ひと》だと思《おも》ひ込《こ》んだら、大變《たいへん》ですわ。それから、奥様《おくさま》の權威《けんゐ》が強《つよ》すぎるお家《うち》の旦那様《だんなさま》も、御注意物《ごちういもの》ですわ。

ヤキモチの奥様《おくさま》、不精《ぶしやう》な奥様《おくさま》は、必《かなら》ず旦那《だんな》様《さま》を浮氣者《うはきもの》にしてしまひます。

大辻　いや、非常《ひじやう》に結構《けつこう》なお話《はなし》を伺《うかゞ》ひました。皆様《みなさま》も家庭《かてい》の奥様方《おくさまがた》にあまり目《め》の敵《かたき》にされないやうに、大《おほ》いに自重《じちよう》して、御商賣《ごしやうばい》に勵《はげ》んでください。では、これからお食事《しよくじ》を差上《さしあ》げたいと思《おも》ひますが、お急《いそ》ぎの方《かた》は、御遠慮《ごゑんりよ》なくお歸《かへ》りください。……貴方《あなた》もお立《た》ちにならないところを見《み》ると、皆様《みなさま》よほど御空腹《ごくうふく》のやうにお見受《みう》けします。無理《むり》もないです。ではどうぞ……おや、もう始《はじ》めちやつたんですか？

いゝえ、關《かま》ひませんよ、どうぞ〳〵。

職業婦人《しよくげふふじん》から同僚男子《どうれうだんし》への抗議《かうぎ》

男《をとこ》らしさを發揮《はつき》して下《くだ》さい

百貨店女店員 中谷京子

お客樣《きやくさま》の中《なか》には、隨分《ずゐぶん》こまかいことをお訊《き》きになる方《かた》があります。

『これと同《おな》じ布地《きんぢ》のネクタイを、××では一圓《ゑん》で賣《う》つてゐたのに、君《きみ》んとこでは、どうして八十錢《せん》でいいんだい？』

こんなことまでいはれます。すると、仕入《しいれ》部《ぶ》の方《はう》の經驗《けいけん》を積《つ》んだ男店員《をとこてんゐん》だと、商品《しやうひん》の知《ち》識《しき》を色々《いろいろ》と持《も》つてゐますから、精《くは》しい說明《せつめい》が出來《でき》ますが、てんでそこまでは敎《をし》へられてゐない私達女店員《わたしたちをんなてんゐん》は、只目《ただめ》を白黑《しろくろ》してゐる許《ばか》りです。

そんな時《とき》、僕《ぼく》の係《かゝ》りぢやあないよ、といつた風《ふう》にしないで、助太刀《すけだち》に來《き》て下《くだ》すつたらどんなに嬉《うれ》しいことでせう。第一《だいい》、あなた方《がた》だつて、自分《じぶん》の知識《ちしき》が生《い》きて來《く》る譯《わけ》ぢやありませんか。苦《くる》しまぎれにいふのではない。お店《みせ》の爲《た》め、お互《たが》ひの爲《た》めですから。

身綺麗《みぎれい》にせよ、とは始終《しじふ》いはれます。私達《わたしたち》男《をとこ》の方《はう》も、夫々《それぞれ》に力《つと》めて居《を》ります。でも、男の癖《くせ》に、必要以上《ひつえうい じやう》にめかし立《た》てるのは、本當《ほんたう》に厭《いや》ね。水白粉《みづおしろい》をつけたり、毎日《まいにち》ネクタイを替《か》へる程《ほど》のお金《かね》で、新刊本《しんかんぼん》の一册《さつ》も餘《よ》けいに讀《よ》んだらよからうに……なんて、女でさへ思《おも》ふ事《こと》があります。失禮《しつれい》。

それから、お金《かね》のことをいふのはなんですけど、兎《と》に角《かく》、毎日同《まいにちおな》じ樣《やう》に十時間立詰《じかんたちづ》めでゐながら、男《をとこ》の方《かた》は、初任給《しよにんきふ》からして、私達《たち》の倍《ばい》に近《ちか》いのは、なぜでせう？　別《べつ》に不平《ふへい》には思《おも》ひませんが、

『男《をとこ》には、一家《か》を背負《せお》つて立《た》つ責任《せきにん》があるよ。君達《きみたち》の樣《やう》に、嫁入支度《よめいりじたく》の爲《た》めに、勤《つと》めてゐる

のとは違《ちが》ふからね。』

といふやうな態度《たいど》をされるのは、心外《しんぐわい》です。嫁入支度《よめいりじたく》の爲《た》めになんていふ、暢氣《のんき》な氣持《きもつ》で勤《つと》めてゐる者《もの》が、私達《わたしたち》の仲間《なかま》に、一體何人《たいなんにん》ゐるでせう?! みんな、もつと／＼眞劍《しんけん》なんですのよ。

この事《こと》を忘《わす》れないで、兎角《とかく》、『女《をんな》なんて……』と、さげすむやうな態度《たいど》はやめて下《くだ》さい。お互《たが》ひに男《をとこ》らしさと女《をんな》らしさとの、快《こゝろ》よきハーモニーで、お店《みせ》を一層《そう》よくしようではありませんか。

親《しん》切《せつ》にして下《くだ》さる時《とき》こその騎《き》士《し》

女車掌　森村とよ子

運轉手《うんてんしゆ》と車掌《しやしやう》……われながら似合《にあ》ひの一組《ひとくみ》ですね、オーライ、ストップで一日中《にちぢう》くるくる街中《まちぢう》を新婚旅行《しんこんりよかう》して、さうして夕方《ゆふがた》になればさつぱり結婚《けつこん》を解消《かいせう》し、さて翌日《よくじつ》はまた……日毎《ひごと》に變《かは》る車《くるま》の主《ぬし》、一日花嫁《にちはなよめ》のあたし達《たち》から貴方《あなた》がた運轉手氏《うんてんしゆし》に申上《まうしあ》げたいこと――

あんまりガタ／＼亂暴《らんばう》な運轉《うんてん》をしないで下《くだ》さい。お客《きやく》さまはもとより、立《た》ちづめの私達《わたしたち》車掌《しやしやう》は慣《な》れないうちなんか氣《き》が遠《とほ》くなつちまひます。

お客樣《きやくさま》がまだ降《お》りきらないうちから意地惡《いぢわる》くぶう／＼やらないで下《くだ》さい。私達《わたしたち》まで同罪《どうざい》視《し》されてお客樣《きやくさま》からうらまれます。お客樣《きやくさま》が走《はし》つて來《く》るのにさつさと車《くるま》を出《だ》してしまふ氣《き》短かも困《こま》りますが、餘りのんびりしすぎた人も困《こま》ります。

車掌《しやしやう》の仕事《しごと》まで口《くち》を出《だ》さないで下《くだ》さい。こつちがまだ何《なに》も云《い》はないうちに、停留場《ていりうじやう》へ來《き》て『はい、お待《ま》ち遠《どほ》さま』なんて云《い》はれると私達《わたしたち》はあとどう云《い》つたらいゝか繼穂《つぎほ》がなくなります。

A《エー》さんの車《くるま》のきたなさ！　一體車内《たいしやない》を掃除《さうぢ》したことがあるんでせうか、と云《い》つて私達《わたしたち》が掃除《さうぢ》してあげるわけにも行《ゆ》かず閉口《へいこう》です。自分《じぶん》の自動車《じどうしや》はいつも清潔《せいけつ》にしておいて下《くだ》さい。

車庫《しやこ》へ着《つ》いてまた出《で》る前《まへ》、あたし達《たち》は女《をんな》ですから必要《ひつえう》のときもあります。手洗場《てあらひば》へ行《ゆ》く時間《じかん》を與《あた》へる位《くらゐ》の氣《き》はきかせて下《くだ》さい。

あたしの一番嫌《ばんきら》ひなのは醉《よ》つぱらひのお客《きやく》さんです。そんな人《ひと》が乘《の》りこんだ時《とき》、やつぱり唯一《ゆいつ》の賴《たよ》りは男性《だんせい》である貴方《あなた》がたなんです。小鳩《こはと》のやうにふるへて居《ゐ》る私達《わたしたち》を勇敢《ゆうかん》にたすけて下《くだ》さい。私共《わたしども》の瞳《ひとみ》には何《なん》とそんな時《とき》の貴《あな》方《た》が世界《せかい》一の雄々《をゝ》しい騎士《きし》にまで高《たか》められてうつることでせう。

モボは嫌《きら》ひ、もつと眞面目《まじめ》になつて下《くだ》さい

女事務員　清川麗子

A《エー》さんに。

『僕《ぼく》が米國《べいこく》に居《ゐ》た頃《ころ》……』の口癖《くちぐせ》をおやめになることは出來《でき》ませんでせうか、アメリカの大學出身《だいがくしゆつしん》が珍《めづ》らしかつたり、アメリカ通《つう》を振《ふ》り廻《ま》はせば、今時《いまどき》の若《わか》い女《をんな》は飛《と》びついて來《く》るものとお考《かんが》へになつていらつしやるのでしたらば……『たかゞ女事務員風情《ぢよじむゐんふぜい》』といへども現代《げんだい》の若《わか》い女性《ぢよせい》に對《たい》する認識不足《にんしきふそく》と申《まう》すものです。

B《ビー》さんに。

執務中誰彼《しつむちうたれかれ》かまはず私達《わたしたち》にウインクなさるのはみつともなうございます。『今晩御飯《こんばんごはん》をつきあつて下《くだ》さいませんか』ですつて！　奧樣《おくさま》がお泣《な》きになりますわ，それよりかたまには坊《ぼつ》ちやんにおみやでも買《か》つてお歸《かへ》り遊《あそ》ばせ。

C《シー》さんに。

貴方《あなた》のおつむに使用《しよう》されたポマードと香水《かうすゐ》の量《りやう》は、少《すく》なくとも五人《にん》の男《をとこ》の頭《あたま》をきれいにすることが出來《でき》ます。

D《デー》、E《イー》、F《エフ》さんに。

三人寄《にんよ》れば文珠《もんじゆ》の智慧《ちゑ》つてことはあるけれど、三人寄《にんよ》れば、カフエーの女《をんな》の話《はなし》、麻雀《マージヤン》の話《はなし》、月給《げつきふ》が一晩《ひとばん》で飛《と》んぢまつた話《はなし》、もう少《すこ》し高尙《かうしやう》な趣味《しゆみ》をお養《やしな》ひになれませんこと？

私達《わたしたち》の結婚《けつこん》の對象《たいしやう》であるべき青年達《せいねんたち》がそんなていたらくではイウウツなの、無理《むり》ないでせう。『妾《わたし》、斷然《だんぜん》サラリーマンとだけは結婚《けつこん》したくないわ』會社《くわいしや》一の美人《びじん》のY《ワイ》子さんがさう仰有《おつしや》つていらつしやいました事《こと》よ。

若《わか》い女《をんな》の前《まへ》ではもつと愼《つゝし》んで下《くだ》さい

女工　三村きよ

私《わたし》はある新聞社《しんぶんしや》の印刷工場《いんさつこうじやう》で解版《かいはん》をやつてゐてもう馴《な》れてしまつて、格別骨《かくべつほね》とも思《おも》ひませんけど、でも、はじめて、高等小學校《かうとうせうがくかう》をへてからやつて來《き》た時分《じぶん》は、本當《ほんたう》に、びつくりしちまひました。

何《なに》しろ、まはりみんなが、荒《あら》つぽいんで、びつくりしちまつたんです。

『おーい、女《をんな》の子《こ》、インテル三本《ぼん》……』

『五倍《ばい》の罫《けい》二枚《まい》……』

なんて、あつちからもこつちからも、職工《しよくこう》さん達《たち》に呶《ど》鳴《な》り立《た》てられた時《とき》は、あたまがぼうつとしちまひました。肚《はら》から悪《わる》い人達《ひとたち》ぢやあないんでせうけど、何《なに》しろみんな荒《あら》つぽい人達《ひとたち》ばかりです。こつちは女《をんな》なんですから、なぜもつと、靜《しづ》かに、物優《ものやさ》しくしてくれることは出來《でき》ないんでせう？

それだけならまだいいんです。これは職工《しよくこう》さん許《ばか》りぢやありませんけど、男《をとこ》の人《ひと》つて、なぜあんな風《ふう》に、女《をんな》にからかふんでせう？あることないこと、みんな男《をとこ》と結《むす》びつけて、からかつては嬉《うれ》しがつてゐる。厭《いや》になつちまひます。また、その馬鹿《ばか》に見《み》えることつてありません。

着物《きもの》をちよつと着《き》かへても、

『よう、めかし立《た》てて、どこへ行《ゆ》くんだ。お安《やす》くないぞ。』

とかうです。で、こつちも、一々腹《はら》を立《た》ててゐても始《はじ》まらないから、つい二度《ど》に一度《ど》は、

『ええ、さうよ。』

なんて、あばずれた言葉《ことば》もいふやうになるんです。仲間《なかま》の男《をとこ》たちが、そんな風《ふう》にし向《む》けるんです。

それから、わたし達《たち》が、困《こま》つてゐるのを面白《おもしろ》がつて、わざと猥《みだ》らな話《はなし》をしたりする。あんなことは、なんとかして止《や》めて貰《もら》ひたいもんです。

編輯《へんしう》の人達《ひとたち》に較《くら》べると、わたし達《たち》のまはりにゐる人達《ひとたち》は、何《なに》かにつけて露骨《ろこつ》です。また露骨《ろこつ》なことが、いいと思《おも》つてゐるやうです。一方《はう》からいへば、それもいいでせうが、近《ちか》くに若《わか》い女達《をんなたち》がゐることを考《かんが》へたら、もう少《すこ》し愼《つゝし》んで貰《もら》ひたいものです。

あれでは、自分《じぶん》たちの恥《はぢ》を、さらけ出《だ》してゐるやうなもんですから……。

誰《たれ》にも同《おな》じやうに公平《こうへい》に願《ねが》ひます

看護婦　伊藤千代

『A《エー》さんはH《エッチ》先生《せんせい》のお氣《き》に入《い》りでいいわね。』『そりやあ何《なん》と云《い》つてもA《エー》さんはシャンですものね、ホヽヽヽ』

看護婦《かんごふ》の間《あひだ》のそんなさゝやきを先生《せんせい》は御存《ごぞん》じですか、いゝえ、多分先生《たぶんせんせい》は夢《ゆめ》にもそんな事《こと》を考《かんが》へてはいらつしやらないでせう。若《も》しお聞《き》きになつたとしても、『女《をんな》なんてどうしてさう蔭口《かげぐち》が云《い》ひたいものかなあ……』と、一笑《せう》に附《ふ》してお終《しま》ひになるに違《ちが》ひありません。けれど私《わたし》はその前《まへ》に、申《まうし》上《あ》げたいのです。『さうです、私達《わたしたち》は女《をんな》です、だから何卒《どうぞ》先生《せんせい》も私達《わたしたち》が女《をんな》であることをお忘《わす》れになりませんやうに……』と。

先生《せんせい》が一人《ひとり》の看護婦《かんごふ》に特《とく》に餘計《よけい》に手傳《てつだ》ひを命《めい》じられる、偶然《ぐうぜん》か、或《あるひ》は氣易《きやす》くお命《めい》じになれるからか、ともあれ僅《わづ》かそんな一つの事《こと》すらも、狹《せま》い女心《をんなごころ》には依怙《えこ》ひいきをして居《ゐ》らつしやるとか、意味《いみ》ありげに感《かん》じられて終《しま》ふのです。まだ〳〵因襲《いんしう》の殻《から》をぬけ出《で》て居《ゐ》ないはづかしい狹《せま》い女心《をんなごころ》、何《なに》もかも貴方《あなた》が男性《だんせい》であり私共《わたしども》が女性《ぢよせい》であるから起《おこ》る問題《もんだい》です。男性《だんせい》と女性《ぢよせい》が一緒《しよ》に働《はたら》いて居《ゐ》る場合《はあひ》、優越《いうえつ》の地位《ちゐ》に立《た》つ男性《だんせい》は必《かな》らず公平無私《こうへいむし》の態度《たいど》を持《ぢ》して、心《こころ》して女性《ぢよせい》の氣持《きもち》をみだすことのないやうにしていたゞきたうございます。

新《あた》らしい、醫師達《せんせいたち》に……學校《がくかう》を卒業《そつげふ》して直《す》ぐお勤《つと》めになつた先生達《せんせいたち》よりも、或《あ》る場合《はあひ》には古狸《ふるだぬき》の私達《わたしたち》のはうが、經驗上《けいけんじやう》から知《し》つて居《ゐ》るやうな事《こと》もございます。それを申上《まうしあ》げた時《とき》、『何《なん》だい看護婦《かんごふ》のくせに生意氣《なまいき》な！』などと仰有《おつしや》いません樣《やう》に……。看護婦《かんごふ》の云《い》ふ事《こと》でもよい事《こと》は採用《さいよう》する度量《どりやう》をお持《も》ち下《くだ》さいませ。

墮胎と女の立場

『青酸加里』はつゞく

土方梅子

一般《ぱん》に今日《こんにち》、墮胎《だたい》といふ行爲《かうゐ》が、どんな場合《ばあひ》に行《おこな》はれるかを考《かんが》へて見《み》ますに、ゴルフや競馬《けいば》遊《あそ》びの片手間《かたてま》に生《い》きた異性《いせい》を對象《たいしやう》として性行爲《せいかうゐ》を弄《もてあそ》んだ結果《けつくわ》、取《と》り返《かへ》しがつかなくなつて墮胎《だたい》に及《およ》ぶものと、それから、もう一《ひと》つは、子供《こども》は生《う》みたくても、生活《せいくわつ》の貧《まづ》しさから何《ど》うしても世《よ》の中《なか》に出《だ》すことが出來《でき》ない爲《た》めのと、大體《だいたい》二《ふた》つの場合《ばあひ》があるのではないかと思《おも》ひます。はじめの方《はう》は金《かね》と時間《じかん》に有《あ》り餘《あま》つた消費《せうひ》階級《かいきふ》の人達《ひとたち》の遊蕩的《いうたうてき》な考《かんが》へ方《かた》の結果《けつくわ》なのですから、例《たと》へ咎《とが》められても文句《もんく》は云《い》へないと思《おも》ふのですが、私達《わたしたち》に一番《ばん》大《おほ》きな問題《もんだい》を投《な》げかけるのは後《あと》の方《はう》の場合《ばあひ》なのです。我國《わがくに》の法律《はふりつ》も亦《また》他《た》の資本主義《しほんしゆぎ》制度《せいど》の諸國《しよこく》と同《おな》じやうに、墮胎《だたい》を犯罪《はんざい》——殺人罪《さつじんざい》として、その當人《たうにん》を重《おも》く罰《ばつ》しますけれど、いつたい墮胎《だたい》が、そんなに恐《おそろ》しい罪《つみ》だとすれば、その責任《せきにん》は、はたしてこの不幸《ふかう》な母親《はゝおや》にだけあつて、他《た》の誰《た》れの罪《つみ》でもないのでせうか？　罰《ばつ》しても罰《ばつ》しても、この種《しゆ》の犯罪《はんざい》が次々《つぎつぎ》に起《おこ》り、減《へ》るどころか殖《ふ》えてゆくのは、そうした行爲《かうゐ》を餘儀《よぎ》なくさせる社會制度《しやくわいせいど》そのものに、何《なん》らかの必然的《ひつぜんてき》な缺陥《けつかん》が存在《そんざい》するからだと思《おも》ひます。この缺陥《けつかん》を取《と》り除《のぞ》かない限《かぎ》り、いくら重罪《ぢうざい》に處《しよ》してみたところで、とうてい根絶《こんぜつ》出來《でき》るものでないことを考《かんが》へなければならないでせう。

墮胎《だたい》の害《がい》は人道主義的《じんたうしゆぎてき》な立場《たちば》から見《み》て、それが、胎兒《たいじ》を闇《やみ》から闇《やみ》に葬《はうむ》り去《さ》つてしまふ」といふ點《てん》よりもむしろ、この行爲《かうゐ》を最《もつと》も科學的《くわがくてき》な方法《はうはふ》で行《おこな》ふ便宜《べんぎ》と自由《じいう》がないために、資本主義國《しほんしゆぎこく》の哀《あは》れな女性達《ぢよせいたち》が怪《あや》しげな手術者《しゆじゆつしや》の手《て》にかゝつて、みすみす人前《じんまへ》の母體《ぼたい》までも破壞《はくわい》されてしまふといふ點《てん》にあるのではないかと思《おも》ひます。犯罪者《はんざいしや》とされる恥《はぢ》も、肉體《にくたい》の危險《きけん》も、十分承知《ぶんしようち》でゐながら、そうしたことをやらなければならない狀態《じやうたい》（生活《せいくわつ》）に陷《おとしい》れられてゐる彼女達《かのぢよたち》——それを、單《たん》なる人道主義的《じんだうしゆぎてき》な同情《どうじやう》だけでは永久《えいきう》に解決《かいけつ》の道《みち》は見出《みいだ》されないことは云《い》ふまでもありません。

貧《まづ》しい青年男女《せいねんだんぢよ》に就《つ》いても、愛《あい》し合《あ》ふ權利《けんり》がある筈《はず》です。とりわけ消費面《せうひめん》に泳《およ》ぐブルジョアの子女《しぢよ》に反《はん》して、直接社會《ちよくせつしやくわい》の生産《せいさん》面《めん》を擔《にな》ふ勤勞階級《きんらうかいきふ》の人達《ひとたち》に何《ど》うして戀愛《れんあい》してはいけない理由《りいう》があるでせうか。ところが戀愛《れんあい》の必然《ひつぜん》な到達點《たうたつてん》としての結婚《けつこん》の自由《じいう》は、この階級《かいきふ》の人達《ひとたち》には殆《ほと》んど與《あた》へられてゐない。例《たと》へ苦《くる》しい中《なか》から結婚《けつこん》はどうにか出來《でき》ても、この上子供《うへこども》をこさへ一人前《にんまへ》に育《そだ》てゝゆくといふやうな經濟的《けいざいてき》な餘裕《よゆう》はとても與《あた》へられない。資本主義《しほんしゆぎ》の經濟的重壓《けいざいてきぢうあつ》と社會的《しやくわいてき》に男性《だんせい》の奴隷《どれい》として、封建的《ほうけんてき》な家族制度《かぞくせいど》の桎《し》梏《く》に喘《あへ》いでゐる日本婦人《にほんふじん》、かうした二重《にぢう》の搾取《さくしゆ》に虐《しひた》げられたプロレタリア、農民及小市民階級《のうみんおよびせうしみんかいきふ》の婦人《ふじん》にとつては、可愛《かあい》い子供《こども》を仕《し》事《ごと》の間親切《あひだしんせつ》に面倒《めんだう》を見《み》てゐてくれる國家《こくか》の育兒所《いくじしよ》、托兒所《たくじしよ》の設備《せつび》さへも與《あた》へられてゐない現在《げんざい》の社會《しやくわい》では出產《しゆつさん》は彼女達《かのぢよたち》にとつても一《ひと》つの脅威《けふゐ》であるに違《ちが》ひありません。生《う》んで育《そだ》つものなら誰《た》れが好《す》きこのんで多《おほ》くの犧牲《ぎせい》を忍《しの》んでまで墮胎《だたい》などやるでせう。

女性《ぢよせい》が男性《だんせい》の私有物《しいうぶつ》とされ、隷屬視《れいぞくし》されてゐる間《あひだ》、勤勞大衆《きんらうたいしう》の生活《せいくわつ》が勞働《らうどう》に匹敵《ひつてき》しただけの報酬《はうしう》をうけるやうになるまでは、いくら法律《はふりつ》が墮胎《だたい》を犯罪《はんざい》と決《き》めても、けつしてなくなりはしないし、その原因《げんいん》が社會《しやくわい》の矛盾《むじゆん》に深《ふか》く根《ね》ざしてゐる以上《いじやう》、その罪《つみ》は當然現《たうぜんげん》在《ざい》の社會制度《しやくわいせいど》がこれを負《お》はねばならぬものと考《かんが》へます。それを當《たう》人《にん》だけのせゐに歸着《きちやく》させて犯罪者《はんざいしや》の汚名《をめい》をきせやうとしながら、次《つぎ》から次《つぎ》に起《おこ》つてくる悲慘《ひさん》な事實《じじつ》に對《たい》して、何等解決《なんらかいけつ》の術《すべ》を知《し》らない現在《げんざい》の法律《はふりつ》は、ずいぶん矛盾《むじゆん》してゐるのではないでせうか。

それは兎《と》も角《かく》として、現在私達《げんざいわたしたち》の心《こゝろ》に暗《くら》いかげを投《な》げかけてゐる墮胎《だたい》といふ不幸《ふかう》な多《おほ》くの事實《じじつ》は、それでは、何《ど》うしても根絕《こんぜつ》する事《こと》の出來《でき》ないものでせうか。一部《ぶ》の人《ひと》の說《と》く禁慾生活《きんよくせいくわつ》をすれば、その必要《ひつえう》がないとか、または墮胎《だたい》は反人道的行爲《はんじんだうてきかうゐ》だとかいふ說《せつ》が、詰《つま》る處《ところ》は、根本的《こんぽんてき》な社會的缺陷《しやくわいてきけつかん》から眼《め》をそらす、そら言であるとすれば、本當《ほんたう》にさうした行爲《かうゐ》の必要《ひつえう》でない然《しか》も全部《ぜんぶ》のものが樂《たの》しく生活《せいくわつ》する事《こと》のできる幸福《かうふく》な狀態《じやうたい》は、何《ど》うしたら招《まね》きよせることが出來《でき》るでせうか？

墮胎《だたい》が犯罪《はんざい》となる國《くに》はあながち日本《にほん》ばかりでなくて、他《た》の資本《しほん》主義《しゆぎ》の國《くに》でも、殆《ほと》んどみな然《さ》うなのです。昨年築地小劇場《さくねんつきぢせうげきぢやう》で演《や》つた「青酸加里《せいさんかり》」といふ芝居《しばゐ》も、墮胎罪《だたいざい》についてドイツの憲法《けんぱふ》を取《と》扱《あつか》つた悲劇《ひげき》だつたことを憶《おぼ》えてゐます。それでは、資本主義《しほんしゆぎ》の國《くに》と丁度對比《ちやうどたいひ》して問題《もんだい》にされる國《くに》、ソヴエート同盟《どうめい》では、墮胎《だたい》を、道德及法律上《だうとくおよびはふりつじやう》でどんな風《ふう》に取扱《とりあつか》つてゐるでせうか。そこでは、云《い》ふまでもなく墮胎《だたい》はけつして奬勵《じやうれい》されてゐないのは勿論《もちろん》ですけれど、また頭《あたま》から犯罪扱《はんざいあつか》ひにもしてゐません。肝甚《かんじん》なことは、墮《だ》胎《たい》といふ「現象《げんしやう》」を社會《しやくわい》の表面《へうめん》から見《み》えなくしてしまふといふことでなくつて、どうしたらそれが起《おこ》る社會的《しやくわいてき》な根據《こんきよ》をなくしてしまふかといふことを科學的《くわがくてき》に解決《かいけつ》する方《はう》へ向《む》けられてゐるからです。爲政者達《ゐせいしやたち》は墮《だ》胎《たい》の肉體《にくたい》に及《およ》ぼす害《がい》について宣傳《せんでん》しつゞけ、墮《だ》胎《たい》による死亡《しばう》と疾病《しつぺい》の統計《とうけい》をあげ、何《ど》うしても已《や》むない場合《ばあひ》、卽《すなは》ち子供《こども》を生《う》めば生命《せいめい》が危險《きけん》に瀕《ひん》するか、夫《をつと》か妻《つま》に子供《こども》の健康《けんかう》を危《あやふ》くする疾病《しつぺい》があるか、或《あるひ》は經濟的條件《けいざいてきでうけん》が子供《こども》を養《やしな》ふに不充分《ふじうぶん》であるか等極度《とうきよくど》の必要《ひつえう》の外《ほか》は墮《だ》胎《たい》をしないやうにと訴《うつた》へてゐます。墮《た》胎公認《たいこうにん》の唯《ゆゐ》一の理由《りいう》は、非公然《ひこうぜん》に無智《むち》に實行《じつかう》されたその結果《けつくわ》起《お》る死亡《しばう》や病氣《びやうき》を少《すくな》くするといふことなのです。そして年々大衆《ねんくたいしう》の生《せい》活水準《くわつすゐじゆん》が向上《かうじやう》し、凡《あら》ゆる育兒上《いくじじやう》の國家的施設《こくかてきしせつ》が完備《くわんび》して來《き》ますので、年《とし》を追《お》ふて墮胎行爲《だたいかうゐ》の必要《ひつえう》がなくなり、統計《とうけい》の上《うへ》からも激《げき》減《げん》してゐます。

墮胎《だたい》といふかうした悲《かな》しむべき行爲《かうゐ》が一日《にち》も早《はや》くなくなるやうに、私達日本《わたしたちにほん》の女性《ぢよせい》も、よく考《かんが》へてみなければならないのではあるまいかと思《おも》ひます。

墮胎と女の立場

罪は女にあるか

小島憲

つい此《こ》の間控訴院《あひだかうそゐん》の檢事《けんじ》をして居《ゐ》る友人《いうじん》に交詢社《かうじゆんしや》で會《あ》つたところ、偶々貰《たまくもら》ひ兒殺《こごろ》しの話《はな》しが出《で》て墮胎《だたい》のことに及《およ》び、それに付《つい》て實《じつ》に興味《きようみ》ある話《はな》しを聞《き》いた。其《そ》の梗概《かうがい》はざつと次《つぎ》の樣《やう》である。

東京《とうきやう》の近縣《きんけん》の田舍《ゐなか》での出來《でき》ごと、村々《むらく》に定《き》まつてある通《とほ》り野《の》らに働《はたら》く或《あ》る若《わか》い男女《だんぢよ》が想思《さうし》の件《なか》となつた。うまく双方《さうはう》の想《おも》ひが屆《とゞ》いて遂《つひ》に結婚《けつこん》するところまで漕《こ》ぎ付《つ》けたのはよかつたが、男《をとこ》の家《うち》と云《い》ふのが村《むら》でも札《ふだ》付《つき》の沒常識漢揃《ぼつじやうしきかんぞろ》ひて、姑小姑《しうとこじうと》が馬鹿《ばか》に多《おほ》く、新婚《しんこん》の二人《ふたり》が一寸《ちよつと》でも二人《ふたり》切《き》りで一緒《しよ》に居《を》らうものなら、それこそ大變《たいへん》、やれうちは動物園《どうぶつゑん》ではないなど〻、とても堪《た》まらぬ惡口雜言《あくこうざうごん》を吐《は》くばかりか、夜《よる》など別室《べつしつ》に寢《ね》て居《ゐ》てもどうかすると兄弟連中《きやうだいれんちう》がわざわざ騷《さわ》いで嫁《よめ》を出《だ》さう〳〵とする仕末《しまつ》であつた。だが本人同志《ほんにんどうし》は好《す》きで堪《たま》らぬのだから女《をんな》も辛《つら》いのを我慢《がまん》しながら暫《しば》らく泣《な》きの涙《なみだ》で辛抱《しんばう》を續《つゞ》けて居《ゐ》たが、とう〳〵男《をとこ》の家《いへ》から離《り》緣話《えんばな》しが持《も》ち出《だ》されて女《をんな》は實家《じつか》へ返《かへ》されることゝなつた。女《をんな》の里《さと》では先方《せんぱう》の仕打《しう》ちを非常《ひじやう》に憤慨《ふんがい》し辯護士《べんごし》を賴《たの》んで裁判沙汰《さいばんざた》にまでせんといきまき兩家《りやうけ》の感情《かんじやう》は凄《すさま》じい勢《いきほ》ひで日毎《ひごと》に尖鋭化《せんえいくわ》して行《い》つた。ところが當人同志《たうにんどうし》は此《こ》の騒《さわ》ぎを外《そと》にして何處《どこ》かで會《あつ》て居《ゐ》た。そして何時《いつ》の間《ま》にか女《をんな》は孕《はら》んで仕舞《しま》つた。兩家《りやうけ》がカン〳〵に怒《おこ》つて居《ゐ》る最中《さいちう》にこんなことになつたのだから二人《ふたり》も弱《よわ》つた。子供《こども》が生《うま》れた後《あと》のことを考《かんが》へると男《をとこ》の家《いへ》ではあれは他人《たにん》の子《こ》だと相手《あひて》にせぬであらう。女《をんな》の里《さと》ではあんな不都合《ふつがふ》な家《いへ》の血《ち》を引《ひ》いた子供《こども》なんかは見《み》るのも厭《いや》だと云《い》ふであらう。困《こう》じ果《は》てた結果《けつくわ》が墮胎《だたい》――檢擧《けんきよ》――法《はふ》の裁《さば》きを受《う》ける、と云《い》ふことになつた。之《こ》れが大體話《だいたいはなし》の筋《すぢ》である。

右《みぎ》の様《やう》な事實《じじつ》は世間《せかい》にそう多《おほ》くはあるまい。眞《しん》に愛《あい》し合《あつ》て居《ゐ》る仲《なか》ならば、どんなに周圍《しうゐ》の者達《ものたち》が邪魔《じやま》をしようとも夫婦關係《ふうふくわんけい》をどこまでも持續《ぢぞく》するのが當然《たうぜん》で、夫婦《ふうふ》である以上子供《いじやうこども》の出來《でき》るのが自然《しぜん》であり、其《そ》の二人《ふたり》の間《あひだ》に出來《でき》た子供《こども》を墮《おと》すなんかは許《ゆる》すべからざる罪惡《ざいあく》である、と云《い》つて仕舞《しま》へばそれまでだが、そう理屈通《りくつとほ》りに行《ゆ》くものではない。殊《こと》に封建臭味《ほうけんしうみ》の未《いま》だ脱《だつ》せざる農村《のうそん》の日常生活《にちじやうせいくわつ》並《ならび》に之《こ》れと併存《へいぞん》する舊《ふる》い思想《しさう》に對《たい》し、直《たゞ》ちに新時代思想《しんじだいしさう》を以《もつ》て律《りつ》することは、理論《りろん》は別《べつ》として實際問題《じつさいもんだい》としては聊《いさゝ》か妥當《だたう》を缺《か》く憾《うら》みがある。私《わたし》は此《こ》の場合《ばあひ》に於《お》ける當事者《たうじしや》のやり方《かた》に付《つい》ては、まだ外《ほか》に採《と》るべき手段《しゆだん》もあつたであらうとは思《おも》ふものゝ、彼等《かれら》の窮境《きうきやう》には同情《どうじやう》の念《ねん》を禁《きん》ずることが出來《でき》ぬ。之《こ》れに對《たい》し國法《こくはふ》を楯《たて》に取《と》つて處罰《しよばつ》を爲《な》すことが殘酷《ざんこく》な氣《き》がする。

此《こ》の事件《じけん》に關《くわん》して痛切《つうせつ》に考《かんが》へさせられることは實《じつ》に社會組織《しやくわいそしき》が不合理《ふがふり》に出來上《できあが》つて居《ゐ》ると云《い》ふ點《てん》である。因襲《いんしふ》の如何《いか》に世《よ》を毒《どく》するかを今更《いまさら》ながら驚《おどろ》く外《ほか》はない。一口《ひとくち》に墮胎《だたい》と云《い》へば誰《た》れも彼《か》れも先《ま》づ不義《ふぎ》の種《たね》を宿《やど》した結果《けつくわ》であらうと直感《ちよくかん》するを例《れい》とする。事實《じじつ》其《そ》の大部分《だいぶぶん》がそうであるかも知《し》れぬが、假令《たとへ》それが世俗的《せぞくてき》の所謂《いはゆる》不義《ふぎ》の子《こ》であつたとしても、相手《あひて》が無《な》くては女一人《をんなひとり》で孕《はら》めるものでもあるまい。孕《はら》むのは相手《あひて》になる男《をとこ》が絶對《ぜつたい》に必要《ひつえう》なのである。無論腹《むろんはら》の中《なか》の子供《こども》に付《つい》ては男女共《だんぢよとも》に責任《せきにん》を負《お》はなければならぬ道理《だうり》である。然《しか》るに今日《こんにち》の法律《はふりつ》では墮胎《だたい》は女《をんな》に全責任《ぜんせきにん》を負《お》はしめ、孕《はら》ましめた男《をとこ》は常《つね》に必《かなら》ず刑法上《けいはふじやう》の責任《せきにん》を問《と》はれるとは限《かぎ》つて居《を》らぬ。男《をとこ》に棄《す》てられて身《み》を持《も》て餘《あま》した末止《すゑや》むなく墮胎《だたい》した女《をんな》は、男《をとこ》を恨《うら》みながら獄窓《ごくさう》に嘆《なげ》きの日《ひ》を送《おく》つて居《ゐ》る間《あひだ》に、相手《あひて》の男《をとこ》は涼《すゞ》しい顔《かほ》をして別《べつ》の女《をんな》と戯《たはむ》れて居《ゐ》る事實《じじつ》は稀《まれ》でない。刑法第《けいはふだい》二百十二條《でう》の規定《きてい》は何《なん》だか片手落《かたておち》の様《やう》な氣《き》がする。男《をとこ》が墮胎其《だたいそ》のものに直接《ちよくせつ》關係《くわんけい》なくとも墮胎《だたい》するに至《いた》らしめた事情《じじやう》に男《をとこ》の責《せめ》に歸《き》すべきものありとせば同時《どうじ》に男《をとこ》も罰《ばつ》するのでなければ不合理《ふがふり》である。

近來《きんらい》歐米《おうべい》に於《おい》て墮胎罪《だたいざい》を廢止《はいし》すべしとの聲《こゑ》が起《おこ》り、又墮胎《またたたい》を認《みと》めて居《ゐ》る國《くに》もある。我《わ》が國《くに》に在《あつ》ても刑法第《けいはふだい》二十九章《しやう》の全部又《ぜんぶまた》は一部《ぶ》を廢止《はいし》すべしと唱《とな》ふる者《もの》がないではないか、第《だい》二十九章墮胎《しやうだたい》の罪全部《つみぜんぶ》を削除《さくぢよ》せよと主張《しゆちやう》するが如《ごと》きは實《じつ》に亂暴《らんばう》な議論《ぎろん》であつて、全然顧《ぜんぜんかへり》みるの餘地《よち》を有《も》たぬ。假《か》りに如何《いか》なる國《くに》に於《おい》て墮胎《だたい》を認《みと》めるとしても、本人《ほんにん》の囑託又《しよくたくまた》は承諾《しようだく》を受《う》けずして墮胎《だたい》せしめたる者《もの》を罰《ばつ》せざるが如《ごと》きことあつては到底社會秩序《たうていしやくわいちつじよ》を維持《ゐぢ》することは出來《でき》ぬ。實際問題《じつさいもんだい》となり得《う》るのは第《だい》二十九章全部《しやうぜんぶ》の削除《さくぢよ》ではなくして一部削除《ぶさくじよ》であるが、私《わたし》は墮胎《だたい》を認《みと》むることには醫學上及《いがくじやうおよ》び社會《しやくわい》上《じやう》の見地《けんち》よりする場合《ばあひ》を除《のぞ》くの外反對《ほかはんたい》である。殊《こと》に一部《ぶ》の人々《ひと〴〵》に依《よつ》て支持《しぢ》せられつゝある産兒調節《さんじてうせつ》に關聯《くわんれん》して墮胎《だたい》をヂャスティファイせんとする一派《ぱ》の主張《しゆちやう》に對《たい》しては多大《ただい》の疑問《ぎもん》を抱《いだ》く。此《こ》の種《しゆ》の墮胎是認論者中《だたいぜにんろんしやちう》には人道《じんだう》の假面《かめん》を冠《かぶ》り新思想《しんしさう》の裝《よそほ》ひを凝《こ》らして大衆《たいしう》を幻惑《げんわく》せしめ其《そ》の實利己心《じつりこしん》を滿足《まんぞく》せしむるに過《す》ぎざるものが尠《すく》なくないのである。生殖《せいしよく》は生物《せいぶつ》の本能《ほんのう》であり、胎兒《たいじ》を人爲的《じんゐてき》に母《ぼ》體《たい》より離《はな》れしむることは自然《しぜん》に反《はん》す。今後《こんご》どんなに人智《じんち》が進歩《しんぽ》しても自然《しぜん》に反《はん》することは出來《でき》るものではない。よく世間《せけん》で自然《しぜん》を征服《せいふく》すると云《い》ふことを云《い》ふが、自然征服《しぜんせいふく》の意味《いみ》は自然順應又《しぜんじゆんおうまた》は利用《りよう》のことであつて、反自然《はんしぜん》を意味《いみ》するものではないのである。從《したが》つて自然《しぜん》に反《はん》する人工墮胎《じんこうだたい》は生理上並《せいりじやうならび》に社會上《しやくわいじやう》より見《み》て萬止《ばんや》むを得《え》ざる場合《ばあひ》の外爲《ほかな》すべきでない。國法《こくはふ》を以《もつ》て墮胎罪《だたいざい》を罰《ばつ》することは固《もと》より當然《たうぜん》ある。けれ共女《どもをんな》にのみ其《そ》の責任《せきにん》を負《お》はしむることは過酷《くわこく》である。私《わたし》は墮胎罪《だたいざい》の廢止《はいし》には贊成《さんせい》しかねるが、刑法第《けいはふだい》二十九章《しやう》の一部改正《ぶかいせい》を行《おこな》ひ男子《だんし》にも或《あ》る場合其《ばあひそ》の責任《せきにん》を負《お》はしむると共《とも》に、重大《ぢうだい》なる社會的缺陷《しやくわいてきけつかん》を原因《げんいん》とする墮胎《だたい》に付《つい》ては之《こ》れを罰《ばつ》せざることを得《う》る規定《きてい》を設《まう》くることが必要《ひつえう》ではないかと思《おも》ふ。勿論今日情狀酌量《もちろんこんにちじやうじやうしやくりやう》すべき者《もの》には實刑《じつけい》を科《くわ》せず、執行猶豫《しつかういうよ》を與《あた》ふるを例《れい》として居《ゐ》るけれ共《ども》、尚《な》ほ一歩進《ぽすゝ》んで或《あ》る場合《ばあひ》には全然無罪《ぜんぜんむざい》となし得《う》る樣《やう》な規定《きてい》を設《まう》けて欲《ほ》しい。

女《をんな》の立場《たちば》から見《み》た墮胎《だたい》は法律上極《はふりつじやうきは》めて片手落《かたておち》である。社會的《しやくわいてき》に見《み》て私生兒《しせいじ》の將來《しやうらい》を考《かんが》ふるとき寧《むし》ろ墮胎《だたい》を以《もつ》て人類《じんるゐ》の幸福《かうふく》なりとする場合《ばあひ》もあらう。若《も》しそれ暴行《ばうかう》を加《くは》へられてはからずも受胎《じゆたい》したとき、それをどうでも生《う》み落《おと》さねばならぬと強制《きやうせい》するに至《いた》つては餘《あま》りに殘忍《ざんにん》ではないか。個人的責任《こじんてきせきにん》に因《よ》る墮胎《だたい》は嚴《げん》に罰《ばつ》してよい。唯《た》だ女《をんな》を罰《ばつ》するならば同時《どうじ》に男《をとこ》も罰《ばつ》せなければならぬ。之《こ》れに反《はん》し誰《た》れが見《み》ても社會的缺陷《しやくわいてきけつかん》に基《もとづ》くと斷《だん》じ得《う》る場合若《ばあひもし》くは社會上《しやくわいじやう》の理由《りいう》より專門家《せんもんか》の必要《ひつえう》と認《みと》むるときには、事前《じぜん》に墮胎《だたい》の承認《しようにん》を與《あた》へ、事後《じご》には墮胎罪《だたいざい》を構成《こうせい》せざることゝするのが新時代《しんじだい》に適應《てきおう》した立法《りつぱふ》ではなからうか? 社會的責任《しやくわいてきせきにん》を一人《ひとり》の女《をんな》に擔《にな》はしむるは全《まつた》く不合理《ふがふり》である。

墮胎と女の立場

轢き逃げ

山田わか

墮胎《だたい》及《およ》び嬰兒殺《えいじごろ》しと云《い》ふ悲慘事《ひさんじ》は今始《いまはじ》まつたことではなく、恐《おそ》らく、原始時代《げんしじだい》から一般《ぱん》に行《おこな》はれてゐた事實《じじつ》であつて、たゞ、文《ぶん》明《めい》が進《すゝ》むに從《したが》つて、これを問題視《もんだいし》するやうになつたに過《す》ぎない。昔《むかし》は欲《ほ》しくない子供《こども》であるからつぶしてしまつて、そこに何等《なんら》の矛盾《むじゆん》も感《かん》じなかつた。良心《りやうしん》の痛《いた》みもなかつた。然《しか》し、精神力《せいしんりよく》の發達《はつたつ》に伴《ともな》つて、人命《じんめい》の貴《たつと》むべき所以《ゆゑん》を知《し》り、同時《どうじ》に、それが罪惡《ざいあく》であると斷定《だんてい》されるやうになつたのは比較的《ひかくてき》此《こ》の頃《ごろ》のことであります。

合衆國《がつしうこく》に於《お》ける各年《かくねん》の墮胎《だたい》の數《すう》は百萬或《まんあるひ》は百萬以上《まんいじやう》と云《い》はれ、紐育市《ニューヨークシ》丈《だ》けでも何十萬《なんまん》といふ數字《すうじ》になつてゐます。ベルリンに於《お》ける一年《ねん》の墮胎《だたい》の數《すう》は百五十萬《まん》と計算《けいさん》されてゐます。要《えう》するに、普通《ふつう》のお產《さん》の三分《ぶん》の一は墮胎《だたい》であると云《い》はれてゐるのです。祕密《ひみつ》に實行《じつかう》されてゐるのであるから恐《おそ》らく此《こ》の數《すう》は實際《じつさい》よりはずつと少《すく》ないであらうと云《い》はれてゐます。ドイツに於《お》いて出版《しゆつぱん》された統計《とうけい》を見《み》ると墮胎《だたい》を求《もと》める未婚婦人《みこんふじん》も決《けつ》して少《すく》なくないが然《しか》し既《き》婚婦人《こんふじん》の方《はう》が尙《なほ》一層多《そうおほ》い。

墮胎《だたい》を行《おこな》ふ婦人《ふじん》の三割《わり》は經濟的《けいざいてき》の原因《げんいん》で二割《わり》は子供《こども》が多過《おほす》ぎる爲《た》めで、後《あと》の二割《わり》五分《ぶ》は便宜上《べんぎじやう》、習慣《しふくわん》にやつてゐると云《い》はれてゐます。

○

病院《びやうゐん》で行《おこな》つた墮胎《だたい》と金儲《かねまう》けの醫師《いし》のやる墮胎《だたい》とでは非常《ひじやう》に相違《さうゐ》があり、最《もつと》も危險《きけん》なのは無學《むがく》な產婆《さんば》が實行《じつかう》する場合《ばあひ》だと云《い》はれてゐますが、それに相違《さうゐ》ないと思《おも》ひます。最《もつと》も順當《じゆんたう》に行《おこな》はれても墮胎《だたい》から結果《けつくわ》する姙婦《にんぷ》の死亡《しばう》は普通《ふつう》の姙婦《にんぷ》の死亡《しばう》よりも遙《はる》かに多《おほ》く、普通姙婦死亡《ふつうにんぷしばう》の六倍《ばい》に達《たつ》してゐます。そして、墮胎《だたい》を行《おこな》ふことによつていろ〱の障害《しやうがい》が起《おこ》り勝《が》ちであるのみならず、墮胎《だたい》を行《おこな》ふことによつて再《ふたゝ》び姙娠《にんしん》しないと云《い》ふ危險《きけん》を伴《ともな》ひ、そして、それは人生《じんせい》の喜《よろこ》びを永久《えいきう》に失《うしな》ふことになります。

先《ま》づ、一步《ぽ》讓《ゆづ》つて墮胎《だたい》からの直接《ちよくせつ》の惡影響《あくえいきやう》を全部《ぜんぶ》逃《のが》れたとしても、人間《にんげん》の知惠《ちえ》でも力《ちから》でも絕對《ぜつたい》に造《つく》ることの出來《でき》ない神祕《しんぴ》な生命《せいめい》の成長《せいちやう》を無理《むり》に中絕《ちうぜつ》させたといふ良心《りやうしん》の痛《いた》みが其處《そこ》に殘《のこ》されます。人《ひと》によつては此《こ》の良心《りやうしん》の苛責《かしやく》を逃《のが》れ得《え》ない。なぜなら、良心《りやうしん》は人類道德《じんるゐだうとく》の番人《ばんにん》であるからです。そして、その番人《ばんにん》は常《つね》に罪人《ざいにん》をひつ捕《とら》へようと用意《ようい》してゐます。かつて、墮胎事件《だたいじけん》に對《たい》する檢事《けんじ》の論告《ろんこく》に次《つぎ》のやうなのがありました。

『一體《たい》、墮胎《だたい》は最《もつと》も卑劣《ひれつ》な殺人《さつじん》である。なぜなれば、どうにも自分《じぶん》で處置《しよち》の出來《でき》ない胎兒《たいじ》を殺《ころ》すのであるから…。母《はゝ》の意志《いし》に反《はん》して生《うま》れた子供《こども》は不必要《ふひつえう》な子供《こども》であらう。併《しか》し、生《せい》を受《う》けて人《ひと》としての生活《せいくわつ》を始《はじ》めた以上《いじやう》は一個《こ》の人間《にんげん》である。しかも、反抗《はんかう》する力《ちから》を少《すこ》しも持《も》つてゐない處《ところ》に乘《じよう》じて殺害《せつがい》するといふ罪惡《ざいあく》は最《もつと》も恐《おそ》ろしい罪惡《ざいあく》である。内密《ないみつ》の子供《こども》であるが故《ゆゑ》に殺《ころ》すといふに至《いた》つては猶更罪《なほさらつみ》は重《おも》い。それは庶子《しよし》又《また》は私生兒《しせいじ》と云《い》ふ名稱《めいしやう》をつけられることから子供《こども》を保護《ほご》するのだと云《い》ふ人《ひと》もあるけれども、もし、さうならば庶子《しよし》及《およ》び私生兒《しせいじ》の製造人《せいぞうにん》をこそ罰《ばつ》すべきで、子供自身《こどもじしん》が死罰《しばつ》に處《しよ》せられねばならぬ理由《りいう》は毛頭《もうとう》ない。』と。

○

一體《たい》、姙婦《にんぷ》は自分《じぶん》の抱《だ》いてゐる胎兒《たいじ》に對《たい》する全責任《ぜんせきにん》を持《も》つてゐます。そして、その胎兒《たいじ》の中《なか》には將來《しやうらい》のゲーテがゐるかも知《し》れず或《あるひ》は又乃木將軍《またのぎしやうぐん》がゐるかも知《し》れない。自分《じぶん》の求《もと》めた子供《こども》でも求《もと》めない子供《こども》でも、子供《こども》に對《たい》する責任《せきにん》は同《おな》じです。

配偶《はいぐう》を持《も》つ權利《けんり》を享有《きやうゆう》して、その必然《ひつぜん》の結果《けつくわ》なる義務《ぎむ》を逃《のが》れようとすることはよろしくありません。

盜《ぬす》みをする一人《ひとり》々《く》々の心《こゝろ》のうちへ這入《はい》つて見《み》るなら隨分同情《ずゐぶんどうじやう》に價《あたひ》する場合《ばあひ》があるでせう。と云《い》つて、困《こま》つた場合《ばあひ》には盜《ぬす》んでもいいと盜《ぬす》みを公然許《こうぜんゆる》しておくことは出來《でき》ない。盜《ぬす》むことはやつぱり惡《わる》い。姙婦《にんぷ》の場合《ばあひ》でも、一人《ひとり》々《く》々の事情《じじやう》を聞《き》いて見《み》るなら『一層《そう》墮胎《だたい》してしまつたら』と一應《おう》思《おも》へる場合《ばあひ》が少《すく》なくない。と云《い》つて、權利《けんり》は享有《きやうゆう》し、義務《ぎむ》を抗《こば》むやうな横着《わうちやく》な態度《たいど》を私達《わたしたち》は認《みと》めることは出來《で》ない。

勿論《もちろん》、之《これ》は通則《つうそく》で、變則《へんそく》の場合《ばあひ》はいくらもある。例《たと》へば、母體《ぼたい》の生命《せいめい》を救《すく》ふために胎兒《たいじ》を殺《ころ》すの止《や》むを得《え》ない場合《ばあひ》がある。けれども、此《こ》の變則《へんそく》の場合《ばあひ》を標準《へうじゆん》として、全部《ぜんぶ》を律《りつ》するやうな愚《おろか》なことをしてはなりません。

如何《いか》なる嚴罰主義《げんばつしゆぎ》をとつても墮胎防止《だたいばうし》は不可能《ふかのう》だと云《い》つた社會《しやくわい》事業家《じげふか》があります。そして、それは、墮胎《だたい》に對《たい》する法律《はふりつ》をある程《てい》度《ど》まで緩和《くわんわ》させようといふ意味《いみ》であります。けれども墮胎法《だたいはふ》を緩《くわん》和《わ》させることは此《こ》の惡德《あくとく》を減少《げんせう》させる所以《ゆゑん》ではないと私《わたし》は思《おも》ふ。墮胎法《だたいはふ》が嚴重《げんぢう》であるにもかゝわらず墮胎《だたい》の數《すう》が増加《ぞうか》するのは法律《はふりつ》が罰《ばつ》する對照《たいせう》をあやまつてゐるからである。なぜなれば、法律《はふりつ》は母《はゝ》にのみ責任《せきにん》を持《も》たせて母《はゝ》のみを罰《ばつ》し、子供《こども》を造《つく》つた子供《こども》の父《ちゝ》たる男性《だんせい》の罪《つみ》を問《と》ひません。子供《こども》は母一人《はゝひとり》で造《つく》つたのではないのに、又《また》、多《おほ》くの場合《ばあひ》、父《ちゝ》の意志《いし》の方《はう》が強烈《きやうれつ》であつたであらうのに、或《ある》ひは、又《また》、女《をんな》の意志《いし》ではなく、全然男《ぜんぜんをとこ》の暴力《ばうりよく》の結果《けつくわ》であつたであらうのに、その男《をとこ》の罪《つみ》を見逃《みのが》してゐる處《ところ》に法《はふ》の不備《ふび》がある。

故《ゆゑ》に、母《はゝ》と同時《どうじ》にその父《ちゝ》を嚴罰《げんばつ》することによつて墮胎《だたい》の數《すう》は減少《げんせう》するやうに私《わたし》は思《おも》ひます。又《また》、さうするのが當然《たうぜん》であります。

母《はゝ》はその子供《こども》の父《ちゝ》が誰《たれ》であるか知《し》つてゐます。もし、又《また》、その母《はゝ》が多《おほ》くの男性《だんせい》に關係《くわんけい》したとしたならば、それ等《ら》の男全部《をとこぜんぶ》に連帶《れんたい》責任《せきにん》を持《も》たせるなら、男《をとこ》も愼《つゝ》しむやうになるであらうし、日蔭《ひかげ》の姙娠《にんしん》も減少《げんせう》するにちがひありません。之《これ》が社會《しやく》學的《がくてき》の法律《はふりつ》です。快樂《くわいらく》を貪《むさぼ》つた男性《だんせい》が無罪《むざい》で、快樂《くわいらく》を貪《むさぼ》られた女性《ぢよせい》のみが罰《ばつ》せられるといふ法律《はふりつ》は何《なん》としても不合理《ふがふり》です。

○

アメリカの或《あ》る一部《ぶ》に次《つぎ》のやうな法律《はふりつ》があります。酒呑《さけのみ》が亂暴《らんばう》した損害《そんがい》、又《また》は、酒呑自身《さけのみじしん》が怪我《けが》でもした場合《ばあひ》、その酒呑《さけのみ》が何處《どこ》で飲《の》んだか分《わか》らないが數軒飲《すうけんの》み歩《ある》いたとすると最後《さいご》に酒《さけ》を賣《う》つた店《みせ》がその損害賠償《そんがいばいしやう》をしなければならないのです。故《ゆゑ》に、酒屋《さかや》は幾分《いくぶん》でも醉《よ》つてゐる人《ひと》には絶對《ぜつたい》に酒《さけ》を賣《う》りません。僅《わづ》かの酒《さけ》を賣《う》つて大《おほ》きな責任《せきにん》を持《も》たされてはたまりませんから。かくして、のんだくれを大《おほ》いに減少《げんせう》したと云《い》はれてゐます。

墮胎《だたい》に關《くわん》しても、女《をんな》よりは男《をとこ》の方《はう》をより嚴罰《げんばつ》に處《しよ》すべきです。

自動車《じどうしや》に轢《ひ》かれた場合《ばあひ》、轢《ひ》かれた者《もの》が罰《ばつ》せられ、轢《ひ》いた者《もの》が無罪《むざい》だと云《い》ふ法《はふ》はありません。

そして、この轢《ひ》き逃《に》げを許《ゆる》す法律《はふりつ》は男子《だんし》を不當《ふたう》に擁護《えうご》し女子《ぢよし》を壓迫《あつぱく》し盡《つく》さうとする、男子中心《だんしちうしん》思想《しさう》の標本的現《へうほんてきあらは》れであります。

墮胎と女の立場

崇高な母性の立場

三宅花圃

墮胎《だたい》といふ事《こと》が罪惡《ざいあく》であるといふは、法《はふ》の如何《いかん》を考《かんが》へる迄《まで》もなく、誰《た》れでもよい事《こと》だとは無論思《むろんおも》はないでせう。それで尚《な》ほ忌《い》まはしい此《こ》の方法《はうはふ》を以《もつ》て過去《くわこ》の汚點《をてん》を拭《ぬぐ》ひ去《さ》り得《え》たやうな氣分《きぶん》に成《な》り得《う》ると思《おも》ふのでありませうか、折々《をりく》からいふ噂《うはさ》を聞《き》く事《こと》がありますが、かういふ事《こと》は女性間《ぢよせいかん》の相互《さうご》制裁《せいさい》も今少《いますこ》し嚴密《げんみつ》にするやうにしたらよからうと思《おも》ひます。

出發點《しゆつぱつてん》が間違《まちが》ふと何處々々《どこく》までも横道《よこみち》を行《ゆ》き邪道《じやだう》に立入《たちい》る事《こと》となり、正路《せいろ》に就《つ》く事《こと》が難《むづ》かしくなります。

弱《よわ》い者《もの》といはれて來《き》た稱《とな》へをありがたく頂《いたゞ》いて滿足《まんぞく》してゐた女性《ぢよせい》は、かういふ立場《たちば》におかれてゐる自分自身《じぶんじしん》の諦《あきら》めを都合《つがふ》よく扱《あつか》つて暗《くら》い道《みち》へ引入《ひきい》れられて行《ゆ》く自分《じぶん》の姿《すがた》を不愍《ふびん》がつて見《み》てゐました。それは昔《むかし》の事《こと》で、今《いま》の女性《ぢよせい》は只《た》だ強《つよ》かれ〳〵と叫《さけ》ぶ聲につれて職業方面《しよくげふはうめん》などに數多《かずおほ》く身《み》をおいてゐる人達《ひとたち》などは妙《めう》に大膽《だいたん》な所《ところ》だけを強《つよ》いものとして、忌《い》ましい自他《じた》をかへりみぬ行爲《かうゐ》が澤山行《たくさんおこな》はれてゐる事《こと》は、此《こ》の一事計《じばか》りではないでせうと思《おも》ひます。

外部計《ぐわいぶばか》り強《つよ》がつた、強《つよ》いが儘《まゝ》に何事《なにごと》も強《つよ》く、と行爲《かうゐ》の邪《よこ》しまな事《こ》もおし通《とほ》すといふ風《ふう》になつてゐるのもあるやうです。

出發《しゆつぱつ》の岐路《きろ》に迷《まよ》ふ時《とき》、いつそ向直《むきなほ》つて、出直《でなほ》かす荊棘《けいきよく》を薙倒《なぎたふ》して正道《せいだう》を求《もと》むる質《たち》の人《ひと》はどんな場合《ばあひ》にでもそれ相應《さうおう》の所置《しよち》をして、身《み》の明《あか》るい立場《たちば》を考《かんが》へるでせう。どうしても致方《いたしかた》がなかつたからとか不知不識《しらずしらず》にとか、いふ言葉《ことば》のどの位自身《くらゐじしん》の價値《かち》を失《うしな》ふものであるかを知《し》つてゐるのです。若《も》し何《なに》か込《こ》み入《い》つた場合《ばあひ》の事《こと》に出逢《であ》つてあと始末《しまつ》に困《こま》るといふ如《ごと》き立場《たちば》に此《こ》の比較《ひかく》して聰明《そうめい》な人《ひと》が身《み》を處《しよ》する時《とき》には、必《かなら》ず、前《まへ》の過失《くわしつ》の上塗《うはぬ》りをするやうな愚《おろ》かしい行爲《かうゐ》には出《で》ますまい。何時《いつ》も身邊《しんぺん》を明《あか》るくしておく事《こと》は何《なに》よりの幸福《かうふく》ですが、譬《たと》へそれが何等《なんら》かの罪《つみ》の上《うへ》の事《こと》でありとしても、懸命《けんめい》に行爲《かうゐ》を善處《ぜんしよ》に育《そだ》てあげて先《さき》の悔《くい》を衿《ほこ》りに代《か》へる事《こと》が出來《でき》ませう。而《しか》して幾分《いくぶん》か罪《つみ》が辨償《べんしやう》されて眞《しん》に強《つよ》くなれた譯《わけ》です。

此頃《このごろ》は若《わか》い女性《ぢよせい》の同級會《どうきふくわい》などで、私《わたし》は制限《せいげん》してゐるのよ、といふ言葉《ことば》を聞くのはめづらしくありますまい。解釋《かいしやく》の如何《いかん》にもよりますが、私《わたし》はなんだか惜《を》しいような氣《き》がします。又《ま》た身體《からだ》の弱《よわ》い母親《はゝおや》の爲《ため》、醫術《いじゆつ》の進歩《しんぽ》は、人工流產《じんこうりうさん》といふ事《こと》を薦《すゝ》めます。それは是非《ぜひ》ない事《こと》でせうが私《わたし》は勿體《もつたい》ない事《こと》ゝ思《おも》はずに居《を》れませぬ。私《わたし》の思《おも》ふ事《こと》はとにかくとして、小公子《せうこうし》の譯者若松賤子《やくしやわかまつせんこ》さんは、明治女《めいぢぢよ》學校《がくかう》の校長《かうちやう》の夫人《ふじん》で巖本樫《いはもとけん》子さんといつて有名《いうめい》な方《かた》です。此《こ》の方《かた》が四度目《どめ》の姙娠《にんしん》の時《とき》に、長《なが》い肺患《はいくわん》で衰弱《すゐじやく》して居《を》られるので、まだ其頃《そのころ》は今《いま》ほど行《おこな》はれてゐませんでしたが、人工流產《じんこうりうざん》を醫師《いし》がすすめました。

其時樫子《そのときけんこ》さんは襟《えり》を正《たゞ》して、とんだ事《こと》です。切角宿《せつかくやど》つてくれた子《こ》です、そんな事《こと》が出來《でき》ませうか、どんなナポレオンがうまれるかも知《し》れません。世《よ》の中《なか》の爲《ため》にもそんな事《こと》は出來《でき》ぬといはれました。事《こと》なく期《き》が滿《み》ちたのでしたら、言葉通《ことばどほ》りにゆきましたらうに學校《がくかう》から出火《しゆつくわ》して漸《やうや》く身丈《みだ》け逃《の》がれ疲勞《ひらう》の爲其御子《ためそのおこ》さんを腹《はら》に抱《だ》いたまゝ逝《ゆ》かれました。樫子《けんこ》さんの心《こゝろ》は實《じつ》に崇高《すうかう》な母性《ぼせい》の慈愛《じあい》責任《せきにん》を示《しめ》してゐます。自分《じぶん》の赤《あか》ん坊《ばう》を社會《しやくわい》の人員《じんゐん》として責任《せきにん》を以《もつ》て教育《けういく》する事《こと》は少《すこ》し心得《こゝろえ》のある人《ひと》ならば珍《めづ》らしくはありませぬ。

墮胎《だたい》といふ忌《い》まはしい名《な》の葬《はうむ》り去《さ》られる日《ひ》は來《こ》よう事《こと》を願《ねが》つて止《や》まぬ私《わたし》は、一方《ぱう》に女性《ぢよせい》の輕卒《けいそつ》な行爲《かうゐ》を切《せつ》にいましめたく思《おも》ひます。

何事《なにごと》によらず、第《だい》一歩《ぽ》に全力《ぜんりよく》を濺《そゝ》いで注意《ちうい》すること、暗黑面《あんこくめん》をさけることよりは、よく見通《みとほ》す眼力《がんりき》を養《やしな》ふ修養《しうやう》をつむこと、間違《まちが》つた事《こと》は糊塗《こと》せずに淸算《せいさん》して出直《でなほ》すこと等《とう》を平常《へいじやう》の心掛《こゝろが》けとして何事《なにごと》の上《うへ》にも注意《ちうい》したいと思《おも》ひます。

墮胎の罪は滅びゆく

福島　今日《けふ》は「不義《ふぎ》の子《こ》と墮落《だたい》」に就《つ》いて、お話《はなし》を伺《うかゞ》ひたいのであります。最近《さいきん》には西郷《さいがう》山《やま》の嬰兒殺《えいじごろ》し事件《じけん》等《など》始末《しまつ》に困《こま》る兒《こ》に關聯《くわんれん》して大分《だいぶ》悲劇《ひげき》があるやうであります。それに付《つい》ては社會《しやくわい》に當然起《たうぜんおこ》るべき缺陥《けつかん》があるのではないかと思《おも》ひますが、又《また》さう云《い》ふやうな悲劇《ひげき》がどう云《い》ふやうな原因《げんいん》から、どう云《い》ふやうな過程《くわてい》を踏《ふ》んで現《あらは》れて來《く》るかと云《い》ふことを、此機會《このきくわい》にお話《はなし》して戴《いたゞ》いて、それに關聯《くわんれん》して考《かんが》へられる墮胎《だたい》の問題《もんだい》に付《つい》て、御意見《ごいけん》をお伺《うかゞ》ひしたいと思《おも》ひます。

片山　實際《じつさい》の社會問題《しやくわいもんだい》として今日《けふ》お話《はなし》の對象《たいしやう》になる私生兒《しせいじ》と云《い》ふものは不義《ふぎ》、或《あるひ》は本當《ほんたう》の父《ちゝ》の無《な》い、父《ちゝ》の分《わか》らない子供《こども》が對象《たいしやう》となるんでせうな。戸籍《こせき》に屆《とゞ》け出《で》る私生兒《しせいじ》と云《い》ふものは、手續上《てつゞきじやう》の缺陥《けつかん》から來《き》て居《ゐ》るのであつて、是《これ》は法律《はふりつ》を改正《かいせい》すれば、立派《りつぱ》な嫡出兒《ちやくしゆつじ》にもなれば、庶子《しよし》にもなると云《い》ふやうな譯《わけ》で、棄子《すてご》或《あるひ》は貰《もら》ひ子《ご》と云《い》ふやうなものとは、餘《あま》り縁《えん》がないんぢやないでせうか。

及川　戸籍上《こせきじやう》の手續《てつゞき》をやる位《くらゐ》の者《もの》は明《あか》るみに出《で》て居《ゐ》るから、從《したが》つて貰《もら》ひ子殺《こごろ》し事件《じけん》なんかに引《ひつ》かゝらないんですね。

草間　さうすると無籍《むせき》の子《こ》ですね。

及川　警察《けいさつ》の立場《たちば》は本當《ほんたう》の墮胎或《だたいあるひ》は貰《もら》ひ兒殺《こごろ》しの橋渡《はしわた》しを牽制《けんせい》する爲《ため》に、法規的《はふきてき》の關係《くわんけい》で取締《とりしまり》をして居《ゐ》るだけです。

片山　行政的處置《ぎやうせいてきしよち》ですな。

福島　あゝいふ貰《もら》ひ兒殺《こごろし》には非常《ひじやう》に親《おや》が貧《まづ》しくて、さういふ所《ところ》に行《ゆ》くことが出來《でき》ないといふものがあるんぢやないでせうか。

及川　貰《もら》ひ兒殺《こごろ》しのは不義《ふぎ》の兒《こ》でせう。主人《しゆじん》が女中《おぢよちう》に關係《くわんけい》したとか、或《あるひ》は妻《つま》ある男《をとこ》が他《た》の女《をんな》と通《つう》じて出來《でき》たとか、或《あるひ》は若《わか》い男女《だんぢよ》の一時《じ》的《てき》の享樂《きやうらく》の行爲《かうゐ》でなされて出來《でき》た子供《こども》が今度《こんど》の西郷山《さいがうやま》の嬰兒殺《えいじごろ》し事件《じけん》の對象《たいしやう》になるものでせうね。

草間　それに金《かね》を附《つ》けて呉《く》れるといふことですね。罪《つみ》の子《こ》に金《かね》を附《つ》けて呉《く》れるのは貧乏人《びんばふにん》では出來《でき》ない、中産階級《ちうさんかいきふ》です、三十圓《ゑん》も五十圓《ゑん》も附《つ》けてやるのは……。從《したが》つて今度《こんど》の問題《もんだい》として現《あらは》れたのは生活《せいくわつ》のレベルの高《たか》い方《かた》の子

ですな。大體《だいたい》、墮胎《だたい》といふものが東京《とうきやう》の裏面《りめん》でどれだけ行《おこな》はれて居《ゐ》るか分《わか》らぬ。どうせ犯《はん》罪《ざい》ですから知《し》れるやうにやるものぢやないから。しかしこれが運惡《うんわる》く警察《けいさつ》官憲《くわんけん》の手《て》に渡《わた》つた數《すう》は實《じつ》に少《すく》いんです。教育程度《けうゐくていど》から云《い》へば墮胎《だたい》の主體《しゆたい》たる者《もの》の捕《つか》まるのは教育《けうゐく》の程度《ていど》が低《ひく》いですね。インテリ階級《かいきふ》、ブルジョア階《かい》級《きふ》のお孃《ぢやう》さんなんかは姙《にん》娠《しん》しても、大分《だいぶ》うまくやつちまんぢやないかと思《おも》ふのです。

座談會出席者

辯護士　片山哲
醫學博士　安田德太郎
警視廳醫務課　金子準二
警視廳人事相談掛長　及川常平
東京市社會局　草間八十八
婦人セツツルメント　奥むめを
產婆　龜田あさ

本誌側　福島昌夫
小森田一記

――於日本橋「濱のや」――

金子　墮胎《だたい》といふものは都會《とくわい》と田舍《ゐなか》では都會《とくわい》に少《すく》い犯罪《はんざい》ですね。是《これ》は當然避姙《たうぜんひにん》へ迄到着《までたうちやく》すべき過程《くわてい》の犯罪《はんざい》ですから、避姙《ひにん》の次《つぎ》に多《おほ》くなるのが墮胎《だたい》で、最後《さいご》には、文明《ぶんめい》の程度《ていど》さへ進《すゝ》めば滅《ほろ》び行《ゆ》く犯罪《はんざい》ですからね。

片山　一面《めん》に於《おい》て新《あたら》しい意味《いみ》で又母性保護《またぼせいほご》の上《うへ》で墮胎《だたい》が許《ゆる》される立法《りつぱふ》が出《で》て來《く》るから、此《この》墮胎《だたい》は滅《ほろ》び行《ゆ》く犯罪《はんざい》ですね。

福島　生活《せいくわつ》が苦《くる》しい階級《かいきふ》で多產《たさん》に苦《くる》しむ者《もの》はどうでせう。

奥　さういふ辛《つら》いことで私共《わたしども》に、訴《うつた》へられる手紙《てがみ》、今日《けふ》は殘念《ざんねん》して持《も》つて參《まゐ》りませんてしたが、統計的《とうけいてき》に調《しら》べたら隨分澤山《ずゐぶんたくさん》あると思《おも》ひます。發表《はつぺう》したら發賣禁止物《はつばいきんしもの》だらうと思《おも》ひますが、私《わたし》の處《ところ》など一人《ひとり》が毎日返事書《まいにちへんじか》きに掛《かゝ》つ

（左から及川・金子・安田・片山・草間・奥・龜田の各氏）

347 「不義の子と堕胎の座談会 」 片山哲、安田徳太郎、金子準二、及川常平 ほか 『婦人公論』 昭和8年5月1日

で居《を》ります。中《なか》には、三錢《せん》の切手《きつて》もお米《こめ》を買《か》ふと何合《なんがふ》とか買《か》へるけれども先《さき》の事《こと》を考《かんが》へると出《だ》さなければならぬとか、そんな事迄《ことまで》書《か》いて居《を》ります。墮胎《だたい》と避姙《ひにん》と半分位《はんぶんくらゐ》づゝ相談《さうだん》を受《う》けます。變《へん》な藥買《くすりか》ふと尙損《なほそん》するからそんなもの買《か》ふもんぢやないと附加《つけくは》へて居《を》りますがね。方面委員《はうめんゐゐん》が多產《たさん》の人《ひと》を叱《しか》りつけて、なぜ奧《おく》さんの所《ところ》に行《ゆ》かんのかい、といふんださうですが、一遍《ぺん》やるとケロツとしてし忘《わす》れてまひます。

金子 懲《こ》りる人《ひと》が少《すくな》いんですな。

不義の子の處置方法

福島 外國《ぐわいこく》では私生兒《しせいじ》とか多產《たさん》に苦《くる》しむ人《ひと》を保護《ほご》する法律《はふりつ》はどうなつてゐますか。例《たと》へば露西亞《ロシヤ》とか獨逸《ドイツ》では……。

金子 露西亞《ロシヤ》は今度《こんど》簡單《かんたん》になつたやうです。醫者《いしや》へ行《い》つてやれば宜《よ》いんです。其他彼處《そのたあそこ》は殆《ほと》んど子供國營論《こどもこくえいろん》でせう。ナポレオンが考《かんが》へたと同《おな》じやうに。少《すこ》し見方《みかた》は違《ちが》ふかも知《し》れませんけれども。

小森田 所謂不義《いはゆるふぎ》の兒《こ》でも、お互同志《たがひどうし》、本當《ほんたう》に愛《あい》し合《あ》つて居《を》つた男女關係《だんぢよくわんけい》から生《うま》れた子供《こども》は、比較的安全《ひかくてきあんぜん》に育《そだ》てられるんぢやありませんか。

金子 それは中《なか》にはあるでせうけれども、家《か》族制度《ぞくせいど》とか、體面《たいめん》を考《かんが》へますからね。及川君《おひかはくん》の云《い》ふ名譽《めいよ》の正當防衞《せいたうばうゑい》といふ考《かんが》へから。

小森田 山本有三氏《やまもというざうし》の「女《をんな》の一生《しやう》」に出《で》て來《く》る公莊《くじやう》、かれも男一般《をとこぱん》の氣持《きもち》をあらはしてるかの樣《やう》に、墮胎《だたい》を主張《しゆちやう》したやうにありましたね。

及川 それと私《わたし》が考《かんが》へるのは、希望《きばう》せざりし子供《こども》が生《うま》れた、不義《ふぎ》の子供《こども》だといふことで外《ぐわい》部《ぶ》から責《せ》められる、父無兒《ちゝなしご》を生《う》んだといふので非常《ひじやう》に責《せ》められる。是《これ》がいけないと思《おも》ひます。

草間 どつもあゝいふ間違《まちが》ひをすると、體裁《ていさい》ばかり考《かんが》へて親子《おやこ》の情愛《じやうあい》は度外視《どぐわいし》して掛《かゝ》るのが澤山《たくさん》ありますが、是《これ》は間違《まちが》つて居《ゐ》ると思《おも》ふ。

安田 私生兒《しせいじ》は公生兒《こうせいじ》に比《ひ》して乳兒死亡《にうじしばう》が非常《じやう》に多《おほ》いですな。

金子 えゝ、日本《ほん》でも外國《ぐわいこく》でも同《おな》じですが十二位迄《くらゐまで》に死《し》んでしまふのが多《おほ》いやうです。獨《ド》逸《イツ》の統計《とうけい》では里子《さとご》に渡《わた》つて十二になる迄《まで》に私《し》生兒《せいじ》は七十八％死《し》んで居《ゐ》るといふことです。

草間 成長後《せいちやうご》の犯罪者《はんざいしや》も多《おほ》いでせう。

及川 因果《いんぐわ》の兒《こ》で暗《やみ》から暗《やみ》に葬《はうむ》り去《さ》られるのは一體《たい》どの位《くらゐ》あるか分《わか》らぬといふのが正確《せいかく》でせう。今度《こんど》のやうに問題化《もんだいくわ》して社會《しやくわい》の表《おもて》に曝《さら》される數《すう》は極《きは》めて少《すくな》いでせう。先《さつ》き片山先生《かたやませんせい》が仰《おつ》しやつたやうに、さうした不義《ふぎ》の子供《こども》を國家《こくか》が面倒見《めんだうみ》てやるといふことは大變結構《たいへんけつこう》であるけれども、中々其實現《なかなかそのじつげん》することは容易《ようい》ぢやないと思《おも》ひます。しかし容易《ようい》ぢやないからと云《い》つて之《これ》を放任《はうにん》して置《お》く譯《わけ》には行《ゆ》かず、從《じう》來貰《らいもら》ひ兒殺《ごころ》し事件《じけん》は同《おな》じやうなことが繰返《くりかへ》されて而《しか》も論議《ろんぎ》はされるけれども、いつでも線《せん》香花火《かうはなび》に終《をは》つてしまふことを甚《はなは》だ遺憾《ゐかん》に思《おも》ひます。是《これ》は、因果《いんぐわ》の子供《こども》の處置方法《しよちはうはふ》を改善《かいぜん》すれば、少《すくな》くとも今日《こんにち》のやうな慘《みじ》めな目《め》に會《あ》はず濟《す》むことになりはせぬかと思《おも》ひます。

金子 さういふ風《ふう》に十分考《じふぶんかんが》へますけれども、もう一つ遡《さかのぼ》らなければ解決《かいけつ》がつかぬでせう。七十八％死《し》んで居《ゐ》るといふんでもう少《すこ》し早《はや》く心配掛《しんぱいか》けぬやうに女《をんな》の人《ひと》にも負擔《ふたん》を減《へ》らす方《はう》

法《はな》をどうか立法的《りつぱふてき》に考《かんが》へたいんです。

及川　さうなつて來《く》ると色々説《いろ／＼せつ》をなす人《ひと》があります。或《あるひ》は性教育《せいけうゐく》をしてさういふ原因《げんいん》を少《すくな》くするといふやうなこと、乃至《ないし》は合法的《がふはふてき》のコントロールの手段《しゆだん》に出《で》るとかいふやうなものがあるけれども、性教育《せいけういく》に依《よつ》て問題《もんだい》を少《すくな》くするといふことは、實《じつ》はどれだけ效果《かうくわ》があるか疑問《ぎもん》と思《おも》ひます。

奥　全然《ぜんぜん》知らなかつたといふのがありますが是《これ》はほんの極《ご》く少數《せうすう》でせうからね。

及川　コントロールは種々《いろ／＼》の弊害《へいがい》が起《おこ》つて來《き》ますから、餘程考《よほどかんが》へものだと思《おも》ひます。

片山　産兒制限《さんじせいげん》を國家《こくか》が公認《こうにん》してそれに對《たい》して知識《ちしき》を與《あた》へて、色々病毒《いろ／＼びやうどく》やら子供《こども》の負擔等《ふたんなど》に付《つい》ての將來《しやうらい》のことを考《かんが》へるやうになると餘《よ》程輕減《ほどけいげん》をするし、總《すべ》てのことが是《これ》が公認《こうにん》されることに依《よつ》て解決《かいけつ》して行《ゆ》くでせう。墮胎《だたい》も嬰《えい》兒殺《じごろし》も防《ふせ》げる第《だい》一歩《ぽ》だと思《おも》ふ。之《これ》には産兒制《さんじせい》限《げん》の公認《こうにん》、其次《そのつぎ》には墮胎問題《だたいもんだい》の研究《けんきう》といふやうな順序《じゆんじよ》を逐《お》うていかぬと、枝葉末節《しえうまつせつ》を研究《けんきう》した所《ところ》でそれは大局《たいきよく》に於《おい》てはやはり同《おな》じやうなことを繰返《くりかへ》すのぢやないかと思《おも》ひます。

奥　差當《さしあた》り法律改正《はふりつかいせい》は延《の》びますから、やはり公《おほやけ》の金《かね》で育《そだ》てて行《い》つて、段々職業的教育《だん／＼しよくげふてきけういく》をして行《ゆ》くといふことが、日本《にほん》に必要《ひつえう》です。それならば今《いま》からでも出來《でき》ますね。

及川　私《わたし》は手短《てみじ》かに考《かんが》へると、因果《いんぐわ》の子供《こども》の今《いま》の處置方法《しよちはうはふ》が、宜《よ》くないと思《おも》ひます。因果《いんぐわ》な子供《こども》を他人《たにん》に呉《く》れてやる關係《くわんけい》に不純《ふじゆん》なる點《てん》が澤山《たくさん》あると思《おも》ひます。それを矯正《きやうせい》したならば、悲慘《ひさん》なる目《め》に會《あ》ふやうな事柄《ことがら》が、餘程減《よほどげん》ぜられるのぢやないかと思《おも》ひます。

片山　それには餘程金《よほどかね》も設備《せつび》も要《い》るし法律上《はふりつじやう》も難《むつか》しい問題《もんだい》になりませう。

及川　實際《じつさい》子供《こども》を貰《もら》ひたいといふ人《ひと》も相當世《さうたうせ》間《けん》にあると思《おも》ひます。慾《よく》に絡《から》まず、眞《しん》に子供《こども》を育《そだ》てて行《ゆ》きたいといふ人《ひと》は相當《さうたう》あると思《おも》ふんですよ。

奥　さういふ不義《ふぎ》の關係《くわんけい》の子供《こども》といふものはどうでせうか。

及川　しかし奥先生《おくせんせい》、是《これ》は……。

奥　成可生《なるべくう》まないのがいいんですわ。

及川　それは生《う》まないに越《こ》したことはないといふことになると、先《さつ》きの話《はなし》に戻《もど》りますが、一體《たい》人《ひと》の子供《こども》を貰《もら》ふといふ場合《ばあひ》に呉《く》れる人《ひと》が立派《りつぱ》に夫婦關係《ふうふくわんけい》の間《あひだ》に出來《でき》た兒《こ》を呉《く》れるといふことは容易《ようい》ぢやないと思《おも》ひます。貰《もら》ふ人《ひと》も因果《いんぐわ》の兒《こ》だといふことを觀念《くわんねん》して貰《もら》ふ人《ひと》が相《さう》當多《たうおほ》いだらうと思《おも》ひます。

奥　社會事業的《しやくわいじげふてき》に貰《もら》ふ人《ひと》ならば格別《かくべつ》、さうでなければ貰《もら》はぬ方《はう》がいいでせう。それは社會《しやくわい》的《てき》にさうやつたらどうでございますか。

私《わたし》今日《けふ》來《き》ます時《とき》に私《わたし》の友達《ともだち》の知合《しりあ》ひの人《ひと》で私生兒《しせいじ》と、結婚《けつこん》してからの本當《ほんたう》の子供《こども》と、兩《りやう》方《はう》産んだ人《ひと》を考《かんが》へて見《み》ると、若《わか》い時《とき》から七人《にん》程《ほど》ありますね。子供《こども》は胎教《たいけう》で非常《ひじやう》に違《ちが》ふと思《おも》ひます。腹《はら》に居《ゐ》る間《あひだ》に死《し》なうかどうしようかと思《おも》つてびく／＼した時《とき》の子供《こども》は神經質《しんけいしつ》になりますね。そんなのは私《わたし》の友達《ともだち》の子供《こども》にも死《し》んだのが四人《にん》ございますからね。三人《にん》生《い》きて居《を》りますけれどもやはり神經質《しんけいしつ》で、表向《おもてむ》きの子供《こども》はどこか性格的《せいかくてき》に健康《けんかう》な感《かん》じですね。

さういふ不自然《ふしぜん》な關係《くわんけい》から出來《でき》た子供《こども》は、社會的《しやくわいてき》な育《そだ》て方《かた》ならいゝけれども、金持《かねも》ちに預《あづ》けるとかいふやうなことは、貰《もら》つてもあとで旨《うま》く行《ゆ》かないか、不幸《ふかう》の種《たね》になるかも知《し》れぬ

349 「不義の子と堕胎の座談会　」 片山哲、安田徳太郎、金子準二、及川常平 ほか 『婦人公論』 昭和８年５月１日

ので、餘《あま》り蔭《お》げる工夫《くふう》はしない方《はう》が勝《か》ちだと思《おも》ひます。

金子　子供《こども》の問題《もんだい》は男《をとこ》ばかりではいけませんからね。（笑聲）

奥　そんな子《こ》に限《かぎ》つて薄情《はくじやう》で、逃《に》げて行《ゆ》くとか、愛情《あいじやう》が湧《わ》いて來《こ》ないとか、何《なに》か變質者《へんしつしや》になつて、或《ある》ひは不良少年《ふりやうせうねん》になるとかの性質《せいしつ》がありはしないでせうか。

龜田　私《わたし》は今度《こんど》の貰《もら》ひ子殺《こごろ》しにあぶなく二人《ふたり》か三人世話《にんせわ》するところでしたが、その人《ひと》に私《わたし》は偶然知《ぐうぜんし》らずに行《ゆ》きまして、子供《こども》のお世話《せわ》を願《ねが》はうと申《まを》したのです。私《わたし》その子供《こども》を一人《ひとり》頼《たの》まれて、隨分方々探《ずゐぶんはう〴〵さが》して、ありませぬから、新聞廣告《しんぶんくわうこく》を見《み》たんです。それで其處《そこ》へ訪《たづ》ねて行《ゆ》きましたけれども、貰《もら》つて戴《いただ》く先《さき》の身許《みもと》をよく教《をし》へて貰《もら》ひたいと申《まを》しましても教《をし》へて呉《く》れません。新聞《しんぶん》を利用《りよう》する人《ひと》ならばインテリ階級《かいきふ》に違《ちが》ひない、さういふ人《ひと》に貰《もら》はれたら仕《し》合《あは》せだらうと思《おも》つて行《い》つたら、産婆《さんば》です。變《へん》だと思《おも》ひましていくら訊《き》いても身許《みもと》を教《をし》へて呉《く》れない。それから兎《と》に角私《かくわたし》の所《ところ》へお寄越《よこ》しなさい、何《なん》とか始末《しまつ》して上《あ》げますと言《い》ふのです。やはり貰《もら》ひ子殺《こごろ》しに遇《あ》ふのは焦《あせ》るからさういふ所《ところ》に行《ゆ》くのだらうと思《おも》ひます。焦《あせ》らなければ人《ひと》から頼《たの》まれても二箇月掛《かげつか》かつても三箇月掛《かげつか》かつても決《けつ》してさういふ所《ところ》へ行《ゆ》く氣遣《きづか》ひはない。早《はや》くこの人《ひと》をどうかしてやらなければならぬと焦《あせ》るとつい變《へん》な所《ところ》へ行《ゆ》くことになります。この人《ひと》ならばこちらから頼《たの》んでも是非貰《ぜひもら》つて戴《いただ》きたいといふやうな人《ひと》は、さつき奥《おく》さんのお話《はなし》のやうに不義《ふぎ》の關係《くわんけい》で産《うま》れた子供《こども》では、將來《しやうらい》が案《あん》ぜられるといふやうなことを言《い》つて、どうしても貰《もら》つて下《くだ》さらない。ところが片方《かたはう》では早速戴《さつそくいただ》いて行《ゆ》きたいと言《い》ふのがございますが、寄越《よこ》せば預《あづか》つて何處《どこ》へでも世話《せわ》してやると言《い》はれて、さうでございますかとすぐに遣《や》る譯《わけ》には參《まゐ》りませぬ。貰《もら》ひに來《く》る人《ひと》はいくらもありますが――。

片山　今後《こんご》の改正親族法《かいせいしんぞくはふ》で私生兒《しせいじ》といふ名前《なまへ》を無《な》くしたらどうですか。

金子　私生兒《しせいじ》の名前《なまへ》を更《か》へたところで、監獄《かんごく》が刑務所《けいむしよ》に更《かは》つたと同《おな》じことになりはしないかと思《おも》ひます。

片山　私生兒《しせいじ》といふ名《な》を廢《はい》して・・・・。

金子　ところが世《よ》の中《なか》の感情《かんじやう》から廢《はい》することは出來《でき》ませぬ。法律上《はふりつじやう》の差異《さい》は半《なか》ば感情《かんじやう》ですからね。

龜田　しかし本當《ほんたう》の私生兒《しせいじ》が貰《もら》はれて行《い》つた場合《ばあひ》に、先方《せんぱう》で長女《ちやうぢよ》とか長男《ちやうなん》とかいふ風《ふう》に籍《せき》に入《はい》つてしまつたら、私生兒《しせいじ》かどうか分《わか》りませんね。大《おほ》きくなつて戸籍《こせき》に入《はい》つてから貰《もら》つては困《こま》るといふので、それのないうちに貰《もら》つて、自分《じぶん》の戸籍《こせき》に入《い》れる人《ひと》があるらしいのです。

草間　それがかなりありますね。

安田　勞働者《らうどうしや》に多《おほ》いでせう。

小森田　不義《ふぎ》の子《こ》の成長《せいちやう》した場合大體《ばあひだいたい》の傾向《けいかう》としてどうなつて居《を》りますか。

龜田　世話《せわ》する人《ひと》の仕方《しかた》によつて違《ちが》ひます。世話《せわ》する人《ひと》が將來《しやうらい》のことを考《かんが》へれば藝妓《げいしや》に賣《う》られなくても濟《す》むでせうし、兩親《りやうしん》が可愛《かはい》がつて育《そだ》てればそれで行《ゆ》きませう。大《おほ》きくなつたら女《をんな》の子《こ》はどうするとか、男《をとこ》の子《こ》ならばどうだといふことを、初《はじ》めから利益《りえき》を目的《もくてき》にして貰《もら》ふのが悲慘《ひさん》な目《め》に遇《あ》ふ譯《わけ》ですね。

及川　結局育《けつきよくそだ》てる親《おや》の如何《いかん》によりますね。

金子　しかしやはり素質《そしつ》の問題《もんだい》ですね。いかなる人《ひと》が産《う》んだかといふんで……。

草間　娼妓《しやうぎ》になつたのを統計的《とうけいてき》に調《しら》べましたが、私生兒《しせいじ》が一割《わり》九分《ぶ》ですね。

金子　一割《わり》九分《ぶ》とすればやはり産《うま》れて來《く》る數《すう》に較《くら》べると多《おほ》いと見《み》なければなりませんね。

及川　醫學的《いがくてき》に說明《せつめい》すれば不義《ふぎ》の子《こ》は胎內《たいない》の關係《くわんけい》で惡《わる》いと言《い》はれるでせうけれども、育《そだ》てる親《おや》が大事《だいじ》にかゝつたならば餘程《よほど》旨《うま》く行《ゆ》くんぢやないですか。却《かへつ》て嫡出兒《ちやくしゆつじ》であつても、變《へん》なものの子《こ》より、寧《むし》ろ慈愛《じあい》の深《ふか》い他人《たにん》に育《そだ》てられた方《はう》がしつくり行《ゆ》く場合《ばあひ》があるでせう。

鷄田　私《わたし》の世話《せわ》した子《こ》はとてもいゝ子《こ》で、自分《じぶん》が貰《もら》つちやはうか知《し》らんと思《おも》ふ位《くらゐ》でございました。

私生兒は如何に扱はれるか?

安田　不義《ふぎ》の兒《こ》が出來《でき》た時《とき》に、世《よ》の中《なか》の人《ひと》はどういふ過程《くわてい》に依《よつ》て始末《しまつ》しますか。

及川　私《わたし》の方《はう》へ來《く》る事件《じけん》は罪《つみ》の子《こ》は成可《なるべ》く表《おもて》向《む》きにしたくないといふ考《かんが》へを持《も》つて居《ゐ》るらしいですな。それで比較的《ひかくてき》因果《いんぐわ》の兒《こ》の解決《かいけつ》の相談《さうだん》は、實《じつ》は數《すう》の上《うへ》に於《おい》て極《きは》めて少《すく》ないです。しかしそれが身《み》の上相談《うへさうだん》とか或《あるひ》は家庭紛議《かていふんぎ》とかいふ問題《もんだい》に絡《から》まつて、因果《いんぐわ》の子《こ》が邪魔《じやま》になるとか、厄介者《やくかいもの》になるとかいふやうな事件《じけん》が澤山《たくさん》にあるんです。最《もつと》も今日《けふ》の問題《もんだい》と關聯《くわんれん》して考《かんが》へなければならぬのは、其子供《そのこども》の始末《しまつ》の前提《ぜんてい》となるお腹《なか》の中《なか》にある子供《こども》の認知《にんち》の問題《もんだい》です。是《これ》は結局其子供《けつきよくそのこども》を始末《しまつ》する前《さへ》に、一體《たい》誰《だれ》の子供《こども》かといふことに付《つい》ての爭《あらそ》ひです。

安田　階級《かいきふ》はどうなつて居《を》ります。

及川　主人《しゆじん》が雇女《やとひをんな》に手《て》を掛《か》けたのが一番多《ばんおほ》いでせう。それから妻《つま》ある夫《をつと》が他《た》の女《をんな》に手《て》を掛《か》けて姙娠《にんしん》させた。それから學生《がくせい》のやうな人達《ひとたち》の一時的《じてき》の享樂行爲《きやうらくかうゐ》で生《うま》れた子供《こども》を、養育《やういく》する資料《しれう》さへ、働《はたら》くことが出來《でき》ないといふやうな環境《くわんきやう》の人《ひと》があると、自己《じこ》を守《まも》る爲《ため》に女《をんな》を犧《ぎ》牲《せい》にするんですね。

片山　結果《けつくわ》はどうなりますか、戶籍《こせき》上《じやう》男《をとこ》は認知《にんち》しますか。

及川　それは警視廳《けいしちやう》としては必《かなら》ず男《をとこ》に引取《ひきと》らせるやうにします。何故《なぜ》さうしなければならぬかと申《まを》しますと、まだ未婚《みこん》の女《をんな》がさうした因果《いんぐわ》の子供《こども》を引受《ひきう》けなければならぬといふことになると、其女《そのをんな》の半生《はんせい》が大部分《だいぶぶん》は其子《そのこ》供《ども》の爲《ため》に棒《ぼう》に振《ふ》つてしまはなければならぬ。結局《けつきよく》男《をとこ》も養《やしな》ふことが出來《でき》ない。誰《だ》れの子《こ》であるか分《わか》らぬ場合《ばあひ》に、どうしても結論《けつろん》として女《をんな》が引《ひ》取《と》るほかないでせう。さういふ人《ひと》はどうするかといふと結局其子供《けつきよくそのこども》を里子《さとご》にでも出《だ》してしまひますね。そして其里扶持《そのさとぶち》を働《はたら》くべく矢張《やはり》固《かた》い商賣《しやうばい》でなく、カフエの女給《ぢよきふ》とか待合《まちあひ》の女《ぢよ》中《ちう》とか比較的收入《ひかくてきしうにふ》の多《おほ》い途《みち》を選《えら》ぶほかない。それで半生《はんせい》を暗《くら》くして來《く》る。だから子《こ》をつくとた男《をとこ》に責任《せきにん》があるから、當然《たうぜん》男《をとこ》に引取《ひきと》らせます。私共《わたしども》ばかりでなく篤志家《とくしか》が、或《あるひ》は基督《キリスト》教青年會《けうせいねんくわい》あたりの婦人相談《ふじんさうだん》といふやうな機關《きくわん》に行《い》つて相談《さうだん》すれば、比《ひ》較的《かくてき》明《あか》るい行《ゆ》き方《かた》で解決《かいけつ》が思《おも》ふより易《やす》くつくといふことを、考《かんが》へますね。

片山 警視廳《けいしちやう》の人事《じんじ》相談所《さうだんじよ》が出來《でき》てから非常《ひじやう》にそれが宜《よ》くなつたと思《おも》ふんです。それから婦人矯風會《ふじんけうふうくわい》とか青年會《せいねんくわい》とか、さういふ所《ところ》も結構《けつこう》ですけれども、どうも經濟的《けいざいてき》の力《ちから》を以《もつ》て積極的《せつきよくてき》に色々《いろいろ》解決《かいけつ》を與《あた》へてやる迄《まで》行《い》つて居《を》らんでどうしても警視廳《けいしちやう》といふ背景《はいけい》に依《よ》る相談《さうだん》が有效《いうかう》であると同《おな》じやうに、吾々《われわれ》の希望《きばう》から云《い》ふと、もつと進《すゝ》んで今日《こんにち》の人事關係《じんじくわんけい》の相談《さうだん》、特殊《とくしゆ》のフアミリー・コートといふか、家事《かじ》審判所《しんぱんじよ》とかいふものを拵《こしら》へて、當事者《たうじしや》だけで親切《しんせつ》に解決《かいけつ》してやつて、將來《しやうらい》の指《し》針迄《しんまで》與《あた》へてやるといふやうな施設《しせつ》が今日非常《こんにちひじやう》に要求《えうきう》されて居《を》ると思《おも》ひます。さうでないと矢張《やはり》不義《ふぎ》に出來《で》た子供《こども》は何《いづ》れも最後《さいご》に於《おい》ては暗黒《あんこく》である。結論《けつろん》は國家《こくか》が引受《ひきう》けて養育《やういく》するといふ所迄《ところまで》行《ゆ》かなければ、子供《こども》の幸福《かうふく》にもならんぢやないかと思《おも》ひます。

安田 金持《かねもち》或《あるひ》は學生《がくせい》、さういふ層《そう》に依《よつ》て不義《ふぎ》の子供《こども》の始末《しまつ》のつけ方《かた》が違《ちが》ふと思《おも》ひます。金《かね》持階級《もちかいきふ》の人《ひと》で小間使《こまづか》ひとか女中《ぢよちゆう》を摘《つま》む人《ひと》があるんです。それで子供《こども》が出來《でき》ますとそれを自《じ》分《ぶん》の籍《せき》に入《い》れるんです。女《をんな》にはちやんと結婚《けつこん》の仕度《したく》をさせまして是《これ》は別《べつ》に御亭主《ごていしゆ》さんを見《み》附《つ》けてそれに與《く》れてやる、さういふやうなのはありますね。

及川 さういふ方法《はうはふ》もありますね。

安田 可成《かなり》金持階級《かねもちかいきふ》では始末《しまつ》のし難《にく》いのもそれは色色《いろいろ》に行《や》つて居《ゐ》るんです。中産階級以下《ちうさんかいきふいか》になると矢張非常《やはりひじやう》に子供《こども》の解決《かいけつ》の工夫《くふう》が悲惨《ひさん》になつて來《き》ます。

片山 人事相談所《じんじさうだんじよ》に行《ゆ》ける程度《ていど》の人《ひと》は中産《ちうさん》ですか。

及川 各階級《かくかいきふ》を通《つう》じて居《を》りますね。だけれども來《く》る人《ひと》は先程申上《さきほどまをしあ》げた通《とほ》り罪《つみ》の子《こ》を解決《かいけつ》することが、公《おほやけ》の機關《きくわん》に相談《さうだん》するのは如何《いか》にも窮屈《きうくつ》さうに考《かんが》へて、而《しか》も解決《かいけつ》する爲《ため》に何《なに》か牽《けん》制《せい》されやしないかと、云《い》ふ懸念《けねん》を持《も》つんですね。私生兒認知《しせいじにんち》の問題《もんだい》はよくよくだから來《く》るんですね。

安田 その認知《にんち》は經濟的《けいざいてき》にも扶助料《ふじよれう》の要求《えうきう》ですか。

及川 さうぢやないんです。此の兒《こ》は貴方《あなた》の子供《こども》であることを認《みと》めて貰《もら》ひたいと云《い》ふ認知《にんち》の問題《もんだい》んです。此子供《このこども》をどう始末《しまつ》したら宜《よ》いでせうかと云《い》ふことには餘《あま》り來《き》ません。認知《にんち》と同時《どうじ》に養育問題《やういくもんだい》に這入《はい》るのもあります。

奥 矢張《やはり》お金《かね》を少《すこ》し取《と》つて下《くだ》さらないと困《こま》ります。（笑聲）

草間 棄子《すてご》は大正拾《たいしやうじふ》一年《ねん》より昭和《せうわ》六年《ねん》に至《いた》るまで一ケ年間《ねんかん》に於《おい》て三百五十一人《にん》しかない。一年《ねん》に三十五人《にん》です。

片山 棄子《すてご》は子供《こども》の處置《しよち》に付《つい》て、幼稚《えうち》の方《はう》だな。

草間 さうして是《これ》が必《かなら》ず棄《すて》られゝば東京市《とうきやうし》と警察署《けいさつしよ》の厄介《やくかい》で養育院《やういくゐん》へ行《ゆ》きます。此處《こゝ》で棄《すて》子《ご》を扱《あつか》つて居《ゐ》るのが約《やく》四百人《にん》です。是《これ》は皆公《みなこう》費《ひ》に依《よつ》て救濟《きうさい》をするのと、民間《みんかん》の所謂社會事《いはゆるしやくわいじ》業《げふ》で救濟《きうさい》するのと對立《たいりつ》して見《み》なければならぬ。ところが東京市《とうきやうし》の養育院《やういくゐん》に於《おい》ては四百人《にん》から助《たす》けて居《を》りますが、民間《みんかん》に於《お》けるその種《しゆ》の方面《はうめん》の救護《きうご》機關《きくわん》は殆《ほと》んど寥々《れうく》たるものです。所謂《いはゆる》幼兒《えうじ》扼殺《やくさつ》だとか虐殺《ぎやくさつ》だとか云《い》ふ問《もん》題《だい》も、獨逸《ドイツ》や露西亞《ロシヤ》がやつて居《ゐ》るやうに、始《し》末《まつ》に行《ゆ》かなかつたら其處《そこ》へ置《お》いて來《く》れば、育《そだ》つて行《ゆ》くところを拵《こしら》へれば問題《もんだい》がありません。しかしその代《かは》り濫造《らんざう》されては困《こま》ります。

草間　江戸時代《えどじだい》の所謂《いはゆる》今日《こんにち》の墮胎罪《だたいざい》ですね。あれを享保《きやうほ》八年《ねん》に今《いま》まで默認《もくにん》して居《を》つたのを吉宗《よしむね》が犯罪《はんざい》にして具體化《ぐたいくわ》せんと不可《いか》んと云《い》ふので取締《とりしま》りました。それまでは默認《もくにん》して居《を》つたのです。厄介《やくかい》な兒《こ》は稚兒《みづご》でやつゝけて仕舞《しま》へば宜《よ》かつた。それで日本《にほん》では育《そだ》てゝやると云《い》ふやうな機關《きくわん》の必要《ひつえう》がなかつたんでせう。

金子　中條流《ちうでうりう》で……（笑聲）マルコポーロの東洋紀行《とうやうきかう》に於《おい》て褒《ほ》めて居《を》りました。

不義の兒を産んだ若き女性の行末

福島　警察《けいさつ》に厄介《やくかい》になる私生兒《しせいじ》の母親《はゝおや》はどんな婦人《ふじん》が多《おほ》いでせう。

金子　母親《はゝおや》は今迄《いままで》は無教育者《むけういくしや》が多《おほ》かつたのですが、そして同《おな》じ處《ところ》に定住《ていぢう》して居《を》らなかつた。例《たと》へば田舎《ゐなか》から今問題《いまもんだい》になつて居《ゐ》る女中《ぢよちう》とか何《なん》とかで働《はたら》くために都會《とくわい》へ出《で》て來《き》て間《ま》もなく子供《こども》が出來《でき》るのが多《おほ》いのです。女中《ぢよちう》と主《しゆ》人《じん》の關係《くわんけい》といふことになりますと實際《じつさい》に於《おい》ては一種《しゆ》の魔醉《ますゐ》に罹《かゝ》つたやうな狀態《じやうたい》で、何《なん》でも主人《しゆじん》の仰《おふ》せになることは肯《き》くものだといふ考《かんが》へで殆《ほとん》ど一人前《にんまへ》にならぬ時《とき》に子供《こども》が出來《でき》るのですから、かういふのが後《のち》には、それがために境遇《きやうぐう》がだん〳〵惡《わる》くなつて來《き》て、その親《おや》の性格《せいかく》も變《へん》だといふ風《ふう》に言《い》はれるやうになるのでせう。恐《おそ》らく順調《じゆんてう》ないゝ環境《くわんきやう》に於《おい》て育《そだ》つては來《き》たのでせうけれども、私生兒《しせいじ》が出來《でき》たがために、何《なん》と言《い》ふか始終《しじう》蔭《かげ》ばかり歩《ある》かなければならぬことになる。さういふ私生兒《しせいじ》を持《も》つた女《をんな》には結局《けつきよく》變《へん》な男《をとこ》が喰着《くひつ》くやうなことになるのですね。

草間　無垢《むく》の娘《こ》が一遍《ぺん》さういふ風《ふう》になつて茶《ちや》屋《や》商賣《しやうばい》に陷《おちい》ると、今度《こんど》は實《じつ》に堅《かた》くなつてしまふ。そして渾身《こんしん》これその子《こ》の養育費《やういくひ》を稼《かせ》ぐといふのもありますね。

金子　反對《はんたい》にも來《き》ますね。賣《う》るべからざるものを賣《う》るとか……。

草間　それもあります。第《だい》一藝妓《げいぎ》になつたり娼妓《しやうぎ》になつたりする。これも原因《げんいん》を見《み》ると私《し》生兒《せいじ》養育《やういく》のためといふのがあります。

經濟的優者の貞操蹂躪

及川　女中《ぢよちう》をごまかすのは男《をとこ》が惡《わる》いね。またしかし翻《ひるがへ》つて見《み》ると、主婦《しゆふ》の眼《め》までくらましてさういふ家庭《かてい》の平和《へいわ》を紊《みだ》るやうなことに應《おう》ずることが宜《よ》くない。さういふことを考《かんが》へると何處《どこ》まで女《をんな》のために味方《みかた》をじてやつていゝ

353 「不義の子と堕胎の座談会　」 片山哲、安田徳太郎、金子準二、及川常平 ほか 『婦人公論』
昭和8年5月1日

か、實《じつ》は奥先生《おくせんせい》さつきから女《をんな》のためにといふやうなお氣持《きも》ちから多《おほ》く語《かた》られたやうですが考《かんが》へさせられて來《く》るですね。

片山　主人《しゆじん》が積極的《せつきよくてき》の場合《ばあひ》が多《おほ》いでせう。

及川　それはさうです。

片山　ドイツ刑法《けいはふ》では雇傭關係《こようくわんけい》を利用《りよう》して經《けい》濟的優者《ざいてきいうしや》の地位《ちゐ》に立《た》つものが壓迫《あつぱく》して女中《ぢよちう》とか女事務員《をんなじむゐん》、女工《ぢよこう》を犯《をか》すといふのを嚴罰《げんばつ》する。あゝいふ法律《はふりつ》が日本《にほん》でも出來《でき》れば多少防《たせうふせ》げるな。

及川　しかし、やはり女《をんな》は暴行脅迫《ばうかうけふはく》を受《う》けましたといふやうな主張《しゆちやう》を一應《おう》して來《く》るが、仔《し》細《さい》に調《しら》べると、所謂暴行脅迫《いはゆるばうかうけふはく》によつて、男《をとこ》の意思《いし》に從《したが》はされたといふことは、一寸疑《ちよつとうたが》はれる節《ふし》が澤山《たくさん》あります。

奥　子供《こども》まで出來《でき》た時《とき》には暴行《ばうかう》と言《い》へないでせうけれども、初《はじ》めは暴行《ばうかう》か脅迫《けふはく》でせう。

片山　實際《じつさい》に暴力《ばうりよく》を振《ふる》はずとも、主人《しゆじん》と女中《ぢよちう》雇主《やとひぬし》と女工《ぢよこう》といふやうな地位《ちゐ》が、既《すで》に暴行《ばうかう》とか脅迫《けふはく》をしなくても、意《い》に從《したが》はせ易《やす》くなつて居《ゐ》る。

及川　それは道徳的意味《だうとくてきいみ》ではさうでせう。しかし刑法《けいはふ》で言《い》ふ暴行脅迫《ばうかうけふはく》にはその程度《ていど》ではならぬと思《おも》ひます。

片山　今度《こんど》は暴行脅迫《ばうかうけふはく》を用《もち》ひずとも、地位《ちゐ》を利用《りよう》してやつたのも、刑《けい》に罰《ばつ》せられるといふことになるんです。

地位《ちゐ》の濫用《らんよう》といふことが書《か》いてありますね。暴力《ばうりよく》を用《もち》ひず強《つよ》く要求《えうきう》する。具體的《ぐたいてき》に暴《ばう》力《りよく》を振《ふる》つて壓迫《あつぱく》しなくても暴行脅迫《ばうかうきやうはく》になる。

奥　職業婦人保護法《しよくげふふじんほごはふ》といふものとして女《をんな》の頭《あたま》にぴんと來《く》るやうに拵《こしら》へたらいゝでせう。

金子　斷然嫌《だんぜんいや》なものならば、いくら主人《しゆじん》と雖《いへど》も抗《かう》することは出來《でき》ますよ。

奥　それ程強《ほどつよ》くないのです。嫌《いや》なものに抵抗《ていかう》するといふのは餘程強《よほどつよ》い確《しつか》りした女《をんな》の子《こ》の場《ば》合《あひ》だけですね。普通《ふつう》の女中《ぢよちう》さんでは……。

金子　それだけの判別《はんべつ》は持《も》たぬでせうな。

奥　うんと大《おほ》きな聲《こゑ》を立《た》てゝばた〱やればそれで濟《す》むんですが、それが出來《でき》ない。それが女《をんな》ですわ。

不本意の兒の墮胎可否

——不義の兒天罰論——

福島　墮胎《だたい》を必要《ひつえう》とする場合《ばあひ》はどうでせう。

奥　何時《いつ》でも自分《じぶん》の心《こゝろ》にもない子《こ》は墮胎《だたい》していゝと思《おも》ひます。母親《はゝおや》が必要《ひつえう》としないことはよく〱の事情《じじやう》ですから、母親《はゝおや》に任《まか》していゝと思《おも》ひます。

安田　贊成《さんせい》ですね。

金子　夫婦間《ふうふかん》のやつはどうです。

及川　法律的《はふりつてき》には墮胎《だたい》は禁《きん》じられてますね。

金子　いやさういふ時《とき》に改正《かいせい》したいといふのが、奥《おく》さんの希望《きばう》だがね。

奥　けれども墮胎《だたい》の刑法《けいはふ》も輕《かる》くなつて來《き》て居《を》りますね。

片山　多少變《たせうかは》つて居《を》りますが、殊《こと》に僕《ぼく》はさう強姦《がうかん》とか雇傭關係《こようくわんけい》の強要《きやうえう》とか、經濟的《けいざいてき》に縛《しば》られて居《ゐ》ることによつて關係《くわんけい》を結《むす》んで受胎《じゆたい》したといふのは、その出發點《しゆつぱつてん》が一つの犯罪行爲《はんざいかうゐ》になつて居《ゐ》ると思《おも》ふ。かういふものの墮胎《だたい》は因《いん》果關係《くわくわんけい》で當然許《たうぜんゆる》さるべきものだと思《おも》ひます。産兒制限《さんじせいげん》といふ意味《いみ》をだん〱擴張《くわくちやう》し、原因《げんいん》がさういふ違法行爲《ゐはふかうゐ》に因《よ》つたものは、やはり許《ゆる》されるといふ風《ふう》に、進《すゝ》んで行《ゆ》かなければならぬ。これは當然《たうぜん》だらうと思《おも》ひます。

福島　墮胎《だたい》は絕對《ぜつたい》にいけないと言《い》ふ人《ひと》の中《なか》には、墮胎《だたい》を許《ゆる》すとそれを惡用《あくよう》するだらうといふ觀念《くわんねん》が大分《だいぶ》あるやうですけれども、この點《てん》は如何《いかゞ》ですか。

片山　總《すべ》て醫者《いしや》の鑑定等《かんていなど》によつてやることですね。素人《しろうと》がやると危險《きけん》もあり濫用《らんよう》もされるだらうと思《おも》ひます。

奧　不義《ふぎ》をすれば天罰《てんばつ》で子供《こども》が產《うま》れるのは當《たう》然《ぜん》だといふお話《はなし》もあるやうですが、不義《ふぎ》をしても子供《こども》を產《う》む必要《ひつえう》はないと思《おも》ひます。天罰《てんばつ》だから子供《こども》を產《う》ませるといふやうなことはあんまり非常識《ひじやうしき》だと思《おも》ひます。

福島　子供《こども》こそ迷惑《めいわく》ですね。

奧　不義《ふぎ》をしない方《はう》がいゝけれども、子供《こども》が產《うま》れるから不品行《ふひんかう》しないといふんでせうけれども、女《をんな》も自覺《じかく》して來《き》てゐますから……。

福島　現在《げんざい》の日本《にほん》の社會情勢《しやくわいじやうせい》で墮胎《だたい》を已《や》むを得《え》ぬとするものはありませぬか。

安田　特殊《とくしゆ》の場合《ばあひ》ですと、今《いま》醫學的餘地《いがくてきよち》は認《みと》められて居《を》りますけれども、廣汎《くわうはん》に社會的適《しやくわいてきてき》應者《おうしや》として醫者《いしや》が人工流產《ひとこうりうざん》が出來《でき》れば、或《あ》る點《てん》まで解決《かいけつ》が出來《でき》ると思《おも》ひますが、それは許《ゆる》されて居《を》りませぬ。

福島　費用《ひよう》が嵩《かさ》みやしませぬか。

安田　貧困者《ひんこんしや》には無料《むれう》でやるとか、經濟的《けいざいてき》にも考《かんが》へなければ駄目《だめ》ですね。

草間　所謂貧困《いはゆるひんこん》で育《そだ》てることが出來《でき》なければ救護法《きうごはふ》によつて救《たす》けることが出來《でき》ますがね。

奧　育《そだ》てるだけのものを、救護法《きうごはふ》では呉《く》れませぬ。呉《く》れても爪《つめ》の垢《あか》ほどです救護法《きうごはふ》なんかは……。

草間　救護法《きうごはふ》は現在《げんざい》の制度《せいど》ではいけませぬけれども、擴張《くわくちやう》したらいゝと思《おも》ひます。

奧　稅金《ぜいきん》を出《だ》す方《はう》の人《ひと》は文句《もんく》言《い》つて來《き》ますよ。

片山　それだけやるならば外《ほか》にもづと簡單《かんたん》な方法《はうはふ》が幾《いく》らもありますね。

小森田　龜田《かめだ》さんがお取扱《とりあつか》ひになつた中《なか》に、この兒《こ》は產《うま》れない方《はう》が幸福《かうふく》だと思《おも》ふやうな場《ば》合《あひ》はありませんか。

龜田　それは澤山《たくさん》あります。

及川　多產《たさん》のものは皆《みんな》さうですね。

龜田　いゝ加減《かげん》に產《う》まないやうにしたらどうかと申《まを》しますと、どうせお金《かね》は殘《のこ》らぬから子《こ》供《ども》でも殘《のこ》すと言《い》ふんですね。それで、この子《こ》を貰《もら》つて呉《く》れる人《ひと》はありませぬかと訊《き》いて居《ゐ》るんです。さういふ人《ひと》に限《かぎ》つてお父《とう》さんがお酒《さけ》を飮《の》むとかいろ〳〵變質的《へんしつてき》なところがありまして、變《へん》な毒《どく》のある子供《こども》を貰《もら》つてはどんな人間《にんげん》になるか分《わか》らぬといふので係《かゝ》り合《あ》ふことが恐《おそろ》しうございます。貰《もら》つて下《くだ》さいとは言《い》へませぬ。よく考《かんが》へますとさういふ人《ひと》で一杯《ぱい》です。

小森田　さうなると產兒制限《さんじせいげん》といふ問題《もんだい》は公《こう》認《にん》していゝといふ時期《じき》に達《たつ》して居《ゐ》るのぢやありませぬか。

金子　產兒制限《さんじせいげん》を禁止《きんし》して居《ゐ》る譯《わけ》ではありませぬけれども……。

小森田　それを積極的《せつきよくてき》に敎《をし》へてはどうですか。

片山　事實上公認《じじつじやうこうにん》ですね。

小森田　方法《はうはふ》は公表《こうへう》されないでせう？

金子　器《き》具《ぐ》についての陳列《ちんれつ》や何《なに》かをこちらで取締《とりしま》つて居《ゐ》るだけです。

龜田　避姙藥《ひにんやく》は許《ゆる》して居《を》りませぬね。

奧　いゝもぐりを或《あ》る程度《ていど》までさせて置《お》くと來《く》る

人《ひと》ももぐらなければいかぬと思《おも》ふから高《たか》い金《かね》を取《と》られる。この頃《ごろ》はあゝいふ所《ところ》は警察《けいさつ》で隨分《ずゐぶん》ひどいらしうございますね。一寸《ちよつと》尋《たづ》ねても歸《かへ》りにお巡《まは》さんが見張《みは》りして、こら〳〵と訊問《じんもん》するさうですが……。

及川　警察《けいさつ》でも無理解《むりかい》なことは言《い》ひませぬよ。たゞインチキがあるからその方面《はうめん》に對《たい》して徹底的《てつていてき》にやる積《つも》りです。

金子　草間《くさま》さん、産兒制限《さんじせいげん》を敎《をし》へてもそれを買《か》ふお金《かね》がないでせう。

鶴田　貧民窟《ひんみんくつ》でも、お金《かね》が掛《かゝ》からぬやうな産《さん》兒制限《じせいげん》の器具《きぐ》でも何《なん》でも使《つか》つたらいゝと思《おも》ひますが、臍《へそ》の緒《を》を切《き》らぬ内《うち》にその子《こ》を貰《もら》つて呉《く》れる人《ひと》をさがす。そんな子供《こども》は産《う》まない方《はう》がいゝと言《い》ひ、奥《おく》さんの所《ところ》へいらつしやいと言《い》つてもさういふ人《ひと》は却《かへつ》てきませぬ。

及川　不必要《ふひつえう》の人《ひと》が利用《りよう》して必要《ひつえう》の人《ひと》はやらぬのぢやありませんか。

鶴田　工場《こうぢやう》に働《はたら》いて居《ゐ》る人《ひと》はよく知《し》つて居《ゐ》るやうでございますね

草間　さういふ人《ひと》は知《し》つて來《き》ましたね。貧乏《びんばふ》所帶《しよたい》を張《は》つて居《ゐ》るおかみさんが比較的《ひかくてき》鈍《にぶ》い。

中産階級に殘されるもの

福島　それでは經濟的《けいざいてき》には、ルンペンまで行《ゆ》かない所《ところ》の、下級《かきふ》の會社員《くわいしやいん》か官吏《かんり》、さういふ階級《かいきふ》以上《いじやう》を對象《たいしやう》にして墮胎《だたい》と避姙《ひにん》の方法《はうはふ》をお話願《はなしねが》ひたいのですが。

奥　寧《むし》ろ方面委員《はうめんゐゐん》の厄介《やくかい》になつたり、救護法《きうごはふ》に保護《ほご》されたりする人《ひと》は、まだ病院《びやうゐん》もたゞの病院《びやうゐん》があり、暮《くれ》になれば餅《もち》も貰《もら》へるし、廉賣《れんばい》米《まい》も貰《もら》へますし、その一寸上《ちよつとうへ》で一寸《ちよつと》した體裁《ていさい》もあり知識《ちしき》もあるといふんで、寧《むし》ろ一番困《ばんこま》つて居《ゐ》るのは吾々《われ〳〵》になる譯《わけ》ですね。

草間　しかし産兒制限《さんじせいげん》を全《まつた》く合理的《がふりてき》にやつて居《ゐ》るのか知《し》らぬが、私《わたし》の知《し》つて居《ゐ》る人《ひと》で官吏《くわんり》ですがね。私《わたし》に見《み》て呉《く》れと言《い》つて居《を》ります。十年《ねん》の間《あひだ》に三人《にん》しか子供《こども》を拵《こしら》へないと言《い》つたんですが、果《はた》して出來《でき》ませぬ。それ以上出來《いじやうでき》ては困《こま》るでせうが、その程度《ていど》で、三人位《にんくらゐ》でどうやら食《く》つて居《ゐ》ますがね。やはり産兒制限《さんじせいげん》をなさいと太鼓《たいこ》を叩《たゝ》くのは宜《よ》くないかも知《し》れぬが、或《あ》る點《てん》に於《おい》ては必要《ひつえう》ですね。

片山　宜《よ》くないんぢやない。もう必要《ひつえう》だ。

草間　公職《こうしよく》にあるから、そんなことは言《い》へませぬ。

片山　いや公職《こうしよく》にある人《ひと》が言《い》はなければならなくなる。

奥　兜《かぶと》をお脱《ぬ》ぎになつた方《はう》がいゝわ。子供《こども》ばかり産《う》んでいくら育《そだ》てゝも救《たす》けて呉《く》れませぬから、早《はや》く産兒制限《さんじせいげん》を勵行《れいかう》するのは結構《けつこう》でせう。

片山　知識階級《ちしきかいきふ》の性敎育《せいけういく》をしなければならぬ。

安田　しかし大體《だいたい》知《し》つて居《ゐ》るんでせう。

鶴田　澤山《たくさん》産《う》んだ方《かた》は皆《みな》さん御《ご》丈夫《ぢやうぶ》ですか。

草間　えゝ、それは皆《みん》な丈夫《ぢやうぶ》でして……貧困《ひんこん》の原因《げんいん》は多產《たさん》から來《き》て居《ゐ》るのが大分《だいぶ》ありますからね。無理《むり》もない譯《わけ》です。五人《にん》も十人《にん》も居《を》つては貧乏《びんばふ》になつて來《く》るのも當《あた》り前《まへ》です。產《さん》兒《じ》制限《せいげん》は然《しか》るべきものだと思《おも》ひます。

福島　それではどういふ風《ふう》にしてやりますか。

草間　それは公設相談所《こうせつさうだんじよ》を設《まう》けたらいゝでせう。

奧　それから職業婦人《しよくげふふじん》、働《はたら》かないと食《く》へないやうな人《ひと》、自分《じぶん》が働《はたら》いて居《ゐ》るやうな人《ひと》は共稼《ともかせ》ぎで子供《こども》が出來《でき》ると困《こま》りますから、制限法《せいげんはふ》を敎《をし》へてやるとか母性保護《ぼせいほご》で守《まも》つてやるとかしたいものですわ。

福島　法律的《はふりつてき》に今《いま》の奧《おく》さんのお話《はなし》のやうなことを實現《じつげん》する方策《はうさく》はありませぬか。

片山　やはり社會局《しやくわいきよく》が率先《そつせん》して產兒《さんじ》制限《せいげん》を指導《しだう》するんですね。具體的《ぐたいてき》な方法等《はうはふとう》を敎《をし》へるといふやうなことをする。一面《めん》に於《おい》ては墮胎《だたい》禁止《きんし》を緩和《くわんわ》して行《ゆ》くことゝ相俟《あひま》つて行《ゆ》かなければならぬ。

安田　產兒《さんじ》制限《せいげん》を縮尻《しゆくじ》つたものには、つまり三箇《か》月《げつ》以《い》內《ない》の墮胎《だたい》を公認《こうにん》するといゝですね。

兩々相俟《りやうりやうあひま》たぬといけませぬ。

金子　ロシアの帝政時代《ていせいじだい》の統計《とうけい》を見《み》たことがありますが、外來診察所《ぐわいらいしんさつじよ》で流產《りうざん》したと言《い》つて來《く》るのは、八十パーセントは犯罪的《はんざいてき》と考《かんが》へられると書《か》いてありましたね。さういふ所《ところ》からどうしてもいかぬから、母體保護《ぼたいほご》のために今《こ》度《ど》刑法改正《けいはふかいせい》の時《とき》に出《で》たんです。流產《りうざん》した流產《りうざん》したといふので、後《あと》の恰格《かくかう》が惡《わる》いから來《く》るけれども、どうしても必要《ひつえう》でせう。フランスではナポレオンが人口增加《じんこうぞうか》のために墮胎《だたい》を嚴重《げんぢう》に取締《とりしま》つたやうですね。

奧　ロシアで墮胎《だたい》を失敗《しつぱい》して殺《ころ》し損《そこな》つたとか死《し》に損《そこな》つたとか、危險《きけん》になつたとかいふやうな親《おや》や子供《こども》が非常《ひじやう》に多《おほ》いので……。

金子　それが今度《こんど》の問題《もんだい》で調《しら》べたんですが八十パーセント位犯罪的《くらゐはんざいてき》だといふんですね。

奧　さういふことを縮尻《しゆくじ》つて、金《かね》のある人《ひと》は病院《びやうゐん》に駈付《かけつ》けますけれども……。

草間　最後《さいご》に死《し》にますね。

奧　金《かね》がない人《ひと》は何時《いつ》までも出血《しゆつけつ》して居《を》つて……。

草間　死《し》ぬ人《ひと》はいゝけれども……。

奧　死《し》に損《そこな》つたのは本當《ほんたう》に困《こま》りますね。

草間　四十位《くらゐ》でお產《さん》の後靑《あとあを》い顏《かほ》をして半年位《はんとしくらゐ》ぶら〳〵して死《し》んだやうなのを見《み》ましたが。

確《たしか》にそれですね。

奧　貧血《ひんけつ》してしまつたら隨分迷惑《ずゐぶんめいわく》ですね。

安田　×經劑《けいざい》は一應《おう》やつて居《を》りますね。が、全部無效《ぜんぶむかう》でせう。效《き》くやうな×經劑《けいざい》は警視廳《けいしちやう》で賣《う》らせぬでせう。やはり皆《みん》な引《ひ》つ掛《かゝ》つて居《を》りますがね。

晩婚と產制と墮胎

福島　それから最後《さいご》に晩婚《ばんこん》になることゝ私生《しせい》兒《じ》の關係《くわんけい》ですね。結婚期《けつこんき》が遲《おく》れることゝ墮胎《だたい》の頻繁《ひんぱん》に起《おこ》る關係《くわんけい》はどういふものでせう。

安田　あります。だから墮胎《だたい》を公認《こうにん》し、產兒《さんじ》制限《せいげん》を公認《こうにん》し、早婚《さうこん》を奬勵《しやうれい》するんですね。さうすれば花柳病《くわりうびやう》も少《すく》なくなるでせう。

奧　この頃若《ころわか》い職業婦人《しよくげふふじん》は、少《すこ》し恥《はつか》しい顏《かほ》をしますけれども、器具《きぐ》とか藥《くすり》、さういふものを私《わたし》の所《ところ》で全部展覽《ぜんぶてんらん》すると、職業婦人《しよくげふふじん》で獨身《どくしん》の方《かた》も平氣《へいき》でかなりの數《かず》見《み》に來《き》ますよ。さうして本當《ほんたう》に科學的《くわがくてき》な態度《たいど》といふか、公然《こうぜん》と質問《しつもん》したり何《なに》かしますね。

福島　職業婦人《しよくげふふじん》は結婚《けつこん》すれば早速困《さつそくこま》りますからね。

奥　結婚《けつこん》したら首馘《くびき》るといふ所《ところ》があるやうでございます。

安田　女工《ぢよこう》さんなんかさうでせうと思《おもひ》ます。

片山　ずつと幼稚《えうち》な婦人及《ふじんおよ》び無産階級《むさんかいきふ》では餘《よ》程《ほど》指導《だう》してやらぬといかぬから、さういふ人《ひと》は産兒制限《さんじせいげん》の必要《ひつえう》が分《わか》りさうなものだといつて、自發的狀態《じはつてきじやうたい》を待《ま》つて居《を》れぬと思《おも》ひます。やはり積極的《せつきよくてき》に國家《こくか》がこれを導《みちび》くといふやうなことは非常《ひじやう》に必要《ひつえう》だと思《おも》ひます。それにはやはり法律《はふりつ》なり、行政處置《ぎやうせいしよち》なりでこれを明《あきら》かにする必要《ひつえう》があると思《おも》ひますがな。

福島　指導《しだう》の方法《はうはふ》ですね。これは雜誌《ざつし》なんか殆《ほとん》ど絶對《ぜつたい》に出來《でき》ないやうなことになつて居《を》ります。

片山　それを寛大《くわんだい》にしなければいけませぬ。

小森田　現在《げんざい》で公認《こうにん》されない理由《りいう》は、たゞ惡《あく》用《よう》されるからといふだけでせうか。

奥　いろ〳〵理由《りいう》があるんですけれども、たゞ法律《はふりつ》がさうなつて居《ゐ》るからといふんですわ。

片山　これは子寶《こだから》とか、子供《こども》を澤山産《たくさんう》めといふやうな封建的思想《ほうけんてきしさう》が支配《しはい》して居《ゐ》ると思《おも》ひます。さういふ思想《しさう》の人《ひと》が多《おほ》いし、それが政治《せいぢ》上《じやう》に於《お》ける樞要《すうえう》な地位《ちゐ》に立《た》つて居《ゐ》る人々《ひとびと》の頭《あたま》がさうですから、かうなつて居《ゐ》る。

小森田　さういふ人達《ひとたち》には一般《ぱん》の必要性《ひつえうせい》が、痛切《つうせつ》に感《かん》じられて居《を》らぬ譯《わけ》ですね。

片山　それはさうです。階級《かいきふ》が違《ちが》ふし思想《しさう》も違《ちが》ふしますから。私《わたし》が前議會《ぜんぎくわい》に母子扶助法《ぼしふじよはふ》を出《だ》した時《とき》に、こんな怪《け》しからぬものはないと、皆《みんな》が言《い》つて居《を》りました。自分《じぶん》で勝手《かつて》に子《こ》供《ども》を拵《こしら》へて國家《こくか》がこれを保護《ほご》しろとか金《かね》を出《だ》せといふやうなことは、甚《はなは》だ得手勝手《えてかつて》だといふやうな主張《しゆちやう》が、政友會内《せいいうくわいない》に於《おい》て非常《ひじやう》に出《で》たんです。それなどによつて見《み》ても餘程封建的《よほどほうけんてき》思想《しさう》が强《つよ》いんですからね。

奥　そして公《おほや》けにしないと、皆《みん》な恥《はつか》しいから相談《さうだん》をしないでせう。そしてそんな相談所《さうだんじよ》へ行《ゆ》くと警察《けいさつ》から來《く》ると思《おも》つて、怖《こわ》いからといふのでなか〳〵來《き》ませんわ。さういふ人《ひと》に手《て》を取《と》るやうにして教《をし》へなければいけませぬ。それをまるで體《からだ》に合《あ》はないものを上《あ》げたりするやうな所《ところ》がありますのね。一般《ぱん》の方《かた》はこんなものをうつかり買《か》ふと、お巡《まは》りさんでも來《く》るのか知《し》らといふことを、本當《ほんたう》に思《おも》つて居《ゐ》るやうです。

安田　醫者《いしや》も不景氣《ふけいき》で失業《しつげふ》して困《こま》つて居《ゐ》るから、大《おほ》きな相談所《さうだんじよ》を山《やま》ほど拵《こしら》へて醫者《いしや》を雇《やと》つて、産兒制限《さんじせいげん》、早期《さうき》の墮胎《だたい》をやれば、醫者《いしや》も百姓《しやう》も小市民《せうしみん》も全部助《ぜんぶたす》かりますね。

皆《みな》さんどうです、自分自身個人的《じぶんじしんこじんてき》に考《かんが》へて僕等妻君《ぼくらさいくん》にやつて居《ゐ》るのは金《きん》の細《ほそ》い×××、××××××アーム・バンドにして×××挿入《さうにふ》するんです。又《また》あと取《と》つて××すれば直《す》ぐ受胎《じゆたい》しますね。僕《ぼく》は是《これ》は人事《ひとごと》ぢやないと思《おも》つて去年《きよねん》から實行《じつかう》しました。洗滌《せんでう》は實《じつ》に面倒《めんだう》くさいですからね。

奥　鯨《くじら》の髯《ひげ》とか齒《は》とか、あれでしたら宜《よ》いといふんですが、あれはいけませんか。

安田　いけませんね。僕《ぼく》の金《きん》のは大《おほ》いに自信《じしん》を持《も》つて居《を》ります。

小森田　大變《たいへん》おそくまで有難《ありがた》う御座《ござ》いました、ではこの邊《へん》で——。

特別講義

棘の道の處女

本誌《ほんし》の結婚相談欄宛《けつこんさうだんらんあて》の投書中《たうしよちう》、處女《しよぢよ》に關係《くわんけい》のある、最《もつと》も代表的《だいへうてき》な問題《もんだい》四篇《へん》をえらんで、特《とく》に今井《いまゐ》邦子《くにこ》夫人《ふじん》に回答《くわいたふ》していたゞきました。これら四つの問題《もんだい》のうち、少《すくな》くとも一つ位《ぐらゐ》は女性《ぢよせい》の大部分《だいぶぶん》が一度《ど》は遭遇《さうぐう》する事件《じけん》です。すでに遭遇《さうぐう》された方《かた》は、これによりその解決法《かいけつはふ》の暗示《あんじ》を得《え》られ、未《いま》だ遭遇《さうぐう》されない方《かた》も平素《へいそ》のいましめにしていたゞき度《た》く思《おも》ひます。

生きることは何故苦しいか

千塚あや

幾度《いくど》も死《し》を心《こゝろ》に誓《ちか》つたことでした。でも、私《わたし》は死《し》ねませんでした。いつの間《ま》にか、どうしても生《い》きたいと希《ねが》ふやうになりました。

私《わたし》のお腹《なか》の中《なか》で、新《あたら》しい生命《せいめい》、坊《ばう》やが生長《せいちやう》してゐるのです。思《おも》ひ出《だ》しても虫《むし》づの走《はし》るほど嫌《いや》な記憶《きおく》を止《とゞ》めて、その人《ひと》の子《こ》を、私《わたし》は育《そだ》てなくてはならぬ運《うん》命《めい》を背負《せお》ひました。何《な》んと云《い》ふ皮肉《ひにく》でせう、私《わたし》はこの新《あたら》しい生命《せいめい》を守《まも》つて茨《いばら》の道《みち》を歩《あゆ》まなくてはなりません。

私《わたし》はもう、その子《こ》の父《ちゝ》のことを、書《か》く元氣《げんき》はないのです。通魔《とほりま》でせうか。その一瞬前《しゆんぜん》まで颯々《さつ/\》として處女《しよぢよ》らしく人生《じんせい》を樂《たの》しんでゐたのに、目《め》が覺《さ》めたときから、そして、新《あたら》しい生命《せいめい》が育《そだ》つのを自覺《じかく》したときから、私《わたし》は人生《じんせい》の日蔭《ひかげ》に追《お》ひ込《こ》まれたのでした。

私《わたし》には父《ちゝ》があります。後備役《こうびえき》の軍人《ぐんじん》ですけれど、そのことを知《し》つたら、不面目《ふめんぼく》に自殺《じさつ》もしかねない父《ちゝ》なのです。今朝《けさ》も、

『あや、もうあと半月《はんつき》で俊夫《としを》も歸《かへ》つて來《く》るんだな。待遠《まちどほ》いことだのう。はつはつ』

と、庭《には》いぢりをしながら、にこやかに申《まう》して呉《く》れます。私《わたし》の心《こゝろ》は引千切《ひきちぎ》られる思《おも》ひでした。許婚《いひなづけ》の愛《あい》人《じん》、俊夫《としを》さんに、私《わたし》はどうして顔《かほ》を合《あ》はせたらいゝのでせう。私《わたし》は最後《さいご》の審判《しんぱん》の日《ひ》を戰《をのゝ》きながら待《ま》つより、どうすることも出來《でき》ません。

いつそのこと！　いや／＼、私《わたし》にはそんな惨《むご》らしいことは出來《でき》ません。私《わたし》の身《み》を犠牲《ぎせい》にしても、お腹《なか》の子《こ》を守《まも》らないでは居《ゐ》れない母性愛《ぼせいあい》が目覺《めざ》めてゐます。

生《い》ける屍《しかばね》の私《わたし》、私《わたし》は男性《だんせい》を怖《おそ》れなさ過《す》ぎたのです。男友達《をとこともだち》、それが暴《あ》れ狂《くる》ふ獣《けもの》のやうに私《わたし》に君臨《くんりん》しやうとは、豫想《よさう》だにしませんでした。氣《き》をゆるしてたのが私《わたし》の落度《おちど》でせう。

でも、私《わたし》は生《い》きなくてはなりません。こつそりと初着《うぶぎ》を見立《みた》てながら、私《わたし》は私《わたし》の道《みち》を歩《あゆ》む決心《けつしん》をしてゐます。只《たゞ》、父《ちゝ》はどうなるでせう。それだけが私《わたし》を苦《くる》しめます。

そしてもう一つ、呪《のろ》はれた者《もの》の心《こゝろ》をお聞《き》き下《くだ》さいませ。私《わたし》をこんな目《め》に會《あ》はせた男性《だんせい》に對《たい》して、限《かぎ》りない憎惡《ぞうを》を抱《いだ》き乍《なが》ら、俊夫《としを》さんへの愛《あい》と異《こと》つたもの、何《な》にかしら引《ひき》よせられるやうな不安《ふあん》な氣持《きもち》を感《かん》じて來《き》たことです。何《な》んと云《い》ふ皮肉《ひにく》でせう。その男性《だんせい》は名《な》を云《い》ふのもいやなその人《ひと》は、白々《しら/″\》しく養子《やうし》になつて先日結婚《せんじつけつこん》したさうです。幾度《いくど》も會《あ》つてくれと申《まう》して來《き》たのですけれど、私《わたし》ははねつけて了《しま》ひました。でも、それが後悔《こうくわい》になつて私《わたし》を責《せ》めるとは、何《な》んと云《い》ふ意氣地《いくぢ》なしでせう。

たゞ生《い》きたい、育《そだ》てたいと思《おも》ひ乍《なが》ら、その道《みち》に迷《まよ》つてゐる私《わたし》でございます。

一切は彼岸の人

回答——今回《こんくわい》の質問《しつもん》のなかで一ばん深刻《しんこく》な質問《しつもん》でした。私《わたし》は思《おも》はず瞳《ひとみ》を熱《あつ》くいたしました。女《をんな》の立ち場《ば》くらひみじめなものがありませうか。社會的《しやくわいてき》にも運命的《うんめいてき》にも……。

でもよく死《し》を思《おも》ひ止《と》まつて下《くだ》さいました。そしてそのお子《こ》を守《も》り育《そだ》てる氣《き》におなりでした。

男性《だんせい》の友達《ともだち》を恐《おそ》れなさすぎたのは貴女《あなた》のあやまちと言《い》へば言《い》へませう。けれどたつたそれだけのあやまちの爲《ため》に、何《なん》といふ重《おも》い苦《くる》しい荷《に》を負《お》はせられてゐる貴女《あなた》でせう。

けれどもうさういふ言《い》つてかへらね事《こと》に苦《くる》しむのはやめませう。勇敢《ゆうかん》に、一切《さい》の過去《くわこ》のあやまちを切《き》り捨《す》てゝ、前途《ぜんと》によいもの、力《ちから》あるものを積《つ》み上《あ》げて下《くだ》さい。お父上《ちゝうへ》がどんなにかお怒《いか》りなるとも、たとへば自害《じがい》をなさるとさわぐ樣《やう》な（名譽《めいよ》の爲《ため》に・事《こと》があつたとしても、一切《さい》は今《いま》のあなたに力《ちから》の及《およ》ばぬいたし方《かた》のない事《こと》です。あなたはじつと前途《ぜんと》を見《み》つめて動《どう》じないで下《くだ》さい。

養子《やうし》に行《い》つた薄情《はくじやう》の男《をとこ》に、子《こ》の父《ちゝ》としての未練《みれん》をのこさぬがよい。愛《あい》する許婚者《いひなづけ》には眞《しん》から詫《わ》びるがよい。許《ゆる》されると否《いな》とは別問題《べつもんだい》として……さういふ、父上《ちゝうへ》、許婚者《いひなづけ》、憎《にく》むべき男《をとこ》、社會《しやくわい》の群衆《ぐんしう》……一切《さい》は彼岸《ひがん》の人《ひと》とお思《おも》ひなさい。貴女《あた》はたゞこれからの眞《まこと》の爲《ため》に眞心《まごころ》をもつてひたむきに進《すゝ》む氣《き》におなりなさい。

お產《さん》の事《こと》などに就《つい》ては、いくらも理解《りかい》して力《ちから》になつてあげる人《ひと》があると思《おも》ひます。（賀川《かがは》さんの處《ところ》などにもさういふ相談《さうだん》をする處《ところ》はあると思《おも》ひます）

お產《さん》がすんだ上《うへ》は働《はたら》けるだけは眞面目《まじめ》に働《はたら》いて前《ぜん》途《と》を開拓《かいたく》なさいませ。世《よ》には人鬼《ひとおに》ばかりは住《す》んでゐません。きつと貴女《あなた》の眞心《まごころ》を認《みと》めてくれる人《ひと》が出《で》て來《き》ます。深《ふか》くものゝ分《わか》るお心《こゝろ》をもつて社會《しやくわい》に奉仕《ほうし》なさいませ。

女が女を愛することは罪惡でせうか

市川純子

男《をとこ》つて獸《けだもの》みたいなもの』熱《あつ》いかぐわしい溜息《ためいき》と共《とも》に、聽《き》かされて忘《わす》れ得《え》ぬ言葉《ことば》です。

常盤津《ときはづ》のお稽古《けいこ》に通《かよ》ひ始《はじ》めた、女學校《ぢよがくかう》の三年生《ねんせい》の時《とき》から、私《わたし》はその人《ひと》と知《し》り合《あ》つたのでした。美《うつく》しい桃割姿《もゝわれすがた》の姉弟子《あねでし》、いつか私達《わたしたち》は離《はな》れられない二人《ふたり》に

いくたび男性《だんせい》と『見合《みあ》ひ』をさせられたことでせう。私《わたし》の心《こゝろ》は深《ふか》く閉《とざ》してゐました。その内《うち》に、この四月《ぐわつ》若《わか》い辯護士《べんごし》と結婚《けつこん》しなくてはならない羽目《はめ》になつて來《き》ました。老《お》いた母《はゝ》が手《て》を合《あ》はせて、私《わたし》を拜《をが》むのですもの。『いや！』と云《い》ひ得《え》なかつたのでした。

私《わたし》には愛人《あいじん》があるのです。片《かた》ときも忘《わす》れ得《え》ない人《ひと》、その人《ひと》のことを思《おも》ふとき、私《わたし》の胸《むね》は熱《あつ》く濡《ぬ》れ、痺《しび》れるやうな歡《よろこ》びに慄《ふる》えます。その人《ひと》はいまでは、或《あ》る下町《したまち》の御新造樣《ごしんぞうさま》なのです。私《わたし》の愛人《あいじん》が女性《ぢよせい》であることが、私《わたし》を、いゝえ母《はゝ》を不幸《ふかう》にするでせう。私《わたし》はどうしても嫌《いや》な　です。男性《だんせい》と愛《あい》し合《あ》ふ、そのことが私《わたし》を彈《はじ》き返《か》へします。惡感《をかん》さへ感《かん》じます。

それは努力《どりよく》しました。男性《だんせい》に親《した》しむのが、女性《ぢよせい》としてのさだめであるならと、私《わたし》はあきらめて、心《こゝろ》を男性《だんせい》に傾《かたむ》けやうとしたのでしたが、男性《だんせい》そのものゝ凡《すべ》てを私《わたし》は享《う》け得《え》ないのを如何《どう》しませう。

あの人《ひと》はしみ〴〵と云《い》ひます。『結婚《けつこん》つてほんとに嫌《いや》なもの。私《わたし》は毎日《まいにち》不幸《ふかう》に泣《な》いてますのよ。結婚《けつこん》しないで頂戴《ちやうだい》。私達《わたしたち》で、二人《ふたり》つきりで暮《くら》しませうね。男《をとこ》つて、味《あぢ》けないものよ。妻《つま》の生活《せいくわつ》は奴隸《どれい》みたい、

特別講義

なつてゐました。それ以來《いらい》六年《ねん》と云《い》ふもの、二日《か》と顏《かほ》を見《み》ないでは、生《い》きる心地《ここち》もしないで、あの人《ひと》がお嫁《よめ》に行《い》つたときも、決《けつ》して決《けつ》して離《はな》れない誓《ちか》ひを立《た》てたのでした。

わたしたちは、殆《ほと》んど一日《にち》置《お》きにある所《ところ》で會《あ》つてゐます。いよ／＼私《わたし》が、結婚《けつこん》しなくてはならないと告《つ》げたとき、あの人《ひと》は泣《な》いて云《い》つてくれました。『逃《に》げませう！　二人《ふたり》で幸福《かうふく》に暮《くら》せる土地《とち》へ！　いゝわ、お母《かあ》さんも、後《あと》で呼《よ》んで上《あ》げませうよ』私《わたし》は、美《うつく》しいふくよかなあの人《ひと》の胸《むね》にすがつて、泣《な》き乍《なが》らうなづきました。

いやらしい男性《だんせい》、それを夫《をつと》にして如何《どう》して暮《くら》せませう。死《し》んだ方《はう》がましだと思《おも》ひます。なぜ女性同志《ぢよせいどうし》が愛《あい》し合《あ》つてはいけないのでせう。私《わたし》は、あの人《ひと》に守《まも》られて、どこまでも二人《ふたり》の道《みち》に進《すゝ》みたい決心《けつしん》で居《を》ります。それはしかし、正《ただ》しい道《みち》ではないのでせうか。

自由意志を尊重したい

回答——貴女《あなた》のお手紙《てがみ》を拜見《はいけん》してゐると、ずいぶんと變態的《へんたいてき》で且《か》つ空想的《くうさうてき》に書《か》かれてゐる事《こと》を感《かん》じさせられます。そしてその考《かんが》へ方《かた》には不健全《ふけんぜん》なエゴイストが顏《かほ》を出《だ》してゐるのに氣《き》がつきます。

解答《かいたふ》としては二つの道《みち》があると思《おも》ひます。

一つの道《みち》は、現代《げんだい》の婦人《ふじん》は自意識《じいしき》が強《つよ》く、人《ひと》に教《をし》へらるゝ樣《やう》に進《すゝ》むといふよりも、自分《じぶん》でかくと思《おも》ふ方《はう》の道《みち》に進《すゝ》む願望《ぐわんばう》を持《も》つてゐます。それで此問題《このもんだい》も、たとへば人《ひと》にかれこれ意見《いけん》をきいた處《ところ》で、貴女《あなた》の樣《やう》に思《おも》ひこんでゐる事《こと》を俄《にはか》にどうひるがへしやうもないと思《おも》ひます。それ故《ゆゑ》かういふ場合《ばあひ》には、たとへばその道《みち》が自然《しぜん》にそむいた事《こと》であり、又《また》まちがつてゐると思《おも》ふ事《こと》であつても：：たとへば後《あと》に悔《く》ゆる事《こと》がありとしても、人《ひと》に聞《き》けない以上《いじやう》一直線《ちよくせん》に同性愛《どうせいあい》の道《みち》に突進《とつしん》してゆく事《こと》です。但《たゞ》しわざ／＼逃《に》げ出《だ》したりしなくても、かくと心《こころ》を定《さだ》めたらばその道《みち》のひらけない事《こと》もなからうと思《おも》ひます。そして萬一《まん》その道《みち》に目《め》ざめる時《とき》が來《き》て、自分《じぶん》の生涯《しやうがい》に結婚《けつこん》もせずして終《をは》る不自然《ふしぜん》さを心《こころ》から寂《さび》しく思《おも》ふ樣《やう》になつたら、いつでもそこから引《ひ》かへしてくる事《こと》だと思《おも》ひます。二十四五から三十歳位《さいぐらゐ》までにさういふ氣持《きもち》になる事《こと》が出來《でき》たら、まだおそい事《こと》はないと思《おも》ひます。眞《しん》の體驗《たいけん》を經《へ》て女性《ぢよせい》として自然《しぜん》の道《みち》に歸《き》する事《こと》も亦尊《またたふと》い人生《じんせい》の一つの歩《あゆ》み方《かた》でありませう。而《しか》して生涯《しやうがい》を思《おも》ひかへす事《こと》もなく同性愛《どうせいあい》の内《うち》に終《をは》る事《こと》がありましたらばそれはその人《ひと》の性格《せいかく》の特別《とくべつ》な好《この》みであつて、もう他人《たにん》の口《くち》を出《だ》すはんゐでないと思《おも》ひます。

いま一つの道《みち》は、結婚《けつこん》といふ事《こと》は、貴女《あなた》のさう身《み》ぶるひして恐《おそ》れる樣《やう》なものではない。もつと自然《しぜん》に順應《じゆんおう》した嚴粛《げんしゆく》な道《みち》であるとも言《い》へます。相手《あひて》の女《をんな》の人《ひと》の考《かんが》へ方《かた》はずゐぶんゆがんだエゴイスチックな考《かんが》へ方《かた》と思《おも》ひます。自分《じぶん》の結婚《けつこん》が失敗《しつぱい》に終《をは》つたからとて、娘《むすめ》の人《ひと》に『結婚《けつこん》つていやなもの、結婚《けつこん》しないで頂戴《ちやうだい》』といふ處《ところ》など、小《ちひ》さい自己《じこ》のあやまつた體驗《たいけん》から未來《みらい》のある處女《しよぢよ》の心《こころ》に暗《くら》い影《かげ》を投《な》げるずゐぶん間《ま》ちがつた女性《ぢよせい》と思《おも》ひます。

結婚生活《けつこんせいくわつ》といふものは決《けつ》して甘美《かんび》に醉《よ》へる生活《せいくわつ》ではありません。もつと／＼嚴粛《げんしゆく》な人間道《にんげんだう》であると思《おも》ひます。私《わたし》は結婚《けつこん》をした人《ひと》が何《なに》かの事情《じじやう》でそれが破《やぶ》れて、心《こころ》の合《あ》つた女性《ぢよせい》と氣樂《きらく》：生活《せいくわつ》をしたいといふならその事《こと》にむしろ賛成《さんせい》します。中年《ちうねん》の人《ひと》が夫《をつと》に先《さ》きだゝれたりして再婚《さいこん》する場合《ばあひ》多《おほ》くその生活《せいくわつ》は不幸《ふかう》です——互《たがひ》に子供《こども》があつたり、性格《せいかく》も硬化《かうくわ》してゐますから：・けれど處女《しよぢよ》である人《ひと》が結婚《けつこん》もしないで一片《ぺん》の空想的人生觀《くうさうてきじんせいくわん》からそれを嫌厭《けんえ》し同性愛《どうせいあい》の生涯《しやうがい》に入《はい》らうなどとは實《じつ》に間《ま》ちがつた考《かんが》へ方《かた》で貴女《あなた》の未來《みらい》の爲《ため》に私《わたし》は反對《はんたい》いたしたい氣持《きもち》です。目下《もくか》は職業婦人《しよくげふふじん》などの場合《ばあひ》、結婚《けつこん》したくても出來《でき》ないで婚期《こんき》を逸《いつ》して婦人同志《ふじんどうし》の生活《せいくわつ》をしてゐると云《い》ふ樣《やう》な人々《ひと〴〵》もあるのですが、此方《こちら》は自《みづか》ら問題《もんだい》が別《べつ》です。

右《みぎ》二つのお返事《へんじ》を申《まう》しておきます。自由意志《じいうい し》で選《えら》んで頂《いただ》き度《た》いと存《ぞん》じます。

戀してはいけない人を戀する私

泉　芳　子

361　「特別講義　棘の道の処女」　千塚あや、市川純子、泉芳子、染谷昌子　『婦人画報』昭和8年5月1日

私《わたし》には純《じゆん》な氣持《きもち》がないのではないかと、毎日《まいにち》々々胸《むね》をいためて居《を》ります。私《わたし》には男性《だんせい》の眞心《まごころ》をうける資格《しかく》も無《な》いし、誠實《せいじつ》もないのに違《ちが》ひありません。さう思《おも》つて來《く》ると、私《わたし》は寂《さび》しくはかない氣《き》がされます。

　Kと云《い》ふ方《かた》は、私《わたし》の父《ちゝ》と同《おな》じ退職外交官《たいしよくぐわいかうくわん》の二男《なん》で、スマートな才分《さいぶん》に富《と》むだ、私《わたし》がかう申《まう》すのもおかしいでせうけれど、近代的《きんだいてき》な貴公子《きこうし》です。私達《わたしたち》は小《ちい》さい時《とき》からのお友達《ともだち》で、愛人同志《あいじんどうし》にまで進《すゝ》んで來《き》ました。殆《ほと》んど許婚同樣《いひなづけどうやう》に公然《こうぜん》と往來《わうらい》もゆるされてゐます。

　ところが、どうしたことでせう。Nが私《わたし》の前《まへ》に現《あら》はれました。勘當《かんだう》になつた弟《おとうと》が、その人《ひと》のお世話《せわ》で靑《あを》い制服《せいふく》の勞働者《らうどうしや》として更生《かうせい》の道《みち》をたどつて居《を》ります。Nは剛直《がうちよく》な靑年《せいねん》で、父《ちゝ》に面會《めんくわい》して口論《こうろん》したり說《せつ》得《とく》したりして、とうたう父《ちゝ》が最《もつと》も信頼《しんらい》する靑年《せいねん》になりました。父《ちゝ》はよく彼《かれ》に連《つ》れられて、弟《おとうと》をひそかに見《み》て歸《かへ》つて來《き》ては、老眼《らうがん》に淚《なみだ》を泛《うか》べて喜《よろこ》んで居《を》ります。私《わたし》もNに連《つ》れられて、その工場《こうぢやう》に案內《あんない》されたことも御座《ござ》います。その時《とき》、私《わたし》は生《うま》れて始《はじ》めての感動《かんどう》にうたれました。勞働街《らうどうがい》を紹介《せうかい》された時《とき》の、名狀出《めいじやうで》來《き》ない戰《おのゝ》きは、たしかにKなども知《し》らない世界《せかい》に違《ちが》ひありませんでした。帝大《ていだい》の經濟科《けいざいくわ》を出《で》てから、勞《らう》働者《どうしや》となつて家《いへ》を外《そと》にして生活《せいくわつ》したN、彼《かれ》は家庭的《かていてき》な不快《ふくわい》から去《さ》つたのださうです。まるでインテリゲンチヤには見《み》えない彼《かれ》の風格《ふうかく》が、いつの間《ま》にか私《わたし》をひきつけて了《しま》ひました。Kとは反對《はんたい》に粗剛《そがう》で、拳鬪《けんとう》家《か》のやうな胸《むね》のN。

　そのNが眞正面《まつしやうめん》から、まるで唐突《たうとつ》に『愛《あい》』を告白《こくはく》したとき、私《わたし》は何故《なぜ》『いゝえ』と云《い》へなかつたのでせう。私《わたし》はKと愛《あい》し合《あ》つて來《き》たし、また將來《しやうらい》もKとの愛《あい》に生《い》きる積《つも》りでしたのに。私《わたし》は、はつと氣《き》がついた時《とき》、Nの部厚《ぶあつ》の掌《てのひら》の中《なか》に、私《わたし》の手《て》をまかして了《しま》つてゐました。あきらかに彼《かれ》は、私《わたし》が承諾《しようだく》したものと思《おも》ひ込《こ》んで、快活《くわいくわつ》に感謝《かんしや》して吳《く》れました。そしてすぐもう其《そ》の場《ば》で、將來《しやうらい》の計畫《けいくわく》とか希望《きばう》とかを、たのしげにノートして小兒《こども》のやうに喜《よろこ》んで歸《かへ》つて行《ゆ》きました。私《わたし》の心《こゝろ》を省《ふりか》へつて見《み》ても、決《けつ》して弱《よわ》くて嘘言《うそ》を吐《つ》いたのでないことはたしかなのです。でも。それでは、Kに對《たい》しては不誠實《ふせいじつ》な裏切《うらぎ》りを意味《いみ》します。

　どうしたことでせう。どうしたらいゝのでせう。私《わたし》はもう、Nが引《ひ》よせたら、その腕《うで》の中《なか》に倒《たふ》れかゝつて了《しま》ふのに違《ちが》ひないのです。

特別講義

冷静に自分を批判せよ

回答——戀愛《れんあい》と言《い》つても人間《にんげん》の心《こゝろ》には靜《しづ》かに湧《わ》き出《い》づる愛《あい》と、烈《はげ》しく燃《も》え上《あが》る戀《こひ》と二つにはつきり分《わか》れてしまふ事《こと》があつて、一方《ぱう》の人《ひと》に向《むか》ふと靜《しづ》かな愛《あい》が目《め》ざめ、一方《ぱう》の人《ひと》に向《むか》ふと烈《はげ》しい戀心《こひごころ》が動《うご》く、といふ樣《やう》な事《こと》もない事《こと》ではありません。貴女《あなた》の場合《ばあひ》も一がいに輕薄《けいはく》とか弱《よわ》かつたとか言《い》ひ切《き》れない近代人《きんだいじん》の微細《びさい》な心《こゝろ》の動《うご》きがあると思《おも》ひます。

然《しか》しながら二人《ふたり》の人《ひと》に自分《じぶん》の心持《こゝろもち》をかくして、二《ふた》人《り》が二人《ふたり》各々《おのおの》に自分《じぶん》だけを愛《あい》してくれるものと思《おも》はせておくのはよくないと思《おも》ひます。私《わたし》の考《かんが》へは詩的《してき》に之《これ》を解《かい》して一そお二人《ふたり》にそのお心《こゝろ》をうちあけて三《に》人《ん》で解決《かいけつ》なさつたら……など考《かんが》へますけれど、まだ現代人《げんだいじん》にはそこまでは心境《しんきやう》を進《すゝ》める事《こと》は出來《でき》まいと思《おも》ひます。無理《むり》が生《しやう》じてさらでもの爭《あらそひ》がおこる樣《やう》でもつまりません。こゝは一つ貴女《あなた》が心《こゝろ》を強《つよ》くして、相方《あひて》をだます樣《やう》な事《こと》なしに、自分《じぶん》を引はなして、よくよく心《こゝろ》の定《さだ》まつてくるまで時《とき》を待《ま》つてほんとに引《ひ》かれる人《ひと》の方《はう》へはつきりお定《さだ》めになるのが今《いま》の處《ところ》では一ばん深切《しんせつ》な解決法《かいけつはう》と思《おも》ひます。

男性の手紙にをのゝく

染谷昌子

三度目《どめ》の手紙《てがみ》を受取《うけと》つた時《とき》、私《わたし》はやつと二度目《どめ》の手紙《てがみ》を開封《かいふう》して見《み》る氣《き》になりました。

知《し》らない男性《だんせい》から、愛人《あいじん》として呼《よ》びかけられることは、初《はじ》めての經驗《けいけん》でした。

『見《み》知《し》らぬ愛人《あいじん》?』私《わたし》はふとそんな代名詞《だいめいし》で、その人《ひと》を呼《よ》んで見《み》ました。文章《ぶんしやう》や字劃《じくわく》をあらためて見《み》ても、歯《は》の浮《う》くやうな印象《いんしやう》は見出《みいだ》されませんでした。

私《わたし》はいろんなタイプの男性《だんせい》を心《こゝろ》に描《えが》いてみました。『祕《ひ》められたロマンス』などと、私《わたし》は何時《いつ》の間《ま》にか氣輕《きがる》に微笑《ほゝゑ》んで居《ゐ》ました。

そしてある日《ひ》、私《わたし》はその『見《み》知《し》らぬ愛人《あいじん》』と會《あ》ふ約束《やくそく》をしてしまひました。二十分《ぶん》、三十分《ぶん》と持《ま》つてゐる私《わたし》の前《まへ》に、突然《とつぜん》這入《はい》つて來《き》た變《へん》な男《をとこ》が、つかつかと私《わたし》の前《まへ》に來《き》ました。『昌子《まさこ》さん、僕《ぼく》吉田《よしだ》です。お待《ま》ちになりました』私《わたし》は恐怖《きやうふ》のために飛上《とびあが》りさうでした。黄色《きいろ》い聲《こゑ》、づんぐりした顔《かほ》、私《わたし》は涙《なみだ》が出《で》さうになりました。卑《いや》しい薄笑《うすわら》ひ！

夢中《むちう》になつて走《はし》つて歸《かへ》つた時《とき》、私《わたし》はハンドバックを忘《わす》れて來《き》たことに氣《き》がつきました。

それに圖々《づうづう》しい男《をとこ》は、また手紙《てがみ》よこしました。命《めい》令的《れいてき》な、脅迫《けふはく》がましい文章《ぶんしやう》で、ハンドバックはちやんと手元《てもと》にあります。お錢《あし》も手《て》をつけませんなどと、その上《うへ》、彼《かれ》の下宿《げしゆく》へとりに來《こ》なければ渡《わた》されない。喫茶店《きつさてん》で男性《だんせい》に恥《はぢ》をかゝした償《つぐな》ひをして載《いたゞ》きたいなどと、恐《こは》いことが書《か》き連《つら》ねてあります。

あのハンドバックは、お姉樣《ねえさま》が、ロンドンから送《おく》つて下《くだ》さつたものなのです。私《わたし》はなんとかして取戻《とりもど》したいと日毎《ひごと》惱《なや》んでゐます。

強くなれ

回答　貴女《あなた》のほんの一時《じ》の氣《き》まぐれがわるいと言《い》へばわるいのですが、若《わか》い方《かた》が時《とき》にそんな心持《こゝろもち》になる事《こと》はあるのでせう。深《ふか》くとがむべきものでありません。

唯《たゞ》手紙《てがみ》をもらつてその人《ひと》に逢《あ》ふてみたくなつたややあくがれの氣持《きもち》もあつて時間《じかん》をきめて待《ま》つてゐると變《へん》な男《をとこ》——空想《くうさう》に描《えが》いてゐた樣《やう》な端麗《たんれい》な青年《せいねん》でない黄色《きいろ》い聲《こゑ》のずんぐりした男《をとこ》があらはれたのですから逃《に》げ出《だ》す方《はう》が當然《たうぜん》です。ハンドバックを忘《わす》れたのも無理《むり》ならぬ事《こと》、そんなものを種《たね》におどし文句《もんく》をならべるのにおどされてゐては困《こま》ります……。貴女《あなた》の兄上《あにうへ》なり、又《また》わけの分《わか》つた學校《がくかう》の先生《せんせい》なりに事情《じじやう》をすつかりうち明《あ》けて御《ご》一緒《しよ》にいつて頂《いたゞ》いてハンドバックをとりかへしてゐらつしやい。返《かへ》さなければそんなものやつてしまつたつて何《な》んでもありません。何《なに》もなかつた事實《じじつ》が何《なに》より幸《さいはひ》です。その男《をとこ》がつまらぬおどしを言《い》つたら、『私《わたし》はそんな黄色《きいろ》い聲《こゑ》のづんぐりした顔《かほ》の人《ひと》とは思《おも》はなかつたんですもの』とはつきり言《い》つて朗《ほが》らかに笑《わら》つておしまひなさい。但《たゞ》しもうこんな危險《きけん》な遊《あそ》びは此度《こんど》だけでおやめになつて未知《みち》の人《ひと》に手紙《てがみ》をもらつてもむやみにお返事《へんじ》など出《だ》さぬ方《はう》がよいのです。

363　「誘惑と家出についての座談会」 二見太十郎、岡とく志゛、中島徳蔵、長野勘助 ほか 『婦人倶楽部』昭和8年6月1日

誘惑《いうわく》と家出《いへで》についての座談會《ざだんくわい》

御出席の方々

（イロハ順）

上野警察署　二見太十郎
東京驛婦人相談所　岡とく志
前東洋大學々長　中島徳藏
警視廳積善寮所長　長野勘助
上野驛婦人相談所　山田カイ
少年保護司　藤井琴
東京市社會局主事　草間八十雄
東京少年審判所長　鈴木賀一郎

記者　今日《こんにち》はお忙《いそが》しい所《ところ》を御出席下《ごしゆつせきくだ》さいまして有難《ありがた》うございます。

毎年今頃《まいねんいまごろ》から七、八月《ぐわつ》にかけて、家出《いへで》、誘惑《いうわく》

寫眞右より
鈴木賀一郎樣　中島徳藏樣　草間八十雄樣　山田カイ樣
岡とく志樣　藤井琴樣　長野勘助樣　二見太十郎樣

の時節《じせつ》となりますが、今夕《こんせき》はその問題《もんだい》についていろ〳〵と御話《おはなし》を伺《うかゞ》ひたいと存《ぞん》じます。

○油斷《ゆだん》のならぬ誘惑《いうわく》の手段《しゆだん》

岡　私《わたし》の所《ところ》へ參《まゐ》ります婦人《ふじん》を見《み》ますと、東京《とうきやう》といふ所《ところ》は怖《こわ》い所《ところ》だ、誘惑《いうわく》される所《ところ》だといふことを相當警戒《さうたうけいかい》しては參《まゐ》るやうでございますが、それでゐて誘惑《いうわく》されるのでございますね。普通誘惑《ふつういうわく》する方《はう》は男《をとこ》ばかりと思《おも》はれますが、女《をんな》だからといつて氣《き》が許《ゆる》せないやうな事實《じじつ》もございます。東北地方《とうほくちはう》や九州《しう》あたりの遠《とほ》い所《ところ》から初《はじ》めて東京《とうきやう》へ出《で》られた方《かた》は大抵東京驛《たいていとうきやうえき》なり上野驛《うへのえき》なりのベンチに腰《こし》をかけて迎《むか》ひの者《もの》が來《く》るのを待《ま》つて居《ゐ》るのです。そこへ同《おな》じ歳頃《としごろ》の女《をんな》が來《き》て、親切《しんせつ》らしく話《はな》しかけ危《あや》ふく誘惑《いうわく》されさうになつたといふ事《こと》がございました。

鈴木　誘惑《いうわく》するには何《なに》か機會《きくわい》を狙《ねら》つて居《ゐ》るとか、先方《せんぱう》の趣味嗜好《しゆみしかう》に投《とう》じてやるとかいふやうに、その手段《しゆだん》は澤山《たくさん》あつて、不良少年《ふりやうせうねん》の遣《つか》ふ言葉《ことば》の方法手段《はうはふしゆだん》だけでも二十以上《いじやう》あります。昨年《さくねん》でしたか片瀬《かたせ》の海岸《かいがん》へ某縣下《ぼうけんか》の女學生《ぢよがくせい》が十數人海水浴《すうにんかいすゐよく》に行《い》つた。所《ところ》がそこへ誘惑《いうわく》しようとして不良少年《ふりやうせうねん》が行《い》つて何《なに》か機會《チヤンス》あれかしと附狙《つけねら》つて居《ゐ》た。さうするとどういふ機勢《はづみ》だつたか、女學生《ぢよがくせい》の一人《ひとり》が沈《しづ》んで溺《おぼ》れさうになつたので、それ幸《さいは》ひと忽《たちま》ち不良《ふりやう》が船《ふね》を漕《こ》ぎつけて救上《すくひあ》げ、ボートに乘《の》せて陸《をか》へ連《つ》れて行《ゆ》く。さうなると女學生仲間《ぢよがくせいなかま》や監督《かんとく》の先生《せんせい》が命《いのち》の親《おや》だといふ譯《わけ》で大變《たいへん》に喜《よろこ》び、いろ〳〵ともてなす、それを機會《きつかけ》にし

365　「誘惑と家出についての座談会」 二見太十郎、岡とく志゛、中島徳蔵、長野勘助 ほか 『婦人倶楽部』昭和8年6月1日

て段々《だんだん》懇意《こんい》になり、女學生《ぢよがくせい》をおびき出《だ》して、あはや誘惑《いうわく》しようとする所《ところ》を警察《けいさつ》の手《て》でうまく捕《とら》へたやうな例《れい》があります。

中島　さういふ方法《はうはふ》をもう少《すこ》し詳《くは》しく承《うけたまは》りたいものですね。

鈴木　これは活動寫眞館《くわつどうしやしんくわん》や興行《こうぎやう》物《もの》などでやる方法《はうはふ》で、仲間《なかま》ではベビーといつてゐます。赤《あか》ン坊《ばう》ですね、つまり大勢立見《おほぜいたちみ》をして居《ゐ》ると若《わか》いお嬢《ぢやう》さんなどが小《ちひ》さな子供《こども》を連《つ》れて見《み》に行《い》つても、前《まへ》に人《ひと》が立《た》つてゐて見《み》えない。そんな場合《ばあひ》に傍《そば》に行《い》つて如何《いか》にも親切《しんせつ》さうに、『見《み》せて上《あ》げませう』と言《い》ふ調子《てうし》で子供《こども》を抱《だ》いて見《み》せてやる。さうすると親切《しんせつ》な人《ひと》だといふので、うつかり口《くち》をきいたりすると、『歸《かへ》りにコーヒーでも飲《の》みませう』といふことになる。からなると行《ゆ》きがかり上《じやう》さうあつさり斷《ことは》る譯《わけ》に行《ゆ》かない。一方男《はうをとこ》の方《はう》ではそれを機會《きつかけ》にして益々深入《ますますふかい》りして行《ゆ》く。斷《ことは》るとなると、一緒に歩《ある》いたことを言ひ付《つ》けると言つて、今度《こんど》は脅迫《きやうはく》に變《かは》つて行《ゆ》く。それで段々深《だんだんふか》みに入《はい》つてしまふといふのも隨分多《ずゐぶんおほ》いのです。

草間　二人位《ふたりぐらゐ》で組《く》んでやつて居《ゐ》るのを見《み》たことがありますが――。

鈴木　それは矢張《やは》りサクラといふのでせうね。

草間　夫婦喧嘩《ふうふけんくわ》をして家《いへ》をとび出《だ》したものは大概《たいがい》一度《ど》は賑《にぎ》やかな場所《ばしよ》へ行《ゆ》くやうですね。淺草《あさくさ》にはよくこれがあるといふことですが、さうした者《もの》が活動《くわつどう》でも見《み》て金《かね》がなくなりベンチに腰《こし》をかけて思案《しあん》して居《ゐ》ると、そこへたちの悪《わる》い奴《やつ》が行《い》つて話《はな》しかける。いろいろ話《はなし》をしてお氣《き》の毒《どく》だと同情《どうじやう》して段《だん》段術中《だんじゆつちう》に陷《おとしい》れるのが相當《さうたう》あるやうですね。

鈴木　隨分《ずゐぶん》あるですな。それと反對《はんたい》に、一人《ひとり》の者《もの》がいぢめて酷《ひど》い目《め》に遭《あ》はせるとか、追《お》ひ剝《はぎ》でもするやうな風《ふう》をしてゐる所《ところ》へ、他《ほか》の一人《ひとり》の男《をとこ》が通《とほ》りかかつてそれを助《たす》けて、非《ひ》常《じやう》に親切《しんせつ》にしてやる。それをきつかけに誘《いう》惑《わく》するといふ仕組《しくみ》のも隨分《ずゐぶん》あるのです。

長野　淺草《あさくさ》、日比谷《ひびや》邊《あた》りの公園《こうゑん》とか、東京驛《とうきやうえき》邊《あた》りで田舍出《ゐなかで》の娘《むすめ》さんが考《かんが》へ込《こ》んで居《ゐ》るのを不良共《ふりやうども》が見付《みつ》けると、それぢや案内《あんない》しませうとか、どこか就職口《しうしよくぐち》を見付《みつ》けて上《あ》げようとか云《い》ふやうなことを云《い》つて、一緒《しよ》に飯《めし》を食《く》つたり、活動《くわつどう》を見《み》たりして、先方《せんぱう》の財《さい》布《ふ》を當《あて》にして、その晩《ばん》どこかに一緒《しよ》に泊《とま》り、夜半《よなか》に財布《さいふ》はもとより持物全部《もちものぜんぶ》を取《と》つて逃《に》げるのが可《か》なりあるやうです。

岡　汽車《きしや》の中《なか》で誘惑《いうわく》に掛《か》かるのも可《か》なり多《おほ》うございますね。

中島　どんな風《ふう》にやるのですか。

長野　家出《いへで》したやうなのを見付《みつ》けて馴々《なれなれ》しく話《はな》しかける。『何處《どこ》へ行《ゆ》きます』『東京《とうきやう》へ歸《かへ》ります』『私《わたし》も實《じつ》は東京《とうきやう》へ親戚《しんせき》があつて行《ゆ》くのですが、そんなら御《ご》一緒《しよ》に行《ゆ》きませう』そんなことで懇意《こんい》になり、誘惑《いうわく》の手《て》をのばすのです。それからこれは別《べつ》の話《はなし》ですが、市《し》電《でん》や省線《しやうせん》の混合《こみあ》ふ時《とき》など、男《をとこ》より寧《むし》ろ婦人《ふじん》の方《はう》が揉《も》まれることには存外平氣《ぞんぐわいへいき》なやうですね。あゝいふ所《ところ》へ不良《ふりやう》が附込《つけこ》むことは極《ご》くたやすいと思《おも》ひますね。

山田　ついこの間《あひだ》のことです。上野驛《うへのえき》で二十《はたち》位《ぐらゐ》のチヤンと身仕舞《みじまひ》をした娘《むすめ》さんが荷物《にもつ》を持《も》つて一人《ひとり》で汽車《きしや》から出《で》てきました。年頃《としごろ》と云《い》ひ身《み》なりと云《い》ひ、さう心配《しんぱい》もないと思《おも》つてゐますと、たつた今一人《いまひとり》で行《い》つた筈《はず》のその娘《むすめ》さんが、遠《とほ》くの方《はう》で男《をとこ》と話《はな》して居《ゐ》るのです。そこでソツと傍《そば》に近付《ちかづ》いて、知《し》らん顔《かほ》をして二人《ふたり》の話《はなし》を聞《き》いて居《を》りますと『あそこが一時預《じあづかり》の場所《ばしよ》だから荷物《にもつ》を預《あづ》けていらつしやい、自動車《じどうしや》に乘《の》つて行《ゆ》きませう』といつてゐるのです。これは大變《たいへん》だと思《おも》ひましたが、その男《をとこ》の人《ひと》も一緒《しよ》の汽車《きしや》に乘《の》つて來《き》た人《ひと》らしいので言葉《ことば》もかけられないのです。その内《うち》に娘《むすめ》さんはその荷物《にもつ》を持《も》つて一時預《じあづ》けの所《ところ》に行《ゆ》きますから、私《わたし》も後《あと》から行《い》つて、『貴女《あなた》はあの人《ひと》とお友達《ともだち》ですか』『お友達《ともだち》ではありません』『お友達《ともだち》でない人《ひと》と話《はなし》をしてはいけませんよ、お迎《むか》ひがいらつしやるんでせう』『えゝ迎《むか》ひが來《き》ます』『お迎《むか》ひが來《く》るのに知《し》らん人《ひと》と話《はなし》をすると間違《まちがひ》が出來《でき》ますから、兎《と》に角《かく》私《わたし》に附《つ》いていらつしやい』と待合室《まちあひしつ》の奥《おく》の方《はう》へ連《つ》れて行《ゆ》きまして事情《じじやう》を聞《き》かうとすると、例《れい》の男《をとこ》

367 「誘惑と家出についての座談会」 二見太十郎、岡とく志゛、中島徳蔵、長野勘助 ほか 『婦人倶楽部』昭和8年6月1日

がつかつかと傍《そば》まで來《き》て『早《はや》く預《あづ》けていらつしやいよ』と言《い》ふ、私《わたし》は大《おほ》きな聲《こゑ》で、『貴方《あなた》はお友達《ともだち》でもないのに滅多《めつた》な事《こと》をしないで下《くだ》さい、この人《ひと》は伯母《をば》さんやら友《とも》達《だち》が迎《むか》ひに來《く》るのです、貴方《あなた》は世話《せわ》をしないでも宜《よ》ろしい』きつく極《き》め込《こ》んでやりました。その中《うち》に警官《けいくわん》の方《かた》が心配《しんぱい》して傍《そば》まで來《き》て、その男《をとこ》を『一寸來《ちよつとこ》い』といつて交番《かうばん》まで連《つ》れて行《ゆ》きました。その娘《むすめ》さんにも『貴女《あなた》も一寸來《ちよつとき》て下《くだ》さい』と言《い》つて交番《かうばん》へ行《ゆ》かうとしてゐますと、向《むか》ふから『イヤー』といつてお友達《ともだち》やら伯母《をば》さんがどや〳〵とやつて來《き》ました。『三分《ぶん》か五分《ふん》經《た》たない內《うち》にお迎《むか》ひが來《く》るのに、東京《とうきやう》の何處《どこ》へ連《つ》れて行《ゆ》かれるか分《わか》らない所《ところ》でした』と言《い》つて戒《いまし》めましたが、こんな風《ふう》に婦人《ふじん》の方《かた》はちつとも人《ひと》を疑《うたが》はないものですから、そんな危《あぶ》ない事《こと》が折々《をりく》あります。

○どんな人《ひと》が誘惑《いうわく》され易《やす》いか？

記者 概《がい》してどんな人《ひと》が誘惑《いうわく》されやすいかといふやうなことについて何《なに》か一つ……。

岡 世間《せけん》をよく知《し》らないで初《はじ》めて都會《とくわい》に出《で》て來《き》て職《しよく》を求《もと》める女《をんな》だ、いゝ所《ところ》へ世話《せわ》してやらうといふやうな甘言《かんげん》にまんまと引掛《ひつか》るのが可《か》なり多《おほ》いやうでございますね。廣《ひろ》く物《もの》を見《み》ると宜《よろ》しいのですけれども、一圖《づ》にそこだけを見《み》て居《を》りますものですから、どうも情實《じやうじつ》に引掛《ひつか》るやうです。

二見 私《わたし》の處《ところ》で今《いま》引ッかゝつてゐる四十三で前科《ぜんくわ》七犯《はん》の男《をとこ》がありますが、自分《じぶん》は三十五で、早稲田《わせだ》大學出《だいがくで》だといつてゐるんです。その男《をとこ》は獨身者《どくしんもの》と稱《しやう》して來《く》る女《をんな》來《く》る女《をんな》を會《くわい》社《しや》に世話《せわ》するとか、自分《じぶん》はデパートの裁縫《さいほう》部《ぶ》へ出《で》て居《ゐ》るから世話《せわ》をするとかいつて盛《さか》んに女《をんな》をひつかけてゐたのです。

鈴木 それから所謂色魔《いはゆるしきま》といはれる奴《やつ》はどん

な婦人《ふじん》でも騙《だま》さうと思《おも》へば騙《だま》せぬことはないといふて居《を》ります。私《わたし》が大阪《おほさか》の檢事局《けんじきよく》に居《ゐ》る時《とき》に調《しら》べたのは、これこそ實《じつ》に何十人《なんにん》騙《だま》したか何《なん》百人騙《にんだま》したか分《わか》らない色魔《しきま》でしたね。其奴《そいつ》のいひ草《ぐさ》はなアに女《をんな》といふ者《もの》はどんな偉《えら》い人《ひと》でも、教育《けういく》ある人《ひと》でも、騙《だま》さうと思《おも》へば必《かなら》ず騙《だま》して見《み》せる。その婦人《ふじん》の趣味《しゆみ》嗜好《しかう》などを研究《けんきう》してかゝれば何《なん》でもない。——といふんです。附纒《つきまと》はれちやどうしても逃《に》げられないらしいです。

中島 誘惑《いうわく》にかゝり易《やす》い人《ひと》は、虚榮《きよえい》が強《つよ》く、さうして愛慾《あいよく》の強《つよ》い人《ひと》、それからいま一つは、何《なに》か普段《ふだん》の精神《せいしん》と違《ちが》つた、體《からだ》に隙《すき》の出《で》來《き》た時《とき》、例《たと》へば困《こま》つたとかいふことが出來《でき》た時《とき》でせうと思《おも》ひますね。

鈴木 惡《わる》い奴《やつ》は中島先生《なかじませんせい》のいはれるやうなその虚《きよ》を突《つ》くのがうまい、ちよつと話《はなし》をして居《ゐ》る間《あひだ》に、直《す》ぐそれが分《わか》つてしまふ、その人《ひと》がどういふ氣分《きぶん》にあるかを見《み》るのが、非《ひ》常《じやう》に機敏《きびん》ですから……。

記者 女《をんな》は親切《しんせつ》にされたといふのでその情《じやう》にほだされて誘惑《いうわく》に陷《おちい》るのが一番多《いちばんおほ》いやうですね。

萬間 それと女《をんな》には法螺《ほら》を吹《ふ》いて、是《しんだい》をかけて偉《えら》く見《み》せると案外《あんぐわい》たわいなくそれを信《しん》用《よう》するやうですね、その手《て》で誘惑《いうわく》した例《れい》も澤山《たくさん》ありますよ。月《つき》八十圓月給《ゑんげつきふ》を取《と》つてゐるならば俺《おれ》は三百圓《ゑんと》取つて居《ゐ》るとか、雇《やとひ》であつても高等官《かうとうくわん》何等位《なんとうぐらゐ》のことを吹掛《ふつか》けてね。(笑聲《せうせい》)

二見 どうも初《はじ》めて田舍《ゐなか》から出《で》られた人《ひと》は、キョロ〳〵したり、驛員《えきゐん》や巡査《じゆんさ》や通《とほ》り掛《かゝ》る者《もの》に誰《だれ》にでも何度《なんど》も何度《なんど》も自分《じぶん》の行先《ゆくさき》なんか聞《き》くんです。ですからこれは田舍者《ゐなかもの》だといふことは直《す》ぐ分《わか》るから引懸《ひつか》つてしまふのです。

長野 うまい言葉《ことば》に乘《の》る者《もの》が一番危《ばんあぶ》ないですな。

○虚榮《きよえい》につけこむ誘惑《いうわく》の魔《ま》の手《て》

鈴木 虚榮心《きよえいしん》の強《つよ》い女《をんな》がどうも誘惑《いうわく》され易《やす》いやうですな。男《をとこ》ですと非常《ひじやう》に頭腦《づのう》は優《すぐ》れて居《ゐ》ても、氣《き》の弱《よわ》いものがどうも誘惑《いうわく》にかゝり易《やす》いやうです。これは極端《きよくたん》な例《れい》ですが、嘘吐《うそつ》きの名人《めいじん》なのです。例《たと》へば斯《か》ういふものを作《つく》るんです。(大型《おほがた》の湯呑《ゆのみ》を示《しめ》される。

これに金文字《きんもじ》で・一ツ橋聯合軍參謀士官拜《はしれんがふぐんさんぼうしくわんはい》命記念高等院學堂《めいきねんかうとうゐんがくだう》〇〇〇光明昭和《みつあきせうわ》三年《ねん》一月《ぐわつ》十五日《にち》。一方《ぱう》には葵《あふひ》の御紋《ごもん》が書《か》いてある。さうして自分《じぶん》は〇〇〇侯《こう》の御落胤《ごらくゐん》だけれども、今邸《いまやしき》へ歸《かへ》れない事情《じじやう》があるから、暫《しば》らく間借《まがり》して居《ゐ》るのだと言《い》つてゐる。そして

369　「誘惑と家出についての座談会」　二見太十郎、岡とく志゛、中島徳蔵、長野勘助 ほか 『婦人倶楽部』昭和8年6月1日

自分《じぶん》の部屋《へや》には寫眞《しやしん》を一ぱい懸《か》けてあるんです。その部屋《へや》へ女《をんな》を引張《ひつぱ》つて來《き》て斯《か》ういふやうな電報《でんぱう》を打《う》つんです。『アスゴゴ六ジカウベムカヒタノム』とか『ナンジタツムカヒコイ』とか……。そんな調子《てうし》で自分《じぶん》を信用《しんよう》させるやうに仕向《しむ》けるのですな。

記者　その電報《でんぱう》はどこへ何《なん》のために打《う》つんですか。

鈴木　神戸《かうべ》、大阪《おほさか》など方々《はう〴〵》に打《う》つたのです。それは自分《じぶん》が如何《いか》に偉《えら》いか又部下《またぶか》が如何《いか》に多《おほ》いかを知《し》らせようとするためです。

記者　事實《じじつ》打つんでせうか。

鈴木　子供《こども》みたやうなものを傭《やと》つて來《き》て、それにうまくいひ含《ふく》めておくのでせう。それには良家《りやうけ》の婦女子《ふぢよし》が隨分《ずゐぶん》だまされたのです。さうして自分《じぶん》の伯父《をぢ》は臺灣《たいわん》總督府《そうとくふ》の何《なん》とかをして居《ゐ》るとかまことしやかに言《い》ふのです。だん〳〵調《しら》べて見《み》たら、この寫眞《しやしん》はカフエーなんです。（笑聲《せうせい》）それからこの洋裝《やうさう》の女《をんな》はカフェーの女給《ぢよきふ》なんです。けれどもその手口《てぐち》で何《なん》十人《にん》といふ良家《りやうけ》の子女《しぢよ》が酷《ひど》い目《め》に遭《あ》つたんです。

記者　良家《りやうけ》の子女《しぢよ》はどんな風《ふう》に引掛《ひつか》けられたのですか。

鈴木　主《おも》に金《かね》を貢《みつ》がせられるんですね、何分《なにぶん》○○○侯《こう》の御落胤《ごらくいん》だといふのだから、將來《しやうらい》立派《りつぱ》な奥樣《おくさま》になれるんだと思《おも》ひこんでゐるんですから、すつかり瞞《だま》されてゐたのです。

記者　引掛《ひつか》ける場所《ばしよ》は主《おも》に何處《どこ》ですか。

鈴木　芝居見物《しばゐけんぶつ》とか、活動寫眞《くわつどうしやしん》とか何《なん》とかいふ所《ところ》で矢張《やは》り懇意《こんい》になつて、連《つ》れて來《く》るのです。

○一生《しやう》を棒《ばう》にふつた家出人《いへでにん》の實話《じつわ》

草間　これは高知縣土佐郡《かうちけんとさぐん》○○村《むら》の生《うま》れの娘《むすめ》ですが、幼少《えうせう》の時《とき》に父母《ふぼ》に死別《しにわか》れて伯父《をぢ》に育《そだ》てられた。その娘《むすめ》が小學校《せうがくかう》を卒業《そつげふ》した十六の頃《ころ》、その村《むら》に同《おな》じ年頃《としごろ》の娘《むすめ》があつて、こんな草深《くさぶか》い田舍《ゐなか》にゐたところが詰《つま》らない、思《おも》ひ切《き》つて東京《とうきやう》へ行《ゆ》かうぢやないかといふので、二人《ふたり》で東京《とうきやう》へ逃《に》げ出《だ》して來《き》た、最初《さいしよ》金《かね》のある間《あひだ》は宿屋《やどや》に泊《とま》つて居《ゐ》つたが、その内《うち》に二人《ふたり》は或《あ》る惡《わる》い桂庵《けいあん》に引《ひ》つ掛《か》つた。さうして連《つれ》の娘《むすめ》はどこへやられたか分《わか》らないが、この娘《むすめ》は先《ま》づ最初《さいしよ》小石川坂下町《こいしかはさかしたまち》の或《あ》る會社員《くわいしやゐん》と稱《しよう》する家《いへ》へ女中《ぢよちゆう》にやられた。ところがこの會社員《くわいしやゐん》といふのは桂庵《けいあん》と共謀《きようぼう》して

ゐる奴《やつ》で、時機《じき》を狙《ねら》つてどこへか賣飛《うりと》ばさうといふことを目論《もくろ》んで居《を》つたのです。最初《さいしよ》は堅氣《かたぎ》の家《いへ》で、而《しか》も大事《だいじ》に親切《しんせつ》にして呉《く》れ、衣類《いるゐ》なども拵《こしら》へて呉《く》れるといふので安心《あんしん》して居《を》つたさうですが、親切《しんせつ》にするのは結局《けつきよく》餌《ゑさ》で、その中《うち》にとう／＼甘言《かんげん》を以《もつ》て肉體《にくたい》を犯《をか》され、それと同時《どうじ》に土浦《つちうら》の怪《あや》しい家《いへ》に賣《う》られて行《い》つたのを手初《てはじ》めに、それからそれと各所《かくしよ》の茶屋《ちやや》に住替《すみか》へさせられ、その中《うち》に借金《しやくきん》が嵩《かさ》んで今日《こんにち》では吉原《よしはら》で娼妓《しやうぎ》をしてゐる。これなどは要《えう》するに東京《とうきやう》へ行《ゆ》きさへすれば出世《しゆつせ》が出來《でき》るといふやうな淺墓《あさはか》な考《かんがへ》でとびだして來《き》たのが、禍《わざはひ》の元《もと》であつたと思《おも》ひますね。

○誘惑《いうわく》にかゝらぬ法《はふ》

記者　誘惑《いうわく》に掛《かゝ》らない爲《た》めには、どうすれば一番《ばん》いゝのでせうか。

鈴木　第一《だい》には、見《み》ず知《し》らずの人《ひと》が、いくら深切《しんせつ》さうにいひ寄《よ》つても、そんなことに耳《みゝ》を藉《か》さないことです。親類《しんるゐ》でも何《なん》でもない通《とほ》り一ぺんの人《ひと》がそんなうまいことをしてくれる譯《わけ》がないといふことは、少《すこ》し考《かんが》へのある人《ひと》ならわかる筈《はず》です。先《ま》づ、そこへ氣《き》がつかねばなりませんね。

記者　インチキ廣告《くわうこく》などに釣《つ》られて、うまく引掛《ひつかゝ》る者《もの》も可《か》なりあるやうですね……。

中島　それは隨分《ずゐぶん》ありますね。さういふ人《ひと》は概《がい》して自惚《うぬぼれ》の強《つよ》い人《ひと》が多《おほ》いやうです。つまり自分《じぶん》に限《かぎ》つてはヘマはやらないと自惚《うぬぼ》れる。これは高等教育《かうとうけういく》を受《う》けた人《ひと》、或《あるひ》は世故《せこ》に長《た》けたといふやうな婦人《ふじん》が比較的《ひかくてき》かゝり易《やす》いやうですね。

長野　それから時々《ときどき》私《わたし》どもの所《ところ》へ、娘《むすめ》が誘惑《いうわく》されさうになつてゐるからと保護願《ほごねがひ》を申出《まうしで》る方《かた》がありますが、よく知《し》らぬ男《をとこ》から手紙《てがみ》が舞《ま》ひ込《こ》む、そんな場合《ばあひ》、しつかりした娘《むすめ》さんですと、これを親《おや》なり、先輩《せんぱい》なりに渡《わた》して處置《しよち》して貰《もら》ふのですが、どうかすると面白半分《おもしろはんぶん》に内證《ないしよ》で自分《じぶん》が處置《しよち》する。そんな

371　「誘惑と家出についての座談会」　二見太十郎、岡とく志゛、中島徳蔵、長野勘助 ほか 『婦人倶楽部』昭和8年6月1日

誘惑と家出についての座談會……（146）

ことから知《し》らず〳〵引掛《ひつか》かることになります。

鈴木　それには先《ま》づ第《だい》一に何事《なにごと》でも娘《むすめ》が打明《うちあ》けられるやうに、親子《おやこ》の間《あひだ》にへだたりをなくして置《お》くことが必要《ひつえう》です。その上《うへ》で思案《しあん》に餘《あま》ることは警察《けいさつ》に相談《さうだん》すれば外《そと》に出《だ》さないで濟《す》みます。

中島　若《わか》い人妻《ひとづま》が誘惑《いうわく》されるといふことがあります。若《わか》い奥《おく》さんが一人《ひとり》で留守《るす》をして居《ゐ》るのに年《とし》頃《ごろ》の男子《だんし》が訪問《はうもん》する、『主人《しゆじん》はゐないがまあお上《あが》りなさい』と、だんだん親密《しんみつ》に話《はなし》をする、到頭《たうとう》惡《わる》い關係《くわんけい》が出來《でき》て來《く》る。こんな場合《ばあひ》若《わか》い人妻《ひとづま》も若《わか》い男《をとこ》も遠慮《ゑんりよ》すべきですね。誘惑《いうわく》するつもりでなくても、瓢簞《へうたん》から駒《こま》が出《で》ることがあります。

藤井　さういふことは子供《こども》の時《とき》からの家庭教《かていけう》育《いく》が必要《ひつえう》でありませう、結婚《けつこん》してもさういふ風《ふう》の自由《じいう》な行動《かうどう》をさせないやうにしたいものです。例《たと》へば、主人《しゆじん》の不在中《ふざいちゆう》若《わか》い奥《おく》さんが一人《ひとり》で留守居《るすゐ》してゐるやうな時《とき》主人《しゆじん》の親《した》しいお友達《ともだち》が見《み》えた時《とき》でも上《うへ》に上《あ》ないでそのまゝ玄關《げんくわん》でお歸《かへ》り頂《いただ》いたとしても、それは決《けつ》して失禮《しつれい》ではないと思《おも》ひます。

中島　失禮《しつれい》でないどころか、それが當然《たうぜん》だとして置《お》きたい。

藤井　若《わか》い御夫婦《ごふうふ》の間《あひだ》、互《たがひ》に空虚《くうきよ》がある時《とき》にちよつとの間《あひだ》でも、心行《こゝろゆ》く程《ほど》話《はな》したいといふ氣持《きもち》を持《も》ちやすくなるのではないでせうか。

中島　男子《だんし》とすれば、さういふ虚《きよ》に乘《じよう》じて、馬鹿《ばか》に親切《しんせつ》振《ぶ》つたりしたくなる。それで到《たう》頭變《とうへん》なことが出來《でき》て來《く》る、玄關《げんくわん》で歸《かへ》すといふ習慣《しふくわん》を守《まも》りたいですね。私《わたし》の知《し》つて居《ゐ》る或る學校《がくかう》の生徒《せいと》で美人《びじん》ですが、遠國《ゑんごく》から上京《じやうきやう》し、一人《ひとり》で間借《まがり》して居《を》つて、男子《だんし》も始終《しじう》接近《せつきん》してゐるのでどうも危險《きけん》ぢやないかと思《おも》つて或時注意《あるときちうい》してやりましたら『なあに、大丈夫《だいぢやうぶ》です』といつて平氣《へいき》なものです。それから最早《もはや》、十年《ねん》餘《あま》りになるが、今《いま》でも無事《ぶじ》に切拔《きりぬ》けて居《を》ります。

草間 それは信仰《しんかう》を持《も》つて居《ゐ》るのですよ。

中島 この娘《むすめ》は、所謂《いはゆる》確《しつか》り者《もの》で、虚榮《きよえい》もないし、理想的《りさうてき》の淑女《しゆくぢよ》としての氣構《きがま》へを持《も》つて居《ゐ》る、晩《ばん》なんか男子《だんし》が侵入《しんにふ》して來《き》はしないかと私《わたし》がいふと『なあに、來《き》たら來たで、うまく處分《しよぶん》します』と處分《しよぶん》する力《ちから》を持《も》つて居《を》ります。

藤井 素質《そしつ》もよし、教養《けうやう》もあり、一つのしつかりした理想《りさう》を持《も》つてるからでございませう。

中島 ところが、教育《けういく》があつて理窟《りくつ》は知《し》つて居《を》つても、誘惑《いうわく》に引掛《ひつか》かるのがある。意志《いし》が弱《よわ》いために、もし強《つよ》くいひ寄《よ》られたりすると、どうも否《ノー》といへない、即《すなは》ち肘鐵砲《ひぢでつぱう》を勇敢《ゆうかん》に發《はつ》することが出來《でき》ないのですね。

長野 附文《つけぶみ》など投《はふ》り込《こ》まれると、それを直《す》ぐ捨《す》てるのも對手《あひて》に對《たい》して危險《きけん》を感《かん》じるといふこともあり、一つは好奇心《かうきしん》でどんなことが書《か》いてあるか知《し》らうといふので樂《たの》しんで歸《かへ》るといふこともあるのでせうね。（笑聲《せうせい》）

岡 誘惑《いうわく》に掛《か》からぬだけの氣構《きがま》へは勿論《もちろん》必要《ひつえう》ですが掛《か》つたら直《す》ぐお母《かあ》さんに打明《うちあ》けるやうにしたいものです。それがためには平素《へいそ》からたゞお母《かあ》さんとしてでなく娘《むすめ》の友達《ともだち》のやうな氣持《きも》ちで始終《しじう》子供《こども》に接觸《せつしよく》して行《ゆ》く必要《ひつえう》がありますね。

中島 どんな娘《むすめ》でもさういふことはあり得《う》ることだといふ考《かんが》へを以《もつ》て、母親《はゝおや》がうまく導《みちび》いて呉《く》れゝばいいが、無暗《むやみ》に叱《しか》るのはいけませんね。

藤井 娘《むすめ》が勝氣《かちき》で、親《おや》が頑固《ぐわんこ》だと不良《ふりやう》が出來《でき》易《やす》いやうですね。

中島 今日《こんにち》では一概《がい》にも云《い》へませんが、母親《はゝおや》の教養《けうやう》が乏《とぼ》しくて、木《こ》ッ葉《ぱ》理窟《りくつ》でも娘《むすめ》が覺《おぼ》えると押《おさ》へることが出來《でき》ない。所謂《いはゆる》監督《かんとく》不十分《ぶん》で、夜遅《よるおそ》く歸《かへ》つて來《き》ても、何《なん》だとかかんだとか娘《むすめ》は利口《りこう》さうなことをいふ。それに對《たい》して何《なに》か母親《はゝおや》がいふと、どうもモダンでないとか何《なん》とか云《い》つて……。

草間 所謂《いはゆる》、子供達《こどもたち》の知識《ちしき》が優《まさ》つて來《く》ると自惚心《うぬぼれごころ》が強《つよ》くなつて來《く》る。この邊《へん》は教育家《けういくか》の大《おほ》いに考《かんが》ふべきことですね。

藤井 私《わたし》はお母樣方《かあさまがた》に聞《き》いて頂《いたゞ》きたいことは中學校《ちゆうがくかう》の三年生位《ねんせいぐらゐ》になりますと、子供《こども》の氣持《きもち》がいろ〳〵變《かは》つて參《まゐ》りますが、さういふ時例《ときたと》へば帽子《ぼうし》の冠《かぶ》り方《かた》が變《へん》だとか、服《ふく》のボタンの掛《か》け方《かた》がちやんとしてゐないとかいふやうなことに、常々《つねぐ》注意《ちうい》して頂《いたゞ》きたいのです。それから、友達同志《ともだちどうし》の交際《かうさい》にしても、これはどんな家庭《かてい》のどんな性質《せいしつ》の子供《こども》だらうといふやうなことにまで氣《き》を配《くば》つてほしいと存《ぞん》じます。女《をんな》の子《こ》など特《とく》にその必要《ひつえう》があると思《おも》ひますね。何事《なにごと》でも監《かん》視的《してき》でなしに温《あた》い母心《おやごころ》であつて欲《ほ》しい。

二見　中學生《ちうがくせい》で學校《がくかう》の歸《かへ》りに喫茶《きつさ》店《てん》なんかに入《はい》るのがありますが、あれが一番困《ばんこま》ります。それで帽《ばう》子《し》の中《なか》に手拭《てぬぐひ》を入《い》れてゐる奴《やつ》はきつと不良《ふりやう》です。

中島　何《なん》のために手《て》拭《ぬぐひ》を入《い》れてゐるのですか。

二見　あの仲間《なかま》の一つの通《とほ》り相場《さうば》になつて居《を》ります。帽子《ぼうし》を冠《かぶ》つて居《を》つて、普通《ふつう》よりちよつと高《たか》いのは、手《て》拭《ぬぐひ》を折《を》つて入《い》れて居《ゐ》るのです。

草間　一種《しゆ》の不良仲間《ふりやうなかま》の表示《へうじ》ですね。

○家出《いへで》する動機《どうき》は？

記者　今度《こんど》は家出《いへで》の方面《はうめん》についてお話《はなし》を伺《うかゞ》ひたいのですが……。

草間　家出《いへで》の數《すう》から申《まう》しますと、昭和《せうわ》二年《ねん》中東京《ちうとうきやう》で家出人《いへでにん》を救護《きうご》した數《すう》が二千百十一人《にん》、昭和《せうわ》六年《ねん》に於《おい》ては九千六百八十六人《にん》といふ殖《ふ》え方《かた》で最近《さいきん》はそれよりずつと増加《ぞうか》して居《を》ります。家出人《いへでにん》の男女別《だんぢよべつ》は先《ま》づ男子《だんし》六割《わり》五分《ぶ》、女子《ぢよし》三割《わり》五分《ぶ》位《ぐらゐ》の割合《わりあひ》です。

長野　家出《いへで》の原因《げんいん》について私《わたし》が大體《だいたい》を調《しら》べて見《み》ましたが、就職《しうしよく》のために家出《いへで》をしたのが一番多《ばんおほ》い、その次《つぎ》が都會憧憬《とくわいどうけい》といふのですが、この中《なか》には、一つは勉學《べんがく》の目的《もくてき》で來《く》るのもあるでせうし、又何《またなに》か就職《しうしよく》の目的《もくてき》で來《く》るのもあるでせう。

記者　新聞《しんぶん》のナンセンス物《もの》ですが、夫婦喧嘩《ふうふけんくわ》などをして、主人《しゆじん》を少《すこ》し嚇《おどか》してやらうといふやうな了見《れうけん》から家出《いへで》を装《よそほ》つてその結果案《けつくわあん》外大騒《ぐわいおほさわ》ぎを演《えん》じたといふやうなことはありませんか。

長野　それは可《か》なり知名《ちめい》の人《ひと》でちよいちよいあります。話《はなし》は隨分《ずゐぶん》ありますが、これだけは是非新聞《ぜひしんぶん》に出《だ》させないやうにと、そればかり恐《おそ》れるのです。

記者　山田《やまだ》さんか岡《をか》さんの關係《くわんけい》で、自分《じぶん》はとてもこんなことで生《い》きてゐられないといふ煩悶《はんもん》の結果《けつくわ》、死《し》ぬるつもりで家《いへ》を飛出《とびだ》したのが、偶々發見《たまたまはつけん》されて、いろいろ說諭《せつゆ》をされて、死《し》を飜《ひるがへ》したといふ實例《じつれい》はございませんか。

山田　九州《しう》から來《き》た娘《むすめ》さんですが、主人《しゆじん》からお暇《ひま》が出《で》てどこにも行場所《ゆきばしよ》がない。荷物を負《お》つて出《で》て來《き》たが、何處《どこ》にも頼《たよ》る所《ところ》がない。だん〳〵荷物《にもつ》を捨《す》て乍《なが》ら、どこかで死《し》なうと決心《けつしん》してあちらこちらを逍《さまよ》ひ歩《ある》き、何遍《なんべん》か海《うみ》に身《み》を投《な》げようとしたのですが、それも果《はた》さず、終《しま》ひにはとう〳〵揮發油《きはつゆ》を飲《の》んで苦《くる》しんで居《ゐ》る所《ところ》を愛宕署《あたごしよ》に保護《ほご》され、救《きう》世軍《せいぐん》婦人《ふじん》ホームに引取《ひきと》り落着《おちつ》いて見《み》ると死《し》ぬやうな氣《き》はなくなり、眞面目《まじめ》に働《はたら》いて居《を》つたが半年程《はんとしほど》して肺病《はいびやう》で亡《な》くなりました。

岡　子供《こども》を置《お》いて家出《いへで》して來《き》た人《ひと》は思《おも》ひ餘《あま》つて飛出《とびだ》しては來《き》たもののやはり子供《こども》のことをいふとすぐ涙《なみだ》を零《こぼ》します。どうか一晩《ひとばん》寢《ね》てよく考《かんが》へて御覽《ごらん》なさいといひますと、大抵《たいてい》は思《おも》ひ直《なほ》して歸《かへ》つてしまひます。

記者　それはほんとうの母性愛《ぼせいあい》のあらはれですね。

岡　二十二三の娘《むすめ》さんが結婚《けつこん》を嫌《きら》つて家出《いへで》をして、東京《とうきやう》に來《き》て半年《はんとし》ばかりも女中奉公《ぢよちうほうこう》をして眞面目《まじめ》に働《はたら》いてゐたのですが、家《いへ》の方《はう》でもスッカリ決《きま》つた結婚話《けつこんばなし》を其《そ》の儘《まゝ》に捨《す》てても置《お》けず、探偵社《たんていしや》なんかに頼《たの》んで漸《やうや》く探《さが》し當《あ》てたのです。ところでその娘《むすめ》さんの家出《いへで》した目的《もくてき》はといふと現在《げんざい》の家《いへ》の經濟《けいざい》が疲弊《ひへい》して居《ゐ》る所《ところ》へ、結婚《けつこん》したために他《ほか》から金《かね》を借《か》りて結婚仕度《けつこんじたく》を拵《こしら》へるやうなことは親《おや》に對《たい》して濟《す》まないからこゝ二三年《ねん》働《はたら》いてから結婚《けつこん》したいといふので動機《どうき》はよろしいのです。それから結局《けつきよく》娘《むすめ》を郷里《きやうり》に連《つ》れ歸《かへ》つて結婚《けつこん》の緣《より》を戻《もど》さうと思《おも》つたのですが、相手《あひて》として見《み》れば、東京《とうきやう》で半年《はんとし》も何《なに》をして居《を》つたか、情夫《じやうふ》でもあつたのではないかといふので大變嚴重《たいへんげんぢう》に調《しら》べたらしいのです。その結果《けつくわ》はどうなつたかは知《し》りませんが、そんな目的《もくてき》で出《で》て來《く》るのでしたら、ちやんと他《た》の諒解《れうかい》を得《え》た上《うへ》で出《で》て來《き》た方《はう》がよいと思《おも》ひます。さうしたらつまらない疑《うたが》ひなど掛《か》けられないで濟《す》みますものを……。

中島　どうもさういふ點《てん》で、女《をんな》は衝動的《しようどうてき》で思慮《しりよ》が足《た》りませんね。

○家出《いへで》を防《ふせ》ぐにはどうすればよいか

中島　これはむづかしい問題《もんだい》だが、斯《か》ういふ問題《もんだい》の起《おこ》る環境《くわんきやう》の總《すべ》てを改良《かいりやう》しない以上《いじやう》は、根本的《こんぽんてき》に救《すく》ふ譯《わけ》には行《ゆ》きませんね。今日《こんにち》のやうに人々《ひとびと》に自由解放《じいうかいはう》の精神《せいしん》が盛《さか》んになり、交通《かうつう》は便利《べんり》になる。何《なん》でもずん〳〵自分《じぶん》の自由意志《じいういし》で出來《でき》るやうになつた。それに實際《じつさい》は理想《りさう》が高《たか》くなり從《したが》つて不平不滿《ふへいふまん》が多《おほ》くなつて、社會《しやくわい》の秩序制度《ちつじよせいど》といふものが不完全《ふくわんぜん》なために斯《か》ういふことが出來《でき》るのですな。若《も》し家庭《かてい》が完全《くわんぜん》になれば、家庭《かてい》といふものは人間最上《にんげんさいじやう》の安樂《あんらく》な所《ところ》だから、家《いへ》出《で》はないのです。ところが家庭《かてい》は今日《こんにち》はどうも安樂《あんらく》な場所《ばしよ》でなくなつた。心理的《しんりてき》に見《み》ても、社會的《しやくわいてき》に見《み》ても、法律的《はふりつてき》に見《み》ても、道德的《だうとくてき》に見《み》ても、世界的《せかいてき》に面倒《めんだう》になつて來《き》

375　「誘惑と家出についての座談会」　二見太十郎、岡とく志゛、中島徳蔵、長野勘助 ほか 『婦人倶楽部』昭和8年6月1日

た。先《ま》づそれを直《なほ》すには教育修養《けういくしうやう》ですな。けれどもそれには法律制度《はふりつせいど》も直《なほ》さなければならぬ。法律制度《はふりつせいど》を直《なほ》すには矢張《やは》り經濟的《けいざいてき》に關係《くわんけい》する。だから家出《いへで》を防《ふせ》ぐといふと、簡單《かんたん》なやうだが、總《すべ》ての世界《せかい》の改造《かいざう》が問題《もんだい》になるかも知《し》れぬ。先《ま》づ目《め》を着《つ》けるところは、家庭《かてい》を各《おの》〻の人《ひと》の安樂《あんらく》な場所《ばしよ》とするといふことが出來《でき》れば、救《すく》はれると思《おも》ふのです。

二見　今《いま》一つお願《ねが》ひしたいと思《おも》ひますのは、兎角《とかく》子供《こども》が惡戯《いたづら》でもすると親御《おやご》さんが子供《こども》に家《いへ》を出《で》て行《ゆ》けなどといふことがあるのです。それから夜遲《よるおそ》くなつても歸《かへ》つて來《こ》ないやうな場合《ばあひ》、癖《くせ》になるからとかいつて閉出《しめだ》しを食《く》はせる。その結果《けつくわ》子供《こども》も仕方《しかた》がないから不良少年《ふりやうせうねん》などと一緒《しよ》に公園《こうえん》なんかに寢《ね》たりして、遂《つひ》にその仲間《なかま》に引入《ひきい》れられるといふやうな非常《ひじやう》に惡《わる》い結果《けつくわ》を生《う》むことが屢〻《しば〳〵》あります。

記者　夫婦喧嘩《ふうふけんくわ》などでもあるさうですな、主《しゆ》人《じん》が細君《さいくん》の歸《かへ》りが遲《おそ》いといつて閉出《しめだ》しを喰《く》はせる。折角女房《せつかくにようぼう》が歸《かへ》つて來《き》ても家《うち》へ入《い》れないし、今更里《いまさらさと》へも行《ゆ》かれないといふので、ぶら〳〵してゐる中《うち》に誘惑《いうわく》に遭《あ》つたりすることが……。

草間　細君《さいくん》が主人《しゆじん》を閉《し》め出《だ》す方《はう》が多《おほ》いでせう。(哄笑《こうせう》)

長野　どうも家出《いへで》する者《もの》には物事《ものごと》に飽《あ》きつぽい性質《せいしつ》のものが多《おほ》いやうですな。私共《わたしども》の所《ところ》にも澤山《たくさん》來ますが、さういふのは一種《しゆ》の浮《ふ》浪性《らうせい》といふ奴《やつ》ですな。

岡　家出《いへで》する娘《むすめ》などに行《ゆ》くな〳〵といふと増〻《ます〳〵》行《ゆ》きたがる。近所《きんじよ》の誰《だれ》さんは何所《どこ》へ行《い》つた、あそこの誰《だれ》さんも行《い》つたから私《わたし》も行《い》きたいといふ。そんな時《とき》にはあの家《いへ》は斯《か》ういふ事情《じじやう》だから、又《また》あの人《ひと》は斯《か》ういふ性格《せいかく》だから、又斯《またか》ういふ譯《わけ》だから外《そと》へ出《で》て働《はたら》かねばならないといふやうに、娘《むすめ》の性格《せいかく》や、家《いへ》の事情等《じじやうなど》を說《と》き聞《き》かせてあきらめをつけさせるやうにするのがいいだらうと思《おも》ひますね。

草間　家出人《いへでにん》を調《しら》べて見《み》ますと片親《かたおや》がないといふのが非常《ひじやう》に多《おほ》いのです。又淺草《またあさくさ》あたりに流《なが》れ込《こ》んだ不良兒《ふりやうじ》、ルンペンなどを調《しら》べて見《み》ると、家庭《かてい》で育《そだ》てる上《うへ》に缺陷《けつかん》があるのです。

中島　家庭《かてい》で靜《しづ》かに滿足《まんぞく》が得《え》られる限《かぎ》りは家《いへ》は出《で》ません。

長野　家庭《かてい》がよいのは、たとへ出《で》て來《き》たとしても捕《つかま》つて說諭《せつゆ》されると家庭《かてい》へ歸《かへ》ります。それからこれは別《べつ》の話《はなし》ですが家出《いへで》した子供《こども》で、引渡不能《ひきわたしふのう》の子供《こども》の一割位《わりぐらゐ》は、その親《おや》に紹介《せうかい》しますと、『とても始末《しまつ》に負《お》へないから、然《しか》るべく處置《しよち》して貰《もら》ひたい』といふやうな手紙《てがみ》が來《く》るのです。

草間　實《じつ》に無責任《むせきにん》なものですね。

長野　實際《じつさい》の親《おや》があつてそれですからね、全《まつた》く困《こま》つたものですよ。それから雇主《やとひぬし》に暴行《ばうかう》されたといふことを理由《りいう》にして來《く》る女《をんな》がある

ります。中《なか》にはいい加減《かげん》なのもありませうが……。さういふので困《こま》るのは、それを親《おや》父《ち》にいつてやることもどうかと思《おも》ふので、收容《しうよう》して保護《ほご》してゐると、親《おや》は『雇主《やとひぬし》の方《はう》に義理《ぎり》があるから引渡《ひきわた》してくれ』といふやうなのがあつて、まさか雇主《やとひぬし》にも引渡《ひきわた》せず非常《ひじやう》にその處置《しよち》に困《こま》ります。

○悲《ひ》慘《さん》な家出《いへで》娘《むすめ》の末路《まつろ》

記者 家出《いへで》して遂《つひ》に悲《かな》しい、恐《おそ》ろしい結果《けつくわ》になつたといふ實例《じつれい》はありませんか。

藤井 私《わたし》の扱《あつか》つた話《はなし》ですが、顏《かほ》の美《うつく》しい體格《たいかく》のよい娘《むすめ》さんですが、お母《かあ》さんとどうしても氣持《きもち》が合《あ》はないといふので、別段奉公《べつだんほうこう》などに出《で》なくてもいい身分《みぶん》なのに、自分《じぶん》の我《わが》儘《まゝ》から家《いへ》を飛出《とびだ》し、或家《あるいへ》に奉公《ほうこう》に行《ゆ》きましたが、その娘《むすめ》はどうも勝氣《かちき》なので其家《そのいへ》に勤《つと》まらず、それかといつて今更《いまさ》ら自分《じぶん》から出《で》て來《き》た手前《てまへ》家《いへ》へも歸《かへ》れず、淺草《あさくさ》あたりをぶらぶらして居《ゐ》る中《うち》に不良《ふりやう》な男《をとこ》に捕《つかま》つて何所《どこ》かへ賣《う》られてしまつた。それからいろいろな方法《はうはふ》で心當《こゝろあた》りを探《さが》したがどうしても分《わか》らない。するとその娘《むすめ》が體《からだ》が惡《わる》くなつたものですから私《わたし》に葉書《はがき》を寄越《よこ》したんです。そこで親御《おやご》さんに知《し》らせて迎《むか》へに行《ゆ》きましたがいろいろな人《ひと》がぐるになつてゐて親《おや》に渡《わた》さない。幸《さいは》ひにも親御《おやご》さんの知合《しりあひ》の方《かた》で警視《けいし》廳《ちやう》にいらつしやる方《かた》がありましたので、その方《かた》にお願《ねが》ひして引渡《ひきわた》して貰《もら》ひ家《うち》へ歸《かへ》りましたが、性《たち》の惡《わる》い梅毒性《ばいどくせい》の喉頭結核《こうとうけつかく》で間《ま》もなく結核療養所《けつかくれうやうじよ》で亡《な》くなりました。さういふ例《れい》は澤山《たくさん》あります。

中島 それから自由戀愛《じいうれんあい》をして親《おや》のいふ事《こと》を肯《き》かないで無分別《むふんべつ》に家《いへ》を飛《と》び出《だ》しその結果《けつくわ》不幸《ふかう》に陷《おちい》つた例《れい》は私《わたし》も若干《じやくかん》知《し》つて居《ゐ》るが、始《はじ》めは夫婦《ふうふ》共稼《ともかせ》ぎか何《なに》かで一生懸命《しやうけんめい》やつてゐる。詰《つま》り勞働《らうどう》が過《す》ぎて病氣《びやうき》になる。何《いづ》れ結核《けつかく》見《み》たやうなものになつて終《しま》ひには野垂死《のたれじに》をする。自由戀愛《じいうれんあい》の行《ゆ》く先《さき》はさういふ風《ふう》になるのが可《か》なり多《おほ》いやうです。

377 「誘惑と家出についての座談会」 二見太十郎、岡とく志゛、中島徳蔵、長野勘助 ほか 『婦人倶楽部』昭和8年6月1日

草間　私《わたし》が或《あ》る時《とき》四十四人《にん》について調《しら》べて見《み》たのですがそれ等《ら》は殆《ほとん》ど所謂《いはゆる》人身賣買《じんしんばいばい》で來《く》たのが多《おほ》いのです。農村《のうそん》が不況《ふきやう》で、百姓《しやう》ではどうにも生計《せいけい》が立《た》たないから、たゞ奉公《ほうこう》に出《だ》して口《くち》を減《へ》らしたい。たゞそれだけでは詰《つま》らないから、いくらか身代金《みのしろきん》を貰《もら》ふのです。それ等《ら》はほんの僅《わづ》かの小遣《こづかひ》錢位《せんぐらゐ》を貰《もら》つて使《つか》はれるだけこき使《つか》はれとう〳〵居《ゐ》堪《たま》らなくなつて逃《に》げ出す。歸《かへ》るに旅費《りよひ》はなし遂《つひ》に自暴自棄《じばうじき》になつて、フラ〳〵してゐる中《うち》に不良《ふりやう》の群《むれ》に陷込《おちこ》んで行《ゆ》く。かういふのがまだ日《ひ》の淺《あさ》いうちに救《すく》はれればいいのですが放浪日數《はうらうにつすう》が經《た》つと掻《か》つ拂《ぱら》ひになつたり、乞食《こじき》になつたり、憐《あは》れむべき生活《せいくわつ》に墮《お》ちて行《ゆ》くのです。

記者　成程《なるほど》、さういふのが多《おほ》いでせうね。

草間　私《わたし》が思《おも》ふのに地方人《ちはうじん》に戒《いまし》めを與《あた》へるといふことは、東京《とうきやう》に於《お》ける生活《せいくわつ》の舞臺裏《ぶたいうら》といふものを地方《ちはう》の人《ひと》に知《し》らせなければいけない。東京《とうきやう》の生活《せいくわつ》は一歩《ほ》間違《まちが》へば悲慘《ひさん》な淵《ふち》に陷《おちい》る。その淵《ふち》はどういふ淵《ふち》かといふことを知《し》らせる必要《ひつえう》がある。私《わたし》は今《いま》地方《ちはう》から東京《とうきやう》に觀光《くわんくわう》に來《く》る人達《ひとたち》に對《たい》して努《つと》めて教《をし》へて居《ゐ》ることは、貴方方《あなたがた》は銀座《ぎんざ》を見《み》たり、日《ひ》比谷《びや》を見《み》たり、衆議院《しうぎゐん》を見《み》たり、洵《まこと》に美《うつく》しい所《ところ》の五層《そう》八層《そう》十層《そう》の建物《たてもの》を見《み》て、東京《とうきやう》の華《はなや》かな所《ところ》ばかりを見《み》て居《ゐ》るが、裏《うら》を見《み》て下《くだ》さいといふ。裏《うら》を見《み》せると皆驚《みなおどろ》く。

岡　全《まつた》く同感《どうかん》でございますね。

草間　兎《と》に角《かく》龜戸《かめゐど》、玉《たま》ノ井《ゐ》に二千人《にん》の女《をんな》が居《を》りますがそれが逃亡《たうばう》したり、年《ねん》が明《あ》けたりするが何時《いつ》でもあれだけの女《をんな》が居《ゐ》るといふのは、如何《いか》に東京《とうきやう》の裏《うら》の方《はう》に家出人《いへでにん》とか浮浪者《ふらうしや》とかいふ者《もの》が多《おほ》いかといふことが分《わか》りますね。大正十五年《たいしやうねん》に玉《たま》ノ井《ゐ》の六百五十三人《にん》に就《つ》いて、寺島警察署《てらじまけいさつしよ》の方《はう》で出生地別《しゆつしやうちべつ》を調《しら》べたことがありますが、東京生《とうきやううま》れの女《をんな》は一割《わり》六分《ぶ》で後《あと》は皆《みな》地方者《ちはうもの》です。つまり家《いへ》出人《でにん》が途方《とはう》に暮《く》れてゐるのを欺《だま》くらかして連《つ》れ込《こ》む奴《やつ》が澤山《たくさん》あると思《おも》ひますな。

それからあそこに一旦落込《たんおちこ》んでしまふと、中々《なか〳〵》出《で》るのは難《むつか》しい。儲《まう》かる玉《たま》だと見《み》ると毎月幾《まいつきいく》ら〳〵と親《おや》に送金《そうきん》してやるさうですな、さうすると親《おや》はあの娘《むすめ》は東京《とうきやう》の華《くわ》族樣《ぞくさま》の所《ところ》に奉公《ほうこう》して、毎月《まいつき》この通《とほ》り金《かね》を送《おく》つて呉《く》れる、この樣《やう》なことをいふのでそれが一つの評判《ひやうばん》になつてあそこの娘《むすめ》はあの通《とほ》り毎月送《まいつきおく》つて來《く》るといふのだから餘程《よほど》良い所《ところ》に行《い》つて居《ゐ》るに相違《さうゐ》ない。私共《わたしとも》の娘《むすめ》もさういふ所《ところ》へ周旋《しうせん》して下《くだ》さい。といふやうなことになるのださうです。

記者　どうも長時間有難《ちやうじかんありがた》うございました。これで閉會《へいくわい》いたします。

実話 祕めた

處女時代に犯された祕密

齋藤とし子

「まあこれでやつと姉《ねえ》さんも二つ目《め》の重荷《おもに》を下《お》ろしたわけですね」

「でも、まだ／＼孫《まご》の一人《ひとり》も出來《でき》て見《み》ないと安心出來《あんしんでき》ませんよ」

母《はゝ》が、女手一《をんなでひと》つで育《そだ》て上《あ》げた兄《あに》の、待《ま》ちに待《ま》つた結婚式《けつこんしき》があと四日《か》に迫《せま》つた時《とき》でした。

手傳《てつだ》ふつもりで實家《じつか》へ歸《かへ》つてゐた私《わたし》は茶《ちや》の間《ま》に坐《すわ》つて、郷里《きやうり》のAから上京《じやうきやう》して來《き》た叔母《をば》と母《はゝ》の會話《くわいわ》を聞《き》くともなしに聞《き》きながら、新聞《しんぶん》の三面《めん》を拾《ひろ》ひ讀《よ》みしてゐました。

「男《をとこ》の子《こ》つて心配《しんぱい》ですからね、一人前《にんまへ》になつたと思《おも》つても、子運《こうん》が惡《わる》いと、Sの養子《やうし》さんみたいに大《たい》變《へん》なことになつちやうから……」

「大變《たいへん》なことつてどうしたのSの養《やう》子《し》さんてあの章《あきら》さん（假《か》りにかう呼《よ》びます）のことでせう、家《うち》にも暫《しばら》くのあひだ居《ゐ》て頂《いたゞ》いたことのある……」

「知《し》らないんですか姉《ねえ》さん、あの人《ひと》いま刑務所《けいむしよ》に行《い》つてるんですよ、しかも殺人未遂《さつじんみすゐ》なんて恐《おそろ》しい罪《つみ》で……」

「まあ！　あんな靜《しづ》かな方《かた》がねえ、そんな大《だい》それた……」

「血《ち》ですよ、血統《けつとう》ですよ、あの人《ひと》のお祖父《ぢい》さんていふのは矢張《やは》り人《ひと》を殺《ころ》して若《わか》い時分《じぶん》死刑《しけい》になつたつて話《はなし》だし、あの人《ひと》のお父《とう》さんの妹《いもうと》は發狂《はつきやう》して死《し》んだつてことですの」

Sの息子《むすこ》の章《あきら》、刑務所《けいむしよ》、殺人未遂《さつじんみすゐ》、叔母《をば》が何《なに》も知《し》らずに次《つぎ》から次《つぎ》へと吐《は》き出《だ》した言《こと》葉《ば》は、私《わたし》を動顛《どうてん》させてしまひました。

「章《あきら》」この言葉《ことば》を聞《き》いただけでも私《わたし》は、出《で》來《き》ることなら過《す》ぎ去《さ》つた昔《むかし》へ走《はし》り戻《もど》つて揉《も》み消《け》したいやうな氣《き》のする若《わか》い日《ひ》の過失《くわしつ》を慘《むご》たらしい程《ほど》はつきりと思《おも》ひ出《だ》しました。

忘《わす》れよう、忘《わす》れようと努力《どりよく》しながらも、時々《ときどき》私《わたし》を汗《あせ》の滲《にじ》むやうな深《ふか》い慚愧《ざんき》に追《お》ひやる處女時《しよぢよじ》代《だい》の罪《つみ》、フイと、それこそまるで夢《ゆめ》のやうに犯《をか》してしまつた罪《つみ》の相手《あひて》が、殺《さつ》人未遂《じんみすゐ》、刑務所《けいむしよ》にゐる罪人《ざいにん》、恐《おそ》ろしい、恐《おそ》ろしい！私《わたし》は坐《すわ》つてゐる疊《たゝみ》もろ共《とも》スーッと下《した》へ落《お》ち込《こ》むやうな氣《き》がしました。

「まあ！ どうしたの、としちやん、眞蒼《まつさを》な顔《かほ》をして……」

「初《はじ》めてですから時々《ときどき》氣持《きもち》が惡《わる》いんでせう、この娘《こ》も、お目出度《めでた》なんですよ」

「まあ！ さうだつたの、何時《いつ》生《うま》れる豫定《よてい》？」

「今《いま》が三ケ月《げつ》だから……」

嬉《うれ》しさうに話《はな》してゐる母《はゝ》の傍《そば》で、私《わたし》はヂツと坐《すわ》つてゐられなくなりました。

自分《じぶん》の身體《からだ》が、身體中《からだぢう》の血管《けつくわん》を廻《まは》る血《ち》が癩病《らいびやう》の腐《くさ》つた血《ち》よりもまだ恐《おそ》ろしい氣《き》のする犯罪者《はんざいしや》の血《ち》で汚《よご》れてゐるのではないかと思《おも》ひました。私《わたし》は消毒液《せうどくえき》で身體《からだ》を、ゴシゴシ洗《あら》ふか血《ち》を淸《きよ》める藥液《やくえき》があれば、それを何本《なんぼん》でも手當《てあた》り次第《しだい》注射《ちうしや》したいやうな氣《き》になりました。

——しかも、私《わたし》は姙娠《にんしん》してゐる、しかも——

私《わたし》の不安《ふあん》には、更《さら》に新《あた》らしい「もしや」といふ漠然《ばくぜん》とした大《おほ》きな恐怖《きようふ》が加《くは》はりました。

「適當《てきたう》な下宿《げしゆく》が無《な》くて困《こま》つてゐる學生《がくせい》があるんですが、二三ケ月《げつ》でいゝから置《お》いてやつて下《くだ》さいませんか」

或《あ》る知人《ちじん》に頼《たの》まれて、章《あきら》を置《お》くやうになつたのは一年半《ねんはん》ほど前《まへ》でした。恰度《ちやうど》その時《とき》ある醫大《いだい》を卒《す》んだ兄《あに》は、大阪《おほさか》で開業《かいげふ》してゐる先輩《せんぱい》の病院《びやうゐん》で働《はたら》いてゐましたし、家《うち》には中學《ちうがく》一年《ねん》の弟《おとうと》と、女學校《ぢよがくかう》を出《で》てまだ一年《ねん》にもならない私《わたし》と母《はゝ》の三人《にん》きりで、淋《さび》しくもあつたので母《はゝ》は快《こゝろよ》く引受《ひきう》けたのです。

章《あきら》は、私達《わたしたち》と同《おな》じ郷里《きやうり》のA縣《けん》で、父《ちゝ》の代《だい》からずつと東京《とうきやう》に住《す》んでゐた私達《わたしたち》は知《し》りませんでしたが、叔母《をば》の家《うち》のことなどよく知《し》つてゐると言《い》つてゐました。彼《かれ》は、端正《たんせい》な顔《かほ》に、能面《のうめん》のやうな靜謐《せいひつ》な表情《へうじやう》を湛《たゝ》へ、音《おと》も立《た》てないほど靜《しづ》かに歩《ある》きました。無口《むくち》で、三度《ど》の質問《しつもん》にやつと一度《ど》だけ答《こた》へるといつた風《ふう》で、三ケ月《げつ》ばかりゐた間《あひだ》に、私達《わたしたち》

は一度《ど》も彼《かれ》の笑《わら》ひ聲《ごゑ》を聞《き》かず、從《したが》つて彼《かれ》の能面《のうめん》のやうな表情《へうじやう》の靜謐《せいひつ》が崩《くづ》れたのを見《み》たことがありませんでした。「靜《しづ》かな方《かた》！」といつて母《はゝ》は感心《かんしん》してゐましたが、私《わたし》は何故《なにゆゑ》か彼《かれ》が引越《ひつこ》して來《き》た時《とき》に感《かん》じた無氣味《ぶきみ》さを捨《す》てることが出來《でき》ませんでした。面《めん》のやうな顔《かほ》をした彼《かれ》が、音《おと》もなく歩《ある》いてゐるのを見《み》た時《とき》、私《わたし》は暗《くら》い穴倉《あなぐら》の底《そこ》から吹《ふ》き上《あ》げる冷《つめ》たい風《かぜ》のやうな無氣味《ぶきみ》さを感《かん》じたのです。私《わたし》は、かつて見《み》たことのある「プラーグの大學生《だいがくせい》」といふ怪奇映畫《くわいきえいぐわ》に出《で》てきた大《だい》學生《がくせい》が、スクリーンの中《なか》から現實《げんじつ》へ歩《ある》いて來《き》たやうな氣《き》がしました。

彼《かれ》は、某宗教大學《ぼうしうけうだいがく》をあと一年《ねん》で卒業《そつげふ》するとか言《い》つてゐましたが、學校《がくかう》は割合《わりあひ》に不熱《ふねつ》心《しん》らしく、晝間《ひるま》大概《たいがい》家《うち》に居《ゐ》ましたし、それと同時《どうじ》に外泊勝《ぐわいはくが》ちでした。

そんな彼《かれ》でしたので、若《わか》い學生《がくせい》なら喜《よろこ》びさうな若《わか》い私《わたし》の存在《そんざい》などには、水《みづ》のやうに淡々《たん〳〵》としてゐて、あの恐《おそ》ろしい事件《じけん》のあるまでは、私《わたし》とは一度《ど》といつてもいゝほど口《くち》をきいたことはありませんでした。

恐《おそ》らく、長《なが》い一生涯《しやうがい》を通《つう》じて、私《わたし》の胸《むね》で疼《うづ》き續《つゞ》けるであらう深《ふか》い傷《きず》を、私《わたし》が受《う》けた日《ひ》は珍《めづ》らしい大雪《おほゆき》の翌晩《よくばん》でした。積雪《せきせつ》のためにか故障《こしやう》が起《お》きたのか、夜《よる》になつても電氣《でんき》が來《き》ません。母《はゝ》は、親戚《しんせき》に不幸《ふかう》があつて朝《あさ》から出《で》かけてゐました。私《わたし》は蠟燭《らふそく》に火《ひ》を點《つ》けると、二階《かい》の兄《あに》の書齋《しよさい》にゐる章《あきら》のところへ持《も》つて行《ゆ》きました。彼《かれ》は廊下《らうか》に立《た》つて硝《がら》子《す》越《こ》しに月光《げつくわう》に染《そ》められて燐色《りんしよく》に光《ひか》つてゐる雪《ゆき》を見《み》てゐました。蠟燭《らふそく》を机《つくゑ》の上《うへ》に置《お》いて引返《ひきかへ》さうとした私《わたし》を、彼《かれ》が呼《よ》び止《と》めました。

「濟《す》みませんが、これに縫《ぬ》ひあげをして下《くだ》さい、絲《いと》も針《はり》もあります」

彼《かれ》は能面《のうめん》のやうな顔《かほ》をしたまゝワイシヤツを差出《さしだ》しました。

薄暗《うすくら》い蠟燭《らふそく》の灯《ひ》をたよりに、私《わたし》が大急《おほいそ》ぎで兩方《りやうはう》の袖《そで》にあげをして最後《さいご》の絲《いと》を、絲切《いときり》齒《ば》でプツンと切《き》つた時《とき》、それまでヂツと私《わたし》の傍《そば》に坐《すわ》つてゐた彼《かれ》が、いきなり灯《ひ》を吹《ふ》き消《け》してしまひました。

豫期《よき》しない、全《まつた》く夢《ゆめ》にも考《かんが》へなかつた不意打《ふいうち》にビツクリした私《わたし》が、周章《あわ》てゝ抵抗《ていかう》し始《はじ》めた時《とき》には遲《おそ》かつた、もう遲《おそ》かつたのです。私《わたし》は暫《しばら》く呆然《ばうぜん》としてゐましたが、やがてこのたつた五分間《ふんかん》の過失《くわしつ》のために、もう私《わたし》は五分間前《ふんかんまへ》の私《わたし》ではなくなつてゐるといふことを知《し》りはじめると、恐《おそ》ろしさと恥辱《ちじよく》のために聲《こゑ》を忍《しの》んで泣《な》きました。

「御免《ごめん》なさい、御免《ごめん》なさい」

靜《しづ》かな聲《こゑ》で言《い》ひながら、私《わたし》をヂツと見《み》た彼《かれ》の眼《め》はギラ〳〵光《ひか》つてゐました。「默《だま》つてゐろ、言《い》ふと承知《しようち》しないぞ」そんな威嚇《ゐかく》が火《ひ》のやうに燃《も》えてゐる眼《め》を見《み》た時《とき》、私《わたし》ははじめて彼《かれ》の冷《ひや》やかな身體《からだ》の中《なか》に隱《かく》されてゐる殘忍《ざんにん》な熱情《ねつじやう》を見《み》たやうな氣《き》がしました。

「若《も》しや弟《おとうと》が……」

さう思《おも》つて恐々《こは〴〵》下《した》へ降《お》りた私《わたし》が、炬燵《こたつ》の上《うへ》に擴《ひろ》げたリーダーの上《うへ》に涎《よだれ》を流《なが》して眠《ねむ》つてゐる弟《おとうと》を見《み》た時《とき》どんなにホツとしたことでせう。

十九の身體《からだ》に受《う》けた痛手《いたで》と、それよりまだ大《おほ》きな心《こゝろ》の傷《きず》に私《わたし》は苦《くる》しみました。母《はゝ》に何度《なんど》か打《う》ち明《あ》けようと思《おも》ひましたが、さうすることは獨《ひと》りで苦《くる》しむより一層苦《そうくる》しい氣《き》がしました。恐《おそ》ろしくもありました。

――默《だま》つて！　一生涯默《しやうがいだま》つて、忘《わす》れるんだ。忘《わす》れるんだ――

さんざ苦《くる》しんだ揚句《あげく》さう決心《けつしん》しました。

そんなことがあつてからも、依然《いぜん》として淡々《たんく》としてゐた章《あきら》は、三ケ月目《げつめ》に「神經衰弱《しんけいすゐじやく》だから暫《しばら》く田舍《ゐなか》へ歸《かへ》つてきます」と言《い》つて私《わたし》の家《うち》を引上《ひきあ》げました。ボツとした私《わたし》はもう一度死《どし》ぬほど苦《くる》しいことがあつても自《じ》分《ぶん》の過失《くわしつ》は誰《だれ》にも打《う》ち明《あ》けずにゐよう、と更《さら》に堅《かた》く決心《けつしん》しました。

その後半年餘《ごはんとしあま》り經《た》つた時《とき》、私《わたし》は處女時代《しよぢよじだい》に犯《をか》した罪《つみ》を、自分自身《じぶんじしん》でも忘《わす》れてしまふやうに心《こゝろ》の奥深《おくふか》く祕《ひ》めて、今《いま》の夫《をつと》と結婚《けつこん》したのです。

聞《き》くのは恐《おそ》ろしいことでしたけれど、私《わたし》は叔母《をば》の話《はなし》をお終《しま》ひまで聞《き》かずにはゐられませんでした。

私《わたし》の家《うち》にゐた頃《ころ》から、章《あきら》は、盛《さか》んに花柳《くわりう》界《かい》へ出入《でいり》して、學校《がくかう》は月謝未納《げつしやみなふ》のために殆《ほとん》ど退學同樣《たいがくどうやう》になつてゐたさうです。彼《かれ》には兩親《りやうしん》がなく、唯一人《たゞひとり》の妹《いもうと》と共《とも》に、歐洲戰後《おうしうせんご》の好景氣時代《かうけいきじだい》に株《かぶ》で當《あ》てゝから相當《さうたう》な暮《くら》しをするやうになつた叔父《をぢ》の養子《やうし》になつてゐましたが、神經衰弱《しんけいすゐじやく》だと言《い》つて歸國《きこく》してからは、盛《さか》んに叔父《をぢ》の眼《め》を偸《ぬす》んで金子《かね》を持《も》ち出《だ》しおしまひには印鑑《いんかん》を僞造《ぎざう》して土地《とち》を抵當《ていたう》に入《い》れる、監視《かんし》の眼《め》が鋭《するど》くなつてくると、金子《かね》になりさうな物《もの》は手當《てあた》り次第《しだい》持《も》ち出《だ》して遊《いう》蕩《たう》に使《つか》ふので、養父《やうふ》と猛烈《まうれつ》な喧嘩《けんくわ》を何度《なんど》となく繰《く》り返《かへ》したのち遂《つひ》に養父《やうふ》が「お前《まへ》を離緣《りえん》して妹《いもうと》をあと嗣《つ》ぎにする」と宣言《せんげん》した翌晩《よくばん》、養《やう》父《ふ》が習慣《しふくわん》で毎晩呑《まいばんの》む枕許《まくらもと》の水差《みづさし》へ昇汞水《しようこうすゐ》を入《い》れたといふのでした。

私《わたし》は、章《あきら》が能面《のうめん》のやうな靜《しづ》かな表情《へうじやう》をして、眼《め》だけをギラ〳〵燃《も》やしながら、水差《みづさし》へ毒《どく》を入《い》れる場《ば》面《めん》を想像《さうぞう》しただけで、血《ち》が凍《こほ》るやうな氣《き》がしました。

私《わたし》は、男《をとこ》と一度《ど》でも關係《くわんけい》した女《をんな》が、一生涯《しやうがい》その影響《えいきやう》を受《う》けるといふことを何《なに》かで讀《よ》んだ記憶《きおく》があります。また私《わたし》は、女學校《ぢよがくかう》二年《ねん》のとき、田舍《ゐなか》の祖父《そふ》の家《うち》で豚《ぶた》の仔《こ》の生《うま》れるのを見《み》たことがありますが、雌《し》雄《ゆう》とも眞白《まつしろ》の豚《ぶた》でしたのに、出來《でき》たのは黑《くろ》い斑點《はんてん》のある仔豚《こぶた》でした。それを不審《ふしん》がつてゐる私《わたし》に、祖父《そふ》は「この豚《ぶた》の前《まへ》の旦那《だんな》さんが黑《くろ》かつたからだよ」と說明《せつめい》して吳《く》れたのを覺《おぼ》えてゐます。人間《にんげん》も、再婚《さいこん》した女《をんな》が、前夫《ぜんぷ》によく似《に》た子《こ》を生《う》む事實《じじつ》も屢々《しばしば》あるとのことです。

叔母《をば》の話《はなし》を聞《き》いてから、私《わたし》は、これらの話《はなし》が事實《じじつ》として現在《げんざい》私《わたし》の胎內《たいない》に成長《せいちやう》しつゝある子供《こども》に現《あら》はれたら、といふ恐《おそ》ろしい豫《よ》想《さう》に惱《なや》まされはじめました。

それから每日《まいにち》、私《わたし》の恐怖《きやうふ》は絕頂《ぜつちやう》に達《たつ》し、半病人《はんびやうにん》のやうになつて暮《くら》しました。

敎養《けうやう》がありながら、まるで小鳥《ことり》でも殺《ころ》すやうに冷《ひや》やかな顏《かほ》をして、殺人《さつじん》を計畫《けいくわく》する變質者《へんしつしや》の性格《せいかく》が、私《わたし》の子供《こども》に傳《つた》はるとしたら、私《わたし》にも似《に》ない、そして私《わたし》の夫《をつと》にも似《に》ない、あの章《あきら》の、端正《たんせい》な能面《のうめん》のやうな顏《かほ》をした子供《こども》が生《うま》れたら……夫《それ》が、何《なに》も知《し》らない夫《をつと》が「僕達《ぼくたち》の祖先《そせん》の誰《だれ》かに似《に》ただらう」こんな輕《かる》い氣持《きもち》でその恐《おそ》ろしい犯罪者《はんざいしや》の血《ち》を受《う》けた子供《こども》を可愛《かあい》がるとしたら、そんな樣《さま》を見《み》ながら暮《くら》さなければならない長《なが》い苦《くる》しい一生《しやう》を考《かんが》へると、私《わたし》は氣《き》が狂《くる》ひさうになるのです。私《わたし》は每晚《まいばん》睡眠劑《すゐみんざい》を用《もち》ひないと、恐《おそ》ろしい想念《さうねん》のために眠《ねむ》られなくなりました。さうでないと、トロ〳〵とする淺《あさ》い眠《ねむ》りの中《うち》には、私《わたし》の小《ちひ》さい胎兒《たいじ》がもう大人《おとな》のやうにギラ〳〵光《ひか》る眼《め》を持《も》つてゐる夢《ゆめ》をみたりします。いつそ夫《をつと》に總《すべ》てを打《う》ち明《あ》けて今《いま》のうちに子供《こども》の處置《しよち》をしようと獨《ひと》りでゐる間《あひだ》は決心《けつしん》しますけれども、子供《こども》の出來《でき》る日《ひ》を指折《ゆびを》り待《ま》つてゐる夫《をつと》の顏《かほ》を見《み》ると、堅《かた》い決心《けつしん》も泡《あは》のやうに消《き》えてしまひます。

また私《わたし》は、必《かなら》ずしも章《あきら》の血《ち》が胎兒《たいじ》に影響《えいきやう》してゐるとは限《かぎ》らない、その場合《ばあひ》にこんな妄想《まうさう》に苦《くる》しめられるのは、胎兒《たいじ》が却《かへ》つて章《あきら》の影響《えいきやう》を受《う》ける結果《けつくわ》になるかも知《し》れないと考《かんが》へて、出來《でき》るだけあの恐《おそ》ろしい犯罪者《はんざいしや》のことを忘《わす》れようと努力《どりよく》するのです。けれど、忘《わす》れようとすればするほど私《わたし》は、二年《ねん》近《ちか》く昔《むかし》にたつた一度《ど》犯《おか》した罪《つみ》の恐《おそ》ろしさと夫《をつと》を欺《あざむ》いてゐる一生涯《しやうがい》欺《あざむ》き續《つゞ》けなければならないといふ意識《いしき》に苦《くる》しめられるのです。そして、一日《にち》々々と近《ちか》づく出產日《しゆつさんび》を死《し》の審判《しんぱん》を待《ま》つ樣《やう》な氣持《きもち》で待《ま》つてゐるのです。

批判

今の貴女の義務

此《こ》の種類《しゆるゐ》の投書《とうしよ》は、少《すこ》し大袈裟《おほげさ》に言《い》ふなら日《ひ》に幾通《いくつう》もあると言《い》つてい〻程《ほど》だが、然《しか》しこれ程深刻《ほどしんこく》な事情《じじやう》と戰慄《せんりつ》すべき後悔《こうくわい》に滿《み》みてゐるのも少《すく》ない。或《あ》る醫學者《いがくしや》によれば細胞學上《さいはうがくじやう》、一度關係《どくわんけい》した人《ひと》は血液《けつえき》に變化《へんくわ》が起《おこ》り、相手《あひて》の體質《たいしつ》を受《う》けつぐものであると言《い》つてゐますが、然《しか》し之《これ》は醫學的《いがくてき》に確證《かくしよう》された學說《がくせつ》ではありません。又假令《またたとひ》それが事實《じじつ》だとしても、それ程深《ほどふか》く異種《いしゆ》の子《こ》に影響《えいきやう》するものとは考《かんが》へられません、さう言《い》つたからとて亂倫《らんりん》を許容《きよよう》する意味《いみ》は勿論《もちろん》ありませんが假令《たとひ》貴女《あなた》がそんな關係《くわんけい》になかつた場合《ばあひ》でも、貴女《あなた》の母《はゝ》、或《あるひ》はその母《はゝ》、或《あるひ》は父《ちゝ》の母《はゝ》と遡《さかのぼ》つて行《ゆ》く中《うち》にさういふ場合《ばあひ》がなかつたとは言《い》へません。要《えう》するに今日在《こんにちあ》るところの人類《じんるゐ》は必《かなら》ずさういふ或《あ》る種《しゆ》の血《ち》を混《こん》じてゐると考《かんが》へなければなりません。さういふことを心配《しんぱい》してゐた日《ひ》にはキリがないのです。それよりはこれから生《うま》れ出《で》るお子さんの爲《ため》によりよき生《せい》を與《あた》へてやることを考《かんが》へなくてはいけない貴女《あなた》がそんなことに惱《なや》んだり、苦《くる》しむことは過去《くわこ》の過《あやま》ちよりもつと重大《ちようだい》な影響《えいきやう》を子供《こども》に與《あた》へるかも分《わか》らないのですから、過去《くわこ》は貴女《あなた》自身《じしん》のこれからの人生《じんせい》の戒《いまし》めとしてもつと元氣《げんき》にばつらつと生《い》きるべきです。それこそ現在《げんざい》の周圍《しうゐ》に對《たい》して貴女《あなた》がなすべき最《もつと》も重大《ちようだい》なる義務《ぎむ》であります。

悲しき白薔薇の思ひ出

石島陽子

Kさま——貴方《あなた》が永遠《えいゑん》に、御幸福《ごかうふく》であるやうに……

と申上《まをしあ》げれば、

「相變《あひかは》らず、君《きみ》はセンチだなあ」

と仰有《おつしや》る貴方《あなた》でせう。陽子《やうこ》には、その時《とき》の貴方《あなた》の男性的《だんせいてき》な中音《ちうおん》が耳《みゝ》に聞《きこ》えて來《き》ますし、その時《とき》の貴方《あなた》の表情《へうじやう》までが、克明《こくめい》に想像《さうぞう》出來《でき》ます。

それほど、陽子《やうこ》には貴方《あなた》の特徴《とくちよう》の一《ひと》つ一《ひと》つ、表情《へうじやう》のどんな細《こま》かい動《うご》き方《かた》、それらが今《いま》になつても忘《わす》れられないものなのです。

體《からだ》の弱《よわ》かつた兄《あに》のたつた一人《ひとり》のお友達《ともだち》としての貴方《あなた》。そして私《わたし》にとつても亦《また》、この上《うへ》もない愛人《あいじん》だつた貴方《あなた》。貴方《あなた》は、あの頃《ころ》、私達兄妹《わたしたちきやうだい》にとつて、なにか力強《ちからづよ》い支《さゝ》へのやうなものでした。

樂《たの》しかつた!! 愉快《ゆくわい》だつた!!

母《はゝ》と兄《あに》と私《わたし》。それに半分《はんぶん》は私《わたし》の家《うち》の一員《ゐん》だつた貴方《あなた》を加《くは》へた四人《にん》が、いつも明朗《めいらう》な笑聲《わらひごゑ》をひゞかせて、

「石島《いしじま》さんでは、何《なに》があんなに?」

と近所《きんじよ》の方《かた》に不審《ふしん》がられる程《ほど》でした。

大學《だいがく》の學期《がくき》試驗《しけん》が終《をは》つたその夜《よ》、お祝《いはひ》のために、私《わたし》はいつも女學校時代《ぢよがくかうじだい》のお料理《れうり》のノートを引出《ひきだ》してはよくメンチボールなどをこしらへたものでした。

「下宿屋《げしゆくや》に居《ゐ》ると、陽子《やうこ》さんのお料理《れうり》でも、不思議《ふしぎ》にうまい……」

とけなしながらも、どの皿《さら》もどの皿《さら》も綺麗《きれい》に空《あ》けて下《くだ》さつた貴方《あなた》。話《はなし》が彈《はず》んで、夜《よる》おそくなると、

「小母《をば》さん、今夜《こんや》もとめて頂《いたゞ》きますよ」

さう仰言《おつしや》つて、それからは得意《とくい》の怪談《くわいだん》を、身振《みぶり》、手眞似《てまね》などしては、よく私《わたし》を恐《おそ》ろし

がらせた貴方《あなた》でした。

けれども、Kさま！　貴方《あなた》の色《いろ》んな茶目《ちやめ》は、私達《わたしたち》一家《か》を賑《にぎ》はす、貴方《あなた》の心遣《こゝろづか》ひだつたのです。

父《ちゝ》が殘《のこ》して呉《く》れた財産《ざいさん》から、兄《あに》を大學《だいがく》にやり、私《わたし》に女學校《ぢよがくかう》を卒《をは》らした今《いま》、その殘《のこ》りは最《も》う心細《こゝろぼそ》いものだつたのです。そして、母《はゝ》は兄《あに》が大學《だいがく》さへ出《で》れば、とそれだけを樂《たの》しみに暮《くら》してゐたのです。

Kさま！　貴方《あなた》はいつかそれを知《し》つていらした。なにかにつけて心細《こゝろぼそ》がる母《はゝ》や私《わたし》を慰《なぐさ》めるために、色々《いろ／＼》と骨折《ほねを》つて下《くだ》さつた。

シネマ、郊外散歩《かうぐわいさんぽ》、時々《ときどき》の銀《ぎん》ブラ。學生《がくせい》服《ふく》の兄《あに》と貴方《あなた》との間《あひだ》に挾《はさ》まつて、私《わたし》はいつもどんなに誇《ほこ》らしげであつたことか。そんな時《とき》、きまつて、明《あか》るい鋪道《ほだう》でお友達《ともだち》から

「御《ご》一緒《しよ》の方《かた》、どなた？」

「お兄樣《にいさま》とお兄樣《にいさま》のお友達《ともだち》」

「それで、あなたにとつてはなあに？」

「お友達《ともだち》よ」

「うそおつしやい、フイアンセでせう」

そんな事《こと》をよく云《い》はれては、打消《うちけ》しながらも、さうなつて呉《く》れゝばいゝと、どんなに望《のぞ》んだことだつたでせう。

あの日《ひ》のことを、覺《おぼ》えていらつしやいますかしら。ふと兄《あに》の書齋《しよさい》に入《はい》らうとした私《わたし》の耳《みゝ》に、

「君《きみ》のシユヴエスターな、僕《ぼく》に呉《く》れないか」

と云《い》ふ貴方《あなた》のお聲《こゑ》なのです。

――兄《あに》はどう御返事《ごへんじ》するかしら――

なんとも云《い》へない胸騒《むなさわ》ぎと羞恥《しうち》とで、其處《そこ》に釘附《くぎづ》けになつたまゝ、私《わたし》は耳《みゝ》を澄《す》ませました。

「僕《ぼく》あ、君《きみ》のシユヴエスターなら、フラウにしても安心《あんしん》なんだ」

又《また》、續《つゞ》けて貴方《あなた》のお言葉《ことば》でした。

「あいつだつて、君《きみ》を好《す》きらしい、ムツターだつて、君《きみ》なら氣心《きごゝろ》も分《わか》つて居《ゐ》るから反對《はんたい》はなし、僕《ぼく》は勿論《もちろん》のこと、兎《と》に角《かく》僕《ぼく》から話《はな》しておかう」

と云《い》ふ兄《あに》の答《こたへ》。私《わたし》は幸福《かうふく》の絶頂《ぜつちやう》に追《お》ひ上《あ》げられたやうな氣《き》がしました。

なにか、待《ま》たれるやうな、ぢつとしてゐられない氣持《きもち》で、その夕方《ゆふがた》、Kさま！　貴方《あなた》がお歸《かへ》りになつた後《あと》で、私《わたし》は夕闇《ゆふやみ》の中《なか》にゆらいでゐる白薔薇《しろばら》を見詰《みつ》めながら、獨《ひと》りで涙《なみだ》ぐんで居《を》りました。だつて、一重《ひとへ》の大輪《たいりん》咲《ざ》きのこの薔薇《ばら》を、貴方《あなた》は大好《だいす》きだとおつしやつた事《こと》があるのですもの。

「私《わたし》は幸福《かうふく》だわ―」

そんな事《こと》を呟《つぶや》いては、夕暮《ゆふぐれ》にヒタ／＼と舞《ま》ふあの無氣味《むきみ》な白蛾《はくが》をさへ、美《うつく》しい幸福《かうふく》の象徴《しやうちよう》のやうに眺《なが》めながら。

想《おも》ひ出《で》をたどつて見《み》ますと、想《おも》ひ出《で》が又《また》想《おも》ひ出《で》を産《う》んで來《き》ます。私《わたし》にはどれもこれも皆樂《みなたの》しい想《おも》ひ出《で》。そして、Kさま！　貴方《あなた》にとつては苦《くる》しい想《おも》ひ出《で》の數々《かず／＼》。

公然《こうぜん》と許《ゆる》された、さう云《い》つた氣持《きもち》から、貴方《あなた》と私《わたし》との間《あひだ》は、尙《なほ》一層親密《そうしんみつ》の度《ど》が増《ま》して來《き》たやうに思《おも》はれました。

事實《じじつ》、それまでいつも、子供《こども》とよりほか扱《あつか》はれなかつた私《わたし》に對《たい》して、貴方《あなた》は一《ひと》かどの女《をんな》としての態度《たいど》を取《と》つて下《くだ》さるやうになりました。

けれど、それがいけなかつたのです。若《わか》い男《をとこ》と若《わか》い女《をんな》と。そして、やがては結婚《けつこん》

することに決《き》まつてゐるのだ。こんな氣持《きもち》は、お互《たがひ》の心《こゝろ》に弦《ゆる》みを與《あた》へるものです。凡《あら》ゆる行《おこな》ひの節々《ふしぐ》に必《かなら》ずそんな氣持《きもち》が現《あらは》れて來《く》るものです。そしてなにかいらくした氣持《きもち》が湧《わ》いて來《き》ます。

かと云《い》つて、別《べつ》に私達《わたしたち》の間《あひだ》には、取上《とりあ》げるやうな問題《もんだい》も起《おこ》らなかつたのです。お互《たがひ》にもつと確《しつか》り話合《はなしあ》つて見《み》たい。が、なんだか氣《き》まづいと云《い》つた狀態《じやうたい》だつたのです。

やがて夏《なつ》が來《き》ました。解放的《かいはうてき》な夏《なつ》。そして私《わたし》にとつては、唯一《ゆゐつ》の經驗《けいけん》をさせられた夏《なつ》。

「海水浴《かいすゐよく》へ行《ゆ》かう」

來年《らいねん》の卒業論文《そつげふろんぶん》のためにと云《い》ふ理由《りいう》で、歸國《きこく》しなかつた貴方《あなた》の發案《はつあん》で、兄《あに》と貴方《あなた》と私《わたし》の三人《にん》が、海岸《かいがん》へ出《で》かけた日《ひ》のこと。

八月《ぐわつ》の蒼《あを》い海《うみ》。碎《くだ》ける白《しろ》い波《なみ》。燒《や》けて銀色《ぎんいろ》に輝《かゞや》く砂《すな》、そして開放《かいはう》された若人《わかうど》の群《むれ》。

泳《およ》ぎの達者《たつしや》な貴方《あなた》は、泳《およ》げない私《わたし》の手《て》を引《ひ》いて、沖《おき》の方《はう》へ幾度《いくど》も連《つ》れて行《い》つて下《くだ》さいました。

「おぶない！」

はつと思《おも》つた時《とき》には、貴方《あなた》はもう私《わたし》の手《て》を握《にぎ》つて、高《たか》い波《なみ》を乘越《のりこ》してゐるのです。底《そこ》の眞砂《まさご》まで見《み》えるやうな、碧色《へきしよく》の海水《かいすゐ》の中《なか》で、貴方《あなた》と私《わたし》の足《あし》が縺《もつ》れ合《あ》つて見《み》えた。

貴方《あなた》が手《て》を取《と》つて下《くだ》すつたにも拘《かゝは》らず、私《わたし》は波《なみ》に足《あし》をすくはれて、卷《ま》き込《こ》まれてしまつたのです。

「アツ、苦《くる》しい！」

觸れたのを幸《さいは》ひ、しかと抱《だ》きついたのが貴方《あなた》の足《あし》でした。鼻《はな》が突《つ》きさゝれるやうに痛《いた》かつた。目《め》が開《あ》けられない位《くらゐ》に滲《し》みた。いや、それよりも、力強《ちからづよ》い貴方《あなた》の腕《うで》の中《なか》に何時《いつ》までも居《ゐ》たかつた、その望《のぞ》みが多《おほ》かつたかも知《し》れません。

初《はじ》めてのベーゼ。鹽《しほ》からかつたベーゼ。

「あゝ、私《わたし》は身《み》も心《こゝろ》もK樣《さま》に差上《さしあげ》たのだ」

私《わたし》は幸福《かうふく》でした。

「誰《たれ》が、世《よ》の中《なか》で私程《わたしほど》幸福《かうふく》なものがあるだらうか？」

　水平線《すゐへいせん》に棚引《たなび》く島《しま》の噴煙《ふんえん》を眺《なが》めながら、私《わたし》はそんなに呟《つぶや》いたものです。私《わたし》の胸《むね》は、幸福《かうふく》で一杯《ぱい》にふくらんでゐました。

　それから、秋《あき》が來《き》て、冬《ふゆ》が來《き》て、貴方《あなた》はいつも私《わたし》に優《やさ》しかつたし、私《わたし》は片時《かたとき》も貴方《あなた》を忘《わす》れたことはなかつたし、それに何《なに》よりも悦《よろこ》ばしかつたのは、母《はゝ》から、貴方《あなた》の着物《きもの》を縫《ぬ》はせられた時《とき》でした。

　やがてお正《しやう》月《ぐわつ》、明朗《めいらう》な笑聲《わらひごゑ》。三日間《かかん》だけ、私達《わたしたち》は唯遊《たゞあそ》びました。

　卒業試験《そつげふしけん》の勉強《べんきやう》。兄《あに》と貴方《あなた》とで、お互《たがひ》に勵《はげ》まし合《あ》つて居《ゐ》る姿《すがた》。貴方《あなた》は下宿《げしゆく》にお歸《かへ》りにならならない日《ひ》が多《おほ》くなりました。

「卒業《そつげふ》さへしたら」と口癖《くちぐせ》のやうに云《い》つてゐた兄《あに》が、寢附《ねつ》いたのは、そんな激《はげ》しい勉《べん》強《きやう》の最中《さいちう》だつたのです。

　Kさま！　貴方《あなた》は勿論《もちろん》、心配《しんぱい》して下《くだ》さいました。

「君《きみ》の分《ぶん》まで準備《じゆんび》しといてやる。だから、快《よ》くなつて、試験場《しけんぢやう》へだけ顔《かほ》を出《だ》しやいゝよ」

　そんなに兄《あに》を勵《はげ》ましては、枕許《まくらもと》で看護《かんご》の傍《かたは》ら、本《ほん》の頁《ページ》を繰《く》つていらした貴方《あなた》でした。

「あゝ、すぐ快《よ》くなる。大丈夫《だいぢやうぶ》だ！」

　けれども、兄《あに》の病氣《びやうき》はよくはならなかつたのです。急性肺炎《きふせいはいえん》がその病名《びやうめい》でした。平《へい》常《じやう》から、體《からだ》の弱《よわ》かつた兄《あに》です。一《ひと》たまりもなかつたのでした。

　私《わたし》の電話《でんわ》で、試験場《しけんぢやう》から、貴方《あなた》が馳《は》せつけて下《くだ》さつた時《とき》には、兄《あに》はもう口《くち》もきけませんでした。

「オイ、僕《ぼく》だよ。シツカリしろ！」

　唯《たゞ》、合點《がてん》して、そのまゝ目《め》を閉《と》ぢて仕舞《しま》つた兄《あに》。泣《な》くにも、もう涙《なみだ》さへもなくなつた母《はゝ》と私《わたし》でした。

「試験《しけん》だけは受《う》けて下《くだ》さい。家《うち》の子《こ》の分《ぶん》も一緒《しよ》に受《う》けてやつて下《くだ》さい。さうすれば、あの子《こ》もどんなに悦《よろこ》ぶか……」

　と云《い》ふ母《はゝ》のお願《ねが》ひで、貴方《あなた》は卒業《そつげふ》の試験《しけん》を續《つゞ》けながら、私《わたし》の家《うち》の一切《さい》を見《み》て下《くだ》さいました。

「あんないゝ方《かた》はない」

　母《はゝ》も私《わたし》も、どんなに感謝《かんしや》したことでせう。兄《あに》のお葬式《さうしき》、貴方《あなた》の卒業《そつげふ》、歸國《きこく》、就職《しうしよく》。

　そんな忙《いそが》しい中《なか》で、私《わたし》は私《わたし》の結婚《けつこん》に就《つ》いて一言《ひとこと》も云《い》ひ殘《のこ》して呉《く》れなかつた兄《あに》を、隨分《ずゐぶん》恨《うら》んだものでした。馬鹿《ばか》だつた私《わたし》。

　歸國《きこく》する貴方《あなた》を、東京驛《とうきやうえき》へお送《おく》りして、私《わたし》は泣《な》けて〳〵仕方《しかた》がなかつたのです。

「すぐ、歸《かへ》つて來《き》ますよ」

　さう云《い》つて、手《て》を握《にぎ》つて下《くだ》さつた貴方《あなた》のお姿《すがた》を、私《わたし》はそれ以來《いらい》何時《いつ》でも心《こゝろ》に浮《うか》べては、自分自身《じぶんじしん》を勵《はげ》まして居《ゐ》りました。

　安着《あんちやく》の知《し》らせ。大阪《おほさか》に就職《しうしよく》の知《し》らせ、それから二三通《つう》の無事平穩《ぶじへいおん》な手紙《てがみ》。私《わたし》の望《のぞ》んで居《ゐ》たやうな手紙《てがみ》は一《ひと》つも頂《いたゞ》けませんでした。

「お忙《いそが》しいのだから仕方《しかた》がない」

　母《はゝ》も何處《どこ》か淋《さび》しさうでした。母《はゝ》よりももつと私《わたし》の心持《こゝろもち》の慘《みじ》めさ。

　兄《あに》を失《うしな》つた私達《わたしたち》の家庭《かてい》は、生活《せいくわつ》を切詰《きりつ》める必要《ひつえう》が生《しやう》じて來《き》ました。

　家賃《やちん》の安《やす》い郊外《かうぐわい》へ、小《ちひ》さい家《うち》へ、涙《なみだ》と共《とも》

に貴方《あなた》に差上《さしあ》げた移轉通知《いてんつうち》。私《わたし》はその後《あと》へ、こんな事《こと》を書《か》き添《そ》へました。

――貴方《あなた》がお好《す》きだつた元《もと》のお家《うち》の垣根《かきね》の白《しろ》バラ、私《わたし》にも貴方《あなた》にも、思《おも》ひ出《で》があるので一株《かぶ》だけ一緒《しよ》に掘《ほ》つて持《も》つて參《まゐ》りましたの。五月《ぐわつ》が來《く》ると、今度《こんど》のお家《うち》の庭《には》で、矢張《やは》り見事《みごと》に咲《さ》くことでせう。そして、貴方《あなた》の御上京《ごじやうきやう》の日《ひ》を、樂《たの》しみにお待《ま》ちして居《を》ります。――

けれども、貴方《あなた》から頂《いただ》いた御返事《ごへんじ》は、私《わたし》を失望《しつばう》のどん底《ぞこ》へ突落《つきおと》して仕舞《しま》ひました。

――當分《たうぶん》、仕事《しごと》の關係《くわんけい》で上京《じやうきやう》出來《でき》ないこと。かつて、僕《ぼく》はあなたの兄《にい》さんに僕《ぼく》とあなたとの結婚《けつこん》のことを話《はな》したことがあるが、それも今《いま》では出來《でき》ないこと。僕《ぼく》は長男《ちやうなん》であるし、あなたも亦《また》、後繼者《こうけいしや》であるから――

そんな事《こと》が、極《きは》めて、冷膽《れいたん》に書《か》かれてあつたのです。

「身《み》も心《こゝろ》も、捧《さゝ》げつくした私《わたし》は捨《す》てられた！」

胸《むね》の奥底《おくそこ》から、熱《あつ》い涙《なみだ》がこみ上《あ》げて來《き》て、私《わたし》は身動《みうご》きもせず庭《には》の白薔薇《しろばら》を見詰《みつ》めて居《を》りました。

「お母《かあ》さん、この手紙《てがみ》！」

讀《よ》み終《をは》つて、母《はゝ》はそゝくさと臺所《だいどころ》へ立《た》つて行《い》つてしまひました。

母《はゝ》は、貴方《あなた》と私《わたし》との關係《くわんけい》を、さう委《くは》しく知《し》らなかつたのです。

母《はゝ》と私《わたし》との、ちぐはぐな心《こゝろ》の喰違《くひちが》ひ。貴方《あなた》のお名前《なまへ》を無意識《むいしき》のうちに口《くち》にしては、お互《たがひ》に觸《ふ》れる可《べ》からざるものに觸《ふ》れたと云《い》つたやうな、そんな二月《つき》あまりの生活《せいくわつ》。なにか大聲《おほごゑ》にのゝしり度《た》い心《こゝろ》の衝動《しようどう》を感《かん》じたことが幾度《いくど》でせう。いゝえ、どうせ私《わたし》は捨《す》てられた身《み》だ。どうにでもなれ。そんな氣《き》にも幾度《いくど》かなりました。又《また》ある時《とき》は「死《し》」それがふと頭《あたま》に浮《うか》んで來《き》ました。けれども、母一人《はゝひとり》、娘一人《こひとり》の私《わたし》にどうしてそんな事《こと》が遂行出來《すゐかうでき》ませう。

「凡《すべ》てを忘《わす》れるために、又生活《またせいくわつ》のためにも私《わたし》は勤《つと》めよう」

幸に得《え》た仕事《しごと》は、オフィス街《がい》の事務員《じむゐん》。事務所《じむしよ》通《がよ》ひの往《ゆ》き歸《かへ》りに、ふと貴方《あなた》に似《に》た御姿《おすがた》を見掛《みか》けて、胸《むね》をとゞろかせた事《こと》もありました。

勤《つと》めはつらいもの。けれど、何《なに》か力強《ちからづよ》いものを與《あた》へられました。そして、私《わたし》の世《よ》の中《なか》の見方《みかた》が、少《すこ》しづゝ變《かは》つて來《く》るやうです。

このまゝ、徹底《てつてい》して行《ゆ》けばいゝ。と思《おも》ふその下《した》から、矢張《やは》り私《わたし》の氣持《きもち》は、ぐらついて行《ゆ》きます。淋しく、貴方《あなた》が思《おも》ひ出《だ》されるのです。

「こんな好《いゝ》お嫁《よめ》の口《くち》があるんですが……」

さう云《い》つてくれる人《ひと》があります。

「私《わたし》は一度《ど》破《やぶ》れた身《み》、もう結婚《けつこん》する資格《しかく》はない」

どんな話《はなし》にも、耳《みゝ》を傾《かたむ》けない私《わたし》です。

かうした私《わたし》の態度《たいど》に、老《お》ひた母《はゝ》は無言《むごん》で、たゞぢつと見守《みまも》るだけです。けれども、私《わたし》にはよく判《わか》ります。母《はゝ》の眼《め》が何《なに》を物語《ものがた》つて居《ゐ》るのかを。

「これ以上《いじやう》、私《わたし》に心配《しんぱい》をかけないでお呉《く》れ。お前《まへ》の氣持《きもち》がわからないではないが、もうKさんなんか諦《あきら》めておしまひ。そして、今《こん》度《ど》の人《ひと》と早《はや》く結婚《けつこん》して、孫《まご》の顏《かほ》でも見《み》せてお呉《く》れ……」

——判《わか》つて居《ゐ》ます。お母《かあ》さん、今度《こんど》の結《けつ》婚《こん》の話《はなし》が、私《わたし》には分《ぶん》に過《す》ぎた御嫁《およめ》の口《くち》だつてことを。早《はや》く身《み》を堅《かた》めてお母《かあ》さんに安心《あんしん》させたいことも、Kさまのことなんか、一刻《こく》も早《はや》く忘《わす》れてしまつた方《はう》がいゝ、が、身《み》も心《こゝろ》も打込《うちこ》んだ初戀《はつこひ》の想《おも》ひ出《で》——。

あゝ、私《わたし》は、どうしたらいゝのかしら。私《わたし》は弱《よわ》い。私《わたし》は卑怯《ひけふ》だ。親身《しんみ》に相談《さうだん》する人《ひと》もない私《わたし》。それに私《わたし》はもう結婚《けつこん》する資格《しかく》もない。——Kさまと私《わたし》のことが、どんなに進展《しんてん》して居《ゐ》たか知《し》らない可哀相《かあいさう》なお母《かあ》さん。貴女《あなた》は、眼《め》を閉《と》ぢて、この親不幸《おやふかう》な娘《むすめ》の事《こと》を、見《み》て見《み》ない振《ふ》りをして下《くだ》さい。

お願《ねが》ひです。私《わたし》には、矢張《やは》り白薔薇《しろばら》の想《おも》ひ出《で》を捨《す》てる事《こと》が出來《でき》ない。——

「K樣《さま》！　貴方《あなた》は結婚《けつこん》していらつしやる」

私《わたし》には、それが身近《みぢか》く感《かん》ぜられます。そして恐《おそ》らく、これは私《わたし》の思《おも》ひ違《ちが》ひではないでせう。

けれど、かまはない。私《わたし》は、貴方《あなた》の愛《あい》が、私《わたし》からどんなに遠《とほ》ざからうと、私自身《わたしじしん》は、これから先《さき》、貴方《あなた》を唯一《ゆゐいつ》の愛人《あいじん》として思《おも》ひつゞけて居《ゐ》ることでせう。

では、Kさま！　もう一度《ど》、貴方《あなた》が永遠《えいゑん》に御幸福《ごかうふく》であるやうに……

ロマンチツクだとも、センチメンタルだともお笑《わら》ひになつて下《くだ》さい。

批判

餘りに弱し

愛《あい》するといふことは相對的《さうたいてき》であり、比較《ひかく》的《てき》であつて決《けつ》して絶對的《ぜつたいてき》なものではありません。特《とく》に男性《だんせい》にとつては戀愛《れんあい》は多《おほ》くの場《ば》合《あひ》非常《ひじやう》に「比較的《ひかくてき》」であり勝《が》ちです。竟《つま》り言《い》ひ換《か》へるならばこれを「浮氣《うはき》」とも言《い》ひ得《え》られませう。強氣《つよき》や嫉妬《しつと》やヒステリーも程度《ていど》問題《もんだい》ですが、あまりに弱《よわ》く、引込思案《ひつこみじあん》であることは、さういふ男性《だんせい》の氣持《きもち》を他《た》へ向《む》ける機會《きくわい》をつくるものです。

女《をんな》にとつて貞操《ていさう》或《あるひ》は處女性《しよぢよせい》が高《たか》く評價《ひやうか》

きしる今日《こんにち》の状勢《じやうせい》に於《お》いては、女《をんな》の戀愛《れんあい》が男《をとこ》よりも遙《はる》かに絶對的《ぜつたいてき》であり、獻身的《けんしんてき》であり純粋《じゆんすゐ》であります。それ故今日《ゆゑこんにち》の社會《しやくわい》に棲息《せいそく》する限《かぎ》りに於《おい》て、處女乃至貞操《しよぢよないしていさう》は重《おも》んじられなくてはなりません。貴女《あなた》が愛《あい》する人《ひと》に身《み》も心《こゝろ》も捧《さゝ》げたことを非難《ひなん》しようとするものではありませんが、一旦《たん》捧《さゝ》げた以上《いじやう》それは結婚《けつこん》の前提《ぜんてい》としてゞあつたのですから、もつと強《つよ》く激《はげ》しき愛情《あいじやう》をもつて男《をとこ》の方《かた》に御結婚《ごけつこん》を要求《えうきう》さるべきであります。それでなかつたなら、女《をんな》の貞操《ていさう》や處女性《しよぢよせい》が彼《かれ》の手落《ておち》に強要《きやうえう》されてゐながら、而《しか》も場合《ばあひ》によつて男性《だんせい》の飽《あ》くなき蹂躪《じうりん》がなされる今日《こんにち》の、不利《ふり》な女性《ぢよせい》の立場《たちば》は永遠《えいゑん》に救《すく》はれないでせう。貴女《あなた》の場合《ばあひ》を見《み》て更《あらた》めて言《い》ひたいことは、『女《をんな》よもつと強《つよ》くなれ』の一言《ごん》です。

告げられぬ嘆き

樺山芳子

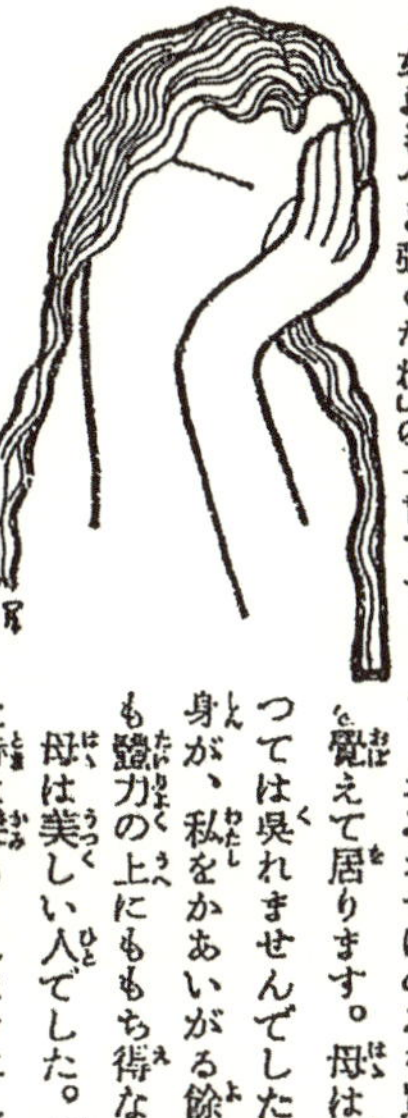

私《わたし》が小學校《せうがくかう》へ入《はい》る前《まへ》の年《とし》、恰度《ちやうど》七つの時《とき》、母《はゝ》に連《つ》れられて今《いま》の養父《やうふ》の家《いへ》に來《き》ました。

それ迄《まで》、私《わたし》は母《はゝ》と二人《ふたり》で、或商家《あるしやうか》の一室《しつ》を借《か》りてくらしてゐたのです。母《はゝ》は陰氣《いんき》な性《せい》格《かく》なので私《わたし》は父《ちゝ》のゐない事《こと》が淋《さび》しかつたけれど、一度《ど》も『お父《とう》さんはどうしてないの』といふ質問《しつもん》を母《はゝ》にした事《こと》はありません。母《はゝ》の陰鬱《いんうつ》な顔《かほ》をくらくする事《こと》は子供心《こどもごゝろ》にも惡《わる》いと感《かん》じさせてゐたのです。母《はゝ》は大概《たいがい》ねてゐました。私《わたし》はお隣《となり》の八百屋《やおや》さんへ小《ちひ》さな私《わたし》の手《て》にかゝへ切《き》れない樣《やう》なかごをもつて、おみおつけのみを買《か》ひにやらされたのを覺《おぼ》えて居《を》ります。母《はゝ》は私《わたし》をあまり可愛《かあい》がつては呉《く》れませんでした。それは、母《はゝ》の病《びやう》身《しん》が、私《わたし》をかあいがる餘裕《よゆう》を、氣持《きもち》の上《うへ》にも體力《たいりよく》の上《うへ》にももち得《え》なかつたのでせう。

母《はゝ》は美《うつく》しい人《ひと》でした。私《わたし》と二人《ふたり》切《き》りでゐた時《とき》は髮《かみ》もくしまきにし、白粉《おしろい》もつけなかつたと覺《おぼ》えて居《を》ります。でも父《ちゝ》の家《うち》へ來《き》てからしばらくは、うすくお化粧《けしやう》もして髮《かみ》も取《とり》つくらつてとても粹《いき》に美《うつく》しかつたのが頭《あたま》の中《なか》に、殘《のこ》つて居《を》ります。父《ちゝ》の家《うち》へ來《き》てからしばらくは、大概《たいがい》起《お》きてゐて、父《ちゝ》の身《み》のまはりの世話《せわ》もしてゐたし、私《わたし》の長《なが》いたもとの着物《きもの》などもつくつて呉《く》れました。でも母《はゝ》が一家《か》の主婦《しゆふ》らしく立働《たちはたら》いてゐたのは僅んのわづかの間《あひだ》でした。父《ちゝ》が請負師《うけおひし》をやつてゐたので、無遠慮《ぶゑんりよ》な、荒《あら》くれた土工達《どこうたち》が家《うち》へ出入《でい》りするのを非道《ひど》く嫌《きら》つてゐたのです。土工達《どこうたち》が來《く》ると、默《だま》つて、つと立《た》つて奥《おく》の六疊《でふ》の間《ま》に入《はい》り、枕《まくら》と小《こ》がいまきを出《だ》して横《よこ》になつて了《しま》ひました。それが度重《たびかさ》なり、習慣《しふくわん》の様《やう》になつて、母《はゝ》は又《また》、年中《ねんぢう》ねてゐる様《やう》になりました。

養父《やうふ》は私《わたし》を大變《たいへん》かわいがつて呉《く》れました。近所《きんじよ》の子供《こども》と遊《あそ》ぶ以外《いぐわい》、電車《でんしや》にのつたりする事《こと》など殆《ほと》んどなかつたのですが、用《よう》達《た》しに行《ゆ》く父《ちゝ》がよく手《て》を引《ひ》いて連《つ》れて行《い》つてくれるのはとても嬉《うれ》しい事《こと》でした。だから私《わたし》は、年中《ねんぢう》つまらなさうにしてねてゐる母《はゝ》よりも、元氣《げんき》な父《ちゝ》の方《はう》が何層倍《なんぞうばい》も好《す》きだつたのです。晩酌《ばんしやく》の時《とき》など『お母《かあ》さんより芳子《よしこ》の方《はう》がよつぽといゝ子《こ》だなあ』と言《い》つて私《わたし》の頭《あたま》を撫《な》でゝお酒《さけ》を呑《の》ませてくれました。私《わたし》もはじめは『おゝ辛《から》い』といつてペツペツと父《ちゝ》の膝《ひざ》の上《うへ》にはきだしたのですが、毎日《まいにち》呑《の》まされてゐるうちにいつか平氣《へいき》になつておちよくに一《ひと》つや二《ふた》つ父《ちゝ》の膝《ひざ》の上《うへ》できつとお相手《あひて》をしたものです。小學校《せうがくかう》の三年位《ねんくらゐ》の時《とき》には、殆《ほと》んど母《はゝ》はねたきりで、私《わたし》が學校《がくかう》から歸《かへ》つて來《き》て晩《ばん》のお仕度《したく》をしたり、近所《きんじよ》にゐる土工《どこう》のおかみさんが來《き》て洗《せん》濯《たく》やお勝手《かつて》を手傳《てつだ》つてくれました。私《わたし》は父《ちゝ》がかわいがつてくれるので母《はゝ》のねてゐる側《そば》へなど行《ゆ》かうともしませんでした。私《わたし》は學《がく》校《かう》が好《す》きで、父《ちゝ》も母《はゝ》も勉強《べんきやう》など少《すこ》しもみてはくれませんでしたけれど、晩《ばん》のおかたづけをして了《しま》ふと机《つくゑ》を引《ひ》ぱりだして來《き》てねむくなる迄《まで》おさらひをしました。そしてねむくなると××××に入《はい》つてぐつすりとねて了《しま》ふのです。

その事《こと》が、考《かんが》へても戰慄《せんりつ》させられる様《やう》な、二重《ぢう》もの悲《かな》しみと苦《くる》しみに私《わたし》を陷《おと》し入《い》れようとは夢《ゆめ》にも知《し》らなかつたのです。義理《ぎり》の××あるとはいへ×です。そして私《わたし》はもう處女《しよぢよ》ではないのだと思《おも》ひます。畜生道《ちくしやうだう》におち入《い》つてゐたのではないでせうか。私《わたし》は今《いま》まではつきりとその事《こと》を考《かんが》へようとはしませんでした。でも私《わたし》は、今《いま》それを考《かんが》へねばならない事情《じじやう》に出逢《であ》つてゐるのです。昨年《さくねん》女學校《ぢよがくかう》を出《で》て今《いま》幼稚園《えうちゑん》の保姆《ほぼ》をして居《を》りますが、女學校《ぢよがくかう》の時《とき》のお友達《ともだち》のお兄様《にいさま》に求婚《きうこん》されてゐるのです。私《わたし》もこの人《ひと》に好意《かうい》を持《も》つてゐます。けれど私達《わたしたち》はお手紙《てがみ》を差上《さしあ》げた事《こと》も、頂《いたゞ》いた事《こと》もありません。私《わたし》がお友《とも》達《だち》の所《ところ》に伺《うかゞ》つた時《とき》に一寸《ちよつと》お逢《あ》ひして會釋《ゑしやく》をする程度《ていど》だつたのです。お友達《ともだち》のお兄様《にいさま》は今年《ことし》或大學《あるだいがく》の商科《しやうくわ》を出《で》て銀行《ぎんかう》につとめてゐるおとなしい方《かた》です。お友達《ともだち》から常《つね》にいろいろな事《こと》をきかされたのを綜合《そうがふ》して考《かんが》へてみると、とても純情《じゆんじやう》な生一本《きいつぽん》な、惡《わる》く言《い》へば融通《ゆうづう》のきかない様《やう》な方《かた》です。私《わたし》のこの醜《みにく》い過去《くわこ》を話《はな》したら唾棄《だき》される事《こと》でせう。さうされる事《こと》は私《わたし》には目《め》にみえてゐます。でも私《わたし》はこのよい縁談《えんだん》を逃《に》がすこと、あの尊《そん》敬《けい》してゐる友達《ともだち》のお兄様《にいさま》にすてられる事《こと》は死《し》ぬより辛《つら》いのです。折角《せつかく》私《わたし》を訪《おとづ》れかけた幸福《かうふく》も、醜《みにく》い醜《みにく》い過去《くわこ》が飛出《とびだ》して來《き》て目茶《めちや》目茶《めちや》に、ふみにぢつて了《しま》ひ、私《わたし》を谷底《たにそこ》へつき落《おと》すのかと思《おも》ふと私《わたし》は居《ゐ》ても立《た》つてもゐられない氣持《きもち》にさせられます。私《わたし》は奇形的《きけいてき》な、不幸《ふかう》な家庭《かてい》に育《そだ》ちました。私《わたし》は生《う》みの父親《ちゝおや》がどんな人《ひと》であつたかはつきり知《し》る事《こと》はできないのです。そして生《い》きてゐるのか死《し》んでゐるのかも。その事《こと》は物心《ものごゝろ》ついた私《わたし》をどの位《くらゐ》苦《くる》しませた事《こと》でせう。でも無爲《むゐ》な苦《くる》しみより、一日《にち》も早《はや》く未來《みらい》の幸福《かうふく》へ逃《のが》れる事《こと》によつて生《い》き様《やう》と考《かんが》へました。過去《くわこ》のひけめのある生活《せいくわつ》を早《はや》く追《お》ひ拂《はら》ひたいと思《おも》つたのです。それは、普通《ふつう》の世間《せけん》並《な》みの結婚《けつこん》と家庭生活《かていせいくわつ》でした。だのに、それも私《わたし》には不可能《ふかのう》なのではないか、と思《おも》ふと最早私《もはやわたし》には希望《きばう》などないのです。私《わたし》は人間《にんげん》ではありません畜生《ちくしやう》なのです。人《ひと》に愛《あい》される資格《しかく》など私《わたし》にはないのです。殊《こと》に、純情《じゆんじやう》な、淸淨《せいじやう》なこのお兄樣《にいさま》に愛《あい》される資格《しかく》などないのです。私《わたし》はこの醜《みにく》い過去《くわこ》を話《はな》して、お兄樣《にいさま》やお友達《ともだち》に輕蔑《けいべつ》されたくありません。このお兄樣《にいさま》の侮辱《ぶじよく》のまなざしを私《わたし》は世界中《せかいぢう》で一番恐《ばんおそ》ろしいものと思《おも》つてゐるのです。けれど私《わたし》は私《わたし》の過去《くわこ》をそつと包《つゝ》んで、お兄樣《にいさま》と結婚《けつこん》する勇氣《ゆうき》はありません。私《わたし》と×とより知《し》らない祕密《ひみつ》ではありますが、×が決《けつ》して言《い》はないとは誰《だれ》が保證《ほしよう》しませう。たとへ言《い》はないにしても愛《あい》してゐる人《ひと》に對《たい》して暗《くら》い祕密《ひみつ》を持《も》ちつゞけねばならない事《こと》など死《し》んでもいやです。私《わたし》はそんな事《こと》をしたくはありません。であるばかりではなく私《わたし》は處女《しよぢよ》ではないのだと存《ぞん》じます。であるならば、結婚最初《けつこんさいしよ》に持《も》たれる疑問《ぎもん》ではないでせうか。この疑問《ぎもん》に答《こた》へて私《わたし》はこんな事《こと》が言《い》へるでせうか。嫌《いや》です。考《かんが》へても恐《おそ》ろしい事《こと》です。私《わたし》は一その事《こと》、斷《ことわ》らうかと考《かんが》へます。そうすればこんな苦《くる》しい傷《きず》に他《た》の人《ひと》をふれさせずにすむのです。でもこれを斷《ことわ》つた事《こと》によつて、身《み》の程知《ほどし》らずだと罵《のゝし》られて、どこからかこの祕密《ひみつ》を知《し》られ、あばかれたらどうしませう。それこそ私《わたし》は通《とほ》りを歩《ある》く事《こと》もできなくなります。

私《わたし》ば一その事《こと》、一生獨身《しやうどくしん》で通《とほ》さうかと考《かんが》へたりしてみます。職業婦人《しよくげふふじん》として身《み》をたてようかと考《かんが》へました。でもそこにも私《わたし》の懊惱《あうなう》の種《たね》は横《よこたは》つてゐるのです。私《わたし》は幼稚園《えうちえん》の保姆《ほぼ》とはいへ敎育者《けういくしや》の部門《ぶもん》に入《はい》るのだと存《ぞん》じます。殊《こと》に天眞爛漫《てんしんらんまん》なをさな子《ご》に對《たい》しては殊《こと》に淸淨《せいじやう》な先生《せんせい》である事《こと》が必要《ひつえう》なのだと思《おも》ひます。天使《てんし》の様《やう》な子供達《こどもたち》に先生《せんせい》、先生《せんせい》と慕《した》はれてゐる私《わたし》は、私《わたし》の醜《みにく》い過去《くわこ》を考《かんが》へた時《とき》に、涙《なみだ》ぐましい様《やう》な腹立《はらだ》たしさと消《き》え入《い》りたい様《やう》な恥《は》づかしさとを感《かん》じるのです。私《わたし》はこの子供達《こどもたち》に先生《せんせい》などと慕《した》はれる資格《しかく》だつてありません。私《わたし》は幼稚園《えうちえん》へ行《ゆ》く事《こと》さへも辛《つら》いのです。私《わたし》は父《ちゝ》や母《はゝ》が、精神的美《せいしんてきび》を發揮《はつき》した、人間《にんげん》らしい人間生活《にんげんせいくわつ》をして來《き》たと考《かんが》へられません。それを考《かんが》へるにつけても私《わたし》は美《うつく》しい人間的《にんげんてき》な生活《せいくわつ》をしたい、より高《たか》い人格《じんかく》を築《きづ》き上《あ》げたいと考《かんが》へたのです。その爲《ため》に、職業《しよくげふ》は自分《じぶん》の人格《じんかく》を支配《しはい》するものと考《かんが》へましたので、店員《てんゐん》や、事務員《じむゐん》なら比較的雜作《ひかくてきざうさ》なく入《はい》る事《こと》ができましたのに、骨《ほね》を折《を》つて幼稚園《えうちえん》に入《い》れて頂《いただ》いたのです。でも私《わたし》にはそんな資格《しかく》を失《うしな》つてゐたものである事《こと》を今《いま》知ります。何故《なぜ》ショップガールになつてゐなかつたらうと思《おも》ひます。さうすれば、こんなに苦《くる》しまなくてもすんだでせうに。私《わたし》の樣《やう》な汚《きたな》い過去《くわこ》をもつたものが毎日天使《まいにちてんし》の樣《やう》な無垢《むく》な命《いのち》と、手《て》をつないだり、抱《だ》いたりして接《せつ》してはいけないのではないか、いつか私《わたし》の汚《きたな》い過去《くわこ》が傳《でん》染病《せんびやう》の樣《やう》に感染《かんせん》してこの美《うつく》しい子供達《こどもたち》の氣《き》持《もち》を傷《きず》けるのではないかなどと考《かんが》へて戰慄《せんりつ》します。父兄《ふけい》の方達《かたたち》にも申《まをし》わけないと思《おも》つて職《しよく》を退《しりぞ》いた方《はう》がよいのではないかと思《おも》ふのです。でも職《しよく》を退《しりぞ》いたら何《なん》によつて私《わたし》の暗《くら》い悲《かな》しい氣持《きもち》をまぎらす事《こと》ができるでせうか。又父《またちゝ》や母《はゝ》の顔《かほ》を見《み》る時《とき》のできるだけ少《すくな》い事《こと》を願《ねが》つてゐる私《わたし》なのに。

父《ちゝ》には母《はゝ》の連《つ》れ子《こ》としては過《す》ぎた恩惠《おんけい》をうけたかもしれません。然《しか》しその代償《だいしやう》としては餘《あま》りに大《おほ》きすぎる十字架《じか》を私《わたし》は背負《しよ》はされて了《しま》つたのです。私《わたし》は父《ちゝ》に受《う》けた恩《おん》は差引《さしひ》かれて餘《あま》りあると思《おも》ひます。

何《なん》といふ不合理《ふがふり》、不條理《ふでうり》な話《はなし》でせう。私《わたし》は父母達《ふぼたち》にとびついて取殺《とりころ》してやりたい樣《やう》な衝動《しようどう》にかられる事《こと》があります。私《わたし》は私《わたし》の懊惱《あうなう》を具體的《ぐたいてき》に一《ひと》つ一《ひと》つ父母《ふぼ》の態度《たいど》を指摘《してき》して書《か》きのこし自殺《じさつ》してやらうか等《など》と考《かんが》へたりしてゐます。でも私《わたし》は、自分自身《じぶんじしん》の希《き》望《ばう》と夢《ゆめ》とを全《まつた》く捨《す》て去《さ》る事《こと》ができません。生《い》きてゐたいのです。何《なに》かにしがみついてもおそらくは私《わたし》に不可能《ふかのう》ではないかと思《おも》はれる、幸福《かうふく》を追《お》ひ求《もと》めてゐるのです。

批判

惡夢を忘れよ

恐《おそ》ろしい惡夢《あくむ》は、たゞその恐《おそ》ろしさの爲《ため》に自分《じぶん》に對《たい》して罪《つみ》を感《かん》じ、罰《ばつ》を思《おも》はせます。私共《わたしども》はその事《こと》のために屢々《しばしば》不快《ふくわい》な日《ひ》を送《おく》り煩悶《はんもん》します。併《しか》しこれ程《ほど》惡劣《れつ》なことがあるでせうか。貴女《あなた》の場合《ばあひ》、私《わたし》はそれを惡夢《あくむ》だつたと斷《だん》じるに躊躇《ちうちよ》しない。それが若《も》し貴《あな》女《た》が負《お》ふべき過失《くわしつ》であるとするならば、人《じん》生《せい》は餘《あま》りにも住《す》みにくきものとならう。貴《あな》女《た》が若《も》し此《こ》の惡夢《あくむ》を忘《わす》れかねるならば、貴《あな》女《た》は早速《さつそく》戀愛《れんあい》する人《ひと》に打《う》ちあけられるべきです。忘《わす》れられるものならば忘《わす》れるべきです。若《も》しそのことで貴女《あなた》の愛人《あいじん》が貴女《あなた》を捨《す》てることがあらうとも、貴女《あなた》は決《けつ》してそこで折《を》れてはならない。戀愛《れんあい》は絶對《ぜつたい》ではありません。又《また》、貴女《あなた》が肉體的《にくたいてき》にも處女《しよぢよ》でないと斷《だん》じることは一寸早計《ちよつとさうけい》です。信用《しんよう》ある醫師《いし》の診斷《しんだん》を受《う》けてごらんなさい。少女時代《せうぢよじだい》の惡《いた》戯《づら》から屢々《しばしば》さうした幻覺《げんかく》によつて、處女《しよぢよ》か非處女《ひしよぢよ》かに惱《なや》む人《ひと》がありますが、先《ま》づ無意《むい》味《み》な煩悶《はんもん》の前《まへ》に診斷《しんだん》してもらふべきです。

惡夢《あくむ》の恐《おそ》ろしさに苦《くる》しんで、貴女《あなた》の人生《じんせい》を一層《いつそう》惡くせぬ樣《やう》、新生《しんせい》への建設《けんせつ》に努力《どりよく》して下《くだ》さい。

さりげなき告白の波紋

赤木三千代

私《わたし》が、現在《げんざい》の夫《をつと》を知《し》る前《まへ》に、彼《かれ》、小野武夫《をのたけを》を知《し》り、そして愛《あい》されねばならなかつた事《こと》は、私《わたし》の人生《じんせい》に取《と》つて、大《おほ》きな不幸《ふかう》といふべきだつたにちがひありません。

當時《たうじ》、小野《をの》は二十三、私《わたし》は十九。私達《わたしたち》はどんなにか愛《あい》し合《あ》ひ、そして私達《わたしたち》は可成惠《かなりめぐ》まれた狀態《じやうたい》にありました。二人《ふたり》の間《あひだ》に殘《のこ》されてゐたものは、最早結婚《もはやけつこん》の月日《つきひ》の問題《もんだい》だけだつたのです。

あゝそれだのに――。

それは、何《なん》の豫告《よこく》もなしに、いきなり彼《かれ》の上《うへ》に落《お》ちかゝつてきた運命《うんめい》の石《いし》でした。退《の》つ引《ぴ》きならない事情《じじやう》が、彼《かれ》を或《あ》るものもちの農家《のうか》の相續《さうぞく》を餘儀《よぎ》なくさせたのです。

破局《はきよく》の悲哀《ひあい》もさることながら、私達《わたしたち》は今更《いまさら》大《おほ》きな悔恨《くわいこん》の前《まへ》に、うなだれずには居《ゐ》られませんでした。殊《こと》に私《わたし》は。

結婚《けつこん》を豫想《よそう》に入《い》れての、若《わか》かりしが故《ゆゑ》の、あやまちと云《い》はば云《い》へ、私達《わたしたち》は既《すで》に、最後《さいご》の一線《せん》を越《こ》えてゐたのでした。

然《しか》し私達《わたしたち》は別《わか》れればならなかつたのです。離《はな》れゆくことに依《よ》つて、私達《わたしたち》はお互《たがひ》を永《なが》く美《うつく》しく愛《あい》せるのだとさへ、慰《なぐさ》め合《あ》ひながら。

一年《ねん》立《た》ちました。私《わたし》は彼《かれ》が一人《ひとり》の子《こ》の父《ちゝ》になつたことを知《し》りました。私《わたし》に本當《ほんたう》の諦《あきら》めがきたのは、その時《とき》からだといつていゝでせう。私《わたし》はがむしやらに彼《かれ》を忘《わす》れることに努《つと》めるかたはら、詩歌《しいか》の世界《せかい》にやりがたない淋《さび》しさを充《みた》さうとしました。

そしてやがて、さゝやかな文藝誌《ぶんげいし》「港《みなと》」を通《つう》じて井上《ゐのうへ》と結《むす》ばれたのは、小野《をの》と別《わか》れてからまる二年後《ねんご》の秋《あき》でした。

何《なに》よりも、彼《かれ》の高潔《かうけつ》な人生觀《じんせいくわん》が、やゝもすれば自棄的《じきてき》に、虛無的《きよむてき》にならうとする私《わたし》を支《きゝ》へ、よく善導《ぜんだう》しました。

尊敬《そんけい》――。さうでした。尊敬《そんけい》から愛《あい》へ。

そして世《よ》にこれ程美《ほどうつく》しい戀愛道《れんあいだう》はない筈《はず》です。ならば私達《わたしたち》の間《あひだ》にはいさゝかのウソもあつてはならないのです。

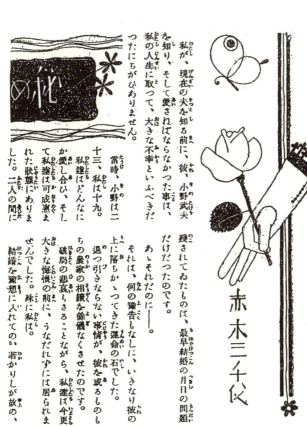

秘めたる青春を告白した經驗

薄《うす》れてゐた古創《ふるきず》の痛《いた》みが猛然《まうぜん》と甦《よみがへ》つてきたのはその瞬間《しゆんかん》でした。

越《こ》えて翌年《よくねん》の春《はる》彼《かれ》との結婚《けつこん》が具體《ぐたい》化《くわ》されるに及《およ》んで私《わたし》の懊惱《あうなう》は加《くは》はりました。

一切《さい》を告白《こくはく》すべきなのだ。

そして許《ゆる》しを乞《こ》ふべきなのだ。

それはまたかうした場合《ばあひ》の、私《わたし》の日頃《ひごろ》からの持論《ぢろん》でもあつたのです。

然《しか》し私《わたし》に結論《けつろん》を與《あた》へられる日《ひ》が來《き》ました。

ふとしたことから彼《かれ》が、二十六の今日《こんにち》まで童貞《どうてい》を通《とほ》した事實《じじつ》を知《し》つた時《とき》、私《わたし》は彼《かれ》への敬慕《けいぼ》を一しほ増《ま》すと共《とも》に、告白《こくはく》すべき一切《さい》の勇氣《ゆうき》を、根《ね》こそぎ奪《うば》はれてしまひました。

愛《あい》するが故《ゆゑ》に――。かうした云《い》ひ方《かた》は許《ゆる》されないでせうか。

云《い》つてはいけない。

あれは青春《せいしゆん》の日《ひ》の過失《くわしつ》――

過去《くわこ》を忘《わす》れ切《き》ることによつて、彼《かれ》を全的《ぜんてき》に愛《あい》することに依《よ》つて、それは償《つぐな》はれるべきだと私《わたし》は思《おも》つたのです。

私達《わたしたち》は結婚《けつこん》しました。幸福《かうふく》でした。私《わたし》の精神生活《せいしんせいくわつ》には、何《なん》の暗影《あんえい》も投《な》げかけられはしませんでした。

私《わたし》は秘密《ひみつ》を持《も》つてゐることをすら、忘《わす》れ切《き》つたかのやうに見《み》えました。

けれど、突然《とつぜん》、半年餘《はんとしあま》り過《す》ぎたある日《ひ》、こんなことがありました。

實家《じつか》にでも寄《よ》つたのでせう。近《ちか》くの官廳《くわんちやう》に勤《つと》めてゐる夫《をつと》が、日暮《ひぐれ》になつて歸《かへ》つて來《き》ました。

「お歸《か》へんなさい」

勢《いきほひ》よく玄關《げんくわん》に飛出《とびだ》した私《わたし》は、瞬間《しゆんかん》、敷臺《しきだい》の上《うへ》に棒立《ぼうだち》になつてしまつたのです。

夫《をつと》の持《も》つてゐたヴイオリンのサツクが、いきなり私《わたし》の視野《しや》に飛込《とびこ》んだ爲《ため》でせうか。

何時《いつ》になく夫《をつと》が眼鏡《めがね》なぞかけてゐた爲《ため》でせうか。

ヴイオリニストだつた小野《をの》のおもざしを、私《わたし》ははつきり夫《をつと》の上《うへ》に見《み》たのでした。

青《あを》ざめたものが、私《わたし》の心臓《しんぞう》を冷《つめ》たくしてゐました。

夫《をつと》を小野《をの》と間違《まちが》へた、その驚《おどろ》きではなかつた。忘《わす》れ去《さ》るべき、いや、忘《わす》れ切《き》つてゐたと思《おも》つてゐた。昔《むかし》の人《ひと》のイメージを、ゆくりなく自分《じぶん》の心《こころ》の片隅《かたすみ》に見出《みいだ》した。驚《おどろ》きと狼狽《らうばい》。

夫《をつと》は朗《ほがら》かに云《い》ふのです。

「友達《ともだち》のお古《ふる》を買《か》つたんだよ。ソウトツなもんだよ。首《くび》にでもなつたら、二人《ふたり》で旅《たび》を流《なが》してゆくさ」

その日《ひ》から私《わたし》に、苦痛《くつう》な一と時《とき》が生《うま》れました。

夕食後《ゆふしよくご》、毎晩《まいばん》のやうに夫《をつと》が奏《かな》でる哀音《あいおん》は、

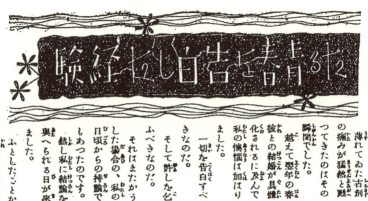

395 「秘めたる青春を告白した経験」 赤木三千代、水原れい、伊東ふみ 『婦人公論』昭和8年6月1日

私《わたし》に不覺《ふかく》な涙《なみだ》をにじませるのでした。

忘《わす》れた皆のかの人《ひと》に
殘《のこ》る心《こゝろ》を何《なん》としよう

「傑作《けつさく》だわ。この歌《うた》は」そして、私《わたし》を見《み》て

「おや、どうしたんだ？」驚《おどろ》きの聲《こゑ》でした。

「だつて餘《あま》り眞《ま》に迫《せま》つてゐるんですもの」

私《わたし》は本當《ほんたう》に涙《なみだ》をこぼしてゐました。

「なあんだ。センチメンタルだな」

何《なん》にも知《し》らない夫《をつと》、私《わたし》はふと濟《す》まなさに胸《むね》がうづくのです。

でも私《わたし》は何時《いつ》かまたそれになれ、靜《しづか》に自分《じぶん》を見《み》つめるやうになつてゐました。

「私《わたし》は夫《をつと》を愛《あい》してゐる、しかも私《わたし》は最初《さいしよ》の人《ひと》としての小野《をの》をもやはり愛《あい》してゐるのだ。

それはどつちもウソではない、どつちも本當《ほんたう》なのだ。そしてそれはどつちも僞《いつは》つてゐるといふことにはならない。

むしろ、小野《をの》をひそかに愛《あい》することによつて、私《わたし》はより一層《いつそう》夫《をつと》を愛《あい》せるのだ。」と。

幾月《いくつき》か立《た》つてある夜《よ》、何《なん》の話《はなし》からであつたか、夫《をつと》は云《い》つたのです。

「妻《つま》が夫《をつと》に祕密《ひみつ》を持《も》つてゐる場合《ばあひ》、それが過去《くわこ》の出來事《できごと》である以上《いじやう》許《ゆる》さるべきだよ。夫《をつと》にしても同《おな》じことだ。本當《ほんたう》を云《い》へば、心《こゝろ》から理解《りかい》し合《あ》ひ、愛《あい》し合《あ》ふ夫婦《ふうふ》だつたら、すべてを告白《こくはく》してそして許《ゆる》し合《あ》はなければならないと思《おも》ふ。お互《たがひ》はそれで尚深《なほふか》く結《むす》ばれるべきだよ」

私《わたし》はその夜《よ》、すべてを打明《うちあ》けたい衝動《しようどう》をやつとの思慮《しりよ》で喰止《くひと》めました。

眠《ねむ》れませんでした。

とも角《かく》。

平和《へいわ》に幸福《かうふく》に、一年《ねん》は逝《ゆ》きました。

夏《なつ》でした。七月《ぐわつ》×日《にち》。

あゝ、私《わたし》はその呪《のろ》はれた日《ひ》を忘《わす》れてはゐません。

頭《あたま》を痛《いた》めて臥《ふせ》つてゐた私《わたし》は、なつかしい友《とも》の來訪《らいはう》に驚《おどろ》かされました。

かつての日《ひ》、悲《かな》しい戀《こひ》の破局《はきよく》を私《わたし》と共《とも》に、泣《な》いて呉《く》れた只一人《たゞひとり》の友《とも》。

田舍《ゐなか》に嫁《とつ》いで行《い》つたため、一年間《ねんかん》、相見《あひまみ》えることを知《し》らなかつた友《とも》。

私《わたし》にこの友《とも》がどうして憎《にく》めませう。

「驚《おどろ》かないでよ。れい子《こ》さん」

そしてつゞけざまに

「あの人《ひと》が死《し》んだの、小野《をの》さんが……」

私《わたし》は私《わたし》が自分《じぶん》をどう支《さゝ》へてゐたかを知《し》りません。

小野《をの》はたつた二ケ月《げつ》病《や》んで、そしてどろどろの血《ち》を吐《は》いて死《し》んだといふ。

悲《かな》しみとちがふ、さびしさとちがふ、何《なに》かぴよう〳〵とした大《おほ》きなそれはむなしさともいふべきでせう。私《わたし》は二日《か》二晩《ばん》それこそ、夫《をつと》の存在《そんざい》を思《おも》ふことなしに床《とこ》の上《うへ》で呻吟《しんぎん》しました。

三日目《かめ》のそれは日曜《にちえう》の朝《あさ》、夫《をつと》が改《あらた》まつて私《わたし》に向《むか》ひ、

「お前《まへ》、何《なに》か僕《ぼく》にかくしてゐることがあるねえ」さう云《い》つた時《とき》、私《わたし》は思《おも》はず聲《こゑ》を上《あ》げて、その胸《むね》に泣《な》き崩《くづ》れてゐました。

それは私自身《わたしじしん》どうすることも出來《でき》ない、いえ、何《なに》も考《かんが》へられない、激情《げきじやう》の嵐《あらし》でした。

何《なに》もかもいふのだ、今《いま》こそ一切《さい》を――

そうした一筋《すぢ》のものが、私《わたし》の胸《むね》一ぱいに氾《はん》濫《らん》してゐたばかりです。

私《わたし》の涙《なみだ》の中《うち》の告白《こくはく》を夫《をつと》はだまつて聞《き》いてゐました。長《なが》い間《あひだ》黙《だま》つてそして動《うご》かうともしませんでした。がやがてたつた一言《ひとこと》、

「では僕《ぼく》を愛《あい》したのは、お前《まへ》のぬけがらだつたのだな」そして不意《ふい》に座《ざ》を立《た》つて行《ゆ》きました。

その一言《ひとこと》は、私《わたし》を荒々《あら〳〵》しく現實《げんじつ》に呼《よ》び戻《もど》さずにゐなかつたのです。

「あなたはいつか、本當《ほんたう》に愛《あい》し合《あ》ふ間《あひだ》では、許《ゆる》さるべきだとおつしやいましたわ」

その夜《よ》、私《わたし》の涙《なみだ》に對《たい》して、……けれど夫《をつと》は冷《つめ》たく、

「さうは云《い》つた。だが僕《ぼく》は今《いま》ふと解《わか》らなくなつたんだ。暫《しばら》く考《かんが》へさせて呉《く》れ」

さういつた切《き》りでした。

それ以來《いらい》、一年後《ねんご》の今日《こんにち》まで、夫《をつと》はふたゝびその日《ひ》のことに關《くわん》しては口《くち》を開《ひら》きません。私達《わたしたち》は、表面仲《へうめんなか》の好《よ》い夫婦《ふうふ》でありながら、あゝ、私《わたし》は遂《つひ》に「許《ゆる》されざる妻《つま》」なのでせうか。

「考《かんが》へさせて呉《く》れ」それ以上《いじやう》の言葉《ことば》を夫《をつと》はいはうとしないのです。

夫《をつと》は忘《わす》れてゐるのではない。朗《ほが》らかな談笑《だんせう》の最中《さなか》ですら、私達《わたしたち》はふと笑《わら》ひ合《あ》へなくなるのです。

あの日《ひ》を期《き》して、夫《をつと》と私《わたし》の間《あひだ》に、流《なが》れ始《はじ》めた白々《しら〳〵》とした冷《つめ》たいものは、それは永遠《えいゑん》につきることを知《し》らない流《なが》れなのでせうか。

私《わたし》は夫《をつと》を愛《あい》してゐるのです。夫《をつと》も私《わたし》を愛《あい》してゐるのです。

いつかの夫《をつと》の言葉《ことば》のやうに、私達《わたしたち》はより深《ふか》く結《むす》ばるべきではないでせうか。

しかし、それは遂《つひ》に理想論《りさうろん》なのでせうか。

私《わたし》の場合《ばあひ》――私《わたし》はやはり秘《ひ》すべきだつたのです。

私の場合

―告げざりしならば―

水原れい

昔《むかし》から十人《にん》十色《いろ》といふことがあるけれ共《ども》、實《じつ》に千人《にん》千色《いろ》なもの、人各々《ひとおの〳〵》その顔《かほ》のすがたが異《ちが》つてゐる樣《やう》に、その心《こゝろ》の姿《すがた》、心《こゝろ》の働《はたら》きも亦《また》まちまちなものであります。似《に》た樣《やう》なと云《い》ふ人《ひと》があつても、それは部《ぶ》分《ぶん》部《ぶ》分《ぶん》の問題《もんだい》であつて、ピンからキリまで、一切《さい》が等《ひと》しいといふ人《ひと》は恐《おそ》らくありますまい。双兒《ふたご》であつても、そこに幾分《いくぶん》の異《ちが》ひのある

397 「秘めたる青春を告白した経験」 赤木三千代、水原れい、伊東ふみ 『婦人公論』昭和8年6月1日

ことはまぬかれません。人《ひと》の心《こゝろ》の働《はたら》きほど、多様《たやう》な變化《へんくわ》のあるものはまたとないことでせう。だからこそ、ある人《ひと》には告白《こくはく》が成功《せいこう》し、或人《あるひと》には秘密《ひみつ》が成功《せいこう》するのではないでせうか。一切《さい》を告白《こくはく》したなら、そして未來《みらい》への堅《かた》い誓《ちかひ》をたてたなら、それは過去《くわこ》の偶然《ぐうぜん》な過《あやま》ちとして、誰《だれ》でもすべてを許《ゆる》してくれるとは、世間《せけん》一般《ばん》が普通《ふつう》に云《い》ふ處《ところ》で御座《ござ》います。併《しか》し之《これ》は机上《きじやう》の理論《りろん》であつて、實際問題《じつさいもんだい》はさう簡《かん》單《たん》に解決《かいけつ》するものではありません。

理性《りせい》そのものの様《やう》に見《み》える人《ひと》にも、その理《り》性《せい》の判斷《はんだん》を遂行《すゐかう》出來《き》ない様《やう》な、情《じやう》の作用《さよう》のあることは稀《まれ》ではありません。たゞ他人事《ひとごと》として、又《また》は自分自身《じぶんじしん》のことゝしてでも、その様《やう》な事實《じじつ》に直面《ちよくめん》する時《とき》、理性《りせい》はいつも世間《せけん》一般《ばん》の考《かんが》への様《やう》に、現在《げんざい》のことでないからと、ひたすらに今後《こんご》を誓《ちか》はせて、それですませ得《う》る事《こと》でせう。併《しか》しその言葉《ことば》の終《をは》らない中《うち》に、體《たい》内《ない》に燃《も》え上《あが》る感情《かんじやう》は、そのすぢの通《とほ》つた理性《りせい》の判斷《はんだん》をおしのけて働《はたら》くものです。只《たゞ》その情《じやう》を最後《さいご》まで抑《おさ》へ得《う》る人《ひと》と、抑《おさ》へ得《え》ない人《ひと》とがあるだけです。要《えう》は相手《あひて》の性質《せいしつ》と、心的傾向《しんてきけいかう》、とによつて告白《こくはく》するか、秘《ひ》めておくかの適當《てきたう》な方法《はうはふ》をとらなければならないといふ事《こと》になるのではありますまいか。

私《わたし》は前記《ぜんき》の様《やう》な結論《けつろん》を、失敗《しつぱい》といふ苦《にが》い經《けい》驗後《けんご》に悟《さと》つた愚《おろ》かな人間《にんげん》の一人《ひとり》で御座《ござ》います。口《くち》には、さかしくも人《ひと》それ〴〵個性《こせい》がちがふものだなんて申《まを》して、一人前《にんまへ》の積《つも》りでをりましたものゝ、矢張《やは》りそれは口《くち》だけの言葉《ことば》であり、その心髓《しんずゐ》を割《わ》つて見《み》れば、結局人《けつきよくひと》の言葉《ことば》を鵜呑《うのみ》にして語《かた》つてゐたに過《す》ぎなかつたのでした。この言葉《ことば》を本當《ほんたう》にかみくだいて知《し》つてゐたとしたら、自分《じぶん》の主人《しゆじん》の心《こゝろ》がどんな風《ふう》に働《はたら》くかをよくも知《し》らない時《とき》に、うかうかと過去《くわこ》の告白《こくはく》を語《かた》り出《だ》す様《やう》な、愚《おろか》なことはしなかつた事《こと》でせう。

結婚後《けつこんご》まだ日《ひ》の淺《あさ》い頃《ころ》の或日《あるひ》でした。雨《あめ》の日曜《にちえう》をすさびのまゝに、彼《かれ》からともなく、私《わたし》からともなく、語《かた》るともなく語《かた》り出《だ》した過去《くわこ》の物語《ものがたり》。そのかりそめの物語《ものがたり》が、後《のち》の日《ひ》の大《おほ》きな癌《がん》とならうとは、そして長《なが》い〳〵月《つき》日《ひ》を自《みづか》らを苦《くる》しめる事《こと》にならうとは、夢《ゆめ》だに思《おも》はないことで御座《ござ》いました。

誰《だれ》にもあります様《やう》に、私《わたし》の娘時代《むすめじだい》にも、結《けつ》婚前《こんぜん》に多《おほ》くの人々《ひと〴〵》からのプロポーザルがありました。そして單《たん》にそれだけならば、物語《ものがたり》としても何《なん》のこともなかつた事《こと》でせう。併《しか》しその求婚者《きうこんしや》の中《なか》にSといふ人《ひと》があつて、私《わたし》に仲介者《ちうかいしや》なく直接《ちよくせつ》に求婚《きうこん》してまゐりました。彼《かれ》と私《わたし》は都《みやこ》に學《まな》ぶ頃《ころ》から數年間《すうねんかん》の交際《かうさい》をいたしてをつたのでした。勿論《もちろん》私《わたし》にも彼《かれ》にも、初《はじ》めは友情以外《いうじやういぐわい》に何物《なにもの》も御座《ござ》いませんでした。私《わたし》は彼《かれ》の妹《いもうと》を東京《とうきやう》の女學校《ぢよがくかう》に轉校《てんかう》させるために、少《すこ》しばかり世話《せわ》しただけのことでした。併《しか》し年月《としつき》がたつて彼《かれ》の婚期《こんき》が近《ちか》づき、私《わたし》には獨立《どくりつ》の道《みち》がたちました。私《わたし》は結婚《けつこん》の事《こと》など考《かんが》

へら立ず、その日《ひ》〳〵を娘《むすめ》の日《ひ》のいつ消《き》えるとも考《かんが》へずに、ほがらかに過《すご》して居《ゐ》たのでしたが、或《ある》る日《ひ》彼《かれ》から書留郵便《かきとめいうびん》を受《う》けとつて、何《なに》か落《お》ちつかない或豫感《あるよかん》と共《とも》に開封《かいふう》して見《み》ると、それが求婚《きうこん》の手紙《てがみ》で御座《ござ》いました。私《わたし》は今更《いまさら》の様《やう》に考《かんが》へさせられました。勿論彼《もちろんかれ》を嫌《きら》ふではありませんでしたが、何《なに》か物足《ものた》りない頼《たよ》りきれないものがありました。數日後《すうじつご》に出《だ》した私《わたし》の返事《へんじ》は、結婚《けつこん》についてはまだ考《かんが》へてゐなかつたから、直《たゞち》に返事《へんじ》はしかねるといふ意味《み》のもので御座《ござ》いました。其《そ》の後約半年《ごやくはんとし》、手紙《てがみ》の幾往復《いくわうふく》の後《のち》に郊外《かうぐわい》のI.公園《こうえん》で、一日《じつ》ゆつくり會《あ》ふチャンスを得《え》ました。併《しか》しその時《とき》になつても、私《わたし》はどうしても全心《ぜんしん》から彼《かれ》への愛《あい》を感《かん》ずる事《こと》が出來《でき》ませんでした。若《わか》かつた其《そ》の當時《たうじ》は、愛《あい》のない結婚《けつこん》を一種《しゆ》の罪惡《ざいあく》の様《やう》に考《かんが》へてゐた私《わたし》です。彼《かれ》の哀願的《あいぐわんてき》な言葉《ことば》を、私《わたし》はあくまでノーと頑張《ぐわんば》りました。最後《さいご》に彼《かれ》は「自分《じぶん》が嫌《きら》ひでない事《こと》だけを云《い》つてくれ」と申《まを》されましたので、それだけは僞《いつは》りのない私《わたし》の本心《ほんしん》から「決《けつ》してきらひではない」と申《まを》して、文字通《もじどほ》り西《にし》と東《ひがし》に、彼《かれ》は東北《とうほく》のある都《みやこ》に、そして私《わたし》はその當時《たうじ》の就職地《しうしよくち》の四國《こく》へと別《わか》れました。其《そ》の後私《ごわたし》は結婚前《けつこんぜん》の愛《あい》に對《たい》して異つた考《かんが》へをもつ様《やう》になり、二年程《ねんほど》を經《へ》て現在《げんざい》の夫《をつと》と結婚《けつこん》いたしました。併《しか》し私《わたし》はこのSとの交渉《かうせふ》を、かくさればならないほどの惡《わる》いことゝも思《おも》ひませんでしたので、ありのまゝを聞《き》かされるまゝに語《かた》つてしまつたのです。

その當時《たうじ》Sがある雜誌《ざつし》に發表《はつぺう》した、私《わたし》にあてた様《やう》な詩《し》まで物語《ものがた》つてしまつたのです。主人《しゆじん》は好奇心《かうきしん》そのものゝ様《やう》になつて、次《つぎ》から次《つぎ》へときゝ出《だ》してゐました。後《あと》から知《し》つたことですが、その時《とき》すでに主人《しゆじん》は、S氏《し》の私《わたし》への求婚《きうこん》について知《し》つてゐた様《やう》でした。

そしてその詩《し》が、戀人氣取《こひびときと》りの幾分《いくぶん》センチなものでしたので、私《わたし》がありのまゝを話《はな》したにも拘《かゝは》らず、主人《しゆじん》の猜疑心《さいぎしん》は極度《きよくど》に働《はたら》いて、Sと私《わたし》との間《あひだ》に、何《なに》か友情以外《いうじやういぐわい》の關係《くわんけい》でもあつた様《やう》にすら考《かんが》へてしまつたのです。日《ひ》頃《ごろ》極《きは》めて淡白《たんぱく》に見《み》える夫《をつと》のことなので、その時《とき》には彼《かれ》の胸中《きようちう》に働《はたら》いてゐる猜疑心《さいぎしん》を氣付《きづ》きませ

399 「秘めたる青春を告白した経験」 赤木三千代、水原れい、伊東ふみ 『婦人公論』昭和8年6月1日

んでした。そして私《わたし》の知《し》らぬ間《ま》に夫《をつと》の心《こゝろ》は暗《くら》くなつて、雨《あめ》の日曜《にちえう》は暮《く》れたのでした。

勿論《もちろん》私《わたし》はSとの間《あひだ》に、後《うしろ》めたい交渉《かうせふ》など少《すこ》しもなく、たゞ友人《いうじん》としての文通《ぶんつう》があつたと云《い》ふだけであり、それも私《わたし》の結婚《けつこん》と一緒《しよ》に、一切交際《さいかうさい》も絶《た》つてゐましたので、こんな話《はなし》から大《おほ》きな悪《わる》い結果《けつくわ》が生《しやう》じ様《やう》とは思《おも》ひませんでした。併《しか》し數日後《すうじつご》の或《あ》る日《ひ》、夫《をつと》が突然《とつぜん》「Sといふ人《ひと》は」といつて語《かた》りました事《こと》は、Sに對《たい》するひどい悪口《あくこう》で御座《ござ》いました。うつかりしてゐた私《わたし》も、この時《とき》はじめて、あれ以來夫《いらいをつと》の心《こゝろ》が穏《おだや》かでなかつた事《こと》を悟《さと》りました。

其《そ》の後《ご》の夫《をつと》の心《こゝろ》は、少《すこ》しも落《お》ち付《つ》く様《やう》にも見《み》えませんでした。夫《をつと》の出勤後《しゆつきんご》の私達《わたしたち》の家庭《かてい》は、主人《しゆじん》の母《はゝ》と妹《いもうと》と私《わたし》の三人《にん》で御座《ござ》いました。家庭《かてい》を訪《おとづ》れる人《ひと》には一切母《さいはゝ》が應對《おうたい》してゆくことになりました。勿論夫《もちろんをつと》の不在《ふざい》の間《あひだ》は、絶對《ぜつたい》に異性《いせい》の客《きやく》を座敷《ざしき》にとほす事《こと》は止《と》められました。結婚前《けつこんまへ》の妹《いもうと》がゐるからと云《い》ふ理由《りいう》からでは御座《ござ》いましたが、私《わたし》の外出《ぐわいしゆつ》は一寸《ちよつと》の買物《かひもの》にも妹《いもうと》と一緒《しよ》か、夫《をつと》と一緒《しよ》で御座《ござ》いました。魚屋《さかなや》や、八百屋《やほや》が日毎《ひごと》にまゐりましても直《すぐ》に姑《しうと》が出《で》て來《く》る様《やう》になりました。

心《こゝろ》なしに云《い》つた事《こと》からではありましたけれ共《ども》、私《わたし》は不愉快《ふゆくわい》で堪《た》まらないやうになつて來《き》ました。偶々《たま〳〵》母《はゝ》と妹《いもうと》とが、母《はゝ》の實家《じつか》に行《い》く事《こと》になつて、當分私《たうぶんわたし》だけが出勤後《しゆつきんご》の家《うち》を守《まも》ることになりました。ホツと感《かん》じたのも束《つか》の間《ま》その日《ひ》から夫《をつと》は勤《つと》めの間《あひだ》をしのんでは歸宅《きたく》いたしました。今《いま》まで三人《にん》だつたのに、一人《ひとり》では淋《さび》しいことだらうと親切《しんせつ》すぎるお言葉《ことば》をつけて、一日《にち》に何度《なんど》となく歸宅《きたく》しました。晝食《ちうじき》は家《うち》で一緒《しよ》にする様《やう》になつて、大抵《たいてい》は二時頃《じごろ》まで家《うち》にゐて出《で》てゆきました。極度《きよくど》に私《わたし》を疑《うたが》つてゐるのが、あり〳〵と表《あらは》されると、私《わたし》の反抗心《はんかうしん》がもく〳〵と動《うご》いて來《く》るのでした。が反抗《はんかう》して、夫《をつと》をより一層苦《そうくる》しめる事《こと》をしない様《やう》にと、勤《つと》めの方《はう》を氣《き》にしながらも、早《はや》く出《で》かける様《やう》にとも云《い》はずに、居《ゐ》るがまゝにしておきました。

こんな日《ひ》が、四、五日續《にちつゞ》いた或日《あるひ》、魚屋《さかなや》の捨《す》てた煙草《たばこ》の吸殻《すひがら》が茶《ちや》の間《ま》の前《まへ》に、しよぼ降《ふ》る雨《あめ》の中《なか》で白《しろ》く光《ひか》つてをりました。丁度同《ちやうどおな》じ日《ひ》、用事《ようじ》をもつて來《き》た勤《つと》め先《さき》の小使《こづかひ》が、しばらく待《ま》つ間《ま》を裏庭《うらには》の花《はな》をながめに行《い》つたのを私《わたし》は少《すこ》しも氣《き》がつきませんでした。そしてゴム靴《ぐつ》のあとを、雨《あめ》にしつとりぬれた土《つち》の上《うへ》に殘《のこ》して行《い》つたことにも氣《き》がつきませんでした。不幸《ふかう》にも五時《じ》になつて歸《かへ》つて來《き》た夫《をつと》が、第一《だい》に目《め》についたものは、この裏庭《うらには》に殘《のこ》されたゴム靴《ぐつ》のあとでした。臺所《だいどころ》で夕餉《ゆふげ》の仕度《したく》をしてゐた私《わたし》の處《ところ》へ來《き》た夫《をつと》の心《こゝろ》は、煮《に》えくりかへつて居《を》つたことでせう。

語氣《ごき》を荒《あら》げて「奥《おく》の座敷《ざしき》に行《い》つたのは誰《だれ》だ」と申《まを》しました。あつけにとられて、「誰《だれ》も行《い》かないでせう」と、事《こと》もなげに答《こた》へた私《わたし》でした。併《しか》しその時夫《ときをつと》の血走《ちばし》つた目《め》に入《はい》つたものは、あの吸殻《すひがら》だつたではありませんか。忽《たちま》ちその吸殻《すひがら》の主《ぬし》を訊《たづ》ねられました。正直《しやうぢき》に、私《わたし》はありのまゝに、魚《さかな》やである事《こと》を話《はな》してゐる中《うち》に裏《うら》の足跡《あしあと》が小使《こづかひ》のかも知《し》れないとに氣《き》がつきました。でそのことも話《はな》しましたけれど、そんなことは信《しん》ぜられさうにもなく、たうたう夫《をつと》の錯覺《さくかく》は、魚《さかな》やと私《わたし》に何《なに》があやしい關係《くわんけい》のあることを主張《しゆちやう》し出《だ》しました。私《わたし》も一應《おう》は否定《ひてい》しましたけれ共《ども》、それ以上《いじやう》に何《なん》とも致《いた》し

方《かた》も御座《ござ》いません。此《こ》の頃《ごろ》では近所《きんじよ》の御主人《ごしゆじん》に朝晩《あさばん》の挨拶《あいさつ》をすることすらが、夫《をつと》には堪《た》えられない様《やう》な、散歩《さんぽ》に出《で》てはいつも後《あと》からついて來《き》て、すれちがふ男《をとこ》が、ちがつた視線《しせん》を私《わたし》に投《な》げはしないかと氣《き》にしてゐる始末《しまつ》、この頃《ごろ》の私《わたし》には、殆《ほとん》ど變態《へんたい》かしらとまで思《おも》はれる程《ほど》で御座《ござ》います。一人《ひとり》での外出《ぐわいしゆつ》は、實家《じつか》に行《ゆ》くことすら許《ゆる》されません。殆《ほとん》ど牢屋《らうや》の樣《やう》な住居《すまひ》です。かうなるとむら／＼と來《く》る反抗《はんかう》心《しん》は、却《かへ》つて大《おほ》きく、一層《そう》Sの處《ところ》へ行《ゆ》かうかしら、なんて考《かんが》へる事《こと》すら御座《ござ》います。それにしても、男《をとこ》の猜疑《さいぎ》心《しん》の如何《いか》に恐《おそ》ろしいことか、もし結婚前《けつこんぜん》に、又《また》は少《すくな》くとも告白前《こくはくぜん》に、こんな記事《きじ》を讀《よ》んでゐたら、こんなへマはやらなかつたでせうに。

今《いま》はたゞかりそめの小事《せうじ》が、夫《をつと》をも自分《じぶん》をも苦《くる》しめてゐる事《こと》を思《おも》ひ、ひたすらに主人《しゆじん》の愛《あい》がいつか、之《これ》を過去《くわこ》の物語《ものがたり》として、一笑《せう》に付《ふ》す事《こと》の出來《でき》る時《とき》が來《く》ることをのみ、いのり求《もと》めてをります。それにしても、相手《あひて》の心《しん》境《きやう》を知《し》ることが、如何《いか》に大《おほ》きな必要《ひつえう》かをつくづく感《かん》ぜさせられるのです。

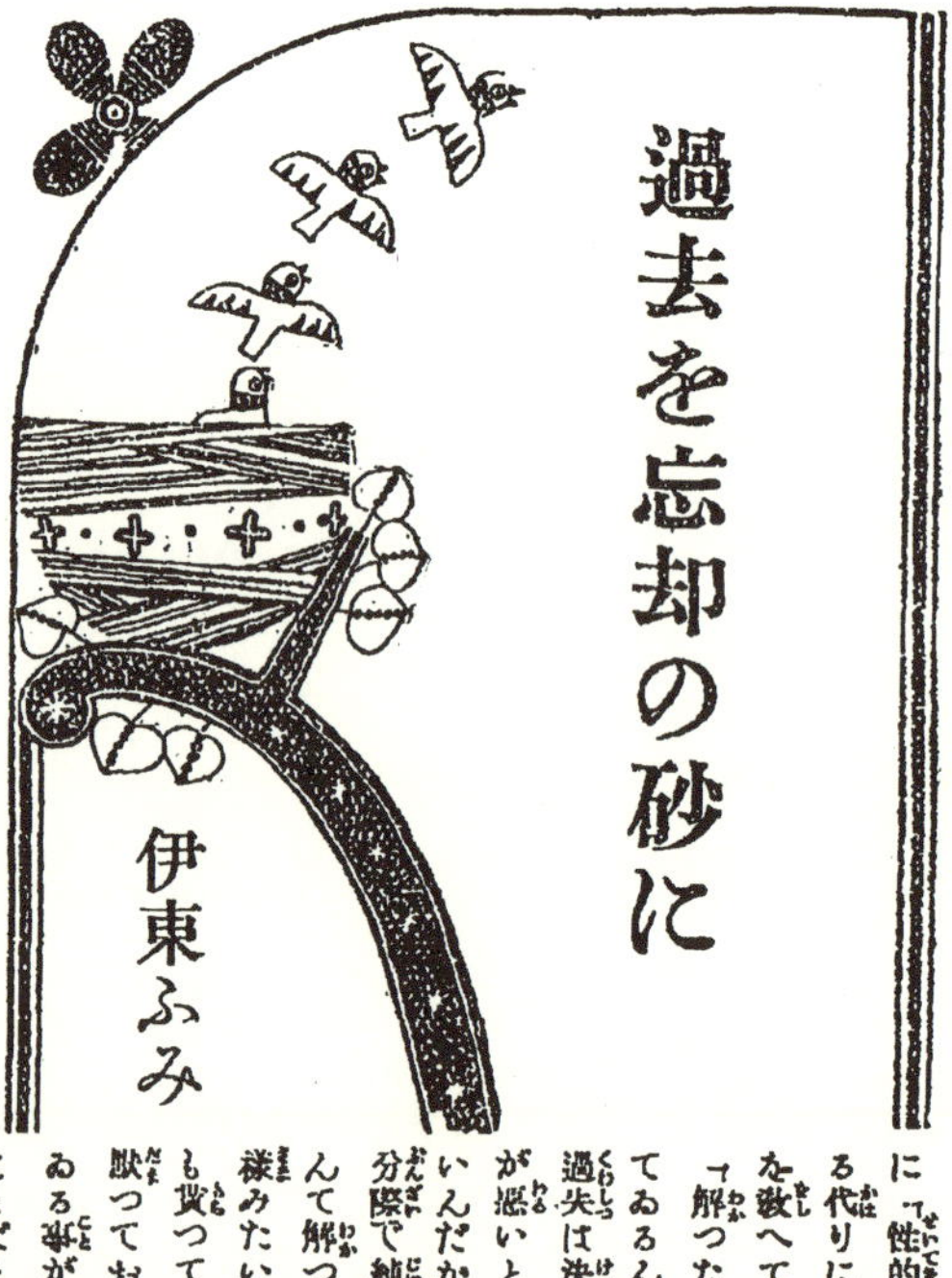

過去を忘却の砂に

伊東ふみ

「いゝかい、決《けつ》して言《い》ふんぢやないよ、どんな道樂者《だうらくもの》だつて男《をとこ》といふものは處女《しよぢよ》を欲《ほ》しがるもんなんだからね、まして十七やそこいらで處女《しよぢよ》を失《うしな》つたお前《まへ》の相手《あひて》が、お××さんだなんて、第《だい》一みつともなくてさ」

母《はゝ》が、我《わ》が事《こと》のやうに奔走《ほんそう》してゐた私《わたし》の結《けつ》婚《こん》の對手《あひて》がほゞ定《きま》ると、母《はゝ》は嫁《とつ》がうとする私《わたし》に「性的知識《せいてきちしき》」を授《さづ》ける代《かは》りに、永久《えいきう》の沈默《ちんもく》を教《をし》へてくれました。「解《わか》つたかい？ 默《だま》つてゐるんだよ、男女《だんぢよ》の過失《くわしつ》は決《けつ》して一方《ぱう》だけが惡《わる》いといふ譯《わけ》ぢやないんだからね、小娘《こむすめ》の分際《ぶんざい》で純潔《じゆんけつ》を失《うしな》つたなんて解《わか》つたら、お釋迦《しやか》樣《さま》みたいな寛大《くわんだい》な男《をとこ》でも貰《もら》つては呉《く》れないよ默《だま》つておゐで、默《だま》つてゐる事《こと》が幸福《かうふく》になれることだと思《おも》つて默《だま》つておゐで…お前《まへ》も隨分辛《ずゐぶんつら》かつたらう、お前《まへ》に當《あた》り散《ち》らしながらお×さんも辛《つら》かつた。お前《まへ》とお×さんとがあんなになつたのを見《み》ながら私《わたし》はヂッとしてゐられなかつたのだ。許《ゆる》してお呉《く》れ、幸福《かうふく》になつておくれ」

母《はゝ》の言葉《ことば》は、自分《じぶん》の愛《あい》の競爭者《きやうそうしや》を叩《たゝ》きのめす慘酷《ざんこく》さから、娘《むすめ》に對《たい》する愛情《あいじやう》を温《あたゝか》く取返《とりかへ》

401　「秘めたる青春を告白した経験」　赤木三千代、水原れい、伊東ふみ　『婦人公論』昭和8年6月1日

しはじめてゐました。

　十三の年《とし》、實父《じつぷ》に死別《しべつ》した私《わたし》は、十五の歳《とし》再婚《さいこん》した母《はゝ》の連《つ》れ子《こ》として二度目《どめ》の義父《ぎふ》を持《も》つことになりました。義父《ぎふ》には私《わたし》より二つ年《とし》上《うへ》の男《をとこ》の子《こ》があつて、はじめは義父《ぎふ》も母《はゝ》も行《ゆ》く行くはその子と私《わたし》を一緒《しよ》にする心算《つもり》だつたらしかつたのですが、私《わたし》が十七の時《とき》に思《おも》ひがけなく起《おこ》つた不幸《ふかう》は、そんなことどころか一家中《かちう》を醜《みにく》い愛慾《あいよく》の戰場《せんぢやう》にして了《しま》つたのです。

　十七と言《い》へば極端《きよくたん》に朗《ほがら》かだつたり、ひどくセンチメンタルになつたり、そして異性《いせい》の總稱《そうしよう》である「男《をとこ》」といふものに漠然《ばくぜん》とした思慕《しぼ》を感《かん》じたりしても、肉慾《にくよく》の具體《ぐたい》なことについては割合《わりあひ》と疎《うと》いものですが、殊《こと》に私《わたし》は性的《せいてき》には殆《ほとん》ど無智《むち》に近《ちか》いほどでした。その私《わたし》が母《はゝ》の不在中《ふざいちう》に、呆氣《あつけ》なく、ほんとに呆氣《あつけ》なく、子《こ》供《ども》が咲《さ》きかけた花《はな》を平氣《へいき》で毟《むし》ろやうに慘酷《ざんこく》に處女《しよぢよ》を奪《うば》はれたのです。しかも相手《あひて》は、相當《さうたう》分別《ふんべつ》もあれば、同時《どうじ》に性的慾望《せいてきよくばう》が割合《わりあひ》と濃厚《のうこう》なといふ中年《ちうねん》を越《こ》した××だつたのです。「恐《おそ》ろしさのために顫《ふる》へる」これが、思《おも》ひがけない暴力《ばうりよく》に對《たい》する私《わたし》のベストを盡《つく》した抵抗《ていかう》でした。

「靜《しづ》かに！　聲《こゑ》なんか立《た》てゝ私《わたし》に恥《はぢ》をかゝすと、母娘《おやこ》諸共《もろとも》追《お》ひ出《だ》してしまうぞ」

　道《みち》を外《はづ》れた肉慾《にくよく》は、理性《りせい》なんか造作《ざうさ》なく殺《ころ》す恐《おそ》ろしい毒液《どくえき》です。平常《へいぜい》は勤勉《きんべん》な官吏《くわんり》として、温厚《をんこう》そのものゝやうな××の恐《おそ》ろしかつたあの時《とき》の聲《こゑ》は、今《いま》でも忘《わす》れることが出來《でき》ません。

　こんなにして私《わたし》は二度《ど》まで犯《をか》されたのですが、二度目《どめ》にそれを知《し》つた母《はゝ》の嫉妬《しつと》は、母《はゝ》の愛情《あいじやう》より更《さら》に強《つよ》く、彼女《かのぢよ》はひどいヒステリーになりました。そしてその時《とき》からもう私《わたし》は彼《かの》女《ぢよ》の娘《むすめ》ではなく愛情《あいじやう》の盜人《ぬすびと》であり、愛《あい》の競爭《きやうそう》者《しや》でした。母《はゝ》は事毎《ことごと》に私《わたし》を賤《いや》しめ、二言目《ことめ》には「出《で》て行《ゆ》け」でした。病氣《びやうき》の發作《ほつさ》が起《おこ》ると眠《ねむ》つてゐる私《わたし》の所《ところ》へ來《き》て、思《おも》ひ切《き》り踏《ふ》んだり蹴《け》つたりしました。そのため深夜《しんや》私《わたし》は蚯蚓脹《みゝずば》れのしたり、紫色《むらさきいろ》の痣《あざ》の出來《でき》た痛《いた》む身體《からだ》を寢間着《ねまき》のまゝ、知人《ちじん》の家《うち》へ避難《ひなん》したことも何度《なんど》あつたかわかりません。こんな辛《つら》い一年半《ねんはん》が過《す》ぎました。「ふみ子さへゐなければ」母《はゝ》がさう考《かんが》へて、私《わたし》の結婚《けつこん》の相手《あいて》を夢中《むちう》になつて探《さが》したのも無理《むり》はありません。愛慾《あいよく》の盜人《ぬすびと》を憎《にく》らしい競爭者《きやうそうしや》を合法的《がふはふてき》に追《お》ひ出《だ》すには、私《わたし》を誰《だれ》かと結婚《けつこん》さすのが最上《さいじやう》の策《さく》なのです。

　私達《わたしたち》は見合《みあ》ひが濟《す》むと、先方《せんぱう》の希望《きばう》によつて二三ケ月《げつ》試驗交際《しけんかうさい》をしてみることになりました。交際《かうさい》と言《い》つても、矢張《やは》り父と同《おな》じ官廳《くわんちやう》の衞生技師《えいせいぎし》である彼《かれ》が、日曜毎《にちえうごと》に來《き》てみんなと晩餐《ばんさん》を共《とも》にしたり、母《はゝ》と私《わたし》と三人《にん》でキネマへ行《ゆ》く位《くらゐ》が關《せき》の山《やま》で、二人《ふたり》限《き》りになることは殆《ほとん》どありませんでした。彼《かれ》は、顏《かほ》にも姿《すがた》にも特徴《とくちよう》と言《い》つて別《べつ》にありませんでしたが、その平凡《へいぼん》な全身《ぜんしん》から湯《ゆ》のやうな温情《をんじやう》が溢《あふ》れてゐる感《かん》じでした。私《わたし》は最初《さいしよ》彼《かれ》を見《み》た時《とき》、自分《じぶん》の辛《つら》かつた過去《くわこ》を泣《な》きながら訴《うつた》へて見《み》たいやうな氣《き》さへしました。婚約期間《こんやくきかん》が一週間《しうかん》、また一週間《しうかん》と經《た》つにつれて、私《わたし》はいつか彼《かれ》を火《ひ》のやうに愛《あい》してゐる自分《じぶん》を知《し》りました。ある日曜《にちえう》日《び》、珍《めづ》らしく二人《ふたり》きりの時《とき》、彼《かれ》は眞劍《しんけん》な眼《め》をして言《い》ひました。

「私《わたし》は今迄《いままで》隨分道樂《ずゐぶんだうらく》しました。好《す》きだと思《おも》つた女《をんな》もありました。けれど今《いま》、感情的《かんじやうてき》にも肉《にく》

體的にも綺麗《きれい》です『過去《くわこ》は忘却《ばうきやく》の砂《すな》に埋《うづ》めよ』こんな勝手《かつて》が聞《き》いて頂《いただ》けますか」

　私《わたし》は激《はげ》しい昂奮《こうふん》の中《なか》で、自分《じぶん》も打明《うちあ》けようかと恐《おそ》ろ〳〵決心《けつしん》しました。けれど若《も》しも母《はゝ》の言《い》ふやうにこの人《ひと》も、いくら優《やさ》しくても男《をとこ》である以上《いじやう》私《わたし》の告白《こくはく》を聞《き》いたら、私《わたし》からさつさと逃《に》げて行きやしないか知《し》ら。こんな私《わたし》の不安《ふあん》は私《わたし》の決心《けつしん》を吹《ふ》き飛《と》ばしましたが、彼《かれ》を愛《あい》してゐる以上《いじやう》彼《かれ》を欺《あざむ》くことは恐《おそ》ろしい罪惡《ざいあく》です。それに今《いま》隱《かく》してゐても、結婚《けつこん》の初夜《しよや》に肉體的《にくたいてき》の不純《ふじゆん》が解《わか》つたら……「言《い》はうか、言《い》ふまいか」私《わたし》がこの岐路《きろ》に立《た》つて「あの……あの私《わたし》……」を繰《く》り返《かへ》してゐる時《とき》、母《はゝ》が入《はひ》つて來《き》ました。私《わたし》はホツと助《たす》かつたやうな氣《き》がして「今日《けふ》でなくても」と打《う》ち明《あ》けることの出來《でき》なかつた自分《じぶん》をソツと慰《なぐさ》めたり辯解《べんかい》したりしました。けれど、結婚《けつこん》の日《ひ》も、結婚《けつこん》の夜《よ》にも私《わたし》はとう〳〵喉《のど》まで出《で》てゐる言葉《ことば》を吐《は》き出《だ》すことが出來《でき》ませんでした。彼《かれ》を愛《あい》してゐる私《わたし》は、彼《かれ》を欺《あざむ》いてゐるといふ苦《くる》しみより、彼《かれ》に捨《す》てられる時《とき》のことを考《かんが》へるのがずつと苦《くる》しかつたのです。

　結婚《けつこん》してからも益々《ますます》優《やさ》しい夫《をつと》の溫情《おんじやう》の中《なか》で「かうなつた以上《いじやう》默《だま》つてゐる方《はう》が幸福《かうふく》なのかも知《し》れない」と思《おも》ひましたが矢張《やは》り、感情《かんじやう》に荷物《にもつ》を乘《の》つけてゐる氣持《きもち》でした。

　結婚《けつこん》して半年《はんとし》近《ちか》く經《た》つた頃《ころ》、腎臟《じんざう》の惡《わる》かつた義父《ぎふ》が急《きふ》に不可《いけ》ないといふ報《はう》に、私《わたし》も夫《をつと》と共《とも》に枕頭《ちんとう》に馳《は》せつけました。蒼《あを》く膿《むく》んだ顏《かほ》にもう死《し》の影《かげ》を暗《くら》く宿《やど》した眼《め》で、私《わたし》と夫《をつと》を見比《みくら》べてゐた義父《ぎふ》は、みんなを去《さ》らして私一人《わたしひとり》だけになつた時《とき》、眼《め》に涙《なみだ》を浮《うか》べて言《い》ひました。

「お前《まへ》は幸福《かうふく》か、幸福《かうふく》だつたか、何《なに》も彼《か》もお前《まへ》の夫《をつと》は知《し》つてるか」

「私幸福《わたしかうふく》ですよ、お義父《とう》さん。おの人《ひと》は許《ゆる》してくれました。許《ゆる》して……」

　私《わたし》は、死《し》に臨《のぞ》んだ義父《ぎふ》を憎《にく》む代《かは》りに、限《かぎ》りない憐憫《れんびん》を感《かん》じて嘘《うそ》をつきました。

「さうか、良《よ》かつた！　私《わし》をも許《ゆる》して吳《く》れたか」

　義父《ぎふ》は、色《いろ》を失《うしな》つた腫《は》れた唇《くちびる》を顫《ふる》はせて嬉《うれ》しげでした。その夜《よ》晩《おそ》く彼《かれ》は死《し》にました。

403　「秘めたる青春を告白した経験」　赤木三千代、水原れい、伊東ふみ　『婦人公論』昭和８年６月１日

初七日《しよなのか》も濟《す》んでやつと少《すこ》し落《お》ちついた時《とき》、夫《をつと》は何氣《なにげ》なしに私《わたし》に聞《き》きました。

「お義父《とう》さんは何故《なぜ》、あの時《とき》お前《まへ》だけに話《はなし》をしたのだらう。自分《じぶん》の實子《じつし》には一言《ごん》の遺言《ゆゐごん》もせずに……」

私《わたし》はこの時《とき》こそ自分《じぶん》の過去《くわこ》を打《う》け明《あ》けなければならないと思《おも》ひました。死は崇高です。義父《ぎふ》が、死《し》ぬまで私《わたし》の失《うしな》はれた純潔《じゆんけつ》を氣《き》にしてゐたといふことを夫《をつと》が知《し》つたら、そして私《わたし》がどんなにひどく苦《くる》しんだかといふことを諒《りやう》解《かい》して、今迄《いままで》私《わたし》が夫《をつと》に隱《かく》してゐたのは、欺《あざむ》くつもりでなしに夫《をつと》の愛情《あいじやう》を失《うしな》ひたくないからだつたといふことを知《し》つてくれたら彼《かれ》は笑《わら》つて許《ゆる》してくれるかも知《し》れないと思《おも》ひました。私《わたし》は、運命《うんめい》の籤《くじ》を引《ひ》くやうな氣《き》ではじめてすつかり夫《をつと》に顫《ふる》えながら告白《こくはく》しました。

「さうだつたか！お××さんと、さうか！」

夫《をつと》の優《やさ》しい表情《へうじやう》は曇《くも》り、ヂッと考《かんが》へ込《こ》んで口《くち》を開《ひら》きませんでした。「お釋迦樣《しやかさま》のやうな寛《くわん》大《だい》な男《をとこ》でも」――母《はゝ》の言葉《ことば》は悲《かな》しい眞實《しんじつ》でしたらうか。私《わたし》はもう駄目《だめ》だと思《おも》ひましたけれど許《ゆる》して貰《もら》ふ爲《ため》にはどんな償《つぐな》ひも厭《いと》はない決《けつ》心《しん》をしました。

翌日《よくじつ》夫《をつと》は平常《へいぜい》通《どほ》り出勤《しゆつきん》しましたが夜《よる》になつても歸《かへ》りません。「夫《をつと》が歸《かへ》つて來《き》たら一生懸命《しやうけんめい》詫《わ》びよう。どうしても許《ゆる》して呉《く》れぬなら暫《しばら》く女中《ぢよちう》にでも家政婦《かせいふ》にでもなつて働《はたら》きながら心《こゝろ》の和《やわ》らぐ日《ひ》を待《ま》たう」から決心《けつしん》はしましたものゝ今更《いまさら》幸福《かうふく》な半年《はんとし》の生活《せいくわつ》が惜《を》しまれて死《し》んでしまひたいほどでした。

三日目《かめ》の朝《あさ》、やつと歸《かへ》つた夫《をつと》に私《わたし》は眞實《しんじつ》を込《こ》めて詫《わ》びました。

「こんなにお詫《わ》びをしても許《ゆる》して頂《いたゞ》けないんなら仕方《しかた》がございません。許《ゆる》して頂《いたゞ》ける日《ひ》を何時《いつ》迄《まで》もお待《ま》ちします。それ迄《まで》……」

私《わたし》が張《は》りさけさうな胸《むね》を抑《おさ》へて立《た》ち上《あが》つた時《とき》、夫《をつと》が急《きふ》に、然《しか》し靜《しづ》かに話《はな》し出《だ》しました。

「俺《おれ》は馬鹿《ばか》だつた、過去《くわこ》は忘却《ばうきやく》の砂《すな》になんて勝手《かつて》なことを言《い》つときながら、お前《まへ》のなんでもない過失《くわしつ》のために狼狽《らうばい》して二日《か》も缺勤《けつきん》して海岸《かいがん》の旅館《りよくわん》で苦《くる》しんできた。昔《むかし》のそんな過失《くわしつ》なんて今《いま》の夫婦《ふうふ》の愛情《あいじやう》に比《くら》べりやお茶碗《ちやわん》が壞《こわ》れたほども重大《ぢうだい》な事《こと》ぢやなかつた。お前《まへ》が今《いま》迄《まで》俺《おれ》に隱《かく》してゐたのも欺《だま》すつもりではなしに俺《おれ》に捨《す》てられることが怖《こわ》かつたといふのは、お前《まへ》が俺《おれ》を深《ふか》く愛《あい》してゐる證據《しようこ》ぢやなかつたか。こんな解《わか》りきつたことのために、道樂《だうらく》をして醉《す》いも甘《あま》いも嚙《か》みわけてゐると自負《じふ》してゐる俺《おれ》が二日《か》も煩悶《はんもん》するなんて情《なさけ》ない話《はなし》さ、もうお前《まへ》の過去《くわこ》なんか忘《わす》れた。可哀想《かあいさう》な女《をんな》が××のために處女《しよぢよ》を奪《うば》はれて長《なが》いこと苦《くる》しみつゞけたとき、こんな本《ほん》を讀《よ》んだことがあつたら、人間《にんげん》は小說《せうせつ》か映畫《えいぐわ》で見《み》る悲劇《ひげき》には淚《なみだ》を惜《を》しまないくせに、自分《じぶん》の目前《もくぜん》に現《あら》はれた悲《ひ》劇《げき》の主人公《しゆじんこう》には一錢《せん》の銅貨《どうくわ》だつて惜《を》しむものだとつくづく悟《さと》つたよ。凡夫《ぼんぷ》の悲《かな》しさだ、全《まつた》く。俺《おれ》はお前《まへ》が丁度《ちやうど》、轉《ころ》んで怪我《けが》をして、着《き》物《もの》の汚《よご》れを隱《かく》すためにヂッと傷《きず》の痛《いた》みを堪《こら》えてゐる子供《こども》のやうにいぢらしくなつたんだ」

言《い》つてから夫《をつと》は高《たか》らかに哄笑《こうせう》し、私《わたし》は思《おも》ひ切《き》り聲《こゑ》を上《あ》げて泣《な》きました。

あれから恰度《ちやうど》一年《ねん》、試鍊《しれん》に逢《あ》つた愛《あい》は一層《そう》深《ふか》くなり、私《わたし》は荷物《にもつ》を下《お》ろしたやうに、ノビノビした幸福《かうふく》の中《なか》に第一兒の出生《しゆつせい》を靜《しづ》かに待《ま》つてゐます。

性教育はどうすればいいか

『私の所では性教育はして居りません。』學校でも、家庭でも、自分達が如何に道徳的であるかを誇るやうに、よくさう云はれるのを聞きます。性教育をしないことが安全なら、好んで性教育をする者があるでせうか。しないことは危險だからせざるを得ないのです。有名な獨乙の作家ウエデキントの戲曲『春のめざめ』は、性教育をしなかつたための悲劇です。

それでは、性教育の方法は、どうすればいいか。次の五人の方々に聽いて下さい。

嘘を教へぬやう　性器をいぢらせぬ

幼年期の性教育

醫學博士　中村みかゑ

男女共《だんぢよとも》に性《せい》ホルモンの作用《さよう》が起《おこ》る十四、五歳《さい》以後《いご》から性《せい》に對《たい》する自覺《じかく》が起《おこ》るのであつて、それ以前《いぜん》は性《せい》といつてよいかどうか、大分《だいぶ》意味《いみ》が異《ちが》ふと思《おも》ひますが、大人《おとな》が見《み》て性《せい》に關《くわん》する現《あらは》れと思《おも》はれる事柄《ことがら》に對《たい》する注意《ちうい》、位《くらゐ》の意味《いみ》に扱《あつか》つて置《お》きます。

私共《わたしども》が小《ちひ》さい時分《じぶん》は、赤《あか》ちやんは他家《よそ》から貰《もら》つて來《き》たものとのみ思《おも》ひ込《こ》んでゐたもので、丁度《ちやうど》二里《り》ばかり離《はな》れてゐる漁師町《れふしまち》から鰹節《かつをぶし》を賣《う》りに來《く》る小父《をぢ》さんから貰《もら》つたと教《をし》へられて、惡《わる》い事《こと》をすると其小父《そのをぢ》さんに戻《かへ》されると云《い》ふので、其小父《そのをぢ》さんが來《く》ると周章《あはて》てゝ隱《かく》れたものです。それを小學校《せうがくかう》の

405　「性教育はどうすればいいか」　中村みかゑ、赤井米吉、三輪田元道、浅野孝之、霜田静思
『婦人画報』昭和８年８月１日

SEX

四年《ねん》頃《ごろ》迄《まで》信《しん》じてゐて、其先《そのさき》、つまり其小父《そのをぢ》さんの家《うち》へはどうして來《こ》たかは、考《かんが》へも及《およ》ばない事《こと》でした。

さうして次々《つぎつぎ》に弟妹《ていまい》が生《うま》れても矢張《やはり》貰《もら》つて來《き》たものと思《おも》つて、母親《はゝおや》のお腹《なか》が大《おほ》きい事等《ことなど》には不思議《ふしぎ》と氣《き》がつきませんでした。

而《しか》し今《いま》の子供《こども》はずつと觀察力《くわんさつりよく》が鋭《するど》く成《な》つてゐて、貰《もら》つたと云《い》へばそれでは呉《く》れた家《うち》へはどうして來《き》たか？と訊《き》きます。

尤《もつと》も宅《たく》の子供《こども》は一年生《ねんせい》の頃《ころ》から分《わか》つて居《ゐ》たらしいのですが、それは大分境遇《だいぶきやうぐう》の關係《くわんけい》があります。始終姙婦《しじゆうにんぷ》を見《み》てゐて、赤《あか》ちやんを生《う》むとお腹《なか》が小《ちひ》さく成《な》る事實《じじつ》をちやんと見《み》てゐますから、赤《あか》ちやんはお母《かあ》さんのお腹《なか》から生《うま》れるものと思《おも》つてゐます。

『赤《あか》ちやんはお腹《なか》が空《す》かないの？』

『母《かあ》さんのお腹《なか》の中《なか》で、母《かあ》さんの血《ち》を貰《もら》ふからお腹《なか》は空《す》かないの、そしてどん〱大《おほ》きく成《な》つて、口《くち》を開《あ》いて物《もの》が食《た》べられる様《やう》に成《な》ると生《うま》れて來《く》るのです』

『どうして生《うま》れるの？　マヽが出《だ》してやるの？　切《き》つて出《だ》してやるの？』

と訊《き》きます。其處《そこ》で私《わたし》は『さうです』と答《こた》へます。まだ如何《いか》にして宿《やど》るか？　といふ不審《ふしん》は起《おこ》しません。それはもつと大《おほ》きく成《な》つて訊《たづ》ねる迄《まで》は云《い》はない方《はう》がいゝでせう。

『何時《いつ》おつぱいを呑《の》むのを覺《おぼ》えたの？』

大變《たいへん》それは不思議《ふしぎ》さうです。自然《しぜん》に知《し》つてゐると答《こた》へると『エライねえ』と感心《かんしん》します。かうして赤《あか》ちやんが生《うま》れるのは分《わか》るらしいのですが、男《をとこ》と女《をんな》とある事《こと》には何《なん》の不思議《ふしぎ》も起《おこ》らぬ様《やう》です、肛門《こうもん》に就《つ》いて、此處《こゝ》はどういふ所《ところ》かと訊《たづ》ねますと、お腹《なか》へきたない物《もの》が溜《たま》るとお腹《なか》がハチ切《き》れるから此處《こゝ》から出《だ》すのだと云《い》ひます。性器《せいき》は漿水《しやうすゐ》が出《で》る所《ところ》で、共《とも》に必要《ひつえう》だと云《い》ひます。

大體子供《だいたいこども》にはかういふ所《ところ》へ觸《さは》る癖《くせ》があります。これは始《はじ》めは極《ご》く偶然《ぐうぜん》、例《たと》へば風呂《ふろ》で洗《あら》ふ時《とき》、木登《きのぼ》り、又《また》は寢具《しんぐ》での摩擦等《まさつとう》々、性器《せいき》は元來《ぐわんらい》感覺機關《かんかくきくわん》ですから偶然《ぐうぜん》右《みぎ》の様《やう》な場合《ばあひ》に擦《こす》ると、其處《そこ》に自然《しぜん》とエレクチオンが起《おこ》ります。さうした事《こと》から次《つぎ》には故意《こい》にやつて見《み》る、といふ工合《ぐあひ》に成《な》つて遂《つひ》に惡《あく》習慣《しふくわん》を作《つく》る事《こと》もあり得《う》るのですから、放《はう》つて置《お》いては不可《いけ》ません。『手《て》にはきたない黴菌《ばいきん》が澤山《たくさん》着《つ》いてゐるからそれでいぢると腫《は》れて漿水《しやうすゐ》が出《で》なく成《な》るから觸《さは》つては不可《いけ》ない』と教《をし》へてやります。そして成《な》るべくその機會《きくわい》を作《つく》らぬ様《やう》に、朝目《あさめ》が覺《さ》めたらすぐに起《おこ》して、何時《いつ》迄《まで》も溫《あたゝ》かい床《とこ》の中《なか》にゐない様《やう》な習慣《しふくわん》を附《つ》けてやります。そして柔《やは》らかい夜具《やぐ》よりも成《な》るべく堅《かた》い方《はう》が良《よ》い様《やう》です。

私《わたし》の子供《こども》はパパとママとは始《はじ》めから親類《しんるゐ》だと思《おも》つてゐます。年頃《としごろ》の娘《むすめ》さんがお嫁《よめ》に行《い》つた話《はなし》をしてゐると、『ママは行《い》つた事《こと》があるか』と訊《たづ》ねますから、『行《い》かうか？』と云《い》へば『坊《ばう》が居《ゐ》るから行《い》つては不可《いけな》い』と云《い》ひます。お嫁《よめ》さんと云《い》ふものは、只《たゞ》美《うつく》しい物《もの》で、紋附《もんつ》きを着《き》てゐるものと思《おも》つてゐて、お嫁《よめ》さんの居《ゐ》る所《ところ》には必《かなら》ずお婿《むこ》さんのある事《こと》を知《し》りません。私《わたし》が正月《しやうぐわつ》紋服《もんぷく》を着《き》ると、ママお嫁《よめ》に行《い》つてはいや、と傍《そば》を離《はな》れません。ですからも少《すこ》し大《おほ》きく成《な》つて、疑問《ぎもん》を起《おこ》す様《やう》に成《な》つた時《とき》、花《はな》から動物《どうぶつ》、そして人間《にんげん》と、その生殖作用《せいしよくさよう》を話《はな》してやつたら良《よ》いでせう。まだ此時代《このじだい》は只性器《たゞせいき》をいぢらぬ習慣《しふくわん》をつける事《こと》が一番大切《ばんたいせつ》な事《こと》ではないかと思《おも》ひます。

そして勿論《もちろん》、漁師《れふし》から貰《もら》つた等《など》と決《けつ》して云《い》はずに、確實《かくじつ》にお母《かあ》さんのお腹《なか》から生《うま》れた事《こと》を教《をし》へるのがよからうと信《しん》じます。

自然のまゝに刺激せず
性を特別扱にしない
小學校の性教育

明星學園長　赤井米吉

性《せい》が人類《じんるゐ》の止《や》み難《がた》い本能《ほんのう》である以上《いじやう》やがて來《きた》るべき問題《もんだい》として（子供《こども》の上《うへ》に）教育《けういく》の立場《たちば》からは、手《て》を添《そ》へなくて良《よ》い物《もの》は（積極的《せつきよくてき》に）一つもあり得《え》ないが、それは一般論《ぱんろん》で、事實生徒《じじつせいと》を扱《あつか》つてゐると其處《そこ》には教師《けうし》の自信《じしん》の問題《もんだい》、時期《じき》の事《こと》、扱《あつか》ひ方《かた》等《とう》々それ〲に六ケ敷《し》しい事柄《ことがら》です。當校《たうかう》では性教育《せいけういく》として別《べつ》にやつては居《を》りません。男女《だんぢよ》共學《きやうがく》が本校《ほんかう》の主旨《しゆし》で今迄《いまゝで》の誤《あやま》られた男女《だんぢよ》の區別《くべつ》（女子《ぢよし》の社會的《しやくわいてき》位置の自覺《じかく》）云《い》ひ替《かへ》れば性別《せいべつ》を餘《あま》り誇示《こじ》しない所《ところ》に私達《わたしたち》の性教育《せいけういく》があるのです。

よく田舎《ゐなか》の學校《がくかう》では樂書《らくがき》があつたり、名《な》をつけたりしますが、さういふ事《こと》は絶對《ぜつたい》にありません。又市内《しない》の學校《がくかう》では往々《わう〳〵》教師自身《けうしじしん》の間《あひだ》に確然《かくぜん》とした男女《だんぢよ》の別《べつ》があつて、從《したが》つて生徒《せいと》も同樣《どうやう》に育《そだ》てられて、お互《たがひ》に非常《ひじやう》に異《ちが》つたものだ、といふ感《かん》じを持《も》ち合《あ》つてゐる樣《やう》です。それが、此學校《このがくかう》にはまるでありません。私達《わたしたち》は中等學校《ちうとうがくかう》も共學出來《きやうがくでき》ると信《しん》じて居《を》ります。

かうして性《せい》の區別《くべつ》を致《いた》しませんと、性《せい》への自覺《じかく》は一般《ぱん》に遲《おく》れる樣《やう》です。子供《こども》は一緒《いつしよ》に成《な》つて相撲《すもう》を取《と》ります。そして遠足等《えんそくとう》では先生《せんせい》と一緒《いつしよ》にお湯《ゆ》に入《はい》ります。又《また》よく理科《りくわ》の時《とき》校外《かうぐわい》に連《つ》れて出《で》ますが、男《をとこ》の子《こ》と女《をんな》の子《こ》が非常《ひじやう》に仲《なか》よく手《て》をつないで一緒《いつしよ》に物《もの》を調《しら》べたりしてゐる所《ところ》を村《むら》の子供達《こどもたち》は驚《おどろ》いてゐます。

上級《じやうきふ》の女《をんな》の子《こ》には、どうかすると月經《げつけい》ではないかと思《おも》ふ子供《こども》もありますが（こんな時《とき》は多《おほ》く男《をとこ》の先生《せんせい》ばかりですから、母親《はゝおや》に質《たゞ》して見《み》て適宜《てきぎ》な處置《しよち》を取《と》りますが）彼女自身《かのぢよじしん》性的自覺《せいてきじかく》は少《すくな》い樣《やう》です。どうかすると、大人《おとな》では一寸《ちよつと》云《い》へない樣《やう》な事《こと》を子供《こども》は平氣《へいき》で口走《くちばし》るものですが、あれ等《など》何《なん》れも内容《ないよう》は知《し》らないのです。時《とき》には知識《ちしき》として知《し》つてる場合《ばあひ》もあるかも知《し》れませんが、矢張《やはり》それも理解《りかい》してゐるのではないでせう。交尾《かうび》してゐるバッタを、子《こ》バッタが親《おや》バッタにおんぶしてゐると思《おも》つてゐます。尤《もつと》も上級生《じやうきふせい》を連《つ》れて或製紙工場《あるせいしこうじやう》を見學《けんがく》して、紙《かみ》の原料《げんれう》がトロ〲に成《な》つて流《なが》れて來《く》るのを一人《ひとり》々々抱《だ》いて見《み》せてやつた時《とき》、一人《ひとり》の女《をんな》の子《こ》がどうしても私《わたし》に抱《だ》からないのです。そんなのも判然自覺《はんぜんじかく》してではなく、只本能的《たゞほんのうてき》にだらうと思《おも》ひます。又體格檢査《またたいかくけんさ》をさせない子《こ》がありましたが、私《わたし》は無理《むり》にはやらせません、餘《あま》りさういふ事實《じじつ》に就《つ》いて、何故《なぜ》やらないとか、何故《なぜ》抱《だ》かるのがいやか等《など》と訊《き》くと、子供達《こどもたち》は反《かへ》つてキヨトンとしてゐるものです。餘《あま》り大人《おとな》の頭《あたま》で子供《こども》の世界《せかい》を類推《るいすゐ》しない樣《やう》にそして成《な》るべくさういふ事《こと》を特別《とくべつ》な事《こと》だと珍《めづ》らしがらせない樣《やう》に仕向《しむ》けます。花《はな》の構造《こうざう》を說明《せつめい》して動物《どうぶつ》の生殖《せいしよく》を暗示《あんじ》しても、子供《こども》は（四年《ねん》）それでは人間《にんげん》は？　とは質問《しつもん》しません。而《しか》し或《ある》時《とき》父兄會《ふけいくわい》の席上《せきじやう》で或母親《あるはゝおや》が『宅《たく》の子供《こども》は犬《いぬ》の交尾《かうび》してゐるのを見《み》て不思議《ふしぎ》がつて困《こま》りますがどうしたらよいでせう？』といふ問《と》ひを發《はつ》した。すると或《ある》お母《かあ》さんは、『それは早速其機會《さつそくそのきくわい》を善用《ぜんよう》して性教育《せいけういく》を施《ほどこ》したら良《よ》いでせう、犬《いぬ》の交尾《かうび》の事實《じじつ》を生理的《せいりてき》に話《はな》してやつて、自然人《しぜんひと》もさうであるといふ風《ふう》に』

『さあ犬《いぬ》の事《こと》は話《はな》しても、人《ひと》の事迄《ことまで》はどうでせう、訊《き》かれない點迄《てんまで》ふれる必要《ひつえう》はない、と思《おも》ひますが』

『而《しか》しさういふ事《こと》は成《な》るたけそれに對《たい》する好奇心《かうきしん》を他《た》に外《そ》らせる樣《やう》にしては如何《いかゞ》？』

『でも訊《き》かれた以上《いじやう》、話《はな》さないのに不可《いけな》くはありませんか』

『いけないでせうが、話《はなし》し難《にく》いですね』

『私《わたし》は其時《そのとき》ほんとに困《こま》りました』

等々《とう〳〵》種々《いろ〳〵》の意見《いけん》が出《で》ましたが矢張子供《やはりこども》の疑問《ぎもん》には、子供《こども》が納得《なつとく》する樣《やう》に、嘘《うそ》でない程度《ていど》に話《はな》してやるのが、自然《しぜん》でせう。極《ご》く自然《しぜん》な態度《たいど》で、眞面目《まじめ》に、そして醜《みにく》い事《こと》だ等《など》と決《けつ》して思《おも》はせない樣《やう》に話《はな》せば、子供《こども》はきつと信頼《しんらい》を持《も》つて眞面目《まじめ》に喜《よろこ》んで聞《き》くに違《ちが》ひありません。

尚子供《なほこども》はどうかすると飛《と》んでもない猥褻《わいせつ》な事《こと》を云《い》ふ事《こと》がありますが、そんな時私共《ときわたしども》はすぐ其場《そのば》で（他《た》の子供《こども》の前《まへ》で）叱《しか》る事《こと》をしません。

後《あと》で其子供《そのこども》だけに、其子供《そのこども》がどの程度《ていど》に迄其詞《までそのことば》を分《わか》つて云《い》つて居《ゐ》るかを調《しら》べて、それ〲の態度《たいど》で話《はな》してやる樣《やう》にしたいと思《おも》ひます。又或時《またあるとき》一年生《ねんせい》が粘土細工《ねんどざいく》で妙《めう》な物《もの》を作《つく》りましたが、何《なに》も云《い》はないで居《を》りましたら、後《あと》もう作《つく》りませんでした。

凡《すべ》て刺戟《しげき》せぬ、珍《めづ》らしがらせぬ態度《たいど》で此學校《このがくかう》ではやつてゐます。

此處《こゝ》は井之頭公園《ゐのかしらこうゑん》に近《ちか》い爲《ため》に、理科《りくわ》の採集等《さいしふなど》に行《い》つてよく草原《くさはら》で男女《だんぢよ》の會合《くわいがふ》に出會《であひ》する事《こと》がありますが、こんな時《とき》教師《けうし》が狼狽《らうばい》しては駄目《だめ》です。事實《じじつ》、私《わたし》は内心《ないしん》可成《かなり》うろたへ乍《なが》ら生徒《せいと》の方《はう》を見《み》ましたら、反《かへ》つて、生徒《せいと》は平氣《へいき》なものです。これは馴《な》らされてさうなのか、全然興味《ぜん〲きようみ》を引《ひ》かないのか、そのぎり〲の所《ところ》は分《わか》りませんが、無關心《むくわんしん》である事《こと》は事實《じじつ》です。これは多分《たぶん》に校風《かうふう》も影響《えいきやう》してゐるでせう。つまり私達《わたしたち》は性《せい》を特別《とくべつ》扱《あつか》ひにせぬ事《こと》を以《もつ》て、それが廣《ひろ》い意味《いみ》の性教育《せいきよういく》に成《な》ると思《おも》つてゐます。

性は尊いもの
道徳的に考へたい
女學校の性教育

三輪田高女校長　三輪田元道

今迄《いままで》性《せい》に關《くわん》する事《こと》は醜《みにく》い物《もの》として隱《いん》蔽《ぺい》し暗《あん》に好奇《かうき》心《しん》を以《もつ》て迎《むか》へると云《い》ふ誤《あやま》つた態度《たいど》が世間《せけん》一般《ぱん》でしたが、むしろ進《すゝ》んで道徳的《だうとくてき》に尊《たふと》いものとして見《み》る方《はう》が正《たゞ》しいと思《おも》ひます。性《せい》に對《たい》する正《たゞ》しい理解《りかい》を持《も》たせる爲《ため》に、私共《わたくしども》の學校《がくかう》では先《ま》づ最《さい》初《しよ》植物《しよくぶつ》に就《つ》いて、どうして實《み》を結《むす》ぶ樣《やう》に成《な》るかを稍《くは》しく説明《せつめい》して、動物《どうぶつ》も同《どう》樣《やう》である事《こと》を自《し》然《ぜん》に暗示《あんじ》してやります。小《ちい》さな植物《しよくぶつ》の芽《め》が成長《せいちやう》するのに水《みづ》と日光《につくわう》が大切《たいせつ》の樣《やう》に赤《あか》ちやんもお母《かあ》さんのお腹《なか》の中《なか》で色々《いろいろ》の養分《やうぶん》を攝《と》るが、養分《やうぶん》だけでは決《けつ》して赤坊《あかんぼう》は生《うま》れない必《かなら》ず其處《そこ》には男性《だんせい》と女性《ぢよせい》との接近《せつきん》が必要《ひつえう》である事《こと》、カボチヤ、柿《かき》、銀杏《ぎんなん》等《とう》が雄花《ゆうくわ》と雌花《しくわ》と別々《べつべつ》にあるのは丁度《ちやうど》父《ちゝ》と母《はゝ》と別《べつ》に居《ゐ》る樣《やう》なものであると教《をし》へます。

普通《ふつう》女學校《ぢよがくかう》の動物《どうぶつ》では遺《ゐ》傳《でん》等《とう》には觸《ふ》れないで良《よ》いのですが、當校《たうかう》では性教《せいけう》育《いく》の意味《いみ》で父母《ふぼ》の氣風《きふう》、素質《そしつ》、或《あるひ》は病《びやう》毒《どく》の遺《ゐ》傳《でん》する事《こと》を教《をし》へ　父性《ふせい》の意味《いみ》を知《し》らせます。

動植物《どうしよくぶつ》は一二年《ねん》でやりますが、今度《こんど》は生理《せいり》で思《おも》ひ切《き》つて解剖的《かいばうてき》に説明《せつめい》します。男子《だんし》にもさうですが、特《とく》に女子《ぢよし》には醫《い》者《しや》が其方面《そのはうめん》の話《はなし》をするのが良《よ》い樣《やう》です。幸《さいは》ひ私《わたし》の學校《がくかう》では妻《つま》が醫者《いしや》ですから素人《しろうと》のやり難《にく》い所《ところ》もうまく行《ゆ》く樣《やう》です。それから色々《いろいろ》の性病《せいびやう》、發育《はついく》不全《ぜん》難産《なんざん》、不感症《ふかんしやう》等《とう》世間話《せけんばなし》の樣《やう》にして説明《せつめい》し、それ等《ら》はどうしたら治《なほ》るかを怖《おそ》れさせない樣《やう》に話《はな》します。そして、皆樣《みなさま》のうちには無《な》いでせうが世間《せけん》にはよく自瀆《じとく》をする人《ひと》があるが、それは大變《たいへん》體《からだ》に害《がい》があるからよく心得《こゝろえ》て置《お》く樣《やう》に、等々《とうとう》。

尙《なほ》四五年《ねん》の修身《しうしん》で圓滿《ゑんまん》な家庭《かてい》を作《つく》る爲《ため》には、第《だい》一に精神《せいしん》、第《だい》二に肉體《にくたい》の健《けん》全《ぜん》であるべき事《こと》を示《しめ》して、結婚《けつこん》解消《かいせう》、性病《せいびやう》、醜業婦《しうげふふ》等《とう》の社會《しやくわい》問題《もんだい》に就《つ》いて批《ひ》判《はん》し、バスコントロールの社會上《しやくわいじやう》の位置《ゐち》、人口問題《じんこうもんだい》等《とう》性《せい》に關《くわん》する社會問題《しやくわいもんだい》を取《と》り入《い》れる樣《やう》に注意《ちうい》してゐます。

月經《げつけい》に就《つ》いては家庭《かてい》の母親《はゝおや》と協力《けふりよく》し

て、其處置《そのしよち》を間違《まちが》へない様《やう》にしますが一般《ぱん》としては、生理《せいり》の時間《じかん》に扱《あつか》ひます。

　五年《ねん》に成《な》つても無《な》い子供《こども》もあるし、又非常《またひじやう》に苦痛《くつう》を訴《うつた》へる生徒《せいと》もあります。そんな時《とき》は其理《そのわけ》を説明《せつめい》してやつて心配《しんぱい》せぬ様《やう》にさせます。尚女學校《なほぢよがくかう》の體操《たいさう》の先生《せんせい》は概《がい》して女《をんな》の先生《せんせい》が良《よ》い様《やう》です。

　又個人的《またこじんてき》な問題《もんだい》に就《つ》いては、當校《たうかう》では受《う》け持《も》ちを皆女《みなをんな》の先生《せんせい》にしてありますから、先生《せんせい》と相談《さうだん》する様《やう》にさせてゐます。特《とく》に此問題《このもんだい》を扱《あつか》ふ人《ひと》に大切《たいせつ》なのは、人格《じんかく》、學識《がくしき》、信用《しんよう》でせう。大切《たいせつ》であると共《とも》に困難《こんなん》な本問題《ほんもんだい》は、家庭《かてい》、學校《がくかう》、社會《しやくわい》の三方面《はうめん》から爲《な》されるのが、最《もつと》も至當《したう》な事《こと》だと思《おも》ひます。

　生徒《せいと》は折《を》りに觸《ふ》れては、例《たと》へば犬《いぬ》の交尾《かうび》等《など》珍《めづ》らしがります。（私《わたし》の學校《がくかう》にも犬《いぬ》が居《ゐ》りますが、雌《めす》は飼《か》はない様《やう》にしてゐます）そんな時《とき》は、雄《をす》が追《お》ひ雌《めす》が拒絶《きよぜつ》する、それは凡《すべ》て人類《じんるゐ》も同様《どうやう》であつて、自分《じぶん》が選《えら》んだ時《とき》にのみ許《ゆる》す、此處《こゝ》に貞操《ていさう》、處女性《しよぢよせい》の尊《たふと》さがあるといふ様《やう》に修養《しうやう》と一緒《いつしよ》にして説明《せつめい》する様《やう》な方針《はうしん》を取《と》つて居《ゐ》ます。

體育を奬勵し
問題ごとに相談相手となる
中學及高校の性教育

成蹊學園長　淺野孝之

　當校《たうかう》では性教育《せいけういく》として積極的《せつきよくてき》な方法《はうはふ》は持《も》つて居《を》りません。體育《たいいく》を奬勵《しやうれい》して子供《こども》の興味《きようみ》をそちらへ向《む》けるのに勉《つと》めて居《ゐ》ます。小人閑居《せうじんかんきよ》して不善《ふぜん》を爲《な》す、と云《い》ひますが、どうも讀書《どくしよ》、映畫等《えいぐわとう》から刺戟《しげき》され易《やす》いものですから、それよりも運動《うんどう》の方《はう》へ、といふ方針《はうしん》です。

　直接性《ちよくせつせい》に觸《ふ》れた指導《しだう》としては私《わたし》が上級《じやうきふ》の修身《しうしん》を持《も》つて居《を》りますので、折《を》りにふれては話《はな》して置《お》きますが、さういふ事柄《ことがら》は全然知《ぜんぜんし》らない人《ひと》には反《かへ》つて好奇心《かうきしん》を起《おこ》させる結果《けつくわ》に成《な》り、又話《またはな》す者《もの》の態度《たいど》も充分考《じうぶんかんが》へねば成《な》りませんし、なか〱デリカシーな問題《もんだい》で扱《あつか》ひ難《にく》いのですが、こちらが眞劍《しんけん》に話《はな》せば生徒《せいと》は非常《ひじやう》に眞面目《まじめ》に聽《き》いて居《ゐ》ます。それで私《わたし》は知つてゐる者には分る、程度《ていど》の詞《ことば》で出來《でき》るだけ恐怖心《きようふしん》を起《おこ》させない様《やう》に、つまらぬ邪念《じやねん》に捕《とら》はれると性格《せいかく》も段々暗《だんだんくら》く成《な》るし、體《からだ》も弱《よわ》く成《な》る、さうしてこれは、誰《だれ》にでも起《おこ》り易《やす》い事《こと》ではあるが、自分《じぶん》の將來《しやうらい》を思《おも》つたらそれは避《さ》けなければいけない』と、まあこんな風《ふう》に話《はな》して、冷水浴《れいすゐよく》、運動其他方法《うんどうそのたはうはふ》は色々《いろいろ》ありませうがとにかく生徒《せいと》の慾望《よくばう》から氣分《きぶん》を轉廻《てんくわい》させる様《やう》にして居《ゐ》ます。もつと突《つ》き込《こ》んでやるべきかも知《し》れませんが、今《いま》の所《ところ》、中學《ちうがく》には其位《そのくらゐ》の程度《ていど》にして居《を》ります。其目標《そのもくへう》は主《おも》に生徒《せいと》の自瀆行爲《じとくかうゐ》ですが、それは生徒《せいと》の成績《せいせき》や活動狀態《くわつどうじやうたい》、體《からだ》の様子等《やうすとう》で或《あるひ》は此子供《こども》には？　と見當《けんたう》をつけて個人的《こじんてき》に云《い》ふ場合《ばあひ》もあります。其他男女問題等《そのただんぢよもんだいとう》まで起《おこ》した事《こと》も全然《ぜんぜん》ありませんし、先《ま》づ中學《ちうがく》ではその程度《ていど》にしてゐます。

　中學《ちうがく》の時代《じだい》には、何《なに》か先生《せんせい》に自分《じぶん》の事等打《ことなどう》ち明《あ》け難《がた》い様子《やうす》がありますが、（恐《こは》い様《やう》な氣《き》がするらしい）これが高等科《かうとうくわ》に成《な》ると云《い》へる様《やう》に成《な》ります。夜《よる》遲《おそ》く門《もん》を叩《たゝ》いて戀愛問題《れんあいもんだい》の相談《さうだん》に來《く》る學生《がくせい》もあります。それは娘《むすめ》が遭難《さうなん》した時助《ときたす》けたのが機會《きくわい》に成《な》つたものでしたが。そんな時頭《ときあたま》から否定《ひてい》しないで一應《おう》は其心持《そのこゝろもち》を受《う》け容《い》れて、而《しか》しさうするには色々《いろいろ》の條件《でうけん》も整《とゝの》はねば成《な》らぬし、又結婚《またけつこん》するにはそれだけの資格《しかく》（つまり獨立《どくりつ》した一人《ひとり》として）がなければと一緒《いつしよ》に相談《さうだん》してやりました。其後其《そのごその》學生《がくせい》は、『今自分《いまじぶん》はこんな事《こと》を考《かんが》へて居《ゐ》る時《とき》ではなかつた事《こと》が解《わか》つた』と反省《はんせい》して其《その》まゝ事《こと》なく濟《す》んだ事《こと》もあります。又學生《またがくせい》に依《よ》つては先方《せんぱう》の好意《かうい》をそのまゝ受《う》け容《い》れる者《もの》もありますが、兎《と》に角《かく》、さういふ場合《ばあひ》、只恐《たゞおそ》るべき罪惡《ざいあく》だとしないで、學生《がくせい》の氣持《きも》ちを理解《りかい》したいものです。私《わたし》は平常《へいぜう》こんなに云《い》つて居《ゐ》ます。人間《にんげん》の過失《くわしつ》はふとした機會《きくわい》から起《おこ》りそれから段々深入《だんだんふかい》りして行《ゆ》くもので、第三者《だいさんしや》から見《み》ると、あんな女《をんな》を、といふ様《やう》な人《ひと》に惑溺《わくでき》するので、全《まつた》くそれは一つの機會《きくわい》にすぎない、だから常《つね》に正《たゞ》しい結婚《けつこん》といふ事《こと》を前提《ぜんてい》として、自分《じぶん》の將來《しやうらい》を考《かんが》へられたい』と、『又《また》もし問題《もんだい》が起《お》きた場合《ばあひ》は、少《すこ》しも心配《しんぱい》なく相談《さうだん》され度《た》い』そして本人《ほんにん》の爲絶對《ためぜつたい》に秘密《ひみつ》を守《まも》つてやります。物事《ものごと》の間違《まちが》ひは其處置《そのしよち》に窮《きう》した時《とき》に起《おこ》るものです。相談《さうだん》する人《ひと》、のある事《こと》は非常《ひじやう》に大事《だいじ》な事《こと》で、親《おや》なり教師《けうし》なり最《もつと》も其《その》子供《こども》に親《した》しい人《ひと》が子供《こども》と同《おな》じレベルに

409　「性教育はどうすればいいか」　中村みかゑ、赤井米吉、三輪田元道、浅野孝之、霜田静思
『婦人画報』昭和8年8月1日

立《た》つて相談《さうだん》する事《こと》が絶對《ぜつたい》に必要《ひつえう》です。此相談相手《このさうだんあいて》は、私《わたし》の經驗《けいけん》では、男《をとこ》の子《こ》には矢《や》張《はり》父親《ちゝおや》或《あるひ》は男教師《だんけうし》が良《よ》いやうです。女親《をんなおや》はどうも少《すこ》し開《ひら》き直《なほ》る恐《おそ》れがありはすまいか、父親《ちゝおや》が太い詞であつさり、後《あと》へ色々《いろ／＼》の心持《こゝろもち》が殘《のこ》らぬ樣《やう》に扱《あつか》つたらよからうと思《おも》ひます。

而《しか》し私《わたし》は、すぐに世《よ》の父兄方《ふけいがた》の誰《たれ》でもにそれをやつて欲《ほ》しいと云《い》へない氣《き》持《もち》があります。もつと家庭《かてい》が反省《はんせい》して、父兄《ふけい》自身性《しんせい》をも一度《ど》見直《みなほ》して、充分《じうぶん》な理解《りかい》と眞實《しんじつ》な態度《たいど》とで臨《のぞ》まれたいと思《おも》ひます。

多感な思春期の女性には
精神的な指導を

霜田静思

『禁止《きんし》されるが故《ゆゑ》に爲《な》す』といふ心理《しんり》があります。日本《にほん》より外國《ぐわいこく》に自瀆行爲《じとくかうゐ》の多《おほ》いのは事實《じじつ》らしいのですが、その理由《りいう》は、あちらの生活《せいくわつ》が凡《すべ》て人爲的《じんゐてき》であり、こちらが自然的《しぜんてき》でゆとりがある爲《ため》でせう。便所《べんじよ》一つにしても、日本《にほん》では平氣《へいき》で『御不淨《ごふじやう》は何處《どこ》です?』と訊《き》く事《こと》が出來《でき》るが、あちらではそんな事《こと》は出來《でき》ません。宅《たく》の子供《こども》はどうかすると『お母《かあ》さんのおちん／＼に觸《さわ》つてやれ』等《など》といふ事《こと》がありますが、そんな時《とき》周章《あわ》てゝ止《と》めたりしない方《はう》が良《よ》い樣《やう》です。親《おや》の前《まへ》で云《い》つてゐるうちは間違《まちが》ひはありません。小《ちひ》さい時《とき》から親《おや》に何《なん》でも云《い》はせる樣《やう》な習慣《しふくわん》をつけて置《お》くと、何《なに》か事《こと》に逢《あ》つた場合《ばあひ》親《おや》に話《はな》し得《う》るでせう。

それから、知識慾《ちしきよく》の盛《さか》んな子供《こども》は、何《なん》でも見《み》た物《もの》へ疑問《ぎもん》を持《も》ちます。彼等《かれら》が何《なに》か尋《たづ》ねた時《とき》には、解《わか》る程度《ていど》に迄《まで》精《くは》しく話《はな》してやるのが良《よ》い樣《やう》です。大《おほ》きく成《な》つてから話《はな》すよりも、話《はな》す方《はう》も話《はな》し易《やす》いでせう。

訊《き》かれたら如何《いか》に答《こた》へるか、それはエー・エス・ニール（後《あと》の記事《きじ》參照《さんせう》）が實《じつ》に行《ゆ》き屆《とゞ》いた書《か》き振《ぶ》りで教《をし》へてゐます。それにはバスコントロール迄巧《までたく》みに書《か》かれてゐます。

次《つぎ》にこれは私《わたし》の實驗談《じつけんだん》です。私《わたし》か或《ある》女學校《ぢよがくかう》に奉職中《ほうしよくちう》のこと、寄宿舍《きしゆくしや》や教室《けうしつ》でよく物《もの》が失《な》く成《な》りました。其處《そこ》でそれを私《わたし》が調《しら》べる事《こと》に成《な》つたのですが、私《わたし》は自白《じはく》を强《し》ひずに『私《わたし》は決《けつ》して罰《ばつ》しやうとは思《おも》はない、心《こゝろ》で悔悟《くわいご》して居《ゐ》ればそれで良《よ》いから……』と優《やさ》しく云《い》つてやつた所《ところ》が、或生徒《あるせいと》がこつそり私《わたし》の處《ところ》へ品物《しなもの》を返《かへ》して來《き》ました。私《わたし》は默《だま》つて許《ゆる》してやりました。すると非常《ひじやう》に感激的《かんげきてき》な手紙《てがみ》を書《か》いて、しば／＼私《わたし》によこしました。それから二三ヶ月後《げつご》、今度《こんど》は男《をとこ》から手紙《てがみ》が來《く》る樣《やう》に成《な》つたのです。相手《あひて》は許婚《いひなづけ》でしたから、其生徒《そのせいと》を呼《よ》んで『貴女《あなた》のしてゐる事《こと》は惡《わる》い事《こと》ではないが、勉强中《べんきやうちう》の他《た》の生徒《せいと》に何《なに》か考《かんが》へさせる樣《やう》な結果《けつくわ》に成《な》るのはいけないから、交際《かうさい》するならば家庭《かてい》を通《つう》じてする樣《やう》に』

と云《い》つてやりましたら『大變惡《たいへんわる》かつたから今後《こんご》決《けつ》してやりません』と泣《な》いて誓《ちか》ひましたが矢張《やはり》男《をとこ》との關係《くわんけい》は止《や》めなかつた樣《やう》です。そして間《ま》もなく退學《たいがく》して結婚《けつこん》しましたが、思春期《じしゆんき》の女生徒《ぢよせいと》にはよくあり勝《が》ちな事《こと》で、自分《じぶん》にも何《なん》だか理《わけ》の分《わか》らない、もや〳〵した感情《かんじやう》から盗《ぬす》みをしたのです。それから今度《こんど》は憧《あこが》れの代償物《だいしやうぶつ》を私《わたし》に見出《みだ》して、非常《ひじやう》に感情的《かんじやうてき》に成《な》つて來《き》ましたが、其當時《そのたうじ》私《わたし》は獨身《どくしん》だつたので危險《きけん》に思《おも》つて嚴然《げんぜん》としてゐたので、遂《つひ》に許婚《いひなづけ》に走《はし》つたのであつて、つまり滿《み》たされざる性的感情《せいてきかんじやう》（はつきり自覺《じかく》してゐない）を盗《ぬす》みに依《よ》つて表出《へうしゆつ》し、又崇拜《またすうはい》の對象物《たいしやうぶつ》を求《もと》めたのであつて、こんな場合《ばあひ》只叱《ただしか》るよりも其心持《そのこころもち》を洞察《どうさつ》して適當《てきたう》な指導法《しだうはふ》を取《と》るのが大切《たいせつ》と思《おも》ひます。

性教育の實例

安全な方法・危險な場合 注意す可きこと

英吉利の敎育家エー・エス・ニールはその著『問題の子』（霜田靜思氏譯）の中で、性敎育の實際について面白い意見を述べてゐます。次にその中の一部分を拔萃しました。

手淫の原因は「禁止」である

九歳十歳の子供では、手淫が性交の代りとして行はれるといふ事はあり得ない。小さい子供等は、決して大人の樣な色慾を持つては居ない。觸つて見て快感を感ずるといふ樣な事は、さう强くはない。子供の手淫は主として、「禁止」に原因する。私の所へ始めて連れて來た子供で、元氣のない顔をして居り、どんな學科にも一向興味を起さない樣な子供が、かなり度々あつた。さういふ場合、私はいつも手淫に對する禁制を取り除いてやつた。其の結果は忽ち元氣のない顔に輝きが現れ來り總ての物に對する興味が起つて來た。しかも其の間に手淫はいつの間にか影をひそめて行つた。

遺尿症も手淫の禁止から

遺尿症の場合も、主として手淫の抑制に基くものである。そこで私は之に對しても禁壓を取り除くやうにした。併し治癒する樣子はなかつた。そこで私は考へた。最初に禁止を命じたのは父親である。だから父親が此の禁止を解除しなければ駄目である。さう思つて私は父親に話してさうさせた。其の結果間もなく遺尿症は癒つた。遺尿症は不愉快なものである。だから之が癒つたといふのは誠に喜ぶべき事ではあるが、たゞそれ丈けの事なら別に大した事もない。併しもつと重大なことは遺尿症が癒ると同時に、今まではぼんやりして居て學問に對する才能もなく、注意を集中する事も出來なかつた子供が、急に晴れ〴〵しい顔になり、事物に對して興味を起して來た事である。此の子供は今では全く普通の子供で、決して性に對して特別な興味を持つては居ない。

排泄物の抑壓は性に對する抑壓と同樣の結果になる

排泄物に對する抑壓も、性に對する抑壓と同樣に恐るべきものである。事實兒童に於ては此の二つは一緒である。排泄器官と性的器官とが一つになつて居るといふ自然の位置からして、兒童は此の一つがいづれも汚穢であるといふ風に考へて居る。私の考へる所では、手淫に關聯せる羞恥は主として排泄に關聯した羞恥から來て居る。私はどの子供も糞便に興味を持つて居ることを知つて居る。おかしな話だが、吾々は時々便所のことを話して居る事があるもので、參觀人がびつくりして逃げ出してしまふことがある。（註。西洋では人前で便所の話などするのは不作法だとせられて居る。）併しそれは實は大に必要な事なのである。十一歳の女兒が私の學校に來たが、此の子供の生活に於ける唯一の興味は便所であつた。便所の鍵穴から中をのぞく事が、彼女の唯一の喜びであつた。私は其處ですぐに地理の課業をやめて便所の話に轉じた。彼女は大變喜んだ。それから十日程たつて便所のことについて言ひ出して見た。『私もう便所の事は聞きたくないわ』と彼女はうるささうに言つた。『便所のことなんて、全く聞き倦きちやつたわ』と。

性に對する抑壓から放火しようとした少年

十一歳になる男の兒が私の所へ來た。此の兒は多く癖がある中に、一つ放火の癖があつた。彼は父親や敎師にいつも打たれて居た。しかも更に惡いことは、地獄の火と神の怒りとを敎ふる偏狹な宗敎によつて敎育されて居た。此の兒は私の所へ來ると間もなく、石油の瓶を取つて繪具とテレビン油のまぜた罐の中にあけた。そして之に火をつけた。火は燃え上つて、すんでにあぶない所を、二人の下僕の骨折りによつて、學校はやつと助かつた。私はすぐに此の子供を自分の室に連れて來た。

『火はどういふものだか知つてるか？』と私はきいた。

『燃えるもんです』

『今お前の考へて居るのは、どんな種類の火だ？』

『地獄のです』

『それから瓶は？』

『長いもので、先に穴のあいてるものです』

（長き間）

『長いもので先に穴のあいてるものつて、何のことだ？ 言つて御覽』

411　「性教育はどうすればいいか」　中村みかゑ、赤井米吉、三輪田元道、浅野孝之、霜田静思
『婦人画報』昭和８年８月１日

『僕のピーター（陰莖）です——先に穴のあいてるってのは：．』と彼は言ひにくさうに言つた。

『ぢやお前のピーターの事を話して御覧』と私は優しく言つた。『お前はそれに觸つたことがあるのか』

『今は觸らないの、前には觸つた事があるけど。でも僕何にも知らないんです』

『どうして今は觸らないんだ？』

『だつてX先生（此の兒の前に行つて居た學校の先生）がそれは世界中で一等惡いことだつておつしやつたんですもの』

　之によつて私は、彼の放火が手淫の代りである事を知つた。そこで私はX先生の言つたのは全く間違ひだ。君のピーターは君の鼻や君の耳と何にも變りはありはしない。ピーターに觸ることが特別惡い譯は何にもありはしない、と話してやつた。此の日から彼の火に對する興味は消えた。十日ばかり過ぎて後、私は此の兒に向つて君はまだX先生の言つた事を本當だと思つて居るかときいて見た。すると子供は笑つて『いゝえ、でももう僕はピーターには觸りません』と言つた。

『何故觸らないのか？』

『あの、先生が惡くないつておつしやつてから、幾度かして見たんです。でもその中痛くなつて、ちつとも面白くなくなつちやたんです』

　勿論面白い筈はなかつた。十一歳の子供で、自由教育を受けて居るのだもの、手淫に耽るよりも、もつと面白いことを自分の生活の上に見出して居る筈だつた。私は手淫の罪惡感を破壞したと同時に、手淫の快感をも破壞してしまつたのである。

マリイストープスの方法

性教育には母親の愛が必要

　マリイ・ストープス女史は哲學博士理學博士で、特に結婚生活に於ける性衞生の著作で世界的に著名であります。次の一文はその著、「結婚生活」（黒川次郎氏譯）から拔いたものであります。

　まづ、一番最初の質問は、『母さま、母樣は僕を何處からつれてきたの？』で始まる。母親は子供の興味を他へ外らしたり躊躇したりしないで、直ちに次の樣に答へるがよい。

『それはね、神樣と父樣と母樣とで、あなたを拵へたのです。私達はね、あなたを本當に欲しかつたからです』

『神樣がお手傳ひになつたの？　でも神樣は、なぜ獨りでおつくりにならなかつたの』

『さうね、自分だけで出來ないことはあなたにもありませう。あなたと母樣

とで積木遊びをしてゐる時に、あなたは母様に手傳つてもらひたがるでせう。そして、一人で遊ぶのをいやがるではありませんか。それと同じなんですよ。父様と母様とが神様にお手傳ひをして頂き度いと願つてゐることを、神様はちゃんと御存じなのですけれど、でも神様　あなたの全部をお作りになつたのではないのです。父様と母様は。あなたが積木遊びをするよりもずつと〳〵あなたを拵へるのを樂しみにしてゐたからです』

最初はこれ位で結構である。小兒は、どんな問題に就いても一つか二つの事實を敎へられれば、それで直ぐ滿足するものであるから、そこで、話題を容易に他へ轉ずることが出來るのである。小さな心は、敎へられたことを色々考へてみるに違ひない。やがて、暫らくたつと、――恐らく數日後、乃至は數ケ月以上もたつてから、――今度の質問は、恐らく前と異つた形式で以て、再び發せられるであらう。

『母様、僕いつ生れたの？』

そこで、母は生れた日を、次の様に敎へてやらなければならない。

『あなたのお誕生日は毎年四月十八日に來るでせう。あなたが生れた日は、この誕生日です。　誕生日が來る度に、あなたは一つづつ大人になるのです』

「僕、五つね？』

『さうです。だから、あなたは五年前のお誕生日に生れてきたのですよ』

『生れるまでは、僕どこにゐたの？』

『あなたは忘れたのね。父様と母様とで、あなたを拵へたといつか敎へて上げたでせう』

『あゝ覺えてるよ。……ぢやあ、お誕生日に僕を拵へたの？』

『いゝえ、一日なんかで出來ません。もつと〳〵永い間かゝつたのですよ』

『幾日くらゐかゝつたの？』

『永い、ながい間です。子供は寶といはれる程ですから、そんなに急には出來ないのです』

『ねえ、どの位かゝるの？』

『さうね。一年近く、――まる九月』

『赤ちゃんは、みんなそれだけかゝるの』

『えゝ皆同じですよ。赤ちゃんは誰でもあなたと同じやうに大切ですからね』

『でも僕は、赤ちゃんより大きいよ』

『今はさうです。でも、あなたが赤ちゃんの年には、矢張り赤ちゃん位の大きさだつたのです。あなたは初めて生れた時からだん〳〵大人になつてきたから、今では赤ちゃんよりも大きいのです』

こゝで、再び此の問題は打切られるかも知れないし、或ひは又直ぐに次ぎの様な質問に進むかも知れない。

『生れるつて、どんなこと』

『それはね、この世の中へ出てきて、初めて世の中を見ることです。神様と父様と母様があなたを拵へはじめてから九ケ月經つて、初めてあなたは眼をあけて、呼吸をした、そして泣き聲を出しました。その時、本當の生きた赤ちゃんになつたのです。その日に、あなたを皆んなに見せるし、あなたも初めて世の中を見たのです。これが生れるといふことなのです』

『でも母様が僕を拵へてゐるときは、僕どこにゐたの？』

『それはね、一番暖かで、柔かくて、一番危くないところです。解つて？　母様の心臓よ。神様と母様があなたを拵へてゐる間は、あなたは母様の心臓の直ぐ下にゐたのです』

『ほんとの心臓？　時計のやうにチク〳〵と音がしてゐる？』

『さうです。本當の心臓よ。ほら、恰度こゝにゐたのよ』

そこで、母親ば子供の手を自分の心臓の上へ當てゝ、その鼓動を感じさせるがよい。

『恰度、こゝの中の下の方へ、神様がお手傳ひして下さつてあなたを拵へてゐる間、あなたをしまつて置いたのです』

愛情と美に充ちた家庭で育てられた子供は：こゝに於て、感動的な美しい考へを見るであらう。私が個人的に知つてゐる子供が、此の事實を斯様な方法で敎へられた時は、恰度さうであつた。その子供は、嚴粛な顔付をして、一言も云はずに、母親の傍を離れて部屋の眞中に行き、數分間は深く考へこんで立つてゐた。それから、彼は振り返つて、あたりを見廻してゐたが、いきなり駈け出してきて、母親の膝に身を投げかけ、母親の頸を抱きながら、叫んだ。母様！　母様！　ではその時、ほんとうに僕、母様の中にゐたのね』

それからの數日間は、その子供は有頂天の喜悅に充たされてゐた。そして、時々遊びをやめて、母親の傍へきて母の頸を抱いて、

『母様、だから僕こんなに母様が好きなのね』と

子供の氣持が、どんな風になつてゐるのか解らないにしても、此の機會を逸せずに、此の會話に次の様に付け加へておくことが肝心である。

『坊や、よく解りましたね。だから、こんなことは他の人　話すのではありませんよ。神様と父様と母様だけがあなたを拵へたのですから、何でも自分の生れたことで知り度いことがあつたら母様と父様に話すのですよ。それでなかつたら、神様にお祈りする時に伺つてみるのです。決して他の人に話してはいけませんよ。解りましたね。あなたは、ほかの坊ちゃんとは異つて、父様と母様が拵へたのですから、私達だけが知つてゐるのです。だから、あなたが聞き度いことや、惡いと思ふことは、何でも父様と母様だけしか解らないことです』

413　「愛し得ぬ夫婦の悩み解決座談会」　田中文子、中村武羅夫、山田わか、白井俊一 ほか　『主婦之友』昭和8年10月1日

愛《あい》し得《え》ぬ夫婦《ふうふ》の悩《なや》み解決座談會《かいけつざだんくわい》

〔御出席者〕

（いろは順）

（昭和八年八月廿一日午後
於丸の内會館）

畫家 田中良氏夫人	田《た》中《なか》文《ふみ》子《こ》
小說家	中《なか》村《むら》武《む》羅《ら》夫《を》
評論家 山田嘉吉氏夫人	山《やま》田《だ》わか
元『都新聞』相談部長	白《しら》井《ゐ》俊《しゆん》一
文學博士 遠藤隆吉氏夫人	遠《えん》藤《どう》和《かず》子《こ》
醫學博士	諸《もろ》岡《をか》存《たもつ》

（さしゑ・吉《よし》邨《むら》二《じ》郎《らう》畫《ぐわ》）

良人《をつと》を愛《あい》し得《え》ぬ妻《つま》、妻《つま》を愛《あい》し得《え》ぬ良人《をつと》が世間《せけん》には少《すくな》くない。この地上《ちじやう》で最《もつと》も親《した》しかるべき二人《ふたり》が、仇敵同志《かたきどうし》のやうに睨《にら》み合《あ》つて生《い》きて行《ゆ》かねばならぬとすれば、人生《じんせい》これ以上《いじやう》の不幸《ふかう》はあるまい。この不幸《ふかう》に悩《なや》む方々《かたがた》は、それを解《かい》決《けつ》するための暗示《あんじ》を諸先生《しよせんせい》のお言葉《ことば》の中《なか》から汲《く》み取《と》つて、充分《じふぶん》に反省《はんせい》して頂《いただ》きたい。愛《あい》し得《え》ぬ原因《げんいん》は對手《あいて》にあるのではなくて、寧《むし》ろ自分自身《じぶんじしん》にあること

〈右より〉 山田・田中・遠藤・白井・中村・諸岡の諸先生

に氣づいたら、將《まさ》に不幸《ふかう》を切り開く鍵《かぎ》を摑《つか》み得たのも同《おな》じである。（記者）

愛《あい》し得《え》ぬ夫婦《ふうふ》の惱《なや》みは

―性生活《せいせいくわつ》の不調和《ふてうわ》に起因《きいん》することが多《おほ》い―

記者 今日《こんにち》の座談會《ざだんくわい》は、愛《あい》し得《え》ぬ夫婦《ふうふ》の煩悶《はんもん》を解決《かいけつ》して頂《いただ》くのが目的《もくてき》であります。世《よ》の中《なか》には、緣《えん》あつて結婚《けつこん》してゐながら、どうしても親《した》しみ合《あ》ひ、愛《あい》し合《あ》ふことができないでゐる夫婦《ふうふ》が、少《すくな》くないやうに思《おも》ひます。

蟲《むし》が好《す》かぬとか、性格《せいかく》が合《あ》はないとか、他《ほか》に愛人《あいじん》ができたとか、原因《げんいん》はいろいろありませうが、とにかく、どんなに愛《あい》しようと努《つと》めてみても、どうしても愛《あい》し合《あ》ふことができぬために苦《くる》しんでゐる人々《ひとびと》に、適當《てきたう》な解決《かいけつ》の道《みち》を敎《をし》へて頂《いただ》きたう存《ぞん》じます。

白井先生《しらゐせんせい》は、『都新聞《みやこしんぶん》』紙上《しじやう》に、過去《くわこ》三十年近《ねんちか》くも煩悶相談部《はんもんさうだんぶ》の主任《しゆにん》をしてゐられたのですから、いろんな實例《じつれい》をお持《も》ちのことゝ思《おも》ひますが、この問題《もんだい》は如何《いかゞ》でせうか？

白井 さうですね。私《わたし》が扱《あつか》つた問題《もんだい》の大《だい》部分《ぶぶん》は家庭問題《かていもんだい》で、殊《こと》に夫婦間《ふうふかん》のいざこざが一番多《ばんおほ》かつたやうに思《おも》ひます。都新聞《みやこしんぶん》であんな相談欄《さうだんらん》を設《まう》けましたのは、低《ひく》い階級《かいきふ》の人々《ひとびと》の味方《みかた》になるつもりだつたのですが、それが次第《しだい》に、中流《ちうりう》、上流《じやうりう》の家庭《かてい》と、知識階級《ちしきかいきふ》の家庭《かてい》の問題《もんだい》が、殊《こと》に近年《きんねん》は著《いちじる》しく增加《ぞうか》して來《き》ました。

記者 良人《をつと》を愛《あい》し得《え》ないとか、妻《つま》を愛《あい》し得《え》ないとかいふ訴《うつた》へも、相當《さうたう》にございましたでせう。

白井 澤山《たくさん》ありましたよ。私《わたし》の經驗《けいけん》によれば、愛《あい》し得《え》ぬ夫婦《ふうふ》といふのは、原因《げんいん》を詮《せん》じ詰《つ》めてみれば、性生活《せいせいくわつ》の不調和《ふてうわ》から來《く》るものが最《もつと》も多《おほ》いやうです。

諸岡 さうでせう。多《おほ》い筈《はず》です。

白井 たゞ、性生活《せいせいくわつ》の不調和《ふてうわ》といふこと

415　「愛し得ぬ夫婦の悩み解決座談会」　田中文子、中村武羅夫、山田わか、白井俊一 ほか 『主婦之友』昭和8年10月1日

お互《たがひ》に許《ゆる》し合《あ》ふこと

「夫婦《ふうふ》の間《あひだ》には寛大《くわんだい》さが何《なに》より必要《ひつえう》」

を、表面《へうめん》の理由《りいう》として露骨《ろこう》に言《い》ふことは憚《はゞか》られますので、愛《あい》が足《た》りないとか、性格《せいかく》が合《あ》はないとかいふやうなことを言《い》ふのです。

それで私《わたし》は、或《あ》る女學校長《ぢよがくかうちやう》にそれ等《ら》の事實《じじつ》を語《かた》り、その諒解《りやうかい》を得《え》て、卒業《そつげふ》一年前《ねんぜん》の女學《ぢよがく》生《せい》に、性《せい》の問題《もんだい》をいろ〳〵話《はな》してやりましたが、その結果《けつくわ》は非常《ひじやう》にいゝさうです。

記者　結婚前《けつこんぜん》に適度《てきど》の性教育《せいけういく》を授《さづ》けておくことが、必要《ひつえう》なわけですね。

白井　一體《たい》にこの頃《ごろ》の若《わか》い夫婦《ふうふ》には、忍耐心《にんたいしん》が少《すく》なくなりましたね。辛抱《しんばう》しようといふ氣持《きもち》の薄《うす》らいで來《き》たことは、實《じつ》に驚《おどろ》くほどです。

結婚生活《けつこんせいくわつ》を、厭《いや》になつたらいつでも廢《や》めることのできる、ママゴトと同《おな》じに考《かんが》へてゐる人《ひと》が少《すく》なくないやうに思《おも》はれます。

こんな考《かんが》へ方《かた》は、實《じつ》に怖《おそ》ろしいことです。世《よ》の親達《おやたち》は、よほど眞劍《しんけん》に子女《しぢよ》を教育《けういく》しないと、後《あと》でどんなに悔《く》いても甲斐《かひ》のないことです。

中村　忍耐心《にんたいしん》は、男《をとこ》も女《をんな》も確《たし》かに少《すく》なくなりましたね。結婚生活《けつこんせいくわつ》に限《かぎ》らず、すべての點《てん》に於《おい》て……

山田　私《わたし》は先日《せんじつ》、こんな相談《さうだん》の手紙《てがみ》を貰《もら》ひました。滿洲《まんしう》の或《あ》る會社《くわいしや》の支店長《してんちやう》の奧樣《おくさま》からの相《さう》談《だん》の手紙《てがみ》です。

その内容《ないよう》は、大變《たいへん》お恥《はづ》しいことだが、結婚《けつこん》前《まへ》に處女《しよぢよ》を失《うしな》つてゐた、といふのです。結婚《けつこん》後《ご》、良人《をつと》に告白《こくはく》したところ、良人《をつと》は非常《ひじやう》に立《りつ》腹《ぷく》して『お前《まへ》は初婚《しよこん》だといふから、處女《しよぢよ》だと做してゐた。お前《まへ》に對《たい》しては、もう何《なん》の魅力《みりよく》も感《かん》じないから、出《で》て行つてくれ。』といふのださうです。

良人《をつと》の怒《おこ》るのも、無理《むり》はないとは思《おも》ひますが、夫婦《ふうふ》は愛《あい》によつて結《むす》ばれてゐるものですから、この場合《ばあひ》、妻《つま》が處女《しよぢよ》でなかつたといふだけの理由《りいう》で、一個《こ》の人間《にんげん》の價値《かち》を全然否定《ぜんぜんひてい》されることは、女性《ぢよせい》を侮辱《ぶじよく》するものだと思《おも》ひます。

結婚前に處女を失つてゐた婦人が、結婚後、良人に告白したところ、良人は非常に立腹して『お前は初婚だといふから、處女だと信じてゐた。お前に對しては、もう何の魅力も感じないから、出て行つてくれ。』と、いつたさうです。（山田わか女史談）

諸岡　併《しか》し、婦人《ふじん》が一度《ど》でも男子《だんし》に接《せつ》すると、その結果《けつくわ》は永久《えいきう》に殘《のこ》るものですから、處女性《しよぢよせい》を尊《たふと》ぶのは、必《かなら》ずしも男子《だんし》の本能《ほんのう》だけではないと思《おも》ひます。

山田　それは私《わたし》も、處女性《しよぢよせい》の尊《たふと》ぶべきことは、無論《むろん》、認《みと》めてゐます。併《しか》し、たゞ人間《にんげん》の肉體《にくたい》的存在《てきそんざい》ばかりを重《おも》く見《み》て、精神的存在《せいしんてきそんざい》を無視《むし》

するのは不都合《ふつがふ》だと思ふのです。
弱《よわ》い女性《ぢよせい》が、過《あやま》つて處女《しよぢよ》を失《うしな》ひ、それを懺悔《ざんげ》してゐるに拘《かゝは》らず、良人《をつと》はそれを許《ゆる》さないで、離婚《りこん》を主張《しゆちやう》するとしたら、その良人《をつと》は少《すこ》し我儘《わがまゝ》すぎはしないでせうか。結婚《けつこん》しない前《まへ》ならいざ知《し》らず、既《すで》に夫婦《ふうふ》生活《せいくわつ》を營《いとな》んでゐる以上《いじやう》は、そこに何《なん》とか譯《わけ》のしやうもありさうなものだと思《おも》ひます。妻《つま》なるがゆゑに、許《ゆる》せないことも快《こゝろよ》く許《ゆる》すといふ氣持《きもち》になれないものでせうか？

齋藤 ほんとですね。夫婦《ふうふ》の間《あひだ》には、その寛大《くわんだい》さが必要《ひつえう》ですね。お互《たがひ》に許《ゆる》し合《あ》はなくては、圓滿《ゑんまん》にやつて行《ゆ》けるものではありません。時《とき》には、許《ゆる》し難《がた》いこともありませうけれど、それも過《す》ぎた昔《むかし》の過失《くわしつ》なら、許《ゆる》してやることができると思《おも》ひます。

私の両親は、三十五年間も一緒に暮してゐて、夫婦喧嘩の絶えたときがありませんでした。しかも、母は突然家を出てしまひ、今日になつてもその行方がわからない始末です。（中村武羅夫氏談）

相容《あひい》れぬ性格《せいかく》の悲劇《ひげき》

―結婚《けつこん》三十五年目《ねんめ》に家出《いへで》して歸《かへ》らぬ母《はゝ》―

中村 愛《あい》し得《え》ぬ夫婦《ふうふ》といふのは、性的《せいてき》に調和《てうわ》のないことや、精神《せいしん》的《てき》に折《を》り合《あ》へないことの外《ほか》に、經濟的《けいざいてき》の原因《げんいん》もあることゝ思《おも》ひます。

病的《びやうてき》なのは別《べつ》として、普通《ふつう》の場合《ばあひ》、性《せい》だけが夫婦《ふうふ》生活《せいくわつ》の全部《ぜんぶ》ではなく、その領野《りやうや》にもつと廣《ひろ》いのです。だから、舵《かぢ》の操《と》り方《かた》一《ひと》つで、もつと上手《じやうず》に調和《てうわ》させることができる筈《はず》です。

それができないのは、舵《かぢ》の操《と》り方《かた》が下手《へた》なのか、さもなければ、お互《たがひ》の我儘《わがまゝ》から全然《ぜんぜん》舵《かぢ》を操《と》らうともしないためなのです。

白井 我儘《わがまゝ》ですよ。男《をとこ》も我儘《わがまゝ》ですが、最近《さいきん》は殊《こと》に婦人《ふじん》が我儘《わがまゝ》になりましたね。さうすることが、何《なに》か新《あたら》しい、いゝことのやうに、履《は》き違《ちが》へて考《かんが》へてゐるらしいですね。

中村 私《わたし》の両親《りやうしん》は、卅五年間《ねんかん》も一緒《しよ》に暮《くら》してゐて、夫婦《ふうふ》喧嘩《げんくわ》の絶《た》えたときがありませんでした。その間《あひだ》に、子供《こども》の私達《わたしたち》はそれ〴〵成長《せいちやう》して、前途《ぜんと》の目標《もくへう》もついたので、これからやつと重荷《おもに》を降《おろ》して、少《すこ》しは樂《らく》もできようといふときになつて、母《はゝ》は突然《とつぜん》家《いへ》を出《で》てしまひ、今日《こんにち》になつてもその行方《ゆくへ》がわからぬ始末《しまつ》です。

山田 搜索《さうさく》はなさいましたか。

中村 できるだけの手《て》は盡《つく》しましたが、わかりません。性格《せいかく》が合《あ》はなかつたとでもいふのでせうか、ちよつとした些細《さゝい》なことで、四日《か》も

417　「愛し得ぬ夫婦の悩み解決座談会」 田中文子、中村武羅夫、山田わか、白井俊一 ほか 『主婦之友』昭和8年10月1日

母親は赤坊を育てるためには、殆ど他を顧みる餘裕のないほど、そればかりに夢中にならなくてはなりません。それで、この母親を保護するために、良人が必要になつて來るのです。夫婦制度は、この必要に應じて生れて來た制度です。（諸岡存博士說）

五日《か》も喧嘩《けんくわ》をつゞけるといふ始末《しまつ》でしたからね。お互《たがひ》に譲《ゆづ》り合《あ》ふことのできない性格《せいかく》の悲劇《ひげき》ですね。

山田　お父《とう》さんが、他《ほか》に愛人《あいじん》を持《も》つてゐたといふやうなことはありませんでしたか？

中村　そんなことがあれば無理《むり》もないと思《おも》ひますが、それが全然《ぜんぜん》なくて爭鬪《さうとう》をつゞけてゐたのですから、性格的《せいかくてき》に、どうしても一致《ち》し兼《か》ねるところがあつたと見《み》るより他《ほか》ありません。

今《いま》でも父《ちゝ》は、母《はゝ》が家出《いへで》した四月《ぐわつ》二十四日《か》頃《ごろ》になると、丁度《ちやうど》二百十日《か》が時《とき》を違《たが》へず低氣壓《ていきあつ》を齎《もたら》すやうに、この前後《ぜんご》の四五日《にち》は非常《ひじやう》に不機嫌《ふきげん》になり、憂鬱《いううつ》になります。傍《はた》で見《み》てゐても痛々《いたいた》しいほどです。そんなくらゐなら最初《さいしよ》から喧嘩《けんくわ》などしないで、もう少《すこ》し強《つよ》く母《はゝ》を愛《あい》してゐてくれたらよかつたらうに……と思《おも》ひますが、そこがやはり性格的《せいかくてき》に相《あひ》容《い》れなかつたのでせう。

諸岡　卅五年間《ねんかん》も辛抱《しんばう》して來《き》たのだから、これから先《さき》も辛抱《しんばう》すれば、できないとはないでせうが、それまでのお母様《かあさま》は、たゞ子供《こども》の愛情《あいじやう》にのみ引《ひ》かされて堪《た》へ難《がた》いところも堪《た》へて來《こ》られたのでせう。

中村　全《まつた》くさうです。それで、子供達《こどもたち》の前途《ぜんと》に目鼻《めはな》がついたら、もう辛抱《しんばう》できなくなつて、家出《いへで》をしたのです。

それで、僕《ぼく》はしみじみ考《かんが》へさせられるのですが、夫婦《ふうふ》なんてものは、三十年添《ねんそ》つても、五十年添《ねんそ》つても、ほんとに心《こゝろ》から親《した》しみ合《あ》はなければ、何《なん》にもならないものですね。

もう結婚《けつこん》して十年《ねん》にもなるから……とか、子供《こども》が三人《にん》もあるから……とかいふやうなことで安心《あんしん》して、我儘《わがまゝ》になつたり、増長《ぞうちやう》したりしたら、大變《たいへん》な心得違《こゝろえちが》ひです。夫婦《ふうふ》としてのお互《たがひ》の努力《どりよく》は、一生涯《しやうがい》、つゞけなくてはならぬものだと痛感《つうかん》します。

昔《むかし》は婦人《ふじん》を戒《いまし》めて、『女《をんな》は三界《がい》に家《いへ》なし』と申《まを》しましたが、三界《がい》に家《いへ》のないのは、必《かなら》ずしも婦人《ふじん》ばかりではありません。家庭《かてい》を永遠《えいゑん》の棲家《すみか》とするためには、男《をとこ》も女《をんな》も、よほど努力《どりよく》しなくてはならぬものだと思《おも》ひます。

自分《じぶん》の性格《せいかく》を解消《かいせう》して

「夫婦《ふうふ》一體《たい》の新《あたら》しい性格《せいかく》を創《つく》り出《だ》せ」

諸岡　中村《なかむら》さんのお話《はなし》を伺《うかゞ》つて、今《いま》まで自分《じぶん》の考《かんが》へてゐたことを、一層正確《そうせいかく》に裏書《うらが》きして頂《いたゞ》

だやうな氣《き》がします。

夫婦《ふうふ》制度《せいど》といふものは、何《なん》の必要《ひつえう》があつてできたかといへば、子供《こども》を育《そだ》てる便宜《べんぎ》のために、この制度《せいど》が出《で》て來《き》たのです。

或《あ》る種《しゆ》の動物《どうぶつ》のやうに、卵《たまご》を生《う》み落《おと》してさへおけば、それが自然《しぜん》に孵化《ふくわ》して、ひとりでに育《そだ》つて行《ゆ》くものなら、夫婦《ふうふ》制度《せいど》とか家族《かぞく》制度《せいど》とかいふものは、全《まつた》く無用《むよう》なものです。

夫婦といふものは、全然違つた二つのものが、一緒の生活を營むことになるのですから、それまで持つてゐた性格とか個性とかいふものを、お互に消滅させて、しつくり合つた、新しい性格を創り出さなくてはなりません。（中村武羅夫氏談）

ところが人間《にんげん》の子供《こども》は、實《じつ》に脩《たよ》りないやうですが、母親《はゝおや》の熱心《ねつしん》な保護《ほご》を受《う》けないでは、どうしても成長《せいちやう》して行《ゆ》くことができません。

それも、いゝ加減《かげん》の保護《ほご》では役《やく》に立《た》たず、全身的《ぜんしんてき》な保護《ほご》を受《う》けなくては、生《い》きて行《ゆ》けないのです。

つまり母親《はゝおや》は、赤坊《あかんぼう》を育《そだ》てるためには、殆《ほとん》ど他《た》を顧《かへり》みる餘裕《よゆう》のないほど、そればかりに夢中《むちゆう》にならなくてはなりません。

それで、この母親《はゝおや》を保護《ほご》するために、良人《をつと》が必要《ひつえう》になつて來《く》るのです。夫婦《ふうふ》制度《せいど》は、この必要《ひつえう》に應《おう》じて生《うま》れて來《き》た制度《せいど》です。

だから、先刻《せんこく》お話《はな》しの中村《なかむら》さんのお母樣《かあさま》のやうに、子供《こども》を育《そだ》てゝゐる間《あひだ》は、たとへばどんなに嫌《きら》ひな良人《をつと》でも、子供《こども》のためにと思《おも》へば、できない辛抱《しんばう》もできるのです。

田中　中村《なかむら》さんの御兩親《ごりやうしん》の場合《ばあひ》のやうに、相容《あひい》れない性格《せいかく》の御夫婦《ごふうふ》でも、お互《たがひ》に對手《あひて》の性格《せいかく》を充分《じゆうぶん》に理解《りかい》し合《あ》つて、先方《せんぱう》の缺點《けつてん》を同情《どうじやう》の眼《め》で見《み》てやることができれば、そこに和解《わかい》の道《みち》があつたらうと思《おも》ひますけれど……

中村　さうです。結局《けつきよく》は、お互《たがひ》の我儘《わがまゝ》が生《う》んだ悲劇《ひげき》なのです。

たとへば、親類《しんるゐ》に何《なに》か不幸《ふかう》があつたとき、父《ちゝ》が『あの家《うち》には、これ〳〵のことをしておけ。』と申《まを》します。そのとき母《はゝ》が、温和《おとな》しく父《ちゝ》の命令《めいれい》通《どほ》りを行《おこな》へば、少《すこ》しも問題《もんだい》はないのですが『あの家《うち》には、そんなにまでしなくてもいゝでせう。』などゝ、反對《はんたい》しますので、それが喧嘩《けんくわ》の導火線《だうくわせん》となつて、四日《か》も五日《か》も爭鬪《さうとう》をつゞけてゐる間《あひだ》に、次第《しだい》に深刻《しんこく》になつて行《ゆ》きます。

それが積《つも》り積《つも》つた結果《けつくわ》は、三十五年《ねん》も連《つ》れ添《そ》つた夫婦仲《ふうふなか》に、最後《さいご》の破綻《はたん》が來《き》たといふわけです。

母《はゝ》は非常《ひじやう》に氣《き》の勝《か》つた人《ひと》で、自分《じぶん》の氣持《きもち》を枉《ま》げるとか、自分《じぶん》から折《を》れて出《で》るとかいふことのできない人《ひと》でした。これが悲劇《ひげき》を生《う》んだ原因《げんいん》なのです。

田中　上手《じやうず》に人《ひと》を使《つか》ふためには、使《つか》はれる人《ひと》の氣持《きもち》になつてみなくてはいけないと申《まを》しますが、夫婦仲《ふうふなか》を圓滿《ゑんまん》にするには、殊《こと》にこの心掛《こゝろが》けが必要《ひつえう》だと思《おも》ひます。

お互《たがひ》に、對手《あひて》の身《み》になつて考《かんが》へてやつてこそ、そこに同情《どうじやう》も湧《わ》き、愛《あい》も湧《わ》いて來《く》るものだと思《おも》ひます。

中村　夫婦《ふうふ》といふものは、全然《ぜんぜん》違《ちが》つた二《ふた》つのものが、一體《たい》の生活《せいくわつ》を營《いとな》むことになるのでありますから、それまで持《も》つてゐた性格《せいかく》とか、個性《こせい》とかいふものを、お互《たがひ》に磨滅《まめつ》させて、しつくり合《あ》つた、新《あたら》しい性格《せいかく》を創《つく》り出《だ》さなくてはなりません。

夫婦《ふうふ》になると、食《た》べ物《もの》の好《この》みも、物《もの》の見方《みかた》や考《かんが》へ方《かた》も、甚《はなは》だしいのは文字《もじ》の書《か》き振《ぶ》りまで、非常《ひじやう》によく似《に》て來《く》るものです。それでこそ、夫婦《ふうふ》生活《せいくわつ》は圓滑《ゑんくわつ》に行《ゆ》くのです。

俗《ぞく》に『似《に》たもの夫婦《ふうふ》』といひますが、實際《じつさい》、夫婦《ふうふ》になると、面白《おもしろ》いほど似《に》て來《く》るものです。

田中　殊《こと》に婦人《ふじん》は、どんな環境《くわんきやう》にも順應《じゆんおう》して行《ゆ》けるのが美點《びてん》ですから、結婚《けつこん》して後《のち》までも、自分《じぶん》の性格《せいかく》や個性《こせい》ばかりに、後生大事《ごしやうだいじ》と執着《しふちやく》しないで、人妻《ひとづま》としての新《あたら》しい性格《せいかく》を創《つく》り出《だ》すことが大切《たいせつ》です。

銀《ぎん》婚《こん》式《しき》まで添《そ》つてみよ

「妻《つま》や良人《をつと》の良《よ》し惡《あ》しは三年《ねん》や五年《ねん》では判《わか》らぬ」

山田　夫婦《ふうふ》生活《せいくわつ》を圓滿《ゑんまん》にやつて行《ゆ》くには、妻《つま》は娘《むすめ》になつたやうな氣《き》で、お父《とう》さんに對《たい》するやうな信頼《しんらい》と愛《あい》とを以《もつ》て良人《をつと》に凭《よ》りかゝつて行《ゆ》くか、さもなければ、母親《はゝおや》が子供《こども》を抱《だ》くやうな氣《き》で、優《やさ》しくいたはつて行《ゆ》くのが一番《ばん》いゝと思《おも》ひます。

天《てん》に二《ふた》つの太陽《たいやう》があつてはならないのと同《おな》じやうに、一家庭《かてい》に二《ふた》つの主權《しゆけん》があつたら、決《けつ》して平和《へいわ》は望《のぞ》めません。

中村　さうできれば申分《まをしぶん》はありませんが、日常《にちじやう》生活《せいくわつ》に、そんな氣分《きぶん》をつゞけて行《ゆ》くことが、なか〳〵困難《こんなん》でしてね。

僕《ぼく》のは、好《す》きで貰《もら》つた女房《にようばう》ですから、文句《もんく》はない筈《はず》ですが、それでも、ちよい〳〵癇癪《かんしやく》を起《おこ》して、呶鳴《どな》つたり、喧嘩《けんくわ》をしたりしたものです。

そして、こんな強情《がうじやう》な奴《やつ》だとは思《おも》はなかつたと、つく〳〵後悔《こうくわい》したことも、一度《ど》や二度《ど》ではありませんでした。

夫婦の良し惡しも、せめて銀婚式までくらゐ添つてみなくては、わかるものではありません。結婚後三年や五年で、良人に見切りをつけたり、女房を追ひ出したりするのは、少しく早計すぎるといふものです。（中村武羅夫氏談）

併《しか》し、その時代《じだい》もどうやら通《とほ》り越《こ》して、今《いま》や銀婚式《ぎんこんしき》になん〳〵とする今日《こんにち》、よく考《かんが》へてみると、結局《けつきよく》、自分《じぶん》にとつて良《よ》い女房《にようばう》だつたな……と、痛感《つうかん》する次第《しだい》です。

夫婦《ふうふ》生活《せいくわつ》の道中《だうちゆう》は、平穩《へいをん》無事《ぶじ》なことばかりではありません。喧嘩《けんくわ》をすることもあれば、口論《こうろん》することもあり、ぶん毆《なぐ》ることもあれば、

[illegible]したくなることもありませう。

併《しか》し、それで馴れてしまつたら、それつきりです。どんなことがあつても、たとひ殺《ころ》されても別《わか》れない……と腹《はら》を決《き》めた上《うへ》でなら、喧嘩《けんくわ》も口論《こうろん》も結構《けつこう》です。

煙草《たばこ》の良《よ》し悪《あ》しは、煙《けむ》になつてから知《し》れると申《まを》しますが、夫婦《ふうふ》の良《よ》し悪《あ》しも、せめて銀《ぎん》婚式《こんしき》までくらゐ添《そ》つてみなくては、わかるものではありません。結婚後《けつこんご》三年や五年で、良人《をつと》に見切《みき》りをつけたり、女房を追《お》ひ出《だ》したりするのは、少しく早計《さうけい》すぎるといふものです。

良人も妻も、無聊に苦しむのが一番いけません。ヒステリーを起したり、夫婦喧嘩をしたりするのは、退屈だからすることです。（額田晉博士談）

常《つね》に忙《いそが》しく働《はたら》くこと

―無聊《ぶれう》に苦《くる》しむのは一番《ばん》いけない―

記者　白井《しらゐ》先生《せんせい》、これまでにそんな問題《もんだい》で、相談《さうだん》を受《う》けられたことはございませんか。

白井　さうですね。数年前《すうねんぜん》のことですが、こんなことがありましたよ。私《わたし》が或《あ》る日《ひ》、市内《しない》の或《あ》る文房具店《ぶんばうぐてん》に、買物《かひもの》に立《た》ち寄《よ》つたのです。すると、店先《みせさき》にゐた主人《しゆじん》が、私《わたし》の顔《かほ》を見《み》るなり、非常《ひじやう》に慌《あわ》てゝ、奥《おく》へ入《はひ》つてしまはれました。

どうしたことかと思《おも》つて、奥《おく》を覗《のぞ》いたら、お内儀《かみ》さんが出《で》て來《き》ましたが、これがまた、實《じつ》にそは〳〵してゐるのです。

とにかく、買物《かひもの》を濟《すま》して歸《かへ》りましたが、翌日《よくじつ》の朝早《あさはや》く、その主人《しゆじん》が私《わたし》を訪《たづ》ねて來《き》て、『昨日《さくじつ》は實《じつ》に困《こま》りましたよ。』と申《まを》します。どうしたのかと思《おも》つたら、この人《ひと》は、前《まへ》に私《わたし》のところへ、相談《さうだん》に來《き》たことのある人《ひと》なのでした。

ところが、同《おな》じ日《ひ》の夕方《ゆふがた》、お内儀《かみ》さんも私《わたし》のところへ來《き》ました。この人《ひと》も私《わたし》に相談《さうだん》に來《き》たことのある人《ひと》で、つまり夫婦《ふうふ》が互《たがひ》に、こつそり私《わたし》に相談《さうだん》に來《き》たことがあるので、あんなに慌《あわ》てたのだといふことがわかりました。

それで私《わたし》は翌日《よくじつ》、改《あらた》めてその文房具店《ぶんばうぐてん》を訪《たづ》ねて行《い》つて、夫婦《ふうふ》の者《もの》を前《まへ》に並《なら》べて、二人《ふたり》の相談《さうだん》に乗《の》ることにしました。

主人《しゆじん》は店《みせ》を上手《じやうず》に切《き》り廻《まは》し、妻《つま》は細《こま》く家政《かせい》を切《き》り廻《まは》すので、その點《てん》ではお互《たがひ》に文句《もんく》はないのですが、たゞ不滿《ふまん》なのは、二人《ふたり》の性《せい》の調《てう》和《わ》が取《と》れてゐなかつたことでした。

一方《はう》は、その要求《えうきう》が非常《ひじやう》に強《つよ》くて、一方《はう》は非常《ひじやう》に弱《よわ》いのです。

遠藤　子供《こども》さんは？

421 「愛し得ぬ夫婦の悩み解決座談会」 田中文子、中村武羅夫、山田わか、白井俊一 ほか 『主婦之友』昭和8年10月1日

白井 子供《こども》はありませんでした。それで私《わたし》は、或《あ》る醫師《いし》に紹介《せうかい》して、細君《さいくん》に治療《ちれう》を受《う》けさせました。

それと同時《どうじ》に、一方《はう》では、家庭《かてい》の仕事《しごと》を、良人《をつと》がする分《ぶん》と、妻《つま》がする分《ぶん》とを、はつきり區別《くべつ》して、責任《せきにん》を以《もつ》て分擔《ぶんたん》させるやうにしました。勿論《もちろん》、必然《ひつぜん》に應《おう》じて、お互《たがひ》に相談《さうだん》はさせますが、仕事《しごと》の責任者《せきにんしや》をはつきりさせたのです。

これを約《やく》三年《ねん》ほどつゞけるうちに、どちらからともなく和合《わがふ》して、今《いま》では實《じつ》に圓滿《ゑんまん》な家《か》庭《てい》になつて、昔《むかし》のことを笑《わら》ひ話《ばなし》にしてゐるやうな有樣《ありさま》です。

その當時《たうじ》、主人《しゆじん》は三十一二、細君《さいくん》は二十八九でした。私《わたし》の經驗《けいけん》から申《まを》しますと、夫婦《ふうふ》の性生活《せいせいくわつ》が圓滿《ゑんまん》に行《ゆ》きさへすれば、性格《せいかく》の相違《さうゐ》などは、殆《ほとん》ど問題《もんだい》にならないのではないかと思《おも》ひます。

これは、口《くち》に出《だ》して公然《こうぜん》と言《い》へることでないだけに、深刻《しんこく》な問題《もんだい》だと思《おも》ひます。

山田 その文房具店《ぶんばうぐてん》の御夫婦《ごふうふ》は、どちらが強《つよ》かつたのでせうか？

白井 細君《さいくん》です。

山田 良人《をつと》の方《はう》が強《つよ》いために悩《なや》まされてゐるといふ婦人《ふじん》の相談《さうだん》は、これまで澤山《たくさん》ありましたが、奥様《おくさま》の方《はう》が強《つよ》いといふ話《はなし》は初《はじ》めて伺《うかゞ》ひました。

諸岡 世間《せけん》には現《あらは》れませんけれども、婦人《ふじん》が男子《だんし》より強《つよ》いことは、決《けつ》して珍《めづ》らしいことではありません。婦人《ふじん》は、結婚《けつこん》の當初《たうしよ》は、あまり興味《きようみ》を持《も》ちませんが、相當《さうたう》の年齢《ねんれい》に達《たつ》すると、だん／＼強《つよ》くなります。このとき、どうかすると夫婦生活《ふうふせいくわつ》の調和《てうわ》が破《やぶ》れて、思《おも》ひがけない破綻《はたん》を生ずることになるのです。

遠藤 併《しか》し、それは子供《こども》のない婦人《ふじん》の場合《ばあひ》で、子供《こども》のある婦人《ふじん》は、どうしてもその方《はう》に夢中《むちゆう》になりますので、寧《むし》ろ良人《をつと》を煩《うるさ》く思《おも》ふのが、多《おほ》くはないでせうか。

諸岡 さうです。子供《こども》があれば、だから、夫婦《ふうふ》生活《せいくわつ》の危機《きき》は、よほど切《き》り抜《ぬ》けが樂《らく》です。

但《たゞ》し、あまり子供《こども》にばかり夢中《むちゆう》になつて、良人《をつと》を邪魔物《じやまもの》扱《あつか》ひにすると、そこにまた夫婦《ふうふ》生活《せいくわつ》の調和《てうわ》が失《うしな》はれて、圓滿《ゑんまん》を缺《か》くやうになりますから、決《けつ》して油斷《ゆだん》はできません。

遠藤 良人《をつと》よりも妻《つま》の方《はう》が強《つよ》いといふのは、妻《つま》が強《つよ》いのではなくて、良人《をつと》が弱《よわ》くて、病的《びやうてき》なのではありませんか。

諸岡 そんなのもありますが、病的《びやうてき》でないのもあります。

一體《たい》に婦人《ふじん》は、夫婦關係《ふうふくわんけい》以外《いぐわい》には精力《せいりよく》を浪《らう》費《ひ》することが少《すく》いのですが、男子《だんし》は外《そと》に出《で》て活動《くわつどう》するために、どうしても精力《せいりよく》を浪費《らうひ》する

男子の四十一二といふのは、どうも危險な時代ですね。有島武郎氏も、島村抱月氏も、あの時代に間違つたやうです。（中村武羅夫氏談）

ことが多《おほ》いのです。

田中 御主人《ごしゆじん》が學者《がくしや》などの場合《ばあひ》は、學問《がくもん》の方《はう》へばかり熱中《ねつちゆう》して、奥樣《おくさま》を構《かま》ひつけないため、淋《さび》しがつたり、不平《ふへい》を感《かん》じたりするといふ實《じつ》例《れい》は、ちよい〳〵耳《み》にいたします。

諸岡 私共《わたしども》の知《し》つてゐる仲間《なかま》にも、そんな夫婦《ふうふ》が澤山《たくさん》ありますよ。

年をとればとるほど、身綺麗にし、あまり不自然でない程度にお化粧もして、「誰に見しよとて紅カネつけよぞ」の意氣を失はないで頂きたいものです。（遠藤和子夫人談）

とにかく、良人《をつと》も、妻《つま》も、無聊《ぶれう》に苦《くる》しむのが一番《ばん》いけません。ヒステリーを起《おこ》したり、夫婦喧嘩《ふうふげんくわ》をしたりするのは、退屈《たいくつ》だからすることです。

白井《しらゐ》さんが、文房具店《ぶんぼうぐてん》の夫婦《ふうふ》に、家庭《かてい》の仕《し》事《ごと》を責任分擔《せきにんぶんたん》させられたのは、その意味《いみ》で、大變結構《たいへんけつこう》です。夫婦《ふうふ》の一方《ぱう》が、要求《えうきう》が強《つよ》いために、夫婦生活《ふうふせいくわつ》の調和《てうわ》を缺《か》いてゐるやうだつたら、その強《つよ》い方《はう》の人《ひと》は、できるだけ多《おほ》くの仕事《しごと》をして、その方《はう》に精力《せいりよく》を發散《はつさん》させることが、必要《ひつえう》です。

石原純博士《いしはらじゆんはかせ》の問題《もんだい》

――博士夫人《はかせふじん》の良《よ》さは日本婦人《にほんふじん》の共通《きようつう》の美點《びてん》――

記者 新聞《しんぶん》で見《み》ますと、例《れい》の石原《いしはら》純博士《じゆんはかせ》も、十二年目《ねんめ》とかに、目《め》出度《でた》く奥樣《おくさま》のところへ歸《かへ》られたさうですね。

遠藤 目出度《めでた》くなる頃《ころ》には、お身《から》體《だ》が弱《よわ》つてゐられるのでは、どうも仕方《しかた》がありませんね。男《をとこ》の人《ひと》なんてものは、大《だい》なり小《せう》なりの違《ちが》ひはありますが、みんな石《いし》原博士《はらはかせ》みたいに、我儘《わがまま》なものですよ。

山田 博士《はかせ》の場合《ばあひ》も、性格《せいかく》がお合《あ》ひにならなかつたのでせう。

中村 石原博士《いしはらはかせ》と原阿佐緒女史《はらあさをぢよし》は短歌《たんか》の趣味《しゆみ》から共鳴《きようめい》し合《あ》つて、あんなことになつたのです。男子《だんし》の四十一二といふのは、どうも危險《きけん》な時代《じだい》ですね。有島武郎氏《ありしまたけをし》も島村《しまむら》抱月氏《はうげつし》も、あの時代《じだい》に間違《まちが》つたやうです。

遠藤 四十男《をとこ》の放蕩《はうたう》は、止《や》められないと申《まを》しますからね。

中村 學問《がくもん》とか藝術《げいじゆつ》とかの上《うへ》には、異常《いじやう》な才能《さいのう》を持《も》つてゐるが、夫婦生活《ふうふせいくわつ》に缺《か》けてゐたゝめに、妻《つま》が不滿《ふまん》を感《かん》じ、この不滿《ふまん》を充《みた》すために不純《ふじゆん》な問題《もんだい》を起《おこ》すといふやうな悲劇《ひげき》を扱《あつか》つた作品《さくひん》が、西洋《せいやう》にも日本《にほん》にも澤山《たくさん》あります。

男《をとこ》の立場《たちば》から言《い》へば、結婚《けつこん》して十年《ねん》も經《た》てば、妻《つま》は子供《こども》や家事《かじ》のことにかまけて、良人《をつと》へのサーヴィスが足《た》りなくなりますし、そんなと

423　「愛し得ぬ夫婦の悩み解決座談会」 田中文子、中村武羅夫、山田わか、白井俊一 ほか 『主婦之友』昭和8年10月1日

き、石原《いしはら》さんのやう《よう》に他《ほか》に魅力《みりよく》を感《かん》ずるものができると、すぐそちらへ引《ひ》かれてしまふのです。

だから、良人《をつと》は良人《をつと》としての仕事《しごと》をし、また妻《つま》は妻《つま》としての仕事《しごと》をしてゐたから、お互《たがひ》に夫婦《ふうふ》として樂《たの》しむことを忘《わす》れてはならないのです。

遠藤　それには、今《いま》の世《よ》の中《なか》が悪《わる》いのです。サーヴィスといふのは女給《ぢよきふ》や藝妓《げいしや》のするもので、賤《いや》しいことだといふやうに、みんな考《かんが》へてゐます。

妻《つま》が自分《じぶん》の良人《をつと》に眞情《まごゝろ》を盡《つく》すことは、女給《ぢよきふ》や藝妓《げいしや》が、どのお客《きやく》にも分《わ》け隔《へだ》てなくサーヴィスするのとは、意味《いみ》が違《ちが》ひます。

ですから、子供《こども》の二三人《にん》もできると、ナリもフリも構《かま》はない奥様《おくさま》がありますが、これは心得違《こゝろえちが》ひだと思《おも》ひます。外國《ぐわいこく》では、老人《らうじん》になるほど、派手《はで》な装《よそほ》ひをするさうです。自分《じぶん》の愛《あい》する妻《つま》が、めつきり年寄《としよ》りじみて來《く》るのを見《み》たら、どんな旦那様《だんなさま》でも、憂鬱《いううつ》を感《かん》じて、他《ほか》の方面《はうめん》に發展《はつてん》したくなるのも當然《たうぜん》です。

この點《てん》は、日本《にほん》の御婦人方《ごふじんがた》に、よほど考《かんが》へて頂《いただ》きたいと思《おも》ひます。年《とし》をとればとるほど身綺麗《みぎれい》にし、あまり不自然《ふしぜん》でない程度《ていど》にお化《け》粧《しやう》もして、『誰《だれ》に見《み》しよとて紅《べに》かねつけよぞ』の意氣《いき》を失《うしな》はないで頂《いただ》きたいものです。

中村　石原博士《いしはらはかせ》の場合《ばあひ》も、奥様《おくさま》はたゞお子様《こさま》の養育《やういく》にばかり熱中《ねつちゆう》されたので、博士《はかせ》としては取《と》り殘《のこ》されたやうな淋《さび》しさを感《かん》じられたのかも知《し》れませんね。

田中　でも、奥様《おくさま》の態度《たいど》は、日本《にほん》の女性《ぢよせい》として實《じつ》にお立派《りつぱ》だつたと思《おも》ひます。

中村　さうです。あれは日本《にほん》の女性《ぢよせい》に共通《きようつう》の、美《うつく》しい氣持《きもち》の現《あらは》れだと思《おも》ひます。同時《どうじ》に、博士《はかせ》の態度《たいど》は、我々《われわれ》男子《だんし》に共通《きようつう》した、だらしない氣持《きもち》の現《あらは》れのやうな氣《き》がします。石原《いしはら》さんの奥様《おくさま》の持《も》つ良《よ》さは、自分《じぶん》の母《はゝ》も持《も》つてゐる良《よ》さであり、自分《じぶん》の女房《にようばう》も持《も》つてゐる良《よ》さであるだけに、『女《をんな》にはいゝところがあるなあ。』と、自分《じぶん》でも何《なん》となく嬉《うれ》しく感《かん》じました。

すべての女《をんな》の持《も》つてゐる平凡《へいぼん》な良《よ》さが、我《われ》我《われ》を感動《かんどう》させたのです。

夫婦《ふうふ》の愛《あい》は絶對的《ぜつたいてき》

「他《た》の異性《いせい》と比較《ひかく》されるものではない」

記者　この頃《ごろ》は、職業婦人《しよくげふふじん》が多《おほ》くなりましたので、會社《くわいしや》などで働《はたら》く人《ひと》は、どうしても多《おほ》くの婦人《ふじん》に接《せつ》することが多《おほ》く、婦人《ふじん》もまた、良人《をつと》以外《いぐわい》の男性《だんせい》を見《み》る機會《きくわい》が多《おほ》いわけですが、そのために、自分《じぶん》の良人《をつと》なり妻《つま》たりと比較《ひかく》して氣持《きもち》が動搖《どうえう》するといふやうなことが、ありはしないでせうか。

白井　それはありますね。會社《くわいしや》などに働《はたら》いてゐる婦人《ふじん》は、どうしても化粧《けしやう》や服装《ふくさう》に氣《き》をつけますし、潑剌《はつらつ》としてゐて、少《すこ》しも世帯《しよたい》じみてゐないので、男子《だんし》には魅力《みりよく》のあるものです。

それに較《くら》べると、家《うち》の女房《にようばう》はどうも糠味噌《ぬかみそ》くさくて……といふやうな氣《き》になる男子《だんし》も、少《すくな》くないやうです。

山田　それは併《しか》し、ほんとの夫婦《ふうふ》ではありませんね。ほんとに結《むす》び合《あ》つてる夫婦《ふうふ》なら、自分《じぶん》の妻《つま》や良人《をつと》を、他《た》と比較《ひかく》して、優劣《いうれつ》を決《き》めるやうな氣《き》にはならない筈《はず》です。

中村　さうです。たとへば母親《はゝおや》が、自分《じぶん》の子供《こども》を、他人《たにん》の子供《こども》と比較《ひかく》して、どうも自分《じぶん》の子供《こども》よりは、他人《たにん》の子供《こども》が利口《りこう》で、丈夫《ぢやうぶ》で、美《うつく》しいから、取《と》り替《か》へようかしら……といふ氣《き》

『私はこの男と一緒に長い間、暮してゐたのに、こんな不恰好な、厭らしい耳に、どうしてこれまで氣づかなかつたらう。』と、アンナは嘆息しました。これはつまり、アンナが旅行先で、他に愛人ができたゝめの心境の變化です。（中村武羅夫氏談）

持《もち》が起《おこ》るでせうか。そんなことは絶對《ぜつたい》にありますまい。たとひ馬鹿《ばか》でも、不具者《かたは》でも、母《はゝ》親《おや》にとつて我《わ》が子《こ》は絶對的《ぜつたいてき》のものです。

これが愛《あい》といふものです。他《ほか》のものと比較《ひかく》して、よりよきものを愛《あい》するのは、愛《あい》ではなくて、慾《よく》です。

痘痕《あばた》も靨《えくぼ》といふことがありますが、ほんとに愛《あい》し合《あ》つてゐれば、對手《あひて》の缺點《けつてん》も決《けつ》して氣《き》にならないものです。缺點《けつてん》が眼《め》につくやうになれば、愛情《あいじやう》が薄《うす》らいで來《き》た證據《しようこ》で、それが募《つの》ると、何《なん》でもないことまでが缺點《けつてん》のやうに感《かん》じられて、不快《ふくわい》になつて來《く》るものです。

トルストイの傑作《けつさく》、『アンナ・カレニナ』の、主人公《しゆじんこう》アンナは、地位《ちゐ》の高《たか》い學者《がくしや》と結婚《けつこん》して極《ご》く平凡《へいぼん》な生活《せいくわつ》をしてゐます。ところがアンナは、旅行先《りよかうさき》で愛人《あいじん》を作《つく》つてしまひます。そして故郷《こきやう》に歸《かへ》ると、良人《をつと》は停車場《ていしやば》まで迎《むか》へに來《き》てゐますが、このときアンナが、良人《をつと》を見《み》て第一《だいいち》に感《かん》じたのは、『良人《をつと》の耳《みゝ》が實《じつ》に不恰好《ぶかつかう》である。』といふことでした。

『私《わたし》は、この男《をとこ》と一緒《しよ》に長《なが》い間《あひだ》、暮《くら》してゐたのに、こんな不恰好《ぶかつかう》な、厭《いや》らしい耳《みゝ》に、どうしてこれまで氣《き》づかなかつたらう。』と、アンナは嘆息《たんそく》します。そして、それ以後《いご》は、良人《をつと》の言葉《ことば》も態度《たいど》も、何《なに》もかも、滅茶苦茶《めちやくちや》に嫌《きら》ひになります。これはつまり、アンナが旅行先《りよかうさき》で、他《た》に愛人《あいじん》ができたゝめの心境《しんきやう》の變化《へんくわ》です。不恰好《ぶかつかう》な良人《をつと》の耳《みゝ》に、少《すこ》しも氣《き》づかなかつた間《あひだ》が、アンナの幸福《かうふく》だつた時代《じだい》で、これから悲劇《ひげき》が始《はじ》まるのです。

山田 人間《にんげん》には誰《だれ》でも缺點《けつてん》があるのですから、それをなるべく好意的《かういてき》に見《み》て、夫婦《ふうふ》が協力《けふりよく》して、それを直《なほ》すやうに努力《どりよく》しなくてはいけませんね。何《なん》千萬人《まんにん》の異性《いせい》の中《なか》から、自分《じぶん》に選《えら》ばれた唯《たゞ》一人《ひとり》の人《ひと》だと思《おも》つたら、どんなに大事《だいじ》にしてもいゝわけですからね。

記者 どうも、有益《いうえき》なお話《はなし》が盡《つ》きさうにありませんが、豫定《よてい》の時間《じかん》をだいぶ超過《てうくわ》しましたので、殘念《ざんねん》ながら、今日《けふ》はこれで閉會《へいくわい》いたします。お忙《いそが》しい中《なか》を、有《あ》り難《がた》うございました。

愛《あい》し得《え》ないのではない。愛《あい》しようとしないのである。（トルストイ）

性病を家庭から駆

御出席者

（いろは順）

醫學博士　石《いし》崎《さき》仲《ちう》三《さぶ》郎《らう》

醫學博士　上《かみ》林《はやし》豐《ほう》明《めい》

内務省衛生局豫防課長　高《たか》野《の》六郎《らう》

井出病院長醫學博士　竹《たけ》内《うち》茂《しげ》代《よ》

警視廳洲崎病院長　宮《みや》下《した》精《せい》一郎《らう》

基督教婦人矯風會理事　守《もり》屋《や》東《あづま》

（昭和八年八月二十三日午後・帝國ホテルに於て）

■■婦《ふ》人《じん》に性病《せいびやう》の知識《ちしき》がない■■

記者　今日《けふ》の座談會《ざだんくわい》は、性病《せいびやう》を家庭《かてい》から驅逐《くちく》する方法《はうはふ》に就《つい》て、詳《くは》しく伺《うかゞ》ひたいと思《おも》ひます。性病《せいびやう》を家庭《かてい》に侵入《しんにふ》させないためには、どうしたらいゝか。性病《せいびやう》を家庭《かてい》から逐《お》ひ出《だ》すには、どうしたらいゝか。その方法《はうはふ》に就《つい》て、先生方《せんせいがた》の御意見《ごいけん》を伺《うかゞ》ひたう存《ぞん》じます。

石崎　どうも日本《にほん》の御婦人方《ごふじんがた》は、性病《せいびやう》に就《つい》ての知識《ちしき》が、甚《はなは》だ少《すくな》いやうですね。

上林　女學校《ぢよがくかう》あたりで敎《をし》へないのでせうか。

高野　敎《をし》へませんね。性敎育《せいけういく》といふのが、せい／＼理科《りくわ》の時間《じかん》か何《なに》かに

逐する方法の座談会

―(右から)―
石崎博士
竹内女史
守屋女史
宮下院長
高野課長
上林博士

菜の花の雄蕊と雌蕊のお話くらゐで、お茶を濁してゐる始末《しまつ》ですからね。（笑聲）

石崎 だから、痳病《りんびやう》と黴毒《ばいどく》の區別《くべつ》も知《し》らないで、『どうも痳病《りんびやう》に感染《かんせん》したらしいから、血液檢査《けつえきけんさ》をしてくれ。』とか、『痳病《りんびやう》だから、六〇六號《がう》を注射《ちうしや》してくれ。』など、いふ、飛《ど》んでもないお客樣《きやくさま》が、出《で》て來《く》るわけですね。（笑聲）

高野 近頃《ちかごろ》の敎育者《けういくしや》は、性敎育《せいけういく》のことばかりを喧《やかま》しく言《い》ひますが、性《せい》は自然發生的《しぜんはつせいてき》のものだから、年頃《としごろ》になれば、敎《をし》へなくても分《わか》ります。それよりも、性病《せいびやう》のことを徹底的《てつていてき》に敎《をし》へておく方《はう》が、どれほど人助《ひとだす》けになるか分《わか》りません。

上林 ほんとですよ、奧樣《おくさま》に多少《たせう》でも性病《せいびやう》の知識《ちしき》があれば、主人《しゆじん》がこの頃《ごろ》は頻繁《ひんぱん》に小便《せうべん》に行《ゆ》くとか、褌《ふんどし》が妙《めう》に汚《よご》れてゐるとか、主人《しゆじん》が自分《じぶん》で褌《ふんどし》を洗濯《せんたく》するとかいふやうな、ちよつとしたことで、感《かん》づくことができるものです。

高野 それでは先《ま》づ、性病《せいびやう》の何《なん》たるかを御存《ごぞん》じない奧樣方《おくさまがた》に、極《ご》く分《わか》り易《やす》く、症狀《しやうじやう》を話《はな》して頂《いただ》きませう。

性病《せいびやう》の主《おも》なるものは、痳病《りんびやう》と黴毒《ばいどく》と軟性下疳《なんせいげかん》の三つです。これを一《ひと》つづゝ、説明《せつめい》して頂《いただ》くことにしませう。

■■婦人《ふじん》が痳病《りんびやう》に感染《かんせん》したら■■

石崎 では僕《ぼく》が、婦人《ふじん》の痳病《りんびやう》に就《つい》てお話《はなし》しませう。性病《せいびやう》はどれでも恐《おそ》ろしいが、殊《こと》に痳病《りんびやう》は恐《おそ》ろしいものです。何《なに》しろ痳病《りんびやう》には、黴毒《ばいどく》に於《お》ける六〇六號《がう》のやうな特效《とくかう》藥《やく》がなく、確實《かくじつ》な療法《れうはふ》も發見《はつけん》されてゐないのです。

私《わたし》は婦人科《ふじんくわ》の病院《びやうゐん》を持《も》つてゐますが、婦人《ふじん》科《くわ》から痳病《りんびやう》を除《のぞ》いたら、我々《われわれ》は先《ま》づ失業《しつげふ》となくてはなりません。(笑聲)

痳病《りんびやう》はどうして傳染《でんせん》するかといへば、痳病《りんびやう》菌《きん》を持《も》つてゐる人《ひと》と接觸《せつしよく》するためです。接觸《せつしよく》するといつても、こつちの手《て》が向《むか》うの人《ひと》の手《て》に接觸《せつしよく》したくらゐでは、傳染《でんせん》するものでありません。(笑聲)

高野 皆樣《みなさま》はお笑《わら》ひになりますが、痳病者《りんびやうしや》に近《ちか》寄《よ》つたゞけでも傳染《でんせん》するものだと、思《おも》ひ込《こ》んでゐる人《ひと》が澤山《たくさん》ありますよ。殊《こと》に御婦人《ごふじん》には……ね。『宅《たく》の主人《しゆじん》は、會社《くわいしや》で、淋病《りんびやう》の人《ひと》と机《つくゑ》を並《なら》べてゐるので、感染《うつ》つたさうです。』などと、眞面目《まじめ》でおつしやる奥樣《おくさま》がありますからね。(笑聲)

上林 だから、この座談會《ざだんくわい》を催《もよほ》す必要《ひつえう》があるのでせう。

石崎 それで、婦人《ふじん》に感染《かんせん》すると、先《ま》づ子宮頸《しきゆうけい》管《くわん》を冒《をか》されます。すると、これまでなかつた帶下《こしけ》があるやうになり、下腹《したはら》が張《は》ります。それが次第《しだい》に進《すゝ》んで卵巣《らんさう》を冒《をか》すやうになると、苦痛《くつう》を感《かん》じて來《き》ます。

痳疾《りんしつ》が尿道《にようだう》へ感染《かんせん》すると、その部分《ぶぶん》が熱《あつ》いやうな氣《き》がして、小便《せうべん》の度數《どすう》が多《おほ》くなり、ひどいのになると、十分《ぷん》おきくらゐに便所《べんじよ》へ行《ゆ》くやうになります。ところが、女《をんな》の人《ひと》には、初《はじ》めの間《あひだ》は苦痛《くつう》を伴《ともな》はないので、つい氣附《きづ》かずに惡化《あくくわ》させることが多《おほ》いのです。既《すで》に膿《のう》が出《で》てゐるのに、帶下《こしけ》だと思《おも》つてゐたり、出血《しゆつけつ》しても、赤《あか》い帶下《こしけ》だらうぐらゐに考《かんが》へてゐる婦人《ふじん》が少《すくな》くありません。

記者 婦人《ふじん》が淋病《りんびやう》に罹《かゝ》ると、不姙症《ふにんしやう》になるさうですね。

石崎 さうです。結婚《けつこん》した婦人《ふじん》の一割《わり》は不姙症《ふにんしやう》で、その不姙症《ふにんしやう》の多《おほ》くは、痳病《りんびやう》が原因《げんいん》なので す。御主人《ごしゆじん》に痳病《りんびやう》を傳染《うつ》されて、喇叭管炎《らつぱくわんえん》になると、大抵《たいてい》は不姙症《ふにんしやう》になります。それだのに、子供《こども》を生《う》まないのは嫁《よめ》の罪《つみ》のやうに言《い》はれるので、實《じつ》に可哀相《かはいさう》です。

■■男子《だんし》が痳病《りんびやう》に感染《かんせん》したら■■

上林 男子《だんし》の痳疾《りんしつ》は、性交《せいかう》以外《いぐわい》で感染《かんせん》する場合《ばあひ》も、理論的《りろんてき》には考《かんが》へられないこともありませんが、それは甚《はなは》だ稀《まれ》なことで、先《ま》づ殆《ほとん》ど全部《ぜんぶ》は、性交《せいかう》によつて感染《かんせん》するものと考《かんが》へて差支《さしつかへ》ありません。

感染《かんせん》しても、たまには一週間《しうかん》二週間後《しうかんご》に膿《のう》が出《で》始《はじ》めることがあるので、外《そと》で遊《あそ》んだとき感染《かんせん》したのか、それとも細菌《さいきん》から感染《かんせん》したのか、分《わか》らないやうなこともありますが、大抵《たいてい》の場合《ばあひ》は、感染《かんせん》して一二日後《にちご》に、尿道《にようだう》が熱《ねつ》ぽくなつて、膿《のう》が出《で》ます。

膿《のう》は粘液性《ねんえきせい》で、それがだん〱濃《こ》くなり、後《のち》には滾々《こん〱》と溢《あふ》れるやうに出《で》ます。そして小便《べん》が切《しき》りに出《で》たくなります。

次《つぎ》に副睾丸《ふくかうぐわん》に熱《ねつ》を持《も》ち、謂《いは》ゆる副睾丸炎《ふくかうぐわんえん》を起《おこ》し、それが更《さら》に惡化《あくくわ》して、關節《くわんせつ》を冒《をか》したり、心臟《しんざう》の内膜《ないまく》を冒《をか》すやうになります。

石崎 痳病《りんびやう》に感染《かんせん》してゐながら、何《なん》の苦痛《くつう》も伴《ともな》はない人《ひと》は、症狀《しやうじやう》をつい惡化《あくくわ》させる虞《おそ》れがありますので、却《かへつ》て危險《きけん》です。

記者 苦痛《くつう》が伴《ともな》はなくても、感染《かんせん》してゐる場合《ばあひ》には、どこかにその症狀《しやうじやう》が現《あらは》れますか。

上林 尿《にやう》を調《しら》べると、痳菌《りんきん》を發見《はつけん》することができます。だから、誤《あやま》つて危險《きけん》を冒《をか》した場合《ばあひ》には、先《ま》づ尿《にやう》を調《しら》べて貰《もら》ふことです。

記者 すぐ手當《てあて》すれば、簡單《かんたん》に治《なほ》りませうか。

上林 痳病《りんびやう》は甚《はなは》だ治《なほ》り難《にく》いものですが、手當《てあて》が早《はや》ければ、一ケ月半《げつはん》くらゐで治《なほ》ることもあります。普通《ふつう》は半年《はんとし》から一ケ年《ねん》くらゐかゝります。從《したが》つて、その間《あひだ》に、細菌《さいきん》その他《た》に感染《かんせん》させる危險《きけん》が非常《ひじやう》に多《おほ》いのです。

■恐《おそ》ろしい黴毒《ばいどく》の症状《しやうじやう》は■

記者 痳病《りんびやう》に就《つい》ては、大體《だいたい》を伺《うかゞ》ひましたから、今度《こんど》は黴毒《ばいどく》のことを少《すこ》しお話《はな》しください。

宮下 黴毒《ばいどく》もやはり、痳病《りんびやう》と同《おな》じやうな徑路《けいろ》で感染《かんせん》することが多《おほ》いのです。感染《かんせん》すると三四週間前後《しうかんぜんご》に、粟粒大《あはつぶだい》のもの、乃至《ないし》は小豆《あづき》か豌豆《ゑんどう》くらゐのものができて、それが次第《しだい》に大《おほ》きくなります。これを初期硬結《しよきかうけつ》と申《まを》しまして、疼痛《とうつう》や痒《かゆ》みは少《すこ》しもありませんから、氣附《きづ》かずに濟《す》ますことが少《すく》ないのです。次《つぎ》にその皮膚《ひふ》がむけて、謂《いは》ゆる硬性下疳《かうせいげかん》になります。

これは、手《て》で觸《さわ》つてみると、紙《かみ》の上《うへ》から硬《かた》いものに觸《さわ》るやうな感《かん》じがするので、そんな名稱《めいしよう》ができたのです。

それから、鼠蹊部《そけいぶ》(股《また》の附根《つけね》)に横痃《よこね》が出《で》ます。これは無痛《むつう》なのが特徴《とくちよう》で、サルバルサン(六〇六號《がう》)の注射《ちゆうしや》を二本《ほん》か三本《ぼん》すると、忽《たちま》ち引《ひ》きます。それで治《なほ》つたつもりで、治療《ちれう》を怠《おこた》つてゐると、二三ケ月《げつ》から半年《はんとし》くらゐの後《のち》には、病毒《びやうどく》が全身《ぜんしん》に廻《まは》り、局部《きよくぶ》には發疹《ほつしん》ができ、口中《こうちゆう》にも輪《わ》を取《と》つた白《しろ》い斑點《はんてん》、つまり乳色斑《にうしよくはん》が出《で》ます。

それから聲《こゑ》が嗄《か》れたり、頭髮《とうはつ》が脱《ぬ》けたり、いろんな症状《しやうじやう》が現《あらは》れますが、これも病氣《びやうき》よく治療《ちれう》してゐるうちには、すつかり引《ひ》いてしまひます。この間《あひだ》が約《やく》三年《ねん》です。

記者 それで治《なほ》つたのですか。

宮下 いゝえ、なかなかどうして、病毒《びやうどく》はまだ體内《たいない》に殘《のこ》つてゐます。それが三四年《ねん》から十年後《ねんご》に現《あらは》れます。これが謂《いは》ゆる第三期黴毒《だいさんきばいどく》で、このときは既《すで》に内臓《ないざう》まで冒《をか》され、惡性《あくせい》のものは頭《あたま》に來《き》て、精神病《せいしんびやう》――つまり腦黴毒《なうばいどく》になつたり、脊髄癆《せきずゐらう》、即《すなは》ちヨイヨイになつたりします。

記者 恐《おそ》ろしい病氣《びやうき》ですね。

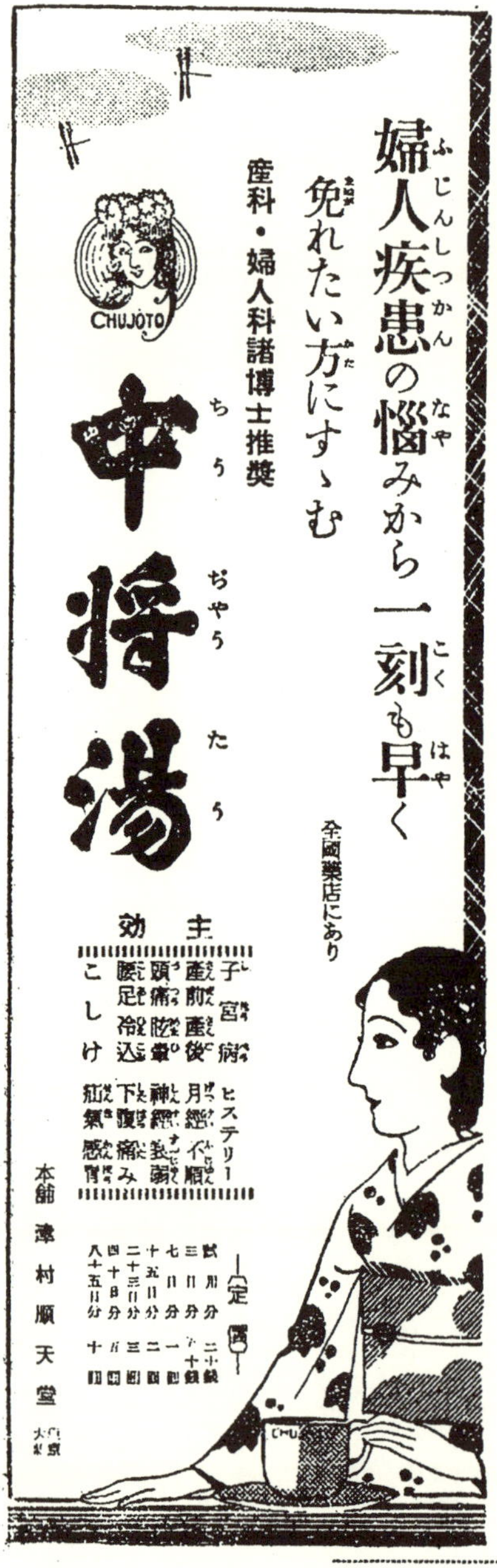

429　「性病を家庭から駆逐する方法の座談会」石崎仲三郎、上林豊明、高野六郎、竹内茂代 ほか 『主婦之友』昭和8年10月1日

宮下　全《まつた》く恐《おそ》ろしい病氣《びやうき》です。これに罹《かか》つたら先《ま》づ一生涯《しやうがい》、惱《なや》まされるものと思《おも》はなくてはなりません。いや、自分《じぶん》の一生《しやう》だけでは濟《す》みません。これでもし子供《こども》を持《も》つたら、子孫《しそん》にまで病毒《びやうどく》を貽《のこ》すことになります。自業自得《じごふじとく》、自《みづか》ら招《まね》いた罪《つみ》だと言《い》つてしまへば、それまでですが、天罰《てんばつ》といふには、あまりに恐《おそ》ろしい酬《むく》いだと言《い》はなくてはなりません。
　私達《わたしたち》のやうに、毎日《まいにち》そんな患者《くわんじや》に接《せつ》して、その悲慘《ひさん》な生活《せいくわつ》を見聞《けんぶん》してゐると、世間《せけん》の男子諸君《だんししよくん》は、何《なに》を好《この》んでこんな危險《きけん》な遊戯《いうぎ》に耽《ふけ》るのかと、不思議《ふしぎ》な氣《き》がします。

守屋　ほんとに、飛行機《ひかうき》で太平洋《たいへいやう》を横斷《わうだん》する以上《いじやう》の大冒險《だいぼうけん》ですね。（笑聲）

■■親《おや》に貰《もら》つた黴毒《ばいどく》の悲劇《ひげき》■■

竹内　黴毒《ばいどく》は、全《まつた》く恐《おそ》ろしい病氣《びやうき》ですよ。私《わたし》は親《おや》の黴毒《ばいどく》が子供《こども》に遺傳《ゐでん》した場合《ばあひ》のことをお話《はな》しいたしませう。
　親《おや》が黴毒《ばいどく》に罹《かか》つて、治《なほ》らないうちに姙娠《にんしん》した場合《ばあひ》、子供《こども》は生《うま》れながらの黴毒患者《ばいどくくわんじや》なのですが、大抵《たいてい》は五六ケ月《げつ》で流産《りうざん》します。
　また八九ケ月頃に、死兒《しじ》となつて分娩《ぶんべん》されることもあります。この場合《ばあひ》の死兒《しじ》は、皮膚《ひふ》の色《いろ》が黑《くろ》くて、お腹《なか》が、肝臟肥大《かんざうひだい》と腹水《ふくすゐ》のために膨《ふく》れ上《あが》つてゐます。
　私《わたし》の知《し》つてゐる方《かた》の奧樣《おくさま》で、毎年《まいねん》一回《くわい》づゝ姙娠《にんしん》して、然《しか》もその度毎《たびごと》に死兒分娩《しじぶんべん》をなさる方《かた》があります。もう六七回《くわい》も、同《おな》じことを繰返《くりかへ》してゐられます。

上林　痳病《りんびやう》は不姙症《ふにんしやう》になるが、黴毒《ばいどく》は盛《さか》んに姙娠《にんしん》するので、却《かへ》つて厄介《やくかい》です。

竹内　どうにか生《い》きて産《うま》れても、初生兒《しよせいじ》メネラといつて、鼻《はな》、口《くち》、臍《へそ》などから出血《しゆつけつ》する病氣《びやうき》に罹《かか》つて、一週間《しうかん》くらゐで死《し》にます。初生兒《しよせいじ》メネラは、黴毒《ばいどく》から來《く》るのが非常《ひじやう》に多《おほ》いのです。
　中《なか》には初生兒《しよせいじ》メネラにも罹《かか》らないで、どうにか生《い》きて行《ゆ》く子《こ》もありますが、これは風邪《かぜ》を引《ひ》き易《やす》く、お腫物《できもの》ができ易《やす》く、哺乳力《はにうりよく》が弱《よわ》いので榮養《えいやう》が不足《ふそく》し、非常《ひじやう》に弱々《よわよわ》しい體質《たいしつ》になりますから、死亡率《しばうりつ》も一番《ばん》高《たか》いのです。それでも死《し》なずに大《おほ》きくなると、眼《め》が濁《にご》つて角膜《かくまく》實質炎《じつしつえん》になり、耳《みみ》だれになり、學校《がくかう》の成績《せいせき》が惡《わる》く、克己心《こくきしん》に乏《とぼ》しく、盗癖《たうへき》があり、いろいろ惡《わる》い方《はう》へ傾《かたむ》き易《やす》い性質《せいしつ》になります。
　とにかく黴毒《ばいどく》は、自分《じぶん》が他《ほか》から感染《かんせん》した、つまり後天性《こうてんせい》のものならば、療法次第《れうはふしだい》で治《なほ》りますが、親《おや》から貰《もら》つた、謂《い》はゆる先天性《せんてんせい》の黴毒《ばいどく》は、先《ま》づ一生《しやう》治《なほ》らぬものと思《おも》はなくてはなりません。
　世《よ》の中《なか》に何《なに》が悲慘《ひさん》だといつても、罪《つみ》のない子供《こども》が親《おや》から黴毒《ばいどく》を貰《もら》つて生《うま》れて來《き》てゐるのほど、悲慘《ひさん》なものはありません。こんな親《おや》は憎《にく》んでも憎《にく》み足《た》りないやうな氣《き》がします。

石崎　だから、姙娠《にんしん》したら、黴毒《ばいどく》の有無《うむ》を必《かなら》ず檢査《けんさ》して貰《もら》ふ必要《ひつえう》がありますね。私《わたし》には決《けつ》してありませんと、大抵《たいてい》のお方《かた》がおつしやるのですが、なか〳〵大丈夫《だいぢやうぶ》ではないのです。

上林　血液檢査《けつえきけんさ》をしてみると、細君《さいくん》の方《はう》には反應《はんおう》があつて、良人《をつと》には反應《はんおう》のないことがありますね。それで飛《と》んでもない家庭悲劇《かていひげき》を起《おこ》すことがありますが、これは良人《をつと》が惡處《あくしよ》で黴毒《ばいどく》菌《きん》を仕入《しい》れて來《き》て、それをそつくり細君《さいくん》に渡《わた》してしまつてゐることが往々《わうわう》ありますから、決《けつ》して早《はや》まつてはなりません。

竹内　あまり古《ふる》く體内《たいない》に潜伏《せんぷく》してゐると、反應《はんおう》の現《あらは》れないこともありますね。

上林　極《ご》く初期《しよき》の間《あひだ》も、反應《はんおう》の現《あらは》れないことがあります。

■■性病《せいびやう》は始末《しまつ》のいゝ傳染病《でんせんびやう》■■

記者　軟性下疳《なんせいげかん》といふのは、黴毒《ばいどく》とは、違《ちが》ひま

すか。

上林　違《ちが》ひます。硬性下疳は黴毒《ばいどく》の一症状《しやうじやう》ですが、軟性下疳《なんせいげかん》は黴毒とは違《ちが》つた性病《せいびやう》の一《ひと》つです。これに感染《かんせん》すると、翌日《よくじつ》か二日目《ふつかめ》、三日目《みつかめ》くらゐに、局部《きよくぶ》に軟《やはら》かい潰瘍《くわいやう》が出《で》ます。鼠蹊部《そけいぶ》にも出《で》ますが、實《じつ》にひどい痛《いた》みで、早《はや》く化膿《くわのう》します。これは性病《せいびやう》のうちでは、最《もつと》も質《たち》のいゝ方《はう》です。

これまでは、痳病《りんびやう》、黴毒《ばいどく》、軟性下疳《なんせいげかん》の三つを性病《せいびやう》と申《まを》しましたが、今日《こんにち》では、ニコラハーヴルといふ、第四《だいし》の性病《せいびやう》が發見《はつけん》されました。これはまだ至《いた》つて少《すくな》いので、説明《せつめい》は略《りやく》しませう。

高野　これで性病の大體《だいたい》のことが分《わか》つたわけですが、これは何《いづ》れも傳染病《でんせんびやう》ですから、怖《こは》いと云《い》へば怖いやうなもの〻、實《じつ》はペストやコレラ、天然痘《てんねんとう》みたいに怖《こは》がる必要《ひつえう》は、決《けつ》してないのです。

なぜなら、性病《せいびやう》の黴菌《ばいきん》は、空氣傳染《くうきでんせん》をすることもなければ、バナヽや林檎《りんご》にくつ〻いてゐて、それを食《た》べると傳染《でんせん》するといふやうな心配《しんぱい》もないのですから……。（笑聲）先刻《せんこく》もお話《はなし》のあつたやうに、病菌保持者《びやうきんほじしや》に接觸《せつしよく》さへしなければ、感染《かんせん》することはないのですから、調べやうによつては、これほど始末のいゝ傳《でん》染病《せんびやう》はないわけです。

守屋　國民《こくみん》の一人々々《ひとり〳〵》が、そのことをハッキリ自覺《じかく》してさへくれゝば、ほんとにいゝのですけれどね。

高野　惡《わる》いところへ遊《あそ》びに行《い》つて、病氣《びやうき》を背負《しよ》ひ込《こ》んで苦《くる》しむのは、天罰覿面《てんばつてきめん》、自業自得《じごふじとく》と觀念《くわんねん》して貰《もら》つてもいゝわけですが、これを神《しん》聖《せい》な家庭《かてい》の中《なか》へ持《も》ち込《こ》んで來《き》て、何《なに》も知《し》らぬ奧樣《おくさま》に傳《つた》へ、甚《はなは》だしきは子々孫々《しゝそん〳〵》に傳《つた》へることになるので、抛《はふ》つてもおけないことになるのです。

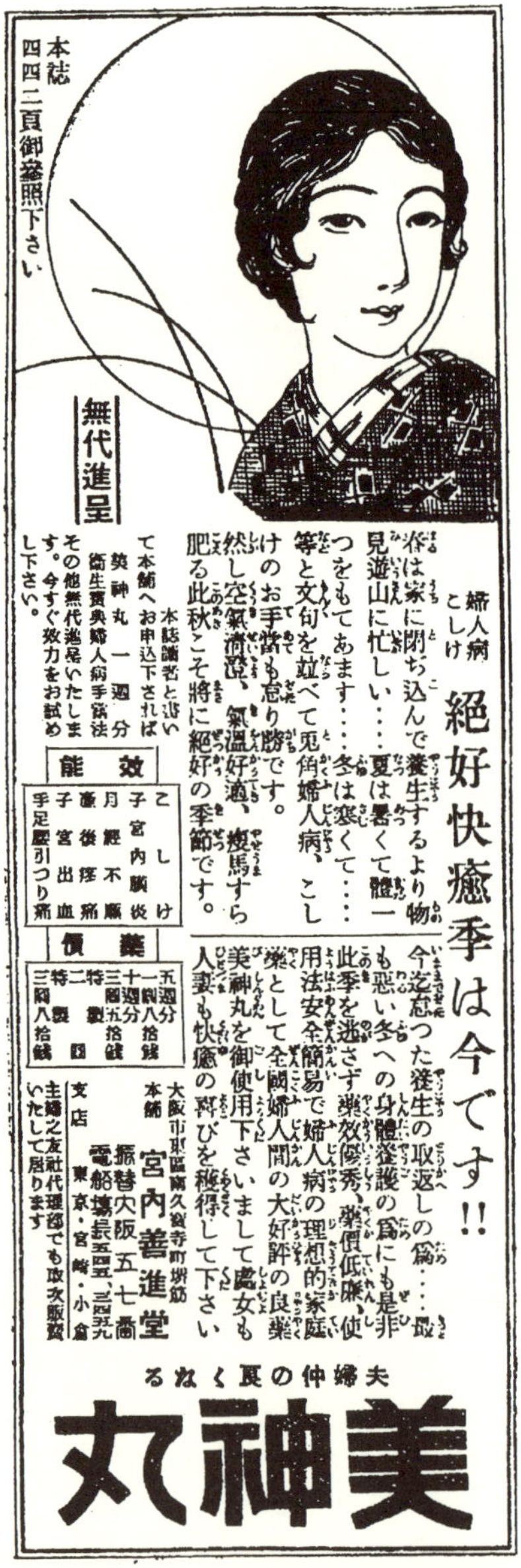

431　「性病を家庭から駆逐する方法の座談会」 石崎仲三郎、上林豊明、高野六郎、竹内茂代 ほか 『主婦之友』昭和8年10月1日

麻病《りんびやう》はお風呂《ふろ》でも傳染《うつ》る

竹内　私《わたし》は、お母樣方《かあさまがた》に御注意《ごちうい》申上《まをしあ》げておきたいことがあります。私《わたし》は最近《さいきん》、子供《こども》の痳疾《りんしつ》をちよい〳〵見受《みう》けますので、そのことに就《つい》てちよつと氣《き》をつけて頂《いただ》きたいのです。

子供《こども》の痳病《りんびやう》と申《まを》しましても、多《おほ》くは女《をんな》の子《こ》の、それも十歳《さい》から十三四歳《さい》までに一番多《いちばんおほ》いやうです。

症狀《しやうじやう》としては、盛《さか》んに膿《のう》が出《で》るのですが、その原因《げんいん》は、多《おほ》くは父親《ちちおや》から母親《ははおや》に傳染《うつ》り、それが入浴《にふよく》その他《た》の際《さい》に、子供《こども》に傳染《うつ》るのです。併《しか》し、そればかりではありません。

先日《せんじつ》も、お母樣《かあさま》が生家《さとが》に病人《びやうにん》が出《で》たので、娘《むすめ》さんを店《みせ》の番頭《ばんとう》に託《たく》して行《い》き、一週間目《しうかんめ》に歸《かへ》つて來《き》たら、娘《むすめ》さんが、『お尻《しり》が痛《いた》い。』と訴《うつた》へるので、見《み》ると膿《のう》が出《で》てゐました。それでよく訊《き》き質《ただ》してみたら、番頭《ばんとう》が惡戯《いたづら》したことが分《わか》り、私《わたし》のところへ連《つ》れてお出《いで》になりました。これなどは、放任《はうにん》しておいたら、大變《たいへん》なことになるところでした。

上林　私《わたし》の知《し》つてゐるのにも、娘《むすめ》さんを女中任《ぢよちうまか》せにしてゐて、そんなことになつたのがありました。そこの家《うち》は子供《こども》が多《おほ》いので、その娘《むすめ》さんを女中《ぢよちう》と一緒《しよ》に寝《やす》ませてゐたところ、別《べつ》に大《たい》した惡戯《いたづら》をしたわけでもないでせうが、女中《ぢよちう》の痳病《りんびやう》が傳染《うつ》つてしまつたのです。

痳菌《りんきん》を持《も》つてゐる人《ひと》と一緒《しよ》に風呂《ふろ》に入《い》れるのなどは危險《きけん》です。痳菌《りんきん》は、局部《きよくぶ》や口腔《こうかう》、鼻《び》孔《こう》、眼《め》などのやうな粘膜質《ねんまくしつ》のところに接觸《せつしよく》すると感染《うつ》ります。

一度《ど》痳病《りんびやう》に罹《かか》ると、專門《せんもん》の醫者《いしや》に毎日通《まいにちかよ》つても、三年《ねん》はかゝりますから、經濟的《けいざいてき》にも大變《へん》な損失《そんしつ》です。

全國《ぜんこく》の賣淫者《ばいいんしや》は五十萬人《まんにん》

記者　では、警察の實際に就て、伺ひたう存じます。

高野　豫防《よばう》は、先刻《せんこく》も言《い》つたやうに、理論的《りろんてき》には甚《はなは》だ簡單明瞭《かんたんめいれう》でしてね。政府《せいふ》でも、たゞ賣淫者《ばいいんしや》を取締《とりしま》るといふ程度《ていど》のことだけしか、手《て》が出《だ》せないでゐるのです。

記者　檢黴《けんばい》をするのは娼妓《しやうぎ》だけですか。

高野　さうです。藝者《げいしや》も檢黴《けんばい》せよといふ議論《ぎろん》もありますが、東京《とうきやう》などで、それをうつかり實施《じつし》すると、政治問題《せいぢもんだい》にもなり兼《か》ねないやうな御親類筋《ごしんるゐすぢ》がありますからね。（笑聲）地方《ちはう》によつては、藝者《げいしや》の檢黴《けんばい》をしてゐるところもあります。調べてみると、保菌者は公娼より多いさうです。

記者　私娼《ししやう》は檢黴《けんばい》しますか。

高野　私娼《ししやう》は強制的《きやうせいてき》に檢黴《けんばい》するわけには行《ゆ》かないので、玉《たま》の井《ゐ》、龜戸《かめゐど》のやうな私娼窟《ししやうくつ》には、自發的《じはつてき》に保健組合《ほけんくみあひ》のやうなのを作《つく》らせて、警察《けいさつ》でも親切《しんせつ》すぎるほど世話《せわ》を燒《や》いて、勵行《れいかう》させてゐます。群馬縣《ぐんまけん》のやうに、公娼《こうしやう》はないが私娼《ししやう》が繁昌《はんじやう》してゐる地方《ちはう》では、警察《けいさつ》が、公娼《こうしやう》に準《じゆん》ずる取締《とりしま》りを行《おこな》つてゐます。

石崎　賣淫者《ばいいんしや》は全國《ぜんこく》でどれくらゐありますか。

高野　娼妓《しやうぎ》五萬《まん》、藝者《げいしや》七萬《まん》、私娼《ししやう》十萬《まん》、その他《た》に、調へる手段のない密淫者が、數限りなくあります。街《まち》をちよつと歩《ある》いてみても、私娼《ししやう》類似《るゐじ》の女《をんな》があまりに多《おほ》く眼《め》につくので、うんざりします。

上林　全《まつた》くさうですね。

高野　とにかく數《すう》十萬《まん》の賣淫者《ばいいんしや》が、恐《おそ》るべき病菌を持《も》つて廻《まは》つてゐるのですから、天下《てんか》の男子《だんし》たるもの、大《おほ》いに恐《おそ》れて然《しか》るべきです。

竹内　宗教團體《しゆうけうだんたい》や廢娼運動《はいしやううんどう》をしてゐる方々《かたがた》の調査《てうさ》に據《よ》ると、全國《ぜんこく》の賣淫者《ばいいんしや》は五十萬《まん》で、そのうちの五萬人《まんにん》だけが檢黴《けんばい》されてゐることになります。

433 「性病を家庭から駆逐する方法の座談会」 石崎仲三郎、上林豊明、高野六郎、竹内茂代 ほか 『主婦之友』昭和8年10月1日

その五箇《え》のうちで、はつきり症狀《しやうじやう》の見《み》えるのが約《やく》一割《わり》あり、見《み》たゞけでは分《わか》らぬが、病氣《びやうき》を持《も》つてゐるのは七八割《わり》もあるさうです。

結婚解消事件《けつこんかいせうじけん》の良《よ》い影響《えいきやう》

上林 性病《せいびやう》を、家庭《かてい》にだけは入《い》れないやうに、大《おほ》いに努力《どりよく》する必要《ひつえう》がありますね。

竹内 病氣《びやうき》を持《も》つて來《き》たからといつて、奧樣《おくさま》が逃《に》げると、家庭悲劇《かていひげき》を起《おこ》すやうなことがありますからね。

石崎 それで、こんな相談《さうだん》を受《う》けたことがありましたよ。二十五六の若《わか》い細君《さいくん》でしたが、良人《をつと》は理解《りかい》がなくて困《こま》るといふのです。

つまりその良人《をつと》は、痳病《りんびやう》で膿《うみ》が盛《さか》んに出《で》てゐるのにも拘《かゝは》らず、細君《さいくん》を困《こま》らせるといふのです。それで、サックを用《もち》ひてくれといふと、それを不承知《ふしやうち》で、外《そと》へ遊《あそ》びに出《で》て泊《とま》つて歸《かへ》るといふのです。

竹内 そんな場合《ばあひ》には、飽《あ》くまでも拒《こば》む必要《ひつえう》がありますが、離縁《りえん》するぞ……などゝ言《い》はれると、びつくりしてしまつて、泣《な》き寢入《ねい》りに許《ゆる》してしまふのですが、そのために一生涯《しやうがい》、病苦《くく》に惱《なや》まなくてはならないやうなことになるのです。

石崎 それで、つくぐ感《かん》じたことですが、性《せい》病《びやう》の豫防《よばう》には、何《なに》よりも先《ま》づ良人《をつと》教育《けういく》が一番《ばん》大切《たいせつ》ですね。性病《せいびやう》が、婦人《ふじん》や子供《こども》にどう影響《えいきやう》するか、それをハッキリ知《し》らせることが急務《きふむ》だと思《おも》ひました。

竹内 鳥潟《とりがた》さんの結婚解消問題《けつこんかいせうもんだい》以來《らい》、若《わか》い男女《だんぢよ》が『性病《せいびやう》』といふことを、非常《ひじやう》に眞劍《しんけん》に考《かんが》へるやうになりました。

先日《せんじつ》も、若《わか》い御夫婦《ごふうふ》連《つ》れがお出《いで》になつて、その旦那樣《だんなさま》が『私《わたし》の不心得《ふこゝろえ》から、家内《かない》に痳病《りんびやう》を傳染《うつ》して、何《なん》とも申譯《まうしわけ》がありません。どんな犠牲《ぎせい》でも拂《はら》ひますから、どうか治《なほ》してやつ

るいれきの家庭療法《かていれうはふ》

嫌なグリグリ淋巴腺結核

―知《し》らねばならぬ病氣《びやうき》の手當《てあて》―

生《うま》れながらの腺病質《せんびやうしつ》で兎角《とかく》不健康《けんかう》な人《ひと》、或《あるひ》は平生達者《へいぜいたつしや》な人《ひと》でもよく首筋《くびすぢ》や腋《わき》の下《した》などに**グリグリ(るいれき)**が出《で》ますが、一度《ど》この病氣《びやうき》に罹《かゝ》ると仲々《なかなか》厄介《やつかい》なもので、可惜《あたら》青春時代《せいしゆんじだい》を幽鬱《いううつ》におくり、遂《つひ》には一生《しやう》を棒《ぼう》にふる人《ひと》も澤山《たくさん》にあります。この嫌《いや》な病氣《びやうき》を、單《たん》に肩《かた》の凝《こ》りなどから來《き》たものと考《かんが》へ、外《そと》から判《わか》る**グリグリ**だけと早合點《はやがてん》する人《ひと》もあつて、それ等《ら》のことから別段手當《べつだんてあて》もせず油斷《ゆだん》してゐる人《ひと》もありませう。併《しか》し是《これ》は大變《たいへん》な誤解《ごかい》であります。

本病《ほんびやう》はそんな簡單《かんたん》な病氣《びやうき》ではなく、結核性《けつかくせい》や梅毒性《ばいどくせい》の惡疾《あくしつ》で、だんだん奧深《おくふか》く侵入《しんにふ》して肺《はい》や肋膜《ろくまく》その他各方面《たかくはうめん》の臓器《ざうき》まで侵《をか》す難病《なんびやう》であります。一般《ぱん》に本病者《ほんびやうしや》は長《なが》い間病苦《あひだびやうく》に惱《なや》む人《ひと》が多《おほ》く、いろいろ迷《まよ》つて悲觀《ひくわん》してゐる人《ひと》も澤山《たくさん》でせうが決《けつ》して不治症《ふぢしやう》ではありませんから安心《あんしん》して適應《てきおう》した療法《れうはふ》をお選《えら》びなさい。それには第《だい》一に病氣《びやうき》の理由《りいう》や日々《にちにち》の手當《てあて》、食物《しよくもつ》の選《えら》び方《かた》など養生法《やうじやうはふ》全般《ぜんぱん》に渉《わた》る心得《こゝろえ》が何《なに》より大切《たいせつ》であります。

當院學術部《たうゐんがくじゆつぶ》では十八年來《ねんらい》本病《ほんびやう》に關《くわん》するあらゆる研究《けんきう》と試驗《しけん》を續《つゞ》け、家庭《かてい》で最《もつと》も手輕《てがる》く出來《でき》る合理的《がふりてき》經濟療法《けいざいれうはふ》の美書《びしよ》『**健康の更生**』を完成《くわんせい》し日々《にちにち》多數《たすう》の病者《びやうしや》に配布致《はいふいた》して居《を》ります。主婦之友《しゆふのとも》讀者《どくしや》には此《この》美本《びほん》全部無料《ぜんぶむれう》で手紙《てがみ》の表書《おもてがき》にはるいれきの文字《もじ》を使用《しよう》せず、特《とく》に別名《べつめい》で御送《おおく》り致《いた》しますから少《すこ》しも遠慮《ゑんりよ》はいりません。安心《あんしん》して早速《さつそく》お申出《まうしいで》なさいませ。

和歌山市三年阪大通(噴水前) 療養專門藥院學術部

てください。』と、拜むやうにしてお頼みになりました。

私《わたし》は醫者《いしや》を始《はじ》めて二十五年《ねん》になりますが、旦那樣《だんなさま》の口《くち》から『家内《かない》に痳病《りんびやう》を傳染《うつ》して、まことに申譯《まをしわけ》ない。』といふお言葉《ことば》を聽《き》いたのは全《まつた》く初《はじ》めてゞした。

上林 結婚《けつこん》する男女《だんぢよ》が、性病《せいびやう》の有無《うむ》を特《とく》に嚴重《げんぢう》に調《しら》べて貰《もら》ひたいと、專門醫師《せんもんいし》に頼《たの》み込《こ》んで來《く》るやうになつたのも、鳥潟《とりがた》さんの結婚解消《けつこんかいせう》問題以來《もんだいいらい》の現象《げんしやう》ですね。

竹内 さうです。私《わたし》は女性全體《ぢよせいぜんたい》の名《な》で、鳥潟《とりがた》さんのお孃樣《ぢやうさま》に感謝狀《かんしやじやう》くらゐ差上《さしあ》げてもいゝとさへ思つてゐます。

上林 とにかく、婦人《ふじん》に性病《せいびやう》の實際《じつさい》を知《し》つて頂《いただ》くことも大切《たいせつ》ですが、男子《だんし》の道義心《だうぎしん》を高《たか》めることが、一番必要《いちばんひつえう》になりますね。

石崎 性病《せいびやう》の疑《うたが》ひのあるときは、家庭《かてい》では、せめてサックを使用《しよう》するくらゐの神經《しんけい》は、持《も》つてゐてくれなくては困《こま》りますね。

竹内 婦人《ふじん》は、月經直後《げつけいちよくご》の一週間《しうかん》ほどが、最《もつと》も感染《かんせん》し易《やす》いときですから、特《とく》に氣《き》をつけることです。

石崎 ところが皮肉《ひにく》なことには、細君《さいくん》の月經中《げつけいちう》を辛抱《しんばう》できないで、惡《わる》いところへ遊《あそ》びに行《ゆ》くのがゐますのでね。立派《りつぱ》な性病菌《せいびやうきん》を仕入《しい》れて歸《かへ》つて、月經直後《げつけいちよくご》の、最《もつと》も感染《かんせん》し易《やす》い狀態《じやうたい》にある細君《さいくん》に傳染《うつ》すことになるのです。

竹内 面白《おもしろ》いもので、お盆《ぼん》の二十日《か》頃《ごろ》と、お正《しやう》月《ぐわつ》の中旬頃《ちうじゆんごろ》には、急性《きふせい》の痳病患者《りんびやうくわんじや》がグッと増《ふ》えます。

高野 ボーナスで仕入《しい》れるんですね。(笑聲)

竹内 それが、この二三年《ねん》は、割合《わりあひ》に減《へ》りました。性病《せいびやう》もやはり、不景氣《ふけいき》の影響《えいきやう》を受《う》けるものと見《み》えますね。(笑聲)

他人《たにん》の子《こ》に乳《ちゝ》を飲《の》ますな

435 「性病を家庭から駆逐する方法の座談会」 石崎仲三郎、上林豊明、高野六郎、竹内茂代 ほか 『主婦之友』昭和8年10月1日

高野　娼妓《そうぎ》の検黴《けんばい》をするのも、良《よ》し悪《わる》しでしてね。そのために客《きやく》が安心《あんしん》して、却《かへ》つて危険《きけん》な目《め》を見《み》ることが少《すくな》くありません。

上林　一週間《しうかん》一度《ど》の検黴《けんばい》では、全《まつた》く安心《あんしん》できませんよ。

竹内　娼妓《そうぎ》は可哀相《かはいさう》ですね。猛烈《まうれつ》な性病《せいびやう》を持《も》つたお客《きやく》が来《き》ても、お客《きやく》と名《な》がつく以上《いじやう》は、拒《こば》むことが、できないのですからね。サックを使《つか》つてくれといふと、怒《おこ》る客《きやく》があるさうです。

石崎　性病《せいびやう》の豫防《よばう》には、今《いま》のところ、サックが理《り》想的《さうてき》でせう。その後《あと》で洗滌《せんでき》すれば、先《ま》づ安心《あんしん》です。

宮下　洗滌《せんでき》にはイルリガートルを使用《しよう》することが必要《ひつえう》で、五十倍《ばい》の硼酸水《はうさんすゐ》、(温湯《をんたう》五合《がふ》に硼酸《はうさん》五匁《もんめ》) 五十倍《ばい》の重曹水《ぢゆうさうすゐ》(温湯《をんたう》五合《がふ》に重曹《ぢゆうさう》五匁《もんめ》) または、百倍《ばい》の食鹽水《しよくえんすゐ》(温湯《をんたう》五合《がふ》に薬用食鹽《やくようしよくえん》二匁《もんめ》五分《ぶ》)などは、洗滌液《せんでうえき》として安心《あんしん》です。これは必《かなら》ず微温湯でないといけません。直後《ちよくご》に、なるべく早《はや》く、丁寧《ていねい》に洗滌《せんでう》しないと、効目《きゝめ》は少《すくな》くなります。

高野　直後《ちよくご》に小便《せうべん》をするのは、有効《いうかう》ださうですね。男子《だんし》は小便《せうべん》で洗滌《せんでき》するのもいゝと、その道《みち》の經驗家《けいけんか》に聞《き》いたことがあります。

宮下　尿道《ねうだう》の中《なか》には、淋病《りんびやう》の膿《のう》がたまつてゐますから、むしろ直前《ちよくぜん》に放尿《はうねう》することを、娼妓《しやうぎ》にも客《きやく》にも勸《すゝ》めてゐます。

記者　黴毒《ばいどく》も同《おな》じですか。

高野　黴毒《ばいどく》は局部《きよくぶ》から感染《かんせん》するばかりでなく、肛門《かうもん》の周圍《しうゐ》にできてゐるお腫物《できもの》から感染《うつ》ることもあり、口《くち》の中《なか》にできてゐるときは、接吻《せつぷん》しただけで感染《うつ》ることもありますから、淋病《りんびやう》みたいに簡單《かんたん》には行《い》きません。

記者　この人《ひと》は性病《せいびやう》を持《も》つてゐるとか、持《も》つてゐないとかいふことは、外《そと》から見《み》ただけでは分《わか》りませんか。

上林　それが分《わか》るといゝのですが、なか〳〵分《わか》

りませんよ。

竹内 新宿の盛場や、カフェーに遊ぶ人々の大部《だいぶ》分《ぶん》は、家庭《かてい》を持《も》つてゐる人《ひと》ださうです。だから、性病《せいびやう》が猛烈《まうれつ》な勢《いきほひ》で家庭《かてい》に侵入《しんにふ》して行くのも、無理《むり》のないことだと思《おも》ひます。

守屋 せめて家庭《かてい》の中《なか》だけは、清《きよ》くしておきたいものですね。

竹内 家庭《かてい》の性病《せいびやう》で、もう一《ひと》つお母様方《かあさまがた》に注意《ちうい》して頂《いただ》きたいことは、乳母《うば》を備《そな》ふ場合《ばあひ》に、黴毒《ばいどく》の有無《うむ》をよく調《しら》べないと、赤《あか》ちゃんに傳染《うつ》ることがあるといふことゝ、反對《はんたい》に、先天性《せんてんせい》の黴毒《ばいどく》を持《も》つた赤《あか》ちゃんから、乳母《うば》が黴毒《ばいどく》を傳染《うつ》されることがあるといふことです。

こんな實例《じつれい》があります。お乳《ちゝ》が多《おほ》すぎるので、近所《きんじよ》の、乳不足《ちぶそく》で困《こま》つてゐる子供《こども》に、好意的《かういてき》にお乳《ちゝ》を飲《の》ませたところ、その子供《こども》が先天的《せんてんてき》の黴毒患者《ばいどくくわんじや》だつたので、それがお乳《ちゝ》に感染《うつ》り、自分《じぶん》の子供《こども》を二人《にん》まで黴毒患者《ばいどくくわんじや》にし、終《しまひ》には御主人《ごしゆじん》にまで傳染《うつ》してしまひました。乳《ちゝ》をやつたり貰《もら》つたりは、どんな親《した》しい間柄《あひだがら》でも、決《けつ》してうつかりしてはなりません。

■良人《をつと》たるものは反省《はんせい》せよ■

守屋 サルバルサン(六〇六號《がう》)注射《ちうしや》は、黴毒《ばいどく》には適確に効くものですか。

竹内 效目《ききめ》は確《たし》かですが、全治《ぜんぢ》させることは、なか〳〵の辛抱《しんばう》と費用《ひよう》が要《い》りますので、徹底《てつてい》的《てき》に治療《ちれう》し通《とほ》す人《ひと》は殆《ほとん》どありません。どんなに早《はや》くても十年《ねん》はかゝりますから、大抵《たいてい》の人《ひと》は中途《ちうと》で止《よ》してしまひます。

私《わたし》は二十五年《ねん》も醫者《いしや》をしてゐますが、完全《くわんぜん》に治療《ちれう》した人《ひと》は、二人《ふたり》しかありませんでした。

上林 僕《ぼく》は遺傳黴毒《ゐでんばいどく》の人《ひと》に、せめて陰性《いんせい》になるまで……と頼《たの》まれて、二百回注射《くわいちうしや》したことがあります。

記者 普通《ふつう》の黴毒《ばいどく》には、サルバルサン注射《ちうしや》を、

437　「性病を家庭から駆逐する方法の座談会」　石崎仲三郎、上林豊明、高野六郎、竹内茂代 ほか　『主婦之友』昭和8年10月1日

どのくらゐしたらい丶のですか。

上林　症狀《しやうじやう》により、醫者《いしや》により、まだ一定《てい》した標準《へうじゆん》がないやうですが、とにかく三本《ぼん》や五本《ほん》の注射《ちうしや》では、症狀《しやうじやう》を體内《たいない》に逐《お》ひ込《こ》むだけのことしかできません。それで中止《ちうし》したら、また時《とき》が經《た》つと出《で》て來《く》ます。それをまた二三本《ぼん》の注射《ちうしや》で逐《お》ひ込《こ》む、また出《で》る、また逐《お》ひ込《こ》む、それを繰返《くりかへ》してゐるうちに、膝《ひざ》が曲《まが》らなくなつたり、鼻《はな》が落《お》ちたり、氣狂《きちが》ひになつたり、實《じつ》に悲慘《ひさん》な結果《けつくわ》に終《をは》るのです。

守屋　サルバルサンの注射《ちうしや》は、隨分高價《ずゐぶんかうか》なものですね。

石崎　一回《くわい》五圓乃至《ないし》十圓《ゑん》は取《と》られます。だから、經濟上《けいざいじやう》から治療《ちれう》をつゞけることができなくなる場合《ばあひ》が多《おほ》いのです。

高野　何《なん》にしても、これ程馬鹿《ほどばか》々々しい病氣《びやうき》はありませんよ。

守屋　政府《せいふ》では、公娼《こうしやう》の性病《せいびやう》を取締《とりしま》るだけで、一般家庭《いつぱんかてい》に侵入《しんにふ》した性病《せいびやう》に對《たい》しては、全然無關心《ぜんぜんむくわんしん》ですね。

高野　さうです。つまり先刻《せんこく》も申《まを》しましたやうに、性病《せいびやう》は、同《おな》じ傳染病《でんせんびやう》でも、ペストや天然痘《てんねんとう》のやうなのと違《ちが》つて、自分《じぶん》で招《まね》きさへしなければ、決《けつ》して感染《かんせん》しないものなのですから……といふのは、實《じつ》は逃《に》げ口上《こうじやう》で、ほんとは豫算《よさん》がないのですよ。政府《せいふ》の力《ちから》で、實費《じつぴ》または無料診療所《むれうしんれうしよ》を、全國《ぜんこく》に建《た》てるといゝんですが、これがまた非常《ひじやう》に多《おほ》い數《すう》ですからね。

記者　外國《ぐわいこく》では、どうなつてゐますか。

高野　ドイツでは、性病患者《せいびやうくわんじや》は適當《てきたう》の治療《ちれう》を受《う》ける義務《ぎむ》があると、法律《はふりつ》で規定《きてい》されてゐます。その費用《ひよう》は國家《こくか》が負擔《ふたん》するのです。御承知《ごしようち》の通《とほ》りドイツでは、醫者《いしや》の免狀《めんじやう》を持《も》たないでも、患者《くわんじや》に投藥《とうやく》したり、治療《ちれう》したりするのは自由《じいう》ですが、性病《せいびやう》に限《かぎ》り、正規《せいき》の醫者《いしや》でなくては治療《ちれう》することができません。

竹内　姑息《こそく》な治療《ちれう》をすれば、惡化《あくくわ》させるばかりですからね。

上林　それにつけても、日本《にほん》の奥樣方《おくさまがた》は感心《かんしん》ですね。主人《しゆじん》が惡《わる》い遊《あそ》びで性病《せいびやう》を持《も》つて來《き》て惱《なや》んでゐるのを、いゝ氣味《きみ》だとは思《おも》はないで、その原因《げんいん》などすつかり忘《わす》れて、夜《よ》の目《め》も寢《ね》ないで一心《しん》に看病《かんびやう》してくれるのですからね。西洋人《せいやうじん》の奥樣《おくさま》だつたら、早速離婚訴訟《さつそくりこんそしよう》を提起《ていき》するところですが、その點《てん》は日本《にほん》の奥樣方《おくさまがた》は偉《えら》いと思《おも》ひますよ。

守屋　その日本婦人《にほんふじん》の美點《びてん》をいゝことにして、旦那樣方《だんなさまがた》が、不道德《ふだうとく》をなさつては、叶《かな》ひませんね。

上林　全《まつた》くですよ。主人冥利《しゆじんみやうり》に盡《つ》きるといふものです。

記者　どうも旦那樣方《だんなさまがた》の顏色《かほいろ》が惡《わる》くなりましたね。せいぜい反省《はんせい》して頂《いただ》くやうに、お願《ねが》ひしませう。では、これで閉會《へいくわい》にいたします。大變有益《たいへんいうえき》なお話《はなし》を有《あ》り難《がた》うございました。

なぜ同性を戀するか

同性愛に散り行く處女

豐田春樹

先生《せんせい》から戴《いたゞ》いた下着《したぎ》を身《み》につけて私《ひそ》かに喜《よろこ》んだマヌエラは校長《かうちやう》から監禁《かんきん》を命《めい》ぜられた。それが心《こゝろ》から戀慕《れんぼ》つたベルンブルグ先生《せんせい》の愛《あい》の拒絶《きよぜつ》ではなかつたにしろ『先生《せんせい》に逢《あ》えない命《いのち》など』と、もう生《い》きる望《のぞ》みも失《うしな》つてしまつたマヌエラであつた。

これは單《たん》に禁慾的集團生活《きんよくてきしふだんせいくわつ》の中《うち》にある一少女《せうぢよ》のセンチな物語《ものがた》りである名映畫《めいえいぐわ》、『制服《せいふく》の處女《しよぢよ》』であるが、近代《きんだい》インテリ女性《ぢよせい》の情愛生活《じやうあいせいくわつ》を反映《はんえい》するものとして大變《たいへん》な人氣《にんき》を呼《よ》んだ。

女學生《ぢよがくせい》の同性愛《どうせいあい》について某女教師《ぼうぢよけうし》は、

『同性愛《どうせいあい》に陷《おちい》つてゐる生徒《せいと》が絶體《ぜつたい》にないと公《こう》言《げん》し得《う》る學校《がくかう》なんて一つだつてありません』と筆者《ひつしや》に語《かた》つたことがある。

科學《くわがく》は同性愛《どうせいあい》を戀愛《れんあい》の錯覺《さくかく》なりとし、自瀆《じとく》行爲《かうゐ》であると斷言《だんげん》するが、若《わか》い女性《ぢよせい》には性《せい》に對《たい》する認識《にんしき》がなく、同性愛《どうせいあい》の悲劇《ひげき》は日日の新《しん》聞《ぶん》を賑《にぎは》わしてゐる。

『あなたは冷《つ》めたくなつてしまつた』と、師《し》に恨《うら》みの言葉《ことば》を叩《たゝ》きつけて、服毒自殺《ふくどくじさつ》を遂《と》げた十九の處女齋藤光《しよぢよさいとうみつ》さんの問題《もんだい》も、歪《ゆが》められた社會生活《しやくわいせいくわつ》の複雜《ふくざつ》さに伴《ともな》つて益々《ます〳〵》戀愛的動《れんあいてきどう》向《かう》を辿《たど》りつゝある近代女性《きんだいぢよせい》の性生活《せいせいくわつ》の曝露《ばくろ》である。

人《ひと》一倍《ばい》やさしくて、同情深《どうじやうぶか》い相原《あひはら》ひさえさんが、山形縣宮内高女《やまがたけんみやうちかうぢよ》の音樂教師《おんがくけうし》として赴任《ふにん》したのは、まだひさえさんが二十一の春《はる》、昭《せう》和《わ》六年《ねん》の四月《ぐわつ》だつた。彼《か》の女は間《ま》もなく『おやさしい先生《せんせい》』として全生徒《ぜんせいと》から慕《した》われる樣《やう》になつた。

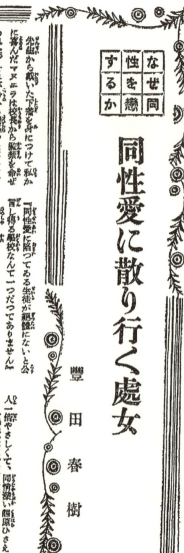

十九の春《はる》を惜《を》し氣《げ》もなく捨《す》て去《さ》つた光《みつ》さんは當時《たうじ》その學校《がくかう》の三年生《ねんせい》、音樂《おんがく》の天才《てんさい》で、ヴアスケツトの選手《せんしゆ》で全校生徒《ぜんかうせいと》の人氣《にんき》を一身《しん》に集《あつ》めてゐた。

このやさしい先生《せんせい》と、朗《ほが》らかな少女《せうぢよ》が特《とく》に親《した》しく結《むす》ばれたのはその年《とし》の十二月《ぐわつ》、光《みつ》さんの父上《ちゝうへ》の逝去直後《せいきよちよくご》のことである。

『淋《さび》しい時《とき》はあたしのところにいらつしやい』

昨日《きのふ》まであんなにも朗《ほが》らかだつた少女《せうぢよ》の、物淋《ものさび》しげな姿《すがた》を、じつと見《み》ておれない性《たち》のひさえさんは、機會《きくわい》あるごとに光《みつ》さんを慰《なぐさ》め、勇氣《ゆうき》づけ、親身《しんみ》の如《ごと》くいたわつてやり乍《なが》らもどうかすると、自分自身《じぶんじしん》がわけのわからない淋《さび》しさに包《つゝ》まれて、力《ちから》の限《かぎ》り光《みつ》さんを抱《だ》きしめるのだつた。只何氣《たゞなにげ》ない抱擁《はうえう》ではあつたが二人《ふたり》の心臓《しんぞう》は幼《をさな》きもの母《はゝ》の抱擁《はうよう》とは全《まつた》く異《ちが》つた感觸《かんしよく》に慄《ふる》えた。

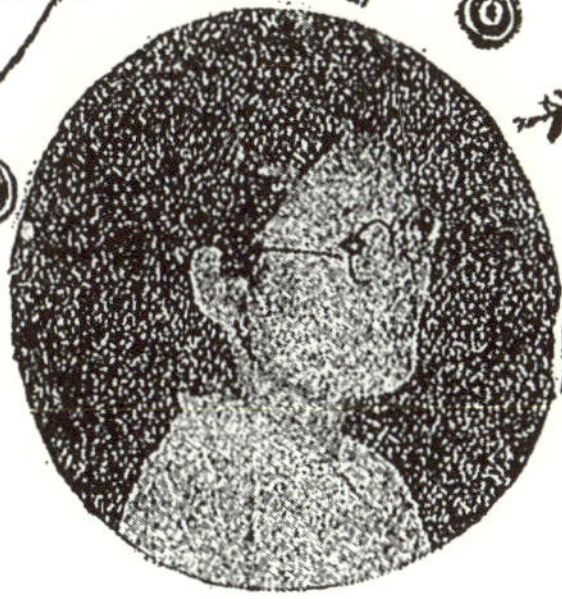

（熊原ひさえさん）

『師弟《してい》の垣《かき》を越《こ》えてはいけない』

ともすれば歩《あゆ》みよらうとする自《みづか》らの心《こゝろ》に鞭打《むちう》ち乍《なが》らも魔者《まもの》の樣《やう》な力《ちから》に引《ひき》ずられて行《ゆ》くのをどうすることも出來《でき》なかつた。

光《みつ》さんの悲《かな》しみは新《あたら》しい春《はる》とともに幾分《いくぶん》うすらひで、どうにか昔《むかし》の朗《ほが》らかさを取戻《とりもど》して來《き》たが、それはほんの束《つか》の間《ま》だつた。又淋《またさび》しげな光《みつ》さんの姿《すがた》が校舍裏《かうしやうら》に見《み》られることがあつた。生徒《せいと》の歸《かへ》つてしまつたあとの音樂室《おんがくしつ》に忍《しの》び泣《な》きする姿《すがた》も見《み》られた。

『どうしたと云《い》ふの、光《みつ》さんらしくもない、あたしにも聞《き》かして頂戴《ちやうだい》。光《みつ》さんの惱《なや》みはあたしの惱《なや》み、光《みつ》さんの悲《かな》しみはあたしの悲《かな》しみ、ネ分《わか》るでせう』

『――』

『どうしても云《い》えないこと、あたし先生《せんせい》ぢやないの、光《みつ》さんの姉《ねえ》さんになつたつもりよ』

『マア勿體《もつたい》ない先生《せんせい》、それでもあたし、嬉《うれ》しふございますわ、お姉樣《ねえさま》と申《まを》しあげても、ほんとうに怒《おこ》つて下《くだ》さらない？』

只甘《たゞあま》い感激《かんげき》のみが二人《ふたり》を支配《しはい》した。

光《みつ》さんは最近《さいきん》ふとした機會《きくわい》に自分《じぶん》に許婚《いひなづけ》のあることを知《し》つた。男《をとこ》は光《みつ》さんの家《いへ》に下宿《げしゆく》してゐる、彼《か》の女《ぢよ》の小學時代《せうがくじだい》の恩師《おんし》で、光《みつ》さんの父上《ちゝうへ》が亡《な》くなられてからのち、光《みつ》さんの學《がく》費《ひ》はその人《ひと》が出《だ》してゐた。彼《か》の女《ぢよ》には彼《かれ》に對《たい》して先生《せんせい》と云《い》ふことのほかに異性《いせい》として何等《なんら》の感情《かんじやう》も持《も》つことが出來《でき》なかつた。

あの男《をとこ》が自分《じぶん》の生涯《しやうがい》を約束《やくそく》すべき人《ひと》かと思《おも》ふと何《なん》だか厭《いや》な氣《き》がしてならなかつた。好意《かうい》を持《も》てない異性《いせい》と結婚《けつこん》すべく定《さだ》められてゐることは堪《た》え難《がた》い負擔《ふたん》であつた。子供《こども》の氣持《きもち》などおかまいなしに平氣《へいき》で學資《がくひ》の支給《しきふ》を受《う》けてゐる母《はゝ》を呪《のろ》ひたくさへなつた。

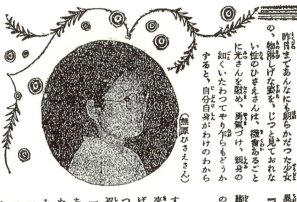

彼《かれ》に對《たい》する憎惡《ぞうを》の情《じやう》は日増《ひま》しに募《つの》つて行《い》つた。同《おな》じ食卓《しよくたく》につくことさへが厭《いや》でならなかつた、これまでは何《なに》かと彼《かれ》の身《み》のまわりに注意《ちうい》してあげた彼《か》の女《ぢよ》であつたが許婚《きよこん》の事實《じじつ》を

知《し》つて以來《いらい》もう決《けつ》してそれをしよふとはしなかつた。

光《みつ》さんのこうした態度《たいど》がこれまで平氣《へいき》だつた彼《かれ》の氣持《きもち》をかきたてた。彼《かれ》は自分《じぶん》の愛《あい》を言《こと》葉《ば》にも態度《たいど》にも出《だ》す樣《やう》になつた。けれども、光《みつ》さんにはそれが却《かへ》つて堪《た》え難《がた》い苦痛《くつう》であつた。

『いつそ、學校《がくかう》はよしてしまおう』

彼《かれ》の支給《しきふ》を受《う》けることは結婚《けつこん》を自《みづか》ら承諾《しようだく》したことと同《おな》じ意味《いみ》にしか考《かんが》へられなかつた。

それでも、母《はゝ》が承知《しようち》でその支給《しきふ》を受《う》けてゐる以上《いじやう》、家計《かけい》の都合《つがふ》もあるだらうし、父《ちゝ》なきあと、めつきり痩《や》せ細《ほそ》つた母《はゝ》に無理《むり》も云《い》えなかつた。

『お父樣《とうさま》さへ居《ゐ》て下《くだ》さつたら――』父《ちゝ》のない悲《かな》しみがしみ〴〵と分《わか》つた。

『あたし學校《がくかう》を止《や》める決心《けつしん》をしましたの、あたし何《なん》でもして働《はたら》くつもりなの』

ひさえさんはびつくりした。彼《か》の女《をんな》の立場《たちば》を思《おも》ふとき、むやみにその無謀《むぼう》を責《せ》めることも出來《でき》なかつたが、またむざ〴〵と學校《がくかう》を出《で》て行《ゆ》く生徒《せいと》を冷《つ》めたく見送《みおく》ることも出來《でき》なかつた。

『駄目《だめ》、そんな氣弱《きよわ》ぢや、あたし光《みつ》さんのためには何《なん》でもするわ、キット力《ちから》になるわ、もうそんな心細《こゝろぼそ》いこと云《い》わないで』

光《みつ》さんはひさえさんの膝《ひざ》の上《うへ》でいつまでも泣《な》いてゐた。

それ以來《いらい》、ひさえさんは俸給《ほうきふ》の一部《ぶ》をさい

て光《みつ》さんの學費《がくひ》に當《あ》てた。

ひさえさんは東京《とうきやう》體操《たいさう》音樂《おんがく》學校《がくかう》在學中《ざいがくちう》、體《たい》操《さう》の時間《じかん》に脚《あし》を痛《いた》めて、永《なが》い間學校《あひだがくかう》を休《やす》んだため卒業《そつげふ》に際《さい》しても中等教員《ちうとうけうゐん》の資格《しかく》を貰《もら》えず隨《したが》つて俸給《ほうきふ》も安《やす》かつた、それにこんな場合《ばあひ》に直面《ちよくめん》して無資格者《むしかくしや》の悲哀《ひあい》をしみじみ感《かん》じ、光《みつ》さんの卒業《そつげふ》とともに母校《ぼかう》の專修科《せんしうくわ》に歸《かへ》ることを決意《けつい》した。

『あたしも一緒《しよ》に連《つ》れて行《い》つて下《くだ》さい、何《なん》でもして働《はたら》きますわ』

『暫《しばら》く待《ま》つててね、きつといい仕事《しごと》を探《さが》して光《みつ》さんを呼《よ》んであげるから』

『キツトですわ、あたし、先生《せんせい》の居《ゐ》なくなつてしまつたこんな田舍《ゐなか》には一日《にち》だつて居《ゐ》たいとは思《おも》ひません』

三月下旬《ぐわつげじゆん》ひさえさんは母校《ぼかう》に歸《かへ》つて來《き》た。そして嚴格《げんかく》な寄宿舍生活《きしゆくしやせいくわつ》を始《はじ》めた。

心《こゝろ》から戀《こ》ひ慕《した》ふ先生《せんせい》、すべての祕密《ひみつ》を知《し》つて力《ちから》となつて下《くだ》さつた先生《せんせい》、その先生《せんせい》に去《さ》られて、先生《せんせい》の幻《まぼろし》のみ胸《むね》に描《ゑが》いてゐる光《みつ》さんが、永《なが》らく田舍《ゐなか》で我慢《がまん》してゐられるわけもなかつた。而《しか》も一度《ど》は必《かなら》ず自分《じぶん》の口《くち》から期待《きたい》を裏切《うらぎ》る宣言《せんげん》を與《あた》へなければならない許婚者《きよこんしや》と一緒《しよ》に暮《くら》さなければならない光《みつ》さんだ。

彼《か》の女《ぢよ》は間《ま》もなく無斷《むだん》ではる〴〵先生《せんせい》のあとを追《お》ふて上京《じやうきやう》した。

彼《か》の女《ぢよ》は、ひさえさんの友達《ともだち》の家《いへ》に同居《どうきよ》して化粧品問屋《けしやうひんどんや》の外交員《ぐわいかういん》となつたが、田舍出《ゐなかで》の少女《せうぢよ》に、東京《とうきやう》の外交員生活《ぐわいかういんせいくわつ》が樂《らく》につとまる筈《はず》もなく、七月中旬《ぐわつちうじゆん》遂《つひ》に彼《か》の女《ぢよ》は上野《うへの》下池《したいけ》ノ端《はた》の喫茶店《きつさてん》『いけもと』の女給《ぢよきふ》となつた。

光《みつ》さんは、再三《さい》、ひさえさんを學校《がくかう》に訪《たづ》ねたが、いつも儚《はかな》い逢瀨《あふせ》にすぎなかつた。嚴格《げんかく》な寄宿舍生活《きしゆくしやせいくわつ》はひさえさんに少《すこ》しの自由《じいう》も與《あた》へなかつた。

校長《かうちやう》の教訓《けうくん》、同輩《どうはい》の生活《せいくわつ》、それらを見《み》てゐるとひさえさんには、二年間《ねんかん》の教員生活《けうゐんせいくわつ》に對する疑問《ぎもん》が生《しやう》じた。疑問《ぎもん》はやがて惱《なや》みとなり懊惱《あうなう》はやがて自覺《じかく》となつた。

『清算《せいさん》しなければいけない、同情《どうじやう》したことは許《ゆる》されても一生徒《せいと》の偏愛《へんあい》に、おぼれることは教育者《けういくしや》に許《ゆる》さるべき事《こと》ではなかつた』

七月《ぐわつ》十五日《にち》——光《みつ》さんが今日《けふ》から女給《ぢよきふ》となる日《ひ》——久々《ひさびさ》に訪《たづ》ねてくれた光《みつ》さんだつたが胸《むね》に抱《だ》きしめてやりたい光《みつ》さんだつたが、ひさえさんは冷《つ》めたい態度《たいど》しか見《み》せなかつた。光《みつ》さんはそれが悲《かな》しくて悲《かな》しくてならなかつた。

『お姉様《ねえさま》は、あたしが女給《ぢよきふ》になつたものだから嫌《いや》なのでせう』

『働《はたら》くことは眞理だわ』

『ほんとうかしら、でもお姉様《ねえさま》はちつとも——

——』

涙《なみだ》をかんだあとの言葉《ことば》は聞《き》きとれなかつたひさえさんはこみあげて來《く》る涙《なみだ》をおさへて、『弱《よわ》くなつてはいけない』と自分《じぶん》の心《こゝろ》を叱《しか》りつけた。

光《みつ》さんには何《なに》もかも分《わか》つた樣《やう》な氣《き》がした、

『先生《せんせい》サヨナラ』

『——』

ひさえさんは、光《みつ》さんの淋《さび》しそうな後姿《うしろすがた》を濟《す》まない氣持《きもち》一杯《ぱい》で見送《みおく》つた。そして大急《おほいそ》ぎで光《みつ》さんの兄上《あにうへ》にあてゝ最後《さいご》の手紙《てがみ》を書《か》いた。

『父《ちゝ》は私《わたし》が私《わたし》の境遇《きやうぐう》を知《し》つたとき信仰《しんかう》の道《みち》に入《はい》れと云《い》ひました。然《しか》し私《わたし》にはそれが出來《でき》ませんでした。私《わたし》は死《し》をさへ考《かんが》へましたこともあります。

——さつき光《みつ》さんと別《わか》れるとき、光《みつ》さんがどんなに昂奮《こうふん》してゐたか知《し》つてゐます。然《しか》し私《わたし》は何《なに》も辯解《べんかい》しませんでした。許《ゆる》して下《くだ》さい私《わたし》は今《いま》世の中《なか》の人《ひと》と同等《どうとう》に暮《くら》して行ける身《み》の上《うへ》になりたいと、それぱかり考《かんが》へてゐます、では永久《えいきう》にさようなら』と、
光《みつ》さんは世《よ》の中《なか》が眞暗《まつくら》になつた樣《やう》な氣《き》がしてならなかつた。

十七日《にち》午前《ごぜん》二時《じ》、カルモチンと猫《ねこ》イラズを一緒《いしよ》に嚥下《えんか》した光《みつ》さんは、午前《ごぜん》五時《じ》息《いき》を引《ひ》きとつた。

枕《まくら》もとにひさえさん宛《あて》の遺書《ゐしよ》が只《たゞ》一通《つう》殘《のこ》されてゐた。

『先生《せんせい》、あなたは冷《つ》めたい氣持《きもち》になつてしまわれました。愛《あい》の對象《たいしやう》をなくしてはもう生《い》きる望《のぞ》みもない私《わたし》です』と。（三三・九・二）

同性愛に惱める教へ子

東京女子體操音樂學校長　藤村トヨ

去《こ》る八月《ぐわつ》十七日《にち》齋藤光子《さいとうみつこ》さんが、自殺《じさつ》をせられたに就《つ》いて、本校《ほんかう》の専修科生《せんしうくわせい》熊原《くまはら》ひさゑさんが警察《けいさつ》へ召喚《せうくわん》せられ、責任《せきにん》を負《お》ふて教育《けういく》者《しや》の立場《たちば》から、自決《じけつ》するに至《いた》つた状態《じやうたい》は、十七日《にち》の夕刊《ゆふかん》十八日《にち》の朝《てう》刊並《かんなら》びに廿一日《にち》の朝刊《てうかん》に於《おい》て諸新聞《しよしんぶん》に記載《きさい》された。

熊原《くまはら》は此春《このはる》奉職先《ほうしよくさき》から文部《もんぶ》の檢定《けんてい》を取《と》る爲《ため》に、本校《ほんかう》から後任《こうにん》を入《い》れて、態々《わざ〳〵》退職《たいしよく》して専修科《せんしうくわ》に入學《にふがく》した者《もの》で有《あ》る。最初《さいしよ》熊原《くまはら》が警察《けいさつ》に召喚《せうくわん》された時《とき》、二ケ年間學校《ねんかんがくかう》を離《はな》れて居《を》つた間《あひだ》に、近頃流行《ちかごろりうかう》の主義《しゆぎ》者《しや》にても、關係《くわんけい》を附《つ》けられて居《を》つたのではないか、と言《い》ふ疑念《ぎねん》は言《い》はず語《かた》らずの間《あひだ》に凡《すべ》ての人《ひと》に恐《おそ》れを抱《いだ》かしめた。

しかし熊原《くまはら》が警察《けいさつ》へ出頭《しゆつとう》した一二時間《じかん》の後《のち》、熊原宛《くまはらあて》に『光子急死《みつこきふし》す』と言《い》ふ電報《でんぽう》が來《き》たので、是《これ》は光子《みつこ》と言《い》ふ人《ひと》に何《なに》か變《かは》つた事情《じじやう》が有《あ》つたので、熊原《くまはら》は證人《しようにん》として呼《よ》ばれたので有《あ》らうと、大體《だいたい》の想像《さうぞう》がついた。

熊原《くまはら》が警察《けいさつ》から歸《かへ》る前《まへ》に諸新聞《しよしんぶん》の夕刊《ゆふかん》に齋藤光子《さいとうみつこ》さんの自殺《じさつ》と、又光子《またみつこ》さんと熊原《くまはら》とは同性愛《どうせいあい》に墮《お》ちて居《ゐ》たと言《い》ふ事《こと》、並《なら》びに其遺《そのゐ》書《しよ》とが發表《はつぺう》されたのみならず、齋藤光子《さいとうみつこ》さんの死《し》の動機《どうき》は自分《じぶん》の過《くわ》去《こ》の境遇《きやうぐう》を打明《うちあ》け信頼《しんらい》して居《を》つた熊原《くまはら》に、現在《げんざい》の行《ゆ》き詰《つま》つた境遇《きやうぐう》を訴《うつた》へて來《き》た心情《しんじやう》に對《たい》して、滿足《まんぞく》を與《あた》へないのみか、却《かへ》つて望《のぞ》みを失《うしな》はせた事《こと》が、光子《みつこ》さんの死《し》の直接《ちよくせつ》の動機《どうき》となつたと言《い》ふ事《こと》が、報導《はうだう》されて居《を》つた。のみならず、齋藤光子《さいとうみつこ》さんの最後《さいご》の訪問《はうもん》が死《し》の三日《か》前《え》十五日《にち》で有《あ》つたが、其日《そのひ》直《たゞ》ちに熊原《くまはら》は齋藤光子《さいとうみつこ》さんと同居《どうきよ》せる實《じつ》兄《けい》に對《たい》し、熊原自己《くまはらじこ》は今日《こんにち》までの如《ごと》く光子《みつこ》さんと交際《かうさい》しない事《こと》が光《みつ》子《こ》さんの爲《ため》で有《あ》ると言《い》ふ理由《りいう》と、今日《けふ》光子《みつこ》さんが非常《ひじやう》に失望《しつばう》して歸《かへ》つた狀態《じやうたい》に就《つ》いて、注意《ちうい》をして呉《く》れと言《い》ふ依賴狀《いらいじやう》が倂《あは》せて公表《こうへう》されて居《ゐ》つたのである。

そのうちに熊原《くまはら》に附《つ》き添《そ》つて行《い》つた二人《ふたり》の内《うち》の一人《ひとり》が一足先《あしさき》に歸《かへ》つて來《き》た。熊原《くまはら》は生徒《せいと》の死《し》に就《つ》いて强《つよ》く責任《せきにん》を感《かん》じて居《ゐ》る。死《し》を決《けつ》して居《ゐ》る狀態《じやうたい》で、非常《ひじやう》に興奮《こうふん》してゐるから用心《ようじん》せよ。なるべく誰《だれ》にも會《あ》はさない方《はう》が好《よ》いと言《い》ふ、警《けい》察《さつ》の注意《ちうい》だつたので、それでは熊《くま》原《はら》は叔父《をぢ》の家《うち》へ直《たゞ》ちに預《あづ》けた方《はう》が好《よ》いかも知《し》れぬから學校《がくかう》へ歸《かへ》る事《こと》は止《や》めておいて呉《く》れと、今一人《いまひとり》の先生《せんせい》に託《たく》して熊原《くまはら》を他《た》に止《と》めておいた。間《ま》もなく大勢押寄《おほぜいおしよ》せた新聞《しんぶん》記者《きしや》は熊原《くまはら》さんは何處《どこ》へ行《い》つたかもう歸《かへ》つた筈《はづ》で有《あ》る。と追求《ついきう》して動《うご》かない。私《わたし》はその新聞記者《しんぶんきしや》にとり圍《かこ》まれて、此際如何《このさいいか》なる處置《しよち》を取《と》るべきか、私《わたし》としては只熊原《たゞくまはら》に對《たい》するのみの責任《せきにん》ではない。それよりも熊原《くまはら》を出《だ》した教育上《けういくじやう》の大責任《だいせきにん》がある。即《すなは》ち如何《いか》に誤《あやま》つても、親《おや》から依託《いたく》されて居《ゐ》る一生徒《せいと》を輕《かる》んずる事《こと》は出來《でき》ないし又《また》それのみに捉《とら》れては、一般社會《ぱんしやくわい》や教育《けういく》と言《い》ふ立場《たちば》から自分《じぶん》の責任《せきにん》を曖昧《あいまい》にしてはならないと深《ふか》く感《かん》じた。

藤村トヨ子女史

内《うち》には新聞記者《しんぶんきしや》が待《ま》つて居《ゐ》る間《ま》に、外《そと》からは恰《あたか》も喪神《さうしん》の狀態《じやうたい》で熊《くま》原《はら》は歸《かへ》つて來《き》た。警察《けいさつ》からは當人《たうにん》に注意《ちうい》せよとの警戒《けいかい》。熊原《くまはら》を新聞《しんぶん》記者《きしや》へ會《あ》はして良《よ》いか、會《あ》はさなければ包隱《つゝみかく》すと言《い》ふ疑《うたが》ひを受《う》ける事《こと》も情《なさけ》ない。實《じつ》に七轉《てん》八倒《たう》とはこんなものかと感《かん》じた。而《しか》して萬事《ばんじ》窮《きう》した結果《けつくわ》、只賴《たゞたの》むべきものは信仰《しんかう》の力《ちから》であつた。その時私《ときわたし》には自己的環境《じこてきくわんきやう》や小我《せうが》を捨《す》てて確《たし》かに大《だい》なる自己《じこ》の立場《たちば》を自覺《じかく》した。

熊原《くまはら》が歸《かへ》るや直《たゞ》ちに會議室《くわいぎしつ》を開《ひら》いて、私《わたし》は恰《あたか》も新聞記者《しんぶんきしや》の一人《ひとり》となつて、記者《きしや》の中央《ちうあう》に席《せき》を占《し》め熊原《くまはら》を喚《よ》び出《だ》し、全《まつた》く他人《たにん》となつて其事實《そのじじつ》を問《と》ひ正《たゞ》した。

併《しか》し熊原《くまはら》は私《わたし》並《なら》びに新聞記者《しんぶんきしや》の人々《ひとびと》に對《たい》して、死《し》んだ光子《みつこ》に濟《す》まなかつた。私《わたし》の心《こゝろ》を誤解《ごかい》して死《し》んだ事《こと》は殘念《ざんねん》で有《あ》る。光子《みつこ》は成績《せいせき》も良《よ》く、溫《おと》和《な》しい良《よ》い子《こ》で有《あ》つたと言《い》ふ事《こと》は、發表《はつぺう》したが其他《そのた》に自分《じぶん》の意見《いけん》がましい事《こと》や申譯《まうしわけ》らしい事《こと》は一言《ごん》も無《な》かつた。私《わたし》は何《なん》とか教育者《けういくしや》として良《よ》かれ惡《あ》しかれ、しつかりした答《こた》へをして貰《もら》ひ度《た》かつたが殆《ほと》んど意識《いしき》を失《うしな》つた人《ひと》の如《ごと》くであつた。

如何《いか》に本氣《ほんき》で其實際《そのじつさい》を細《こま》かく檢《しら》べ樣《やう》としても、是以上《これいじやう》の事《こと》は語《かた》らなかつたので、あまりに深《ふか》く問《と》ひ詰《つ》める事《こと》も氣《き》の毒《どく》だし、今更《いまさら》になつて叱《しか》つても詮《せん》ない事《こと》で、寧《むし》ろ其心勞《そのしんらう》を慰《なぐさ》めて休《やす》ませた。

その後《ご》、引續《ひきつゞ》いて來《こ》られた記者《きしや》の方《かた》へは、熊原《くまはら》は疲《つか》れて到底面會《たうていめんくわい》する力《ちから》を持《も》つて居《ゐ》ないので、私《わたし》も尙問《なほと》ひ極《きは》め度《た》い事《こと》も有《あ》るが、今少《いますこ》し心《こゝろ》の落《お》ち着《つ》いた後《のち》にと、警察《けいさつ》から歸《かへ》つてからの大體《だいたい》の事《こと》は、私《わたし》が話《はな》して歸《かへ》つて貰《もら》つた。翌日《よくじつ》の各新聞《かくしんぶん》の報導《はうだう》に依《よ》つて未《いま》だ熊原《くまはら》からも警察《けいさつ》からも聽《き》かなかつた事《こと》が、精《くは》しく知《し》る事《こと》が出來《でき》た。

休暇中《きうかちう》僅《わづ》か數人《すうにん》殘《のこ》つて居《ゐ》る卒業生《そつげふせい》と徹底的《てつていてき》に全部《ぜんぶ》不眠《ふみん》で熊原《くまはら》を見《み》守《まも》つた。

十九日《にち》の朝《あさ》、附添《つきそひ》の者《もの》が熊原《くまはら》さんは吾々看視《われわれかんし》の隙《すき》を伺《うかゞ》つては逃《に》げ出《だ》さうとのみ務《つと》めて居《ゐ》る、死《し》に度《た》い、一人《ひとり》の所《ところ》に居《を》り度《た》い、とのみ譫語《うはごと》の樣《やう》に言《い》ひ續《つゞ》け、フラ〳〵と出《で》かけるのを制《おさ》へては寢《ね》かし、賺《すか》しては頭《あたま》を冷《ひや》して居《ゐ》るが、是《これ》では危《あぶな》いですと訴《うつた》えて來《き》た。それまでは成《な》るべく親《おや》の來《く》る迄《まで》は、此上興奮《このうへこうふん》させて、發狂《はつきやう》でもせられては申《まうし》譯《わけ》がない。卒倒《そつたう》でもせられたら危險《きけん》で有《あ》ると、精々《せい〳〵》私《わたし》は遠《とほ》ざかつて看視《かんし》をして居《を》つたが、時々《とき〴〵》は私《わたし》のみならず、總《すべ》ての者《もの》があつと言《い》つて總立《そうだ》ちになる事《こと》も、一度《ど》や二度《ど》ではなかつた。

其處《そこ》で最後《さいご》の十九日《にち》の晩《ばん》は、熊原《くまはら》が稍落付《やゝおちつ》いて來《き》たことを告《つ》げられたが、萬一《まん》の事《こと》があつては直接私《ちよくせつわたし》が監督《かんとく》する義務《ぎむ》が有《あ》ると思《おも》つて、私《わたし》の部屋《へや》に他《た》の一人《ひとり》の友人《いうじん》と共《とも》に休《やす》み遲《おそ》くまで監視《かんし》した。

二十日《はつか》は確《たし》かに遲《おそ》くも午前中《ごぜんちう》には兩親《りやうしん》が見《み》えると言《い》ふ事《こと》はわかつて居《を》つたが、未《ま》だ私《わたし》は新聞《しんぶん》を見《み》るだけで當人《たうにん》の口《くち》からも確《たし》かに生徒《せいと》を愛《あい》したとは言《い》へ、同性愛《どうせいあい》の程度《ていど》がわからないので、警察《けいさつ》に行《い》つた時《とき》何處《どこ》まで當人《たうにん》が自白《じはく》したかを確《たし》める必要《ひつえう》が有《あ》るので、態々警察《わざ〳〵けいさつ》を訪《はう》問《もん》した、不幸《ふかう》にして其係《そのかゝ》りの人《ひと》が留守《るす》であつた爲《ため》に、空《むな》しく歸《かへ》つたと同時《どうじ》に、熊原《くまはら》の兩親《りやうしん》が二日《か》二晩殆《ばんほとん》ど食《く》はず、眠《ねむ》らずで、學校《がくかう》の玄關《げんくわん》へ辿《たど》り着《つ》かれた。兩親《りやうしん》は如何《いか》なる理由《りいう》で呼《よ》ばれたかは知《し》らぬが或《あるひ》は死《し》んだ人《ひと》に遇《あ》つて骨《ほね》でも持《も》つて歸《かへ》るのではないかと、想像《さうぞう》して來《こ》られた樣子《やうす》であつた。

時《とき》は廿日《はつか》の午前《ごぜん》十一時《じ》、親《おや》は吾子《わがこ》の死《し》んで居《ゐ》ない事《こと》を知《し》り、新聞《しんぶん》も見《み》て稍々安心《やゝあんしん》せられた。そして落《お》ち着《つ》いて食事《しよくじ》を取《と》られ、午後《ごご》の二時頃《じごろ》初《はじ》めて熊原《くまはら》を呼《よ》び寄《よ》せて引《ひ》き合《あ》はした。

滿三日間不眠不休《まるみかかんふみんふきう》の私《わたし》の苦痛《くつう》は親《おや》が來《き》さへすればと待《ま》ちまうけた親《おや》に會《あ》ひ、まるきり氣《き》を失《うしな》つた樣《やう》にボーツとした熊原《くまはら》を前《まへ》に出《だ》した時《とき》に、私《わたし》は再《ふたゝ》び第二《だいに》の苦《くる》しみを感《かん》じた。私《わたし》の部屋《へや》に喚《よ》んでさへ却々《なか〳〵》に動《うご》かない。自分《じぶん》の意《い》の儘《まゝ》にもならない。他人《たにん》の意《い》の儘《まゝ》にもならない。私《わたし》としても親《おや》に引《ひ》き渡《わた》して責任《せきにん》を逃《のが》れると言《い》ふ心持《こゝろもち》は起《おこ》らなかつた。四角《かく》な部屋《へや》に四隅《すみ》に坐《すわ》つた四人《にん》が、兩親《りやうしん》も無言《むごん》、ひさゐさんは只《たゞ》泣《な》くのみ、私《わたし》は中間《ちうかん》に立《た》つて、さて是《これ》を何《なん》と切《き》り出《だ》さうかと行《ゆ》き詰《つま》つて了《しま》つて、全《まつた》くの無言《むごん》。如何《いか》に親《おや》の前《まへ》とは言《い》へ甘《あま》い言葉《ことば》を以《もつ》て慰《なぐさ》めたのみでは事《こと》は終《をは》らない。生《い》かすか、殺《ころ》すか、親《おや》の目《め》の前《まへ》に、今《いま》こそ思《おも》ひ切《き》つて私《わたし》の最後《さいご》の教訓大覺醒《けうくんだいかくせい》を與《あた》えなければならない。

『熊原《くまはら》さん。あんたは此兩親《このりやうしん》を忘《わす》れたが爲《ため》に、間違《まちが》つて一生徒《せいと》の偏愛《へんあい》に溺《おぼ》れてあなたは其生徒《そのせいと》を殺《ころ》し、又其生徒《またそのせいと》に前途《ぜんと》を殺《ころ》されて了《しま》つた。何《なん》とか挨拶《あいさつ》をしなさい。頭《あたま》を上《あ》げなさい。腰《こし》を伸《の》ばしなさい。貴女《あなた》は只《たゞ》泣《な》いたら事《こと》が濟《す》むと思《おも》ひますか、本氣《ほんき》で親《おや》に濟《す》まないと思《おも》つたら涙《なみだ》も出《で》ない筈《はず》で有《あ》る。二日《か》二晩《ばん》食《く》はず眠《ねむ》らずて駈《か》けつけて呉《く》れた此兩《このりやう》親《しん》に對《たい》して、子供《こども》の樣《やう》に只泣《たゞな》いては濟《す》まない。頭《あたま》を上《あ》げなさい。兩《りやう》親《しん》を見《み》なさい。』と言《い》つたら稍々《やゝ》其涙《そのなみだ》は止《と》まりかけた。『貴女《あなた》は既《すで》に誤《あやま》つて生徒《せいと》を殺《ころ》し、又貴女《またあなた》は今日迄《こんにちまで》の修業《しゆげふ》も、名譽《めいよ》も、教育者《けうやくしや》の位置《ゐち》も、其生徒《そのせいと》の爲《ため》に滅《ほろぼ》されて了《しま》つた。今日《こんにち》の貴女《あなた》は名譽《めいよ》もなければ、恥《はぢ》もなし、憎《にく》む者《もの》もなければ、可愛《かあい》がる者《もの》もない。貴女《あなた》の精神《せいしん》は凡《すべ》て滅《ほろ》びて了《しま》つた。只生《たゞい》きて居《ゐ》るものは、親《おや》から譲《ゆづ》られた血《ち》と肉《にく》とだけ、其《そ》の血《ち》と肉《にく》と迄滅《までほろぼ》しては親《おや》に申譯《まうしわけ》が無《な》い。そこで貴女《あなた》は其血《そのち》と肉《にく》とのみ殘《のこ》つて居《ゐ》る身體《からだ》を親《おや》にお返《かへ》しなさい。親《おや》に返《かへ》す事《こと》が出來《でき》ますか、出來《でき》ませんか。』と少《すこ》しく言葉《ことば》を嚴《きび》しくきめつけた。尚言葉《なほことば》を和《やはら》げて『貴女《あなた》の精神《せいしん》は生徒《せいと》の爲《ため》に滅《ほろぼ》されてしまつたので、此身體《このからだ》を親《おや》に返《かへ》すと言《い》ふ事《こと》は、何事《なにごと》にも自分《じぶん》と言《い》ふ氣持《きも》ちを捨《す》てゝ親《おや》の命令《めいれい》の儘《まゝ》に生《い》きると言《い》ふ事《こと》で有《あり》ます。返《かへ》されますか。返《かへ》されませんか。』と言《い》ふと、熊原《くまはら》さんの海老《えび》の樣《やう》に曲《ま》げた身體《からだ》は、自然《しぜん》と腰《こし》から伸《の》び、殆《ほと》んど膝《ひざ》と平行《へいかう》に俯《うつむ》いて居《ゐ》た顏《かほ》は七八分迄起《ぶまでお》きると同時《どうじ》に『返《かへ》します』と返事《へんじ》をした。親《おや》も初《はじ》めて吾子《わがこ》の顏《かほ》を見《み》た。母親《はゝおや》は勿論《もちろん》、廿五年間《ねんかん》も海兵團《かいへいだん》に生活《せいくわつ》した堂々《だうぐ》たる父親《ちゝおや》も涙に涙《なみだ》を浮《うか》べて居《ゐ》つた。

熊原《くまはら》さんの返《かへ》すと言《い》ふ言葉《ことば》は只私《たゞわたし》に對《たい》しての無意味《むいみ》な返答《へんたふ》とは思《おも》はれなかつた。確《たし》かに心《こゝろ》の底《そこ》に決《けつ》する所《ところ》あつての言葉《ことば》と確信《かくしん》した。

此事件《このじけん》に對《たい》して熊原《くまはら》が、終始《しゆうし》一貫《くわん》して齋藤光子《さいとうみつこ》を愛《あい》し、己《おのれ》が苦《くる》しい立場《たちば》に至《いた》つても、死《し》んだ人《ひと》に責任《せきにん》を負《お》はせる樣《やう》な事《こと》は一言《ごん》も無《な》く最初《さいしよ》から自分《じぶん》の教育者《けういくしや》としての資格《しかく》を失《うしな》つた事《こと》に、明《あきら》かなる自覺《じかく》を持《も》つ事《こと》。又教育者《またけういくしや》の責任《せきにん》を全《まつた》ふする爲《ため》に、死迄覺悟《しまでかくご》した眞實《しんじつ》の心《こゝろ》だけは、私《わたし》としては大《おほ》いに宥恕《いうじよ》すべき點《てん》が有《あ》ると思《おも》はれる。其一人《そのひとり》の思慮《しりよ》の缺《か》けた行動《かうどう》から、校名《かうめい》を恥《は》づかしめ、多《おほ》くの中等教員《ちうとうけういん》をして立《た》つて居《ゐ》る卒業生《そつげふせい》の上《うへ》に、汚名《をめい》を着《き》せた事《こと》は小《せう》なる傷手《いたで》では無《な》いが併《しか》し私《わたし》としても又全國同窓生《またぜんこくどうさうせい》としても、此潔白《このけつぱく》なる自決《じけつ》に對《たい》しては氣《き》の毒《どく》だ、可愛想《かあいさう》と言《い》ふ外《ほか》、憎《にく》むべき心《こゝろ》は起《おこ》らない。たとへ自發的《じはつてき》の自決《じけつ》とは言《い》へ、一點《てん》の包《つゝ》み隱《かく》す所《ところ》も無《な》く、事《こと》を明瞭《めいれう》にして、社會《しやくわい》教育界《けういくかい》の犧牲者《ぎせいしや》として立《た》たしめた事《こと》は私《わたし》としては氣《き》の毒《どく》の極《きは》みで有《あ》つた。

今日《こんにち》の社會《しやくわい》ではあまりに同性愛《どうせいあい》と言《い》ふ事《こと》を輕《かる》く使《つか》ひ過《す》ぎて、一面《めん》からは非常《ひじやう》に卑《いや》しみ、一面《めん》からはそれが流行《りうかう》の樣《やう》に輕《かる》く考《かんが》へられ、それに就《つ》いての研究救濟法等《けんきうきうさいはふとう》が未《ま》だ不充分《ふじうぶん》で有《あ》ると思《おも》ふ。かゝる犧《ぎ》性者《せいしや》を犬死《いぬじに》にさせないで、かゝる機會《きくわい》に同性愛《どうせいあい》と言《い》ふものを、眞《しん》に研究《けんきう》し、社會《しやくわい》に誤《あやま》つて唱《とな》へられて居《ゐ》る同性愛《どうせいあい》と言《い》ふものを、取除《とりのぞ》くと言《い》ふ必要《ひつえう》が有《あ》る。かゝる言葉《ことば》に捉《とら》はれかゝる事《こと》に興味《きようみ》を持《も》つて、若《わか》い婦女子《ふぢよし》が甘《あま》い婀娜《あだ》しい生活狀態《せいくわつじやうたい》を夢見《ゆめみ》て居《ゐ》る間《あひだ》は、日本《にほん》の婦《ふ》人《じん》は、現在未來《げんざいみらい》の大《だい》なる國難《こくなん》に直面《ちよくめん》した有爲《いうゐ》なる力《ちから》ある婦人《ふじん》とする事《こと》が出來《でき》ない。此點《このてん》からして、此出來事《このできごと》は只此處《たゞこゝ》に剝《は》き出《だ》されたる一校《かう》や、一生徒《せいと》の事件《じけん》と考《かんが》へて葬《ほうむ》らないで、家庭的《かていてき》、女子教育的《ぢよしけういくてき》、社會的《しやくわいてき》に、本氣《ほんき》で研究《けんきう》し、根本的《こんぽんてき》にそれ等《ら》の婀娜《あだ》しい思想《しさう》を撲滅《ぼくめつ》せしめ度《た》いもので有《あ》る。

批判　なぜ同性を戀するか

同性を戀する心

杉田直樹

最近某女學校《さいきんぼうぢよがくかう》の先生《せんせい》と女生徒《ぢよせいと》との間《あひだ》に起《おこ》つた同性愛《どうせいあい》の事件《じけん》は當時《たうじ》非常《ひじやう》に日刊新聞紙《につかんしんぶんし》を賑《にぎ》はしたのでありましたが、私《わたし》はこの新聞紙《しんぶんし》に現《あら》はれた記事《きじ》以外《いぐわい》には深《ふか》くその當事者間《たうじしやかん》の事情《じじやう》も知《し》らず又關係者《またくわんけいしや》のお話《はなし》を直接《ちよくせつ》に伺《うかゞ》つたこともありませんので、特《とく》に此《こ》の事件《じけん》を問題《もんだい》として一言《ごん》も批評《ひひやう》がましいことを申《まう》し上《あ》げる資格《しかく》はありません。

しかし女學校《ぢよがくかう》の先生《せんせい》と生徒《せいと》との間《あひだ》に起《おこ》る同性愛《どうせいあい》の問題《もんだい》は既《すで》に獨《ど》乙《いつ》の名映畫《めいえいぐわ》『制服《せいふく》の處《しよ》女《ぢよ》』の題材《だいざい》としても非常《ひじやう》に興深《きようふか》く取扱《とりあつか》はれたのであります。

さう云《い》ふ事《こと》は規律《きりつ》の嚴格《げんかく》な監督《かんとく》のやかましい學校《がくかう》や家庭内《かていない》では往々《わうわう》にして起《おこ》り得《う》べき問題《もんだい》でありますのみならず、その際《さい》の監督者《かんとくしや》の處置《しよち》が不幸《ふかう》にしてその事態《じたい》に適合《てきがふ》しませんとその後《ご》にいろ〳〵の痛《いた》ましい悲劇《ひげき》がそこから生《うま》れ出《い》づべき多《おほ》くの可能性《かのうせい》を藏《ざう》してゐますので、女性《ぢよせい》をよく理解《りかい》しなければならない地位《ちゐ》にあられる方々《かたがた》に取《と》つては幾多《いくた》の大《おほ》きな暗示《あんじ》を含《ふく》んでゐる問題《もんだい》と云《い》はねばなりません。

性愛《せいあい》の心理《しんり》はその年頃《としごろ》に達《たつ》した青年者《せいねんしや》にとつては男女《だんぢよ》とも當然芽《たうぜんめ》生《ば》えて來《こ》なければならない必然的《ひつぜんてき》の本能作用《ほんのうさよう》であり、それは春光《しゆんくわう》に遇《あ》つて新緑《しんりよく》の萌《も》え紅花《こうくわ》の咲《さ》くと同《おな》じく自然《しぜん》の現象《げんしやう》なのでありまして、時節《じせつ》の來《き》た者《もの》に對《たい》しては干渉《かんしよ》も風濕《ふうしつ》もその發現《はつげん》を全《まつた》く抑止《よくし》することは出來《でき》ません。本當《ほんたう》の教育《けういく》に於《おい》ては自然《しぜん》の性質《せいしつ》と合致《がつち》するやうにその良能《りやうのう》の發達《はつたつ》を導《みちび》いて行《ゆ》かねばなりません。それ故心身《ゆゑしんしん》の自然《しぜん》發達《はつたつ》に應《おう》じて正《たゞ》しい道《みち》に教育《けういく》をして行《ゆ》くことは、教育家《けういくか》の誰《だれ》しも努《つと》めてゐられる所《ところ》でありませうけれど、たゞ性的《せいてき》の事柄《ことがら》に就《つ》いてのみは今日《こんにち》の多《おほ》くの教育家《けういくか》の御方針《ごはうしん》は私共醫學者《わたしどもいがくしや》の意見《いけん》と少《すく》なからず異《こと》なつてゐる所《ところ》であるのであります。それは社會《しやくわい》の風習特《ふうしふとく》に倫常《りんじやう》の上《うへ》の舊慣《きうくわん》や古《ふる》い目標《もくひやう》のみに從《したが》つて、女性《ぢよせい》には其《そ》の思春期《ししゆんき》の年齢《ねんれい》が生理的《せいりてき》に訪《おとづ》れて來《き》ても、なるべく表《おも》て向《む》きには性慾《せいよく》の實際《じつさい》の知識《ちしき》は秘《ひ》し隱《かく》しておき、さう云《い》ふ事柄《ことがら》には觸《ふ》れしめないでおかうといふことを唯《ゆゐ》一の方針《はうしん》となし、之《これ》に就《つい》ては絶對《ぜつたい》に例外《れいぐわい》や臨機《りんき》の取扱《とりあつか》ひを設《まう》けまいとしてをらるるやうに見受《みう》けられるのです。それ故女學校内《ゆゑぢよがくかうない》では絶對《ぜつたい》に男性《だんせい》との交際《かうさい》は勿《もち》論《ろん》、文通《ぶんつう》をも許《ゆる》されず、男女間《だんぢよかん》の事《こと》を描寫《べうしや》した文學《ぶんがく》でも藝術《げいじゆつ》でもその凡《すべ》てを極端《きよくたん》に遠《とほ》ざけやうとせられるのです。本能《ほんのう》は無《む》論斯《ろんか》う云《い》ふ隔離主義《かくりしゆぎ》によつて幾分《いくぶん》はその誘發《いうはつ》される時期《じき》をおくれさすことにはなるでありませうが、しかしそれはいつしか當然力強《たうぜんちからづよ》くその芽《め》を地上《ちじやう》に出《だ》さうとして地下《ちか》にもく／＼延《の》びて參《まゐ》るのであります。而《し》かも之《これ》に對《たい》して教師《けうし》は適當《てきたう》に正《たゞ》しい道《みち》の指導《しだう》を與《あた》へることを絶對《ぜつたい》にしやうとせられないので、性愛《せいあい》の延《の》び行《ゆ》く方向《はうかう》は勢《いきほ》ひ盲目的《まうもくてき》になるか、又《また》は他《た》の年長生徒《ねんちやうせいと》の放埒《はうらつ》な秘密《ひみつ》な指導《しだう》によつて左右《さいう》されて了《しま》ふ危險《きけん》があります。自主的《じしゆてき》の方針《はうしん》もなく深切適確《しんせつてきかく》な指導者《しだうしや》もない場合《ばあひ》に性愛《せいあい》の誘發《いうはつ》が如何《いか》に恐《おそ》るべき結果《けつくわ》をもたらすものかに就《つ》いては、茲《こゝ》に多《おほ》くを申《まう》し上《あ》げる必要《ひつえう》はありますまい。

嚴格《げんかく》な家庭《かてい》に於《お》いて、しかも嚴格《げんかく》な口《くち》やかましい母《はゝ》や伯母《をば》の手《て》で育《そだ》てられ、男性《だんせい》についてはたゞそれが恐《おそ》ろしい者《もの》、近《ちか》づくべからざる者《もの》とばかり敎《をし》へ込《こ》まれ、その家庭《かてい》には兄《あに》と弟《おとうと》との、同年配《どうねんぱい》のやさしい男性《だんせい》の模型《もけい》となるべき者《もの》が一人《ひとり》も居《を》らず、たゞ老若《らうにやく》の女性《ぢよせい》斗《ばか》りの間《あひだ》でひたすらに育《そだ》てられて來《き》た娘《むすめ》さんが、そのまゝ女學校《ぢよがくかう》の門《もん》を入《い》り、之亦女性斗《これまたぢよせいばか》りで生活《せいくわつ》する寄宿舍《きしゆくしや》などに起居《ききよ》させられ、一切外界との交渉《かうせう》を絶《た》たれ、男性的《だんせいてき》なにほひから全《まつた》く隔離《かくり》せられて了《しま》ふと、そこへ芽生《めば》えて來《く》る性慾心理《せいよくしんり》はどうしても自己愛《じこあい》か同性愛《どうせいあい》かの傾向《けいかう》をとらなければならなくなります。自己愛《じこあい》といふのは愛慾《あいよく》の對象《たいしやう》を自分自身《じぶんじしん》の心身《しんく》の中《うち》に求《もと》める傾向《けいかう》で、しきりに鏡《かゞみ》に自分《じぶん》の姿《すがた》を映《うつ》してはうぬぼれてゐる。ゆあみして湯槽《ゆぶね》のなかに浸《ひた》る自分《じぶん》の發育《はついく》し切《き》つた肉體《にくたい》の調和《てうわ》に見惚《みと》れてはあかず己《おの》れの美《うつく》しさにうつとりとし、いやが上《うへ》にも化粧《けしやう》に身《み》をいれて、その性愛《せいあい》の發露《はつろ》をば自分《じぶん》そのものに求《もと》めてゐる。之《これ》が延《ひ》いては自慰《じゐ》の惡習《あくしふ》に移《うつ》つて之《これ》に耽《ふけ》る。之《これ》は神經質《しんけいしつ》な交際《かうさい》を好《この》まない陰氣《いんき》な性格《せいかく》の者《もの》に多《おほ》く見《み》られる傾向《けいかう》で、時《とき》としてはずつと後迄《あとまで》も此《こ》の自己愛的傾向《じこあいてきけいかう》が殘《のこ》つてゐて、婚期《こんき》が來《き》ても「私《わたし》はもう結婚《けつこん》などしないで一生獨《しやうどく》身《しん》で暮《くら》してゐたい」「世《よ》の中《なか》の男子《だんし》は皆汚《みなけが》れた者斗《ものばか》りで一人《ひとり》として信頼《しんらい》するに足《た》るものはありません」などと獨《ひと》りぎめのことを言《い》つて、我《われ》から自分《じぶん》の正《たゞ》しい性慾《せいよく》の發動《はつどう》を强《ひ》ひて抑壓《よくあつ》しやうとし、生涯《しやうがい》に亘《わた》り少《すこ》しも正《たゞ》しい熱烈《ねつれつ》な眞《しん》の性愛《せいあい》を感《かん》ずることなしに過《すご》して了《しま》ふ不幸《ふかう》な婦人《ふじん》が世《よ》に少《すく》なくないのであります。

又《また》一方《ぱう》に性格的《せいかくてき》に快活《くわいくわつ》な又《また》は感情性《かんじやうせい》に豐《ゆた》かな女性《ぢよせい》であると、自己愛《じこあい》では滿足《まんぞく》が得《え》られないので、之《これ》を自分《じぶん》に最《もつと》も接近《せつきん》する地位《ちゐ》にある同性者《どうせいしや》、卽《すなは》ち友人《いうじん》や教師《けうし》の間《あひだ》に愛《あい》の關係《くわんけい》を成立《せいりつ》させやうとあくがれる傾向《けいかう》をとるのであります。女學生《ぢよがくせい》の同級生《どうきふせい》の間《あひだ》の親友關係《しんいうくわんけい》もそれであります。その場合《ばあひ》にもやはり性愛《せいあい》の原則《げんそく》に從《したが》つて女性《ぢよせい》はなるべく自分《じぶん》よりも力强《ちからづよ》い相手《あひて》を求《もと》めて之《これ》に頼《たよ》りすがらうとします。つまり自分《じぶん》より年長《ねんちやう》の者《もの》か、又《また》は體格《たいかく》なり學才《がくさい》なりにおいて自分《じぶん》よりもすぐれた者《もの》か、とにかくに頼《たの》もしい人《ひと》を頼《えら》むのです。選《えら》まれた人《ひと》は、此《こ》の可憐《かれん》な弱《よわ》い同性者《どうせいしや》をいたはつてやる優越感《いうえつかん》から轉化《てんくわ》して、若《も》し此《こ》の人《ひと》も亦性愛《またせいあい》の對象《たいしやう》をまだもつてゐない寂《さび》しさを感《かん》じつゝあつた場合《ばあひ》には、同《おな》じく一種《しゆ》の性愛的《せいあいてき》の愛撫《あいじやう》をば弱《よわ》い者《もの》の爲《た》めに熱烈《ねつれつ》にそゝぐことになつて了《しま》ふ。そこで同性愛的《どうせいあいてき》の精神的結合《せいしんてきけつがふ》が出來上《できあが》るのであります。よく世人《せじん》は同性愛《どうせいあい》と云《い》ふとすぐに何《なに》かそこに男女間《だんぢよかん》の性愛《せいあい》に類《るゐ》する肉體《にくたい》的《てき》の關係《くわんけい》が存在《ぞんざい》してゐるやうに氣《き》を廻《まは》して想《さう》像《ぞう》ずることが多《おほ》いやうでありますけれども、實際《じつさい》は單《たん》に精神的《せいしんてき》にお互《たがひ》に強《つよ》い何《なに》とはなしに心《こゝろ》ひかれる同情《どうじやう》が存《ぞん》してゐる斗《ばか》りに止《とゞ》まることが多《おほ》いのでありまして、同性心中《どうせいしんぢう》などと云《い》ひましても單《たん》に一方《はう》の身《み》の上《うへ》に他方《たはう》が同情《どうじやう》してせつぱつまつた考《かんが》へからああ云《い》ふ短慮《たんりよ》な結《けつ》果《くわ》となる例《れい》が屢々《しば／＼》あるのであります。勿論同《もちろんどう》性愛《せいあい》といへども性愛《せいあい》の現《あら》はれでありますからやはりそこに愛《あい》の特質《とくしつ》が現《あらは》れる。例《たと》へば二《ふた》人《り》だけでいつ迄《まで》も長《なが》く特別《とくべつ》の交際《かうさい》をつゞけませうと誓《ちか》ひ、いろ／＼な記念《きねん》の物《もの》をとりかはし、双方《さうはう》の甘《あま》い心持《こゝろもち》を常《つね》に文通《ぶんつう》したり又密《またみつ》談《だん》したりし、兩人《りやうにん》の間《あひだ》には男女間《だんぢよかん》と同様《どうやう》な嫉《しつ》妬《と》や犠牲心《ぎせいしん》や對手《あひて》の歡心《くわんしん》を得《え》んための虚榮心《きよえいしん》やが強《つよ》く働《はたら》くものなのであります。一方《ぱう》の年《ねん》長者《ちやうしや》が肉體的《にくたいてき》の性的經驗《せいてきけいけん》を既《すで》に有《いう》してゐるものであると、往々弱《わう／＼よわ》い方《はう》を導《みちび》いてさうした關《くわん》係《けい》に入《はい》ることも往々《わう／＼》ないではないが、同年輩《どうねんぱい》の者《もの》の間《あひだ》ではそんなことはまづないと見《み》てもよいでせう。そこで何《なに》かの行《ゆ》き詰《つ》まり、例《たと》へば二人《ふたり》が余儀《よぎ》なく別離《べつり》せればならぬ羽目《はめ》に陷《おち》り、又《また》は上役《うはやく》や同僚《どうれう》や他《た》の友人《いうじん》などの耳《みゝ》に入《い》り目《め》に觸《ふ》れて、のつ引ならず二人《ふたり》の關係《くわんけい》が醜《みにく》いものとして批評《ひひやう》の矢面《やおもて》に立《た》たればならなくなつた時《とき》などに茲《こゝ》に本當《ほんたう》の情死《じやうし》の問題《もんだい》が起《おこ》つて來《く》るのです私共《わたしども》は情死《じやうし》とは性愛《せいあい》の劇《はげ》しい感《かん》情《じやう》に基《もと》いて自《みづか》ら進《すゝ》んで喜《よろこ》んで死《し》を選《えら》ぶといふ場合《ばあひ》を總稱《そうしよう》したく思《おも》ひます。その意味《いみ》から云《い》へば情死《じやうし》は必《かなら》ずしも二人《ふたり》が同時《どうじ》に死《し》ななくても、何《いづ》れの一方《ぱう》が他方《たはう》は心身《しんしん》を捧《さゝ》げつくして死《し》の道《みち》を選《えら》んだ時《とき》にでも廣《ひろ》く此《こ》の語《ご》を用《もち》ひて差支《さしつかへ》ない言葉《ことば》だと思《おも》ふのであります。

そこで深《ふか》く考《かんが》へなければならないことは、女性同志《ぢよせいどうし》の同性愛的現象《どうせいあいてきげんしやう》はいつも性愛《せいあい》にめざめ乍《なが》らその生活内《せいくわつない》に人爲的《じんゐてき》に男性《だんせい》の入《い》り込《こ》む機會《きくわい》を阻《はゞ》まれた者同志《ものどうし》の間《あひだ》に起《おこ》るものであることです。そこで女學校《ぢよがくかう》や女工《ぢよこう》の寄宿舍《きしゆくしや》など監督嚴重《かんとくげんぢう》な若《わか》い女性《ぢよせい》の集團《しふだん》の場所《ばしよ》に於《おい》て之《これ》が起《おこ》ることが多《おほ》いのは當然《たうぜん》のやうに思《おも》はれるのですが、その他《た》にもいろ／＼之《これ》を誘致《いうち》する原《げん》因《いん》が他《た》にあります。就中《なかんづく》著《いちじる》しいのはまだ性《せい》愛分化《あいぶんくわ》の少《すこ》しも起《おこ》らない少女《せうぢよ》の年配《ねんぱい》の頃《ころ》に偶《ぐう》然《ぜん》或《あるひ》無思《し》慮《りよ》の男性《だんせい》の弄《もてあそ》びものになつたり又《また》男性《だんせい》から甚《はなは》だしい侮辱的《ぶじよくてき》の行爲《かうゐ》を受《う》けたり、或《あるひ》は厭《いま》はしい男性《だんせい》の態度《たいど》や行動《かうどう》などを目撃《もくげき》したりしますと、之《これ》によつて男性《だんせい》に對《たい》する性的《せいてき》嫌惡《けんを》又《また》は排斥《はいせき》の念慮《ねんりよ》が潜在意識《せんざいいしき》中《ちう》に起《おこ》つて來《き》まして、之《これ》が年頃《としごろ》になつても非意識的《ひいしきてき》に男性《だんせい》に對《たい》する性愛《せいあい》の發動《はつどう》を阻止《そし》し寧《むし》ろ同性《どうせい》に對《たい》して性愛《せいあい》を轉向《てんかう》せしめるといふことになる例《れい》が亦稀《またまれ》でないのであります。それ故同性性愛的《ゆゑどうせいせいあいてき》傾向《けいかう》を示《しめ》す女性《ぢよせい》の既往《きわう》について精細《せいさい》に調《しら》べて見《み》ますと、今述《いまの》べたやうな經歴《けいれき》を探《さぐ》りあてることが出來《でき》ることが屢々《しば／＼》ある。之《これ》を探《さぐ》りあてない間《あひだ》は、此《こ》の女性《ぢよせい》をば先天性《せんてんせい》の同性愛的傾《どうせいあいてきけい》向者《かうしや》として一種《しゆ》の精神上《せいしんじやう》の不具者《ふぐしや》のやうに考《かんが》へるのでありますけれど、その意識下《いしきか》に潜《ひそ》んだ眞《しん》の原因《げんいん》が判明《はんめい》すれば實《じつ》に同情《どうじやう》すべき精神《せいしん》上《じやう》の不具者《ふぐしや》なのであります。同性愛《どうせいあい》はつまり精神健康《せいしんけんかう》の人《ひと》でもその性慾心理《せいよくしんり》の年齢《ねんれい》と共《とも》に發達《はつたつ》して行《ゆ》く或段階《あるだんかい》に於《おい》て、誰《だれ》しも一度《ど》は經《けい》過《くわ》すべき道程《だうてい》に當《あた》つてゐますもので、つまり何人《なにびと》も自己愛《じこあい》——同性愛《どうせいあい》——異性愛《いせいあい》の、此《こ》の三階程《かいてい》を經《へ》てその性慾心理《せいよくしんり》が成熟《せいじゆく》して行《ゆ》くものであります。たゞ右《みぎ》のやうな、ろ／＼の原《げん》因《いん》や、男性《だんせい》に接《せつ》する機會《きくわい》の缺如等《けつじよとう》のために異《い》性愛《せいあい》にまで進《すゝ》んで行《ゆ》き得《え》ずに同性愛《どうせいあい》の階程《かいてい》で精神傾向《せいしんけいかう》が固着《こちやく》して了《しま》ひ、一種《しゆ》の精神《せいしん》の異常《いじやう》傾向者《けいかうしや》を作《つく》り出《だ》すことは、之《これ》は私共自然科學《わたしどもしぜんくわがく》者《しや》から云《い》ふと、變態的《へんたいてき》の現象《げんしやう》だと申《まう》されねばなりません。斯《か》う云《い》ふ女性《ぢよせい》は今後《こんご》に異性《いせい》と漸《やうや》く接觸《せつしよく》する機會《きくわい》を得《え》ますれば、間《ま》もなく異性愛《いせいあい》の階程《かいてい》まで發達《はつたつ》して行《ゆ》く可能性《かのうせい》のあるものであつて、たとひ女學校時代《ぢよがくかうじだい》に同性愛《どうせいあい》の傾向《けいかう》を示《しめ》したものでも、卒業後《そつげふご》間《ま》もなく親《おや》のすゝめでよき婿《むこ》を迎《むか》へ、正《たゞ》しい結婚生活《けつこんせいくわつ》に入《はい》るときには、やがて異性愛《いせいあい》にめざめることも出來《でき》るのであります。之《これ》が又《また》一面《めん》に男女交際《だんぢよかうさい》が正《たゞ》しい性愛《せいあい》の發達上《はつたつじやう》に必要《ひつえう》な手段《しゆだん》だと云《い》ふ理論《りろん》の根抵《こんてい》ともなるのであります。それで此《こ》の意味《いみ》から申《まう》しますと女學校《ぢよがくかう》に往々《わう／＼》起《おこ》る同性愛《どうせいあい》の問《もん》題《だい》は性教育《せいけういく》の上《うへ》から申《まう》しまして大《おほ》きな宿題《しゆくだい》となり得《う》るものと存《ぞん》じます。つまり今日《こんにち》の家庭《かてい》並《ならび》に學校《がくかう》に於《おい》てあまりに事勿《ことなか》れ主義《しゆぎ》に拘泥《かうでい》して女性《ぢよせい》に對《たい》し男性《だんせい》の存在《ぞんざい》をば盲目《まうもく》にして了《しま》はうとして、教育者《けういくしや》の立場《たちば》からは嚴重《げんぢう》に、否《いな》むしろ神經質的《しんけいしつてき》に監督《かんとく》をされる結果《けつくわ》、極《きは》めて内《うち》氣《き》な從順《じうじゆん》な眞面目《まじめ》な女性《ぢよせい》は、自己愛《じこあい》や同性愛《どうせいあい》でもつて、辛《から》うじて性愛發育《せいあいはついく》の逃《に》げ路《みち》を求《もと》めることになり、ごく少數《せうすう》の自由《じいう》を喜《よろこ》ぶおてんば者《もの》が監督《かんとく》の目《め》をぬすんで要領《えうりやう》よく自然的《しぜんてき》な性愛《せいあい》に潜行《せんかう》して行《ゆ》くのであります。しかし斯《か》くその自然性《しぜんせい》を矯《た》めて行《ゆ》く所《ところ》に教育《けういく》の威嚴《ゐげん》と效果《かうくわ》が實際存《じつさいぞん》するのでせうか、或《あるひ》はもう少《すこ》し自然性《しぜんせい》を尊重《そんちよう》して人間性《にんげんせい》の上《うへ》に或自由《あるじいう》を認《みと》めるのが今後《こんご》の教育《けういく》のとるべき道《みち》なのでせうか私共《わたしども》には度々《たび／＼》いろ／＼と學生《がくせい》の小《ちい》さい胸《むね》をいためるやうな實際問題《じつさいもんだい》に接《せつ》しまして、考《かんが》へさせられることが多《おほ》いのであります。その差當《さしあた》りの矯治《けうぢ》の策《さく》としては、性愛《せいあい》がまだ實際問題《じつさいもんだい》化《くわ》しない中《うち》にあらかじめ女性《ぢよせい》のみる特有《とくいう》な性《せい》教育《けういく》を施《ほどこ》すことによつて、まづ知識的《ちしきてき》に若《わか》い女性《ぢよせい》の性的知識《せいてきちしき》と開發《かいはつ》しておき、その性愛《せいあい》の欲求《よくきう》に盲目的《まうもくてき》に從《したが》ふことの不合理《ふごふり》と危險《きけん》とを警告《けいこく》して幾分《いくぶん》なりとも、本能《ほんのう》としての性的傾《せいてきけい》向《かう》を自覺的《じかくてき》に正《たゞ》しい目標《もくひやう》の方《はう》へ導《みちび》いてみるやうに努力致《どりよくいた》しましたならばよろしいのではないかと考《かんが》へるのであります。

「女子教育と同性愛」の問題

高良富子

女學校《ぢよがくかう》の先生《せんせい》と生徒《せいと》との間《あひだ》、上級生《じやうきふせい》と下級《かきふ》生《せい》との間《あひだ》に於《お》ける同性愛《どうせいあい》又《また》はそれに似《に》た戀愛《れんあい》遊戯《いうぎ》は、既《すで》にもつと早《はや》く、白日《はくじつ》の下《もと》に檢討《けんたう》されて、不健全《ふけんぜん》な要素《えうそ》を清算《せいさん》し切れずに居《ゐ》る女《ぢよ》子教育《しけういく》の現實《げんじつ》と、ひいては女性生活《ぢよせいせいくわつ》の指導原《しだうげん》理《り》との糺明《きうめい》に資《し》する必要《ひつえう》が充分《じうぶん》にあつた。と云《い》ふ理由《りいう》は、他《た》の女性生活《ぢよせいせいくわつ》例《たと》へば工場女性《こうぢやうぢよせい》とか看護婦會《かんごふくわい》とか、婦人店員《ふじんてんゐん》や舞踊けこい場等にも、同性愛《どうせいあい》の巣喰《すく》ふ機會《きくわい》は多《おほ》いけれども、女學校《ぢよがくかう》は純粹《じゆんすゐ》の教育機關《けういくきくわん》として、女子《ぢよし》心身《しんしん》の發達途上《はつたつとじやう》に於《お》ける一種《しゆ》の小兒病《せうにびやう》としての同性《どうせい》愛《あい》を向上《かうじやう》させる方途《はうと》を知《し》つて居《ゐ》らればならないからである。

劃一的《くわくいつてき》な主知主義《しゆちしゆぎ》の教育《けういく》が、日本《にほん》に於《お》いて如何《いか》なる男性《だんせい》を製造《せいぞう》し來《きた》つたかはしばらく措《お》き、少《すくな》くとも、より多《おほ》く情慾生活《じやうよくせいくわつ》に活《い》きる一般《ぱん》の女子《ぢよし》の教育《けういく》に於《お》ては、最近頻々《さいきんひんぴん》として現《あらは》れる情慾生活《じやうよくせいくわつ》の破綻《はたん》となつて、例《たと》へば三原山事件《じけん》に纏《まつは》る一連《れん》の女性群《ぢよせいぐん》に、又《また》は辻君女教員《つじぎみぢよけうゐん》とか死《し》を以《もつ》てする同性愛事件《どうせいあいじけん》の如《ごと》きものに現《あらは》れて居《ゐ》る。そのいづれもが曝露《ばくろ》する處《ところ》は、人《にん》間生活《げんせいくわつ》に對《たい》する知識《ちしき》の不足《ふそく》、全人的《ぜんじんてき》な生活《せいくわつ》活動《どう》が無《な》いために、本然的《ほんねんてき》な性情《せいじやう》が不自然《ふしぜん》な抑《よく》壓《あつ》をうけ偏頗《へんぱ》な病的《びやうてき》な感情《かんじやう》の遊戯《いうぎ》と成《な》り、それが遂《つひ》に、無意識《むいしき》の中《うち》にも形式的傳統的《けいしきてきでんとうてき》な概《がい》念教育《ねんけういく》で壓迫《あつぱく》されて居《ゐ》るために不合理《ふがふり》な感情《かんじやう》が盲目的《まうもくてき》に爆發《ばくはつ》する事《こと》となつて、遂《つひ》に「かくすれば、かくなるものとは知《し》」らずして、思《おも》はぬ事件《じけん》となり、收拾《しうしふ》すべからざる結果《けつくわ》に陷いて居《ゐ》る狀態《じやうたい》である。ことに思春期《ししゆんき》の女子《ぢよし》が多數《たすう》に集《あつま》つて生活《せいくわつ》を共《とも》にして居《ゐ》る際《さい》に、その現代的健康《げんだいてきけんかう》と活動性《くわつどうせい》とに溢《あふ》れ奔逸《ほんいつ》する情慾《じやうよく》の理解《りかい》を深《ふか》くし其《そ》の統率《とうそつ》を充分《じうぶん》な社會的訓練《しやくわいてきくんれん》に結《むす》びつけて殘《のこ》りなき迄《まで》に動員《どうゐん》して行《ゆ》くのでないならば、現代《げんだい》の都會生活《とくわいせいくわつ》の刺戟《しげき》とネオ・プリミテイヴイズムとも稱《しよう》すべき曝露的傾向《ばくろてきけいかう》は益々《ますます》彼等《かれら》をして奇《き》をてらひ、不健全《ふけんぜん》な流行《りうかう》に追《お》ふであらう。

扨《さ》て然《しか》らば、どうして特《とく》に女學校《ぢよがくかう》に同性愛《どうせいあい》が多《おほ》いかといふ理由《りいう》としては、多《おほ》くを擧《あ》げる事《こと》が出來《でき》る。第《だい》一女性《ぢよせい》の特質《とくしつ》としての感情《かんじやう》の遊《いう》戯《ぎ》が多《おほ》い事《こと》。第《だい》二には女學校生活《ぢよがくかうせいくわつ》が、有閑的《いうかんてき》であつて、學科《がくくわ》も比較的《ひかくてき》に暇《ひま》で容易《ようい》である事《こと》第《だい》三には、活社會《くわつしやくわい》の活問題《くわつもんだい》から切《き》り離《はな》されて居《ゐ》る女護《によご》ヶ島《しま》であつて、眞劍《しんけん》な活《い》きる問題《もんだい》切迫《せつぱく》して働《はたら》く問題《もんだい》が少《すくな》い事《こと》。第《だい》四には女生徒《ぢよせいと》達《たち》の現實《げんじつ》の家庭《かてい》や生活問題《せいくわつもんだい》から切《き》り離《はな》された修道院《しうだうゐん》であり乍《なが》ら、修道院《しうだうゐん》だけの問題《もんだい》の解決《かいけつ》力《りよく》も、引《ひ》きつける強《つよ》い理想信仰《りさうしんかう》もない事《こと》。第《だい》五には、そのくせ、形式外觀《けいしきぐわいくわん》を重《おも》んじ婦德《ふとく》や修養《しうやう》の概念《がいねん》の化物《ばけもの》として、教師《けうし》も生徒《せいと》も祕《ひ》密主義《みつしゆぎ》であるために、その抑壓《よくあつ》の陰《かげ》には多《おほ》くの病的《びやうてき》な不消化物《ふせうくわぶつ》が腐敗《ふはい》する事等々である。

而《し》かも、女學校《ぢよがくかう》の先生《せんせい》には軟派《なんぱ》と硬派《かうは》とあつて、その師範教育《しはんけういく》の然《しか》らしむる所《ところ》が、又《また》は、永年《ながねん》のオールドミス生活《せいくわつ》と生徒《せいと》に對《たい》する女先《をんなせん》生《せい》といふ模範《もはん》タイプを示《しめ》す爲《た》めか、人間味《にんげんみ》の失《う》せた、情愛《じやうあい》の枯渇《こかつ》した中性的《ちうせいてき》な先生《せんせい》が多《おほ》いすると必《かなら》ず生徒《せいと》は反動的《はんどうてき》に、優《やさ》しい男《をとこ》の先生《せんせい》を慕《した》つたり、女《をんな》の先生《せんせい》でも若《わか》い出《で》たての先生《せんせい》や、音樂《おんがく》とか藝術《げいじゆつ》とかハイカラな情味《じやうみ》のある先生《せんせい》を憧《あこが》れの的《まと》とし出《だ》して來《く》る。先生《せんせい》の方《はう》でも多少《たせう》、嚴格《げんかく》一方《ぱう》の理科《りくわ》や數學《すうがく》や修身《しうしん》の先生《せんせい》のやうでも生徒《せいと》が可愛《かあい》さうだ等《など》との同情《どうじやう》と、それに生徒《せいと》の敏感《びんかん》な反應《はんおう》と人氣《にんき》との浪《なみ》に押《お》されて、生徒《せいと》の間《あひだ》に於《お》ける人望《じんばう》などに氣《き》を取《と》られるやうになる、生徒《せいと》が自宅《じたく》へ遊《あそ》びに來《く》る。先生《せんせい》と一緒《しよ》に散歩《さんぽ》したがる、そして競爭的《きやうそうてき》に生徒達《せいとたち》の間《あひだ》では誰《だれ》が、あの先生《せんせい》の愛《あい》を獨占《どくせん》するか晝休み時間《じかん》の大問題《だいもんだい》になつたりする。さうした激動《げきどう》の中《うち》にもまれても平然《へいぜん》と微笑《びせう》し續《つゞ》けて偏頗《へんぱ》にならないですべての生徒《せいと》を甘《あま》やかさず鞭撻《べんたつ》しつゝけて行《ゆ》ける先生《せんせい》は餘程《よほど》人情《にんじやう》の浪《なみ》に乘《の》り馴《な》れた老水夫《らうすゐふ》に限《かぎ》る。若《わか》い先生《せんせい》——ことに感情家《かんじやうか》や藝術的《げいじゆつてき》な氣分《きぶん》の先生《せんせい》にはむづかしい處《ところ》で、女學校《ぢよがくかう》の先生《せんせい》の年齢《ねんれい》は、時《とき》に驚《おどろ》く許《ばか》り若《わか》く、時《とき》に驚《おどろ》く程《ほど》古《ふる》い。早生《はやうま》れで七つから小學《せうがく》に上《あが》り四年《ねん》の女學校《ぢよがくかう》を經《へ》て三年《ねん》の專《せん》門學校《もんがくかう》を卒業《そつげふ》して、女學校《ぢよがくかう》の先生《せんせい》になつて赴《ふ》任《にん》する時《とき》にやうやく廿歳《はたち》、滿《まん》で云《い》ふと十九歳《さい》になつた許《ばか》りなどいふ例《れい》がいくらもある。それと十九で女學校《ぢよがくかう》を卒業《そつげふ》する生徒《せいと》も多《おほ》いのであるから、同《おな》じ先生《せんせい》といふ名《な》はついても年《とし》の差《さ》が親子《おやこ》程《ほど》の人《ひと》もあり、同僚《どうれう》の少《すくな》い學校《がくかう》の下《げ》宿生活《しゆくせいくわつ》などでは、若《わか》い女先生《をんなせんせい》と生徒《せいと》との間《あひだ》に、特別《とくべつ》な親《した》しみの生《しやう》ずる事《こと》も決《けつ》して無理《むり》ではない。唯《たゞ》、それが、自由人《じいうじん》としての健全《けんぜん》な友情《いうじやう》で互《たがひ》に力《ちから》となり助《たす》けとなるに何《なん》の非《ひ》もないのであるのに、徒《いたづ》らな形式主義《けいしきしゆぎ》から先生《せんせい》といふ地位《ちゐ》を特別《とくべつ》な特權階級《とくけんかいきふ》と生徒《せいと》は思《おも》ひ、教《けう》師《し》は亦《また》、はつきりと自分《じぶん》の職業上《しよくげふじやう》の責任《せきにん》と個人《こじん》としての友情《いうじやう》や交際《かうさい》の自由《じいう》と選擇《せんたく》とを區《く》別《べつ》しないといふ邊《あた》りに未《ま》だ〳〵教育《けういく》の不充分《ふじうぶん》さが明《あきら》かに見《み》える。その意識《いしき》さへ明確《めいかく》について居《ゐ》たら、歐米《おうべい》の多數《たすう》の女先生《をんなせんせい》のやうに、どんな偏僻《へんぴ》な片田舎《かたゐなか》の先生《せんせい》になつて行《い》つても、全人《ぜんじん》としての自分《じぶん》の自由《じいう》と發展《はつてん》を保持《ほぢ》し續《つゞ》けて、おしやれもすれば、戀愛《れんあい》もするが、又自《またじ》分《ぶん》の職《しよく》に對《たい》しては徹底的《てつていてき》に責任《せきにん》を重《おも》んじて勉《べん》強《きやう》も研究《けんきう》も又權威《またけんゐ》の主張《しゆちやう》もする。男《をとこ》の子《こ》ばかりを受持《うけも》たせても硬化《かうくわ》せず却《かへ》つて女性《ぢよせい》らしく身仕舞《みじまひ》をする邊《あた》りの自由《じいう》さ、女《をんな》の子《こ》ばかりを教《をし》へて居《ゐ》ても、ヒステリツクにならぬ事《こと》が職《しよく》業上《げふじやう》、宗教上《しうけうじやう》の務《つと》めと思《おも》つて居《ゐ》る樣子《やうす》で、無《む》理《り》の無《な》い生活《せいくわつ》だと思《おも》はせる。今日我國《こんにちわがくに》の中等《ちうとう》學校《がくかう》の女先生《をんなせんせい》の生活態度《せいくわつたいど》が、どうしてももつと、眞《しん》の自由人《じいうじん》としての解放《かいはう》されたものに徹《てつ》底《てい》して來《こ》れば、女先生《をんなせんせい》になるといふ事《こと》が、本《ほん》人《にん》としても、幸福《かうふく》から縁《えん》の遠《とほ》いものになるしひいては、女子教育界全體《ぢよしけういくかいぜんたい》にあるこの梅雨《つゆ》じみた陰氣《いんき》な傳統主義《でんとうしゆぎ》によつて禍《わざはひ》さるれ女生《ぢよせい》徒《と》の將來《しやうらい》は遙《とほ》く廣《ひろ》いものだと思《おも》へる。要《えう》するに今日迄《こんにちまで》水と油《あぶら》とのやうに不調和《ふてうわ》のまゝ殘《のこ》されて來《き》た軟派《なんぱ》と硬派《かうは》の教育者《けういくしや》のタイプ——即《すなは》ちそれは主知《しゆち》主義《しゆぎ》と感情主義《かんじやうしゆぎ》のいづれも古《ふる》い教育主潮《けういくしゆてう》——のどちらにも傾倒《けいたう》するのでなく今《いま》一段《だん》と高《たか》い、自由《じいう》な人格主義《じんかくしゆぎ》の教育者《けういくしや》を養《やう》成《せい》し、教育主潮《けういくしゆてう》としても、古《ふる》いルッソウやヘルバルトにこびりついて居《ゐ》ないで、眞《しん》の情操《じやうさう》主義《しゆぎ》、創造的叡智《さうざうてきえいち》主義《しゆぎ》の教育《けういく》に進《すゝ》む事《こと》が師範《しはん》教育《けういく》の急務《きふむ》である。

　これらの問題《もんだい》の根柢《こんてい》を衝《つ》けば、女生徒《ぢよせいと》にしても女先生《をんなせんせい》にしても、直面《ちよくめん》しつゝある生活《せいくわつ》の現實《げんじつ》に對《たい》して、今日《こんにち》の女子《ぢよし》教育《けういく》の指導原理《しだうげんり》を以《もつ》てしては如何《いかん》とも打解《だかい》し得《え》ぬ矛盾《むじゆん》にぶつかつて居《ゐ》るのである。女性生活《ぢよせいせいくわつ》の指導的思潮《しだうてきしてう》を三十年昔《ねんむかし》のまゝの感情遊戯《かんじやういうぎ》や古典《こてん》の陶醉《たうすゐ》、現《げん》實回避《じつくわいひ》の非《ひ》生産的生活《せいさんてきせいくわつ》に取《と》り殘《のこ》して置《お》くならば、今後《こんご》も時代《じだい》の浪《なみ》に打《う》ち上《あ》げられて來《く》る嵐《あらし》の夜明《よあけ》の礎の殘骸《ざんがい》には、惨《みじ》めな犧牲者《ぎせいしや》が多《おほ》い事《こと》を豫想《よさう》せねばならない。百尺竿頭《せきかんとう》一歩《ぽ》を進《すゝ》めて、青春期《せいしゆんき》子女《しぢよ》に人間教育《にんげんけういく》を施《ほどこ》し、賢明《けんめい》なる指導者《しだうしや》による働《はたら》く生活《せいくわつ》、考《かんが》へる生活《せいくわつ》を體得《たいとく》せしめ、又根本的《またこんぽんてき》な人格陶冶《じんかくたうや》の方策《はうさく》としては幼時《えうじ》より引《ひ》き續《つゞ》いての男女共學《だんぢよきようがく》の訓練主義《くんれんしゆぎ》を恐《おそ》れなく、徹底《てつてい》させる要《えう》がある。女子《ぢよし》の生活《せいくわつ》を箱入《はこい》りにし、有閑的人形《いうかんてきにんぎやう》たらしめて置《お》かうとする間《あひだ》は、同性愛《どうせいあい》も變態愛《へんたいあい》も起《おこ》るであらう力强《ちからづよ》い眞《しん》の全人的愛《ぜんじんてきあい》とそれを貫《つらぬ》き生《い》きる女性《ぢよせい》の本性《ほんせい》を發揮《はつき》せしむる正《たゞ》しい女性觀《ぢよせいくわん》の上《うへ》に立《た》つた教育《けういく》が必要《ひつえう》な譯《わけ》である。

×　×　×

獨身生活を送る婦

☘淋《さび》しく惱《なや》ましいと思《おも》はれ易《やす》い獨《どく》身《しん》婦《ふ》人《じん》の生《せい》活《くわつ》の内《うち》幕《まく》とその理《り》想《さう》的《てき》な生《せい》活《くわつ》法《はふ》!!

（昭和八年九月十六日・丸の内會館にて）

御出席者

（いろは順）

惠泉女學園長 河《かは》井《ゐ》道《みち》子《こ》
銀座松坂屋女店員監督 金《かな》井《ゐ》たま子《こ》
女醫・中山病院長 中《なか》山《やま》義《よし》子《こ》
東京市社會局囑託 淺草永住町兒童相談所主任 眞《ま》島《じま》智《ち》茂《も》子《こ》
東京府澁谷授産場長 福《ふく》岡《をか》やす子《こ》
青山女學院專門部教授 全國中等學校女教員會理事 小《こ》泉《いづみ》郁《いく》子《こ》
日本橋白木屋人事課 佐《さ》川《かは》富《よ》美《み》子《こ》
元日本女子大學教授 兼社會事業部長 正《しやう》田《だ》淑《とし》子《こ》
（さしゑ・吉《よし》邨《むら》二《じ》郎《らう》）

記者 定刻《ていこく》になりましたので、これから始《はじ》めさせて頂《いただ》きます。昔《むかし》は、よく若《わか》い女《をんな》の方々《かたがた》の間《あひだ》に、獨身主義《どくしんしゆぎ》が謳歌《おうか》されて、獨身《どくしん》でゐることを、さも美《うつく》しく尊いもののやうに思《おも》つて、一種《しゆ》の憧《あこが》れを以《もつ》て見《み》てゐた時代《じだい》がありましたが、今《いま》は、さうした[illegible]

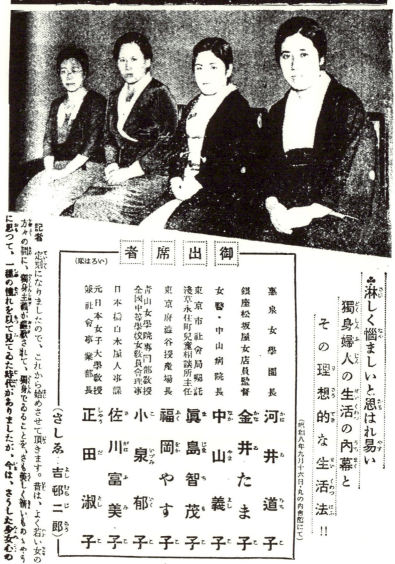

457 「独身生活を送る婦人ばかりの座談会」 河井道子、金井たま子、中山義子、真島智茂子 ほか 『主婦之友』昭和8年11月1日

人ばかりの座談会

（寫眞右より）
中山義子女史
金井たま子さん
眞島智茂子女史
福岡やす子女史
佐川富美子さん
正田淑子女史
小泉郁子女史
河井道子女史

漠たる憧れといふよりも、もつと逼迫《せつぱ》した意味で――經濟上《けいざいじやう》とか、仕事《しごと》の性質上《せいしつじやう》とか、境遇上《きやうぐうじやう》とかのために、獨身婦人《どくしんふじん》の方《かた》が益々《ますます》多くなつてまゐりました。今後《こんご》も、何時《いつ》の間《ま》にか婚期《こんき》が遅《おく》れて、獨身《どくしん》で生活《せいくわつ》なさる御婦人《ごふじん》たちが、次第《しだい》に多くなつて行くのではないかと考《かんが》へられます。

私共《わたくしども》は、日頃《ひごろ》、結婚生活《けつこんせいくわつ》に就《つい》て敎《をし》へられるところは多《おほ》いのですが、獨身生活《どくしんせいくわつ》をどうすれば過《あやま》りなく、理想的《りさうてき》に送《おく》ることができるかといふことに就《つい》ては、まだ少《すこ》しも敎《をし》へられてゐないやうでございますから、今日《けふ》は、既《すで》に獨身生活《どくしんせいくわつ》を送《おく》つてゐられる皆樣《みなさま》の、これまでの御生活《ごせいくわつ》の體驗《たいけん》と共《とも》に、若《わか》い未婚《みこん》の方々《かたがた》に參考《さんかう》ともなりますことを、お話《はな》し頂《いただ》きたいと存《ぞん》じます。

◇結婚《けつこん》への希望《きばう》を失《うしな》ふな

河井 ちよつとお待《ま》ちください。私共《わたしども》のやうなお婆《ばあ》さんになら兎《と》も角《かく》、こゝにはまだお若《わか》い方《かた》もゐられるのに、獨身婦人《どくしんふじん》の座談會《ざだんくわい》……とは、少《すこ》しをかしいではありませんか。婦人《ふじん》は幾《いく》つになつたから、もう結婚《けつこん》できないといふものではないのですもの。私《わたし》だつて、まだ結婚《けつこん》するかも知《し》れませんわ。（笑聲）何《なに》かもつとよい名前《なまへ》はありませんでせうか。

小泉 老孃《オールドミス》の座談會《ざだんくわい》……では、少《すこ》し古過《ふるす》ぎますかね……

河井 獨身主義者《どくしんしゆぎしや》でなく、獨立生活者《どくりつせいくわつしや》の……とでもいつたらいかゞでせう。

記者 それはよい名前《なまへ》です。よく獨身主義《どくしんしゆぎ》と申《まを》しますけれど、この主義《しゆぎ》は、謂《いは》ゆる『守《まも》つて變《かは》らない一定《てい》の主張《しゆちやう》』ではないのですから、主義《しゆぎ》とは申《まを》されますまいね。獨身生活《どくしんせいくわつ》を送《おく》る婦人《ふじん》ばかりの座談會《ざだんくわい》といふことにさせて頂《いただ》きませう。

小泉　私《わたし》は負《ま》け惜《をし》しみをいふのでもなく、またこれから自分《じぶん》が結婚《けつこん》することを豫想《よさう》して申上《まをしあ》げるのでもありませんが、どなたでも、もう幾《いく》つになつたから、婚期《こんき》に遲《おく》れたといつて、慌《あわ》てるやうに、相手《あひて》を選《えら》ばずに結婚《けつこん》するのは間違《まちが》つてゐると思《おも》ひます。親《おや》の方《はう》でも、早《はや》く片づけねば——厭《いや》な言葉《ことば》ですね——と、娘《むすめ》が二十六七歳《さい》にもなれば、初婚《しよこん》の男子《だんし》と結婚《けつこん》することはできないといふので、焦《あせ》つて、相手《あひて》をよく吟味《ぎんみ》もせずに、片づける例《れい》は少《すく》くありません。さういふやうな間違《まちが》つた考《かんが》へがあるから、今更結婚《いまさらけつこん》しては世間《せけん》に顔向《かほむ》けができないなど〻、自分《じぶん》のほんたうの幸福《かうふく》と、世間《せけん》への顔向《かほむ》けとを交換《かうくわん》して、自《みづか》ら獨身主義《どくしんしゆぎ》の殻《から》の中《なか》に閉《と》ぢ籠《こも》つてしまふ方《かた》があるのです。

ですから、私《わたし》は『幾《いく》つになつても、い〻結《けつ》婚《こん》に對《たい》する希《き》望《ばう》を失《うしな》つてはならない。』といふことを、強《つよ》く申上《まをしあ》げたいと思《おも》ひます。

◇獨《どく》身《しん》婦《ふ》人《じん》も花《はな》嫁《よめ》に

福岡　日本《にほん》では、あの女《ひと》は獨身《どくしん》だといふと、何《なん》だか特別《とくべつ》の人間《にんげん》のやうに見《み》てゐるやうでありますが、同《おな》じく人間生活《にんげんせいくわつ》をしてゐる以上《いじやう》、さう區別せずに、もつと自然に、素直《すなほ》に見《み》て頂《いたゞ》きたいと存じます。獨身である婦人と、家庭《かてい》を營《いとな》んでゐる婦人《ふじん》との區別《くべつ》を、あまりはつきりさせ過《す》ぎますね。

小泉　そのため、未婚者《みこんしや》の氣持《きもち》が偏狹《へんけふ》になつたり、世間《せけん》ばなれのした人《ひと》となつたりして、一種《しゆ》の異《ちが》つた人種《じんしゆ》のやうに、世《よ》の中《なか》から見《み》られ易《やす》いのですが、まことに殘念《ざんねん》だと思《おも》ひます。何《なに》も獨身《どくしん》だからといつて、世《よ》の中《なか》のことが半《はん》分《ぶん》しか解《わか》らないといふわけでもないのですから、獨身《どくしん》の方自身《かたじしん》も、人間味《にんげんみ》の豐《ゆた》かな生活《せいくわつ》をして、誰《だれ》とでも圓滿《ゑんまん》につき合《あ》つて行《ゆ》けるやうに心掛《こゝろが》けることですね。

河井　私《わたし》はいつも若《わか》い姉妹《しまい》たちの間《あひだ》に交《まじ》つて、永《なが》い間生活《あひだせいくわつ》してをりますが、さういふ人々《ひとびと》の永《なが》い間《あひだ》の生活《せいくわつ》を、ぢつと見《み》てゐますと、獨身《ひとり》でゐて立派《りつぱ》にやつてゐた人《ひと》は、結婚《けつこん》しても立《りつ》派《ぱ》にやつて行《ゆ》ける人《ひと》です。私《わたし》、これがほんたうだと考《かんが》へてをります。

實際《じつさい》、私自身《わたしじしん》にしても『私《わたし》は一生結婚《しやうけつこん》しない。』といふやうな決心《けつしん》をして、獨身《どくしん》で通《とほ》したわけではございません。女《をんな》だつて、或《あ》ること に熱中《ねつちう》すると、一生懸命《しやうけんめい》になります。—皆《みな》さん、さうですね。さうしたときには、その仕《し》事《ごと》なり研究《けんきう》なりに心が走つてゐるので、結婚《けつこん》問題《もんだい》を顧《かへり》みる暇《いとま》がないのです。ところがその仕事《しごと》が一段落《だんらく》ついて、やれやれと思《おも》ふ時《じ》分《ぶん》には、もう三十歳、四十歳となつてゐるので、さうなると、結婚年齢《けつこんねんれい》に對《たい》して謬見《びうけん》を持《も》つてゐる日本《にほん》では、よい結婚《けつこん》ができなくなつてしまふ

今更結婚しては世間に顔向けができないなど〻、自分のほんたうの幸福と世間への顔向けとを交換して、自ら獨身主義の殻の中に閉ぢ籠つてしまふ方があるのです。（小泉郁子女史談）

459　「独身生活を送る婦人ばかりの座談会」　河井道子、金井たま子、中山義子、真島智茂子　ほか　『主婦之友』昭和8年11月1日

のです。私などでも、外國で研究して來たことを、どうにかして、確《たし》かに役立《やくだ》たせたい——折角得《せつかくえ》たものを失したくないと、もうそのことだけで一生懸命《いつしやうけんめい》なのですもの。そのうちに年齢《とし》がひとりでに重《かさな》つて行つたのです。

そこへ行《ゆ》くと、西洋《せいやう》などは隨分《ずゐぶん》日本《にほん》と違《ちが》つてゐて、自分《じぶん》の志《こゝろざし》した一《ひと》つの仕事《しごと》をし終《を》へて、身《み》も心《こゝろ》もゆつくりしたとき、年齢《とし》はとつてゐても、樂《たの》しく結婚《けつこん》する方《かた》があります。この點《てん》は確《たし》かに學《まな》ぶべきではありませんか。

◇晩婚《ばんこん》でも慌《あわ》てるな

西洋などでは、自分の志した一つの仕事を終へて、身も心もゆつくりしたとき、年はとつてゐても、樂しく結婚する方があります。（河井道子女史談）

正田　私の知つてゐるアメリカの或る婦人も、四十二歳で博士になられてから、始めて結婚生活《せいくわつ》に入《はい》られました。尤《もつと》もこれは、あちらの男子《だんし》も、自分《じぶん》の心《こゝろ》に合《あ》ふ婦人《ふじん》がなければ、いつまでも結婚《けつこん》しないといふ風《ふう》があるので、相當《さうたう》の年齢《とし》になつても結婚《けつこん》しない立派《りつぱ》な男子《だんし》が少《すく》なくないせゐですが、私《わたし》があちらの學校《がくかう》で、その御婦人《ごふじん》に敎《をし》へを受《う》けてゐて、驚《おどろ》いたことは、かうした御婦人《ごふじん》が、家庭《かてい》を持《も》たれてからは、以前《いぜん》の固苦《かたくる》しさも何處《どこ》へか、淑《しと》やかで、親《した》しみ深《ふか》い、いゝ奧《おく》さんになられたことです。

アメリカでは、たとひ女《をんな》であつても、一《ひと》つのことを研究《けんきう》したいと思《おも》へば、結婚《けつこん》に煩《わづら》はされることなく、充分勉強《じうぶんべんきやう》ができるのです。これは非常《ひじやう》によいことだと思《おも》ひます。だから、日本《にほん》の若《わか》い方々《かたがた》も、もう三十歳《さい》になつたから、もう四十歳《さい》に近《ちか》いからといつて、慌《あわ》てないやうになさるとよい。

もと〳〵結婚年齢《けつこんねんれい》といふものは、神様《かみさま》でさへも御存《ごぞん》じないのですもの。私《わたし》は五十になつても、六十になつても、よい人さへ見つかれば、結婚《けつこん》するかも知《し》れませんわ。

河井　そのときには、招いてください。私飛んであがりますよ。（笑聲）

正田　もう私《わたし》は結婚適齢期《けつこんてきれいき》だからといつて、仕《し》事《ごと》のできる、よい素質《そしつ》であるにも拘《かゝは》らず、その仕事《しごと》を捨《す》てゝ、心《こゝろ》にもない結婚《けつこん》をしてしまふやうでは、實《じつ》に勿體《もつたい》ないと思《おも》ひます。

中山　私《わたし》は東京女子醫專《とうきやうぢよしいせん》を卒業《そつげふ》しましてから、十五年來《ねんらい》ずつと續《つゞ》けて、隨分《ずゐぶん》多忙《たばう》な醫者《いしや》の生活《せいくわつ》をしてをります。仕事《しごと》のため、自分《じぶん》だけのことを振返《ふりかへ》つてみる暇《ひま》がなかつたゝめ、現在《げんざい》に到《いた》つてゐるのですが、かうして、境遇上已《きやうぐうじやうや》むを得《え》ずやつてゐるにも拘《かゝは》らず、中山《なかやま》さんは獨身主義《どくしんしゆぎ》だとか、やれ何《なん》だとか、喧《やかま》しく騷《さわ》ぎ立《た》てゝ、時《とき》には、ないことまで、あるやうに惡評《あくひやう》されることがありましたが、世間《せけん》はあまりに酷《こく》です。別《べつ》に何《なに》も變《へん》な主《しゆ》義《ぎ》を持《も》つてゐるわけではないのですから、さういぢめないで、社會《しやくわい》は私共《わたしども》を却《かへつ》て保護《ほご》してくれてもよいと思《おも》ひます。

◇私共《わたしども》の不滿《ふまん》に思《おも》ふこと

記者　獨身生活《どくしんせいくわつ》をしてゐられますと、人知《ひとし》れぬ

苦勞も隨分《ずゐぶん》おありでせうね。

小泉　それはいろ〳〵ございますよ。先《ま》づ第一《だい》に、結婚《けつこん》をしないでゐると、男《をとこ》の方《かた》との適度《てきど》の交際《かうさい》ができないために、婦人《ふじん》としての圓滿《ゑんまん》な人格《じんかく》を築《きづ》いて行《ゆ》く上《うへ》に、人知《ひとし》れず心苦《こゝろぐる》しく思《おも》ふことがあります。

女《をんな》が社會《しやくわい》に出《で》て仕事《しごと》をしようと思《おも》へば思《おも》ふほど、男性《だんせい》と接近《せつきん》して行《ゆ》かなければなりませぬ。すると、獨身婦人《どくしんふじん》だといふので、周圍《しうゐ》から直《す》ぐ變《へん》な目《め》で見《み》られるのです。私《わたし》はこんなに朗《ほが》かな性質《せいしつ》でせう。他人《ひと》と話《はなし》をするのにも大《おほ》きな聲《こゑ》で話《はな》し、面白《おもしろ》ければ聲《こゑ》を立《た》てゝ笑《わら》ふこともあります。すると『獨身《どくしん》だから、矢鱈《やたら》に男《をとこ》と話《はなし》をして、さぞ愉快《ゆくわい》なんだらうよ。』などゝいはれるのです。

そんなことは氣《き》にかけまいとは思《おも》ふものゝ、やはりさういふ場合《ばあひ》には遠慮《ゑんりよ》しなければならぬ場合《ばあひ》もあります。從《したが》つて、男《をとこ》の方《かた》と接《せつ》する機會《きくわい》も、自然《しぜん》に少《すくな》くなつて行《ゆ》くのですが、これには非常《ひじやう》な不便《ふべん》を感《かん》じてゐます。

それから、仕事《しごと》が忙《せは》しくて、夜遲《よるおそ》く歸《かへ》つたりすると、近所《きんじよ》で直《す》ぐ『あの女《ひと》は、何時《いつ》までも街《まち》を步《ある》いてゐたんだらう。』なんて噂《うはさ》しますの。ほんとに迷惑千萬です。

もう一《ひと》つは、獨身《どくしん》の女《をんな》だといふだけのために、除《の》けものにされたり、踏《ふ》みつけにされるやうなことが、隨分《ずゐぶん》あります。たとへば、町《まち》會《くわい》の方《かた》などでも、あそこは男氣《をとこけ》がないからとて、一人前《にんまへ》に扱《あつか》はないのです。それでゐて、町會費《ちやうくわいひ》や何《なに》かは一人前《にんまへ》に取《と》られるんですからね。この方《はう》も一人前《にんまへ》に扱《あつか》はないのなら、それは解《わか》つてゐますけれど……（笑聲）

◇玄《げん》關《くわん》に男《をとこ》の下《げ》駄《た》？

小泉　親戚《しんせき》なんかでもさうですね。私《わたし》を對等《たいとう》に扱《あつか》はないのです。それが御主人《ごしゆじん》を持《も》つた奥《おく》さんになると、態度《たいど》がまるで違《ちが》ふのですよ。

私《わたし》の姉《あね》は結婚《けつこん》してゐますが、その方《はう》へは、お祝《いは》ひや何《なに》かのお返《かへ》しが來《く》るのに、獨《ひと》り者《もの》の私《わたし》の方《はう》へは、てんでよこさないことがあるのです。別《べつ》に、お返《かへ》しが欲《ほ》しくていふのではありませんが……

ところが、もつとひどいのは、對等《たいとう》に扱《あつか》はないばかりでなく、普通《ふつう》の家庭《かてい》に對《たい》するより要求《えうきう》が多《おほ》い場合《ばあひ》があります。たとへば、大學《だいがく》に入《はひ》つてゐる甥《をひ》などが、私《わたし》の家《うち》に來《き》ても、私《わたし》が忙《せは》しいので、人手《ひとで》の多《おほ》い家庭《かてい》のやうな、おもてなしができずにゐると『あそこは女《をんな》のくせにあゝしてくれない。かうしてくれない。』とか、『女《をんな》だから、もう少《すこ》し何《なん》とかしてくれてもよさゝうなものだ。』とかいふのです。一人《にん》前《まへ》にして貰《もら》ひたいときは、一人前《にんまへ》に扱《あつか》つてくれず、そのくせ、要求《えうきう》だけは一般《ぱん》の奥《おく》さん同樣《やう》にしようとするのですもの……（笑聲）要

獨身の女だといふだけのために、除けものにされたり、踏みつけにされるやうなことが隨分あります。たとへば町會の方などでも、一人前に扱はないのです。それでゐて町會費や何かは一人前に取るんですから。（小泉郁子女史談）

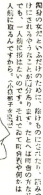

461　「独身生活を送る婦人ばかりの座談会」　河井道子、金井たま子、中山義子、真島智茂子　ほか　『主婦之友』昭和8年11月1日

求が過重で、待遇が惡いのです。
　時には親切に『女世帯だから、泥坊に狙《ねら》はれるといけないから、玄關に男の下駄や、帽子《し》をおいておきなさい。』と、すゝめてくれる方《かた》もありますが、男《をとこ》の下駄《げた》や帽子《ばうし》などをおかうものなら、それこそ、どんなことをいはれるか知《し》れませぬ。

中山　ほんとに……全《まつた》くですわ。私《わたし》の方《はう》は、男《をとこ》の患者《くわんじや》もをりますから、玄關《げんくわん》の下駄《げた》だけは何《なん》ともいはれませんが、急病人《きふびやうにん》があつて、夜半《やはん》に迎へに來た男の方と同行するやうな場合、それをうるさくいはれたこともあります。隨分《ずゐぶん》失禮《しつれい》な思ひをいたしましたよ。

福岡　私共《わたしども》の年配《ねんぱい》になつても、仕事《しごと》のことで男《をとこ》の人《ひと》と接《せつ》してゐると『女《をんな》には年《とし》がなくてよいなあ。幾《いく》つになつても騒《さわ》がれて……』なんて、おつしやる方《かた》があります。
　時《とき》には、かういふ柄《がら》の着物《きもの》を着《き》たいとか、あゝいふことをしてみたいと思《おも》つても、直《す》ぐ派手《はで》な着物《き》を着《き》てゐるとか、何《なん》とかいはれます。自分《じぶん》の好《す》きなことなら何《なに》をしてもよい筈《はず》なのですが、獨身《どくしん》の婦人《ふじん》には、まだそれが許《ゆる》されない社會《しやくわい》なんですからね。

小泉　若《も》しそんなことで、男女間《だんぢよかん》のケチをつけられたら、女《をんな》は最期《さいご》ですからね。新《しん》聞紙上《ぶんしじやう》に現《あらは》れる、獨身婦人《どくしんふじん》をめぐる家庭《かてい》悲劇《ひげき》などを見《み》るとき、ほんとに同情《どうじやう》に堪《た》へません。

眞島　私《わたし》もつくづく、獨身婦人《どくしんふじん》に對《たい》しては、男《をとこ》の方《かた》が、女《をんな》だといふ觀念《くわんねん》を離《はな》れて考《かんが》へて頂《いただ》きたいとまで思《おも》ふことがあります。

獨身婦人に對しては、男の方が、女だといふ觀念を離れて、考へて頂きたいとまで思ふことがあります。（眞島智茂子女史談）

◇迷《まよ》ふくらゐなら結婚《けつこん》せよ

記者　御婦人《ごふじん》で、結婚《けつこん》されなかつたり、婚期《こんき》に遅れたりなさる方の多くなつた理由は、いろいろの方面《はうめん》から考《かんが》へられませうが、婦人の立場《たちば》からは、大體《だいたい》どんな事情《じじやう》からでせうか。

小泉　第一《だいいち》は經濟上《けいざいじやう》の理由《りいう》でせう。つまり、自《じ》分《ぶん》だけで食《た》べて行《ゆ》かなければならないとか、親兄弟《おやきやうだい》を扶養《ふやう》しなければならないといふやうな事情《じじやう》からですね。
　實際《じつさい》、現在《げんざい》のやうに經濟《けいざい》が逼迫《ひつぱく》した時代《じだい》には、今《いま》までのやうに、家長《かちやう》が全家族《ぜんかぞく》の一切《さい》の面倒《めんだう》を見《み》て行《ゆ》くといふ制度《せいど》では、通《とほ》し切《き》れない。從《したが》つて、娘《むすめ》さんが結婚《けつこん》するにしても、その費用《ひよう》を自分《じぶん》で稼《かせ》がねばならないといふやうなことも、起《おこ》つて來《く》るでせう。かうなれば、結婚期《けつこんき》が遅《おく》れるのは當然《たうぜん》です。
　第二《だいに》は、若《わか》い婦人《ふじん》が個性《こせい》に目醒《めざ》めて、一《ひと》つの目的《もくてき》を立《た》てゝ勉強《べんきやう》し、そのことに使命《しめい》を感《かん》じて、邁進《まいしん》するとき。そして、
　第三《だい》には、從來《じうらい》の、親《おや》が嫁《ゆ》けといつたから嫁《ゆ》くといふ盲目的《まうもくてき》な考《かんが》へから、一段進《だんすゝ》んで、自分《じぶん》でよき相手《あひて》を選《えら》んで、戀愛《れんあい》によつて結婚《けつこん》しようといふ氣持《きもち》になつたこと。即《すなは》ち結婚《けつこん》に際《さい》して、選擇的《せんたくてき》になつたことですね。
　この三《みつ》つだと思《おも》ひます。このうちの何《いづ》れかの理由《りいう》のため、婦人《ふじん》が獨身《どくしん》を通《とほ》してゐるとし

ますね。すると、世間《せけん》では『さぞお淋《さび》しいでせう。』とか『お退屈《たいくつ》でせう。毎日《まいにち》どうしてお過《す》しですか。』なんて申《まを》します。

同情《どうじやう》されるのは有《あ》り難《がた》い。けれども、私共《わたしども》にしてみれば、淋《さび》しいどころか、與《あた》へられた仕事《しごと》のために、一生懸命《いつしやうけんめい》で、全《まつた》く忙《せは》しく、淋《さび》しがつてゐる暇《ひま》もないくらゐです。

中《なか》には淋《さび》しさうにしてゐる方《かた》があるので、世間《せけん》でも優《やさ》しく慰《なぐさ》めてくれるのでせうが、私《わたし》は、淋《さび》しさうにしてゐる人々《ひとびと》に『もつと明《あか》るく、元氣《げんき》におなりなさい。』と申《まを》します。自分《じぶん》に或《あ》る使命《しめい》を感《かん》じて、それに魂《たましひ》を打込《うちこ》むことができれば、必《かなら》ずやれることだと信《しん》ずるからです。

正田　娘《むすめ》さんたちがよく『先生《せんせい》、私《わたし》は獨身《ひとり》でゐては淋《さび》しいのですが、結婚《けつこん》したがよいでせうか。それとも何《なに》か職業《しよくげふ》で立《た》つた方《はう》がよいでせうか。』と、相談《さうだん》を持《も》ち込《こ》んで來《こ》られます。さういふ娘《むすめ》さんたちに、私《わたし》ははつきりと申《まを》します。『迷《まよ》ふくらゐなら、結婚《けつこん》なさい。』と。心身《しんしん》薄弱《はくじやく》の方《かた》、これと定《き》めた使命觀《しめいくわん》のない方《かた》の獨《どく》身生活《しんせいくわつ》ほど、危險《きけん》なものはありません。

記者　それはまるで、ガソリンを火《ひ》の傍《そば》におくやうなものでせうね。

正田　さうです。全心《ぜんしん》を打込《うちこ》んでやる仕事《しごと》でなかつたら、どんな仕事《しごと》でも、結局成功《けつきよくせいこう》するものではありません。

◇十六歳《さい》から結婚準備《けつこんじゆんび》

記者　デパートで働《はたら》いてゐる御婦人《ごふじん》の方《かた》は、獨身者《どくしんしや》が多《おほ》うございますか。

金井　隨分《ずゐぶん》ございます。でもさういふ方《かた》は、結婚《けつこん》に對《たい》して、多少《たせう》なり意見《いけん》を持《も》つておいでゞすね。私《わたし》の娘《むすめ》の時代《じだい》（と申《まを》しても、今《いま》でも娘《むすめ》ですが）には、親《おや》が嫁《ゆ》けといつたから嫁《ゆ》くといふやうに、親《おや》のいふなりになつてゐた方《かた》が多《おほ》かつたのですが、今《いま》の若《わか》い方々《かたがた》は、親《おや》が嫁《ゆ》けといつても、若《も》し自分《じぶん》の考《かんが》へと合《あ》はなければ、親《おや》の意見《いけん》だけでは動《うご》きません。それだけ、現代《げんだい》の若《わか》い娘《むすめ》さんたちの意識《いしき》は強《つよ》くなつてまゐりました。

その結果《けつくわ》はどうかと申《まを》せば、親《おや》のいふなりになつた方々《かたがた》は、割合失敗《わりあひしつぱい》が多《おほ》く、多少《たせう》でも進《すゝ》んだ結婚觀《けつこんくわん》を持《も》つて家庭《かてい》に入《はひ》つた人《ひと》は、成功《せいこう》してゐるやうでございます。

小泉　アメリカにもそれがございますね。あちらで高等教育《かうとうけういく》を卒《を》へて家庭《かてい》に入《はひ》つた人々《ひとびと》の統計《けい》を、最近手《さいきんて》にしましたが、それによれば、五十年前《ねんぜん》には八割《わり》だつた結婚率《けつこんりつ》が、今《いま》では五割《わり》に減《へ》つてゐます。

これは、結婚《けつこん》に對《たい》する認識《にんしき》が高《たか》まつたゝめ、自《みづか》ら相手《あひて》を選《えら》んで結婚《けつこん》するやうになつたのも一因《いちいん》をなしてゐますが、その結果《けつくわ》、さういふ人々《ひとびと》の離婚率《りこんりつ》は少《すくな》くなり、二人《ふたり》の間《あひだ》に出來《でき》たお子《こ》さんが優秀《いうしう》だとありました。

正田　實際《じつさい》、アメリカの職業婦人《しよくげふふじん》の結婚《けつこん》に對《たい》する態度《たいど》は、眞面目《まじめ》です。十六歳《さい》（それ以前は例

アメリカの職業婦人の結婚に對する態度は、眞面目です。結婚の費用は勿論、子供の教育費のことまで念頭に入れて、自主獨立の精神で、經濟的な準備を始めます。そして結婚するときは、相手を選びに選びます。（正田淑子女史談）

けませんので)になつて儲《もう》け出《だ》すと、女は女、男《をとこ》は男で、それ〴〵に結婚《けつこん》の準備《じゆんび》を始《はじ》めます。結婚《けつこん》の費用《ひよう》は勿論《もちろん》、子供《こども》の教育費《けういくひ》のことまでも念頭《ねんとう》に入《い》れて、自主獨立《じしゆどくりつ》の精神《せいしん》で、經濟的《けいざいてき》な準備《じゆんび》を始《はじ》めます。そして、結婚《けつこん》するときには、相手《あひて》を選《えら》びに選《えら》ぶ。『ねエ、あなた、あの人《ひと》をどうお思《おも》ひになる？』などゝ、お友達《ともだち》にまで訊《き》くのです。

少《すこ》しでも餘分《よぶん》のお金《かね》があると、皆《みん》なホープチェスト(日本《にほん》でいへば、小《ち》さなつゞらのやうなもの)の中《なか》に入《い》れて、貯金《ちよきん》しておきます。結婚《けつこん》に對する不眞面目な考へ方は、却て上流の都會階級に多いのです。

日本《にほん》のお若《わか》い人《ひと》たちは、映畫《えいぐわ》のアメリカばかり見《み》ないで、結婚《けつこん》に對《たい》する、もつとしつかりした信念《しんねん》と、實際的《じつさいてき》な用意《ようい》を、あちらから學《まな》んで欲《ほ》しいと思《おも》ひます。

慾望が、たゞ物質的にばかり走つてゐて、たとひ相手の人物はどうでも、お金持ちならまあ……といふ傾向があります。遊んでゐても食べられるやうなところ許りを選んでゐる方もあります。（佐川宗英子さん談）

◇お金《かね》持《も》ちの所《ところ》へなら

河井　この間《あひだ》、アメリカ生《うま》れの日本人《にほんじん》が、私共《わたしども》の學園《がくゑん》に訪《たづ》ねて來《き》てくださいましたが、その中《なか》の一人《ひとり》が『日本《にほん》の若《わか》い人《ひと》たちは、我々《われ〳〵》第二世《だいにせい》(渡米《とべい》した邦人《はうじん》の兩親《りやうしん》から生《うま》れた人々《ひと〴〵》をから呼《よ》んでゐます。)よりも、激《はげ》しい、奇矯《きけう》な考《かんが》へ方《かた》をしてゐるのには驚《おどろ》きました。』と眼《め》を見張《みは》つて申《まを》してゐました。

歐米《おうべい》の流行《りうかう》だといつて眞似《まね》てゐることが、その本場《ほんば》以上《いじやう》に極端《きよくたん》だといふに至《いた》つては、アメリカ生《うま》れの第《だい》二世《せい》でも、驚《おどろ》かずにはゐられなかつたのでせう。

實際《じつさい》あちらでは、結婚《けつこん》してからも、お父《とう》さんが世話《せわ》してくれるとか、叔父《をぢ》さんに面倒《めんだう》みて貰《もら》ふとかいふ考《かんが》へは、仕方ありませぬ。結婚した以上、自分で經濟《けいざい》をやつて行かなければならないのですから、どうしても眞面目《まじめ》になるでせう。

眞島　若《わか》いお嫁《よめ》さんは、『子供《こども》が出來《でき》たから、伯母《をば》さん、お金《かね》を貸《か》してください。』とか、『病氣《びやうき》になつたから、お父《とう》さん都合《つがふ》してください。』とか、結婚《けつこん》してからでも、何《なに》かある毎《ごと》に、他人《ひと》の懐《ふところ》を當《あて》にするのですものね……

それに、現在《げんざい》の日本《にほん》は内《うち》に外《そと》に非常時《ひじやうじ》だといふのに、若《わか》い人々《ひと〴〵》はフワ〳〵してゐます。顔《かほ》を赤《あか》や黄《き》に塗《ぬ》り立《た》てゝ、私《わたし》はあれを猿《さる》といひますが、まるでピカデリー(ロンドンの大通《おほどほ》り)か、ブロードウェイ(ニューヨークの大通《おほどほ》り)でも濶歩《くわつぽ》するやうな、お化粧《けしやう》振りですね。あれでは、自分《じぶん》から求《もと》めて誘惑《いうわく》されたいのかとも見受《みう》けられます。あれで非常時《ひじやうじ》が切拔《きりぬ》けられるのかと、心配《しんぱい》になります。

福岡　娘《むすめ》さんの方《はう》でも、嫁《とつ》げば實家《じつか》から補助《ほじよ》を受《う》けるものと思《おも》つてゐるんでせうね。

河井　新郎《しんらう》の方《はう》で、そつと要求《えうきう》するのではありませんか？　ホヽヽ。

福岡　嫁《よめ》の方《はう》から補助《ほじよ》を出《だ》さうとしなければ、貰《もら》ひ手《て》がないんでせうか。(笑聲)

小泉　良人《をつと》の月給《げつきふ》が五十圓《ゑん》なら、その範圍内《はんゐない》で豫算《よさん》を立《た》てゝ、家計《かけい》を整理《せいり》して行《ゆ》けばよいのに、親《おや》のやつてゐる高《たか》い生活《せいくわつ》の標準《へうじゆん》を、そのまゝ眞似《まね》ようとするところに、最初《さいしよ》の大《おほ》きな躓《つまづ》きがあるのです。もつと緊張《きんちやう》して、最低《さいてい》の生活費《せいくわつひ》を立《た》て、御馳走《ごちそう》ばかり食《た》べられないなら、榮養價《えいやうか》の豐《ゆた》かな、安《やす》い惣菜料理《そうざいれうり》でやつて行《ゆ》けば、よいではありませんか。

佐川　私《わたし》たちの方《はう》でも、お友達《ともだち》がお金持《かねも》ちのところへ嫁《い》つたなんていふと、皆《みな》さんが非常《ひじやう》に羨ましがりますわ。そして、共稼《ともかせ》ぎのところへ嫁《ゆ》くのを嫌《きら》ひます。

その羨望《せんばう》が、たゞ物質的《ぶつしつてき》にばかり走《はし》つてゐて、たとひ相手《あひて》の人物《じんぶつ》はどうでも、お金持《かねも》ちならまあ……といふ傾向《けいかう》があることです。遊《あそ》んでゐても食《た》べられるやうなところばかりを望《のぞ》んでゐる方《かた》もあります。

◇心《こゝろ》を潤《ひろ》くゆつたり持て

記者　『主婦之友《しゆふのとも》』では、殆《ほとん》ど隔月《かくげつ》に家計《かけい》の記事《きじ》を發表《はつぺう》してゐますが、その中《なか》に、月收《げつしう》二十五圓《ゑん》で、五人家内《にんかない》の會社員《くわいしやいん》が、立派《りつぱ》に四圓《ゑん》五十錢《せん》づゝ、貯金《ちよきん》をしてゐるのがありました。それを見《み》ても、生活《せいくわつ》はやり方《かた》一《ひと》つだと思《おも》ひました。ところが、最近《さいきん》に、こんな實例《じつれい》もありました。某商店員《ぼうしやうてんゐん》で、自分《じぶん》の取《と》つてゐる月給《げつきふ》以上《いじやう》のことを、奥《おく》さんや家庭《かてい》の人《ひと》にいつてゐたゝめ、いざ家庭生活《かていせいくわつ》に破綻《はたん》が來《く》ると、大騒動《おほさうどう》で、たうとうその商店《しやうてん》を辭《よ》さなければならなくなつたといふのがあります。

お互《たがひ》の心《こゝろ》が、しつかりしてゐれば、さういふ收入《しうにふ》のことなどは、實《じつ》に簡單《かんたん》に片《かた》づくと思《おも》ひます。

小泉　今《いま》の學校教育《がくかうけういく》は、結婚《けつこん》に對《たい》するさうした眞面目《まじめ》な研究問題《けんきうもんだい》を、動《やゝ》もすれば等閑に附《ふ》し勝《が》ちです。たゞ、良妻賢母《りやうさいけんぼ》になれ／＼といつてゐるだけですが、良《よ》き妻《つま》たれ、賢《かしこ》き母《はゝ》たれといふことは、婦人《ふじん》である以上《いじやう》、どんな人《ひと》にも、結婚《けつこん》してもしなくても、必要《ひつえう》なことです。

ところが、誰《だれ》でも良妻賢母《りやうさいけんぼ》になれるかといふと、さうではありません。中《なか》には思《おも》ふやうな結婚《けつこん》ができずに、獨身《どくしん》のまゝ生《い》きて行《ゆ》く人《ひと》もあるのです。それゆゑ、私《わたし》は申《まを》したい。『妻《つま》とならなくても、人間《にんげん》として生《い》くべき道《みち》もある』と。勿論《もちろん》、良妻賢母《りやうさいけんぼ》たれといふことは、千古《せんこ》に易《かは》らぬ名言《めいげん》です。併《しか》し、たゞ良妻賢母《りやうさいけんぼ》だけに限《かぎ》ることなく、婦人《ふじん》として、心得《こゝろえ》てゐなければならない基礎的《きそてき》のものを、教《をし》へて頂《いたゞ》きたいのです。そして、已《や》むを得《え》ぬ事情《じじやう》で、家庭《かてい》を持《も》てぬ人々《ひとびと》でも、家庭《かてい》に入《はい》つた以上《いじやう》に意義《いぎ》ある生活《せいくわつ》をすることも、できるといふやうに教《をし》へて頂《いたゞ》きたいのです。

河井　女《をんな》はどうしてもお嫁《よめ》に行《ゆ》かなければ、生《い》きる途《みち》がない——さういふ狭《せま》い考《かんが》へでなく、まだ他《ほか》にも生《い》きる途《みち》があることを知《し》つて、もう少《すこ》し心《こゝろ》のゆとりをつけた方《はう》がよいと思《おも》ひます。或《あ》る人《ひと》は、結婚《けつこん》したゝめに退歩《たいほ》するどこ

結婚してもしなくても、迷はず幸福に行けるだけの修道と準備をしておく必要があります。（宮田やす子女史談）

465　「独身生活を送る婦人ばかりの座談会」　河井道子、金井たま子、中山義子、真島智茂子　ほか　『主婦之友』昭和８年11月１日

ろか、結婚したゝめにひどく退歩したなどゝいふ例も少くありません。結婚することも大切ですが、また或《あ》る限《かぎ》られた人々《ひとびと》には、それよりももつと大切《たいせつ》な世界《せかい》が殘《のこ》されてゐるかも知《し》れませぬ。

福岡　結婚《けつこん》してもしなくても、迷《まよ》はず幸福《かうふく》に行《ゆ》けるだけの修養《しうやう》と準備《じゆんび》とをしておく必要《ひつえう》がありますね。

私のお友達の教育家の獨身婦人は、中年期の惱みを克服するために、自分の好きなスポーツをやり、音樂をやり、時には畑に出て耕作もしてゐられます。（藤岡やす子女史談）

◇どんな誘惑に遭つても

眞島　私《わたし》の故郷《くに》（佐賀縣《さがけん》の田舍《ゐなか》）では、一度《ひとたび》未亡《みばう》人《じん》になつた人《ひと》が再《ふたゝ》びお嫁《よめ》に行《ゆ》くと、笑《わら》はれますので、たとひ未亡人《みばうじん》になつても、その後《ご》の生活《せいくわつ》に困《こま》らぬやう、結婚前《けつこんまへ》に機織《はた》を敎《をし》へておいたり、小學校《せうがくかう》の先生《せんせい》の免狀《めんじやう》を取《と》らせておいたりします。『貞婦《ていふ》兩夫《りやうふ》に見《まみ》えず』といふ言葉《ことば》がありますが、あれは良人《をつと》がゐなくなつても、女《をんな》は一人《ひとり》で充分《じゆうぶん》やつて行《ゆ》けるぞといふ意味《いみ》が、あるのだと思《おも》ひます。私《わたし》の考《かんが》へは、少《すこ》し昔風《むかしふう》かも知《し》れませんが、昔風《むかしふう》が間違《まちが》つてゐなかつたからこそ、この美《うつく》しい日本《にほん》ができたのですものね。

私《わたし》は、小《ちひ》さいときから、縄《なは》を綯《な》つたり、筵《むしろ》を拵《こしら》へたりしました。今《いま》でも作《つく》れといはれゝば、作《つく》つて見《み》せます。小《ちひ》さいときから苦勞《くらう》したお蔭《かげ》で、たとひ結婚《けつこん》しなくとも、廣《ひろ》い意味《いみ》に於《おい》て女性《をんな》の務《つと》めを果《はた》して行《ゆ》きたい——果《はた》して行《ゆ》けると信《しん》じてゐます。そのためには、どんな誘惑《いうわく》に遭《あ》つても、ビクともしないだけの修養《しうやう》を積《つ》んでおかねばと存じます。

中山　私《わたし》の仕事《しごと》なども随分《ずゐぶん》誘惑《いうわく》があります。そして、その誘惑《いうわく》に負《ま》けた人《ひと》も見受《みう》けますが、さういふ人《ひと》には何處《どこ》か隙《すき》がございます。私《わたし》も長《なが》い間《あひだ》、隙《すき》を作《つく》るまい、誘惑《いうわく》に乘《じよう》ぜられまいと思《おも》つて、戰《たゝか》つてまゐりました。

小泉　他人事《ひとごと》ならず、私《わたし》の心配《しんぱい》するのはそれです。殊《こと》に若《わか》い方々《かたがた》が、結婚《けつこん》までの期間《きかん》を、生《せい》理的《りてき》に何處《どこ》まで堪《た》へ得《う》るか？　これは大《おほ》きな問題《もんだい》だと思《おも》ひます。その人《ひと》の性質《せいしつ》や體質《たいしつ》によつて、堪《た》へ得《う》る人《ひと》と、堪《た》へ得《え》ない人《ひと》とあるのですから……先《さき》ほども正田《しやうだ》先生《せんせい》が、迷《まよ》ふくらゐなら結婚《けつこん》せよ！　とおつしやいましたが、私《わたし》も同感《どうかん》です。萬人《ばんにん》が獨身生活《どくしんせいくわつ》を送《おく》るやうになつては、それこそ大變《たいへん》ですからね。

◇獨身婦人《どくしんふじん》の危險信號《きけんしんがう》！

福岡　普通《ふつう》一般《ぱん》の結婚年齡《けつこんねんれい》で結婚《けつこん》すると、三年《ねん》目《め》とか五年目《ねんめ》とかに、周期的《しうきてき》な夫婦愛《ふうふあい》の倦怠《けんたい》期《き》が來《く》ると申《まを》しますね。ところが、四十歳《さい》くらゐに來《く》る倦怠期《けんたいき》が最《もつと》も危險《きけん》だとのことです。

中山　それと同樣《どうやう》のことが、獨身婦人《どくしんふじん》をも襲《おそ》ひます。謂《いは》ゆる中年《ちうねん》の生理的變化《せいりてきへんくわ》に際《さい》して、必《かなら》ず來《く》る、避《さ》け難《がた》い惱《なや》みです。

眞島 俗《ぞく》に、三十後家《ごけ》は立《た》たぬとか申《まを》しますね。さういふ場合《ばあひ》、四十後家《ごけ》は立《た》つが、私共《わたしども》はどうすればよいでせう。

福岡 私《わたし》の知《し》つてゐる中年《ちゆうねん》の西洋婦人《せいやうふじん》たちは、更年期《かうねんき》の悩《なや》みに對《たい》して、時々《ときどき》、靜《しづ》かに仕事《しごと》から遠《とほ》ざかつて休《やす》み、各自《かくじ》の淋《さび》しい氣持《きもち》を打明《うちあ》け合《あ》つて、慰《なぐさ》めてゐた方《かた》がありました。尤《もつと》もその方《かた》は、傳道《でんだう》のため、遥々《はるばる》日本《にほん》へ來《こ》られた特殊《とくしゆ》の人々《ひとびと》でしたが、普通《ふつう》に忙《いそが》しく働《はたら》いてゐたのでは、神經衰弱《しんけいすゐじやく》になるさうです。私《わたし》も、そろそろかうしたことへの對策《たいさく》を、考《かんが》へておかうと用意《ようい》してゐます。

中山 私《わたし》なども、三十歳代《さいだい》と四十歳代《さいだい》とでは、疲《つか》れ方《かた》も違《ちが》ひます。これではいけぬと、毎朝《まいあさ》ラヂオ體操《たいさう》をしてゐますが、あれは全身的《ぜんしんてき》の運動《うんどう》で、血液《けつえき》の循環《じゆんくわん》をよくして、大變《たいへん》よろしいです。

福岡 私《わたし》のお友達《ともだち》(教育家《けういくか》の獨身婦人《どくしんふじん》)は、中年《ちゆうねん》期《き》の悩《なや》みを克服《こくふく》するために、自分《じぶん》の好《す》きなスポーツをやり、音樂《おんがく》をやり、時《とき》には畑《はたけ》に出《で》て耕作《かうさく》もしてゐられます。

私《わたし》は、自分《じぶん》がその危險期《きけんき》を越《こ》えて、五十歳《さい》くらゐから、ほんとに自分《じぶん》に委《まか》された仕事《しごと》に、今《いま》までよりも更《さら》に徹底《てつてい》した御奉公《ごほうこう》ができるやうにと、樂《たの》しみにしてゐます。

記者 いつかの座談會《ざだんくわい》で、吉岡彌生先生《よしをかやよひせんせい》が『女《をんな》には性《せい》を超越《てうゑつ》した、平靜《へいせい》な心境《しんきやう》を持《も》てる時期《じき》が晩年《ばんねん》に來《く》る――』と申《まを》されたことがありますが、今《いま》思《おも》へば、それは更年期《かうねんき》の危險《きけん》を合格《パス》された、夫人《ふじん》としての體驗《たいけん》のお言葉《ことば》だつたかと存《ぞん》じます。

中山先生《なかやませんせい》、その謂ゆる危險期《きけんき》には、どんな症狀《しやうじやう》(？)を出《だ》しますか。

私は、若い人々から喜んで相談相手となつて貰へる、よい小母さんでありたいと望んでゐます。(正川淑子女史談)

◇あんな眞面目《まじめ》な人《ひと》が

中山 ヒステリーに似《に》た症狀《しやうじやう》ですね。あんな眞《ま》面目《じめ》な人《ひと》が、どうしてあんなことをなさつたのかと思《おも》ふやうなこともあります。

小泉 或《あ》る男子《だんし》の方《かた》が『四十歳代《さいだい》の未亡人《みぼうじん》は、どんなにしても誘惑《いうわく》できる。』と申《まを》されてゐました。私共《わたくしども》も、この言葉《ことば》で考《かんが》へさせられますが、繰返《くりかへ》して申《まを》す通《とほ》り、生命《いのち》を打込《うちこ》んだ仕事《しごと》をする傍《かたは》ら、趣味《しゆみ》に生《い》きることによつて、大《おほ》いに救《すく》はれると存《ぞん》じます。

眞島 私《わたし》は身體《からだ》を終日《しうじつ》つかつて、ぐつすり睡《ねむ》むに越《こ》したことはないと思《おも》ひます。

福岡 或《あ》る獨身婦人《どくしんふじん》は、更年期《かうねんき》に入《はい》つて、養子《やうし》をお貰《もら》ひになりました。

記者 それも一《ひと》つの方法《はうはふ》でせうね。自分《じぶん》の後《あと》を繼《つ》いで行《ゆ》く子供《こども》ができれば、それだけでも心《こゝろ》丈夫《ぢやうぶ》でせう。何《なに》か危險期《きけんき》の鎭靜劑《ちんせいざい》とでも申《まを》すべき藥《くすり》はありませんか。

中山 ホルモン製劑《せいざい》で、内服藥《ないふくやく》や注射藥《ちゆうしややく》もありますが、それも絶對的《ぜつたいてき》のものではなく、豫防《よばう》の程度《ていど》ですね。

福岡 普通《ふつう》の人《ひと》が性慾《せいよく》を感《かん》じる年頃《としごろ》に、獨身婦《どくしんふ》人《じん》が結婚《けつこん》すれば、もう危險《きけん》はなくてすむわけ

467　「独身生活を送る婦人ばかりの座談会」　河井道子、金井たま子、中山義子、真島智茂子　ほか　『主婦之友』昭和8年11月1日

ですね。少し晩婚過ぎますかしら……

小泉　その人《ひと》たちは、自然《しぜん》に枯れて行くのですね。そして、淡々《たんたん》とした中《なか》に、いはれぬ滋味《じみ》の籠《こも》つた、いはゞ、茶飲《ちやの》み友達《ともだち》になるのでせうね。

記者　茶飲《ちやの》み友達《ともだち》もよいですね。河井《かはゐ》先生《せんせい》、お若《わか》いときと、お年齢《とし》を召《め》してからとでは、お氣持《きもち》の上《うへ》にも隨分《ずゐぶん》相違《さうゐ》があることゝ思《おも》ひますが、一體《いつたい》この先《さき》どうなるだらうといふやうな御《ご》心配《しんぱい》はありませんか。

◇老後《ろうご》をどうするか！

河井　私は兄弟が多うございました。ですから若いときから、あまり家庭のことに煩はされないで大《おほ》きくなりました。けれども、そのために、淋しく感じたことはありません。
私《わたし》は今相當の年齢《とし》を重《かさ》ねてゐます。併《しか》し、先のことは一切神樣にお委《まか》せしてあります。過去《かこ》を安《やす》らかに守《まも》つてくださつた神樣《かみさま》は、將來《しやうらい》をもお守《まも》りくださるでせう。年齢《とし》をとつて身體《からだ》がきかなくなれば、口《くち》がきくだらうし、口《くち》がきかなくなれば、手《て》が働《はたら》くでせう。私《わたし》が生きてゐる以上《いじやう》、私《わたし》はこの世《よ》に必要《ひつえう》な存在《そんざい》ですが不必要《ふひつえう》になつたときが、即《すなは》ち私《わたし》の死《し》ぬときだ。それまでは、すべて神樣の御意に任かされてゐればよい――さう思《おも》つて、今日《こんにち》まで過してまゐりました。
今後《こんご》も、これに變《かは》りはございません。幸《さいは》ひなことに、私《わたし》は年齢《とし》をとるに從《したが》つて、周圍《しうゐ》が賑《にぎ》かになつて來《き》ます。よいお友達《ともだち》が澤山《たくさん》ゐます。それに、若《わか》いときから教育生活《けういくせいくわつ》を送《おく》つてまゐりました關係《くわんけい》からか、小泉先生《こいづみせんせい》のおつしやいましたやうな、男子《だんし》との交際《かうさい》にも、不自《ふじ》由を感《かん》じませんでした。あまりに惠《めぐ》まれ過《す》ぎた私《わたし》でした。仕事《しごと》をする上《うへ》に不足《ふそく》なものがあると、こちらが願《ねが》つたより以上《いじやう》に與《あた》へて頂《いただ》けるのですもの。もうたゞ感謝《かんしや》するばかりでございます。

記者　神中心《かみちゆうしん》の御生活《ごせいくわつ》をお送《おく》りになる先生《せんせい》を、羨《うらや》ましく思ひます。どんなにか朝夕《あさゆふ》が喜ばしいことでせう。
正田先生、若《わか》い獨身婦人《どくしんふじん》の方々《かたがた》に、これだけは、いつておきたいとお思《おも》ひになりますことがございましたら、どうぞ……

◇一人《にん》一研《けん》究《きう》！

正田　私の若《わか》い頃《ころ》は瓜核顔《うりざねがほ》の女《をんな》がもてはやされた時代で、圓《まる》いのか四角《かく》なのか解《わか》らぬやうな

私《わたし》の顔《かほ》では、とても良縁《りやうえん》が見《み》つからぬかも知《し》れぬといふので、祖母《そぼ》が『淑子《としこ》は、顔《かほ》で負《ま》けても、頭《あたま》で勝《か》ちなさい。うんと勉強《べんきやう》するのですよ。』といはれて、十八歳《さい》から、生活《せいくわつ》に一《ひと》つの理《り》想《さう》を立《た》てゝ、どうかして多《おほ》くの世《よ》の人《ひと》のために力《ちから》になりたいと思《おも》ひました。

今《いま》でも、何處《どこ》へ行《い》つても歡迎《くわんげい》されるお婆《ばあ》さんでゐたいと願《ねが》つてゐます。酸《す》いも甘《あま》いも知《し》つた小母《をば》さんであり、同《どう》時《じ》に、お孃《ぢやう》さんでもありたい——つまり、若《わか》い人々《ひと〴〵》から喜《よろこ》んで相談相手《さうだんあひて》となつて貰《もら》へる、よい小母《をば》さんでありたいと望《のぞ》んでゐます。

併《しか》し、人間《にんげん》は年齢《とし》をとるにつれて、心《こゝろ》の泉《いづみ》も涸《か》れ、次第《しだい》に干《ひ》からびた人間《にんげん》になり勝《が》ちですから、それを防《ふせ》いで、いつも潤《うるほ》ひに滿《み》ちた自分《じぶん》でありたいと、趣味《しゆみ》の涵養《かんやう》につとめました。

一 趣味《しゆみ》に生《い》きよ 幸《さいは》ひ母《はゝ》が、多《た》少《せう》ながら音樂《おんがく》を知《し》つてゐましたので、西洋《せいやう》音樂《おんがく》も聽《き》きましたし、三味線《さみせん》も音《ね》締《じ》めくらゐは、できるくらゐになりました。お裁《さい》縫《ほう》、料理《れうり》は勿論《もちろん》缺《か》かしませんが、學校《がくかう》などで、**何《なに》かの會《くわい》があつたときなど『あら！オール**ド・ミスの先生《せんせい》にも、こんな隠《かく》し藝《げい》があつたんですか？まあ素敵《すてき》……』など、驚《おどろ》かれたものでした。

二 一人《にん》一研究《けんきう》に沒頭《ぼつとう》せよ もう一《ひと》つは、何《なん》でもよいから、自分《じぶん》で何《なに》かを研究《けんきう》する——研《けん》究《きう》といふと大袈裟《おほげさ》ですが、現在《げんざい》自分《じぶん》と直接關係《ちよくせつくわんけい》のある、つまり始終《しじう》やつてゐることに興味《きようみ》を持《も》つて、それに沒頭《ぼつとう》すればよいのです。

結婚して家庭の母となつたときの、あの熱心、子供に對する母親の熱情に、動かされぬものがありませうか。私は、どうかしてあれだけの熱情を持ちたい、あの母の愛の熱心さで、自分の仕事を育てゝ行きたいと願つてゐます。（河井道子女史談）

三 健康第一《けんかうだいいち》 身體《からだ》の何處《どこ》か一《ひと》ところが惡《わる》いと、氣持《きもち》が滅入《めい》つて、つまらないことにも直《す》ぐ癇癪《かんしやく》が起《おこ》るものです。さうすると、顔《かほ》まで不景氣《ふけいき》になつて、自《みづか》ら不幸《ふかう》を招《まね》き、人《ひと》から遠《とほ》ざけられるやうになります。その結果《けつくわ》は、つい物事《ものごと》をひがむやうになり勝《が》ちです。普通《ふつう》の人《ひと》でもさうですが、獨身《どくしん》の方《かた》は、特《とく》に健康《けんかう》に注意《ちうい》することが大切《たいせつ》です。

大體《だいたい》、以上《いじやう》の三點《てん》に氣《き》をつけてまゐりましたが、今一《いまひと》つ、私《わたし》の常々《つね〴〵》考《かんが》へてゐますこと、それは、『若《わか》い人々《ひと〴〵》と共《とも》に進《すゝ》め！』といふことです。若《わか》い人々《ひと〴〵》は、常《つね》に進《すゝ》まう〳〵としてゐます。うつかりすると、私《わたし》たちは後の世界《せかい》の人《ひと》になります。前途《ぜんと》に希望《きばう》を持《も》つた若《わか》い人々《ひと〴〵》を、身《み》の近《ちか》くに、お友達《ともだち》に持《も》つて進《すゝ》んで行《ゆ》くことは、いつまでも若々《わか〳〵》しくしてゐられることにもなります。

◇獨《どく》身《しん》クラブは？

記者 河井《かはゐ》先生《せんせい》も正田《しやうだ》先生《せんせい》も、揃《そろ》つて明《あか》るく、若々《わか〳〵》しくお見受《みう》けするわけが、はつきりしました。

小泉 アメリカの雜誌《ざつし》で見《み》たのですが、あちら

469　「独身生活を送る婦人ばかりの座談会」　河井道子、金井たま子、中山義子、真島智茂子　ほか　『主婦之友』昭和8年11月1日

には獨身婦人の階級といふ、一つの層があつて、それは自由《じいう》な、樂《たの》しい、他《た》からは到底想像《たうていさうざう》されないほど朗かな一《ひと》つのクラスがあります。そこに住《す》む人《ひと》は、相當《さうたう》の教養《けうやう》もあり、交際《かうさい》は自由《じいう》だし、家庭《かてい》からは縛《しば》られない。收入《しうにふ》も、まあ中産階級の人《ひと》くらゐはある——このクラスが、今《いま》のアメリカでは、相當大《さうたうおほ》きな勢力《せいりよく》を持《も》つてゐるとのことです。見方《みかた》によつては、私《わたし》たちの生活《せいくわつ》も、隨分明《ずゐぶんあか》るい樂《たの》しいものなのですからね。

記者　日本《にほん》には、さうした獨身婦人《どくしんふじん》のクラブといふのがありますか。

小泉　前《まへ》に二階堂先生が、『獨身婦人協會』といふのを計畫《けいくわく》されたことがありましたが、それも、いつの間《ま》にか立消《たちぎ》えになつてしまひました。今《いま》は一《ひと》つもありません。

福岡　家庭《かてい》婦人《じん》の中《なか》には、隨分《ずゐぶん》、私《わたし》たちの生活《せいくわつ》を、暢氣《のんき》でよいなどゝ、羨《うらや》んでゐる方《かた》もあるやうです。それは、物質的《ぶつしつてき》には惠《めぐ》まれてゐられる家庭婦人《かていふじん》の中《なか》にも、精神的《せいしんてき》には惠《めぐ》まれてゐない方《かた》も多《おほ》いのですからね。

◇母《はゝ》の熱情《ねつじやう》に動《うご》かされて

河井　けれども、結婚《けつこん》して家庭《かてい》の母《はゝ》となつたときの、あの熱心《ねつしん》さを御覧《ごらん》なさい。子供に對する母親《はゝおや》の熱情《ねつじやう》に、動《うご》かされぬものがありませうか。

私《わたし》は自分《じぶん》の心《こゝろ》の枯《か》れないやう、努《つと》めてお子《こ》さんのある家庭《かてい》を訪《たづ》ねてまゐります。或《あ》るお家《うち》などでは、『一番《ばん》よいのは父《パパ》　その次《つぎ》が河井《かはゐ》チェンチェイ……それから母《ママ》！』なんていふ子供《こども》もあるくらゐです。たとひ私《わたし》が、自分《じぶん》の仕事《しごと》にどんな熱心《ねつしん》になつても、あの母親《はゝおや》の熱心の半分《はんぶん》もできないでせう。さう思《おも》ふから私《わたし》も眞劍《しんけん》です。どうかしてあれだけの熱情《ねつじやう》を持《も》ちたい。あの母《はゝ》の愛《あい》の熱心《ねつしん》さで、自分《じぶん》の仕事《しごと》

な[illegible]、行きたいと願ひ續けてゐます。

福岡 私も、子供のために働《はたら》いてゐる、或る未《み》亡人《ばうじん》を知つてをりますが、その方《かた》は一日《にち》働《はたら》いて、夜《よる》七時《じ》頃《ごろ》家《いへ》に歸《かへ》つてから、あと二軒《けん》の家《うち》に教《をし》へに行《ゆ》くといふことを聞《き》いて、私は全《まつた》く恥《はづか》しくなりました。自分《じぶん》は、今《いま》まで全力《ぜんりよく》を打《うち》込《こ》んで働《はたら》いてゐるとのみ思《おも》つてゐたが、その人《ひと》の事實《じじつ》を見《み》て、まだ〳〵私《わたし》の働《はたら》きなんか、その人の足下《あしもと》にも及《およ》ばないことを深《ふか》く感《かん》じました。

中山 ほんとにさうですね。私《わたし》の病院《びやうゐん》などへ、よくお子《こ》さんが入院《にふゐん》なさることがありますが、子供《こども》のためとなると、母親《はゝおや》は三晩《みばん》でも四晩《よばん》でも、時《とき》によると一週間《しうかん》も徹夜《てつや》して看病《かんびやう》なさいます。よくもまあ、あれほど盡《つく》せるものと、はたで見《み》てゐて涙《なみだ》のにじむことがございますの。不眠不休《ふみんふきう》といふ言葉《ことば》は、母《はゝ》のために作《つく》られたのかと思《おも》ひますよ。

眞島 私《わたし》のところへ子供《こども》を連《つ》れて來《く》る方《かた》は、貧《びん》乏《ばふ》な人《ひと》たちが多《おほ》いのですが、先日《せんじつ》も、榮養不《えいやうふ》良兒《りやうじ》を連《つ》れて來《き》たお母《かあ》さんに『あなたの眞劍《しんけん》な努力《どりよく》で、お子《こ》さんは屹度《きつと》快《よ》くなりますよ。それさへあれば、藥《くすり》なんか要《い》らないくらゐです。』と勵《はげ》ましました。

母親《はゝおや》は頭《あたま》を垂《た》れて、暫《しばら》し涙《なみだ》ぐんでをりましたが、やがて、子供《こども》が快《よ》くなつたといつて、お禮《れい》に來《き》たときなども『いゝえ、私《わたし》が治《なほ》したのではありません。治《なほ》したのは、あなたの力《ちから》ですよ。』と申《まを》したことです。

◇大事業《だいじげふ》のできる婦人《ふじん》

眞島 私《わたし》はこれで仕事《しごと》と結婚《けつこん》したつもりでゐるのですが、それかと申《まを》して、若《わか》い人《ひと》に獨身《どくしん》をすゝめるのではございません。現在《げんざい》自分《じぶん》の生《せい》活狀態《くわつじやうたい》では、私《わたし》が獨《ひと》りで仕事《しごと》をして行《ゆ》かうとすれば、結婚《けつこん》してはどうしてもできませんので、獨身《どくしん》で通《とほ》すより他《ほか》に途《みち》がないのです。

よく、女《をんな》に何《なに》ができるかといふ方《かた》もありますが、女《をんな》だつて、子供《こども》を育《そだ》てるといふ、あの大事業《だいじげふ》ができるのですもの、一生懸命《いつしやうけんめい》にやれば、できないことはありません。

佐川 獨身《どくしん》でブラ〳〵してゐるのが一番《ばん》いけませんね。

福岡 私《わたし》は學校《がくかう》(女子英學塾《ぢよしえいがくじゆく》)を出《で》て間《ま》もなく、二十五歳《さい》のとき母《はゝ》を喪《うしな》ひました。父《ちゝ》は、その前《まへ》に亡《な》くなつてゐましたので、それからは、弟《おとうと》たちの責任《せきにん》も、すべて私《わたし》の小《ちひさ》な肩《かた》にかゝつて來《き》ました。

その後《ご》外國《ぐわいこく》へもまゐりましたが、家庭《かてい》では、『自分《じぶん》は、この家庭《かてい》になくてならない人間《にんげん》だ。私《わたし》はこゝにゐるのが一番《ばん》よいのだ。』と思《おも》つてゐたせゐか、大《たい》して淋《さび》しさを感《かん》じませんでした。獨《ひと》り者《もの》でブラ〳〵してゐるのを、家《うち》の人《ひと》から邪魔物扱《じやまものあつか》ひにされたりなどすると、淋《さび》しく思《おも》ひますが、自分《じぶん》がそこにゐることが必要《ひつえう》だとなつて來《く》ると、少《すこ》しも淋《さび》しくないものでございますね。

小泉 いつも責任《せきにん》を背負《せお》つて、それを果《はた》して行《ゆ》かねばならぬときには、漫然《まんぜん》とした空虛《うつろ》な氣《き》持《もち》では過《すご》されませぬ。現在《げんざい》の日本《にほん》は、女《をんな》だからとて、若《わか》い身《み》がブラ〳〵してゐるやうな時《じ》代《だい》ではございません。

記者 どうもいろ〳〵と、有《あ》り難《がた》うございました。獨身生活《どくしんせいくわつ》を送《おく》る方々《かたがた》も、お蔭《かげ》で、大《おほ》いに意《い》を強《つよ》うされたことゝ思《おも》ひます。では、これで閉會《へいくわい》といたします。

「婦人雑誌」がつくる大正・昭和の女性像　第7巻
セクシュアリティ・身体2

二〇一五年三月二十五日　第一版第一刷発行

監　修　岩見照代
発行者　荒井秀夫
発行所　株式会社ゆまに書房
〒一〇一-〇〇四七　東京都千代田区内神田二-七-六
電話　〇三-五二九六-〇四九一／FAX　〇三-五二九六-〇四九三
印刷　株式会社平河工業社
製本　東和製本株式会社
ISBN978-4-8433-4682-2　C3336
定価　本体一八、〇〇〇円+税